内海忠司日記

1940―1945

総力戦体制下の台湾と植民地官僚

近藤正己
北村嘉恵 編

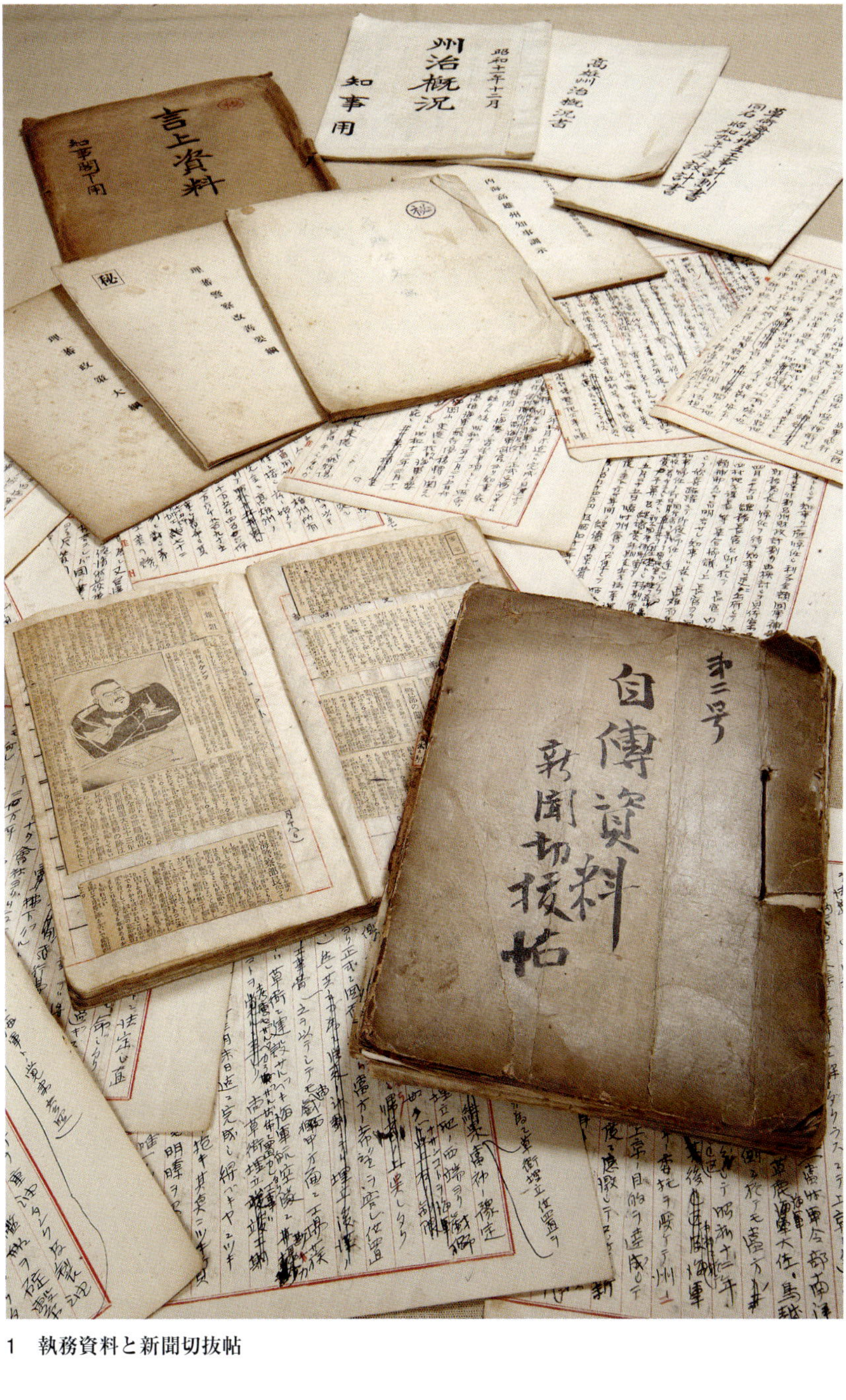

1　執務資料と新聞切抜帖

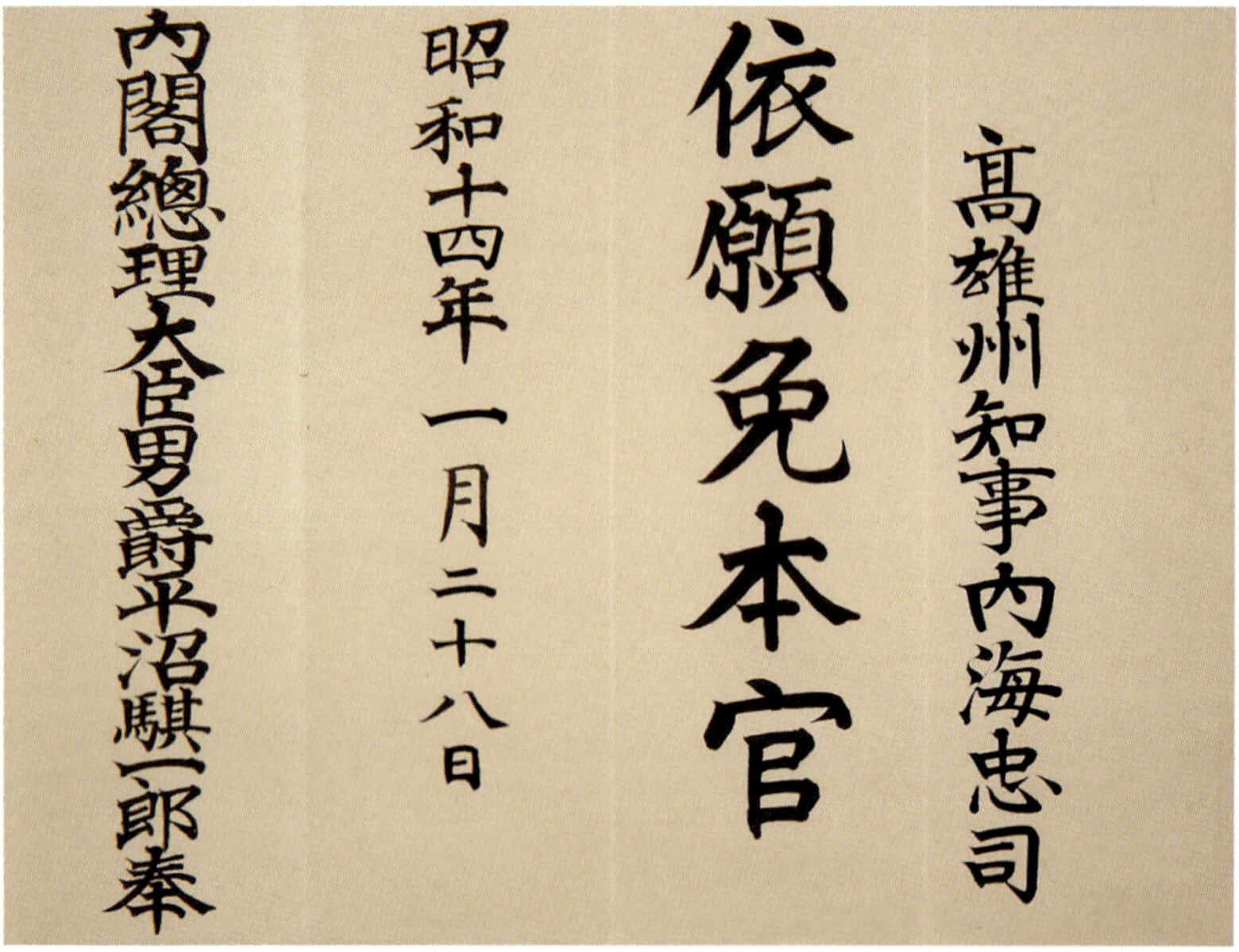
高雄州知事内海忠司
依願免本官
昭和十四年一月二十八日
内閣總理大臣男爵平沼騏一郎奉

2　内海の依願免官状。ここから内海一家の東京での生活が始まった（「日記」1938 年 12 月 1 日，1939 年 1 月 27 日参照）

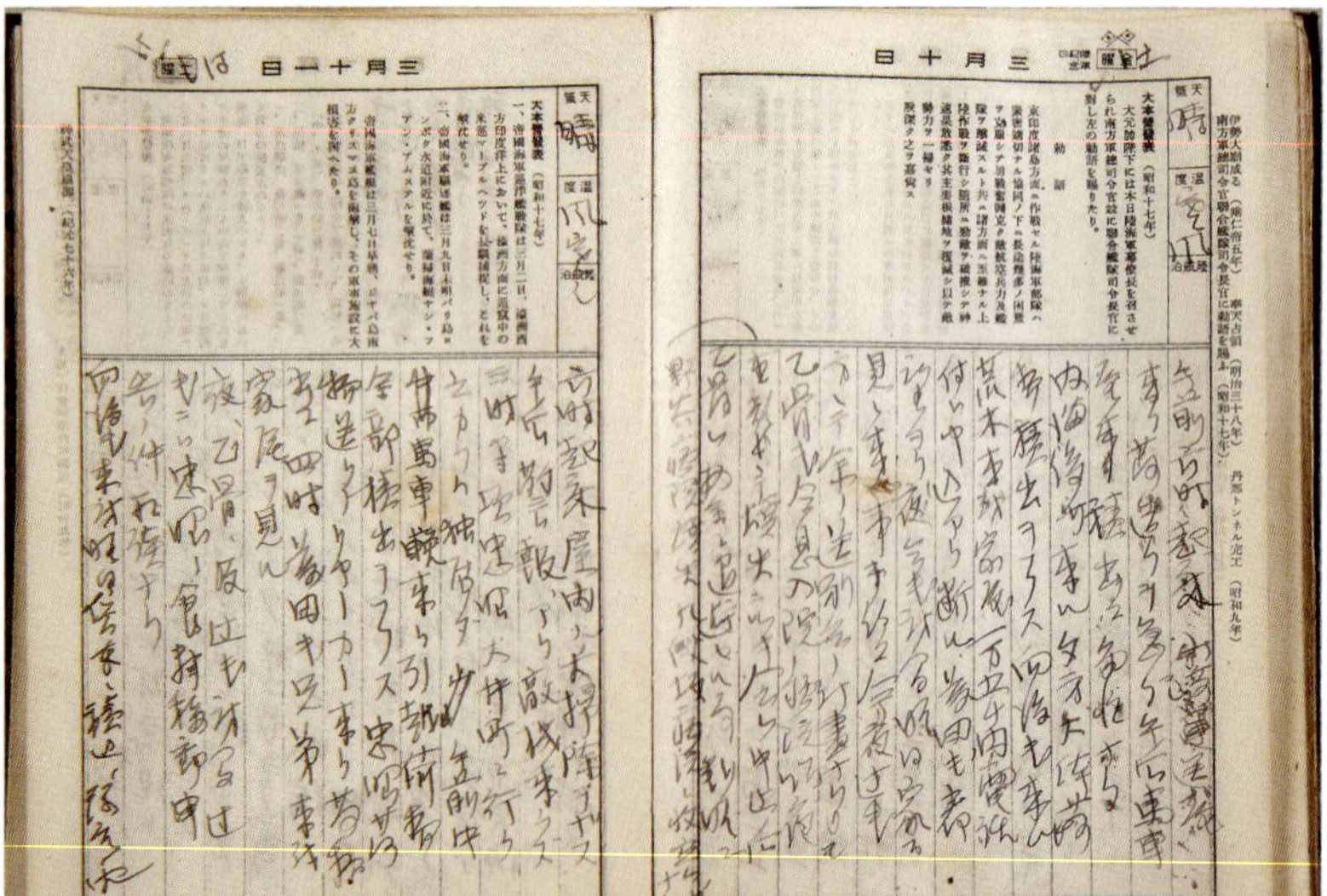

3　東京が大空襲に見舞われたのは，奇しくも内海が京都に疎開したわずか数日後のことであった（「日記」1945 年 3 月 10 日参照）

4　東京在住期の内海一家

5　晩年の内海（右）。敗戦後は、退耕庵と名づけた庵で余生を過ごした。

6　南日本化学工業株式会社の臭素製造工場跡（台南市）。監査役として総会出席のため台湾に出張した内海は，北門工場の地鎮祭にも列席した（「日記」1941 年 11 月 22 日参照）。

7　南化北門工場跡

8　南化布袋工場跡の内部

序　文

本書は、『内海忠司日記 1928–1939 帝国日本の官僚と植民地台湾』（京都大学学術出版会、二〇一二年二月刊）に引き続き、「内海忠司関係文書」の中からアジア太平洋戦争期の日記・回想録や主要な執務資料を翻刻するとともに、台湾総督府の官僚たちが退官後に植民地統治とどのような関わりをもっていたのかという点に着目して総力戦体制下の台湾統治の構造を考察する。

台湾総督府の地方官・地方長官を歴任した内海忠司（一八八四～一九六八）は、一九三九年の退官後、台湾「南進」基地化を背景として設立された軍需企業・南日本化学工業株式会社の監査役に就任し、台湾の戦争推進体制に関わることになる。と同時に、台湾総督府元高級官僚や台湾に資本を投下する財界人とともに台湾倶楽部（のち台湾協会）に属し、台湾総督府東京出張所を拠点として中央政府と折衝する総督府官僚らと会合を繰り返し、戦時植民地統治政策の形成・実行過程の周辺に身を置いた。つまり、植民地における統治機関から身を退いた後も、内地において植民地統治に関わり続け、植民地と帝国日本をつなぐ靭帯としての役割の一端を担ったのである。

「内海忠司関係文書」の中核となる日記・回想録には、台湾総督府官僚として植民地統治の現場を担った時期の詳細な記録とともに、退官後の東京を拠点とした活動や交友関係がつぶさに綴られている。たとえば、衆議院議員・貴族院議員、枢密顧問官、中央政府官僚、民間企業経営者などが植民地縁故者として登場し、台湾統治政策の策定や戦時台湾経済の編成に深く関与している姿が描出されている。ここから、植民地官僚の人的ネットワークの中には、元植民地官僚や国策会社関係者が二重、三重にいりくんでいたことが浮かび上がってくる。これは、議会なき植民地において「政治」がどのように行われたかを把握するための重要な手がかりであり、植民地政策の形成・施行の基幹部分を明らかにしていくうえで、内海忠司のような総督府地方長官経験者の個人記録を通時的・内在的にたどっていくことの有効性を物語っていよう。

本書は、以下のように、大きく三つの部分に分かれる。

第Ⅰ部「研究篇」は、四本の研究論文から構成される。すなわち、台湾総督府が中央との折衝機関として東京に設置した東京出張所が植民地統治の中で果たした役割を検証した論文、台湾総督府官僚たちが退職後も台湾倶楽部・台湾協会の会員として台湾統治に関わり続けたという視点から植民地と内地の関係を分析した論文、総督府官僚から軍需企業へと「天下り」の道を歩んだ内海を一つののぞき窓として、総力戦体制下における台湾経済の再編や植民地官僚の再配置のありようについて考察した論文、および、戦時台湾の軍需会社の経営実態と軍との関係を分析した論文の四篇である。前半二本は、総督府官僚の退職前後にわたる人的ネットワークの連続性に着目しつつ、帝国日本全体の支配構造のなかで東京（中央）と台湾（植民地）の関係性を見極めようとしたものであり、後半二本は、そうした人的つながりをバックボーンとする、総力戦体制下台湾の軍・官・民の相互依存関係の具体相に踏み込んで検証しようとしたものである。

第Ⅱ部「翻刻篇」は、台湾総督府辞職を機に東京へ転住した一九四〇年から疎開先の郷里・京都にて終戦を迎える一九四五年までの日記、敗戦前後に執筆された回想録、および、台湾総督府の地方長官・南日本化学工業監査役在任時期の執務資料の翻刻から構成される。これらの資料により、台湾縁故者として植民地統治の周辺に身を置き続ける内海の生き方や、台湾出張時の叙述から赤裸々に語られる戦時下台湾の状況、植民地の喪失によってそれまで培ってきたものが崩壊する内面の動揺などがビビッドに伝わる。戦時下帝都での衣食住や子どもの教育・結婚をめぐる日常生活の細微な記録は、文化史・社会史の観点からも貴重であろう。執務資料には、総督政治の内実を示す秘密文書や、軍需会社の創設・経営の実情を示す内部資料も含まれており、これまで未解明であった植民地統治構造や軍・官・民の相互関係についても踏み込んだ分析が可能となろう。

第Ⅲ部「資料篇」は、第Ⅰ部・第Ⅱ部に登場する人名のうち、姓名と経歴の特定できる人物について、その略歴を記した。前巻とともに、植民地統治をめぐる人的なネットワークの特質を解明するための基礎資料となることを期する。

本書の刊行にあたり、前著同様、内海和子さんには資料閲覧、写真撮影などで御協力をいただいた。深く感謝します。

編者

目次

第Ⅱ部　翻刻篇

第Ⅲ部　資料篇

内海忠司年譜

一八八四（明治一七）　一歳　一二月三日、内海忠兵衛・八重の子として京都府宇治郡醍醐村に出生する。

一八八五（明治一八）　一歳　母八重死去。

一八八七（明治二〇）　三歳　父忠兵衛が中島銈と再婚。

一八九一（明治二四）　七歳　四月、醍醐小学校尋常科に入学。

一八九五（明治二八）　一一歳　三月、醍醐小学校尋常科を卒業。四月、同高等科に進む。

一八九八（明治三一）　一四歳　三月、高等科を卒業。四月、京都府立尋常中学校に入学（一九〇〇年、京都府立第二中学校に編入）。

一九〇三（明治三六）　一九歳　三月、京都府立第二中学校卒業。早稲田大学に入学。

一九〇四（明治三七）　二〇歳　九月、第三高等学校に入学。

一九〇七（明治四〇）　二三歳　四月、母銈死去。七月、第三高等学校大学予科第一部法科卒業。京都帝国大学法科大学に入学。

一九〇九（明治四二）　二五歳　四月、木村幸尾と結婚。

一九一一（明治四四）　二七歳　七月、京都帝国大学法科大学政治学科卒業。

一九一三（大正二）　二九歳　一一月、文官高等試験（行政科）合格。

一九一四（大正三）　三〇歳　三月、山形県東田川郡書記となる。五月、長女武子が醍醐で誕生。八月、山形県属（庶務課勤務）。九月、沖縄県警部（警務課勤務）。同県理事官兼任（知事官房主事兼地方課長）。

一九一五（大正四）　三一歳　四月、沖縄県理事官専任になる。

一九一六（大正五）　三二歳　六月、沖縄県島尻郡長となる。一一月、高等官六等。

一九一八（大正七）　三四歳　二月、香川県理事官（学務課長）となる。

一九一九（大正八）　三五歳　三月、次女桃子が高松で誕生。五月、高等官五等。八月、父忠兵衛死去。

一九二〇（大正九）　三六歳　五月から六月にかけて「満洲」出張旅行。

一九二一（大正一〇）　三七歳　六月、青森県理事官（学務兵事課長）となる。一二月、三女睦子が誕生。

一九二二（大正一一）　三八歳　六月、高等官四等。七月から八月にかけてロシア沿海州へ出張。一〇月、島根県警察部長となる。

一九二四（大正一三）　四〇歳　一月、四女慶子が誕生。一〇月、高等官三等。一二月、群馬県書記官（警察部長）となる。

一九二五（大正一四）　四一歳　八月、五女刀根子が誕生。同月、佐賀県書記官（警察部長）となる。

一九二六（大正一五）　四二歳　一二月、愛媛県書記官（内務部長）となる。

一九二七（昭和二）　四三歳　五月、佐賀県書記官（内務部長）となる。六月、五女刀根子死去。一一月、長男忠昭が誕生。一二月一日、文官分限令第一一条第一項第四号により休職。東京に転居する。

一九二八（昭和三）　四四歳　九月一八日、台湾総督府台北州警務部長となる。家族をともない台北へ転居。

一九二九（昭和四）　四五歳　一二月一五日、台南州内務部長となる。

一九三〇（昭和五）　四六歳　四月、次男・次郎が誕生。

一九三一（昭和六）　四七歳　五月一六日、台北市尹となる。

一九三二（昭和七）　四八歳　三月一五日、新竹州知事となる、高等官二等。

一九三三（昭和八）　四九歳　二月、「御賜餐」のため東京へ出張。

一九三四（昭和九）　五〇歳　五月、地方長官会議に出席、台湾石油事業について天皇に報告する。

一九三五（昭和一〇）　五一歳　一月、胆石のため台北医院に入院。九月二日、高雄州知事となる。

一九三六（昭和一一）　五二歳　四月、高等官一等。

一九三八（昭和一三）　五四歳　四月、高雄湾で乗船中に機関室が爆発し、顔面や両手に火傷を負う。

一九三九（昭和一四）　五五歳　一月二八日、退官。四月、東京に転居。一〇月、南日本化学工業株式会社監査役に就任。

一九四〇（昭和一五）　五六歳　四月、大日本少年団連盟の理事に就任。
一九四四（昭和一九）　六〇歳　一〇月、帝国繊維会社の顧問を兼任する。
一九四五（昭和二〇）　六一歳　四月、醍醐へ疎開。
一九四六（昭和二一）　六二歳　四月、南日本化学工業監査役を辞職。
一九五九（昭和三四）　七五歳　一一月七日、妻幸尾死去。
一九六八（昭和四三）　八四歳　一一月二八日、醍醐にて死去。

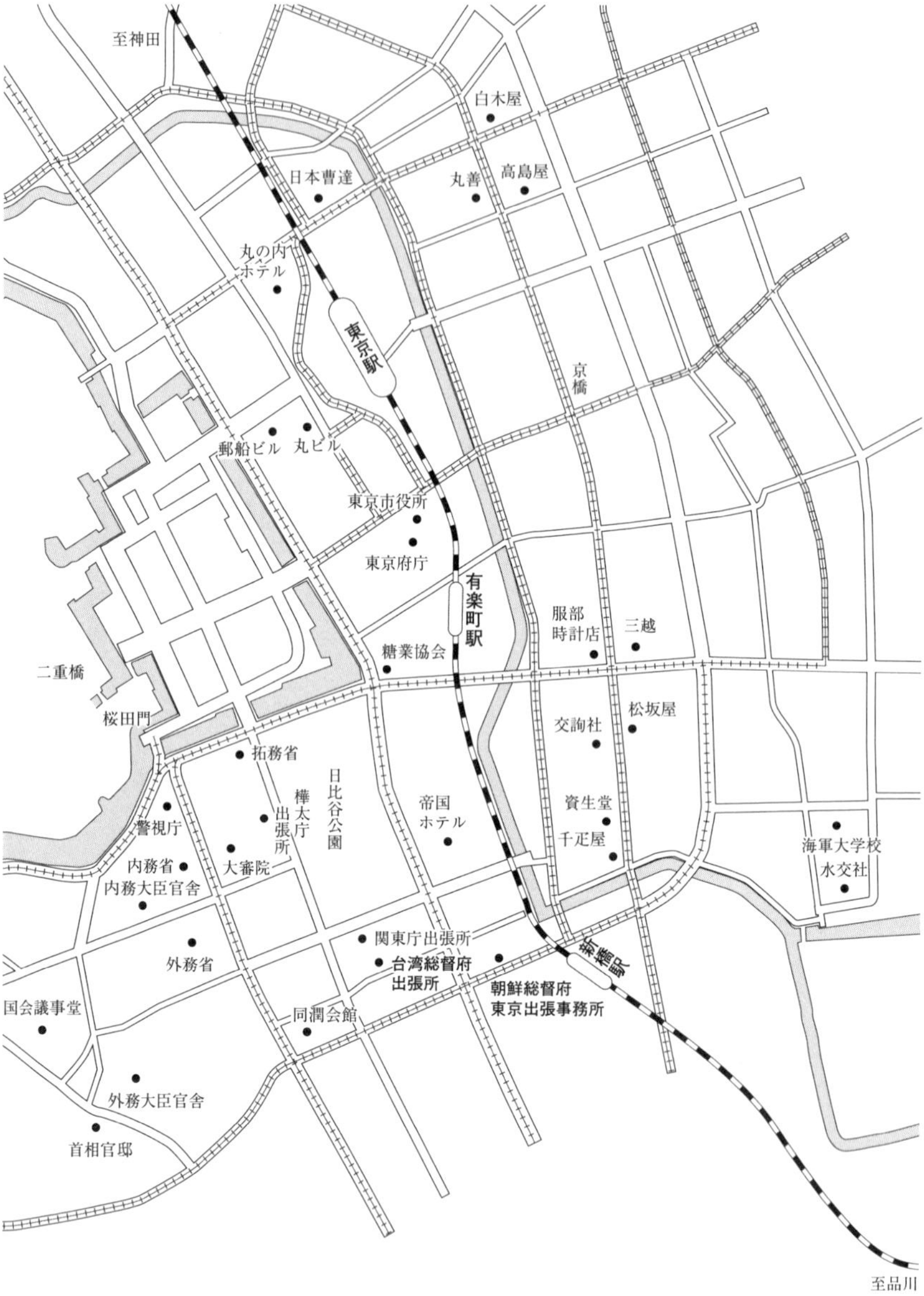

東京市街図（1940年ごろ）

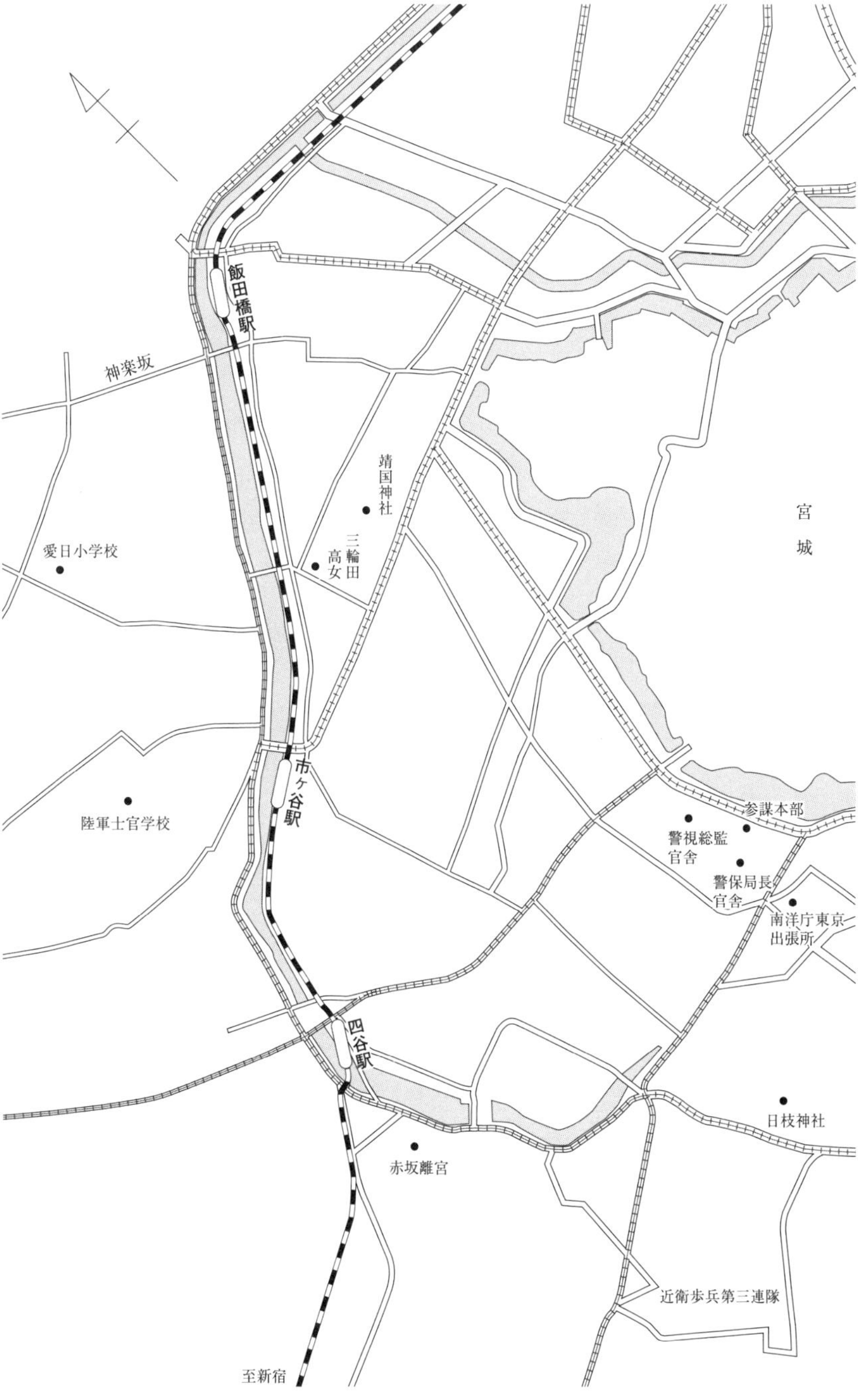

飯田橋駅
神楽坂
靖国神社
三輪田高女
宮城
愛日小学校
市ヶ谷駅
陸軍士官学校
参謀本部
警視総監官舎
警保局長官舎
南洋庁東京出張所
四谷駅
日枝神社
赤坂離宮
近衛歩兵第三連隊
至新宿

基隆
台北
桃園
台北州
新竹
宜蘭
新竹州
台中
台中州
霧社
花蓮港
澎湖庁
馬公
嘉義
花蓮港庁
台南州
台南
台東庁
高雄州
台東
屏東
高雄
0
50
100
km
恒春

台湾全島図

凡　例

1　原則として、旧字・俗字・異体字は通行のものに改めた。ただし、字体が著しく異なる場合など一部の人名・地名については旧字をそのまま用いたものもある。

2　第Ⅰ部「研究篇」において日記・回想録以外の「内海忠司関係文書」を用いた場合には、『内海忠司日記 1928–1939』中の「内海忠司関係文書目録」の資料番号を示した。

3　第Ⅱ部「翻刻篇」において、日記は、一九四〇年一月一日から四五年一二月三一日までをひとまとまりに載録した。回想録は、編者の判断で章のタイトルを付した。

4　第Ⅱ部「翻刻篇」においては、次のような原則に従って翻刻作業を行った。

①　句読点・改行は、適宜これを補った。

②　漢字使用をめぐる内海独特の用字については、原則として初出のみ傍注で〔　〕内に示した上で、通行の漢字表記に改めた。

例　働労〔労働〕　自働車〔自動車〕　招第〔招待〕

③　誤記・脱字と判断される箇所に関しては、傍注で〔　〕内に正しいと思われる表記を示すか、または〔ママ〕を付した。このうち、類似した誤記が頻出する場合は、原則として初出のみ傍注を付した上で、正しい表記に改めた。

例　芝高輪仙〔泉カ〕岳寺及増上寺参拝　　文教局長を〔ママ〕南支那出張にて同車す　　郭呈〔廷〕俊

④ 漢字使用をめぐる揺れに関しては、次のように統一した。

　後・后→後　同・仝→同　迄・迠→迄

　記念・紀念→記念　連隊・聯隊→連隊　寄付・寄附→寄付

⑤ 判読不能箇所には、おおよそ文字数分の□を記した。

　例　高雄産業の改良及重□件打合す

⑥ 資料に空白がある場合には本文を空白として、傍注で〔空白〕と記した。ただし、空白の内容を推定できる場合には〔　〕内に記した。

　例　午後二時、　〔空白〕と会う。

⑦ 資料に闕字がある場合には本文を空白として、傍注で〔闕〕と記した。

　例　葉山に　〔闕〕陛下御迎に行き不在

⑧ 日記・回想録中の文章が削除されている場合、原則として翻刻を行わなかったが、削除内容によっては〔　〕内に記したものもある。

⑨ 日記原文は漢字カタカナ交じり文で書かれているが、カタカナをひらがなに書き換えた。ただし、カタカナ表記を維持したほうが望ましい場合は、カタカナのままとした。

⑩ 日記中の文章に引き出し線で語句・文章を挿入している場合、本文に挿入した。引き出し線をともなわない形で記されている場合、日記本文の後に＊をつけて一字下げで記した。

⑪ 日記の「発信」「受信」欄に記載がある場合には、本文の後に一字下げで挿入した。

⑫ 日記の記載がない場合は、〔欠〕と記した。

　例　一月三十一日（木）〔欠〕　二月三日（木）〜二月五日（土）〔欠〕

⑬　日記中の主要な人名については、初出もしくは文脈上必要と思われる箇所で、姓名と役職名等を〔　〕に入れて、注記した。事項に関する補足的な説明も、適宜〔　〕で補った。

例　木原〔圓次〕前部長より事務引き継

5　第Ⅱ部「翻刻篇」の日記・回想録・執務資料には、今日の観点からすれば不適切な表現も見られるが、資料としての性格を考えて原則として原文通りとした。

第I部　研究篇

1　台湾総督府東京出張所に関する史的素描
——植民地統治のもうひとつの拠点

北村嘉恵

はじめに

一九二八年九月一八日、台湾総督府地方事務官（台北州警務部長）の辞令を東京市内の仮寓で受け取った内海忠司は、まず麹町区内幸町の台湾総督府東京出張所へ出向いた。内海にとっては本望とは言い難い台湾への赴任であったうえ、休職前の職位（佐賀県内務部長）からすれば〝格下げ〟とも言える人事ではあったが、ともあれ、就職活動に明け暮れる不安定な生活に終止符を打ち、官僚として再出発する第一歩であった。

一九三九年三月中旬、東京への「引き揚げ」を退官以前から決めていた内海は、子どもたちの学期終了を待つ間いったん単身で上京して新生活の準備を進め、転居先が定まるとすぐに東京出張所に赴いた。高雄から東京への一家の引っ越しについて出張所主任久保庄太夫（総督官房人事課属・兼秘書官室属）に依頼することが主目的であり、あわせて、帝国議会のため滞京中であった元同僚らと面会して最新の政界情報を入手している。

一九四五年九月三日、疎開先の郷里・京都から単身上京した内海は、内幸町の東京出張所へ直行し、一面焦土と化した光景に目を見張りつつ、出張所の移転先を本郷の帝国大学図書館に尋ねあてた。そこで在京・在台の知己らの安否を確認するとともに、戦後事務打合せのため一時滞京中であった元同僚・森田俊介（台湾総督府鉱工局長）から敗戦直後の台湾の情勢をつぶさに聴き、渡台の可能性も含めて自らの身の処し方を探ろうとしていた。

以上のように、内海は、台湾総督府への就職、退官後の東京への移住、敗戦といった人生の節目に、台湾総督府東京出張所と具体的な接点を持っている。「内海忠司日記」を通読すると、こうした大きな節目に限らず、台湾総督府在任期の前後を通じてしばしば東京出張所を訪れていたことが浮かび上がってくる。東京出張所は、総督府官僚および東京在住台湾関係者にとって無視できない存在であった。

台湾総督府東京出張所に関しては、緻密な史料学的研究を蓄積してきた檜山幸夫が、台湾総督府文書の構造的な読解を通じて、台湾総督府―東京出張所―中央政府の間の往復文書が大量に含まれていることにこそ台湾統治構造の特殊性が表われていると論じている(1)。すなわち、「台湾統治の基本的な政策決定は、台北ではなく東京でなされるという変則性が統治構造の根幹を形成していた(2)」ことを、残存する行政文書は如実に示しているというのだ。台湾統治政策、ひいては植民地を含めた日本帝国全体の統治構造を解明するうえで、東京出張所を介した台湾総督府と中央政府との連絡・交渉過程の分析は不可欠な作業なのである。

他方、台湾総督府の政策決定過程を本国政治との連関において実証的に明らかにする研究がある(3)。これらの研究は、台湾総督府が台湾島内で対峙している住民内部の多層性に目配りしつつ、統治の現実から要請される制度・政策の改革構想が本国政治の力学のなかで妥協や変容を余儀なくされる政治過程を検証しており、帝国日本の統治構造をより重層的に捉えていくための視野を切り拓いている。そこでは、台湾住民が直接関与し得ない政策決定の構造を検証することが、帝国日本の自己像を検証するためだけではなく、台湾住民の直面していた現実に接近するためにも重要な意味を持つことが説得的に示されている。

本論文では、こうした視点を共有しつつ、台湾総督府東京出張所の存在に着目して植民地支配の特質の一端を検討したい。ただし、空襲による東京出張所の焼失や、拓務省・内務省旧蔵史料の調査が進んでいない等の事情により史料上の制約が大きいうえ(4)、東京出張所という組織そのものについて未解明な点が少なくない(5)。そこで本論文では、まず台湾総督府東京出張所に関する基礎的な事実の確定を進めたうえで、東京出張所を拠点として台北と東京を往来した人々をあとづけ、台湾統治上における東京出張所の位置について試論的な考察を行うこととする。

なお、台湾総督府の東京出張所の呼称は時期により異なり、公文書や総督府の刊行物においても「台湾総督府出張員事務所」「台湾総督府出張員詰所」「台湾総督府員出張所」等の複数の名称が混用されている[6]。本稿では、さしあたり、最も通用されていた「台湾総督府東京出張所」を総称として用いる。ただし、後述するように、「台湾総督府東京出張所」という名称が制度上の根拠を得るのは一九四三年に至ってからである。

一、「台湾総督府員出張所」から「台湾総督府東京出張所」へ

(一)　庁舎の位置

まず、台湾総督府東京出張所がいつ・どのような形態で存在していたのかを確認しておこう。表1は、台湾総督府東京出張所の場所（建物および所在地）の変遷を整理したものである。台湾総督府が植民地行政機構として機能した一八九五年から一九四五年まで存続したことが確認されるが、その設置形態は時期によって異なる。

台湾総督府の東京出張所の開設を確認できる最も早期の記録は、民政局長水野遵の上京に伴い「台湾総督府民政局臨時出張所」を台湾事務局内に開設したことを関係省庁に通知した、一八九五年一二月一二日付の文書である[7]。水野をはじめとする総督府吏員らは、この臨時出張所を拠点として、第九回帝国議会（一八九五年一二月二八日開会、一八九六年三月二八日閉会）に向けた中央政府との予算折衝や、台湾統治方針に関わる重要法令制定の審議・交渉・事務にあたり（一八九六年三月三一日、勅令第八八号「台湾総督府条例」、法律第六三号「台湾ニ施行スヘキ法令ニ関スル法律」等を公布）、その作業が一段落した一八九六年四月二五日に出張所を閉鎖して台湾へ帰任した[8]。

一九〇〇年代初頭までの時期は、このように総督や民政局長（民政長官）の東京出張や帝国議会の会期にあわせて一時的に開設する状況が続いた[9]。設置場所はその都度異なり、台湾総督府の主務官庁の庁舎内を中心として、台湾事務局内、内務

表1　台湾総督府東京出張所の変遷

開設・移転			建物	所在地	備考
年	月	日			
1895	12	12	台湾事務局内	麹町区永田町1丁目7番地	水野遵民政局長の上京に伴い「台湾総督府民政局臨時出張所」を開設。1896年3月台湾事務局廃止に伴い内閣書記官詰所内へ移転。
1896	4		内閣書記官詰所内	麹町区永田町1丁目	1896年4月25日閉鎖。
1897	7*		〔拓殖務省内？〕		開設時期不詳。1897年9月8日曽根静夫民政局長の台湾赴任に伴い閉鎖。
1898	12	10	内務省内	麹町区大手町1丁目2番地	1898年12月議会閉会のため閉鎖（土地調査課のみ存置）。
1902	2	10	拍手社内	麹町区内幸町1丁目3番地	児玉源太郎総督らの上京に伴い開設。
1903	7		内務省内	麹町区大手町1丁目2番地	開廃時期不詳。
1903	12	28	台湾協会内→東洋協会内	麹町区山下町1丁目1番地（元華族会館）	1907年台湾協会が東洋協会に組織改編（建物は継続使用）。
1913	1	21	日露協会内	麹町区内幸町1丁目3番地（元東京倶楽部）	桂新党事務所が東洋協会内へ転入予定のため転出。
1922	1	29	新築庁舎	麹町区内幸町1丁目5番地（元海事協会）	1938年3月町名地番変更より内幸町2丁目14番地。
1945	5*		帝国大学図書館4階	本郷区本富士町（東京帝国大学構内）	1945年5月25日空襲により庁舎焼失のため移転。開廃時期不詳。

注：年月日欄には開設・移転の時期を掲げた。月日が不明の場合は空欄とし、推定の場合は*を付した。

主な典拠：JACAR: Ref. C10060782100、C10061000700等。『東京朝日新聞』『東京日日新聞』『読売新聞』『台湾日日新報』『台湾史料稿本』『台湾協会会報』『東洋時報』「内海忠司日記」等。

表 2　植民地統治機構の東京出張所の概要（1940 年 1 月現在）

名称	所在地	沿革
台湾総督府 東京出張員事務所	麹町区内幸町 2 丁目 14 番地	（表 1 参照）
朝鮮総督府 東京出張員事務所	芝区田村町 1 丁目 2 番地	1905 年 12 月統監府事務所を帝室制度調査局内（霊南坂）に仮設。後、帝国ホテル内、麹町区内幸町 1 丁目 3 番地等を経て、1910 年 6 月陸軍省内に移転。1912 年 6 月現所在地に新築・移転（当時の住所は芝区桜田本郷町 17。1938 年に町名地番変更）。
樺太庁 東京事務所	麻布区飯倉片町 12 番地	1906 年 3 月長官の上京に伴い陸軍省内に樺太庁民政署出張所を開設、同年 6 月長官ら帰任のため閉鎖。1907 年陸軍憲兵屯所の敷地・建物を陸軍省より内務省へ移管して樺太庁出張所を開設。後、1927 年麹町区八重洲町昭和ビルディング内、1929 年 8 月拓務省内、1939 年 9 月現所在地に移転。1939 年 9 月樺太庁出張所を樺太庁東京事務所に改称。
関東局 出張員事務所	麹町区内幸町 2 丁目 22 番地	1906 年 5 月陸地測量部修技所内（旧俘虜情報局跡）に移転。1917 年 7 月現所在地（旧相馬邸敷地内）に新築・移転（当時の住所は麹町区内幸町 1 丁目 6。1938 年に町名地番変更）。1940 年 6 月関東局出張員事務所を関東局東京事務所に改称。
南洋庁 東京事務出張所	麹町区永田町 1 丁目 30 番地	1924 年 5 月内閣内、1929 年 8 月拓務省内（麹町区西日比谷町 1）に移転後、1939 年 5 月現所在地に移転。

主な典拠：JACAR: Ref. C04014273700、C04014321300、A06050815000、A06050664100、A06050812800 等。国立公文書館所蔵文書：分館−05−062−00・平 15 会計 00018100−281、本館−2A−016−02・枢 00126100−72 等。北海道立文書館所蔵文書：A9/49、A9/142、A9/154 等。『読売新聞』『東京朝日新聞』等。

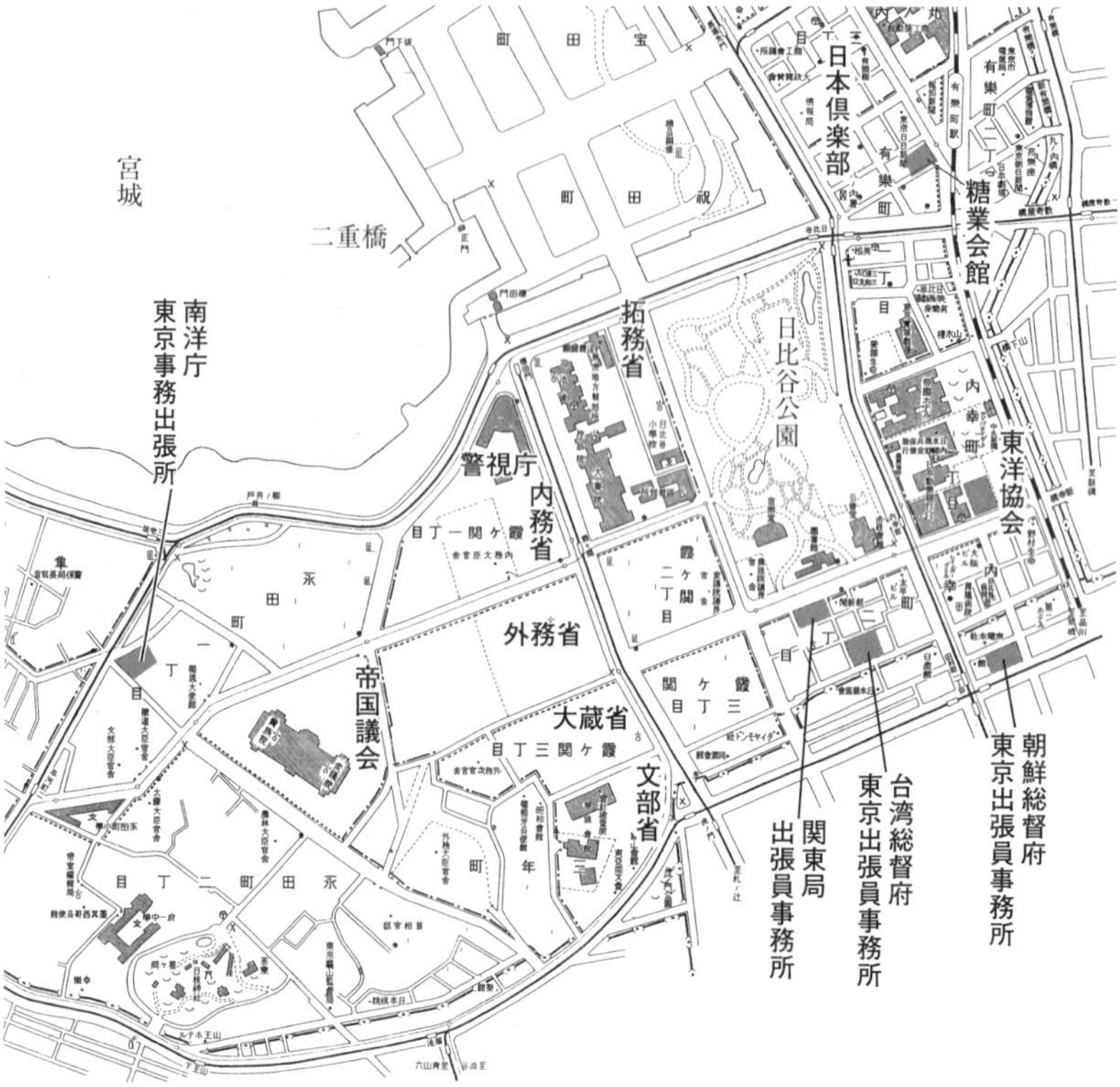

図1　植民地統治機構の東京出張所とその周辺（東京市麹町区、1940年。国立国会図書館所蔵『大東京区分地図』より筆者作成）

省内、拍手社内（地所建物取扱業）と転々としている。このような設置形態については、「都下に常設の出張所を設け文武官を出張せしめ置くにあらざれバ事務の渋滞を来すの恐れあり」[10]と出張所の常設化を求める声が早い時期から確認できるが、後述するように、統監府・朝鮮総督府、樺太庁、関東都督府・関東庁・関東局、南洋庁それぞれの東京出張所の設置初期に共通して見られる特徴であった（表2の沿革欄を参照）。

施設の面で台湾総督府東京出張所の常設化が実現したのは一九〇三年末のことである。一九〇三年一二月二八日、総督府は従来の事務上の「不便」を解消すべく、[11]台湾協会館内の数室を借り上げて出張所を開設した。その後、一九二〇年代初頭までの時期は、台湾協会（一九〇七年東洋協会に改編）、次いで、日露協会の建物内に数室を賃貸する形態が続く。いずれも日比谷公園の南側に隣接し、議会や中央官庁との往来

図2　1922年1月竣工の台湾総督府東京出張所
（『台湾時報』1922年7月号）

には好都合な位置にあった。ただし、「これは総督府の出張所ではない。総督府の東京に出張せる吏員の事務所である」[12]と一新聞記者が強調したように、行政機構としての性格を備えていたわけではない。また、常勤の官吏の配置はなく、「長官の上京以来急に活気が著き」、高等官たちの送迎のため「門前に集まる人車は毎日幾十と数知れぬ程」になり、雇員や給仕が「朝から電話の応接に忙殺され」るといった場景が一年に数回繰り広げられることとなる[13]。

台湾総督府の東京出張所として独立した建物の建築計画が具体化したのは、台北の総督府新庁舎が完成した翌一九二〇年度である。この時期、朝鮮総督府、樺太庁、関東局の東京出張所はすでにそれぞれ独立した庁舎を有しており（表2の沿革欄を参照）、植民地官庁の中では台湾総督府のみが間借りの状態であった。総督府内部、中央省庁との折衝を経て、一九二一年一月末、麴町区内幸町に三階建て煉瓦造りの庁舎が「開庁」することとなった（図2）。その後、たとえば一九二九年拓務省の設置に伴い同省庁舎内への各出張所の移転・統合が試みられるなど[14]、植民地官庁出張所の統合案が幾度か浮上したけれども[15]、結果として、一九四五年五月空襲により焼失するまで、ここが在京の台湾総督府関係者の活動の拠点となる。

二、制度上の位置

台湾総督府東京出張所は実態として一八九〇年代から存在・機能していたものの、長期にわたって制度上の位置づけを欠いていた。台湾総督府の附属機関として制度的な輪郭が明文化されたのは、一九二〇年代後半のことである。

一九二七年三月二日、台湾総督府は「東京出張員事務所規程」を府議決定し、即日施行した。『台湾日日新報』の報道によれば、全六条からなる同規程は、事務所に所長一名を置き、「秘書課長又は秘書課勤務の高等官」より総督が任命すること、庶務係・文書係の二係を設けて主任各一名を置き、総督官房秘書課の属より所長が命免すること等を定めた[16]。あわせて、所長に一戸二郎（総督官房秘書課長）、庶務係主任に斎藤警造（総督官房秘書課属）、文書係主任に小川末登（同上）が任命された。

なお、この新聞報道とは別に、「台湾総督府専売局文書」中に、「台湾総督府東京出張所規程」（制定年月日不詳）、および、「台湾総督府東京出張所事務分掌」（一九二八年一一月二八日付改定）が綴られている[17]。この規程では、施設の名称が「東京出張所」であるほか、所長が「秘書課長」に限定されていること、秘書係・会計係の二係から構成されていることなど、いくつかの点で前年の新聞報道と異同がある。第二代の所長平島敏夫（総督官房秘書課長）の名で定められた「事務分掌」によれば、両係の所掌は次の通りである[18]。

秘書係

一、機密ニ関スル事項
一、人事ニ関スル事項
一、官印及所印ノ管守ニ関スル事項
一、所員ノ服務ニ関スル事項
一、儀式典礼ニ関スル事項ニ関スル事項
一、文書ノ収発編纂及保管ニ関スル事項
一、法規ニ関スル事項
一、図書ノ保管ニ関スル事項

一、台湾ノ事情宣伝ニ関スル事項
一、汽船割引券ニ関スル事項
一、他ノ係ニ属セサル事項
会計係
一、労力ノ雇入及物件ノ売買貸借ニ関スル事項
一、庁舎附属建物及物品ノ出納保管ニ関スル事項
一、自動車ノ配給ニ関スル事項
一、雇人以下ノ監督ニ関スル事項
一、俸給、給料其ノ他現金ノ出納ニ関スル事項
一、献上品ノ取扱ニ関スル事項
一、其ノ他会計ニ関スル一切ノ事項

当時の台湾総督府本府の部局構成およびその分掌事項と対照すると、東京出張所の所掌は、総督官房の秘書課、文書課、会計課の分掌事項の一部に相当することがわかる。[19] 一方、「自動車ノ配給」「献上品ノ取扱」「台湾ノ事情宣伝」といった事項については本府の分掌規程中に特段の規定は見当たらず、東京出張所の特徴的な役割を示す項目だといえる。

もっとも、これらの規程が施行された時点から出張所が制度的な拡充を見たというよりは、「今迄と別に変ったことはありませんが、唯事務所の責任の所在を明かにし純役所式になつた訳です[20]」と初代所長一戸二郎（総督官房秘書課長）が述べたように、すでに実態としてあった運営形態を府議によって追認したと捉えるのが妥当かもしれない。この点に関わって注意を要するのは、「常置として事務官は一人もゐず中央との折衝の際は台湾より人を派遣しなければなら[21]」ないという状況は従来どおりであったことである。「出張所ニ関スル一切ノ事項ヲ掌理ス」（「台湾総督府東京出張所規程」第二条）と定められた

所長も東京に常駐していたのではない。[22]

東京出張所が台湾総督府所属官庁として法令上の根拠を得るのは、総力戦体制の下で植民地・本国を通じた行政機構の再編が進む一九四〇年代である。すなわち、一九四二年九月一一日「内外地行政ノ一元化ニ関スル件」「朝鮮総督及ビ台湾総督ガ内閣総理大臣又ハ各省大臣ノ監督ヲ受クベキ事項」等を閣議決定し、同年一一月一一日拓務省廃止とともに台湾・朝鮮関連事項を内務省へ移管する等、中央政府が植民地行政機構に対する統制強化の措置を講じるなか、台湾総督は、一九四三年三月三一日「台湾総督府東京出張所規程」(訓令第五七号)を公布し、「東京ニ於ケル台湾総督府ノ事務処理ノ円滑ヲ図ル為東京市ニ台湾総督府東京出張所ヲ置キ官房ニ属セシム」(第一条)ことを明示した。[23]機構の名称について「東京出張所」か「東京事務所」か議論は揺れたようであるが、最終的に前者に定まった。[24]

所員の身分・構成に関する主な変更点は、所長について「総督府部内高等官ヲ以テ之ニ充ツ」(第二条)と定めて秘書課長という既往の限定を取り払ったこと、所員については従来の出張扱いを兼任に変更し、本府の所属を問わず所長の指揮監督を受けるものとしたことである。[25]また、総督が必要に応じて東京滞在中の局部長の中から一名を指名して「東京ニ於ケル総督府ノ事務ヲ統轄」させること(第三条)、東京滞在の総督府職員は「入退京並ニ交渉ノ開始、経過及結末等ニ付前条ノ指名ヲ受ケタル局部長又ハ所長ニ連絡」すること(第四条)、総督の指名を受けた局部長は東京滞在の総督府職員に対して「事務ノ統轄上必要ナル指示ヲ為スコトヲ得」こと(第五条)を定めた。この改革について『台湾日日新報』は、「所長指揮の下に横の連絡を図り、各省との折衝を効率化し事務の敏速化を期する」[26]ものだと報じている。

この後、台湾総督府編『台湾総督府及所属官署職員録』(一九四四年)に「東京出張所」が台湾総督府所属官署としてはじめて掲載されることとなる。これによれば、所長として川口頼好(書記官・総督官房人事課)、所員として属一〇名、嘱託三名、雇一五名が掲載されている。[27]戦争の長期化と占領地の拡張に伴う帝国全体の人員再配置が進み、台湾総督府として二割の人員削減を迫られるなか、東京出張所については、新たに専任の奏任官を配置し人員を拡充したことになる。

三、東京出張所の機能

（一）庁舎の間取り

東京出張所の性格を具体的に把握する手がかりとして、庁舎の内部構成を確認しておこう。図3・4は、一九二二年新庁舎落成時の平面図、および、増改築を経た後の一九四〇年初頭の平面図である[28]。敷地内には、白煉瓦造り三階建ての庁舎のほか、木造二階建ての宿直室・出張員宿舎や、運転手宿舎を備えた車庫がある。東京出張の総督府職員は随時変動することから、各室の割り振りは流動的であったようだが、業務・活動の輪郭とその変化を窺うことができる。

まず、一九二二年新築時の平面図から見ていこう。一階に財務局長室、主計課長室、巡査募集事務室と応接室・事務室、二階に総督室、総務長官室のほか、秘書官室、参事官室、勅任官室と応接室・事務室、三階には会議・講演・物産陳列用の広間と奏任官室・判任官室が割り当てられている。財務関係の部局以外は官級別の部屋割りとなっており、出張所の事務のなかで予算折衝関係が主要な位置を占めていたことが窺われる。このほか、これまで独自に事務所を構えていた巡査募集事務室が庁舎の一隅を占めていることや、三階の一室が史料編纂委員室として「持地〔六三郎〕さんの詰所[29]」に充てられたこと等が、この時期に特徴的な点である。

一九四〇年の平面図に目を移すと、一九二二年竣工時から目立つ変化がいくつかある。まず、本府の総督官房ほか六局（内務、文教、財務、殖産、米穀、警務）すべてが個別の室を構えていることである。このほか、三階に設けていた広間を四部屋に仕切り、そのうち筆耕作業のスペースが二室に収まりきらず廊下にまではみだしている点も目を引く。この時期に東京出張所が担った事務作業が格段に膨張していた様子が窺われよう[30]。

また、台湾統治において東京出張所が担う役割の推移を窺わせる変化もある。たとえば、一階では、巡査募集事務室がなくなり、警務局の特高係・図書検閲係が新たに設けられている[31]。一階の新聞記者室も当初はなかったスペースである。この変化は、単に記者会見のスペースを確保したというだけではなく、先に引用した新聞記事になぞらえれば、「総督府員の事

図3　台湾総督府東京出張所の平面図（1922年）

図 4　台湾総督府東京出張所の平面図（1940 年）

務所」というよりも「総督府の出張所」としての性格が濃厚になっていることの現れとして理解できるように思われる。

実際、新聞報道を通覧していると、台湾総督府の人事異動の発表や、総督・総務長官の「初登庁」や新旧総督・総務長官の事務引き継ぎ等が、台北の本府ではなく東京の出張所でしばしば行われていることが確認される（図5参照）。たとえば、一九三六年九月二日に辞令交付を受けた小林躋造総督は、森岡二朗長官とともに東京出張所に「初登庁」し、府員を引見するとともに在京記者に対して「明朗な政治を行ひ度い」と所信表明を行っている[32]。長谷川清総督の就任時も同様であり、斎藤長官とともに東京出張所に「初登庁」したシーンが写真入りで新聞報道されている[33]。中央政府と折衝のために上京中の総督府高官がしばしば東京出張所で記者会見を開いている点も注目される（図6参照）。台湾統治に関わる枢軸的な人事や施政方針は、東京において最終決定され、東京出張所がその発信の拠点となっていたのである。

一方、台湾から「内地」を訪れる種々の団体（巡査・教員・生徒等の「内地視察団」や野球団等）が上京時には東京出張所を訪れていることや、出張所が台湾人による陳情・抗議の対象となっていること[34]、あるいは、陸・海軍特別志願兵制施行時に台湾協会とともに「内地徴募」の連絡所となり（図7）、在京台湾人を掌握する拠点となっていること等も、東京出張所の担った役割を示している。

これらの諸側面を重ね合わせると、東京出張所が、単なる事務所あるいは出先機関というよりも、台湾統治機構としてのシンボル性と実質的な総督官房機能とを備えた存在へと変化してきたと見ることができるだろう。

（二）　総督・長官・局長の東京滞在

歴代の総督および民政長官（総務長官）が任期中のかなりの日数を東京出張に割いていた事実については、すでに王鉄軍の研究が明らかにしている[35]。ここでは、総督・総務長官とともに局長級の東京出張の動向を重ねあわせて、台湾統治上の東京の位置を窺う手がかりとしたい。表3は、総督および総務長官の公務による東京滞在の日程を整理したものである[36]。表4には、総督、総務長官、および、総督府内局の各局長（財務、内務、殖産、文教、警務）の公務による東京滞在の概況を示し

図６　東京出張所における長谷川清総督の記者会見

1943年5月18日、海軍志願兵制打合や内外地連絡委員会出席のため滞京中の長谷川清総督が東京出張所において記者会見。(『東京朝日新聞』1943年5月19日付) 台湾島内発行の新聞紙上では類似の写真は見当たらない。

図５　東京出張所における新旧総督の事務引き継ぎ

1936年9月14日、小林躋造総督（左）が東京出張所において中川健蔵前総督（右）より事務引き継ぎ。(『東京朝日新聞』1936年9月15日付夕刊)

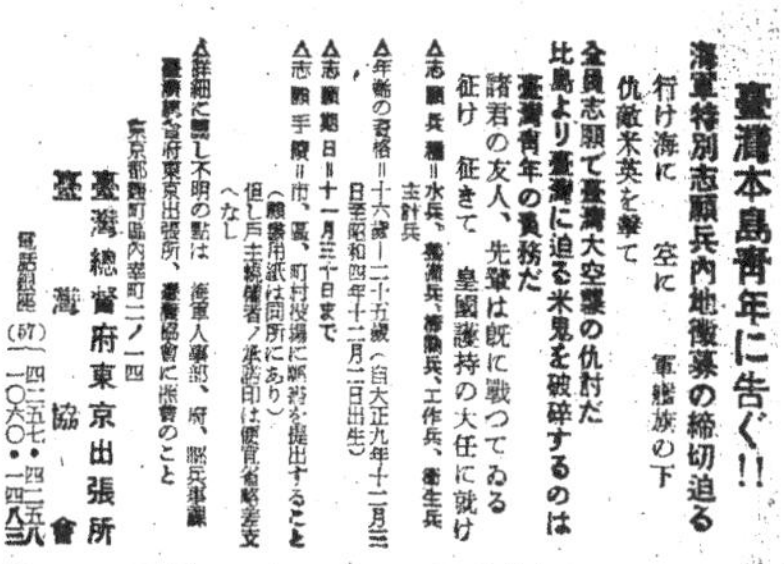

図７　海軍特別志願兵徴募の新聞広告

内地在住の台湾青年に向けて海軍特別志願兵への「全員志願」を求める新聞広告。東京出張所および台湾協会が広告主、照会先として記されている。(『読売新聞』1944年11月28日付)

表3　総督および総務長官の公務による東京滞在

	東京到着	東京出発	辞令	帝国議会	総選挙	内閣	内海面会［滞京］
川村竹治	28. 6.15	28. 7. 1	28. 6.15				
河原田稼吉	28. 7.16	28. 7.21	28. 6.26				
川村竹治	28. 8.17	28. 9.23					9.19
河原田稼吉	28.10. 5*	28.11. 4					
川村竹治	28.10.26	28.12.21					
河原田稼吉	28.12. 1	28.12.14		28.12.26–29.3.25			
河原田稼吉	29. 1.18	29. 4. 9					
川村竹治	29. 2. 3	29. 4. 4					
川村竹治	29. 5.13	29. 5.27					
川村竹治	29. 7.15						
河原田稼吉	29. 7.18						
石塚英蔵	29. 7.30	29. 8.22	29.7.30			29.7.2　浜口	
人見次郎	29. 8. 3	29. 8.16	29.8.3				
石塚英蔵	29.11. 9	29.12.18					
人見次郎	30. 1. 6	30. 2. 6		29.12.26–30.1.21			
石塚英蔵	30. 1.20	30. 2.24			30.2.20（17）		
人見次郎	30. 4. 7	30. 5.28		30.4.23–30.5.13			
石塚英蔵	30. 5. 5	30. 6. 9					
石塚英蔵	30. 9.20	30.10.22					
人見次郎	30.11.30	30.12.23					
石塚英蔵	31. 1.11						
人見次郎	31. 1.16*			30.12.26–31.3.27			
太田政弘	31. 1.16	31. 1.30	31. 1.16				
高橋守雄	31. 1.17	31. 1.23	31. 1.17				
太田政弘	31. 2.22	31. 4.10					
高橋守雄	31. 4. 4	31. 4.14					
太田政弘	31. 4.14	31. 4.20				31.4.14　第2次若槻	
木下信	31. 4.15	31. 5. 1	31. 4.15				
木下信	31. 6.27	31. 7.21					
木下信	31.10.18	31.10.27					
太田政弘	31.11.13	31.12.15					
木下信	31.12.13	31.12.20				31.12.13　犬養	
平塚廣義	32. 1.13	32. 1.18	32. 1.13	31.12.26–32.1.21			
太田政弘	32. 2.14				32.2.20（18）		
南弘	32. 3. 2	32. 3.24	32. 3. 2	32.3.20–32.3.24			
平塚廣義	32. 4.12	32. 4.22					
南弘	32. 5. 9						
中川健蔵	32. 5.26	32. 6.12	32. 5.26			32.5.26　斎藤	
平塚廣義	32. 6. 1	32. 6.28*		32.6.1–32.6.14			
平塚廣義	32. 8.22	32. 9.12		32.8.23–32.9.4			
中川健蔵	32.10.16	32.11.28					
平塚廣義	32.12.10	32.12.27		32.12.26–33.3.25			
平塚廣義	33. 1.10	33. 4. 9					2.8［2.7–15］
中川健蔵	33. 5.24	33. 6.22					
中川健蔵	33. 9.28	33.11.10					
平塚廣義	33.11.25	33.12.26		33.12.26–34.3.25			

	東京到着	東京出発	辞令	帝国議会	総選挙	内閣	内海面会［滞京］
平塚廣義	34. 1.21	34. 4. 8					
中川健藏	34. 5. 5	34. 6. 5*					［5.3-19］
平塚廣義	34. 7.28*	34. 8.16				34.7.8　岡田	
中川健藏	34.10.21	34.11.19					
平塚廣義	34.11.18	34.12.19		34.11.28-34.12.10			
平塚廣義	35. 1.18	35. 4. 8		34.12.26-35.3.25			
中川健藏	35. 5.21	35. 7.22					
中川健藏	35. 7.13	35. 7.22					
平塚廣義	35. 8.13	35. 8.30					
平塚廣義	35.12. 7	35.12.29		35.12.26-36.1.21			
平塚廣義	36. 1.14	36. 2. 5					
中川健藏	36. 3.26	36. 4. 9			36.2.20（19）	36.3.9　広田	4.1［4.1-10］
平塚廣義	36. 4.25	36. 6. 1		36.5.4-36.5.26			
中川健藏	36. 6.13	36. 7.12					［7.10-14］
平塚廣義	36. 8.22	36. 9. 2					
小林躋造	36. 9. 2	36. 9.22	36.9.2				
森岡二朗	36. 9. 2	36. 9.14	36.9.2				
森岡二朗	36.11.22	36.12.25		36.12.26-37.3.31			
森岡二朗	37. 1.20	37. 4.12				37.2.2　林	
小林躋造	37. 5.13	37. 5.30			37.4.30（20）	37.6.4　第1次近衛	
森岡二朗	37. 7.16	37. 8.12		37.7.25-37.8.7			
森岡二朗	37.11.18	37.12.30*		37.9.4-37.9.8			
森岡二朗	38. 1.19	38. 4.12		37.12.26-38.3.26			
小林躋造	38. 5.21	38. 6.11					
森岡二朗	38. 7.17	38. 8. 1					
小林躋造	38. 9.19	38.10. 4					
森岡二朗	38.10.30	38.11.11					
森岡二朗	38.12. 5	38.12.30		38.12.26-39.3.25			
森岡二朗	39. 1.18	39. 4.17				39.1.5　平沼	4.13,15
小林躋造	39. 5.19	39. 6.10				39.8.30　阿部	5.20
森岡二朗	39.11.26	39.12.31		39.12.26-40.3.26			12.2,18,26
森岡二朗	40. 1.22	40. 4.16				40.1.16　米内	2.6,3.14,28,4.15
小林躋造	40. 5.18	40. 6.11				40.7.22　第2次近衛	6.10
森岡二朗	40. 9.15	40. 9.27					9.20
小林躋造	40.10.30	40.11.13					11.9
小林躋造	40.12. 3						
森岡二朗	40.12. 8						
長谷川清	40.11.27	40.12.10	40.11.27				12.2,10
斎藤樹	40.11.27	40.12. 1	40.11.27				12.26
斎藤樹	40.12.23	40. 1. 5					
斎藤樹	41. 1.20	41. 3.21*		40.12.26-41.3.25			1.30,3.3,15
長谷川清	41. 5.13	41. 6. 9				41.7.18　第3次近衛	5.14,16
長谷川清	41.11. 4	41.11.18		41.11.16-41.11.20		41.10.18　東条	
斎藤樹	41.11.12	41.11.25		41.12.16-41.12.17			
斎藤樹	42. 1. 8	42. 1.18*		41.12.26-42.3.25			1.12
斎藤樹	42. 1.23	42. 2.20					
長谷川清	42. 4. 9	42. 5. 3		42.5.27-42.5.28			4.10
斎藤樹	42. 9.14	42. 9.27					
長谷川清	42.11.21	42.12					12.1

	東京到着	東京出発	辞令	帝国議会	総選挙	内閣	内海面会［滞京］
斎藤樹	42.12.24	43. 1. 6					
斎藤樹	43. 1.30	43. 3.10		42.12.26–43.3.25			
斎藤樹	43. 5. 1	43. 5.10					
長谷川清	43. 5.17	43. 6.11					5.22
斎藤樹	43. 6.15	43. 7. 1		43.6.16–43.6.18			
斎藤樹	43.10.23	43.11. 1		43.10.26–43.10.28			
長谷川清	43.11.11	43.11					11.13
斎藤樹	43.12.30*	44.1.10*		43.12.26–44.3.24			
斎藤樹	44. 1.26*	44.2.16					
長谷川清	44.10. 5	44.10		44.9.7–44.9.11		44.7.22　小磯	10.13

凡例．
(1) 総督の東京滞在期間，および，在京中の内海が面会した日付を網掛けで表示した。
(2)「東京到着」「東京出発」欄の日付のうち、台北発着日のみ確認できた場合（東京発着日を未確認の場合）は日付に「*」を付した。東京発着日・台北発着日のいずれも未確認の場合は日付を空欄とした。また、滞京期間中に辞任となった場合は年月日を空欄とした。
(3)「内海面会［滞京］」欄には、内海が在任中に東京出張所において総督ないし総務長官に面会した日付、および、公務による東京滞在期間を示した。なお、1927年12月～1928年4月および1939年4月～1945年4月の期間は東京在住。
主な典拠：『東京朝日新聞』『台湾日日新報』『台湾総督府府報』「内海忠司日記」

た。後者は月単位で表記しているため精密さを欠くけれども、役職や時期によるおおまかな傾向と、総督府高官の東京出張時期の重なり具合等を概観することができる。

まず、役職ごとの特徴としては、総督・総務長官の場合はみな就任・退任の辞令を東京において受け、東京出張所に「初登庁」し、新旧総督・長官が会同して事務引き継ぎを行うほか、台湾赴任前に府内の人事異動の交渉・発表を行う例もみられる。この就任・辞任時を含めて総督が東京に滞在する頻度は、非武官総督期には年二〜四回、後期武官総督期には年一〜二回である。総務長官の滞京は、より頻繁で年二〜六回にのぼる。[37] 総督府高官のうち東京出張が最も頻繁かつ長期にわたるのは財務局長である。これは、総督府予算を主務省所管の特別会計として帝国議会に提出しその協賛を得る必要があったからである。このため財務局長は、総督府予算案の府議決定から大蔵省主計課の査定、大蔵省議を経て、政府予算案の閣議決定に至るまで拓務省や大蔵省等との交渉に奔走するとともに、帝国議会の会期中は政府委員として予算委員会や本会議等に出席し、年間を通じて四分の三近くを東京に滞在するのが通例となっている。[38] 他の局長については関連法案の協議・折衝や行事ごとに不定期であり、比較的長期にわたるものとしては台湾博覧会開催に関わる殖産局長内田隆（一九二九年一〜四月）や台湾米穀移出管理特別会計法案に関わる田端幸三郎（一九三八年一一月〜三九年四月）の東京出張がある。

これらが重なると、総督、総務長官、および複数の局長が東京に集まる時期が生じる。たとえば、一九二九年三月には川村竹治総督・河原田稼吉長官と内務局長以外の四局長（富田松彦財務、大久保留次郎警務、内田隆殖産、石黒英彦文教）が上京、翌四月には総督・長官が引き続き滞在しているほか警務局長と入れ替わりに豊田勝蔵内務局長が上京し、やはり四局長が東京滞在という状態が生じている。しかも、それぞれ秘書官、事務官、属、技師等が同行しているほか課長級の東京出張もしばしばあり、時期によっては「宛ら督府移転の感」ありと評されるような様相を呈している。(39)

年度ごとのサイクルとしてみると、帝国議会の会期にあわせて年末および年明けから四月頃まで総務長官が滞京して政府委員として議会に出席、総務長官の台湾帰任に前後して総督が上京し天皇への台湾統治状況報告や政府首脳との面会・折衝を行う、これらの期間を通じて財務局長が在京しているというのが、ほぼ定例のパターンとして浮かび上がる。

時期による変化として目を引くのは、一九三八年度以降、内務局長が地方長官会議に出席するため上京するようになる点である。本国の地方長官会議には、台湾植民地化初期には不定期で民政長官が出席していたことが確認できるほか、原敬内閣のもとで「内地延長主義」指向へと移行した一九二〇年代初頭以降には各植民地機構の地方長官が数名ずつ出席するようになっていたことが確認できる。天皇と直接言葉を交わし全国の知事が一堂に会するこの場に参加することは植民地地方長官にとって大きなインパクトを持っていたことを想起すれば、(40)本国と植民地統治の関係性を考えるうえで興味深い変化である。

以上の概観から明らかなように、総督府は多大な人員・経費・時間を費やして中央政府との折衝を継続し、また本国における国家的イベントに参与しており、その過程で東京出張所は人や情報の結節点としての役割を担っていたといえる。

（三）　内海忠司日記にみる東京出張所の機能

一方、「内海忠司日記」から浮かび上がってくる東京出張所の役割は、公文書やマスメディアから窺われるものとやや位相が異なる。表5は、内海が東京出張所を訪れた年月日とそこで面会した人物や用件について、内海日記から判明する限り

										31												32					
3	4	5	6	7	8	9	10	11	12	1	2	3	4	5	6	7	8	9	10	11	12	1	2	3	4	5	6
		o	o			o	o			o																	
	o	o						o	o/	o																	
o	o	o	o	o			o																				
									o/	o																	
	o	o	o																								
	o	o/	o		o			o		o																	
						o																					
		o																									
										o			o							o	o		o				
										o			o														
													o	o/	o	o			o		o						
																						o					
										o	o	o					o	o/	o	o	o/	o	o				
																							o				
										o			o					o									
																						o	o				
														o													
														o				o		o	o						
																				o	o						
																								o		o	
																									o		
																								o			
																								o	o/	o	
																								o			
																										o	
																											o
																										o	o

										35												36					
3	4	5	6	7	8	9	10	11	12	1	2	3	4	5	6	7	8	9	10	11	12	1	2	3	4	5	6
		o	o				o	o						o	o	o								o	o		o
o	o				o			o	o/	o	o	o	o				o				o/	o	o		o	o	
o	o					o	o	o	o/	o	o	o	o/	o	o	o			o/o	o	o/	o	o				
		o	+			o	o	o																			
		o																									
o	o																										
																								o	o		

38										39												40					
3	4	5	6	7	8	9	10	11	12	1	2	3	4	5	6	7	8	9	10	11	12	1	2	3	4	5	6

表4　台湾総督府高官（総督、総務長官、内局局長）の東京滞在の概況

氏名	職名	発令			28							29												30	
		年	月	日	6	7	8	9	10	11	12	1	2	3	4	5	6	7	8	9	10	11	12	1	2
川村竹治	総	28	6	15	o		o	o	/o	o	o		o	o	o/	o		o							
河原田稼吉	長	28	6	26		o			o	o/	o/	o	o	o	o			o							
富田松彦	財	26	10	12	o		o	o	o			o	o	o	o			o							
豊田勝蔵	内	27	4	13			o	o		+	o				o										
大久保留次郎	警	28	7	21		o			o	o		o	o	o		o	o/	o							
高橋親吉	殖	27	7	27																					
内田隆	殖	28	7	21					o			o	o	o	o										
石黒英彦	文	27	2	22										o	o										
石塚英蔵	総	29	7	30														o	o			o	o/	o	o
人見次郎	長	29	8	3															o					o	o
富田松彦	財	26	10	12														o	o		o	o	o	/o	o
池田蔵六	内	30	10	24																					
石黒英彦	内	29	8	10																					
石井保	警	29	8	10														o	o						
百済文輔	殖	29	8	10																					
杉本良	文	29	8	10																					
太田政弘	総	31	1	16																					
高橋守雄	長	31	1	17																					
木下信	長	31	4	15																					
平塚廣義	長	32	1	13																					
池田蔵六	財	30	10	24																					
小栗一雄	内	31	5	5																					
井上英	警	31	1	20																					
友部泉蔵	警	32	1	29																					
百済文輔	殖	29	8	10																					
殖田俊吉	殖	31	5	8																					
大場鑑次郎	文	31	5	8																					
南弘	総	32	3	2																					
平塚廣義	長	32	1	13																					
池田蔵六	財	30	10	24																					
岡田信	財	32	3	15																					
小濱浄鉱	内	32	3	8																					
中川健蔵	総	32	5	26																					
平塚廣義	長	32	1	13																					
岡田信	財	32	3	15																					
嶺田丘造	財	36	2	24																					
小濱浄鉱	内	32	3	8																					
友部泉蔵	警	32	1	29																					
中瀬拙夫	殖	33	8	4																					
安武直夫	文	32	3	15																					

		発令			32							33												34	
		年	月	日	6	7	8	9	10	11	12	1	2	3	4	5	6	7	8	9	10	11	12	1	2
中川健蔵	総	32	5	26					o	o						o	o			o	o	o			
平塚広義	長	32	1	13	o		o	o			o/	o	o	o	o							o	o/	o	o
岡田信	財	32	3	15	o		o	o/	o	o	o/	o	o	o	o			o	o		o	o	o/	o	o
嶺田丘造	財	36	2	24																					
小濱浄鑛	内	32	3	8						o											o	o			
友部泉蔵	警	32	1	29							o	o	o												
石垣倉治	警	33	8	4																					
中瀬拙夫	殖	33	8	4																					
安武直夫	文	32	3	15						o	o		o	o											
深川繁治	文	35	4	1																					

		発令			36							37												38	
		年	月	日	6	7	8	9	10	11	12	1	2	3	4	5	6	7	8	9	10	11	12	1	2
中川健蔵	総	32	5	26	o	o																			
平塚廣義	長	32	1	13			o																		
岡田信	財	32	3	15																					
嶺田丘造	財	36	2	24		o																			
小濱浄鑛	内	32	3	8																					
石垣倉治	警	33	8	4																					
中瀬拙夫	殖	33	8	4																					
深川繁治	文	35	4	1																					

38										39												40					
3	4	5	6	7	8	9	10	11	12	1	2	3	4	5	6	7	8	9	10	11	12	1	2	3	4	5	6
			o	o		o	o							o	o											o	o
o	o			o	o		o	o/	o/	o	o	o	o							o	o/	o	o	o	o		
o	o			o	o		o	o	o	o/o	o	o	o														
																		o	o	o	o	o/o	o	o	o	o	o
	o	o												o			o					o					
																									o		
					o											o											o
		o			o			o	o	/o	o	o	o		o			o		o	o						
																							+	o	o	/o	
					o									o						o	o			o	o		

										43												44					
3	4	5	6	7	8	9	10	11	12	1	2	3	4	5	6	7	8	9	10	11	12	1	2	3	4	5	6
	o	o						o	o					o	o					o							
						o			o	o/o	o	o		o/	o				o		o	o/o	o				
								o	o	o	o	o	o		o	o											
																			o	o	/o	o	o				
o	o	o						o	o				o	o		o	o			o				o			
											o/	o/	o			o	o				o		o	o			
						o	o																				
											o		o			o		o	o	/o							
o	o																										
								o	o						o					o	o	o	o				

凡例：1.　公務による東京滞在の確認できる人物・年月の欄に「○」を記入し、総督の任期ごとに整理した。同一月ないし連続する数ヶ月の東京滞在中に台湾への帰任が確認できる場合は「/」印で区切った。また、網掛けが施された月は、帝国議会の会期であることを示す。

2.　職名欄は，以下のとおり略記した。
「総」＝総督，「長」＝総務長官，「財」＝財務局長，「内」＝内務局長，「警」＝警務局長，「殖」＝殖産局長，「文」＝文教局長

典拠：『東京朝日新聞』『台湾日日新報』『府報』

で整理したものである。このうち面会記録の頻度が高い総督と総務長官について、その延べ回数を年別に整理したものが表6である。

内海が初めて東京出張所を訪れたのは、旧友の大久保警務局長から「採用に内定」との電報を受け取り、川村総督、および、内務省警保局長横山助成との面会を経て、「採用は大丈夫との自信を得たり」（一九二八年八月二〇日条）と日記に記してまもない一九二八年八月二八日のことである。そこで内海は、平島敏夫東京出張所長（総督官房秘書課長）に面会し、辞令交付の時期や異動の情報を得ている。この約三週間後、本稿冒頭で述べたとおり、無事に辞令交付を受けて台湾総督府高等官として初めて出張所に赴く。

その後、台湾総督府在職中の四度の上京時（一九三三年二月、三四年五月、三六年四月、三六年六月）には、いずれも出張所に出向いている。着京・離京に際しての挨拶（一九三三年二月七日・一四日）のほか、各省庁や知

		発令			36							37												38	
		年	月	日	6	7	8	9	10	11	12	1	2	3	4	5	6	7	8	9	10	11	12	1	2
小林躋造	総	36	9	2				o								o									
森岡二朗	長	36	9	2				o		o	o/	o	o	o	o			o	o			o	o/	o	o
嶺田丘造	財	36	2	24					o	o	o	o/o	o	o	o			o	o		o	o	o	o/o	o
中島一郎	財	39	7	24																					
山県三郎	内	36	10	16					o									o							
石井龍猪	内	40	4	9																					
二見直三	警	36	9	24					o																
田端幸三郎	殖	36	10	16																		o			
松岡一衛	殖	39	12	27																					
深川繁治	文	35	4	1				o																	
島田昌勢	文	36	10	16					o				o	o				o							

		発令			40							41												42	
		年	月	日	6	7	8	9	10	11	12	1	2	3	4	5	6	7	8	9	10	11	12	1	2
小林躋造	総	36	9	2	o				o	o															
森岡二朗	長	36	9	2				o																	
中島一郎	財	39	7	24	o	o	o	o/	o																
石井龍猪	内	40	4	9																					
二見直三	警	36	9	24	o	o	o																		
松岡一衛	殖	39	12	27			o		o																
深川繁治	文	35	4	1																					
島田昌勢	文	36	10	16		o	o			o															
長谷川清	総	40	11	27						o	o					o	o					o			
斎藤樹	長	40	11	27						o/o	o	o/o	o	o								o		o/o	o/o
中島一郎	財	39	7	24								/o	o	o	o				o	o		o	o	o	o
高橋衛	財	43	10	6																					
森部隆	内	41	5	14												o						o	o/	o/	o
荒木義夫	警	40	12	3														o							
山内逸造	警	42	7	7																					
石井龍猪	殖	41	5	14																+	o				
須田一二三	殖	42	10	14																					
梁井淳二	文	40	11	13						o		o	o	o				o	o						o
西村高兄	文	42	7	3																					

		発令			44						
		年	月	日	6	7	8	9	10	11	12
長谷川清	総	40	11	27				o			
斎藤樹	長	40	11	27							
高橋衛	財	43	10	6							
森部隆	内	41	5	14							
山内逸造	警	42	7	7							
須田一二三	殖	42	10	14							
梁井淳二	文	40	11	13							
西村高兄	文	42	7	3							

人を訪問するあいまに立ち寄って昼食をとったにすぎないケースもあるが（一九三四年五月一六日・一八日）、東京出張の総督府職員は「到着後速ニ台湾総督府出張員事務所ニ出頭シ且ツ出来得ル限リ日々同所ニ出勤」するよう求められていたことに照らせば、[41]「出勤」としての意味を帯びていたともいえるかもしれない。

東京へ移住した一九三九年以後に訪問回数が増えるのは一目瞭然だが、その訪問時期には粗密がある。内海が日記に記した面会の相手および用件からは、およそ次のような傾向が浮かび上がってくる。

まず、内海は、総督・総務長官の退任・新任の節目には欠かさず出張所に赴いているほか、総督や総務長官の上京の日程を新聞や出張所を通じてこまめに確認し、時機を捉えては面会に出向いている。とくに、小林総督の上京時には必ず面会を果たし、長谷川総督の場合も在任中八回の東京出張のうち七回まで出張所にて個別に面会の機会を得ていることが確認できる（表3を参照）。そして、総督と面会するたびに台湾統治方針に関わる論議を重ねている点も眼を引く。たとえば、一九四〇年六月の小林総督との面会では、自らの新竹州知事在任期の中核的な事業であった「産業五ヶ年計画」の実績を示して、「農産奨励に就ては技術者の正しき意見を採用し、之を実行する迫力あれ」「総督府の課長、技師連が地方庁の仕事につき謙虚なる気持を持て研究し、良いことは之を採用し他州に及す用意が必要也」と力説し、元地方長官としての自信に満ちた意見を述べている（一九四〇年六月一〇日条）。また、長谷川総督に対しても、新任挨拶の当初から「種々台湾統治問題につき卑見」（一九四〇年一二月一〇日条）を開陳しているほか、「大東亜戦争」開戦後には「要するに大東亜建設にて華僑問題が重要なり。漢民族統治に多年の経験を有する台湾を大に利用すべし」と主張するなど、漢民族統治の「実績」なる観念に支えられて「台湾統治論」から「大東亜問題」にまで議論を及ぼしている（一九四二年四月一〇日条）。こうした内海の主張が時の総督の台湾統治方針になんらかの影響を及ぼし得たとは考えにくいけれども、州知事として地方統治に尽力する中で小林躋造や長谷川清らとの関わりを築いてきた内海にとって、[42]小林に次いで長谷川が台湾総督となったことは格別の意味をもっていたように思われる。

頻度の点で面会の記録が最も多いのは、森岡二朗総務長官である。面会の用件を記していない日が多いが、高雄州関係者と長官との仲介や自らの身上の相談等のほか、南日本化学工業株式会社の経営に関わって資材等の面で情報・便宜を得ていることがわかる。森岡は、内海が学務兵事課長として青森県に赴任した時期（一九二一年、当時森岡は青森県警察部長）以来の知己であり、台湾総督府への就職、南日本化学工業への再就職にあたり仲立ちとなった人物である。森岡の退官後には会合の場が千駄ヶ谷の私邸と台湾倶楽部へと移り、公私にわたる関わりが続く（台湾倶楽部については近藤論文を参照）。後任の斎藤樹総務長官については、森岡に比して面会の頻度は少なくなるものの、南化経営に関わって情報・意見の交換と援助の依頼は継続している。とりわけ、一九四一年三月に南化が直面していた問題の打開に向けて長官の介入・助力を求めて苦心した経緯が「内海回想録」に詳細に綴られている。

南日本化学工業の経営に関わっては、総務長官のほかに、田端幸三郎（殖産局長）、西村高兄（総督官房企画部長）、須田一

表 5 「内海忠司日記」にみる台湾総督府東京出張所訪問の概要

年	月	日	出張所で面会した人物	出張所訪問の用件	備考
1928	8	28	平島敏夫（総督官房秘書課長・東京出張所長）	発令・異動情報	「発令は来月十日前後の見込の由、異動はかなり多数ある模様也」
	9	18	—	発令につき挨拶（初登庁）	9 月 18 日付辞令交付。夜に川村総督邸訪問
	9	19	川村竹治（総督）		
1933	2	7	能沢外茂吉（事務官）、友部泉蔵（警務局長）	着京の挨拶	紀元節宮中儀式に新竹州知事として参列のため上京（2 月 7 日～15 日東京滞在）
					友部は 7 日夜出発帰台
	2	8	平塚廣義（総務長官）		
	2	10	—		宮内省訪問前に立寄り
	2	13	岡田信（財務局長）		
	2	14	—	帰台の挨拶	東京出発の前日
1934	5	16	—	昼食	地方長官会議に新竹州知事として出席のため上京（5 月 3 日～19 日東京滞在）
	5	18	—	昼食	
1936	4	1	中川健蔵（総督）、岡田信、井上保雄（海軍大佐・軍令部）	井上大佐と海軍省に同行。高雄州の海軍用地につき協議	長女の結婚式のため帰郷・上京（4 月 1 日～10 日東京滞在）
	7	10	—		高雄州の海軍用地に関する協議のため上京（7 月 10 日～14 日東京滞在）
					海軍軍令部での会合後に立寄り
1939	3	18	久保庄太郎（総督官房人事課属・東京出張所主任）、松本虎太（道路港湾課長）	久保に引越しの件を依頼 松本より梧棲築港案の議会通過の情報	東京移転の準備のため上京（3 月 15 日～20 日東京滞在）
					「皆、議会行にて不在」
	4	13	森岡二朗（総務長官）、泊武治（交通局総長）		4 月 10 日東京へ一家移住
	4	15	森岡二朗、岡田信		
	5	19	山県三郎（内務局長）		
	5	20	小林躋造（総督）	不在	不在のため名紙を残して帰る
	5	22	山県三郎	待ち合わせ（小林総督退官問題）	山県の車で万平ホテルへ。小林総督の帰来を待つ。「総督退官問題につき、東京方面の情報につき談ず」
	7	8	小野田快雄（外務部第一課長）		幸楽にて昼食

年	月	日	出張所で面会した人物	出張所訪問の用件	備考
	7	10	田端幸三郎（殖産局長）	日曹マグネ（南日本化学工業創立）内情聴取	
	8	8	加藤恭平（台拓社長）	不在	翌日に軽井沢より帰京を確認
	12	2	田端幸三郎、森岡二朗	旭電化に工場許可の交渉	
	12	9	宗藤大陸（高雄市尹）、磯部淳（海軍大佐・艦政本部出仕）、近藤信竹（海軍中将・軍令部次長）	磯部大佐の紹介にて近藤海軍軍令部次長と面会	
	12	18	森岡二朗	南日本勤務の件、東亜研究所の件ほか、各種情報	
	12	26	森岡二朗	台湾異動情報	「余身上の件、要領を得ず」
1940	1	23	清水七郎（総督官房秘書官室秘書官・東京出張所長）	東京出張所長新任	「台南以来の旧知につき、都合よし」
	2	2	林通雄（事務官）	南日本に曹達事業承認の件	「其の状況により企画院に植村次長訪問」
	2	6	森岡二朗、山県三郎、河合謙（高雄商業校長）	森岡長官に河合校長紹介、南方教育資金の件依頼。山県内務局長不在	
	2	13	山県三郎		同盟通信に台湾空襲の内報あり。台湾との電話不通。
	3	12	西村高兄（総督官房審議室企画部長）、島田昌勢（文教局長）、森田俊介（学務課長）等	文教局長に原道太郎（海洋少年団）を紹介	
	3	14	森岡二朗	不在	
	3	21	森田俊介		幸楽にて午餐、牛肉スキ焼
	3	28	森岡二朗	少年団連盟入りにつき了解を得る	
	4	15	森岡二朗	帰台前の挨拶	森岡は翌日横須賀より海軍機にて帰台
	5	29	中村寛（総督官房秘書官室秘書官）、西村高兄	会社関係	「其結果により会社に行き倉石に航空便出す」
	6	10	小林躋造	統治方針につき議論	「新竹州産業五ヶ年計画の実績表を示し」「台湾は未だ未だ農産物増産の余地あることを力説」「総督府の課長、技師連が地方庁の仕事につき謙虚なる気持を持て研究し、良いことは之を採用し他州に及す用意が必要也と説た」
	6	12	—	小林総督の少年団向け揮毫の受理（自宅送付済み）	
	6	15	西村高兄		

	6	24	西村高兄	資材に関わる閣議情報、帰台日程	「企画院方面では日曹関係は評判が悪い様だ」「倉石に台北で西村君に会ふ様に電報及航空便を出した」
	7	1	泊武治	不在	
	9	20	森岡二朗、児玉、山県三郎		
	10	14	—	小林総督の上京日程を確認	30日燕にて上京
	11	9	小林躋造	不在	
	12	2	長谷川清（総督）、森田俊介	新任	「種々台湾統治問題につき卑見を申述ぶ」
	12	10	長谷川清		
	12	26	斎藤樹（総務長官）	新任	「官僚式の感がした。少々固くなって居るやうだ」
	12	28	—	高雄列車事故の詳報確認	「誰か知人の被害がないかと気がかりだ」
1941	1	30	斎藤樹、西村徳一（総督官房秘書官室事務官）、須田一二三（総督官房審議室企画部長）、森田俊介	斎藤長官は議会のため不在	
	3	3	斎藤樹	南日本問題（台銀融資等に関する斉藤の見通し等）	
	3	15	斎藤樹	南日本問題（会社の問題の現状を報告。今後の問題につき依頼）	「中野社長の辞任には長官大に賛成の意を表したり」
	5	14	長谷川清	不在	
	5	16	長谷川清		
	6	28	須田一二三	会社現状につき斉藤長官への伝言、意見交換	須田は翌日帰台
	7	26	斎藤（事務官）	会社事業に関して総督府に送りたる公文の内示	
	8	4	斎藤（事務官）	会社事業に関して総督府および陸軍省の動向	
	10	2	石井龍猪（殖産局長）		
1942	1	7	—	中村一造叙位叙勲の件問合せ	
	1	12	斎藤樹		
	4	10	長谷川清	功一級昇叙の祝辞、台湾統治論、大東亜問題	
	11	9	—	事務打合せ	

年	月	日	出張所で面会した人物	出張所訪問の用件	備考
	11	21	—	総督上京の情報確認	「今日午後五時羽田空港着」
	12	1	長谷川清、森部隆（内務局長）		
	12	18	森部隆、吉開右志太（海事出張員）、島田一郎（総督官房人事課属・東京出張所秘書係主任）	内務局長にセメント三千五百瓲の配給を依頼、倉石に吉開・島田を紹介	
	12	22	森田俊介	不在	
1943	5	22	長谷川清		
	11	13	長谷川清	高雄の発展談、会社の近況等、総督は過日安平、布袋を視察	「上京の事を新聞で見て」出張所訪問
	11	30	長谷川清		総督は 12 月 2 日に帰台
	12	23	—	旭二勲章を受理	
1944	1	21	—	—	退社後に立寄り
	6	15	吉開右志太（交通局海務部海運課事務官）	—	
	6	23	吉開右志太	蒸発缶輸送の件	「此所にも確報なし」
	7	24	北原三男（交通局海務部海運課事務官）	蒸発缶輸送の件、会社に電話あり	電話
	7	27	北原三男	輸送に関する総督府の見通しを聴取	
	8	2	副見喬雄（交通局総長）、北原三男、大澤（海事課属）	輸送問題協議	
	9	11	北原三男	不在	
	9	15	北原三男、笠口文夫（海事課出張員）	北原事務官より笠口海事課事務官を紹介される。大澤を呼んで紹介	
	10	13	長谷川清（総督）		「台湾に来襲の敵機は千四百、各都市工場の港湾を空襲。被害相当尽大の見込。高雄の日本アルミ、南日本化学も被害ありたる見込。」
	10	14	安井常義（東京出張所長）	台湾空襲の被害状況	「台湾の情報聴の為、総督府出張所訪問せしも、一昨日以来電報なき由」
	10	16	—	台湾空襲の被害状況、総督帰台情報	「台湾被害の情報聴取、未着」「長谷川総督は今朝出発、帰任」
	10	27	—	台湾空襲の被害状況	
	12	18	—	—	退社後に立寄り
	12	26	—	—	退社後に立寄り
1945	1	4	島田一郎（総督官房人事課属・東京出張所秘書係主任）	台湾空襲の情報	

1	8	長谷川清（前総督）、成田一郎（総務長官）、竹内徳治（内務省監理局長）	異動、新任・退任	
1	11	—	台湾空襲の情報	
1	16	—	台湾空襲の情報	「根井帰還、人事課長秘書官として復帰上京中に会ふ」
3	27	—		「怠業気分だ」 4月6日京都へ疎開
9	3	森田俊介（鉱工局長）、安井常義（東京出張所長）		会社関係の協議等のため上京（9月1日～10日東京滞在）。出張所は空襲により焼失、帝大図書館四階に仮設。
				「内務省で尋ねると四階に居るとの事にて、戸を開けば森田局長が居った。君生きて居ったかと云ふ次第。」
9	4	安井常義（東京出張所長）、島田一郎（東京出張所秘書係主任）		
9	5	森田俊介（鉱工局長）、塩見俊二（金融課長）*	帝織事業につき意見交換	「余の渡台の時期で無いやうだ」

注：「備考」欄の引用文の出典はすべて「内海忠司日記」。

表6 「内海忠司日記」にみる台湾総督府東京出張所訪問の頻度

年	1928	33	34	36	39	40	41	42	43	44	45
出張所訪問	3	5	2	2	13	22	9	8	4	13	8
総督面会	1	0	0	1	1	4	2	2	3	1	1
長官面会	0	1	0	0	5	6	3	1	0	0	1

二三（総督官房企画部長）等とも協議を重ねており、一九四四年に入ると輸送船確保のため交通局海務部海運課の事務官との連絡・調整に追われている。

以上のように、内海にとって、東京出張所は、総督府官僚の人脈を活かしながら南日本化学工業の経営に関わる具体的な情報・便宜を得るための交渉の場であった。

さらに、情報源という点で注目されるのは、高雄の列車事故の報道に接し、あるいは、台湾空襲の噂を耳にして、更なる詳報を求めて出張所に出向いていることである。電信上の制約から期待したほどの確報は得られないものの、出張所が東京在住者にとって台湾の最新情報を得るためのパイプとしての役割を担っていたことを窺わせる。

以上見てきたように、東京出張所は台湾総督府と中央政府との行政上の折衝の拠点であるばかりではなく、東京在住の台湾関係者と台湾とをつなぐステイションの役割も果たしていた。

三、「郡警分離」構想と台湾総督府予算案をめぐる攻防

最後に、一九二九〜三〇年にかけて台湾総督府が地方制度・警察制度改革の一環として構想した「郡警分離」案とその予算案が、中央政府との折衝の末に実現に至らなかったケースを取り上げ、総督府の台湾統治と本国政治との関係を検討する。

一九二〇年に初代文官総督田健治郎が地方制度改革の一環として導入した「郡守警察制度」は、下級地方行政庁の長である郡守に地方警察の指揮・監督権を認めたものであり(43)、警察官が一般行政事務の遂行に密接に関与するシステムであった。一九二九年に総督に着任した石塚英蔵は、これを地方行政上の「変態」であるとして、郡守から警察の指揮・監督権を分離する方針を定めた。あわせて、一般・蕃務の二系統からなる警察制度の統合をめざし、地方庁の理蕃課の廃止を計画した。一方では台湾人から突きつけられる地方自治要求の動向への対応を探りつつ、他方で帝国内における変種的な制度を改めて法的異域性を解消していこうとする改革構想であり、台湾住民と直接対峙する地方統治のあり方に関わる抜本的な構想で

あった。これ以前の時期にも、地方一般行政から警察部門を独立させる制度改革が議論の俎上にのることはあったけれども、石塚の総督就任後に具体化した「郡警分離」構想の特徴は、「蕃務警察」の一般警察への統合を柱とする先住民統治体制改編の構想が盛り込まれていたこと、および、総督府内部の議論にとどまらず、総督府予算案をめぐる攻防として本国政治の場に持ち込まれたことにある。

この「郡警分離」構想が頓挫に至る過程については、「拓務省では拓務大臣松田源治をはじめとして分離反対の陣容を構えた[44]」こと、さらに第五九回帝国議会において川村竹治前台湾総督が霧社事件をめぐり石塚総督および民政党内閣に対する責任追究を執拗に展開したこと等がその要因としてこれまで指摘されている。だが、「石塚英蔵関係文書」に含まれる東京と台北との往復文書を読み解いていくと、新たな様相が浮かび上がってくる[45]。

以下、石塚の台湾総督就任後に具体化した「郡警分離」構想をめぐる攻防の経過をたどっていこう。

石塚の総督就任まもない一九三〇年八月以降、総督府は、制度改編に向けた調査を実施したうえで、警務局・内務局内部での協議を重ね、官制改正の検討に着手するとともに、昭和五年度台湾総督府予算案に警察署新築経費を盛り込んだ[46]。この経費は、地方庁舎内から警察部門を切り離して地方警察を独立させるための設備費であり、「警察力充実費」として拓務省議、大蔵省議、閣議決定を経て、第五七回帝国議会（一九二九年一二月二六日開会）に提出されるに至った（図8参照）。だが、翌三〇年一月議会解散のため不成立となり、上京中の石塚総督をはじめ、人見次郎総務長官、富田松彦財務局長らは、特別議会に向けて改めて実行予算案の作成・折衝にあたることとなる。

原則として不成立予算は昭和五年度実行予算案に計上するという政府の予算編成方針を受けて作成された台湾総督府予算案は、二月一四日に拓務省議を経て大蔵省に回付され、主計局査定を経て、三月半ばに大蔵省議へと提出された。この間、台湾総督府では、全島内務部長事務打合会を招集して地方庁の実務担当者の意見聴取を行うなど、「郡警分離」に向けた具体的な準備を進めている[48]。

総督府にとって事態の急転が明らかになるのは、大蔵省が拓務省予算案を省議決定した三月二〇日以降のことである。

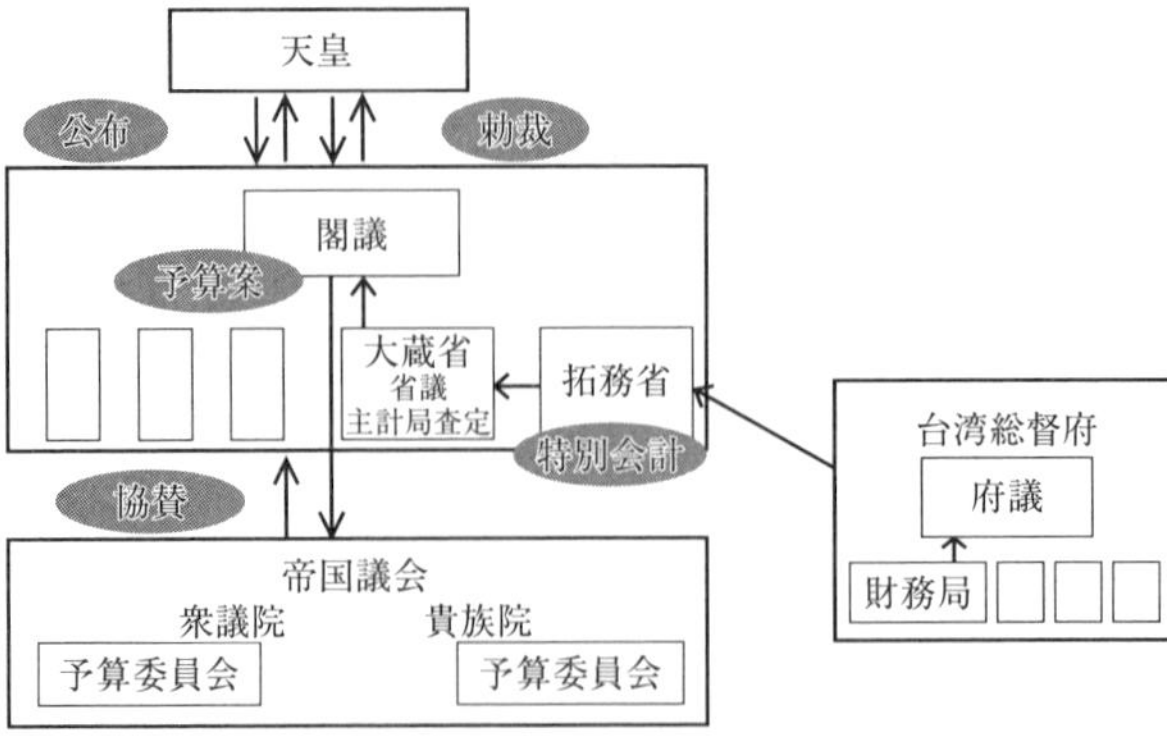

図８　台湾総督府予算の決定過程

「郡警分離」関係予算のみ削除して原案通り決定との内報を東京出張所で受け取った富田財務局長は、即時復活交渉に乗り出すとともに、総督府本府へ打電して事態の急転を伝え、閣議決定以前に事態の好転をはかるべく協議を重ねる。短期日の間に東京と台北の間を行き交った慌ただしい電報発受の記録は、特別議会での予算成立を楽観視していた総督府側の動揺ぶりと予算復活に向けた苦闘ぶりをよく伝えている。

結果として、四月中旬、復活折衝のため急遽上京した人見総務長官から「在京台湾関係有力者ニシテ尚早論ヲ持スル者アリ、貴族院ニ於テハ審議長引キ未了ニ終ハル虞アリ」、拓相・蔵相ともに削除につき意見一致していること、よって「本案関係ノ交渉ハ此ノ辺ニ止メ次ノ通常議会迄辛棒スルホカナカラン」[49]との判断を伝えられた石塚総督は、「郡警分離」関係予算を次期通常国会に提出することと、議会の予算審議権を拘束しない事項については予定通り準備を進めることを条件として応諾する旨を返電し[50]、予算案をめぐる折衝は次期通常国会に持ち越されることとなった。

大蔵省議で「郡警分離」関係予算が削除された経緯については、新聞報道や後の帝国議会では「財政上の都合」だと説明されているが、「石塚英蔵関係文書」所収の往復文書によれば、実は主計局査定の段階から在京台湾関係者による強力な介入のあったことが直接的な理由であったことがわかる。同文書から判明することを摘記すれば、①大蔵省主計局での総督府予算案査定の段階で「某氏」より「自分ハ反対意見ヲ有スルニツキ考慮アリタキ旨」の電話が主計局長に入ったこと、②主計局長は「不成立予算ニ計上シタルモノハ大体ニ於テ追加予算ニ計上スル閣議決定ノ方針」に従い拓務省原案どおり認めて省議に廻したものの、③「某有力者ヨリ直接大蔵大臣ニ対シ強硬ナル反対意見ヲ陳述」したことにより、議会での紛糾を懸念した蔵相が削除の意を固め、これに拓相が同調したこと、④蔵相への意見表明というかたちで強硬な介入をした「某有力者」とは、二代前の台湾総督上山満之進（勅選議員、同和会）らしいこと、⑤これに先だって主計局査定時に介入しようとした「某氏」とは「拓務省ノ次官又ハ局長級」らしいこと、である。

これらの情報を手がかりとして上山満之進の日記をたどってみると、同時期に、上山が拓務省管理局長生駒高常としばしば面会し、これと前後して松田拓相や井上蔵相とも面会していることが確認できる。[51] たとえば、総督府実行予算案が拓務省議を経て大蔵省に回付された直後の二月一八日に、上山が拓務省に生駒管理局長を訪問している。一方、大蔵省議で「郡警分離」関係予算の削除が決定された直後の定例閣議当日三月二二日朝には、生駒管理局長が上山私邸を訪問している。生駒は、上山が台湾総督就任時に総督官房秘書官に抜擢した人物であり、拓務省設置（一九二九年六月）の翌月に管理局長に就任していた。用談の内容は不明であるが、「郡警分離」関係予算をめぐり情報・意見のやりとりがあったと考えることは可能であろう。[52]

「各方面ニ強キ反対論アリ」[53]と伝えられた「郡警分離」関係予算案に対する反対者の論点は多岐にわたったけれども、人見総務長官の電報や拓務省作成の意見書によれば、その重点はおおよそ次の四点に整理できる。[54] ①「台湾人ニ対シテハ恩威並行ノ要」があり、警察官の関与なしに地方一般行政の円滑な遂行を望むのは「時期尚早」であること、②郡守から警察指揮・監督権を分離すれば「其ノ存在ノ影ハ甚ダ薄ク」なり台湾人統治上不都合であること、③地方警察機関の分立は、郡守と警察との権力対立を招来し、地方統治上支障をきたしかねないこと、④「蕃地行政」の変革は台湾統治上の重大事項であり、「郡警分離」に付随してなすべきものではないこと。このうち②と④の論点は、拓務省作成の意見書にもみられるが、人見総務長官の電報によれば上山元総督の主張だという。

このような介入・反対論に対して、総督府は複数の回路を通じて予算復活に奔走する。

まず、東京で大臣や局長級を相手に懇請にあたる財務局長の要請を受けて、石塚総督は拓相および蔵相宛に次のように打電している。(55)

既ニ本府ニ於テハ郡警分離ニ伴フ官制ノ改正其他実行方法ニ付キ着々準備ヲ進メツ、アルノミナラス外間ニ於テモ亦既ニ確定的事実トシテ周知セルノ事態ナルニ不拘今更突如トシテ之ヲ削除セラル、カ如キコトアラハ小官ノ面目上堪ユル所ニアラス

すでに制度改革構想は公になっており、その実現如何は総督の威信に関わる問題だというのである。また、浜口雄幸首相宛にも状況を伝えて「局外者ノ進言或ハ裏面ノ策動等ニ依リ之カ阻止セラル、カ如キコトアラハ当局トシテ到底其職責ヲ完フシ得サルヘシ(56)」と総督統治権への介入の問題だとして強く異議を表明している。さらに、他の国務大臣（安達謙蔵内務大臣、江木翼鉄道大臣）や、民政党幹部（富田幸次郎幹事長、原脩次郎総務(57)）にも概要を伝え、閣議等の場での支持を求めた。

電報による懇請に加えて、特別議会開会を目前にした三〇年四月から開会後の五月一〇月にかけて、人見総務長官、石黒英彦内務局長、石井保警務局長、さらに石塚総督が相次いで上京し、各方面との直接交渉にあたっている（表3・4参照）。以下に示すのは、一九三〇年一〇月、上京中の石塚総督と台湾帰任後の人見長官との間に交わされた電報の一部である。(58)

貴電拝承内務局長上京説明セシムル方ヨロシカランカト存ズルモ評議会ノ開催モ近ク自治案ノ骨子ヲ取纏メ議案準備ノ必要モアリ今暫ク留守スルコト如何カト考ヘラレ寧ロ警務局長十三日帰任致スベキニ付警務局長ヲ上京セシメ伊澤氏ノ方ヨリ上山氏ヲ解カシムル方都合好キカトモ考ヘ同局長帰任ノ上協議シ御指揮ヲ得度ク考ヘ居レリ（人見総務長官から石塚総督宛の電報訳文、一九三〇年一〇月一〇日一〇時着信）

事柄ガ警察署ノ独立ナルカ故ニ他ヲ首肯セシムルニハ寧ロ一般内務行政ノ側ヨリ説明スルヲ得策トス又松田氏モ石黒局長ノ方ヲ望ミ居レリ　但シ産業調査会、評議会等モ近ツキ都合悪クバ暫ク之ヲ延期スルモ差支ナキモ石井局長ノ都合宜クバ此際上京

シ説明ノ継続ヲ図ルモ亦一策ナラン（石塚総督から人見総務長官宛の電報訳文、一九三〇年一〇月一〇日一五時発信）

ここに示すように、台湾総督府は、評議会準備や島内視察など統治上の要務との兼ね合いに苦心しながら、石井警務局長―伊澤多喜男―上山満之進のパイプ、あるいは、松田拓相―石黒内務局長のライン、というように複数の回路を通じて事態打開の可能性を模索している。制度改正の理由付けも、警察権遂行をめぐる弊害の強調から、内務行政、自治制施行上の必要性の強調へと重点を移しながら、より有効な駆け引きの論拠を探っている。さらに石塚自身、この打電の二日前にも宴席を設けて上山満之進と伊澤多喜男と会合している。(59) 総督経験を有する貴族院議員上山の強硬な反対姿勢を前に、総督府は長期間にわたり苦戦を強いられていた。

では、一九二九年六月に台湾総督府の監督官庁として発足したばかりの拓務省は、在京台湾関係有力者の介入に対してどのように対応したのだろうか。以下に示すのは、一九三〇年特別議会開催前から同年通常議会開催前の時期に、松田拓相が石塚総督宛に発信した電報・文書の一部である。(60)

本追加予算ノ如キハ提出ヲ延期スベキノ趣旨ニツキ事実上郡警分離ニ反対スル次第ニ非ズ〔中略〕尚本件冬ノ通常議会ニ提出スルコトハ大蔵大臣並ニ小官ノ保証スル所ニシテ只短期ノ特別議会ニ提出ヲ避クル意味ニツキ此ノ点充分御安心ヲ乞フ（松田拓相から石塚総督宛の電報訳文、一九三〇年三月二三日二三時着信）

本意見書ハ全ク非公式ノモノニ有之　唯郡警分離問題ニ関シ御参考迄ニ差上申候間篤ト其是非御研究相成度候　松田（「秘　郡警分離ニ関スル件」表紙メモ、一九三〇年一〇月中旬頃、松田拓相から石塚に手交か）

尚本議会霧社事件ノ責任ニ関シ相当論議セラルルコトト信ゼラルルニ付キ議論アル問題即チ郡警分離ノ如キハ寧ロ之ヲ撤回スルコト賢明ナル措置ト思フ（松田拓相から石塚総督宛の電報訳文、一九三〇年一一月一四日着信）

石塚との往復文書を見る限りでは、当初、総督府の原案どおりに省議決定した松田拓相は、省内外で反対意見が顕在化するなか、総督府の改革構想への支持を表明しながらも特別議会の紛糾回避を優先させて次期通常議会へと先送りし、その後、改革の是非再考の要請、霧社事件後には露骨な撤回要請へと変転している。第五九回帝国議会（一九三〇年一二月開会）において前総督川村竹治から拓務省の責任を追及された松田拓相の答弁には、同相の無定見ぶりが滲み出ている。昭和五年度予算案編成にあたり「蕃地警察」の一般警察への統合構想を含む「郡警分離」関係予算を承認した拓務省の責任を問うた川村に対し、松田拓相の答弁は次のようであった。(61)

郡警ノ分離ハ台湾カラ昭和六年ニモ分離ノ予算ガ出マシタケレドモ、拓務省ハ見ル所アリマシテ郡警ノ分離ハ議会ニハ提案イタシテ居リマセヌ、是ガ今回ノ騒擾ヲ起シタル原因トハナッテ居ラヌト私ハ考ヘテ居リマス

現内閣が承認した「郡警分離」構想とは「伝統的ノ理蕃政策ヲ変更」するものであり、それがゆえに「霧社事件ノ如キ不祥事ヲ招来」したのだという川村の批判自体は、霧社蜂起により顕在化した問題を捉えたものだとは言い難いが、対する松田拓相の答弁は拙劣なつじつま合わせであり監督官庁としての責任回避に終始するものであった。

第五九回帝国議会において政友会系の前総督川村竹治が民政党系の総督石塚の台湾統治策に対する激烈な批判を展開し、総督、長官らを辞任に追い込んだことは比較的よく知られているが、石塚が実現しようとした「郡警分離」の構想については、帝国議会以前の段階で、民政党内部の総督経験者からの強硬な反対にあい、議会での紛糾とその余波を考量した拓務省の「変節」により、実現の見込みはほぼなくなっていたと言える。

拓務省から予算撤回を迫られた総督府側は、「殊ニ今回ノ霧社事件ニ鑑ミルモ、動スレバ圧力行政ニ陥ル虞アル制度ヲ改メ行クコトハ民心ノ推移ニ察シ一層必要」(62)だと主張して、霧社事件を「郡警分離」の必要性の論拠にしつつ説得を重ねたが、台湾統治上の「不祥事」の責任追究をめぐる中央政府と台湾総督府との政治的磁場のなかで、「郡警分離」関係予算の復活

の余地は乏しかった。霧社セデックによる武装蜂起は、台湾総督府の統治のあり方如何ではなく、統治そのものに対する峻厳な異議申し立てであったが、結果として、警察力による威圧的な統治の必要性、なかんずく「蕃務警察」による先住民特別統治体制の維持を主張する論拠として位置づいていくこととなる。その後、改めて郡警制度改正が議論の俎上にのせられるのは、一九三五年地方自治制度導入に際してである。(63)

以上の顛末を通じて浮かび上がるのは、在京台湾関係者が、帝国議会の場外においても、総督府の政策決定過程に一定の影響力を有していたことである。彼らは、台湾在職時の人脈を通じて台湾島内の最新情報を不断に入手しながら、自らの台湾統治経験に根ざした主張を展開していた。総督府の台湾統治は、常に東京の動勢を見極めながら、中央との政治的交渉に人員と労力を割き続けざるを得ないという、いびつな状態に置かれていたのである。

おわりに

以上検討してきたように、台湾総督府東京出張所は、帝国議会への対応を主軸とした、台湾総督府と中央政府との行政上・政治上の折衝の拠点であるとともに、在京台湾関係者にとっての人や情報の結節点として複合的な機能を担っていた。設置形態からみれば、台湾植民地化当初には総督や民政局長（民政長官）の東京出張や帝国議会の会期にあわせて一時的に開設していた事務所が、一九一〇年代に常設化した後、一九二〇年代初頭に独立した建物を構え、一九四〇年代初頭に台湾総督府所属機関として制度上の根拠を得て専任の所長が配置されるに至る。この間、その所在地が一貫して帝国議会議事堂に隣接した地点にあったことは、東京出張所が担った主要な機能が帝国議会への対応にあったことの端的な現れである。と同時に、台湾総督府本府との関わりにおいては、東京滞在中の総督府職員の寄り合い事務所という性格から、中央政府との交渉主体としての総督官房機能の強化・移譲が進むとともに、在京の台湾関係者あるいは報道関係者にとってのシンボル的な存在――台湾統治機構の「顔」としての存在感を強めていく。

台北と東京の間を往復する総督府職員に注目すれば、帝国議会の会期にあわせた財務局長および総務長官の長期の東京滞在が通例となっていたほか、総督・長官および複数の局長が同一時期に台北を離れて東京に会合するという事態がしばしば生じていたこと、本国の地方長官会議に一九二〇年以降は州知事、一九三〇年代後半以降は内務局長が列席するようになったこと等、総督府の台湾統治構造を捉えるうえで看過できない特徴が浮かび上がってくる。東京出張所とは、台湾総督府にとって、台湾統治が中央政府や在京政治家らとの交渉の過程でもあったことを如実に示す存在であった。

このように、台湾統治の基幹をなす予算・人事・官制等の決定回路において、台湾の文脈から離れた中央政治の磁場が決定的な意味を有するという構造は、台湾の住民からすれば、「民意」反映システム不在の端的な現れにほかならない。と同時に、台湾議会設置運動をはじめとする台湾人の政治的交渉の過程において、中央政治に連動して頻繁にすげ替えられる総督府官僚よりも、本国の政治家や官僚とのパイプが重要な意味をもつという事態も生じることとなる。

一方、台湾総督府を辞した後も東京出張所と接点を持ち続けた内海の足跡からは、再就職先である南日本化学工業の経営上の便宜にとどまらず、現役の、あるいは、旧知の官僚らとの関係を維持することが元総督府地方長官としての自己確認ともいうべき側面を有していたことも窺うことができる。退官後の内海が実際の台湾統治に関与しうる領域はごく限定的であったにしても、総督府の台湾統治は、内海たちのような在京台湾関係者の支持と介入とを無視して進めることはできなかったと捉えるべきだろう。「郡警分離」構想に関わる総督府の予算案が、帝国議会における政党間の攻防とは別の次元において在京台湾関係者の介入に直面し、石塚総督をはじめとする総督府高官たちが対応に奔走・妥協を余儀なくされたことなどは、その顕著な事例だといえよう。

この点、台湾総督府在職中の内海が上京のたびに川村竹治元台湾総督の私邸を訪問していたことや、台湾総督経験者である上山満之進や伊澤多喜男が、後藤文夫、本山文平、生駒高常など在京台湾関係官僚としばしば往来していたことなどを考え合わせれば、総督政治をとりまく在京台湾関係者のネットワークは、本論文で取り上げた東京出張所や、第2章近藤論文で取り上げた台湾倶楽部・台湾協会を含めて、重層的に形成されていたとみるべきであり、その重なりやズレの検討が必要となるだろう。

外地統治機関がそれぞれ東京に出張所を置き、独立した建物を確保して一定の人員を配置していたことや、植民地官庁出張所の統合案が幾度か浮上しつつも実現に至らなかったこと、あるいは、総力戦体制下で帝国全体の行政機構の再編と人員の再配置が進み、帝国の勢力範囲の外縁が拡張するのにともない「外地」の「内地化」の道筋が模索されるなかで台湾総督府が東京出張所を拡充する措置を講じたことなど、本論文で十分考究できなかった問題は多い。総力戦体制下で進行した帝国全体の植民地統治構造の変化を視野に入れつつ、その実相を具体的な施策の策定・実施過程に即して検証していくことは、更なる課題である。

注

（1）檜山幸夫「台湾植民地統治関係史料―台湾総督府文書を中心に」（井村哲郎編『一九四〇年代の東アジア　文献解題』アジア経済研究所、一九九七年）、檜山幸夫「台湾統治の構造と台湾総督府文書」（檜山幸夫編『台湾総督府文書の史料学的研究―近代公文書論研究序説』ゆまに書房、二〇〇三年）。

（2）前掲檜山幸夫編『台湾総督府文書の史料学的研究』、六頁。

（3）駒込武「第Ⅲ章二　台湾教育令制定過程」（駒込『植民地帝国日本の文化統合』岩波書店、一九九六年）、岡本真希子「一九三〇年代における台湾地方選挙制度問題」（『日本史研究』第四五二号、二〇〇〇年）等。

（4）中央政府各省旧蔵の植民地関係文書の公開状況については、主に以下を参照。熊本史雄「外交史料館所蔵「茗荷谷研修所旧蔵記録」の構造とその史料的位置―拓務省関係文書を中心に」（『外交史料館報』第一六号、二〇〇二年）、樋口雄一「外務省外交史料館「茗荷谷文書」について」（『日本植民地研究』第一四号、二〇〇二年）、加藤聖文「記録史料学にとっての情報公開法―外務省「外地整理室」保管文書について」（『史料館報』第七七号、二〇〇二年）、加藤聖文「植民地研究と拓務省文書―堤康次郎関係文書の紹介」（『日本植民地研究』第一二号、二〇〇〇年）等。

（5）加藤聖文は、中央官庁の植民地関係史料を紹介するなかで、植民地官庁の東京出張所の存在にも言及している。植民地官庁相互の異同にも留意しつつ帝国の統治構造全体を見渡す視点が示されてはいるが、個別の事実関係や東京出張所の性格について改めて検証すべき点は多い（前掲加藤聖文「植民地研究と拓務省文書」）。

（6）たとえば、「総督官房人事課事務分掌規程」には、「東京出張員事務所ニ勤務スル者」についての規定が設けられている（『台湾総督府府報』一九三六年一〇月九日、『府報』一九四〇年一二月一〇日、台湾総督府編『加除自在　台湾法令輯覧』等）。

（7）アジア歴史資料センターレファレンスコードC一〇〇六〇七八二一〇〇（防衛省防衛研究所所蔵）。同文書は、辨理公使水野遵発、陸軍次官児玉源太郎宛。「台湾史料稿本」（台北・国立台湾図書館所蔵）によれば、水野遵は同様の文書を内閣書記官、各省次官、東京府知事、大本営先任副官宛に発している。（以下、アジア歴史資料センターのウェブサイトにて閲覧した資料は、「JACAR」と略記し、同センターのレファレンスコードおよび原資料所蔵機関名を記す。）なお、民政局長水野遵の東京到着は一八九五年一二月九日、東京出発は一八九六年五月一日（「大島水野両局長帰京」『東京朝日新聞』一八九五年一二月一〇日付、「水野民政局長出発」『東京朝日新聞』一八九六年五月一日付。以下、『東朝』と略記）。

（8）閉鎖時期については、JACAR：C一〇〇六一〇〇〇七〇〇（防衛省防衛研究所所蔵）および「台湾史料稿本」による。なお、新聞報道によれば、この間、台湾総督樺山資紀の上京に伴い、「台湾総督府出張所」が参謀本部構内旧陸軍次官官舎（麴町区永田町一丁目）に開設されている（「台湾総督府出張所」『東朝』一八九六年三月七日付）。また、翌一八九七年九月〜一二月にかけて、立見尚文軍務局長等の上京に伴い、「台湾総督府幕僚出張所」が参謀本部構内の東京防御総督部内（麴町区永田町一丁目）に開設されている（「総督府幕僚出張所の引払」『東朝』一八九七年一二月九日付等）。このように、断片的ではあるが、台湾植民地化の初期において台湾総督府の民政部局と軍政部局がそれぞれ「東京出張所」を開設していたことが確認できる。台湾統治の構造に関わる問題として、その開廃時期や両者の関係等、検討すべき課題は少なくないが、史料上の制約から、本稿ではさしあたり民政部局の出張所のみを検討対象とする。

（9）出張所の開設・閉鎖に際しては、公報をもって関係省庁等に通知していたようだが、現時点では開廃時期の確定が困難なケースも含まれる。

（10）「台湾官吏の出発と出張所」『東朝』一八九七年八月二六日付。

（11）「台湾総督府出張事務所」『台湾協会会報』第六四号、一九〇四年一月、五〇頁。

（12）「督府出張所の一時間」『台湾日日新報』一九一一年八月六日付（以下、『台日』と略記）。

（13）「総督府出張員事務所の昨今」『台日』一九一一年九月一八日付。

（14）一九二九年八月には、まず樺太庁および南洋庁の東京出張所の拓務省内への移転が実行された。「植民地出張所漸次廃止」『東朝』一九二九年九月一四日付、「各植民地出張所将移入拓省」『台日』一九二九年九月一五日付等。その後、拓務省の組織拡充に伴い、一九三九年には両出張所は拓務省庁舎から転出することとなる（本文表2参照）。
(15)「植民地出張所を拓務省構内に建築」『台日』一九三〇年五月二八日付。
(16)「督府東京出張員事務所規程　昨日から施行」『台日』一九二七年三月三日付。
(17)『台湾総督府専売局档案』〇〇一〇〇六三七〇〇五。
(18)「事務分掌」は「出張所規程」に基づき出張所長が定める内規である。
(19)この時期、総督官房は五課一室（秘書課、文書課、法務課、会計課、調査課、審議室）から構成される。
(20)前掲「督府東京出張員事務所規程　昨日から施行」。
(21)「内外地一貫した施策の遂行」『台日』一九四一年一一月二八日付。
(22)なお、「出張所規程」および「事務分掌」では、所長不在時の代理について、「秘書課長在京セサルトキハ総督府ハ在京中ノ秘書官ノ一人ヲシテ其ノ職務ヲ代理セシム」（「出張所規程」第一条）、「所長不在中重要ナル事務ハ秘書係主任ニ於テ適当ノ方法ニ依リ指揮ヲ承ケ之ヲ処理スヘシ」（「事務分掌」附則）と規定している。
(23)『台湾総督府官報』一九四三年三月三一日。
(24)「督府東京出張所拡充中央との連絡緊密化」『台日』一九四三年一月二八日付。
(25)『台湾総督府官報』の「叙任及辞令」欄に所員の辞令が掲載されるのは、この時期以降のことである。
(26)前掲「督府東京出張所拡充　中央との連絡緊密化」。
(27)台湾総督府編『昭和十九年一月一日現在　台湾総督府及所属官署職員録』一九四四年。各所員の本府における所属は、属一〇名のうち総督官房勤務が四名（人事課三・情報課一）、警務局勤務二名、鉱工局勤務二名、交通局・専売局勤務各一名であり、嘱託三名については総督官房勤務二名、警務局勤務一名である。雇については、一五名のうち総督官房（人事課）勤務が一一名で大半を占めるほか、警務局・交通局・鉱工局勤務が各一名となっている。
(28)「台湾総督府東京出張所新築工事」『台湾総督府公文類纂』V〇三二六三／A〇〇一、「総督府東京出張所庁舎増築工事外三件」『台湾総督府公文類纂』V二〇一九一／A二〇。
(29)「新築台湾総督府出張所」『台湾時報』一九二二年七月号、一五三頁。
(30)東京出張所の筆耕作業スペースの膨張について、筆者は当初、東京における事務文書の膨大化として捉えるに過ぎなかったが、日本台湾学会（二〇一三年五月二六日）の報告時にコメンテイターの檜山幸夫氏より、台湾総督府文書の量的・質的変化と重ねれば、台湾総督府本府との関係において東京出張所の役割の変化の現れとして捉えうるとのご指摘をいただいた。記して感謝するとともに、この点については、総力戦体制下で進行する帝国全体の統治構造の変容過程の問題として別途論じたいと考える。

(31) 出版物の検閲については、台湾総督府本庁と警視庁とが連携して取締の網目をめぐらすなかで東京出張所が不可欠の役割を担っていたことを示す資料として、以下の叙述を掲げておく。「〔台湾への〕移入許可なく、台湾のみを目的とせざる内地雑誌又は新聞にして台湾の治案〔ママ〕紊乱と目す可き記事に対しては、東京の総督府出張所に二名の警部を出張せしめて手の届く範囲の新聞雑誌其他刊行物を検閲して居る。是れは主として、警視庁側と連絡を保つて居る係員があり、一々内報すると直に出張所から台湾総督府に打電し、台湾に着荷して頒布せぬ中に鉄道又は郵便局に於て差押へるのである」（「台湾の言論政策」『台湾・南支・南洋パンフレット（六五）』拓殖通信社、一九二七年一二月、三〇頁）。

(32) 「〝明朗な政治を台湾で行ひたい〟　総督、長官お揃ひで　きのふ東京出張所に初登庁」『台日』一九三六年九月四日付。

(33) 「長谷川総督初登庁」『台日』一九四〇年一二月一日付。

(34) 「六百名の台湾学生、昨夜総督府出張所に押寄す」『読売新聞』一九二五年一〇月二六日付。

(35) 王鉄軍「近代日本政治における台湾総督制度の研究」（『中京法学』第四三巻第一号、二〇〇八年）、同「台湾統治と総務長官」（『中京法学』第四三巻第二号、二〇〇八年）。

(36) ここでは、「内海日記」との関わり、および資料上の制約から、対象時期を一九二八年～四四年に限定する。これは、台湾では非武官総督制（一九一九年～三六年）の後半期から武官総督制へと再移行し、本国では政党政治の後半期（二大政党期）から翼賛政治へと移行する時期にあたる。前期武官総督期・非武官総督期を通じた時期による変化については、今後の検討課題としたい。

(37) 王鉄軍が整理しているように、成田一郎を除く一六名の歴代民政局長（長官）・総務長官のうち、在任期間の三〇％以上の日数が東京出張のため台湾不在になるのは一一名にのぼる。前掲「台湾統治と総務長官」、四四二頁。

(38) なお、財務局長に先行ないし同行して主計課長や主計課属が上京しており、東京滞在期間は課長や属が局長を上回る。

(39) 「宛ら督府移転の感　東京出張所に溢れ出るこの顔触」『台日』一九四一年一一月一四日付。

(40) 北村嘉恵「地方統治をめぐる隔絶・軋轢・依存―内海忠司と台湾人」（近藤正己・北村嘉恵・駒込武編『内海忠司日記　一九二八～一九三九』京都大学学術出版会、二〇一二年）。

(41) 「台湾総督府売専局檔案」〇〇一〇一七七四〇〇八（一九一一年一月一一日付、台湾総督府民政長官代理・殖産局長高田元治郎発、専売局長心得宛）。同通牒によれば、私用による東京滞在・通過の場合でも「可成一応同事務所ニ出頭シ宿所ノ届出テヲナスヘキ」とされていた。さらに、一九二〇年六月二六日には、拓殖局の指示に基づき、「高等官上京ノ場合及上京中地方ニ一時旅行ノ場合ニ於ケル着発ハ拓殖局宛書面ヲ以テ其都度速ニ当府東京出張員事務所ニ差出可相成」との通達が総務局長名で発せられている（「台湾総督府売専局檔案」〇〇一〇一八四四〇〇四）。

(42) 地方長官としての内海のヴィジョンおよび行動と軍との関わりについては、近藤正己「内海忠司の高雄「州治」と軍」（近藤正己・北村嘉恵・駒込武編、前掲書）を参照。

(43) 一九二〇年七月勅令第二一八号「台湾総督府地方官官制」には、「郡守又ハ市尹ハ知事ノ指揮監督ヲ承ケ法令ヲ執行シ部内ノ行政事務ヲ掌理シ所部ノ官吏ヲ指揮監督ス／郡守ハ警察及衛生ノ事務ニ関シ郡ニ配置セラレタル警視、警部、警部補及巡査ヲ指揮監督ス」と定められている（第三十六条）。

(44) 近藤正己「台湾総督府の「理蕃」体制と霧社事件」（大江志乃夫他編『近代日本と植民地2』岩波書店、一九九二年）。

(45) 「石塚英蔵関係文書」（東京大学史料編纂所所蔵）については、近藤正己前掲書のほか、野口真広「石塚英蔵総督の台湾統治改革構想―台湾経験から見る郡警分離問題」（松田利彦・やまだあつし編『日本の朝鮮・台湾支配と植民地官僚』思文閣出版、二〇〇九年）も利用しているが、本論文における資料読解とはかなり異なる。以下、「郡警分離」問題に関わる東京と台北との間の往復文書は「石塚英蔵関係文書」による。

(46) 台湾総督府警務局編『台湾総督府警察沿革誌　第一編　警察機関の構成』（一九三三年）、「総督府の新規事業　七十万円承認さる新港漁港新築費その他六件　二十日の閣議に上程の筈」『台日』一九二九年一二月一八日付夕刊。

(47) 台湾総督府はじめ各植民地の予算は、拓務省所管の特別会計として計上されるが、総督府予算の決定過程は以下の通り（本文図8参照）。閣議決定した全体の方針を踏まえて、総督府が予算案をとりまとめて関係各省との事前折衝を経て、拓務省に提出。協議、省議を経て拓務省予算案として大蔵省に提出。主計局査定を経て省議決定。これを閣議に提出して政府予算案を決定し、「勅裁」を経て、帝国議会に提出する。衆貴両院の予算委員会および本会議での審議・議決の後、公式令により帝国議会の協賛を経た旨を記載した上諭を付して、天皇の署名・押印、首相・国務大臣の副署をもって公布される。

(48) 一九三〇年当時台南州内務部長の任にあった内海忠司は、以下のように日記に記している。「内務局長より郡警分離問題につき内務部長事務打合会開催につき、十二日出頭の命来る」（一九三〇年三月八日条）、「午前九時より総督府三階貴賓室に於て内務部長事務打合会を開く。主として郡警分離に関する件なり」（三月一二日条）、「午前九時より総督府三階貴賓室に於て昨日に引続きて会議」（三月一三日条）、近藤正己・北村嘉恵・駒込武編、前掲書。

(49)　人見次郎総務長官から石塚英蔵総督宛の電報訳文（一九三〇年四月一一日付着信）。
(50)　石塚英蔵総督から人見次郎総務長官宛の電報訳文（一九三〇年四月一二日付発信）。
(51)　上山満之進「昭和五年日記」一九三〇年二月一八日条、三月二二日条（「上山満之進関係文書」、東京大学所蔵マイクロフィルム）。
(52)　なお、上山が、伊澤多喜男（一九二四年九月～二六年七月台湾総督）、後藤文夫（一九二四年九月～二七年六月総務長官）、本山文平（一九二六年一〇月～二八年七月警務局長）ら在京台湾関係者としばしば会合していたことも注目される。
(53)　拓務大臣松田源治から台湾総督石塚英蔵宛の電報訳文（一九三〇年三月二三日付受信）。拓務次官小村欣一から総務長官人見次郎宛の電報訳文（一九三〇年三月二二日付受信）においても、「各方面ノ反対意見ノ甚ダシキ」と、反対論の広がりと強硬さが強調されている。
(54)　人見次郎総務長官から石塚英蔵総督宛の電報訳文（一九三〇年四月一一日付着信）、および、「秘　郡警分離ニ関スル件」（いずれも「石塚英蔵関係文書」所収）。後者の文書は、作成者・作成時期の記載を欠くけれども、内容等から一九三〇年九月末～一〇月初頭の時期に、拓務省内でとりまとめ、滞京中の石塚総督に松田拓相が手交ないし送付したものと推定される。推定の主な根拠は、①「拓務省」罫紙を用いた一綴文書の扉には、本文とは異なる筆跡で「本意見書ハ全ク非公式ノモノ」であり「御参考迄ニ差上申候間篤ト其是非御研究相成度候」との松田拓相の添え書きがあること、②「台湾総督府東京出張所」一九三〇年一〇月六日午後四時十分、石塚総督発、人見総務長官宛の電報案文（暗号、平文併記）は、「センパンノシヨメンチウタクムダイジンノテモトニアルグンケイブンリノイケンシヨサノトウリ〔先般の書面中、拓務大臣の手元にある郡警分離の意見書、左の通り〕」との説明に続き、「秘　郡警分離ニ関スル件」の全文を電送したものであること。
(55)　石塚英蔵総督から松田源治拓相・井上準之助蔵相宛の電報訳文（一九三〇年三月二二日付発信）。
(56)　石塚英蔵総督から浜口雄幸首相宛の電報訳文（一九三〇年三月二二日付発信）。
(57)　原脩次郎は、台湾植民地化初期に弁務署長・警視補等に任官。退官後には賀田金三郎らと東台湾開拓に従事し、塩水港製糖や花蓮港電気の重役を歴任。一九一二年衆議院議員当選。
(58)　「石塚英蔵関係文書」所収。
(59)　前掲上山満之進「昭和五年日記」一九三〇年一〇月八日条、伊澤多喜男「手帳　昭和五年」一九三〇年一〇月八日条（「伊澤多喜男関係文書」、国立国会図書館憲政資料室所蔵）。両者の日記によると、石塚は台湾総督就任後、上京のたびに宴席を設けて両者と会合を持っている。

（60）「石塚英蔵関係文書」所収。

（61）「第五十九回帝国議会貴族院議事速記録第十号」『官報　号外』一九三一年二月五日。

（62）総務長官人見次郎から拓務次官小村欣一宛の電報訳文（一九三〇年一一月一二日付発信）。

（63）新竹州知事として地方自治制改正の準備を進めていた内海の日記には、以下の記録がみえる。「十時より警察会議に列席。郡警分離問題、自治制改正、より民情の動向等に関する諮問案の答申を聴取す」（一九三五年四月一六日条）、近藤正己・北村嘉恵・駒込武編、前掲書。

2　退職植民地官僚と台湾倶楽部・台湾協会――総督政治の周縁

近藤正己

はじめに

新竹州・高雄州知事を歴任した内海忠司は、退職後には東京に居住して台湾総督府元高級官僚や台湾に資本を投下する財界人とともに台湾倶楽部に出席し、中央政府と折衝する台湾総督や総務長官、各局長らとランチをともにして、植民地統治の周辺に身を置いた。内海忠司がしたためた日記には、植民地を退いてもなお植民地支配にしがみつこうとする内海のいきざまが淡々と描かれている。

内海が台湾総督府を辞職して東京に到着したのは、一九三九年四月一〇日であった。東京生活に落ち着いた六月一七日、内海ははじめて台湾倶楽部に招待される。その日の日記には次のように記されていた。

> 今日、台湾始政記念日につき、台湾倶楽部に祝賀午餐会を開き、余も新上京者として招待を受く。正午、丸の内、中央亭に行く。旧知来会者多し。余、保田前台銀頭取、石黒文部次官、来賓なり。午後三時帰宅。

内海のほか、保田次郎、石黒英彦が招待されているが、保田は二年ほど前にすでに台湾倶楽部のメンバーに加入していたが、石黒は内海とともに未加入であった。したがって、このときの「招待」は、保田と内海にとっては台湾からの「引き揚げ」によるものであり、石黒にとっては三八年一二月に文部次官に就任した祝賀のためであった。

内海はこの「招待」を機として台湾倶楽部会員となり、月一度の台湾倶楽部例会に参加したが、倶楽部はこのような形で総督府の元勅任官級退職者を優先的に勧誘していた。

以後、内海日記にはこの倶楽部例会での出来事を「正午、糖業会館に至る。台湾倶楽部にて中川氏（航空会社長）、河原田氏（文相）就任祝賀の為なり」（三九年九月二六日）、「午前十一時より、糖業会館の台湾倶楽部例会に行く。竹下豊次、小笠原三九郎の祝賀、嶺田の歓迎等なり」（同年一〇月二四日）と、一・二行ほどで簡潔に叙述している。

台湾倶楽部は会員があらたに「就職」すると、それを祝賀するのが慣わしとなっていた。古くは、初代会長であった後藤新平の内相就任（一九一六年）、中橋徳五郎の文相就任時（一九一八年）から始まり、内海が入会してからは中川健蔵の大日本航空会社総裁、平塚広義の貴族院勅選議員、松岡一衛の台湾総督府殖産局長就任による祝賀が行われた。

このことは、台湾倶楽部が大臣、枢密顧問官、衆議院議員・貴族院議員、台湾総督府官僚、国策会社などへ輩出する場として機能していたことを意味し、換言すれば元台湾総督府高等官を中心とした「台湾縁故者」が、官界、政界、財界へ再び活躍する場を求める人材プールとして機能していたことをうかがわせるものである。おそらく、内海が台湾総督府退官後の居住地に東京を選択したのも、このことが大きな理由の一つとなっていたことと思われる。

退官後の内海日記を読み進めるにつれ、植民地と帝国日本をつなぐ結節点としての東京の位置の重要性と、植民地統治機関から身を退いた後も、台湾縁故者として植民地支配に関わり続けようとする彼ら元植民地官僚の意欲の意味することを考える必要性に気づかされる。

本稿では、台湾縁故者団体としての台湾倶楽部（その後身としての台湾協会）を取り上げ、退職した植民地官僚が植民地統治の周辺で果たした役割を検討したい。

管見の限り、台湾倶楽部については、これまで研究対象として取り上げられたことはなく、あまつさえその存在もあまり知られてこなかった。そこで、台湾倶楽部の設立経緯、元台湾総督府官僚が占める割合の増加、および倶楽部の主導権を占めるプロセスを踏まえる中で、倶楽部組織を概観したい。その上で、一九三〇年代の倶楽部が台湾総督府、帝国議会の接点の場として機能したことを検討することで、内地と植民地の関連性について考察する。また、倶楽部会員には少なからず台湾人がいたが、この台湾人との関わりにも着目しながら、植民地における支配と被支配の構図が東京にも表れていたことを確認する。そして社交団体として見逃しがちなこの台湾倶楽部が、内地と植民地、「官」と「民」をつなぐ存在として植民地支配の中で見過ごすことのできない存在であったことの意味を考察したい。

一、台湾倶楽部の設立と退職官僚の進出

日本内地に作られた台湾関係者の団体としては台湾協会が知られている。山根幸夫の研究によると、台湾領有に関わった人々が集まり、東京や横浜の財界人の協力のもとに、桂太郎を会頭にして、台湾協会が一八九八年に東京で設立された。その目的は「台湾ノ経営ヲ裨補」することで、台湾情報を内地に伝えることにも積極的であった。(1)また、植民地の人材を養成するための台湾協会学校事業に乗り出したことでも知られている。だが、日露戦争後には「満韓に事業をおよぼさう」(桂太郎)とするようになり、名称も台湾協会から東洋協会へと改め、活動の軸足を台湾から「満韓」にシフトしていった。

こうした時、台湾では一九〇八年一〇月に基隆―打狗間の縦貫鉄道全通式が開催され、台湾総督府が皇族を筆頭に内地資本家や政治家など約二〇〇人を招待した。その招待客の中から台湾倶楽部設立の声が起こったともいわれる。(2)これらの人々が東京で糾合して発起人会を開催し、一九一〇年一月二九日に木挽町緑屋であらたに台湾倶楽部が設立された。(3)その趣意書には次のように書かれている。

台湾統治の功程は昨年〔一九〇八年〕十月(4)挙行せる南北縦貫鉄道の全通を以て第一期を画し、爾来漸く第二期に入りたる也。思ふに今期統治の主題は島人の教育、殖産の進歩、蕃界の統理、富源の開拓、交通通信機関の整頓、健全なる移民の扶植及起業資金の便利なる輸入等に先つ指を屈せさる可らす。而して此等の困難なる諸問題を解決し予期の効果を収むるの方途二三に

して足らすと雖も、平素より島内の実情真相を闡明して之を母国人に悉知肯解せしめ、且つ土地の遠隔に坐して生し易き母国人の植民地に対する一切の誤解を掃絶するは、洵に当面の根本的急務ならすんはあらず。

この趣意書は、インフラ整備に一段落した台湾の植民地政策が、産業、移民、被統治民の教育など新たな問題に直面していること、またそうした植民地事情を内地の母国人に情報提供し、植民地台湾と母国を媒介する機関の必要性を訴えている。

設立当初の主要メンバー(5)は、実業家では柳生一義(台湾銀行頭取)、山下秀実(帝国製糖社長)、賀田金三郎(賀田組の設立者)、金子直吉(鈴木商店番頭)、高島小金次(東洋汽船取締役)、村井吉兵衛(村井銀行経営者)、藤山雷太(大日本製糖社長)、愛久沢直哉(源成農場経営者)、木下新三郎(台湾建物会社社長、台北製糖会社社長)、守屋善兵衛(台湾日日新報社社長)らがいた。彼らのうち、木下新三郎は当時、「台湾に於ける渋沢栄一」と言われて、賀田金三郎らとともに台湾事業界第一流の人物として名を成していた(6)。

衆議院議員では、村上先(一九〇八年〜、岩手県、政友会)、山本悌二郎(一九〇四年以後当選一一回、政友会)、高山長幸(一九〇八年以後当選六回、政友会)、中村啓次郎(一九〇八年以後当選六回、政友会から政友本党、民政党)、柵瀬軍之佐(一九〇八年以後当選六回)がおり、のちに衆議院議員となる青木磐雄(一九一五年、徳島県)もいた。貴族院議員には安場末喜(一九〇四三〇年、男爵議員)がおり、荒井泰治(一九一一年〜、多額納税議員)は設立直後に議員になった。またかつては衆議院議員であり、この当時は東京市会議員であった中沢彦吉もいた。これら議員のうち荒井泰治、柵瀬軍之佐、中村啓次郎は、台湾事業界の第一流の人物と言われ、安場末喜、高山長幸、中沢彦吉、山本悌二郎らとともに実業家の顔を持っていた。彼らが、「台湾縁故者」と言われる所以は、糖業を中心に台湾に資本を投下し、頻繁に内地と台湾間を往復していたからであった。

倶楽部規則には、本部を東京に置く会員制組織とし、学者・政治家・実業家の口話を定期的に開催する「社交倶楽部」であることが明記されていたが、メンバーの顔ぶれから判断して、設立当初の台湾倶楽部は植民地投資に関心をいだく企業家や政治家の集まりであったと思われる。またその活動から判断して、植民地たる台湾を内地人に研究させる団体として、また植民地台湾の事情を内地人に知得させる機関として発展しようとした。

ただ、倶楽部は設立当初から順調であったとはいえない。会員から選挙によって幹事長には安場末喜、常任幹事には村上先が選ばれ、彼ら幹部は台湾倶楽部本部の建物を建設するため財界人に寄附を募るが[7]、成功していないからである。翌一九一一年七月の総会では会頭(のち会長)・副会頭(のち副会長)を置くように倶楽部規則が改められ、会長には名誉会員とされた後藤新平がなり[8]、安場末喜が副会長となった。ただ、後藤新平文書の中には台湾倶楽部会長としての行動はほとんど形跡が見られず、後藤は事実上、名前だけの会長で、台湾倶楽部は安場まかせだったことがうかがえる。

設立当初の台湾倶楽部が振るわないのは、東洋協会との競合関係が考えられる。台湾倶楽部の主たるメンバーのうち、東洋協会台湾支部の役員と重複しているのは柳生一義、山下秀実、賀田金三郎、山本悌二郎、中村啓次郎など数多い。さらに、後藤新平までが東洋協会会長に就任すると、ますます台湾協会の独自性は薄れていくのである。

にもかかわらず、台湾倶楽部の名が日本内地や台湾で知れ渡るのは、案外早い。それは次のような活動による。第一に、一九一一年九月に台湾の九庁にまたがる広域の暴風雨被害により死傷者一九七名、行方不明五二名、重傷者軽傷者四二五名、家屋全壊が一万七五六五にわたることが伝えられると[9]、会員の木下新三郎が倶楽部の席上、義捐金品募集を提案し満場一致で可決され、評議会で東京と大阪の主要新聞社を通じて義捐金を募ることが決定された。東京および大阪朝日新聞には社告として「台湾風水害義金募集」の広告が大きく掲載され、義捐金は総額で六万四〇九五円に達した[10]。佐久間左馬太総督は一一月に、また内田嘉吉民政長官は翌一二月に上京の折、台湾倶楽部の役員・会員を招待しそれぞれ義捐金募集に感謝する意を表している[11]。このことにより、台湾倶楽部の名は新聞を通じて、内地ばかりか、台湾にも広く伝わったのである。

第二には次のことが挙げられる。一九一三年四月二二日、蕃務総長の大津麟平が台湾倶楽部で「理蕃事業の現状」について講演すると、倶楽部は臨時総会を開催し理蕃事業を支援するため、慰問金品を内地で募集し、台湾へ送ることを決定した。新聞には「討蕃隊慰問金品募集」広告が出され、その中で「我総督府は其最頑強なるタロコ蕃に向つて膺懲を加へつつあり」、「討伐隊は彼恐るべき半獣半人の生蕃と格闘しつつあるのみならず無比の天険異常の気候と抗争し前進の艱難名状すべからざるものありあり」と「内地同胞」に訴えている。[12] また、これに応じた寄附者の姓名や寄附の額や品物が新聞に逐次掲載された。翌一四年八月末までに累計で慰問品が一万六七〇四個、金銭が八〇六七円集まった。[13] 寄附の送り主は個人ばかりか、企業・銀行・新聞社、愛国婦人会、村婦人会、芸姑〔妓?〕組合、内務省、郡役所、村役場、商会店員、在郷軍人会、赤十字支部、料理店など多岐にわたり、台湾倶楽部のこうした「討蕃隊慰問金」募集運動は内地や在台日本人に大きな反響をもたらしたことがわかる。

第三に、台湾倶楽部は一九一六年二月三日の総会で台湾勧業共進会観光団と南洋観光団の募集計画を可決している。前者は、植民地統治二〇年を記念して、台湾の産品を一堂に集めて内外に紹介しようとする台湾勧業共進会を見学するかたわら、二〇日間にわたって台湾に滞在するツアーであった。後者は第一次大戦による南進ブームの反映であった。一方、内地資本の導入を期待する台湾側は、倶楽部の観光団募集事業については、「倶楽部の労を多とす」とか、「吾人窃かに満足に堪へず」と評して諸手を上げて歓迎した。[14]

以上三つは一例に過ぎないが、これらのことは台湾倶楽部の認知度を高めたといえる。内地に対しては台湾事情の紹介、台湾に対してはヒトやカネを送り込むことによって、植民地と本国間のヒト・モノ・情報の交換などに着目した活動は、台湾倶楽部が内地・台湾間におけるカネ、モノ、ヒト、情報などの流れの結節点になりつつあることを確認することができる。

後藤・安場の体制は一九二九年四月の後藤の死によって終焉を迎えた。後藤の死の数カ月前に開催された総会において、副会長は安場から元台湾総督の内田嘉吉へとバトンタッチされ、やがて内田が会長に就任（副会長は空席）し、[15] ここで台湾倶楽部は内田をリーダーとする新たな体制へと向かうことになった。

内田体制によって、次の数点が改められるようになる。その第一は、台湾倶楽部の運営資金である。すでに見たように倶楽部は会員制で、その運営は基本的にはこの会員の会費によってまかなわれていたが、「大物」政治家の後藤や資産家として有名な安場のもとでは不安の少なかった台湾倶楽部の資金面も、第二期になるとにわかに問題として浮上した。そこで、入会者の積極的な勧誘、とりわけ会社・銀行などの法人の勧誘をはかる一方、寄附金を募った。また、倶楽部に別室を設け、その使用料を運営資金にまわすプランが考案された[16]。寄附金として数カ月で約四六〇〇円を集め、また台湾銀行、台湾製糖、大日本製糖、明治製糖、塩水港製糖、三井物産、大阪商船を特別会員として入会させている[17]。それでも倶楽部の基本金はわずかに過ぎなかったので[18]、一九三四年一月に開催された総会では基本金を五万円程度に大幅に増額することに決定し[19]、糖業聯合会から一万円、台湾銀行と台湾電力からそれぞれ二〇〇〇円、台湾日日新報社から一〇〇〇円、中川総督から三〇〇円の寄附を得て[20]、資金問題は改善された。寄附の集まり方から見て、内田会長体制の頃には東洋協会から独立した存在とみられるようになったと思われる。

第二は会合の形式である。これまで台湾倶楽部の会合は夕方から始める「宴」であった。それを、毎月第一水曜日の昼に食事を共にする懇談会（一水会）と改め、場所も交通の要所である東京駅前の昭和ビルに変更している。夜の宴からランチ形式への変化は、後述するように、台湾倶楽部のメンバー構成の変化に由来するものと思われる。

第三には、台湾倶楽部で政治が語られるようになったことが挙げられる。会頭桂太郎が「政治を論じ、政論を闘はすを許さず[21]」という台湾協会の方針の影響があったのか、台湾倶楽部も積極的に政治を論じることがなかったが、後藤新平の退場、それに元文官の会員増加によってこの傾向は減少している。

たとえば、日月潭電力工事問題を取り上げよう。一九二八年には台湾倶楽部の代表委員六名が上京中の川村総督に面会を求め、日月潭電力工事の復活を要請しているし、翌年三月には台湾倶楽部員は有志という形ではあるが、日月潭復興案の議会通過を期待するという声明書を発表した[22]。また内台航空路開設案が頓挫しそうになると、台湾倶楽部はこれを統治上、経済上からも「台湾に関する重要案件として幹事一同の議を経て及陳情候也」として、大蔵省と逓信省に提出している[23]。

さらに、一九三一年の総会でも、有志の間で、「台湾総督は政党を超越し任期を長期にせよ」との決議をして首相代理、拓務大臣に伝達することにした[24]。このことは一度だけのことではなく、以後台湾総督や総務長官の異動情報が報じられるたびに起きることであった。このような倶楽部会員の利益と関わること以外にも、台湾からの陳情という形で政治的問題と向き合う事態が出てくる。たとえば、政府が実施しようとする台湾米移入統制に反対する運動は、首相、拓相のほかに台湾倶楽部会長にも打電されるが、[25]これは台湾倶楽部が台湾と中央政府に介在する組織として認められつつあることを示すものであろう。

内田嘉吉会長体制下の台湾倶楽部は、一九三三年一月の内田の突然の死によって会長・副会長の空席という緊急事態に陥るものの、その年の総会で会長空席の間は、高木友枝、石川昌次、島田茂の三幹事の合議によって会務を処理することになった。

会長・副会長不在の期間は三年ほど続いたが、一九三六年一二月一五日に開催された臨時総会で、会長には元台湾総督で枢密顧問官になっていた石塚英蔵に決定した。石塚は副会長に高木友枝を推薦し、常任幹事に本間善庫を任命した。この三人はともに福島県出身で東京帝大卒という関係であった。

幹事・会計監督・評議員など新役員は第二期の内田体制の半分が姿を消し、あらたに台湾総督、長官、局部長など勅任官であった人が目につく。また、一般会員のうち東京近郊在住者である甲種会員は、一九三六年一八一名、三七年一七九名、三八年二二二名、三九年二三三名、四〇年二三五名、四一年二七二名、四二年二七五名と年々増加していく。東京近郊以外の乙種会員は甲種以上に増加傾向が顕著であり、さらに京都、大阪、岡山、広島に地方支部が出現し、四〇年からは上海、満州にも設置される。このように、台湾倶楽部では人数の増加と世代交代が進んでいることをうかがわせる。

そこで、田健治郎が台湾総督を就任した以降の総務長官、局部長・州知事、法院長・検察官長ら一九四〇年末までに退職した勅任官一〇〇人をリストアップし、一九三〇年・一九四〇年の時点の台湾倶楽部メンバーを調べると、一九三〇年時には一七名（うち甲種一四、乙種三）、四〇年時には五〇名（甲種三二、乙種二八）を確認でき、三〇年と四〇年の両方の名簿に名を連ねた人は七名であったことが判明した。[26]このことから、勅任官レベルの官僚退職者のうち六割ほどが台湾倶楽部に入会している事実を確認できるし、石塚体制の下で急激な増加傾向を示したことを認めることができる。このことは、台湾総督府を退職した高級官僚が東京に居住して台湾倶楽部に加入するルートが、一九三〇年代にはすでに確立したことを示している。

二、台湾総督府との接点

本節では、石塚体制下の台湾倶楽部が植民地統治のなかで果たした機能を見るため、まず台湾総督府といかなる関係を有していたかを分析しよう。

台湾倶楽部の午餐会は通常、月一回開催され、招待したゲストを囲んで歓談することを習わしとしていた。いま、この招待者に着目すると、招致回数が最も多いのは台湾総督、総務長官、局部長、地方長官らの台湾総督府現職官僚である。新聞記事から判明している限り、そのゲスト数は一九三七年にはのべ九人、三八年には一八人、三九年には一〇人、四〇年には一〇人、合計で四七人となっている。その内訳は、総督六回、総務長官八回、局長一七回、州知事一回、課長九回、その他六回である。

台湾総督がゲストとして招かれるのは、古くは佐久間左馬太（一回）から始まり、安東貞美（一回）、明石元二郎（二回）、田健治郎（三回）、内田嘉吉（一回）、伊沢多喜男（一回）、上山満之進（一回）、川村竹治（一回）、石塚英蔵（一回）、太田政弘（一回）、中川健蔵（四回）、小林躋造（六回）、長谷川清（五回）となっている。台湾倶楽部設立以来、歴代の台湾総督は、一九四四年末に就任した安藤利吉を除くといずれも参加しており、また台湾総督に就任すると台湾倶楽部名誉会員に迎えられることになっていた。さらに、台湾倶楽部会長は二代目以降から元台湾総督が就任していることから、両者の深いつながりがうかがえる。

近年、台湾総督と総務長官（民政局長、民政長官を含む）の東京滞在日数を計量化した王鉄軍の研究によると、就任期間が極端に短い桂太郎や陸相を兼任した児玉源太郎を除くと、武官総督期の台湾総督の在京日数は乃木や佐久間が一〇パーセント代、樺山、安東が二〇パーセント代、明石でも三一パーセントに過ぎなかった。文官総督期に入ると、総じて高くなる傾向を見せ、田健治郎、伊沢多喜男、川村竹治では五〇パーセント代に跳ね上がる。武官出身の小林躋造や長谷川清では、再び一〇パーセントに落ち込んでいるという。(27)

総督や総務長官の東京出張の政治的意味を読み取るには、期間だけでなく、在京中の行動を具体的にみる必要がある。そこで、石塚会長時代に台湾総督であった小林躋造と、総務長官であった森岡二朗について上京期間、上京中の主な面会者、台湾倶楽部出席を表1と表2にまとめた。

表1

	上京期間	主な面会者	倶楽部出席日・場所
第一回	三七年五月一〇日〜六月四日	各宮家、林首相、結城蔵相兼拓相、米内海相、天皇、各閣僚	三七年五月二〇日 海上ビル中央亭
第二回	三八年五月一八日〜六月一五日	広田外相、杉山陸相、米内海相、天皇、大谷拓相、長谷川清横須賀鎮守府司令長官、近衛首相、賀屋蔵相、木戸厚相、近衛首相および全閣僚、各政務官、次官	三八年五月三〇日 海上ビル中央亭
第三回	三八年九月一六日〜一〇月八日	米内海相、近衛首相・各閣僚、宇垣拓相、有馬農相	三八年九月二七日 海上ビル中央亭
第四回	三九年五月一六日〜六月一六日	天皇、小磯拓相、平沼首相。各宮家、各官僚、海相。軍令部総長、有田外相。板垣陸相。八田商相、小磯拓相、平沼首相・各閣僚、各省次官、米内海相、軍令部幹部。台湾重要産業委員・幹事。青木企画院総裁、小磯拓相、拓務省幹部、柳川興亜院総務長官	三九年五月三〇日 海上ビル中央亭
第五回	四〇年五月一五日〜六月一五日	天皇、小磯拓相。伏見軍令部総長、米内首相。島田農相。近衛文麿、木戸内府	四〇年五月三〇日 糖業会館
第六回	四〇年一〇月二五日〜一一月一九日	近衛首相・各閣僚	四〇年一一月一二日 糖業会館

小林は台湾総督の就任期間に六回ほど東京へ出張しているが、三七年五月の一度目の上京は各宮家に伺候・挨拶に始まり、天皇に台湾の産業状態、石油問題、内地人移民問題、対外福建省との関係などを奏上している。また、林内閣には首相をは

じめ結城蔵相兼拓相、米内海相らと個別に面会し、「政務打合せ」を行ったと新聞報道されている。これとは別に、小林は各閣僚を芝水交社に招待して食事をともにしている。

この第一回目上京中の五月二〇日に小林は台湾倶楽部に招かれている。この時の台湾倶楽部午餐会は丸の内海上ビル内にある中央亭で開催され、出席者は石塚英蔵会長をはじめ中川健蔵前総督、平塚広義前総務長官、元総務長官下村宏らの台湾総督府退職者ら、主客あわせて八四名であった。石塚会長の紹介後、小林は宮中参内時の施政状況報告と、天皇との約一時間にわたる会談内容を紹介している。また、内地では台湾への認識が徹底しておらず、もっと紹介する努力が必要であり、それを台湾倶楽部に希望する、と述べている。(28)

二度目の上京は翌三八年五月に行われているが、その直前に日本海軍の厦門上陸の報がもたらされたためか、「軽微な風邪」を理由に出発を延期している。(29)海軍による厦門占領は台湾総督としての希望でもあったので、(30)占領後の処置を準備した上で、当初の予定から十日後に蓬莱丸で内地に向かった。この上京時にも、天皇には約四十分間、台湾統治状況につき奏上している。また、近衛首相に統治状況を報告するとともに、広田外相、杉山陸相、米内海相、大谷拓相、賀屋蔵相、木戸厚相らとは個別に面談している。古巣の海軍関係では、長谷川清横須賀鎮守府司令長官と会っている。このような日中戦争下のあわただしい時にも、小林は海上ビル中央亭で開かれた台湾倶楽部の会合に出席し、「支那事変の事を考へ台湾を思ふと台湾の諸施設に力を入れねばならぬ事が沢山ある。此の事に付き各大臣に話した(31)」と報告している。

その半年後の三度目の上京では、近衛内閣の各閣僚との政務打合せのほか、台湾重要産業調整委員会に出席している。小林躋造は、対日移出量が五〇〇万石にも達しようとしていた台湾移出米の専売制を意図し、米価水準を低下させることで蓬莱米の生産を抑制させ、台湾農業の亜熱帯植物への転用、各種特用作物への生産奨励による農業の多角化を政策化する構想をいだいていた。「台湾の工業化」をめざす小林にとって「米作偏重ノ傾向ヲ矯正シ以テ島内産業ノ調和的発展」は政策的課題でもあった。そこで、台湾総督府は台湾移出米管理案を作成し、農林省との直接交渉が不調に終わると、今度は台湾重要産業調査委員会において、農林省幹部を交えて調整を行おうとした。会議には田端幸三郎殖産局長、奥田達郎特産課長らも上京して参加しているが、会議が東京で開催された理由は関係各省の都合を考慮した点にあったと思われる。上京のたびに小林が閣僚と政務の打合せに時間を費やしたのも、本国と植民地間の軋轢を防ぐねらいからであろう。

今回の上京中に開催された台湾倶楽部では、石塚英蔵会長が小林総督に対して重要産業調整委員会で問題にしている移出米管理問題について質問している。小林は「米問題については時代の要求に鑑み目下計画中[32]」とだけ述べ、さすがに詳述を避けた。

翌三九年、四度目の上京は天皇への奏上のほか、内閣が平沼内閣に交替したため、首相をはじめ各閣僚との個別訪問と、閣僚全員での会食、それに加えて総督による首相以下各閣僚、各省次官らの午餐会招待、それに海軍から海相、軍令部幹部を晩餐会に招待するなど、面会者はこれまでと大きな変化はみられない。東京会館では台湾重要産業委員を招待していることも見逃せない。あらたな動きは、青木企画院総裁や柳川興亜院総務長官と会見して日本軍占領下の台湾総督府の南支政策について懇談していることである。今回の台湾倶楽部出席では、こうした戦時下の台湾の現場の説明と、「銃後の護り」について語っている[33]。

五度目は四〇年五月、恒例によって一年間の台湾状況、すなわち「皇民化進捗状況、米穀事情、砂金採取調査の模様、採金地点の穿鑿方法、石油産出の状況、熱帯有用植物栽培の状況、甘庶と米穀との調整」について奏上している[34]。内閣は近衛から米内に交替したため、首相に統治状況を報告し政務打合せをしている。また小磯拓相と面会したほか、島田農相を訪問し台湾の一期作米事情を報告している。政務上の打合せのほかにも、伏見軍令部総長、近衛文麿、木戸幸一、原田熊雄との面会は台湾総督の辞任を踏まえた行動であり、首相候補の下馬評にも挙がった小林の周辺はあわただしかった。今回、出席した台湾倶楽部における小林の談話の詳細は不明だが、台湾の現場を各角度から説明したといわれる[35]。

最後の六度目の上京時には、小林は台湾総督の辞意をすでに固めていた。したがって、紀元二千六百年式典の参列と第二次近衛内閣との一般政務打合せを行うなど、その行動に仰々しさはない。台湾倶楽部でも一一月一二日に紀元二千六百年奉祝会を開催しているが、小林は出席を欠かすことはなかった。

以上のように小林の六度の上京は、広田弘毅から、林銑十郎、第一次近衛文麿、平沼騏一郎、阿部信行、米内光政、第二次近衛文麿とめまぐるしく交代する内閣のうち、阿部内閣を除く全ての内閣閣僚に面会していることがわかる。一九三九年八月に成立した阿部内閣はわずか半年で米内内閣に替わっているので、小林は上京時期を失したのかもしれない。また、近衛内閣時の二度目の上京は、台湾重要産業調整委員会への出席が上京の主たる目的であったと解釈できる。後述するように、これは台湾総督としての政策課題であった台湾移出米管理プランを実行するための必要不可欠な会議であったと見ることができよう。

このように考えると、約四年二カ月にわたる在任のなかで、六度にわたる小林の上京のうち五度が新内閣の交代に対応していることになる。内閣交代とともに、新内閣に対する挨拶と一般政務打合せが小林の上京目的と見てよいのではないか。いうなれば、台湾総督府と内閣との間の政務すり合わせこそが小林に課せられていたことになり、それを実行するための上京だった。

さて、小林は総督に就任すると台湾倶楽部名誉会員になり[36]、上京するたびごとに台湾倶楽部に出席していることを確認することができた[37]。また、倶楽部でのスピーチは単なる挨拶にとどまらず、「政務」に関わるホットな情報を提供し、台湾統治状況にとどまらず閣僚らとの会見をも披露した。このようにみると、総督との午餐会は、台湾倶楽部会員が台湾統治の周縁に身をおいていることを実感する時間ではなかったか。

次に、森岡二朗の場合を見てみよう。森岡が総務長官に就任する時期は小林躋造と重なっている。森岡が上京した回数をみると小林より多く一二回にのぼるが、上京時期は小林躋造と微妙にずれており、両者がともに台湾を離れることはなかった。

表2で示した森岡総務長官の上京のうち、一度目と二度目は第七〇議会（正月にいったん帰台）、三度目は第七一議会、四度目と五度目が第七三議会、八度目と九度目は第七四議会、一一度目の上京は第七五議会に政府委員として出席している。

表2

	上京期間	主な面会者	倶楽部出席日・場所
第一回	三六年一一月一八日〜一二月二九日	米穀自治管理委員会（広田会長）、米穀生産費調査会、衆議院本会議	
第二回	三七年一月一五日〜四月一七日	衆議院：予算委員会、予算委員第一分科、農村負債整理資金特別融通及損失補償法案委員会。貴族院：予算委員会、予算委員第六分科会。寺内陸相	三七年二月一八日 海上ビル中央亭
第三回	三七年七月一三日〜八月一七日	衆議院：本会議、予算委員会。中央経済会議、外地首脳部会議、近衛首相	
第四回	三七年一一月一五日〜一二月三〇日	風見書記官長、近衛首相、衆議院本会議	三七年一一月二六日 海上ビル中央亭
第五回	三八年一月一八日〜四月一六日	衆議院：予算委員会、予算委員第一分科、樺太地方鉄道補助法中改正法律案外一件委員会、重要鉱物増産法案外一件委員会、貴族院：予算委員第六分科会。近衛首相、風見書記官長	三八年二月二一日 海上ビル中央亭
第六回	三八年七月一六日〜八月三日	物資調整問題で企画院、大蔵、商工、拓務の各省訪問	
第七回	三八年一〇月二七日〜一一月一六日	台湾重要産業委員会。貴族院公正会所属委員に米穀管理答申案説明。東台湾電力興業会社創立委員会	
第八回	三八年一二月二日〜三九年一月三日	衆議院本会議	三八年一二月二一日 海上ビル中央亭
第九回	三九年一月一四日〜四月二一日	衆議院：予算委員会、予算委員第一分科、予算委員第一分科・同第三分科・第四分科・同第六分科連合会、船舶建造融資補給及損失補償法案委員会、朝鮮事業公債法中改正法律案委員会。貴族院：予算委員第二分科会、台湾米穀移出管理特別会計法案特別委員会、朝鮮事業公債法中改正法律案特別委員会	三九年一月二四日 海上ビル中央亭
第一〇回	三九年六月二〇日〜六月二八日	岳父逝去、空路上京	

第一一回	三九年一一月二二日～四〇年四月一六日	衆議院：本会議、予算委員会、予算委員第一分科、昭和十二年法律第九十号中改正法律案（米穀の応急措置に関する件）委員会、船員保険特別会計法案外四件委員会。貴族院：予算委員第二分科会、昭和十五年度一般会計歳出の財源に充つる為公債発行に関する法律案特別委員会	三九年一一月三〇日 糖業会館 四〇年一月三〇日 糖業会館 四〇年二月二六日 糖業会館
第一二回	四〇年九月一二日～一〇月一日	北白川宮永久葬儀参列	四〇年九月二七日 糖業会館

帝国議会開催期以外の上京は、六度目、七度目、一〇度目、一二度目であり、六度目、七度目は台湾移出米管理プランのため、一〇度目は岳父の逝去という全くプライベートなもの、一二度目は北白川宮永久の葬儀に台湾総督府を代表して参列するためのものであった。

一二度の上京回数のうち八回は議会出席のための上京だが、議会開催中に一時帰台し、再び上京しているケースもあるので、議会開催数を単位として数えると議会出席による上京は五回となる。

ところで、歴代の台湾総督の中で政府委員として出席したのは、児玉源太郎、田健治郎、内田嘉吉らが確認できる。これらを除くと、総務長官（民政局長、民政長官も含む）が政府委員として議会に出席するのが常態となっている。

上京中の森岡の行動は、官邸に首相に面会を求め、各閣僚にも面会していることもあるが、小林総督のように東京出張のたびではなく、またその回数も頻繁ではない。東京での行動の重点が議会対策にあったことは表からも明らかである。第七二議会は前議会閉会後一カ月に満たない臨時会であったためか、あるいは盧溝橋事件直後であったためか、上京を見合わせているほかは、いずれも政府委員として出席し、議会開催中は連日、答弁に明け暮れている。

台湾総督府の政府委員は総務長官一人ではない。財務局長の嶺田丘造（のち中島一郎）、殖産局長の田端幸三郎の三人で答弁にあたった。第七四回議会での発言回数は、衆議院では森岡一四八回、田端一〇七回、嶺田一四回、貴族院では森岡六四回、田端八六回、嶺田八六回となっている。台湾関連の大きな法案の提出がない場合は通常、総務長官と財務局長の二人が政府委員として出席するのが通例であった。つまり、総務長官の上京は議会対策であり、通常は財務局長との協力のもとで行われ、重要法案が提出される会期にはその担当局長が上京してくる仕組みになっていた。

議会以外の用務では、第一回目の上京中に開催された米穀自治管理委員会、米穀生産費調査会、拓務省の外地首脳部打合会、第三回目の中央経済会議、外地首脳部会議、第四回目には台湾米穀管理案についての農林省との折衝、第六回目の戦時物資調整問題についての各省打合せ、第七回目の台湾重要産業委員会など、台湾総督府および拓務省関連の会議が目白押しであった。

次に、上京中の森岡総務長官が台湾倶楽部に出席した回数をみると、一九三七年二月一八日をはじめとして八回確認できる。台湾倶楽部における森岡の発言内容は、時に小林総督に比べより詳細で、台湾の政治状況、とりわけ盧溝橋事件後には台湾人の「流言蜚語」や「軍夫」、「籍民」問題などについて語っているし、総督府が製作に関わった宣伝映画「時局下の台湾」を持ち込んで上映している。森岡が出席の際には、財務局長、専売局長、主計課長、文書課長らをともなう場合も多かった。議会対策に関与した総督府中央の現役官僚がこぞって出席すると、それは現役と退職官吏の同窓会のような和気あいあいの午餐会だったと想像できよう。

では、内海のような地方長官の場合の上京はどうであったのか。内海が最初に公務で内地出張したのは中川総督時期であり、一九三三年二月七日から一六日に在京した。この時の用務は新竹州知事として宮中での紀元節祭儀に参加したほか、新竹産椪柑を内地に移出するための市場調査にたずさわっている。この出張期間中には、台湾倶楽部は開催されていない。

翌三四年にも、内海は内地地方長官会議出席と天皇に新竹の石油事業奏上のために五月三日から一九日まで東京に滞在している。この期間、台湾倶楽部は一八日に海上ビル中央亭で例会を開催しているが、この時の招待者は中川総督、深川逓信部長、枡山秘書課長、吉田台銀頭取であった。この日、内海は高円寺の蚕糸試験場などを訪問し、台湾倶楽部に出席した形跡はない。

高雄州知事時期には、一九三六年四月一日から一〇日までと、七月一〇日から一四日までの二回にわたり、東京に滞在している。後者は空路を用いている。用務はどちらも海軍省で高雄の海軍用地問題を交渉する件であった。新聞は台湾倶楽部開催について報道していないが、内海日記には内海が台湾倶楽部に赴いた叙述はない。

内海が新竹州知事であった時期には新竹州地震が起き、台湾倶楽部も午餐会で震災映画を上映し、また台湾日日新報、台湾新聞、台南新報、台南新民報の日刊四新聞社東京支局と共同で台湾震災義捐金募集を行っている。したがって、州知事としての内海の名前は倶楽部に知れ渡っていたと考えてよいのだが、内海は現職中には倶楽部に招待されていなかったようである。

以上をまとめると、統治状況の天皇への奏上、内閣への報告などで上京した台湾総督、そして予算案と法案通過のための議会対策として上京した総務長官や局長らは上京回数も多く、また比較的長期間東京に滞在した。総督による植民地統治のなかで、内閣との政務の円滑、および予算案と法案の議会通過は至上命題であったからである。こうした上京する機会の多かった勅任官レベルの現役官僚が、台湾倶楽部に出席していたとみることができよう。彼ら現役官僚はその時々のホットな台湾情報を台湾倶楽部会員に提供し、ともに統治問題についての見解を共有していたものとみることも可能であろう。台湾縁故者の集団としての台湾倶楽部と、台湾総督や総務長官をはじめ台湾総督府現役官僚とが、東京で接点を持っていたことを確認することができる。

三、帝国議会との接点

（一）衆議院議員

台湾倶楽部の午餐会には、衆議院議員として当選した台湾に関係をもつ代議士がゲストとして招かれる場合もあった。たとえば、第一八回衆議院議員総選挙で当選した代議士が招待されたのは、一九三二年三月に入ってからであったが、この時は折しも新総督として任命された南弘の新任歓迎式と重なった。選挙前には「極く近き将来（来るべき総選挙の際）に於て更に一層のお世話にならなければなりませんどうぞ宜しく」と述べ、台湾倶楽部会員に対して選挙支援を求めた彼らは、当選祝賀会で再び招かれると「本席に招かれたのは吾等をして台湾のために貢献せよとの意味であらうかと思う」「我々をして台湾のため充分其の職責をつくさしめ御利用あらん事を台湾の為邦家の為議会政治の為希望する」と議員としての抱負を語る議員もいた。(38) いま、台湾と関連した議員を台湾縁故議員と呼ぶこととしたい。

現在までのところ、この台湾縁故議員の実態は明らかでなく、個々の議員が台湾とどのような「縁故」関係で結ばれているのか、よくわかっていない。そこで、本稿では当時新聞などで台湾縁故者といわれた人をとりあげる。

台湾縁故議員の名前が比較的よくわかるのは、一九三七年四月に実施された第二〇回衆議院議員選挙に当選した議員である。このうち、台湾倶楽部がゲストとして招待したのは山本悌二郎、末松偕一郎、東郷実、宇賀四郎、星一、小笠原三九郎、勝田永吉（ただし勝田は午餐会に欠席）の七名がいる。(39) 山本は台湾製糖、星は星製薬、小笠原は台湾銀行・華南銀行、勝田は台湾鳳梨の企業人であり、末松、東郷、宇賀は台湾総督府の元官僚であった。彼らのうち、三七年以前から台湾倶楽部会員であったのは山本、末松、東郷、宇賀、星であり、山本、東郷、星は台湾倶楽部の評議員を経験したこともあり、古参の会員であった。一方、小笠原と勝田はこの招待後に会員となっている。

この時、招待されていないが、衆議院には先の七名以外に台湾総督府事務官（翻訳官）であった小山谷蔵、台湾電力顧問であった前田米蔵、総督府土木局長、台湾電力副社長であった角源泉、総督府学務課長であった片山秀太郎、総督府総務長官であった木下信がいる。このほかにも、久原鉱業、日立製作所の経営者として著名な久原房之助も台湾倶楽部会員である。これらを表にすると表3のようになる。

次に、この一三人の台湾縁故議員が、森岡ら台湾総督府の政府委員と同席した台湾関連法案や予算案会議の様子をみよう。台湾縁故議員が質疑した回数は、第七〇議会では二回、七三議会二回、七四議会二回、七五議会一回であり、質疑回数の比較的多かったのは予算委員会および同分科会であった。台湾縁故議員と政府委員の質疑応答を表にしてまとめると、表4の

表3

名前	議員期間	選挙区、政党	台湾縁故	倶楽部
山本悌二郎	〇四年三月〜三〇年一月、三二年二月〜三七年一二月	新潟、立憲政友会	台湾製糖専務取締役、社長	甲、評議員
末松偕一郎	二八年二月〜四二年四月	福岡、立憲民政党	府財務局長、内務局長	甲、評議員
東郷実	二四年五月〜四五年一二月	鹿児島、立憲政友会	府技師	甲、評議員
宇賀四郎	三七年四月〜四二年四月	千葉、立憲民政党	府専売局長、台北州知事、台湾電力理事	甲
星一	〇八年五月〜一二年五月、三七年四月〜四五年一二月	福島、立憲政友会	星製薬社長	甲、評議員
小笠原三九郎	三二年二月〜三六年一月、三七年四月〜四五年一二月	愛知、立憲政友会	台湾銀行支配人、華南銀行専務	甲
勝田永吉	二八年二月〜四五年一二月	大阪、立憲民政党	台湾鳳梨取締役	甲
小山谷蔵	一二年五月〜一七年一月、二八年二月〜四五年一二月	和歌山、立憲民政党	府事務官（翻訳官）	非
前田米蔵	一七年四月〜四五年一二月	東京、立憲政友会	台電顧問	非
久原房之助	二八年二月〜三七年三月	山口、立憲政友会	久原鉱業、日立製作所	甲
角源泉	三六年二月〜三七年三月	三重、立憲民政党	府土木局長、台湾電力副社長	乙
片山秀太郎	三六年二月〜三七年三月	福岡、立憲政友会	府学務課長、府高等商業学校長	甲
木下信	三六年二月〜三七年三月、四二年四月〜四五年一一月	長野、立憲民政党	総務長官	甲

注：議員期間は戦前に限定し、所属政党は第七〇〜七五議会当時のもの。府とは台湾総督府、倶楽部とは台湾倶楽部、甲・乙は甲種・乙種会員、非は非会員。出典：宮川次郎『台湾常識』（一九三〇年二月刊）、『会社銀行商工業者名鑑』各年版

表4

議会	会議名	議員	台湾関係の質問	政府委員
七〇議会	予算委員会	末松偕一郎	台湾関係なし	森岡二朗
七三議会	樺太地方鉄道補助法中改正法律案外一件委員会	星一	台湾拓殖会社の拓殖事業についての質問	森岡二朗
	予算委員会	小笠原三九郎	台湾拓殖会社の南洋方面の事業、志願兵制度	森岡二朗
七四議会	予算委員第一分科会	小笠原三九郎	台湾拓殖会社について、台湾総督府の南支方面事業	森岡二朗 嶺田丘造 田端幸三郎
	予算委員第一分科会	星一	台湾の山地利用と「生蕃」の生活改良	森岡二朗
七五議会	予算委員第一分科会	星一	外地学校の夏期休暇の延長について	森岡二朗

ようになる。

質問は片山秀太郎、星一、小笠原三九郎による台湾拓殖会社がらみが四件、星一による台湾の山地利用と先住民の生活改良、外地学校の夏期休暇の延長についてがそれぞれ一件、台湾とは関係がないものが一件であった。つまり、台湾縁故議員が台湾総督府政府委員に対して行った質問は六回となり、質問はどれも立憲政友会議員によってなされたことがわかる。

縁故議員による質疑の中には大臣に対するものもあるが、ここではそれを問題にしない。あくまでも縁故議員と台湾総督府の政府委員との二者関係に注目する限りのことでだが、森岡、嶺田、田端ら台湾総督府の政府委員に対する質疑はどれもきわめて和気あいあいに行われている。第七三回から七五回議会開催期は、日本軍が厦門、広東、海南島に占領し、台湾総督府は「南支」占領地域へ物資を補給するなどの対応に追われていた時期であった。だが、両者の質疑応答からは戦時の緊迫感がほとんど伝わってこない。

（二）　貴族院議員

貴族院における台湾縁故議員は次表5のようになり、一九人いる。

表5

人名	議員	議員歴	会派	閣僚・委員会委員長	在台官職	台湾倶楽部
伊沢多喜男	勅選	一六年一〇月〜四一年一月	同成会		台湾総督	名誉会員
川村竹治	勅選	二二年六月〜四七年五月	交友倶楽部	司法（犬養）	台湾総督	名誉会員
藤山雷太	勅選	二三年八月〜三八年一二月	研究会		大日本製糖、新高製糖社長	甲
中川小十郎	勅選	二五年一二月〜四四年一〇月	交友倶楽部		台銀頭取	京都
太田政弘	勅選	二六年一月〜四七年五月	研究会		台湾総督	名誉会員
藤原銀次郎	勅選	二九年二月〜四六年四月	研究会	商工相（米内）、国務相（東条）、軍需相（小磯）		甲、評議員
後藤文夫	勅選	三〇年一二月〜四五年一二月	無所属倶楽部	農林相（齋藤）、内相（岡田）、国務相（東条）	総務長官	甲
堀啓次郎	勅選	三二年三月〜四四年一〇月	研究会		大阪商船社長	乙、評議員

人名	議員	議員歴	会派	閣僚・委員会委員長	在台官職	台湾倶楽部
高橋是賢	子爵	三二年七月～四七年五月	研究会	請願委員会委員長（第八一～八六）	塩水港製糖重役	甲
関屋貞三郎	勅選	三三年一二月～四六年四月	研究会		総督秘書官	甲
宮尾舜治	勅選	三四年七月～三七年四月	研究会		殖産局長・専売局長	甲
中川健蔵	勅選	三六年九月～四四年六月	同成会		台湾総督	名誉会員
小野耕一	多額	三六年九月～四七年五月	研究会			甲、評議員
下村宏	勅選	三七年一月～四六年二月	研究会	国務大臣（鈴木）	総務長官	甲、評議員
河原田稼吉	勅選	三八年一月～四六年三月	研究会	内相（林）、文相（阿部）	総務長官	甲
益田太郎	男爵	三九年七月～四七年五月	公正会		台湾製糖取締役	甲
竹下豊次	多額	三九年九月～四七年五月	交友倶楽部		台中州知事	乙、評議員
平塚広義	勅選	三九年一二月～四七年五月	研究会		総務長官	甲
風間八左衛門	多額	二五年九月～四二年	研究会		台湾合同電気社長	乙

注：倶楽部とは台湾倶楽部、名誉とは名誉会員、評とは評議員、甲とは甲種会員、京都とは京都台湾倶楽部会員

衆議院よりも貴族院の方が多いのは、台湾総督や総務長官が退任後に勅選議員に任命される場合が多かったからである。伊沢多喜男、川村竹治、太田政弘、中川健蔵ら元台湾総督、それに下村宏、後藤文夫、河原田稼吉、平塚広義ら元総務長官がその例である。総督や総務長官以外では、殖産局長であった宮尾舜治、台中州知事であった竹下豊次（ただし多額納税者）、児玉総督の秘書官であった関屋貞三郎がいる。

官僚出身以外には、製糖会社の藤山雷太、高橋是賢、益田太郎、台湾銀行の中川小十郎、大阪商船の堀啓次郎、台湾合同電気社長であった風間八左衛門、それに王子製紙社長を退いて会長職にいた藤原銀次郎、東洋製缶社長の小野耕一がいる。このなかに辜顕栄を入れてもよいかもしれないが、彼は発言が一度もないので省略した。

彼ら一九名は第七〇議会から第七五議会時の台湾倶楽部会員であった。政府委員、委員会委員長として列席した場合を除き、台湾総督府政府委員に対して台湾関連についてした質問はわずか一例に過ぎない。それは一九三八年二月二八日、第七三議会貴族院予算委員第六分科会において、川村竹治が台湾総督府が立案中であった米専売について「総督府デオ考ニナッテ居ル専売ノ骨子ト云フモノヲ、此処デ承知スルコトガ出来マセウカ」と質問した時である。

質問に対しては森岡が、「台湾ニ於ケル米穀政策トシテ、米ノ専売ト申シマスカ管理ヲ行フ、或ハ内地ノ米穀政策トシテ、米ノ専売ト申シマスカ管理ヲ行フ、或ハ内地ノ米穀政策ニ対応シテ台湾ニ於テノ管理ヲ行フト、斯ウ云フノデナクシテ、台湾ニ於ケル重要産業ノ調整ヲ図ル意味ニ於テ、如何ニスレバ宜イカト云フコトカラ、米ノ管理ヲ行フコトガ適当デアリハシナイカト云フ案ニナッタ訳デス」と答えている。

この回答に対して、川村は「総督府ガ専売法ヲ計画シテ実行サレルニ当ッテハ、〔帝国〕全体ト云フコトモ大イニ其ノ中ニ考慮サレテ、サウシテ御立案ニナルコトヲ私ハ希望シマ」すと、詰問調でなく、諭すように、穏やかに反論を述べている。(40) 印象に残る発言であるが、台湾総督府政府委員に対する質問がわずか一例のみというのは意外な感がする。

かつて台湾総督、総務長官を務めた議員が居並ぶ貴族院で、彼らが熟知しているはずの台湾関連問題について質問がほとんどなされず、議論が展開されない風土が貴族院には存在していた。その理由の一つに、台湾倶楽部の存在を挙げてもそれほど不当なことではないような気がする。

四、台湾人と台湾倶楽部

台湾倶楽部には台湾人会員もいた。一九三六年には甲種、乙種あわせて計一一人、三七年一〇人、三八年一四人、三九年二九人、四〇年三六人のメンバーであった。

一九三六年：李延禧、林熊徴、林熊光、辜顕栄、呉三連、許丙、陳啓峰、陳啓安、顔国年、黄欣、鄭沙棠
一九三七年：李延禧、林熊徴、林熊光、辜顕栄、呉三連、許丙、陳啓峰、陳啓安、黄欣、鄭沙棠
一九三八年：李延禧、林熊徴、林熊光、呉三連、許丙、陳啓峰、陳啓安、陳炘、林献堂、林熊祥、簡朗山、黄欣、鄭沙棠、蔡彬淮
一九三九年：陳啓安、林熊徴、林熊光、李延禧、呉三連、許丙、陳啓峰、陳啓安、陳炘、陳其祥、林階堂、林献堂、林熊祥、李延齢、翁瑞春、顔徳修、顔徳潤、顔欽賢、顔滄海、簡朗山、郭廷俊、藍高川、呉百福、黄欣、辜振甫、鄭鴻源、鄭沙棠、蔡彬淮、辛西淮
一九四〇年：陳啓峰、林熊光、李延禧、呉三連、許丙、陳啓南、陳啓安、陳啓清、陳炘、陳其祥、陳振能、林柏寿、林階堂、林献堂、林熊祥、李延齢、翁瑞春、顔徳修、顔徳潤、顔欽賢、顔滄海、顔世昌、郭廷俊、藍高川、辜振甫、辜偉甫、黄棟、黄欣、呉百福、鄭鴻源、鄭沙棠、鄭神寶、蔡彬淮、許智貴、竹林〔饒〕永昌、辛西淮

この顔ぶれをみて指摘できるのは、第一に林本源族系（林熊徴、林熊光、許丙）、顔雲年族系（顔国年）、辜顕栄族系（辜顕栄）、陳中和族系（陳啓峰、陳啓安）ら、台湾土着資本家が多数を占めていることである。このうち辜顕栄は、三四年には貴

族院勅選議員に任命されるなど、彼らの代表格的存在であったろう。

台湾人が台湾倶楽部に出席した歴史は古く、一九一〇年代にはすでに林熊徴、林鶴寿、辜顕栄、顔雲年らが来京した折に招待されている。おそらく、その後に会員になったものと推察できる。

第二には、一九三〇年代後半になって五大族系資本が出揃うことになる。族系資本とは凃照彦が『日本帝国主義下の台湾』のなかで用いた台湾人土着資本を示す概念だが、凃によると内地資本からの直接の圧迫によって台湾の土着資本家は衰退し、一九三〇年代後半になると、内地財閥会社の出先会社重役の地位すら与えられなかった、という。だとすれば、五大台湾土着資本が東京に結集する時期は、台湾土着資本の衰退現象と関連していると解釈してよいのかもしれない。

第三には、一九三〇年代になると日本の高等教育を受けた新しい世代が登場することを指摘したい。すなわち陳中和族系では陳啓南（慶応大学）、陳啓安（法政大学）、顔国年の後には顔徳修（立命館大学）、顔徳潤（立命館大学）、顔滄海（立川滄海、慶応大学）、顔欽賢（立命館大学）、辜顕栄の亡き後に辜振甫（台北帝大）、辜偉甫（台北帝大）らが台湾倶楽部に入会する。むろん、このことは台湾の族系資本家が世代交代を迎えていることを意味しよう。

第四に、族系資本家のうち、最後に登場するのが林献堂族系であった。林献堂の弟の林階堂、それに林献堂とともに大東信託会社の経営にあたっていた陳炘も林献堂族系に入れてよいだろう。また、台湾新民報記者として東京に駐在し、林と行動をともにした呉三連も入れてよい。林献堂は一九二一年に台湾文化協会を設立し台湾議会設置請願運動を展開する台湾民族運動家として名を馳せていたが、古くは一九〇七年からしばしば訪日し大成火災海上保険会社の重役会への出席や保田財閥と面会を繰り返し、資本家としての林献堂の行動を確認できる。

林献堂が台湾倶楽部に入会した事情は、林献堂日記から明らかになる。台湾新聞社社長であり、総督府評議会員であった松岡富雄が三五年に入会を勧誘し、林はこれに応じたものの正式な手続きはしていなかった。そこで三七年二月、今度は台湾倶楽部会長の石塚英蔵が手紙で勧誘し、林はそれに応じて入会届書を正式に提出した。この経緯から、林の入会は台湾総督府、台湾倶楽部側からの働きかけによるものであることがわかる。二月二七日条の林献堂日記には「倶楽部には台湾関係者、退官者の多数が入会している」[41]（原文では「台湾倶楽部、明治四五年創設於東京、凡与台湾有関係及退官者多数入於倶楽部」となっている）と記載され、簡潔な表現ながらも台湾倶楽部の性格を理解した上での入会であったとみることができる。

ところで、林献堂研究の口火を切った張正昌は、日中戦争勃発前後の東京在住を「隠遁生活」[42]と性格付けしている。こうした評価の根拠は、林の側近の一人だった葉栄鐘が、一九三七年五月の訪日は「避暑」を表向きの理由としながらも、実際には「台湾軍部の迫害を避けるため」であったと回想しているからであろう。むろん、このころは合法的政治団体としては台湾民族運動の最後の砦となった台湾地方自治連盟が台湾議会設置請願運動の放棄を余儀なくされ、台湾新民報は台湾軍参謀長の荻洲立兵による政治的圧力によって漢文欄廃止を迫られていた。確かに、民族運動のリーダーとしての林献堂が自らの身辺に危険が迫っていると判断しても決して奇異なことではない。

だが、林献堂が東京に落ち着くことになる三七年五月一八日から台湾に戻る三八年一二月一一日までに面会した日本人（親戚は除外）を『灌園先生日記』より抽出すると表6のようになる。

第一類には、政治家、台湾総督府官吏、とりわけ台湾で交際があった一群の人がいる。それに加え、懇意にしていた岩波茂雄、矢内原忠雄らの学者・文化人がいる。

第二類は、資本家としての交友関係者である。三菱系の大成海上火災保険会社の取締役であった林献堂は同社の重役会にも出席して重役連と頻繁に会っているし、安田銀行や系列会社など安田財閥の幹部ともしばしば面接している。それに台湾銀行、資本関係を有する帝国製麻の関係者である。

第三類には、台湾総督府の警察、警視庁の特高、憲兵など治安関係者がいる。林は民族運動家として、東京においても厳しい監視体制の下にあり、警視庁、憲兵隊、所轄の警察署から尋問を受け、面会人物、懇談内容、政治的見解まで根掘り葉掘り聞かれている。

台湾倶楽部との関係を考察する上で、この第一類の日本人との接触が重要である。林献堂は警察・憲兵の監視下にありながらも、東京へ到着した翌六月上旬には、近衛首相への注文事項として同化政策の撤廃、義務教育の実施、山地開放、渡華時の旅行券廃止、米穀専売の実施反対、右派横行の取締、保甲制度の廃止、アヘン制度の廃止を呉三連、楊肇嘉の三人の間で決定している(43)。

折しも東京の新聞は、台湾総督府が殖産局を中心に台湾移出米の専売制度を考案し、拓務省や農林省との間で折衝を繰り返していると報道していた時であった(44)。台湾では、盧溝橋事件後に台湾地方自治連盟が解散に追い込まれていた。したがって、林たちにとって米穀専売統制に対する反対活動は、「台湾人抗日運動史の最後の事件(45)」として意識されていた。

その働きかけの中心は元台湾総督（台湾倶楽部名誉会員）で貴族院議員（同成会）であり、政界に大きな影響力を有していた伊沢多喜男であった。表6から明らかなように、その訪問は九回にも及んでいる。一九三七年一二月一八日に伊沢を訪問したときには、林は森岡総務長官から直接聞いた話として米専売の利益を無水アルコールへ向ける予定だとの発言を引き合いに出し、無水アルコール製造が目的ならばそのための予算を計上すれば済む問題であり、その費用を捻出するために米の専売制度を実施するのは筋が通らないばかりか、台湾人にとって損失であり弊害にもなる、と訴えた(46)。この主張は伊沢を通じ、大谷尊由拓相に伝わったと林献堂日記には記述されている(47)。

翌三八年の夏にも林は軽井沢に伊沢多喜男を訪ね、楊肇嘉が執筆したパンフレット「台湾移出米管理案ハ戦時食糧政策ヲ脅威ス」を見せ、台湾移出米管理案への反対について数十分にわたって話し合っている(48)。移出米管理案反対のために執筆されたこのパンフレットは、台湾米の減反政策は戦時には適さないとする論理構成をとった。減反反対は戦術論から見て賛同者を募りやすかったのであろう。このパンフレットは、林献堂とも親しかった岩波茂雄によって『台湾米穀政策の検討』として出版され、衆貴両議員および関係者に送付された(49)。

この伊沢とのつながりから、林は後藤文夫（貴族院無所属倶楽部、台湾倶楽部会員（以下会員と略））、平塚広義（研究会、会員）、塚本清治（同成会）、木下信（前衆議院議員、会員）、平山泰（会員）、石垣倉治（会員）、関屋貞三郎（研究会、会員）らに接触している(50)。

伊沢の人脈以外では台湾倶楽部会員のルートを通じて面会したのであろう。林は上山満之進（同和会、名誉会員）、石塚英

表6　林献堂が東京で面会した日本人

Ⅰ　政治家	回数
伊沢多喜男（元台湾総督、貴族院議員）	九
沼川佐吉（元田憲兵隊長）	七
岩波茂雄（岩波書店）	六
田川大吉郎（衆議院議員）	六
神田正雄（元衆議院議員）	四
清瀬一郎（弁護士、衆議院議員）	四
平山泰（元台北州知事）	四
石垣倉治（元府警務局長）	四
矢内原忠雄（東京帝大教授）	三
石塚英蔵（元台湾総督、貴族院議員）	三
木下信（元府総務長官、衆議院議員）	三
森岡二朗（府総務長官）	三
後藤文夫（元総務長官、貴族院議員）	二
井上英（元府警務局長）	二
内藤英雄（東亜実業文化協会理事）	二
太田政弘（元台湾総督、貴族院議員）	二
小栗一雄（元府内務局長）	二
嶺田丘造（府財務局長）	二
山本真平（府参事官）	二
八角三郎（拓務次官）	二
伊礼肇（拓務省参与官）	二
太田正孝（大蔵次官）	二
能沢外茂吉（元府官房審議室事務官、台電理事）	二
菊池武芳	二
中川健蔵（元台湾総督、貴族院議員）	一
上山満之進（元台湾総督、貴族院議員）	一
竹下豊次（元台中知事、貴族院議員）	一
伊藤竹次郎（府属）	一
生駒高常（元台中州知事、日本青年団理事）	一
吉富保之（台湾新民報）	一
太田吾一（元台中州知事）	一
平塚広義（元府総務長官、貴族院議員）	一
塚本清治（貴族院議員）	一
小林躋造（台湾総督）	一
中島一郎（府財務局長）	一
南出隆（元府理事官）	一
八田嘉明（拓務大臣）	一
植場鉄三（拓務省殖産局長）	一
竹内清（新民報政治部長）	一
上田宏堂（台湾日日新報社）	一
菅野福一（南方通信理事）	一
関屋貞三郎（貴族院議員）	一

II　資本家	回数
益子逞輔（大成火災）	一三
渡辺源二郎（大成火災取締役）	九
佐々木勇太郎（大成火災重役取締役）	八
赤司初太郎（昭和製糖会社社長）	六
斉藤豊次郎（大成火災監査役）	四
森広藏（安田銀行頭取）	四
安田一（保善社総長）	四
河路寅三（帝国製麻）	四
下河辺行一（帝国製麻常務）	三
福本謙治郎（弁護士）	二
川崎清男（保善社理事）	二
安田彦四郎（保善社庶務部長）	二
坂本治郎（帝国製麻取締役）	二
門野重九郎（大成取締役）	二
江淵清満	二
坂本素魯哉	一
安田善八郎（保善社）	一
戸沢芳樹（保善社）	一
安田善五郎（帝国製麻社長）	一
早川栄次郎	一
和田正彦（台銀副頭取）	一
山本健治（台銀理事）	一
加藤栄一郎（台銀常務監査役）	一
熱田竹次（台銀秘書）	一
坂斉平吉（三木商店支配人）	一
小島政治郎（ゴム製造会社）	一
渡辺暢	一
石川清	一

III　特高・警察	回数
坂木貞雄（特高）	五
小山理平次（警視庁内鮮台灣係巡査部長）	三
三平誠一郎（戸塚警察署特高係）	三
泉孫一（警部補）	一
千田耕吉（本郷本富士警察署特別高等係主任警部）	一
清水登（憲兵本部特高）	一
伊藤浦治（長野県巡査）	一
市川嵩進（長野県巡査）	一
小野惣吉（警視庁特務）	一
佐峠政一（戸塚警察特高主任）	一
辰島精治（特務）	一

IV　その他	回数
上与三郎（台湾牧師）	二
中野浩（隣人）	二
長坂春雄（画家）	一
服部武一	一
田島道治	一
正林光太郎	一

蔵（同和会、名誉会員）、太田政弘（研究会、名誉会員）、中川健蔵（同成会、名誉会員）をも訪問している。このほかには台湾議会設置請願運動で関係を築いた衆議院の清瀬一郎、田川大吉郎（第二控室）にも会っている。また、林献堂日記から直接面会したことが確認はできなかったが、貴族院議員の丸山鶴吉にも接触した可能性がある。(51)

ところで、林献堂らが東京で次期議会に提出されることが予想される台湾米穀法案への反対活動をしている時、台湾倶楽部はいかなる反応を見せたのだろうか。三八年九月二七日、倶楽部は小林躋造総督、嶺田丘造財務局長、泊武治交通局長、山本真平審議室事務官、中村寛秘書課長、安達左京中央研究所庶務課長、佐々木英一逓信部電気課長を囲んでの昼食会を開催した。食事が済みデザートに移るや、会長の石塚英蔵はスピーチに入り、「台湾では煙草、酒の専売は他に率先して施行されたが、今回又米の統制販売は恰もその時運に際会し之又他に率先して移出米管理の実施を見んとしてゐる、自分としては寔に結構なことに思ふ」と発言し、移出米管理を積極的に進めるプランに賛意を示した。石塚に続き、小林は「米問題については時代の要求に鑑み目下計画中である」と語り、次の議会に提出を予定していることを会員に匂わせた。二人の発言の後の雑談も和気あいあいであったと新聞が伝えているところから察して、この場では質問や反対発言はなかったのであろう。(52)会長と総督のリードによって、反対発言を許す雰囲気ではなくなり、会員の中からは林らを応援する声は挙がらなかった、と考えられる。小林にすれば、前節で触れたように、台湾総督として三回目の上京は台湾米穀統制法案の準備が目的であり、台湾倶楽部の出席もその一環であった。石塚ら台湾倶楽部幹部も小林の意図に呼応したため、和気あいあいの会合が成り立ったと見てよかろう。

林献堂はこの日の倶楽部会合には出席していないが、おそらく、この日の倶楽部の状況を聞知したのであろう。数日後に万平ホテルに小林を訪ねている。小林は林献堂に対して、統制法が施行されると米価が一気に下がり、農家の経済に大きな影響を与えると一般には誤解されているが、現価格に比べて二割減るだけである、と話した。(53)小林は林献堂が同法案に反対であることを承知した上で、法案は来年一一月に施行予定だと言い切っている。この小林の言葉は林の反対活動を強く牽制するに充分であった。林献堂が小林にどのように反論したかは、林献堂日記には記されていないが、会談は一〇分あまりで終わったという。

林は小林に会う前に戸塚警察署特高係の三平誠一郎の訪問を受け、台湾米統制反対者の名前など一時間半の長きにわたり質問を受けている。内務省、そして台湾総督府は反対運動が議会へ影響することを恐れてか、林献堂らへの執拗ないやがらせを繰り返していたが、林・小林会談後の一カ月後に次のような行動に出る。

台湾日日新報社の上田宏堂は森岡総務長官の意を受け林献堂を訪問し、林に帰台を促したのであった。(54) 林はこれに抗することができなかったのか、一二月一一日に東京を離れる。通常議会が開催される直前であることを考えれば、これは台湾移出米反対工作をしていた林献堂に対する台湾総督府側の措置であったと断定できよう。また、台湾総督府は台湾新民報社に対して、林献堂と行動をともにした呉三連の辞職を迫った。(55)

東京を離れる二日まえの一二月九日、林献堂は陳炘を伴い総督府出張所に行き、森岡二朗総務長官、嶺田財務局長に離日の挨拶をしている。また、拓務省では伊藤肇参与官、植場鉄三殖産局長、大蔵省で太田正孝次官ら、台湾米穀法案の当事者に面会したが、挨拶だけで米穀法案については触れることもできなかった。

五、帝国議会のなかの審議

林献堂が東京で米穀専売に反対する働きかけをしている時、第一次近衛内閣は三八年九月一七日に台湾重要産業調整委員会を官制で公布し、台湾総督を委員長とし、法制局、企画院、大蔵省、農林省、商工省、拓務省、台湾総督府など関係各庁の次官級を中心とする高等官を一一名、「学識経験アル者」として貴族院議員五名、衆議院議員五名、学者五名、実業者八名の二三名を委員として任命した。

さて、台湾総督府のもとに移出米を管理する時、台湾島内経済ばかりか内外地に大きな影響を与えることが予想された。とりわけ、米穀配給統制によって流通機構に対する規制を強めていた農林省は植民地移出米をこの流通機構のなかに組み入れ統制下に置こうとしていたため、台湾総督府の企てと衝突していたことは前述した。この問題についてはその後、農林省、台湾総督府、それに拓務省を加えて折衝が繰り返され、三八年八月四日、拓務省植場殖産局長と農林省周東米穀局長との間に、台湾移出米管理案についての合意が成立し、公文書が交換されたと、『読売新聞』に報じられた[56]。この記事は読売のスクープだったのか、翌日の同社社説「台湾米専売と米穀配給会社」は、台湾総督府の動機が「全く製糖業の保護に基」くものであるとして、内地の米穀需給上、台湾米を専売にすることを疑問視する見解を発表している[57]。

「管理米ノ移出並ニ販売方法ニ関スル協定書」が公文書として残されている。これは拓務省、台湾総督府、農林省の三者が協議した結果の協定書で、三八年七月、マル秘と刻印されている。その内容は内外地米穀生産目標のもとに米穀資源の確保を前提とし、台湾総督府が月別移出計画を農務省に提出すること、台湾米の内地販売は米穀配給株式会社に代行させることなどで、三者は大枠で合意に達したとするものであった。ただ、「『管理米ノ移出並販売方法』ニ関スル協定書ノ付属書類」において、米穀配給株式会社設立の具体案など、その細部については今後も引き続いて話し合うとしている[58]。

以上のことから、関係省庁間に台湾移出米についての歩み寄りを見ることができる。つまり、台湾重要産業調整委員会が設立された時点では、関係省庁における対立は基本的にはすでに解消され、法案の成立は議員の出方に移っていたのであった。

そこで、台湾重要産業調整委員会の調整委員二四名のなかの議員を注視しよう。いま、その貴衆議員枠で選ばれた委員を列挙すると次のようになる。

八条隆正　：貴族院（子爵）・研究会　（台湾倶楽部）非会員
川村竹治　：貴族院（勅選）・交友倶楽部　会員
中川健蔵　：貴族院（勅選）・同成会　会員
永田秀次郎：貴族院（勅選）・同和会　非会員

稲田昌植　：貴族院（男爵）・公正会　非会員
宇賀四郎　：衆議院・民政党　会員
村上国吉　：衆議院・民政党　非会員
東郷実　　：衆議院・政友会　会員（評議員）
三善信房　：衆議院・政友会　非会員
守屋栄夫　：衆議院・第一議員倶楽部　非会員

この議員枠以外にも「実業家」の枠で選ばれた議員が二人いる。

酒井忠正　：帝国農会会長、貴族院（伯爵）・研究会　非会員
千石興太郎：全国米穀販売購買組合聯合会会長、貴族院（勅選）・無所属倶楽部　非会員

以上、調整委員会二四名のうち、議員は合計一二人であるが、このほかに、臨時委員として貴族院議員（勅選）の松村信一郎（非会員）が任命されている。(59)

調整委員のうち、衆議院議員から民政党二、政友会二、第一議員倶楽部一名、貴族院議員から研究会二、同和会二、同成会一、交友倶楽部一、無所属倶楽部一名が人選されていることからみて、政党・会派を睨んだ人選となっていることがわかる。なお、臨時委員の松村は所属会派はなかった。台湾総督が行ったこの人選は、次期議会に法案を提出する議会対策と密接に関わっていると言えるだろう。

次に、台湾倶楽部との関わりからみると、貴衆議員の四人に加え、「実業家」の枠のなかに次の四人の台湾倶楽部会員がいた。

保田次郎　：台湾銀行頭取　会員（評議員）
加藤恭平　：台湾拓殖株式会社社長　会員（評議員）
後宮信太郎：台湾商工会議所　会員（評議員）
林熊徴　：台湾実業家　会員

台湾経済界では著名なこの四人の台湾倶楽部会員が調整委員に任命されていた。したがって倶楽部会員は八人おり、政府関係者を除くと、調整委員の三分の一は台湾倶楽部会員ということになる。

委員会は九月三〇日の第一回総会を東京会館で開催した。委員は「台湾における重要産業の調整を図り、産業の健全なる発達を期するため、政府において台湾米の移出を管理せんとす」るための諮問を受けた。数度の会議と台湾視察を経て、一一月七日に開催された総会で特別委員が作成した答申案を可決して台湾総督に答申された。その答申は「移出管理要綱」として新聞に発表された(60)。要綱は、買入、買入価格、移出、販売、会計、其の他の六項目からなっているが、これは台湾重要産業調整委員会官制が制定されていた時に準備されていた「台湾移出米管理案」を若干省略したものに過ぎない。買入の第一項は「移出せらるべき米穀は総て台湾総督府において買入るるものとす」るなど、重要な事項はまったく異なることがなく、答申は台湾総督府の準備した原案を模しているのは明らかである。

以上の経過から、台湾重要産業調整委員会を設立し、関係省庁、議員、実業界などの人物を委員として招き、諮問答申を求める手法をとったのは、ひとえに来る帝国議会への根回しであったと考えるのが自然であろう。

では、在京中の林献堂はこれら調整委員への働きかけをしたのか、もう一度みてみよう。委員長の小林躋造を除くと、この委員のなかで林が面会しているのは中川健蔵であるが、それは委員会が設置する前年の五月二九日である。したがって、設置以後は委員の誰とも会っていないことになる。林献堂は在京中、台湾米穀移出管理に対する反対活動を孤軍奮闘でまさしく体当たりで関係者に接触したが、台湾重要産業調整委員会の委員には接触しなかったのか、できなかったと考えられる

表7　衆議院における台湾米穀移出管理特別会計法案などの質疑

人名	所属政党	発言回数	立場	備考
菊池良一	立憲民政党	七八		議長
川崎末五郎	立憲民政党	七四	反対	
岡野龍一	立憲民政党	三八	反対	
長野高一	立憲民政党	三七		
高田耘平	立憲民政党	二八	反対	
成島勇	立憲民政党	一六		
小田栄	第二控室	三九		
木村正義	立憲政友会	三八		
田中好	立憲政友会	三六	反対	
葉梨新五郎	立憲政友会	三四		
松山常次郎	立憲政友会	一二		
沖島鎌三	立憲政友会	一〇		
吉植庄亮	立憲政友会	七		
三善信房	立憲政友会	三		台湾重要産業調整委員
寺田市正	立憲政友会	二		
小林絹治	立憲政友会	二		
須永好	社会大衆党	二〇	反対	
前川正一	社会大衆党	一三		
石坂繁	第一議員倶楽部	一一		
朴春琴	第一議員倶楽部	五		
守屋栄夫	第一議員倶楽部	一		台湾重要産業調整委員
三田村武夫	東方会	一		

のである。

林献堂が帰台するとまもなく、三八年末に第七四議会が召集され、台湾米穀移出管理特別会計法案が提出される。同法案は衆議院においては台湾事業公債法中改正法律案とともに朝鮮事業公債法中改正法律案委員会（委員長は菊池良一）に付託され、二月二一日からの法案提出説明の後、一〇回に及ぶ審議が行われた。質問・発言した議員の質問・発言回数は表7のようになる。

議長を除くと、川崎末五郎（立憲民政党）、小田栄（第二控室）、木村正義（立憲政友会）、岡野龍一（立憲民政党）、長野高一（立憲民政党）、田中好（立憲政友会）、葉梨新五郎（立憲政友会）、高田耘平（立憲民政党）、須永好（社会大衆党）らの各議員が質問に立った。議長を除く議員の質問・発言は、全審議を通じて四二七回行われた。これを政党別にみると立憲民政党が一九三回、立憲政友会が一四四回、第二控室が三九回、社会大衆党三三回、第一議員倶楽部一七回、東方会一回である。衆議院における議席数では民政党と政友会はほぼ拮抗していたが、本委員会での質問・発言回数は政友会より立憲民政党が多い。

林献堂が帰台した後も、東京では林と行動をともにしていた劉明電たちが帝国議会に注目していた。劉明電が『台湾米穀政策の検討』のなかで政府原案に対する反対者として挙げたのは、立憲民政党では川崎末五郎、岡野龍一、高田耘平、立憲政友会では田中好、社会大衆党では須永好であった。

最も発言回数の多い川崎末五郎は、京都帝大法科を卒業し、内務省に入省し警視庁、台湾総督府、朝鮮総督府の事務官を務めたのちに衆議院議員に当選した。経歴からもわかるように、内海忠司の後輩にあたり、二人は面識もあった（第一巻参照）。この川崎は台湾倶楽部に入会はしていない。

三月八日、各党の代表は台湾事業公債法中改正法律案と台湾米穀移出管理特別会計法案に対して、党としての最終意見を表明した。立憲民政党は移出米の実施にあたり内外地にわたる米穀需給計画に支障をきたさないようにすること、同時に糖業令を発布すること、移出米穀の買上価格を時価との差額を一石につき二円を超過しないこと、この三点を希望条項として賛成した。これは、民政党内から起こった川崎、岡野、高田議員の反対意見を考慮して、修正意見付きで賛成するとの意思表示であると考えられ、党内における反対意見を無視できなかったことを意味しよう。

立憲政友会、第一議員倶楽部、社会大衆党、第二控室、東方会も、立憲民政党にならい、希望条件を附帯して賛成した。各党の最終意見の表明後に採決がなされた結果、法案は全会一致で可決、三月八日に衆議院を通過した。

政党の最終意見決定に、台湾重要産業調整委員の意見が大きく作用したことは想像に難くないが、衆議院議員として調整委員になった立憲政友会の三善信房と第一議員倶楽部の守屋栄夫はいかなる態度を表明したのか。議会での両者の発言回数は三善が三回、守屋に至っては党の最終意見表明の時の一回だけであった。三善は根っからの政党人であったが、守屋は朝鮮総督府秘書課長、庶務部長の経歴を有し、朝鮮に幅広い人脈を持ち、(61)衆議院議員になると第五六、七〇、七二、七四、七六議会で、朝鮮総督府関連の質問を発し、朝鮮から提出された請願の紹介議員を務めていた。二人はいわゆる台湾縁故者ではなく、台湾倶楽部会員でもなかった。そもそも、台湾事業公債法中改正法律案と台湾米穀移出管理特別会計法案を審議す

表8　貴族院における台湾移出米管理案法案についての質疑

人名		会派	発言回数	立場	備考
大隈信常	侯爵	火曜会	八七		
丸山鶴吉	勅選	同成会	七九	反対	
小林嘉平治	多額納税者	同和会	二三		
松村真一郎	勅選		六一	反対	台湾重要産業調整臨時委員
松村義一	勅選	公正会	五二		
稲田昌植	男爵	公正会	九		台湾重要産業調整委員
宮田光雄	勅選	研究会	一一		
風間八左衛門	多額納税者	研究会	六		
松本真平	多額納税者	研究会	五		
綾小路護	子爵	研究会	四		
松平康春	子爵	研究会	一		
八条隆正	子爵	研究会	一		台湾重要産業調整委員
黒木三次	伯爵	研究会	一		
長岡隆一郎	勅選	交友倶楽部	二		

る議員のなかに台湾倶楽部会員は皆無であった。これは各政党の質問議員の人選とも関わるのであろうが、台湾関連の法案審議に台湾関係者を抜きにして審議されていたといえよう。

　貴族院においては、台湾米穀移出管理特別会計法案は同特別委員会（委員長は大隈信常）で審議された。三月一一日から審議入りしたが、議員の質問・発言回数は表8のようになり、合計発言数は三四二回に及んでいる。

　表8のなかで台湾重要産業調整委員を務めたのは、研究会の八条隆正、公正会の稲田昌植、それに同臨時委員の松村真一郎（所属会派なし）の三人であった。松村真一郎は会派には所属していないが、発言は丸山に次いで多く、しかも原案に批判的であった。これとは対照的に、公正会の稲田昌植は批判的な質問はしていない。

　三人の中では八条隆正が存在感を示した。八条は発言回数こそ一度だけだが、審議の最終日に長い発言をしている。まず、調整委員会のなかで特別委員を務め、答申案作成で中心的な役割を果たした経緯を述べた上で、本議会の政府案にも無条件で賛成する旨を述べる。

戦時の食料問題からみた反対論に対しては「米ノ増産ノアル時ニ於キマシテハ、台湾ニ於テハ米作ヲ控へ、内地ニ於テ米ノ非常ニ不況ナ場合ニ、凶作ニ際シタ場合ニ於テハ、……台湾ニ於テハ之ニ即応シテ増産ヲ図ル伸縮自在ノ方法ニ依ッテヤッテ行」けるとして反論する。つまり、台湾は内地食料の補完的存在になりうると訴えた。次に、台湾農民の犠牲が大きすぎるという反対論に対しては、台湾の「農民ニ損害ヲ与ヘルト云フモノデハナイ、唯内地ト米穀政策ノ為ニ非常ニ有利ナ条件ニ台湾ノ農家ハ相成ッテ居ル、内地ノ農民ノ収入カラ見レバ、ヨリ以上ニ大キナ収入ヲ得ツツアルノデアル」として反論を展開した。つまり、台湾農民は内地農民より恵まれていることを強調することで原案に賛成したのだった。こうした彼の台湾観の底流には「台湾ハ申ス迄モナク帝国ノ宝庫」(62)という認識が強く流れていた。

研究会は貴族院で最も多数を占めており、その研究会のなかで早くからこの問題から関わっていた八条の最後の演説は、居並ぶ反対論者に対抗するに十分であった。

これに対し、同成会の丸山鶴吉、公正会の松村義一が反対意見を展開した。二人の反対論は、台湾の米作農民の負担によって産業の発展をはかることは台湾農民の理解を得られない、という論点に集約される。反対の矛先は移出米ばかりでなく、台湾島内での「言論圧迫」や米穀管理反対運動を抑圧している台湾総督府の姿勢にも批判が向けられた。これに続いて、会派に属さない松村真一郎、同和会の小林嘉平治も原案に批判的であった。

丸山は朝鮮総督府警務局長、宮城県知事などを歴任した元官僚、松村義一は地方官から大分県知事、内務省警保局長を歴任した元官僚であった。台湾とは縁の薄い貴族院議員から質問の嵐と反対意見が表明された。両人はともに、台湾倶楽部会員のメンバーではなく、また台湾重要産業調整委員でもないが、丸山の所属会派が林献堂の頼みにした伊沢多喜男と同じ同成会である点に留意したい。

表8の中で唯一の台湾倶楽部会員であったのは、風間八左衛門である。彼は多額納税者議員で、台湾合同電気会社の社長でもあった。彼の発言は買上価格を時価との差額を一石につき二円とすることを妥当とし、原案に対して大きな反対はなかった。

衆議院とは異なり賛否両論が繰り広げられたため、貴族院では最後は採決に移り、結局賛成多数で本案は可決された。

むすびにかえて —— 台湾倶楽部から台湾協会へ

小林躋造は総督辞任後、台湾倶楽部の名誉会員となり、一九四三年一月二九日に開催された総会で、石塚英蔵死亡後空席であった会長に選ばれた。この日の内海日記には「台湾協会と改称決議。小林躋造氏を会長に、高木友枝、藤山愛一郎を副会長に選挙す。午餐」と要点だけが記されている。台湾倶楽部から台湾協会への名称変更は、クラブという「有閑的名称」に起因していた[63]。またそれにともない、「社交団体」から「台湾及大亜細亜ニ関スル事項ヲ調査考究シ進テ其ノ開発ニ貢献」(会則第一条)する団体へと会則が改められ、「国策遂行に協力する積極能動的団体」へと組織変更がはかられた。具体的には、例会におけるゲストの選択にその徴候が表れ、招待者は必ずしも台湾関係者ではなくなり、外国や戦地から帰国する外交官、陸海軍将校ら、戦局の新情報をもたらす人が招待されるようになった。このほか催しとして、一九四三年一〇月には「台湾徴兵令施行奉謝激励の会」、翌年九月には「台湾に徴兵令実施の奉謝式」を開催するなど、台湾総督府への協力をより明確にしている。以上のように、一九一〇年から一九四三年まで続いた台湾倶楽部の名称を台湾協会に改め、戦時下においては国策協力団体としての性格を濃くしていく。

最後に、内海忠司をはじめ元台湾総督府官僚が退官後も台湾倶楽部(台湾協会)に加わり植民地統治に関わり続けた理由を考えておきたい。

内海忠司の場合、台湾から東京に移り住んだ半年後に台湾総督府の影響下にあった南日本化学工業株式会社の常任監査役に就任した。この天下りのほか、帝国繊維の顧問就任も受諾し、総督府との折衝役を買って出ている(「内海日記」四四年一〇月一八日条)。総督府側も斎藤樹総務長官が海軍施設協力会台湾支部長のポストを斡旋している(同四四年三月一日条)ように、退職し数年が経過しても総督府とのつながりは深かったが、ここには台湾倶楽部(台湾協会)が介在しているとみてよい。

本稿では、台湾倶楽部のなかの主要構成分子である退職官僚を手がかりとして、台湾総督府、帝国議会、植民地台湾との関係を考えてきた。退職官僚が倶楽部の主流となった一九三〇年代以降という限られた時期に過ぎないが、これまで知られてこなかった台湾倶楽部の存在の一部が明らかになった。

いま一度、この台湾倶楽部を振り返ると、次のように指摘することができるだろう。

第一に、台湾倶楽部は、単に台湾総督府の退職官僚たちが古きを懐かしむ交友倶楽部ではなかった。高文資格をもち、台湾総督府においてキャリアを積み、必要があれば現役に復帰する意思を十分にもった植民地官僚をプールする場でもあった。次のステップとして魅力ある総督府、貴族院、衆議院、政府などの情報に、こうした退職官僚たちの食指が動くのも当然であった。したがって、食事をともにしながら情報を交換する場としての交友倶楽部は、時に「就活」の情報を入手する場となるのであった。このことは、母国における植民地統治機関の人材を台湾倶楽部が供給する役割を演じていたともいえよう。

第二に、帝国議会は、議員と政府委員が審議による攻防を繰り広げることによって予算案、法律案を精査する場であった。だが、台湾の予算案、法案についていえば、議員と政府委員は台湾倶楽部会員、もしくは台湾縁故者として仲間意識が強く、両者の質疑応答にはしばしば馳れ合いが見られた。また、帝国議会には植民地を代表する地域住民の代表が、例外的存在を除いては存在しなかったことも、植民地関連の予算案、法律案の審議が対立的構図にはなかなかならなかった理由と考えられる。

第三に、一九一〇年以来、ほぼ毎月のように月例会を繰り返し、ゲストを招いて植民地台湾を語るという基本的スタイルを持ち続けた。このインフォーマルな団体に人が集まったのは、東京が植民地統治の〈枢要〉な位置であったからであろう。第三節で見たように、小林躋造が内閣交代のたびに東京出張を繰り返して各閣僚と意思疎通をはかり、森岡二朗は毎年議会が開催されるたびに東京へ出張し、予算案と法案の通過に全力を注いだ。このことは、総督政治が植民地を統治対象にしながらも、本来的に植民地と東京を往復することを義務づけられていたからであるといえる。総督政治には内閣とコンタクトをとり、議会と向き合うことが不可欠だったのである。換言すれば、植民地のほかに、東京も植民地統治の拠点であったといえよう。

第四に、東京が植民地統治のもうひとつの拠点であったからこそ、第四節でみたように林献堂は台湾倶楽部会員のつてをたどりながら、着衆議員に向かって台湾米穀移出管理案反対を訴えた。このことは植民地に議会が存在しないことを如実に示すものであった。一九三〇年代なかばまで、林らが帝国議会に請願し続けた台湾議会設置運動もすでに弾圧されていた。林は台湾移出米問題を帝国議会議員に訴えるより手段が残されていなかったといえよう。日本語教育を受けていない林は東京で『国語教本』を学ぶことを日課にしながら、議員たちに面会していた。治安機関からは厳しい監視下にあり、また台湾総督府から帰台勧告を受けたこともすでに見た。その林を多くの台湾倶楽部の面々が助力できなかったことは記憶しておきたい。

以上のように見ていくと、台湾倶楽部は植民地台湾と中央政府との接点となり、無視し得ない存在であったと言えよう。だが、本論で展開できなかった議論も多い。台湾倶楽部には台湾への資本投資家も多かったが、そうした経済史的アプローチにはまったく触れることができなかった。

注

（1）山根幸夫「台湾協会の成立とその発展―日本殖民政策の一側面」『東京女子大学付属比較文化研究所紀要』三六号、一九七五年。

（2）「台湾倶楽部」『台湾日日新報』一九一〇年四月一〇日日刊。

（3）「台湾倶楽部成立」『読売新聞』一九一〇年一月三一日朝刊。

（4）『台湾史料稿本』（台湾総督府史料編纂会、一九一〇年）によると、「南北縦貫鐵道ノ全通式ヲ擧ゲタルハ一昨年十月トス昨年十月トハ誤也」と考証しているが、引用は原文のままにしてある。

（5）台湾倶楽部設立趣意書の末尾には、常務委員として二一名の名前が掲載され、この常務委員が設立当初の中心メンバーであることが推定できる。台湾総督府史料編纂会『台湾史料稿本』一九一〇年、『台湾日日新報』一九一〇年三月一八日日刊を参照。

（6）南溟漁人『解剖せる台湾』昭和文堂、一九一二年。

(7) 一九一〇年七月二九日、明治製糖株式会社取締役小川鋼吉宛安場末喜、村上先書簡、糖業協会所蔵。
(8) 後藤新平が台湾倶楽部会長になったのは一九一二年四月、『後藤新平大全』藤原書店、二〇〇七年からも確認できる。
(9) 「台湾の大被害」『東京朝日新聞』一九一一年九月一〇日朝刊。
(10) 「義捐金の分配」『台湾日日新報』一九一二年一月三〇日日刊。
(11) 「総督の饗宴」『台湾日日新報』一九一一年一一月八日日刊、「義金尽力者招待」『台湾日日新報』一九一一年一二月二一日日刊。
(12) 「討蕃隊慰問金品募集」『東京朝日新聞』一九一四年七月一一日朝刊をはじめ幾度も掲載されている。
(13) 『東京朝日新聞』一九一四年八月二四日と三一日朝刊の広告欄参照。
(14) 「日日小筆」『台湾日日新報』一九一六年二月四日日刊、あるいは「日日小筆」同二月一三日日刊など。
(15) 内田嘉吉が会長に就任するのは一九二九年九月頃と推察される。『台湾日日新報』の報道によると、一九二九年八月一〇日に開催された台湾倶楽部新旧総督送歓迎会では副会長であるが（「新旧総督府送迎会」一九一九年八月一二日日刊）、九月一九日の高木慰労宴会では会長と報道され（「高木博士夫妻を主賓に」同九月二一日夕刊）、これ以降、会長の肩書きになっている。
(16) 「台湾倶楽部一水会例会」『台湾日日新報』一九二九年六月六日日刊。
(17) 「台湾倶楽部一水会」『台湾日日新報』一九二九年一〇月四日日刊。
(18) 一九三〇年の台湾倶楽部総会では基本金六九三円、一般会計残金三一四五円であったと報告されている。「台湾クラブ総会」『台湾日日新報』一九三〇年一月三一日夕刊。
(19) 一九三四年一月の時点での台湾クラブの基本金は八〇〇〇円と報告されている。「台湾倶楽部総会を開く」『台湾日日新報』一九三四年一月二四日夕刊。
(20) 「児玉拓相らを招き台湾倶楽部の総会」『台湾日日新報』一九三五年一月二六日夕刊。
(21) 『公爵桂太郎伝』坤巻、九〇六頁。
(22) 『台湾日日新報』一九二九年三月三日夕刊。
(23) 『台湾日日新報』一九三二年一一月二〇日日刊、同二六日。
(24) 『台湾日日新報』一九三一年一月一七日夕刊。
(25) 『台湾日日新報』一九三二年七月一八日。
(26) 台湾総督は台湾倶楽部の名誉会員になる規定であったので、ここには含めなかった。

(27) 王鉄軍「近代日本における台湾総督制度の研究」『中京法学』四三巻一号、二〇〇八年。
(28) 『台湾日日新報』一九三七年五月二〇日日刊。
(29) 『台湾日日新報』一九三八年五月一〇日夕刊。
(30) 『小林躋造覚書』一六頁参照。
(31) 『台湾日日新報』一九三八年六月一日日刊。
(32) 『台湾日日新報』一九三八年九月二八日日刊。
(33) 『台湾日日新報』一九三九年五月三〇日日刊。
(34) 『台湾日日新報』一九四〇年五月二一日日刊。
(35) 『台湾日日新報』一九四〇年五月三一日日刊。
(36) 台湾倶楽部は元、現職総督を名誉会員とするのを通例としていた。石塚英蔵や南弘の場合は、台湾倶楽部会員の時に台湾総督に就任しているが、総督就任後に名誉会員になった。
(37) 台湾総督の台湾倶楽部への出席は小林に限ったことではない。台湾倶楽部が設立されて以来、佐久間（一、数字は新聞で確認できた出席回数。以下同じ）、安東（一）、明石（二）、田（三）、内田（一）、伊沢（一）、上山（一）、川村（一）、石塚（一）、太田（一）、南（一）、中川（四）、小林（六）、長谷川（五）と、いずれの台湾総督も訪問している（安藤利吉総督については不明）。一九三〇年代以降に台湾総督が出席する度合いが多くなるのは、空路による交通手段によるところが大きいこと、内閣の交代などいくつかの要因が考えられるが、それればかりではなく、台湾倶楽部重視の姿勢の表現でもあろう。いずれにしろ、台湾総督は台湾倶楽部の存在意義を認め、台湾倶楽部に対して台湾統治状況の内地への浸透を期待していたと認めることができよう。
　台湾総督は就任の際に出席する場合もあるが、台湾から上京する際に出席する場合もあり、また席上での総督の発言も挨拶程度であった内田総督の場合もあるし、統治方針を説明し人事についても口走るなど、内容は千差万別である。だが、佐久間は「倶楽部は台湾統治の上に久しく貢献あり……台湾に積極的諸般の援助ありしを感謝す」（『台湾日日新報』一九一五年五月二九日朝刊）と述べているし、上山は台湾を内地に紹介すること、台湾への視察を勧誘してもらいたいとの要望を台湾倶楽部に対して述べている（『台湾日日新報』一九二六年一〇月一一日朝刊）。
(38) 『台湾日日新報』一九三二年三月一八日。
(39) 『台湾日日新報』一九三七年五月二一日夕刊。

(40)『帝国議会貴族院委員会速記録』昭和篇、第七三回議会、東京大学出版会、一九九六年。
(41)『滄園先生日記』一九三七年二月二七日条。
(42)張正昌『林献堂与台湾民族運動』自費出版、一九八一年。
(43)『滄園先生日記』一九三七年六月八日条。
(44)たとえば「台湾移出米専売制代案考究」『読売新聞』一九三七年四月三〇日、「台湾移出米専売案　両当局妥協成る」『東京朝日新聞』一九三七年一二月一二日参照。
(45)呉三連『呉三連回顧録』自立晩報、一九九一年。
(46)『滄園先生日記』一九三七年十二月二八日条。
(47)『滄園先生日記』一九三七年十二月二八日条。
(48)『滄園先生日記』一九三八年八月二三日条。
(49)呉三連『呉三連回顧録』自立晩報、一九九一年、なお、『台湾米穀政策の検討』は出版直後に発行禁止になったという。
(50)『滄園先生日記』一九三八年九月三〇日条。
(51)『滄園先生日記』一九三九年四月四日条には、伊沢多喜男、平山、丸山が米統制反対運動に協力してくれたことに書簡で感謝したとある。
(52)『台湾日日新報』一九三八年九月二八日。
(53)『滄園先生日記』一九三八年一〇月三日。
(54)『滄園先生日記』一九三八年十一月四日。
(55)呉三連『呉三連回顧録』自立晩報、一九九一年。
(56)『読売新聞』一九三八年八月五日朝刊。
(57)『読売新聞』一九三八年八月六日朝刊。
(58)公文類聚「台湾重要産業調整委員会官制制定ヲ定ム」JACAR：A〇二〇三〇〇四一九〇〇。
(59)台湾総督府档案、一〇〇九四冊、一六五号、甲種永久保存、一九三八年。
(60)たとえば、「湾米移出管理　答申案可決」『東京朝日新聞』一九三八年一一月八日。
(61)松田利彦「朝鮮総督府官僚守屋栄夫と『文化政治』―守屋日記を中心に」『日本の朝鮮・台湾支配と植民地官僚』思文閣出版、二〇

〇九年。守屋の議員活動については、「注七二」を参照した。

(62) 『帝国議会貴族院委員会速記録』昭和篇、第七四回議会、東京大学出版会、一九九六年。

(63) 「台湾協会消息」『台湾時報』一九四三年三月号。

3　戦時期台湾における総督府官僚の選択肢 ―― 内海忠司の事例を手掛かりに

河原林直人

はじめに

すでに周知の通り、戦時期台湾においては、総力戦下における広範な「戦争動員」が展開され、政治経済の領域だけにとどまらず、社会文化等、様々な方面にまで大きな影響を及ぼした。とりわけ、物資面のみならず、「人心の動員」にまで踏み込んだ諸政策の実施は、当時の台湾が置かれた状況を象徴的に示すものであったと言えよう。(1) こうした事態の推移の中にあって、諸政策を推進する当事者であった植民地官僚もまた、「戦争動員」の傍観者ではあり得なかった。彼らの立案・実施した政策が成果を出せない、あるいは頓挫した事例を見出すことは難しくないだろう。しかし、その一方で、資料的制約が大きいため、官僚個々人の詳細な言動はほとんどわからないままであった。今回の試みは、『内海忠司日記』(以下、日記と略す)および『回想録』から、うかがい知ることができる範囲で新たな考察の糸口を見出すことにある。

日本植民地期末期の台湾、すなわち戦時期の経済的諸事象については、近年、台湾拓殖や台湾電力等の「国策会社」研究を通して、その一端が明らかにされてきた。(2) しかしながら、当時のいわゆる「国策」が全て経済合理性に基づいて説明可能とは言えず、かえって、総力戦体制へと邁進する「非合理的」活動との関連如何が一層大きな課題として浮上したように思われる。

また、右記のごとく、物資面に関する研究は進んでいるが、戦時期台湾において人的資源がどのように活用されたのかという点については未だ十分ではない。これまで、「台湾人」の軍夫・志願兵・開拓団等への動員については考察が加えられてきたが、それを推進する側である台湾総督府（以下、総督府と略す）官僚について、その動向を仔細に扱うことは難しかった。ここでは、こうした課題について内海忠司の事例を手がかりに考えてみたい。もちろん、本論で総督府官僚の全てを明らかにできるわけではないが、試論としていくつかの論点の提示を行いたい。

具体的には、内海が退官後に歩んだ道を、総督府官僚の「一つの選択肢」と捉えた場合、その実態如何、または、その他の選択肢との対比が可能かどうかを検証してみたい。そして、官僚の転進に際して、その決断をもたらした状況にも目を向けることで、戦時期台湾を理解する材料の提供を試みたい。

一、総督府官僚の再就職

（一）内海忠司の転身

内海は、一九三九年一月で高雄州知事を退任し、官僚としてのキャリアを終えた。彼がいつの時点で、どのような理由で退官を決意したのかは不明であるが、内海が自ら辞表を出したわけではないようである。日記によると、内海の退官に関する話が出たのは、一九三八年一一月二五日であり、森岡二朗（総督府総務長官）から切り出されたものと思われる[3]。内海自身は、退官をこの時点で承諾しているが、あわせて「曹達会社入りにつき談あり」と日記に書かれており、こちらについては返答を保留している。すなわち、この記述に従うならば、内海の退官の「見返り」として、再就職（「天下り」）の斡旋を総督府が行ったものと見受けられる。なお、日記にある曹達会社とは、日本曹達ではなく、後の南日本化学工業株式会社（以下、南化と略す）を指すものと推量できる[4]。

その後、内海は、一九三九年一月一七日、森岡宛に「余の身上の件につき手紙を出」している[5]。手紙の詳細は不明であるが、少なくとも退官を巡るなんらかの事柄が記されていたものと思われる。そして、その一〇日後の二七日に、森岡総務長官より電報で「明日（二八日）に退官発令」と連絡された。しかし、その際に「日曹（日本曹達）系新設会社入りを勧誘され

居るも、之は一応断り一家挙て東京住居の計画也」と、台湾での「天下り」を断ったのである。(6)

なぜ内海はこの話を断ったのであろうか。内海の選択を考える上で考慮に入れておきたいことは、次の二点である。一つは、内海が、一九三八年四月一二日の高雄航空隊竣功式および命名式において、視察の途上、乗船した内火艇の爆発に巻き込まれて重傷を負ったこと。(7)いま一つは、その前年(三七年)一二月一七日に、妻が脳溢血で倒れる「災難」に見舞われたことである。(8)内海が妻共々健康に支障を来す状態になったことは、その後の内海の行動と無縁ではないであろう。また、内海が高雄州知事として注力した、海軍基地の移転が成功し、かつ工業企業誘致が軌道に乗ったことは、内海にとって「肩の荷が下りる」心境にさせたのではなかろうか。

ただし、内地に戻った内海の行動は、不可解である。一九三九年五月一一日には「製鉄、工作機械及マグネシュームに関する書物」を購入しただけでなく、日本アルミの吉田専務や日本曹達の倉石専務を訪問、(9)同月一八日に再び倉石を訪問している。(10)また、六月一〇日には倉石が内海を訪問して、南化創立の中間報告をなしている。(11)さらに、六月二一日には、台湾拓殖株式会社(以下、台拓と略す)を訪れ、加藤恭平社長から南化の創立経緯について説明を受けている。(12)日記によれば、内海が退官した後に、南化の監査役就任云々という具体的な記述が出てくるのは七月六日である。(13)すなわち、これらの内海の行動は、全て南化監査役就任云々の記述が出る以前のものである。しかし、すでに内海自身が断った話であるにもかかわらず、このような行動をとった理由は不明である。

果たして、内地に戻ってから、比較的早い段階で内海の心境に変化が生じたのか、最初の断りそのものが不本意なものであったのかはうかがい知ることができない。しかし、日記を読む限りでは、内海は、内地帰還後、実に様々な人物を訪問し、自らの人脈を元にして次のステップを見出そうとしていた。しかし、結局は南化以外の再就職先が出てこなかったと考えられる。これが結果論であるのか否かはわからないが、いったんは断った南化「天下り」の鍵を握っていたのは森岡二朗であろう。森岡と内海は、青森県庁勤務時代に出会ってから、長らく友誼を深めてきた間柄である。内海が総督府官僚であった時期、一貫して森岡の内海に対する配慮は小さくなかった。とりわけ内海退官後の身の振り方については、自ら内海の下に赴いて南化「天下り」を斡旋し、さらに、森岡は妻を内海家に遣わせて、内海夫人にも相談を持ちかけている。[14] また、七月六日には、倉石も内海の件についていては森岡夫人に説明しており、[15] 内海の再就職が、ある種「総務長官案件」であったかのような印象を受ける。それは、八月九日の日記で触れられているように、森岡が常任監査役に内海を指名する心積もりである旨を加藤恭平から聞かされたことからも、森岡の「熱意」を察することができよう。[16]

内海自身は、前述のごとき森岡の「熱意」とは対照的に、南化への再就職を「一考を要する」問題と捉えていた。その後、内海は七月一〇日に総督府東京出張所にて南化創立の内情を探り、[17] 七月一八日には中野有礼（日本曹達社長）の『これからの事業とこれからの經營』[18] を購入し、南化社長に内定している中野及びソーダ業に関する予備知識を得ようとしている。[19] そして、八月九日、台拓を訪れて、加藤恭平から南化創立を巡る状況を確認した。[20] 九月二一日、再び加藤恭平から南化創立の経過を説明され、内海自身も私見を述べたようである。[21] おそらく、この段階では内海の意志は固まっていたのであろう。その後、九月二八日に倉石が来訪し、南化設立認可、創立総会開催の旨を告げ、内海に常任監査役就任を求めた。内海はここで書類に捺印して、正式に南化監査役への「天下り」が決定したのである。[22]

これらの経緯を見る限り、内心では内海が南化への再就職を望んでいたのか、あるいは、森岡の「厚意」に折れたのか判然としない。勿論、内海自身、あるいは、内海家の諸事情も存在したであろうが、残念ながら、こうした紆余曲折をうかがい知る情報は見当たらない。しかし、結局は、外地官僚としてキャリアを終えた場合の「利権」の拠り所は、「外地」にしかなかったことを示唆しているのではないだろうか（後述）。

では、森岡は何故南化（監査役）への「天下り」を内海に熱心に説いたのであろうか。内海は京都帝国大学（法科）を卒業しているが、政治学科に在籍していたため、商法を専攻していたわけではない。[23] また、近代的工業に明るい官歴でもなかった。したがって、内海の経歴やキャリアに鑑みて、監査役こそ適任と判断されたとは考えにくい。

ところで、内海の退官が総督府府報に告示されたのは、一九三九年一月二九日である。[24] この時、依願免本官となった官吏の中で、内海に比肩する官職にいたのは藤田倶治郎のみである。藤田は、一九三五年四月に千葉県総務部長から総督府交通局逓信部長として渡台、翌三六年二月に台南州知事、同年一〇月に台北州知事となり、退官まで同知事を勤めた[25]。内海と藤田に共通していることは、内地の官歴が長いこと、他の在台知事経験者に比して、長い（同一勤務地）在任期間を経て退官していることである。台北州、高雄州の知事から栄転するならば、本府（総督府）の局長級相当クラス以上しかない。言い換えれば、内海や藤田は本府への昇進ルートを持たない「外様」であったと言える。そして、藤田も退官後、台湾化成工業株式会社常任監査役に「天下り」している[26]。

台湾化成工業は、一九三九年三月に創立した、石灰石の採取加工販売を主たる業務とする企業である。社長は赤司初太郎、筆頭株主は台拓である[27]。内海と藤田を比べてみると、両者共に、退官後に設立された新興企業の常任監査役に「天下り」している。したがって、人物本位ではなく、機械的に監査役が宛がわれた可能性も考えられる。また、両者は「外様」であるが故に、既存の「天下り」先に分け入る余地がなかったのかもしれない。

しかし、「天下り」の後の両者の動きは対照的である。藤田は、一九四一年七月に設立された台湾農機具製造統制株式会社の社長となった[28]。統制会社は総督府の指示によって設立されたものであり、社長人選も総督府の承認、ないしは指名があったと見てよい。内海と藤田の身の振り方が異なった理由は不明であるが、藤田が退官後も台湾に残ったこと、あるいは、内海と違う在台官歴、すなわち本府の部長を勤めたという点で総督府に近しい――内海との比較に過ぎないが――存在であったのかもしれない。

いずれにせよ、内海と本府の「距離感」は考察すべき課題になり得る。日記を読む限り、彼は本府とのつながりというよりも、むしろ森岡等の総督府官僚個人との関係が全面に出てきている印象を受ける。こうした「距離感」が退官後の人生にも何らかの影響を及ぼしているならば、官僚時代のあり方を探ることも無意味ではないだろう。

（二）　総督府官僚の動向

ところで、総督府官僚の退官後の選択肢として、民間への転職が多いことは珍しい話ではない。それは、領台以降、連綿と続く「日常」であった。しかし、これらの実態を把握することは難しい。言うまでもなく、個人の履歴を網羅的に記録した資料がきわめて少ないことに起因する問題である。ここでは、試みに、興南新聞社編『台湾人士鑑』（一九四三年：以下、人士鑑と略す）を用いて、総督府官僚経験者で民間へ転職した事例を抽出してみた（表1参照）。

抽出にあたっては、人士鑑に収録されている三九七二人のうち、内地人二五〇五人を対象とした。そして、議員（専業）、医師や弁護士等の特定業種、郡守・庄長・街長の就任後兼任も除外した。ただし、この抽出には問題も少なくない。例えば、各種組合等の団体組織における役職者が有給であったか否か、また、総督府や各州庁の外郭団体等の確認ができていないため、抽出した事例が全て「民間」への転職と言えるのかどうか断言できない。したがって、甚だ不十分な分析であることは否定できないが、何らかの事実発見につながることを期待して作業を進めたい。

こうした条件下で該当した転職者の数は、二九五人（約一二％）であった。ちなみに、この中で内海以外の南化関係者としては、池田斌[29]（南化総務課長）、日下辰太[30]（南化取締役）、高木秀雄[31]（南化監査役）、出澤鬼久太[32]（南化取締役）の四名が確認できる。このうち、日下と高木は台湾拓殖との兼職、出澤は台湾製塩との兼職であり、専業は池田のみであった。官吏在職時の官位については、日下以外はいずれも内海より低いため、転職のタイミングのみならず、各々が有する「人脈」の差があったのかもしれない。

また、彼ら二九六人の現住所を見ると、台湾以外に在住している者は一八人[33]に過ぎず、ほぼ全員が退官後も台湾在住者であると考えられる。したがって、前述の藤田と同様に、転職は基本的に台湾にとどまることが前提であったことがうかがえる。

ここで抽出した民間転職者の中で、特に目立つのは、専売品（酒、煙草、塩、食塩、度量衡器）を取り扱う業者への転身である。この業種の該当者は七二人であり、官吏時代に専売局勤務経験者、警察経験者であった者がその七六％を占めている。無論、民間人で専売品取扱の認可を受けている者も存在しているが、人士鑑を見る限り、やはり官吏出身者が目立つ。これらは、総督府や地方官庁での職位が、雇、嘱託や判任官、そして奏任官経験者に至るまで比較的広く見られるケースであり、総督府退官後の生業として、ある程度「定番化」されていたものと思われる。

表1　総督府官僚経験者の再就職一覧

氏名	現住所	生年	渡台年	渡台後官職	経歴	最終官歴	退官年	再就職先	職位	退官後履歴
安詮院貞熊	台湾	1889	1912	殖産局	16年新竹庁属、21年営林局書記、26年地方庁森林主事試験書記、32年基隆郡守、36年彰化市尹	台中市尹	1940年	台湾新聞社	常務取締役	
青木堯	台湾	1887	1914	新竹庁獣医	22年専売局雇（酒専売業創業と同時）	23年専売局書記	1923年	酒類売捌人指定		
赤羽操	台湾	1891	1931	台北市属兼視学	台北市教育課長、社会課長兼務、太平公学校校長兼永楽公学校校長、40年台湾国防義会防空部主事	総督府内務局事務嘱託	1942年？	保証責任台北勧業信用利用組合	監事	
赤星義雄	台湾	1899	1916	花蓮港医院	台北市属会計教育各課及び税務課賦課係長		1934年	台湾芸術新報社	※創業者	台湾黒鉛興業会社理事、福徳炭鉱常務監査役
赤堀鐵吉	厦門	1890	1921	警視台南州警務課長	台北州教育課長・警務部長・警務局警務課長・内務局地方課長、36年新竹州知事	39年高雄州知事	1942年	台湾住宅営団	理事長	42年11月大使館参事官厦門総領事
浅生四市郎	台湾	1879	1920	新竹州属	27年澎湖庁庶務課長	澎湖庁庶務課長	1936年	澎湖庁水産会	主事	37年高雄州専売品売捌人指定
朝倉欽次	台湾	1882	1908	専売局書記	11年打狗支局長、烏樹林支局長、北門嶼支局長、台南支局長	嘉義支局長	1928年	33年高雄食塩元売捌人指定		
朝倉哲雄	台湾	1881	1916	民政部財務局属	1919年内務局、1924年地方課、1930年基隆市助役、1931年竹山郡守	34年南投郡守	1935年	35年員林街長		39年大甲水利組合長
桷松熾	台湾	1891	1909	税関監吏	15年府属、23年台北州属、府属総督官房秘書課、28年基隆市助役、30年羅東郡守	31年潮州郡守	1932年	清水街長		台北市主事、台南商工会議所理事 40年第91区酒類売捌人指定、酒類売捌人組合東部支部長、台湾酒壜統制株式会社花蓮港支店長
雨谷信雄	台湾	1891	？	台北工業学校	台北州技手、専売局、台北支局・台中支局・宜蘭出張所各工場主任	？	1934年	酒類売捌人指定		37年集々街協議会員・防衛団集々分団長、帝国在郷軍人新高郡分会顧問、皇民奉公会郡支会参与兼同生活部長
浅香貞次郎	台湾	1878	？	府港務官	港務課長、海事官兼技師、基隆港務所庶務課長、府交通局技師	逓信部海事課長	？	1931年台湾海務協会	常務	
井田憲次	台湾	1897	1936？	殖産局商工課長	米穀課長	台北州総務部長	1941年	1941年南海興業株式会社	常務取締役	42年南方セメント工業常務取締役

井手薫	台湾	1879	1911	府土木部技師	19年民政部土木局営繕課長事務取扱、22年土木局営繕課長	29年官房営繕課長	1940年	台湾建築会	理事（後に会長）	台湾住宅営団顧問
伊東俊男	台湾	1885	1912	警察官及司獄官練習所書記	20年任警部同所舎監		？	37年岡山専売品売捌人指定		
伊東増雄	台湾	1889	1911	府巡査	13年任警部補、19年任警部、34年任地方警視嘉義警察署長、台中警察署長	台北北警察署長	1939年	40年台湾清涼飲料水工業組合	主事	
伊藤武	台湾	1886	1909	新竹庁雇財務課	14年府属財務局、24年台南州属直税係主任、29年新竹州属桃園税務出張所長、31年台中州属南投税務出張所長	33年屏東税務出張所長	1939年	台湾拓殖株式会社	参事	台中支店長
伊藤鎮三	台湾	1876	1901	台中県警部補	04年澎湖庁警部、10年嘉義庁警部、依願免本官、21年台南州属、北港郡庶務課長	26年新営郡庶務課長	1927年	鹽水街長		31年塩水港信用組合理事（後に組合長）
伊藤良蔵	台湾	1888	1913	宜蘭庁巡査	26年退官、枋寮庄助役	34年枋寮庄長	？	専売品売捌人指定		
猪口誠	台湾	1884	1907	桃園庁警部	府警部、府属、理事官、新化郡守	嘉義郡守	1935年	37年南興公司	監査役	台南共栄協会理事 共立商事監査役、酒壜統制会社監査役
猪股褜治	台湾	1890	1918	台南庁巡査部長	専売局書記		？	35年桃園酒類売捌人指定		42年皇民奉公会新竹州支部奉公委員
猪股鷹治	台湾	1887	1911	苗栗庁車長	台北庁貨物係、香山駅助役、艋舺駅助役、香山駅長、33年中壢駅作業所主任		？	36年中壢街協議会員		41年大崙信販利組合専務理事
池田競	台湾	1879	1909	府農事試験所嘱託			1910年	帝国製糖	事務員	16年松岡拓殖合資会社支配人、17年台湾新聞社取締役、18年台湾青果物同業組合嘱託、38年台湾青果加工株式会社取締役（41年専務、42年副社長）
池田斌	台湾	1888	1912	府民刑課	27年旗山郡守、鳳山郡守、苗栗郡守	1936年新竹市尹	1937年	愛国婦人会台湾本部	主事	39年南日本化学工業総務課長、42年高雄州米穀納入組合専務理事（後に副組合長）
池田密太郎	台湾	1888	1912 ?	1918年台南州雇	20年台南庁森林主事	台南州属	1934年	35年台南州農会		35年二崙庄長、41年二崙信用組合長
石井員夫	台湾	1880	？	新竹庁巡査			1913年	新竹製脳株式会社		35年新竹市商工会議所築港営進部長、35年・41年新竹市会議員

石井善次	台湾	1883	1913	府属	24年地方理事官、斗六郡守	員林郡守	1934年	台中州青果同業組合	常任副組合長	39年台中商工会議所理事
石井龍猪	台湾	1897	1921	殖産局属	22年高雄州内務部勧業課長心得、23年同課長、24年台北州教育課長、27年同地方課長・台南州警務部長、29年府事務官、31年台南州内務部長、32年内務局地方課長兼地理課長、36年台北市尹、39年台南州知事、40年内務局長	1941年殖産局長	1942年	台湾拓殖株式会社	理事	台湾製材組合組合長、台湾木材組合長
石神三郎	台湾	1890	1928？	専売局塩脳課書記			1940年	潮州街専売品売捌人指定		
石田光間	台湾	1891	1916	府巡査			？	39年基隆庶民信用組合	監事	基隆市日新区長、皇民奉公会基隆支会奉公委員、基隆商工会議所議員
石塚正吉	台湾	1894	1924？	台中州税務吏	台北州税務吏、知事官房税務課、府属・台中・新竹州属	高雄州属	1936年	台湾拓殖株式会社	台東出張所長	
和泉種次郎	台湾	1873	1897	台北県弁務署	基隆庁属、台北庁属		？	20年基隆街協議会員		24年基隆市協議会員、台北州会議員基隆劇場株式会社取締役、基隆信用組合理事、基隆住宅利用組合理事、基隆冷蔵株式会社取締役社長、基隆商工会議所副会頭、基隆市衛生組合聯合会副会長、基隆商業専修学校長、恩師財団軍人後援会基隆市副会長、皇民奉公会台北州支部参与
今井佐一郎	台湾	1887	1913	台中医院	19年台南医院庶務主任、24年退官、26年高雄州郡属潮州郡庶務課長	34年高雄市庶務課長	1938年？	高雄商業倉庫組合	専務理事	高雄市会議員、高雄信用組合専務理事
今井昌治	台湾	1884	1899	08年台北庁警部	20年台北州保安課長、22年台北南警察署長、24年新高郡守、26年苗栗郡守、27年彰化郡守、29年高雄市尹	32年花蓮港庁長	1933年	35年台中市会議員		36年台中州青果同業組合常任副組長、37年台中州芭蕉信販購利組合長
今川淵	台湾	1886	1914	府属民政部	台北庁、殖産局各課長、28年専売局参事庶務課長、32年台南州知事、36年台北州知事	36年専売局長	1939年	台湾南方協会	常務理事	41年台湾石炭株式会社取締役社長
今澤正秋	台湾	1877	1901	庁巡査	台南、台北各警察署長	台東庁警務課長	1929年	35年城南信用組合	組合長	
入江文太郎	台湾	1882	1902	府蕃務署雇			1908年	10年三井物産石炭部		17年台湾経世新報基隆支局、台湾自治評論社支局、39年基隆市会議員

岩田此一	台湾	1887	1924	基隆警察署長	28年台北北警察署長		1934年	台北茶商公会	理事	台湾茶輸移出統制株式会社常務取締役
植田末熊	台湾	1884	?	新竹州警部補	台中州警部、府属地方警視高雄警察署長、台東庁警務課長			武徳会台湾本部	主事	37年花蓮港街長、40年花蓮港庁協議会員、皇民奉公会花蓮港庁支部参与、煙草売捌人
上原繁雄	台湾	1888	1927	府基隆医院物品会計官	28年松山療養所庶務課長、高雄医院出納官、物品会計官	36年嘉義医院事務長	1939年	41年宜蘭精米株式会社	専務取締役	
牛島菊之助	台湾	1896	1922	専売局技手		専売局技師	1940年	専売局営繕事務嘱託、第92区酒類売捌人指定		花蓮港商工会議所員、花蓮港専売品小売人組合連合会長
内野幸太	台湾	1887	1910	1915年台南庁属	台中庁属、台中州属、26年東勢郡庶務課長、北斗郡庶務課長、台中市庶務課長、台中州内務部地方係長	員林郡庶務課長	1934年	后里圳水利組合	組合長	38年彰化水利組合長
内海忠司	内地									
梅田利邦	台湾	1882	1904	阿緱庁属	20年台南州属嘉義税務出張所間税係長、24年高雄州澎湖税務出張所長、26年南投税務出張所長	32年嘉義税務出張所長	1936年	37年第54区酒類売捌人指定		40年嘉義市商工会議所副会頭
梅原寅之助	台湾	1878	1938	府嘱託兼産業組合協会主事幹事			1942年	台湾産業組合連合会	常務理事	
江口幸市郎	台湾	1885	1913	台北法院書記	24年高等商業学校書記、28年台東庁庶務課長、32年北門郡守	35年嘉義郡守	1937年	嘉義地方振興協会	自動車部長	嘉義建築信用組合組合長等
江藤昌之	厦門	1893	1925	台北州内務部地方課属	27年地方理事官台中州勧業課長、28年台北州勧業課長、29年府事務官営林署兼水産課、文教局学務課、31年学務課長、社会課長兼図書館長、32年財務局税務課長、38年高雄州内務部長	40年米穀局総務課長	1941年	興亜院厦門連絡部	書記官	42年大使館一等書記官
惠濃武夫	台湾	1888	1908	台東庁巡査	14年再渡台、21年台南州属	35年地方理事官	1935年	屏東専売品売捌人指定		
遠藤彦太	台湾	1888	1917 ?	新竹庁技手	29年中壢郡庶務課長	新竹郡庶務課長	1931年	36年桃園肥料配合所	主事	38年配合所長
小川闇	台湾	?	1918	府鉄道部技手	24年交通局技手	32年交通局技師	1942年	台湾鉄工業統制会	理事	

大石浩	台湾	1890	1929	専売局技手	31年殖産局営林署造林課長、32年作業課長	37年台湾神社臨時造営事務局兼務	?	台湾拓殖株式会社	林業部技師	
大木克躬	台湾	1899	1922 ?	新竹州巡査	25年新竹州警部補、30年警部、38年新竹郡警察課長	39年中壢郡警察課長	1940年	41年湖口購販利組合理事	組合長	
大久保福松	台湾	1880	1921	専売局監視員	北門出張所	安平出張所	?	41年東港街専売品売捌人指定		
大田乙松	台湾	1887	1912	阿緱庁技手	同年専売局技手	31年専売局技師	1931年	煙草売捌人指定		屏東商工会議所議員、台湾煙草売捌人組合屏東支部長
大津義人	台湾	1885	1910	台中州庁警部補	14年警部民政部警察本部長専属、20年台南庁警部曾文郡警察課長、24年嘉義郡警察課長、27年樺太庁森林作業所兼警察部高等課長（29年免本官）、32年再渡台	台南州警務部高等警察事務嘱託	1932年	嘉義郡水利組合	理事	37年組合長
大塚久義	台湾	1881	1910	嘉義庁巡査	12年警部補、19年警部、24年曾文郡警察課長、26年台南州高等警察課長、30年台南州保安課長、35年地方警視台中警察署長、36年台北北警察署長	地方理事官能高郡守	1938年	八堡圳水利組合	組合長	
大山嶽彦	台湾	1888	1914	警部練習生	16年嘉義庁警部補、20年府官房法務部、22年台北州知事官房調停課、台中地方法院書記	総督府典獄補	1936年	39年台湾興亜パルプ工業	支配人	42年沙鹿街長
大田輝次郎	?	?	?		交通局副参事嘉義駅長、台中駅長	台北駅長	?	39年東台湾合同運輸株式会社	専務取締役	
扇滋蔵	台湾	1893	1915	台中州林務技手		35年台中州郡技手	1936年	豊原郡興農倡和会	主事	38年烏日庄長、40年和美庄長
奥村文市	台湾	1888	1907	民政部通信局属	府土木局書記、18年専売局庶務課会計主任、25年専売局台中支局長		1934年	台湾煙草売捌人	組合長	南興公司専務取締役、台湾酒壜統制会社取締役
長眞豊	台湾	1884	?	台中庁巡査			?	34年美濃（高雄州旗山郡）酒売捌人指定		
加藤牛蔵	台湾	1878	1910	府医学校書記	11年医学校助教授兼任、高等学校・医学専門学校等		1929年	36年食塩元売捌人指定		

貝山好美	台湾	1890	1913	府通信局	18年台北庁商工主任	20年台北州勧業課商工係長	1928年	台中州青果同業組合	常任副組長	29年台湾正米市場常務理事、杉原産業常務理事、台湾貿易振興株式会社取締役社長、台湾製革監査役
垣田林左衛門	台湾	1876	1908	府警部	20年府警視	新竹州大湖郡守	1930年？	34年高雄州林園専売品売捌人指定		
梶原道好	台湾	1898	1922	殖産局農務課	26年府技師、台北州技師、35年殖産局特産課青果係長兼萬丹・大樹両鳳梨種苗養成所長、鳳梨缶詰基隆検査所長、高雄検査所長		1941年	台湾青果同業組合連合会	常任理事	
柏蕃彌	台湾	1870	1896	民政局	97年兼任府巡査看守教習所書記、98年台中県警部、99年台中県警務課長	1909年新竹庁事務官	1909年	林本源家	租務課長	23年新高醸造株式会社専務取締役、台湾用達株式会社監査役、台湾コース株式会社監査役、31年第57区酒類専売売捌人指定、40年二林産業組合理事
甲木豊吉	台湾	1889	1923	台中州属	32年蘇澳郡守、34年竹東郡守	大屯郡守	1938年	豊栄水利組合	組合長	
金子定晴	台湾	1891	1912	府巡査練習生	25年台南州巡査部長、31年台南州警部嘉義警察署長事務取扱、台南州衛生課、39年新化郡警察課長	40年府理事官警務局警務課	1940年	台南州保険組合連合会	主事	41年東石自動車他5社合同事務取扱、42年嘉義乗合自動車株式会社営業部長、嘉義郡製菓統制株式会社社長
蒲地佐介	台湾	1886	1909	専売局雇	22年同局書記		1933年	35年潮州街専売品売捌人指定		
神谷辰男	台湾	1892	？	台南庁技手	台南・高雄各州属		1936年	台湾拓殖株式会社		41年同社新竹出張所長
川崎義雄	台湾	1889	1913	嘉義庁雇	19年小学校教諭、阿里山・屏東・恒春各小学校	36年武洛尋常小学校校長	1939年	高雄州軍事援護事務		41年東港街助役、42年鹽埔信販利組合長
川島宗吉	台湾	1887	1907	府巡査	08年鳳山庁出向、台南庁巡査・巡査部長・警部補、台南州衛生課保険係長、31年台南州警部	36年台南警察署行政主任	1937年	歸仁庄長、歸仁購販利組合長		
川尻一	台湾	1892	1919	台南庁属	31年北門郡庶務課長、斗六郡庶務課長、虎尾郡庶務課長、嘉義郡庶務課長	北港郡庶務課長	？	虎尾郡水利組合	組合長	
川俣重孝	台湾	1891	1917	？	29年高雄州警部		1936年	台南地方法院所属司法書士、行政書士代書業許可		39年高雄州清涼飲料水ラムネ組合、高雄州無炭酸清涼飲料水組合各組合長、高雄州農山産物加工輸移出組合長

河合與市郎	台湾	1899	1920	総督官房参事官室	27年普通試験書記、33年新竹市助役、同庶務課長兼財務課長、文書課長、34年府理事官総督官房審議室		1942年	福大公司	総務課長	
河内寅次郎	台湾	1890	1921	台中州郡属	30年台中州内務部教育課庶務係長、33年北斗郡庶務課長、34年知事官房調度係長、35年南投郡庶務課長	37年豊原郡庶務課長	1938年	能高郡水利組合	組合長	
河越順市	台湾	1892	?	?	専売局花蓮港支局長	37年専売局台南支局長、39年専売局副参事	?	40年南日本塩業株式会社	常務取締役	
河村徹	台湾	1884	1912	府警部民政部蕃務本署調査課保安課	13年府事務官兼警視民政部地方課、台北庁庶務課長、17年民政部通信局監理課長		1919年	台湾製脳株式会社	取締役	27年台湾日日新報常務取締役副社長、同年社長、42年台湾興行統制株式会社社長
瓦林實	台湾	1894	1914	新竹庁巡査	18年警部補、24年警部州警務課兼巡査教習所教官、府警務局衛生課、34年台北州警務部衛生課	36年高雄警察署長	?	高雄州自動車運輸株式会社	専務取締役	
川副龍雄	台湾	1887	?	?	17年府警部、20年台中庁警務課長、22年府専売局事務官、27年殖産局農務課長、34年高雄税関長、35年基隆税関長	36年府事務官総督官房審議室	1936年	台湾拓殖株式会社	経理課長	台湾畜産興業監査役後に社長、42年東亜企業株式会社社長
木下葉一	台湾	1885	1908	府土木局			1913年	1916年台湾倉庫会社高雄支店		30年同支配人代理、33年退職、37年高雄州自動車運輸会社取締役、39年高雄市会議員
木村清治	台湾	1898	1919	逓信局雇	21年台北州内務部勧業課雇、22年台北州書記産業吏員、27年免本官任府属官房秘書課、32年府営林所庶務課文書共済係長、37年同所嘉義出張所庶務係長	38年嘉義市勧業課長	1939年	嘉義商工信用組合	理事	
貴島元和	台湾	1886	1923	殖産局属	25年台南州地方課、28年旗山郡、33年高雄市属、35年免本官	高雄市立図書館主任	1938年	竹南水利組合	理事	39年霄裡水利組合長（中壢水利組合に名称変更）
菊池清作	台湾	1884	1914	府阿里山作業所嘉義出張所	同出張所会計官吏、貯木場主任、24年八仙山出張所庶務係長、羅東出張所庶務係長	32年地方理事官	1932年	三井物産		33年汐止助役、36年土城庄長、41年三峡街長

菊池八十八	台湾	1884	1910	桃園庁巡査	18年巡査部長、32年竹南庄役場書記		?	中港信組	書記	40年竹南信購販利組合専務理事
岸喜鑑	台湾	1877	?	?	府中央研究所化学部長		?	25年弁理士		高砂化学工業株式会社監査役
北村一郎	台湾	1893	?	高雄州公学校教諭	新竹州下公学校訓導・校長、竹東旭国民学校校長		1942年	竹東信購販利組合	専務理事	
久代求	台湾	1883	?	府警部	台南州保安課長		1928年	台南タクシー株式会社	取締役	
久米川甚四郎	台湾	1886	1909	府巡査	12年岡山郡警察課長、27年高雄州保安課長	薬	?	潮州枋寮専売品売捌人指定		
工藤折平	台湾	1889	1914	府巡査	21年高雄州警部、24年東港郡警察課長、27年高雄州高等警察課長、28年府警察官及司獄官練習所教官、33年地方警視高雄警察署長		1936年	高雄州自動車工作株式会社	常務取締役	
日下辰太	台湾	1890	1935	台中州知事			1936年	台湾拓殖株式会社	常務理事	39年南日本化学工業取締役
國直行	台湾	1898	1927	台北州巡査	31年警部練習生、32年巡査部長、警部補、38年警部州衛生課医務係長		1942年	台北州生薬配給組合	主事	
神代民衛	台湾	1885	1908	1909年蕃署寮庁属			1910年	20年熱帯園芸農場（台南）経営		30年台湾日報社、36年同社嘉義支局長
熊井才吉	台湾	1877	1899	台中庁巡査	07年警部補、12年警部、21年台南州保安課長、26年地方警視澎湖庁警務課長、27年大湖郡守、文山郡守	豊原郡守	1933年	36年高雄専売品売捌人指定		
栗山新造	台湾	1884	1914	財務局税務課・金融課	26年台中州		1926年	台湾南部無尽会社	代表取締役	28年台湾貯蓄銀行常務取締役
桑原政夫	台湾	1890	1908	嘉義庁	20年台南州新営郡庶務課長、24年東石郡守、27年台南市助役、28年員林郡守、32年基隆市尹		1936年	台湾拓殖株式会社	文書課長	37年台湾野蠶株式会社監査役、台湾畜産興業監査役
小島猛	台湾	1895	1911	府土木課	18年府工事部書記庶務課、27年水利委員会書記兼務、31年基隆市助役、34年蘇澳郡守、36年苗栗郡守、彰化市長	41年高雄市長	1942年	台中州青果同業組合	常任副組長	
小平又次	台湾	1878	?	1901年府属	06年再任官、22年高雄州産業主事、27年鳳山街長、退官、鳳梨缶詰同業組合、高雄州米穀商同業組合、高雄州米穀信購販利組合、37年屏東市勧業課長		1938年	屏東商工会議所	理事	

小辻宇吉	台湾	1885	1913	頭圍公学校	13年蘇澳公学校、28年蘇澳庄長		1941年	42年蘇澳信購販利組合	組合長	
小墻留三郎	台湾	1883	1908	彰化庁事務嘱託	台中税務事務所嘱託、台南庁台北庁税務吏、台北庁属桃園庁属兼務、22年専売局書記	30年専売局台東出張所長	1931年	煙草売捌人指定		
小濱浄鑛	台湾	1886	?	?	府内務局長		1936年	37年台湾合同鳳梨株式会社	専務取締役	38年台湾青果加工株式会社取締役
小林五郎	内地/台湾	1890	?	府嘱託			?	台南・高雄・台中各州青果同業組合常任副組長		台湾青果株式会社監査役・相談役、中南運輸株式会社取締役社長、台中州芭蕉信購販利組合長、35年台湾合同鳳梨株式会社入社、41年同社取締役・東京出張所
小松吉久	台湾	1867	1896	民政局属	法務部秘書課参事官、00年府評議会書記、台北地方法院事務嘱託、01年台北監獄長、07年彰化庁長		1915年	20年日本拓殖株式会社	専務取締役	元台灣炭鉱株式会社社長、朝日製糖株式会社社長、台湾電気興業株式会社取締役。中壢軌道・宜蘭殖産・楊梅軌道各社取締役、社団法人台湾鉱業会長
古賀彌太郎	台湾	1876	1898	府巡査	07年台北庁警部補、16年同警部、22年台北州新荘郡警察課長	23年宜蘭郡警察課長	1923年	34年煙草売捌人指定		竹東郡物資配給組合長、竹東郡各種組合連合会長、在郷警察団長、警民協会副会長
古藤齋助	台湾	1886	1908	深坑庁巡査	18年花蓮港庁警部、研海支庁長、玉里支庁長、花蓮港支庁長、34年地方警視里瑞支庁長		1937年	東台湾無尽株式会社	専務取締役	
湖幡良造	台湾	1884	1911	府統計課			?	台湾商工銀行	書記	41年大渓信購販利組合専務理事 愛国婦人会台湾本部書記、台北購販組合、台拓
五野静輝	台湾	1891	1916	府巡査	18年府属民政部財務局、財務局文書主任、22年（36年の間違い？）台中市助役	23年（37年？）岡山郡守	?	41年桃園水利組合	組合長	
後醍院良麿	台湾	1889	1916	花蓮港庁巡査	台北・桃園・新竹各巡査、25年新竹州警部補、30年同警部	39年大湖郡警察課長	1941年	大渓水利組合	組合長	
後藤學而	台湾	1877	1898	00年満期除隊臨時台湾土地調査局属	府嘱託殖産局技手・林野調査課・移民課		1917年	国姓信用組合	理事	台中州青果同業組合代議員、台湾青果同業組合連合会代表員

郡茂徳	台湾	1882	?		新竹州内務部長		?	37年台湾青果同業組合連合会	副組長	台湾青果株式会社常務監査役
佐土原吉雄	台湾	1900	1918	専売局			1928年	30年度量衡器販売、32年計量器販売業特許		40年佐土原商事株式会社代表取締役、合資会社南成製革工業所代表社員、台湾洋傘製造業組合長、福徳炭鉱株式会社取締役、台湾水産皮革販売合資会社代表社員、41年台湾農機具製造統制株式会社取締役、42年台湾軽輪交通株式会社取締役、拓南興業株式会社取締役社長、開南資源株式会社監査役
佐藤末吉	台湾	1886	1909	府巡査鹽水港庁警務課	13年嘉義庁警部補中埔支庁、20年嘉義郡第二監視区監督、23年台南州警部斗六郡内勤主任、28年民雄分室主任兼第四監視区監督、30年嘉義市庶務課衛生係長、32年兼任台南州嘉義警察署、嘉義市衛生課長	41年地方理事官	1941年	台南州業態別組合連合会嘉義支会	主事	41年拓南株式会社相談役、42年嘉義商工会議所理事
佐藤善作	台湾	1892	1937	高雄州社会事業書記	38年高雄市社会事業書記	42年内埔庄長	現職	大和信用組合	組合長	
佐藤房吉	台湾	1882	1928	府地方理事官嘉義郡守	32年彰化郡守	33年彰化市尹	1935年	36年彰化食塩元売捌人指定		彰化専売品小売人組合長
税所重雄	台湾	1890	1913	専売局技師			1934年	専売局煙草売捌人指定（40年廃業）		40年台湾酒壜統制株式会社専務取締役、南興公司監査役、松山信用組合理事、国産コルク工業株式会社常務取締役
齋藤善次郎	台湾	1876	1904	府通信書記補台南郵便局	20年岡山庄協議会員、21年岡山庄長、岡山信用組合組合長、30年岡山郡弥陀庄長、34年路竹庄長、38年岡山街長		?	34年大崗山石材軌道株式会社	取締役社長	38年岡山仁壽建築信用組合長
齋藤鶴吉	台湾	1880	1920	府法院書記			?	40年岡山専売品売捌人指定		
齋藤得治郎	台湾	1883	1913	府巡査	22年新竹州属	30年新竹市庶務係長	1933年？	苗栗水利組合	理事	35年後龍庄長
坂井春太	台湾	1896	1916	殖産局出張員詰所	17年府雇		1936年	台湾拓殖株式会社	拓務課書記	41年台南支店長

坂田吉三	台湾	1888	1928	台北市主事	臨時電気軌道建設部、30年市自動車課長		?	38年台北州自動車運輸株式会社	支配人兼営業部長	41年同社取締役
崎原當好	台湾	1889	1911	殖産局糖務課	17年府属、22年専売局書記、28年北門出張所・屏東支局	29年花蓮港支局	1931年	専売局台北酒工場（40年退職）第89区酒類売捌人指定		
櫻井齋	台湾	1878	1906	台南・台北庁通訳	09年台湾銀行入行、23年台南州勤務		1924年	台南庶民信用組合	組合長	
櫻木畩熊	台湾	1884	1916	台中庁税務課	19年台中州属、21年台中市書記、27年同市財務課税務係長、30年府属台南州・高雄州、36年屏東税務出張所直税係長	39年府税務官	1939年	大寮信購販利組合	常務理事	
椎原國知	台湾	1879	1897	警察？	日露戦役従軍後1911年再渡台台東庁兵事係、台北州公共埤圳連合会理事、台北庁属台北州属	24年新荘郡庶務課長、同郡守代理	?	宜蘭水利組合	理事	
鹽田松熊	台湾	1886	1934	林園専売局売捌所業務担当員			?	35年酒類売捌人指定		
重藤幹一	台湾	1870	1899	台北県弁務署主記	19年宜蘭庁事務官庶務課長	20年宜蘭郡守	1921年	宜蘭街長、30年宜蘭建築信購販利組合長		
篠原喜代吉	台湾	1886	1909	警察	24年警部補		1928年	土庫庄長		土庫信用組合長
柴田三郎	台湾	1896	1924	巡査			1932年	六龜庄助役、六龜水利組合事務嘱託		六龜庄長
澁谷紀三郎	台湾	1883	?	府農事試験所技師	21年農芸化学部長、27年帝大農林専門部教授、台北帝大教授、34年中央研究所農業部長、39年農業試験所長	兼台北帝大理農学部教授	?	42年台湾拓殖株式会社	農業顧問	
島田昌勢	内地	1894	1936	府文教局長	官國幣神社神職尋常試験委員長、社司社掌試験委員長、台湾教育検定委員長、台湾資源調査委員会委員、中央研究所評議員		1940年	南洋拓殖株式会社	理事	
清水源次郎	台湾	1867	1897	台北県巡査	99年警部、台南県恒春庁・台南庁、07年台南庁保安課長、12年彰化支庁長、18年新竹庁警視警務課長	20年桃園庁警務課長	1920年	新竹信用組合	理事	後に組合長

清水知麿男	台湾	1877	?		20年苑裡郵便局長		?	35年苑裡建築信用組合	専務理事	
清水俊	台湾	1900	?	18年台北中卒府財務局			1937年	台湾拓殖株式会社		41年主計課長
下須榮次郎	台湾	1884	1913	税関監吏	22年専売局書記	37年専売局副参事	1937年	潮州街専売品売捌人指定		
下村秀一	台湾	1893	1914	府作業所技手			1919年	台湾電力株式会社	技手	42年同社理事兼電気部長
庄司源吉	台湾	1880	?		19年新竹州警部、25年竹南郡警察課長、30年竹東郡警察課長	31年地方警視兼新竹州属	1931年	32年湖口庄長、37年三叉庄長		42年朝日建築信用組合専務理事
庄野橘太郎	台湾	1867	1900	台南地方法院検察局	同嘉義出張所検察局、台北地方法院検察局、同宜蘭法院出張所検察局、同新竹出張所検察局、台中地方法院検察局、台南地方法院検察局検察官代理	嘉義法院支部	1921年	嘉義街助役		嘉義商工信用組合主事、嘉義隣保館主事
白井一	台湾	1875	1895	府雇員	府医院調剤師	10年府医院薬局長	1910年	白井薬局開業		台南製薬株式会社社長、38年嘉義商工会議所副会頭（42年会頭）
白井房吉	台湾	1882	1905	斗六庁巡査	巡査部長、台南州警部補	30年台南州警部曾文郡六甲分室主任	1931年	鹿草庄長、32年鹿草信用組合長		
白倉好夫	台湾	1890	1912	府営繕ニ關スル事務囑託	13年技手、21年州技師		?	40年台湾拓殖株式会社	技師	41年同社営繕課長
白澤傳吉	台湾	1881	1903	軍所属（1910年満期退営）11年府陸軍経理部雇	12年台北庁雇基隆支庁		?	30年基隆郡貢寮庄長		38年基隆庶民信用組合専務理事
白勢黎吉	台湾	1883	?	府鉄道部書記	府交通局理事鉄道部長兼総務課長	交通総長	?	台湾青果株式会社	社長	37年内地引き揚げ、常盤簡易火災保険会社常務取締役
新開俊夫	台湾	1889	1911	阿緱庁	屏東にて税務事務、27年高雄市財務課長	地方理事官	1937年	煙草売捌人指定		二林信用組合監事

杉林弘一郎（林栄一郎）	台湾	1908	?	31年台北高商卒、32年南投郡役場			?	台中州商工業組合中央会郡支会	常務理事	
杉森隆次	台湾	1879	1903	恒春庁巡査	23年彰化郡警察課長、26年台中州警務部保安課長		1931年	二水自動車会社経営		員林乗合自動車株式会社取締役社長
鈴木豊茂	台湾	1895	1916	府巡査	21年高雄州警部補、25年同警部、31年恒春郡警察課長、岡山郡警察課長、鳳山郡警察課長	36年地方理事官高雄市衛生課長	?	40年酒類売捌人指定		
関川保	台湾	1891	1920	台湾小学校教諭	28年台北州郡視学、32年台北州属兼台北州視学、35年台北医学専門学校書記兼府属、37年府社会教育官	40年府地方視学官	1941年	皇民奉公会	主事	
田口茂雄	台湾	1892	1911	府国語学校卒	南投・竹山・彰化・太平・西屯各小学校長、36年北斗街長	40年鹿港街長		40年鹿港庶民信用利用組合	組合長	
田中一郎	台湾	1887	1919	府巡査			?	31年台中鳳梨缶詰会社	社長	南投食塩元売捌人
田中賢三	台湾	1888	1910	阿緱庁属	18年府属、28年高雄州文書課長、澎湖庁庶務課長、鳳山郡守	嘉義郡守	1939年	40年東港街専売品売捌人指定		
田端幸三郎	台湾	1886	1919	府警視	20年府州事務官新竹州警務部長、27年台北市尹、29年新竹州知事、府専売局長	36年殖産局長	1939年	台湾電力株式会社	副社長	
高井操	台湾	1890	?	13年台北中卒、29年専売局書記			?	41年旗山街酒売捌人指定		
高木秀雄	台湾	1895	1915	台北庁雇	南投庁、府各属、27年専売局書記、33年地方理事官新竹郡守、虎尾郡守	屏東市尹	1939年	台湾拓殖株式会社	参事高雄支店長	42年同社南方第三課長、南日本化学工業監査役
高島金次	台湾	1894	1920	台北州技手			1929年	30年蘇澳水産会社	取締役	30年蘇澳信用組合理事
高津基	台湾	1892	?	18年府普通文官試験合格				19年台湾電力株式会社		40年同社嘉義支店長

高橋傳吉	台湾	1871	1902	府警部	02年警視（06年退官）、内地転任、09年台南庁警視打狗支庁長	15年台南庁警務課長	1915年	高雄街長		24年高雄市煙草売捌人指定、35年高雄新報社長（40年辞任）
高橋直志	台湾	1894	1919	南投庁技手	台中州郡技手、北斗郡勧業主任、員林郡勧業主任		?	台湾青果株式会社		34年台中州柑橘同業組合副組長
高橋尚秀	台湾	1893	1926	府税関属兼税関監視	地方警視、府税関事務官監視部長、34年地方理事官高雄州内務部教育課長、35年台中州内務部地方課長、36年高雄州警務部長、39年殖産局水産課長	41年基隆税関長	1943年	高進商会	社長	
高橋秀人	台湾	1894	?	府警視台北州警務課長	地方理事官台北州基隆郡守、同州内務部勧業課長、同地方課長、新竹・高雄・台北各警務部長、31年総督官房会計課長、32年官房審議室兼務、文教局社会課長兼付属博物館長、警務局衛生課長	総督官房審議室	1936年	嘉南大圳組合	理事	台中州自動車運輸株式会社社長
高橋均	台湾	1889	1918	20年台北州勤務	21年台北市庶務課、汐止街書記、蘇澳庄書記・同助役		?	39年宜蘭水害予防組合	書記	41年同組合常務理事
高橋盛三郎	台湾	1889	1910	台南庁巡査	21年専売局書記、30年新竹出張所長事務取扱	34年澎湖出張所長	?	37年屏東酒売捌人指定		
高松清彦	台湾	1886	1904	1908年台北地方法院雇	17年宜蘭庁雇、18年鉄道部雇、宜蘭庁林務技手、台北州森林主事、台北州属、新竹州属、31年竹南郡庶務課長、32年新竹市商工係長	34年高雄州技手内務部勧業課	1937年	40年嘉義信用組合事務嘱託		42年同組合専務理事
瀧口陸造（松尾陸造）	内地	1884	1911	府通信手	15年通信属		1919年	台湾電力株式会社	書記	42年同社理事東京支社長
瀧田重勇	台湾	1889	1933	府地方警視台北南警察署長	36年地方理事官新高郡守、東港郡守	39年中壢郡守	?	大日本婦人会台湾本部	主事	
瀧野平四郎	台湾	1884	1906	府巡査斗六庁警務課	18年嘉義庁警部補、24年台南州警部、32年北門郡警察課長、新豊郡警察課長	新楽郡警察課長	1936年	新巷庄長、嘉義郡水利組合評議員		42年新港信用購販利組合長
武内小太郎	台湾	1887	1910	府鉄道部			1918年	21年賀田組		同社専務取締役
武田駒吉	台湾	1878	1899	府巡査	警部・警視、中港・通霄・苗栗・東勢各支庁長、新竹・台中各庁理蕃衛生保安各係長、府理蕃課、東勢郡守	屏東郡守	1933年	煙草売捌人指定		台湾度量衡計量器販売者同業組合連合会副会長、台中州度量衡計量器販売者組合長

武田義人	台湾	1896	1922	中央研究所技手	兼専売局酒課技手、26年酒課兼煙草課技師、29年中央研究所技師	40年殖産局商工課技師	?	43年昭和農産化工	取締役	
谷國三郎	台湾	1889	1909	地方庁税務課	専売局	塩脳課樟脳生産係主任	?	37年煙草売捌人指定		
谷壽夫	台湾	1887	1908	専売局嘱託	18年専売局技手、20年台北州立工業学校教諭		?	40年専売品売捌人指定		
谷義廉	台湾	1887	?	1909年府国語学校師範部卒	嘉義公学校、蕃寮公学校長、店仔口公学校長、20年台南州新榮郡視学、23年東石郡庶務課長、斗六郡庶務課長、嘉義郡庶務課長、31年台南州地方係長、32年地方理事官東港郡守、36年桃園郡守	39年屏東市尹	1939年	愛国婦人会台湾本部	主事	高雄州青果同業組合副組長
千葉泰造	台湾	1889	1910	台中庁税務課	台南庁財務局		1916年?	台湾日報社		現同社高雄支局長
津久井半二郎	台湾	1885	1900	台北郵便局通信書記	07年台南庁属税務課直税係兼間税係、13年府属民政部財務局	13年地方理事官嘉義税務出張所長	1914年	36年嘉義倉庫信用購買利用組合	組合長	41年嘉義商工会議所参事
津下猪太郎	台湾	1878	1903	斗六庁警部	09年嘉義庁警部、府属、新竹庁属、22年台中州文書課長、23年南投郡守	28年潮州郡守	1931年	屏東水利組合	組合長	35年獅子頭水利組合長、40年旗山水利組合長
塚本信弘	台湾	1893	1924?	台南庁税務官吏	22年専売局書記	31年専売局台東出張所長	?	34年楠梓専売品売捌人指定		
恒吉儔	台湾	1890	1909	鉄道部雇	19年鉄道部書記、39年交通局副参事	41年鉄道部運輸課貨物係長	1942年	台湾運輸業組合	理事	
鶴友彦	?	1898	1923	殖産局農務課	24年農務課兼糖務課、33年台中州内務部長、37年台南州内務部長	40年澎湖庁長	1941年	台湾茶輸移出統制株式会社	取締役社長	海軍司政長官（43年）
手貝千代志	台湾	1889	1910	台北庁巡査	13年同庁警部補、19年警部、23年台北州警務部保安課長、29年警務部刑事課長兼務、31年地方警視嘉義警察署長、33年彰化警察署長	34年花蓮港庁警務課長	1938年	高雄興業信用組合	組合長	

出澤鬼久太	台湾	1888	1912	専売局書記	24年阿片ニ關スル国際会議帝国代表附、26年花蓮港支局長、29年専売局副参事、台南支局長	台中支局長	1937年	台湾製塩株式会社	取締役	同社専務取締役、南日本塩業株式会社取締役、台南飲料水株式会社監査役、台南乗合自動車株式会社取締役、南日本化学工業株式会社取締役
戸田龍雄	マニラ	1904	?	24年台北高商卒、29年府属			1936年	台湾拓殖株式会社		41年盤谷事務所長、42年マニラ事務所長
戸水昇	台湾	1890	1917	鉄道部書記	通信部監理課長兼為替貯金課長、30年殖産局商工課長、鉄道部庶務課長兼総務課長、35年台北州内務部長、36年交通局理事通信部長	39年台北州知事	1939年	東台湾電力興業会社	専務取締役	
土肥慶太郎	台湾	1882	1906	府技手民政部財務局	28年府技師、30年第一回地理事務講習会講師	36年台湾拓殖株式会社設立事務囑託	1936年	台湾拓殖株式会社	技師	土地課長、拓殖課長
徳永吉郎	台湾	1889	1910	台南庁農会技手	大渓郡庶務課長、桃園郡庶務課長、新竹郡庶務課長	37年地方理事官	1937年	39年新竹倉庫信用利用組合	理事	40年新竹水利組合長
鳥井勝治	台湾	1881	1898	府雇	02年府法院書記、20年高雄州属、22年地方理事官高雄・台南・台北各州調停課長、33年退官	34年淡水街長	1937年	専売局第42区酒類売捌人指定		
名越眞吾	台湾	1884	1922	台北州属	32年台北州税務課庶務係長、桃園税務出張所庶務係長、32年退官	32年員山庄助役	1933年	宜蘭水利組合	書記	41年三星庄長
内藤二郎	台湾	1890	1923	花蓮港郵便局長	高雄、台南各郵便局長	台北郵便局長	1939年	台湾放送協会	台南支部長	
中島日吉	台湾	1890	1916	嘉義庁巡査	21年台南州郡属、29年台南州内務部土木課庶務係長、30年新豊郡庶務課長、38年斗六郡庶務課長	39年地方理事官	1939年	嘉義商工会議所	理事	41年嘉義市復興建築信用購買利用組合専務理事
中瀬拙夫	内地	1884	1914 ?	府事務官	林務、糖務、商工、特産各課長、専売局長、台北州知事	33年殖産局長	1936年	日本糖業連合会	常務理事	アルコール輸送株式会社取締役
中田清民	台湾	1898	1918	府巡査	23年府普通文官試験合格		1925年	開墾事業、41年台中州農機具配給組合主事		35年台中市会議員
中西潔	台湾	1870	1903	糖務局技師	13年専売局煙草課	20年台中州産業主事	1920年	内埔庄専売品売捌人指定		

中根市蔵	台湾	1884	1907	苗栗庁巡査			1918 年	24 年次高合資会社設立		30 年大興信組監事、37 年同組合長
中野鹿之助	台湾	1879	1902	府税関吏	税関監視、台北庁属、28 年台北州税務課州税係長、同税務課長事務取扱	32 年地方理事官	1932 年	台湾無尽株式会社	書記	36 年同社宜蘭支店長
中原保	台湾	1904	1930	新竹州郡属	39 年中壢郡総務部会計課庶務係長兼経理課長		?	41 年新竹州購買組合	理事	
中村直	台湾	1893	1914	殖産局			1918 年	彰化銀行		38 年台北支店長
中村不羈児	台湾	1886	1909	宜蘭庁属	18 年宜蘭庁殖産係長、20 年専売局宜蘭出張所嘱託、台北州郡属、24 年台北州属地方課庶務係長、25 年協調会社会政策学院修了、26 年台北州教育課社会係長兼社寺宗教係長、29 年台湾社会事業主事		1941 年	台北庶民信用組合	組合長	29 年より理事、35 年より組合長（41 年より専任）
新垣輝盛	台湾	1893	1919 ?	専売局書記		31 年鹿港出張所長	1933 年	36 年鹿港街食塩元売捌人指定		41 年豊原街食塩元売捌人転出、豊原信用組合監事
新見喜三	台湾	1874	?	府鉄道部工事現場監督	広東省汐仙鉄道建設、製糖会社鉄道阿里山鉄道測量技師		?	土木工事請負業創業		新高拓殖軌道株式会社社長、台湾貯蓄銀行取締役、台湾商工銀行監査役、台中信用組合理事、台北興財信用組合理事
新家留治郎	台湾	1893	1921	新竹州警部補	25 年同州警部	32 年専売局書記	?	40 年里港専売品売捌人指定		
西川善三郎	台湾	1882	1905	?	台南州会計課長		1928 年	台南建築信用購買利用組合	理事	信用組合台南友信会専務理事
西澤義徴	内地	1888	?	福州総領事兼府事務官	府税関長、台北市尹	高雄州知事	1935 年	台湾合同鳳梨株式会社	常任監査役	
西村義助	台湾	1890	1919	府研究所書記			1932 年	40 年竹山煙草売捌人指定		41 年竹山信用組合監事
野口顕宗	台湾	1892	1918	専売局	36 年専売局基隆支局長、39 年宜蘭支局長	42 年専売局副参事	1942 年	羅東酒類売捌人指定		
野口敏治	内地	1889	1925	?	新竹州属府視学官兼府事務官、新竹州理事官、台中州警察部長、文教局学務課長、同附属博物館長、文教局社会課長、新竹州知事、高雄州知事	台北州知事	1936 年	台湾電力株式会社	理事兼経理部長	40 年福大公司監査役（既退任）

能澤外茂吉	?	1889	1920	府法院判官台中地方法院	22年府事務官兼任、23年台南州警務部長、府中央研究所庶務課長、営林署庶務課長兼造林課長、内務局土木課長兼地方課長、30年台中州内務部長、31年殖産局山林課長兼鉱務課長	32年総督官房審議室事務官兼秘書官兼文書課長	1934年	台湾電力株式会社	理事	日本アルミニウム株式会社監査役、36年台湾瓦斯株式会社取締役、海軍司政長官（42年）
長谷場純熊	台湾	1891	1914 ?	嘉義庁税務吏	18年嘉義庁属、19年府財務局属、34年地方理事官台南州税務課長	37年台北州税務課長	1939年	台湾拓殖株式会社	参事	39年同社海南島初代事務所長、40年同社本社文書課長、南支課長兼資材課長、41年開南航運株式会社取締役、42年台拓退社、常盤住宅株式会社常務取締役
花香伯貢	台湾	1883	1907	府専売局			?			台湾製脳株式会社支配人、33年台湾商工会議所主事、製脳組合理事、大屯国立協会常務理事
堝亥之吉	台湾	1897	1913	台南庁巡査	24年府属警務局、31年地方警視台中警察署長、32年澎湖庁警務課長、嘉義警察署長、台南警察署長	台東庁警務課長	1939年	40年新竹酒類売捌人指定		41年新竹市会議員
早川直義	台湾	1867	1897	嘉義県	嘉義庁		1907年	21年財団法人嘉義公会堂嘱託（後に理事、33年解散）		
早川齊	台湾	1881	?	?	役場書記、新竹庁巡査・警部補		?	26年台北南飲食店組合	取締役	38年台北南料理屋組合長
林田正治	台湾	1892	1934	台南州内務部長	36年澎湖庁長	新竹州知事	1939年	41年新竹州自動車運輸株式会社	社長	41年新竹商工会議所会頭（39–41年内地）
原田實	台湾	1893	1918	専売局書記			1931年	東港街専売品売捌人指定		
阪東喜之吉	台湾	1883	1907	阿緱庁兼宜蘭庁属	16年府属、30年台北州宜蘭税務出張所長	31年地方理事官新竹州税務課長	1936年	37年第22区煙草売捌人指定		
日高六太郎	台湾	?	1895	憲兵	台南県鳳山弁務署打狗支庁	1903年阿緱庁	1912年 ?	台湾海陸産業株式会社	養魚部主任	40年高雄魚市株式会社専務取締役

日原清房	台湾	1885	1908	苗栗庁巡査	18年新竹庁警部補、23年警部竹南郡警察課後龍分室主任、30年竹南郡警察課長、31年桃園郡警察課長、34年苗栗郡警察課長	36年地方理事官	1936年	苑裡水利組合	組合長	
樋口友吉	台湾	1897	1927	専売局書記	31年専売局副参事酒課長		1938年	高砂麦酒株式会社	常務取締役	台湾酒壜統制株式会社社長、国産コルク工業株式会社社長
久永均介	台湾	1893	1915	府税関官吏			1918年	台湾倉庫株式会社		20年鈴木物産株式会社に転職（22年退職）、炭鉱経営を経て35年より精米業
久松富之助	台湾	1881	1905	安平税関	斗六製糖、嘉義庁、台南庁、22年専売局書記		?	34年旗山街専売品売捌人指定		
平井順次郎	台湾	1884	1907	府巡査			1911年	酒醤油卸商創業、22年第2区酒類売捌人指定		35年台中市会議員
平井成	台湾	1881	?	?	府技師		?			台湾燃料株式会社専務取締役、台湾理興商事株式会社社長、株式会社共益社常務取締役
平山泰	内地	1890	?	総督秘書官兼府参事官	高雄州知事、台北州知事	37年東京市電気局長	1939年	41年三興株式会社	理事	台湾紡績株式会社社長（後退任）、43年日鉄鉱業常務取締役
廣田爲吉	台湾	1891	?			鉄道部書記	1924年			台湾商事専務取締役、台湾農産興業常務取締役、台湾水産興業代表取締役、台湾水産販売・昭和繊維工業・新高土地建物各社取締役、台湾糖密監査役
深川繁治	台湾	1887	1920	府事務官	通信局庶務課長兼海事課長、交通局参事通信部長、台北州内務部長、総督官房審議室、32年交通局通信部長	35年文教局長	1937年	台湾放送協会	常務理事	
福田信吉	台湾	1891	1910	?	台南庁、台北庁属、専売局、同埔里出張所長、台北支局販売主任		1934年	北斗区煙草売捌人指定		北斗産業組合長
福田直廉	台湾	1890	1924	府属	29年地方警視、新竹州・台中州・台北州各警務部警務課長、高雄州・台中州警務部長		1934年	福井県・新竹市にて弁護士開業		41年屏潮水利組合長
福元岩吉	台湾	1884	?	府州事務官		澎湖庁長	1936年	37年台湾青果	常任監査役	42年監査役

藤木親壽	台湾	1894	?	24年新竹州警部補	28年警部、32年警務部刑事課長	40年地方警視	1940年	新竹州米穀商同業組合	理事	
藤田助四郎	台湾	1885	1909 ?	府巡査部長			?	大龍峒信組	嘱託	28年稲江信組主事、42年同組常務理事
藤田倶治郎	台湾	1883	1935	交通局理事通信部長	36年台南州知事	36年台北州知事	1939年	台湾化成工業	常任監査役	41年台湾農機具製造統制会社取締役社長、台北市会議員
藤田新吾	台湾	1885	1909	府属	深坑庁属、台北庁属、新竹庁属、花蓮港庁属、22年専売局書記酒課、宜蘭出張所長	基隆出張所長	1931年	豊原煙草売捌人指定		
古川二郎	台湾	1881	?	台南県雇			?	名古屋瓦斯会社		10年再渡台合名会社嘉義製作所、台南新報記者、12年台湾興業支配人、20年台湾勧業無尽支配人、26年同社取締役（34年専務・退任）、31年日東鉱業取締役（40年まで）、37年株式会社中田製作所、38年日本アスベスト工業、40年台湾映画電機各取締役
古澤勝之	?	1894	1913	府属秘書課	23年監察官兼参事官室、官房審議室、27年地方理事官台中市助役、29年台中市尹	33年台南市尹	1938年	福大公司	厦門支店代表	現取締役
古矢庄治郎	台湾	1905	1928	府殖産局商工課			1930年 ?	映画館創業、大世界館、新世界館、第二世界館、第三世界館、台南世界館、基隆世界館を直営		39年古矢商事株式会社創立社長就任
星村七郎	台湾	1879	1910	府土木局書記	台中庁属、嘉義庁属、台南州属、26年台中州警部	27年地方理事官	?	33年専売品売捌人指定		
本田好夫	台湾	1895	1922	官房調査課雇	専売局書記		?	37年第51区煙草売捌人指定		42年虎尾信用購販利組合監事
升島戸野一	台湾	1877	1901	巡査	16年阿緱庁警部		1916年	台湾南部無尽会社	屏東支店長	
増山久芳	台湾	1902	台湾生	22年新竹州公学校訓導	28年坑子公学校長、35年本島初等教育功労者表彰		1939年	台湾産業資源会社	主事	40年同社幹部支店長、41年大新金融信託株式会社専務取締役

桝山保一	台湾	1895	1932	総督秘書官	官房秘書課長		1936年	39年東洋電化工業会社、大寶鉱業各取締役		42年台北商工会議所理事
松井三省	台湾	1897	?	16年台北中卒、宜蘭庁税務吏	台北州属、府属	37年地方理事官	1937年	台湾拓殖株式会社		42年花蓮港出張所長
松尾繁治	台湾	1886	1907	新竹州属	海山、七星、宜蘭各郡庶務課長、26年台北州文書課長、28年台南市助役、30年竹山郡守、31年北斗郡守、32年桃園郡守	34年高雄市尹	1937年	高雄信用組合長、高雄文化建築信用組合長		41年南邦産業株式会社社長、42年高雄地所株式会社社長、高雄州自動車運輸会社社長
松尾秀雄	フィリピン	1892	1915	府作業所技手			1919年	台湾電力株式会社	技手	40年同社理事電気部長、現比律賓支店
松岡富雄	台湾	1870	1903	臨時糖務局囑託			?	帝国製糖株式会社、松岡拓殖合資会社		17年台湾新聞社取締役社長、18年松岡興業株式会社（マニラ）創立、19年台湾製麻取締役、台湾製紙取締役、台湾製粉取締役、新竹製糖創立（専務取締役）
松島哲男	台湾	1886	1911	台南庁巡査	28年台南州属	30年同州文書係長	?	40年内埔庄専売品売捌人指定		
松平兼三郎	台湾	1875	1904	恒春庁雇	1907年鳳山庁雇、19年阿緱庁属、22年鳳山郡庶務課長	24年鳳山郡守職務代理	1926年	27年東勢庄長、34年酒売捌人指定		35年鳳山商工会長
松村美富	台湾	1891	1910	13年台北中卒、府作業所			1920年	台湾電力株式会社	書記	40年宜蘭支店長
松本虎太	台湾	1879	1908	臨時台湾工事部技師	24年交通局技師基隆出張所長	32年道路港湾課長兼基隆出張所長	1941年	台湾電力株式会社	顧問	42年同社理事建設局長兼建設局技術部長
丸木末次郎	台湾	1889	1912	府属	36年地方理事官台南市助役、羅東郡守	基隆郡守	1942年	皇民奉公会	主事	
丸山喜一郎	台湾	1890	?	24年台中州警部補警務部警務課兼理蕃課	巡査教習所教官、28年台中州警部、31年免本官、台中州警察事務囑託、36年東勢街助役	花壇庄長		花壇庄農業組合長、花壇庄畜産組合長		41年花壇信用購販利組合長

三浦信雄	台湾	1895	1919	桃園庁巡査	22年新竹州警部補、27年同警部、32年竹東郡警察課長、34年新竹郡警察課長	39年地方警視	1939年	日本蓪草株式会社	専務取締役	41年新竹木材工業株式会社監査役
三上信人	台湾	1883	1931	秘書課兼文書課	34年府理事官殖産局庶務課、営林署庶務課	台湾拓殖株式会社設立事務所嘱託	1934年	35年台湾拓殖株式会社	調度課長	
三曾野新太郎	台湾	1884	1906	専売局			1923年	第43区酒類売捌人指定		41年鹿港庶民信用利用組合監事
三輪幸助	台湾	1895	1921	府属	台中州警務部長、中央研究所庶務課長、府税関庶務課長、専売局参事酒課長、煙草課長、台北州内務部長、専売局庶務課長、逓信部長、39年専売局長	41年台北州知事	1942年	台湾産業組合聯合会	理事副会長	
水野英之輔	台湾	1884	1910	?	12年文官普試合格、13年警察官司獄官練習所卒、嘉義庁警部補		1914年	台湾製糖株式会社		34年美濃区専売品売捌人指定
水野啓	?	1885	1912	桃園庁巡査	14年台北庁警部補、20年高雄州警部、24年鳳山郡警察課長、31年高雄州警務部刑事課長、33年澎湖庁警務課長、36年台北南警察署長	虎尾郡守	?	台湾古銅屑鉄株式会社	専務取締役	
水間位彦	台湾	1884	?	?	台中、高雄、台南各郵便局長、逓信部為替貯金課兼保険課長		1932年	社団法人台湾電気協会常務理事、同電気計器試験所長		
南爲蔵	台湾	1887	1918	府雇	19年府属、36年府庁警部澎湖庁、地方理事官澎湖庁庶務課長	39年新竹郡守	1942年	皇民奉公会新竹州支部	主事	
宮川法船	台湾	1886	1911	府属	26年新竹州税務課桃園出張所長	37年澎湖庁税務課長	?	恒春街専売品売捌人指定		
宮崎輝雄	台湾	1894	1920	専売局雇	21年専売局書記、嘉義支局、台中支局、22年酒課	25年基隆支局長	1925年	東港煙草売捌人指定		
宮野爲長	台湾	1888	1916?	民政部土木局庶務課	地方課、30年地方理事官大渓郡守、大甲郡守	桃園郡守	1936年	37年第58区酒類売捌人指定		西螺信購販利組合理事
牟田邦基	台湾	1895	1922	専売局技師	24年同嘉義支局、29年中央研究所技師、30年専売局酒課	33年財務局税務課	1939年	台湾拓殖株式会社	嘉義化学工場長	
宗藤大陸	台湾	1893	1924	府警務局長専属	31年新竹市助役、33年豊原郡守、36年屏東市尹	37年高雄市尹	1941年	台湾製糖株式会社	企画部長	

村崎長昶	台湾	1870	?	府中央会計部雇員			1900年	新高堂店主		13年台北信用組合理事、20年台湾書籍商組合長、29年台北中央市場監査役、31年東海自動車運輸会社監査役、34年台北倉庫信組監事
村田守蜜	台湾	1887	1911	打狗郵便局			?	村田商行開業		18年恒春製糖入社、20年花蓮港木材会社、35年同社専務取締役、41年南邦林業株式会社取締役
元山春雄	内地	1897	1914	高雄州農会技手	26年府技手、28年台中州産業技師、34年殖産局米穀課兼検査所兼商工課、38年米穀課兼農務課、39年米穀局業務課、41年殖産局特産課青果係長、萬丹鳳梨種苗養成所長、大樹鳳梨種苗養成所長	府農産物缶詰検査所長、台湾青果同業組合聯合会理事	1942年	台湾青果株式会社常務取締役	内地部長	
本山文平	台湾	1882	1910	専売局書記	13年民政部殖産局庶務課長、15年府防疫事務官兼府警視民政部衛生課長、16年工事部庶務課長、20年新竹州内務部長、21年台中州内務部長、24年台中州知事、26年警務局長	30年熊本県知事	1931年	36年台湾青果株式会社	社長	38年台湾青果加工株式会社代表取締役、39年台湾商工会議所副会頭
守満亦八	台湾	1875	1896	府雇			?	金瓜石鉱山	経理課長	23年石炭商創業、33年三榮商会設立、39年台湾炭素工業株式会社創立（専務取締役）
森乙一	台湾	1888	?	高雄州警部補	高等係長、同州警部衛生係長、旗山・鳳山・屏東各郡警察課長、高雄州保安課長	39年警務局理事官	1939年	南海自動車会社	社長	屏東乗合自動車会社専務取締役、潮州商工業組合長
森田民夫	台湾	1902	1930	府属	33年地方理事官中壢郡守、35年花蓮港庁庶務課長、38年府事務官、39年興亜院事務官、40年府事務官外事部第一課長	42年官房情報課長	1942年	皇民奉公会中央本部	参事	
森永種次郎	台湾	1890	1910	府税関		専売局宜蘭出張所長	?	36年第56区煙草売捌人指定		
森山藤七	台湾	1888	1913	府巡査	16年警部補		1923年	司法書士開業		33年基隆市代書人組合長、基隆住宅信用利用組合監事

柳本貞吉	台湾	1888	1908	1909年府国語学校卒、任公学校教諭	大湖、苑裡、新埔、舊港、大林各公学校長、19年新竹州視学、26年竹東郡庶務課長	27年府視学官文教局、35年退官、38年蘆竹庄長、40年大渓街長	1942年	大日本婦人会新竹州支部	主事	
山口高七郎	台湾	1894	?	28年竹山郡警察課長	豊原、新高、大甲、東勢各郡警察課長	35年台中州警務部理蕃課長	?	39年東陽水道株式会社	取締役	
山崎良邦	台湾	1888	1917	府技手	19年府技師		?	台湾製脳株式会社	業務課長	32年同社営林所造林課調査係長、36年台北帝大農専部講師、40年桃園煙草売捌人指定
山下末之武	台湾	1877	1909	斗六庁警部	13年草鞋墩支庁長、15年集々支庁長、20年新高郡警察課長、21年大屯郡警察課長、23年台中州警務部高等警察課長、25年彰化郡警察課長、27年地方理事官竹山郡守、30年新高郡守	31年大湖郡守	1932年	35年台北住宅信用組合	理事	36年台湾青果株式会社主事、台湾廃品統制株式会社常務取締役
山田拍採	台湾	1884	1911	府農事試験場技手	14年同場技師、16年台南庁技師、23年殖産局農務課	35年勅任官待遇	1937年	台湾拓殖株式会社	拓殖課長	42年台湾棉花会社社長
山本眞平	台湾	1893	1927	府法院検察官	28年兼府事務官、30年官房審議室兼務、32年官房法務課長、33年同文書課長兼務、36年人事課長兼務	39年米穀局長	1941年	皇民奉公会中央本部	事務総長	
山本實	台湾	1889	1911	府属	19年関東庁技手、21年高雄州属		1928年	高雄州青果同業組合		
四倉多吉	台湾	1887	1911	南投庁巡査			1918年	食料雑貨商経営		食塩元売捌人（指定年不明）、22年専売品小売人組合長、能高郡食料品雑貨商組合長、能高郡商事組合長、蕃地必需品配給組合長
輿儀喜宣	台湾	1886	1928	府技師殖産局	29年水産試験場長、30年同基隆支場長兼任		1939年	台湾底曳網水産組合高雄支部	理事組合長	拓洋水産専務取締役
輿奈原良哲	台湾	1894	1922	専売局書記	台南支局嘉義出張所		1938年	岡山酒売捌人指定		
横矢秀男	台湾	1890	1917	台中州雇			1931年	基隆倉庫信用組合創設	専務理事	

吉田菊治	台湾	1886	1920	台北州警部	24年警務局警務課教官主任、同保安課高等警察課、検閲課各係長	34年地方警視新竹警察署長	1936年	新竹州時報主事、新竹新興株式会社社長		
吉田次六	台湾	1888	1920	台中州雇	23年台中州郡属彰化郡役所、32年知事官房調停課係長兼執行係長、彰化市勧業係長	35年彰化市勧業課長	1937年	彰化信用利用組合	常務理事	
吉田春彦	台湾	1888	1911	府国語学校書記	19年府農林専門学校書記		1919年	台湾電力株式会社		27年台南高等商業学校書記、31年台南高等工業学校書記、40年里港専売品売捌人指定
吉武躋	台湾	1894	?	台北庁	府学務部、台北市役所	専売局	1940年	南投煙草売捌人指定		
吉富保之	台湾	1887	1910	府属	18年総督官房、26年東京市主事	31年府地方理事官基隆市尹	1932年	台湾新民報社	編集顧問	37年同社監査役、40年編集局長
吉成新太郎	台湾	1881	1923	台北高等学校教諭			?	私立開南商業学校	教諭	
吉原多三郎	台湾	1891	1913	基隆医院調剤員			1919年	薬局開業		財団法人公益社常務理事
淀川喜代治	台湾	1888	1931	地方警視基隆警察署長		32年板橋街長	?	38年基隆商工会議所	主事	40年同理事
樂滿金次	台湾	1903	1927	交通局書記	29年府地方課属、30年新豊郡守、32年新営郡守、33年台北市助役、36年新竹州警務部長	府物価調整課長	?	皇民奉公会中央本部	参事	
和田二三松	台湾	1885	?	台南庁警部			1917年	17年退官後明治大学、20年弁護士試験合格、21年台南地方法院所属弁護士名簿登録		29年台南冷蔵製氷販売利用組合長、台南飲料水製造株式会社社長
輪湖清美	台湾	1885	?	27年新竹州農会技師、台湾産業技師	30年府地方技師、32年新竹州農事試験場長事務取扱	35年花園町区長	?	37年新竹州青果同業組合	常任副組長	37年新竹州物産信販購利組合長、41年新竹州米穀納入人組合常任理事、台湾青果株式会社取締役

渡邊國廣	台湾	1897	?	18年府林業講習所修了	21年専売局書記		1937年	第32区酒類売捌人指定		
渡邊剛	台湾	1889	?	10年府巡査練習生、台中庁巡査	19年免本官、20年府法院通訳、府法院書記、台南地方法院書記兼通訳、同嘉義支部		1935年	35年白河食塩元売捌人再指定（前指定年は不明）		
渡邊發藏	台湾	1872	1895	府附	鳳山庁総務課長、宜蘭庁庶務課長、新竹庁庶務課長、20年新竹街長	23年屏東街長	1928年	屏東信用組合	組合長	
渡邊與一	台湾	1873	1895	台北庁属税務課長			1912年？	台湾銀行	書記	21年台東開拓株式会社専務取締役、27年日本拓殖株式会社嘱託、33年同社支配人
度会林一	台湾	1897	1921	府巡査	26年巡査部長、新竹州警部補、31年新竹州警部、38年竹南郡警察課長	40年新竹州警務部保安課長	?	42年新竹州自動車運輸株式会社	取締役	新竹庶民信用組合監事

出典：興南新聞社編『臺灣人士鑑』1943年版より作成。
備考：官位、役職、組織名称、年月等の情報は、全て人士鑑掲載のものであり、府報や官報で確認したものではない。
不明な項目は「？」とした。

実のところ、転職者の動向で一見してわかるような特徴は、前述した程度でしかない。しかし、それでは考察に供するだけの情報とは言えないので、もう少し分析してみよう。内海が退官したのは一九三九年である。この年に退官した官吏のうち、再就職先で役員になった人物を抽出したのが表2である。表2に挙げられている一一人の履歴と再就職先に明確な相関があるかどうかは確認する術がないが、再就職先で役員待遇のポストを得ている者は、知事や本府局長の経験者であった比率が高い。ただし、「外様」である内海や藤田と、ほぼ生え抜きである戸水昇とを比較すると、再就職先としての「格」や職位に格差があるようにも見える。

さらに、高木秀雄の事例を見てみよう。高木の退官年は内海と同じであるが、最終官歴が屏東市尹であり、内海の高雄州知事とは歴然とした差が存在する。ただし、内海を上回る在台歴、かつ生え抜きの総督府官僚であった高木は、退官後に国策会社である台湾拓殖に入社している。その時の職位は、高雄支店長（参事）であることから、再就職先のポスト自体は内海より低い。しかし、高木は、内海と同時に南化監査役になっているため、「官」時代の格差とは比較にならないほど、両者の差が縮まったと言えよう。しかも、高木が南化監査役と兼任していたのは台拓の支店長や本社（南方第三課）課長であり、台拓と南化の「格」の違いをうかがわせている。

先に、再就職にあたっては台湾居住が前提となっている傾向がうかがえると述べた。確かに、ここで挙げた藤田・戸水・高木は、内海と異なり、台湾在住者である。無論、資料上の範囲内の情報でしかないが、本当に内地帰還者への待遇の差が明白に存在するのであろうか。

表2の林田正治は、内海よりも渡台年が遅いものの、内海と類似の在台官歴を重ねて退官している。林田は、退官後、一旦内地に戻っているが、四一年に再渡台して新竹州自動車運輸株式会社社長、新竹商工会議所会頭に就任している。さらに、平山泰も、台北州知事の後に東京市に転籍して三九年に退官するが、林田と同様に、四一年には台湾紡績株式会社社長となっている。しかし、千種黙仙編『会社銀行商工業者名録』（昭和一六年版、圖南協会、一九四一年）を見ると、平山の住所は東京のままであり、台湾在住者ではない。僅かな事例しか見出せないが、役員レベルの再就職に関しては、居住地が決定的な条件となり得るかどうか断言できない。

さらに、勅任官（待遇含む）の再就職状況を見た場合、表3のようになった。ここに挙げた二〇人のうち、役員待遇ではない再就職のケースは、山田採拍のみである。しかし、山田は行政官ではないため、ある意味例外と言える。また、山田は、四二年に台湾棉花の社長になっているため、表中に挙げた全員が役員と言ってもさしつかえないだろう。

そして、大雑把ではあるが、表3の中で、二十代で渡台した者を「生え抜き」と仮定した場合、該当者は七人に過ぎず、過半数が「外様」である。したがって、内海や藤田が冷遇された特殊例であったとは言えない。年齢も内海（一八八四年生）より年上は五人、同年齢が二人存在しているが、退官年は内海より早い者がほとんどである。したがって、内海が比較的早期に退官を強いられたとも言えない。ただし、渡台年が内海より遅い者は、前出の林田と平山、そして小濱浄鑛（福井県知

表2　1939年退官者の再就職（役員限定）一覧

氏名	生年	渡台年	渡台時職	職歴	最終職歴	退官年	再就職先	職位	備考
今川淵	1886	1914	府属民政部	台北庁、殖産局各課長、28年専売局参事庶務課長、32年台南州知事、36年台北州知事	36年専売局長	1939年	台湾南方協会	常務理事	41年台湾石炭株式会社取締役社長
田端幸三郎	1886	1919	府警視	20年府州事務官新竹州警務部長、27年台北市尹、29年新竹州知事、府専売局長	36年殖産局長	1939年	台湾電力株式会社	副社長	
高木秀雄	1895	1915	台北庁雇	南投庁、府各属、27年専売局書記、33年地方理事官新竹郡守、虎尾郡守	屏東市尹	1939年	台湾拓殖株式会社	参事高雄支店長	42年同社南方第三課長、南日本化学工業監査役
戸水昇	1890	1917	鉄道部書記	通信部監理課長兼為替貯金課長、30年殖産局商工課長、鉄道部庶務課長兼総務課長、35年台北州内務部長、36年交通局理事通信部長	39年台北州知事	1939年	東台湾電力興業会社	専務取締役	
長谷場純熊	1891	1914？	嘉義庁税務吏	18年嘉義庁属、19年府財務局属、34年地方理事官台南州税務課長	37年台北州税務課長	1939年	台湾拓殖株式会社	参事	39年同社海南島初代事務所長、40年同社本社文書課長、南支課長兼資材課長、41年開南航運株式会社取締役、42年台拓退社、常盤住宅株式会社常務取締役
林田正治	1892	1934	台南州内務部長	36年澎湖庁長	新竹州知事	1939年	41年新竹州自動車運輸株式会社	社長	41年新竹商工会議所会頭（39–41年内地）
平山泰	1890	？	総督秘書官兼府参事官	高雄州知事、台北州知事	37年東京市電気局長	1939年	41年三興株式会社	理事	台湾紡績株式会社社長（後退任）、43年日鉄鉱業常務取締役
藤田傊治郎	1883	1935	交通局理事通信部長	36年台南州知事	36年台北州知事	1939年	台湾化成工業	常任監査役	41年台湾農機具製造統制会社取締役社長、台北市会議員
三浦信雄	1895	1919	桃園庁巡査	22年新竹州警部補、27年同警部、32年竹東郡警察課長、34年新竹郡警察課長	39年地方警視	1939年	日本蓮草株式会社	専務取締役	41年新竹木材工業株式会社監査役
森乙一	1888	？	高雄州警部補	高等係長、同州警部衛生係長、旗山・鳳山・屏東各郡警察課長、高雄州保安課長	39年警務局理事官	1939年	南海自動車会社	社長	屏東乗合自動車会社専務取締役、潮州商工業組合長
輿儀喜宣	1886	1928	府技師殖産局	29年水産試験場長、30年同基隆支場長兼任		1939年	台湾底曳網水産組合高雄支部	理事組合長	拓洋水産専務取締役

出典：表1に同じ。

表3 勅任官（待遇含む）の再就職一覧

氏名	生年	渡台年	渡台時職	職歴	最終職歴	退官年	再就職先	職位	備考
赤堀鐵吉	1890	1921	警視台南州警務課長	台北州教育課長・警務部長・警務局警務課長・内務局地方課長、36年新竹州知事	39年高雄州知事	1942年	台湾住宅営団	理事長	42年11月大使館参事官厦門総領事
石井龍猪	1897	1921	殖産局属	22年高雄州内務部勧業課長心得、23年同課長、24年台北州教育課長、27年同地方課長・台南州警務部長、29年府事務官、31年台南州内務部長、32年内務局地方課長兼地理課長、36年台北市尹、39年台南州知事、40年内務局長	41年殖産局長	1942年	台湾拓殖株式会社	理事	台湾製材組合組合長、台湾木材組合組合長
今川淵	1886	1914	府属民政部	台北庁、殖産局各課長、28年専売局参事庶務課長、32年台南州知事、36年台北州知事	36年専売局長	1939年	台湾南方協会	常務理事	41年台湾石炭株式会社取締役社長
小濱浄鑛	1886	1932	府内務局長		32年府内務局長	1936年	37年台湾合同鳳梨株式会社	専務取締役	38年台湾青果加工株式会社取締役
澁谷紀三郎	1883	?	府農事試験所技師	21年農芸化学部長、27年帝大農林専門部教授、台北帝大教授、34年中央研究所農業部長、39年農業試験所長	兼台北帝大理農学部教授	?	42年台湾拓殖株式会社	農業顧問	
白勢黎吉	1883	?	府鉄道部書記	府交通局理事鉄道部長兼総務課長	29年交通総長	1932年	台湾青果株式会社	社長	37年内地引き揚げ、常盤簡易火災保険会社常務取締役
田端幸三郎	1886	1919	府警視	20年府州事務官新竹州警務部長、27年台北市尹、29年新竹州知事、府専売局長	36年殖産局長	1939年	台湾電力株式会社	副社長	
鶴友彦	1898	1923	殖産局農務課	24年農務課兼糖務課、33年台中州内務部長、37年台南州内務部長	40年澎湖庁長（勅任待遇）	1941年	台湾茶輸移出統制株式会社	取締役社長	海軍司政長官（43年）
戸水昇	1890	1917	鉄道部書記	逓信部監理課長兼為替貯金課長、30年殖産局商工課長、鉄道部庶務課長兼総務課長、35年台北州内務部長、36年交通局理事逓信部長	39年台北州知事	1939年	東台湾電力興業会社	専務取締役	
中瀬拙夫	1884	1914 ?	府事務官	林務、糖務、商工、特産各課長、専売局長、32年台北州知事	33年殖産局長	1936年	日本糖業連合会	常務理事	アルコール輸送株式会社取締役
西澤義徴	1888	?	福州総領事兼府事務官	府税関長、台北市尹	33年高雄州知事	1935年	台湾合同鳳梨株式会社	常任監査役	

野口敏治	1889	1925	？	新竹州属府視学官兼府事務官、新竹州理事官、台中州警察部長、文教局学務課長、同附属博物館長、文教局社会課長、31 年新竹州知事、31 年高雄州知事	33 年台北州知事	1936 年	台湾電力株式会社	理事兼経理部長	40 年福大公司監査役（既退任）
林田正治	1892	1934	台南州内務部長	36 年澎湖庁長	39 年新竹州知事	1939 年	41 年新竹州自動車運輸株式会社	社長	41 年新竹商工会議所会頭（39–41 年内地）
平山泰	1890	？	総督秘書官兼府参事官	31 年高雄州知事、31 年台北州知事	37 年東京市電気局長	1939 年	41 年三興株式会社	理事	台湾紡績株式会社社長（後退任）、43 年日鉄鉱業常務取締役
深川繁治	1887	1920	府事務官	通信局庶務課長兼海事課長、交通局参事通信部長、台北州内務部長、総督官房審議室、32 年交通局通信部長	35 年文教局長	1937 年	台湾放送協会	常務理事	
藤田倶治郎	1883	1935	交通局理事逓信部長	36 年台南州知事	36 年台北州知事	1939 年	台湾化成工業	常任監査役	41 年台湾農機具製造統制会社取締役社長、台北市会議員
三輪幸助	1895	1921	府属	台中州警務部長、中央研究所庶務課長、府税関庶務課長、専売局参事酒課長、煙草課長、台北州内務部長、専売局庶務課長、通信部長、39 年専売局長	41 年台北州知事	1942 年	台湾産業組合連合会	理事副会長	
本山文平	1882	1910	専売局書記	13 年民政部殖産局庶務課長、15 年府防疫事務官兼府警視民政部衛生課長、16 年工事部庶務課長、20 年新竹州内務部長、21 年台中州内務部長、24 年台中州知事、26 年警務局長	30 年熊本県知事	1931 年	36 年台湾青果株式会社	社長	38 年台湾青果加工株式会社代表取締役、39 年台湾商工会議所副会頭
山田拍採	1884	1911	府農事試験場技手	14 年同場技師、16 年台南庁技師、23 年殖産局農務課	35 年勅任官待遇	1937 年	台湾拓殖株式会社	拓殖課長	42 年台湾棉花会社社長
山本眞平	1893	1927	府法院検察官	28 年兼府事務官、30 年官房審議室兼務、32 年官房法務課長、33 年同文書課長兼務、36 年人事課長兼務	39 年米穀局長	1941 年	皇民奉公会中央本部	事務総長	

出典：表 1 に同じ。

事から転任）のみであり、総督府官吏としてのキャリアは、概ね内海より長い者で占められている。しかし、そのキャリアと再就職先の業務が密接であると推定できるほどの関連も見出せない。強いて言えば、澁谷と山田くらいであろう。

さて、いくつかの条件を並べてみたが、履歴を見るだけでは、再就職において決定的な差がうかがえる要素はほとんどないと考えられる。また、昇進のスピードも内海と表中の官僚達との明らかな差はないようにも見受けられる。確かに、内海は、州知事から本府局長にはなれなかったが、それは内海に限った話ではない。表3に挙げた本府局長経験者は、前歴で本府勤務経験がある者がほとんどであるが、それも絶対的な前提条件であったとまで言い切る材料は、今のところない。

こうして見た場合、内海の再就職については、特殊な条件や理由が存在したとは言い難い。筆者は、総督府官僚の内地での再就職如何については何等情報を有していないが、総督府官僚の「肩書き」が最大限に考慮され得る空間は、やはり台湾にしかなかったのではないかという印象を抱いた。

蛇足ながら、台湾の三大国策会社である台湾銀行、台湾電力、台湾拓殖に関しては、総督府が各々監理官を設置しており、各社と総督府の関係が密接であったことは疑いない。しかし、人士鑑を見る限りでは、総督府の高級官吏が台湾銀行へ再就職した事例が見出せないのである。台湾が「官僚王国」と評されても、入り込めない「企業」が存在していたと捉えてもよいのだろうか。

二、「もう一つの選択肢」

（一）　軍政要員としての南方派遣

さて、前節で述べたように、内海は総督府を退官した後に南化へ「天下り」した。ただし、いわゆる「天下り」が総督府官僚の選択肢として、どの程度の比率を占めていたかどうかは検証が難しい。

ここでは、冒頭で述べた、「もう一つの選択肢」について考えてみたい。内海の日記を見ると、一九四一年一二月二五日に、岩村清一（海軍中将）から南方占領地での勤務の意思があるかどうかを問われた記述がある。[34]この時、内海は、岩村の問いに対して南方行きを固辞している。しかし、実現こそしなかったものの、内海の身の振り方について、南方占領地への派遣という選択肢もあり得た可能性がある。

内海に限らず、戦時期台湾における総督府官僚の動向として注目すべき特徴は、南方占領地への派遣である。真珠湾攻撃以降、東南アジア方面に展開した日本軍は、欧米列強の植民地を占領し、各地で軍政を開始した。日本陸海軍ともに、広大な占領地を統治するに足る人員・資材・技術を有しておらず、必然的に軍政要員の確保が急務となった。[35]

戦時期における総督府官吏の南方派遣に関しては、その詳細な実態が明らかではない。秦郁彦の研究[36]によると、総督府から派遣された軍政要員の総数は、一〇六四名とされている（表4参照）。ただし、人名・職位・派遣先等については、ほとんど明らかにされておらず、等級も全てが正確とは言えない。そして、わずかに司政長官と司政官の一部が記されているのみである。

南方占領地への総督府の「協力」については、いわゆる「武力南進」への台湾の関与を示しているが、その性格については、紙幅の都合もあり、考察を別の機会に譲りたい。まずは、総督府官僚の南方占領地派遣に関するデータを見てみよう。ここでは、台湾総督府編『台湾総督府及所属官署職員録』（一九四四年一月現在：以下、職員録と略す）から情報を補填して考察を進めてみたい。この職員録の巻末には「軍政要員」一覧が掲載されている。ただし、それ以前の年度の職員録には該当する記録がないため、時系列的に抽出することはできないが、これが数少ない手がかりと言える。職員録の一覧から、陸軍に七〇三人、海軍に二九二人の派遣が確認できた。これらの合計が九九五人であり、先に秦が示した、総督府の軍政要員総数の約九四％に相当する（表5参照）。[37]

表4から一見してわかることは、総督府の派遣人数の多さである。延べ人数で一千名以上もの官吏が南方へ派遣されていた事実は、内務省系官吏の派遣数を除くと、どの官庁よりも派遣数が多く、総督府による南方占領地軍政への関与が、それなりに存在したと言えるのではないだろうか。実際には、総督府の官僚（判任官以上）に占める派遣人員の比率は、それほ

表 4　派遣軍政要員数抜粋

	陸軍	海軍		
内務本省	168	142	1943 年 6 月 30 日	
内務省関係	1443	175	1945 年 8 月	1942 年 12 月
大東亜省	79	28	1944 年 1 月 24 日	
司法省	554		全期間	
拓務省	106		1942 年	
朝鮮総督府	11	2	全期間	
台湾総督府	1064		1945 年 8 月	
満鉄	95		全期間	

出典：秦郁彦編『南方軍政の機構・幹部軍政官一覧』南方軍政史研究フォーラム、1998 年より作成。

表 5　総督府官僚の南方派遣数

	陸軍	海軍
司政長官	18	3
司政官	119*	32
軍政地教授	5	
技師	55	30
属	422	
警部	30	57
技手	48	80
嘱託	6	7
書記		37
教員		46
計	703	292

出典：台湾総督府『台湾総督府及所属官署職員録』1944 年より作成。
備考：死亡による司政官昇進 4 名含む。

表 6　司政官以上の軍政要員出身官庁

	陸軍	海軍
大蔵省	180	60
司法省	230	13
逓信省	376	54
鉄道省	543	3
内務省	488	287
文部省	258	45
台湾総督府	132	35
商工（軍需）省	85	18
全体	2915	779

出典：表 4 に同じ。

ど多くない[38]。しかし、奏任官以上の職員数から見た場合、司政官[39]クラス以上の派遣数は一定の割合を占めていたと考えられる。

一方、表6で明らかなように、総督府が派遣した司政官クラス以上の人数は、他官庁のそれに比して、派遣総数の割には多くない。このことは、南方占領地の軍政において、総督府から派遣された官僚の多くが実務を担う現場担当者であった可能性が高いことを示唆しており、熱帯地域における「統治技術」を有する総督府官僚に対して、軍部が何を求めていたかがうかがえる。言い換えれば、総督府官僚は、占領地軍政における意思決定への関与がほとんどなかったと言えよう。それとは対照的に、陸軍における属、海軍における「民政要員」の比率の高さが目立つ。要するに、陸軍軍政要員の過半を占めるのが属であったという事実は、総督府に求められた軍政要員の役割が、広範かつ雑多な業務であったことを示唆している。それは、海軍のごとく、書記や教員等の具体的な職種が明記されていなくとも類推できよう。すなわち、近藤正己が明らかにしたように、総督府の「協力」は、民政部門で幅広く展開されていたことを裏づけている[40]。

この他、雇庸人として南方に派遣された人員も存在しているが、こちらは筆生、タイピストや馬丁、運転手、給仕、電話交換手等が該当する。他方、産業開発交易要員として敵産工場の経営や交易、交通に従事する人員は、軍の業務委託を受けて派遣されたのであり、「民間人」としての派遣ということになろう。

それらを踏まえて考えると、戦時期における台湾の人的資源は、南方占領地に向かう一定の流れがあり、その中でも、民政部門要員が一定比率を占めていたと推測できる。それらの多くは、「労務戦士」としての労働力供出であり、総督府派遣の軍政要員とは、こうした民間人の引率・指導・監督を行っていた可能性がある[41]。したがって、台湾全体の動向で言えば、軍政への「協力」人員の派遣が主であり、司政官クラス以上の身分での派遣となると、かなり少ない事例であったと言えよう。人士鑑から経歴が判明する軍政要員を抜粋したものが表7である。ただし、彼らの経歴から、軍政要員に選抜された法則性を見出すことは難しい。

しかし、内海の官位に鑑みると、「もう一つの選択肢」としては、司政長官クラスの派遣にほかならない。それでは、当

表7　人士鑑収録の軍政要員一覧

氏名	生年	渡台年	渡台後官職	経歴	総督府最終官歴	退官年	転属先	職位	備考
秋本正	1912	1936	総督府警務局保安課属	39年台南州新営郡守	40年総督府警務局保安課事務官	1942		陸軍司政官	
石川定俊	1895	1922	殖産局	23年高文合格、24年七星郡守、27年新竹州内務部地方課長、31年警務局理蕃課長、台北州警務部長、36年内務局土木課長	交通局理事鉄道部長	1942		陸軍司政長官	
一番ヶ瀬佳雄	1895	1935	殖産局農務課長	新竹州知事	40年台南州知事	1942		陸軍司政長官	農商務省→拓務省→総督府
市来吉至	1900	1929	内務局地方課	31年高雄州勧業課長、35年府評議会幹事、36年交通局鉄道部監督課長、38年交通局経理課長兼庶務課長	兼総務課長	1942	香港総督部	民事部長	
岩田芳	1907	1933	糖業試験所助手	35年糖業試験所技手、38年同試験所技師	40年無水酒精科長兼製糖化学科	1942年	陸軍	技師	
植村義夫	1907	?	1927年台北高商卒、内務局地方課属	33年台中州地方課属、36年東勢郡庶務課長、38年台中州地方課、39年米穀局業務課、41年米穀局基隆米穀事務所長、台北米穀事務所兼同局業務課、42年同局食糧課兼務		1942		陸軍司政官	
小川徹（馬揚徹）	1902	1924 ?	府巡査	台中州巡査部長、警部補、警部、32年府警官練習所教官、33年退官後日大専門部、36年高文合格、37年司法官試補、39年台北地方法院判官	台北地方法院判官	1942		陸軍司政官	
小栗一雄	1886	1931	内務局長		34年警視総監	1936	全国漁連会長	海軍司政長官	※1942年
小野田快雄	1905	1930	内務局地方課	34年羅東郡守、36年高雄州警務部警務課長、同内務部勧業課長、39年府官房外務部課長、台南州産業部長	台南州警察部長	1942		軍政部附	昭南市
大塚正	1902	1933	専売局書記	36年蘇澳郡守、37年官房文書課、官房調査課、官房外務部兼官房企画部、内閣情報部情報官外事部第一課兼第二課、1940年新竹州總務部地方課長兼總務部総務課長	41年花蓮港庁総務課長	1942		陸軍司政官	
大山正剛（許浪子）	1910		31年楠梓庄役場			1934	楠梓信用組合常務理事、40年岡山郡雑穀商組合長	香港総督部	

太田利雄	1907	1924	文教局社会課	25年地方理事官北門郡守、26年地方警視台南州警務部経済警察課兼務、32年府社会教育官兼総督府事務官文教局社会課	専任総督府事務官	1942		陸軍司政官	
筧勝家	1906	1928	府会計課	32年府審議室、36年地方警視台南州警務課長兼理蕃課長、台北州警務課長、38年警務局保安課事務官、40年府官房企画部事務官兼殖産局商工課事務官	財務局金融課長	1942		陸軍司政官	
合屋正孝	1898	1937 ?	台東庁庶務課勧業係長			1942		陸軍技師	
川上親義	1903	?	1926年台湾高等農林卒、台北州農事試験場宜蘭試験場	28年台北州農事試験場、34年同基隆郡支会、38年台湾農業義勇団台北州隊長、39年台北州農林課、41年新荘郡勧業課長	42年宜蘭郡勧業課長	1942		陸軍技師	南方
川添修平	1897	1929	府属財務局財務課	29年庁警部、30年兼地方理事官澎湖庁庶務課長、台南市助役、31年新営郡守、32年台北市助役、33年嘉義市尹、36年基隆市尹、37年専売局参事	澎湖庁長	1942		陸軍司政官	
川中喜造	1904	1930	府特産課技手	36年台北州勧業課	40年高雄州農林課技師	1942		陸軍技師	南方
川村直岡	1892		府事務官	府地方理事官、専売局煙草課長、同樟脳課長、同庶務課長、殖産局特産課長、総督官房文書課長兼調査課長、殖産局山林課長兼鉱務課長、台南州内務部長、総督官房審議室兼調査課長、府臨時国勢調査主事、台南州知事、台北州知事	拓務省拓南局長	1942		陸軍司政官	
木下二	1906	?	?	39年専売局副参事、台東庁勧業課長、40年専売局副参事庶務課	41年台南州農林課長	1942		陸軍司政官	南方
木原圓次	1891	1923	府属警務局警務課	警察官及司獄官練習所教官、高雄州警務課長兼保安課長、26年警務局理蕃課長、28年台北州警務課長、31年新竹州内務部長、32年内務局土木課長、36年専売局参事庶務課長、台湾防衛委員会幹事、専売官署共済組合審査委員、台湾製脳原料保続計画委員会幹事、台湾資源調査会幹事、山地開発調査委員会幹事、官房調査課長兼企画部長、39年台北市尹	41年専売局長	1942		陸軍司政長官	

日下信	1905	?	?	台中州知事官房税務課長、台東庁庶務課長、新竹州内務部地方課長、39年台北州内務部、府情報課	専売局塩脳課長	1942		陸軍司政官	南方
小林松三郎	1896	?	府巡査	府属、台北州警部、33年警務官補	41年地方警視新竹警察署長	1942		陸軍司政官	
佐々木舜一	1888	1918	民政部殖産局技手	40年殖産局山林課技師	熱帯特用樹種栽培事務所長	1942		陸軍司政官	
鹽見俊二	1907	1931	府税務課属	33年税制整理準備委員会書記、35年税務官兼府事務官、37年金融課長		1942		海軍司政官	
重村文一	1897	?		台中市助役、新営郡守	42年北斗郡守	1942		陸軍司政官	
東海林稔	1893	1927	殖産局農務課技手	33年台湾産業技師、新竹州産業技師、36年地方技師新竹州内務部勧業課	40年殖産局農務課技師	1942		陸軍司政官	
白仁寶一	1895	1929	府税関監吏	30年税関監視、台北支署兼監視部、31年台南州属、33年台南市産業主事勧業課長、35年地方理事官北門郡守、台中州勧業課長	新竹州警察部長	1942		陸軍司政官	
世古盈政	1896	1923	鉄道部運転課雇	25年交通局書記	41年新竹駅長	1942		陸軍司政官	
高原逸人	1899	1925	専売局書記庶務課	地方理事官台南州内務部地方課長、32年府中央研究所庶務課長、33年官房文書課兼審議室、34年新竹州警務部長、36年高雄州内務部長	41年殖産局農務課長	1942		陸軍司政官	
玉手亮一	1899	1925	殖産局農務課	27年地方理事官台中州大屯郡守、28年台中州教育課長、財務局金融課長、台北州内務部地方課長、中央研究所庶務課長、営林署庶務課長、殖産局山林課長兼鑛務課長、39年専売局参事庶務課長	39年殖産局特産課長	1942		陸軍司政長官	
玉眞鎮元	1905	1930	官房文書課	基隆税関監視、33年内務局地方課、35年南投郡守、第四回長期地方改良講習会書記兼任、工業研究所総務課長	台南州地方課長	1942		陸軍司政官	
千葉元江	1909	1938 ?	殖産局属	39年米穀局事務官	41年台中州農林課長	1942		陸軍司政官	
辻畑泰輔	1904	1930	府財務局主計課属	新竹州警務課長、同理蕃課長兼務、台北州勧業課長、府財務局金融課、府企画部、39年鉄道部経理課長	41年台北州産業部長	1943		陸軍司政官	

鶴爲彦	1902	1930	交通局書記鉄道部庶務課	33年自動車課庶務係長兼営業係長、34年交通局副参事、参事	台南州産業部長	1942		陸軍司政官	
鶴友彦	1898	1923	殖産局農務課	24年農務課兼糖務課、33年台中州内務部長、37年台南州内務部長	40年澎湖庁長	1941	台湾茶輸移出統制株式会社取締役社長	海軍司政長官（43年）	
泊武治	1899	1936	交通局総長			1940		香港総督部総務長官（42年）	
直江丙午郎	1906	?	36年専売局台中支局書記	38年殖産局鉱務課兼米穀課、41年交通局副参事兼府事務官、鉄道部自動車課	企画部企画課	1942		陸軍司政官	
中村千代司	1897	1916	殖産局雇	台北・新竹・台中・台南・高雄・花蓮港・台東各州庁勤務、40年地方理事官台中市助役	40年旗山郡守	1942		陸軍司政官	
波越廉平	1894	1916	18年宜蘭庁雇	20年台北州技手内務部勧業課、30年台中州内務部勧業課、35年同州産業技師内務部勧業課	地方技師農林課	1942		陸軍技師	
成岡喜壽	1907	1932	交通局書記	36年地方理事官高雄州鳳山郡守、38年地方警視高雄州警務部警務課長、39年内務局土木課兼防空課	41年殖産局商工課	1943		陸軍司政官	
西村德一	1899	1926	財務局	29年地方理事官淡水郡守、31年台北州警務課長、32年新竹州教育課長、34年内務部地方課長、35年台南州地方課長、36年警務部長、39年台北州警務部長、40年内務局土木課長、41年総督官房人事課長兼秘書官	42年兼文書課長	1942		陸軍司政官	
能澤外茂吉	1889	1920	府法院判官台中地方法院	22年府事務官兼任、23年台南州警務部長、府中央研究所庶務課長、営林署庶務課長兼造林課長、内務局土木課長兼地方課長、30年台中州内務部長、31年殖産局山林課長兼鉱務課長	32年総督官房審議室事務官兼秘書官兼文書課長	1934	台湾電力株式会社理事	海軍司政長官（42年）	日本アルミニウム株式会社監査役、36年台湾瓦斯株式会社取締役
長谷川茂雄	1898	1921	財務局属	31年地方理事官高雄州税務課長、33年台中州税務課長、34年府税務事務官税関事務官兼基隆税関、35年台中州東勢郡守、彰化郡守、嘉義市尹、39年営林署庶務課長	41年新竹州総務部長	1942		陸軍司政官	
藤垣敬治	1896	1929	府属審議室	32年北斗郡守、35年府地方課、地理課兼務、38年台南市尹	台中州産業部長	1942		陸軍司政官	
渕上忠義	1913	1936	財務局属	大屯郡守、高雄州警務課長、39年財務局事務官、40年台北州高等警察課長	41年台中州教育課長	1942		陸軍司政官	

星爲太郎	1895	1920	台中州郡属	25年新竹州属地方課、37年府属内務局地方課、39年台北州属内務部地方課	40年地方理事官大湖郡守	1942		陸軍司政官	
細井英夫	1898	1926 ?	新竹州教育課	28年地方理事官鳳山郡守、30年海山郡守、31年高雄州税務課長、32年台南州地方課長、34年台北州地方課長、35年台中州警務部長、36年警察局警務課長兼保安課長、経済警察課長兼、情報部副部長	41年文教局学術課長	1942		陸軍司政官	
松岡清	1906	1919	専売局書記庶務課	22年地方理事官高雄州東港郡守、24年地方警視台中州高等警察課長	39年警務局保安課	1942		陸軍司政官	
松田光治	1909	1932	逓信部監理課書記	36年地方理事官新竹州大渓郡守、37年豊原郡守、38年警務局保安課、40年警務局経済警察課長	42年警務局	1942		陸軍司政官	
水越幸一	1879	?	府事務官	内務局地方課長、審議室兼交通局理事	台中州知事	1931	37年台湾商工会議所理事長	海南島軍政顧問（40年）	
滿富俊美	1903	1929	殖産局特産課属	33年交通局副参事、34年地方理事官大甲郡守、36年内務局地方課、39年内務局防空課長	台中州警察部長	1942		陸軍司政官	
矢野榮治	1894	1921	府属内務局	33年地方理事官屏東市助役、高雄州屏東郡守、台北州海山郡守、39年新竹市尹	40年新竹市長	1942		陸軍司政官	
矢野謙三	1902	1926 ?	新竹州竹南郡守	同州内務部教育課長、台北州地方課長、基隆市尹、39年府米穀局総務課長	台北州産業部長	1942		陸軍司政官	
山分一郎	1905	?	台北商・台北高・台北帝大卒、34年専売局書記	同庶務課、39年地方理事官大屯郡守	40年殖産局農務課	1942		陸軍司政官	
横田道三	1902	1930	府属	35年地方理事官台南州税務課嘉義出張所長、37年台南州税務課長、39年専売局煙草課長兼松山煙草工場長、41年専売局製脳課長	41年高雄州警察部長	1942		陸軍司政官	
吉宗一馬	1899	1926	殖産局商工課雇	33年府属、36年殖産局米穀課、38年台湾重要産業調整委員会書記、39年台湾米穀移出管理委員会書記、米穀局米政課、40年台湾米穀取引事業補償委員会書記	41年府理事官米穀局高雄米穀事務所長、台湾米穀納入協会高雄支部長、軍用米検査員	1942		陸軍司政官	南方

出典：表1に同じ。

表8　総督府関係の陸軍司政長官（勅任官一等）

氏名	前職・出身官庁	派遣先	等	級
石川定俊	総督府交通局鉄道部長	ジャワ	1	2
一番ヶ瀬佳雄	台南州知事・拓務	ジャワ	1	2
岡出幸生	総督府糖業試験所長	ジャワ	1	1
川村直岡	台南・台北州知事、拓務省拓南局長	スマトラ→マライ	1	
金平亮三	文部・元九州帝大教授	ジャワ	1	
泊武治	内務・元総督府交通局総長	香港	1	1
藤村寛太	台北市長、新竹州知事	ジャワ	1	2
矢野兼三＊	台湾・元富山県知事	スマトラ	1	

出典：秦郁彦『南方軍政の機構・幹部軍政官一覧』、臺灣總督府『職員録』より作成。
備考：級に記載がないものは、秦郁彦の研究から抽出。
注：矢野については、秦郁彦の研究では表記の通りであるが、総督府での在籍が確認できなかった。
なお、細井英夫と川添修平の２人が、職員録では司政長官となっているが、秦の研究では司政官となっているため、さしあたりここでは除外した。
経歴については、人士鑑より補足したものもある。
等級については、1940年以降の職員録で確認し、追記したものもある。したがって、1944年現在の等級ではないものがあることをお断りしておく。

時、内海の官歴、官位に匹敵する総督府官僚で南方占領地に派遣された人物は、どの程度存在していたのであろうか。内海が退官した時の官位は、高等官一等、すなわち勅任官である。総督府官僚（元職含む）で南方占領地に派遣された勅任官［一等］該当者は、秦郁彦の研究と職員録の一覧を照合すると、表8の通り、八人が記録されている[42]（海軍司政長官は該当者なし）。その他、総督府勤務経験者で勅任官［二等］の陸軍司政長官は八名[43]（三等で二名）、海軍司政長官は三名が確認できる[44]。

表8にあるように、南方占領地派遣に際しての総督府勅任官の身分は、判明する限り、ほぼ司政長官で占められている。勅任官一等のうち、岡出幸生は技術者、金平亮三が研究者であるため、行政官としては、石川、一番ヶ瀬、川村、泊、藤村、矢野の六名に絞られる[45]。ただし、一番ヶ瀬、泊は在台勤務歴が短い。石川は、軍政要員として派遣される際、あるいはその後に［一等］になったものと思われる[46]。矢野については、台湾との関係が確認できなかった。したがって、内海と類似した経歴としては、藤村と川村直岡が浮上することになる。残念ながら、藤村については情報がほとんどないため、焦点を当てるのは川村ということになる（後述）。

ところで、岩武照彦の研究によると、司政長官の定員は、陸軍二九二名、海軍三八名、司政官の定員は、陸軍二四二九名、海軍一一一五名である。(47)司政官の特徴としては、「戦時体制下の統制技術を身につけた者」が多く、それは現地の情報も方針も十分に与えられないまま着任を強いられた実状に鑑みて、「即戦力」の人材が選抜される傾向があったと思われる。(48)したがって、この傾向を敷衍すると、表7に挙げた面々は、その能力をある程度評価された結果であったのかもしれない。しかし、繰り返すが、総督府官僚の占める割合は非常に小さい。

そして、派遣先は、判明する限り、ジャワ（陸軍）、海南島（海軍）が圧倒的である。なぜこの二地域に集中しているのかは不明である。また、残念ながら、現地での任務については明らかではない。いわゆる高等官の派遣者決定に至る経緯を見ると、陸軍の場合、（一）陸軍省から内閣へ希望人数、業務内容、資格を申請、（二）内閣が申請内容を各官庁に諮る、（三）各官庁が該当者を選定、推薦、という流れになっている。すなわち、陸軍省が軍政要員候補者を直接任命することは原則的にはないため、候補者として推薦された官吏は、概ね各自のキャリアによって選考されたものと考えられる。

したがって、先に述べたように、総督府に求められた要員は、表5に示したように、占領地における雑多な実務への従事者であったと推測できる。それは、当然ながら、熱帯植民地である台湾の統治技術の転用を企図していたのであり、派遣者の実務経験に小さくない期待が寄せられたものと思われる。それを反映したものが総督府の派遣要員数の多さであり、戦時期における日本の南方関与という局面で、多岐にわたる「協力」を要請されたのである。

（二）　生え抜きと外様の「信念」

それでは、先に触れた、「もう一つの選択肢」を体現した、川村直岡について少し検討してみよう。

川村直岡は、一八九二年に鹿児島県徳之島で生まれた（一九六三年没）。(49)川村は、地主の長男である内海とは対照的に、苦学の末に任官した苦労人である。小学校卒業後に役場に勤務し、勤務の傍ら教員検定試験に合格して教員となったようである。その後、向学のために上京して私立の中等学校を経て一高へ進学した。(50)彼が東京帝国大学（法科）を卒業したのが二七才（一九一九年）であることから、その苦労がうかがえる。しかし、東京帝大在学中に高文合格（一九一八年）しており、優秀な成績を修めたものと思われる。

さて、一九一九年の東京帝大卒業後に、川村が晴れて任官したのは、内閣拓殖局（属）であった。そして、一九二一年には自ら志願して総督府内務局地理課事務官として渡台した。(51) その時以降、一九四一年に拓務省拓南局長に着任するまでの約二〇年間、すなわち、官歴の大半を台湾で過ごした、実質的に「生え抜き」の総督府官僚である。川村の総督府における履歴は下記の通りである。

台北州内務部勧業課長（一九二一年〜）、専売局煙草課長（一九二三年〜）、専売局塩脳課長（一九二七年〜）、専売局庶務課長（一九二九年〜）、殖産局特産課長・官房文書課長・調査課長（一九三一年〜）、殖産局山林課長兼鉱務課長・台南州内務部長（一九三二年〜）、官房審議室事務官（一九三四年〜）、台南州知事（一九三六年〜）、台北州知事（一九三九年〜）。

この官歴から、川村が経済官僚としての経歴を有していること、台湾の各種産業の振興・統制に携わった経験が豊富であったことがうかがえる。この点は、内務（警察）畑を基盤とする内海とは性格を異にしている。

その後、一九四一年に拓務省拓南局長へと異動し、一九四二年末から陸軍司政長官としてスマトラ（ベンクレン州長官）に赴任し、一九四三年四月にはマライ（ベラ州長官）に転じて終戦後の四六年六月に復員した。これを積極的に評価するならば、熱帯産業に精通する行政官としての川村の経歴が、司政長官として求められたと言えよう。

ところで、川村は、内海とほぼ同時期に台南州知事（任期一九三六年一〇月〜一九三九年一二月）を勤めたが、その時、政策提言として二つの記録を残している。一つは、台湾全体の政策に関する提言として書かれた『台湾に於ける国策遂行に關する所見』（一九三八年三月）であり、いま一つは、同書で挙げた迅速に実施すべき政策の青写真である『非常時局下の臺灣に於て急施を要する事項』（一九三八年三月）である。いずれもマル秘の資料であるが、内海の所見を著した『帝国南方政策ト高雄』（一九三七年）と比較すると、川村のそれは、政策の具体性等の完成度に格段の違いがある。

ここで、これらの資料を取り上げた理由は、内海が高雄州知事に着任（一九三五年九月）した時のことを、内海が次のように記していたことに着目したからである。

「高雄港の水はマニラに通じジャバに通ず、帝国が南方各地と文化経済の交流をなすには高雄が其拠点であり、高雄港は台湾の表玄関でなくてはならないと云ふ信念を固めた」[52]

内海が高雄州知事着任時に抱いた右記の「信念」はどこから出てきたのだろうか。内海が、いわゆる「南進」論について長年関心を有していた形跡はない。ましてや、内地官僚時代には台湾への意識すら確認できない。したがって、この「信念」が生まれたのは、内海の渡台後と考えるのが自然であろう（後述）。

一方、内海が高雄州知事を退任した一九三九年は、総督府による「南進」工作が「成果」をもたらした年である。詳細は拙稿[53]に譲るが、一九三九年二月に海南島が占領され、翌三月には新南群島（現スプラトリー諸島）が高雄市に編入されたのである。植民地台湾の「膨張」（＝新南群島編入）と、「台湾経験」を活用できるフロンティア（＝海南島）の出現は、俄然総督府の「南進」熱を高揚させた。また、いずれの地域も台湾より南方に位置するため、日本の勢力下に置かれた新たな地域への「南進」の拠点として、高雄への期待が高まったのである。言い換えれば、先に引用した内海の「信念」が現実的な課題として浮上した時期でもあった。

他方、川村も台南州知事として、前出の資料中において南方資源の台湾における活用について、詳細な考察を行ったのである。その他の事例は未だ見出せないが、両者に比肩した職位・官位の総督府官僚は、こうした時局の推移に対して無関心を貫くことは難しかったように思われる。そのキーワードが「南進」であり、その認識を示したものがこれらの資料であると捉えられるのである。

資料中からうかがえることは、「南進」と台湾工業化を一体として捉える認識であり、これは内海・川村双方とも共通している。ただし、内海は、高雄州内のみに限定された施策と見解しか出しておらず、「南進」の具体策、南方地域・資源の活用策を記していない。

他方、川村は、南方資源活用に際しての具体的な数量・資金・時間等までも計画として記しており、「満洲」を含む日本帝国の中での台湾の位置づけ、役割の確認を丁寧に行っていることから、自らの経歴を存分に活かした計画立案を行ったと言えよう。したがって、総督府による「南進」の熱意を反映させていたのは明らかに川村であった。ここに、本府や生え抜きの在台官僚と、内海のような「外様」の大きな違いが現れているのではないだろうか。言い換えれば、生え抜きの官僚が有していた「南進」の野望を共有していない、「外様」の限界を垣間見ることができるのである。

そして、両者で最も大きな違いが現れたのは、実際に「南進」を推進する当事者として関与したか否かという点である。すでに触れたように、川村は、一旦拓務省拓南局に転籍するが、その後は終戦に至るまで南方占領地に身を置き、司政長官として、文字通り「南進」を体現する存在となった。そもそも、川村が志願して南方へ赴いたかどうかも定かではないため、こうした評価は結果論かもしれない。しかし、内海が実際に行った選択（＝再就職）のように、川村にも自ら選択する余地があった可能性は排除できない。その意味では、戦時期における川村の歩みは、その履歴と相まって、内海と対照的であったと言えよう。

三、南化の実状

残念ながら、軍政要員（川村）が派遣地でどのような活動を行ったのかは不明である。それ故、川村と内海の両者を対比させることはできない。ここでは、差し当たり、内海が再就職した南化について、若干の考察を加えたい。ただし、戦時期台湾の「工業化」を担う新興産業の実状について得られる情報は多くない。例えば、太田肥州編『新台湾を支配する人物と産業史』（台湾評論社、一九四〇年）では、「重要資材の開発」の項から「工業台湾の建設」、「マグネシウム工業」、「ニッケル工業」、「製塩業の発達」の項に至るまで検閲削除されており、まさしく南化の事業領域が公表できない「軍需」に関連したものであったことをうかがわせる。

ただし、南化設立に至る背景は、大凡の概略を陳慈玉が明らかにしている。[54] 工業用塩の増産計画が一九三〇年代から本格化するが、それは軍需の拡大をも意味していた。しかし、台湾における当初の工業塩生産は、日本内地でのソーダ業、醬油醸造に対する原料供給というスタンスであり、しかも、一九三〇年代中頃までは日本内地における台湾製工業塩のシェアは僅か一〜二％に過ぎなかった。こうした状況の大きな転機となったのは、一九三七年に勃発した日中戦争であった。戦争勃発に伴い、工業塩自給化（外貨の節約をも含意）を推進するため、大蔵省の「内外地塩務緊急協議会」（一九三七年一二月）で、台湾での工業塩生産を二五万トン（一九四一年度）[55]に拡大させる方針が決定した。[56]この増産計画への対応として、総督府が打ち出したのが南日本鹽業株式会社（一九三八年六月）の設立である。[57]そして、同社の低収益性[58]を緩和するために、同社における製塩時の副生品である苦汁の再利用を企図して南化が設立された（後述）。したがって、南化の設立は、塩に関する「国策」への対応から派生して浮上した計画であるものの、当初から予定されていたものではなかったのである。

前述のごとく、紆余曲折を経た形ではあったが、内海は長い官僚生活から一転して、「民間人」としての生活へと身を移した。内海の第二の人生の舞台となったのは、一九三九年一〇月二六日に設立された南化（本社高雄市、資本金一五〇〇万円）であった。[59]発行株式の約半分を日本曹達、約四分の一ずつ台拓と大日本鹽業がそれぞれ保有しており、最大株主が内地資本である日本曹達であった。[60]そして、南化社長は日本曹達社長の中野有礼が兼任している。南化の事業目的は、下記の通りである。

「（一）塩及塩ノ副産物ヲ原料トスル製造工業、（二）化学工業品薬品薬物（工業薬品売薬部外品）、染料ノ製造及販売、（三）紙繊維工業品ノ製造及販売、（四）鉱物ノ採掘精錬及販売、（五）冶金工業、（六）前各号ニ関連スル業務、本会社ハ前項ニ掲ケタルト同種ノ事業ニ対シ投資若クハ債務ノ保証ヲ為シ又ハ其ノ事業ヲ目的トスル会社ノ発起人ト為ルコトヲ得[61]」

すでに触れたように、南化の設立計画は、内地側の工業塩増産計画の一端を担うための総督府の対応から派生したものであるが、当初から計画されていたものではない。それにもかかわらず、臨時資金調整法の制約がある中で設立された、という意味で、「国策」に沿った企業と「解釈」されたはずである。また、総督府の「(重化学)工業化」構想との整合性もあったため、この計画が進められたものと思われる。[62] 最終的に、南化設立の計画自体は日曹主導であったようであるが、――内海の回想録によると――総督府による設立認可の際、マグネシウム精錬に主目的を変更させたようである。したがって、南化設立そのものについては総督府の意向も反映されていたと言えよう。

湊照宏は、南化設立を総督府(専売局)のプラン(南日本塩業の事業多角化)に則った計画と論じ、ほぼ同時期に同様の事業目的で高雄に設立された旭電化との対照性を考察した。[63] 重複する事業が、同時に同一の場所で展開された背景には、南化設立を進める総督府と、旭電化を推す陸軍の対立があった。結果的に、総督府が折れる形で旭電化にも認可を下ろすのであるが、南化設立の時点で、想定外の強力なライバル企業が存在することとなり、同社事業の目論見は大きく後退したと言ってもよい。いずれにせよ、日曹が台湾での活動(＝南日本塩業)に関する「支援」を総督府に要求したのか、総督府(専売局)が主導的に対応したのかどうかは更なる検討が必要である。

その後の両社の事業展開は、まさしく対照的であり、南化はマグネシウム精錬を断念、陸軍への納入を前提とした臭素製造に転換を余儀なくされ、[64] 苛性ソーダ事業も計画レベルで終焉を迎える。[65] そもそも、電力を台湾電力、苦汁を専売局、そして、資材を軍部に依存せねば成り立たない南化の設立計画は、同社の自立性という観点からすれば、万全の計画に基づいた設立であったとは言い難い。[66] さらに、資本を内地企業に依存していることから、計画が立ち上がった時点で、総督府によるコントロールが十分に及ばない可能性も推測できる。

さて、先に、森岡が内海の南化入りに執心していたと指摘したが、南化と総督府の「パイプ役」という役割を期待していたのであろうか。確かに、内海自身が力を発揮し得た局面は、総督府との交渉に限られていたことは日記の記述からもうかがい知ることができる。しかし、それが内海でなくてはならない理由とは言えない。他方、高雄州知事時代の「活躍」によって構築されたであろう、海軍との関係が決定的な人選理由と類推できる「武勇伝」は確認できない。むしろ、南化に限って言えば、陸軍との人脈の方が重要であったため、その条件に内海は該当しない。推論に過ぎないが、こうした状況に鑑みると、森岡としては、内海のキャリアに見合う、可能な限り良い条件の「天下り」先を用意してやることでしかなかったと考えられる。

内海に宛がわれた再就職先は、こうした経緯から生み出された「問題企業」であった。果たして、内海が南化の諸事情を理解した上での再就職であったか否かは判断が難しいが、最終的に南化監査役就任を承諾したことは事実である。以下、内海が南化監査役として、どのように考え、行動したのかをおおまかに考察してみたい。

内海が南化監査役として行動を開始したのは一九三九年一〇月二九日である。ただし、それは、あくまでも監査役就任の挨拶であり、具体的な業務は行っていない。東京にある日曹ビル内の南化事務所に初出勤したのは一〇月三〇日であるが、それ以降は一一月一三日まで出社していない。この一一月一三日に、内海は、監査役就任後、はじめて倉石（南化専務）と会う。ただし、日記には「種々意見を交換す。要領を得ず」と書かれており、意思疎通、ないしは情報・認識の共有の点で問題があったことをうかがわせる。[67] さらに、この時、内海が重役手当として一〇月分五〇〇円（内海の年俸は六〇〇〇円）の小切手を倉石から受け取っている。日記の記述に従えば、一〇月に内海が出社したのは三〇日のみであり、それも中野（南化社長）への挨拶状を出したに過ぎない。実質的に何等業務を執行していないにもかかわらず、報酬が支払われることについて内海自身は何も記していない。その後、戦局や業績が悪化して操業が危ぶまれた時期も含めて、終戦間際に至るまで重役手当が支給されていたため、きわめて問題があった南化は、事業実績や収支状況にかかわらず、報酬を得られたという点では「優良」な企業であったと言える。

さて、監査役に付与された権限は、取締役に対する業務監視、株主総会招集権としての経営監督、会計監査である。[68] 現行法では会計監査のみが認められているため、当時の監査役にはより広い権限が付与されていたことになる。内海の記録を見る限り、これら三つの権限のうち、経営監督の行使は見当たらない。会計監査は、毎年台湾に出向いて行っている。ここで問題にしたいことは、業務監視に関する内海の態度である。

南化設立以降の事業展開については、湊照宏の指摘した通り、ほとんど見るべき成果を出していない。[69] 内海の日記や回想録にも縷々記されていることであるが、放漫経営、乱脈経営の誹りを受けても否定できないほど、惨澹たるものであった。戦局悪化に伴う資材不足、資金不足等、様々な理由が重なっているものの、大きな問題として指摘できることは、事業計画の甘さに象徴される、取締役の「無責任」な経営にあったと言っても過言ではない。

とりわけ、初代社長の中野の行動は――日記の記述が事実ならば――、取締役会の決議も経ず、資金や資材の裏づけもないまま構想を実行に移すという、独断専行の典型であった。結果的に、中野は社長を更迭されて陸軍の介入を招くことになるが、こうした振る舞いが背任行為と捉えられていないのは、中野が最大株主である日本曹達の社長だったからであろうか。いずれにせよ、このような事態を放置していたとするならば、監査役の存在意義が問われるケースにほかならない。ただし、南化の監査役には、内海以外に柳悦耳、高木秀雄がおり、内海一人の責任を問う問題ではないだろう。しかし、内海自身が経営に関して意見を述べる機会は幾度か存在したものの、適切な業務監視を行い、問題があった場合に経営監督権を発動するという選択をしなかったことは明らかであり、その限りにおいては、監査役としての役割を果たしたとはいい難い。

日記や回想録を読む限り、内海自身の監査役就任後の勤務状態が悪かったわけではない。あくまでも、南化経営において、内海が何らかの影響力を発揮する局面が確認できなかったという意味である。それは、すでに指摘した通り、南化そのものが成立当初から問題を抱えていたこと、最初から重役陣の意思統一が図られておらず、経営方針が定まらなかったこと等々、考慮すべき問題は少なくないのであるが、やはり南化における内海の存在が見えてこないのである。回想録には内海自身の「奮闘」が書かれているが、それを示すだけの記述は日記にはない。

他方、南化の「国策性」は、陸軍が中野から社長の座を奪い、監査役にも人員を送り込むことによって強まったかのごとき印象があるものの、負債だけが膨張する南化において、当座の運転資金の目処をつけただけであり、臭素生産転換後の事業実績や収益が好転しなかったという意味では、むしろ後退したと言ってもよいだろう。

むすびにかえて

前節までで見たように、内海の事例を手がかりに、総督府官僚の「選択肢」、南化を取り巻く環境等についておおまかな考察を加えてきたが、ここでは、もう少し内海について検討することでむすびにかえたい。

本稿第二節の2で、内海が高雄州知事着任時に抱いた「信念」、すなわち、高雄を「南進」の最前線にするという発想について触れたが、そもそも内海が内地官僚であった時代には台湾への意識すら確認できない。さらにいえば、内海が台湾で官歴を重ねていく中で、「南進」について語ったことはほとんどないのである。この点について、回想録で最初に確認できる記述は、台北州警務部長として台湾に赴任した時の、在台邦人に対する印象として、「帝国南方経営の前進基地たる台湾を吾等の力で推し進めて行くと云ふ気概が薄いやうに感ぜられたのは遺憾であった[70]」というものである。ただし、これは回想録として後に顧みたものに過ぎない。また、この時点で内海自身が何らかの腹案を有していた形跡もないため、それは、緊張感なく滞在する在台邦人への批判的見解という意味合いにとどまるものであったと思われる。

むしろ、本当の意味での内海の「信念」は、新竹州知事に着任した時の「余としては国策に就て何等に関与する地位に無かったので、忠実に地方長官としての本分を守って最善の努力を致さんと決心した[71]」という抱負に見出すことができる。

事実、高雄州知事着任以降の内海の言動は、基本的に「職務に忠実[72]」なスタンスであり、内海が尽力した、海軍基地移転や工業地帯整備等は、元来総督府と海軍が交渉したものを現地責任者として履行したに過ぎない[73]。先に触れたように、内海の記録には、高雄州知事時代に、縷々「南方進出の起点としての高雄」という記述こそ見られるものの、具体的な「進出策」については明記しなかった[74]。したがって、内海の云う高雄州知事としての「信念」は、自らが率先して台湾や高雄の「南進」を画策していたわけではなく、ある種の「枕詞」の域を出ないものであったと推察できる。もしかすると、内海は「南進」に関心がなかったとしても、それを主張せざるを得ない「空気」が台湾にあったということかもしれない。

また、こうした内海の認識を裏づける事例として、内海の日記や回想録に頻出する、平田末治[75]に関する記述でも確認することができる。平田は、総督府と海軍による「南進」工作を体現した人物であり、一九三〇年代後半に「非公式」な形で新南群島へ進出して、同群島の日本領化、すなわち、高雄市編入を実現せしめた当事者の一人であった[76]。しかし、内海は幾度も平田と面会しながらも、日記に特段の記述はない。内海が平田関連で唯一行数を割いたものは、回想録の次の部分である。

> 「〔一九三六年〕四月三十日には平田末治君が来訪して新南群島経営の為、十万円の会社を設立して伊藤文吉〔日本鉱業社長〕、森直昶〔日本電気工業社長〕、槙武〔塩水港製糖社長〕の諸氏の出資を仰ぐ了解を得た旨報告に来た。新南群島は南支那海に有る珊瑚礁よりなった群島で所続〔ママ〕不明の島礁である。之やがて日本所続〔ママ〕の宣明をする前提となった国家的事業であるから、南進国策の一翼として私も大に賛成して州水産試験船高雄丸を水産試験旁々貸用する事を承諾した」（傍線引用者）[77]

　内海の回想録がいつの時点で執筆されたのか明らかではないが、傍線部の記述については、一九三六年時点で新南群島を領有化する政府方針は「無かった」のであり、新南群島への「野心」自体、総督府と海軍の極一部以外には存在しない――中央政府の関知していない――極秘の策謀であった。高雄州知事時代の内海が、これらの総督府や海軍の独断による「南進」を把握していたとは思えない。それは、内海自身が前記の引用にある水産試験船貸用の件について、坂本龍起（総督官房外事課長）に報告しているからである。坂本は、「南進」に関する「独走」が懸念される総督府への監視を含意して、外務省が送り込んだ官僚であった。事実、坂本は内海からの報告を受けて、直ちに外務本省へ報告し[78]、外務省は総督府と海軍の動きに対して強硬な反対姿勢を示すことになる。その引き金を引いたのは紛れもなく内海であった。

　したがって、内海の「信念」は、文言こそ含まれているものの、「南進」自体に思うところがあったとは考えにくい。それ故、わざわざ記された「信念」に違和感を禁じ得なかったのである。すでに述べたように、総督府（あるいは台湾そのもの）に存在していた「南進」熱が表現として反映されたにすぎず、内海自身の認識の発露であったかどうか疑わしい。それは、南化監査役時代であっても言えることであり、台湾において南化が戦時期に設立された事実の背景にあるはずの、「南進＋工業化」[79]という認識に基づく言動は、最後まで内海から出されることはなかった。もっとも、この点に限って言えば、南化の重役陣における例外は、「国策会社」台拓社長であった加藤恭平のみであり、内海だけが「浮いていた」わけではない。

話をまとめると、先に触れたように、内海の真の「信念」は、「職務に忠実である」ことであり、高雄州知事時代も、南化監査役としても「求められた役割」を果たしたということになる。本稿では、南化監査役として内海は不十分であったと指摘したが、経営者（取締役）としては会計監査のみに専念してくれる方が「好都合」である。その意味では、内海は「期待された」役割を果たしたと解釈できなくもない。すなわち、「官」から「民」へと移ってからも、言動の軸となる内海独自の大局観や具体的な指針があるわけではなかった。

他方、総督府において高級官吏を経験した者は、是非は問わず、「南進」を巡る問題に無関係ではいられなかった。しかし、前述の、高雄州知事時代に直面した、平田に関連する「南進」工作を巡る総督府・海軍と中央諸官庁との関係、あるいは南化設立に際しての総督府と陸軍の関係等、いずれも――勅任官ではあったが――一介の官吏では把握し得ない事情であり、関与できる問題でもなかった。そうした台湾の「実状」を垣間見た内海は、「台湾関係者」ではあったものの、「南進」に立脚した「台湾（総督府）アイデンティティ」を持たない非主流派であったのかもしれない。

また、南化監査役として直面した数々の経営問題についても、総督府や陸軍との関係を円滑化させるだけの力を発揮できたわけではなかった。ただし、これは、戦時期台湾において、経済的施策が軍事と絡むという「特殊事情」を反映したものであり、単に総督府とのつながりだけでは到底解決し得ない「壁」が存在した、複雑な時代であったことを示している。退官後の内海は、総じて、時局の変化に対しても、南化の推移についても「傍観者」に近い態度が日記から見えてくる。内海が見た戦時期台湾とは、「総力戦」の名の下に展開された、軍の要求、中央政府の統制、そして総督府の三つ巴による経済的混乱に拍車がかかった時代であり、まさしくその混乱を南化が体現していたのであった。

付言しておくと、些か内海に厳しい評価とはなっているが、それは内海の認識や能力に問題があったというわけではない。戦時期台湾における総督府の施策は、基本的に台湾島内に限定されるものの、それすら軍部や中央官庁の干渉が幾重にも存在していた。しかし、それは南化に限った話ではない。官僚であれ民間人であれ、程度の差はあれども、制約の大きい環境下での活動が強いられたのであり、全貌が見えないまま、直面する個別の課題への対処が求められた。その意味では、内海の行動は、特異なものではなかったのかもしれない。

内海は総督府官僚から軍需関連企業への「天下り」という選択肢を選び、川村は「南進」の体現者として南方占領地へ赴いた。いずれも戦時期台湾における総督府官僚の転進の特徴を示しており、「官」と「民」の双方において、一つの在り方を見せているのである。

最後に、南化の行く末について触れておこう。戦後、南化は国民党に接収され、その後に特殊清算指定の対象となった（一九四九年八月一日付政令第二九一号「旧日本占領地域に本店を有する会社の本邦内にある財産の整理に関する政令」[80]）。一九五一年三月一〇日付で倉石忠雄（最後の南化社長）が、特殊清算人の渡邊慶之進に送った書簡がある。それによると、南化東京支店の重要資料は全て空襲で焼失しており、残っているのは国民党の接収の際に提出した書類しかないことが記されている。特殊清算は、内地に残された資産のみが対象とされたため、正確なものとは言えないが、負債の精算と株主への払い戻しが行われ、一九五一年に全ての清算が完了したものと思われる。

実は、内海も株主として払い戻しの対象とされていた。内海保有の南化株は、職責上の保有に過ぎず、内海自ら購入したものではない。払い戻し額（七・四四円／一〇〇株）の価値下落の度合はわからないが、終戦後に幾許かの「収入」をもたらした南化は、結果的に、内海にとって「良い再就職先」だったのではないだろうか[81]。

注

（1）代表的な研究は、近藤正己『総力戦と台湾―日本植民地崩壊の研究』刀水書房、一九九六年。

（2）例えば、湊照宏『近代台湾の電力産業―植民地工業化と資本市場』御茶の水書房、二〇一一年。同「太平洋戦争期における台湾拓殖会社の金融構造」『日本植民地史研究』第一八号、二〇〇六年。齋藤直「戦時経済下における資本市場と国策会社―台湾拓殖が直面した株式市場からの制約」『経営史学』第四三巻第四号、二〇〇九年。
（3）近藤正己・北村嘉恵・駒込武編『内海忠司日記』（京都大学学術出版会、二〇一二年）、八四八頁。
（4）南化の名称と計画が報道されたのは、一九三九年一月一五日であり、内海退官の時点では、既に社名が知られていたと考えられる。『台湾日日新報』一九三九年一月一五日。
（5）近藤正己・北村嘉恵・駒込武編、前掲書、八六〇頁。
（6）同右、八六二頁。
（7）同右、八〇二頁。
（8）同右、七八五頁。
（9）同右、八八九頁。
（10）同右、八九一頁。
（11）同右、八九五頁。
（12）同右、八九七頁。
（13）同右、九〇〇頁。
（14）一九三九年六月一二日。同右、八九五頁。
（15）同右、九〇〇頁。
（16）同右、九〇四―九〇五頁。
（17）同右、九〇〇頁。
（18）中野友禮『これからの事業これからの経営』実業之日本社、一九三八年。同書を読むと、中野のキャラクターが実によくわかる。また、同書の初版は一九三八年一月であるが、わずか二カ月後には五八刷が出版されており、当時のベストセラーと言ってよいだろう。
（19）近藤正己・北村嘉恵・駒込武編、前掲書、九〇二頁。
（20）同右、九〇四―九〇五頁。
（21）同右、九一一頁。
（22）同右、九一二―九一三頁。
（23）秦郁彦編『日本官僚制総合事典』（東京大学出版会、二〇〇一年）二〇六頁では、内海は東京帝大法卒となっているが、これは誤りである。
(24) 台湾総督府『府報』第三四九二号。
(25) 藤田（一九一一年東京帝大法卒）は、一九一二年高文合格の後、岐阜県属として官界に入る。藤田の経歴については、住屋圖南『台湾人士之評判記（第一輯）』（南邦公論社、一九三七年）二一一―二一二頁、秦郁彦前掲書『日本官僚制総合事典』二〇三頁参照。
(26) 近藤正己・北村嘉恵・駒込武編、前掲書、一一一三頁。
(27) 台湾経済研究会（竹本伊一郎編）『昭和十八年台湾会社年鑑』（一九四二年、一四六頁）参照。
(28) 同右、五九頁参照。
(29) 一八八八年生。一九一二年渡台、総督府民刑課から一九三六年新竹市尹を最後に、一九三七年に愛国婦人会台湾本部、一九三九年南化総務課長。一九四二年には高雄州米穀納入組合専務理事（後に副組合長）となる。興南新聞社編『台湾人士鑑』一九四三年。
(30) 一八九〇年生。一九三五年に台中州知事、一九三六年に台湾拓殖株式会社常務理事、一九三九年に南化取締役に就任。同右。
(31) 一八九五年生。一九一五年渡台、台北庁雇から屏東市尹を最後に一九三九年台湾拓殖株式会社参事（高雄支店長）、南化監査役に就任。一九四二年には台拓南方第三課長。同右。
(32) 一八八八年生。一九一二年専売局書記。専売局台中支局長を最後に一九三七年台湾製塩株式会社取締役、その後南化取締役に就任。同右。
(33) 内海も含んだ人数。ただし、この中には住所不記載の者、民間に転職の後に、転職先の内地・海外勤務地赴任、または、軍政要員等が含まれているため、実質的に内地居住の転職者はきわめて少ない。
(34) 本書第Ⅱ部、一三五頁。
(35) 軍政要員とは、陸軍の司政長官（勅任）、司政官（奏任）、技師（奏任）、理事官（奏任）、通訳官（奏任）、属（判任）、技手（判任）、通訳生（判任）、嘱託（奏任待遇、判任待遇）を指す。海軍は占領地において民政府、民政部を設置しており、やや陸軍とは異なるが、基本的には同様の分類と思われる。この項に関する記述は、特に断りを入れない限り、竹田光次『南方の軍政』（川流堂、一九四三年、二四五―二四六、二七二頁）を参照。
(36) 秦郁彦編『南方軍政の機構・幹部軍政官一覧』南方軍政史研究フォーラム、一九九八年。
(37) 双方の一覧のいずれにも掲載されている官吏は多くない。そして、その場合でも、氏名・職位と等級に相違が見られるケースが確認できる。ここでは、基本的に職員録の記載に従った。

(38) 岡本真希子の研究によると、一九四一年時点での判任官以上の総督府官僚は、合計二万七〇六四名である。表4の派遣人員数を上限値とするならば、その比率は約〇・〇四%となる。奏任官以上での比率とするならば、約一一%。岡本真希子『植民地官僚の政治史』三元社、二〇〇八年、五一頁より。

(39) 司政官制度の設置経緯等については、岩武照彦『南方軍政論集』（巌南堂書店、一九八九年）六七―六八頁を参照。

(40) 近藤正己、前掲書、一三〇―一三一頁。

(41) 台湾からの労働力供給については、同右、第五章第三節を参照。

(42) 秦の研究では、矢野兼三が司政長官として記載されているが、総督府での在籍を確認できなかったため、この考察からは除外する。総督府官僚の矢野「謙三」と混同している可能性もある。矢野の経歴は、関西大学の年史編纂室ホームページ（http://www.kansai-u.ac.jp/nenshi/）参照。

(43) ただし、職員録で司政長官とされている川添修平、細井英夫は、秦の研究では司政官に分類されている。

(44) なお、司政長官以外で派遣された勅任官［二等］は、総督府技師の八田與一（陸軍嘱託）、台北帝大教授の富士貞吉（陸軍軍政地教授）、江口庸雄・桐林茂（両名共に陸軍技師）がいる。

(45) 泊の入省は内務省であり、官歴のほとんどを内地で過ごしているようである。岡本真希子前掲書参照。

(46) 鉄道部長ならば、官位は二等である。

(47) 岩武照彦、前掲書、六八頁、第五表より。

(48) 同右、八一頁。

(49) 川村の経歴のうち、生まれてから東京帝国大学入学までの時期については、高岡善成監修・松田清編『徳之島先駆者の記録』（徳之島の先人を偲ぶ会、一九九九年、Ｗｅｂ版　http://www.sokuhou.co.jp/library/tokunoshima/tokunoshima01.html）を、在台時の官歴は、岡本真希子前掲書（四四一―四四二、四四八頁）、一九四〇年代については、秦郁彦、前掲書を参照。なお、『徳之島先駆者の記録』では、川村が戦前における徳之島初の勲一等瑞宝章受章者と記されているが、確認できなかった。川村は一九四二年一月に正四位（勲三等）への叙任を上奏されたが、終戦時までの短期間に勲一等にたどり着いたのであろうか。『叙位裁可書・昭和十七年・叙位』巻三、アジア歴史資料センターJACAR: A一一一五一八六一〇〇。

(50) 学歴に鑑みると、おそらく小学校准訓導か同心得と思われるが、詳細は不明。また、東京での進学先（中等学校）は、東京中学校といわれている。高岡善成監修・松田清編、前掲書。

(51)　経緯は不明だが、川村は自ら台湾行きを志願したようである。同右。
(52)　「内海回想録」（近藤正己・北村嘉恵・駒込武編、前掲書）一〇〇六頁。
(53)　河原林直人「一九三九年・「帝国」の辺境から」『日本史研究』第六〇〇号、二〇一二年八月。
(54)　戦時期における台湾の近代工業については、陳慈玉が精力的に研究を行っている。ここでは、陳慈玉「近代台湾の塩業とソーダ業―技術革新と産業転換の一例として」（『社会システム研究』第一二号、立命館大学社会システム研究所、二〇〇六年）に依拠した。以下、特に断りを入れない限り、同論文の記述による。ただし、陳は同論文で南化についても触れているが、戦後台湾経済を歴史的視点から再考することに力点が置かれているため、本稿や第4章湊照宏論文のような、南化に対する同時代的評価を軸に考察するスタンスとは異なる見解を示している。
(55)　一九四一年度の要求では、台湾から内地への工業塩移出は約一一万トンとなっている（「内外地塩務官会議関係雑件」外務省外交史料館『外務省茗荷谷研修所旧蔵記録』JACAR: B〇六〇五〇五五九四〇〇）。台湾での生産高は、一二万トン（四〇年実績）、二二万トン（四一年見込）である。「内外地塩務官会議関係雑件」JACAR: B〇六〇五〇五五八〇〇。
(56)　工業塩に対する内地の需要は、一一八万トン（三六年）から一四一万トン（三七年）へと増大したが、それ以降は伸び悩んだ。また、内地における工業塩の用途は、曹達灰製造用（約七六％）、苛性曹達製造用（二〇％）で大半を占めている（四〇年現在）。同右。
(57)　台湾から内地への工業塩移出は、三八年に三・八万トンであったが、三九年は移出がなく、四〇年は一万トンと縮小している。その原因は不明であるが、この数値は計画が順調ではなかったことを示唆している。同右。
(58)　陳前掲論文（「近代台湾の塩業とソーダ業」）によると、一九三七年から四三年に至るまで、工業塩の買取価格と販売価格が不変であり、コストよりも生産量が優先されたと指摘されている（一五〇頁）。なお、同論文一五一頁の表6は出典が明らかに間違っている。
(59)　南化の基本情報については、台湾経済研究会（竹本伊一郎編）『昭和十七年台湾会社年鑑』（一九四一年、九六頁）参照。
(60)　ただし、日本曹達が敗戦後の一九四六年一二月に持株会社整理委員会に提出した系列会社の一覧（総々発第一九三号「昭和二十一年閣令第八十三号ニ基ク報告書類提出ノ件」）によると、南化は「指定会社」や「従属会社」ではないと記されている。「持株会社整理委員会等文書・資本系統通知書・渋沢同族（株）日産、日本曹達」JACAR: A〇四〇三〇四八九二〇〇。
(61)　『南日本化学工業株式会社定款』一九四〇年五月。
(62)　「南日本化学工業　日曹が台湾に設立計画」『台湾日日新報』一九三九年一月一五日。
(63)　湊照宏前掲書『近代台湾の電力産業』一八二―一八四頁。以下、特に断りを入れない限り、南化設立の背景については、同書参照。

(64)「昭和十四年十一月南日本化学工業株式会社ノ設立ヲ見テ高雄市及台南市安平ニ苦汁処理工場ヲ建設スルコトトナリ十四年末ヨリ工事ニ着手シ十六年三月ニハ操業開始ノ予定ノトコロ資材関係ニテ工事着手遅延シタルモ軍部ヨリ臭素生産ヲ急速ニ実行スル様要望アリタルヲ以テ特ニ臭素工場ニ主力ヲ注」ぐことになった。台湾総督府専売局『昭和十六年度内外地塩務官会議打合要項』前掲「内外地塩務官会議関係雑件」所収B〇六〇五〇五五九四〇〇。

(65)「……昭和十四年ニ至リ南日本化学工業株式会社ノ設立ヲ見苦汁ノ利用ニ着手セルモ諸種ノ事情ニ依リテソノ利用未ダ一部塩ニスギザル実状ニアリ」、一九四三年の段階でも期待された実績を出せていない。台湾総督府専売局『昭和十八年度内外地塩務官会議打合要項』(「内外地塩務官会議関係雑件」所収、外務省外交史料館『外務省茗荷谷研修所旧蔵記録』アジア歴史資料センター[JASAR: B〇六〇五〇五六〇一〇〇)。

(66)南日本化学工業株式会社『第一回営業報告書』一九四〇年、三一四頁。

(67)近藤正己・北村嘉恵・駒込武編、前掲書、九二〇頁。

(68)商法(一九三三年法律第五七号改正)第一八一条「監査役ハ何時ニテモ取締役ニ対シテ営業ノ報告ヲ求メ又ハ会社ノ業務及ヒ会社財産ノ状況ヲ調査スルコトヲ得」。法曹会編纂『新旧商法並関係法規』一九三八年、二五六―二五七頁。

(69)実は、こうした状況が南化だけの特殊事例であったわけではない。東邦金属製錬、日本アルミニウム花蓮港工場、新興窒素、そして藤田の「天下り」先である台湾化成工業等の工場は、一九四一年度乃至四二年度には操業を開始する計画であったにもかかわらず、南化と同様に、計画進捗が思わしくなく、実動に至っていない。楠井隆三「工業化の進展」(台湾経済年報刊行会編『台湾経済年報　第二輯』一九四二年)一一八頁。

(70)近藤正己・北村嘉恵・駒込武編、前掲書、九五八頁。

(71)同右、九八七頁。

(72)同右、九八七頁。

(73)「元来海軍との土地交換の協定は総督府内務局長小濱浄鑛、総督府駐在海軍武官海軍大佐井上保雄が主役となり、斡旋して成立したもので州は寧て受身の態度であったよをである」。同右、一〇〇八頁。

(74)高雄州『帝国南方政策ト高雄』(一九三八年、「内海忠司関係文書」V-28)においても、内海の認識は、あくまでも総督府の「南進」工作に従うスタンスであり、その基盤整備を高雄州知事として遂行したに過ぎない。したがって、内海独自の「南進」の方策や論理は見出せない。

(75) 元々、平田は高雄に在住し、西沙諸島でのグアノ採取や燐鉱採掘を行っていたようである。平田自身は西沙諸島を「平田群島」と呼んでいた。平田末治述『最近の国情に鑑み特に青年諸君に寄す』一九三六年。
(76) この経緯については、河原林前掲「一九三九年・「帝国」の辺境から」を参照されたい。
(77) 近藤正己・北村嘉恵・駒込武編、前掲書、一〇一四頁。
(78) 昭和一一年五月一八日台湾総督府外事課長坂本龍起発外務省欧亜課第二課長吉田丹一郎宛（外発第八六八号）「[極秘] 新南群島ヨリノ歸來者談ニ關スル件」、『外務省記録』「各国領土発見及帰属関係雑件（新南群島関係　第一巻）」（昭和一一年一月一八日〜昭和一二年一二月四日）JACAR: B〇二〇三一一六一六〇〇。なお、河原林前掲「一九三九年・「帝国」の辺境から」で本資料について、坂本への情報提供者を高雄市長と記したが、高雄州知事の誤りである。記してお詫びしたい。
(79) 一九三〇年代後半以降の総督府による台湾「工業化」構想は、「南進」と不可分のものである。この点については、河原林直人「植民地官僚の台湾振興構想―臨時台湾経済審議会から見た認識と現実」（松田利彦・やまだあつし編『日本の朝鮮・台湾支配と植民地官僚』思文閣出版、二〇〇九年）を参照されたい。
(80) 南化の特殊清算に関する資料は、独立行政法人国立公文書館つくば分館に保存されている「昭和二〇年九月出張所駐在員発翰綴・南日本化学工業（株）」（分館-〇九-〇六五-〇〇・財二〇〇一一四三一八一〇〇）に含まれている。特に断りがない限り、特殊清算に関する記述は本資料に基づく。
(81) ただし、払い戻しに関する内海の領収書は残されていない。中島藤太郎、依田袈裟太、南澤喜久治も同様。その他は領収書がある。

4 戦時台湾の化学企業と軍部――南日本化学工業会社と陸軍

湊照宏

はじめに

一九三〇年代半ば以降の植民地台湾の工業化については、「南進」基地化の展開により軍需工業化が進展したこと、そして、その過程においては大容量水力開発が先行して電力多消費型産業が振興したことを、すでに多くの研究が指摘している。[1]アルミニウム精錬業のほか、苛性ソーダ産業およびマグネシウム精錬業も振興し、その担い手は日本アルミニウム会社、旭電化工業会社、南日本化学工業会社といった高雄に進出した企業であった。内海忠司が高雄州知事時期に描いた「高雄工業地帯構想」は結実しつつあったのである。[2]戦時台湾において振興した化学工業の代表的なものはソーダ産業であり、その台湾的特徴は電解法からスタートしている点にある。[3]電解法による苛性ソーダ製造に企業が参入するには製造コストの問題があり、電価の低下と塩価の低下によって解決される。前者に関しては、半官半民の台湾電力会社による日月潭水力開発が行われ、[4]後者に関しては、台湾総督府専売局の主導による塩田合理化が行われた。[5]海水を煮詰めて食塩を採取した後の苦汁と呼ばれる液体には、マグネシウム電解精錬の原料となる塩化マグネシウムが含まれる。よって、台湾総督府専売局は塩田合理化において、電解法苛性ソーダ産業および苦汁法マグネシウム精錬業の振興をも構想していた。この構想に沿って設立された企業が南日本化学工業会社である。

南日本化学工業会社については未解明な部分が多い。その理由として、戦時に設立された軍需企業であったため、企業情報が外部にほとんど出なかったことが挙げられよう。台湾拓殖株式会社檔案に収められている南日本化学工業会社の営業報告書からは、同社の事業展開は順調ではなく、資金が逼迫し、損失を重ねていたことがうかがえる。また、同社の営業報告書とともに収められている株主名簿からは、創立時から戦争末期までを通じて、同社株式の約五〇％を日本曹達会社（以下、日曹と略す）が保有し、大日本塩業会社（以下、日塩と略す）と台湾拓殖会社（以下、台拓と略す）がそれぞれ約二五％を保有していたことがわかる。営業報告書は半年毎の事業展開の結果を事後的に示してはいるものの、その因果関係はわからない。しかし、南日本化学工業会社の監査役であった内海忠司の日記・回想録は、その因果関係を類推するに足る多くの興味深い記述をわれわれに示してくれる。また、株主構成から、日曹の主導で南日本化学工業会社の事業が展開されたように想像され得るが、内海忠司日記・回想録からは、株主間の対立、最大株主である日曹の改組、陸軍からの重役派遣など、同社をめぐる環境は著しく変動していたことがわかる。

南日本化学工業会社社則第四条は「監査役ハ社務ヲ監査ス」と定めているが、[6]本文で述べるように、内海忠司は南日本化学工業会社の監査役として職責を果たしていたとは言えない。退職官僚である内海が天下った民間企業においていかなる役割を果たしたのかという問題を検討するよりは、内海忠司日記・回想録からうかがえる南日本化学工業会社の利害関係者の動向を検討し、総力戦体制下における軍需企業の経営実態に迫る検討作業の方が有意義であろう。第一節で述べるように、内海忠司は工業用塩田の開設期に高雄州知事を務めており、南日本塩業会社の創立過程で日塩・日曹・台拓の社長・重役と接触があった。また、南日本化学工業会社高雄工場の土地取得の際にも内海知事は日曹幹部と接触している。結果からすれば、こうした民間大企業重役連との接触は、南日本化学工業会社の監査役に内海忠司が就任する一つの要因であったと推測される。よって、本稿は南日本塩業会社設立の契機となった工業用塩田の開設から論を始めよう。

一、工業用塩田の開設

台湾の塩田合理化は、一九三〇年代以降の日本内地における重化学工業化に起因していた。[7]日本内地では人絹工業が急速に発達し、一九三〇年代半ば以降に人絹製造用苛性ソーダの需要が急増した。苛性ソーダ需要の高まりは、その原料である工業用塩の需要の高まりに直結する。高まった工業用塩の需要は、まず廉価な遠海塩に求められ、続いて徐々に近海塩輸移入量が増加し、関東州・「満洲」・青島塩の輸移入によって遠海塩輸入量との差を縮小していった。日本政府としては、工業用塩需要の高まりを専ら遠海塩輸入で充当することは望ましくなく、戦時に備えて近海塩輸移入の比重を上昇させることを望んでいた。(8)

しかしながら、近海塩輸移入量が増加傾向にある中で、製塩コストの高い台湾工業用塩の移入量は伸び悩む。台湾総督府専売局は塩田合理化による製塩コスト低下を企図せざるを得なかった。こうした状況で台湾製塩会社（以下、台塩と略す）は一九三五年六月に台南州北門郡七股庄に工業用塩田を開設する出願をなし、拓務省や大蔵省などの関係省庁の了解を得て、同年七月に三カ年計画での約三三〇〇甲新規塩田開設の許可を得た。(9)資本金二一〇〇万円（半額払込み）の台塩は本計画を実施するための資金調達策として増資を検討したが断念し、台湾でのソーダ製造・マグネシウム精錬事業に進出しようとしていた日曹との提携を選択し、日曹が台塩株式の過半を保有することになった。(10)この頃より日曹は他企業の買収戦略を積極化させており、一九三〇年代後半において急速に多角化を遂げ、四大子会社（日曹人絹パルプ・日曹鉱業・日曹製鋼・九州曹達）を中心とする日曹コンツェルンを形成していく。(11)

上述した工業用塩の需要急増により、一九三六年一〇月に大蔵省の主催で拓務省・商工省・対満事務局・軍部が参加して内外地塩務関係協議会が開かれている。(12)この会議により、五年後の一九四一年度の工業用塩需要を一七〇万トンと推定した上で、そのうち八割の一三五万トンを近海塩で充たすこととし、台湾は五万トンの割当てとなった。その後においても人絹工業の発展は工業用塩の需要激増を促し、計画決定の半年後には所要見込額が過小であることが明らかとなった。さらに一九三七年七月の日中戦争の勃発は、食料用、工業用（民需・軍需）塩の増産確保を不可避としたため、一九三七年一二月に再び大蔵省で内外地塩務関係協議会が開かれた。この会議では、前回会議での一九四一年度の工業用塩近海塩供給予定額一三五万トンを二一〇万トンに修正し、台湾は二五万トンの割当てとなり、塩田の熟成期である一九四五年度は四五万トンの割当てとなった。以上のような日本政府の方針に即応するため、台湾総督府は塩田四五〇〇甲を急設する工業用塩増産計画を立案した。その内容は、塩田を布袋（台南州東石郡）、北門（台南州北門郡）、烏樹林（高雄州岡山郡）の三地区に分け、各地区に日本内地の企業を誘致して塩田経営を行わせるというものであった。

日本内地の企業も台湾での工業用塩生産やソーダ製造に興味を示し始めていた。塩田四五〇〇甲の経営については、一九三七年一二月の第二回内外地塩務関係協議会前の時点では、布袋地区は日塩が[13]、北門地区は台塩が、烏樹林地区は台拓または旭硝子会社が経営主体となる計画が立てられていた[14]。しかし、同協議会直後にこの計画は変更され、台湾での工業用塩田経営に積極的であった日塩・台塩・台拓による共同出資で工業用塩会社を創立する方針が決定された[15]。今川淵専売局長は直ちに塩田開設予定地に赴いて用地買収について検討し、現地で「極秘裏ニ且ツ一挙ニ而モ一気呵成ニ断行スル必要カアル」との意見を受けた[16]。各地区の土地所有者の合計は一二三〇名（東石郡四二四名、岡山郡七一〇名、岡山郡九六名）に達し[17]、所有者全員から土地売渡承諾書の調印を得なければならないからである。一九三八年一月一九日に台南州庁と高雄州庁で「塩田開設準備ニ関スル打合会」が開催され、両会場で専売局塩脳課長が「完全ナル資料ヲ『デッチ』上ゲマシテ成ルヘク早ク各方面一斉ニ買収工作ヲ断行シタイ」と述べていることからわかるように[18]、専売局は用地買収の強行を企図していた。高雄州庁会場では内海知事が「兎ニ角『国策事業』ノ一本デ強気ニ行カウジヤナイカ」と用地買収工作の強行を鼓舞している[19]。打合会から約一カ月後の二月二二日に東石郡、北門郡、岡山郡で一斉に買収承諾書の調印徴取が行われた[20]。各郡で開催された三会場には多数の警察官と憲兵隊も動員され、合計一一六五名（東石郡三九二名、岡山郡六八〇名、岡山郡九三名）の土地所有者から承諾調印を徴取した[21]。価格の評価は各郡の地方課によってなされたと思われ、表1から明らかなように、一甲当りの買収価格は各地区によってばらつきがあった。布袋と烏樹林の買収用地には台拓所有地が含まれており、その平均買収価格は一甲当り四九八円という相対的低価であった一方で、個人所有地の平均買収価格は一甲当り七〇八円となっている。以上から、塩田開設予定地区に所有地を有していた台拓の出資は、南塩にとって用地買収を円滑にし、用地買収資金の負担を緩和する効果も有していたことがわかる。

表1　塩田開設用地買収面積および価額

		面積（甲）	価額（円）	1甲当り価格（円）
布袋	個人所有	1,204	906,096	753
	台拓所有	414	194,343	470
北門	個人所有	2,936	1,940,843	661
	台拓所有	—	—	—
烏樹林	個人所有	451	406,086	900
	台拓所有	230	126,260	550
計		5,235	3,573,628	683

出典：「塩田開設用地買収調印経過概要」1938年2月22日、溝口書記『工業用塩計画具体化時代　昭和十五年三月編』塩務檔案 S-03-20-(1)。

一九三八年三月には日塩・台塩・台拓の三社首脳が東京で会合し、新会社創立の具体的折衝が開始され、資本金は一〇〇〇万円、出資比率は日塩五〇％、台拓三〇％、台塩二〇％と決定され、同年六月に台南市において南日本塩業会社（以下、南塩と略す）の創立総会が開かれた(22)。取締役社長に一宮銀生（日塩社長）、専務取締役に柳悦耳（日塩取締役）、取締役に日下辰太（台拓理事）、芝喜代二（日塩常務）、出澤鬼久太（台塩取締役）、北西位佐久（日塩取締役）、取締役会長に中野友禮（台塩社長）、相談役に加藤恭平（台拓社長）が就任した。台湾の一九四五年度工業用塩分担量四五万トンを実現するために、予算一四〇〇万円（株式払込金一〇〇〇万円、借入金四〇〇万円）で塩田四五〇〇甲（四〇五一陌）を一九三八年以降の四カ年計画で完成させ、工業用塩・硫酸カリ・塩化苦土（塩化マグネシウム）・臭素を製造する計画であった(23)。会社設立認可申請書には記されていないが、「塩田工事ノ竣工ヲ俟チ更ニ苦汁利用工業及曹達工業其ノ他関連事業ヲ経営」する方針であった(24)。

株主による株式払込金について台拓を事例に検討してみよう。先に述べた南塩の用地買収資金の約三六〇万円は、持株比率に応じて株主三社で負担し、台拓は負担額一〇八万円を台湾銀行（以下、台銀と略す）から借り入れていたが(25)、この一〇八万円は南塩の第一回株式払込金が担保となっていた(26)。一九三九年七月の南塩への第二回株式払込金も台拓は台銀から借り入れており、一九三九年九月の第一回台拓社債発行により、台銀に借入金を返済した(27)。一九四〇年五月には、南塩の第三回株式払込金七二万五〇〇〇円を台銀より借り入れることになっている(28)。日塩・台塩からの株式払込みについてはわからないが、南塩の資金調達において台銀の融資が果たした役割は大きかったといえよう。

南塩の創立過程において、内海は高雄州知事として用地買収の進捗に全面的に協力した。一九三八年一月一八日に今川専売局長とともに日塩の一宮社長が内海知事を来訪しているが[29]、これは翌日に高雄州庁で開かれた「塩田開設準備ニ関スル打合会」に関する協議であろう。また、一斉用地買収が強行される前日の二月二一日には台拓の加藤社長が内海知事を来訪し、鳥樹林工業用塩の問題について協議している[30]。南塩創立後の七月九日には、南塩の社長に就任した一宮が創立の挨拶に内海知事を訪れ、加藤も同じ用件で内海知事を来訪している[31]。こうした南塩設立過程における内海知事の日塩社長・台拓社長との接触が、南塩の姉妹会社として設立される南日本化学工業会社の監査役就任の伏線となる。一九三九年一月二七日に内海は台湾総督府の森岡長官から「日曹系新設会社入り」を勧誘されており[32]、この「日曹系新設会社」が次節で論じる南日本化学工業会社であった。

二、南日本化学工業会社の設立

一九三九年一〇月の南日本化学工業会社の設立には、その前月に施行された軽金属製造事業法が影響したと推測される。軍需の拡大にともない、航空機資材となるアルミニウム・マグネシウムと、アルミニウムの原料であるアルミナの増産を促すため、政府は一九三九年三月に軽金属製造事業法案を議会に提出した。議会を通過した法案は一九三九年五月に公布され、九月施行となった。同法により、軽金属製造事業は許可制度となると同時に、一定期間の営業収益税・所得税が免除されることになった。許可基準は低く設定されて各社の事業計画に対して総花的な許可が下された上[33]、減税によって投資リスクが緩和されたため、資本規模において劣位にある企業や技術的に不安定な企業の新規参入と設備拡張を助長することとなった[34]。南日本化学工業会社はその格好の事例となる。

前節で述べたように、台湾総督府専売局主導の工業用塩増産政策によって創立された南塩は、塩田完成後に苛性ソーダ製

表2　南日本化学工業会社株主の持株数

	1940年3月	1940年9月	1941年3月	1941年9月	1942年3月	1942年9月	1943年3月
日本曹達会社	144,200	145,400	144,800	145,800	146,000	146,000	146,000
台湾拓殖会社	74,600	74,600	74,600	74,600	74,600	74,600	74,600
大日本塩業会社	72,700	72,700	72,700	72,700	72,700	72,800	72,800
その他	8,500	7,300	7,900	6,900	6,700	6,600	6,600
株式合計	300,000	300,000	300,000	300,000	300,000	300,000	300,000
株主数	19名	16名	20名	19名	18名	17名	17名

出典：南日本化学工業株式会社『営業報告書』第1回～第7回（台湾拓殖株式会社檔案2506所収）より作成。
注：第8回以降の営業報告書に株主名簿は含まれていない。

造とマグネシウム精錬の兼営を計画していたが、事態は順調に進展しなかった。南塩は一九三九年二月に工事に着手し、結晶池鹹水汲上施設の建設、水門の新設、軽軌鉄道の増設、水路の拡張、堤防の補強などを行ったが、資材入手の困難や労働賃金の暴騰、現場技術者の不足などにより工事は遅れた。(35) 南塩は「当初ヨリ苦汁工業ノ兼営ヲ考慮致居ル所ナルモ種々ナル事情ニ依リ未ダ具体的計画樹立ヲ見」ない状況であった。(36) しかし、軽金属製造事業法の施行によって投資リスクが緩和された好機にマグネシウム製造事業に参入しなければ、生産力拡充計画の担い手から外れてしまう可能性が懸念され、三社共同出資による南日本化学工業会社の設立が急がれたと推測される。

一九三九年十月、日曹・台拓・日塩との共同投資により、資本金一五〇〇万円の南日本化学工業会社（以下、南化と略す）が高雄に設立された。表2に示されるように、電解法苛性ソーダ製造と苦汁法マグネシウム精錬に技術を有する日曹が約五〇％の株式を保有し、(37) 台拓と日塩がそれぞれ約二五％の株式を所有した。南塩への株式払込みと同様に、台拓は南化への株式払込金を台銀から借入金で調達している。台拓は南化への第一回株式払込金九三万二五〇〇円を台銀からの借入金で充当し、一九四〇年四月の第二回株式払込金九三万七五〇〇円に充当する七五万円も台銀より借り入れている。(38) 後に述べるように、台銀は日塩に対しても株式払込み融資を行っていたようであり、南化の資金調達においても、台銀の融資が果たした役割は大きかった。

次に表3を利用しつつ南化の重役会メンバーを確認してみよう。(39) 最大株主であ

表3　南日本化学工業会社の重役会

	1939年10月	1940年10月	1941年4月	1941年11月
取締役会長	一宮銀生	一宮銀生	一宮銀生	
取締役社長	中野友禮	中野友禮		
専務取締役	倉石忠雄	倉石忠雄	倉石忠雄	倉石忠雄
取締役	日下辰太	日下辰太	日下辰太	日下辰太
	富永能雄			
	芝喜代二	芝喜代二	芝喜代二	
	武鶴次郎	武鶴次郎	武鶴次郎	武鶴次郎
監査役	内海忠司	内海忠司	内海忠司	内海忠司
	柳悦耳	柳悦耳	柳悦耳	
	高木秀雄	高木秀雄	高木秀雄	高木秀雄
相談役	加藤恭平	加藤恭平	加藤恭平	加藤恭平

出典：南日本化学工業株式会社『営業報告書』第1回〜第4回より作成。

る日曹から中野友禮と倉石忠雄が社長と専務に就任している。[40] 日塩からは一宮が会長に、芝が取締役に就任し、台拓からは日下辰太理事が取締役に、加藤社長が相談役に就任した。社則では「会社ヲ代表シテ社務ヲ総括」する社長の下に（第一条）、「社長ヲ補佐シテ社務ヲ処理」する専務を置き（第二条）、事務は各課において「稟議ニ付シ専務取締役ヲ経テ社長之ヲ決裁」することと定めており（第五条）[41]、社長および専務に強い権限を認めている。その上で「本会社重要ノ事務ハ取締役会ニ付シ之ヲ決定」することとし（第六条）、取締役会に付すべき事項を十号明記している（第七条）[42]。高雄の本社には六課および一研究室を設け、図1に示されるように各課の下に各係が置かれた。さらに社則は、「本社各課ニ課長ヲ置キ専務取締役ノ監督ノ下ニ本社全般ノ事務ヲ分掌セシメ各係に主任ヲ置」くことを定め（第十六条）、工場については、「高雄工場ノ事務ハ本社所属員之ヲ掌」り（第十九条）、「安平工場ニ長ヲ置キ専務取締役監督ノ下ニ工場ニ於ケル全般ノ業務ヲ掌理セシム」（第二十条）と定めている。

南化の事業計画は、南塩が工業用塩を製造する際に副生される苦汁から安平・高雄工場で塩化マグネシウムを採取し、これを高雄工場で電気分解してマグネシウムの製造を行い、さらに、南塩が製造する工業用塩を高雄工場で電気分解して苛性ソーダを製造するというものであった。

しかし、南化が採用する苦汁法においては、含水塩化マグネシウムを脱

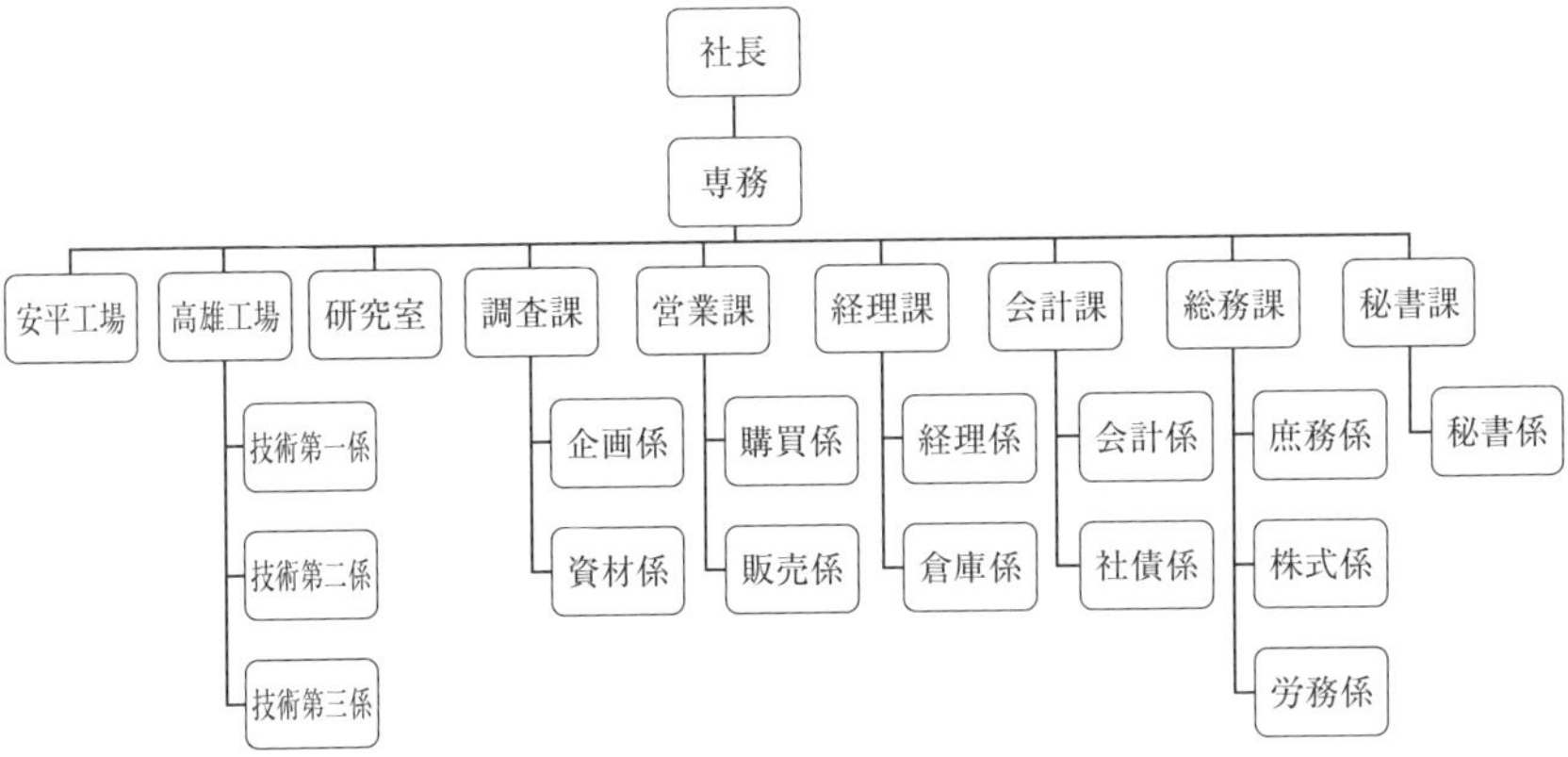

図1　創立時南日本化学工業会社の組織
出典：『南日本化学工業株式会社社則』1939年10月（「内海忠司関係文書」V-56）。

水して無水塩化マグネシウムにする工程に技術上の困難があった。これに対し、マグネサイト（菱苦土鉱）を焙焼して酸化マグネシウムを得て、それを塩素化して無水塩化マグネシウムを得るマグネサイト法を採用する企業もあった。(43) 旭電化工業会社（以下、旭電化と略す）は尾久工場で一九三七年一〇月からマグネサイト法による試運転を開始し、陸軍の要望によって一九三八年末には新規設備を完成させ、一九三九年から操業を開始する。(44) その旭電化が資本金を五〇〇万円から一〇〇〇万円に増資してマグネシウム増産計画に着手し、電力と工業用塩が豊富に得られる高雄に工場を建設することを決定した。(45) 旭電化は「満洲」産マグネサイトを焙焼して酸化マグネシウムを得て、それを塩素化した塩化マグネシウムを電気分解する方法でマグネシウムを製造する方針であった。その際に必要な塩素は、電解法による苛性ソーダの製造で副生する計画であり、一九三九年二月に旭電化は台湾総督府に年一万二〇〇〇トンの原料塩配給を希望した。(46) これに対して台湾総督府専売局は、旭電化によるマグネシウム・苛性ソーダ製造事業に強硬に反対する。(47) 台湾総督府専売局はそもそも塩田経営には利益を見込んでおらず、多角化経営によって採算を合わす計画であったから、南化が苛性ソーダ製造事業に進出できなくなる事態を懸念したのである。(48) 時期が戻るが、高雄州知事であった内海も、専売局の構想に影響せざるを得ない旭電化の参入を警戒する行動をとっている。旭電化は一九三八年秋に高雄工場建設の希望を内海知事に伝えており、藤堂良譲常務を一九三九年二月に現地へ派遣する旨の電報が、

表4　マグネシウム製造各社の生産拡充計画（トン）

会社名		工場	1938年度末能力	1939年度末能力	完成時期	完成後増加能力
日本	理研金属	宇部	1,500	2,000	1940年3月	500
	旭電化	尾久	600	600	—	—
	日本曹達	岩瀬	350	350	—	—
	関東電化	渋川	0	1,000	1939年10月	1,000
			—	—	1941年3月	1,000
	信越窒素	直江津	300	300	—	—
	日本マグネシウム	志村	300	300	—	—
		笹津	—	—	1941年3月	1,500
	大倉鉱業	島田	60	60	—	—
		島田	—	—	1941年3月	600
	東亜軽金属	酒田	70	70	—	—
		酒田	—	—	1941年3月	600
朝鮮	日本マグネシウム金属	興南	720	2,000	1940年3月	1,280
	朝鮮理研	鎮南浦	—	—	1940年10月	1,000
	大日本塩業	新義州	—	—	1940年10月	2,000
台湾	日本アルミニウム	高雄	—	300	1942年12月	300
	南日本化学	高雄	—	1,200	1940年3月	1,200
	旭電化	高雄	—	—	1940年8月	1,200
	合計		3,900	8,180		12,180

出典：置村忠雄編『軽金属史』（社団法人金属工業調査会・軽金属協議会、1947年）、105頁。
注：資料中の日本マグネシウム志村工場1939年度末能力は「—」だが、合計値が合わないため「300」に修正。

一九三九年一月二六日に旭電化の磯部愉一郎専務から内海高雄州知事に打たれている(49)。その同日に内海知事は森岡総務長官に電報を打っており、その中で高雄工場地帯の払下げについて、「浅野の製鉄工場は高雄としては日曹の事業と共に是非誘致致度事業」とし(50)、南化創立事務所の倉石忠雄より二月上旬に中野友禮と共に現地視察のため渡台したい希望があったこと、それに対して「小官よりは他よりも希望申込あり成るべく早く渡台を希望する旨」を返電したことが記されている。「他」とは旭電化のことであろう。一九三九年二月二〇日に内海は旭電化の磯部専務が渡台することを知り、中野とともに渡台中であった倉石に注意を促す電報および手紙を送っている(51)。倉石からは翌日に草衙の埋立地を工場建設予定地として買収することに決定した旨の返信があった。[52] 一方の旭電化も、三月一日に藤堂常務が内海知事を訪れ、高雄にマグネシウム工場の建設を決定した旨の報告をしている。[53]

南化のマグネシウム製造事業計画は、一九三九年度八〇〇トン、一九四〇年度一八〇〇トン、一九四一年度二四〇〇トン、一九四二年度二四〇〇トンという大規模なものであり、苛性ソーダ製造事業計画は一九四二年度より一万五八〇〇トン（一万トン島内消費、五八〇〇トン輸出）というものであった。[54] これに対し、旭電化は一九四〇年度から一九四二年度を通じてマグネシウム一二〇〇トン、苛性ソーダ六六〇〇トン（全て島内消費）という事業計画を有していた。[55] 一九三九年五月に、一九三九年度の生産力拡充計画において南化と旭電化のマグネシウム年産能力はそれぞれ一二〇〇トンとされ、旭電化の苛性ソーダ年産六六〇〇トンとともに南化の苛性ソーダ製造も容認された。[56] 陸軍は南化よりも旭電化の技術を信用して高雄工場の新設を望んでおり、拓務省に説得される形で台湾総督府はやむなく旭電化にマグネシウム製造の事業許可を与えたのだった。[57]

表４に示されるように、多くの企業がマグネシウム製造事業に新規参入し、設備投資競争が現出していた。その背景には、生産力拡充計画の担い手に対する物資動員計画における優先的な資材配給があった。旭電化の高雄工場建設に対する台湾総督府の非協力的な態度も、南化が重点対象企業から外され、優先的な資材配給を受けられなくなってしまう事態を懸念したことから生じたものであろう。

三、株主の対立と日曹の改組

安平の台塩社内にあった日曹苦汁工場は、一九四〇年六月に南化へ引き継がれて南化安平工場の一部となり、同年七月には台湾総督より軽金属製造事業法による事業許可が下された。[58] 高雄工場でのマグネシウム精錬年産一二〇〇トンに向け、原料塩化マグネシウムについては、高雄工場と安平工場からそれぞれ半分ずつ供給する計画であった。[59] 八月七日の重役会では、安平の日曹苦汁工場を二八万円で譲り受けたことのほか[60]、ソーダ製造事業が企画院で承認され、そのための三〇〇万円増資の決定などが報告されている（内海日記一九四〇年八月七日条）。危惧されていた苛性ソーダ製造事業への参入もここに決定され、後で述べるように、倉石専務は苛性ソーダ製造事業用資材の発注に踏み切る。

一九四〇年四月から九月に至る事業の決算案が一一月四日の重役会で承認され（内海日記一九四〇年一一月四日条）、その決算が二五日の第二回定時株主総会で承認される間、内海は台湾へ出張して監査業務を行っている。一一日に台湾へ向けて東京を出発し、一二日に神戸を出港して十六日に基隆に入港した後、台北に移動し、専売局塩脳課長を訪問して苦汁供給の増加に関して打ち合わせている（内海日記一九四〇年一一月一一日、一二日、一六日条）。一八日には高雄で本社経理課長から社内事情を聴取し、一九日に建設中の安平工場、二〇日に北門と布袋の塩田タンクといった現場を視察し、二一日に建設中の高雄工場で工場長の説明を聞いた（内海日記一九四〇年一一月一八日、一九日、二〇、二一日条）。その後、二三日に柳悦耳と監査業務を行い、二五日に高雄の商工奨励館で開催された第二回定時株主総会に倉石専務とともに出席している（内海日記一九四〇年一一月二三日、二五日条）。以上から、内海監査役は重役会の決算案を受けた後に台湾の現場を視察し、「右調査ヲ遂ケ適法正確ナルヲ認メ報告候也」と記した営業報告書を株主総会に提出したことがわかる[61]。

その後、内海は二八日に基隆を出港して十二月一日に東京に戻ったが（内海日記一九四〇年一一月二八日、一二月一日条）、倉石専務が台湾から戻った二日後の一二日に、驚きの報告を倉石から受けている。「台湾工場建設の計画を誤り塩田苦汁集収及輸送計画の手違ひより、七百五十万円にて完成の予定が千四百万円を要する事明瞭」となったという（内海日記一九四〇年一二月一二日条[62]）。内海が監査役として台湾で塩田・工場を視察した上で株主総会が終了して間もない出来事である。内海の回想録は、台湾出張時に建設費の予算超過に気づいていたかのごとく記されているが、日記からはそのように読み取れない。もし気づいていたのであれば、内海は監査役としての責務を放棄していたことになる。いずれにせよ、内海監査役が南化の業務を規律づけていたとは言えないだろう。

これ以後、最大株主として事業計画を主導していた日曹と、大株主である日塩・台拓との対立が深まっていく。南化の創立時に日曹・日塩・台拓の三社長に今川専売局長を加えた四者で覚書を作成し、マグネシウム製造事業に要する建設費は株式払込金半額の七五〇万円とし、後に運転資金などの必要が生じた場合は二五〇万円までの借入金を認めて事業を開始する、という申し合わせがあったからである（内海回想録一九四一年一月一八日）。経営の主導権を有していた日曹が大株主である日塩・台拓との申し合わせを反故にしたのであり、三社間の調整が不可避となった。また、この時期の日曹は、資金逼迫の度合いが増して日本興業銀行（以下、興銀と略す）への金融的依存を急速に強め、一九四〇年一二月末には興銀からの融資を引き出す条件として中野社長の退陣が決定的となり[63]、中野は危機的立場に追い込まれつつあった。

一九四一年一月九日に重役会が開かれ、中野・一宮・加藤・芝・内海が出席したほか、台拓の越藤恒吉理事もオブザーバーとして参加している（内海日記一九四一年一月九日条）[64]。中野社長は予算超過額を五一〇万一七〇六円九八銭に修正したうえで、予算超過の経緯には触れずにマグネシウム製造方法に関する説明を行ったに過ぎず、一方の加藤と一宮は台銀からの融資は困難であることを強調した（内海回想録）。台銀からの株式払込み融資をふまえた発言であろう。結局、事業計画の変更案を倉石・芝・越藤で作成することになった（内海日記一九四一年一月九日条）。内海の回想録によれば、予算超過の内容は、安平工場建設費約一五〇万円、塩田施設（苦汁収集および貯蔵設備）・苦汁輸送設備費一〇〇万円、臭素増産設備費約一三〇万円に加え、建築工事と建築資材に関する予想外の経費約一〇〇万円というものであった。こうした予算超過の財源について一四日に台拓東京支店で倉石・芝・越藤が議論するものの、予算超過額のうち三〇〇万円が執行済であることが明らかになると、三社長の会議に任すことになった（内海回想録一九四一年一月一四日）。一六日の中野・一宮・加藤の三社長会議では、臭素増産計画の中止、予算超過の減額（三〇〇万円）、予算超過は借入金で支弁、減額案は渡台する中野が調査研究、という結論に至った（内海回想録一九四一年一月二〇日）。また、同席で一宮・加藤が第三回株式払込みの拒否を中野に伝えており、日塩・台拓が日曹に対して態度を硬化させていたことは明らかである（内海日記一九四一年一月一八日条）。

日曹と日塩・台拓との溝を埋めるべく一月二五日に三社長会議が開かれ、一、南化創立当初の申し合わせの確認、二、七五〇万円を超過した建設費の細目作成、三、苛性ソーダ製造事業については別会社を設立、四、臭素はマグネシウム製造一二〇〇トンの副産物として生産する限度にとどめる、という申し合わせに至った（内海日記一九四一年一月二五日条）。第四項にある臭素は苦汁から採取され、航空機燃料の耐爆剤（アンチノック剤）の原料となる二臭化エチレンの製造に必要な化学原料である。日曹は二本木工場で二臭化エチレンの試作を開始し、同工場に供給する臭素の増産を南化が担うよう臭素製造計画の拡張を中野社長が独断的に決定していた（内海回想録一九四一年一月二五日）。この中野社長が独断的に決定した臭素増産計画は、社則第六条および第七条に違反する行為として認めず、当初の計画通りの事業規模に戻すことに決まったことになる。第三項の苛性ソーダ製造事業を別会社に移す案は特に台拓の加藤社長が強く主張したものであったが（内海日記一九四一年一月二七日条）、既に資材を発注していた倉石専務は一九四〇年八月の重役会決定事項に反するとして猛反対した（内海回想録一九四一年一月二五日条）。結局、第三項は除外する方向で調整が進むが、以後も三社の溝は埋まらない。日塩の芝は南化の塩化マグネシウム製造事業を分離し、台塩・日塩・南塩の共同出資で新会社を設立してこれに移す案を持ち（内海日記一九四一年一月二八日条）、一宮は採算が明瞭となれば第三回株式払込み、および苛性ソーダ製造事業への出資も賛成という立場であった（内海日記一九四一年一月三〇日条）。その一方で、台拓の加藤は一〇〇〇万円への減資を主張し（内海日記一九四一年一月二九日条）、日塩が払込みに同意するならば台拓も払込みに応じるという態度であった。

　こうした中、中野社長は二月四日から東京を離れて台湾へアルミニウム工場視察に向かう（内海日記一九四一年二月四日条）。中野社長は二月一三日に東京へ戻るが（内海日記一九四一年二月一三日条）、その間に元逓信省次官の大和田悌二が日曹社長に就任しており[65]、南化における中野社長の影響力は急速に落ちていく。倉石と内海は二月一四日に日塩に芝専務を訪問し、芝から南化の計画採算書は確実であるとの言質を得たが、芝は台銀が中野に対して極度に警戒しているために三社に対する株式払込み融資は困難である見通しを二人に伝えている（内海日記一九四一年二月一四日条）。翌一五日にも倉石と内海は日塩に一宮社長を訪問したが、「詳細なる数字的計画書を見たる上ならでは賛否を決し難し」と伝えられた（内海日記一九四一年二月一五日条）。これを受け、倉石と内海は布袋工場に関する調書を準備したうえで技師とともに一九日に再び日塩に一宮社長を訪問して調書を渡している（内海日記一九四一年二月一九日条）。中野社長は、高雄工場はマグネシウム精錬に特化させ、塩化マグネシウムは安平工場と布袋工場で製造し、布袋工場を日塩あるいは南塩に移譲する内容の予算減額案を作成して東京に戻っていた（内海日記一九四一年二月一九日条）。布袋工場の調書は「満洲」出張中の芝に送られ、芝の返事待ち状態となり、芝が東京に戻ったのは三月四日であったが、翌五日および六日に中野社長が芝に面会を求めたが果たせず（内海日記一九四一年三月五日、六日条）、この問題は暗礁に乗り上げた。

その後、改組後の日曹が最大株主の立場から南化の中野社長に退陣圧力を強めていく。三月一二日に日曹の大和田社長から倉石専務が呼び出されて南化の社内事情を聴取された上、中野社長に対する引退勧告が伝えられた（内海回想録一九四一年三月一二日）。そして、一四日に大和田は倉石に対して中野社長の辞表領取を命じ、中野は倉石に辞表を預け、台塩の社長をも引退するに至った（内海回想録一九四一年三月一四日）。

この時期に日曹は倉石に対して予算超過説明書の提出を命じており（内海日記一九四一年三月一七日、一八日条）、それを受けて倉石が作成した書類が本書資料編に収められている「建設予算超過説明書附意見書」であろう。予算超過の主要な原因として、一、塩田苦汁収集設備七九万一五二二円、二、安平工場建設費一一九万三九五五円、三、建築費予算超過一二二万四六六〇円、日曹苦汁工場（台南）引継代金二八万二六一四円が挙げられている。その説明として、一、塩田苦汁収集設備費用は目論見書に計上されていなかったこと、二、安平工場については「航空本部ヨリ臭素ノ生産ヲ要求セラレタコトモ安平工場ヲ急イダ理由」であること、三、建設予算超過については「基礎土木工事ニ意外ノ経費ヲ要シタ」ことが記されている。意見書には今後のマグネシウム精錬事業の対応策として三案が示されており、第一案は第三回株式払込金三七五万円を徴収し、高雄工場のマグネシウム精錬設備を竣工させ、高雄工場内にある塩化マグネシウム製造設備（六九万六八六〇円）を布袋に移設するという内容である。第二案は、第三回株式払込金三七五万円を徴収し、高雄工場のマグネシウム精錬設備を竣工させ、高雄工場内にある塩化マグネシウム製造設備を布袋に移設するまでは第一案と同様であるが、布袋工場を別会社（たとえば台塩）に売却する案であった。第三案は第三回株式払込金を徴収せず、高雄工場内にある塩化マグネシウム製造設備を布袋に移設して竣工させ、塩田施設と安平工場を売却し、その売却代金二九九万一九五二円で高雄工場のマグネシウム精錬設備を竣工させるという内容であった。意見書では、資金関係からすれば第三案が最良策であるが、第一案を採用する希望が記されている。その理由は、第三案を採用した場合、「日曹二本木工場及陸軍航空本部ヨリ当社ニ期待セラレル臭素」の製造が不可能になってしまうし、「利益率ノ多キ苛性曹達工業」の事業許可を商工省・企画院から引き出した過去の事情に添わなくなってしまうというものであった。当事者としては第一案を採用して「日曹二本木工場及陸軍トノ連携ヲ密ニシタシ」と希望するものの、やむを得ない場合は、竣工している安平工場で臭素を製造し、布袋工場のみを他社に売却する第二案を推している。その上で、臭素製造に関しては、「陸軍航空本部ヨリ命令ノアリマシタ臭素増産ニ対シ金貳百万円ノ予算ヲ以テ臭素ノミヲ製造スル案ヲ前社長ノ手元ニ於テ立案セラレマシタガモウ一応現地塩田ニ即シテ技術上ノ再検討ヲ行ハシメ更ニ原価計算ノ再吟味ヲナシタル上航空本部トノ正式納入契約ヲ得ルマデ此ノ計画ハ留保シタイ」と記されている。先にみた中野社長が独断的に決定した臭素増産計画の背景には陸軍航空本部の要請があったこと、また、倉石専務も臭素製造を通じて陸軍航空本部との関係維持を望んでいたことが確認できる。また、苛性ソーダ製造事業に関しては、既に高雄工場の資材二二〇万円を購入済みであり、「利益率モ多ク是非トモ曹達工業ハ一日モ早ク完成サセタシト熱望スル」と記されている。

四月に入り、日曹が日塩に第三回払込みについて交渉したが拒否され、台拓も払込みに応じる気配はなかった（内海日記一九四一年四月八日条）。この事態は、倉石が希望した第一案と第二案の採用は、株主の反対から困難であったことを示している。日曹の大和田社長は台銀からの第三回株式払込み融資の見込みがない南化を、台拓か日塩に引き渡す意向であった（内海回想録一九四一年四月八日）。二一日には日曹の重役が、塩化マグネシウム製造に関しては安平工場のみ稼働させ、高雄工場でのマグネシウム年産六〇〇トン案を提起している（内海日記一九四一年四月二一日条）。先の倉石意見書にあった三つの案はいずれもマグネシウム年産一二〇〇トン案であるから、日曹は事業規模を半減する方針を提案したことになる。これに対して日塩の芝専務は様々な案を提起し、事態は混迷化していく。二一日のマグネシウム年産六〇〇トン案が提起された場で芝は、台塩が七股塩田を南塩に売却し、その資金で台塩が南化から安平工場を買収し、南化はその売却資金で高雄工

表5　南日本化学工業会社の貸借対照表（千円）

		1940年3月	1940年9月	1941年3月	1941年9月
資産	未払込資本金	11,250	7,500	7,500	7,500
	創立費及登録税	54	73	73	35
	建設勘定	2,195	5,242	7,678	9,346
	生産勘定	—	182	172	171
	雑勘定	—	—	72	104
	仮払金	27	54	715	874
	預金及現金	1,562	2,097	33	394
	合計	15,088	15,147	16,242	18,424
負債	資本金	15,000	15,000	15,000	15,000
	借入金	—	—	50	825
	社員積立金		5	3	3
	仮受金	3	10	11	7
	預り金	—	11	1	28
	買掛金並未払金	—	5	642	1,916
	支払手形	85	116	525	635
	合計	15,088	15,147	16,242	18,424

出典：表3に同じ。
注：1940年3月時の社員積立金は400円。

場のマグネシウム精錬設備を竣工させるという案を提起した（内海日記一九四一年四月二一日条）。二六日になると、芝はマグネシウム精錬事業を一時中止して、苛性ソーダ製造事業のみを行う案を提起し（内海日記一九四一年四月二六日条）、五月三日にもマグネンシウム年産六〇〇トンでは採算がとれないという理由で事業中止を訴えている（内海回想録一九四一年五月四日）。しかし、五月一二日には、芝の提案により苛性ソーダ製造事業を中止したうえで、マグネシウム年産六〇〇トン案の方策を研究することとなった（内海日記一九四一年五月一二日条）。こうした芝の提案には、南塩を経営支配下においている日塩としての立場や、表4にあったように朝鮮新義州工場でのマグネシウム製造計画を有していた日塩としての利害が反映されていたと推測されるが、その真意は不明である。

　安平工場は一九四一年一月に試運転を開始していたが、天候不順により苦汁を生産することができず、継続的運転はできなかった[66]。そのため、営業活動は行われておらず、この時期の南化の営業報告書に損益計算書は作成されていない。以上のように迷走した南化の貸借対照表を表5で確認しておこう。南化は二回の株式払込徴収で資金を調達して工場建設を行っていたが、それ以後は未払金が増加し、借入金や支払手形などの債務も増加していた。実際には、営業報告書に示される以上に財務は悪化しており、一九四一年六月末の状況は、未払金（発注済）が三九〇万円もあり（内海回想録一九四一年八月一三日）、支払手形三四万円、未払金（小口払）五万四千円、日曹より借入金二九万円という多額の債務が生じていた。

四、陸軍による臭素生産の督励と強制融資

前節で確認したように、中野社長率いる日曹の積極的な事業展開の資金計画が杜撰であったことが明らかとなり、日塩・台拓の株式払込み拒否という深刻な事態に陥った。こうした事態を劇的に変えたのが、陸軍からの臭素製造の督励であった（内海日記一九四一年五月一三日条）。陸軍航空本部に出頭した倉石が、事業計画が停頓している理由として株主三社による株式払込みがなされないことを述べたのに対し、陸軍は「強制融資に尽力すべし、又資材は否むを得ざるときは軍需資材を供給すべし」と督励した（内海回想録一九四一年五月一三日）。陸軍は南化に対し、一九四〇年一〇月に施行された「銀行等資金運用令」に基づき、興銀からの融資を得て臭素製造事業を展開するよう要求したのだった。[67] これを受け、五月二一日の重役会では、臭素と苛性ソーダを製造し、マグネシウム精錬は中止する方針に転換した。[68] さらに一九四一年六月六日に日曹社長室で開かれた重役会では、七五〇万円に減資したうえで、陸軍の後援で強制融資を受け、臭素一〇〇トン、塩素供給のため苛性ソーダ五〇〇〇トン製造案に決まった（内海日記一九四一年六月六日条）。

こうして南化は強制融資をあてにして、陸軍航空本部に納入する臭素の増産計画に邁進していく。七月二日に日曹社長室で開かれた重役会では、強制融資八四〇万円の申請が決定され、余裕金三六〇万円を台銀に預け、三社の債務と実質的に相殺する案が話し合われた（内海日記一九四一年七月二日条）。しかし、この強制融資申請過程において台湾総督府との調整が

遅れたうえに、陸軍省においても強制融資に対する決裁はなかなか下りず（内海日記一九四一年八月四日条）、八月一九日にようやく陸軍での強制融資申請業務が終了し、以後は大蔵省・興銀との交渉になった。この間、交渉は主に倉石専務が担当している。

前に述べたように、六月六日の重役会では七五〇万円減資を前提とした強制融資が決まっていた。しかし、八月になって日曹の大和田社長から台拓の加藤社長に七五〇万円減資は困難であることが伝えられ、加藤はたとえ強制融資が不可能となっても減資の実施を主張した（内海日記一九四一年八月七日条）。七五〇万円減資となれば以後の株式払込みはなくなり、株主の資金負担は軽くなる。これには融資行となる興銀が反対の立場をとり（内海日記一九四一年八月一三日条）、株主にも資金およびリスクの負担を求めたと言えよう。国策といえる臭素製造事業を展開しようとする南化から、国策会社である台拓は手を引こうとしており[69]、南化社長に台拓の日下理事を迎える案が大和田から加藤に提示されたが、加藤はこれを拒絶している（内海日記一九四一年八月九日条）。こうした背景として、この時期の台拓は資金繰りに苦しく[70]、株式市場で売り圧力にさらされていたことが想起される[71]。

結局、強制融資については九月一日に倉石が大蔵省に出頭し、陸軍省・陸軍航空本部・大蔵省・興銀のスタッフと会見して、「陸軍は責任を以て経営に当る」ということで、ほぼ承認の見込みが立った（内海日記一九四一年九月一日条）。九月五日には倉石と内海が陸軍航空本部に出頭し、「一、強制融資により会社は命令の期限に命令の臭素を出す事、一、株券の異動を行わざる事、一、社長、常任監査役を軍より出す事、一、重役の数を必要の限度に減少の事、一、技師重役を置く事」という申し渡しがあった（内海日記一九四一年九月五日条）。直ちに南化は緊急重役会を開いてこれを認める決議をなすが、ここでも日塩の一宮と台拓の越藤は減資を主張し（内海日記一九四一年九月五日条）、一宮の要求により、今後資金不足に陥っても株式払込みには応じられない趣旨の付帯事項が添付された（内海回想録一九四一年九月五日）。南化への強制融資の実施と陸軍の監督下に入ることが確実となる際、株主である日塩と台拓はこれ以上の資金供給を拒否する立場を明瞭にしたのだった。

こうして、南化は強制融資を受けて陸軍の監督下に入ることとなり、重役会の更迭は決定的となった。南化の重役全員の辞表が陸軍に提出され、新たな重役会の人選は陸軍に一任することになった（内海日記一九四一年九月二六日条）。そして、一〇月一四日に日曹社長室で重役会が開かれ、陸軍航空本部からの新しい重役会メンバーの申し渡しが、倉石より報告された。それは、社長には陸軍、専務には倉石、取締役には武鶴次郎・日下・柳、監査役には陸軍・内海、技術顧問に中野友禮という布陣であった。臭素増産計画の独断的実行を原因に社長の座を追われた中野友禮が、臭素製造事業の技術顧問として復帰することとなった[72]。こうした重役会更迭と強制融資に関し、対英米開戦後の一九四一年一二月一八日に、陸軍省整備局工政課長と三社長（大和田・一宮・加藤）および倉石が話し合っている（内海日記一九四一年一二月一八日条）。その席で台拓の加藤は、一、国有財産は担保から除外、二、株式払込金は償還資金に充当しない、三、中野友禮が会社組織に入ることによる株主の憂慮、四、重役には株主会社より推薦する人物を一社一人まで採用、という四つの希望および懸念を工政課長に伝えている。工政課長は一、三、四については変更不可能、二については陸軍が興銀と交渉する旨を応えているが、結局、償還資金から株式払込金を削除することは不可能になっている（内海日記一九四一年十二月二〇日条）。重役会メンバーに関しては、日塩の一宮社長は倉石専務取締役という人選に不満を示したが工政課長がこれを諌めた（内海回想録）。大和田社長は日曹の代表者は倉石であるという認識を示したうえで、台塩の出澤鬼久太の取締役就任を要求している（内海回想録）。一宮は柳取締役の就任についても難色を示したが、加藤がこの意見を抑えている（内海回想録）。こうして新しい重役会メンバーについては日塩が不満を示しながらも大体同意が得られ、一〇〇〇万円の融資条件についても決定された（内海回想録[73]）。さらに、今後の資金調達は興銀の承認を経ること、今後の決算は予め興銀の承認を求めること、という条件が付帯された（内海回想録）。また興銀は、強制融資前の南化の債務については株式払込金で返済し、融資資金を使用してはならないという立場もとっている（内海日記一九四二年一月一七日条）。こうして南化の経営権においては、株主よりも融資行である興銀と陸軍の支配が高まることは決定的となった。

南化に限らず、濫立傾向にあったマグネシウム製造企業において、技術的に不安定な苦汁法に依拠する企業は苦境に立ち、事業が採算に乗っていたのは技術的に安定していた旭電化と関東電化工業会社のみであった(74)。改組後の日曹はマグネシウム製造事業から撤退し、アルミニウム製造事業に重点を移行する。また、日塩が南化から手を引いた背景として、経営支配下にある南塩の塩田で鹹水から直接臭素を採取する技術の開発に成功したことが挙げられよう(75)。一九四一年一〇月時点で、南塩は二二一〇陌の塩田を完成させていたが(76)、「塩田築造ニ関スル計画ノ一部ヲ変更シ急速ニ臭素ノ生産ヲ期セントス」ることとなった(77)。第一節で述べたように南塩創立時の計画は四〇五一陌の塩田を築造するというものであったが、完成した約二二一〇陌を除いた残り約一八〇〇陌は臭素原料鹹水を製造する採鹹塩田とすることになったのである。そして臭素採取後の鹹水は既設塩田を利用して製塩する計画になり、計画年産量は臭素三〇〇トン（布袋八〇トン、北門北一〇五トン、北門南七〇トン、烏樹林四五トン）、塩一二万トン（布袋三万三〇〇〇トン、北門北四万四〇〇〇トン、北門南二万六〇〇〇トン、烏樹林一万七〇〇〇トン）とされた(78)。

それでは、重役更迭後の南化の株主構成および重役会メンバーを確認しておこう。四月一四日の株主総会で、陸軍の依田袈裟太主計大佐の監査役就任、出澤の取締役就任が認められ（内海日記一九四二年四月一四日条）、六月になってようやく、空席が続いていた社長の椅子に陸軍中将の中島藤太郎が座ることに決定した（内海日記一九四二年六月一九日条）。表2にあったように、株主構成に大きな変動はない。しかし、表6に示されるように、陸軍からの社長派遣とともに、重役会で積極的に発言していた日塩の一宮と芝は姿を消し、台拓の加藤社長も南化の重役会から身を引いている。一方、陸軍との人脈が薄い内海監査役が留任した理由は定かではない。この時期においても資金計画が杜撰な会社の監査役として内海が職責を果たしたとはいえず、むしろ陸軍から派遣された依田監査役が未払金を調査して杜撰な内容を発見している（内海日記一九四二年七月二日条）。

強制融資の決定を背景にして、南化は一九四一年末から臭素増産計画を組み込む。海水から直接臭素を採取する安平第二工場の建設を決定し(79)、一九四一年一二月に建設に着手した北門工場と布袋工場は、陸軍からの要請により、臭素のみを製造することになった(80)。しかし、苦汁の生産が順調でないために臭素の生産は少量にとどまり、一九四二年二月には月一トンと

表6　改組後の南日本化学工業会社の重役会

	1942年5月	1942年11月	1943年5月	1943年11月	1944年5月	1944年11月	1945年5月
取締役社長		中島藤太郎	中島藤太郎	中島藤太郎	中島藤太郎	中島藤太郎	中島藤太郎
専務取締役	倉石忠雄	倉石忠雄	倉石忠雄	倉石忠雄	倉石忠雄	倉石忠雄	倉石忠雄
常務取締役					依田袈裟太	依田袈裟太	依田袈裟太
取締役	日下辰太	日下辰太	日下辰太	日下辰太	日下辰太	日下辰太	
	武鶴次郎	武鶴次郎	武鶴次郎	武鶴次郎	武鶴次郎	武鶴次郎	武鶴次郎
	柳悦耳	柳悦耳	柳悦耳	柳悦耳	柳悦耳	柳悦耳	柳悦耳
	出澤鬼久太	出澤鬼久太	出澤鬼久太	出澤鬼久太	出澤鬼久太	出澤鬼久太	出澤鬼久太
監査役	内海忠司	内海忠司	内海忠司	内海忠司	内海忠司	内海忠司	内海忠司
	依田袈裟太	依田袈裟太	依田袈裟太	依田袈裟太	南澤喜久治	南澤喜久治	南澤喜久治

出典：南日本化学工業会社『営業報告書』第5回～第9回（台湾拓殖株式会社檔案2506所収）、第10回～第11回（台湾拓殖株式会社檔案2791所収）より作成。

いう生産量に対して航空本部から会社に懸念が伝えられている（内海日記一九四二年二月一六日条）。内海が台湾を視察した一九四三年四月においても、安平第二工場は硫酸不足のために稼働しておらず（内海日記一九四三年四月二三日条）、操業は順調ではなかったと思われる。また、南化の苛性ソーダ工場の建設も資材不足により一時中止されていたが、強制融資決定後の一九四二年一月より再び工事に着手され[81]、一九四三年八月に電解ソーダ工場が完成し、その一部が操業を開始した。しかし、苛性ソーダ固形品の包装材料である薄鉄板の配給はなく、苛性ソーダ液体品は運搬方法がないために工場内のアルカリ槽に死蔵される始末であった[82]。

こうした状況において、陸軍としては南化に対しては安平第二工場のみに期待をかけるようになっていく。一九四三年七月に陸軍関係者が倉石専務をともなって急遽安平第二工場を視察している（内海日記一九四三年七月一二日条）。この視察は同工場を陸軍管理工場に指定するための準備であった可能性があり、安平第二工場は一九四三年一〇月に陸軍の管理工場に指定される[83]。管理工場の指定を受けることにより、制度上は物資動員計画の軍需枠から軍需証明付き切符や資材斡旋を受けることができたと推測されるが、後に述べるように資材および原料の調達は順調ではなかったようである。

強制融資後も南化は資金が逼迫し、一九四三年八月三〇日には四三五万円の追加融資を申請することに決定している（内海日記一九四三年八月三〇日条）。しかし、依田監査役が陸軍省経理局に足を運んで交渉するものの、陸軍は南化に懐疑的であり、特に整備局燃料課が南化に対して態度を硬化させていた（内海日記一九四三年九月四日条）[84]。一九四四年に入ってから融資問題は倉石が担当したが、大蔵省は慎重な態度であり、陸軍も積極的な推進策をとらず（内海日記一九四四年二月一八日条）、融資が決定したのは四月一日であった（内海日記一九四四年四月一日条）。

以上のように、常に資金に窮していた南化の貸借対照表と損益計算書の推移を表7で確認してみよう。南化は第三回以降の株式払込徴収を行っておらず、強制融資による借入金を主要な資金調達手段としており、債務が急増していた。しかも、損益計算書が示すように、毎期を通じて損失金を計上しており、繰越損失金が累積しつつあった。特に一九四四年度前期の事業は停滞し、高雄工場は資材の入手難に陥り、安平第一・布袋・北門各工場は天候不順により苦汁を確保できず[85]、安平第二工場では台湾肥料会社からの硫酸供給が十分でないため、各工場の設備はほとんど稼働せず、一〇九万円もの損失金を計上するに至った。この多額の損失金計上が報告された第十回定時株主総会の後、南化の庶務係長が台拓を訪れて企業課長に説明しているが、台拓の企業課長は拡張用資産に含まれる建設仮勘定のうち損失として処理すべきものがあるのではないかと指摘し[86]、その額は少なくとも一〇六万円もあると企業課長は台拓副社長に報告している[87]。一九四四年十月には米国軍機による空襲を受け（内海日記一九四四年一〇月一三日条）、状況はますます悪化し、「殊ニ最重要製品タル臭素ノ如キハ本年度陸軍納入数量一六〇瓲ナルニ対シ僅カニ一〇瓲ノ生産ヲ挙ゲタルニ止マリ製品何レモ原価ガ売値ノ倍以上[88]」という惨状であった。さらには、一九四五年二月の空襲で高雄工場への電力供給が不可能になり、三月には台中州大屯郡霧峰へ工場設備を疎開させることとなった[89]。東京でも一九四五年一月に会社ビルが爆撃されており（内海日記一九四五年一月一二日条）、内海は業務遂行不能と判断して自身の疎開を決意する（内海日記一九四五年二月一四日条）。

おわりに

本稿では、内海忠司日記・回想録から読み取れる南化の株主間の対立、陸軍の介入過程を検討し、戦時経済下における台

表7　南日本化学工業会社の貸借対照表と損益計算書（千円）

貸借対照表

		1942年3月	1942年9月	1943年3月	1943年9月	1944年3月	1944年9月	1945年3月
資産	未払込資本金	7,500	7,500	7,500	7,500	7,500	7,500	7,500
	創立費及登録税	18	14	11	7	4	—	—
	固定資産	6,606	8,110	4,817	5,218	5,208	5,162	5,112
	工作勘定	—	852	—	—	—	—	—
	棚卸資産	2,157	2,937	2,957	3,343	2,826	2,907	3,437
	建設勘定	1,898	1,445	—	—	—	—	—
	当座資産	1,834	1,796	2,858	3,096	3,579	2,797	3,722
	前払費用	—	61	67	79	66	182	339
	仮払金	363	216	14	33	51	189	—
	雑勘定	148	121	—	—	—	—	—
	拡張用資産	—	—	5,626	6,595	8,186	9,182	9,929
	特定資産	—	—	—	4	12	7	38
	繰越損失金	—	52	73	387	583	636	1,727
	当期損失金	52	21	314	196	53	1,091	901
	合計	20,576	23,126	24,239	26,459	28,067	29,653	32,704
負債	資本金	15,000	15,000	15,000	15,000	15,000	15,000	15,000
	借入金	3,460	5,800	6,800	8,035	10,650	13,000	13,000
	短期負債	2,113	2,315	2,418	3,386	2,365	1,584	4,704
	社員積立金	3	10	22	38	53	69	—
	合計	20,576	23,126	24,239	26,459	28,067	29,653	32,704

注1：固定資産は土地、建物及付属設備、構築物、機械及装置、車輛及運搬具、電気設備、船舶、備品工具。
注2：棚卸資産は貯蔵品、材料、半製品、製品、仕掛品。
注3：当座資産は売掛金、未収入金、立替金、仕入先前渡金、当座預金、振替貯金、現金、従業員貸付金。
注4：前払費用は前払保険料、前払利息、未経過経費、未経過利息、未経過保険料。
注5：拡張用資産は拡張用土地、同建物及付属設備、同構築物、同機械及装置、同車輛及運搬具、同備品工具、建設仮勘定。
注6：特定資産の内容は保証金、未達。
注7：1943年3月時以降の借入金は長期借入金。
注8：短期負債は支払手形、買掛金、未払金、未払賃金、前受金、仮受金、預り金、未決算。

損益計算書

	1941年10月～42年3月	1942年4月～42年9月	1942年10月～43年3月	1943年4月～43年9月	1943年10月～43年3月	1944年4月～44年9月	1944年10月～45年3月
総益金	14	14	426	333	43	22	10
総損金	66	35	740	529	96	1,113	910
当期損失金	52	21	314	196	53	1,091	901
損失金処分							
当期損失金	52	21	314	196	53	1,091	901
繰越損失金	—	52	73	387	583	636	1,727
次期繰越	52	73	387	583	636	1,727	2,627

出典：表6に同じ。

湾化学企業の経営実態に迫った。

日本政府の工業用塩増産政策を受け、台湾総督府専売局は塩田合理化を主導し、これは日塩・台拓・台塩の共同出資による南塩の設立につながった。南塩は塩田開設工事が終了した後に苛性ソーダ製造・マグネシウム精錬事業に進出する計画であった。しかし、生産力拡充計画の重点対象から外れまいとする新興企業の設備投資競争が影響し、日曹・日塩・台拓の共同出資によって南化を設立し、早期のマグネシウム精錬事業への進出が図られた。

電解法苛性ソーダ製造と苦汁法マグネシウム精錬の技術を有する日曹が南化の事業展開を主導し、中野社長は陸軍航空本部の要請を受けて、事業計画を拡張して臭素増産計画を独断的に実施しようとした。これは南化創立時の日塩・台拓との申し合わせを反故にするものであり、日曹に日塩・台拓が反発して第三回以降の株式払込みを拒否し、減資を主張する事態に至った。さらに、日曹改組の影響を受けて中野社長は退陣を余儀なくされ、南化の事業規模は半減する方針に定まった。

この状況を変えたのが陸軍からの臭素製造督励であった。興銀からの強制融資を条件に、南化は一転して臭素と苛性ソーダの製造に邁進し、マグネシウム精錬事業は中止する方針に変わった。この段階でも日塩・台拓は減資を主張する一方で、興銀は減資に反対していた。陸軍の管理下に入り、興銀の金融的支配が強まるであろう南化に対して、株主である日塩・台拓がこれ以上の資金供給を拒絶しようとし、融資行である興銀は資金とリスクの負担を株主にも求めたのだった。強制融資決定後に南化の重役は更迭され、陸軍から社長と監査役を迎え入れた。株主の日塩と台拓は、経営介入権のない無配当の株式を保有し続けなければならなくなった。一九四〇年半ばに展開された経済新体制運動の「資本と経営の分離」の実例として日曹改組はよく知られているが、子会社の南化においても「資本と経営の分離」が推進されたといえる。

結局、日塩と台拓が主張した南化の減資は行われなかったが、株式払込徴収は実施されず、南化の資金調達は興銀からの借入金に依存を強めた。陸軍が期待していた臭素製造工場の操業は不安定で原価が高く、損失金を累積させるのみであった。こうした南化の不良成績もあり、陸軍から社長を迎えた後も、追加融資の交渉では陸軍省整備局燃料課との交渉が難航した。製造原価の低下を通じて調弁価格の抑止を図っていた陸軍にとって、南化が劣等企業であることは明らかであったろう。

多額の資金と多くの資材を動員して建設された南化の工場は、戦争末期には空襲によって稼働不能になり、機械設備を疎開させる途中で終戦を迎えた。終戦後、南化の各工場は旭電化高雄工場・鐘ヶ淵曹達工業会社台南工場とともに中華民国経済部資源委員会に接収され、一九四五年一一月から台湾省電化業監理委員会の管理を受けた後、一九四六年五月に創立した国省合営の台湾製碱有限公司高雄廠・安平廠に再編された。

注

（1）先駆的な研究として、小林英夫「一九三〇年代後半期以降の台湾『工業化』政策について」『土地制度史学』（第六一号、一九七三年）。涂照彦『日本帝国主義下の台湾』（東京大学出版会、一九七五年）、第四章。

（2）近藤正己「内海忠司の高雄『州治』と軍」（近藤正己・北村嘉恵・駒込武編『内海忠司日記 1928-1939　帝国日本の官僚と植民地台湾』京都大学学術出版会、二〇一二年）。

（3）田島俊雄「中国・台湾の産業発展と旧日系化学工業」『中国研究月報』（第五九巻第九号、二〇〇五年）。

（4）台湾電力会社による日月潭電源開発については、北波道子「日月潭電源開発と台湾の工業化」（『人文学報』第八十五号、二〇〇一年、後に『後発工業国の経済発展と電力事業―台湾電力の発展と工業化』晃洋書房、二〇〇三年に所収）、湊照宏「両大戦間期における台湾電力の日月潭事業」『経営史学』（第三六巻第三号、二〇〇一年）を参照されたい。

（5）陳慈玉「一九四〇年代的台湾軍需工業」『中華軍事史学会会刊』（第九期、二〇〇四年）。

（6）『南日本化学工業株式会社社則』一九三九年一〇月（「内海忠司関係文書」Ｖ-56）。

（7）本節と次節における南日本塩業会社および南日本化学工業会社の設立に関する記述は、湊照宏「戦時および戦後復興期台湾におけるソーダ産業」（『中国研究月報』第五九巻十二号、二〇〇五年）の内容と重複する。

（8）陳慈玉、前掲論文、一五二頁。

（9）石永久熊編『布袋食塩専売史』（開庁四十周年記念出版会、一九四三年）、二〇三頁。

（10）「日本曹達が台湾製塩株を買ふ」（『台湾日日新報』一九三六年七月二二日）。「台湾製塩の支配権は日曹へ」（『台湾日日新報』一九三六年八月一一日）。「台湾製塩が日曹と提携の事情」（『台湾日日新報』一九三六年九月三日）。

(11) 下谷政弘「日本曹達から日曹コンツェルンへ」『経済論叢』(第一三四巻第一・二号、一九八四年)。
(12) 本段落の記述は、石永久熊編、前掲書、二〇三—二〇四頁を参照。
(13) 日塩は一九三七年初頭に布袋において野崎塩行所有塩田一八〇甲を買収していた(石永久熊編、前掲書、二〇四頁)。
(14) 台湾総督府専売局「第二回塩務関係協議会　協議事項ニ対スル意見」一九三七年一二月、(『工業塩田用開設計画概要』財政部塩務檔案S—03—17—(3)、中央研究院近代史研究所檔案館所蔵)。以下、同檔案を引用する際は塩務檔案と略記する。
(15) 「本計画ノ施行並ニ経営ニ関シテハ予テ本島ノ塩業開発ニ長キ体験ト功労ヲ有スル大日本塩業株式会社及台湾製塩株式会社ノ熱心ナル希望申出アリ更ニ最近設立ニ係ル台湾拓殖ノ積極的加入ヲ見茲ニ資本信用共ニ確実ナル有力三会社ノ完全ナル協力ノ下ニ新ニ塩田開設純国策会社ヲ創立シ以テ本計画有終ノ成果ヲ期セントス」(台湾総督府専売局塩脳課「台湾工業用塩生産計画ノ概要」一九三八年五月、同右塩務檔案S—03—17—(3))。
(16) 専売局塩脳課「工業用塩田開設準備ニ関スル打合会顛末概要」一九三八年一月一九日、(溝口書記『工業用塩計画具体化時代　昭和十五年三月編』塩務檔案S—03—20—(1))。
(17) 「塩田開設用地買収調印経過概要」一九三八年二月二一日、(同上塩務檔案S—03—20—(1))。
(18) 専売局塩脳課「工業用塩田開設準備ニ関スル打合会顛末概要」一九三八年一月一九日、(同右塩務檔案S—03—20—(1))。
(19) 同右資料。
(20) 「塩田開設用地買収調印経過概要」一九三八年二月二一日、(同上塩務檔案S—03—20—(1))。
(21) 同右資料。
(22) 石永久熊編、前掲書、二〇六頁。
(23) 「株式会社設立内認可申請書」(溝口書記『工業用塩計画実行時代　昭和十五年三月編』、塩務檔案S—03—18—(2))。
(24) 台湾総督府専売局「台湾工業用塩生産拡充計画ニ関スル経過報告書」一九三八年七月一八日、(前掲塩務檔案S—03—17—(3))。
(25) 「時局産業トシテ新生シタル南日本塩業株式会社創立ニ当リ土地買収資金ノ一部金三百六十万円ヲ大日本塩業株式會社、台湾製塩株式会社及当社ノ三社ニテ各持株比率ニ応シテ分担シタル金百〇八万円ヲ台湾銀行ヨリ一時借入シタ……」(「台拓社債元利金ノ支払ニ対シ政府保証ヲ請願スル説明資料」一九三八年一二月、台湾拓殖株式会社檔案一三三、国史館台湾文献館所蔵)。以下、同檔案を引用する際は台拓檔案と略記する。
(26) 社長より総務部長宛「台銀借入金百八万円ニ係ル件」一九三九年三月二〇日(経理課『昭和十二年起　借入金関係書類』台拓檔案二

四三四)。
(27)「其後第一回社債資金ヲ以テ第一回分ハ昭和十四年十月二十七日、第二回分ハ同年九月二十日ニ夫々返済……」(副社長より在京社長宛「南日本塩業第三回株金払込金ノ件」一九四〇年五月一七日、主計課『昭和十五年度　借入金関係書類　二冊ノ内第一号』台拓檔案七七二)。
(28)「吾社ノ払込金七二五、〇〇〇円也ノ調達ニ就テハ過日副社長ヨリ水津台銀頭取ニ内談セラレ、大体ノ了解ヲ得居ラルル筈ナルガ此際貴方ニ於テ改メテ台銀へ払込金引当借入金ノ件御交渉被成下度シ」(在京社長より日下理事宛「南日本塩業重役会ノ件」一九四〇年五月一〇日、同右台拓檔案七七二)。
(29)近藤正己・北村嘉恵・駒込武編、前掲書、七九二頁。
(30)近藤正己・北村嘉恵・駒込武編、前掲書、七九五頁。
(31)近藤正己・北村嘉恵・駒込武編、前掲書、八二二頁。
(32)近藤正己・北村嘉恵・駒込武編、前掲書、八六二頁。この時、内海は東京への移住を理由に森岡の勧誘を断っている。その後の監査役就任までの過程については、本書河原林論文を参照されたい。
(33)置村忠雄編『軽金属史』(社団法人金属工業調査会・軽金属協議会、一九四七年)、一〇四頁。
(34)山崎志郎「生産力拡充計画の展開過程」(近代日本研究会編『年報・近代日本研究9　戦時経済』山川出版社、一九八七年)。
(35)石永久熊編、前掲書、二一〇頁。
(36)「搬出積出費調　昭和十六年九月二十三日附調査書参照」、(南日本塩業株式会社『事業計画書』塩務檔案S-03-11-(1))。
(37)日曹は一九三二年から二本木工場で苦汁法の研究を開始しており、一九三七年には岩瀬工場でマグネシウム精錬を開始する(企画本部社史編纂室『日本曹達七十年史』日本曹達、一九九二年、五一頁)。
(38)台湾拓殖株式会社社長加藤恭平より台湾総督小林躋造宛「事業資金借入認可申請ノ件」一九四〇年四月一九日、(前掲台拓檔案七七二)。
(39)内海日記・回想録に頻出する「重役会」メンバーは、社則における「取締役会」メンバーに監査役・相談役が加わったものと推測される。
(40)日曹の中野社長に倉石忠雄を推薦したのは政友会の鳩山一郎であった(飯島博『倉石忠雄　その人と時代』倉石忠雄先生顕彰会、一九八七年、一七四頁)。

(41) 社則第五条では「但シ専務取締役カ社長ヨリ委任ヲ受ケタル事務ニ付テハ其ノ限度内ニ於テ之ヲ決裁スルコトヲ得」、としている(『南日本化学工業株式会社社則』一九三九年一〇月)。
(42) 社則第七条では取締役会に付すべき事項を「一、株主総会ノ招集ニ関スル事　二、資本ノ増減、会社ノ合併、解散等ニ関スル事　三、株金ノ払込、多額ノ借入金、社債募集若クハ償還ニ関スル事　四、事業ノ著シキ拡張又ハ縮小ニ関スル事　五、重要ナル訴訟ニ関スル事　六、相談役、顧問ノ嘱託ニ関スル事　七、役員ノ海外出張ニ関スル事　八、役員ノ報酬、交際費賞与金ノ分配率ヲ定ムル事　九、重要ナル規則類ノ制定改廃ニ関スル事　十、前記各号ノ外社長ニ於テ重要ト認メタル事項」と定めたうえで、第八条で「前条各号中緊急処理ヲ要スル場合ニ限リ社長ハ専務取締役ト合議ノ上直チニ執行シ事後ニ於テ取締役会の承認ヲ求ムルコトヲ得」として、緊急時の事後承認のケースも定めている(前掲『南日本化学工業株式会社社則』)。
(43) 旭電化工業株式会社『社史　旭電化工業株式会社』(一九五八年)、一八七—一八八頁。
(44) 旭電化工業株式会社、前掲書、一八八—一九〇頁。
(45) 旭電化工業株式会社、前掲書、一九〇—一九一頁、二一四頁。
(46) 台湾総督府専売局長今川淵より在京森岡総務長官・田端殖産局長宛「旭電化工業株式会社ノ事業計画ニ関スル件」一九三九年三月四日、(食塩生産係『塩外塩業及関連事業資料　二冊ノ内ノ一』塩務檔案S-03-13-(1))。
(47) 「当局トシテハ……製塩、副産物利用、曹達工業三者ヲ一貫タラシムヘク南日本塩業ノ姉妹会社タル南日本化学工業ニ一括経営セシムヘキ大方針ノ決定ヲ希望シテ已マサルモノナリ」(台湾総督府専売局長今川淵より殖産局長代理一番ヶ瀬佳雄宛「台湾ニ於ケル『マグネシューム』及曹達ノ生産計画ニ関スル件」一九三九年三月二日、前掲塩務档案S-03-13-(1))。
(48) 「若シ此際旭電化ヲシテ曹達工業ニ進出セシムル結果将来(十七年度以降)南日本化学ハ全然曹達工業其ノ他ノ塩ヲ中心トスル化学工業ニタツチシ得ザルガ如キニ立至ラバ極メテ不都合ナル事態ヲ招来スベシ……」(一番ヶ瀬局長代理より田端殖産局長宛、件名なし、一九三九年三月三日、前掲塩務檔案S-03-13-(1))。
(49) 旭電化工業株式会社専務取締役磯部愉一郎より高雄州知事内海忠司宛、件名なし、一九三九年一月二六日(「内海忠司関係文書」V-14)。
(50) 内海高雄州知事より森岡総務長官宛、件名なし、一九三九年一月二六日(「内海忠司関係文書」V-65)。浅野良三の代理者が内海知事に電気炉法製鉄工場建設計画を伝えており、日本鋼管株式会社の計画であったと推測される。
(51) 近藤正己・北村嘉恵・駒込武編、前掲書、八六九頁。日記は「石倉氏に注意を催す」とあるが、一月二七日の日記には「石倉忠雄君」

と記されているので、倉石忠雄であると判断した。

(52)　近藤正己・北村嘉恵・駒込武編、前掲書、八六九頁。

(53)　近藤正己・北村嘉恵・駒込武編、前掲書、八七一頁。

(54)　台湾総督府専売局長今川淵より殖産局長代理一番ヶ瀬佳雄宛「台湾ニ於ケル『マグネシューム』及曹達ノ生産計画ニ関スル件」一九三九年三月二日、（前掲塩務檔案S-03-13-(1)）。

(55)　同右資料。

(56)　「金マグ生産計画ニ関スル立川事務官ノ交渉経過報告概要」一九三九年一二月四日、（前掲塩務檔案S-03-13-(1)）。

(57)　「……軍ニ於テハ将来ハ兎モ角最近数年特ニ昨今ノ生産配給実績ヲ以テスレバ遽ニ南日本ノ製品ニ信頼ヲ置クコト能ハズ従テ将来軍ハ技術比較的優秀ニシテ質量共ニ最モ確実ナル生産ヲ実行シ来リタル旭電化ヲ指導シ其ノ計画ヲ軍需整備上ノ計画中ニ取入レアリタルモノニシテ……旭電化ノ高雄工場ノ設立ニ対シテハ之ニ伴フ多少ノ困難ハ後日ノ善処解決ヲ考慮スルコトトシ取敢ヘズ直ニ該社予定計画進捗方御配慮相煩度」（拓務次官田中武雄より台湾総督府総務長官森岡二朗宛「旭電化工業株式会社ノマグネシウム製造ニ関スル件」一九三九年一〇月一九日、前掲塩務檔案S-03-13-(1)）。

(58)　南日本化学工業株式会社『第弐回営業報告書』。

(59)　南日本化学工業株式会社倉石忠雄「建設予算超過説明書附意見書」一九四一年三月二〇日（「内海忠司関係文書」V-10）。本資料の一部が本書翻刻編に掲載されている。

(60)　この日曹苦汁工場の購入費は当初の予算に計上されていないことが後に判明し、問題化する。

(61)　南日本化学工業株式会社『第弐回営業報告書』。

(62)　回想録によれば、一二月一二日時点での予算超過総額は六三〇万四七二六円九八銭であった。

(63)　中野友禮伝記刊行会『中野友禮伝』（一九六七年）、一九八頁。

(64)　越藤は台銀出身者で、台拓の東京支店長として資金関係の業務を担当していた。

(65)　企画本部社史編纂室、前掲書、七八―八四頁。

(66)　南日本化学工業会社『第四回営業報告書』。

(67)　一九三九年四月の「会社利益配当及資金融通令」第十二条で既に「大蔵大臣生産力拡充資金其ノ他時局ニ緊要ナル産業資金ノ供給ヲ円滑ナラシムル為必要アリト認ムルトキハ日本興業銀行ニ対シ資金ノ融通又ハ有価証券ノ応募、引受若ハ買入ヲ命ズルコトヲ得」と定められており、「銀行等資金運用令」により融資命令は興銀から一般の銀行に拡大された。
(68) 方針転換にもかかわらず、一九四一年六月に日曹岩瀬工場のマグネシウム製造設備が南化高雄工場に移設されている（企画本部社史編纂室、前掲書、五一頁）。不要となった本設備を二五〇万円で売却する案があったが、日曹はこの案に消極的であり（内海日記一九四一年八月七日条）、その後設備がどう処理されたのかについては分からない。
(69) 一九四一年一月三一日の時点で、加藤は「台拓重役連よりは南化の問題に深入りすることを阻止的の勧告を受け居る」と倉石に電話で伝えている（内海日記一九四一年一月三一日条）。
(70) 谷ヶ城秀吉「戦時経済下における国策会社の利益確保行動―台湾拓殖を事例に―」『日本植民地研究』第二二号（二〇一〇年）。
(71) 齊藤直「戦時経済下における資本市場と国策会社―台湾拓殖が直面した株式市場からの制約」『経営史学』第四三巻四号（二〇〇九年）。
(72) 一九四一年一〇月、中野は直ちに台湾に渡り、海水から直接臭素を採取する安平第二工場の建設計画を立てている（内海回想録）。
(73) 一〇〇〇万円を限度に工場進捗の度合いに従って貸し出し、一九四二年四月までに貸し出しを終了することとされた。償還期限は融資契約日より五年で、利率は年五分とし、担保には工場財団を設定し、資金使途は設備金および運転資金と定められた。また、償還資源は利益金・株式払込金・資産処分代金とされた。
(74) 置村忠雄編、前掲書、九九―一〇〇頁。
(75) 「……南日本塩業デ現在ヤツテ居リマスガコレニ対シマシテモ数年来研究シテ参リマシテソノ結果鹹水カラ直接ブロームヲ取ルコトニ成功シ……」（台湾総督府『臨時台湾経済審議会議事速記録』一九四一年一〇月、二四七頁）。
(76) 南日本塩業株式会社「事業計画書」一九四一年一〇月四日、（前掲塩務档案S-03-11-(1)）。
(77) 南日本塩業株式会社「事業計画書」一九四一年一〇月一四日、（前掲塩務档案S-03-11-(1)）。
(78) 同右資料。
(79) 石永久熊編、前掲書、四一五頁。
(80) 南日本化学工業会社『第五回営業報告書』。社史編集委員会『日塩五十年史』（日塩株式会社、一九九九年）、一八四頁。
(81) 南日本化学工業会社『第五回営業報告書』。
(82) 曹達工業薬品配給株式会社企画部「台湾ニ於ケルソーダ工業薬品工業界未来記（台湾出張報告書第一編）」昭和十八年十月『台湾出張所』石川一郎文書、mf02: WI: 28。

(83)　南日本化学工業会社『第九回営業報告書』。
(84)　燃料課宮里少佐と面会した依田によれば、宮里少佐は南化の工場は日曹が経営する方が望ましいという考えであった（内海日記一九四三年一一月一八日条）。
(85)　「高雄工場ハ補修資材ノ入手難其ノ他ニ依リ安平、布袋、北門、各工場ハ天候不順ニ支配セラレ原料苦汁ノ確保ニ支障ヲ来セル外副原料ノ入手難ノ為生産ニ咀嚼ヲ生ジ予期ノ成績ヲ挙ゲル不能成績ヲ低下セシハ誠ニ遺憾ニ不堪處」（南日本化学工業会社『第十回営業報告書』）。
(86)　企業課長「南日本化学工業株式会社第十期決算ノ件」（『南日本化学工業株式会社』台拓檔案二七九一）。
(87)　企業課長より副社長宛メモ、一九四四年一二月八日、（同右台拓檔案二七九一）。
(88)　企業課長より東京支店長宛「南日本化学工業株式会社第十回定時株主総会ノ件」一九四四年一二月二九日、（同右台拓檔案二七九一）。
(89)　南日本化学工業会社『第拾壱回営業報告書』（同右台拓檔案二七九一）。疎開にあたり倉石は霧峰の林献堂から同意を取り付けている（飯島博、前掲書、一八七頁）。

第Ⅱ部　翻刻篇

日記

一九四〇年

一月一日（月）　晴　寒

朝来寒風凛烈。八時起床。一家揃て雑煮を食す。妻も起出でて、諸般の指図を為す、元気なり。

十時、愛日小学校の拝賀式に列す。忠昭は旧臘より風邪気味につき休む。

十時半帰宅。餅を食し次郎にも食せしめ同伴、靖国神社に参拝。尚、徒歩にて半蔵門に至り、バス、桜田門に至り二重橋前に至りて皇居奉拝、東京駅より省線にて代々木に至り、表参道より明治神宮に参拝。代々木より省線にて帰宅。

福井老来訪、福井静夫夫婦来る。

夜、年賀状七十通認む。今年は当方より一切出さず、来信に対し出す方針なり。

一月二日（火）　曇　寒

朝来寒気凛烈なり。書始めを為す。

十一時より忠昭同伴、写真屋に行く。

休業なり。忠昭を帰宅せしめ、大井の福井家、品川の木村、北沢の岩村、駒場の林に年賀訪問。林にて晩餐を認め、午後七時半帰宅。

妻はゼンソク気味、忠昭風邪未だ全治せず、発熱につき伊藤医師の来訪を受け居れり。

夜、年賀状整理。

一月三日（水）　晴　暖

稍暖気なり。午前中在宅。年賀状の来りしものに返信、及台湾異動者に栄転祝賀状書く。

高田佐太郎来訪。

午後一時半より古望仁兵衛に年賀に行く。五時帰宅。

福井静夫夫婦来訪一泊す。

一月四日（木）　晴　稍暖

静夫、午前九時帰り去る。桃子残る。十時木村浩夫婦子供、年賀に来る。十一時半帰り去る。十一時半田口先生訪問。忠昭進学の件打合す。武蔵高校入学願書は個人より出す事明瞭となる。学校よりは内申書を提出するなり。帰途、富士見写真館と忠昭写真期限の事打合す。

午後在宅、午後二時半、辛島勝一来訪。午前、会社の鎌田〔信助〕、福山、年賀に来訪。倉石〔忠雄〕は二日出発渡台せり。月末帰京の旨報告あり。

桃子午後四時帰り去る。

一月五日（金）　晴　稍暖

午前九時起床。

終日在宅。

午後、静夫夫婦来る、夕方去る。

田口来訪。

一月六日（土）　晴　暖

午前十時、忠昭同伴、富士見写真館にて撮影、十一時河村歯科医に行く。

午後、浅草、今戸、待乳山方面散歩、四時帰宅。

一月七日（日）　曇　寒

寒気来る。

午前十時、中野の願正寺に至り、近藤家の法事に列す。故皎〔空白〕君一周忌法会なり。林一家、立花〔境田の婿〕、楠、生野、其他来会者多し。日比谷山水楼にて供養あり。五時帰宅。

一月八日（月）　晴　稍寒

午前七時半起床。

十時、河村歯科医に行く。

正午小学校に田口訓導訪問。

森脇〔保〕訪問、カラスミを贈る、不在。

理髪、台拓に加藤社長訪問、快談。

五時半帰宅。

一月九日（火）　晴　寒

寒気漸く来る。終日在宅。

林〔辰子〕姉、福井夫人等来訪。

一月十日（水）　晴　寒

北風はげし、寒気加わる。午前十一時港湾工業加藤〔恭平〕常務訪問。岡部〔三郎〕東京湾埋立会社専務も来会す。正午辞去、故関〔毅〕専務を思ふ。

午後倶楽部、五時半帰宅。

一月十一日（木）　晴　寒

寒気凛烈、零下六度二分に至る。

午前十一時河村歯科医に行く。

正午東京駅迄バス、中央郵便局より橘川堀江校長に忠昭進学に関する書面出す。倶楽部に午餐、午後二時帰宅。恩給受領に払方町郵便局に行く。小松訓導共に忠昭と三人晩餐、牛肉スキヤキ也。武蔵高校入学の件打合す。

政界の風雲急、陸軍の総意申出により阿部〔信之〕首相も退陣の決意なせし模様にて後任に関る重臣の動き盛なり。十五、六日頃決定と噂さる。

＊日曹改組。興銀系重役六名退陣、興銀の筆頭理事小竹茂副社長就任、日曹の資金につきシンヂゲート団組織の計画盛る由、之により日曹コンチェルンの強化を予想さる。

何となく意気挙らず。

一月十二日（金）　晴　稍暖

稍暖、午前河村歯科医に行く。昨日填充せしところ、又々浮き出せしにつき抜歯の相談す。

午後在宅。

一月十三日（土）　晴　暖

朝来稍暖。午前河村歯科医に行く。遂に抜歯の事に決定す。

午後、後藤多喜蔵君家族一同来訪。妻は其厚意に大喜なり。

一月十四日（日）　晴

朝来稍暖、薄れ日指す。山本〔良吉〕先生に面会を電話せしが、明朝との事なり。子供の希望するままに午前十時半より国技館に行く。忠昭、次郎同伴皆大喜なり。

満員にて漸く立見席に入る。国技館は余も始めての事なり。相撲の技も又壮観なり。午後六時半終了。銀座に出て竹葉の鰻に腹をこしらえ帰る。夜来寒加はる。飛雪来る。忠昭の受験用写真を取りて帰る。

本日、臨時閣議にて阿部内閣は退却決議、辞表奉呈。

午後七時半、米内海軍大臣に大命降下す。

一月十五日（月）　晴　暖

午前十時約により武蔵高等に山本校長訪問す。忠昭の入学の件依頼す。快諾を得て入学願書を提出す。

帰途、愛日校に立寄り、田口訓導訪問。武蔵出願の件、第二回受験校の件打合す。

午後河村歯科医に行く。遂に抜歯手術を受く。後稍々疼痛を覚ゆ。

一月十六日（火）　曇　寒

朝来薄ら寒く、不愉快なり。十時半河村歯科医に行く。午後柴田隆明師来訪。先般、禅林寺派管長となりし由にて宗務にて上京せし由、来訪なり。木村兄来訪。

本日、米内内閣成立、親任式挙行さる。

総理　米内光政
外務　有田八郎
内務　児玉秀雄
大蔵　桜内幸雄
陸軍　畑俊六
海軍　吉田善吾
司法　木村尚達

文部　松浦鎮次郎
農林　島田俊雄
商工　藤原銀次郎
逓信　勝正憲
鉄道　松野鶴平
拓務　小磯國昭
厚生　吉田茂
官長　石渡荘太郎
法制　廣瀬久忠

一月十七日（水）　曇　寒

今日、歯科医は休み、午前十一時より倶楽部にて定例午餐会、前独逸大使大島浩氏の講話あり。午後四時帰宅。

昨夜本村〔善太郎〕氏新年宴招待を受けながら忘失欠席せしにつき挨拶に行く。

一月十八日（木）　薄曇　寒

午前十時半河村歯科医に行く。

近藤〔信子〕未亡人来訪。

午後、加藤台拓、一宮〔銀生〕日塩社長訪問。
　一、日曹重役陣改組の件
　一、南日本の電力料の件
加藤と水津〔彌吉〕と面談の結果、マクネ〔グ〕用八厘、曹達用六厘に決定の由、尚、台電に一〇％の株を持たせる事等談あり。改組につきては中野〔有礼〕の天才的又独裁的の人物論等出ず。五時帰宅。

杉本次雄の長男、英雄（余が名付親なり）、東港官舎前の堀にて遊戯中水死につき悔みと香奠五円送る。

一月十九日（金）　晴　暖

午前十時歯科医に行く。

午後海軍省に草鹿教育局長訪問。近藤匠海軍主計中尉二年現役採用の件、依頼す。倶楽部に行く。午後六時より錦水にて紫明会新年宴会に出席。盛会也。九時半帰宅。

次郎脚部火傷にて学校を休む。

妻機嫌悪し。

一月二十日（土）　晴　寒

午前在宅。

午後愛日校に田口訓導及草野校長訪問、忠昭の内申書は二十五日送付の予定の由なり。

午後在宅。

一月二十一日（日）　晴

次郎は足痛みて休養。午後十一時より忠昭同伴、銀座に出で天金天井に腹をこしらえ、松屋、高島屋、白木屋、三越、松坂屋、各デパート廻りを為し、紀元二千六百年記念展覧会を見、上野公園に行き、午後五時半に帰宅。

一月二十二日（月）　晴

午前、近藤未亡人来訪。

河村歯科医に行く。抜歯の痕稍いえたり。

午後、武蔵高等受験係に行く。忠昭に対する小学校長内申書二十五日提出の件なり、三時帰宅。

夜、柏原君来訪。明日は高雄に帰る由なり。

本日、南日本の高雄工場地鎮祭につき祝電を発す。

一月二十三日（火）　晴　暖

午前九時、森岡〔二朗〕長官訪問。昨日帰京せし故、訪問なり。

東邦《〔洋〕》電化に佐竹〔義文〕氏訪問。病気欠勤なり。桃山君と会談。

午後、出張所に清水〔七郎〕秘書官訪問、新任なり。

台南以来の旧知につき、都合よし、四時帰宅。

一月二十四日（水）　晴

午前、森脇保君来訪。今日、温泉の熱にて製塩の事業を企て興亜塩業株式会社なるものを創立せり、等話す。

午後倶楽部に至る。六時帰宅。

桃子来る。二、三泊の予定なり。

一月二十五日（木）　晴

午前、河村歯科医に行く。今日にて一応、手当を中止す。

午後、織田〔萬〕博士訪問。帝国南方政策と高雄の印刷物を呈して大に談ず。先生より和蘭の印象記を貰ふ。倶楽部に立寄り、午後五時帰宅。

一月二十六日（金）　晴

午前十時、河原田〔稼吉〕氏訪問す、不在。倶楽部に行き午餐。呉服橋三和銀行より手当を出し、三時帰宅。桃子は今日、大井に帰る筈なりしも風邪気味につき、泊らせる。妻ぜんそくにて困る。

一月二十七日（土）　晴

午前在宅。清水文書課長に午餐を供する約をなし、正午、山下幸楽に行く。電話にて打合せ、午後一時半、清水及企画部片山技師来る。同人は南日本の曹達工作に尽力中の人物なり。牛肉の鋤焼を馳走す。

四時分れ、倶楽部にて理髪、六時帰宅す。桃子は今夜逗子に帰る。

一月二十八日（日）　曇

雪曇りにて寒かりしも降雪なし。北国は大雪の由。午前十時、山本良吉先生を訪問し、忠昭入学の件、最後的依頼を為す。父兄の訪問者多し。中には入学志願の子供同伴の客もあり。山本邸は門前市を為す。余は高雄商業の談等を交え、思わず時を過して、午後一時辞去。柏木の売家、二十騎町の売家等を見て、午後三時帰宅。今日不在中、福井夫人来訪せし由、妻に逗子行勧誘の為也。

夕方久し振りにて納富〔耕介〕君来訪。明日台湾に行く由、鹿島組支店設置の為なる由。

一月二十九日（月）　曇

在宅、桃子母の見舞に来る。

午後五時家を出で、六時より東京会館に中野有礼氏の母堂忌明の宴会に出る。九時半帰宅。

一月三十日（火）　晴　寒

午前十一時より台湾会例会に出席。

松岡〔一衛〕殖産、平塚〔廣義〕勅選等の歓迎会なり。下村宏氏に高雄商業南方教育資金の件、話す。三時半帰宅。

一月三十一日（水）　晴　寒

在宅、午前十一時半、松本勝治来訪。勝田主計説を述べ去る。午後二時約により林姉の案内にて二十騎町の家を見る。売却済なり。午後五時、河合〔譲〕高雄商業校長来訪、南方教育資金の件、話し去る。

二月一日（木）　曇

午前七時起床、靖国神社参拝。

終日在宅。

妻、病気にてよわる。

木村浩兄来訪。

二月二日（金）　曇、雪　寒

朝来薄り寒気甚し。靖国神社参拝、午前在宅。

午後、出張所に林〔通雄〕事務官訪問、其の状況により企画院に植村〔甲午郎〕次長訪問。南日本に曹達事業承認の件なり。会社に至り、倉石に会ひ、種々打合す。紹介により日曹副社長小竹氏及小長谷に会ふ。

夕方より雪降る。寒気益々加わる。

二月三日（土）　曇　寒

夜来の降雪積ること三寸。午前七時半起床。

靖国神社に参拝す。午前在宅。

午後妻寒気の為弱つて便所通ひに困難を訴え室内便器を希望するにより、本郷辺に探しに行く。赤門前の上山医療器商にて一器を買ふ。三十五円と云ふに一驚を喫せしも致し方なく、買求めて帰る。雪解けのぬかるみ道を便器を下げてとぼとぼと帰る姿、我れながらあわれなり。秋田十一郎、外語出身満州軽銀会社に勤務中、今回徴兵にて入営の為帰国せりとて来訪。

二月四日（日）　晴

今日は晴天、終日在宅。但し朝、靖国神社参拝は欠かさなかった。

二日議会総理施政演説に対する斎藤隆夫の質問演説、日支事変の目的に関する言説につき陸軍より大抗議あり。三日総理、陸、海両相の駁論演説あり。斎藤氏は責任を負て民政党を脱党。尚議会は懲罰委員会に付すこととなる。小山議長は斎藤氏の演説速記後半を権限にて削除せりとて批難さる。

二月五日（月）　晴

午前八時起床、靖国神社参拝。

午前在宅。中川〔清子〕元総督夫人、妻見舞の為来訪。妻感激す。

午後二時より本郷上野方面散歩、五時帰宅。

二月六日（火）　曇

午前靖国神社参拝。

倉石より電話あり。南日本の事務所に重役室設置、余の席を設くる計画の由申越す、当然の事なり。渡台の時期問題、書類整備の件等打合す。

正午、出張所に長官訪問す。内務局長不在。河井〔合〕高雄商業校長来る、長官に紹介、南方教育資金の件依頼す。

三時帰宅。

千葉より洋服屋来る。外套を注文す、百五十五円なり。

四季の花の額面を買ふ、四円。表装を注文す。

夜雪降る。

二月七日（水）　晴

靖国神社参拝、午前在宅。

十一時より日本倶楽部に至り、定例午餐会に出席。発送電の増田〔次郎〕社長より電力飢饉の原因に関する談あり、五時帰宅。

二月八日（木）　晴

靖国神社参拝、午前在宅。

午後、大日本海洋少年団連隊原道太大佐来訪。台湾に於ける海洋少年団発展方につき協議あり。

総督府を動かして州市に号令をかけさせるの最も得策なるを話し、近く長官と面会を勧め置く。

二月九日（金）　晴

午前在宅、靖国神社参拝、常の如し。

千葉の洋服屋、仮縫持参す。

午後、大学病院坂口内科二十一号室、殖田俊吉君を見舞ふ。肺炎、中耳炎、糖尿で一時重態なりしも、稍々小康を得居るなり。

草花の鉢、四円三十銭を贈る。

午後四時帰宅。木村兄来り居る。

二月十日（土）晴

靖国神社参拝、午前十一時、羽田治三郎来訪。

今回渋谷隠田に居住することとなりし由にて、今夜一旦、帰西。月末上京、転住する由なり。電話架設の件、相談あり。平井宜英君に方法なきや照会す。正午、華族会館に二荒〔芳徳〕伯訪問。約に因る。午餐を共にして、大日本少年団台湾にて発展の件、打合す。

余に連盟の役員として尽力方相談あり。余は台湾の状況一応、視察の上、返事する事とす。麻布方面散歩帰宅。

忠昭、次郎と〔闕〕神武天皇の御像を飾り梅の軸を掛け梅の節句、明日の紀元節の準備を為す。

二月十一日（日）晴

靖国神社参拝、光輝ある二千六百年紀元節なり。

午前九時奉祝黙祈す。

十一時より忠昭、次郎同伴、宮城前に至り、宮城及賢所奉拝、余は東御車寄に参入、奉賀御帳に記入す。上野浅草方面に散歩、牛肉のスキ焼を二児に御馳〔走〕し母にむし鰈の土産、甘栗を姉に買ひて四時半帰宅。

二月十二日（月）曇

靖国神社参拝、午前在宅。

松本勝治来訪。母性連盟結成の為、渡支する由。

午後、三井ビルに平井宜英を訪問。

羽田君より依頼の電話架設の件、結果を聴く。物が無くて駄目なる由、帰りて此旨、羽田に通ずる事となす。織田信託に立寄り売家を聴く。四時帰宅。

高雄州高橋〔誠治〕主事上京、来訪し居る。種々高雄の談を聴く。

夜、野口榮三郎来訪。中野有礼日曹経営につき聴く。大に得るところあり。

今日、三井ビルにて東洋アルミの用田君訪問。山本〔雄一〕物産支店長とも会う。

二月十三日（火）雨

昨夜は二階座敷で寝た。能く眠つた。八時起床。珍ら敷、雨だ。

雨中を靖国神社に参拝。桃子に茶を点ぜしめて飲む。午前十一時雨を冒して昭和ビルに至り、台湾倶楽部に港湾工業の加藤常務を待ち合せて赤司初太郎を訪問。

事務所借用の件、口添えを為す。

総督府出張に山縣〔三郎〕内務局長を訪問、面談。台湾空襲の噂あり。同盟通信に内報ありたりとて、文書課に大〔ママ〕さわぎなり。

台湾との電話通ぜず、後報を待つ。五時帰宅。終日雨。

桃子、今日、午後帰り去る。

二月十四日（水）　晴

午前在宅。

靖国神社参拝。

福島廣子初節句につき雛の軸物を、武子より希望し来る。午後、三越に至るも適当品なし。銀座美術館にて一軸求む。四時帰宅。

二月十五日（木）　晴

靖国神社参拝。

昨日購入の雛の軸物来る。小包にて送る。

終日在宅。

二月十六日（金）　晴

靖国神社参拝。

終日在宅。

会計監査、簿記等研究す。

二月十七日（土）　曇

靖国神社参拝。

午前在宅。

午後、本郷、巣鴨より目白方面散歩。

二月十八日（日）　快晴　寒

午前六時起床。七時忠昭同伴、武蔵高等学校に至る。八時より忠昭の入学試験なり。観察力検定、口答〔頭〕試問、体格検査なり。

午後二時終了帰宅。大体出来たる様なるも、台湾物産に関する答弁不完全なり。成績心配なり。

四時より次郎同伴、靖国神社に参拝。

二月十九日（月）　曇

午前八時半起床。靖国神社参拝。

午後、三井信託に至りて信託証書類、貯金通帳、御賜品及妻の貴金属類を貸金庫に預け入る。理髪、海上ビル港湾工業に加藤常務訪問、五時帰宅。

バスにて佐上信一に会ふ。

夜、十時の列車にて西下、忠昭学校問題につき、第三段準備の為なり。

二月二十日（火）　雨

雨の京都に入る。午前八時半、京都駅着。

直に奈良電車にて伏見桃山に至り、府立桃山中学校にて入学志願状況調査す。

二月末迄出願期限にて、三月二十一日入学考査なり。志願者心得書、願書用紙等貰受け、後、桃山御陵参拝。御香宮参拝後、更に電車にて雨けぶる南山城、大和平原を南下。橿原神宮及畝傍御陵参拝。京都に引き還して京都ホテルに投ず。市内を雨中に散歩、矢尾政にて夕食。祇園神社に参拝、八時半寄宿。

二月二十一日（水）　晴

快晴なり。朝八時半、ホテルを出で祇園神社に参拝。東山早春の景を眺め平野屋にて朝食、栗田より大津電車にて山科に至りタクシーにて醍醐に帰る。墓参、長尾天満宮参拝。更に菩提寺境内なる余の出生を母の祈りたると云ふ八幡宮に参拝。午後、精二君と家計につき報告を聴く。小作米上り高三十八石なり。

昨日檀那寺融雲寺住職しん〔晋〕山式ありし由なり。

午後八時出発、京都駅九時十四分の列車にて東上す。

二月二十二日（木）　晴

午前八時新橋着。黄バスにて帰宅。

納戸町停留場にて忠昭、睦子に会ふ。

武蔵に行くなり。余は一寸帰宅の後、直に武蔵に行く。校門前にて下車、忠昭より第一次試問に合格の報を聴く。尚為念、掲示を見る。受験者百五十九名、第一次合格者百十七名なり。山本校長を訪問す。

試験中は何人にも面会せざる由なり、帰宅。

午後、山本先生に挨拶状出す。三時半より忠昭同伴、靖国神社に参拝。

夕方、品川の木村兄来訪。

二月二十三日（金）　晴

午前在宅、靖国神社参拝。

午後、目白の下田某の売家見る。位置、日当り申し分なし。室数十あるも実用面積少し不足。尚価格二万二千円は高価なり。

省線にて銀座に廻り午後五時帰宅。

二月二十四日（土）　曇

午前在宅、靖国神社参拝。

午後、倶楽部に至り理髪、林君と高雄商業南方資金につき談ず。

午後三時帰宅。桃子来り居る。岩村少将夫人も来訪中なり。午後五時半帰り去る。

二月二十五日（日）　曇

午前六時起床。七時より忠昭同伴、武蔵高等に行く。九時より父兄面会あり。

十時福井静夫応援に来る。

十一時忠昭の口頭試問も終了。正午帰宅。

桃子も一時来る。静夫、桃子、忠昭を中心に入学試験問題につき談りながら午餐。野口来訪、二時より靖国神社参拝。静夫は内田造船中尉の結婚披露宴にて東京会館に行く。

越智美雄より珍ら敷来信、予而計画中の東亜興業株式会社成立の旨、通知来る。

二月二十六日（月）　曇
午前在宅、靖国神社参拝。
十一時より糖業会館に至り台湾倶楽部例会に出席、午後四時帰宅。

二月二十七日（火）　晴
快晴なり。午前七時より靖国神社参拝。

八時半、忠昭、睦子同伴武蔵高等に至る。十時、合格者発表。四十三番忠昭も合格す。大安心なり。

忠昭、睦子を先に帰し、山本校長宅に挨拶。愛日小学校に田口訓導に挨拶し帰宅す。妻も大喜にて家内に歓声上る。浪人生活以来の明朗の気、家に満つ。武子に電報、桃子、小松先生、品川、林に電話す。

午後、会社に至り打合せ。大体三月十三日神戸出帆香取丸にて渡台に決定。

夜、福井芳輔氏を大井町に訪問、忠昭入学証書の保証人を依頼す。

二月二十八日（水）　晴
午前八時より忠昭同伴、靖国神社に参拝す。忠昭の合格により心長閑となる。

午前十時半、草野愛日校長より祝辞の電話を受け、小学校に草野校長を訪問、挨拶す。校長始め教員も皆々大に喜び居らるる模様なり。

午後、鈴樹忠信夫婦来訪。

夜、久布白兼治の死亡通知来る。人生朝露の如し。

二月二十九日（木）　晴
午前十時、武蔵高等に至りて忠昭の入学証書を提出し、第一学期分月謝其他を納入す。計三十七円也。山本校長に面会、入学許可の御礼を申述ぶ。十二時帰宅。
午後本郷方面散歩、四時帰宅。

三月一日（金）　雪
夜来降雪、終日止まず。朝八時靖国神社参拝す。興亜記念日につき参拝者多し。雪中の景は二、二六事件を追想せしむ。終日在宅。
午後、専売局塩脳課書記溝口直三郎君来訪。南日本化学工業の組織活動につき談あり。工業促進計画に関する謄写等贈り呉る。南日本経営につき研究を要すべし。

三月二日（土）　晴
午前八時、靖国神社参拝。十時品川木村訪問。
十二時、桃子も来る。木村兄夫婦に五反田の売家の案内を受けて見る。全体に陰気なり。且門前迄坂道あり。不適当なり。
桃子と辞去、桃子は牛込に行く。余は目白迄の省線の時間を計る。忠昭通学の参考なり。東京駅に至り、会社訪問。倉石は九日頃の船となる可き由なり。野口訪問、午後五時帰宅。

夜、江副九郎来訪。

三月三日（日）　晴

快晴、暖かなり。靖国神社参拝。

子供四連は大井福井に行く。桃子の稚節句の御祝宴なり。老夫婦は留守す。午前十一時、森田俊介君来訪。

午後二時半帰り去る。四時過ぎ子供連帰る。忠昭、次郎同伴、本郷に至り、赤門前山形屋にて忠昭の武蔵高等の制帽を求め、次郎に山田長政の画本を買ふ。日本橋高島屋に至り、忠昭の外套を買与え、新橋を経て帰る、心楽し。

三月四日（月）　晴

朝小雨後晴る。靖国神社参拝。

午前十一時、会社に出で渡台の件打合す。

倉石は十一日帰京の予定につき打合す要あり。

四月五日決算総会開催の予定の由につき、之に出席後、渡台する予定なり。

久し振り倶楽部にて午餐、三菱信託にて代々木の家及右京町の家を聞き実地視察す。代々木の方は位置申分なきも、日当り悪し、午後四時帰宅。桃子来り居る。五時半帰り去る。

三月五日（火）　曇

八時靖国神社参拝。

終日在宅。睦子、一昨日来病臥。

胃病の様子なりしが、今日、医師の診察受け黄疸の様なり。非常に弱り居る可憐なり。

三月六日（水）　快晴

快晴、暖気俄に加わる。今日は目出度き持久節なり。

午前九時より忠昭、次郎同伴、靖国神社を参拝して宮城前に至り参拝、東京駅より省線にて原宿駅に至り明治神宮に参拝。更に省線と地下鉄にて浅草に至り、浅草観世音に参詣の後、牛肉にて腹をこしらえ一銭蒸気にて隅田河を溯り、言問に至り言問団子を食し、隅田水上公園を散策。吾妻橋畔にて妻に佃煮鮒の雀焼を求め三時半帰宅。

午後六時約により田口、小松両訓導来訪。

忠昭の世話になりたる謝恩及入学自祝の宴を開く。小松訓導は痛快の人物なり。

桃子来る、二泊の筈。

三月七日（木）　雨

午前小雨、夜来の雨止まず、在宅。

午後二時羽田治三郎君来訪、四時辞去。

今回上京、隠田一の一六に居を構えたる由なり。午後四時より靖国神社参拜。

飯田町、富士見町方面散歩。六時帰宅。

睦子稍々元気を出す。

三月八日（金）　曇

午前在宅。

午後銀座に出で村松時計店にて予て側入れを命ぜる時計を受取る。ステインレスにて十五円なり。銀座八町日本橋方面散歩、帰宅。

妻足痛にて軸丸にいく。

森岡〔敏〕夫人来訪。

松村洋服店、忠昭制服の寸法をとりに来る。

三月九日（土）　雨

午前在宅。

午後日本橋丸善にて会社重役論求む。之はインチキ本なる事帰りて知る。

馬鹿馬鹿しき限りなり。改正商法求む。

銀座紀伊國屋にて「風の中の子供」求む。

童心に帰る要あり。

喜多見卓、手貝登志夫に返事出す。吉田盛次より返事来る。

四時帰宅。

三月十日（日）　晴

午前十一時福井芳輔氏、忠昭合格の祝辞に来られ、英和辞典を戴く。

午後二時より忠昭、次郎同伴、大崎酒屋及魚屋の案内にて白金台町の家を見る。

日当り悪しく間取りも悪し。電車にて虎ノ門の縁日を見て、忠昭は梨、次郎は桜、余はバラの苗木を求め帰る。直に植栽す。

三月十一日（月）　晴

何となく、憂鬱にて気分悪し。

午後隠田の羽田君の新居を見て帰る。

三月十二日（火）　晴

午前十一時、会社に出で倉石に面会す。

昨日台湾より帰るなり。余は四月五日の重役会に列席の後、直に渡台の事に打合す。

忠昭の入学式にも列席出来得る事となる。総督府出張所に至り西村〔高兄〕企画部長、島田〔昌勢〕文教局長、森田学務課長等に会ふ。文教局長には海洋少年団原道太氏を紹介し置く。

目白方面に散歩して帰宅。

三月十三日（水）　晴

午前十一時より久し振りにて倶楽部定例午餐会に出席、陸軍情報部某少佐の南寧作戦の講話を聴く。
倉石に電話して企画部長等と連絡の件、注意す。
五時帰宅。

三月十四日（木）　晴

午前在宅。
午後妻同伴、目白の家を見る。後出張〔所〕訪問、長官不在、五時帰宅。

三月十五日（金）　晴

午前在宅。午後会社にて倉石と面談打合す。
九州共同火力に吉村正太郎訪問、羽田の件依頼す。

三月十六日（土）　曇　稍寒

今日は竹田宮大妃殿御葬送の日なり。
終日何事を為すともなく過す。

三月十七日（日）　晴

快晴風稍寒し。午前中在宅、台湾時代の自動車運転手、川人松雄来訪、文書課雇員より潮州郡属に転任、病気にて本年三月退官せし由にて台拓入社希望の由につき、加藤社長に代頼《〔依〕》状認む。午後、約により山本良吉氏訪問。四月渡台の件、等話す。三時辞去、雑司が谷《〔ケ〕》、音羽、護国寺辺散歩して帰る。

三月十八日（月）　曇　寒

稍寒を覚ゆ。終日在宅。

三月十九日（火）　曇

午前十一時より倶楽部に行く。午後、小石川林町大橋氏の案内にて巣鴨六丁目の家を見る。神田を経て倶楽部に至り、理髪、五時半より錦水にて紫明会月例会に出席。木村〔尚達〕法相の祝賀宴なり。九時半帰宅。
次郎成績品持ち帰る。近来稍向上の形勢あり嬉し。

三月二十日（水）　晴

郡〔茂徳〕君来訪の約あり。在宅。午前十時半、郡君夫婦来訪。
午後忠昭、次郎同伴、神楽坂散歩。
本日、南京に於て中央政治会議第一回開催、新支那の黎明を告ぐる歴史的中央政治会議を南京にて開く。新中央政府の名称は「中華民国国民政府」、成立時期は「三月三十日」、「国旗は青天白日満地紅旗」に当分重慶政府と区別する為特別の表識を付す。主席汪精衛、北支臨時政府首《〔主〕》席王克敏、維新政府首《〔主〕》席梁鴻志、及蒙境《〔疆〕》自治政府よりも参加す。

三月二十一日（木）　晴

午前十一時より約により出張所に至り、森田君と会ひ、幸楽にて午餐、牛肉スキ焼なり。午後二時分れ、巣鴨の家を見て帰る。

桃子来り居る。忠昭、次郎同伴銀座に行き母より忠昭、カメラを求め貰ふ、大喜なり。

三月二十二日（金）　晴

寒風盛なり。十一時水交社に至り、海洋少年団協議会に出る。小山理事長、日暮〔豊年〕、原両理事、島田文教局長等会食、金澤〔正夫〕海軍々事普及部長、同部員海軍大佐、加藤氏等会す。午後三時辞表。

四時より桃子、次郎同伴、銀座に至り、伊東屋にて次郎に模型飛行機九六式艦上戦闘機求め帰る。

忠昭今日、大宮公園方面に学級より遠足、今日次郎、通信簿貰い帰る。図画乙を除き、全甲にて第二学期より著しく進境を認め意気揚々と帰り、帰る桃子も大喜なり、喜し。

三月二十三日（土）　晴

此日天気晴朗なれ共風強く、寒風なり。午後一時桃子、次郎同伴、目白下田の家を見に行き交渉開始す。権利金坪八十円、即一万三千五百円の由にて二万円迄下る由なり。余は全部にて建坪、坪三百円、即一万五千円説にて応渉し、分る。

会社に出る。四月十日頃、決算重役会の由にて十五日富士丸を申込置き呉る。四時帰宅。

忠昭、通信簿貰ひ帰る。全甲なり。

既に武蔵高等に入学し、当然とは申せ愉快なり。

三月二十四日（日）　晴

午前在宅、午後一時半より忠昭、次郎同伴、徒歩九段下、鶴屋書店に至り、忠昭の武蔵高等教科書、次郎の小学四年全科書、漫画、絵本等求め帰宅。

睦子、慶子は宝生能楽堂に能見物へ行き夕方帰宅。睦子稍弱る。女中千萬発熱病臥。

三月二十五日（月）　晴

午前十時、愛日小学校に至り、忠昭卒業式に父兄として列席す。忠昭は優等賞を受く、午後一時より妻、慶子、次郎同伴、自動車にて千駄ヶ谷森岡邸訪問す。園子ちゃん結婚約成る祝賀の為なり。後、余単身富士建築株式会社に至り、高田馬場の売家を見る。戸塚町なり。大体良好、四時帰宅。六時より忠昭、次郎、慶子同伴、学士会館に至り、忠昭卒業、慶子、次郎、進級祝賀の為、洋食を食ふ、後、神保町散歩、帰宅。

三月二十六日（火）　曇

午前十時より妻、睦子、忠昭、次郎同伴、戸塚の家を見に行く。省線の音響喧しく妻には不適の意見なり。

帰途、余は忠昭同伴、神田神保町の書物屋に立寄り、徒歩にて帰宅。

午後、鈴木伊勢教夫婦来訪。家探しも少々嫌になった。

三月二十七日（水）　晴　暖

気持好き快晴だ。木村兄来訪。十一時より忠昭、次郎同伴、逗子行き。飯田橋駅より省線で横浜に至り、横浜港埠頭見学、山下町公園でサンドウイッチで午餐を取る。港の風景は高雄を思い出す。子供連は大喜びだ。タクシ〔ー〕で掃部山公園に至り港内を伏観の後、横浜駅から横須賀線で逗子に至り、桜山の福井宅に至る。桃子大喜だ。子供二人を残し午後七時辞去、九時前、帰宅した。

妻、此頃林姉と不和、林姉は木村兄とも不和なので、和解策を考えて居る様だ。

今日は木村兄と色々相談した事と思ふ。

度し難き姉だ。

三月二十八日（木）　晴

正午、出張所に森岡長官を訪問、少年団連盟入りの件、了解を得。三和にて手当を換金、午後四時帰宅。日本地理風俗大系総論の部求む、四円也。

三月二十九日（金）　晴

午前十一時より台湾倶楽部例会に出席、小磯拓相の歓迎会なり。

後、倶楽部に休憩、五時より中央亭に新日本同盟例会に出席。

村瀬〔直養〕前商工次官の統制経済に関する意見を聴く。

三月三十日（土）　晴

午前吉田盛次来訪。忠昭、次郎御相伴させ、学士会にて午餐を供す。神田にて忠昭に靴を買与ふ。十九円八十銭には驚きたり。須田町鉄道博物館、廣瀬中佐の銅像を見せ帰宅せしむ。余は大塚坂下町の家を見る。道路せまきに過る。三時帰宅。

今日、南京に於て新中央政権政府の還都式挙行、東亜新秩序建設の基礎成る。

三月三十一日（日）　曇

午前在宅。午後一時忠昭同伴、富士見写真館に武校入学記念の写真を撮らしむ。

殖田君訪問、肺炎にて入院中のところ、全治退院につき祝辞の為なり。

六時より一平荘にて林兄夫婦、木村兄夫婦と余夫婦、睦子同伴晩餐を共にす。

四月一日（月）　曇

午前中在宅。

次郎本日始業式に行く。副分団となりし由、大得意なり。

午後三井信託貸金庫より台銀定期通帳を出し、書換えなす。利息共一万六千八百円あり。更に金庫に入る。

帰途、神田に忠昭及次郎に教科補助の書物を求め帰る。

桃子来泊。

忠昭発熱、横臥。明日中治療の要あり。

森脇来訪。

四月二日（火）　曇

忠昭、本日も病臥、明日の入学式には欠席するより他なし。

午後、矢来より小石川水道端、電通院本郷弓町方面散歩。

四月三日（水）　雨

朝来曇後雨となる。武蔵高等の入学式なるも忠昭、数日来風邪発熱にて、此光輝ある式に列し得ざるは遺憾なり。

余は保証人として参列す。午前九時開式、山本校長訓示要旨
一、本校の沿革
一、一木第一代校長よりの教育方針
一、東西文化の融合
一、世界に雄飛する人物の養成
一、自ら考え自ら調べる人物の訓練
一、新入学検定法による採用は人物の能否を充分知り得ず、無能者は退学せしむることあるべし。
正午帰宅。

夜、田口、小松両訓導来訪、忠昭に祝品を頂く。

四月四日（木）　曇

午前九時、田中長三郎君来訪。海南島開発事業計画、着々進捗の状況を聴く。海軍は不言の間に仕事を進めつつある談あり、頼もし。午後、西大久保の家を見、三越に立寄り、森脇君結婚の祝品を送らせ、倶楽部に小憩、六時より木挽町灘萬に泉量一君の招宴に列す。天野温四君同伴なり。松田竹太郎君も来会。快適の一夕を過す。十時帰宅。

睦子、丹毒を病む。徹夜看護す。

四月五日（金）　雨

夜来雨也。睦子丹毒につき、午前八時半同伴、野谷医院に行き、入院治療の件、相談す。軽快に赴き、其要なき由聞かされ安心す。昨夜、睡眠不足につき、午後寝る。

午後雨盛なり、珍らし。花に暴〔嵐カ〕しなり。

四月六日（土）　曇

花曇りなり。午前七時より忠昭同伴、家を出て、八時武蔵高校に至る。八時二十分より入学式に列す。山本校長の訓示あり。近時、武蔵高校の成績低下、校紀弛緩を嘆慨され、生徒を激励さる。十一時帰途につき余は健児閣に宮本〔守雄〕君を訪問す、不在。長崎少将留守宅を訪問す。

敦賀台なり、機関長に赴任せる由なり。

午後次郎同伴、逓信博物館見学、三時帰宅。

近藤未亡人来訪、匠君の海軍二年現役は体格検査にて不合格なりし由なり。

睦子全快、喜し。

四月七日（日）　晴

桜花の好時節なり。忠昭、次郎同伴、飯田橋駅より省線にて市川に至り、眞間寺及国府台の桜花を賞し、江戸川を遡行して柴又に至り、西武線にて上野に至り、桜を賞し、午後三時帰宅。

四月八日（月）　晴

本日より忠昭、武蔵に通学を始む。

午前八時、山王ホテルに天野温四を訪問、不在。田中長三郎氏訪問、快談。

九時半、池田〔長康〕男爵訪問、大阪旅行中にて不在。夫人に面会。羽田治三郎君、訪問。京都行にて不在。

午後在宅。

四月九日（火）　晴

午前十時健児閣に二荒理事長訪問、懇談す。余を大日本少年団理事に嘱託の旨談あり。十一時より連盟本部に紹介されて台湾少年団につき一場の談話をなす。昼食を共にし午後一時辞去、帰宅。午後在宅。

昨八日、独逸軍は突如、那威及丁抹を占領、今や独英両軍は海空戦にしのぎを削りつつあり。欧州戦乱に一進転を見たり。

四月十日（水）　晴

午前十時半、会社に行く。倉石、鎌田共不在。

倶楽〔部〕定例午餐会に出る。老人医学の講演なり。

五時帰宅。

大日本少年団連盟より余を理事に任命の辞令来る。

四月十一日（木）　晴

朝十時会社に倉石に会す。重役会十五日開催の由につき、余出発を二十三日、大和丸に変更す。余も此の方、好都合なり。

倶楽部に午餐、帰宅。

更に忠昭の理科の教科書求めに九段及び神保町に行き六時帰宅。

四月十二日（金）　晴

倉石より面談希望申込あり。午前十時会社に行く。別段の用件なし。日曹幹部編成等の談あり。羽田に偶会す。

日本倶楽部に同伴、午餐を共にし閑談す。

午後六時より、帝国ホテルにて森岡二朗君、令嬢園子嬢、黒川廣二君と結婚披露宴に出席す。朝野の名士を集め、盛会なり。

午後十時帰宅。

大久保留次郎君、東京市長に当選。

市会長期間の紛争にて漸く政友派の推薦にて当選せるも、前途の多難を想像さる。

お向ひ大橋進一氏の令息急性肺炎にて死亡す。

四月十三日（土）　雨

夜来の雨、花に嵐也。

午前八時、大橋氏弔問。大久保留次郎君に市長当選の祝辞。泉岳寺畔に竹下〔勇〕海軍大将訪問。少年団連盟理事長就任挨拶、十二時帰宅。次郎の為博物用解培〔剖〕具買与ふ。

桃子一昨日より来遊中、病臥中なり。

四月十四日（日）　雨

春雨蕭々たり、終日在宅。

大橋氏葬式にて終日騒々し。

福井母堂来訪。

四月十五日（月）　晴

午前十時会社に出る。重役会なり。

十四年上期決算承認、曹達工場計画の件、第二回払込の件等なり。

午後総督府出張所訪問、長官明日出発帰台につき、挨拶の為なり。

横須賀より海軍機にて出発の由なり。

午後五時帰宅。

四月十六日（火）　晴

午前十時、日塩に一宮社長訪問、不在。

海軍省に磯部〔淳〕海軍大佐訪問、其紹介にて山本〔弘毅〕海軍少将訪問す。

午後二時帰宅。

四月十七日（水）　晴

午前八時、忠昭同伴、武蔵高等に至る。同校開校記念日なり、引続き父兄会、同懇談会あり。午後二時帰宅。余不在中、手貝来りし由なり。

午後三時半、福井静夫来訪、夕食に牛肉すき焼きを共にし桃子同伴帰り去る。

桃子妊娠の兆あり。

四月十八日（木）　晴

午前十時日塩社長一宮訪問。

余渡台につき打合す。正午帰宅。

午後二時約により手貝千代志来訪。

台湾談に花咲き一平荘に晩餐を供し去る。

四月十九日（金）　雨後晴

午前九時半、越智美雄来る。十時、手貝千代志来る。

十一時帰り去る。午後、松本勝治来訪、勝田内閣運動談にて盛なり。

田原屋の洋食を供し去る。

松本は中支旅行帰来なり。

四月二十日（土）　晴

午前会社に行って渡台の件、打合せた。

旅費三百五十及船車切符等受取る。

森脇を訪問する。明後二十二日丸の内会館で結婚披露式に出席して呉れと云ふ。余の出発は午後九時半の急行だが、式は八時半には終了すると云ふので、出席の事を約束する。大阪の近藤房吉氏に紹介さる。近藤氏はゴム販売組合の組合長で荷車のゴム車□〔輪カ〕業者、且海軍ファンなる由、同氏等の斡旋にて田畑啓義（海軍少将、桃子の友人の父君）もブリッヂストーンに関係せる由にて矢張り明後日の披露宴に列する由につき、同席を希望し置く。

四月二十一日（日）　晴

明日より台湾旅行につき不在中の事を頼む意味にて挨拶の為先づ大井町の福井を、次で品川の木村を、次で駒場の林を訪問。

午後三時帰宅。

旅行の準備を為す。

四月二十二日（月）　晴

今日は出発日、且結婚式にも列するのだから、モーニング一著に及んで午前十時家を出で、先づ神楽坂の理髪屋で美装し、三井信託に行って家内依頼の貯金通帳を受取り、台湾に行って旅費を信託し、倶楽部で午餐、池田男爵と連絡をとり四時交詢社に池田を訪問。小磯拓相宛紹介の名紙を貰い、五時丸の内会館に行く。森脇の結婚は秋田清の媒酌にて同氏夫婦、大達〔茂雄〕内務次官、近藤、田畑、小濱〔浄礦〕、裨方弘毅、其他知人多し。馬場恒吾も来会。面識者となる。九時半、東京駅に至り野口君持参して呉れた荷物を受取り、近藤、田畑、福井静夫、松本勝治、倉石忠雄等見送りの下に、出発西下す。

四月二十三日（火）　晴

関が〔ケ〕原辺で目が醒めた。京都を出てから朝餐を取る。藤原商工相が乗って居った。大阪に当業者の会合に出席する様で大阪で下車して、内閣の人気は藤原一人で背負って居る様だ。午前九時半、神戸三宮着。桟橋にタクシーを飛す。

大和丸に乗船、正午出帆す。何時来ても神戸港は好い所だ。午後一時午餐の卓にて森下〔薫〕、塚本〔赳夫〕両台大教授、井上会計検査官、花蓮港の小川氏、同医院長等同卓、賑かだ。

四月二十四日（水）　晴

午前八時、門司着。門司の気分は良し。旅行は気持の良いものだ。

一寸上陸、日本郵船支店に立寄ると越智美雄に会ふ。大和丸に乗るべく船客係と交渉中だ。町の本屋に行って火野葦平の河童昇天を求めようと思ったが未だ来てなかった。十時船に帰る。越智も乗り込んだ。正午出帆。

高橋亀吉の現代台湾経済論を読む。

天気晴朗波静なり。

四月二十五日（木）　晴

珍ら敷、平静の航海だ。高橋の台湾経済論読む。台湾米穀管理令は全く高橋の指導精神で出来た事が分る。

台湾には今節米運動で大問題だとの話題が食堂を賑す。

四月二十六日（金）　晴

平穏なる航海だ。正午アヂンコートを過ぎ、午後二時入港、眞田水上署長の出迎を受け西澤〔基一〕君の代理で吉田と花蓮港の殿井〔一郎〕が出迎呉れる。水上署で小憩、尾山〔義一〕基隆郡守の顔が見えぬので聞かせると台北大学病院に入院中との事だ。急行に乗り込む。

岩田此一、鈴木〔恒蔵〕（茶販主事）等も同車だ。五時台北着、鉄道ホテルに入る。

西澤、太田〔良三〕来訪。太田は今回退官、納富の勧誘で鹿島組に入ったのだ。鹿島組も台湾進出を実現したのである。午後七時より梅屋敷で四四会を開く。森岡、川〔河〕村〔徹〕、有田〔勉三郎〕、藤田〔倶治郎〕、某、余なり。余は怪気焔を挙て皆を煙に巻てやった。

四月二十七日（土）　晴

午前八時三好正雄の出迎を受けて台湾神社に正式参拝。帰途、三板橋の墓地に故三好〔徳三郎〕翁の墓参後、栄町の三好家訪問、故翁は昨年四月死去、正式の弔問の積りだ。

長官官邸に森岡長官訪問、総督府に小林〔躋造〕総督訪問。再会を約す。島田文教局長訪問。余を台湾連合少年団顧問に嘱託の申出あり、承諾する。小野田を外事部に訪問する。南洋に半年間出張、一かどの南洋通となり居る。千葉〔蓁一〕外務部長を紹介して貰ふ。表町の台湾南方協会に菊池〔門也〕中将訪問。

夜、西澤基一氏招き、二人にてホテルに晩餐、西澤君の南方協会入り前後の状況を聴く。十一時、田中長三郎君来訪。

四月二十八日（日）　曇

午前約により官邸に小林総督を訪問。

昨日は短時間の面会であったから、今日はゆっくりと統治上の諸問題を話し合った。

米問題については色々説もあるが要するに節米運動によって挙国一致の体制を示す模範を台湾が示したものと考えて堂々とおやりなさいと云って置いた。正午は約によって桜井貞次郎、越智美雄と三人梅の家で午餐。

午後四時の急行で単身基隆に行って貴州丸に乗込んだ。花蓮港行の定期船だ。高原〔逸人〕庁長の約を果して、花蓮港視察をする積りだ。午後六時出帆、三千噸級の船だ。

四月二十九日（月）　曇

黎明太平洋上に天長の佳節を迎え、七時入港、高原庁長、矢野〔操〕属出迎を受けて自動車で花蓮港街筑陽軒に入って小憩。十時高原君は拝賀式を済せ、自動車で迎えに来て呉れた。花蓮港築港、工業地帯を見る。日本アルミ及東邦金属等の工場建設がどんどん進んで居った。花屋敷に午餐、午後は吉野村、種馬所、水電工事を見て一応、筑陽軒に帰った。午後七時から花屋敷で高原と日本アルミ石川の招待で余と松本道路港湾課長晩餐の供を受く。

四月三十日（火）　曇

午前九時、矢野属案内で高原庁長宛訪問、後、タッキリ渓の砂金採取状況及仙寰橋畔の道路、工場視察、午後一時帰って庁を訪問。

午後六時出帆の武昌丸に乗込んで帰途についた。

小磯拓相は台東方面から明日花蓮港着、同夜貴州丸で台北に来る日程である。

五月一日（水）　曇

午前八時基隆着。九時の列車で台北に帰った。自動車を呼んで台拓、台銀、交通総長、専売局長、軍参謀長を歴訪する。ホテルにて午餐、午後、台北大学病院に田中一二夫人、赤十字病院に尾山君を見舞ふ。州庁、市役所訪問。

夜、越智美雄来訪、市内散歩。

谷口巌君を訪問。更に官邸に森岡長官訪問、其注意により明日帰台の西村企画部長より資材関係の状況を聴取することとす。

五月二日（木）　晴

午前在宿、連続的に来客あり。

谷口の招待にて京町の裏通りの天浮羅屋で午餐を共にす。余の市尹時代に京町土地問題にて大に手腕を奮〔ママ〕って市の公会堂の財源を造成せし旧跡なり。三時より約により総督府にて西村企画部長と面会。

四時より公会堂に小磯拓相の歓迎会に列す。小磯の言動は台湾にて兎角の批評があったが、歓迎会の答辞は上出来であった。七時より帰宿。倉石専務に西村企画部長と会見状況を航空便。

日本亭で森田、小野田、高橋、慶谷〔隆夫〕、清水〔重四郎〕、西村等より招宴を受く。愉快だ。

五月三日（金）　晴

午前九時半、西澤、三好、吉田其他の見送りを受けて台北発、高雄に向った。午後四時半高雄着。知事、内務部長、市尹其他の代理者及会社の池田〔斌〕総務課長其他の出迎を受く。今日、今の時刻に英霊の市葬があって御歴々は夫れに出て居る由だ。堀江町の会社に着いて社員の接見の後、旅館吾妻に入った。

夜、江藤夫人、山下〔益治〕署長来訪。

五月四日（土）

午前八時半より、池田君の案内で先づ高雄神社参拝、知事官舎を始め各官衙に挨拶廻りを為した。

午後は草衙の会社の工場建築状況を見た。資材関係や何かにて進行遅遅たる状況である。先づ10％の出来形である。帰途、台湾鉄工場〔所〕訪問、天野工場長の案内で戯子甲の新工場を見た。余の助力による新工場、電気鋳綱施設を見るのは愉快であった。

夜は天野、久保の招待で聴松園で晩餐を取った。

五月五日（日）　**小雨　曇**

乗馬会、余の歓迎朝飯会に出席した。

乗馬服と靴は味園君が供して呉れて吾妻迄出迎へて呉れ、乗馬で乗込んだ。来会者多く、盛会だったが、昨夜来の雨で馬場に水が溜ってあまり乗馬が出来なかった。九時帰宅。宅に手紙等を書き、十一時から人力車を雇って右田、伊藤、中村、第一中学、高橋伝吉、大和小学校に田村〔保〕校長を訪問した。大和小学校は創立記念日で学芸会があったので二時間計り見物した。夜は聴松園で高雄市会議員の総出で余の歓迎会を開て呉れた。

五月六日（月）　**晴**

小林総督が朝の急行で来着されるので駅に出迎えた。糀島海軍少将も来て居って、小倉〔眞二〕通信隊司令に紹介して貰った。左営の海軍用地に行った。糀島少将が来いと云ふので其自動車に乗せて貰って、工事準備がどしどし進行して居るのを見て愉快だった。事務所其他の建物も出来、糀島君からイ号潜水艦引上げの苦心談等聞て思わず時間を過した。一旦会社に帰り、池田君の案内で築港事務所に山下〔繁造〕君を訪問。萩原造船所で会社のタンクボート及曳船建造の状況を視察。午後は三井、三菱等重なる会社銀行に挨拶廻りを為し、午後七時から花壇で官民代表者の歓迎宴に臨んだ。

＊午前一時壽山館に小林総督訪問。
午後三時出発を駅に送った。

五月七日（火）　**晴**

今日は安平工場視察だ。午前八時半、内山君の案内で急行で台南に行った。森行工場長、柳〔悦耳〕監査役等の出迎を受け、鉄道ホテルに小憩、森行の案内で安平工場建設状況視察。午後は各方面の挨拶廻りを為し、越智寅一君をも訪問した。六時から鶯遷閣で川越専売支局長、出澤〔鬼久太〕製塩、柳南塩、森行工場長等と晩餐を共にし、九時の列車で高雄に帰った。柳監査も同行。

五月八日（水）　**晴**

午前九時から会社で柳監査役と共に決算書の監査を為した。

六時から吾妻旅館に各課長、係長を招致、晩餐を共にした。柳監査も同席。

九時散会後、大和小学校に行って余の為に開会せる少年団蕃〔晩カ〕会に列席。一場の演説を試みた。

五月九日（木）晴

高雄は晴天つづきで気候は暑い。十時から会社で遠藤技師、高橋調査係長等に資材関係の説明を聴取した。

午後七時から江ノ島で漁業共同組合の幹部、魚市会社から歓迎宴を受けた。関口〔壽之助〕技師も同席、関口は今回総督府技師に栄転した。

宴後、関口と丸中、逢坂屋に行った。

五月十日（金）晴

今日は東港視察及屏東に挨拶に行く。

倉澤君同行、州より自動車を出して貰って行った。下淡水渓の人道橋を渡って、余の時、計画せる新道を萬丹に出て東港郡役所に入り、中村監督員と港湾工業の人の案内で東港航空隊建設状況を見る。水上滑走路の浚渫も八分通り竣工、埋立工事も心配する程、柔かでない。モーターで場内一週、東港街に帰り街官民有志招待、午餐会に出て後、自動車で屏東市役所、航空支廠訪問。午後四時高雄に帰った。

夜、関口君の出発を送り、西元〔坂一〕君と宿で懐旧談に時を過した。

五月十一日（土）晴

倉石専務が急行で到着につき出迎ふ。

松尾健吉（技師、高雄工場長として二本木より就任、曹達のオーソリーチーなり）も同行来任、直に会社に入って、森行小松問題の解決其他に当った。

帰宿は九時になった。

五月十二日（日）晴

午前中来宿、三神〔豊之助〕、犬飼〔圓碩〕等其他来訪者多し。

午後倉石君は夫婦で台南に行ったとて帰りに来訪して呉れた。

六時より丸中で三神、犬飼、山下〔益〕、大串〔孫作〕、安部〔倍カ〕、田村、竹村〔俊一〕等から歓迎晩餐を受けた。愉快である。

五月十三日（月）晴

九時、松尾繁治及倉石を訪問。前金で隣〔ママ〕ひ合せである。十時会社に出た。

倉石と草衙の現場に行った。

午後五時、高原が来るので駅に出迎えた。夜は花蓮港青果組合長としての高原の招宴で江ノ島に推参した。

高雄青果で聴松園で二次会をやった。

五月十四日（火）
午前七時、高原の出発を送った。
九時会社に出て明日の総会の事を打合せた。
夜、花壇で倉石の招宴に列した。
今日、海軍から賞与百四十四円貰った。

五月十五日（水）　晴
海軍から貰った百四十四円を使ふことにして、明日海軍関係者を招待することにし、午前九時州文書課長訪問。斡旋方を依頼した。

十時より商工奨励館で会社の総会開会、十一時終了した。

高雄航空隊司令を訪問した。

夜、江ノ島で社長名で官民重立者を招待した。

五月十六日（木）
倉石は台南現場に出張した。
会社に出る。
夜、聴松園に海軍関係者を招待した。糀島少将、小倉大佐、前田中佐、中島中佐、村瀬大佐、鈴木技師、上野技師、外に江藤〔昌之〕内務、宗藤〔大陸〕市尹を陪賓に来て貰った、盛会。

五月十七日（金）　晴
坂田〔國助〕商工奨励館長来訪、招待して呉れると云ふので今日午餐の供を受けた。
夜、江ノ島で松尾、山本、本地〔才一郎〕等の招宴に列した。

五月十八日（土）　晴
倉石が帰ったので事務打合せを為す。商工奨励館に州庁出入りの記者連の招待、お茶の会を開いた。
夜、江ノ島で三谷三菱の招宴に列した。帰って仕度を為した。

五月十九日（日）　晴
午前九時半、沢山の官民の見送りを受けて花々しく出発した。愉快だ。

倉石も台南迄同行した。

津屋会計検査官、黒田塩糖専務も同車、愉快。

台北着、ホテルに入る。

大関善雄を台北医院に見舞った。小田内科で余の嘗て入院の病棟である。中村看護婦長も未だ居るとの事であったが、日曜なので居らなかった。

夜、三好、亀山の両人から梅屋敷で晩餐の供を受けた。

五月二十日（月）　曇
専売局、総督府方面、軍経理部長、市役所其他に挨拶に廻った。
又資材関係の交渉も為した。
夜、長官官邸の招宴に列した。

芦田均代議士の陪賓だ。

五月二十一日（火）　晴

西澤、三好、谷口其他の見送りを受けて午前九時半出発、基隆から蓬莱丸に乗った。

独軍本月中旬より突如運動を起してマチノ線を突破して北仏に入りカレー、ダンケルツク方面と包囲陣を造り、英仏連合軍は俄然苦戦に陥る。

五月二十二日（水）

終日海上、芦田代議士と同乗で退屈せなかった。

海上は頗る平穏。

五月二十三日（木）　晴

午後一時門司着、郵船に行って大和丸の件依頼し、門司駅から武雄に向った。武子、土産の芭蕉実、廣子に人形を買った。

佐賀駅には江副九郎が来て呉れて居った。七時武雄着。

武子が廣子を連れて迎えに来て呉れた。バスで嬉野の武子の宅に行った。御母堂も元気を回服〔復〕して居られて武子も東京に同伴出来るそをだ。

嬉野も海軍病院が出来て盛になって居る。

五月二十四日（金）　晴

終日、嬉野に滞在した。廣子も大分成人して歩ける様になって居って可愛いい、色が故か黒い。

母堂の弟正司氏が時計屋をやって居るので訪問した。小雨降る。

五月二十五日（土）　晴

朝来雨も晴れた。

午後一時、武子、廣子同伴、バスで鹿島に出て汽車で門司に向った。

旧知の佐賀の山川の風光はなつかしい。

午後四時門司着。郵船支店に行ったが、大和丸は延着したので明日神戸で燕に連絡は困難との事で、会社の人の斡旋で今日午後八時半の富士で出発することとなった。山陽ホテルに小憩。

富士で出発。

五月二十六日（日）

朝神戸で燕の急行券を受取った。

京都で一旦下車。武子、廣子同伴、丸山の芋棒で朝食、京都大学病院で原〔五郎〕海軍中将を見舞ひ、北野天満宮に参拝。午後一時三十六分、燕に乗り込む。倉元要一、柴安代議士、林正亨等同車、近衛公母堂も居られた。名古屋より政界の惑星宇垣一成も乗った。

午後九時東京着、睦子、福井老夫婦等迎えに来らる。十時牛込の宅に着、桃子も来て居った。

五月二十七日（月）晴

午前十時台銀に水津頭取訪問。渡台中の状況報告、手貝採用の件依頼す。

大体承諾を得たるを以て手貝親子に照会す。

会社に出る。社長不在、帰宅。

武子母子、桃子等来り居る故、家内大賑ひなり。

五月二十八日（火）晴

午前十時会社に出て社長に面会。

渡台中の事項を報告、一旦帰宅。

挨拶状等認む。桃子、午後三時頃帰り去る。

四時半家を出て一ツ橋学士会館に、後藤多喜蔵君令息の結婚披露宴に列す。帰途、夏外套を求む。五十円也。

五月二十九日（水）晴

午前九時、大雲堂小僧来る、地理風俗大系交換す。改訂判〔版〕なり。

正午倶楽部定例午餐会に出席。

金澤海軍少将の海軍より見たる世界大勢、有益なる講演なり。

午後二時出張所訪問、中村〔寛〕秘書官及西村企画部長面会、其結果により会社に行き倉石に航空便出す。

六時帰宅。

五月三十日（木）晴

午前九時水交社に小林総督訪問、森脇新婚家庭を訪問。

正午、台湾倶楽部定例午餐会に列席、小林総督歓迎会に出席。

午後三時帰宅。

桃子来り居る、夜帰り去る。

夜、大雲堂小僧来り、地理風俗大系を改造社地理大系と交換す。

五月三十一日（金）晴

午前九時武蔵高等に行って山本校長に会ふ。台湾談をやって正午辞去。

午後は在宅した。

六月一日（土）晴

逗子の桃子宅に泥棒が入ったとの報があったので行って見る。

午前十一時に行った。福井母堂も来て居らるる。明巣〔空〕覗ひが這入って俊夫君の写真機を持って行った。二、三百円の品だそだ。生徒には高価過る。午後二時半去って大井町の福井家訪問、六時帰った。

六月二日（日）小雨後霽

午前中在宅。午後忠昭同伴、神田で雨外套及夏霜降りの制服を買ってやった。忠昭を帰して駒場の林訪問。次で品川の木村を訪問した。何れも不在中の礼だ。五時帰宅。

午前、森田俊介君訪問。可愛いい男だ。

六月三日（月）　晴

午前十時会社に行って社長、小長谷常務に会う。倶楽部で午餐後、省線で池袋に行って武蔵高等を訪問する。今日は父兄面会日だ。

小野〔赳〕担任教授及同氏の紹介で鎌田〔都助〕数学、上野〔賢知〕漢文、平井国語等の諸教授と面談した。何れも成績頗る不良だ。要するに学習の方法を誤って居る様だ。今日から余自ら家庭教師となって大に督励をやる積りだ。午後四時帰宅。直に今日から始めた。代数は少々苦手だ。

六月四日（火）　晴

午前、木村兄、福井母堂、相次で来訪、応接にくたびれた。

午後、三井信託に行って武子の郵便貯金通帳を受取って帰る。

夜、三島〔通陽〕子の招宴にて巽に行った。

加藤男、伊藤子、松岡殖産局長等相会したがあまり面白くなかったので早く帰った。

独軍ダンケルックを占領。

英軍は全部大陸を引上げた。

六月五日（水）　曇

午前十時二荒理事長を健児閣に訪問。台湾視察状況を報告す。帝国少年団との関係につき、小林総督談を材料に種々意見を交換す。

台銀に和田〔正彦〕副頭取を訪問。手貝登志夫の履歴書を出して依頼す。

日本倶楽部定例午餐会に出席す。陸軍の何とか中佐の欧州戦争談を聴たが、あまり明瞭で無かった。

三時帰宅。

本日、横須賀工廠で軍艦の進水式があったが行かなかった。

六月六日（木）　晴

午前九時約により、竹井十郎君来訪。

爪哇人の日本留学生事業を計画につき渡台、南方協会と協議したき由につき、南方協会、今川〔淵〕、菊池両常務理事、小野田、西澤に紹介状を渡す。

午後、大味久五郎氏を訪問、病気静養中にて高雄に行かれたる令嬢及大内君転任の件、浅野セメントに交渉の件、依頼さる。

午後三時半帰宅。

次郎いたずらにつき訓戒す。

忠昭の指導相当骨が折れる。

今日は代数を指導す。数学は余にも苦手だ。

六月七日（金）　晴

妻が逗子に行くので新橋駅迄送る。武子、廣子、睦子同伴大勢だ。

午前十時二十九分発車を送り省線で東京駅に行って、海上ビルに三谷〔彌三郎〕台湾セメント専務を訪問。

大味〔久五郎〕氏より依頼の大内君の件依頼。工業ビルに福井翁訪問。

午後一時帰宅。次郎と午餐を取る。

忠昭の英語を指導する。

六月八日（土）
手貝登志夫から待遇に関する返書が来たから、和田台銀副頭取に速達を出す。
目白雑司ヶ谷の売家を見に行ったが、あまり感心せぬ。午後一時帰宅。
忠昭、次郎と午餐を共にす。
忠昭の代数、英語を指導する。
夜、忠昭、次郎と神楽坂に散歩す。
夜、驟雨来る。

六月九日（日）　晴
午前七時起床。

終日在宅。忠昭は明日、地理の試験だと云って勉強をして居る。

妻が不在だと皆音なしい。

午後一時苗屋が来たので薔薇の苗、紅、黄、淡黄三本を買って忠昭、次郎と三人で前庭に植える。

野口君が武子の切符を買って来て呉れた。

午後四時頃、妻の一行帰宅。

夕方、次郎と神楽坂散歩、墨を一挺買ってやった。蛍を買ひたいと云ったが、蛍屋さんが店を出して居ないので次郎は失望した。

六月十日（月）　晴
午前七時小林総督に面会を打合せたが、午後四時に来いとの事だ。

忠昭十時前帰宅。地理の試験は大体出来た様だ。明日漢文の試験につき、之を練てやる。

午後四時出張所に小林総督を訪問。新竹州産業五ヶ年計画の実績表を示して、農産奨励に就ては技術者の正しき意見を採用し、之を実行する迫力あれだ。

台湾は未だ未だ農産物増産の余地あることを力説して総督府の課長、技師連が地方庁の仕事につき謙虚なる気持を持て研究し、良いことは之を採用し他州に及す用意が必要也と説た。
＊伊太利が愈々参戦した。

六月十一日（火）　晴
午前九時半頃、忠昭は帰って来た。漢文の試験は大体出来た様だ。明日は休み、明後日は国語だから、今日は午前中代数を見てやる。午後も代数を見てやった。理解力の薄いのには些か心弱くなった。基本的の訓練が全然出来て無い様だ。夕食後、二人で靖国神社に参拝。

神楽を散歩して帰った。

夜は英語を見てやった。へとへとになりよった。未だ未だ頑張る力が足らない。
＊午前三時小林総督の出発を東京駅に送った。
久し振りで長谷川〔清〕海軍大将に会った。

六月十二日（水）　晴
今日は忠昭は試験が無いので学校は休みだ。午前に代数を一寸見てやったが、あまり始終側に付て居るのも気づまりだと思ったので、国語の準備は独りでやらせて出張所に行ったが、小林総督の少年団に書て頂いた揮毫は宅に送らせて頂いたそをだから台拓に加藤社長を訪問したが、未出勤につき東洋電化の佐竹〔義文〕副社長を訪問し色々台湾の事を話し倶楽部に同行して午餐会に出た。帰りに白木屋で麻の夏服を注文した。一着四十五円だ。午後五時帰宅。

六月十三日（木）　晴
終日在宅。
忠昭今日は国語の試験、成績はあまり良好で無かった様だ。
明日は英語の試験だから、うんと指導した。大分出来て来た様だ。然し未だ今後も大に力を尽す必要がある。

六月十四日（金）　晴
午前中在宅。忠昭、今日は英語の試験であったがあまり成績は良好でなかった様だ。
午後は代数を指導する。
夕方、古望仁兵衛来訪。大阪旅行（商用）の序に山科の中村を訪問したそをだが、忠三郎氏救済方法を順昭に於て立てるべく余より順昭に交渉して呉れとの事であったが、余は断って置いた。夫れは忠三郎氏の子供連で相談すべき問題であるのみならず、余は此の問題について元来不快の感情を持て居るからだ。

六月十五日（土）　晴
午前出張所に西村企画部長を訪問した。不在。台拓支店に加藤社長を訪問したが病気で引籠中の由だ。

午前十一時半帰宅。

忠昭、今日は試験は無かったが代数の成績が甚だ不良、不良と云ふよりは全然なって居ない。今日迄如何なる勉強をやったのか頗る疑問だ。午後は元気付けに次郎と三人で勝鬨橋の開閉作業を見に行った。桜田門迄徒歩、それより先は電車、大分疲労した。

武子は明日、出発帰佐するので妹連と銀座散歩や買い物に多忙をして居る。

＊仏は遂に巴里を開城した。独逸は多年の志成って巴里を無血占領した。

六月十六日（日）　曇

朝来在宅。忠昭の代数を指導した。

随分骨の折れる仕事である。忠昭は独力で勉強する気魄が不足して居る様だ。

余も泣き度くなった。忠昭もしくしく泣き出すと可憐になった。朝は早朝に忠昭と次郎同伴、神楽に行って忠昭に靴のひも、次郎にはなしやうぶを買ってやった。博物の教材だ。

午後三時の急行で武子が廣子同伴、佐賀に帰るので駅迄送った。睦子、慶子、桃子も同伴、駅には福井老夫婦が来て呉れた。

妻は寂しがって居る。

夕方、慶子、忠昭同伴、神楽に行って原稿紙、筆巻、インク、ノート等買てやった。
＊手貝登志夫来訪、和田台銀副頭取に紹介してやった。明日訪問の筈。

六月十七日（月）　雨

珍らしく雨だ。大乾に大喜だ、終日在宅。

六月十八日（火）　曇

一日の雨で又晴れた。午前台銀に和田副頭取訪問、昨日の礼を云ふた。

会社に立寄る。倉石は来月初に帰京の予定の由だ。

午後一時半帰宅。

小松先生来訪。

夜、忠昭の英語を見てやる。

六月十九日（水）　曇

午前十時から家を出て日塩の一宮社長を訪問した。倶楽部で午餐、島田農相の米の問題の講演を聞た。

午後は倶楽部で読書。六時から錦水で紫明会に出た。夜九時に帰宅。忠昭の代数を見てやった。

慶子、今日夕方出発、学校の北海道修学旅行に行った。

六月二十日（木）　晴

午前、台拓の加藤社長を訪問す。二十六日出発帰台するそをだ。

丸ビル竹葉の鰻を食って省線で目白に行って黄バスで武高に行った。一年級の父兄会だ。

校長、小野、平井、塚本〔常雄〕諸先生より話があって、山上学校行についての注意あり。

後、各先生に就て注意を聞て帰った。

忠昭は各課目共頗る劣等なのには閉口して、大に指導に努力して大勢をばん回するを要する。七時帰宅。

今日は次郎の父兄会もあったが次郎の成績も思ったより良くな

い様だ。

六月二十一日（金）　晴

子供の学校の事で頗るゆううつだ。

午前中、在宅。午後は武校に行って平井国語先生に面会す。昨日会えなかった為だ。忠昭は仮名使ひが成って居ない由だ。此点に特に注意することとする。

仮名使ひは老爺も些か閉口だ。

明日は英語の試験があると云ふので晩く迄指導してやった。

福島の弟隆君が北支の戦線で名誉の戦死を遂げた旨の通知が武子から来た。幹部候補生となって居ったのだ。

福島の家の三人は兄弟全部出征して居る名誉の家だ。

六月二十二日（土）　晴

午前、森脇来訪、曹達灰買付相談の為だ。

午後忠昭の数学、英語を見てやる。

六月二十三日（日）　晴

午前中在宅。忠昭を指導した。

十一時半から忠昭、次郎同伴、予ての約によって学士会で午餐を取り原宿の東郷神社に参拝した。此程鎮座祭があったのだが境内も思ったより広く社殿も中々立派だ。忠昭と次郎に御守を頂てやった。

原宿には近衛の出征兵（応召）が宿営して居った。

其町を通って外苑に出て信濃町から省線で帰った。忠昭の英語学習は中々困難な様だ。

六月二十四日（月）　晴

又晴天が続く様になって追々暑気が加わった。

午前十時、出張所に西村企画部長を訪問する。二十八日、資材関係の閣議を終って三十日、香取丸で帰台すると云ふから会社に行って、倉石に台北で西村君と会ふ様に電報及航空便を出した。西村君の談によると企画院方面では日曹関係は評判が悪い様だ。一宮君の説を裏書して居る。困った事だ。

港湾工業の加藤君を訪問、台湾の状況を話し、神田で忠昭指導用の仮名遣ひ、英文法等を求め、神保町で世界地理風俗の満州国編を求めて帰った。電車で尾佐竹〔堅〕君に会った。

＊近衛枢相辞任、後任原〔嘉道〕副議長、近衛辞任理由、内外未曾有の変局に対応するため強力なる挙国政治体制を確立する必要は刻下の急務なり。

此の為、微力を捧げたい。

六月二十五日（火）

＊午前八時三十五分（日本時間）を期して独伊対仏休戦状態に入る。

六月二十六日（水）　曇後雨

今日は満州国皇帝陛下が我二千六百年式年祭祝賀の為、御来朝東京御着の日で東京は賑わった。午前十一時半、無事東京駅御着。天皇陛下も御出迎の為、東京駅迄出御なる等盛事であった。十一時半倶楽部午餐会に出て、土井〔土居明夫カ〕騎兵大佐のソビエットの談を聴た。雨降り来る。三時半帰宅。

忠昭の勉強を見てやった。忠昭が何か凝乎と上目で凝視する顔貌はあまり他人に好い感じを与へ無い。もっと明朗に指導する必要がある。

桑名台北土木課長、江副九郎等に手紙を書た。

六月二十七日（木）　雨

雨だ、終日在宅。雨は誠にありがたい。

夕食後、雨の小やみを見て忠昭、次郎同伴、神楽に散歩。

夜、忠昭の英語と代数を見てやる。

忠昭には昨夜、ローマ字綴りでタアキ、ウツミを教へてやったのに今日の試験には失敗したそをだ。真に情なくなる。

六月二十八日（金）　曇

午前十時起床した。昨夜、否今暁から胃か肝臓の疼痛で困った。湿布で漸く平癒した。空は曇天、そこはかとなく、一日を暮した。忠昭は五時頃帰った。呑気な奴にはほとほと困る。次郎も今日は友達を連れて来てうるさくてたまらない。

夕食後、神楽に散歩。忠昭、次郎同伴、帰宅後、忠昭の数学と英語をみてやる。

六月二十九日（土）　曇

午前十時、三和銀行に行って俸給を受取て帰りに慶子に紅谷でワッフルを買て帰った。今日は慶子が北海道修学旅行から帰る日だ。

正午前帰宅すると慶子は帰って居った。余には熊の調刻〔彫〕と白樺のパイクを呉れた。可愛いい子だ。

ロイド、ジョージの大戦回顧録を読む。

忠昭の帰宅が遅いので心配したが、五時過帰った。駒場の義姉が来る、実に嫌な義姉だ。家内総すかんである。六時赤堀の手紙を以て〔ママ〕運転が迎えに来た。珍事だと思って居ったら、近藤信竹海軍中将の招待だった。木挽町山口だ。十一時帰宅。

六月三十日（日）　曇

終日在宅。

忠昭や次郎を指導する。

七月一日（月）　晴

午前九時から家を出て海軍省に近藤中将を訪問、其紹介にて豊田〔副武〕航空本部長に面会、種々快談、辞去。出張所に泊〔武治〕総長訪問す、不在。神田に廻り、忠昭にノートを買求め二時半帰宅。

夜、忠昭の勉強を見てやる。

七月二日（火）　曇

終日むし暑い。不愉快な日だ。長岡隆一郎氏の令嬢が死なれたので、午前九時半から家を出て小田急で成城町の長岡邸に見舞に行く。秋田清と竹下が来て居った。涙もろい長岡氏は弱り切って居られた。令嬢二十一才、肺結核で亡くなられたのだそーだ。夫人も弱り切って居られ見るに耐えない。

十一時辞去、新宿で竹下と分れて帰った。

紀伊國屋でロイド、ジョージ大戦回顧録第二巻と代数解法を求めた。

午後から夜に忠昭の英語を見てやる。

忠昭の努力の足りないのと記憶力の不足には泣き度くなった。

七月三日（水）

終日在宅。

昨夜忠昭の勉強で夜更しをして睡眠不足で不愉快だ。外に出る気持も出ないので一日ごろごろして居った。

夜は矢張り忠昭を見てやる。

七月四日（木）　晴

終日在宅。むし暑くて閉口だ。

京都の代議士福田〔関次郎〕と云ふ人から電話で来訪を予告して来た。午後三時来訪。余に京都市助役の内交渉であった。福田と云ふ人はあまりよく知らないから不得要領で帰して置た。

忠昭の英語を見てやる。

新竹州産業五ヶ年計画の序文を書いた。

七月五日（金）　晴

猛暑益々加わった。

台湾経済研究会に十円振替を送り、新竹州産業五ヶ年計画を経済往来に出す事を交渉して余の序文を送った。倶楽部に行って、福田関次郎代議士の身許を調査した。川崎〔卓吉〕にも聞た。

午後二時帰宅、忠昭の代数を見てやった。

七月六日（土）　曇

午前在宅。

忠昭が帰って山上学校用の虫の標本見て買ひたいと云ふので同伴、省線で吉祥寺に行って井頭公園の平山博物館に行った。

七月七日（日）　曇

在宅、忠昭の英語を見てやる。

夕方から忠昭と同伴、靖国神社に参拝。

今日は支那事変三周年記念日だ。午前五時起床、慶子同伴、靖国神社に参拝。之で今日は二回参拝だ。

七月八日（月）　曇

長岡さんに慰問に行った。新宿の高野でメロンの籠入、二個で十円を携て成城町に行った。今日は一七日の積りだったが、昨日であって主人不在、夫人に会て慰問して帰った。

七月九日（火）　雨

午前在宅。

午後から神田に忠昭の書物を買ひに行った。神保町で阿部八代太郎の算術代数問題集二巻を買った。八十銭、暑中休暇中の勉強用だ。

赤靴が破けて駄目になったから一足買った。二十二円七十銭、あまり高価とも思わぬが穿いて見ないと丈夫さが分からない。雨に会て帰った。

手貝登志夫が来た。台銀に出勤して居る由、之で一安心だ。

七月十日（水）　曇

昨日は雨で涼しかったが今日は雨止みて、不相変むし暑い、いやな天気だ。

午前十時頃、珍らしく旧友堀義正君から東京に来たと電話があり、十一時半、来訪。一平荘で午餐を供す。

夜、忠昭の英語を見る。学校で英語が不得意の為、三輪、小野、両教師より種々虐待を受くる事を訴ふ。可哀想でもあるが、又困った事だ。大に激励を加へ置く。

＊新生活理想確立、一切の政治の統一、国民的訓練、叡智の発揮、特権閥打破、公正明朗なる東亜的団結への躍進、日本政治、叡智と達観と勇気と統一の欠如、自由主義的小手先による生産力拡充速度の緩慢化、中産的社会的地位に来る重大危機

七月十一日（木）　曇

午前九時半から西久保大味氏訪問。故夫人の一周忌だ。浅利、下村（壽二）、堀口未亡人、其他来会、午餐の供を受けて午後三時帰宅。

＊時代を誤導せる既存諸勢力の反対を克服して行く一切の組織的努力と機縁との成熟が結晶して「力」となる。

七月十二日（金）　曇

むし暑い、終日在宅。

午後忠昭の英語を見てやる。

七月十三日（土）　曇

むし暑く不愉快の日だ。終日在宅。

本もあまり読めない。

午前十時、加藤君来訪。港湾工業の嘱託手当を持参した。

夕方忠昭、次郎同伴散歩。

七月十四日（日）晴

忠昭同伴、神田に散歩。

山上学校行の品を買求め与ふ。

七月十五日（月）曇

忠昭は早く帰った。

成績不良なりし由にて大にしょげ居る。覚悟する事とて大に激励して暑中休暇に輓〔挽〕回を計る事とす。

七月十六日（火）

倶楽部に行って会社に電話した。
倉石は十五日帰ると云って居ったが十八日帰京の由だ。
確定すれば知らせる様依頼して置く。
忠昭成績は、
修身、理科　乙
漢文、地理、図画、習字　丙
国語、英語、数学　丁
甚だ不良だ。暑中休暇にうんと頽勢挽回の積りだ。
午前忠昭同伴、上野駅に行って軽井沢迄の切符を買与へ手荷物を出した。上野公園散歩。
＊畑陸相の辞職申出によって米内内閣は総辞職

七月十七日（水）晴

午前七時半、忠昭を送って上野駅に至る。今日から武蔵高等一年生は全部小野教授に伴われて軽井沢に行くのである。

午前八時四十分出発を送って帰宅。umbrella を持たせてやるのを失〔ママ〕れたので午後上野駅迄行って鉄道便で送ってやった。

山本先生古稀寿記念会に妹尾〔光太郎〕は五十円出したと云って居ったから、余も五十円出した。今日振替で送った。
＊近衛文麿に大命降下。

七月十八日（木）晴

午前在宅。

夜九時倉石が台湾より帰京するので、東京駅に出迎ふ。

田中一二君夫人死亡の電報が来たので弔電と香奠十円送った。

七月十九日（金）晴

午前十時倶楽部に行って倉石専務を招致、午餐を共にして台湾の事業の状況を聴取す。午後二時半帰宅。

近衛組閣、吉田海相、東条〔英機〕陸相、松岡〔洋右〕外相丈けは決まった様だ。

七月二十日（土）　晴

暑い日だ。

午後慶応病院に入院中の輪湖清美君を訪ねた。五月上京、旅中肺えそに罹って入院療養中の由、昨日夫人来訪で知ったのだ。病気は殆んど軽快で好都合だ。五ヶ年計画の追懐談等して帰った。

七月二十一日（日）　晴

不相変暑い。菊井君を訪問。松波博士を紹介を請ふ。快諾を得た。午後五時訪問を約す。終日在宅。中野有礼の明日の世界を読む。

午後五時松波仁一郎博士を訪問。台湾談に花を咲かせて帰った。博士は最近台湾に行かれたから意見を述に行ったのだ。

七月二十二日（月）　曇

むし暑い日だ。午前十時築地中央市場に行って、台湾青果から芭蕉実の籠を軽井沢山上学校に送らせた。倶楽部に小憩、正午丸の内会館に行った。

倉石が南日本関係者を集めて会社の現状を報告に立会った。午後二時半解散、帰宅。

＊本日午後九時親任式

総理　近衛文麿

外務兼拓務　松岡洋右

内務、厚生　安井英二

大蔵　河田烈

陸軍　東条英機

司法　風見章

文部　橋本〔田〕邦彦

商工　小林一三

逓信兼鉄道　村田省蔵

企画院　星野直樹

無任所大臣

書記官長　富田健治

法制局長　村瀬直養

七月二十三日（火）　晴

暑い。水戸海軍中将と約によって午前十一時半水交社に訪問した。

興亜院厦門連絡部長を辞めて軍令部出仕になって上京したので、訪問して午餐を共にし旧を談じた。

八角〔三郎〕海軍中将にも食堂で会った。「八角閣下、拓相になって下さい。而して私を次官に登用して下さい、待ってますよ」と云ったら、笑って居った。午後四時帰宅。

七月二十四日（水）　晴

古荘〔幹郎〕大将の告別式の日だ。午後二時からとの事だから午餐後、モーニングを一着に及んで青山斎場に行く。少し時間が早かった。控室で待つ。松井〔石根〕大将も来て居った。

告別式には畑、寺内〔壽一〕、其他諸星集まり盛大であった。

古荘大将は台湾軍司令官時代の知り合ひで、殊に南支攻略軍の司令官として活躍された前後には屢々面会した昵近の間柄である。

バイアス湾敵前上陸後、病を得て高雄に上陸されたとき「出先きに関する限り陸海は真にきん密に連絡をとった。海軍はよく助けて呉れた」と繰返し述られた言葉が耳に残って居る。

七月二十五日（木）　晴

今日は忠昭の山上学校を訪問する日だ。午前八時三十分上野駅発。

準急行に乗る。満員で席も無く閉口だ。内務省防疫課長をやって居った内野氏に会った。正午軽井沢着。

蕎麦を食って腹を造り青山寮に行った。忠昭も元気にやって居って教授連の気受けも好い様だ。

山本先生に面会、京大出身航空研究所の研究部長西井氏も父兄として来会、快談。

午後、山本先生、烏帽子折（謡曲）の指南あり、後、先生の御案内で碓石《〔氷〕》峠、熊野神社、軽井沢の辺を散歩して帰る。夕食を共にして更に快談。

七月二十六日（金）　曇

朝五時半起床。霧が深く山本先生に案内されて西井君と二人で根津の別荘を見に行く。

七時から山本校長及小野教授の英語教授状況を参観。

午前十一時十五分、西井氏と山上学校を辞去、十一時五十五分軽井沢発の列車で帰京の途につく。途中殆んど寝てしまった。

午後三時四十四分上野着、帰宅する。

七月二十七日（土）　曇

朝来身体異和。午前中、軽井沢の山上学校に礼状出し、午後、休養。松本勝治来訪、勝田主計氏の組織運動問題等談じ去る。可愛き男だ。

身体何となくだるし、早く寝に就く。

七月二十八日（日）　曇

朝来冷気なり、昨日来身体異和、終日臥床する。珍らしい事だ。発熱の模様にて身体殊に脚部がだるい。夜に至って胃腸に障害あるを感じた。欠食。自然療法によることとす。Gos with wind〔Gone with the Wind〕を読む。

一向面白くもない。矢張り余も老いたか。

七月二十九日（月）　曇

発熱にて終日ごろごろして居った。

然し断食療法で病魔退治の自信がついた。午後に至り漸次、元気を回復す。

七月三十日（火）　晴

午後三時三十三分上野駅に忠昭を出迎えた。元気に帰って来た。

父子相携て帰宅。

夕方忠昭の烏帽子折を聞く。

七月三十一日（水）　晴

忠昭も大分勉強する様になった。

山上学校の功〔効〕果があった。

山本校長始め諸先生に礼状を出させた。

余も山本、塚本、小野諸先生に礼状を出した。

午後、台銀に行って俸給受取る。

大江退三君に会った。今度、頭取席総務課長に来たのだ。

八月一日（木）　晴

遂々終日在宅した。

午後は一寸、次郎同伴、岩戸町の硝子屋に行って箱の形の硝子を求めてやった。

虫標本入の紙箱を造ってやった。好き父として働いたが、次郎は大喜だ。

可愛い坊主である。

午後四時から忠昭の英語を見てやる。

大分力がついた様だ。

夕方、お堀のボートに乗り神楽坂で忠昭の万年筆を修繕させてやる。
　＊今日、近衛内閣の経綸の声明を発した。

八月二日（金）　晴

朝、北村およね様の来訪を受けた。醍醐の宅の隣家、北村家の未亡人だ。今年七十二才の由、尚かくしゃくとして元気だ。

令息季彦、泰三の両君は余の友人であったが既に故人となった。

三女民江さんが宮中に奉仕して、　皇后さまの御附だそをで佐上原町に住で居らるる。子供の時を知って居るが已に四十二才になられたそをだ。流石家柄で上品な御後家様だ。

十一時会社訪問。七日重役会の要件打合す。

倶楽部に行く、帰途ロイド、ジョージ回顧録三巻求む。

学士会で青砥、手貝と夕食を共にす。

今日、木村兄来訪。

八月三日（土）　雨

朝来曇り珍しく雨だ。昨夜睡眠不足で不愉快だ。午後、北村およね様に答訪。佐上原町だから近い。思いの外、良い家だ。北村家の家格の談出でて系図等出して色々話された。

夜、忠昭の英語見てやる。大分力が付た様だ。

山本先生からはがきを頂いた。南州〔洲〕翁は心理的には偉人だが、道徳的には疑問だとの事であった。尚、余としては疑問である。

八月四日（日）　雨

午後は雨を冒して忠昭、次郎同伴靖国神社参拝。神田に散歩して帰った。

夕方も市ヶ谷、八幡方面の散歩。

八月五日（月）　曇

松本から勝田主計氏に紹介して置くから会へとの事であったから、午後渋谷の南平台に訪問したが、鎌倉行で不在だった。次郎は今日、逗子に行った。

家の中が静だが淋しい。

八月六日（火）　晴

午前中、代数で大分忠昭をいぢめたから、午後は散歩に連れ出す。後楽園で都市対抗野球戦があったので見る。高雄―全京城、台湾と朝鮮の対抗は面白い、3―3A〔ママ〕で高雄惜敗、石水や蘭子が来て居った。後、忠昭と電車で大森海岸に行ってボートを漕いで夕方帰宅。

八月七日（水）　晴

午前十時から会社に行って十一時より重役会に列席。社長、加藤、一宮、武〔鶴次郎〕、倉石、列席。

一、工場進行状況報告（十一月完成）
一、曹達事業企業を企画院にて承認を得たる件
一、右の為三百万円増資の件
一、安平の日曹苦汁工場を二十八万円にて譲受の件
一、取締役　富永熊雄退職につき興銀系より後任任命の件

社長招待にて柳橋、柳光亭に午餐会。

八月八日（木）　晴

朝来涼しい。気持悪い程涼しい。

午前会社に出る。野口に会って渡米談を聴く。彼に気器の小なる人物なるを感じた。然し、友人として、好い人物だ。倉石と事務打合す。安平の日曹苦汁工場の引継につき柳監査役に立会の件を申出たが、倉石は変に反対的口吻を洩した。然し結局、明日、倉石が一宮会長訪問、柳監査役に立会ひ方交渉の事に決す。倉石も中野流で、一寸普通に実業界の行き方と違ふ、困ったものだ。

夜、忠昭同伴、神田に散歩、制帽を六円で上等の品を買てやった。之で頭の内容も大に清新の気付〔持カ〕でやって貰ひたい。

八月九日（金）　曇

午前約によって、加藤拓殖社長を東京支社に訪問。台湾談あり。小林総督、森岡長官の不人気の噂あり。要は台北商工会招待会

席上及土曜会にて森岡の議会報告談中斎藤代議士事件につき森岡が賛成即ち、斎藤擁護的の談ありたりとて、台湾軍上村〔幹男〕参謀長が攻撃を為し居る事、及田中〔武雄〕拓務次官と森岡長官の不和より、拓務省にて森岡不評なりとの事、小林も稍々政治に倦める形あり等の事なり。午後一時帰宅。

午後、藤山未亡人幾子氏来訪。

忠昭と睦子は逗子に行った。

八月十日（土）　曇

正午から健児閣で大日本少年団理事会開催につき出席した。竹下大将、二荒理事長、森村、三島、米本、内海、後藤等参集、決算報告等があり、午後三時解散。

三時半、社に倉石を訪問、種々打合せを行なった。曹達工場建設予算は未だ出来てない様だ、台湾官界状勢を注意的に話し置く。安平工場の引継には柳監査役に立会ふ事に昨日、一宮会長と打合せた相だ、之が当然だ。

帰途、神田で世界地理風俗の独逸、波蘭、白耳義、和蘭陀の部四円五十銭で求めた。之は旧刊の分より大改訂である。

忠昭、次郎、逗子より帰った。

八月十一日（日）　雨

今日、関西に立つ予定だったが雨で延期した。忠昭には代数の勉強をさせる。未だ不充分だ。注意力と熱心さが足りない。明日、出発に決定して荷物の準備をした。軽装だ。

独逸空軍の英国空襲が盛になって来た。然し地上部隊の進攻は困難でないかと思わる。

日本の新政治体制は春日遅々何となく心もとなさを感ぜしむる。

八月十二日（月）　晴

忠昭、次郎同伴、帰郷墓参する事に決した。

午前十時半の急行で出発、午後七時大津駅着、自動車で帰宅した。

代五円、随分高価となったが、幸ひ楽に帰れた。柳川なべと玉子焼の御馳走にて晩餐。

往路車中は幸ひ三人共、席が取れ、愉快に旅行した。大船より沢山の水兵が乗り込んだ。みな航海学校の学生である。

隣席の［夫人］女性、京都銀閣寺に行くと云うのだ。二児に好意を示して呉れた。

八月十三日（火）　晴

午前九時半から、二児同伴墓参。

氏神参拝。伝法院女人堂方面散歩帰宅した。

午後は両人を指導して庭の泉水の掃除した。

左右田氏、北村よね様訪問。

奥村姉来訪滞在。

八月十四日（水）　晴
今日は盂蘭盆で在宅。
午前左右田忠太郎氏来訪。
午後、融雲寺住職来拝、夜、小来栖の尼僧が来拝した。

八月十五日（木）　晴
両児同伴、九時出発。バス及電車にて桃山に至り、桃山陵、及乃木神社参拝、奈良電車で大和に入って畝傍陵、橿原神社参拝。

中食後、吉野見学、午後九時帰宅。

吉野も交通が便になった。電車とケーブルを利用すると吉野の町迄行ける。吉野は四十年振りだ。二児は勿論初だ。

蔵王堂に村上義光の遺跡を尋ね、後醍醐天皇陵参拝、如意輪堂、小楠公の遺歌を見た。二児も大喜だ。

帰りは六地蔵の京阪停留場から、バスが無いので徒歩で帰った。

八月十六日（金）　晴
午前九時単身バスにて南禅寺に行き、永観堂に柴田隆明管長を訪問。午後二時辞去。

駅で明日の急行券及切符を求む。

大丸デパートで妻に土産物を、祇園及京極で子供に土産物を買った。忠昭には革バンドの丈夫なひも、次郎には絵本、女子四人には助六の下駄を各々一足宛買た。

午後八時半帰宅。

急行券は幸ひ臨時の燕、三枚を求め得た。帰路は楽だらう。

八月十七日（土）　晴
午前中在宅。
午後零時二十六分のつばめにて帰東。
午後八時五十分着。九時過帰宅。
車中は楽だった。静岡で晩餐に鯛めしを二児の注文で買てやった。
あまり甘くなかった。

八月十八日（日）　晴
東京は晴、忠昭代数指導す。
午後静夫、桃子来訪、一泊。

八月十九日（月）　暑
暑い、終日在宅。
古望仁兵衛来訪。順昭より返事の趣を伝ふ。
吉松兵曹、忠昭の友人来訪。次郎と三人ボートに行けり。

八月二十日（火）
終日在宅。

八月二十一日（水）　晴

稲田〔周一〕内閣書記官と約あり。午前九時半、首相官邸に訪問。田村氏を社会事業主事に銓衡の件依頼。

倶楽部に行き、午餐。午後、千駄ヶ谷の家を見、神田に散歩、午後三時半帰宅。

八月二十二日（木）　晴

暑い、終日在宅。

忠昭の勉強を見る。

午後四時から、忠昭、次郎同伴、外濠にボートに行く。

桃子、一寸来たが夕方帰り去る。

八月二十三日（金）　晴

朝から暑い、終日在宅。忠昭の勉強を見る。

午後四時から忠昭同伴、神田に散歩、ノートブックを買ってやった。

八月二十四日（土）　晴

朝から相当暑い。昨夜睡眠不足で頭が悪い。終日在宅。忠昭の勉強を見る。午後四時半から忠昭、次郎同伴、外濠にボート乗りに行く。六時帰宅。

林姉来訪。

小林商相が蘭印使節となった。

八月二十五日（日）　晴

南金〔京〕虫が出て困ると云ふので、今日は稲葉家主と野口君夫婦に来て貰って大掃除をやった。

八月二十六日（月）　〔欠〕

八月二十七日（火）　晴

正司恕助さんが福島隆君の連隊葬に参列の為、今日着京との電報が来たので、午前九時四十分東京駅に出迎へて家に案内した。明日、高崎連隊で連隊葬があり、直に遺骨を受取って佐賀に帰るので、正司さんと福島次郎君が上京されたのである。次郎君は大崎の福島家に昨日から来て居るとの事であったから、電話で連絡を取った。

田原屋で午餐。午後五時半、上野発の汽車で高崎に行かれたので駅迄送った。

八月二十八日（水）　晴

今日は遺骨が高崎から着くので、午後三時半、上野駅に出迎へに行った。遺骨は自動車で、余は福島喜三次氏の令息（一高生）と省線で大崎の福島家に行った。遺骨は同家に一夜を過し、明日佐賀に出発する事となった。

八月二十九日（木）　晴

今日、午後一時半の急行で福島たかしの遺骨が出発するので、東京駅に見送った。正司恕助氏が奉持して出発した。台銀で手当を受取り、会社に立寄って、午後五時帰宅した。神田の一誠堂で地理風系の関東の部を買った。

八月三十日（金）　曇

暑中休暇も終るので最後の活動として忠昭、次郎同伴、三浦半島に遠足した。午前八時家を出て省線、湘南電車で午前十一時浦賀に着いた。

子供の希望で直ぐ三崎に行くこととなり、ペリ〔ー〕の碑も見ないでバスに乗った。正午過ぎ、三崎着、良い漁港だ。

新鮮な魚で中食、更にバスで油壺に行って帝大臨海実験所を見学した。

適当なケ所が無いので、子供に水泳をやらせ得ないで失望させたことは、気の毒であった。夜八時帰宅。

妻も逗子から帰って居った。

今日はガマ口の金が無くなりかけて大に弱った。

八月三十一日（土）　晴

忠昭の暑中休暇の作業も大体終った。家庭教師は容易で無い。

今日は珍らしく、来客があった。

代議士濱地文平氏は台湾鉄工場〔所〕の天野温四と東光酸素に依頼の件、陸軍砲兵大佐（退役、故喜多見君の友人）は卓君の結婚の件であった。

九月一日（日）　晴

興亜奉公日で煙草を中止せようと思ったが矢張り出来ない。

意思〔ママ〕が弱いのだろう。

九月二日（月）　晴

忠昭、次郎共に今日から出校。

忠昭は六日迄学校で勤労奉仕作業だそうだ。午後三時帰宅した。

九月三日（火）　晴

忠昭が省線で登校するので同行。

飯田橋から省線で池袋迄行って分れた。余は原宿迄行って北谷町の辺を散歩、市電で帰った。

今日は品川の夫人来訪、かづ子同伴である。

忠昭、三時帰宅。

九月四日（水）

終日在宅。

九月五日（木）

終日在宅。

九月六日（金）　曇

忠昭、今日から正式の始業式、授業がある。

戸塚で恰巧〔ママ〕の家―一万五千円、五十四坪の家の広告があったので、永福土地会社に行って問合す。大西と云ふ女の外交員の案内にて実地を見る。

南向だが北下りの土地で少し暗いやうだ。

帰って話したが妻はあまり賛成しない。

九月七日（土）　雨

朝から雨だ。戸塚の家、余は気に入ったので交通関係其他を再調の為行って見る。

九月八日（日）　曇

曇り又雨、終日在宅。

午後五時頃から忠昭、次郎同伴、散歩に出て、お堀でボートを漕いで元気を付ける。

九月九日（月）　雨

又雨だ。終日在宅。何だか滅入った様な感がする。午後、小やみの間を見て、九段の方面に散歩した。

九月十日（火）　曇

終日在宅。

午後五時、安部輝吉〔倍カ〕来訪。今回、高雄州農務技師退官、比律賓ケソン大統領の依頼により同地に渡り米作の指導を為す由、外交上の大仕事、即ち日比親善の大使命を帯びて行くのである。大分意気込んで居ったので田原屋に案内して、洋食で麦酒の杯を挙げて行を壮にして分れた。

今夜十時で防空演習が終了した。

九月十一日（水）　晴

久し振り町に出た。妻を同伴して戸塚の家を見たが、妻の気に入らない。

出入りの道路が悪いからだ。高田馬場迄行って省線で有楽町に出て台拓に加藤社長を訪問した。何日会っても愉快な男だ。十四日の午餐を約束した。倶楽部に行って午餐、午後丸ビルに長岡隆一郎を訪問したが不在だったので帰った。

忠昭の英語を復習してやったが矢張り未だ力が足りない。水泳を永くやって帰ってふらふらになって居る。未だ自覚が足りない、困った奴だ。

九月十二日（木）　曇、午後雨

午前十時会社に出て倉石と会ふ。

一、日曹鉱業改組の件

一、森行安平工場長退職事情

一、高雄工場進行状況等

談あり。

日本化学工業に〔昭和ビル〕に永井専務訪問。南方談を聴き糖業ビルにて午餐、午後三時帰宅。

四丁目からは番町を散して帰った。不在中、品川の兄来訪せし由、ゴルフの道具を呉れと云ったそをだか、之はやれぬ。

忠昭又々帰宅晩し。

九月十三日（金）
午前在宅、倉石来訪。安平工場引継の調作《〔ママ〕》して貰いに来たのだ。
午後、代々木西原に清水〔喜重〕中将を訪問、不在だった。良い所だ、郊外の住居も悪くない。

九月十四日（土）　晴
午前、海軍省に伊藤〔整一〕人事局長を訪問して服部六郎氏の身元調査を依頼。正午、約により加藤台拓社長訪問、竹葉鰻の御馳走になる。倶楽部に立寄り二時半帰宅。
桃子も未だ居った。桃子四時頃帰り去る。
加藤とは新体制の談、小磯の蘭印使節を不調の打開け談《〔ママ〕》等あった。

九月十五日（日）　晴
秋晴一碧、気持よき秋日和だ。

忠昭には宿題の綴方をやらす。余は午後約により幡ヶ谷の清水喜重中将を訪問、快談。午後五時帰宅。

新宿は沢山の人出だ、京王電車は真の鮨づめだ。

夜九時森岡長官着京につき、東京駅に出迎へた。北白川宮殿下御葬儀に参列の為だから二十四日頃出発、帰任の由だ。

九月十六日（月）　小雨
午前中在宅。

午後青山に原五郎中将を訪問した。

元気をすっかり回復して居る。航空本部長の席が待ているやうだ。午後三時辞去。

忠昭、四時帰宅。耳が痛いと云ふので、原田医師にやったが耳の中に瘍物が出来て居る由で、温湿布をやれとの事でやらせた。

夜、勉強を見てやる。

元気なきこと甚し、耳疾の為かも知れぬ。それにしても何んだか元気なく、不平らしき相貌をして居るのは、不愉快だ。困ったものだ。

九月十七日（火）　小雨
朝来小雨だ。十時約によって隠田の羽田を訪問した。閑談、午餐の馳走になり、午後二時帰宅した。隠田の市場で妻に鰈、子供に菓子を買て帰った。
忠昭、四時帰宅した。耳が痛いやうだ。
明日、英語の試験があると云ふから、直に休ませて耳を温湿布し、明朝四時から復習してやることとした。睦子が午前四時迄看護してやった。今も徹夜、ヒットラーのマインカンプを読んだ。
四時から忠昭を起したが耳が痛いと云ふので、休業させることとして休ませた。

九月十八日（水）　雨　涼
昨夜来の風雨甚だしく、涼気俄に加わった。忠昭は耳が痛いと云ふので今日一日、休業させて終日、温湿布することとして、眞榮田〔勝朗〕から電話があったが雨で閉口したか、遂に来なかった。
今日は北白川宮永久王殿下の御葬儀の当日で廃朝仰せ出された。夕方から雨霽る。忠昭同伴、原田医院に行った。耳の中の瘍物が出来たので別段心配する程の事はない様だ。

九月十九日（木）
小雨で終日在宅。ヒットラーマインカンプを読む。忠昭、今日欠席。耳の手当を為す。
午後五時から錦水の紫明会に出席の織田先生、瀧〔正雄〕君、其他多数出席、盛会だった。

九月二十日（金）　晴
午前十時から出張所に行って、正午森岡長官に会った。児玉将軍〔校カ〕、山縣三郎君も来会して居って会った。倉石も二十八日の船で出発するそをだから要談もあり、午後二時倉石を会社に訪問。総会を東京で開くことは定款改正の要あり。定款改正の為の総会を開く要ある旨、注意し置く。午後四時帰宅。
忠昭今日も欠席。

九月二十一日（土）　晴
今日は武蔵の運動会があるので、忠昭は出校した。
余は此の休みを利用して京都行を企てた。古道具の処分品の整理が一向片付かぬので促進したいと思ふ。夫れに彼岸の墓参も兼ねた。
午前十時半の急行で出発。
午後八時京都着、京都ホテルに一泊した。夜、市内を散歩して見たが戦時体制下、何となく寂れて居る。

九月二十二日（日）　晴
午前八時ホテルで目覚む。朝食後、九時ホテルを去って京都駅で燕の乗車券を買った。約により五条橋東二丁目に中野忠八君を訪ねて、少年団問題につき意見を交換す。
中野君は京都二中の先輩、少年団運動についての権威者で、実に立派な人物である。午後一時半辞去、京坂〔阪〕電とバスで醍醐に帰る。精二君、待って居って呉れた。

九月二十三日（月）　晴

朝、お墓に参った。彼岸参りだ。

帰宅後、精二君を手伝って否督励して処分品をすっかり整理記帳した。

九月二十四日（火）　小雨、曇

午前十時、家を出て京都に出る。京極で午餐、午後一時三十六分燕で東上す。

精二君見送って呉れた。午後九時東京着、飯田橋迄省線で帰宅す。

福島喜久雄上京、今日晩餐後、大崎に行ったそをだ。惜しい事をした。然し、近く一家を挙げて上京するから会える。

忠昭も今日から出校して居る。未だ耳が充分で無いやうだ。

九月二十五日（水）　曇　小雨

午前九時半、山王ホテルに林正亭を訪問す。台湾の近況を聴取したい為だ。あまり材料もなかった。帰途、目白の加藤精神氏の邸宅の売物を見る。

午後一時半帰宅。

九月二十六日（木）　晴

午前十時、目白の加藤氏の家を見に行く。詳細に見た。庭園広く環境申分ないが、南、西に向いて居るので日当が不充分でないかと思う。目白から省線で糖業会館の台湾会例会に出席。午後一時から省線で武高父兄会に列席、小野、塚本両教授の談、山本校長の談あり後、塚本、三和、鎌田、小野諸教授に会った。

塚本氏は忠昭が山本校長本位の人格修養を大に称揚したが、小野、三和、鎌田氏と会見の結果、英語、数学は稍々良くなれるも未だ不充分だ、英語につきては正確なる智識を与へる必要がある。

九月二十七日（金）

大阪の眞榮田が来ると云ふので待ったが、午後一時令嬢同伴来訪。令嬢は頗る美人だ、午後三時帰り去る。

四時家を出て工業倶楽部に行く。午後五時から少年団連盟の理事会開催、二荒理事長より、大日本青年団設立計画の件、報告あり。大日本青年団、大日本女子青年団、少年団協会、少年団連盟、海洋少年団は全部解散して一本となるものなるが、文部省の態度不都合なりとて、対策を講ずる要あり。

午後九時四十分、森岡長官、倉石専務の出発を送る。

九月二十八日（土）　曇、晴

午前十一時、台銀にて会社手当を受取る。

倶楽部にて午餐、午後目白の加藤邸を見て五時帰宅。

＊日、独、伊三国同盟成立条約調印の発表あり。

九月二十九日（日）　晴

午前十時より健児閣にて地方代表者会議に出席す。二荒理事長より、文部会合の報告あり。対策協議す。

二荒理事長、中野理事、立合ひの上、余、特別委員に依嘱さる。

考慮の上、承諾。華族会館の晩餐後、中野君と意見の交換す。

宮本と明日会合を約す。

二荒理事長等、今日文相と会見。

九月三十日（月）

林より昨日電話にて秋田〔清〕拓相新任につき、森岡長官に対し、頗る風向き悪しき旨の情報ありたるを以て森脇を訪問、内偵を依頼す。

佐藤憲兵中尉来訪、森脇より紹介なる。宮本と会見の約あり、正午前帰宅。午後宮本より電話あり。文相の各団体長招待は午後七時になりたる由につき、明日来訪の旨、通告あり。

十月一日（火）　晴

朝、理事長より余に特別委員受諾を正式申込まる、承諾。

午前、宮本の来訪を待つ。午前十時半、宮本来訪。昨夜文相邸会合の状況報告聴取。対策協議。小松一繁君来訪、青年教師団代表として青年団問題につき文部省訪問するとて来訪、激励し置く。

午後三時、華族会館に二荒理事長、米理事、宮本と会合、対策を練る。四本建てにて指導機関を団長直属案に落付き、之を携えて竹下総長邸訪問、打合す。竹下総長は文相団長は絶対拒否、小山案を引込ましめ、連盟案も出さぬことに決定、対案無しに明日出席の事となり、之に対策として帰途、宮本と宅に帯同、竹下案を基礎とせる提議案作成。

今夜より防空演習始まる。

十月二日（水）　曇

午前九時から文部大臣応接室で特別委員会が開けた。九時省内の連盟事務所で海洋の小山、日暮と会ったが、小山は竹下総長の命令（文相団長説）に異議を唱えて閉った〔ママ〕。

九時半宮本健児部長帯同出席、菊池〔豊三郎〕次官、田中〔重之〕社会教育局長、高瀬教育官、吉岡〔彌生〕女子青年、栗原〔美能留〕青年、大沼〔直輔〕帝協、小山海洋、連盟余、其他会合。余の主張
一、文部省は間に合せなり、大組織の採用
一、指導組織の完備
一、団長の文相拒否
一、文部試案の拒否
大政翼賛会青年部問題につき場内に一喝す。

午後二時半、竹下総長邸に小山等と会合、竹下総長は絶対的に文相団長案を拒否す。小山困る。

午後四時辞去、水交社に立寄り五時帰宅。

十月三日（木）　雨

終日雨。午後一時半、外出、高雄池田斌に南日本、取締供託の株券の件につき航空便出す。健児閣に至り宮本と面会、委員会の対策協議の上、四時華族会館に二荒理事長訪問、昨日普通教育審議会の状況を聴く。（教育審議会の委員なり）後、対策につき協議、晩餐後、防空演習にて黒闇を冒して三人、高輪の竹下邸訪問、状況報告、十時帰宅。

十月四日（金）　晴

今日は福島の一家が来るので睦子同伴、小田原迄出迎に行く。午前十時家を出たが防空演習中に途中かなり困ったが、漸く十一時半の小田急で午後一時小田原着。二時十一分急行にて来着の福島一家を迎え、直に準急に乗換えて逗子に至る。荷物が来てないので桃子の家に落付く。喜久雄は漢口より凱旋で元気だ。母堂も思の外健康、武子と廣子とは春以来の再会だが、廣子は益々成人して居って愉快だ。午後九時帰宅、防空演習でかなり閉口したが十時帰宅。

十月五日（土）　晴

午前十時半、京都中野忠八理事、宮本同伴来訪。連盟案を練る。
午後二時健児閣に至る、五時理事長来り、連盟案を練り決定。
午後十時半、中野の出発を東京駅に送る。今日は稍々疲労した。

十月六日（日）　晴

理事長、今朝竹下大将と面会せし由にて、余は、約により午後二時宮本と竹下大将訪問、連盟案の承認を求む。日暮海洋も参会。午後四時辞去、品川駅にて更に宮本と協議して五時帰宅。

十月七日（月）　晴

午前九時より華族会館にて二荒理事長と田中社会教育局長と面会。田中は文部案強行の意思を主張せし由、十一時半より余は宮本と二人華族会館に行き、米、三島も参集、対策を協議、一昨日起案せる連盟案にて行くこととす。
午後四時水交社に小山、日暮と会合、打合す。小山は海洋の特別立場を主張す。八時、宮本と二人、竹下邸訪問、小山と打合せの結果を報告。

十月八日（火）　晴

今日は文部省で第二回委員会開催。
午前九時文部省に行く。
文部省より修正案を出す。余の主張
一、団長　文相団長反対
一、組織　指導組織体系と其行動を強調す
一、範囲　学生、生徒を包含す
会議は全体に低調、小山海洋の駄弁に終始（之は海洋の作戦、即ち団長問題に触るる事を殊更に避けたりと思ふ）す。

余は連盟の主張を残して散会。

開拓社にて目白の家のことを聞き、三時帰宅。

武子、廣子同伴、日帰りにて来訪。

夕方帰り去る。

野口道子来訪。

午後七時霞ヶ丘二荒邸に伯、米、宮本と四人会合、対策を考究す。意気挙らず。

十月九日（水）　晴

午前在宅。会社の鎌田、来訪。
一、監査役に供託せる取締役の株券は本社の金庫に保管を依頼せしが、之は監査役独自の責任として社の経理課長の預り証を貰ふ様依頼し置きたるに何故社長の預り証を発せるや、鎌田曰く失念せり。
一、取締役の供託株券の性質上、取締役の一人たる社長に保管を託するは不合理ならずや、研究して貰ひ度し。鎌田曰く諾す。
学士会に同行、午餐を共にして別る。

目白四丁目の家を外観して帰宅。

妻、昨夜より目まいして弱り居る。

十月十日（木）　晴

朝、林貞君来訪したが、別段の話も無かった。午後一時半から武蔵高等山本校長の古稀の祝賀式に行った。眠たくなった。山本校長の赤の礼衣は頗る好い。午後四時半帰宅。

十月十一日（金）　晴

観艦式の案内状を貰ったから陪観の光栄に浴した。朝は早い五時半起床。六時飯田橋から省線で横浜に行く。廣瀬大佐に会った。呉に居るそうだ。八時税関桟橋からランチで長門に行った。長門は旗艦で最も好都合だ。

帝国海軍の偉様〔ママ〕に接し実に愉快だ。

海軍航空隊五百機が空を飛んで実に壮観だ。陛下の御召艦比叡を拝し、感激した。船上で午餐の供を受け午後二時陛下の御還御を御送りして省線で帰った。

十月十二日（土）　晴

午前九時半、竹下大将訪問。青年団委員会の報告を為す。海洋の小山、日暮、原も来訪中にて海洋は海軍依存の策を建て運動中の模様である。

十時半辞去。開拓社に立寄り大加戸氏の案内にて目白の家を見る。省線にて倶楽部に行き、午餐。午後、倉石の来訪を受け状況聴取。十一月二十日に高雄にて総会を開く事に内定の由だ。

午後三時帰宅、武子が来て居った。

桃子は来なかった。目白の家は皆賛成だ。話を進める決心をした。夜、武子帰り去る、忠昭が送って行った。

十月十三日（日）　晴
秋晴だ。午前、山本先生訪問。古稀の祝賀を言上だ。正午帰宅。皆午後在宅。

十月十四日（月）　微雨
昨夜から暖いと思ったら雨だ。目白の家を買ふ決心が付いたから開拓社の大加戸氏に電話する。一万七千円と云ったが、之は不能、一万八千円なら先方に話して見やうとの事だったから行くと返事して出かけた。中央電話局で大塚分局区域内なる事を確め、開拓社で大加戸君と会った。兎も角、一万八千円の買受申込書を出した。総督府出張所に寄って小林総督の三十日燕にて上京の件を確め、日比谷の郵便局で中島文雄、加納久夫の死去に夫れ夫れ十円宛香奠を送る。倶楽部で午餐、女教員の手記を読む。午後四時帰宅。

十月十五日（火）　〔欠〕

十月十六日（水）　曇　小雨
目白の家を買う事に決定せるを以て朝十時三井信託の金庫で台銀定期券を出して台銀から一万七千七十円受取り日本倶楽部に開拓社の大加戸君を招致、手付け三千六百円を渡す。
帰りに安田銀行神楽支店に一万三千四百円預入、次郎の印鑑の作成を命じ、四時帰宅。妻に之を話して定期の利息残六十円を渡す。
今日は武子、廣子、桃子、喜久雄、静夫来訪。大賑かなり。皆一泊す。
尤も静夫は夜八時に来た。
皆一泊、静夫明早朝帰る筈。

十月十七日（木）　曇
午前八時半、福島喜久雄、忠昭、次郎、睦子、慶子同伴、靖国神社参拝。
喜久雄午後三時帰り去る。
其前に喜久雄、武子と三人で睦子の服部造兵中尉との結婚談を協議す。
余の意見 ── 家計上、将来援助は出来ぬ。
二人にて堅実な家庭を営む決心あらば賛成なり。
睦子の決心を確むる要あり ── 両其意を了す。
五時細野君来訪。西元、徳重、清水来訪、献穀上納の為の上京の由也。
夜、武子、廣子同伴帰る。睦子の決心を確め話を進むる事とせり。

十月十八日（金）　曇
靖国神社祭典、御親拝の日で学校は休みだ。
忠昭、次郎は九時から二人仲良く参拝に行って、午後一時過、両陛下を拝したと云って、帰って来た。高雄の井上夫人来訪。

午後二時過ぎから、新宿を経て隠田の羽田君を訪問。醍醐の離座敷の売却の斡旋を依頼した。四時目白の藤尾家訪問。未亡人〔に〕は面会して家屋譲受の挨拶を為した。矢張、京大出身（余より二級下の藤尾〔誓〕君の未亡人であった）、色々打合せて五時半帰宅。

十月十九日（土）　晴

珍らしく快晴だ。不図思い付いて逗子に行く。昨日菅沼少佐夫婦が福島を訪ねたと慶子の話だから、行って見る事にしたのだ。紅屋と田原屋で菓子と果物のお土産、廣子に手遊、好いお爺様だ。午後一時逗子着。

先づ福島の家に行った。桃子も来居る。

服部と睦子の結婚問題
一、赤手空拳にて家庭を建設覚悟を要す
一、此方より経済援助不可能
菅沼氏を通じて先方に此旨通ずる事。尚、結婚式は新体制でやる事。今夜は福井の所で福島、福井、服部、晩餐の由だが、余は遠慮して五時辞して帰った。

十月二十日（日）　曇

又いやな曇り空だ。終日在宅。

西元に来訪を交渉したが多忙で来れなかった。無理も無い。

三島子から其著世界青少年運動を贈って呉れた。

十月二十一日（月）

紀元二千六百年記念の観兵式を代々木にて挙行せらる。

開拓社大加戸君から電話あり、二十四日朝八時池袋で待合せて家屋登記の件打合す。

社の鎌田に電話して十一日、十二日出帆の船で渡台に付、乗船及乗車券の件打合す。

二荒伯来訪、北白川宮御不幸弔詞の挨拶だ。

福井母堂来訪。

午後散歩、倶楽部会ひ〔費〕を振替で送り、理髪、早稲田方面散歩、喜久井町から早稲田南町方面にて、昔し三十六―七年頃の旧宿所早稲田南町及弁天町の辺を見出す。弁天町の大けやきが残って居る、なつかし。

十月二十二日（火）　曇

約により午前十一時半、健児閣に二荒伯訪問。石黒英彦来り、三人話す。午後一時半、中野忠八君来り、二荒伯と三人連盟の将来問題を話す。

午後中野と両人で去って、学士会で晩餐、京都二中の事等話す。

中野は夜行にて京都に帰り去る。

十月二十三日（水）　小雨
朝九時安田銀行支店で一万五千円引出して準備する。

次郎の為に小学読本研究いの巻を買ってやる。新宿紀伊國屋で日本地理風俗東京を求む。

夕方、開拓社から大加戸氏より報告が無いから明日の登記は延期を通告し来る。藤尾未亡人に電話照会したが同様だ。

一寸変と思ったが、兎も角承諾して明日聞き訊す事とする。

十月二十四日（木）　雨
朝来小雨が降ってうすら寒い。

次郎は神宮外苑で牛込区内小学校の二千六百年祝賀運動会に行ったが、風邪気味なので、外套を持て行っ〔て〕やって運動会を見る。運動会は雨の為、正午で中止だ。

開拓社に行って、昨日の電話の事情を訊す。大加戸氏は病気の由だ。病気ではなんとも致方無い。

登記は延期の他なし、帰宅す。

夕方、開拓社から電話があって、藤尾家の建物登記の関係で一寸数日かかる旨申越す。

十月二十五日（金）　晴　暖
昨夜から変に暖い。妻は天気が良いので急に思い付いて睦子、次郎同伴、逗子に行った。二泊の予定だ。
睦子と次郎は夕方帰宅。

午前に開拓社支配人、東海林氏来訪。

藤尾氏の宅の登記のことを色々云って行った。登記と区役所の帳簿を整理する為、両三日延期、二十九日か三十日に契約実行を申出で承諾し置く。午後、安田銀行に一万五千円を再度預け入れる。会社で倉石に会って事務打合す。四時半帰宅。

十月二十六日（土）　晴
晴れたが又少々寒くなった。朝十時、台銀で会社の手当を受取って後、水津頭取、本橋〔兵太郎〕理事と会った。
倶楽部で午餐、午後四時帰宅。

十月二十七日（日）　晴
朝武子から電話で妻が気分が悪いので睦子をよこして呉れと、京都奥村姉を呼んで呉れと云ってきた。

直に睦子を遣し、尚気にかかったから、余も行く。新橋駅で京都に電報を打って午過ぎ逗子着。妻は桃子の家に寝て居って丁度医師が来診中だった。

例の目まいだった。今朝藪医師を呼んだら血圧二百と云ったので、驚いたのだそうだ。夫れ程でも無い。

福井母堂看護婦を連れて来て呉れた。

大して心配も無いし、家へ子供のみ残し、殊に子供も心配して居るので急いで帰った。

十月二十八日（月）　曇

早朝、岩村清一氏訪問した。未だ帰って居られぬ、美代子さんに電話して見たが分からぬ。今日、帰らるる筈の由だ。林に寄る。若夫人、一人留守番だ。電車と地下鉄で海軍省に行って桃子依頼の件尋ねる。

桃子の友人の夫伊藤主計大尉、高雄航空隊主計として赴任中だ。尚岡山郡守に航空便出す。

正午帰宅。

午後在宅、奥村姉、午後七時四十五分東京駅着の電報があったので出迎ふ。八時過帰宅。不在中逗子より電話あり、妻病気軽快の由だ。

十月二十九日（火）　曇

薄曇りで何となくいやな日だ。終日在宅。奥村姉と雑談をやったが、一向面白くない。二階の書斎に籠った。

午後二時開拓社の大八木来訪。

目白の家、明日板橋の登記所で取引する事を申出で承諾す。

藤尾未亡人も来らるるそをだ。

明早朝八時に巣鴨で会ふ約束をしたので直に安田銀行に行って一万九千四百円受取った。

桃子から電話あり。今夜大井に泊るそをだ。慶子、今朝マサヤを連れて逗子に行った。一泊する由、マサヤは午過帰宅。

魚又を呼んで、岩村に贈る鮮鯛を命ず。

＊伊太利、希臘に宣戦す。

希臘、羅馬の戦争は歴史を数千年昔に還す感あり。

十月三十日（水）　雨

朝来秋雨が蕭々と降る。約により午前八時巣鴨駅で藤尾未亡人（藤尾志ん）、開拓社大八木、小島両氏と会し板橋迄バスにて行き、代書人事務に休憩、目白四丁目四十三番地藤尾志ん氏所有の家屋を内海次郎に買受けの契約を為し、所有権移転登記を為し、代金一万八千円、登録税二百三十二円、開拓社手数料三百六十円を支払ふ。此内前に手数として開拓社に三千六百円渡してあるから実際に一万四千四百円を支払ったのだ。

此外に登録税と開拓社手数料を要したのだ。

茲に次郎所有の家屋が出来た。

此手続きに終日かかった。うすら寒い雨の日だ。然し日本としては明治天皇が明治二十三年に教育勅語を下し給わってより満五十年の記念の日であり、此の日に次郎の財産を造ったのは愉快だ。

＊夜、小林総督九時着を東京駅へ出迎ふ。

十月三十一日（木）　晴

今日は午前中うららかに晴れた。

豊島区役所に家屋所有届出の手続きをする積りで行ったが、住所が移った後でなければいけない事が分って中止。

秩父セメントに福井老訪問。

林君に紹介して貰って電話移転の事、斡旋を頼んだ。之も移ってからでなければ進行出来ぬやうだ。

倶楽部で午餐、午後二時帰宅。

午後三時岩村清一氏来訪。今回、上海武官府より帰京、近々第一艦隊第二戦隊司令官となる筈、四時辞去、小林総督進退問題等も問題に上った。

十一月一日（金）　晴

海軍中将原五郎氏昨朝死亡の報を得て、朝九時青山南町の邸に弔問す。

今春、武子と京都帝大医院に見舞ひ、先月青山の邸に見舞ひ、追々元気を回復せるに突然の訃報に驚く。人生実にはかなし。

小林総督も弔問に来会し会ふ。

開拓社に東海林支配人に会て目白の家の敷地料の件、火災保険の件交渉を依頼す。

正午、帰宅。右歯ぐき痛きに困る。

午後、飯田橋畔の靴屋にて靴の裏皮を修理せしむ。半島人なり。可愛き老漢なり。

今朝、稲葉家主に炬燵の跡の修理方を交渉した。中々の爺だ。

十一月二日（土）　曇

午前在宅。午後二時青山斎場に原海軍中将の告別式に列す。外苑を通って午後四時帰宅。

十一月三日（日）　晴

妻から電話で来て呉れとの事で、午前九時から慶子、次郎同伴行く。

殆ど回復し居る。五日支払の事等打合せて慶子を残し次郎同伴七時帰宅す。

服部の件につき伯父さんに呈する為、菅沼さん迄提出するとて武子の要求により余の略歴、親戚関係及戸籍謄本を武子の許に送る。之に写真（一家の）を添へて送る由。

妻は七、八日頃帰京の由なり。早く帰って呉れぬと困る。

十一月四日（月）　晴

会社の決算重役会で十時会社に行く。十一時より開会。芝（喜代二）、武、倉石と余と四人なり。決算承認の件なり。

午後港湾工業に加藤常務訪問。中村専務も居る。中村も十二日の船にて渡台の由にて、同船なり。都合よし。東京瓦斯に岩村重役訪問、不在。午後三時帰宅。

マサヤの姉、女中を世話すると云ふて来る。夜、逗子に電話して武子の許に雇入れの約をなす。

芝日塩常務談は大に参考となる。一、日本の塩の生産は目当つきたり。一、マグネは廿三百円ではあまり発展の見込なし。さりとて二百円では利益なし。原料の苦汁を値下げの要あらん。

一、曹達副産の塩素の処分につき、晒し粉は内地の組合に入る要あらん。

十一月五日（火）　曇

朝来薄ら日が差して寒くなった。

終日在宅。午る少し前に河村歯科医に行った。

大関善雄君来訪した。

慶子夕方帰宅す。

妻、多分明日帰るそーだ。

今日、月末払用二百円を姉さんとマサヤに渡した。

十一月六日（水）　曇　小雨

朝、開拓社の小島君と火災保険の件打合せた。約により速達で保険契約譲受の請求書を送って来たから、直に捺印して返送した。九時半、河村歯科医に行って、歯ぐきを切開して貰った。一寸痛かったが楽になった。電車で淀橋角筈の片山三郎氏邸に弔問に行く。長男が天津で病死されたのだ。（歩兵上等兵出征中）正午帰宅。妻に新宿で大阪ずしを買って帰った。妻は今日午前、武子、睦、看護付添にて帰宅した。元気だ。看護婦は直に帰した。武子も三時過帰り去る。三時、会社の鎌田が重役会の記録の印を貰いに来た。監査役に供託の株券を社長名で預る事は不適当なる旨、研究の結果を報告した。矢張り余の云ふ通りだ。

＊林正亭から電話あり。小林総督辞任、後任長谷川大将との内報あり。信疑保し難きも或いはとの感あり。

十一月七日（木）　雨

在宅、午前土居美水が来た。

二千六百年の式典に来たのだ。今朝、高砂丸が芝浦着で台湾から七百名程上京したから追々人が来るだらう。

午後一時から青山北町の高徳寺に片山家の告別式に参列、三時帰宅。夜、田村保君来訪。

十一月八日（金）　曇

朝来寒くなった。九時河村歯科医に行く。午前林正亭、平田末治来訪。午後手貝、三神来訪。

午後五時手貝、三神同伴木挽町金田中に行く。今日は二千六百年で上京の高雄の連中が旧知事を招待して呉れたのである。富島、三浦〔武治〕、高橋、野口及余の五人出席盛会であった。高雄の連中重なる者は宗藤、竹村、中村一造、手貝、三神、平田、松尾、渡辺、宮川〔精九郎〕其他で約二十名であった。

十一月九日（土）　曇

朝来寒冷を覚えた。河村歯科で治療を済ませ、会社に行って切符と旅費を受取った。信託で書類を出し海上ビルに岩村君訪問、井坂アルミ社長にも面会、総督府出張所に行ったが小林総督は帰り、行き違って会へなかった。午後二時帰宅。
午後五時半、紅葉館で台湾製糖の招宴に臨んで九時帰宅。

十一月十日（日）晴
快晴、二千六百年奉祝の天気だ。
午前七時シルクハット、モーニングで納戸町停留場から黄バスで日比谷に行く。車中、海軍軍人其他参列車〔者カ〕多し。
音楽堂で台湾組の勢揃へして九時半宮城前広場の会場に繰込む。十時五十分、〔闕〕天皇陛下出御、君が代奉〔唱カ〕、近衛総理の寿辞、天皇陛下万歳、陛下御還御、二千六百年の祝賀式典は盛会であった。
此の盛事を見て日本国運の隆盛を見、此盛時に生れたる光福〔マヽ〕と光栄を深く感ず。午後十一時解散。土居美水と同車、神楽坂、田原屋で盃を挙て分る。二時帰宅。

十一月十一日（月）晴
今日も目出度き日を祝する快晴だ。午前十時日比谷公園に行った。台湾組と一所になり、宮城前の祝賀宴場に参入、午後一時半奉祝宴開始、天皇、皇后両陛下御臨場、高松宮殿下の朗々たる御奉祝の辞は有り難くて涙が出た。午後三時解散、帰宅、旅支度を為し午後九時二十分の急行で台湾に向て西下した。夜は良く眠った。

十一月十二日（火）晴
瀬田の辺で目が覚めた。京都を過て朝食、九時三宮着。一応桟橋へタクシーで行って荷物を香取丸に預け神戸元町を散歩、十一時乗船、正午出帆、船客に港湾工業の中村〔廉次〕専務、田中次郎、西山商会の江口、満大医学部の高森〔時雄〕博士、辻〔守昌〕医博（台中）、石川〔定俊〕鉄道部長、根井〔洸〕、大関其他知人多く、香取丸は賑かだ。

十一月十三日（水）雨
朝来小雨の関門海峡に入る。碇泊中も上陸はせなかった。正午出帆。

十一月十四日（木）
航海中。

十一月十五日（金）
航海中。

十一月十六日（土）晴
未明、基隆に着。八時上陸、会社の吉田君の出迎を受け台北に至る。西澤の出迎を受け鉄道ホテルに入る。朝食、西澤と久闊を序〔叙〕す。
十時長官官邸を訪問、専売局に太〔大〕田〔周夫〕塩脳課長訪問。苦

汁供給増加の件打合す。軍司令部に上村参謀長訪問。ホテル土曜会に出る。午後田中一二、越智美雄、田中の州会議員選挙の件にて来訪。三好正雄来訪。

夜、江口の招宴にて梅屋敷。

十一月十七日（日）曇

午前、越智、西澤来訪。

竹ノ家〔屋〕にて越智の招宴、午後二時半の列車にて新竹に至り、輪湖君訪問、森下及黄樹を招致、玉及子供二人を連れて来た。五円与ふ。夜、湖畔にて輪湖の招宴、知事と列し、新竹州治を話す。午後十一時半急行にて高雄に向ふ。

十一月十八日（月）晴

朝八時、高雄着。会社の人の出迎を受けて吾妻旅館に入る。何時来ても高雄は気持が良い。橋本君の案内で高雄神社に賽する。社頭の風光実によい。要塞、知事官邸、州庁、市役所、憲兵、台銀支店、三井、海軍出張所（軍需部）、税関、専売支局、三菱支店、午餐後、土井〔卓三〕港湾官の案内にて新造の曳船を見る。余の尽力にて七百五十万力のデイゼル船新造さる。之にて高雄港の装備成ったのである。土井港湾官大喜である。会社の新造タンクボードを萩原造船所に見、築港事務所に引返して、通信隊、大谷光瑞氏の新築家屋に訪問。

夜、菅野経理課長を招致して種々会社の内情を聴取す。池田は十七日の船にて帰る筈。

十一月十九日（火）晴

橋本の案内で左営の海軍事務所に島少将を訪問、不在。岡山の海軍航空隊司令及岡山郡守訪問、岡山から汽車で台南に至り、三井社員の案内で州庁に一番ヶ瀬知事訪問、南日本塩業、専売支局訪問の後、安平工場に至り、橋本、廣中、建林、林清和、堤等の説明聴取、建築工事は八十五パーセント成功、安順の塩田タンクを見てホテルに帰る。柳監査役は台北に出て不在。夜市内を散歩す。台南は旧態維前〔依然〕たり。

十一月二十日（水）晴

午前七時、三井、廣中、林の案内で先づ、北門に至り次で布袋に至りて塩田タンクを見る。其成功状況、運搬設備及台風被害状況を見る。布袋専売倶楽部で午餐、嘉義駅へ出て内海順昭を招致面会。三時半の急行で帰高す。車中に小倉通信隊司令に会った。五時高雄着。江口の出迎を受け会社に至る、池田も今日帰った由。

夜、江口に聴松園で招宴に出る。

十一月二十一日（木）晴

午前池田来訪、出社、江口と打合す。

同氏も渡台の目的を果せりとて大喜なり。

午後高雄工場建築状況視察。

松尾工場長も帰り来り、説明聴取、七十五パーセントの成功なり。四時帰宿。

六時より聴松園に江口の招宴、余は松尾と出席す。

十一月二十二日（金）　晴

午前八時、柳監査役を駅に迎ふ。

九時より柳監査役と両人にて監査を為す。午後四時終了。四時より公会堂にて新任要塞司令官の歓迎会に出席。糀島海軍少将にも会った。七時より江ノ島で松尾と両人柳監査役を招待、晩餐。

聴松園より港湾工業の古城より、電話あり行く。中村専務も来会、糀島少将を招待、宴なり。盛会。明日東港行を約す。

十一月二十三日（土）　晴

午前八時半、港湾工業の中村専務、古城と同行、東港に至り、航空隊に行く。之は余が在任中、海軍と約して浚渫埋立工事に着手し港湾工業に請負わせしもの。余が竣工して海軍に引継ぎ去る。十一月十五日開隊式を挙行。今や海軍南方基地として飛行艇及水上機基地となして重要なる役目を果しつつあり。実に愉快なり。宮崎〔重敏〕司令の案内にて視察。後モーターにて南屏に渡り午餐後、自動車にて帰途につき、途中台湾製糖訪問、七時半帰高。

高雄花壇に知事の招宴後、市長と丸中に飲む。

十一月二十四日（日）　晴

今日は乗馬会の遠乗会に参列す。

午前九時出発、十六騎にて工場地帯を経過、後壁林の台湾製糖工場に至り、茅原〔太治郎〕工場長の招待を受け正午、宗藤市長の自動車にて帰宿。午後在宿。天野台湾鉄工場〔所〕工場長、高木三千二、高橋誠治、佐溝、山本（同夫人）等来訪を受く。

午後七時より花壇にて慶谷、江藤、新旧内務部長、星野新産業部長の歓送迎宴に列す。

後、西元と丸中に飲む。

十一月二十五日（月）　晴

午前八時倉石専務の来着を駅に出迎え、出社。柳専務も来会。

午前十時より商工奨励館にて第二回総会開催、無事終了。後、専務同伴、州知事、市長訪問。江ノ島にて午餐を共にす。二時帰社。

柳監査を案内、高雄新駅工場地帯、社の工場視察、州庁に太〔大〕田塩脳課長訪問、午後六時より花壇に官民有力者を中野社長名にて招待す。

十一月二十六日（火）　晴

午前九時出社、倉石専務、松尾工場長と事務打合せを為す。

午後商工奨励館長訪問。河合商業校長も来会す。状況聴取、台湾鉄工場《〔所〕》、丸一組、故中島文雄遺霊、手貝留守宅、訪問。社に帰って倉石と事務打合す。

六時より丸中にて今井〔佐一郎〕、宗藤、大串、高橋（誠治）、楠田、安藤〔彦二〕、天野、山本（三井）、西元、高木（拾郎）諸君の招宴にて牛肉スキヤキの晩餐会、会場より高雄駅に向ひ、十時四十分の急行にて出発す。

駅頭多数の見送り人にて盛なり。

高橋〔伊望〕馬公要港司令官も同車なり。

十一月二十七日（水）　晴

午前八時台北着、ホテルに入る。

今回、小林総督依願免、後任長谷川海軍大将（現官）、森岡総務長官同、同後任斎藤樹発令、泊交通総長、二見〔直三〕も同時に辞任。

長官官邸に森岡前長官訪問、長官夫人にも会ふ。総督府に小林総督訪問、専売局に三輪局長訪問、帰宿、午餐、酒井〔茂吉〕海軍武官に面会。

午後、田中新会議員の当選祝賀訪問、台拓の加藤社長訪問、南方協会今川、西澤訪問、谷口を入院中の大場病院に見舞ふ。帰宿、市島〔徹太郎〕来訪、梅屋敷に市島招宴、関口来会。

三好訪問、故翁の遺霊を拝す。

十一月二十八日（木）

午前倉石の来北を迎ふ。

九時西澤等の見送りを受け出発。

基隆にて富士丸に乗船、江口、田中（次郎）、肥後、中平〔昌〕（税務）、黒田〔一郎〕セメント、柴田〔又次〕（木村コーヒー）其他乗船多く盛なり。正午出帆。

十一月二十九日（金）

航海中。

十一月三十日（土）

正午門司着。林兼の出迎にて江口、田中同伴、岡崎にて海豚の歓待を受け、午後四時乗船、五時出帆。

十二月一日（日）　晴

朝八時起床、最後の食堂に出で、十時神戸港着、江口君と車を連ねて神戸駅に至り、江口君は広島に行くのと分袂して、余の列車出発迄一寸時間があったから湊川神社に参拝した。昔の雑閙の社に比して境内は非に《〔ママ〕》清素《〔ママ〕》森厳になった。零時二十分発の燕にて出発、一等客だから呑気だ。京都駅では精二君の姿が見えなかった。

此列車も大分退窟《〔屈〕》な列車だ。

静岡で夕食、九時東京駅着、タクシーで帰宅。皆元気だ。

武子、廣子同伴来て居った。

十二月二日（月）晴
朝、会社の鎌田来訪、藤尾未亡人来訪、八日当方引越しの件、藤尾氏当方の借家の件、打合せ。

未亡人を稲波〔葉〕家主に同行、借入方を承諾せしむ。午後出張所に行く。

長谷川総督に面会挨拶を為す。種々台湾統治問題につき卑見を申述ぶ。

森田学務課長に面会し、後帰宅。武子は今日、福井を訪問の後、帰逗した。今度は正式に林、福島、福井等へ挨拶に来たのだ。

十二月三日（火）晴
稲葉家主が家賃を取り立てに来たので、炬燵修理の事を話した。近藤未亡人来訪。息浩入学お祝の礼だ。十時、台銀で手当を受取り、手貝に八日引越しの手伝を依頼。鹿島組、納富を訪問して引越人夫供出を依頼した。心良く引受けて呉れた。中央亭で午餐を共にし会社に立寄ったが、鎌田不在につき日曹組人夫断り方を伝言、小長谷君に会って後、秩父の福井老に挨拶、港湾工業に中村、加藤両氏訪問、市バスで佐上に会ふ。五時帰宅。
林姉が来て居った。妻と仲直りに来たのだ。
夜九時小林総督（前総督）の来着を出迎ふ。二荒伯より電話があった。

十二月四日（水）曇
午前、稲葉家主訪問。敷金の件、炬燵修理の件打合す。
終日在宅、片付け物を為す。
萱原より電報あり。応召、佐世保に入隊の由につき直に祝電を発す。

十二月五日（木）晴
珍らしく晴だ。小野教授宅及山本校長宅訪問、山本夫人に会ふ。後、武蔵高等に行って小野教授及山本校長に会って、午後辞去、藤尾家訪問の後、四時帰宅。

本日午前十時四十分、桃子男児産出につき、睦子、慶子同伴、大井町に行って桃子を産院に見舞ふ。元気だ。子供も剛毅な顔をして居る。福井家を訪問。

静夫も来て居った。八時辞去。

之で余も二人の祖父となった。

武子も廣子同伴で来て居ったが、同行帰り去る。

十二月六日（金）曇
午前、開拓社の小島君来訪、藤尾さんは、矢張り家の都合が付かぬので南町の此家に引越す事に決定の旨、及種々引越につき打合せを為す。
午後も在宅引越の準備を為す。

十二月七日（土）　曇小雨

午前近傍に立去りの挨拶に行く。北村、野口、菊井、河合、斎藤、木俣、穂積、野口（榮）、草野、中村、今村等である。愛日小学校に校長訪問す。不在。丹代訓導、鎌田訓導に挨拶す。

午後田中隆三氏の遺族に弔問に行く。帰途、水交社に海洋少年団を訪問。小野、日暮、原に会ひ、五時帰宅。引越の準備も完了す。

明日の晴天を期待するのみだ。

十二月八日（日）　晴

朝来快晴にめぐまれる。午前七時から引越準備にかかる。田口、手貝、喜多見卓、田口、野口両夫人手伝に来て呉れる。

八時後藤運送屋がトラック二台で来る。納富君斡旋の人夫十人、鹿島組から来て呉れる。余は旧宅の総指麾を取り、ドンドン運び、午後二時半完了。

藤尾さんの荷物も一部旧宅に入る。

家主稲葉氏の令息の遺骨が昨日着いたから、大家を訪問。遺骨に拝礼し果物を供へ、借家の挨拶を為し、午後五時、新宅に入る。始めて自分の家に入った次第だ。

午後九時森岡前長官の帰京を東京駅に出迎ふ。

十二月九日（月）　晴

午前隣近傍及町会長堀内、副会長辻、隣組長井上氏訪問す。午後、豊島区役所に寄留届及家屋取得届を出す。川村竹治氏訪問、目白に引越し挨拶の為だ。先生不在。夫人に会って帰る。三宅〔恒永〕君を訪ねたが、家が分らなかった。五時帰宅。

家は妻の気に入って大喜びだから、愉快だ。

十二月十日（火）　晴

毎日快晴に恵まれる。午前、開拓社に行って大八木君に面会して、勝手元の設備につき交渉をする。調理台、洗し等の事である。

西山商会に江口を訪問、西山社長にも面会す。

出張所に行く。総督は帝国ホテルの閣僚招待席より直に出発するそうだから、午餐後、一寸会社に立寄る。倉石専務は今日、飛行機で帰る由。三時東京駅で長谷川総督の出発赴任を送る、小林、野村〔将三〕、吉田各海軍大将に会った。四時帰宅。六時半約により二荒伯を霞ヶ丘邸に訪問、青年団統合問題其後の経過を聴く。

十二月十一日（水）　晴

午前在宅。

午後清水（納戸町）商店に行って台湾方面への転宅通知の印刷

を受取って直に出した。藤尾氏訪問。電話移転請求書を調製、秩父セメントの福井氏を訪問して右請求書の取扱を会社の林君に依頼した。本村君を事務所に訪問す。何時会っても気持の良い男だ。五時から日比谷の松本楼で二荒伯の祝賀会に列席す。二千六百年に社会教育家として表彰されたにつき、東京連合少年団主催祝賀会だ。乗杉〔嘉壽〕氏等旧知来会者多く、盛会だった。

十二月十二日（木）　晴

午前中在宅。本社の菅野経理課長に監査役に供託株券台銀支店に保護預け取扱の経過を照会督促す。

午後三井金庫に家屋権利書、火災保険証を入れる。会社に倉石専務訪問、台湾工場建設の計画を誤り塩田苦汁集収《〔ママ〕》及輸送計画の手違ひより、七百五十万円にて完成の予定が千四百万円を要する事明瞭となり、且日曹社長不信問題等もありて弱り居る。会社建設計画の誤りは大問題である。商工石油の野口を訪ひ午後五時帰宅。

福島が来て居った。

十二月十三日（金）　晴

午前電気屋の小僧が着たので部屋からの電鈴の架設を命じた。可愛いい小僧である。終日在宅書斎の整理を為す。大体片付けたので午後は近傍を散歩した。又移転通知のハガキの整理を為した。

＊交通総長　副見喬雄、警務局長　荒木義夫

十二月十四日（土）　晴

終日在宅、午前電話工夫が来て電話機の移転の事を云って行ったが、機械は藤尾氏の侭だから線の切り換へをなす丈けだ。大塚六九五三に決定したそうだ。手紙類の整理に過す。午後三時になっても電話が通じないので、公衆電話で催促したら、午後五時半に開通した。

十二月十五日（日）　晴

桃子出産の御祝ひに行くこととした。初衣料百円、肴料拾円を睦子に包ませて持参。黄バスで納戸町の清水商店に立寄って移転通知のハガキの印刷を命ず。内地の分四百枚だ。先に台湾の分二百二十枚を併せて六百二十枚だ。省線で午前十一時、大井町の福井家訪問、桃子出産の祝品を出し、福井翁と用談、午後産院に桃子訪問、午後二時辞去す。赤ん坊は大分大きくなって居る。

午後三時帰宅。今日は清水大工や書生連一人も来なかったそうだ。夜、畳屋が廊下のゴ座を布いて呉れた。不在中羽田君が来訪した由。余は三宅と増本を訪ふたが不在。三宅は来訪、標札を呉れた。

十二月十六日（月）　晴

朝、電話移転通知の公文が来た。

森岡前長官訪問、泊君来合せ同行、小林前総督に挨拶に行った。余は帰途渋谷で分れて省線で東京に出て秩父の福井君訪問。林君、電話移転の世話の礼に紅茶を託す。会社に行ったが倉石は欠勤、鎌田も居らぬ。納富を会社に訪ねたが不在。東京駅から省線で帰った。

六時稲波君から忠三郎死去の電報が来た。余に取りては叔母の夫、即ち叔父であり、且分家の主人だ。古望君と電話で打合す。今夜立つ由、余も急に仕度をして午後九時四十分の列車で出発、西下す。あわただしき旅だ。

十二月十七日（火）　晴、小雨

午前八時大津駅着、兎も角醍醐にタクシーを飛せた。精二君に様子を聞く。忠三郎翁は数日前、墨染の稲波宅に行き肺炎を起しこつ然として死去した。行年八十二歳、今日伏見で火葬にして遺骨を持ち帰る迄は決定して居った。余は明日告別式を挙行を勧告す。精二君、同意す。凡て新体制で実行の事に協議後、余は稲波家に行き遺骸に告別す。皆（即中村、山本、稲波、各夫婦、古望）集まって居った。皆山に電話す。融雲寺和上、禅林寺管長も来て、回向して呉れた。二時荼毘に付し、夜醍醐にて通夜。

十二月十八日（水）　晴

午前九時、京都に出て京都駅で二十日の燕の急行券を求む。ステーションホテルに明日一泊のレザーブをなし、小島米吉君へ電話す。来て呉れた。久し振りの会見だ。渡島明君も来る。祇園下のカッフェーに京大の連中の午餐会に出席。

一時辞去、山科まで電車、山科からタクシーで一時半帰宅。皆来て居る。二時か三時迄、告別式後、遺骨を墓地に運んで納骨式、五時融雲寺に参詣の後、皆帰り去る。醍醐に一泊。

之で忠三郎翁の跡始末も済んだ。香奠に五十円、奥村の名で十円送った。

十二月十九日（木）　曇、小雨

寒い日だ。午前中、在宅。道具類売却品の目録と実物を調査する。七十円売れた。

内海為次郎来る。不愉快な人物だ。

午後三時漸く千円の金を精二君、持て帰って呉れる。郵便貯金を下したのだ。

四時バスで京都に行き精二君同行、三条大橋から自動車でステーションホテルに至り一泊。精二君百二十円以て来て呉れた。中野忠八君来訪。少年団の事等を話す。木屋町のカノコにて牛肉の脂焼の御馳走になる。甘い。京極を散歩。

睦子に豆板を買ってやって帰宿。

ステーションホテルは殺風景の宿だ。

然し安い、一泊四円だ。

十二月二十日（金）　晴又曇、小雨

朝来晴又曇、小雨、京都独特の天候だ。東京行の切符を求め、バスにて午前十時永観堂へ柴田和上を訪問する。寒い日だ。

午前十一時半辞去。木屋町四条のカノコで又々牛肉のバタ焼で午餐を取り、妻に柴漬の土産を買ひ、一旦ステーションホテルに帰り、午後一時三十六分ツバメにて出発す。精二君スグキと千枚漬の土産を買って見送りに来て呉れた。

午後九時東京駅着、退屈な列車だった。

省線で午後十時目白の宅に帰る。

十二月二十一日（土）　晴

午前中在宅、引越通知の残部を認む。

指物屋、炬燵の寸法を取りに来る。二十五円とは驚いた。午後、飯田橋のタイルやに洗面場の設計を相談に行く。納戸町の清水に立寄り、転住通知の印刷代等を支払ひ、戸山町の殖田氏に大築少佐夫人の死去の悔みに行って帰る。忠昭に電気スタンドを据えてやった。

次郎は逗子に行き一泊、睦子は大井に赤ん坊を見に行く。

十二月二十二日（日）　曇

寒い日だ。午前九時半、小野赳先生訪問す。忠昭第二学期は大分良くなった由。然し英語丙、丁、数学丙、丁（丁は良い方の丁）、漢文が丙から丁に、国語が丁から丙になった由。此分なら及第は出来ると云われ、一先づ、安心だ。更に忠昭を激励を要す。

山本先生を訪ねたが、病臥中だ。多分風邪ならん。一旦帰宅。

三宅恒永君を訪ねた。

午後在宅、福井芳輔氏来訪。梅の盆栽を呉れた。移転の祝だらう。

うすら寒い日だ。

睦子、次郎は岩村、林に行った。

十二月二十三日（月）　雨

朝来微雨、寒い日だ。武子、廣子同伴、思いがけなく来た。大築氏葬儀を口実に母に会ひに来たのだ。十時から武子同伴関口台町の天主公教会堂に於ける大築造兵少佐の夫人の告別式に行く。殖田君夫婦に挨拶して帰宅。

午後三井信託に立寄って、監査役信託株の保護預証を入れ、会社へ行き倉石に会う。大分元気を回復して居った。暫く成行を見る事にした。中野社長問題も会長制に始末が着きそうだ。五時帰宅。

今日洗面場のタイル張り手洗所の設備も完了した。

＊平沼〔騏一郎〕内務大臣、柳川〔平助〕司法大臣と内閣強化が行なわれた。
　橋本清吉が警保局長、山崎巌が警視総監は愉快だ。

　大島浩が独逸大使に帰り咲いた。

十二月二十四日（火）　雨、暴雨

寒い日だ。昨日通話料怠〔滞〕納の故に通話停止する旨、電話局より通告あり。今朝より停止となった。官僚の執務の不親切には困る。

大塚分局の所在は不明、電話番号も不明。

三等郵便局の不親切も不愉快だ。結局、中央局の相談掛で大塚分局の所在を確めた。

正午、台湾倶楽部例会に出席、小林、森岡両氏歓迎会、木下氏の南洋視察談だ。之は中途で欠敬〔ママ〕して大塚局に至り、告知書再発行を請ひ、一円四十銭納入して帰宅す。漸く電話が通じた。

帰途久し振り、中里介山の大菩薩峠第十七巻、山科巻と云ふにつられて買って帰った。
　＊忠昭は六十三番だと云われて帰った。
　　一学期よりは少し向上したのだ。

十二月二十五日（水）　曇時々晴

朝来雲切れて時々天日を見る。此寒空に太陽の光りは実に有り難い。

午前中在宅。

午後忠昭、次郎同伴、北町へ行った。

両人は飛行機材料を買ったのだ。

余は富士時計店で銀を売る。十六円五十銭だ。忠昭の腕時計の帯を付けさせてやる。殖田君訪問。

慶子の仕舞の先生の父君竹田氏も来て居った。四時辞去、新宿に出てデパートに入ったが実に不愉快だ。

植木屋で梅の盆栽を求めて森岡氏に送る。春待つ心を籠めたのだ。

五時帰宅。

十二月二十六日（木）　晴

天気模様も回復しかけた。

十時出かけて省線で東京駅迄台銀で月給受けて倶楽部で午餐、午後理髪をする。小雨あり霽る。

雨後の晴を日比谷公園を通って出張所に至る。約により午後二時半、斎藤長官に会う。官僚式の感がした。少々固くなって居るやうだ。三時半辞去、五時帰宅。

十二月二十七日（金）　晴

空晴れて気持が良い。午前中在宅。

次郎の算術を見てやった。

午後、武蔵の塚本常雄氏訪問、不在。此先生は忠昭を愛して、よく面倒を見て呉れる先生だ。次で平井先生を訪問、国語の先生だ。仮名遣ひの事、忠昭指導の事等話して帰る。此先生も親切な人のやうだ。四時帰宅。

輪湖君から電報あり。二男中央大学予科在学中の豊君、新竹に帰省中、急病で死んだとの報があった。

直に弔電を打って置く。
　＊忠昭の成績、本日到着、六十三番になった。
　一学期七十二番から九番上った。

　更に激励を要すべし。未だ未だ努力が足りない。

日曹の改組問題も決定したやうだ。新聞切り抜き通りだ。

十二月二十八日（土）　晴

快晴だ。池袋の辺を散歩す。

十時健児閣に至りて約により二荒伯と会ふ。村田君も来て居った。大日本青年少年団結成問題、少年団連盟解散問題、連盟の財産帰属問題が出た。財産を体育会に帰属する問題には村田君も意見があった。

余は二荒伯が我田引水のやうに見られない注意を要する旨、進言して置いた。

アシヤにて午餐を共にして分れて、出張所に行って、台湾に於ける列車正面衝突の詳報を聴いたが分らなかった。

高雄旧城の辺で急行と貨物の正面衝突をやって二百数十名の死傷者を出したとあり、誰か知人の被害がないかと気がかりだ。

十二月二十九日（日）　晴

午前十一時、森岡氏訪問。日曹問題、南日本化学問題、台湾状況談等閑談に時を過して帰宅。

手貝登志夫が来て居った。

松かざりを掛け、正月の蓬萊山の軸を掛け、正月の準備を為す。

午後六時から三信ビル東洋軒で丁未会（三高同期会）開催出席。

宮本〔神戸〕〔章〕、篠崎〔萬壽夫〕、吉田〔勝太郎〕、小笠原、浅田〔恵一〕、浅田〔正一〕、遠藤〔常壽〕、清水等集って居って愉快だった。帰途、本棚、靴を求む。

少年団賞与と銀売却で買ったのだ。

十二月三十日（月）　曇

午前七時半から落合方面を散歩した。

十時から武高の鎌田教授を訪問した。数学の先生だ。一旦帰宅午餐。

午後カラスミを持て織田博士訪問、不在。会社に倉石専務を訪問す。
一、森岡訪問して日曹改組問題を話す事
一、改組の真相を聴く。
鹿島組に納富訪問、引越人夫の礼を云ふ。

五時帰宅、福島が来て居った。

十二月三十一日（火）　晴

快晴だ、終日在宅す。福島に手伝わせて本棚を遷した。書斎の床が過重で稍危険を感じたからだ。追々家の中は落付て来た。高雄から続々とカラスミや椪柑を呉れる。忠昭、次郎は福島に連れられて大井に行って夕方帰って来た。

午後一時半、港湾工業の加藤常務が歳暮に来た。

午後八時から省線と黄バスで穴八幡に参詣、一陽来福〔復〕の御守を戴いて帰った。

除夜の鐘を聞く。

織田先生から近著民族の弁を頂いた。

余、夜、錬〔練〕炭ストーブを求めた。三十二円也。

一九四一年

一月一日（水）　晴　暖

快晴、午前福井老及静夫相次で年賀に来訪。

午後、忠昭同伴、明治神宮参拝、宮城奉拝、靖国神社参拝に行き、午後五時帰宅。

一家打揃って健康の正月だ。

一月二日（木）　晴

快晴と申す程ではない、然し左程寒くない。

午前十時から年賀廻りを始めた。大井町の福井に行く。老人及静夫とは途上で会った。

之も年賀廻りだ。正夫大分成人した。それから品川に行ったが、兄はゴルフ行で不在だったから、玄関で失敬して岩村を経て林に行った。老人夫婦は出かけるところだったから、上って一寸話して辞去。

南〔弘〕、河原田へ名紙を置く。皆不在だ。

川村竹治氏訪問。御夫婦と閑談、夕方、帰宅した。福島夫婦、廣子来遊中、大賑かだ。

一月三日（金）　晴

うららかな天気だ。朝、池袋方面散歩。

在宅。望月伸介（東亜経済研究会）来訪。台湾銀行につき紹介す。

松本勝治来訪。

午後忠昭同伴、山本先生に年賀す。

先生元気を回復し居られ御機嫌良し。

次で、余単身、塚本教授訪問、閑談、四時半帰宅。

土井卓三より来信、応召して舞鶴軍港、軍艦吾妻に居る由、本懐の事と思ふ。

松方虎雄より来信、良雄は征戦四年未だ南支方面に居る由、何れも返書認む。

福島親子三人で大賑ひだ。

一月四日（土）　晴

昨夜来、肩が凝って何となく不愉快だ。

終日在宅。午後林の爺さんが来た。

夜、悪寒がする。感冒のやうだ。コールタブレットを買わせて用い、尚昆布湯を造らせて吸む。発汗せず。不快の一夜を過す。

一月五日（日）　晴

愈々風邪のやうだ。床を取らせて寝る。安藤医師を招いたが、片瀬へ行って不在とかで、夕方、母里医師が来診、感冒と療定、手当を受る。

桃子正夫同伴、福井母堂と来る。

品川、夫人来る。静夫来る。

喜久雄と静夫、夜、帰り去る。

福井母堂も帰らる。

一月六日（月）　晴

朝来、追々気分回復、午後起き出す。

妻は過日来の疲労と昂奮の為から、朝から頭上がらず、弱り込んで寝込んだ。武子は心配想な顔で帰って行った。

夜、喜多見卓来訪。花蓮港庁に就職の事に決定の由、報告に来たので高原宛紹介状を与へた。

一月七日（火）　曇、雲　寒

朝来曇天、寒気甚し。真に武蔵野の冬が音づれた。雪が降り来る。

感冒の方は大分良いが昨夜、殆んど睡眠が出来なかったので、頭が不愉快だ。両三日来、あまり寝過た為だらう、終日在宅。

港湾の加藤と中村にカラスミを送った。

今日は近藤皎君の三回忌で近藤家から案内があったが感冒を理由に断った。

妻は少し軽快だ。中風には関係なし。

気管支カタルだとの事を、今日来診の安藤医師が云った。

一月八日（水）　曇、雪

夜来の雪が五センチも積った。

雪景色だ。忠昭、次郎は早朝から学校に行く、始業式だ、武蔵では式後、余興があるので案内を受けて居ったが、感冒が未だ全快しないので、行かなかった。

終日在宅、慶子も発熱気味だから、安藤医師の来診を請ふたら、三十九度あった。気管支だ。

夕方、池袋方面に足ならしに散歩した。空は霽れて来た。

目白通りの古本屋金井を呼んで払ふ。二十五円あった。

あまり感冒が出るので、桃子もこわくなったので、午後三時正夫を連れて帰り去った。

一月九日（木）　晴

天候回復して快晴になった。有り難い。

未だ感冒が癒えきらぬ。午前在宅。

妻、慶子は未だ寝ている。武子からハガキが来たので状況を報じてやった。

午後、省線で丸の内に出て海上ビルで理髪（顔そり）、港湾を訪問。

中村、加藤、両氏共都合よく居ったので面談。四時会社に行く。重役会が始まりかけて居った。珍らしく中野、一宮、加藤三社長始め、芝君も来会。

加藤のヲブザーバーとして越藤〔恒吉〕台拓理事も来会した。会社計画変更問題は倉石、芝、越藤三人で研究する事となった。余もヲブザーバーとして参加することとした。流〔柳カ〕光亭の宴会は辞して帰った。感冒発熱を理由に。

一月十日（金）　曇

曇り霽又小雨。午前十時約により番町に織田博士訪問。正午辞去、倶楽部にて午餐。午後、台拓に加藤社長訪問、南日本問題を議す。次で日塩に一宮社長、芝専務訪問、同上問題を議す。

午後五時半、帰宅。

一月十一日（土）　晴

午前十時より出て恩給を受領に行ったが、立込んで居ったので、安田銀行で四千円預金、会社に行って倉石に会って、会社対策を協議す。ブローム事業計画の中止は台拓、南塩の意見にて或は止むを得ざる旨、力説して置いた。倶楽部で午餐、午後三時、銀行集会所に行って、少年団連盟理事会に列席、寄付行為の定款変更を決議した。

午後五時半帰宅。

奈良〔武次〕大将、林大将、渡辺伯〔昭〕、井上〔三郎〕公等珍らしき人々も来会して居った。

一月十二日（日）　晴

晴れた暖い日だ。午前、増本君を訪問した。其話により植場君が雑司ヶ谷に住居せることを知って、午後訪問して見たが不在だった。

一月十三日（月）　晴

午前在宅、午後払方町で恩給を受取り、後会社で倉石と会ふ。明日、日塩の芝、台拓の越藤等と会ふ事とした。
一、安平工場百二十万円は全然予算なしにやった事が分かった。
一、塩田施設七十万円が全然、当初計画に落ちて居った。
一、苦汁輸送計画三十五万円も同様。全く驚き入った事だ。
商工石油の野口に会って日曹改組問題を聴て五時帰宅。

福島武子、廣子同伴で来泊。

一月十四日（火）　晴

朝、池袋方面散歩す。かなり冷たい。午前在宅。武子等と午餐。午後二時約により、健児閣に二荒理事長と面会。一、大日本青少年団参与受諾の了解を得、一、連盟寄付行為の財産処分の件、理事長の方針を聴く。

三菱銀行に高木〔健吉〕を訪問、徳川義親公、生物研究所理学士の件、相談す。川村女学院長依頼の件なり。三時半約により台拓支店に倉石、芝、越藤等と会合、南日本の件、相談す。一問題は予算外支出三百万円の支出財源の件なり。大難問題なり。六時より木挽町蜂龍に田中次郎君の招宴、江口も来会、午後十時帰宅。

一月十五日（水）　晴

午前十時、森岡氏を千駄ヶ谷の邸に訪問して南日本の問題を報告した。

十一時辞去、桜新町に小林躋造氏を訪問したが、感冒にて病臥中なりしにつき辞去、二時半帰宅。

一月十六日（木）　晴

午前九時半、福島末雄君が来た。

十時半、日本青年館に行って大日本青少年団結団式に臨場。貴賓室に飛込んでやったのは愉快だった。

実際、貴賓室に入る資格ありと思って居る。橋田文相は矢張り平凡な男だ。

香坂〔昌康〕、草鹿、纐纈〔彌三〕等と話した。

午後一時散会。徒歩、代々木を経て新宿に出て昭和風雲録、若きドイツは鍛へるを紀〔伊〕國屋で買って新宿――椎名町のバスで帰る。

末雄は睦子と叔母の案内で明治神宮、靖国神社、宮城、奉拝して夕方帰った。武子に頼まれた急行券は鎌田から送って呉れた。

一月十七日（金）　晴

暖い日だ。午前九時半から末雄君同伴、上野公園、浅草公園、向島方面及乃木邸跡、乃木神社へ参拝、三井銀行へ挨拶。余は二中同窓秋山信と会ひ、末雄を紹介す。末雄は三井銀行若松支店員だ。

午後四時半、末雄を大崎福島家へ送り、五時帰宅。少々疲労した。

今朝から植木屋が庭の木手入れに来る。

余不在中、江副九郎来訪。

夜、大味さんから電話があった。

之より紀元二千六百年祝典事務局長歌田千勝へ手紙を書く。

一月十八日（土）　晴

暖い日だ。午前在宅、一寸郵便局に行って恩給受給局変更の手続を為した。

ポンプ屋を呼で井戸モーターの修理をさせた。午後会社に行って倉石と会った。一昨日、三社長会合をやったが、一宮、加藤は第三回払込は出来ないと云ったので中野は如何か、自由にやって呉れと云ひ、夫れでは困ると云ふ事で分れた由、困った問題だ。倉石は二月二十日支払期限の手形の事を心配して居った。兎も角一時借入を親会社日曹に心配させては如何と云って置いた。中野社長も這入って来たので色々話したが、要領を得なかった。

五時帰宅、今日はお梅さんが君ちゃんと子供二人同伴、来たそをだ。

一月十九日（日）　晴

暖い日曜だ。午前十時半頃から忠昭、次郎同伴神田に行って忠昭に英語リーダ二及幾何参考書を、次郎に科学の話を買ってやった。又、忠昭には誠屋で冬制服一着買ってやった。三十四円五十銭であった。天波羅〔ママ〕で昼飯を食わせたが、甘かった。午後三時帰宅。好い日曜をした。

睦子、慶子は逗子に行って福島の末雄案内の相伴で鎌倉に遊んで、夕方帰りよった。江ノ島には行く暇がなかったそうだ。

一月二十日（月）　晴

午前在宅、午後一時理髪、東京駅に出で加藤台拓社長訪問、南日本問題三巨頭会議の意見を訊す。加藤の意見は兎も角、中野に緊縮的設計計画変更の案を立てるべく、渡台せしむることとなった、との意見で、其結果追加三百万円は成る可く借入（会社自体の）もやるとの意見で大分緩和せるやうだ。日本倶楽部で休憩の後、五時半から錦水の紫明会に出席、原邦造と台湾談、城戸〔彦二〕、瀧正雄等と新体制談をやった。

俄かに寒気、雪を交ゆ。実に寒いので、斎藤長官着に出迎を失敬して帰った。

一月二十一日（火）　晴

昨夜の暴風は去ってうららかな日和だ。

椎名町、長崎町方面散歩、西の空に富士の姿がくっきりと見えた。実に美しい。

午後、省線で代々木迄行って神宮裏参道から外苑に出て青山斎場へ行って、植村甲子〔午〕郎君父君の告別式に参列、青山渋谷通りを散歩。

四時半帰宅した。

忠昭は発熱、感冒のやうだから明日、明後日は欠席させることとした。

福井母堂来訪、正夫君の内祝だ。

一月二十二日（水）　晴

今日も暖い日だ、午前椎名町下落合方面に散歩した。終日在宅、忠昭も寝て居った。

夜雨降る。

一月二十三日（木）　晴

朝雨止む、野村駐米大使、出発につき、同氏は海軍大将として知人だから、東京駅に見送る。あまり沢山の見送人で何が何だか分からぬ位であった。水道橋迄電車、省線で帰る。三崎町の古本屋で田健治郎伝を六十円で買った。

朝は雨あがりで雑司ヶ谷、鬼子母神迄散歩した。雑司ヶ谷とか欅並木等は何となく好いところだ。

一月二十四日（金）　晴、曇後雨

奥村姉が阿部さん（山本美保の娘婿）を訪問すると云ふので送ってやった。

十時から省線で五反田、池上電車で御嶽山迄、調布峰町とか云ふところだ。新開の住宅地である。山本梅子、阿部君代に挨拶して辞去する。皆、先日来訪したのである。奥村姉は残った。

洗足池の海舟の墓、留魂碑、南州社を拝して去り、上野公園博物館を見て時間を過し、三時から精養軒に開催の東南亜細亜民族解放同盟発会式に臨む。五時より雨、六時半、帰宅。

不在中、平賀義人夫人来訪。

＊安達けん〔謙〕蔵会長、赤池濃議長、竹井十郎幹事格だ、殖田俊吉が発起人の一人だから行ったのだ。

珍らしく森岡二朗が来て居った。

一月二十五日（土）　曇、夜霙、小雨

午前在宅、午後藤尾氏訪問、借地契約書に保証人の印を貰った。

池田が上京して居る筈だが来訪せないから、会社に出て見た。宇都宮に行った由、山縣君を訪問したのだ。社長室に行くと倉石が中野社長に喰ってかかって居る。よく聞くと、今日、三社長会議を台拓で開いて左記の申合せをした。

一、南化創立当初の三社長申合せを確認すること

二、七百五十万円を超過したる建設費の細目を造ること

三、苛性曹達事業は別会社を造りてやること

四、ブロームは千二百瓲のマグネ製造を副産物として生産する限度に止むる事

倉石は此会合に参列しなかったので、社長、之を報告したら、倉石は苛性曹達を南化でやる事は三百万円増資でやることに重役会で決議してゐるのに簡単に変更せらるるやうでは専務として責任を以て仕事が出来ない、辞職すると社長に喰てかかってゐるところで、偶然来会せた横田日曹硫業も面喰ってゐるところだった。

倉石の怒るのは尤もだが、此際、辞職する時期で無いと慰〔撫〕ぶしたが聞かない。結局、社長の依頼で台拓に行って加藤社長に会って、此状況を話し、倉石も他の条項は兎も角（三）項に就て非常にふんがいして居る、之は尤もと思ふと云ったら、加藤には

中野から電話もあったと見え、直に一宮日塩社長に電話をかけ、倉石は三社長会合の決議につき、他の項は兎も角（三）項につきては既に重役会で昭和十四年八月二十一日に決議し調印せるものを簡単に変更するとは不都合だ、尚、此決議により既に苛性工場の資材の発注せるもの、二月二十日期限のもの、六十万円あり、之は如何して呉れると云って居ると電話したが、一宮は自分から倉石によく話すと返事したやうだ。余はよく加藤と協議した結果、今日、三社長会談の条項を謄写して両社長に速達で送りて異議あれば申出られたしと内覧せしむることとし、明後二十七日中野社長が加藤を訪問、（三項）を削除又は訂正することとし、六十万円問題は加藤一存では困るとの事で話を切り、余は更に中野を駒込の邸に訪問（中野は扁桃腺に神谷医師に注射して貰っているところだった）、此情況を報告し、二十七日朝会社に出て打合せ台拓に同行することとし、尚、倉石から社長に電話がかかり辞意を翻さざる故、余に慰留して呉れと頼まれ、小日向台の倉石邸訪問。種々慰撫した結果、倉石も一応辞意を翻すこととなった。

十時帰宅。

一月二十六日（日）　晴

終日在宅。

昨夜、晩くなったので、朝寝して九時半起床した。終日頭が重い。

台湾鉄工場〔所〕の泉量一から来信、今日、重役陣を固め、泉専務、天野、岸〔光治〕が常務になって泉も自分の事業を抛つて渡台したと云って来たから、大に激励の返信を出した。

一月二十七日（月）

午前十時、会社に出る。中野は発熱去らず。

社長宅にて三巨頭会合をやる由、池田来り、倉石と三人会談、帝国ホテルにて午餐、会社に帰れば模様変り、中野は丸の内ホテルに来り居り、三巨頭会談を二時半より丸ホテルにてやることとなる。

行って見れば非常に病気状況悪く、加藤、一宮来りしも、之れでは談出来ずと台拓に行く、両社長の希望にて第三回払込を基礎として採算表を造り芝と協議することとす。

一応、丸の内ホテルに戻り中野に会て、此状況を話し帰宅。

一月二十八日（火）　晴

朝十時の急行で奥村姉が京都に帰るので、東京駅迄送り会社に出る。

正午、糖業会館にて台湾倶楽部月例会に出席、三時会社に帰る。

日塩の芝来り倉石と三人会見、芝の意見、塩マグの仕事を南化より分離し、台湾製塩、日塩、南塩出資の会社を造りて、之にて製造して塩マグを南化に供給する事として資金問題を解決するを可とす。苛性曹達独立は意味をなさず。塩マグ会社を独立して塩業者をして経営せしむるは苦汁を集むる点に於ても都合よし。原料は価格をスライデングスケールの方式とて決定すれば、心配なからんとの意見なり。六時半迄かかる。初吉田にて晩餐の後分る。

一月二十九日（水）　晴

約により十一時会社に出る。倉石は今朝社長に面会せしが、台銀に交渉しろとの事なる由なるも、今の三社長の意見固まらざる状態では台銀に交渉するも駄目だ。兎も角、加藤に面談することとす。加藤の都合にて午後四時半、面会の事に打合せ、一旦倶楽部に休憩、午後四時半台拓出張所にて面会す。加藤は一千百万円に減資して、夫れ限度迄は払込止むを得ざるべしとの意見なり。明日、一宮に面会の事とす。六時半より築地の将乃（まさの）にて中村謙二の招宴、泊、二見と三人なり。午後十時帰宅。

一月三十日（木）　曇

午前十時会社に出て、十時半倉石同伴、日塩訪問、芝は前の説を固守するにつき、中野と会わせることとせり。一宮社長は採算が明瞭となれば、第三回払込及曹達事業の出資も賛成なりと頗る明瞭なる意見なり。倶楽部に倉石同伴、午餐。倉石は採算を再検討することとして分る。

午後、総督府出張に長官訪問、不在（議会中）。西村〔徳一〕秘書官、須田〔一二三〕企画部長、森田学務課長に面会して帰る。倉石談では会社の差迫りたる支払八万円は興銀より借入るる事とせる由なり。

一月三十一日（金）　晴

早朝加藤社長に電話す。加藤談、一、日曹、日塩両社にて仕事の内容採算を検討して払込を同意せしむるやう、進めるを要す、一、台拓社長は相談役なれ共、積極的に問題に突入して解決に努力すべし、一、中野君渡台して、工場建設予算を再検討を要すべし。此旨を及倉石も加藤訪問の事を倉石宅に電話せしも既に外出後につき、会社に出で倉石に面会す。倉石も今朝、加藤を訪問し同様の事を聴ける由。好都合なり。中野の病気追々軽快となり、渡台の便船を交渉中なり。本日、安平工場火入及ブローム工場試運転無事終了の旨、松尾工場長より電報あり、祝電を発す。

二月一日（土）　晴

過日来の活動で稍疲労を覚えた。大体片付いたので午前中在宅。午後、小林前総督訪問、明日出発、海南島に行かるる為、送別を兼ね挨拶だ。海軍省より依頼を受け大体の状況を視察さるる由だ。海南島の砿物資源等の談が出た。林〔安繁〕台電社長が来たのと、小林さんは午後海軍省に打合せに行かるるとの事だったから、失敬した。帰途、隠田の羽田訪問。四時過帰宅した。

朝、実に寒かった。寒暖計は零下四度何分を示したそをだ。

二月二日（日）晴

午前九時起床、興亜奉公会日で早起きの積りが申訳ない。午前中在宅。

午後三宅恒永君訪問。大工の紹介を頼んだ。玄関側の六畳に窓を開け、床と押入を取って八畳に改造する積りだ。川村夫人（女学院校長）を訪問、雑司ヶ谷方面散歩して帰宅。

二月三日（月）晴

終日在宅した。長閑な日だ。今回退官、台湾製糖企画部長になった宗藤大陸、新潟県学務部長に転任の橋爪清人、花蓮港庁に就職した喜多見卓に手紙を書いた。

夕食後、目白通り散歩、台湾と乃木大将と云う面白い小冊子を買って読みふけって夜一時半となった。

世界美術全集、明治初期（29）と東山時代（足利時代12）を買った。

目白書房から「マグネシユム」を配達した。

二月四日（火）晴

朝下落合方面散歩、不在中倉石から電話で今朝十時の列車で中野社長出発渡台の報あり。急いで東京駅に出て見送った。漸く間に合った。

平田末治も来て居った。会社に立寄って、倉石と話した。倉石もすっかり元気を無くしている。海上ビル港湾工業に中村、加藤訪問、中村不在、加藤は近く、渡台するにつき種々用談する。学士会で午餐。神保町で世界美術全集十八を求む、五十銭、小石川植物園散歩、大塚で水仙の球を求め、目白通りで飾り棚を求め帰宅。林姉来訪中、妻は数日来、歯痛で弱って居ったが、漸く軽快となった。

＊夜、三宅君が建築師玉井楠吉氏同伴来訪、応接室改造請負者を紹介して呉れたのだ。

二月五日（水）曇、小雪

朝来薄雪が降ったが直ぐやんだ。

下落合の方を散歩の後は在宅、薄ら日が指した。比較的暖だ。

約により午後五時半、木挽町の錦水で二荒伯の招宴で小竹氏と三人晩餐。

両氏談、松岡外相談として蒋介石に手を廻して和平交渉中との事だ。

小竹氏と日曹改組問題を語る。政府保証にて興銀より五十万円の強制融資により市中銀行の債務を肩がわりす。他、生産拡充資金として三十万円は出す事となって居る由。日曹鉱業、九州曹達整理は免れざるべし。

＊日曹社長に弥々、大和田〔悌二〕（元逓信次官、改新派の領袖

の由）が就任することとなった。

二月六日（木）　晴

終日在宅。尤も午前八時半より約一時間、下落合より小港橋、高田馬場辺迄、午後四時より五時半迄、江古町より沼袋辺迄散歩した。

二月七日（金）　晴

午前在宅。

午後牛込、佐土原町の中部謙吉氏夫人死亡につき弔問、帰途、戸塚、高田馬場方面を散歩して帰る。

二月八日（土）　晴

朝池袋方面に散歩。

終日在宅。

夜、通りに散歩、神山潤の歴史と云ふ小説（二円）を求め、夜、むさぼり読む。

二時、就寝生活を改善せなければならない。

二月九日（日）　晴

風の寒い日だ。次郎を同伴、逗子に行く。

十時、種々の土産物持参、余省線と横須賀線で午後一時前、福島宅に着く。喜久雄は出勤中だ。廣公益々いたずらとなり居る。午餐代りのしるこを食し、福井に行く。母堂、俊夫も来て居った。正夫大に成人、丸々肥えて居る。余単身、葉山、浅間山の小竹氏の別荘訪問、広大な別荘だ。週末休養に来て居る小竹氏と閑談、中野有礼の人物論をやる。四時福井に帰り、六時福島、福井一家と牛肉で晩餐、七時辞去、九時帰宅す。

二月十日（月）　曇後晴

朝、起きると大に雪が積って居って、尚、少し降って居ったが十時頃止んで日が指した。午前在宅。

午後二時より芝増上寺で林兼の中部謙吉氏夫人の告別式で行く。帰途、愛宕山に上り、雪景色を見て後、神田を経て帰った。

二月十一日（火）　晴

紀元節だが浪人生活で拝賀式にも行くところが無く侘しい。午前在宅。

朗らかな天気だ。午後、下落合から小滝町、柏木方面散歩、蜀紅坂を下り、新宿に出で省線で帰った。

かなり長距離の散歩で疲労を覚えた。

玉井請負人より来信あり。便所移転は此際中止（経費多く、且時期永くかかる）を勧告し、室は取広め案の見積書を送り越す、同意す。

二月十二日（水）　晴

午前三井信託金庫に行って本年度料金八円を払ひ、郵便貯金通帳を出す。

会社の取締役より供託株の台銀高雄支店保護預け証書を出す。之は菅野経理課長より航空便で重田取締役の供託手続が済んだから一応、本証書を回付を請ひ、右重田の分を付加したいと申越したからだ。

会社に行って右保護預書を菅野に送付方を鎌田に依頼す。久し振り倶楽部に行って定例会に出る。倫敦空襲の経験談（倫敦総領事）があったが、其の官僚的私益優先的思想は不愉快だった。

玉井に返書出す。

二月十三日（木）　晴

風の寒い日だ。午前在宅、中野社長が台湾から帰るので、午後三時二十五分、東京駅に出迎えた。丸の内ホテルで社長と会った。倉石も来会、社長は明朝、一宮、芝と会ふ由につき、気付とて
一、一宮は採算の見透〔ママ〕しつけば第三回払込に応ずべきも、此点につき芝と相談して呉れと云ひ
一、芝とは同問題につき倉石と両三回会合せるも深く立入るをほっせず、深く立入りて責任を分担するを好まざるにあらず
の点を社長に注意し置く。社長は直に芝に電話して、今日は芝と二人会合を約せり。倉石は過日来、打開策として森岡と協議し斎藤に面会の上、斎藤と塩見〔俊二〕金融課長と倉石と会ふ事となり居る由につき、余にも連絡を取り参加することとせり、五時辞去す。

二月十四日（金）

午前十時、会社に行ったが、倉石不在、中野社長は中耳炎とかで今日一宮との面会は中止だ。

午は倶楽部に行って午後三時倉石と同行日塩に芝君訪問。
一、芝曰く、南化の計画採算書を検討せるが採算は確実なり。塩マグ原料費日塩二百五十円、南化三百五十円、旭六百五十円の由なり。南化の採算確実なることは証言す。
一、金融問題は台銀が中野〔日曹〕に対して極度に警戒し居れり。払込金の融資は困難ならん。
一旦社に帰りて倉石と打合せ。明朝、倉石は台銀の山本〔健治〕理事に面会後、一宮社長と面会、後、森岡氏を説て台銀を動かす事とす。

二月十五日（土）　晴

午前十一時、倉石と日塩に一宮社長に面会す。一宮社長意見。
一、芝君より採算の点も聴きたり。然し、大体論にて詳細なる数字的計画書を見たる上ならでは賛否を決し難し。
惟ふに本問題は既に実行より他なく、且計画上芝氏も実行上不

安なしと云ひ居るし、一宮の言を左右に託して承諾せざるは、一宮は度し難しと見るより他なし。

倉石と森岡邸を訪問、不在。倉石は中野訪問す。

余は黒川邸に園子夫人のお産の祝辞を述ぶ。一旦帰宅、夜七時倉石と再度、森岡邸訪問。明後日、一宮に計算書提出し、其模様により森岡氏を煩し斎藤長官より一宮に説諭を依頼することとし、十一時辞去。

二月十六日（日）　晴
終日在宅。次郎は豊島園の模型飛行機大会に行く。

十時、玉井技師、大工同伴来訪。

応接模様換への実地を見せる。

富岡忠一来訪、盛岡出張中頭〔脳カ〕溢血にて、尚静養中なる由。午後三時手貝登志夫、松尾光博来訪。手貝結婚につき、仲人の件なり。余は四月は渡台期なり、且つ妻都合悪し、佐賀出身の先輩に依頼しては如何と勧む。先方溝口家は稍々盛典を希望し、仲人も台銀理事を希望せる由なり。

二月十七日（月）　晴
会社に出る。調書は本社から来て居ったが遠藤技師が之によって盛にやって居るが、今日は未だ出来そをにない。
午後五時帰宅。

二月十八日（火）　雨
雨だ、午前在宅。
午後会社に出る。調書は未だ出来て居なかった。遠藤技師と色々話し会って色々智識を得た。調書が出来ないので五時帰宅、雨が降っている。

二月十九日（水）　雨
終日雨、午前十時会社に出る。倉石も遠藤も未だ来て居なかった。

調書は出来、タイプに打ってあった。

布袋工場建設費百二十万円、塩マグ生産原価二十一円と二十四円だ。

午後二時倉石、遠藤同行、日塩一宮社長訪問。之を提供して説明し書類を置て帰る。中野社長は安平を南化の自営とし、布袋を日塩或は南塩に経営せしむる積りにて、一宮に交渉せる模様だ。午後四時、雨を冒して帰宅。

本社菅野経理課長から取締役供託の株券、台銀保護預証を送って来た。

二月二十日（木）　晴
雨は止んだが、空曇り生暖かい日だ。
終日在宅。午後、木村兄、福井夫人、相次で来訪。
午後一寸長崎町辺に散歩した。

二月二十一日（金）　曇、夜雨

暖い日だ。朝、倉石から電話があったので会社に出る。遠藤は昨日、日塩、千葉技師と面談、布袋工場建設予算及原価計算書を両人にて検討した。

明日、千葉より返事を聴く予定の由、余は倉石、遠藤に対し布袋工場建設につき、会社財政の改訂書を造る事を注意した。倉石、遠藤同伴興銀訪問。台銀に手形期限の延期の交渉を依頼した。倉石談に一宮は南化乗っ取りの希望ある旨、諸般の状況より推論した。余は疑問とする。

午後五時半より錦水にて原邦造君の紫明会員招待会に出席、織田博士、酒井忠正其他出席盛会、九時雨を冒して帰宅。

二月二十二日（土）　曇　暖風

暖い日だ。午後から強い風だ。二時会社に出る。未だ日塩から調査が来ていない。

本社工場長から詳細な調書が来て居った。明日、社長と日塩一宮を訪問することとし、四時去りて日本倶楽部で休憩。五時半、虎ノ門晩翠軒の本村の招宴に出る。織田、久原、眞崎、増田次郎其他知名の士多し。盛会。

午後九時帰宅。

二月二十三日（日）　晴　風寒し

午前在宅。

午後、吉祥寺の本村を訪問す。不便なところだが、広大な邸宅だ。夫人も出て快談。五時辞去、バス停留場迄送り呉る。帰途、新宿に寄り手袋、桜盆栽等求めて八時帰宅。

次郎、慶子は昨日から逗子訪問、今夜帰宅。

二月二十四日（月）　晴

会社に十時に出た。倉石は居ったが日塩の千葉と未だ連絡が取れない。横田と三人、帝国ホテルで午餐。午後二時千葉来訪。

然し何故か倉石と千葉（千葉の希望にて）と二人で会談す。後に聞けば千葉の談、一宮は元来、南塩にてマグネシユーム事業を希望する由なり。過日、遠藤との計算書は満州に行って居る芝に送った由。其の返事が来る迄は話にならんから三時半会社を去り、神田を散歩。

久し振り靖国神社に参拝して帰った。

今日、大工が来た。明日から仕事にかかると云って材料を置て行った。

倉石から森格〔恪〕伝を貰った。

二月二十五日（火）　晴

風はあるが晴れて長閑な日だ。朝、雛の軸をかけてやった。終日在宅。大工二人、応接室改造の造作にかかった。

植木屋、小宮来る。桜、梅、ザクロ各一本を求めた。明後日運び込む由。

二月二十六日（水）　晴

大工二人来る。

朝十一時会社に出た。一宮よりは未だ返事なき由、倶楽部午餐会に出る。

鳥越〔新二〕海軍大佐から泰国事情談の講演を聞く。鳥越君は旧知、三年振りに会った。なつかしい。鈴木敬一君と会った。

午後五時帰宅。

武子、桃子、各子供連れ、来て居る。賑やかだ。今夜、睦子縁談にて菅沼夫婦来訪のはず。之で両人が来たのだ。適当なる人を選んで服部大尉の叔父さんに交渉して貰いたいとの事だ。

夜、菅沼少佐夫婦来訪。同様の事に打合せ、交渉人として福井芳輔翁を依頼する事とした。之は静夫君の発案だ。菅沼氏も賛成して呉れた。

武子、桃子に十円宛賞与をやった。

二月二十七日（木）　晴

大工一人来る。

非常に暖い天候となった。朝八時半、昌平館に小西君一行に会ふ。京都府耕地課長樺島氏、京都市耕地技師大島氏、日野在住田中忠三郎氏来て、京都疏水より分水灌漑水路開鑿補助金申請にて農林省に陳情の件だ。余は石黒〔忠篤〕農林大臣に依頼する事として分れた。会社に出る。錦水に専売局塩脳課長一行を招待、午餐。

午後、一宮より電話あり、来月四日、芝専務帰京につき何事も其上との事だ。

午後四時帰宅。

忠昭、今日英語、代数の試験あり。代数には自信なかったやうだ。困ったものだ。

　＊京都府耕地課長、樺島多加助、京都市嘱託、奥野義雄

二月二十八日（金）　雨

午前、森岡氏訪問。南日本問題其後の状況につき報告、十一時半辞去、帰宅。

大工今日は休む。

台拓社長、加藤氏宛上京を促す航空便を出す。

三月一日（土）　小雨

大工一人来る。

午前十時、三井信託金庫に取締役供託株券の台銀保護預り証を入れ、余の信託につき住所変更通知書に捺印、差出す。会社に至り、倉石と事務打合せ。

四時帰宅。六時より省線にて大井に福井氏訪問。睦子縁談につき服部〔正之〕主計少将に訪問して貰ふ事につき、相談す。明日、逗子に行き、皆集まって、相談の事に一決。九時半帰宅。

今日、植木屋が桜、梅、ザクロを持込んだ。左官来る。

三月二日（日）　雨

午前在宅、森田俊介来訪。

午後、逗子に行く。福井に行く約により福井夫人も来り居り、一同集合協議の結果、福井翁は内海家側として服部主計少将を訪問、睦子縁談の勧告をなし呉るる事に決定。牛肉スキヤキにて晩餐後、午後十時帰宅。

雨、雪にて寒し。

三月三日（月）　曇

植木屋来る、大工来らず。午前、辛島勝一来訪。

午後畑大将を太子堂に訪問。今回支那派遣軍司令官となりたる祝辞に行く、不在。山室〔宗武〕中将に会ふ。

総督府出張所に斎藤長官訪問。

南日本問題を談ず、長官談

一、台銀は極度に警戒し居りて会社に融資は非常に困難ならん。

一、創立の際、台銀に一札を入れあ〔り〕たる筈、三代表にて台銀に謝する要あらん。

倶楽部に立寄り、五時半銀座竹葉に鰻を食ひ、千疋屋にて果物を求め土産として高輪に菅沼少佐訪問。福井氏の服部氏訪問を承諾し呉れたる旨報告、色々打合せて九時帰宅。

三月四日（火）　晴後曇、小雪

朝来暖、大工二人、左官、植木屋来る。十一時丸の内に福井芳輔氏訪問、昨夜菅沼氏と打合せの件につき、打合す。即ち服部氏訪問の時期問題なり。菅沼氏に手紙出し、丸の内ホテルにて理髪、後食堂にて午餐、後会社に出る。倉石不在。

三時退去、神田散歩、池袋迄電車、後徒歩帰宅。睦子帰り居る。

三時頃より一天俄に曇り来り小雪。

三月五日（水）　晴

午前九時、畑大将出発を東京駅に送る。

永田町農林大臣官邸訪問、大臣不在。

会社に出る。芝日塩専務、昨日帰京せし由なるも、今日は社長中野面会不可能の由、十一時去りて倶楽〔部〕定例午餐会に出る。午後三時去りて四時帰宅。

今日、植木屋来る、大工は来らず、左官今日にて仕事終る。

三月六日（木）　晴

約により、午前十一時永田町官邸に石黒農林大臣訪問、山科醍醐の旱害防止水利事業補助の件、依頼す。倶楽部にて午餐、小西農会長宛に、大臣会談の要領を通信、二時会社に出る。日塩芝は両三日中野社長と面会謝絶し居る由、三時辞去、四時帰宅。

牛島夫人来訪し居る。

植木屋仕事、今日にて始舞《〔ママ〕》なり。

飯田直次郎母堂死去弔電。

黄樹、内海茂松と改姓名通知来り、祝辞を送る。

持久節につき、妻に甘鯛、子供にワップルを白木屋にて求め帰る。

三月七日（金）　雨

午前在宅、忠昭十一時帰宅、試験の結果、幾何は三題出て一題出来たよし。成績頗る悪し、実に不愉快なり。忠昭の指導につき痛心に不堪。

午後雨を冒して靖国神社に参拝、心をこめて忠昭の前途を祈願す。

神田に散歩、佐久間左馬太を求め帰る。

今朝、奥村姉来る。女中政、姉の入院治療につき帰り去りし為なり。

ゆううつの日を過す。

会社問題につき、加藤恭平君に航空便出す。

三月八日（土）　晴

朝、天満宮に参拝、忠昭の成功を祈る。

午後がまの雄を求め帰る。他は終日在宅、次郎は逗子に行く。

忠昭は午後、大井町福井家に行く。何れも一泊。

三月九日（日）　晴

午前在宅、西北勝良（高雄新報東京支局長）今回台北支局長として渡台する由につき、面会を申越す。明日午後四時、日本倶楽部にて面会を約す。午後、中野方面散歩、淀橋、柏木、蜀江山方面を散歩して帰る。妻は久し振り治療に行く。

午後、忠昭大井町より、次郎逗子より帰る。

三月十日（月）　晴

朝富岡忠一来訪、病弱につき鹿島組退職、郷里香川県に帰る由、挨拶なり。十時会社に出る。
一、芝氏、社会〔ママ〕と会見を避く。
一、最近の情報、日塩は台湾製をねらい神戸鈴木の財力にて経営の陰謀を企て興銀副総裁に運動中なり。
一、南化問題につきても極力経理上困難に陥れて乗取りの策謀中なる由。
一、倉石は長官の招致を受け面会。長官談、南化は中野個人にあらず。日曹に責任を取らしむ。日曹不能なれば三社の他にやらさず、別の経営の方法を講ずる要あり。
一、製塩問題は総督府威信上も鈴木にやらす訳には行かず。
一、倉石の意見、中野に対する小情義を捨て南化問題につきては大和田社長、竹内専務と協議する積りなり。余賛成す。
午後三時二十五分、小林海軍大将を出迎ふ。
＊四時、高雄新報東京支局長西北勝良、日本倶楽部に来訪。

渡台につき挨拶なり。帝国ホテルに晩餐を供し分る。

三月十一日（火）　晴

午前十時出社、倉石に会ふ。余の意見、
一、専務として（中野は兎も角）将来会社経営の方法につき、意見を極めて各方面に当る要あり。塩マグもブロームも苛性曹達も皆やるか、金属マグのみにするか、種々の方法あり、最も有利の案を建て極力主張する要なり。
一、長官は十七、八日頃出発につき、夫迄に一度、中野と一宮を招き警告を発して貰ふ要あり。
倶楽部にて午餐。

長官は十二日、大和田と会見するにつき、夫れより後にされ度しとの事なり。

四時帰宅。

三月十二日（水）　曇

午前十時、会社に出る。倉石十一時半来る。共に午餐。

午後、倉石は日曹社長以下幹部に招致され、南日本化学の内容を聴かれた。尚、興銀よりも内容調査に来た。午後四時半去りて帰宅。

今日、応接室の模様がへ全部出来、夜移転、余の書斎も応接室の一隅に遷した。

三月十三日（木）　曇

午前十時半、会社に出る。倉石と大和田社長、昨日面談の内容。
一、予算超過実施の理由。
一、日曹は大株主の立場なり。当面の責任者、中野は何をして居るか。
一、日曹は中野を引退せしめて子会社革新の先鞭をつける希望ある模様なり。
後藤邦彦は倉石に対し、中野引退の勧告を要求した。倉石は自分では困るとて某高官に相談した由。十一時、森岡氏訪問。
一、倉石は中野と抱き合ひをなす積りならば、援助の考なしと。
其点は貴下より直接、倉石に聞かれ度し。

午後、在宅。少年団連盟内藤来訪、功労者表彰の件なり。

三月十四日（金）　雨

午後一時出社、興銀員園部氏監査に来て居る。園部潜の長男の由。潜氏は余の知人（松江時代の日銀支店長）、安田銀行頭取だ、奇縁なり。平田、出澤来る。倉石と云々あり。要するに三人は大和田社長より台塩、南日本の社長中野の辞表を取ることを命ぜられたるなり。余、倉石の紹介にて大和田に会見す。余の意見、要するに南日本の組織陣容を改めて金融業者が安心して融資せしむる方策を講ずる要あると述ぶ。社長賛成なり。

遂に中野は辞表を出し、倉石之を預る。

中野氏一時雌伏の他なし。

夜、平田の招待にて築地の金龍に晩餐をとり十一時帰宅。

三月十五日（土）　晴

午前十時、会社に出る。午後二時、東五軒町、武蔵高等の父兄懇談会に出席。

山本校長、小野教授の話があった。

四時総督府出張所にて倉石と落合ひ、五時斎藤長官と面会す。会社の問題の現状を報告す。中野社長の辞任には長官大に賛成の意を表したり。将来問題につき、依頼して辞去す。

三月十六日（日）　晴

暖い好日だ。然し心中頗るゆううつだ。午前九時、忠昭同伴小野教授訪問、一昨日作業日に欠席の届と御詫を述ぶ。小野教授の談、忠昭の英語成績あまり良好ならざる模様だ。進級益々不安だ。理髪して帰宅。十一時半より家を出で桜新町の日本体育会体操学校の専門学校認可祝及校舎落成祝賀会に臨む。二荒伯会長につき案内を受けたる為なり。三時終了。小林海軍大将訪問、海南島、広東、厦門視察談を聴く。

六時帰宅。

加藤台拓社長より航空便来る。南化将来方針につき同氏の意見書送り来る。

三月十七日（月）　晴

午前十時、丸の内ホテルにて倉石専務と会見、
一、加藤台拓社長よりの来信及同氏意見書を示す。
一、午後、日曹新幹部と会見の際、真実を述ることを注意す。
午後二時より日曹大和田社長、以下新幹部と会見、倉石、及遠藤技師と余の三人にて説明す。
一、予算等超加〔過〕の理由、其内容を将来要する金額につき具体的記述書の提示を要求さる。
一旦、帰宅。午後九時二十五分斎藤長官の出発を東京駅に見送る。

三月十八日（火）　雨

夜来、雨盛に降る。終日雨。午前十一時、日本倶楽部にて在京内務省系出身者の会同に出る。藤沼〔庄平〕、白根〔竹介〕両氏の斡旋にて地方長官及局長の浪人連集まる者七十数名、盛会なり。久し振り会ふ人多し。水野〔錬太郎〕、俵〔孫一〕等大先輩も来会す。

午後三時一寸会社に出づ。倉石等明日、新幹部要求の書類作成中なりし故、三時半退社帰宅。

五時田口来訪。

夜、忠昭の勉強状況を見る、ノート類頗る散漫なり。之では成績の悪いも尤もなり。困ったものだ。種々注意を与へ置く。

三月十九日（水）　晴

十時半、会社に出たが、書類が未だ出来て居なかったので倶楽部に行く。定例午餐会、泰、仏印交渉の内容談だった。兎も角、日本外交東亜共栄〔圏〕権確立の為大成功であった。

五時半より錦水で紫明会、大和田悌二君の日曹社長招待会であり、水津君も出席、盛会であった。

桃子が正夫同伴来て居る。

三月二十日（木）　晴

会社に出たが、日下〔辰太〕が来て大和田と会って居るので僕も行って会った。書類が未だ出来ない。午後五時帰宅。

三月二十一日（金）　晴

早朝、小野担任教授から電話で忠昭及第の事を知らせて呉れた。

九時半、忠昭同伴お礼に行く。兎も角、喜だ。

妻も大に安心する。

大井の母堂、静夫来訪、慶子卒業のお祝だそをだ。支那料理で午餐を共にす。

二時半帰り去る。桃子も帰った。

三時から忠昭同伴、明治神宮、靖国神社に参拝、五時帰宅。

三月二十二日（土）　曇後雨

午前十時会社に出る。十一時台銀に水津頭取訪問。会社問題の経過並に現状、監督役としての余の立場を説明す。水津氏の説、日曹の社長が中野氏であれば、融資は問題とならず、中野退社したる今日、日曹社長が社長とならば考慮の余地あり。然し（総督府が保証を要す）。

午後、日塩の芝も会社に来訪、倉石と三人会談。芝氏意見、採算を問題にするは一宮が顧みて他を云ふなり、採算は心配なし。

五時半辞去、柏原合資会社に二中同窓会の相談会に出る。八時帰宅。

今日、余の書斎を二階に移した。

三月二十三日（日）　雨

午前九時、武蔵高等の卒業式に参列す。列後、山本校長に挨拶すると「君の子供は成績が悪いんだね、修身が善いからもっと良いと思って居ったが」と云われて否口〔閉カ〕した。

「之から訓練して段々良くします」と申上て置いた。正午帰宅、妹尾の子は落たやうだ、同情に耐へない。

夜、三宅恒永君を訪問、玉井建築師のお礼を託した。

三月二十四日（月）　雨

豊島区役所に行って、次郎転校の事を相談した。高田第五小学校に入れて呉れることに極った。愛日小学校に草野校長、鎌田主任訓導訪問。

挨拶して在学証明書貰った。

日本倶楽部に行く、午後三時会社に出る。明日、社長に会社将来方針決定して貰ふこととし帰宅。午後八時。

三月二十五日（火）　曇小雨

午前在宅。

午後池袋に至り、豊島区役所に次郎の入学申立書を出して転校通知書を貰ふ。二時出社。

社長室にて社長、出〔第二郎〕、竹中、其他重役列席、倉石より予算超過の理由、将来の方針案を説明す。余も布延〔敷衍〕して述ぶ。

午後五時帰宅。

三月二十六日（水）　晴

午前十時出社。

倉石談、十五万円の申出に対し竹中常務は三万五千〔俸給〕より融通せずとて大にふんがいし居る旨。竹中の意見にては南日本は売却論なる由、考えざるべからず。

正午、日本倶楽部に行き定例午餐会。

海軍省の小柴〔直貞〕少佐の重慶輸血路の談あり、四時帰宅。

夜、福井老、菅沼夫人来訪、武子、妻と会談、睦子縁談につき服部氏の叔父氏大体承諾せる故、福井老、三十日日曜に服部氏を訪問して呉れる事となる。

三月二十七日（木）　晴

台銀の山本（健治）理事の夫人脳溢血にて死去せる通知あり。妻は同病相あわれむの情に不堪。十時弔問の後出社。倉石、昨日午後日曹幹部に南日本殊に臭素生産計画は日曹の責任なりとて、竹内常務の意見に対したんかを切りたりとて報告せり。倉石、遠藤、牧田、高松等と午餐の後、倉石と山本邸の告別式に行き、一旦、会社に帰りて午後三時半帰宅。武子は明日逗子に帰る由、夜手貝登志夫、越智来訪。

森岡二朗息健君東大の入学試験に不結果なりし由報あり。同情に不堪。

＊慶子今日、三輪田高女を卒業す。

三月二十八日（金）　晴　寒風

武子、午前九時逗子に帰る。次郎同伴。

十時半、会社に出る。野口を訪ひ日曹改革談を為す。丸の内ホテルに午餐。

午後二時半会社を去り、池袋にて桜の苗木二本求めて帰宅。林姉来訪し居る、何時も妻と話し合わず、不愉快の人だ。天気晴たれども風寒し。

夜、忠昭の英語を見る。

歯が又落ちた。

三月二十九日（土）　雨

終日在宅。寒雨来り蔭〔陰〕鬱な日だ。

午前十一時、廣瀬歯科医に行きて落たる歯を入る。

森岡を訪問せんとしたが、旅行中の由だ。

三月三十日（日）　曇後晴

朝来曇って寒い日だったが四時頃から霽れた。之で追々暖くなるだろう。

午前在宅、小松先生が武子の方の女中を連れて来て呉れた。

午後二時半から練馬南町の方に幾何の先生、中尾俊生先生を訪問したが、不在だった。木蓮、桜の苗木を買って帰って庭に植栽した。

三月三十一日（月）　晴

暖く晴た日だ。午前十時会社に出る。午後日曹幹部と打合会をやるとの事だから、正午台湾会の例会に出席。藤山〔愛一郎〕商工会頭の祝賀と赤池濃氏の経済新体制の講演があって、午後二時半会社に行く。大和田社長、出常務は出張中だ。

竹内、辰澤〔延次郎〕と〇〔ママ〕監査役、日曹のブローム係員田中が来て居った。ブローム百八十瓲生産の問題のみの論議に小田原評定をやって居ったから、余は親会社たる日曹に於ては南日本の問題を考慮する必要ある事、此根本問題の解決には日曹の胆を極めて他の二社と協議し、三社共同にて総督府の助力を借りて台銀に当るを要する事、台銀にて融資の可能性ある事、金マグ工場六百瓲に減産の計画では採算のとれぬ事、日塩との交渉には布袋の塩マグ工場を日塩に譲渡すれば纏まる可能性ある事等を力説した。

午後五時帰宅。

四月一日（火）　晴

午前七時二十分、次郎同伴、高田第五小学校に行く。今日から高田第五国民学校と改称したのだ。校長より話があって、担任の古部鐵恵氏に紹介され、次郎の教室も見て帰った。

在宅、午後池袋方面に散歩。

四月二日（水）　晴

快晴だ。今日から次郎、高田第五に通学す。十時会社に出る。マグネの消化問題、高橋調査課長に調査を依頼して置たが、要領を得ない。大体、悲観的だ。岩瀬工場（日曹）の製品もストックだそをだ。十一時、眞榮田来訪。丸の内ホテルで午餐を共にす。二時分袖、一寸会社に出て、三時半帰宅。

王照〔昭〕徳来訪。五時半、旭日化学蚕業に早川社長訪問。赤坂中永楽で王君から早川と三人招待を受く。九時半帰宅。

四月三日（木）　晴

快晴の祭日だ。久し振り忠昭、次郎と三人で遠足す。午前九時から省線と玉電で玉川の読売遊園に行って航空展覧会を見る。玉川畔から富士が良く見えた。正午過、帰宅。午後大井の福井老来訪の予定のところ、午前中電話があって、服部少将訪問の結果を報じて来た由。一、服部少将は六郎君と睦子との結婚談に賛成なるも六郎は未だ薄給につき生活費の心配し居らるる由、尚大阪の兄と協議する旨答えられた由だ。

午後在宅。

四月四日（金）　曇

朝は晴れたが、午後花曇りとなった。

午前出社。倶楽部で午餐後、更に社に出る。二時半から社長室で対策論議。竹中常務、企業単位論は稍か更だ。余は三社の協議合一に進めるの要を力説した。午後四時帰宅。

四月五日（土）　雨

雨だ。豊田〔貞次郎〕中将、海軍大将に昇進、予備となって商工大臣に就任につき、下落合の邸に祝賀に行く。

鈴木貞一陸軍中将が企画院総裁無任所大臣となる。先に小倉正恒氏の無任所相就任と併せて、近衛内閣の強化だ。朝、大和田社長と電話、曰く、

一、日曹の引受る如何は別として中間のつなぎはつける積り。

一、長官より日曹社長就任慫慂の手紙が来た。

一、日塩の一宮の心底を探る為、辰澤氏に会見せしめん。

十一時出社。遠藤技師と午餐。午後三時大和田と丸の内ホテルで会見、大へん待たされた。午後五時帰宅。

四月六日（日）　小雨、曇

午前十時山本先生訪問、揮毫を頼む。終日在宅。

四月七日（月）　晴

終日在宅、加藤台拓社長に手紙を書て、其後の状況を報告して上京を促した。

四月八日（火）　晴

午前十時会社に出たが、倉石は居らない。

鎌田から苛性の材料購入費の借入にサインを求められたが、監査役の職責を説て予算なき購入にサインは出来ぬと断って置いた。倶楽部に午餐。

午後、日曹の辰澤常務に会ふ。

一宮氏に面会の結果を聞く。一、日塩には資金なし。第三回払込も不可能、又南日本も引受て呉れと云ったが不可能、との事で南日本減資の話等出た由。

大和田社長に会ふ。台拓は引受て呉れんか等云って居った。駄目だ。

前歯が又抜けたので遂に河村歯科医に行った。午後六時帰宅。

＊福井正夫の初節句で金太郎の軸を買った。

近々静夫乗艦迄に送るつもりだ。

四月九日（水）　雨

又雨だ。朝来冷寒。桜もだめだ。

午前十一時出社。倉石と会ったが別に話もない。倶楽部に行く。定例午餐会に出る。午後三時去りて京橋の丸善で忠昭に製図器、三角丁木〔定規〕、物さしを買ひ、池袋迄電車、徒歩、帰宅。

四月十日（木）　曇

午前十時半、森岡氏訪問、其後の状況報告す。倉石に水津台銀頭取に会へとの事だった。新宿で午餐、午後三時帰宅。

四月十一日（金）　晴

午前河村歯科医に行く。十一時出社、倉石は風邪にて欠勤につき、小日向台の宅に訪問。善後策協議。

午後一時帰宅。三時京都より小西、奥野外一名来訪。山科醍醐の水利改良工事補助問題にて農林省に陳情の件だ。山王ホテルに案内、晩餐を供す。七時去る。余は昨夜電話にて打合せありしより止宿中の泉量一君に面会。更に同止宿中の林貞次郎氏に面会、新宿を経て帰宅。

四月十二日（土）　晴

午前河村歯科医に行く。本日にて治療完了。午前帰宅。

夕方、忠昭同伴、小野教授宅訪問。英語の私宅指導を依頼す。今後、毎火、土、両日、午後六時半より指導を約す。

忠昭に勉強用の電灯スタンドを余と同様のを買ってやった。

四月十三日（日）　雨

睦子結婚問題で福井老の配慮を受けたる挨拶と福井正夫五月節句の祝品持参旁大井町及逗子行きなり。十時大井町訪問。福井老、服部少将訪問の結果、
一、服部少将は六郎と睦子結婚には大体賛成。
一、大阪の兄六郎に相談。
一、具体的の問題につき少将、福井老訪問、返事の事。
午後一時、逗子に行く。

武子、廣子同伴駅迄出迎呉る。福島訪問。

喜久雄病臥、福井訪問、静夫も在宅。

五月節句の金太郎の軸を送る。

雨盛に降り、風を交ふるにつき福井に一泊。

四月十四日（月）　曇

朝来微雨、後やむ。午前八時起床。

静夫は出勤後だった。廣子早くから「おぢいちゃんわ」とて来る。

朝九時半辞去。武子、桃子、廣子に門前迄送られて去り、省線にて午前十一時帰宅。

終日在宅、不在中、社の高橋来訪せる由なり。

四月十五日（火）　晴　暖

暖気俄に加わる。午前十時台拓出張所に久宗〔董〕副社長訪問。

一、過日日曹社長等と会見せるが、善後策につき具体策を作成協議することとなれり。

十一時、出社。倉石病気欠勤。日塩に一宮社長訪問。

一、日曹社長は善後処置を付ける積りなり。

一、千葉嘱託も帰りたるを以て南化の材料を集め中野、出両重役の手元にて全部洗い出して将来の方針を研究して案を立てん。

一、苛性曹達問題は暫く預りとなさん。

一、日塩は第三回払込の意思無し（此点一宮氏は過日来の意見と食言せる感あり）。

倶楽部に立寄り午後四時帰宅。

庭の桜の蕾、ふくらむ。

四月十六日（水）　晴

慶子卒業につき、午前十一時、三輪田高女校長、三輪田元道氏に御礼の挨拶に訪問。後、日本倶楽部の定例午餐会に出席。外務省欧亜局の太田三郎氏より、ソビエットの談を聴く。

午後四時帰宅。

山岡先生が遊びに来て居った。

京都二中同窓会創立につき、評議員に推さる。来る十九日、京都にて創立発起の評議員会開催の通知ありたるも欠席の旨、発起人代表、中野忠八君へ通知す。

四月十七日（木）　晴

快晴、春光麗かだ。武蔵高等の記念日で父兄会総会だ。午前十時から行く。

福井老に会って同行、十一時開会。

二中出身、宮内、京大出身、神戸、大和田にも会った。会後、山本校長に挨拶。

校内の催物巡視、午後二時半帰宅。

四月十八日（金）　曇小雨

午前十時会社に出る。

倉石も健康回復出勤して居った。

別段の打合せも無い。一宮、久宗、面会状況を話して置いた。

正午去り帰宅。

四月十九日（土）　曇

午前十時、会社に出る。正午去りて省線にて、小金井に至り桜を見る。落花にて既に大部分葉桜なり。午後三時半帰宅。

四月二十日（日）　晴

終日在宅。宗藤上京中につき、来訪するかと思ったが来なかった。

午後三時、福井静夫、桃子、正夫同伴来訪。静夫、今回第一艦隊司令部付にて明日より大巡鳥海に乗艦、約四ヶ月、海上勤務の由にて挨拶に来りしなり。午後五時半帰り去る。

四月二十一日（月）　晴、夜小雨

午前手貝が来る筈だったが来なかった。

約により正午、丸の内会館に行く。

倉石、松尾、遠藤、芝、中野、出、来会。

南化の善後策協議す。

中野の意見により金マグ生産六百瓲案を基礎とし、即ち安平工場の塩マグのみを原料とする計画にて建設費を極力縮少する立案調査を為すこととす。芝氏案は不相変塩マグ工場独立案なり。

尚、同氏案融資の方法は台湾製塩の七股塩田を南塩に売却して台塩の資金を造り、之にて台塩が塩マグを経営し、安平工場を引取り、此代金にて金マグ工場の完成の資に充るとの意見なり。

倶楽部に小憩、五時半より錦水にて紫明会、大和田日曹社長の就任招待会なり。

九時半帰宅。

山本先生より額面及軸物の揮毫を頂いた。

忠昭持帰る。

四月二十二日（火）　晴

午前十時、会社に出る。十一時水津台銀頭取訪問、南化問題を話す。

別段の意思表示なし。同氏二十五日、台湾へ行く筈、倶楽部に行き午餐、午後四時帰宅。

夜、次郎同伴、経師屋に行って、山本先生揮毫の額面と軸の表装を依頼した。

軸十八円、額十円、箱五円の約だ。

四月二十三日（水）　曇

午前十時、手貝千代志氏来訪。

同氏の息、結婚式挙行の為である。

正午帰り去る。

終日在宅。

四月二十四日（木）　晴

午前九時、加藤恭平氏を品川の邸に訪問。南化問題を協議す。

同氏の積極的意見は気強い。自動車に同車、倶楽部に行く。加藤氏は水津台銀と会ふ筈だ。十一時半、宗藤氏倶楽部に来訪。

糖業会館に午餐、台湾製糖其他の製糖会社に対する配当低下の総督府の勧告拒絶問題を聴く。三時分る。

会社に出る。明後日、芝氏と会見の打合せを為す。五時帰宅。

四月二十五日（金）　晴

今日は靖国神社御親拝の日で休みだ。

山本先生訪問。過日頂いた軸の書が、草書は難解につき教示を受く。

　気圧当年第二饗　也《また》惟王氏蓼莪情　官遊鞅掌事功挙　怕聴操
　舟伊軋声　緋衣兆水

であった。正午帰宅。

午後五時半、学士会館で手貝千代志〔登志夫カ〕と溝口氏令嬢の結婚披露宴に列席、九時帰宅。

四月二十六日（土）　晴

午前九時、豊島区役所に行って不動産取得税の徴税令書の再交付を要求して納入した。本税百二十二円、府付加税百二十二円、市税都市計画税三十円、都合二百七十四円を払った。電車で呉服橋に出て三和で会社の手当を受取って出社。正午から丸の内ホテルで倉石、芝両取締役、松尾、遠藤技師等と会合、金マグ六百瓩、曹達工場建設案を議した。芝氏より金マグは一時中止、曹達のみ実行意見等出た。三時半散会。倶楽部に少憩。五時半、内桜田町喜らくにて四四会に出る。神戸、長谷川、渡辺恒雄等と四人、長谷川の夫人も来会、愉快だった。

四月二十七日（日）　晴

快晴だ。暮春の一日を次郎同伴、逍遥す。忠昭は大井に行った。牛込旧居の辺を通って石黒忠篤氏に弔問す。父君忠悳子九十七歳の高齢にて逝去せられし為だ。

靖国神社参拝、逓信博物館参観後、省線で上野公園に行った。葉桜となってゐる。次郎の希望で科学博物館を見て午後二時帰宅。

四月二十八日（月）　晴

約により九時半出社、十時倉石と同行、台拓に加藤社長訪問。

加藤氏談、
一、長官は同情あるも財務、専売の意見分る。
一、専売は台湾塩業問題解決第一主義にて、右未解決につき、南化問題を加えて問題を混乱するを好まず。
一、財務局は近来、府内に於て非常に強化し居るを以て長官賛成するとも財務を賛成せしむることは非常に困難を感ず。
台銀も、頭取、副頭取は相当同情あるも、理事連は皆非常に硬化し居れり。総督府より話しあるも非常に困難なるべし。三十日に加藤社長は大和田日曹社長及幹部連と会見を申込み、倉石、其斡旋をなすこととなる。

午後三井信託にて期限満期の定期を引出し、五千円を定期に、三千四百六十円を特別当座に三井銀行に預入す。
＊市役所に大久保市長訪問。小平正治採用の件依頼す。
萩原人事課主事に紹介、多分神田区役所に採用を承諾し呉る。

四時帰宅、杉本次雄来訪し居る。

四月二十九日（火）　雨

朝来曇り、正午頃より春雨となる。

午前九時徳川邸内の講堂に、天長節の拝賀式に参列後に、中野宮里町に海軍予備中尉塚越英次郎氏を訪問す。

同氏は土井〔直治〕中佐（司令）の下にて艇長として活動中、休暇帰京、過日土井氏の紹介にて来訪せる為、答礼なり。商船学校出身の愉快なる青年将校なり。

四月三十日（水）　雨

朝十時出社、明日重役会の件打合す。正午退社。

千住、江東方面散歩、百花園、隅田川公園を見て帰った。

五月一日（木）

午前九時森岡二朗を訪問、加藤報告の台湾状況を報告、午前十一時丸の内ホテルに行く。南日本の重役会開催、加藤、芝、倉石、武、余の五人だ。無事終了。

南日善後策問題を議し二時半散会。

五月二日（金）　晴

午前十時半、福井氏訪問。

余の二十二日船便にて渡台に決定につき、服部少将との会見は十八日にてもよき由を話し後出社。

倉石は来て居ない。倶楽部にて午餐、午後四時帰宅。

五月三日（土）　晴

午前十時出社。倉石と打合す。

大和田社長と会ふ。あまり景気がよく無い。塩脳課長来訪。台湾製脳問題は片付いて台銀より百二十万円出た由。今日は加藤、一宮の一行、日曹幹部と会見だ（丸の内ホテルにて）。余と倉石は参加せず。

午後、専売局に横田〔道三〕塩脳課長訪問。

三時台拓に行って待って居ったが、加藤社長が帰らぬので、四時半辞去。

一寸会社に寄って帰宅。

夜、倉石より電話にて今日の三巨頭の会談は欠〔決〕裂の由。

五月四日（日）　雨後晴

朝来暴風雨を冒して御殿山に加藤恭平氏訪問。昨日会見の模様を聞く。

加藤氏は大和田日曹社長に南化社長引受けを強調し、大体好調に進みしが、午後芝氏より南化は採算取れず。事業中止説を唱え根本的にくずれたるを以て、再検討をなすことにて分れたる由。倉石も来会。

帰途、倉石に技師連に高雄工場計画を根本的に再検討せしむることに打合す。
午後、塚本常雄氏訪問、不在。神戸彦十氏訪問、不在。藤の花の盆栽を求め帰る。

五月五日（月）

午前十時、丸の内ホテルに倉石、松尾、手柴、遠藤三技師と会合、余曰く、技師も企業者の頭となりて工場建設案を再討検《ママ》して、マグネ工場に対し更に資金を要せずして完成する案を研究すべしと。午後三時分る。

五月六日（火）

会社に出る。倉石来ない。丸の内ホテルに午餐、午後四時帰宅。

五月七日（水）　晴

午前十時会社に出た。倉石来ない。正午倶楽部定例午餐会に出る、午後四時帰宅。

五月八日（木）　晴

快晴だ。午前十時会社に出る。
正午松尾、手柴両技師同伴、丸の内ホテルに午餐、会社状況につき、意見交換す。遠藤技師の無責任、会社規綱修正意見等出た。午後四時帰宅。

五月九日（金）　曇

芝日塩専務と面会の約あり。午前九時半、会社に出たが、芝氏都合出来、面会を断り来れるを以て、十一時半会社を去り、倶楽部に至り午餐。
午後六時帰宅。

五月十日（土）　晴

忠昭、不柔順且不活発につき激励す。
十時出社、倉石と同行、日塩に芝専務を訪問、同氏の善後策を聞く。出資の意思なき事、益々明瞭となる。中央亭に午餐を共にして余は、偕行社に喜〔多〕見卓の結婚式に参列。故喜多見大佐の友人宮内織太郎大佐に会ふ。故古荘大将の同期生の由だ。又同日同所に不図も岩松中将の令嬢の結婚式あり。岩松中将にも会った。中将は益々太って来た。大将の器だ。卓新婚夫婦は今夜出発、伊勢参宮、京都に立寄り、十四日の船で任地花蓮港に帰る由、卓も立派な青年になった。九時帰宅。
武子、桃子母子四人、更に喜久雄も来泊。大に賑かだ。忠昭も機嫌よくして居って悦し。

五月十一日（日）　晴

福井正夫の初誕生祝を本日に持越し、正午より池の端雨月荘に案内を受く。福島親子三人、福井桃子母子、睦子、慶子、忠昭、次郎同伴、省線にて行く。福井家両親、俊夫及井上家一家来る。

支那料理の馳走あり。

午後二時散会。福島一家及上野公園、動物園を見て逗子に帰り去る。廣子、益々成人、いたずら者となって可愛し。

余は睦子、慶子同伴三時帰宅。

忠昭、次郎五時半帰宅。

五月十二日（月）　曇

午前十一時より丸の内ホテルにて、日曹出、中野、日塩芝、南化倉石、松尾、手柴、遠藤、台拓越藤等と会見す。芝の提議にて苛性を中止、金マグ六百瓲案を中心に研究、フレッシュマネーを可成的減額して事業を始める案を更に研究する事にて散会す。

蓋し、過般の大会議にて本日の結論は明瞭の事にて、倉石及技師連に余より提案し置きたるも、彼等は未だ夢醒めず、困ったものだ。更に本日帰社、其調査を始めた。

之と共に六百瓲案にて事業実施と事業中止の利害関係を研究するの要あらん。

五時半帰宅。

忠昭は一昨日事件以来、追々良くなった、悦ばし。幾何を指導してやった。

五月十三日（火）　曇、小雨

午前十時出社、プーム生産の件、陸軍より督励されたりとて日曹幹部は大さわぎだ。

今日、倉石は其件にて陸軍航空本部に行く。余は台拓に加藤社長訪問。

昨日会議の状況を齎して打合せを為す。

要するに日曹幹部にて肚を決めて案を以て他の二社と交渉するより方法なからん。

五時辞去、一旦帰宅。午後九時長谷川総督の上京を東京駅に出迎へて帰宅。

五月十四日（水）　晴

午前十時出社、日曹重役室にて、一、苛性曹達を取やめて金マグのみ製造の案を造り、即ち極力節約の案を造り、出、中野に提示す。中野は芝、越藤と之を検討することとなり分る。

午後出張所に長谷川総督訪問す。

不在につき直に辞去、帰宅。

五月十五日（木）　晴

午前十時出社、倉石と事務打合す。

午後早く帰宅。

五月十六日（金）　晴

約により午前十時半、総督府出張所に至り、十一時長谷川総督に会見。正午、丸の内ホテルにて午餐。午後一時出社、倉石と事務打合せ。午後三時帰宅。

夜、菅沼夫人より電話あり。明後十八日に水交社にてお茶にて睦子婚約につき服部一家との会見の件は服部少将急用にて大阪に出張につき延期の事、申越さる。余の台湾旅行帰来後とするより他なからん。

五月十七日（土）　曇

朝九時半出社。大和田日曹社長と会ふ。

一向要領を得ず。十時半より日曹重役会議。

臭素生産を陸軍より督促され、これのみに没頭せる模様なり。

倉石、木村（日曹工場長）等と帝国ホテルに午餐、午後三時台拓に加藤氏訪問、二十一日午前十時より南化の重役会開催のことを決す。

午後五時帰宅。

武子、廣子同伴来り居る。

大和田日曹社長の言明によれば、大和田は南日本化学の社長になる意思なし。たとへ、台湾銀行より融資の見込立つも社長になる意思なし。自身東京にありて台湾の事業を管理することの自信なし。台湾にある人に託したし。技術其他はいくらでも供給すべしと云ふにあり。

問題の善後策につきては日曹（中野）台拓（越藤）日塩（芝）の三氏によりて立案せしめて、之につきて三社長にて協議せし、要するに合議制にて行く積りなりと云ふにあり。

之では中野社長に詰腹を切らせたる意味なき感あり。幾多の矛盾を含む感あり。

五月十八日（日）　曇、小雨

午前十時、大井町福井を訪問。過日、正夫初誕生祝宴の礼、服部少将招宴延期の件等、及余の不在中、万事依頼の為なり。品川の木村兄及駒場の林訪問、余旅行の挨拶なり。近藤未亡人も来り居る。三時帰宅。福島喜久雄来訪。夕方、武子、廣子同伴帰り去る。静夫は軍艦より休暇上陸、今日逗子に来りし由。

五月十九日（月）

武蔵高等に山本校長、塚本相原〔良一〕両教授に面会。何れも渡台の挨拶及塚本氏は忠昭に数学科外〔ママ〕指導に、山羽生を紹介されたる礼、相原氏は忠昭の主任教授なるにつき、挨拶の為だ。従来英語の科外〔ママ〕指導は小野教授に依頼して置いたが、一週一回にして貰って他に一週二回、高等科二年の山羽生に数学の指導を依頼することとした。

五月二十日（火）

午前千駄ヶ谷訪問、渡台の挨拶だ。

丸の内ホテルに行く。松尾、手柴が臭素と苛性曹達の案を造って居った。苛性につきては便乗的の意味があまり大きいので不快に感じた。

会社に立寄り倉石に注意す。同氏も同感だ。帰途、白木屋、高島屋に立寄って旅行用肌着と、シャツを求めた。

物価の高騰し居るには一驚を喫した。

五月二十一日（水）　晴

午前十時より丸の内ホテルにて重役会開催。大和田、加藤、一宮、出、中野、芝、倉石、及余出席。
一、臭素及苛性曹達案を検討に入る前に当りて、
一、大和田社長就任説を加藤及余より力説せしも成らず。
一、原料苦汁の産出量につき芝氏の反対出で議成らず。
一、取締役補充は出、中野両氏を推すことに決定。
午後四時解散。一旦、帰宅。午後九時二十五分の列車にて倉石同伴、台湾の旅に出発す。

五月二十二日（木）　晴

午前九時半、神戸着。正午出帆の香取丸に乗込む。今回の航海は紀淡海峡を通過して土佐沖、九州沖を通りて大隅海峡を支那海に入るなり。

乗客に田原〔春次〕、水谷、西尾等無産党の代議士あり、快談す。田原の海外同肥〔胞〕協会の理事にして、来る八月台北に於て海外日本人会の大会を開催の用務を帯び、水谷等は単なる台湾視察なり。

海上平穏。

五月二十三日（金）　晴

今日志布志沖を通りて佐多岬、開門嶽を右に見て支那海に入る。

海上平穏。

五月二十四日（土）　晴

海上平穏。

五月二十五日（日）　晴

午後四時基隆着。台北に至り鉄道ホテルに入る。西澤基一来訪、田中一二来訪、郡茂徳来訪。

山下、金丸〔繁治〕、越智を招致してホテルにて晩餐を供し昔話を為す。山下、金丸等は昭和三年余の台北警務部長時代の旧部下にして老鰻退治に大に活躍せし人物にて山下は州刑事課長、金丸は保安課長として敏腕をふるひ居れり。

五月二十六日（月）　雨

倉石同伴、専売局長木原、殖産局長石井〔龍猪〕、財務局長中島〔一郎〕等を訪問、台銀水津頭取、台拓大西〔一三〕理事面会、ホテルに帰る。

夜、新台北市長藤村寛太より梅屋敷にて晩餐を供せらる、元台北市尹たる所以ならん。藤田、越智同席。

午後十時の列車にて倉石同伴高雄に向ふ。

今回台湾官場に異動あり。石井殖産、木原専売局長、三輪台北、

図2　台湾銀行接収の立ち会い（右から5人目が本橋）

画が終戦直後に実施されたものであった。しかし，台湾省行政長官公署の命令で同年11月7日には流通を禁止された。実は，この時に流通した千円札は，「日本銀行券千圓」（台湾頭取の極印付も存在した）であった。図3の銀行券は，内地で印刷されて1945年9月に台湾銀行東京支店が受領したものであるが，台湾への輸送が不可能であったため，未発行に終わった。

彼らは，実際の戦闘に巻き込まれただけではなく，戦時経済という「敵」とも戦ったのである。

表　　面

裏　　面

図3　台湾銀行券千円

典拠：図1は，石川康子『明治は遠くなりにけり―父 本橋兵太郎』私家版，二〇〇一年，図2，図3は，『台湾銀行史』。

コラム　台湾銀行 —— 戦時期における「準官僚」

図1　本橋兵太郎

台湾銀行は，台湾において銀行券（紙幣）を発券したことから，「台湾の日銀」であったが，それ以外にも特殊な「任務」を有していた。それは南支南洋への経済的影響力の扶植であり，「国策南進」が唱えられる以前の段階では，南洋方面に金融ネットワークを形成する唯一の邦銀でもあった。特殊立法による設立，その業務内容，そして終戦後にすぐさま閉鎖機関に指定されたことなどが示すように，台湾銀行は，紛れもない「国策機関」であった。それゆえ，台湾銀行の行員は，いわゆる「準公務員（官僚）」と捉えることができよう。

実のところ，戦時期における台湾銀行の実態は詳らかではない。しかし，総督府と同様に，長年の南洋での活動経験から，軍政要員として台湾銀行からも多くの派遣者を出した。また，台湾銀行は，戦時期に“Navy Bank”とも称されて，主に海軍占領地の金融を担った。

さて，台湾銀行を語る上で，必見の資料に『台湾銀行史』（同史編纂室，一九六四年）がある。同資料の編纂委員長かつ執筆者の一人が本橋兵太郎（最後の副頭取）である。本橋は，軍命で行員を南方占領地に派遣する際に，「できるだけ拒否し，派遣する人員も一人でも少なくしようとした」という。それでも，南方で78名の犠牲者を出したことは，台湾銀行にとって小さくない損失であった。

また，本橋は，国民党による台湾銀行接収の際にも責任者として立ち会い（図2），台湾の金融的混乱を最小限に留めるべく尽力した。その成果として，従前の台湾銀行券を終戦後も暫定的に流通させ，不安定な大陸法幣の台湾流入を阻止した。

この時に現れたのが「幻の台銀券」，すなわち，総督府官報第千八号（一九四五年八月一九日）で告示された「台湾銀行券千円」である。当時，日本で流通していた銀行券の最高額面は百円であり，内地ですら未発行であった「千円札」を台湾で流通させたのである。

これは，台湾の戦時におけるインフレ，生産力拡充政策や軍費（臨時軍事費特別会計への繰入）の膨張等に伴って生じた，銀行券の供給不足を補うための高額紙幣発行計

坂口〔主税〕高雄知事、藤村台北市長等新任す。松岡、山本〔眞平〕、赤堀等退官。

森田は台中知事に栄進す。

五月二十七日（火）　晴、雨

午前八時、高雄着。吾妻旅館に入る。

十時より市役所にて海軍記念日の祝賀会あり、出席す。糀島海軍少将其他に会ふ。愉快なり。十一時モーターを築港から出して貰って草衙の会社に行く。

風雨はげし。午後五時発動船にて高雄に帰り、七時より聴松園にて手貝、三神、高橋〔誠〕、久永〔均介〕、宗藤、池田の諸君より晩餐の供を受く。愉快だ。

五月二十八日（水）　晴

倉石同伴八時の列車にて台南に至る。

佐治〔孝徳〕を吾妻旅館に訪問後、専売支局、州庁、台拓支店訪問。安平の工場に至る。倉石は台湾製塩の総会に出席につき、其間に余はゼーランジャ城趾を久し振りに訪ふ。濱田彌平〔兵〕衛武勇の址の立派な碑が建てられてあって愉快だ。

午後二時、倉石と会社工場を視察。倉石を残して余は五時の列車にて高雄に帰る。泉量一君を訪問。

七時半より江ノ島にて坂口知事の招宴に列し、引続き、花壇にて松尾、楠田等の招宴に列す。

五月二十九日（木）　晴

午前手貝来訪。

十時小発動機にて草衙に至る。正午過、柳監査役来る。午後二人にて監査を為す。午後四時終了、七時高雄に帰り直ちに花壇にて内輪の晩餐会を開く。

五月三十日（金）　晴

午前十時草衙に至る。直ちに第三回総会開催、無事終了。

午後工場を更に視察して六時高雄に帰る。下村、田村、手貝同夫人来訪。旅館にて晩餐を共にす。

午後九時の列車にて出発す。倉石同伴。

五月三十一日（土）　雨

午前八時台北着。

十時より、総督府、斎藤長官訪問。

荒木警務局長に面会、正午ホテルに帰る。土曜会に出席。

午後ホテルに居る。白石、三好正雄、越智夫婦来訪。手貝来訪。

夜梅屋敷にて斎藤長官の招宴に列す。白鳥〔勝義〕教授、西村地方課長、来り居る。

六月一日（日）

午前九時半の列車にて出発。手貝、越智、三好等基隆迄送り呉る。

十一時出帆、大和丸だ。船長ら旧知なり。

平穏なる航海だ。

六月二日（月）

平穏なる航海だ。

六月三日（火）

平穏なる航海だ。然し船足は遅く、午後二時門司入港、五時出港だ。

倉石は先を急いで下関上陸、急行列車にて帰東。

六月四日（水）

午後一時半神戸着。単身は気楽だ。

神戸三越から妻へ土産の鯛の浜焼を注文。普通電車にて京都に至り、更に普通列車にて大津にて下車。

今夜、睦子が七時着にて東京から来着を命じたから二時間程あるので、三井寺の高台観音様に登臨、久し振り、琵琶湖の景を賞し、浜大津を経て大津駅に至り、精二君の来着同伴、七時睦子の来着を迎へて自動車で醍醐に至る。

夜、小西氏来訪。

六月五日（木）　晴

午前八時、起床。睦子同伴墓参す。

国公を招んで貰ふて土蔵を整理し、小道具類、ビール函五箱の東京送りて《〔ママ〕》依頼す。

飯田校長、山田青年学校指導員来訪、午後七時、睦子を残し、単身出発、精二君の見送りを受け、バスと京津電車にて大津に至り、幸ひ寝台券も入手して午後十時二十分の列車に乗込む。

六月六日（金）

午前九時、東京着、一応帰宅。午後三時より日曹社長室にて重役会開催、三社長、出、中野、倉石及余出席。
一、軍の後援にて強制融資を受け、臭素百瓩、曹達五千瓩製造案に決す。
第一案、百万円融資にて臭素百瓩案
第二案、四百五十万円の融資にて同上
第三案、右の外、三百五十万円の増資を受けて、安平工場及塩田施設、塩マグ関係資材を買収して三社の資金を三百五十万円消却し四百万円の減資
第三案は不都合なりと思ひ、其意見を陳述す。五時帰宅。
不在中、桃子、正夫同伴、来り居る。

六月七日（土）

午前九時半、森岡氏訪問。右状況報告、余の進退問題につき協議す。

森岡氏、加藤氏と協議することとなる。

正午帰宅。

六月八日（日）

午前、山本校長訪問。

午後、長谷川総督訪問、総督は明日出発帰台するなり。会社善後策につき一昨日の重役会の結果を報告し、二時半辞去。

六月九日（月）

午前西澤来訪、台湾談や天下の形勢談に花を咲かす。午後一時同伴、東京駅に至りて分る。

台拓の加藤氏訪問。長谷川総督出発には見送りが出来なかった。加藤氏曰く「会社の存続する間は内海氏の地位は保証されたしと提言し、皆承諾し居る由なり」。

会社に至り、大和田に面会。

倉石と打合せ、六時帰宅。

忠昭、今日より試験始る。

六月十日（火）

午前十一時、三和にて手当を取り、丸の内ホテルに午餐。理髪、会社に出る。倉石不在、二時半帰宅。

平賀義人、同夫人、岩村父子来訪中なり。五時帰り去る。

夜、九時二十五分、加藤の出発を駅に送った。打合せの結果、当分、余は居据ることとした。加藤は善後策は成功だと、喜んで居った。

六月十一日（水）〔欠〕

六月十二日（木）〔欠〕

六月十三日（金）　雨

午前森岡氏訪問。

午後会社に出た。四時から中野常務のところで強制融資申請方針の打合せをやるのだったが、余は丁巳〔未〕会に出るので失敬した。

午後五時半から学士会館で三高丁未会に出る。高木、山西〔恒郎〕、野口、黒崎〔定三〕、吉田、小笠原、篠原〔英太郎〕、其他で十三名盛会だった。

神戸章が幹事だ。親切な男だ。

学校を出で三十有余年、成功者もあれば、落伍者もある。余の如きは先づ成功者の内だろー。物質的にはあまりめぐまれないが、思ふ存分の仕事をやって来たから思い残すことはない。子弟の為には却ってあまり物質的にめぐまれない方が良いと思ふ。

六月十四日（土）　雨

会社に出て昨日の結果を聴たが苛性の付帯費を省いて百五十万円とし、臭素施設を五割増にて計画することと為したやうだ。

六月十五日（日）　曇
午後、塚本先生を慎独寮に訪問。
更に相原先生を椎名町の御宅に訪問す。相原先生は忠昭の主任教授だ。武蔵出身で山本先生の弟子だ。未だ若い人で新家庭のやうであった。好ましき青年だ。

六月十六日（月）〔欠〕

六月十七日（火）
終日在宅。
午後六時から日比谷の公会堂で台湾の夕べをやると云ふので行って見たが、頓と面白くなかった。且見度いと思って当て居った映画（台湾）が無かったので馬鹿を見て帰った。子供を連れて来ないでよかったと思った。

六月十八日（水）　曇後雨
日本倶楽部定例午餐会、何とか云ふ外務省の人が豪州の談があったが、聴えないので退場した。
午後五時半より東五軒町ヨシノで武蔵高等父兄会役員会の顔つなぎ、名士が沢山来て居った。
廣子が慶子に連れられて来て居った。

六月十九日（木）　雨
午後会社に出る。
夜紫明会にて錦水。

六月二十日（金）　雨
終日在宅。
廣子が淋しがるので武子が迎へに来た。

六月二十一日（土）　曇
終日在宅。

六月二十二日（日）　曇
午後武子が帰るので、次郎同伴、駅迄送り、次郎と二人で大森の岩村榮次郎氏訪問。主人不在につき夫人に会って午後五時帰宅。忠昭は学校から館林、足利方面に遠足、午後八時半帰った。
＊独逸は突然、ソ連に対して宣戦布告した理由、ウクライナ方面の食料確保とバークの石油確保の為だ。ソ連の重なる不信行為を理由とした。

六月二十三日（月）　曇
昨日又々前歯の入れ歯が抜けたので午前十一時河村歯科医に行き、丸の内ホテルで午餐。午後会社に出て倉石と打合す。野口と閑談、午後五時半帰宅。

六月二十四日（火）　雨
午前十時河村歯科医に行って、抜け歯を入れて貰ふた。金歯を貰って来て納戸町の時計屋で売った。十円で買て呉れた。新宿に出て竹葉で鰻を食って、中野方面を散歩して帰った。

六月二十五日（水）　雨
朝醍醐から荷物が着いたので整理を手伝ふ。
午後倶楽部の定例午餐会に出る。長谷川如是閑氏の日本文化に関する講演で日本古来の文化の科学性、人格性に関する話で面白かった。
午後五時帰宅。

六月二十六日（木）　雨
武蔵高等二年級の父兄会だ。午後一時半出席。大部分は母親だ。夏季休暇中の注意、海浜学校の注意、第一学期の注意があり、後、組主任相原氏、学科担任の英語加納、荒木両氏、国語三木、幾何菅原、漢文内田〔泉之助〕氏、歴史西山、地理塚本氏等に会って午後七時帰った。今日の結果につき忠昭に訓戒した。

六月二十七日（金）　雨
午前中在宅、塚本常雄氏宛の手紙を認めた。之は昨日塚本氏の談に忠昭が山羽氏の英語私宅指導を三、四回無断欠席せりとの事につき、忠昭に詰問せる結果の報告だ。世話をやかせる坊主だ。
午後倶楽部に行き、六時築地の蜂龍で須田、斎藤を招待して晩餐を共にした。午後十時帰宅。

六月二十八日（土）　雨
午前在宅。武子が来る筈だったが来なかった。雨にへきえきしたのだろー。午後総督府出張所に須田企画部長を訪問す。須田君は明日出発帰台するにつき、斎藤長官に会社現状の伝言に併せて須田君と種々意見を交換した。会社の強制融資につきては、命令銀行が台湾銀行が包含されてなき故如何なるや、工場整理につき資材配給済の品売却は如何にするか（之は企画院よりマグネを中止すべしと発言させる工作をなすの要ありとの意見だった）等、企画部の尽力に俟つ事大なるにつき依頼して帰った。

六月二十九日（日）　曇
数日の霖雨が漸く今日は止んだ。朝、武子、廣子同伴来る。今日は睦子と服部六郎との見合ひの日だ。午後一時半、武子、睦子同伴タクシーで水交社に行く。服部海軍少将の招待の茶の会がある。主人側服部少将夫婦、六郎、同長兄元（大阪ピストンリング製作所勤務）、次兄周二（大倉火災海上保険奉天支店長）、姉本間氏某女（海軍軍医大佐夫人）で、媒介者管〔菅〕沼海軍少佐夫婦及福井芳輔氏夫婦、夫れに当方の三人だ。皆良い人だ。種々雑談がはずんで寿し、菓子、サンドウイッチ、果物等で出て下の芝生に下り、又ベランダで話をして午後五時辞去して帰宅した。結婚日取りは来年春、結納は成る可く早くと云ふ事を結論となった。

六月三十日（月）　曇

暑い日だ。倶楽部迄行ったが武子が今日逗るので早く帰宅したが、目白の通りで帰るのと会った。

七月一日（火）　暑

暑い日だ。午前会社に行く。

強制融資申請の書類が出来たので、倉石から説明を聴く。帝国ホテルで午餐後、倉石から会社職制改正の意見を聴た。賛成して置いた。四時帰宅。

七月二日（水）

午後二時会社に出る。三時から日曹社長室で重役会、強制融資申請の書類が出来たので決議した。中野取締役の説明は要領を得ている。八百万円の強制融資を得れば、三百六十万円の余猶〔ママ〕が出るので、台銀に預金して三社の債務と実質的に相殺しようと云ふのだ。何んだか獲らぬ狸の皮算用の感がする。

六時半帰宅。

七月三日（木）　晴

朝十一時会社に出た。倉石は松尾同伴航空本部に行って居ったが、午後帰社した。第九課、即ち経理課長に会ったそーだが、大分苦手のやうであった。午後二時辞去、忠昭に英文法の書物を買って帰ってやった。夜、英文法 Rerative〔relative〕 pronoun の説明指導をしてやった。明日は試験の由だ。

七月四日（金）　晴

快晴になった。暑いが気持が良い。午前、川村竹治氏訪問、御孫俊夫君の御話が出た。十一時辞去、青山に久し振り池田長康を訪ねたが不在。二時帰宅、実に暑い日だ。三十四度に昇った筈。

忠昭に孝経の講義を買ってやった。

独ソ開戦につき我国策を閣議及御前会議で決定したが、其内容を国民に知らさないので困ったものだ。

七月五日（土）　晴後雨

今日も暑い。静夫夫婦が来るので在宅。

静夫の乗艦隊が横須賀に入港して居るのだ。正午桃子、正夫三人来た。

午餐を共にして午後四時帰り去る。次郎逗子迄同伴。

夜、約により菅沼氏を訪問。雨来る。

銀座に出て千疋屋でブドウを手土産に求めて行く。泉岳寺畔の御宅に訪問。同氏夫妻に面会、睦子縁談につき、一、二十日に大阪の長兄、上京につき之と打合せて本月末迄に結納を納め呉るる事となる。

昨日菅沼氏は服部氏訪問、打合せ呉れたる由なり。

七月六日（日）晴

昨日の雨で雷をともなひ、梅雨も明けたる模様だ。暑いが湿気は稍去り、しのぎ好し。

午前十一時戸越に服部海軍主計少将を訪問。午後大井町に福井芳輔氏訪問。何れも睦子縁談につき挨拶及打合せなり。午後四時半帰宅。

七月七日（月）晴

今日も暑い。会社に出たが、別段ことも無い。

倉石、金山技手と帝国ホテルに午餐に行ったが、愉快な人物に会った。駒井得〔徳〕三だ。末次〔信正〕、林両大将、中野正剛、橋本金〔欣カ〕五郎等と政府に南方進出の進言中との事だった。

世界の形勢の事、松岡渡欧の事、其他話しがあった。妻の病気につき駒井医学博士（駒井君の甥）が医学的に灸点の研究をやって居る。十五日に上京するから診察を受けては如何と云って呉れた。余も家庭にわずらわされて活動力がにぶって居るので、困って居る事を同情して呉れたのだ。

午後二時辞去帰宅。

七月八日（火）晴

今一度駒井に会って快談もし度い。

又、妻の治療の事も妻も賛成だから駒井博士に紹介を頼みたいと思ったが、電話の連絡が中々とれない。

午後、高田第五国民学校の後援会役員懇話会に出席、五時帰宅。

福井夫人来訪。睦子の結納の返礼用の材料を以て来て下さった。

七月九日（水）晴

朝から暑い。日本倶楽部に行く。

東日ロシア部長の独ソ戦に関する講話があった。帝国ホテルに駒井訪問、不在。午後四時帰宅。

夜、駒井から電話で十五日上京の駒井博士に紹介の事を云って来た。

麻布笄町四、星野桂吾方に滞在の由だ。

七月十日（木）晴

暑い日だ。終日在宅。

夕方、小野教授を訪問、忠昭の謝礼をした。五十円包んで行った。

七月十一日（金）

何もない、終日在宅。

七月十二日（土）
何も無い不愉快な日だ。終日在宅。

七月十三日（日）　曇
午前在宅。

午後、少年団服で赤坂三会堂に於ける大日本少年団連盟解散、健志〔士〕会発会式に臨んだ。

二荒理事長、其他多数集ったが、気の抜けたビールのやうなものだ。

午後六時散会。

往く途中で池田長康に会った。

一度訪問する積りだ。

七月十四日（月）　曇
朝会社に出て見たが、倉石不在。
丸の内ホテルにて午餐をとり、麻布笄町の星野桂吾氏訪問。明日、駒井博士来京につき、妻診察を受くる件、打合さんとしたるが、主人不在につき其侭辞去、日本倶楽部に小憩、帰宅。

七月十五日（火）　曇
午前から星野氏と電話で連絡を取ったが、駒井博士は来なかった。
終日在宅。
何となく不愉快な日だ。

七月十六日（水）　曇小雨
午前十一時、倶楽部に行く。定例日だ。情報部の某少佐の独ソ戦の話があった。会社に立寄る。倉石と打合す。

航空本部を通過して陸軍本省に廻ったそーだ。午後五時帰宅。

号外で近衛内閣の総辞職を報ず。突然だが又ありそをな事だ。

後任は誰か。

三井信託の鍵が見付からないと云ふので妻が心配している。探したが見付からない。あゝ家庭もいやになった。

七月十七日（木）　曇小雨
忠昭の海浜学校に出発の日だ。八時集合と云ふので同伴。午前七時省線で両国駅に行く。続々集まった。鎌田、上野、三和、相原の諸教授も来たが、文部省の希望により海浜学校も青山寮も今年は中止だそをだ。今日、一応鵜原に行き、十九日帰宅することになった由だ。九時出発を見送って三井信託に行き鍵を紛失の届を出して帰宅す。何となく不愉快の日だ。午後六時から学士会館で丁未会例会。高木、余、黒崎、篠原、津島、神戸、小笠原、宇野〔圓空〕等集る。愉快だ。
近衛公に大命再降だ。之で大体筋書きが読めた。
＊近衛内閣辞職理由
変転極りなき世略の情勢に善処して、益々国策の遂行を活

発ならしめんが為に、先づ国内体制の急速なる整備強化を必要とし、従て内閣の構成もまた一大刷新を加ふるの要あることを痛感し、ここに内閣総辞職を決行することとなれり。

七月十八日（金）　曇

曇り、いやな日だ。午前中在宅。午後山本先生を訪問、五時帰宅。

夜、近衛第三次内閣新任式〔ママ〕挙行さる。

問題の目標たる外相には豊田〔貞次郎〕氏、大蔵に小倉正恒、厚生に小泉親彦（陸軍軍医中将）だ。余の感想。

一、何んだか変り栄えがしない。松岡にもっと思い切りやらせて見たかった。

一、平沼は既に平沼内閣の時の落第者だ。然るに今回も平沼色が益々濃厚なるは何故にや、田辺〔治通〕内相等は何んだか面白くない。

一、之で国民の得心する、又列国に対して国威を発揚し得るやうな強力政治が実行出来るや否や頗る憂慮に堪へない。

三井信託に鍵再貸付申請用紙請求書出す。

七月十九日（土）　微雨

朝来曇り空で午後から又微雨だ。

午前十一時豊田新外相の玄関迄祝詞の名紙を持参。下落合の辺を散して帰宅。忠昭、午後五時海浜学校から帰った。

午後二時過、服部正之氏来訪。過日、小生訪問の答礼と明日六郎君と睦子結婚の結納を入れらるるにつき、挨拶の為だ。大話がはずみ、午後五時頃帰り去らる。

七月二十日（日）　雨

午前十時菅沼義方氏来訪。

服部六郎氏より睦子に対する結納を持参せらる。午餐を供し睦子より六郎氏宛の袴地料を贈る。菅沼氏雨を冒して持ち帰らる。

森岡夫人、令息健氏来訪、忠昭指導につき種々談あり。結局、忠昭は当分二階の小生の書斎より慶子の勉強部屋に移して慶子指導することとなる。

七月二十一日（月）　雨

朝来雨だ。終日雨に閉ぢ込められて在宅。不愉快の日だ。

七月二十二日（火）　剛雨

豪雨だ。終日在宅。

七月二十三日（水）　晴

大雨一過、晴天となる。午前三井物産に村上一郎君訪問。同君の招待にて三品（白木屋裏）に甲田、吉田両氏と四人会食。三井信託の鍵の件持出し、村上、甲田両氏保証書に捺印して呉る。

之にて一安心だ。

村上君信託に知人ありとて同伴し呉る。十日過に開函の事を約す。

会社に立寄り倉石と会ふ。目下陸軍省と折衝中の由だ。

午後五時帰宅。古本売却、十五円だ。

睦子一昨日来、逗子行。今日帰宅。

七月二十四日（木）　晴

終日在宅。

午後理髪、下落合方面散歩。

女中貞也、病弱の為、暇を取て今日、帰り去る。

七月二十五日（金）

朝出社、倉石と会談。一、軍は総督にて会社に金融の援助を為す意思ありや否や、斎藤事務官を通じて照会せるも返事なし。軍は軍独自にて強制融資を進行する用意ありとの事にて、余に斎藤長官宛に手紙を出して呉れと頼まれ、直に起草、タイプに打たせ、丸の内ホテルに午餐。倶楽部に行き、午後三時再び会社に行きタイプを見て出させ、午後四時帰宅。又困った問題が起こったものだ。

七月二十六日（土）

朝、倉石より電話あり出社。総督府より斎藤事務官宛、一、会社の事業計画説明の為、責任者の渡台を求むる旨、電報ありたる由につき相談あり。同伴、出張所に斎藤事務官訪問。事務官より総督府に送りたる公文の内示を受く。条理を尽せる内容には同氏の頭脳と事理に長けたるに感服す。専務名にて総督宛に陳情書を出す事及松尾工場長の出府説明せる事情等意見を交換して帝国ホテルにて午餐、帰社。倉石は軍務訪問後帰社《（ママ）》。一、軍部にては斯る陳情書提出にては困ると拒否されたりとて帰る。

五時帰宅。

七月二十七日（日）　曇

午前在宅。

午後大井町訪問。過日睦子結納滞りなく終了につき、礼に挨拶を為す。四時帰宅。

七月二十八日（月）　雨又曇

約により午前九時半村上氏を三井物産に訪問、同伴、三井信託に至り解約の手続及金庫借用の手続を済ませ二十円と使用料の残三円余を支払ひ、新金庫借用入換を終る。台湾（拓）に加藤氏を訪問。会社の現状を報告、足らず。午後を約して辞去、倶楽部に行く。

午後交渉せしも加藤氏警視庁に行きて不在。午後五時帰宅。

七月二十九日（火）　雨

午前十時、加藤台拓社長訪問。

会社台湾関係につきては、
一、会社より詳細なる報告及強制融資申請につき援助依頼の公文来らざることを話さる。
一、余は加藤氏が会社重要機関の一人として其辺充分の連絡を取り呉れ居りたる筈と考えたるも、之は加藤に云わなかった。
正午、倶楽部にて倉石と会見、午後四時更に倉石と同伴、加藤氏を台拓に訪問。加藤氏は大和田日曹社長より斎藤に何分の挨拶の書面が来る筈だったとの談あり。人各々考の違ふものなりとの感がした。六時帰宅。

七月三十日（水）　曇

午前九時、千駄ヶ谷訪問。会社が強制融資を受けることとなれば殆んど軍管理工場となるにつき、三社及総督府は殆んど発言権を喪失するにつき、余の進退につき考慮を依頼し森岡氏も之を諾せり。夫人及健氏等と雑談。忠昭の事、妻の事等も話す。森岡氏と斎藤長官、白鳥氏の事等も話して同道、日本倶楽部に行く。

午餐後、三井信託に至りて、先日解約書に一字誤字ありとて訂正調印す。

尾崎秀実の東亜民族結合と外国勢力を求め帰宅。

七月三十一日（木）　雨、後曇

星野氏より電話あり。駒井博士午後三時来るとの事につき、其頃、今一度電話にて照会の事を約す。三井信託より電話あり、行く事を約せしに、妻曰く、鍵を発見せりと、更に電話交渉の上、十時三井信託に行き発見せる鍵を返還、損害賠償金二十円を返還を受く。村上氏に挨拶して帰宅。午後三時、妻、慶子同伴自動車にて麻布笄町星野桂吾氏邸に駒井博士訪問、星野氏も在宅、駒井博士より妻へ灸点の診療を受く。

妻軽快を覚えたり。朝来の雨も午後は止みて重ね重ね愉快なり。妻病気全治の一路邁進の前途に光明を認めたる感あり。五時帰宅。

＊最近政情世界の形勢は益々悪化す。
日仏印の共同防衛の協定成り、日軍はサイゴンに進駐。米国は日本及支那に対して在米資金凍結令発布、石油の対日輸出禁止（事実上）生糸の輸入禁止、英及蘭印も之にならふ。米国の参戦は刻一刻とせまりつつあり。

八月一日（金）　曇又雨

薄日を見たるも又雨。午前甲田氏訪問（茅場町、東洋ビル）。台湾物産紹介所にて草履表を求む。星野氏への贈物なり。帰途、目白書店にて世界美術三十四号求む。之にて揃った、愉快。然かも八十銭だ。但斯る事にのみ愉快を求むる余も又あわれなり。帰宅。妻に星野夫人に礼状を認めさせて出す。

今日は興亜記念日につき、忠昭、次郎に二円の小使ひを以たせ宮城奉拝、明治神宮、靖国神社参拝に出す。五時頃帰り来る。
妻は品川との交情悪化、之は林姉の品川状況報告に基づく。何れも困った代物だ。妻の病気に障る事が困る。

八月二日（土）　曇

雨漸く止む。但し曇天、むし暑し。午前十時会社に出る。倉石と打合す。総督府より斎藤事務官宛返事、
一、斯る重要なる事項を軍は何故公文を以て総督府に照会せざるや
一、会社より総督府に対する願意明瞭ならず
一、軍が急を要するならば、事務を進められたし
両三日待ち軍の承認を得て倉石渡台の積りなるも、余に代て行って貰えざるや、十四日の船室を取りありとの事につき、余は重役会の決議にて且総督府に折衝の内容決定すれば、行くべしと答え置けり。
午後、武校、三和、鎌田両氏訪問。三和氏より忠昭勉強指導方法につき聞いた。

八月三日（日）　曇後雨

今日は服部六郎が始めて来訪の日だ。朝より家族皆が待けた。十時半頃、福島夫婦、福井桃子に伴われて服部六郎が海軍大尉の軍服で来た。家内に歓声が挙る。一家を挙て歓待に暮れた。武子、桃子も妊娠中だ。近く〔武子十月、桃子来春〕一人宛の血族を増産する。睦子も其内にはお仲間だ。一門大に繁昌して国策の線に沿ふ訳だ。午後雨大に降る。皆一泊した。
今朝から小宮植木屋来り、北側の竹垣を修理を始む。妻の希望だ。

八月四日（月）　曇薄晴れ

午前十時倉石を会社に訪ふ。一向さえない。
一、昨日は、航空本部の東京監督班から招喚を受けて会社の状況を説明したそをだ。陸軍省の強制融資に対する決済は未だ済まぬ由だ。東京監督班とは如何なる関係あるか、一寸変だと思ったが日曹を監督して居る関係だとの事だから理由は判った。
総督〔府〕出張所に斎藤事務官を訪問す。
一、総督府からの回答の主旨は陸軍省に伝へたが今度は陸軍省で一寸問題が起って居るやうだ、内容は不明だが強制融資に関する決裁に際して横鋒〔槍〕が入ったやうだとの事だった。
正午前帰宅、福島、福井組で賑やかだ。

八月五日（火）　曇

終日在宅。桃子は午前穴八幡にお詣りして大井町に帰る。慶子、

大井迄送る。武子午後帰る。次郎、睦子逗子迄送る。

八月六日（水）

午前会社に出る。倉石に其後進行状況を聴く。要領を得ず。台湾総督府関係につき、余の渡台問題につき意見を交換す。之又要領を得ず。台拓加藤氏今日、日曹大和田社長と会見の由につき、台拓の加藤氏不在につき、書き物にて重役会開催を主張され度しと云ひ置きて帰る。

倶楽部に午餐、後帰宅。

八月七日（木）

暑い日だ。出社、電話で打合せて台拓に加藤社長訪問。

一、加藤氏昨日、大和田、中野と面会の結果。

一、七百五十万円減資は困難との話ありたるが、台拓は六月六日重役会決議の主旨を主張す。其結果、強制融資不可能となるも致し方なし。

二、日曹幹部はマグネ不用品売却二百五十万円を保留し度き希望なるも、考慮を要す。

三、赤堀〔鐵吉〕を常務に採用の希望あり。反対し置けり。

四、十三日、重役会開催を希望す。倉石に打合せられ度し。

倉石を日本倶楽部に招致し打合す。倉石はあまり賛成でない。

二時半帰宅。

八月八日（金）　晴

暑い日だ、終日在宅。

午後、池田斌夫人来訪した。

夜、倉石より電話、十三日午後二時より加藤氏希望通り重役会開催の事、及井上技師帰京、松尾技師の先に作成せる売却し得る物二百六十万円の調書中、六十万円の喰ひ違ありとて中野常務と劇論せりとの事につき、兎も角明日出社することにす。

八月九日（土）　曇

十時会社に出る。井上技師高雄工場視察の結果、六十万円の喰ひ違ひありとの事で、昨日中野常務と議論せりとて日曹経理課の者と調査中だった。

結局、松尾技師の作成せる計算書が経理台帳に基かず、従て基礎数字に相違ありし事に起因すること明瞭となった。然しマグネ関係の総額が一千二百万円となって居るには一寸不審に思ふた。之は更に調査を要すと思ふ。倉石と南塩事務所訪問、中野前社長に対する贈物を見る。帝国ホテルに午餐。一、大和田が日下を南化の社長に欲しいと加藤に申込み、加藤拒絶せりとの談があった。

＊海軍省は強制融資案決裁、近く大蔵省に廻付の由（倉石談）。

八月十日（日）　曇雨

曇、むし暑い。村上君を訪問す。新宿に行ったが買物が無いのでバスで東京駅前明治屋で葡萄液を求め、電車で二木榎の村上邸訪問す。明後日出発、満州の錦州に赴任するそをだ。石炭液化の会社に行くのだ。三井糖業部長稲葉三郎氏も来て居った。故原五郎海軍中将の友人だそをで愉快な人だ。正午辞去、小林海軍大将を訪問したが不在、三時帰宅。
今日は父の二十三回忌だ。読経して冥福を祈る。
夕方大雨来る。雨後清涼、路傍の石読む。
忠昭、睦、昨日から逗子に行った。

八月十一日（月）
終日在宅。
午後、岩村清一氏夫人、令嬢八重子氏同伴来訪。

八月十二日（火）
終日在宅。
今朝睦子逗子より帰る。
妻稍々疲労を覚え気分悪し。
午後椎名町方面散歩。
明治天皇御宇（栗原廣太著）及明治天皇御製集（普及版）を求む。

八月十三日（水）　曇後驟雨
重役会につき出社。午後二時より日曹社長室にて重役会。大和田、出、中野（義〔雄〕）、加藤、越藤、一宮、芝、倉石、余、参集。議題
一、資本減資千五百万円を七百五十万円は興銀の意向にては困難の模様なり。
二、中野報告、井上技師を高雄工場に派遣したる結果、経理上、松尾技師の提出と喰違ひあり、高雄の経理の書類は乱雑なり。
三、帳簿伝票類を取り寄せて整理の要あり。
不愉快の内に解散。

八月十四日（木）　雨
終日在宅、雨大に降る。

八月十五日（金）　晴
加藤氏を台拓支局に訪問。意見を交換す。加藤氏に多少の誤解ありたるやうなれ共、重役会にて会社経理に一種の疑念を抱ける模様なり。書類を取寄せ、管野、高橋、三井を上京せしめ調査整理することとなれりと説明し置く。
午後出社、倉石と面談、倉石も重役の態度に非常に不快の感を抱ける如し。四時帰宅。
林姉来る。

八月十六日（土）　晴　暑
午前倉石来訪。一昨々日の重役会以来不快なりとて来る。余曰く、吾人は此時局に於て私情を捨てて国の為に重要なる臭素製

造工場の完成、従て強制融資により資金の調達に邁進せざるべからず。過日の重役会に於ける各重役の私益優先的言動、中野常務の非常識なる報告等、頗る不快なれ共、考えて見れば彼等の立場立場により意見も違ふことなり。それ等に拘泥せず目的の達成に国の為に邁進すべし。貴下の遠慮も事によれり。若し事業遂行に支障ある事あれば、断々乎として主張すべし。余も及ばずながら援助すべし。但し強制融資の書類の内容は中野重役とはよく連絡をとりて、彼にも責任を分担せしむる方法をとれと慰撫助言して返す〔ママ〕。

＊午後、明治神宮、東郷神社に参拝す。事業の初年、海軍航空隊、渡洋爆撃の四週年につき参拝して国威の宣揚を祈念す。

夜、隣組常会に出席。

八月十七日（日）　晴　暑

残暑に至りて暑気酷烈なり。

午前中在宅、午後久し振り桜新町に小林海軍大将を訪問、五時帰宅、服部六郎来訪。

八月十八日（月）　晴

午前八時より高田第五国民学校に開催の防火群長講習会に出席。

正午帰宅、午後在宅。

暑気酷烈だ。

慶子逗子に行く。

静夫、技術研究所勤務となる。

八月十九日（火）　晴

午前八時より群長講習会にて高田国民学校に行く。帰途道灌山、日暮里方面に散歩。午後二時帰宅。

八月二十日（水）

午前九時、森岡氏訪問。不相変、来客が多い。水戸海軍中将も来訪した。其間に森岡氏と懇談、会社の近況、倉石の問題、赤堀問題等話し、午後会社に出る。管〔菅野カ〕経理課長の一行来着し居る。

帳簿整理問題につき打合せを為す。

強制融資の問題は陸軍関係完了、昨十九日大蔵省に廻した由、大蔵省に対する説明は陸軍が責任を以て当る由だ。決定迄には相当部内でも議論があったそをだ。

今日から監査役の席を作ったので居心地が良い。午後五時半帰宅。

八月二十一日（木）　晴

午前九時、辻氏来訪。隣組の件、色々談話あり。

八月二十二日（金）　晴

午前十時半出社、倉石と日塩本社に一宮氏訪問、越藤氏同席、十三日重役会決議録に付、意見交換。

右決議内容
一、融資命令進行経過現状
一、会社経理につき債務約四百六十万円苛性曹達二百六十万円あり。六月六日の重役会決議の七百五十万円に減資の件は簡単に行かず
一、本社より帳簿、伝票を取寄せ社員を上京せしめて勘定科目整理の件（従来の経理と融資資金関係を明瞭に区別する事）
一、融資命令による融資の担保物件には会社個〔固〕有の財産を包含せざるやう陸軍始め各関係方面に極力主張する事

八月二十三日（土）　晴

京都奥野より依頼の扇面揮毫の件で石黒忠篤男訪問したが、軽井沢に行って居って不在、出社。

来週水曜日頃に大蔵省にて陸軍、大蔵、興銀、三者会合、強制融資の交渉ある筈にて倉石に出頭命ぜられたる由、本社に対する融資命令要求には陸軍部内にも相当反対論ありたる模様にて、興銀方面にも有力なる反対論ある由なり。前途楽観を許るさず。倉石も緊張して居った。

徳富蘇峰の明治天皇御宇史二冊求め帰る。

夜、何故か不眠、午前三時漸く眠に入る。
＊京都市山科醍醐方面水利事業二ヶ月後に起工式を挙るに至りたるにより、記念品の扇面に石黒男或は井野農相の揮毫依頼の件、奥野氏より申越す。

八月二十四日（日）　晴

神戸章君の申出でで同氏夫人の親戚小財氏（工学士、本渓湖媒鉄公司奉職）と福井夫人妹、井上氏令嬢との結婚談進み、本日午前十時より両家の人々来訪、見合ひを為す。午後一時皆帰り去る。

終日在宅。

忠昭の勉強思ふやうにやって居ないので訓戒した。困った事だ。

夜、神戸君夫婦来訪、今朝の縁談に付き、先方の意向を聴きに来る。明日先方と連絡を取り返事することとす。

八月二十五日（月）　晴

福井夫人、井上未亡人来訪、神戸氏との縁談は本人が進まざるにつき断りに来る。

午後一時約によりて農林大臣官邸に井野農林大臣訪問。洛東用水起工式の為に扇面及別に奥野の為に色紙の揮毫を受く。岸〔良一〕農政局長等も来会、会議が始まるやうだったから直ぐ辞去した。井野に対する印象、才子肌で何んだか一国の農林水産の大事を託するに物足りない感がした。石黒忠篤とは大分違ふ。

今日は暑い、直ぐ帰宅した。

八月二十六日（火）　晴
会社手当を三和で受取って出社。

管野の一行は盛んにやっている。

午後倉石帰社、今日は興銀から呼喚〔ママ〕されて強制融資調書の内容につき聴取された由、三時半辞去。

忠昭と次郎を助手に防空壕工作をやる。

八月二十七日（水）　曇驟雨
正午丸の内ホテルに午食後出社。

倉石午後帰社、日曹にては南化の新組織出来居る由等話あり。

内容は不明だ。午後三時半、去りて明治書院で明治天皇御宇史大政返上篇（二円五十銭）求め帰る。

此間から徳富蘇峰の日本国民史の明治維新時代の分を読で居る、其一部だ。

明治維新革命に於ける中心人物たる岩倉、西郷、大久保等の活動を見て其の人物の強さには実に敬服だ。今の日本に欲しい性質を悉く具備している。

八月二十八日（木）
腹具合が悪いので終日在宅。

八月二十九日（金）　曇
午前十時出社。
午後台拓支店に加藤氏訪問、強制融資の経過を話す。尚加藤氏、台拓社長退職、石炭統制組合理事長に就く噂あるにつき、真想〔相〕を聴く。其事実ありたるも、今日、長谷川総督より断りたりと電報ありたる由。
午後七時半より、徳川講堂で四丁目町会があり出席。

八月三十日（土）　曇
午前十時出社、倉石は管野〔菅〕、高橋同伴、興銀に招致されて行った。午後二時半去って帰宅、倉石は午後大蔵省に出頭の筈だ。
強制融資問題も追々大詰めに近付いた。
夜、服部六郎来る。

八月三十一日（日）　雨、曇り
午前三和教授訪問、第二学期から忠昭の為、英語の特別指導を依頼し承諾を得た。小野教授を訪問、特別指導を断った。小野氏はあまり親切で無い事、三和氏は学科担任であり、且親切な人のやう思われたからだ。
服部六郎、終日滞在。良い青年士官だ。頼もしき感がした。
静夫、桃子来訪、静夫今回技術研究所に転任したのだ。静夫は午後帰り去る、桃子一泊。

九月一日（月）　曇
午前十時出社。倉石一昨日、大蔵省特銀課に出頭、陸軍省、航

空本部の連中十名許りと大蔵省及興銀連と会見、強制融資に関する説明をなしたる由、説明は殆んど陸軍の連中、之に当り倉石をして口を開かしめず、陸軍は責任を以て経営に当ると云った由、大体通過の見込の由、其上は三社は発言権を失ひ、会社重役は一応全部辞職、陸軍の発言にて新組織をなすに至る可しと云ふ。尚其朝は興銀に招致されたるが、会社組織の内容を質問されて「水が交りあるに非ずや」と云われて倉石は大に憤慨して居った。

午後四時帰宅。

桃子は今日、大井に帰った。

九月二日（火）　晴

午前、千駄ヶ谷訪問す。倉石、今朝来訪した由だから別段経過報告に及ばず、加藤台拓の事等話して辞去。

石井浩二の夫人歌子死去の通知があったので加賀町の邸に弔問す。肺結核にて一年余、療養中であったのだ。

帰途、新宿に出で太子堂の近藤信竹邸に祝辞に行く。海軍軍令部長から海上の要職に就たのだ。既に昨日赴任せられし由につき夫人に祝辞を述て帰宅す。

夜、乙骨邸にて隣組常会。

九月三日（水）　晴

午前十時出社。

午後一時より四谷見附の麹町教会で石井家の告別式に参列、午後三時帰宅す。

九月四日（木）　晴

午前殖田君訪問。

午後三井信託に至り貸金庫にて書類に捺印、安田信託預金の期間二ヶ年延長の手続を為し、三井銀行の特別当座預金三千四百円の通帳（内一千円を引出）を現金と共に、妻及睦子に渡す。之に千六百円（内千円は醍醐より取寄せ）、五千円を睦子結婚費として与ふ。

可成的結婚費を節約して現金を残すやう訓諭す。三時帰宅。

防空壕造り作業、大分進む。

夜雨来る。

九月五日（金）　曇小雨

十時出社、午後倉石同伴、陸軍航空本部に出頭。秋山〔徳三郎〕総務部長より申渡し。
一、強制融資により会社は命令の期限に命令の臭素を出す事
一、株券の異動を行わざる事
一、社長、常任監査役を軍より出す事
一、重役の数を必要の限度に減少の事
一、技師重役を置く事
帰省〔社カ〕、緊急重役会開催、大和田、出、一宮、越藤、倉石、余参

集、決議し三社長(但、加藤不在につき倉石、軽井沢に持参、捺印を請ふ筈)三捺印、清書を出す事とす。

今に至て一宮、越藤より減資案、不払込の申出は滑稽だ。会社も余の身上も愈々結幕が来た。学士会に夕餐、九時帰宅。

九月六日(土)　晴

午前十時出社、倉石は明日、軽井沢に行く筈。丸の内ホテルに午餐、電車バスにて帰宅。帰途、雑司ヶ谷の大島神社に参拝す。蓋し氏神だ。

九月七日(日)　晴

長閑な日曜だ。午前野口夫婦来訪。

夫人は入院、外科、腹部切開手術をなせし由だ。

午後次郎同伴、新宿に散歩、錦明竹と萩を求め帰り、庭園に植栽す。

防空壕工事も大分進捗した。

九月八日(月)　曇

倉石より電話あり、出社。昨日、軽井沢に行き、加藤氏の捺印を得たる由。出社、其状況を聴取す。常務に日曹より赤堀を推薦の事等談あり。

午後四時帰宅。

次郎今日学校より石神井に虫取りの遠足に行きしが、予而風邪気味なりし為、大に疲労して帰宅、発熱、横臥、安藤医師の来訪を求む。

九月九日(火)　曇

次郎熱下らず、学校を休み静養、安藤医師の来診を求む。

森岡氏訪問、余の立場を説明す。

陸軍の意向伝達により常任監査役を軍より推選〔マヽ〕することとなり、常務は立花弁護士の紹介にて日曹より赤堀を出すこととなれば、余のポストなし。余は潔く、退陣するより他なき意味を述ぶ。

森岡氏は倉石と会見することとなる。十一時出社、其旨倉石に伝ふ。

午後二時帰宅。

次郎熱〔下〕らず。

九月十日(水)　曇微雨

次郎熱九度八分にて妻心配するにより、安藤医師と相談の結果、小松病院に入院せしむ。妻は腸チブスの疑を以ちしも其の心配はなからん。気管支か扁桃〔腺〕せんならん。

十一時出社。

午後四時半病院に立寄り帰宅。

夜、病院に行く。熱九度五分。

九月十一日（木） 雨

朝病院に立寄る。次郎熱七度に下る。

十時半出社。一宮の都合にて重役会を今日午後五時より丸の内ホテルにて開催の事に変更（十三日の予定なりき）。中野、加藤、一宮、倉石、及余、菅野、高橋参列。経理調査の結果、五百万円の債務、苛性曹達に振り替え、百五十万の債務なる説明あり。不相変、数字の説明正確ならず。

七時会社に立寄り此点論究。帰途病院に立寄る。次郎熱九度五分。

九月十二日（金） 曇

朝西澤君に電話面会を打合す。一寸病院に立寄る。次郎熱七度に下る。十一時出社、高橋と調書の内容につき研究す。

午後一時半、西澤より電話あり。日本倶楽部にて会見。一、南方協会が白鳥、田中参謀、外事部長、山本皇民会理事等の陰謀、長官の策動による内紛、今川理事長の退職、和知〔鷹二〕参謀長の立場等説明あり。西澤は其一党と共に仏印使節の調査団入りの希望ある旨談あり。大に賛成し置く。帝国ホテルにて晩餐を共にして六時半分る。病院に立寄り帰宅す。次郎は八度四分なり。漸次回癒に向ふ、喜ばし。

九月十三日（土）

朝病院に行って次郎退院の事を決す。御蔭で殆んど全治だ。

午後一時、台拓で加藤氏訪問、同氏は明日出発帰台の予定、同氏談

会社の組織

社長　　陸軍

常任監査二人　一人陸軍、一人余

各社代表　　日曹大和田、台拓日下、日塩一宮

之を倉石より陸軍に進言せしむる由だ。

あまり当てにならない。

三時出社、倉石と事務打合す。

五時帰宅。

次郎帰宅し居る。大元気だ。

九月十四日（日）

終日在宅。

忠昭、午後より発熱病臥、困った事だ。

九月十五日（月） 曇

午前十時半出社。

倉石も何だか浮かぬ顔をして居る。午後五時帰宅。

忠昭熱高し、困った事だ。

九月十六日（火） 曇

午前八時半、岩村清一氏訪問、今回艦隊より陸上勤務となられ

たのだ。明後日頃、艦政本部長に発令の筈の由だ。大将街道を真直に行進する人だ。但し第一線部隊に出ぬのを遺憾に感じて居られた。十一時出社。
帰途、林に寄る。林旅行中、姉と談る。
午後四時半帰宅。
忠昭の熱が未だ下らない。

九月十七日（水）　雨
丁未会の例会の積りで学士会に行ったが、一日の違ひであった。明日の筈だ。学士会で午餐、日本倶楽部に行って光〔恒〕例の講演を聴く。独ソ戦の見込に関する参謀本部の少佐の談だ。午後四時から愛日小学校へ行く。余は評議員任期満了につき慰労会だ。
午後七時帰宅。

九月十八日（木）　曇
午前出社。
正午学士会に行く。丁未会だ。常連の小笠原は来なかったが珍らしく三好貴次、小坂義彦が来た。
午後三時散会、三好と巣鴨迄電車。

九月十九日（金）　曇
午前出社。
倉石は明日より信州の実家へ旅行する筈。
午後三時帰宅。
忠昭に万年筆を買てやった。
病気も全癒、月曜から登校の筈。

九月二十日（土）　晴
午前出社。午後大井に静夫の新宅を訪ふ。静夫は未だ帰って居なかったが、桃子、福井母堂と話す。
土井の警察署の裏で福井家に近い。応接室もあり、日当りも良く、良い家だが、周囲があまり美観でなく、家賃八十円は高過るやうだ。
午後三時半辞去、五時帰宅。
門のくぐり戸の車を買て帰って手製で直した。良く行って愉快だ。

九月二十一日（日）　晴
快晴の日曜だ。
忠昭の製図が遅れて居るので画てやったが、中々時間がかかり夜に入り閉口だ。

九月二十二日（月）　快晴
昨夜忠昭の製図で夜を更し、四時就寝につき午前九時起床。午前在宅。
山本馬公司令官に招待の挨拶、東港海軍航空隊竣工式の祝賀状を送る。

午後港湾工業に加藤常務訪問。

東港航空隊は同社同人の手にて成るにつき挨拶の為だ。往時の追憶談に時を過す。帰途、大塚から板橋辺に散歩して帰宅。

九月二十三日（火）　晴

快晴、秋日和だ。終日在宅。

服部六郎、睦子同伴来る。

午後忠昭、次郎は大井に行き、静夫に伴なわれニュース映画を見て来る。一同晩餐、和かな一夕だ。

九月二十四日（水）　雨

午前十時出社。

倉石信州より帰京出社。

別事なし、五時帰宅。

夜、梨を買て家族一同にて食す。美味なり。

国民服仕立上り洋服屋村川持参、冬外套の仕立直しを命ず。

九月二十五日（木）　雨

午前十時出社。

午餐後、三越の児童模型展を見て出社。

倉石より陸軍の申出にて一応、現重役は全部辞表提出、組織は陸軍に一任すとの事なり。

午後五時帰宅。

睦子又々逗子に行く。

九月二十六日（金）　曇

雨漸く霽れた。午前九時倉石訪問、会社組織の件に付き談合。

一、一応現重役の辞表を取纏め陸軍に提出

一、新重役組織は陸軍に一任す

一、余の事につきては特に陸軍に諒解を求め置けり（此事は森岡氏とも話合ひ済、加藤台拓も同意見のこと）

一、日曹、日塩、台拓とも発言力なく専ら倉石折衝に当り居る由

日本倶楽部にて森岡氏に面談す。

午後出社、四時去りて神田にて次郎の参考書求め帰る。

妻、一昨来元気なし、疲労の為か。

九月二十七日（土）　晴

快晴の秋だ。大日本青少年団参与会議につき、国民服一着に及び午前十時神宮外苑の青年会館に行く。十時開会、橋田文相、朝比奈〔策太郎〕副団長等の談があった。府県の参与よりも状況報告意見の申告があった。団旗授与式があったが失敬して帰宅。防空壕工事をやった。水が溜って居って難工事だ。妻病気宜ろしからず、安藤医師及眼科医の診察を受く。血圧二百、眼底出血でわ〔は〕ないそをだ。安静を要す。午後六時半から赤坂幸楽

で青年団晩餐会。余発言、一、青年団を法令団体とすべし。一、大臣の団長を廃して、専任の団長を置くべし。府県団然り、単位団長は団員の内より選ぶべし。
九時帰宅、今日は中野忠八に会った。

九月二十八日（日）　曇
終日在宅、午後防空壕作業をやった。
妻は絶対安静横臥、睦子逗子より帰る。

九月二十九日（月）　雨
午前十時半出社。
興銀から差詰め必要なる四十万円を借用することとなった。五時帰宅。

九月三十日（火）　晴
午前十時出社。
今日愈々四十万円借りた。之で強制融資の手付を受くやうなものだ。
午後三時から六時迄事務打合せ会あり、七時帰宅。

十月一日（水）
午前十一時、日本倶楽部に行く。定例午餐会日だ。赤堀鐵吉、竹下等に会ふ。午後三時帰宅。

十月二日（木）　晴
午前十時出社。
午後総督府出張所に石井殖産局長訪問、四時帰宅。

十月三日（金）　晴
午前十時半出社、午後五時帰宅、別事なし。

十月四日（土）　曇小雨
午前十時出社。
午後二時より五軒町よしのにて武蔵高等の二年A組父兄会に出席、七時帰宅。

十月五日（日）
終日在宅。
服部六郎氏、同姉君、同弟達来訪。
福島喜久雄来訪、賑かだ。

十月六日（月）　晴
午前日本倶楽部に行く。泊君に会ふ。
森岡氏収監されたり。塩水港に関連して森岡にとく〔涜〕職罪のけん〔嫌〕疑にて両者の申立て喰ひ違ひあり。遂に強制処分されたりとの事、困った事だ。
午後出社。

五時築地の宝屋にて二中同窓会、松坂〔阪〕〔廣政〕、検事総長に栄任祝賀宴なり、盛会。

十月七日（火）　晴

午前十時出社。

午後控訴院検事局に遠藤検事訪問。

森岡氏の身上を聴く。収賄のけん疑にて令状を執行され居る由、二、三日にて決定の由、内容は話して呉れない。出社。

倉石出社につき、種々意見を交換して分る、困った事だ。

十月八日（水）　晴

午前十時出社。倉石は感冒にて欠。中野有礼は軍の嘱託にて今夜出発渡台、南日本の工場計画視察に行く。

午後零時より工業倶楽部にて健士会の理事会、決算予算案、シャム仏印案、等あり。中島男も出席せり。

二荒、米本、中野（忠二〔八カ〕）、余等にて青少年団の事を談ず。今回東京市青少年団にて二荒氏を訓練所長に推たい〔戴〕せる由、之は好い事だ。四時中野と二人去りて学士会にて種々談話を交換して晩餐を共にして分る。

夜、遠藤より電話にて森岡氏出ることとなったと報じ来る。

十月九日（木）　晴

午前十時、遠藤検事を検事局に訪問す。森岡は未だ不起訴に決定せしにあらず。保釈出所なりとの事、心証は如何と聞たが笑って答へなかった。宜ろしく頼んで辞表〔去カ〕。

出社、十一時倉石出社。十四日、日曹幹部の希望にて重役会開催の由、要件不明、或は減資の決議でないかと云ふ。此節、日曹重役陸軍に出頭、倉石に対する悪声を放ち居る事を航空本部より倉石に通報し呉れたりとて、倉石は大にふんがいして居った。嫌な世の中だ。帝国ホテルに午餐、倉石は航空本部に行く。

余は高田第五の運動会を一寸見て、森岡邸に行く。夫婦にて旅行せりとて不在、五時帰宅。

＊倉石の組織案

社長　陸軍
専務　倉石
取締　日下、柳、武
監査　内海、陸軍
相談　加藤

十月十日（金）　晴

今朝二時五十分、武子、女子分娩、母子共健全の電話あり。早速御祝に行く。

正午過ぎ逗子福島家着、既に桃子が来て居った。女子、可愛いい子だ。午後三時桃子同伴辞去。

十月十一日（土）

午前十時出社。

十一時大審院に松阪検事総長訪問。

森岡事件を依頼し辞去。

日本倶楽部にて泊君に会ひ、意見を交換す。午後二時去りて電車にて南千住に至り回向院に吉田松陰先生以下志士の墓に参拝。

四時帰宅。

十月十二日（日）　晴
午前在宅。
午後山本先生訪問。
夜、後藤氏宅にて隣組会合あり。
防空演習につき準備相談会なり。

十月十三日（月）
午前十時出社。
倉石と打合せて余は十八日の便船にて渡台、倉石は残りて強制融資事務完了後渡台の事に決す。
十四日頃、右審査委員会開催の予定なり

十月十四日（火）　晴
午前十時出社、池田斌上京中にて丸の内ホテルにて倉石と三人会見、同氏辞任申出につき懇談す。午後二時より日曹社長室にて重役会、大和田、井手、中野、一宮、芝、久宗、大西、倉石、内海列席、南日本の新陣容組織につき航空本部より申渡しを倉石より報告す。
社長　陸軍
専務　倉石
取締役　武、日下、柳
監査役　陸軍、内海
技術顧問　中野有礼
大に論議があった。四時閉会。
大和田日曹社長の態度はよかった。
夜、池田来訪。

十月十五日（水）　晴
午前七時森岡氏より電話あり。千駄ヶ谷邸訪問。過般同氏の奇禍事件につき、談話を交換し十時出社。

電話にて岩村、福井、林氏各氏に渡台の挨拶す。

午後四時退社帰宅。

今日、慶子、廣子を同伴、逗子に行く。

睦子帰宅。

十月十六日（木）　晴
午前出社、倉石と渡台の件に就、打合す。
余は明日出発、倉石は融資委員会未だ開会されず、為に出発を延期す。
来週中に開会の予定なり。
午後五時半より学士会に丁未会出席、遠藤に会ふ。森岡も良いだらうとの事だった。森岡も不徳の致すところだと謹慎していると云って置いた。
近衛内閣総辞職。

十月十七日（金）　晴
午後八時忠昭に送られて東京駅九時半の急行に乗り西下。
偶然中野義雄君と同一コンパートだった。
東条陸相に大命降下、近衛内閣は閣内意見不一致につき、辞表奉呈せるなり。

十月十八日（土）　晴
朝八時神戸着。
湊川神社に参拝、十時大和丸に乗船、正午出帆。
副見交通総長、中村法務局長、小寺博士、喜多台拓人事課長、其他知人多く、船長も知人にて賑かだ。

十月十九日（日）　晴
正午、門司入港。土井海軍中佐が乗込んだ。今回、馬公に転任の途次だ。
夜、ラジオで東条内閣成立を報ず。

総理　東条
内務　兼
陸軍　兼
海軍　島〔嶋〕田〔繁太郎〕
外務　東郷〔茂徳〕
拓務　兼
逓信兼鉄道
大蔵　加〔賀〕屋〔興宣〕
文部、厚生、農林、商工　留任

十月二十日（月）
航海

十月二十一日（火）
航海、九時半、基隆着。
午後十時半、台北着、鉄道ホテルに入る。

十月二十二日（水）
田中正来訪。陸軍中尉となり除隊。
台拓入り希望につき紹介することとす。
林（義秀）少将来訪。
十時より台拓、台銀、総督府方面挨拶。
夜、田中一二訪問。田中正の祝辞を述ぶ。

中野有礼が再び南化社長となるのデマ飛び居るにつき、右は全く虚伝にて、中野は単に社の技術顧問のみなる旨、説明し置く。

十月二十三日（木）

午前、長谷川総督、斎藤長官に挨拶、石井殖産局長と面談。大和田日曹社長、中野義雄来着。

大和田は台湾経済審議会委員として来会せるなり。

関口来訪、ホテルにて晩餐を共にす。

十月二十四日（金）

午前八時、中野有礼南部より来着、今川の案内にて淡水に三人ゴルフをやる。中野は今日の便船にて帰京の途につく。

夜、出発、南下。

十月二十五日（土）

午前八時半、高雄着、吾妻旅館に入る。

十時半、大和田の一行を駅に出迎え、市内視察案内、江ノ島に午餐。

午後、会社視察、午後四時出発を送る。

花壇にて谷、池田と晩餐。

大和田、中野義夫〔雄〕の対倉石感情頗る険悪なる模様なり。困ったことだ。

十月二十六日（日）

日曜につき休養。

十月二十七日（月）

草衙の本社に出社。

小寺博士来訪、同行。台湾畜産興業の工場及台湾鉄工所視察。

夜、花壇にて台湾鉄工場〔所〕の天野、斎信〔佐吉〕と晩餐。

十月二十八日（火）

高雄神社例祭につき、午前九時祭典に参列。

午後、西子湾に山本雄一君訪問、高雄神社に御参りして帰宿。

十月二十九日（水）

出社、事務聴取。

十月三十日（木）

出社、事務聴取。

十月三十一日（金）

出社、事務聴取。

十一月一日（土）

経済審議会委員来着につき、午前八時半駅に出迎ふ。戦備局近

高雄にある台湾鉄工所
高雄市入船町に本社を置く台湾鉄工所は第一次世界大戦直後に設立され、船舶の修繕などで高雄の産業界をリードした代表的企業であった。

藤中佐、商工省芝事務官等来着。太田企画課長、斎藤事務官案内なり。
午後三時、会社に来訪、余より概況を報告す。
一行は高雄に一泊。

十一月二日（日）
今日、近藤中佐の一行、安平に来訪につき松尾技師同行、高雄より一行と、同列車にて安平に至る。午後二時一行、安平工場に来訪。
午後四時の列車にて帰高。

十一月三日（月）
明治節祭につき早朝、高雄神社に参拝。
午後、旗後に渡り哨船頭に帰り、測候所山に登り、老姑石を採り帰宿。

十一月四日（火）
出社、事務聴取。

十一月五日（水）
午前急行にて台北に向ふ。午後四時、台北着。ホテルに入る。
午後六時、赤司初太郎の招宴。
ホテルの食堂、盛会なり。

十一月六日（木）

総督府方面訪問。

夜、郭廷俊宅に招待を受く。

田中一二、三好正雄等なり。

十一月七日（金）

午後三時、倉石来着。

十一月八日（土）

午前、松本虎太来訪、今回退官。台北に閑居す。山下繁治〔造カ〕後任として道路港湾課長となる。

正午、土曜会にて酒井海軍武官の送別会につき出席す。

夜、倉石と同行南下す。

台中州車ろく〔沙鹿カ〕にて前列車脱線につき、其侭、竹南に引返し普通列車にて台中に至り下車、春田館にて午餐。午後一時の急行に乗る。駅にて森田知事に会ふ。

午後四時、高雄着。

台北から本間〔雅晴〕軍司令官と同車、本間中将は嘉義迄行くと云ったが、其後の行動不明、事変切迫を思わしむ。

十一月九日（日）

出社、倉石等と事務打合せ。

十一月十日（月）

出社、事務打合せ。

十一月十一日（火）

出社、事務打合せ。

十一月十二日（水）

出社、事務打合せ。

十一月十三日（木）

出社、事務打合せ。

十一月十四日（金）

台南に至り、南塩に柳監査役訪問。監査事務打合せ。

鶯に午餐。小野田に会ふ。

波多中将来遊中にて面会す。

州庁に小野田訪問。一別以来の快談す。

午後七時半の列車にて帰高。

花壇にて五社会に出席。

十一月十五日（土）

出社、事務聴取。

午後六時より花壇にて宗藤、清水〔義治〕、鶴〔友彦〕等と晩餐。

十一月十六日（日）
手貝来訪、タマキにて午餐。
花壇にて今井、楠田と晩餐。

十一月十七日（月）
倉石、台北より帰高。
出社事務打合。

十一月十八日（火）
会社第四回決算総会。
夜、江〔ノ〕島にて坂口、林少将と晩餐、後、聴松園に会社晩餐会に出席。

十一月十九日（水）
出社、事務打合せ。

十一月二十日（木）
屏東に台湾製糖に宗藤、清水、筧〔干城夫〕を訪問。
花壇にて商工会議所、工場懇話会の伍堂〔卓夫〕海軍中将招待会に列席。

十一月二十一日（金）
午前出社。
午後倉石同伴、台南に至り、東屋旅館に一泊。

十一月二十二日（土）
午前八時より自動車にて北門に至り、郡役所訪問。北門工場の地鎮祭に列席、午後布袋工場予定地視察。
東石郡役所訪問、六時、台南に帰り、八時列車にて帰高。

十一月二十三日（日）
出社、事務打合せ。
聴松園にて海軍御用商組合と晩餐。

十一月二十四日（月）
午前十時、高雄港より伏見丸に乗込む。倉石、利岡〔喜久太郎〕、槙田、陸川同伴、正午出帆、台湾海峡を北上、風波荒し。

十一月二十五日（火）
午後一時基隆港着。
高橋税関長、金丸水上署長来訪。
上陸、台北に至り、ホテルに入る。
夜、高原来訪、晩餐を共にし、回〔顧〕古談をやる。

十一月二十六日（水）
午前、専売局長、林少将訪問。

午後一時半、列車にて基隆に至り、伏見丸に乗込む。伍堂氏も同船、午後五時出帆。

十一月二十七日（木）

海上。

十一月二十八日（金）

海上。

屋久島、口江〔永〕良部、種ゲ〔子〕島を見て、大隈〔隅〕海峡を通過して太平洋へ入り一路北上す。

十一月二十九日（土）

海上。

午後、紀州潮岬を見る。

午後五時船長室にて麦酒の盃を挙ぐ。

伍堂海軍中将、酒井伯、余、倉石他二名なり。

十一月三十日（日）

午前七時半、清水港に入港、微雨上陸。

午前十時半、列車に乗込み、午後三時、東京着、省線にて帰宅。

家族一同元気。

十二月一日（月）

午後出社。

大和田と会談。

十二月二日（火）

出社。

武子、桃子来訪。

十二月三日（水）

終日在宅。

余の誕生日にて子供、孫、皆集り賑かなり。

十二月四日（木）

午前出社。

午後、武蔵高等に山本校長、塚本氏訪問。

先賢堂寄付金五十円を納付す。

十二月五日（金）

午前出社。

正午、倶楽部三階の温故会に列席、水野、川村両氏始め旧内務省系の知事連集る者約百名、盛会なり。

三時半、日本通運本社に安座上〔真〕氏訪問。石炭輸送の件、依頼す。

快諾せられ特別の便宜を計り、明日トラックを廻し呉るるやうなり。家庭浴室用石炭も多分入手し得べし。

五時帰宅。

服部大尉来訪、一泊。

十二月六日（土）

午前九時半、森岡氏訪問、台湾談を為す。同氏嫌疑の件、未だ不起訴の決定なき由だ。

正午、銀行集会所に於ける健士会理事会に出席。二荒、後藤、米本、渡辺、森村等出席。麹町二番町の事務所建物を十二万円にて国防婦人会に売却（婦人会は之を遺族館に宛る由）及事務所建築の件なり。二時半終了。会社に立寄り四時帰宅。

石炭一壐運んであった。妻、安心せり。

武子の一隊は今日二時帰った。

喜久雄、夜来訪。

十二月七日（日）

午前在宅、忠昭の勉強部屋を整理す。

午後、相原教授訪問、忠昭の勉強、未だ真剣ならずとの比較あり。困ったものだ。忠昭は今朝より伊藤氏の宅に遊びに行く。明石君の同行の由。

夜、服部大尉来訪。睦子、昨日武子を送りて逗子行き、今日同行、帰宅せるなり。

十二月八日（月）

今朝未明、海、陸軍は米英に戦闘開始。

海軍は布哇攻撃、陸軍はマレイ半島に上陸、香港攻撃、海軍はグアム、ウェーク空襲す。

午前七時五分、臨時緊急閣議、同八時半日米交渉打切りを発表、十一時四十分、米英に対し宣戦布告の大詔が渙発された。

泰国は日本軍の通過を承認した。

夜、ニュース発表。

海軍航空隊は布哇にて米戦艦二艘撃沈、四艘大破、巡洋艦四艘大破、潜水艦、航空母艦撃沈せる模様。

比律賓に陸海空軍は航空機約百機を撃墜す。

我被害二機。

上海にて英砲艦撃沈、米艦降参。

上海、天津、秦皇島、英陸軍の武装解除せしめた。

上海の共同租界、仏租界に我陸、海軍が進駐した。

（来る時が来た。国民は快哉をさけんだ。）

日本倶楽部で午餐、来会者多し。二時、二重橋前に至って、宮城を拝し国運の隆昌を祈った。

十二月九日（火）　雨　寒

未明起床。明治神宮に参拝して国運の隆昌を祈った。此の盛時に生れ出でたることを心から幸福と感じた。十時出社。正午、西銀座アラスカにて鳥羽会有志の富永君三菱倉庫員として上海に出張を壮行、午餐会に出席。雨降り来る。二時倶楽部集合者多し。四時帰宅。

我陸海軍の戦果追々詳細に分る。

昨日来、海軍の拿捕せる敵船二百艘余、八万噸、馬来半島上陸軍は英領馬来の某地点を占領す。ガム攻撃の空軍は敵巡洋艦を大破す。比律賓ダバオ攻撃の海軍航空部隊は敵潜水艦を大破せしむ。

比律賓の敵飛行機撃破。昨日来、約百機、馬来の基地を空襲す。
＊天皇陛下は今朝、宮中賢所に御報告、御祈願の式典を挙げ玉ふ。皇軍泰国都バンコックに平和進駐す。
独逸は東部戦線を冬期寒冷の為、活動中止の宣言す。

十二月十日（水）　雨

朝来冷雨、午前中在宅、防空の準備（灯火管制用意だ）。

正午倶楽部で蘭印の石油事情講演。

戦果
一、ガム、比律賓に我陸海軍共同作戦にて敵前上陸
一、天皇陛下より山本（五十六）連合艦隊長官に勅語を賜ふ
一、海軍航空隊は比律賓の空軍基地を爆破
一、馬来半島沖にて英戦闘艦二艘を撃沈して東洋艦隊を撃沈す
一、パラオ沖にて米潜水艦を撃沈す
一、海軍航空機被害三十八機、陸軍十三機
一、上海沖にて米船を拿捕
一、独逸ヒットラーは両三日中、重大宣言をなす筈
一、ソビエットは中立確保を声明す

十二月十一日（木）　晴

空晴れた。十時出社、正午倶楽部に行く。

戦況
一、我陸戦隊はガムを占領した
一、比律賓の空軍の大半を撃滅した
一、ヒットラーは今夜議会を召集して外交上、重大演説を為す筈
一、ガムの沖にて米輸油船三十噸を拿捕した
一、陸軍航空隊はマレーの英航空隊を痛撃した
一、比律賓上陸軍は某重要地点を占領した
犠牲となる航空隊将士の慰霊に感謝し、祈をささげん為、今日午後四時、靖国神社に参拝した。

十二月十二日（金）　晴後曇　寒

午前十時出社、十一時倉石同伴、加藤台拓を訪問。強制融資問題、興銀の条件を議す。

正午日本倶楽部、午後三時、次郎の為算術書二冊求め帰宅。

昨十一日午後六時、日独伊三国の協定に調印す。一、対米英の完遂を期す。二、単独不講和。三、戦後新秩序の建設。

昨夜、ヒットラー、ムッソリニーは何れも対米宣戦を布告す。

戦況
比律賓の南部に敵前上陸、北部軍と夾撃態勢をとる
海軍航空隊は比律賓の敵航空機を二百二機を破る
台湾は空襲を受けたる形迹〔跡〕絶対になし
＊強制融資の条件につき払込の件、担保の件が問題となっている。
日曹対南化の摩擦問題、月曜に三社長会同の事となる。

十二月十三日（土）　晴

午前十時出社、正午日本倶楽部。

午後三時小林海軍大将を世田ヶ谷の邸に訪問す。六時帰宅。
一、我軍は九龍を完全に占領した
一、布哇沖海戦に於て我海軍航空隊の撃破せる米主力艦は、オクラハマ、ウエストバージニヤの二艘の外に米旗艦アリゾナを撃沈した事が明かとなった。又、マレー沖海戦の戦果はプリンスオブウエールス、レパルスの外、大型巡洋艦一隻を撃沈せる事が明かとなった。
一、日泰攻守同盟を締結するに至った
一、泰は対英米と断交関係に入った
一、馬来方面にて陸軍航空隊の戦機撃墜破百廿九機

十二月十四日（日）　晴　寒風

終日在宅。

福井静夫、親子三人来訪、夕方帰り去る。

寒風劇し。

午後七時より集合所にて町会あり、木村会長、辻副会長の外、壮年者百二十名来会、町会防衛団を組織す。
一、香港に対して降伏を勧告せしも応ぜず。猛攻を開始す。

十二月十五日（月）　雪

朝来降雪。寒気烈し。十時出社。

今日午前、日曹社長室にて三社長会合、強制融資命令条件対策を協議す。余及倉石は参加せず。

午後、一宮氏興銀を訪問することとなる。

倉石と帝国ホテルに午餐。倶楽部に行き、四時半帰宅。
一、台湾軍参謀長発表　台湾及日本領土に未だ戦機の来襲なし。
十三日、敵機偵察機沖合に来りしも追放せりと。

十二月十六日（火）　晴

快晴だ。午前十時台拓社長訪問、不在なり。午後を約して出社、倉石と事務打合せ。午後一時加藤台拓訪問。融資条件の件協議す。浦〔澄江〕中将を訪ぬ。三時日本通運東京営業所に行き、石炭運送費支払ふ。十一円也。広文堂にて幣原〔坦〕博士の大東〔亜〕の育成〔成育〕（二円）を求め、四時帰宅。

夜、服部来訪、即夜帰り去る。
一、ガム島を完全に占領す

一、英領ボルネヲに敵前上陸す
一、リトビノフ駐米ソ連大使談によるにソ連動行〔ママ〕注意を要す、
　今後ソ連の動行こそ問題である

十二月十七日（水）　晴
十時出社。正午倶楽部定例午餐会にて海軍情報部近藤中佐の海軍作戦談あり。五時帰宅。

十二月十八日（木）　晴
十時出社、今朝九時半、倉石、三社長、陸軍省工政課長に面会した。
一、幹部組織の件。二、融資担保及償還資源の件だ。倉石と帝国ホテルに午餐。台拓に加藤社長訪問、中野前社長に関する加藤氏談あり。倶楽部に立寄り六時帰宅。
一、組織の件、陸軍原案通り、但し台塩の出澤を加ふる事。二、担保の件は原案通り償還資源に、払込金の件は削除を陸軍にて尽力すること。

十二月十九日（金）　晴
海軍大本営発、米太平洋艦隊全滅、布哇海戦の戦果の詳報である。戦艦九、巡洋艦八、其他併せて廿隻を撃沈破、航空機四五〇、撃墜一四機である。尚特殊潜航艇が真珠湾へ決死の突入した事が始めて発表された。
陸軍は今朝九時、九龍から香港に敵前上陸した。
十時出社、倶楽部午餐。銀座を経て帰宅。忠昭に万年筆、次郎に鉛筆を買った。
杉山平助のつひに来る日（一円八十銭）を求めた。

十二月二十日（土）　晴
十時出社、倉石と要談、払込金の件は陸軍の尽力ありたるも、削除不可能の事が分明した。至急支払を要する金額百八十九万円の明細書を造って、陸軍省に証明をして貰って興銀に要求する事となった。尾関弁護士来訪、倉石の知人だ、紹介を受く。正午、日本屋へ行ってプラチナの時計側売却、之は国策に添ふ為だ。百六十七円に売れた。時計は服部でクロームの側を入れさせることとなった。三時帰宅。夜七時半より宅にて隣組常会、防衛の件だ。八時半、小野寺教授より電話、忠昭が同氏の息一年生のノートを奪取し、且ラケットでなぐった事を知らさる。明日、訪問の事とす。

十二月二十一日（日）　曇後雨
午前七時半から忠昭同伴、江古田町の小野寺教授の宅を訪問。小野寺氏に交々謝罪す。其間に忠昭が昨日、小野寺氏の令息にあざ名を云ってからかった新事実が現れた。要するに昨日の事件は悪ふざけをしたに過ぎないが、小野寺氏のあざ名を云ふてからかった事が同氏をふ

んがいさせた理由であった事が分明した。更に寄宿舎に相原氏を同伴訪問。昨日の状況を報告、謝罪せしめ十一時帰宅。

午後、羽田氏を答訪。東郷神社に参拝、帝国海軍の優勝を祈った。

十二月二十二日（月）　曇

午前十時出社。

正午より三信ビル東洋軒にて丁未会例会遠藤、浅田、小牧〔茂彦〕、野口、篠原等十名、小笠原より時局談を聴く。二時散会。倶楽部に立寄り五時半帰宅。

十二月二十三日（火）　曇

午前十時出社、正午倶楽部、四時帰宅。

融資命令の件、今日倉石より原案を示して三社長の同意を求めて清書を興銀に提出の予定。

手貝千代志〔登志夫カ〕南方に出張を命ぜられたる由、電話あり。

十二月二十四日（水）

午前十時出社、昨日、倉石専務より清書を興銀に提出せしに、前に、一宮日塩社長より興銀に対し「常任監査役任命迄は融資出金を見合せられたし」と希望ありたりとて、直に出金の運びに至らざるを以て、今朝、倉石は航空本部に至り交渉の結果、航空本部より一宮に注意することとなる。

午後倶楽部定例会竹田少佐より陸軍の活動の講演あり。陸軍の成果は新聞程は面白からざる由、陸軍の苦心同情に堪へず。四時帰宅。

次郎、成績表持帰る。前学期より低下す。

十時半、服部が来た、一泊。

十二月二十五日（木）　晴

朝来快晴。九時半、岩村海軍中将訪問。

台湾より帰来の挨拶及海軍大捷の祝賀だ。

大東亜共栄圏経営につき、一、異民族統治に就ては行政の責任である。海陸軍大勝の善後は行政の責であるが果して成果を収むる手腕人格ありや、二、共栄圏は原始産業であるが、之が消化の方策を根本的に研究し置くを要す等の意見を交換す。余に対して南方に活躍の希望ありやの問あり。家庭の事情を述べて辞す。林に立寄り修三長男出生の祝辞を述べ、午後二時帰宅、後在宅。

午後より曇り、夜来降雨。

忠昭は頗る奮起、緊張の態度あり、嬉し。此状態を永続させたし。

十二月二十六日（金）　雨

午前十時出社、倉石に会ふ。興銀より融資引当てに百八十万円借入るる事となった。係員と打合せ、同資材問題だ。

係員各自に活動し居るやうだ。

午後一時半倶楽部、四時帰宅。

帰途、植場鐵三に立寄る。拓務次官に就任の祝辞の為だ。

今朝、快報。香港は昨夜五時五十分無条件降伏を申出で、七時半降伏を許るす。矢野〔征記〕総領事以下日本人全部無事。

十二月二十七日（土）　晴
朝、森岡氏訪問、学士会にて午餐。午後出社、午後四時帰宅。

十二月二十八日（日）　小雨、曇
午前九時から鎌倉に行って浄光明寺、大三輪氏訪問。二時、逗子に福島訪問。武子に、睦子結婚の時期、披露方法、支度等につき、母と相談して呉れと下相談す。
午後六時半、帰宅。

十二月二十九日（月）　晴
午前十一時出社、南澤〔喜久治〕支配人と昼食。倉石は今朝、信州に帰った。三十一日、帰京の予定。日本倶楽部にて理髪、四時帰宅。
手貝登志夫今回、台北本店詰を命じられ、南方に出動の由にて、夜挨拶に来る。夫人肺炎にて入院中の由なり。

十二月三十日　晴
午前九時半、横山助成氏訪問す、不在。

同氏、翼賛会事務総長就任の挨拶だ。氷川下よりバスにて東京駅、大倉陶園よりの送品を聴く。南町に送りし為、所在不明にて返送せし由。靴の裏皮を打たす。四円五十銭。

正午過帰宅。

忠昭、稍緊張を欠き来れる体なり。注意す。

中村一造氏訃報至る。

十二月三十一日（水）　晴
午前七時起床。快晴、終日在宅。
午後、忠昭、次郎を手伝わせて大掃除。〆飾りをなす。
夜、次郎同伴、穴八幡宮に参拝。一陽来復の御守りを戴き帰る。
目白書房にて東亜危機の性格を求む。次郎に日記を求め与ふ。
十時より紀元二千六百一年の録音放送を家族一同と聴く。

一九四二年

一月一日（木）　晴　暖
快晴。戦勝の元旦である。一家揃って餅を食し、宣戦詔勅を奉読。忠昭は楠氏論賛を朗読。十時より忠昭同伴、宮城前に至り拝賀。靖国神社、明治神宮に戦勝の新年参拝。一時半帰宅、次郎は国民学校拝賀式に行き、帰り居る。福井君父子来訪。午後三時記念撮影。四時福島、五時服部来る。晩餐を共にす。一家皆健康。

一月二日（金）晴　寒

朝来晴、寒風。午後雪空、夜又晴れた。午前、忠昭同伴、相原、山本、塚本、山羽諸家に回礼。午後、大井町の福井家に答礼、静夫君の宅にも立寄って、五時半帰宅。

一月三日（土）晴　寒

快晴だが寒風肌に寒い。八時半から忠昭、次郎、睦子と服部君同伴、東日ニュース映画を見に行く。海軍の布哇空襲を見る為だ。快絶を極む。水交社に行ったが休みだので、丸の内会館で午餐、帰途魚がしで妻へ土産のすしを買って午後三時帰宅。

今日ニュースで皇軍は昨日マニラ占領の報に接した。

一月四日（日）晴

快晴だが風が寒い。夕方より暖かくなった。寒波が去ったのだろー。午前十時、桃子、男子出生。安産だ。早速睦子を遣す。

大関善雄、福島末雄、相次で来訪。

慶子、忠昭は廣子同伴、逗子に行く。

夕方、慶子を福井に残して、忠昭、睦子帰宅。

中村一造君の叙位叙勲の件につき、石田君より電報ありたるにつき、早朝植場拓務次官訪問。八日の葬儀に間に合ふやうに尽力方依頼した。

一日でも長閑なお正月をゆっくり家でやらうと思ったが、今日も在宅しながら何かとざわざわと過した。

一月五日（月）晴

快晴だ。午前、森岡二朗氏訪問。

矢張り元気が無い、気の毒だ。午後、大井町の病院に桃子訪問。母子共頗る元気だ。静夫君宅及福井家訪問、祝辞を述べ、五時帰宅。

夜、服部、福島喜久雄来訪。

一月六日（火）晴

午前十時出社。倉石は興銀に行って不在。大和田と会った。正午日本倶楽部、五時帰宅。

慶子、睦子と入代って帰宅。

一月七日（水）曇　小雨

又寒くなった。午前十時、総督府出張所訪問。中村一造君叙位叙勲の件問合す。内閣で難□〔インク汚〕模様だったから稲田総務課長に電話で依頼する。開拓社に寄って大八木君と面談、小島の件だ。今は社に居ないそをだ。服部で懐中時計の側入れを受取る。二時半帰宅。餅を食ふと甘かった。

在宅。

忠昭は山羽氏に行って代数を教わって帰った。函数論は苦手だ。

一月八日（木）　晴

快晴だが寒い。初の大詔奉戴日だ。詔勅を奉読する。次郎を手伝わせて国旗を掲揚する。陸軍始式が行なわれ、五百機の陸軍機が空を飛んだ。戦捷の青だ。午前在宅。午後出社、倉石と用談。
一、中野顧問の安平案は六十万円を要すと云ふ。更に増額の虞なきや、二氏案は航空本部の了解を得たりや。
答、倉石は中野同伴、航空本部第二部長に面会、了解を得たりと云ふ。因に中野案の臭素を単体生産にて三百六十瓲生産の計画の由、六十万円で三百六十瓲生産は一寸変な感がした。

午後三時半去り、銀座服部に腕時計を修理せしめて、五時帰宅。
　＊中村一造の叙位案は不採理であった由、寧ろ当然ならんか。

一月九日（金）　晴

早朝、中島弘来訪、同氏息同伴。

息一君明日津田沼の鉄道隊に入営見送りの為だ。学士会館に案内、同氏令嬢まさ子をも招て三人に午餐を供す。父子は津田沼に行った。

一君は浜松高工卒業、鴨緑江水力に勤務中なのだ。午後一時半出社。古望仁兵衛君来訪。五時帰宅。

夜、中島君単身来訪一泊。

一月十日（土）　晴

快晴。午前十一時、旭電化に藤堂君訪問挨拶。日本倶楽部に午餐。

午後四時帰宅。

一月十一日（日）　晴

午前十時、小林海軍大将を訪問。

午後在宅。夜、服部六郎君の兄君、六郎君と同伴来訪。

一月十二日（月）　曇　夜微雨

午前十時出社。正午丸の内ホテルにて午餐。午後、総督府出張所に斎藤長官訪問。帰途、明治書院にて徳富の国民史東西交戦篇を求め、三時帰宅。睦子が服部にサービスを為し過る模様にて母より不平あり。睦子を戒む。睦子不平なり。六つヶ敷問題である。

今日恩給を受領した。

十一時午前十一時三十分、マレー戦線にてクアラルムプールを占領して馬来の死命を制す。

一月十三日（火）　曇

午前十時出社。丸の内ホテルにて新入社員三名と会食、何れも京大出身者だ。午後久し振り織田博士訪問す。痔疾にて御病臥中だったが、病室で博士御夫婦と話した。

大東亜共栄圏の建設に関する大調査機関の設立、長期戦の覚悟等につきて論じて帰った。

森岡夫人来訪中だった。

夜、服部来訪。睦子と二人で新橋駅に行った。兄君新夫婦に睦子を紹介する為だった。追々結婚の機が熟して来た。

一月十四日（水）　晴

午前十時半出社。正午、日本倶楽部の定例午餐会、高橋海軍大将の談があった。布哇海戦と外交に関する点、即ち開戦時期の問題が興味があった。四時半帰宅。

ウイッテーの露西亜極東政策（二円五十銭）を買った。

十一日、蘭領ボルネオのタラカン、セレベスのメナドを占領して弥々蘭領攻略にかかった。

一月十五日（木）　晴

午後十時より日本青年館にて青少年団総務部長会議に列席。

午後六時より三信ビルにて丁未会出席。神戸、両浅田、小牧、野口、遠藤、黒崎、篠原、其他十数名、盛会であった。小笠原の欠席はさびしい。

九時帰宅。大東亜戦争の写真を求め帰った（六十銭）。布哇空襲を額面にした。

年賀状の来た先十数通に画ハガキを出す。

一月十六日（金）　晴

今朝は良く寝た。午前八時過起床。

午前中在宅。正午出社。日本倶楽部で東亜大戦争のニュース映画を見て、三井銀行に立寄り、睦子の費用五百円を出して、三時帰宅。睦子、慶子は今日銀座に行って座蒲団を買った。追々結婚式の支度だ。

一月十七日（土）　晴

快晴だが寒気が強い。午前十時出社。

やがて倉石も出社。南澤支配人等と応答あり。興銀は会社の旧債の償還に対しては融資の資金を使用してはならぬ、之には払込金を求めてやるべしとの意見ありたりとの事にて、倉石も困って居った。航本第二部長秋山中将は築城本部長に転、第八部長谷口〔元治郎〕中将が兼任となった。高桑技師が来社したが、余は台湾倶楽部新年会に出席。

午後四時帰宅。

一月十八日（日）　晴

終日在宅、午後は妻の希望にて園に穴を掘った。土地が冷えて固い。

一月十九日（月）　晴

快晴だが寒気甚し。十時出社。正午日本倶楽部。予て約束の高雄壽山の石材が着いた由、山本先生から通知があったので、二時半学校に行ったが会議中であったので、西岡氏に会って石材を見た。余が拾って置いたより良好の石だ。之は先賢堂建立の石材となるのだ。全国各地より集める山本先生希望の一だ。南方共栄圏建設の今日となっては行くゆく香港、シンガポール、マニラ、ガム、ウェーキ等からも集めるがよかろう。五時から錦水で紫明会。妻へ土産に料理を造らせて持て帰った。夜帰途寒気甚し。近来の寒さだ。

一月二十日（火）　晴

快晴だが朝来寒気甚し。十時出社。甲田氏の依頼にて商工省事務官間瀬一氏を坂口高雄州知事に紹介状を与へた。正午日本倶楽部。午後五時帰宅。夕方から稍寒気がゆるんだ。

一月二十一日（水）　晴

午前十時出社。午後五時帰宅。倉石今夜出発、渡台す。

今日帝国議会再開、東条首相の演説は大東亜戦争の意義、帝国の理想を説き得て要領を得た。

一、米英は徹底的に打倒す。

二、香港、馬来等、東亜防衛の要地は帝国が確守す。

三、比律賓は東亜共栄の我国策に順応すれば独立を許るす。ビルマ大然り。

四、重慶政権は和平を覚るべきなり。

五、濠州、蘭印は我国に協力すれば許るさん。

の五大方針を示す。可なり。

一月二十二日（木）　晴

十時出社。午後は清澄公園の方に散歩。浅草に出て観音様に参詣して、五時帰宅。

一月二十三日（金）　曇

曇っていやな日だ。終日在宅。

午後、日指しが指したので、井上哲学堂の方面に散歩した。

一月二十四日（土）　晴

午前十時出社。

午後、大井町の福井静夫宅を訪ねた。桃子、頭痛でなやんで居るとの事であったから見舞ったが夫れ程でなかった。睦子、昨日から来て居ったが夕方辞去。

余も五時辞去。

一月二十五日（日）　晴

終日在宅。長閑な休日だ。

服部君も終日居った。

午後三時から一時間許り雑司ヶ谷方面に散歩。大鳥神社に参拝した。目白町氏神様だからである。

一月二十六日（月）　晴

午前十時出社。正午日本倶楽部。午後五時帰宅。

泰国は遂に二十五日、対米英宣戦を布告し、直に日泰軍共同、ビルマに対して戦線を進めた。

一月二十七日（火）　晴

午前十時出社。日本倶楽部。

一月二十八日（水）　晴

午前十時出社。正午日本倶楽部。

松岡海軍少将の潜水艦の講話を聴て帰る。

忠昭代数試験五題出て三題半合ふ。大体良好だ。愉快だ。

一月二十九日（木）　晴

午前在宅。

午後、上野美術館で鐵斎翁の遺品展を見る。上野公園から本郷辺を散歩して帰宅。

一月三十日（金）　晴

午前十時出社。正午日本倶楽部に行く。会員河野恒吉君の大東亜戦の勝因に就ての講演を聴く。支那事変中途で海陸軍が意見が齟齬したが、対米英戦、即第二次近衛内閣に至って完全に一致したとの話は大に参考となった。

京洛ところどころ（一円八十銭）を求めて帰宅。

忠昭、英語の試験不良だったとの報告を聴てがっかりした。相当勉強をやっているやうだが、勉強の方法がまずいのだろう。考究を要す。

午後から寒風がすざまじく、実に寒い。

一月三十一日（土）　晴

快晴だが寒気尚すさぶ。午前十時半出社。南澤支配人と三菱の問題で打合す。倉石専務に電報照会するが可ならんと話して置く。午後駒場の林を訪問したが、皆不在。富ヶ谷方面より徒歩で代々木八幡から小田急で帰宅。

忠昭、今日の幾何の試験は不良であったやうだ。困った事だ。

二月一日（日）　雪

朝来曇り空で、雪が降った。終日雪。終日在宅。

服部君昨夜一泊、午後三時帰り去る。

三十一日午後四時、皇軍はジョホールバルに占領入市、シンガポールに二キロの海峡に対して対峙することとなった。

皇軍は三十一日ビルマ、モールメン占領、蘭貢の前営地域を占拠した。

陸海軍共力〔ママ〕して蘭領アンボンを占領上陸した。

二月二日（月）　曇

雪、道路悪し。約により睦子同伴、正午出発、新宿高野屋で果物鑵〔缶〕詰合せ（五円）を求め、戸越の服部正之氏訪問。帰途大井町の福井桃子を訪ね、夕方帰宅。

新聞によれば永田秀次郎氏も南方某重要任務に就て追々赴任と有り、ぢっとして居られないやうな感がする。

永田秀次郎、徳川、村田、砂田〔重政〕、四氏等は陸軍顧問として就職、南方方面に活動することとなった。

二月三日（火）　曇

雪の後が未だはっきりしない天気だ。午前中在宅。睦子が服部の事のみに熱心で母の云ふ事を聴かないと母子の摩擦があり、余は父の立場から睦子に訓戒する。人生はいやなものだ。午後、慶子十九才の厄除けお守を戴く為、牛込穴八幡に同伴、お守り祈禱を受け、尚武子、桃子方の開運のお守をも受けて帰る。目白から慶子を帰し、余は池袋の豊島区役所に行って睦子結婚につき衣料切符の特配の問合せをして申請用紙を貰って帰った。余にとって最もいやな仕事だ。

帰途、乃木（一、二〇）、歴史の確認（二、五〇）求める。今は好きな書物を読む位が唯一の楽だ。忠昭、明日英語の試験〔英文法〕だ。十二時迄付き合って寝る。好成績を取て呉れれば良いが。

次郎、今日学校で占部訓導になぐられて帰った。近頃次郎もいたづらが過るやうだ。

二月四日（水）　晴

午前在宅。

正午、高田国民学校に占部指導〔訓カ〕訪問。次郎指導につき協議す。後、出社。午後五時帰宅。

二月五日（木）　晴

午前十時半出社。倶楽部に立寄り、午後五時帰宅。

二月六日（金）　曇

午後十時出社。倉石の父君、郷里長野県で病臥中、胃ガンの由で良くないやうだ。倶楽部で午餐、午後三時帰宅。武子、桃子来訪中。桃子は四時過帰宅し去った。

海軍航空隊はスラバヤ方面の蘭印航空基地を空襲、戦機数十機を撃墜破した。

又、シャム沖にて蘭印重巡三艘を撃沈、蘭印重巡、米重巡を大破して米蘭連合艦隊を全滅した。

藤原、藤山、山崎、大野〔龍太〕、竹内の五氏は海軍嘱託となって南方方面で活躍することとなった。

二月七日（土）　晴稍曇

午前十時半出社。倉石に父君病気見舞の手紙書く。午後大宮迄行って氷川神社に参詣、皇軍の武運長久を祈る。武蔵一宮で皇大神素戔嗚命を奉祀、明治天皇の尊崇高かりし宮だ。三時半帰宅、蜜柑一箱を土産に以て帰った（二円六十六銭）。

二月八日（日）　曇

午前在宅。

午後、高田国民学校に児童作品展覧会を見る。次郎の書、画、手工（独逸軍艦）、等陳列してあった。

戸山ヶ原より西久保辺散歩。

松岡洋右の興亜の大業、〔永井〕瓢斎の鎮撫使とお加代（計二円二十五銭）を求め帰る。

二月九日（月）　晴

午前在宅。

午後豊島区役所にて睦子結婚準備の為、衣料切符の特別交付を受く。存外やすやすと交付を受けたり。

池袋郊外を散歩、厨芥用の桶（三円六十五銭）を求め帰宅。

○本日未明より皇軍はジョホール水道を渡過してシンガポール島に敵前上陸す。

二月十日（火）　曇後雪　寒

武子今日帰逗につき終日在宅。

今日防空演習設備点検あるにつき、午前中門前に諸設備を為す。勝手元の大掃除をなす。余一人の労きなり。キリンも老ゆれば駄馬に若かず。斯る仕事に閑をつぶす自身を憐む。武子一行（廣子、敏子）昼過ぎ帰り去る。女中あや逗子迄送る。

午後四時より散歩。

夜雪降る。

二月十一日（水）　晴

快晴。戦勝の紀元節だ。午前十一時、服部来訪。

余の単身、午後明治神宮参拝、宮城奉拝、後徒歩で九段に至り靖国神社参拝。牛込迄徒歩。

夕方帰宅。

○皇軍は早くもテンガー飛行場を占領せり。マレー方面の軍司令官は山下奉文中将なることを発表す。

二月十二日（木）　晴

午前一寸、日本倶楽部に立寄り、正午糖業会館に台湾会例会、泰国大使館石井参事館〔官〕より日泰攻守同盟、日軍マレー半島敵前上陸〔後カ〕前後の事情を聴く。

午前四時帰宅。

二月十三日（金）　晴

午前出社。事務所は予て移転準備中のところ、丸の内ホテルの裏、丸の内ビル四階に移転の事に決定。今日は実行中だった。事務室、昭和石油の隣室だ。同社の野口常務と面会。正午日本倶楽部。

服部で腕時計の修繕を受取って、帰宅五時。

二月十四日（土）　曇

薄曇りの寒い日だ。

京都洛東水道、明日起工式にて市長より案内状が来て居ったが風〔邪〕気だのでやめた。終日在宅。

忠昭も風邪気味で休ませる。

小西重太郎宛に明日行けぬ旨電報を打つ。

新嘉坡の陥落も今明にせまったやうだ。

二月十五日（日）　雪

昨夜来雪盛なり。終日在宅。書物四冊野上書店に売却、重臣論を求めて終日読書。森岡夫人母子来訪。

忠昭、次郎発熱病臥。

一家落着かざるにつき、今朝女中あやを一喝す。之より稍静まる。睦子、弟に対して不親切だ。余及妻より親切に世話するやう訓戒す。今日横須賀に行く予定なりしも中止せしむ。

余此の時世に臨みうつぼつ〔鬱勃カ〕たる意気を押へてぬるま湯に入ったやうな生活は実に苦し。

倉石から二十一日帰京の電報があった。

臭素生産量につき余の照会に対しては、帰京後返事する旨であった。
　＊今夜午後七時五十分、新嘉坡の英軍は無条件降伏を見、之で完全に占領す。

二月十六日（月）　晴

午前出社。南澤支配人と事務打合す。本社よりの報告によるに、臭素の生産量一ヶ月一瓲にて航空本部でも心配して居る由の談あり。支配人も谷口本部長と面会せる由なり。専務の電にて二十一日帰京の由につき、其上事情聴取することとす。台拓に加藤社長訪問。

昨日、新嘉坡無条〔件カ〕約降伏にて陥落。宮城前は奉賀の団体参集、市内は国旗掲揚大賑なり。四時半帰宅。

福井静夫は一ヶ年の予定にて新嘉坡出動内命あり、二十日頃発令の予定の報来る。
忠昭熱未だ去らず。明日も欠席の事。
夜町会組長会あり。二十一日防空演習の事。
台拓で家村隼人に会った。人情去り不愉快。
　＊陸軍十四日スマトラのパレンパン、海軍は十一日セレベスのメナドに、何れも落下傘部隊の降下攻略に成功す。

二月十七日（火）　曇
午前在宅。
午後、珍らしく木村兄来訪。
五時より福井家訪問。静夫君新嘉坡行につき送別の挨拶だ。
十一時帰宅。

二月十八日（水）　晴
午前出社。
今日は大東亜戦第一回戦捷祝賀会の日だ。正午前、宮城前に至り奉拝す。
奉拝の団体で二重橋前は旗の波だ。倶楽部に至り、馬来作戦の談を聴く。五時帰宅。

二月十九日（木）　曇
寒いいやな日だ。終日在宅。

二月二十日（金）　晴
寒風吹き荒ぶ。未だ春は来ない。午前出社。後倶楽部、河野少将の談を聴く。五時帰宅。

二月二十一日（土）　晴
寒い日だ。十時出社。倉石は今夜帰京の予定だ。倶楽部に行く。
午後五時帰宅。夜服部来訪。
睦子、今日横須賀に行って、服部と本間氏（服部の姉君）訪問せるなり。同伴帰宅。
忠昭、今日より出校。

二月二十二日（日）　曇
福井静夫来訪につき、送別会を開く計画だ。正午過静夫夫婦、正夫と来る。
服部も昨日から来て居る。福島も午後来る。中島一、今日始めて日帰外出を許可されたりとて偶然来訪だ。一期教育が済めば第一線に出るやうだ。午餐一同共にして海陸の送別会を開く。盛会だ。福井、福島は夕方帰り去る。廣子は泊る。
服部一泊。

二月二十三日（月）　晴　暖
午前十時出社。今日より暖気となる。
倉石帰京につき、本社の状況を聴取す。

安平工場能率の上らざるは原料苦汁の生産上らざる為なる模様だ。正午、倶楽部に翼賛議員の選挙問題で代議士連来て居った。桜内等と話したが四月の選挙は大問題だ。

午後四時帰宅。

大東亜戦争完遂、翼賛選挙貫徹、翼賛政治体制確立を目指して阿部大将を委員長とする翼賛政治体制協議会と云ふものが造られたが、之が将来政党結成の予定だそをだが、之で議員を推薦するのは変なものだ。政府党と反対党を生じて一億一心の翼賛体制には凡そ反対の結果を生ずるのではないかとの虞がある。

二月二十四日（火）　雪

昨日は暖気だったが、昨夜来雨で追々暖くなると思って居ったら霙となり、後遂に雪となった。一寸出社したが倉石は父君病篤しとて昨夜信州の郷里に帰れる由、見舞の電報は取扱はぬので見舞状出す。正午倶楽部。

食後、ニュース映画観賞会、新嘉坡陥落、ジャワ沖海戦が見物だ。理髪。

五時から茗渓会館で高田第五国民学校が紀元節に表彰された祝賀会、盛会だった。雪盛だ。九時帰宅。

福井静夫、明朝羽田より飛行機で出発につく。一寸行く積りだったがあまり雪盛でやめた。
＊洛東用水起工式の関係者、小西、奥野、山中〔友四郎〕、昨日来訪。餅を呉れたので、礼状を出して置く。

二月二十五日（水）　晴

一天晴れだ。午前高田第五校長訪問、少年団の談をなす。正午、倶楽部定例午餐会、小川東日記者の馬来従軍談を聴く。三時大井町の福井留守宅、桃子を訪問。五時半帰宅。

廣子が気管支で熱を出し、逗子より武子が来るやら、睦子は風邪で寝て居るやら大騒だ。

二月二十六日（木）　曇　寒

中央協力会議に於ける言論要約。

翼賛政治体制貫徹の選挙方針につき候補者推薦につきては、旧陣営人物並に職業政治家の割込を排除すと云ひ、推薦会の構成につき反時局的人物並に嘗て国民を誤らしめた指導者等を一切参加せしむべきでないと云ひ、翼賛政治体制確立の美名の下に政府御用党を作るが如きことは絶対に避くべきである。現協議会が官製的と見られている間は真個の国民運動は生れまい。以上の意見は悉く尤もだ。

終日在宅。廣子入院の相談もあったが、兎も角今一日自宅静養の事とした。

二月二十七日（金）　小雨

午前出社。

午後二時から青松寺で堀田鼎君の告別式挙行につき参列、未亡人に弔詞を述ぶ。小濱、村井、速水、後藤、平塚等来て居った。新橋駅迄徒歩帰宅。
廣子は相談の結果、小松病院に入院させる事とした由で、既に入院して居った。夜、喜久雄も心配して逗子から来た。

二月十八日（土）晴
暖気になった。快晴。十時出社。
正午から蔵前、両国公園、浅草公園、聖天に参拝。三時帰宅。
小松病院に立寄った。廣子未だ快方に向ふ迄に行かぬ。

三月一日（日）晴
終日在宅。
午後、小松病院に行く。
喜久雄、夜逗子に帰り去る。
廣子稍元気が出た。聡子も気管支の由。困った事だ。
帝国海軍部隊はジャワのスラバヤ沖及バタビヤ沖に於て二十七、八日、一日にかけて英米蘭の艦隊と海戦を交へて巡洋船五隻、駆逐艦六隻を撃沈。巡洋艦二隻を大破、其他に大打撃を与へて連合軍の太平洋艦隊を殆んど全滅せしめた。艦隊戦は開戦以来之が始めてだ。

三月二日（月）曇
午前、久し振りで森岡氏訪問。
神宮外苑を逍遥して青山より電車にて日比谷、倶楽部にて午餐。
小松病院に立寄り帰宅。廣子、感冒追々軽快。食慾なし。

忠昭、幾何試験稍可。

一日、陸海共同作戦にて、新鋭陸軍部隊はジャワの東、中、西、三部に上陸してジャワ、バンドン、スラバヤ向て進撃を開始した。

三月三日（火）曇
午前十時出社。正午、学士会にて午餐。三時、小松病院に立寄り帰宅。廣子食欲無し。妻の希望にて新宿高野屋に行き、フルーツポンチを求め帰り与ふ。
夜、会社久保崎より電話にて、倉石より電報あり、本日四時五十分父君死去の由。南澤に電話して明日出社、打合すこととす。

忠昭、代数試験可。

西南太平洋連合軍司令官ウェーベルは免ぜられて印度軍司令官となった。英国の狡猾なる策は連合国の批難の的となる。

三月四日（水）　晴

午前九時出社。南澤支配人と打合せて、南澤君今日倉石君の郷里実家に弔問に行かせる事とする。会社より香奠三百円、余個人二十円包みて悔状と共に南澤に託す。

高桑技師と話す。同氏談、安平工場は試験工場の積りで、将来高雄に本工場を建る計画だ。安平工場につきては生産量は未定の由、三百六十廸と予定の由。財政の計画なくして工場の計画のみなす。例に依て中野式だ。

午後三時帰宅。

忠昭、今日は漢文、歴史の試験可なりの成績の由。喜ばし。

＊林少将、比島派遣軍副参謀長なり。挨拶状を呉る。返事認む。

三月五日（木）　雨

午前、空襲警報出ず。

南鳥島に米機空襲あり、バラックを撃破、八名の死傷者を出す。東部海上に所属不明の飛行機を見て空襲警報を発せる由なり。

三月六日（金）　曇

午前出社。倶楽部午餐。

午後四時半帰宅。

午後三時、大本営海軍部発表。十二月八日、布哇真珠湾襲撃の海軍特別攻撃隊、即ち特殊潜航艇の真想〔相〕を発表され、岩佐〔直治〕海軍大尉以下九士の戦功を発表さる。全く一死報国軍神の勲なり。

三月七日（土）　雨

午前出社。倉石は九日帰任の予定の由。倶楽部午餐。午後四時帰宅。

ジャワ攻撃軍はバタビヤを攻略す。

三月八日（日）　晴

久し振り快晴。気持よし。終日在宅。

今日は海軍日だ。福島少佐、岩村海軍中将、服部海軍大尉、相次で来訪。

室伏〔高信〕の日本予言読む。

廣子、聡子、病気殆んど癒ゆ。

三月九日（月）　雨

午前十時半出社。

倶楽部午餐。午後二時、東電池袋支店に立寄り、タンクのモーター修理の交渉、五時店員同伴帰宅。

倉石は今日午後四時帰京の予定の由。

三月十日（火）　小雨、曇後霽

蘭印は九日午後三時、無条件降伏せり。

蘭印軍九万三千、米英濠軍五千なり。

蘭印方面軍最高指揮官は今村均中将なり。又ビルマ方面に於ては八日蘭貢を陥落せり。ビルマ方面軍指揮官は飯田〔祥二郎〕中将なり。

今朝、次郎、あやに爆電を落す。

十時出社。倉石と事務打合す。

倶楽部午餐。

午後二時半、岩村中将訪問。叙勲旭一の祝辞なり。

陸軍記念日につき、靖国神社参拝。

五時帰宅。

廣子、聡子、今日退院。

午後から霽れ、温気加わる。
＊英米の誇示したＡＢＣＤ陣は茲に悉く紛砕したのである。
大東亜建設は今日より始まるのである。今日の好き陸軍記念日よ。

三月十一日（水）　晴

午前十時出社。倉石と事務打合す。倶楽部に行く。神田正雄氏の日支状況談あり。支那攻略地方の実状談、大に参考となる。

五時帰宅。

三月十二日（木）　晴

今日は戦勝第二回祝賀日だ。

ジャワ、即ち蘭印の無条件降伏と、蘭貢攻略の機会に此挙があった。市内は祝勝行列で大賑かだ。

午後三時帰宅。

菅沼夫人、武子来訪。睦子結婚の件につき媒酌人の件、挙式期日の件等打合せあり。媒酌人に菅沼氏を依頼すとの服部の希望を伝へ、夫人は健康の理由にて固辞さる。

兎も角其旨服部に伝へる事とせる模様だ。

三月十三日（金）　曇後晴

暖かくなったが午後から風が出る。

武子の一行は今日逗子に帰った。子供の入院で計二百五十円を費したやうだ。貧棒《〔乏〕》世帯に一難事だらう。

同情する。

午前出社。倉石同伴、午後一時、台拓に加藤社長訪問。午後三時帰宅。帰途、小石川の同文館で妻の為、園芸必携を求む。次郎の為、大詔解釈を、余は沼田〔多稼蔵〕の日露陸戦新史を求む。

計二円三十五銭。

三月十四日（土）　曇後雨

俄かに暖気が加わった。午前十時出社。

正午退社。学士会に午餐。神田書店街散歩、ウエルネル、ローエの独逸はアジアを斯く見る（一円八十銭）を求め帰宅。菜園の手入れ。夕方より春雨。

妻は岡山筒井より魚類が来たとて晩餐に大喜びだ。何となく余は寂しい感がした。涙が出そをだ。

睦子、逗子より帰宅。一人何んだかことことと嫁入仕度をやっている。之も何んだか寂しい、只何となく睦子の眼が此頃冷たいのはいやだ。

三月十五日（日）　雨

終日雨だ。在宅。

夜、服部来訪。葉山菊池氏の別荘に居宅を決定した由、報告あり。菊池氏は六郎君の兄正策氏の夫人の実家なり。亡父君はオリエンタル写真会社長なりし人、当主兄君は東大教授だ。式の期日は水交社で四月二日、午後三時、披露宴は午後六時。

三月十六日（月）　曇

午前十時半出社。倶楽部午餐。

午後四時帰宅。

妻に園芸書求む。

三月十七日（火）　晴

午前出社。午後、豊島区役所経済課に立寄り帰宅。老妻牛乳の件だ。

三月十八日（水）　晴

午前、女中あや同伴、豊島区役所に行く。老妻牛乳の件だ。十時半出社。正午、三井銀行本店に行って、睦子結婚費用預金残二千五百円引出す。三時帰宅。下水掃除、庭園手入れをやる。

余も老いたりの感あり。自ら省みて憐れむ。

予て希望せし小泉八雲の神国日本、第一書房で求む、全集の一冊だ。三円五十銭。

三月十九日（木）　晴

午前十時半出社。倉石と事務打合す。監査役推薦者與田中将は帰郷中、二十日頃帰京の由。興銀は第二回貸出しの内約を得たる由。倶楽部に午餐。午後五時半より京橋中央亭で丁未会、十名出席盛会。

忠昭、及落を心配して居ったが、学校より落第の者には予報今日迄にある筈、未だ来ぬので及第だと喜んで居る。明日卒業式予行演習旁々出校、主任より注意ある筈。

三月二十日（金）　晴

午前在宅。正午倶楽部、ニュース映画の写映会あり。午後三時帰宅。

今日は喜ばしき日だ。忠昭、三年に進級、五十円を賞与す。主任の相原教授を訪問したが不在。

午後七時より高田第五の後援会評議員会に出席。

朝、睦子の結婚道具類荷造りして運送店に託す。十八個だ。之又喜ばしい。老来子女の成育と其結実のみが楽しみだ。老妻も之でやっと一安心と云ふところだ。

三月二十一日（土）　晴

午前在宅。忠昭の成績通知書が学校から届けられた。平均点五十九点、国、数、英語が何丁だ。よく及第させたものだと思ふ。本人の非常なる覚悟と将来の努力を鞭撻して置た。

午後、大井町の福井、品川の木村を訪問。木村は不在だった。何れも来月二日の結婚式出席の案内だ。五反田の後藤多喜蔵を訪問。之は今回赤十字をやめて神戸助役に就任につき挨拶だ。主人不在、夫人と相会して帰る。愉快な夫人だ。六時帰宅。

忠昭、書物を古本屋に売た事件で戒む。

三月二十二日（日）　晴

約により午前十時、岩村清一君訪問。

結婚式に出席を依頼す。十一時林訪問、同用なり。午後、山本先生訪問。風邪にて引籠中の由で会わないで帰宅。

夕方、睦子、次郎、逗子より帰宅。賑かとなった。

庭園の梅花老いて、ボケ、海棠、其他の樹木の芽が追々とふくれて来た。桜の開花待遠い。

三月二十三日（月）　晴

午前十時出社。倉石と余、明日より旅行につき事務打合す。

倶楽部に午餐、午後三時帰宅。

三月二十四日（火）　晴

午前九時の特急燕にて西下。尾崎秀実の東亜民族結合と外国勢力、松田甚次郎、野に起てを読む。寝気を催し窓外の春色を見る。午後四時京都着、四条矢尾政にて夕食。電車及バスを利用し、七時半醍醐に帰る。

精二君は淀に転任、帰り居る。家計状況を聴く。不整理なり。

三月二十五日（水）　晴

朝、墓参。後、長尾天満宮参拝。帰途、大渓博明君訪問。同氏は醍醐の歴史研究家につき余の家の由緒につき何等か聞かんとした。獲物としては足利五代将軍時代に大津屋次郎なる者、赤松某を六地蔵にてあだ打を為し、打ち殺せる事ありとの他、獲物なし。

午後、奥村姉来る。

小西重太郎、山中某、等、洛東水利組合の件にて来訪。

三月二十六日（木）　晴後雨

余の生母の祥月命日につき、姉同伴墓参。後、余単身京都駅に至り特急券を求む。漸く購入するを得たるも容易の事でない。

旅行はいやだ。
午後洛中の春色を賞しつつ東山永観堂に柴田默佳師訪問。伏見を経て午後六時半帰宅。雨降り来る。春雨だ。

三月二十七日(金)
午前中、倉庫の所蔵品調査。
午後、左右田忠太郎氏訪問。

三月二十八日(土)　晴
午前中、倉庫調査。
午後、中村止次郎訪問。近来胃病にて弱り居る由につき、見舞ってやったのだ。氏は胃ガンならんと心配して居ったので、医師の診察を受る事を中〔忠〕告して、五円見舞金を与へ置く。後、勝口の大池を視察して帰る。
家計より千五百円を受取る。

三月二十九日(日)　雨
午前十一時、宅を出て精二君の見送りを受け同伴、内海家中興の祖七代目当主の像、土産の竹の子等持ちバスにて山科駅に至り、汽車にて京都駅に至る。奥村姉も来る、送り呉る。午後一時半、燕に乗る。列車窓外は春雨だ。後藤新平著日本膨張論を読みつつ午後九時東京駅着、十時帰宅。
家族健在、武子来り居る。睦子結婚の準備の為だ。

三月三十日(月)　晴
睦子結婚につき何呉れと多忙だ。
天候、冷気を覚え、桜花も一寸一頓挫だ。午後、安田銀行神楽坂支店より預金全部二千四百九十円、即ち残金全部を払戻しを受け、今回醍醐より持帰れる千五百円を加へて三千九百円を三和の呉服橋支店に預け入る。九十円は余の小遣として残す。

三月三十一日(火)　晴
午前十一時、海軍省に菅沼少佐訪問、不在。航空本部に塚田〔英夫〕大佐訪問。
今回睦子の結婚媒酌人を依頼せる為、挨拶の為だ。初対面なり。円満の人物なり。倶楽部に午餐、午後三時帰宅。

四月一日(水)　晴
午前十時出社。倉石は欠勤。
学士会にて午餐、姓氏の研究、家紋の研究を求む(三円)。二時帰宅。
睦子の結婚式、明日挙行につき準備に多忙なり。妻は血圧高昇(一二〇〇)につき安藤医師に注射を受け治療。

四月二日(木)　晴
睦子、晴れの結婚式の日だ。午前中準備成り、午後一時、睦子、菅沼少佐夫人同伴、武子、慶子の一行と二台の自動車にて出発。

出発に際して祖先の像と仏壇に礼拝せしむ。午後二時、余と喜久雄、忠昭、次郎同車、水交社着、服部家は叔父服部正之、兄正策、姉本間夫人、其他。此方、林親子、木村、福井等の一家来会。午後三時挙式、午後六時半披露宴。宴には以上の外、服部側の来賓、中村〔止〕機関少将、小野〔清一郎〕東大教授、服部の同期造兵官等多し。媒酌人は塚田大佐〔航本、技術部第一課長〕なり。午後八時半、滞りなく終了。十時帰宅。新夫婦は新婚旅行として横浜―箱根に行く。

四月三日（金）　晴

薄曇りだが良い祭日だ。暖気加わる。

午前六時半、福島良雄再応召、麻布第一連隊〔東部第六十二部隊〕に入営につき、大崎、福島邸訪問。喜久雄昨夜より泊り居る。目黒迄見送り、七時半帰宅。午前在宅。福井夫人来訪。桃子、正夫、義夫同伴、帰り去る。

午後三時、武子同伴、菅沼邸に御礼の挨拶に行く。五時帰宅。桜は満開。

庭園の桜八重の一本は枯死、一本は蕾ふくらむ。

次郎、友人門倉と逗子海岸に博物標本採集に行き、五時帰宅。
　＊西澤基一君より来信。比律賓の林少将の所に活動し居る模様。高原君も同所に居る模様だ。

四月四日（土）　晴

午前十時出社。倉石も出社、事務打合す。

午後二時帰宅。

武子達、今朝帰逗、あや同伴なり。家の内俄に静かになる。寧ろ寂莫なり。

夕刻、服部、睦子来訪。新婚旅行に横浜ニューグランドホテル及箱根強羅ホテルに一泊、今朝帰京。福井に立寄り来訪せるなり。一泊。

福井静夫より第一便ありし由、遠山〔安己〕中佐昭南港より帰京、情況を家族に齎せるなり。福井一家一安心なり。

四月五日（日）　晴

次郎同伴、鎌倉の塚田大佐訪問。睦子の媒酌人の礼なり。主人不在、夫人午後零時半帰宅せらる。挨拶して辞去、葉山堀内に服部新居を訪ふ。菊池別荘なり。木造洋館だ。本間夫人、武子手伝ひに来り居る。服部夫婦は午後四時帰着。

五時辞去。徒歩、逗子桜山に立寄り、午後九時帰宅。

四月六日（月）　雨

夜半の雨に桜花地に依す。稍冷気を覚ゆ。午前十時半、会社に福井氏訪問。志賀氏に対する礼物を託し出社。倉石、庄山、依田〔袈裟太〕に会ふ。

丸の内ホテルに午餐。午後三時帰宅。

四月七日（火）　晴

晴なれ共、稍冷気を覚ゆ。十時出社。

倉石、庄山、高桑等と帝国ホテルに午餐。倶楽部に立寄り、四時帰宅。

七時より福井邸訪問、睦子結婚につき斡旋の礼物を贈り挨拶の為だ。

桃子の許に立寄り、十時半帰宅。

昭和〔南カ〕軍港静夫の許より遠山氏委託の手紙を貰ひし由にて消息分明となる。一同安心だ。

四月八日（水）　晴

春風駘蕩の日だ。午前中在宅。

午後、倶楽部定例午餐会に出る。

ソ連の近況の講演だ。午後五時帰宅。忠昭、学校の帰途、学用品入れ鞄を電車内に遺失して帰る。困った奴だ。妻血圧百九十、症状悪し。占部訓導家庭連絡に来訪。

帝国海軍は印度の錫倫島コロンボ及印度大陸方面に対し、五日以来空海より襲撃開始、継続中。既に英艦船数十艘を撃沈せる模様だ。

印度独立問題に拍車をかけるならん。

四月九日（木）　晴

午前九時、千駄ヶ谷訪問。刑事問題、共産党問題、翼賛選挙問題等を論ず。翼協〔ママ〕選挙は委員会の推薦の顔振れにて内閣の鼎の軽重を問ふと云って置いた。神田で忠昭の為、国語七の巻を求め、学士会で午餐。

午後出社。倉石と明日総会につき打〔合〕す。五時帰宅。

四月十日（金）　曇小雨

春雨だ。九時半出社。十時より丸の内ホテルにて総〔臨カ〕時総会。倉石、余の外、加藤台拓、依田主計大佐列席、大和田氏後に来る。定款一部改正、代表取締役の件、及東京支店の件決議。監査役の依田主計大佐、取締役に柳悦耳、出澤鬼久太選任の件、可決。

倉石、依田と三人、丸の〔内〕ホテルに午餐。

午後、総督府出張所に長谷川総督を訪問。功一級昇叙の祝辞及台湾統治論、大東亜問題を論ず。要するに大東亜建設にて華僑問題が重要なり。

漢民族統治に多年の経験を有する台湾を大に利用すべしと論じ置く。

夜、峰龍にて依田の歓迎重役宴。

四月十一日（土）　晴

午前十時出社。依田と丸の内ホテルに午餐。三時帰宅。

印度方面に活躍中の海軍部隊は五日以来錫倫島のコロンボ、ツリンコマリーの軍港方面にて海空軍の奮闘により英航空母艦一、巡洋艦三、他二艘を撃沈。船舶、飛行機百廿を屠る。

比島方面にては、陸軍はバタン半島の総攻撃、コレヒドール島の徹底的攻撃開始す。

英印交渉は決裂せり。即会議派は英の妥協案を拒絶せり。

＊英印交渉遂に決裂、新方式の提案を蹴って会議打ち切りを通告。

四月十二日（日）　曇

曇、強風強し。午前在宅。

午後、忠昭の主任上野教授訪問。

次で学校に塚本教授訪問。忠昭の勉強鞭撻方指導につき依頼す。

占部訓導の紹介により、長崎第四の加藤銀郎氏に週二回宛、次郎の指導を依頼す。只野君と二人にて、只野君の宅にてやることとなる。

四月十三日（月）　晴

十時出社。依田と丸ビル精養軒に午餐。神田、富山房、及九段鶴屋に立寄りて、忠昭の幾何教科書購入につき交渉。靖国神社に参拝。市ヶ谷より省線にて帰宅。

桃子、正夫、義夫同伴、来訪。大井町の本宅の増築成立につき、家庭併合作業中、両二日滞在の予定なり。昭南軍港静夫君より始めて来信。

四月十四日（火）　晴

十時出社。丸の内ホテルに午餐。

午後、倉石、依田、南澤等と事務打合会を催す。決議、

一、各工場の予算中、建設工事費を更めて工場長に令達し、運転資金に属するものは専務にて握ること。

一、債権者の重なる者を集めて償還の方法を協議すること。

倉石君の尊父の本葬を十七日に信州の本宅にて執行の事となり、余は南澤支配人同伴、会社を代表して列席の為、明十六日より行く事に決す。

午後五時帰宅。

四月十五日（水）　曇

午前十時出社。南澤支配人と事務打合せ、明日午前十時四十五分列車にて信州に出発することとす。正午去りて渋谷の二葉亭にて午餐、旧知の洋食なり。午後野沢町に石垣倉治氏邸に遺族に弔問す。今夜遺骨を奉じて長野市より帰る由につき、留守者に挨拶して辞去。世田谷の松蔭神社、豪徳寺を経て郊外に春色を賞す。菜種花盛り、麦伸て青く、雑林も松樹の芽萌へて佳景なり。

小田急を利用、五時帰宅。
忠昭は十七日記念日に学校にて高麗村の展覧会を為す準備にて、十時帰宅。目的事業は良〔置カ〕けれ共、忠昭目下の急務は学力補及〔ママ〕、及落線を突破に重点を要くの要あり。注意を要す。

四月十六日（木）　曇、小雨
倉石の故父君本葬に会社を代表して列席する為に、信州稲荷山町に行くこととした。午前十時四十五分上野発列車で南澤支配人と落合ひ出発、尾関顧問弁護士も私用を兼ねて同行。同氏は政界に趣味あり、嘗て森恪の鞄持をなせしとて愉快な人物だ。快談の内に高崎を過ぎ碓〔氷〕井峠を越て信州路に入り、小諸、上田を過て、午後四時半、戸倉に着。戸倉の温泉旅館円山荘に入る。倉石来る。信武会理事斎藤〔義次〕陸軍少将も来会、晩餐を共にし快談に夜を過す。温泉は硫黄泉で清澄だが、寂しい山間の町だ。千曲川に近い四方は山嶽で囲まれ、信州特有の景観だ。

四月十七日（金）　晴
空は晴れたが風強く寒い。正午、一行は自動車で約十キロの稲荷山町に至り、倉石家の菩提寺院長雲寺に至る。午後一時半より告別及葬儀あり。午後三時半終了、一応倉石邸に小憩。自動車にて円山荘に至り、更に午後五時四十分発の列車にて単身帰京の途につく。南澤は駅迄見送り呉る。車中の寒気には閉口だ。尾崎秀実の支那論を読みつつ、午後十二時赤羽着、池袋行省線に乗換へ、更に山手線で午前零時帰宅。

四月十八日（土）　晴
正午過頃、飛行機の爆音に交って高射砲が聞へ、続いて空襲警報のサイレンが鳴る。二階より見ると南西方に飛行機一機、高射砲が盛に鳴って硝煙が空に綿を千切った如く見ゆる。何んだか空襲を受たと云ふ実感がピッタリ来ない。一時ラジヲで大本営発表の情報、敵機の空襲を受けたるも、九機撃墜、皇室は御安泰、爆弾、熱〔焼〕夷弾を投下せるも被害軽微との事であった。然るに可驚大井町の福井邸に焼夷弾落花〔下〕、漸く消し止めたりとの電話あり。午後四時、空襲警報解除を待て福井邸を見舞ふ。客座敷に焼夷弾落下せるも、福井夫人と女中の二人にて之を消し止めた由、大騒だった。近傍数軒にも落下せる由。午後八時辞去、夜中一時にも更に空襲警報があった。

発信　西澤基一

四月十九日（日）　晴
快晴。晩春の好日だが、敵機の空襲には閉口だ。追々昨日〔の〕空襲が明かとなった。京浜地方、名古屋、大阪地方を襲った。京浜地方では東京の東郊某町、西郊早稲田、南郊大井町、川崎市、横浜埠頭に爆弾、焼夷弾を落した。敵機は米機ロックヒード、其基地は不明、航母艦ならん。被害は未発表にて不明なるも相当あるらし。我方の飛行機の立上りは少々後れたやうだ。

防空監視の手遅れか。思ふに敵は我邦のスキを覗ったものと思わる。南方作戦大成功の一段落と選挙さわぎに稍々人心のチカン《〔弛緩カ〕》せる感あり。此スキに乗ぜるものなるやも不知。
＊午後一時、又々空襲警報があって、四時解除。
　昨晩は余、大井町より帰来、八時半、直に隣組の臨時集合を求めて大井町の空襲防火の経験談をなした。

四月二十日（月）　雨

午前十時出社。正午日本倶楽部。四時帰宅。

空襲警報は解除だ。

六時より錦水、紫明会に出席。

九時帰宅。

四月二十一日（火）　晴

午前十時出社。正午日本倶楽部。

午後四時帰宅。

米機空襲の状況は秘密に付されあるも追々知れる。尾久方面（旭電化もやられたらしい）、西大久保、早稲田方面、品川大井町方面、川崎町（日本鋼管もやられたらしい）、横浜（埠頭）等、爆弾、焼夷弾の被害があった。遠き海上から航母より飛出し、航母は急速にて逃走、海軍航空隊が探さく《〔索〕》したが見付からず。敵機は一大体《〔隊カ〕》九機にて日本各地を空襲の後、日本海を渡り朝鮮を経て支那方面に遁走せり。慥かに我国は虚をつかれたのだ。

四月二十二日（水）　晴

午前十時出社。

正午、倉石、依田、余及斎藤少将と帝国ホテルにて午餐。

午後、依田と二人にて会社の経理事務につき聴取。

四時半、約により高田第五《〔ママ〕》の校長訪問。第六年の父兄代表六名参集、卒業生の謝恩金召集の件打合す。六時帰宅。

四月二十三日（木）　晴

午前十時出社。正午、香蘭社支店（木挽町）にて睦子内祝、森岡及黒川に贈る品を求め送付の手続を為す。午後三時帰宅。

桃子の一行、大井町福井に帰った。

福井近傍に落下の爆弾、地中深く沈下せるもの発掘作業中、漸く堀出せり。二百五十キロありし由、太さ郵便ポストの如しと。

四月二十四日（金）　晴

午前九時半、武校に西岡主事訪問。今回余が三年B組の父兄会委員長に指名されたにつき打合せの為だ。山本校長不在につき面会出来ず。帰途相原教授訪問、忠昭身上につき連絡す。

午後二時より高田第五の父兄会。六年級の父兄会だ。校長より約一時間半、後占部訓導より約一時間談あり。五時帰宅。

春期清潔、今日で終了。小宮植木屋も今日ですむ。

四月二十五日（土）　晴

感冒の気味で終日在宅。

晩春の気持よき日だ。終日の休養で気分も大分良くなった。

忠昭、昨日より葉山行、今夕帰宅。

次郎、今日葉山行。

昨日相原氏と会見の結果を忠昭と話し合ったが、相原氏にも稍々エ姑《〔依怙〕》ひいきの点あるやうに思われた。人の師たる又難い哉だ。

今日は靖国神社臨時大祭の日で休みだ。

四月二十六日（日）　曇小雨

午前、山本良吉先生訪問。

午後在宅。

四月二十七日（月）　曇

午前十時出社。午後五時帰宅。

四月二十八日（火）　曇、小雨

午前十時出社。

倉石、依田、今夜出発、台湾に行く。予は留守番だ。

四月二十九日（水）　曇

終日在宅。

午後四時、服部夫婦来る。一泊。

四月三十日（木）　晴

終日在宅。

午前吉田夫婦来訪。一人息子を南寧にて戦死させて今回靖国神社に合祀されし為、遺族として上京せるなり。

午後二時、高田第五国民学校に開設の投票所に衆議院議員選挙の一票を投ず。

三時服部夫婦帰り去る。

五月一日（金）　曇

午前出社して見たが、感冒気味で気持悪し。日本倶楽部で午餐、今日は翼賛選挙の開票日で続々各地方の開票の結果の報至る。

矢張り推薦候補の得票が圧倒的だ。午後四時帰宅。

五月二日（土）　小雨

感冒の気味で終日在宅。

ビルマ方面軍はマンダレーを攻略、ビルマ行路を完全に断じ、更に北に進む。

五月三日（日）　曇

感冒の気味で終日在宅。

忠昭、今日は午後塚本教授より招致されて自宅に行ったが、色々訓話を聴て感激して帰った。涙を流して居ったが、俄に寄宿舎に入舎したいと云ひ出した。塚本先生より勧誘されたのではないが、生活状況を一変して緊張して勉強に専念したいと思ふ。云ふのである。我侭の癖の付た彼として寄宿舎生活は良いと思ふ。夫れで自発的に之を申出た事は非常に悦ばしいと思ふ。由来強制的では訓育の功果は薄いものだ。忠昭が近来自発的に勉強に努力するやうになり、其結果は直に現れて昨日も英語の答案にgoodの評を貰って来た。之は曽てない事で大に悦しい。又今日寄宿舎入舎の上、自ら規律的生活に入りたいと思うのも非常に良いと思ふ。妻と協議する為、又本人に熟慮の時間を与ふる為、余の決定的返事は明日に延した（五月三日）。

＊福井芳輔氏来訪、過般空襲被害見舞に行った礼だ。

次郎の為、床に神武天皇、甲兜、金太郎、大砲等を飾った。

五月四日（月）　曇

四日、妻も賛成なので、今日武校の主任舎監塚本氏訪問する積りで電話したが、不在だったので明日の事にした。

今日、又警戒警報が出る。

＊数日来曇り天候でさわやかな五月の天を見ず。不愉快だ。

五月五日（火）　曇

薄曇り。午前在宅。

午後、武校に山本校長を、同慎独寮に塚本、相原両教授訪問。忠昭入寮の件を相談す。承認せらる。早速入寮願書提出。帰途、上野組主任教授を訪問して帰宅。

翼賛選挙は四日の岡山県第三区の開票によって終了。推薦三八一対自由八五にて大成功に終る。新選一九九、再二四七、元二〇。

五月六日（水）　曇

感冒の気味去らず。終日在宅。

午後、殖田俊吉夫婦来訪。睦子結婚の祝の為だ。

五月七日（木）　小雨

十時出社。

十一時、有恒興業に福井老訪問。忠昭入舎保証書に印を貰ふ。

正午、倶楽部。四時帰宅。

比島方面軍は、五日夜コレヒドールの敵前上陸に成功して、七日完全に之を占領せり。

五月八日（金）　小雨

十時出社。正午倶楽部。

四時帰宅。

五月九日（土）　曇

午前十時出社。倶楽部に午餐。

午後漸く天晴れた。三時帰宅。

菜園作業をやった。品川兄来訪。


珊瑚海海戦続報として更に巡洋艦一隻に電撃機体当りにて大破、駆逐艦一隻撃沈す。敵機八十九機撃墜、我方未だ還らざるもの三十一機。
七、八両日の珊瑚海海戦にて米戦艦一、米航母二、を撃沈。英戦艦一、英巡洋艦大破の戦果を挙げた。
敵機八十九機を撃墜せるも、尚航母二艘を撃沈せる為、敵飛行機百数十機も帰還不能となり、海底の藻屑となれり。

我方航母一（送油艦改造）を失ふ。

五月十日（日）　晴

漸く快晴。五月の天となった。午前在宅。

午後二時、忠昭同伴、武校慎独寮〔ママ〕に行って入寮させた。当直舎監村上氏及相原氏と色々話し会った。経費として兎も角金百円を預けた。午後三時半帰宅。五時より末広本店で二中鳥羽会役員会に出席、同窓川島〔正〕主計大佐の話は非常に有益であった。軍食糧問題を十数研究して農学博士の学位を取った人だ。今は陸軍航空技術研究所で航空食糧の研究をやってゐる。

五月十一日（月）　曇

いやな日だ。慶子、逗子、葉山に行く。終日在宅。慶子が居らぬので女中を使ひに出すと妻独り留守だ。之では困ると思って午前在宅。其侭ずるずると在宅。

五月十二日（火）　晴

午前十時出社。菊池浩が来たので丸の内ホテルに午餐を共にす。右者前社員で今は北支の石炭統制公社に入って北京在住だ。

午後四時帰宅。

大井町からゆすり梅の樹を送って来たので妻が植木屋を呼で植させた。相当の大木（ゆすり梅としては）だ。次郎、今日は遠足だが休ませる。

五月十三日（水）　晴

午前十時出社。

正午、倶楽部定例午餐会。

茂森氏のソ連邦に関する講演があった。五時帰宅。庭園の石を移して手入れをした。慶子があやめを買って来たので池畔に植た。

夜雨、大雷が二度あった。空爆のやうな音がした。

次郎、今日一日休ませる。


慶子帰宅。

五月十四日（木）　晴

朝小雨だったが、間もなく晴れて快晴。

青葉若葉の五月の空となった。

午前、千駄ヶ谷訪問。学士会で午餐。日米外交白書（一円七十銭）を求む。午後出社。五時帰宅。

五月十五日（金）　雨

午前十時出社。午後四時帰宅。

五月十六日（土）　晴

午前十時、千駄ヶ谷の二荒伯邸の隣地に健士会事務所新築棟上式につき列席。正午帰宅。午後、再度千駄ヶ谷に肥料酌〔杓カ〕の古物五十銭にて求む。

忠昭、今日は遠足の由にて、明日帰宅の旨電話あり。

服部夫婦来訪一泊。

五月十七日（日）　曇

終日在宅。

忠昭、午後一時半帰り去る。寄宿舎生活にも追々練れ来れる模様にて安心なり。

五月十八日（月）　曇

午前、戸越に服部正之氏訪問。同氏令嬢結婚式挙行につき祝品を贈る。倶楽部に午餐。

五時半より東五軒町よしのにて武校父兄会委員会に出席。十時帰宅。

五月十九日（火）　雨

午前十時出社。倶楽部に午餐。

夜、紫明会、川崎、金井、岸田、其他代議士当選の祝宴会なり。

富田愛次郎も新代議士として来会。午後九時半帰宅。

五月二十日（木）　雨

午前十時出社。正午倶楽部定例午餐会、落下傘部隊の講演。五時帰宅。

南澤、今日帰社。

五月二十一日（木）　晴

午前十時出社。南澤と事務打合す。

午後、三井信託貸金庫に立寄り、三菱に信託延期二年の申込を造る。

二時出社。四時より徒歩にて芝公園三緑亭に三高丁未会、小笠原代議士当選也。遠藤、黒崎、日下、其他来会、角岡〔知良〕来らず。
八時半、雨を冒して帰宅。

五月二十二日（金）　晴
午前十時出社。南澤と事務打合す。
正午倶楽部、時局映画写映の催あり見る。午後五時帰宅。
桃子、母堂、正夫、出迎にて一同帰り去る。

五月二十三日（土）　晴
終日在宅。
夜、徳川講堂でチブス予防注射。

五月二十四日（日）　曇
終日在宅。
午後六時から赤坂永楽で台日河村社長の招宴、小林、森岡、外、小林総督時代の連中来会、盛会だ。午後十時半帰宅。

五月二十五日（月）　晴
午前十時出社。
倶楽部で午餐。午後四時帰宅。

五月二十六日（火）　晴
午前十時出社。倉石、依田は昨夜台湾から安着した。
丸の内ホテルに午餐。
倉石、午後出社。
午後四時帰宅。

五月二十七日（水）　晴
午前十時出社。
午後、今日は海軍記念日につき東郷神社参拝。海軍館を見学して午後三時帰宅。腹工合が悪いので朝から絶食だ。

五月二十八日（木）　晴
午前十時出社。倉石、依田と三人事務打合せ。丸の内ホテルに午餐。午後五時帰宅。
倉石は事務的能力はゼロだ。

五月二十九日（金）　晴
午前、千駄ヶ谷訪問。松岡も来て居った。学士会で午餐。午後一時半出社。
五時帰宅。

五月三十日（土）　晴
九時半出社。十時より丸の内ホテルで南日本の第五回総会、倉石、依田、武と余の四人だ。午餐を共にす。午後三時帰宅。忠昭一時帰宅したが、今夜論闘会があるとて四時帰って行った。夕方慶子逗子から魚を土産に帰った。今日は福島の故尊父及弟たかし君の法事で慶子が行ったのだ。

五月三十一日（日）　曇

午前、殖田君を訪問したが不在だった。玄関で夫人に会って帰る。主人は大阪へ旅行したそをだ。令息本年一高入学の由、寄宿から帰宅して居った。殖田夫人も大得意だった。正午帰宅。忠昭も正午頃帰宅した。

午後一時半から高田第五の保護者会総会、来会者十数には驚いた。決算、予算、少年団後援会等の件を可決。五時帰宅。

六月一日（月）

午前十時出社。倶楽部で午餐。

五時帰宅。

六月二日（火）

午前十時出社。

倶楽部で午餐。五時帰宅。

六月三日（水）　晴

午前十時出社。

午後倶楽部、南方海戦談があった。

五時帰宅。

六月四日（木）　晴

午前十時出社。倶楽部で午餐。

啓発録謄写を了す。

六月五日（金）　晴

午前十時出社。正午倶楽部。

午後五時帰宅。

六月六日（土）　曇

午前十時出社。事務打合す。五百万円未払の計上はまずい。元来、強融資金にて肩換りの筈だ。其処置方につき打合す。正午倶楽部。

午後六時から蜂龍で須田企画部長招宴、倉石、依田と三人列席。十一時帰宅。

六月七日（日）　小雨

午前九時半から逗子行き、正午福島に行く。睦子は今朝目白に行った由、喜久雄は不相変多忙なやうだ。

帰宅は九時頃の由、今日も当直で不在だ。廣子元気恢復。

三時辞去して帰宅。

六月八日（月）　晴

午前九時半出社。倉石と事務打合す。

正午、倶楽部午餐。午後五時帰宅。

桃子、正夫、義夫同伴、来て居る。

六月九日（火）　小雨

午前九時半出社。倉石は信州行で不在だ。依田は南澤と航空本部に行った。

正午後倶楽部で午餐。四時帰宅。

睦子は今日帰り去った。

岩村榮次郎氏夫人来訪中、同氏の養嗣子豊氏の息良一来宅。高輪国民学校卒業につき武蔵高等入学の希望の由にて山本校長に紹介を依頼せらる。紹介状を書た。平賀三郎は胃癌の由、同情に堪えない。

六月十日（水）　快晴

午前出社。倉石欠勤。

午後、目黒から自由ヶ丘方面散歩。初夏の快晴の空、郊外の景佳なり。藤山未亡人の宅を訪問せんと思ったが分からなかった。小学校女教員の親切な人に道を教わって府立高校停留場から東横電車で帰宅。

六月十一日（木）　曇

午前九時半出社。正午倶楽部。

三時帰宅。

大本営海軍部発表。

帝国海軍は四、五、六、七日に於てミッドウェーを空爆、同沖にて米航母二隻、巡洋艦一隻を撃沈、我方航母一隻踪失、一隻大破。

同時にアルーシャン群島を攻略、陸軍部隊と協同作戦にて、今尚交戦中。

弥々北をやった。之で米国の日本空襲の計画は全然破れた。

今日武子が来て居った。

六月十二日（金）　曇

午前十時出社。正午倶楽部。

午後四時帰宅。

今日重役会議を開いて工場建設費予算案興銀に提出せしものの修正案を議す。大体に於て倉石専務の仕事は行き当りバッタリ、チャランポランで困ったものだ。一応原案を賛成して置いた。

南澤支配人も困ってゐるやうだ。

六月十三日（土）　晴

午前十時出社。

南澤支配人から会社工場建設予算の修正案の説明を聞たが不徹

の点が多いやうだ。

正午倶楽部。午後日本橋方面を経て帰宅。

六月十四日（日）　雨

梅雨の節に入った。朝来雨、終日在宅。午後、林姉来訪。次で服部夫婦来る。自転車を買ひに来たのだ。

余は近世日本経済史を読む。

忠昭は昨日一寸帰宅したが、学期試験の由で直ぐ帰って、今日来なかった。

忠昭に余の手写の啓発録を送る。

六月十五日（月）　晴

［午前ショベルを買ひに池袋方面に行ったが無いので更に電車で牛込に行って、神楽坂から南町の辺を通って納戸町の金物屋で一挺求めて買った。南町の辺は何となくなつかしい。野口も金が出来たか、家屋の新築をやって居った。］

午前、高田第五で開始された市会議員の投票をやる。家屋税の令書が来たが、余の名義になってゐるので豊島区役所及板橋税務署に聴きに立寄る。本年から国税となったので、税務署で新に台帳を作成したので、誤りて記載されたのだ。名義変更願を出せとの事だ。

学士会で午餐。午後出社、五時帰宅。

六月十六日（火）　晴

午前九時半出社。午後更に豊島区役所に行った。係員が居らぬので一応区役所の台帳を閲覧して坪数や何やら謄写し、課長と意見を交換する。

税務署が間違って台帳を造って変更願は変なものだ。訂正願が本当ではないか等と云ったが、結局仕方がない。区役所に在る台帳を其侭謄写すれば良いのだが、税務署が独自の立場で台帳を作成すると云ふも官界のセクショナリズムは余計な手数じゃないかとも考えらるる。

六月十七日（水）　晴

午前九時半出社。

正午、台湾倶楽部月例会、今日は台湾始政記念日の祝賀だ。

外務省の斎藤書記官のソ連の講演を聴く。後に個人的に仏蘭西の動行〔ママ〕等につき意見を交換した。

十八日、豊島区役所で名義変更願を出した。係員は頗る親切な男だ。窓口の吏員にも良い男が在る。好感が持てた。

六月十八日（木）　曇、雨

午前、豊島区役所行。

学士会にて午餐。

午後出社。

五時半より学士会にて丁未会、常連、高木健吉が珍らしく来た。

雨、小雨だ。遠藤と同行、新橋駅を経て帰宅。

六月十九日（金）　曇

午前九時半出社。

依田は福島方面に旅行中で、此両三日欠勤だ。

社長の人選があった。陸軍中将中島藤太郎氏、近く臨時総会を開いて決定の予定だ。

倶楽部で午餐。

午後五時半から錦水で紫明会、今日は原氏の交通学園理事長新任の招待で盛会だ。十時帰宅。

六月二十日（土）　曇

梅雨の節に入って頓と雨が無い。

午前九時半出社。午後一時半帰宅。午後は作業だ。予て計画中の庭園の模様変へだ。左手の山吹を北方に移植、薄桃色のボケを優勢にし、其後口に赤色のボケを移植す。之は庭の中心にあって面白くないからだ。椿と山茶花を後口に移し、庭園の中心に桜を応接室の前から移した。之を庭園の中心木とする。愉快だ。

忠昭帰宅。学期試験は歴史百点だと大得意だ。

六月二十一日（日）　曇

昨日の勤労でシャベルの柄を折た。

余も樫のシャベルの柄をへし折る力があるから未だ元気だ。然しシャベルが無いと不便だし、追々鉄製品は無くなると云ふので、妻がやかましく云ふから買ひに行った。池袋に行ったが無いので、更に牛込に行って神楽坂から納戸町に行って、漸く金物屋で一挺買って北町からバスで帰宅。

忠昭も後一時半帰り去る。入舎以来大人となったやうだ。

午後、家の周辺の掃除、手入れ。

六月二十二日（月）　曇

午前十時出社。

学士会にて午餐、午後三時帰宅。

庭園の桜、忠昭と練馬の桜台にて昨年春買来りしもの、本年春は芽を出さず枯死せりと思って其侭〔に〕して置いたら、昨今妻の注意に依りて見ると主幹の頂から芽を吹いて、追々芽が大きくなる。実に愉快だ。何んだか忠昭の前途を祝するやうな気持がして実に愉快だ。是非成育させたい。

六月二十三日（火）　曇

午前十時出社。

正午倶楽部。四時帰宅。

六月二十四日（水）　曇、雨

午前九時半出社。

午後、学士会にて午餐、岡出君に偶会。午後三時より高田第五にて少年団後援会の寄付金収納事務を手伝ふ。四時半より教員に少年団制服奉呈式挙行。山口副会長代行。六時帰宅。

六月二十五日（木）　雨

午前在宅。霖雨降り続く。午後一時武校に行く。父兄会開催、余は委員長なり。山本校長に面会す。忠昭は近来元気無しとのお説なり。考究を要す。

一時より開会、山本校長より適切なる御話あり。上野、三木、中村、菅原諸教授参列、父兄より色々話を聞く。

慎独寮訪問、塚本、相原両氏及忠昭に面会。七時帰宅。

雨盛なり。

六月二十六日（金）　〔欠〕

六月二十七日（土）　雨

午前九時半出社。

六月二十八日（日）　雨

終日在宅。

朝、桃子も義夫同伴来たので大賑かだ。

六月二十九日（月）　朝〔ママ〕

午前九時半出社。正午、学士会にて午餐。岡出を訪ねたが不在。

三時帰宅。武子、桃子の一行は四時帰り去った。家の内が大水の引たやうに淋しい。老妻も大に淋しがってゐる。

六月三十日（火）　曇、小雨

午前九時半出社。正午、電車で牛込有町迄神楽から通寺町に出て、籐椅子（十四円五十銭）を求め、バスで帰宅。

老妻が淋しがって居るだろうと思って早く帰宅したが、慶子が逗子から帰宅して、魚を森岡さんに持って行った。

三時、慶子が帰って大鳥神社へ大祓に参詣すると云ふので同行してやった。

今日買った籐椅子を奥座敷の縁に据える。

七月一日（水）　曇

朝九時半出社。

正午、倶楽部の定例午餐会、海軍少将の海戦と通信の講演があった。四時半帰宅。

古本を売った。九円。

松岡洋右を語る（七十銭）を買った。

七月二日（木）　曇

朝九時半出社。未払金の調査、頗るズサンなる事を依田監査役発見。倉石、南澤と四人研究の上、本社より験収書を取寄せることとす。
倶楽部で午餐。
午後五時帰宅。

独逸はソ連のセバストポリ占領の歴史的発表、東部戦線大攻撃の報があった。

七月三日（金）　曇
午前十時出社。
正午倶楽部。午後四時帰宅。

七月四日（土）　曇
朝九時半出社。
正午倶楽部。午後三時帰宅。

七月五日（日）　晴
終日在宅。
忠昭、帰宅。
古本を売った、十三円。
次郎の椅子を買った、九円。次郎同伴、椎名町の家具屋から次郎が持て帰った。

七月六日（月）　晴
午前九時半出社。
倶楽部で午餐。四時帰宅。

七月七日（火）　晴
午前九時出社。
十一時より丸の内ホテルにて臨時総会、陸軍中将中島藤太郎氏を社長に選任した。
五時から柳橋柳光亭で晩餐会、社長、倉石、依田、武、中野、及余、南澤。十時帰宅。
暑い日だ。

七月八日（水）　晴
午前九時半出社。
正午倶楽部。
川島主計大佐の南方作戦と食糧に就ての講演があった。三時出社。
事務打合せ。六時帰宅。

七月九日（木）　晴
午前九時出社。
正午倶楽部。
午後二時出社。

五時帰宅。

今日も暑い。

倶楽部で仏印帰りの木下信に会った。

七月十日（金）　曇
午前九時半出社。
倶楽部午餐、午後四時帰宅。

七月十一日（土）　曇
午前九時半出社。
正午後、倶楽部。三時帰宅。

七月十二日（日）　曇
終日在宅。

午後、岩村豊君夫婦母子来訪。今日、山本良吉先生訪問せりとて帰途立寄ったのだ。

午後八時から徳川講堂で町会役員会、大日本婦人会の町会長の件だ。町会長夫人を推して置た。

余に防衛団指導者を依頼されたるも辞して置た。十時帰宅。

七月十三日（月）　曇
午前九時半出社。
倶楽部で午餐。出社。午後四時帰宅。
午後六時から高田第五で少年団後援会役員会に出席。十時帰宅。

七月十四日（火）　曇
山本良吉先生の訃報を聞て駆け付けた。九時、出棺のところだ。焼香して出棺を見送る。十二日夜突然、強〔狭カ〕心症にて卒去された由。同日午後は岩村豊君夫婦子供三人も御訪問した位で頗る御元気だったのだが、夜十時頃迄詩作に耽られ入浴、就寝後俄にいびきをかかれて急変ありし由。御令嬢連も御臨終に間に合わなかったやうだ。余は御生前一方ならぬ御世話になり、親に分れたやうな感がする。武蔵に立寄り、午後一時帰宅。終日在宅。茫然と暮した。何となく力が抜けた。
忠昭、夕方帰宅す。忠昭も失望してゐる。

七月十五日（水）　曇
午前九時半出社。

倶楽部に午餐。午後、丸の内ホテル社長室に社長を訪ねて社の事業につき、安平第二臭素工場はテストプラントにて一年位の生命なき由なれば生産量確保上問題なり、研究を要する旨話して置いた。

五時半帰宅。

桃子の一行、今日帰り去った。

七月十六日（木）　晴

朝来非常に涼しい。変調だ。

九時半出社。倶楽部に午餐。

午後も出社。

五時半から学士会で丁未会。帰途小笠原君宅に立寄り、砂糖を貰って帰った。面白い世の中になったものだ。

七月十七日（金）　晴

追々暑気を取り返した。九時半出社、社長、倉石と帝国ホテルに午餐。

午後二時から青年会館で参与会あり出席。青少年団を今回翼賛会に入れる事になり、文相の団長辞任につゐての経過を朝比奈副団長より報告があった。五時帰宅。

夜、山本先生の御通夜に行ったが、其の計画に成ってゐなかったので夫人に挨拶して焼香して帰った。何となく物足らぬ感がした。

七月十八日（土）　晴

山本先生御葬儀の当日だ。午前九時から武校講堂で校葬が行わるるので、定刻前に参列す。中山〔再次郎〕二中校長、森本少将、竹内、服部、稲波、等二中関係者来会多し。森本は今度比律賓ダバオの司政長官に行くのだ。

九時から校葬は厳かに執行された。式後、中山校長、稲波と同行、新橋の第一ホテルに行って午餐、午後四時迄色々と談した。中山前二中校長は七十六才だが中々元気だ。中山校長、山本教頭の関係は面白い。

五時帰宅。

七月十九日（日）　晴

終日在宅。

台湾から三谷君が来訪。令息、法政大学在学中の人、ロクマク〔肋膜〕にて病臥中、療養の為、台湾に連れ帰るのだそをだ。同情に耐えない。

今日は終日ぼんやり暮した。山本先生を無くして力が抜けたのだ。

今日植木屋が来て庭の手入れをする。

清がすがしくなった。

夜七時半から増田宅で隣組常会。

七月二十日（月）　晴

暑い。朝九時出社。

正午倶楽部。午後出社。五時帰宅。

別事なし。

忠昭、昨日寮より帰宅。今日から宅より通学につき、余の書斎は下の八畳座敷に移した。

次郎の通信簿を持て帰った。国語の外大体良好だ。

七月二十一日（火）　晴
暑い。午前九時出社。
正午倶楽部、二荒伯に青少年団を翼賛会に移管問題につきて健士会理事会開催慫慂の手紙を書いた。二時半帰社。
五時半から山王の待月荘で中山前校長歓迎会を開いた。竹内、松阪、平井、野村、及余の五人だ。中山先生七十六才、尚かくしゃくたるものだ。九時半散会、先生を渋谷駅に送って帰宅。
次郎は今日から葉山に行った。睦子が来て送って行ったのだ。

七月二十二日（水）　晴
暑い。今年は暑さが身にこたへる。年のせいかも知れぬ。九時半出社。正午倶楽部定例午餐会、東地中海の状況と云ふ題で北田正元氏の講演、前世界大戦の例をとって独逸が勝に乗じて対ソ戦を一挙にやれば国内崩壊する虞ありとの説は一寸面白かった。午後三時帰社、社長室で社長、依田と高桑より安平第二臭素工場の建設事情を聴取した。耐酸性の資材を使ってないので永く持たなければ折角ブロームが出ても直ぐ工場が用をなさなくなる事を心配した、問題だ。兎も角、今の処で進んで耐酸の資材を準備計画させる事とした。

七月二十三日（木）
午前九時出社。倶楽部午餐。
午後五時帰宅。

七月二十四日（金）　晴
午前九時出社。正午倶楽部。
午後三時帰宅。

七月二十五日（土）　晴
午前九時出社。正午倶楽部。
午後社長室訪問。四時帰宅。

七月二十六日（日）　晴
午前八時より徳川邸内にて防空演習エレクトロン、油脂性二種の焼夷弾落下消火演習に出動。
十時より山本先生の御宅に訪問、皆様不在。霊前に拝し、後バスにて音羽護国寺に墓参せんとて行ったが所在不明にて帰る。
帰途、次郎の書物求む。
気持よく快晴、炎熱の日だ。

七月二十七日（月）　晴
朝九時出社。
三菱商事社員来社。社長等と水銀整流機納入の件交渉あり。正午後倶楽部。
午後社長室訪問。社長は明朝出発渡台なり。

七月二十八日（火）　晴
朝九時半出社。
正午倶楽部。午後二時帰社。
倉石、依田と三人社長専務渡台不在中の事務打合す。

七月二十九日（水）　晴
朝九時出社。依田監査は欠。
正午、倉石、南澤と三人帝国ホテルに午餐。
倉石今夜出発渡台につき、不在中の事務打合す。三時退社。
神田で漱石全集の我輩は猫、歴史を作る人は、を買ふ。四時半帰宅。
夜、忠昭と散歩。目白書房で次郎に発明者の書物求む。

七月三十日（木）　晴
暑い。午前八時半、千駄ヶ谷訪問。令嬢、黒川夫人第二女分娩、母子健全。
今日は明治天皇三十年祭につき、明治神宮に参拝。十一時半帰宅。流汗流るるが如し。午後二時半、青山斎場に立田清辰の告別式に参列。三時半帰宅。
昨夜は四姉妹、葉山の服部邸に集合の報あり。話題の中心は目白の爺婆ならんと。微苦笑す。

七月三十一日（金）
暑い。午前九時より石塚英蔵氏の告別式につき、青山斎場に行く。十一時過帰宅。
午後終日在宅。
日本其日其日（モース著）を求め帰り読む。親日の理学者の著。石川千代松博士の息、欣一氏の訳。面白い。石川博士は昭和十年台北医院で余入院中、隣室に病臥死去。因縁あり。

八月一日（土）　晴
忠昭成績通知到着。歴史甲、愉快也。英語、数学は丁。来学期の奮発を誘す。八十三名中七十番だ。忠昭今朝より葉山に行く。
十時、山本邸訪問。故先生の三七日だ。霊前に拝す。緒方夫人に会って辞去。相原教授訪問、故先生を語り、午後一時帰宅。

八月二日（日）　晴
［午前十時、山本邸訪問。今日は故先生三七日の当日だ。霊前に額づく。長女緒方夫人に面会して辞去。帰途相原教授訪問、故先生を語り、午後一時帰宅。
忠昭成績通知来る。歴史甲愉快也。矢張り英語、数学が丁、来学期は一段の努力を要す。八十三人中の七十番だ。
終日在宅。暑い日だ。］

八月三日（月）　晴

暑い日だ。午前九時出社。依田欠勤。社長着台の報未だ来らず。正午倶楽部。東京市長選挙今日施行の由、警視総監の斡旋にて反対派も妥協して全員一致、岸本〔綾夫〕大将を推す事となりし由。午後五時半帰宅。

夕方雨降る。

八月四日（火）　晴　夜小雨

暑い日だ。東京市長、岸本大将に昨日選挙決定につき、朝八時半大久保前市長訪問、挨拶に行く。夫人も出で色々家の事等話す。十時出社。社長一行、昨日無事着台の電来るにつき、中島社長、倉石に手紙出す。依田監査役姉君御里にて死去の為、帰郷せるにつき弔文出す。

名倉〔愛吉〕高田第五校長夫人、昨日死去につき、午後三時より学校にて慰弔方法につき後援会役員協議会あり、出席。五時帰宅。

夕方雨降る。

相原氏不在中来訪、山本先生の中学研究持参。

八月五日（水）　曇

午前九時半出社。午後三時名倉氏邸に夫人死去の弔問に訪問。胃癌では致し方なし、同情に不堪。夜、高田馬場戸塚方面散歩、世界美術特冊陶器編求む（一円）。

八月六日（木）　曇、小雨

午前在宅。

午後一時より高田第五校長名倉氏夫人の葬儀、椎名町の自宅にて執行につき参列。三時帰宅。

何となく憂鬱な日だ。

夕方池袋方面散歩。

八月七日（金）　曇

朝、服部達来訪。今回服部正策氏、小田原工場に転任につき、宿を失ひて醍醐の宅に止宿を依頼し来る。余帰郷の上、精二君と協議する事とす。九時半出社、依田出社し居る。

郷里の姉君、老年負傷の為脳ををかされて死去の由。正午退社、帰宅。

午後在宅。

夕方、池袋散歩。維新伝史話、父八雲を憶ふ、洛中洛外（計二円九十銭）を求む。

京都森口捨次郎君より令息京大卒業、大蔵省任官内定につき下宿の件紹介《（照会）》し来る。会社の真室に協議し、同人の戸山ヶ原（西大久保）の宿可ならんとの事にて其旨手紙出す。

八月八日（土）　曇

又暑くなった。午前九時出社。

正午倶楽部。

午後、山本邸に故先生の霊前に拝す。

四七日なり。塚本先生訪問、不在。

午後三時帰宅。

八月九日（日）　曇

むし暑いいやな日だ。午前小石川同心町に山川〔黙〕校長代理訪問、不在。帰途池袋にて天心の日本の覚醒、東洋の覚醒を求む（二円四十銭）。

午後在宅。忠昭、次郎、葉山より帰宅。

本月七日より海軍部隊はソロモン群島にて米英連合の敵艦隊に大打撃を加へ、戦艦一、重巡四、巡三、駆逐艦四、輸送船十、戦闘機三十等撃沈、其他大打撃を与へ、交戦続行中。

八月十日（月）　曇

亡父の命日につき終日在宅、謹慎。

午後、平賀義人夫婦、林姉相次で来訪。平賀は同夫人の母堂一周忌の為上京したのだ。

夜九時の列車で単身西下、お盆祭の為入洛、夜行列車二等は思ったより閑で楽な旅行であった。天心全集の日本の覚醒を持って乗ったが、あまり読めなかった。

八月十一日（火）　晴

朝、大津駅で普通列車に乗換て八時山科駅着。都合よくタクシーが来たので醍醐迄急走、九時帰宅。精二君は不在だった。

夜行で疲労したので終日休養。

中村止次郎、去る六月に胃癌で死去の事を聞た。

庭園は荒廃してゐるのには不愉快だ。

然し実生の樟木のすくすくと生長してゐるのは愉快だ。之を延したいと思ふ。

八月十二日（水）　晴

早朝墓参。後、氏神に参拝。

九時のバスで出京、森口君訪問、不在。

禅林寺に柴田和尚訪問、不在。京都ホテルで午餐。午後一時京都市役所に篠原新市長訪問。農林課に奥野技師を訪ふたが醍醐に行ったとの事で直に帰醍、水利事務所に行く。委員会開催中で奥野に会った。

夜、内海太郎来訪。洛東用水路の図面持参。

八月十三日（木）　晴

暑い日だ。お盆祭にて仏壇の飾りをやる。余も手伝って遺牌壇を掃除し、本尊阿弥陀如来や遺牌の塵を払ふ。図らずも七代目宗専様の沙利塔の図〔厨〕子を発見した。凡て掃除して清々した。過去帳と遺牌を対照して歴代当主の戒名を書取った。

夕方、奥村姉来る。

夜、小西重太郎来訪。

午前十一時精霊迎えの為、墓参。

麻単衣定紋付の着物を倉庫にて発見、着用して行ったがすっかり汗になった。

八月十四日（金）　晴

不相変暑い日だ。終日在宅。

何をやる気にもなれない。

午後二時頃、融雲寺住職三輪亮明棚経に来る。相次で小栗栖の尼僧が来る。何れも俗物だ。

八月十五日（土）　晴

暑い日だ。終日在宅。

精二君、今日は会社は休みだが、京都に行って貰った。禅林柴田和尚の画が出来〔た〕ので、筥書を頼んで経師屋から東京に輸送を命じて貰った。皆山に行って家内から依頼の紙を買って貰った。

八月十六日（日）　晴

午前、森口捨次郎来訪。二中卒業の同窓だが爾来精音なりしも少しも昔と変らない。談は尽きない。

午餐を倶にし、午後三時から同行、バスで京都に出て禅林寺に柴田和尚訪問す。画は思の外大幅であったが、あまり出来は面白くないやうだ。然し表装も出来て居ったので貰った。表装代六十何円、筥代十何円、全体で約八十円には一驚に喫したが仕方が無い。

午後六時帰宅。

八月十七日（月）　曇、雨

午前、宇治村役場に山田久次郎を訪問したが自宅に居るとの事で蟠町の宅に訪問。快談に時を過した。

同氏村長の初仕事として笠取村を併合して東宇治町を造った由で、大得意であった。正午過帰宅。

早朝、氏神に参詣。尚、菩提寺内の八幡社に参詣した。母は同社に祈って余を生んだのだ。

午後六時の列車で精二君の見送りを受けて京都に出で、九時十四分の普通急行で奥村姉の見送りを受けて出発、東上。

今日雨来り、耕作の為大悦びだ。

八月十八日（火）　小雨

午前八時半東京着、九時半帰宅。桃子二児を連れて来て居った。

終日在宅。

八月十九日（水）　小雨

午前十時出社。正午去って神田小川町で鰻飯を食って、神保町で古事記を買ひ、池袋で過去帳を買って帰宅。
桃子は帰り去ってゐた。
過去帳に記入して仏壇に納む。
次郎、あまり頑童振りを発揮するので夜制裁を加ふ。鼻血を出して大賑ぎをやった。

八月二十日（木）
午前九時半出社。
正午倶楽部。
五時より学士会にて丁未会例会。十時池袋を経て帰宅。葉鶏頭を買って帰った。

八月二十一日（金）
朝十時出社。
神田鰻食堂で丼を食し、本郷に散歩。電車にて帰宅。

八月二十二日（土）　晴
朝十時出社。
倶楽部に午餐。
午後、竹早町に山川黙氏訪問、武校々長心得なり。
故山本先生を談り、夕方帰宅。

八月二十三日（日）　晴
次郎同伴、練馬南町の神戸を訪問。野菜貰ひなり。次郎を残して小竹町に塚本教授訪問、不在。十時半帰宅。
福島喜久雄、中島飛行機の監督官に転任。正午過武子等逗子の一隊来る。
夕方福島も来訪、大賑かだ。

お隣りの斎田氏、龍田丸にて印度より帰らるる事に決定に付、今日お祝辞に訪問す。
母堂大悦也。

八月二十四日（月）
朝九時半出社。
正午倶楽部。午後四時帰宅。

八月二十五日（火）　晴
朝九時半出社。
正午倶楽部。
午後三時、約あり塚本教授訪問。故山本先生を談り、六時帰宅。

八月二十六日（水）　晴
朝九時半出社。
正午倶楽部。

午後五時半より丁未会。

九時帰宅。

八月二十七日（木）　晴

朝、千駄ヶ谷訪問。十一時出社。

倉石に手紙出す。

午後、神田を経て市電にて帰宅。

福島武子一族帰り去る。

八月二十八日（金）　雨

聚〔驟〕雨時々来る。午前、池袋の小笠原君を訪問す。帰途勝安房守、及封建農業史求む。

雨に会ひ帰宅。

終日在宅。

八月二十九日（土）　晴

朝九時半出社、正午神田を経てバスにて千川に至り、山本邸訪問。故山本先生の七七日忌につき霊前に拝す。御家族は寺詣でにて皆様不在なり。二時半帰宅。山本先生の中学研究の要点を手書す。夕方睦子来る。

七時半より町会理事会、国債買入の件なり。

九時半服部六郎来る。

八月三十日（日）　晴、夕方より雨

むし暑い日だ。午前、相原教授を訪問して、山本先生の中学研究を返却し、之を中心に色々と故先生を談り、正午過帰宅。徳富蘇峰の日本国民に告ぐ（六十銭）を求めた。

夕方から豪雨はい〔沛〕然と来る。服部夫婦も遂に一泊した。

八月三十一日（月）　曇

服部は早朝帰り去ったが、睦子は午後帰り去る。

忠昭も今日から寮に帰るので、余は今日は終日在宅。

柴田隆明師揮毫の軸が届いた。

早速座敷の床に掛けて見た。あまり上出来で無いやうに思わる。

九月一日（火）　晴

今日は震災記念日だ。当日を思わしめるやうな晴天で暑い日だ。

午前出社。午後から浅草観音様に参詣。吾妻橋畔から一銭蒸汽で両国に行って震災記念堂に参拝。両国から省線で帰った。

今日は独英仏戦三周年の思出深い日だ。

今日閣議で大東亜省設置、拓務省、関東局、興亜院廃止の決議をした。大東亜建設も弥々軌道に乗って来た。東郷外相は一身上の都合で辞職、東条総理兼任発令。

外務省の東亜〔ママ〕、南方局廃止の為だ。

未だ旧体制の感念が外務省に消滅しない。

九月二日（水）　曇
午前九時半出社。
正午倶楽部、座談に大東亜省新設に就ての噂出たがあまり感心しない。旧体制の連中が多いのは嘆ずべしだ。
帰途四谷に出て斎藤武治氏から次郎の国語読本の研究を求めて帰った。
精二君から離座敷売却希望者の通知があった。
九月三日（木）～九月五日（土）〔欠〕
九月六日（日）　晴
午前在宅。
午後、小林海軍大将訪問。
九月七日（月）　晴
午前出社。正午倶楽部。
午後三時帰宅。
九月八日（火）　晴
午前出社。
正午倶楽部。
午後四時帰宅。
山田久次郎から来信。木幡に小生の離座敷買受希望者ある旨申越す。精二君に通報、山田には待たせる旨返事す。
九月九日（水）　晴
〔朝、千駄ヶ谷訪問。台湾倶楽部会長〕
午前出社。
正午、保険会館にて武蔵高校父兄会の委員会に出席。故山本校長に対する慰弔事業の相談で決議、金五万円を新旧父兄にて募集し、一部は山本家に贈呈、一部は退職教職員の退職賜金補助に、一部は山本先生顕彰事業に寄付の事、及父兄会〔費〕を増額の件決議。
西岡書記と同行、帰宅。省線で同氏から聞た。山川新校長は山川健次郎氏の令姉（旧女官）の養子で、河田烈の弟なる由だ。
午後五時、林貞次郎来訪。
九月十日（木）　晴
残暑。午前出社。千駄ヶ谷訪問。
正午倶楽部にて赤司に面会、台湾倶楽部会長につき意見交換す。
古参準序〔順カ〕にて伊澤〔多喜男〕との意見あり。強て争わず。
午後三時帰宅。
九月十一日（金）　晴
残暑酷烈。午前出社。

加藤台拓社長訪問。丸の内竹葉にて午餐。帰宅。町会の約により側溝の掃除をなす。

夕方、高田馬場方面散歩。


大東亜省官制要綱案、朝鮮、台湾総督府所属案等発表さる。

中村一造未亡人、右田夫人来遊。

九月十二日（土）　晴

残暑尚酷烈。午前出社、正午帰宅。

精二君より来信。離家は千円にて浮田に売却の交渉あり。将来忠雄に貰う約ある由申越す。二千円にて交渉方返事す。落保町に精二君が建る場合と考へ方を変る要ある旨付言す。

九月十三日（日）　晴

終日在宅。

忠昭帰る。

午前、庭園の垣直し。庭の落葉塵掃除。

九月十四日（月）　晴

午前出社。依田と帳簿調査。

倶楽部。午後二時出社。四時帰宅。

睦子、今日帰り去る。


融雲寺三輪亮明より法主の命にて来信、醍醐離座敷売却の件につき精二君に売却すべき件申越す。返書認む。

九月十五日（火）　雨

俄に涼しくなった。但、雨、秋雨だ。

午前出社。依田と帳簿調査をやったが、依田の態度頗る不愉快だ。

倶楽部で午餐。

午後三時、青山斎場で故小竹茂君の告別式に参列。四時帰宅。


今日、満州国建国記念式だ。十周年になる。

九月十六日（水）　曇

午前十時出社。

正午倶楽部。

午後四時から慎独寮で創立二十周年記念式あり。父兄として招待を受け列席す。故山本先生を追憶す。参列者皆同様の感なり。余、平田、松前等一場の挨拶を述ぶ。余は洛風塾の昔話を為した。九時帰宅。

九月十七日（木）　晴

秋霽だ。午前十時出社。

正〔午〕倶楽部。

午後五時半より学士会にて丁未会、宮本、余、小笠原、小牧の少数なり。
九時帰宅。

九月十八日（金）　曇、小雨
午前九時半出社。
正〔午〕倶楽部。
午後時局ニュース映画あり。後、台東製糖に石川社長訪問。六時帰宅。

九月十九日（土）　雨
秋雨蕭々の日だ。午前九時出社。
社長昨日台湾より帰東、出社。
一、社長製作の作業状況書を頂く。
一、将来布袋、北門は見込なし、中止の予定。
一、ブローム曹を単体ブロームにする工場を安平に設置。
一、三百瓩のマグネ工場を動かす計画等。
談あり。倉石今朝帰着、午後出社。倉石元気なし。
一、今後四百万円を要す資金に行詰りを生ぜん。中野有礼のブローム三百十万円案にて補填する積りなし等談あり。中野派の行き方は不賛成なりと述べ、激励し置く。将来一問題なり。

九月二十日（日）　曇
終日在宅。

九月二十一日（月）　雨
午前九時半出社。
倶楽部午餐。
午後出社。五時帰宅。

九月二十二日（火）　雨
午前九時半出社。
十一時より依田と同伴、航空本廠訪問、屏東飛行連隊に居った眞崎〔久満雄〕君が少将になって第一部長で居る事を知ったので挨拶だ。本廠長にも会った。倶楽部午餐。
午後雨盛なり。五時帰宅。

九月二十三日（水）　晴
武校長山川氏就任式及卒業式につき、午前九時登校。九時半より式に参列。
福井俊夫卒業、芳輔氏も参列。
帰途来訪につき同伴。
今日は会社は休む。秋晴なり。
逗子福島廣子疫痢の由、桃子より報あり。田浦の海仁会病院に電話す。経過良好の由だ。

九月二十四日（木）　晴

秋霽の彼岸日だ。午前在宅。次郎に比例の復習をさせる。忠昭、国民の訓練を以て帰る。所々訓戒す。午後、北千束の藤山亡未〔未亡カ〕人訪問す。楢一君米国より独逸ローレンス、マルケスより更に独逸出張を命ぜられたるにつき慰問だ。大森山王の遠藤常壽訪問、大審院に転任につき病気に非るやの疑ひある見舞なり。御里に旅行不在の由だ。駅前で勝安房第二巻を買って帰る。古本売却十円。

慶子逗子より帰る。廣子経過良し。

九月二十五日（金）　晴

午前九時半出社。

午後は牛込余丁町の眞福寺で水谷幸二郎の告別式ある由にて野口に誘われて行った。香奠十円出す。野口、神戸、安藤、小笠原が来て居った。宇野圓空が世話せし由。水谷は頭の良い男だったが不運にして肺結核で死んだ。

九月二十六日（土）　晴

午前九時出社。

倶楽部で午餐。

午後出社。四時帰宅。

九月二十七日（日）　晴

午前在宅。

午後二時半より下落合より戸塚、淀橋、柏木、十二社方面散歩。五時過帰宅。十二社は行って見て俗化せるに驚いた。

九月二十八日（月）　晴

午前九時、斎田夫婦来訪。印度ボンベー大阪商船支店長にて、英国政府に檻〔監〕禁され居りしが、昨日龍田丸にて帰京せし挨拶なり。

十時出社。社長、庄山、高鍬〔桑カ〕を招致、安平第二工場の成功の自信につき詰問す。答曰く、廃水が原料海水に混入せざるや心配なり。臭素が鉄管に吸収さるの惧あり、との事なり。

倶楽部午餐。午後二時出社。

倉石と手柴に高岡行の報告を聞く。未着手のもの相当ある模様だ。四時半帰宅。桃子、正夫、義夫来泊中なり。足の靴ずれ化膿せる模様につき、原田医師に治療を受く。

九月二十九日（火）　晴

足痛の為一日休養。駒井徳三の満州国建設録を読んだ。南方経営に就て考慮するものが多い。

精二君より落保町に離座敷移築希望の由にて、移築費二千円を要する旨申越せるにより、一、予算超過の惧あり、慎重に考究を要する旨注意の返事を出す。

夜、原医師に行く。

中島弘の娘、卒業帰国する旨挨拶に来る。

九月三十日（水）　晴

足痛の為、終日休養。

午後五時から京橋中央亭で大日本青少年団長鈴木〔孝雄〕大将新任披露、及朝比奈副団長の南京政府より帰朝談あり、出席。鈴木団長は頗る熱意を欠くものあり失望したが、朝比奈の南京行の談には傾聴すべきものあり。即ち日支の円満なる結合は心なき兵隊及日本人の為に欠くるものある由だ。之は満州国にても聴くところだ。大東亜建設につきても考慮を要する問題でないか。防空警戒警報が出て真闇の途を帰った。

十月一日（木）　晴

午前十時出社。

正午、電車及バスにて帰宅。

足痛療養の為だ。

十月二日（金）　晴

午前九時半出社。正午退社。電車及バスにて帰宅。

十月三日（土）　晴

九時出社。倶楽部で午餐。

午後社長と会談、浦中将も来てゐた。倉石、千葉、槇田同伴来会、注文品の進行状況の報告があった。余は社長会社経営に関する問題を議して、午後六時帰宅。

十月四日（日）　晴

逗子は大災難だった。廣子の疫痢に引続いて母堂の赤痢、然し何れも全快したので今日は一寸訪ねて見る事とした。それに大三輪師からも過日ハガキが来てゐて、古に大津屋二郎〔ママ〕なる者が讐討をやったと云ふ記録があるとの事だったから聴て見度いと思った。九時出発、正午福島に行った。有田正司の息子が来訪していた。母堂、廣子、病後で未だ元気が無い。午後、鎌倉浄光明寺に行った。大三輪師は大島行で不在、夫人に会った。足のレウマチスにて夫人も弱ってゐた。午後六時帰宅。服部来泊。

余は何となく疲労、早く寝た。

十月五日（月）　晴

午前九時半出社。

正午倶楽部。

四時帰宅。問題も誤解であった事が分り、心神爽快となった。

十月六日（火）　晴

朝九時半出社。社長と事務打合す。

午後出社。四時帰宅。
福島来泊。

十月七日（水）　晴
約により、午前九時より青少年団に朝比奈副団長訪問、中支中満関係、青少年団長問題等論じて辞去。倶楽部、山本大佐の印度関係の講演を聴く。大東亜建設の将来も容易でない。四時帰宅。

十月八日（木）　晴
午前九時出社。
十一時半より陸軍大臣官邸にて軽金属統制会社関係者の招待宴あり。余は中島社長の代理として出席す。井坂、永井、磯部、大和田、島田等、知人来会多し。東条陸相にも面接す。二時退去。三時半帰宅。
裏の畑をやる。

十月九日（金）　曇、小雨
朝九時半出社。正午倶楽部。
三時半帰宅。帰途井上雅二君と省線同車。大東亜戦中だるみにて国民の意気稍々衰ふ、軍事行動の積極的を希望すとの談あり。同感なり。又、統制会役員の俸給数万円につき批難の評あり。余は寧ろ大臣大官の俸給を篤くするの要あるを説く。

十月十日（土）　雨
秋雨だ。終日在宅。
睦子、忠昭、帰宅。

十月十一日（日）　晴
秋靄の日だ。午前在宅。
午後、大森の岩村榮次郎氏訪問、未だ臥床療養中だ。弟清一中将、嗣豊君等も来会中だった。
三時半辞去。徒歩大井町福井家に立寄る。正夫、義夫可愛い。
七時帰宅。
服部、午前帰たが、午後直に帰り去る。
睦子に小遣ひ十円与ふ。

十月十二日（月）　晴
午前九時出社。
学士会にて丁未会午餐会。東北大学の武内義雄、名古屋より越山均之助等珍客多し。
午後出社。
四時帰宅。

十月十三日（火）　晴
午前九時半出社。
倉石、依田と事務打合。

正午倶楽部。

午後、靖国神社参列。四時帰宅。

昨日より靖国神社祭につき遺族の随意参拝多し。

十月十四日（水）　晴

午前九時出社。社長、山陽九州出張より帰社。

社長、倉石と事務打合せ。依田、今夜出発渡台。正午倶楽部。

午後一時半出社、手柴、槇田の報告聴取。五時帰宅。

夜小雨。

十月十五日（木）　晴

午前九時半出社。

正午倶楽部。四時帰宅。

十月十六日（金）　曇

朝、千駄ヶ谷訪問。十一時出社。

午後、社長、倉石と事務打合せを為す。倉石は十八日出発渡台の予定。

午後五時半より柳光亭で手柴、槇田、庄山、高鍬の慰労会に出席。

十時帰宅。

十月十七日（土）　雨

秋雨だ。

川村学院中学校舎落成式に参列。午前十時からだ。川村先生頑健で欣快に不堪。大久保、木下謙次郎、幣原、長谷川久一、其他知人来会者多し。正午帰宅。

十月十八日（日）　晴

終日在宅。

夕方、池袋に散歩。台湾風物志〔記〕求む（二円三十銭）。

東条内閣成立一周年だ。此一ヶ年間、我国運の発展を思ふて欣快に不堪。

十月十九日（月）　晴

故山本良吉先生の百ヶ日忌を武校講堂で挙行につき、午前九時半登校、参列、式は厳粛に執行された。

校長、一木名誉校長、生徒惣代、卒業生惣代、父兄会佐野氏、鈴木大拙氏、門下生竹内氏等より先生追想談あり。

式の後、慎独寮に塚本舎監訪問、次郎入学の事を頼んで置いた。

帰途、山本先生宅訪問。三時半帰宅。化学工業講話を求む（一円三十銭）。

十月二十日（火）　晴
朝九時出社。
倶楽部午餐。午後四時帰宅。

十月二十一日（水）　晴
朝九時半出社。
監査役に取締役より供託株券は不用なり。
昨年十一月、倉石専務に返還仮領収書を取り置きたるが、今日南澤支配人から中野有礼、重田、一宮、芝、四氏の分預り書の返還を受けた。日下の分調査中、倉石と武両氏分は倉石取持、之は仮領収書ある故、急を要せずと思ふ。
倶楽部定例午餐会、桜井兵五郎氏のビルマ談あり。永田秀次郎氏と会談。
帰途、上野幸作と会って同氏事務所に立寄った。帝国石油の理事となっている。
明治書院で蘇峰国民史第七編と、興亜の大義（三円五十銭）を求めた。

十月二十二日（木）　晴
午前九時半出社。
正午、三井信託に金庫に供託預書返還の分を収む。日本橋、新橋を散歩、新橋より省線にて帰宅。
武子、廣子、俊子を連て来る。

十月二十三日（金）　晴
午前九時半出社。
倶楽部午餐、ニュース映画あり。三時より青年会館に委員会に列席。五時帰宅。

十月二十四日（土）　晴
午後〔前カ〕九時半出社。
倶楽部午餐。午後四時帰宅。

十月二十五日（日）　晴
終日在宅。
午後四時より高田馬場方面散歩。
世界美術一三、一四、一五、鎌倉時代求む（三円）。
服部夫婦来訪一泊。
福島来訪、何れも一泊。賑かなり。

十月二十六日（月）　晴
午前九時半出社。
正午退社。早稲田を経て午後一時帰宅。武子、午後二時帰り去る。
睦子、夜七時帰り去る。目白駅迄送る。
服部、早朝帰り去る。

十月二十七日（火）　晴
午前九時半出社。
倶楽部午餐。午後二時出社。
五時帰宅。

十月二十八日（水）　晴
午前六時半、氷川神社参詣。九時半出社。
正午曄道君を保険統制会に訪問。
倶楽部で午餐、村田省蔵の比律賓事情を聴く。午後六時帰宅。
ソロモン諸島の東南サンタクルース諸島北方海洋にて、二十六日南太平洋海戦にて米軍海軍に大打撃を与ふ。航母四隻、戦艦一隻、艦型未詳一隻撃沈、我方航空機四十一機未だ帰らず。敵機二百機以上撃墜。
八月廿五日より十月二十五日に至るソロモン群島方面戦果、本海戦迄の戦果、卅隻五百十九機を屠る。

十月二十九日（木）　晴
午前九時半出社。
十一時、石川昌次を東台糖〔台東製糖〕社に訪問。工業倶楽部に午餐。
午後四時帰宅。

十月三十日（金）　晴
午前九時半出社。
新宿方面を経て帰宅。
夜、次郎同伴、台湾文化協会主催の台湾南進の夕を見る。

十月三十一日（土）　晴
午前九時半出社。
正午台湾倶楽部月例会で故石塚総督の百ヶ日慰霊祭、後午餐会あり、出席。追憶談が松井、百済、其他よりあったが石塚氏の人物を偲ばしむ。要するに法制局参事官式の人物であった。
午後五時帰宅。

十一月一日（日）　雨
秋雨蕭々の日だ。終日在宅。
忠昭帰宅。
大東亜省官制、其他関係官制の発布があった。
大東亜大臣は青木〔一男〕氏だ。次官山本熊一だ。

十一月二日（月）　晴
午前九時半出社。
正午倶楽部。
帰途、池袋から目白通りに出て妻の為ホヲレン草の実を買て帰る。
睦子来訪。

桃子、正夫、義夫来遊。

七時から徳川講堂で町会の負担率の決定につき隣組長会を開く。

十一月三日（火）　晴

快晴の良い明治節だ。子供の頃の菊の天長節を思い出す日だ。

午前氷川神社に次郎同伴、参拝。十時半から次郎が学校の拝賀式から帰ったので同伴、明治神宮に参拝。国運の隆昌を祈る。

午後、裏の畑を造り、肥料を入れてホヲレン草をまく。

桃子、正夫、義夫で大賑かだ。睦子、午後三時帰り去る。

十一月四日（水）　晴

朝九時半出社。

正午倶楽部。

午後四時帰宅。

十一月五日（木）　晴

朝九時半出社。

正午倶楽部。

午後五時より学士会で立田清辰君の百ヶ日追悼会、賀来佐賀太郎氏に会った。同氏令息夫人は立田夫人の妹だそをだ。賀来氏と台湾談。

十一月六日（金）　曇

朝九時半出社。

正午より霞ヶ丘新築会館にて健士会理事会開催。中野も京都から来てゐたので久し振り会談。

五時、皆山光子京都より上京来着につき、駅に出迎たが会へなかった。江戸川区逆井の小島と云ふ親戚に行ったもようだ。

十一月七日（土）　晴

朝九時半出社。

武智勝氏訪問、台湾製糖社長に新任につき祝賀の為だ。且、葉山の別荘服部の隣家だ。挨拶。

夜、隣組会合、野菜配給の件、及国債の件だ。

皆山光子来訪、来泊。

十一月八日（日）　晴

朝九時の省線で逗子に行って直にバスで葉山行、服部六郎訪問。

新婚始めてだ。小松侯爵から貰った鳩の画の花瓶を贈った。睦子の心尽しの午餐後、三人で葉山御用邸、長者岬方面、散歩。

三時、バスで逗子迄帰途、鎌倉に大三輪師訪問す。祖先の大津屋二郎〔ママ〕が木幡六地蔵で畠山の臣を討打した談を聴く。九時帰宅。

十一月九日（月）　晴

朝十時出社。

軽銀統制会、及総督府出張所に事務打合せ。

午後社長と事務打合せ。

五時より柏原方にて鳥羽会総会、濱本〔喜三郎〕中将来会、盛会。

十一月十日（火）　晴

朝九時半出社。

正午温古会例会、倶楽部三階、旧知来会多数。帰途新橋、高田馬場方面散歩、帰宅。

十一月十一日（水）　晴

朝、皆山光子を秋葉原に送り出社。

正午倶楽部定例午餐会、北海戦域談。二時半出社。

五時半より柳橋柳〔光カ〕水亭にて三菱連中と晩餐会。


富岡鐵斎求む。二円八十銭。

十一月十二日（木）　晴

爽快の秋日和だ。

午前、宗藤来訪。

午後、武校に行って、故山本校長弔慰金七十五円国債を寄付。

十一月十三日（金）

午前九時半出社。

社長、四日市へ出張不在。

庄山を召致し、安平工場副産物の化学的操作につき説明聴取。

同氏は陸軍と中野有礼の希望にて比律賓に出張の計画あり。明後日出発の予定にて社長の了解を求め来る。余は、社長は安平第二工場の建設の大切なるを以て之が完成迄は出張を拒否する意見なる旨を伝へ置く。

十一月十四日（土）　晴

午前十時出社。

社長と庄山技師南方旅行拒否の件打合す。社長は陸軍省整備課と打合せ、其手配を為す。

正午倶楽部。午後出社。社長は庄山南方旅行拒否の目的を達成し来り、其旨本人に伝ふ。

五時帰宅。

十一月十五日（日）　晴後曇

午前十時半から皆山夫人を案内して明治神宮に参拝す。秋霽の午前、今日は七、五、三の御祝の日とて坊っちゃん、嬢ちゃん同伴参拝者が多い。新宿でお光さんを返し、余は大味邸葬儀に行く。零時半より葬儀、一時より告別式に列す。大味氏七十才にて死去す。

令息令嬢皆所を得て安心して逝かれたらん。令息は大味氏そっくりになってゐるには驚いた。実によく肖てゐる。

葬儀及告別式は実に淋しかった。

十一月十六日（月）　曇

朝、市民税支払ひ、出社。

社長と高鍬の人物につき話し合ふ。

午後、池袋に廻りて電灯会社にモーターの電力料金につき協議。三時帰宅。大井町より正夫三才の祝につき母堂、桃子、義夫を同伴訪中だ。正夫、義夫益々可愛くなる。皆山夫人本日帰り去る。

妻の希望にてビール箱の蔬菜園造る。

十一月十七日（火）　晴

午前九時半出社。

正午倶楽部。

午後三時から青少年団本部で青年団組織に関する委員会に出席。余は国家機関に移行説を力説して置た。晩餐を共にして七時帰宅。喜久雄来泊す。

十一月十八日（水）　晴

朝、大事件が持ち上った。妻は早朝から女中綾が命令を聞かないと云って泣て怒って退去を命じた。昨夜来、来泊中の喜久雄はこそこそと帰って去った。余もうるさいから出社せようと思ったが、女中は自身の立場を余に訴へた。家としても今女中を去らせては困るので之をなだめ、妻との間を仲介した。十一時出社。午後四時帰宅。林姉、桃子、義夫同伴、来遊中、事件は治った。困った家庭だ。

十一月十九日（木）　晴

午前九時半出社。

正午倶楽部。午後三時から青少年団促進厚生委員会に出席。五時半から神田第一楼で丁未会、珍らしく遠藤も来会。支那料理で大にはずむ。余は日本の発言で独ソ仲介講和説を力説した。九時帰宅。

十一月二十日（金）　曇

午前九時半出社。

正午倶楽部。

午後妻の依頼にて、三和から三百円支出して帰宅。重役手当と恩給で尚不足の家計は困ったものだ。病妻では制禦も出来ない。つくづく嫌になった。

睦子を逗子より呼ぶ。来一泊中。

十一月二十一日（土）　晴

午前出社。

正午倶楽部。帰途、総督府出張所に立寄る。長谷川総督は今日午後五時羽田空港着、上京の由だ。牛込神楽坂、南町方面散歩

して帰る。藤尾氏宅、即ち余の旧居はペンキ塗り化装中だ。精二君より来信、醍醐陀羅谷部落共有の山林を売却の由、売渡書調印を求め来る。直に調印、夜落合局より速達書留便で返送す。

十一月二十二日（日）　晴

快晴、軽暖。午後十時長谷川台湾総督を大山の自宅に訪問す。伊藤金次郎氏が来て居った。総督頗る元気だ。帰途近傍の大和田悌二を訪ねたが散歩に出て居って不在。正午過帰宅。

午後三時、谷本〔馬太郎〕海軍中将の告別式に行く。高雄時代、練習艦隊長官として高雄に来り知人だ。佐鎮長官で過日病死、御宅は目白四丁目、同町内だ。

夜、忠昭帰宅。今日は友人四名と遠足、寺井氏宅にて集合せし由。

田中正来信、台拓比島綿作事業所員として渡比する由。

今朝、女中を休養に自宅に帰す。

発信　森、高原、矢野、田中一二、正、精二君

十一月二十三日（月）　曇

薄く寒い日だ。午前在宅。

午後、台湾到来の文旦を携て小石川竹早町の自宅に山川黙校長を訪問したが不在であった。竹早町の古本屋で世界美術二〇（一円五十銭）を求めて帰った。

服部六郎夫婦と弟達同伴、来訪。

夜七時頃帰り去った。服部正之氏が一族二十名計り水交社で団欒をやったのだ。

十一月二十四日（火）　晴

午前九時半出社。

正午倶楽部。靴修繕四円五十銭払った。

午後五時半から築地和光で河村君の招待宴。小林総督時代の幕僚連だ。中村寛大佐、今回宮〔宇〕都宮海軍人事部長に就任祝宴も兼ねる。山縣、中村、河村連中はゴルフの話ばかりやってゐるので不愉快だった。

然し小林大将は不相変好い人だ。

十時過帰宅。

女中綾今日帰任した。

十一月二十五日（水）　晴後曇

午前九時半出社。

倉石が今日帰着すると云ふので社員連は東京駅で待てゐたが帰らなかった。夫人も来てゐたが気の毒だった。正午一寸帰宅。

三時、青年団特別委員会に出席。組織に関する委員会だ。青少年団国家機関論で大に気焔を挙て愉快だった。午後六時帰宅。

午後から木枯吹いて寒くなって来た。小宮植木屋、明日から庭木手入れに来る。

十一月二十六日（木）　晴
午前十時出社。

正午倶楽部。午後出社。

午後七時半、倉石帰着につき社長同伴、駅に出迎ふ。倉石台湾から福岡迄飛行機、福岡から汽車で帰ったのだ。元気だ。

依田監査は明日帰着の筈。

十一月二十七日（金）　晴
午前十時出社。

倶楽部午餐。

午後、社長室で社長、倉石と三人台湾社業状況を聴く。

三時二十五分着列車で依田監査役帰着、余一人出迎ふ。一旦社長室に立寄り、依田と同車で渋谷駅より省線で帰宅。

十一月二十八日（土）　晴
午前九時出社。

十時より丸の内ホテルにて南日本第六回総会。十一時終了。

倶楽部午餐。午後三時出社。

五時半より柳橋柳光亭にて重役晩餐会。中野有礼も参会。寒い夜だ。火鉢火も少なく頓と面白くない。九時帰宅。

十一月二十九日（日）　晴
午前在宅。
午後、竹早町に山川武校々長訪問。
次郎来春入学志願の件依頼す。
本年よりは情実は一切入れぬ由談あり。
御尤も也。尚よく依頼して帰る。
服部夫婦、慶子同伴、水交社の晩餐に行きし由。夜九時半帰宅一泊。
今朝、次郎病気に甘へたるにつき押打《〔ママ〕》叱斥《〔ママ〕》すの制裁を加ふ。
忠昭、夕方帰寮。今冬期休みにスキー練習に越後行希望す。許可する事とす。

十一月三十日（月）　晴
午前十時出社。
正午、台湾倶楽部月例会、長谷川総督歓迎会にて来会者多し。
石川、荒井（台電）等と会談。
帰途、池袋区役所に戸税に関する聴会合《〔ママ〕》せ、帰宅。

十二月一日（火）　晴
午前九時半出社。

正午倶楽部。午後総督府出張所に長谷川総督、森部〔隆〕総務局長に面会。黄バスにて帰宅。

理髪。

古本売却（一五円）。

十二月二日（水）　曇
午前九時半出社。
正午倶楽部午餐。
午後四時帰宅。

十二月三日（木）　曇、小雨
午前九時半出社。
倶楽部午餐。午後四時帰宅。

十二月四日（金）　曇
午前九時半出社。
倶楽部で午餐。二時出社。
三時、社長より明日出発渡台につき社員に訓示あり。陪聴す。
五時帰宅。

十二月五日（土）　晴
寒い。午前十時出社。

中島社長、今夜出発渡台するので帝国ホテルに午餐。社長、倉石、余、依田だ。一時帰社、四面談で時を過し、四時帰宅。社長は夜十一時の列車で出発、福岡から飛行機だ。見送らない。

武子、廣子同伴し来る。

忠昭帰宅。

十二月六日（日）　晴
朝は晴れたが、午後から風が出て寒くなった。朝も相当霜が降りた。

朝来、桃子が正夫同伴来る。睦子夫婦が来る。福島喜久雄夫婦、廣子、聡子、忠昭が帰る。大賑かだ。

午餐は余の誕生日三日分を延期して盃を挙ぐ。

午後、六郎、次郎同伴、池袋の映画館に行って見たが、布哇真珠湾海戦を見る積りだったが、あまり見物人の行列が多いので閉口して見ずに帰った。

十二月七日（月）　晴
快晴。十時出社。

倉石より談あり、重役報酬の他に年二期に二千円宛四千円支給の旨談あり。依田監査と同様の扱なり。

社長報酬一万八千円に五千円、専務一万千円に五千円の由なり。

今日一期分二千円受く。正午倶楽部。

午後日劇にて布哇、馬来洋海戦の映画を見て感激を新にす。四時帰宅。

十二月八日（火）　晴
快晴。大東亜戦一周年記念日だ。
一ヶ年前の感激を思ふ。
午前九時半より氷川神社参拝。

高〔田〕馬場より省線にて原宿に至り、明治神宮に参拝。省線にて四谷、電車にて桜田門に至り、二重橋前にて宮城奉拝。出社。午後一時より靖国神社参拝。徒歩にて牛込、神楽坂を経て矢来よりバスにて帰宅。

忠昭、一寸帰宅。

十二月九日（水）　晴

午前十時、千駄ヶ谷に森岡氏訪問。

会社手当の件報告。正午倶楽部。

定例午餐会、穐田〔正〕中佐の北阿戦に関する講演あり。北阿、西、土の動向、独ソ戦闘に亘り明快なる説明ありたり。五時帰宅。

松下氏来訪、明日及明後日隣組防火群の大東亜戦一周年記念防火訓練に群長として代理に出動を依頼され承諾す。

十二月十日（木）　晴

昨夜頃から更に寒冷を増した。冴返ると云ふ感だ。午前十時出社。

十一時半退社、帰宅。午餐。午後一時から約により徳川邸内にて家庭防火訓練に立会ふ。町会長、副会長も来らず。理事として団員に訓示す。

三時終了。青年館の委員会に出席、大東亜青年団指導問題を研究。帰途、妻に筆と墨を求めて帰る。

十二月十一日（金）　晴

午前九時半出社。十一時退社。黄バスにて帰る。少し時間が早いので鬼子母神辺を散歩、大鳥神社、及鬼子母神に参拝。十二時半帰宅。

午餐。一時、徳川邸に行く。防火群長の積りだったが町会長も副会長も来ないので理事として警防団員を案内して町内の防火演習所を四ヶ所視察。徳川邸内では侯爵家の若夫人も防火員としてモンペイをはいて活動されたのは感心だ。三時終了。

十二月十二日（土）　晴

午前九時半出社。

午前十一時、専売局出張所に若森〔倫次郎〕塩脳課長訪問。

長谷川総督を訪問したが、退庁後で今日夜九時出発の由だから失敬した。安住〔義一〕秘書官には会った。台湾経済年報十七年度判〔版〕を貰った。黄バスで帰る。車中で小林鐵太郎、尾佐竹堅に会った。小林は下落合に住居だそーだ。東京パンに午餐。小林宅訪問、三人で放談。三時半帰宅。

睦子が来てゐた。六郎同伴来たそをだ。胃が悪いので療養の為だ。

十二月十三日（日）　晴

午前在宅。忠昭帰宅。昨夜三和教授召集解除、東京駅着にて帰京せられ出迎へた由報告せしにつき、午後御宅に祝辞に行く。

肥へ太ってお元気だった。英語通訳官として比律賓作戦の京都師団参謀部付として活動されたそをだ。色々比律賓のお話を承って帰った。

十二月十四日（月）　曇

午前九時半出社。

倶楽部。

午後四時、約により高田第五に占部訓導訪問、次郎進学の件だ。余は武蔵高校案を話した。占部氏は府立第五、或は第九意見だった。参考の為、次郎の成績を聴た。五、六番乃至七、八番だの事だ。余は再考を約して帰った。

十二月十五日（火）　晴

九時半出社。

正午倶楽部。

午後出社。

五時から初吉田で専売局の中平庶務、若森塩脳両課長を招待して、中平は来なかった。十時帰宅。

福島喜三次氏の長男龍太郎氏、小寺の令嬢と婚成立につき祝辞を認む。

倶楽部で土屋耕二と会った。宗藤の噂をした。

十二月十六日（水）　晴

午前九時半出社。

中野有礼氏を訪ねて田中長三郎君より依頼の件話す。中野氏は田中君とは既に会ったそ〔を〕でよく知ってゐた。今回中野氏は調査研究連盟の技術部長を引受たので、田中氏を資料部主任に採用せようと云ふのだ。田中氏は台北大学教授を辞して来るのだ。技術院技師を兼ねる予定だが、本人からは連盟専任を希望して来てゐるそをだ。田中氏に返書を認めて送った。正午倶楽部、宮川氏のソ連の近況に関する講演。四時帰宅。

服部六郎、睦子の病気を心配して来て一泊した。

発信　田中長三郎、宗藤大陸、福島喜三次

十二月十七日（木）　晴

快晴だ。氷川神社参拝。高田馬場より中央線で出社。

糖業会館で丁未会午餐会、神戸樺太に出張につき幹事代理だ。

浅田、宇野、小笠原、高木、遠藤、余の六人だ。時局を論ず。

統制会の不都合、商工官僚の不らち〔埒〕、小金〔義照〕の検挙談等出す。小金鉄鋼局長は不愉快な男だった。慥か大和田の友人だ。

日比谷を経て専売局出張に中平専売庶務訪問、放談。

黄バスで帰らうと思ったが来ないので省線で四時帰宅。

十二月十八日（金）　曇、小雨

寒い、いやな日だ。午前九時から氷川神社参拝。高田馬場から中央線で出社。倉石同伴、出張所に森部総務部長訪問。セメント三千五百瓲の配給を依頼す。海事出張員吉開〔右志太〕君、秘書主任島田君を倉石に紹介して十一時帰社。

三菱商事吾野来る。

倶楽部午餐、ニュース映画会あり。

二時、三和呉服橋支店に二千円預金。

睦子〔の〕為、鯛味噌を求める。寒風の中の行列買だ。行列買は初めてだ。

四時帰宅。

林姉来てゐた。

十二月十九日（土）　晴
快晴だ。朝十時出社。

依田の紹介により偕行社需品部に行ったが、健胃錠軍製造の品はなかった。市ヶ谷から省線で大森に行って岩村君を見舞った。兼ねて妻より岩村夫人に託せる樫〔ママ〕茸の代金支払の為だ。

午後四時帰宅。

忠昭帰宅。試験は済んだ由。

十二月二十日（日）　晴
快晴。終日為す事も無く悠々籠居。睦子病気一向快方に向はない。今日、安藤医師に療〔診カ〕察を請ふた。胃癌の症状は無いが腸チブスで無いか等云われて一寸驚いた。兎も角経過を見ることにする。六郎夜来り一泊。

次郎は今日は健歩会、高田第五から朝行った。二十キロ徒歩したそをだ。

今日二階書斎一部模様換へ。

夕方、森岡夫人来訪。同家女中の件だ。

十二月二十一日（月）　曇
午前九時半出社。
正午退社。午後一時から高田第五で六年生の父兄会。子弟進学に関し校長より談話があり、四時帰宅。

十二月二十二日（火）　晴
午前十時出社。
倶楽部午餐。社員忘年会に新劇行の由だから二十円お歳暮として寄付。
午後、出張所に森田訪問、会へなかった。専属に伝言して帰る。

十二月二十三日（水）　晴
午前九時半出社。
倶楽部で午餐。定例講演、長嶺〔公固〕海軍大佐の南方資源論だ。
午後四時帰宅。
睦子、腎盂炎と病名決定す。

十二月二十四日（木）　晴

森田から電話があった。十一時会社に来訪を約す。九時半出社。森田来訪。台中新高港の都市計画、市街地建設の会社創立の要件等話し去る。正午退社。石切橋の橋本で昼食を食ひ、氷川神社に参拝して帰る。森田は海軍々令部次長伊藤整一少将の夫人同志〔ママ〕の友人にて、今日水交社で午餐を共にする等談があった。

次郎、通信簿持ち帰る。読方が良上から優に進んだ。

忠昭帰宅。成績不良だ。スキー行は中止する事を自発的に申出た。冬期休暇中勉強を督励す。

十二月二十五日（金）　晴　暖

午前十一時から高田第五校長名倉愛吉氏を自宅に訪問、次郎進学の件につき下打合せをした。武校よりは中学の受験が良いのでないかとの感がした。名倉氏は感じ良し。練馬南町の自宅に上野教授訪問。忠昭第二学期成績の件だ。甚だ不良、平均五十六点で此侭ならば進級困難だ。冬期休暇に自習督励を加ふる事とす。塚本教授訪問、不在。相原教授訪問、種々談論して四時帰宅。

忠昭には応接室で勉強せしむ。

服部、昨夜より来訪中。明朝帰る。

睦子稍々食慾出る。喜ばし。

十二月二十六日（土）　晴

稍暖だ。氷川神社に参拝して高田馬場から出社。十時半から台拓に加藤社長を訪問した。正午倶楽部。

午後、神田で武子依頼の債券を換金（六十九円）して、四時帰宅。

不在中、大井町福井の一隊、老母堂を隊長に来訪したそをだ。

塚本教授から電話があった。忠昭に石にかぢり付ても第三学期は成績の向上を図るやう、休暇中の勉強方督励方注意があった。

十二月二十七日（日）　晴

午前在宅。

午後、武蔵野の冬の景物を見に出る。

武蔵野電車にて大泉学園迄、徒歩朝霞の士官学校迄行き、帰途石神井公園から電車にて帰る。大泉でヒットラー新秩序（二円八十銭）求む。

十二月二十八日（月）　晴

午前十時出社。

田中より電報にて、研究連盟より決定次第大学に辞表出す、中野の腹聞き度き旨申越すに付、中野有礼と面談す。明日決定の筈、五百円で連盟嘱託に採用すとの事に付、田中に返電。直接中野に御照会あれば同氏回答ある筈と返電。

専売局出張所に中平訪問、煙草の贈物の礼也。松岡来訪。

斎藤長官上京中の由につき、出張所に至りて面会す。小澤、星野、等にも会ふ。

午後五時帰宅。

京都奥村姉、午後七時四十五分着にて来る。忠昭、次郎、出迎にやる。

十二月二十九日（火）　晴

午前在宅。

午後一時半出社。

三時二十五分、社長台湾より帰着を出迎へ、直に出社。倉石と三人事務打合す。五時帰宅。

当用日記求む。

十二月三十日（水）　晴

午前十時出社。

丸の内ホテルにて理髪。

十一時から社長、倉石と三人事務打合す。丸の内ホテルにて三人昼食。

午後二時半迄事務打合す。

三時より社長訓示。四時帰宅。

十二月三十一日（木）　晴　暖

稍暖だ。午前在宅。二階書斎硝子戸を拭かしむ。午後忠昭、次郎、大井町行。

余、椎名町に行って毎日年鑑を求む。

正月飾り、松等求む。夕方雑司ヶ谷大鳥神社参拝。

服部六郎来り一泊。睦子追々軽快に赴く。

今年も過た、為す無く年を過す。


青年団本部より五十円手当。

一九四三年

一月一日（金）　晴

五時起床、六時家族一同と雑煮を食す。

服部夫婦参加につき賑かなり。六時半忠昭、次郎同伴、氷川神社参拝。省線にて明治神宮参拝。次郎は学校拝賀式の為、代々木より帰る。忠昭同伴、宮城前に至り奉拝。更に靖国神社参詣、黄バスにて雑司ヶ谷の大鳥神社に参拝。九時半帰宅。

福井老、林修三、田口、野口、中村、年賀に来訪。

今日忠昭は俄に海軍兵学校志願申出ず。

目的を定めて突進することは頗る可なり。併も宮城奉拝の直前、二重橋辺にて此事を申出たるは悦ばし。大に賛成して奮励を促し置く。忠昭、午後寺井氏訪問せり。

一月二日（土）　晴

快晴をだやかな良いお正月だ。午前十一時頃迄何かと家に過す。慶子は次郎同伴にて日帰り旅行で逗子福島に行く。十一時から千駄ヶ谷森岡邸訪問、主人、夫人等と閑談。

一時過から中央線で三鷹の中島邸訪問。

冬の武蔵野の景物は可だ。お宅を探すに相当困難した。中島社長在宅。社長友人某、令息見習士官同伴来訪したので暫し閑談、辞去。中島氏令息は陸軍大尉、令嬢は陸軍大学在学中の大尉某と結婚。清福の家庭だ。午後六時帰宅。

慶子、次郎も帰ってゐた。

一月三日（日）　晴

今日も快晴。十時から岩村中将年賀。主人不在、夫人と挨拶す。令息の成城入学談等あり。

林兄、桃子を訪問、閑談。大井町福井老訪問。品川木村兄訪問、不在。四時帰宅。桃子、義夫同伴来遊中、一泊せり。

忠昭は余と行き違に大井町俊夫訪問。

八時帰宅。俊夫と海軍兵学校志願の談をして帰ったが、俊夫は武蔵は海兵に適当でないやうな話をしたやうで、忠昭は些か意気を弱めて帰った。

八時半、服部六郎来訪一泊。

今夜、老妻と小葛藤があったが、後に笑い話しになった。

一月四日（月）　晴

快晴だがかなり寒冷だ。今日から出社。

十時、社長も倉石も来てゐた。直に業務課員を集めて事務打合会をやり、余も傍聴。社長、台湾現場の希望品の注文及既注品進行状況聴取、打合せを為す。社員連は存外呑気なのには思の外で一驚した。

正午倶楽部。

午後二時、塚本教授を訪問。忠昭海兵志願の件、次郎入学希望の件等打合せ、五時帰宅。

品川の兄来訪中。大阪の兄の家庭の状況等話あり。夫婦の間の関係も中々六つヶ敷ものだ。大阪兄の境遇も気の毒のやうで、又呑気そをにも考へらる。

＊藤原銀次郎氏の説、今日の事実行力ある人を起たしめて実行せしむるの要を説く。河村瑞軒の事例を説くところも面白く、我意を得た。

一月五日（火）　晴

朝来晴、夕方から雪曇り空だ。今夜から雪になるかも知れぬ。午前十時から故山本良吉先生邸訪問。先生の霊を拝し、未亡人と閑談す。後嗣未決定の由だ。先生の遺志明確でないやうだ。川村邸訪問、先生は転地中。夫人と閑談。小石川に山川邸訪問、山川校長も転地不在中だ。三時帰宅。

忠昭帰宅、塚本先生に面談の報告を聴取す。

福島喜三次氏長男龍太郎氏と小寺新一の令嬢結婚披露の案内状来る。

出席の返事す。

忠昭、今朝電鈴の修理に成功す。快。

＊新年以来、国家危機の論議は盛に行なわるるも、多くは抽象論、観念論にして事に益なきを覚ゆ。今日の毎日紙の社説「指導階級の自制と精進」は我意を得た。

世間から見て他を動かすやうな位置にあり、他の生活行為を意思を以て積極的に干与してゐる人々は、反省と戒慎を以て総親和の熱を昂める事が肝要だ。自ら死地について他を激励する程の犠牲的精神を要する。

自らの衣食住に心を悩さずともよい位置にある程の人々も、赤裸々独立独行の覚悟で困難に突入するだけの勇気がなければならぬ。

まして私曲を営む贓吏の存在を伝へしむるやうな隙のあることは、指導階級の不徳だ。

一月六日（水）　晴

朝十時出社。南澤君がお正月に来て呉れたから、今日は丸ビル精養軒で午餐を供す。

社長と倉石は何んだか忙がしそをに走り廻ってゐた。午後出社。

二時半、中野有礼に会って田中君の専任云々の件を釈明した。

中野君も同様誤解してゐたやうだ。

五時帰宅。服部、福島相次で来泊、賑かだ。

会社庶務の岡田展雄、肺炎で入院中、退院したそをだ。見舞状と五円、久保崎に託す。

一月七日（木）　晴

朝九時半出社。

倶楽部午餐。四時帰宅。

台北の山下益治に打電して、羊羹十円送付方依頼。尚、為替を送った。

忠昭、今朝寮に帰った。

今夜大事件があった。十時半頃、余は寝に付かんとして二階の書斎を下るときな臭いので諸所を廻ると女中部屋が嗅〔臭〕い。障子を開けると大変な煙だ。女中は寝ぼけてゐる。寒いのでこん炉を持ち込んで蒲団を敷いて転寝をしたので、蒲団に火が付いてくすぶってゐる。畳にも一部着火してゐる。危険な事だ。火を消すやら大さわぎをやった。大に女中を戒める。

一月八日（金）　晴

九時半出社。倉石から、昨日芝君来訪、南塩で水酸化マグネシユームを造るから、南化で之を原料でマグネシユームをやっては如何との事であった由だ。

依田監査、本日より出勤。

図２　視察をする長谷川総督一行（前列中央が長谷川）

に着任し，台北の監督官事務所で鐘曹台南工場のほか，台湾船渠会社・台拓化学工業会社嘉義工場・台湾鉄工所が作成した原価計算実施手続書類を整理し，海軍省経理局に提出する作業に従事していた。しかし実際には，原は武官府の仕事に追われ管理工場の原価計算指導には手が回らず，鐘曹台南工場には一度しか出向いていない（原直久「台南鐘曹について」）。回想録編者の村井は，台南工場の技師長と工場長を務めた人物でありながら，原少佐が工場の原価計算指導の任にあったことすら知らなかったというから，生産原価の管理体制はまるで機能していなかったようだ。現場においては原価の低下よりも資材の斡旋に関心が集中していたと思われる。

陸軍の管理工場であった安平第二工場においても，原価の低下どころではなく，資材・原料の調達もままならない状態であったと思われ，結局，本格的に設備を稼働させることができないまま終戦に至った。

図３　工場屋上より塩田を望む（写真は全て長谷川清文書，中央研究院台湾史研究所所蔵）

コラム　戦時下の生産管理体制 ― 南化安平第二工場と鐘曹台南工場

航空燃料に必要な耐爆剤（アンチノック剤）の原料となる臭素を製造していた南日本化学工業会社安平第二工場は，1943年10月に陸軍の管理工場に指定されている（南日本化学工業株式会社『第九回営業報告書』）。この変化は，工場にどのような影響を及ぼしたのだろうか。

図1　鐘曹台南工場

そもそも，「軍が工場を管理する」とは，いかなる状況なのか。軍部による管理工場指定の法的根拠は，1938年5月の「国家総動員法」発動と共に公布された「工場事業場管理令」と，1940年5月公布の「陸海軍工場事業場管理令施行細則」にある。結果，工場の所有と経営が事業主のものである点は変わらないが，主務大臣である軍部大臣が監理官を派遣して事業主を指揮監督することとなった（古川栄一「管理工場論」（増地庸治郎『企業形態の研究』日本評論社，1944年））。安平第二工場の場合も，引き続き南日本化学工業会社が所有・経営しながら，陸軍が派遣する監理官の指揮監督が入ることとなった。さらに，「国家総動員法」に基づいて1939年10月に制定された「軍需品工場事業場検査令」を法的根拠として，陸軍管理工場における原価計算指導が行われるようになり，会計監督官による財務上の監督を通じて調弁価格の低下が図られた。要は，監理官が工場に必要な資金・資材・労働力の融通を図り，会計監督官が生産原価の低下に関心を傾注する役割分担で，戦時の軍需生産体制を支えていこうとしていたわけである。安平第二工場にも，陸軍から監理官と会計監督官が派遣されたはずであるが，その実態について内海は何も書き残していない。

そこで，海軍管理工場であった鐘ヶ淵曹達工業会社（以下，鐘曹）台南工場の事例から当時の状況を推測することとしよう。同工場も苛性ソーダと臭素を製造する重要な軍事工場であり，長谷川清台湾総督は1942年11月と1944年6月に同工場を観察している。写真はいずれも1回目の視察時のものである。海軍の場合，管理工場の原価計算指導のために監査官を派遣した。鐘曹台南工場関係者の回想文集である，村井定男『碱―台南鐘曹の思出』（1968年）には，監査官であった原直久少佐の回想文が収録されている。原少佐は1943年11月に「台北在勤海軍武官府付兼監督官」として台北

正午倶楽部。

午後二時半、日塩芝氏を訪問、水酸マグネの技術的の説明を聴たが、よくわからない。四時帰宅。

今夜又女中あや、無断で斎田家に蒲団の修理の為行って、十時帰宅。妻を怒らせた。十二時近く迄余が訓戒す。此調子では困ったものだ。

一月九日（土）　晴

十時出社。

正午倶楽部。二時、福田虎亀、良三兄弟の母堂告別式につき、赤坂田町の寺に行く。序に山王ホテルに林貞次郎訪問、別段変った談もない。四時帰宅。

今日は慶子の誕生日。忠昭、六郎来る。

中華民国の対米英宣戦布告、今更の感がある。

林貞談、東条総理の玉川に住宅建築談あり。

同夫人の役不暁困ったものだ。

寺内大将の帰任希望、今更同大将の人物の劣弱を感ず。

国事皆非だ、一大改革を要す。
　＊今日、中華民国宣戦布告。
　　日本は治外法権撤廃、租界返還の条約締結す。

一月十日（日）　晴

八時起床。氷上神社参拝。六郎は睦子同伴、靖国神社参拝に行く。病気漸く平癒に赴いた御礼参りと足ならしだ。

忠昭も寮に帰る。

余は十一時、鎌田教授訪問、次郎入学志願の事談ず。昼食抜きで桜新町小林大将訪問、不在。帰途隠田羽田君訪問、しるこの御馳走になった。

五時帰宅。福井俊夫、服部達来訪、六郎と四人晩餐を共にす。

一月十一日（月）　雨

朝来雨。珍らしく雨だ。寒雨だ。

九時半出社。

午後一時半から社長席で打合せ会。社長は明日出発、空路渡台の予定。

午後四時半帰宅。

雨で寒い日だ。

今朝は高田馬場駅で珍らしく朝日一個買った。

一月十二日（火）　晴

雨は一日で止んだ。朝来蒼天で晴れだが寒い。大地は凡て氷ってゐる。

九時半出社。倉石は来ない。正午倶楽部。読書。午後五時帰宅。平凡な日だ。

一月十三日（水）　晴

朝十時半出社。今日も平凡な日だ。何もない。正午過から電車で向島に行って、冬枯の隅田公園散策、浅草の観音堂に参詣して、三時過帰宅。武子来る筈だったが来ない。葉山の別荘にお祝に行く事となったそをだ。明日余は慶子同伴、大崎にお祝に行く事とした。忠昭、一寸帰宅して直ぐ帰った。

一月十四日（木）　晴

〔朝十時出社。倉石と色々政界の事を談じた。橋田、岸の引退説、東条夫人の談等出ず。依田監査出勤、日曹にてボンベー購入葛藤経緯等出ず。正午倶〔以下空白〕〕

会社は欠勤。朝十時半、慶子同伴大崎の福島家に令息龍太郎の結婚祝持参。帝国ホテルで午餐。慶子は帰し、余は倶楽部に小憩。

四時半帰宅。桃子、正夫、義夫同伴来泊。服部六郎来泊。睦子病気全快、近日帰葉の予定。

一月十五日（金）　晴

朝十時出社。

正午倶楽部。五時帰宅。

平凡の日だ。次郎進学〔の〕件、武蔵にするか六中にするか心配の種だ。学制改革案枢密院通過、中学四年高等学校二年となる。忠昭も順当に行けば二十三才で大学卒業出来る。

一月十六日（土）　晴

今日は少々暖だ。九時半出社。正午倶楽部、永田氏等と胆石談をなす。一時、両国国技館に行く。倉石の招待で森岡、山縣、二見等来会、五時から柳橋柳光亭で晩餐。九時帰宅。相撲も頓と面白くない。

来訪来宅。

一月十七日（日）　晴

北風が寒い。終日在宅。空は霽又曇る。正夫、義夫、可愛くあるが又少々うるさい。忠昭午後早々帰舎。

朝、氷川社前で煙草朝日を買ったが四十五銭の値〔上〕げには驚いた。先月来の煙草飢饉行列買は、値上の計画が洩れた為だ。不都合だ。

一月十八日（月）　晴

九時半出社。正午倶楽部。二時から社で倉石と社の方針打合せを為す。高雄港で水銀整流機の陸上用のクレーンの問題、都合によっては海軍省施設本部交渉の事を約す。午後三時の列車で倉石出発、二十日の飛行機で渡台の予定だ。

四時帰宅。

一月十九日（火）　晴
九時半出社。依田は土曜以来欠勤中だ。風邪の模様だ。正午倶楽部。四時帰宅。高田国民校占部訓導の要求で、五時同校で面会す。次郎進学の件だ。武校か六中か決定次第報告する事として帰る。

政府は行政強化統一案を発表した。

午後、台東製糖の石川氏を訪問した。

台湾倶楽部会長小林大将、副会長相馬〔半治〕君に決ったそをだ。

一月二十日（水）　晴
十時、六中に行って見た。未だ入学心得出来てゐなかった。正午倶楽部、定例午餐会、建川〔美次〕前ソ連大使の独ソ戦の将来とソ連事情の講演は面白かった。今日は出社せない。五時帰宅。
今日、桃子の一隊帰り去る。俄に家の中が静になった。

一月二十一日（木）　晴
今日は出社しない。午前在宅。

午後一時から武校で尋三の父兄会開催、余は委員長として出席。第二学期は西岡主事に頼んで置いたが、開く運びに至らなかった。山川校長始め主任教員列席、一場のお話如例。忠昭の成績不相変良くない。小野教授、英文法頓と分ってゐない、一度落第させては如何との話もあり、それは困る、何とか進級させて頂き度いと云ふて置いた。

午後六時終了。佐々木君と同行、帰宅。

〔憂鬱〕幽うつだ。

一月二十二日（金）　晴
十時出社。岩村中将と電話打合せて、約により午後十二時半海軍省に訪問、左営のクレーン借入交渉の下相談をした。岩村君は何時会っても気持の好い男だ。三輪七部長を訪ねたが不在。日本油脂に斎藤、長崎を訪問、長崎は不在だ。日本鉱業に島田社長を訪問したが不在。黄バスで帰宅。
夜、服部六郎、次兄周二君同伴来訪、六郎は一泊。周二は大倉火災の新京支店長だ。会議と打合せの為、上京したのだ。

一月二十三日（土）
昨夜夜中から腹痛激烈、肝臓か胃か不明だ。未明から温湿布。
午前中臥床静養。
午後、正月以来の手紙の返書十通認めて書債を果す。
田中長三郎、上京して第一ホテルより電話があったが病臥中で余は出なかった。
睦子、病気全快につき、今日六郎同伴、女中綾に送らせて葉山に帰り去った。
夜、福島喜久雄来泊。

一月二十四日（日）　晴

午前在宅。

午後、小林海軍大将訪問。五時帰宅。

忠昭午後帰宅、夜帰寮した。

一月二十五日（月）　晴

午前、田中長三郎君会社に来訪。

丸の内ホテルに午餐を共にす。同君弥々上京、技術院に入る事となった。調査研究連盟の方は未決定。中野有礼のミンダナオから帰京を待つ由。

南澤支配人と事務打合せ。同氏柏崎へ行って丸山中尉〔監督官〕と会った模様の報告を聞く。倉石の談に行動に誠意なしと悪口せる由。有りそをな事だ。ボンベーの問題も一向決まらない模様だ。

一月二十六日（火）　晴

十時出社。クレーン海軍より借用可能となった由、電報が来たので岩村中将を訪問したが不在。

三輪中将に会った。

日本油脂、長崎君訪問。武校三年の父兄会の懇談の件、先例を聴取す。倶楽部で午餐。

午後五時、赤坂待月荘で高松会開催、出席。松平〔頼壽〕伯、大野、佐竹、三上、大西、近藤、中野、其の他両三名。坂田、木下、岸本等不愉快な連中の来なかったのは結構だった。

次郎、模型の貨物艦をうまく造って学校に出したので、船と云ふ書物御褒美買ってやる。

一月二十七日（水）　晴

春寒の日だ。十時出社。

茂野〔信一〕来訪、此頃は海南島で活動の由。上海、広東、海南島の事情を聞く。丸の内ホテルに午餐。三時帰宅。四時半、慶子同伴、自動車で学士会に行く。福島龍太郎君結婚披露宴に出る。殖田、後宮、高須等の他、知人来会者多く盛大の宴だ。

武子夫婦は親戚として参列。寒い夜だ。九時一同自動車で帰宅。

午後、忠昭一寸帰宅。「わかる三角」を買いに行ったのだ。忠昭も早や三角術を習ふやうになった。

一月二十八日（木）　晴

不相変寒冷だ。急に思い立って福島喜三次氏訪問に行く。高田馬場から省線東京駅で横須賀線、逗子駅から長井行バスで子生石迄、予め武子から聞いてゐたので福島の別荘は直ぐ知れた。

南に相模湾を受けた風光明媚の好い位置だ。日光を受けて実に暖い。福島氏に令息の御結婚の祝辞、昨夜の披露宴の状況等話す。高麗夫君も来て大に話はずむ。大人大悦だ。

午後六時辞去。一色からバスで午後十時帰宅。

妻、胃痛でなやむ。

一月二十九日（金）　晴

朝、六中に立寄って入学心得書を受け、十時出社。

十一時半から依田君と台湾倶楽部総会に出席。台湾協会と改称決議。小林躋造氏を会長に、高木友枝、藤山愛一郎を副会長に選挙す。午餐。

午後二時、日本倶楽部でニュース映画。

三時、青年団本部委員会、女子青年団指導研究会出席。

六時帰宅。

妻、未だ胃痛で弱ってゐる。

桃子、義夫来る。武子連とで大賑かだ。

一月三十日（土）　晴

朝十一時出社、岩村中将に電話でクレーン現場で話の付つ《〔いカ〕》た件報告。正午倶楽部。午後四時帰宅。

睦子来てゐる。忠昭帰宅。大賑かだ。

夜、六郎来り一泊。

武子は大崎の福島家に行って、夕方帰宅。

一月三十一日（日）　晴

弥々次郎進学校を決定することにした。いくら心配しても切りが無い。東条首相が対米英宣戦の決意と、余に取りては同程度の心配と決意を要した。朝十一時、小石川邸に山川武校々長訪問、相談した。大体良好の意向だったので、武校志願に決意して其旨依頼して帰宅。

午後、名倉第五高田の校長を訪問して其旨を述べた。此上は運命の決する侭だ。夜家族及次郎に此旨を伝へた。次郎頗る緊張の体を示した。悦ばしい。

今日午後、武子の一族帰り去る。

木村兄父子来訪。

二月一日（月）　晴

十時出社。別事なし。

正午倶楽部。一時から神田神保町の広文堂で忠昭の為、わかる三角術を求め、バスで目白、四時高田国民に占部訓導訪問。次郎進学の件、武校に決意の旨話し、五時帰宅。

夜、次郎同伴、眼科医に行く。結膜炎だ。

睦子、今朝帰り去る。静かになった。

二月二日（火）　晴

十時出社。別事なし。正午倶楽部。ソロモン群島レンネル沖にて我航空部隊は一月二十九日、三十日に亘り米艦隊を捕《〔捉〕》そく、戦艦二艘、巡洋艦三隻、撃破、戦艦一、巡洋艦一を中破の戦果を挙ぐ。ソロモン方面追々好況を呈す。

ドイツはスターリングラードに最後の段階に至れり。

大阪谷田スミ来泊。同氏次男、通信兵として応召、横浜方面の隊に入営を送り来り来訪。数日間滞在の予定なり。

二月三日（水）　雪、霙

夜来雪。今日は終日曇天。雪の霙降る。終日在宅。

夜、松下宅にて隣組常会に出席。

二月四日（木）　曇、微雨

朝来曇天、微雨。不愉快な天気だ。十時出社、支配人より報告を聞く。高雄埠頭クレーン又々未決のやうだ。神戸より船積を承知せず、本社、台湾の支店に交渉の電報を出した由。

セメント代支払問題も頗る行き違ひある由。依田は塩素送れと社長の電命に困ってゐる。正午倶楽部。

午後五時帰宅。夕食後、慶子、次郎同伴、穴八幡神社の節分参拝。

一陽来復の御守りを頂て帰宅。之は恒例だ。

独逸は三日、スターリングラード戦闘停止の発表した。三十万の独軍は全滅か一部降伏か不明。

二月五日（金）　晴　暖

朝来暖気だ。今日は日蝕であるから六時半起床、次郎、慶子を起す。朝来空は稍曇ってゐたが日光が射す。七時次郎同伴、氷川神社参拝。朝食中、日蝕だと云ふので次郎、慶子と二階で観る。此時太陽は輝いて日蝕を明瞭に見ることが出来た。九時すみ子同伴、池袋からすみ子は赤羽の大竹氏訪問に行った。十時過出社、別事なし。正午倶楽部。

宮本武蔵読む。五時帰宅。

夜、次郎に算術を試問す。大体良成績だ。

二月六日（土）　曇

朝十時出社。正午倶楽部。五時帰宅。

慶子、今日逗子に行ったが即日帰宅。

別事なし。

二月七日（日）　雨後霽

朝来雨。午後、霽れたが北風凛烈だ。

午後在宅。パールバックの大地読む。

午前〔後カ〕三時半から野方町占部鐵恵氏弔問に行く。当才の令嬢、五日死につき弔問だ。

忠昭、夕方坂本君同伴、帰宅。牛肉のすき焼を食って帰った。

二月八日（月）　晴

朝九時半出社。

塩素ボンベーの問題につき依田、南澤と協議した。一千本の日曹への注文と云ふ事が契約も何も無いやうだ。社長からは私利ありと電報が来てゐるが、之では困ったことだと依田はこぼしてゐた。

正午倶楽部、殖田と福島家結婚式の談が出た。五時帰宅。

夜、辻来訪、消防自動車々庫寄付の件だ。占部氏来訪、次郎進学の件打合せだ。余は高田第五よりの志願者の状況（武蔵へ）の調査を依頼した。

戦争には敵状偵察が第一だ。頓と小学先生で其辺の事が不明だ。

二月九日（火）　晴　暖

朝九時半出社。依田は昨日午後日曹の中野と会った由で色々話があった。

正午倶楽部。二時から板橋に行って九中を見て入学願書用紙を貰って来た。四時帰宅。此頃は次郎の進学の件で頭が一ぱいだ。

六時から麻布仲ノ町久留島宅で二中中山前校長が宿泊中で懇談会を開くので招待を受けて行った。夕食を済せ〔まカ〕せてとの約だった。鈴川先生、服部一郎と余だけで淋しかった。然し中山先生は元気だった。久留島の養父、久留島武夫氏も来会。台湾占領当時の手柄談も出て賑わった。十時半帰宅。

二月十日（水）　晴

朝十時、武蔵に行って次郎の入学願書を提出した。五十七番だった。新宿の六中に行ったがあまり沢山来てゐたので明後日を期して去って、日本倶楽部に行って前田多聞の米国談を聴く。

五時帰宅。

大本営発表。

我陸軍は戦略上の目的を達したので、ソロモン群島のガタルカナル及ニューギニヤのタブを撤退した。我戦死一万七千人。

二月十一日（木）　晴

紀元の佳節だ。朝来快晴、温暖。十時から徳川邸内で四丁目会の拝賀式挙行、来会者十数。余は会長代理で一場の式辞を述ぶ。

午後、次郎同伴、明治神宮参拝。二重〔橋〕にて宮城奉拝。九段に至り靖国神社参拝。次郎の希望にて遊就館、国防館観覧。新見附から佐土原町南町を経てバスで帰宅。五時、忠昭一寸帰宅したが帰り去る。

平和な紀元節だが、心中は次郎の進学の件で一ぱいだ。

二月十二日（金）　晴

快晴、温暖。九時、六中に行って入学願書を提出。三八一号だ。九中に行って願書用紙を貰って一旦帰宅。清書して再度九中に行って提出。四六七番だった。高田第五に行って占部氏に面会する。同校より武蔵に出願者は三の組の伊藤、他の組の一番、二番、四番の三名があるから、次郎が出願すれば五名となり、伊藤は恐るるに足らないが、他の組の者は皆次郎より優良だぞをだ。之は困った。武蔵は危険だ。

家族と協議して武蔵は断念する事に大体決めた。

二月十三日（土）　晴

十時出社。依田談、日曹ボンベー問題は五〇瓩三百本、一〇〇瓩一五〇本買う事の協議出来た由、塩素購入の手続中だった。日曹の中野の倉石比批〔批判カ〕談があった。余は其の内容を説明して置いた。

正午倶楽部。四時帰宅。

夕方、占部氏来訪、名倉校長に相談したそをだ。六中校長に紹介状を書くと云ってゐたそ〔を〕だ。

二月十四日（日）　晴

午前、塚本教授訪問、武蔵を断念の旨報告す。遺憾がってゐられた。

午後、千駄ヶ谷の三輪海軍中将を訪問す。

二月十五日（月）　晴

午前出社。依田と要談、塩素問題解決したそをだ。

正午、高田第五に占部氏訪問。六中受験に決心、内申書提出の打合せした。午後更に出社。五時帰宅。

倉石に当方の状況報告の手紙を書く。

二月十六日（火）　晴

十時出社。正午高田第五に名倉校長訪問、次郎進学六中に決定の旨報告。二階〔源市〕六中校長に紹介状を貰って、午後同校長訪問、面談す。三時帰宅。

二月十七日（水）　晴

大阪木村兄来訪するので終日在宅。尤も午前十時には一寸武蔵に行って山川校長に面会。次郎入学志願断念の旨を報告。御詫を申上ぐ。

十一時、木村兄来訪。久し振りの面談で話はずむ。午餐を共にし、午後三時過帰り去る。駒場に行くそをだ。

二月十八日（木）　晴

九時半出社。

正午倶楽部。

五時から糖業会館で丁未会。

遠藤、高木、小笠原、浅田、宮本、余。

八時半帰宅。臨時の隣組会合があった。

二月十九日（金）　晴

十時出社。南澤より報告聴取。ボンベー問題につき依田は丸山〔政男〕中将を無視し、寺本〔熊市〕少将、丸山中将の感情を害せる虞ありと泣言を並ぶ。又興銀に対する資金調査表本社より送付ありたるも、ずさんなりと告ぐ。

正午、台湾協会午餐会、木下信の講演、仏印事情あり。

五時半より久し振り紫明会に出る。

二月二十日（土）　晴

十時出社。十一時東京市役所に大村〔清一〕助役訪問、水道切り換の件相談。

水道局長の紹介にて目白営業所に交渉す。市水道に切り換へ大体承認を得。私設の鉄材献納の為めだ。モータ、喞筒等売却可能と思ふ。

夜、書籍売却六円。

名紙注文二円八十銭也（二百枚）。

二月二十一日（日）　晴

午前、高田第五に占部氏を訪問、同氏の希望による。次郎内申書につき打合せがあった。

今朝、忠昭帰宅。塚本教授から次郎進学につき武蔵に志願の勧告があったが考慮の末、六中に邁進させることとした。

午後、成城町に小早川画伯を訪問す。昭南島で福井大尉と親交あった由、以て今回帰朝を機会に訪ねたのだ。

福井の近況等聴き快談す。五時帰宅。

二月二十二日（月）　晴

十時出社。台湾から南澤宛通信があった。安平第二工場成績良好とあったが、具体的に説明が無いので未だ安心が出来ない。

塩素の要量、年約八百瓲から六百瓲との工場長の報告があったが変だ。

正午倶楽部。午後二時出社。五時帰宅。森岡夫人、斎藤令嬢来遊中。

今日、水道課から早速来て市水道に切り換て呉れた。

二月二十三日（火）　晴

朝九時半出社。

自設水道のモーターポンプ売却方につき大澤に依頼す。

正午倶楽部。四時半帰宅。

次郎は今日、多摩御陵参拝の遠足に行く。京都、奈良、伊勢方面旅行中止の代りだ。

夜、占部氏よりの申越で国民学校訪問、通信簿を預ける。

二月二十四日（水）　晴

十時出社。

倶楽部定例午餐、小川郷太郎氏の十八年度予算に就ての講演。

午後五時帰宅。

中島社長宛書信、塩素問題前決後の経緯を報ず。

二月二十五日（木）　晴

朝十時出社。

正午倶楽部。五時帰宅。

依田、南澤、大阪出張。

別事なし。

二月二十六日（金）　晴

十時出社。

正午倶楽部。四時帰宅。

桃子、正夫、義夫同伴来遊中。

賑かだ。

二月二十七日（土）　晴

唧筒屋が来ると云ふので在宅。午前十一時頃来た。モーターを会社に取られるのでは、唧筒とパイプ丈けではスクラップの価より無しと云ふて去った。

午後同人の紹介で目白の唧筒屋が来たが、同様の事を云ふて去った。

午後、高田第五に行く。本年紀元節に名倉校長と教員一名が教育功労者として表彰を受けたので父兄会で祝賀品を呈することとなり、父兄会で募集勧誘があったので三円を捐出したのだ。

雑司ヶ谷辺を散歩して帰宅。

二月二十八日（日）　晴

快晴、長閑な春日だ。

終日在宅、桃子の長男次男に取り巻かれて好いお爺さんで過した。

午後、珍らしく来客があった。鈴木敬一君だ。令嬢の結婚につきて縁先を依頼に来たのだ。写真を預けらる。

親心だ。当年二十二才、次女の由だ。

心掛ける事とする。

三月一日（月）　曇

九時半出社。大澤と打合せてモーターポンプは会社と取引を打切ることとした。

南澤、大阪より帰社につき種々事務聴取。社長五日頃帰京の予定の由だ。

正午倶楽部。

五時帰宅。

桃子の一族、今日大井に帰った。

三月二日（火）　晴

十時前出社。

倶楽部午餐。四時帰宅。

夜、大阪平賀叔父死去の電報来る。

三月三日（水）　晴

朝十時出社。午後一時帰宅。

平賀死去については明晩出発、妻の代りに参列の事に決定した。

今朝、唧筒屋を呼で、百円で売却の約束した。

三月四日（木）　晴

朝十時出社。午後社長が台湾から帰着の予定だったが、四時迄待ったが着かないので、五時帰宅。

七時四十分の急行で大阪に向て出発。平賀の葬式に参列の為だ。

今朝、鉄鋼材提出、売却に極めた。東郷元帥像や馬の置物、旅順の戦跡記念の大砲弾等は惜いが出した。井喞筒のタンク台の袂櫓も出すことにした。

女中あや、逗子に手伝に出す。

喜久雄、感冒で臥てゐる為だ。

三月五日（金）　晴　寒

午前七時、大阪着。九時、池田の平賀に行く。平賀一族皆集ってゐた。遥か福岡からも来てゐた。三郎の息秀夫も海軍技術中将で来た。大森の息も東大工学部の学生にて来た。羨望だ。忠昭、次郎の成人の時を予想した。午後零時半から宅で告別式。三時から阿部野斎場で葬儀及告別式。九時半、夜行列車で帰途に着いた。

叔父平賀義美は本月二日に風邪から肺炎と八十七才の老衰の為、忽然と死去した事を、今朝五郎君から聞て知った。三郎を去年死なせてから元気を失ったやうだ。

三月六日（土）　晴　稍寒

午前九時帰宅。ポンプ屋が機械を外しに来てゐた。終日在宅。妻に大阪平賀葬式の模様を話してやる。森岡君より電話で六時から築地和光で晩餐会の招待を受けて行く。小林、森岡、山縣及、余の四人だ。愉快だった。十時過帰宅。

三月七日（日）　晴

午前在宅。

午後、代田に鈴木敬一君訪問。先日来訪の答礼と中島藤太郎氏の令息が独身故、過日の鈴木令嬢の縁談如何と思ったのだ。

服部夫婦、今朝来訪。夜帰り去る。

次郎は今日、終日高田第五で予習。

三月八日（月）　晴

十時出社。中島社長、帰社してゐる。午餐を共にし、午後社長室で事務打合す。頓と社長はそわそわして取り止めが無し。依田に聞けば、社長家庭問題でなやみがある由。十日夫人同伴、岡山に帰郷旅行する由だ。

忠昭、試験終了帰宅。

三月九日（火）　曇

朝来微雨。直ぐ止んだが寒い日だ。

次郎同伴、午前八時、六中に行く。

入学試験の点呼の日だ。父兄は控室に待って、生徒は点呼場へ行く。

控室に掲示の日割表を写す。次郎身体検査は十日、人物考査は十二日午前だ。

九時半、次郎点呼終了。同伴帰宅。

十一時前出社。

正午倶楽部。午後出社。四時帰宅。

女中あや、逗子より夕方帰宅したが、家内より本月限り解雇の宣告を受けて直に帰り去った。

困った奴だ。

三月十日（水）　晴

午前九時半出社。

正午倶楽部。明大教授松本龍蔵氏の在米同胞に関する講演。午後五時帰宅。

次郎、身体検査好成績で帰宅。

三月十一日（木）　晴

終日在宅。

次郎人物考査は明日に付、何くれと準備をさせる。

忠昭も在宅。

三月十二日（金）　晴

朝七時、次郎同伴、出宅。八時半六中に行く。八時四十分から人物考査開始。第一室は次郎同伴入室。

以後は次郎単独にて考査を受け、余は其終了を待受け、午後零時半同伴帰宅。考査は六回に亘り殆んど各科目に就き口頭試問ありし模様だ。大体良好の成績、次郎は高田第五に模様を報告に行った。

発表は明後日だ。待遠い。

三月十三日（土）　晴

九時半出社。別事なし。

正午倶楽部。五時帰宅。

忠昭は寮の四年卒業生の送別会で鬼怒〔ママ〕温泉一泊旅行。明早朝出発の由で、今夜寮に帰り去る。

三月十四日（日）　晴

軽暖快晴。午前在宅。

十二時、慶子、次郎同伴、六中に行く。入試合格者番号にて発表、三八一番合格発表。数ヶ月来の鬱積始めて霽る。晴天快気だ。帰途次郎同伴、高田第五に校長、占部訓導に挨拶す。日曜だが校長も登校して居って大ニコニコだ。今日大部分の学校の入試の発表あり。高田第五は良好の成績の模様だ。一時半帰宅。妻も大安心だ。慶子も大ニコニコ。

次郎を督励して二階室の大整理をさせる。

三月十五日（月）　晴

朝九時半出社。

正午倶楽部。二時、約により西澤基一君来訪。比律賓談を聴く。
一、西澤は比島攻略軍嘱託として司令部と同行、敵前上陸、軍第一線は進攻して敵産接取、産業の統轄をなし大体仕事一段落につき四月頃引上げる積り。
一、比島攻略軍は第四及十六師団にて弱兵なりし故成績不良。バタン半島にこ〔膠〕を着して本間司令官、参謀長も責を負ふて引退。林副参謀長は責任なし。近く姫路より第一線に出る筈。
一、台湾より出たる高原は頗る元気にて人望あり。
一、司政官は軍に牛耳られて頓と手も足も出ず。西澤は明日出発、一応渡比。五時帰宅。
明治天皇御宇史（徳富第九巻買ふ）。

三月十六日（火）　晴

朝九時、豊島区役所に行く。次郎入学書類の本籍証明の為だ。之は本籍地の戸籍役場にて証明を要する由、寄留地にては不能の由につき醍醐へ用紙を送る。親切課について色々聴く。成る程親切に説明して呉れた。十時半出社、倉石明日午後帰京の報あり。

午後一時帰宅。

午後在宅。五時頃大風があった。

忠昭、寮より電話にて進級の通知あり。

明日帰宅の由申越す。一家歓声挙る。夕食鰤の肴にて祝盃を挙ぐ。

夜、次郎に英語予習。alhabet〔ママ〕全部終了。a pen. This is a pen. を覚へた。進歩早く悦し。

三月十七日（水）　晴

朝九時半出社。正午倶楽部午餐会、前田氏の土耳古近状を聴く。

二時、田中長三郎君会社に来訪。

三時半、倉石専務帰京着につき、東京駅に出迎へ、同伴出社、打合せ事項、中島社長本社に非行あるにつき依田監査役に調査を依頼せる件、依田より余に相談ありたる趣を倉石に伝ふ。倉石も中島より聞き居る由にて、松尾技師を中傷せる者ある模様にて事件としては問題にならざる由。尚、第二工場は運転を続け居り、塩素も左程欠乏し居らざる由。何が何だか分からない。

本日、次郎入学書類福井芳輔に副保証人の捺印を受く。

女中あや、郷里にて結婚を済せ帰宅。数日滞在する由。
＊上野主任教授より来信、忠昭進級せるも学校成績は頗る不良なる故、激励を要する旨注意来る。返信を出す。

三月十八日（木）　晴

九時半出社。倉石は海軍省に出頭。中島社長、今朝帰京出社。

正午倶楽部。

午後二時半より定勤〔ママ〕重役会、倉石より本社状況報告あり。主として興銀よりの調査員の調査状況の報告だ。又、社長の云ふ松尾工場長の非行云々の件は倉石より軽くあしらって報告によって解消した。布袋、北門の臭素工場は方法を変更して苦汁より直接の方法とし由。

五時半より東陽軒〔洋カ〕で丁未会。遠藤、小牧、小笠原、神戸、及余。大に話がはずんだ。今日より忠昭帰宅。忠昭、次郎、慶子、二十円宛賞与支給。

三月十九日（金）　晴

九時半出社。

正午倶楽部。

四時帰宅。

奥村姉、一旦帰京につき午後八時の急行にて出発につき東京駅迄送る。

本郷方面散歩して次郎にノート五冊買った。

三月二十日（土）　雨

九時半出社。

正午倶楽部。

午後二時出社。四時半帰宅。


御向ひの深井鑑一郎、数日前脳溢血でたおれ重体の模様。同情に耐へない。府立四中校長として名声を挙た人だ。

三月二十一日（日）　曇、小雨

朝、塚本教授、忠昭退舎、自宅より通学の件打合す。上野教授訪問、不在。

今日彼岸中日なるも曇天にて陰鬱だ。

五時半より四谷津の上の小花にて中島社長より慰労招宴。社長、倉石、依田、南澤、及余参会。盛会。十時帰宅。

三月二十二日（月）　曇、小雨

九時半出社。

正午倶楽部。午後一時、玉屋で腕時計の修繕を受取り、一時半出社。興銀より桜田課長が調査に来た。五時帰宅。

忠昭、感冒にて横臥す。

三月二十三日（火）　晴

九時半出社。

中島社長、倉石専務、桜田興銀等と午餐を共にす。社長は午後三時の急行で出発、渡台の途に就た。来る三十日東久邇宮殿下、安平工場を御視察につき御迎へ且御案内の為だ。安平第二工場の成績の良好を只管希望する。四時半帰宅。

六時半、高五校長の希望にて同校訪問す。一、卒業式祝辞の件。

一、父兄より謝恩金の件の協議だ。次で保護者会評議員会。八時半帰宅。
今日、靴裏皮修繕、八円八十銭。

随分高価になったものだ。

三月二十四日（水）　曇、微雨
朝十時出社。

十一時半、高田第五に名倉校長訪問。謝恩金配分の予算案打合す。

午後二時から慶子同伴、上野美術館に小早川画伯案内の絵画展覧会を見る。従軍画家の南方に関する展覧会の積りだったが、小早川君の数点の外は一般の油絵で頓と当がはずれて帰った。

微雨蕭々の上野公園、早春の景物を賞して帰宅。

夜来春雨。

今日、深井鑑一郎翁逝去。七十九才の由だ。

三月二十五日（木）　曇、小晴
十時より高田第五の卒業式に次郎の父兄として参列、一場の挨拶をやったがあまり上出来でなかった。式後、父兄会代表として校長、主任訓導達に謝恩金を贈呈式挙行。総額一千二十円だった。委員は余と塚本氏で、婦人連の参列者数名あった。
今日の卒業生二百九十六名。
一時半帰宅。

武子、睦子来遊。

忠昭、又々感冒発熱。

三月二十六日（金）　晴
朝、深井家弔問。十時出社。

正午倶楽部。四時帰宅。桃子、子供連れで来遊。今日は武子連と豊島園の予定をやめた由。桃子今夜帰り去る。

今日、次郎、慶子同伴、六中に行って教科書を求めて帰った。

次郎、今日牛込の愛日校に挨拶に行った。鎌田先生、校長さん、田口先生も皆喜んで呉れた由。良い事をしたと思ふ。

三月二十七日（土）　晴
竹村母子、午前八時半着。余は在宅。
午後、竹村母子を案内して明治神宮、靖国神社参拝。
夕方、服部も来泊、武子、睦子の一隊共で七人の来泊客で大賑かだ。
夜、辻氏宅で隣組常会、辻夫婦より武蔵高等批評あり。大にやっつけて置いた。
次郎は廣子や聡子のお守りで勉強も出来ないとこぼしてゐた。

三月二十八日（日）　雨
微雨だが竹村母子を案内、相模原の陸軍第三臨時病院に重一君の見舞に行く。小田急で新宿から約一時間、武蔵野を春雨蕭々の内を行く。原町田の先に新駅が出来てゐる。広寛たる平原粗林の中に広大なるバラックが建てられてゐる。幾多の傷病兵を療養してゐる。重一君には初対面だった。自動車隊兵で済南で昨年自動車の為に足部負傷の由。母子は心ゆく迄慰問を果して午後三時辞去。五時帰宅。

今朝は五時から防空演習に出た。

武子、睦子の一隊は今日帰り去る。次郎は荷物持で送って行った。

三月二十九日（月）　晴

快晴だ。竹村母子、浅草観音参拝につき慶子同伴、浅草に行き十時出社。正午倶楽部。

午後二時、伝通院で深井鑑一郎氏の告別式に参列。流石多年教育界に従事せし人丈あって近来の盛会だった。

松下氏を大塚仲町に弔問、二時半帰宅。

女中あや、今日限り暇を取って去る。

代りの女中は明日奥村姉京都より同伴、帰〔来カ〕宅の筈。之で妻のなやみも去って一安心。夫れは好いが、あやは乙骨氏女中に告別の間、大切なる荷物をさらわれて大さわぎは可笑いやら可はいそをやら。

三月三十日（火）　曇

竹村母子は慶子案内、神楽坂から新宿に行って、母子は再度相模原に行った。親子の情合だ。

余は朝九時半出社、依田と台湾行航空便の打合せを為す。

田中長三郎来訪、連盟と技術院との意見相違の由で困って居った。丸の内ホテルで午餐。中野有礼に会ふ積りだったが不在。

神田で次郎に筆入れを、余は立体幾何学を求め帰宅。次郎、夕方逗子より帰宅。発熱、直に横臥。四十度近く、安藤氏の診察を受く。感冒だ。夜嘔吐す。中毒か。今日帰途魚の土産物沢山持参。電車雑〔踏〕とを且福井に立寄り疲労せし由。

今朝途上、女中あやに会ふ。未だ帰り得ず迂路迂路し居る。気の毒だ。

三月三十一日（水）　曇、小雨

朝九時半、竹村母子の出発を東京駅に送る。出社。倉石出社、会社経理難を訴ふ。減価償却難の説を述べたが、之は融資当初より明白の事だ。重役会を開て協議せばと云って置いたが要領を得ない。南澤支配人同伴、午餐。

神田で次郎の国語と漢文を買て帰る。

三時だ。次郎熱未だ去らず。今日安藤氏の診察では矢張り感冒の由。

夜に入て熱下り、稍元気を出した。

忠昭葉山より帰宅。

倉石は明日より信州に墓参に行く。

尚、十八日頃出発、航空便で渡台の予定の由だ。

岩村夫人より電話、静夫転勤四月発令の内報。

四月一日（木）晴

六中入学式の日だ。次郎熱は去ったやうだが予後静養の為欠席。余出席、午前八時開式。二階校長の告詞で六中の歴史、教育の方針も明瞭となった。国家主義の教育方針は結構だ。学校令改正の結果、修練に重きを置くやうになった。高度国防国家体制に則〔即〕応するやうになったのだ。学校にある軍艦三笠の時鐘は興国鐘と称して精神教育の中心としてゐるのは頼もしい。

午後一時半終了。二時半帰宅。

四月二日（金）晴

六中新入生、明治神宮参拝。父兄も参会を希望せられて行く。次郎も今日一日休ませた。学校で新旧生対面式があって、生徒は九時半明治神宮に来る。

父兄は御手洗所で待て参加、参拝。

参拝後、社務所の庭貴賓館玄関前で新入生父兄と記念撮影して解散、余は帰途六中に立寄って二階校長に面会して、一時半帰宅。

四月三日（土）微雨

春雨蕭々。

午前在宅。

午後、福井老来訪。別段の用事なし。

四時から武蔵の慎独寮に相原教授訪問、故山本校長の追悼品展覧会に出品の先生の絶筆たる画はがきを提出。尚、忠昭退舎の挨拶を為す。今日は武蔵の入校日で舎監全部出勤、挨拶して帰宅。

奥村姉の談に、精二君風邪がこぢれてぶらぶらやってゐる由につき、診療を勧告の手紙出す。

あやより来信、蓄金通帳は託送手荷物の中に在った由。現金五十円もあった事と思ふ。

四月四日（日）曇

曇り日。俄に暖気増す。

午後、名倉高五校長訪問。先生昨日後妻を貰われたそをだ。

四月五日（月）晴

次郎今日から六中に出席。中学生として第一歩を踏み出した。前途を祝福す。本人も嬉々として出て行った。

九時出社。倉石は未だ国から帰らない。

正午から三和に行って、睦子に定期預金千五百円を造ってやった。大体結婚費用を五千円の予算と見て実費の残千五百円を本人にやる事とした〔の〕だ。三井信託金庫に行って信託延期手続を済せた。一旦帰宅。電灯会社に行った。忠昭、次郎、勉強用の灯火増申請の為だ。序に女中に電灯会社と区役所に同行、教へた。

四月六日（火）　晴

午前十時出社。

倉石出社。

午後二時帰宅。

岩村中将突然来訪。福井静夫、呉に転勤発令があったそをだ。

四月七日（水）　雨

春雨。九時半出社。岡田書記から報告があった。依田と余と陸軍の飛行機で台湾に送って呉れることとなったそをだ。渡台問題は決った。

正午はうどんで済せ、神田、和泉町辺を散歩。午後出社。四時帰宅。

四月八日（木）　雨

春雨蕭々。午前十時出社。依田君午後陸軍省南方輸送本部を訪問の結果、来る十五日、大刀川飛行場発の陸軍機にて余と二人便乗を許さるる事となった由だ。南方に輸送する軍用機だそをだ。多分重爆と思わる。愉快だ。四時退社、帰宅。

次郎に入学の覚悟と云ふ作文課題を書かせた。学校へ明日提出するのだ。

四月九日（金）　晴

天晴れて気持が良い。午前九時、森岡訪問、台湾行の事を話す。高千穂丸には戸水の令嬢夫婦、瀧田重男等も遭難したそをだ。同情に耐へない。十時半出社。

正午倶楽部。神田で微積分を求めて、池袋の電灯会社に立寄り定額灯を解約して、三時帰宅。

今日鉄材を供出した。

睦子妊娠二ヶ月の報あり。一門益々繁栄だ。

四月十日（土）　晴

午前九時半出社。

倉石と同伴、中野有礼を丸の内ホテルに訪問。中々御機嫌が良い。五月に一度台湾の工場を見て呉る由だ。田中長三郎談も出た。

依田は今日は休み。

三井信託で定期延期通知書と妻の貴重品を預入。

次郎のコムパスを買て帰る。

四月十一日（日）　曇

午前、大井町福井訪問。

午後、岩村清一訪問。岩村君南方某根拠地の司令長官となる由だ。不在。四時帰宅。

四月十二日（月）　雨
春雨だ。午前九時出社。

依田と同伴、航空本部内の南方輸送本部に生形大尉を訪ふ、不在。更に陸軍省燃料科〔課〕に高橋大尉訪問、何れも台湾行飛行機便乗の件だ。

正午倶楽部。

次郎に万年筆を求め帰る。次郎大喜だ。子供の喜ぶ顔を見るのは愉快だ。

四月十三日（火）　晴
快晴。九時出社。十時依田と同伴、航空本部に奥村嘱託、生方〔形〕嘱託を訪問。飛行機は十五日の予定のところ、十七日以後に延期した。却て都合がいい。
正午倶楽部。三和に行って三百円引出した。旅行の積りだ。之で三和に残なし。午後四時帰宅。
今日は市内中枢部の防空演習盛だ。

四月十四日（水）　晴
七時半、岩村君訪問。今日南方の艦隊司令長官となって十七日出発の由につき挨拶の為だ。ジャワ、ボルネヲ、セレベス、チモール、アンボン、ニューギニヤ西部の管轄の由で、主としてジャワのスラバヤにゐるのだ。軍艦はあまり無いと笑ってゐた。

渋谷迄自動車同乗、武運長久を祈って分れた。

地下鉄で京橋迄来たが、あまり早いので銀座散歩、宮城前にて宮城を拝して出社。実に爽快だ。九時出社。

午後一時、六中父兄会に出た。水田主任を見直した。立派な人だ。五時帰宅。

妻、余の台湾出張の事を知った。

四月十五日（木）　曇　夜雨
九時半出社。
依田と午餐。靖国神社に参拝す。桜花満開。午後二時帰社。航空本部より電話あり、来る十七日立川飛行場より出発、便乗許可の通知があった。岡田に印鑑持参、出頭せしめた。三時退社。日本橋通りと銀座三越等で国民帽、股又〔ママ〕、ワイシャツ等旅行準備品を求めて帰宅。
平賀義人の夫人、斎藤夫人来訪中だった。

四月十六日（金）　快晴
午前九時半出社。

岡田から報告を聴く。明日午前十時、立川の航空廠に行って木村嘱託より指図を受る事。

正午退社。海上ビルで次郎、忠昭に鉛筆一ダース宛買ふ。

丸ビル精養軒で昼食。

六中に行ったが、水田、木村両氏共会へなかった。武蔵に行って塚本、相原に面会。故山本先生遺品展覧会の準備中を見て、四時去って、辻組長、安藤医師訪問、不在中を頼む。林、木村に電話にて挨拶。

弥々明朝空路渡台。爽快極りなし。

四月十七日（土）　晴

七時家を出て省線にて立川に行く。依田と見送りの岡田書記同伴、立川飛行場に至り、十時半陸軍重爆機に便乗出発。同行者四人。爽快なる航空にて富士山頂近くを飛び、東海道より伊勢湾を横断、伊勢山脈、大和平原、伊〔生〕駒山脈を越へて大阪市上空通過、瀬戸内海、四国を経て九州に入り、午後三時福岡雁の巣飛行場に着陸。福岡泊り。

栄屋旅館に一泊。大森静子を訪問。

四月十八日（日）　晴

午前十時、雁の巣出発。少雨を冒し飛行、佐賀平野、有明海、九州路を経て支那海を南下、雲海の上を飛ぶ。

正午、那覇飛行場上空を通過。天霽れ南下、午後三時台北飛行場着。

鉄道ホテルに入る。

山下、越智を招致、晩餐を共にす。

伊藤完二の息、台北一中四年修了にて五高入試受験の為熊本行の帰途、高千穂丸にて遭難の由聞きて電話にて弔問す。伊藤上京不在、夫人電話口に出て声なし。悲痛極まる。

台中の森田知事に電話弔問す。

四月十九日（月）　晴

〔八時、総督、長官を官邸に訪問。九時帰宿。

依田、関口、犬飼来訪。南方談はずむ。〕

四時、倉石到着。依田と吉田と四人晩餐を共にす。

長谷川総督は警務、専売、両局長等随員を従へ南方に出張中不在につき、朝総督府に須田殖産局長を訪問、専売局に楽満〔金次〕総務課長を訪問す。

依田と中惣〔樹〕に天〔ママ〕波羅を食ひ、市内散歩す。

午後在宿。鈴木忠信、田中一二来訪。

四月二十日（火）　晴

倉石と同伴、総督府関係に挨拶廻り。松尾工場長も同伴。

夜行にて高雄に向ふ。

大稲埕信用組合事務所に廷俊の招待を受け午餐会、高橋元台北知事来会す。同氏は最近南興公司社長として来台、居住の由につき遇会を喜ぶ。

四月二十一日（水）　晴

八時高雄着。吾妻旅館に入る。

州庁訪問。十一時依田と同伴、草衙本社に行き社長に会ふ。

二時退社、州自動車借用して左営に海軍警備府司令部訪問、高木〔武雄〕長官、島崎〔利雄〕参謀長に挨拶す。何れも知人なり。

五時帰宿。

手貝を招致す。

與儀〔喜宣〕、山城、古瀬〔理二〕来訪。

四月二十二日（木）　晴

午前六時起床。緯度の関係で高雄の朝は未だ暗い。六時半から高雄神社に参詣。滞在中の日課とする。東天大武山より出る太陽は実に美だ。

九時社長、依田、倉石と同車、自動車で草衙の本社に出社。重役事務打合会を開く。

五時帰宿。

内閣改造発表。

農相　山崎達之輔
文相　総理兼任
内相　安藤〔紀三郎〕
無任所　大麻唯男
外相　重光葵
文相は二十四日付

四月二十三日（金）　晴

十時より会報を開く。之は社長の創意にて、重役、課長以上会合して事務報告、打合せ指示等を為すなり。「会報」は軍隊用語なり。

今回余の渡台の唯一の目的、否、楽みとせる安平第二臭素工場は硫酸無き為運転し居らざるは遺憾極まる。

社風の悪弊にて待本総務課長も充分に活動し得ざる模様。遺憾だ。

夜、聴松園にて社長の招宴あり。

四月二十四日（土）　晴

社長以下、重役、松尾工場長の案内にて高雄工場視察す。¼は六月迄に完成の予定、¾は鋼材、特に鉄管類入手難の為に其完成の期は不明。困ったものだ。

高木拾郎の息、早稲田学生帰宅の途、高千穂にて遭難につき弔問。

土井海軍中佐の留守宅訪問。

四月二十五日（日）　晴

第一と第三日曜は休みだ。在宿。

井上忠之助来訪、栄町の天〇〔ママ〕にて牛肉のすき焼の御馳走になる。

あまり甘くない。三時帰宿、休養。

四月二十六日（月）　晴

休養。

十時、高雄中学に松井実校長を訪問す。今回新任にて余の台南時代よりの知人。立派な校長だ。松井君も大に悦んで呉れた。丸中に田村保を招致、午餐を共にす。五月も未だゐた。州の自動車を借用して岡山に至り、高雄航空隊訪問。

四月二十七日（火）　晴

事務監査。

高雄共同漁業組合の幹部連、御園に招待し呉る。高雄漁船は海軍の御用の仕事にて漁業も盛大に営み居る由。悦ばしい。

四月二十八日（水）　晴

事務監査。

四月二十九日（木）　晴

在宿休養。

四月三十日（金）

事務監査。

五月一日（土）　晴

事務監査。

五月二日（日）　晴

事務監査。

五月三日（月）　晴

台南に至り、鉄道ホテルに宿泊。

安平工場監査。

社長も来南。

夜、魚源にて専売局塩務課長以下、塩務関係者懇談会に出席。

五月四日（火）　晴

安平工場監査。

倉石専務も台北出張の帰途来場、社長も来り盛なり。

五月五日（水）　晴

余単身、布袋工場監査。

風巻〔磊次〕工場長は中々よくやってゐる。六時、台南ホテルに一泊。

五月六日（木）　晴

台南州庁訪問。今村に会ふ。

午後、日下台拓理事同伴、安平工場視察。四時、急行にて高雄に帰る。

五月七日（金）　晴
決算監査。
松尾、瓦林、高木等より花壇招宴。

五月八日（土）　晴
決算監査。
会報。
丸中にて知人連十名にて招宴。
手貝、久永と花壇に二次会。

五月九日（日）　晴
決算監査。
江島にて松尾、楠田、手貝、招宴。

五月十日（月）　晴
日下理事（当社取締役）来会。
定期重役会を開き決算認定。
夜、聴松園。
社長今夜出発、十二日の飛行機にて帰京の途につく。

五月十一日（火）　晴
決算監査、仕舞。
午後、港湾工業出張所訪問、古城に会ふ。消防署に石丸〔卯六〕署長訪問、同伴、来宿。手貝、久永を招致。
消防署後援を依頼。
六時より花壇に古城招宴。後、聴松園に久永、手貝、石丸の招宴。

五月十二日（水）　晴
朝十時、竹村〔俊一〕土木課長来訪。州下土木事業近況聴取。
午後、其案内にて鳳山の工業用水工事視察。
帰途、高雄要塞に新妻司令官訪問。
夜、手貝訪問。三神来会。

五月十三日（木）　晴
午前八時五十分、急行にて出発。
台中で芭蕉実を買って昼食の代用に食ふ。
五時台北着。ホテルに入る。依田は昨夜着。北投大和に宿泊し居れり。
倉石と晩餐。
地方長官会議中にて来会の森田、宮尾〔五郎〕来訪。
青木大東亜大臣、南方より帰途立寄り、ホテルに総督、軍司令官を招待し居れり。

五月十四日（金）　晴
午前八時、総督、長官邸訪問。

関口、犬飼来訪、南方談を聴く。

三好も来会、午餐を共にす。

市役所に廣谷〔致員〕市長訪問。

依田帰る。倉石来る、晩餐を共にす。市内散歩。

明日の飛行機駄目。

五月十五日（土）　晴

午前在宿、谷口来訪。

畜産興業に市島専務訪問。

今村身上の件、依頼す。

土曜会に出席。


逓信部に伊藤逓信部長訪問。

飛行機の件依頼す。十八日に確実に座席を取る事を依頼す。

五月十六日（日）　晴

午前、谷口訪問。伊藤訪問。

午後、台湾神社参拝。児玉中佐に会ふ。

夕方、大稲埕散歩。

五月十七日（月）　晴

午前、法院に林〔藤香〕検察官訪問。

午後来訪。林貞次郎来訪。

明日、依田と余の飛行機取れる。

中物に晩餐。

夜荷造り。増来手伝呉る。

五月十八日（火）　晴

午前九時、台北飛行場より橘号にて出発。十一時半、那覇飛行場着。中食の寿司は甘かった。

正午、出発。三時十分福岡着。

栄屋に小憩。夜七時六分の富士にて出発、関門トンネル通過は初の経験なり。

五月十九日（水）　晴

神戸辺にて起床。

退窟〔ママ〕の汽車旅行だ。名古屋より朝鮮総督小磯陸軍大将同車。

午後三時二十五分東京着。南澤、岡田出迎を受け、省線に乗換へ四時半帰宅。皆健在なり。

五月二十日（木）　雨

九時出社。

社長と台湾倶楽部月例会に出席。午後庄山、高桑より事務聴取。

四時帰宅。

五月二十一日（金）　晴

午前十時出社。高桑より第二工場図面により説明を聴く。午後、藤本証券にて妻より委託の国債千円券（平賀叔父かたみの品）を売却。昭和銀行目白支店に預入。二時半帰宅。

本日午後三時、大本営発表。山本連合艦隊司令長官は南方太平洋に於て飛行機にて作戦指揮中、名誉の戦死を遂げられたる旨発表。何とも申す言葉なし。午後七時のニュースに海軍報導部長矢野〔英雄〕少将の山本大将を思ふの談を家族一同と謹聴、大将の霊に対して黙禱す。

五月二十二日（土）　晴

十時出社。

正午退社。

総督府出張所に長谷川総督訪問。山本元帥に対する弔問を述べ、三時帰宅。

五月二十三日（日）　晴

終日在宅。近来の長閑なる日を暮した。今日は故山本元帥の遺骨致〔到〕着の日だ。午後二時四十五分、東京着の筈。静に黙禱した。

午後、林姉来訪。妻との談話聞くに堪へざる下品なるにつくづく婦人教育の要を感じた。

次郎は学校から植物採取に高雄山方面に行って、へとへとになって夕方帰宅した。

五月二十四日（月）　曇後雨

十時出社。倉石帰社。社長と丸の内ホテルに午餐を共にす。

午後、三和で妻依頼の出金二百円。

三井金庫にて火災保険証を入れ、睦子の預金帳出し、一旦帰宅。

雨降る。

午後三時半、水交社にて故山本元帥の告別を為し、日本倶楽部に小憩。六時より築地大和にて川〔河〕村台日の招宴。小林大将始め連中十名来会、盛会であった。十時半帰宅。

忠昭、海兵受験願書を武蔵に提出せなかったので叱らる。之は余の不注意であった。早速認めてやった。

五月二十五日（火）　曇

午前七時半、倉石を自宅に訪問。会社関係事項の注意を与ふ。

一、社長談によれば、興銀、陸軍省に於て倉石に対する信任なし。日曹重役の倉石に対する反感強し。庄山、高桑を本社に於て使用し居るに就ての反感。

一、社長は日曹と摩擦を無くせんと希望す。

一、社長は倉石を絶対指〔支〕持す。

之に対する倉石の意見、

一、日曹と妥協の可能性なし。此意見を社長に述たり。

午後、武蔵に校長、加納、塚本訪問。忠昭の海兵受験の了解を求む。

五月二十六日（水）　晴

九時半出社。社長と倉石は川崎に行った。川島農学博士の合成ゴムの事業を見に行ったのだ。依田出勤したが病に弱ってゐる。報酬を受取って、港湾工業に加藤を訪問。古城と話した。工場敷地の件を話し、一時帰宅。

芝町会副会長来訪。町会規程改正、会長、副会長通元、余は理事を退役の通告だ。

福島母堂、武子、子供二人、女中連れ来泊。大賑かだ。

服部六郎来訪。八時半帰り去る。

五月二十七日（木）　曇、小雨

九時半出社。倉石出社。

新常盤橋通りの甘い蕎麦屋で天ぷらうどん、おかめそばを食し、神田駅より省線で千駄ヶ谷に出て、東郷神社に参拝。忠昭に必勝のお守り、次郎と余にお守を拝受。

明治神宮に参拝、雨に煙る神域いとも神厳〔ママ〕であった。何れも日本海々戦全勝の祈念を為した。二時帰宅。桃子、義夫同伴、来り居る。福島母堂は武子同伴、靖国神社参拝。

四時帰宅。今夜は賑かだ。

五月二十八日（金）　小雨

九時半出社。社長、倉石共に出社。

正午倶楽部。鈴木に会って同令嬢に風見章令息婿縁談を為す。

一時半帰社、事務打合せ。五時退社、帰宅。

福島、福井の連中皆帰り、寂涼なり。

台湾より小包。次郎靴、洋服地来着。

大喜なり。

夜、名倉校長来訪。占部訓導破〔破廉恥カ〕恥（生徒父兄より収賄）の疑にて警視庁に召喚されたる旨報告あり。慨嘆に不堪。

五月二十九日（土）　曇

九時半出社。十時より第七期決算総会。

社長、専務、余、依田、加藤、武、中野有礼、日曹監理課長出席。無事終了。午後二時退社。

ラッシュリングの剰余出来たるは中野有礼、人命に反して建設せる為なる事分明し、不審に不堪。

三時帰宅。忠昭、次郎同伴、新宿に映画海軍戦記を見る。あまり良く出来てゐない。唯、故山本元帥の出る幕あり、感激す。

九時帰宅。時間の都合で牛込に行ってボート漕ぎをさせた為なり。

五月三十日（日）　晴

終日在宅。

次郎の勉強を見る。

次郎、午後高五同窓会に出席せり。

大本営発表にてアリューシャンのアッツ島の守備隊は上陸米軍と敢闘全滅せりと知る。

我軍二千余名、米軍二万、我隊長は山崎〔保代〕大佐、二十七日全滅を期して米軍の主力部隊に突撃せりと。正に湊川の楠正成である。悲壮極る。

五月三十一日（月）　曇
九時、森岡訪問。

十時半出社。丸〔の〕内ホテルに午餐。

午後三時、三菱商事より来り、社長専務等と共に会見す。水銀整流器用の配電盤高雄未着の由にて大騒ぎとなり交渉だ。

五時半帰宅。

珍らしく腸を害して閉口だ。

六月一日（火）　晴
晴れとなった。朝来腸の為絶食なるも出社。三和に行って預金。

福井老に会った。十時出社。正午退社、帰宅。午餐も絶食静養。

夕食にかゆを食った。

忠昭、豊島区役所兵事課の希望にて身上調査を認めて出す。海兵入学用のものだ。流石軍人の学校は調査懇切丁寧であるに感心した。

六月二日（水）　晴
今日は休養。絶食療法をやる。
午後、豊島区役所兵事課に行く。忠昭身上調書に書き加ふる為だ。

六月三日（木）　曇
十時出社。
今日は依田も出社。
午後、直に帰宅。静養。

六月四日（金）　曇
十時出社。

倉石から日曹株書換を日曹より希望あり、但千株は倉石に残し度し、倉石は之を南化重役に配分し度しとの申出あり。

正午倶楽部。午後四時帰宅。

服部夫婦、福島喜久雄来泊。

六月五日（土）　曇
十時出社。
故山本元帥国葬の日だ。午前十時五十分、社で黙禱して元帥の霊に敬意を表す。正午倶楽部。片岡直温の大正昭和政界の断面を読み、片岡氏に好意を持った。五時帰宅。
桃子、正夫、義夫同伴、来泊。

六月六日（日）　曇

午前、岩村清一氏留守宅訪問。中将の写真を貰って、正午後帰宅。午後、妻、睦子、桃子の一連帰り去る。妻は睦子の案内で慶子、忠昭同伴、葉山に行く。

慶子、忠昭は今夜帰宅の筈。

次郎、今日地理、英語の臨時試験があった。

午後、名倉氏訪問、不在。茄子と甘藷の苗を買って帰る。

六月七日（月）　晴

午前九時半出社。

倶楽部午餐。

三時帰宅。

六月八日（火）　晴

午前九時出社。
正午倶楽部。
三時帰宅。
次郎臨時試験成績
国語　五十八点
数学　四十点
督励を要す。

六月九日（水）　晴

午前九時半出社。重役会。

午後一時半より社長室で庄山、高桑より聴取。

社長、倉石、元気が無い。

六月十日（木）　晴

九時半出社。

倶楽部午餐。四時帰宅。

慶子、弟同伴葉山行、日帰り。妻十五日帰宅予定の由。

六月十一日（金）　晴

十時出社。

社長、倉石、陸軍省出頭、帰来。

元気がない。

倶楽部午餐。四時帰宅。

鈴木敬一に風見の件話す。

六月十二日（土）　晴

快晴。九時半出社。

社長、同夫人、倉石等と丸の内ホテルにて午餐。三時帰宅。

夜、次郎同伴、目白通り散歩。がま口、バンド（計四円五十銭）を買与ふ。

六月十三日（日）　晴
快晴。終日在宅。
庭園手入れ。池の水換を為す。
次郎、葉山行。

六月十四日（月）　晴
朝九時半出社。
正午倶楽部。午後一時〔以下空白〕。

六月十五日（火）　朝雷、午後晴
朝九時出社。魚河岸《〔ママ〕》◎ずしにて鮪すしを食して、午後一時半帰宅。
妻、夕方逗子より帰宅。賑かになった。

六月十六日（水）　曇
正午倶楽部。
朝八時、六中訪問。木村、水田両教諭に面会。次郎、相撲選手としての練習は勉強に支障あるにつき中止を交渉す。
今日から次郎早く帰宅するやうになった。

六月十七日（木）　曇
朝九時半出社。
正午、台湾協会午餐会出席。倶楽部。五時半より丁未会、日比谷東洋軒。来会者内海、遠藤、浅田（正）、高木、伊藤、黒崎の六名。神戸幹事は病気入院中にて同氏の依頼にて臨時幹事をつとむ。小笠原は臨時議会中にて欠席。

六月十八日（金）　曇
朝九時半出社。
倶楽部午餐。ニュース映画を見る。鈴木敬一に呉の福井借宅の件依頼。
三時帰宅。

六月十九日（土）　曇
朝十時出社。
社長、倉石と三人、丸の内ホテルに午餐を共にし、会社の沿革、将来の方針等談ず。
午後三時半退社、帰宅。

六月二十日（日）　曇
終日曇天。在宅。
午後、忠昭を手伝はせて庭園、菜園の手入れ。藤を庭園に遷し、盆栽樹を花壇より鉢に移植して花壇を全部菜園に開拓す。時局対策、食糧増産の為だ。
印度独立の名士、国民会議派の領袖チャンドラーボース氏は亡命中の独乙より来朝、昨日声明を発した旨、今朝新聞で見る。弥々印度独立の機運は動いて来た。

六月二十一日（月）　曇

朝十時出社。

高桑技師から第二工場、

一、ラッシュリングを中野の計画通り入れなかった理由

一、庄山がキャパシチー½しか動かぬと云ふた理由

を聴取した。

魚河岸◎ずしにて午餐、八十銭。

小説金属上下買ふ。四円七十銭。

本郷の書店で醍醐寺略史五円を求む。二時半帰宅。菜園作業。

東大医院に神戸を見舞ふ。膀胱と尿道の間の摂護腺の病気で尿が膀胱にたまるのだそをだ。品行は方正也と大笑だ。

六月二十二日（火）　曇

奥村姉は京都藤本の孫が中耳炎で入院することになったので、手伝の為今朝の列車で急に帰ることとなったので、東京駅迄見送る。十時の急行で発たれた。出社。槇田技師に布袋工場予定表について手紙出す。南澤支配人、昨日より出社、社長、倉石と電極炭素棒についての談があった。余は早退。

一時帰宅。菜園の手入れ。

板橋税務署から所得額通知書が来た。六千四百円だ。之で余も国の義務が果せる。

西澤夫人来訪。西澤君は台湾迄帰った由だ。

六月二十三日（水）　晴

午前八時半、矢野操来訪。台湾談を聴く。近頃来、訪来は珍しい事だ。今日は会社は休んだ。終日在宅、休養。

午後、西澤夫人来訪、西澤君台湾迄帰ってゐる由だ。

菜園の整理も一段落だ。

六月二十四日（木）　晴

午前十時出社。西澤来訪、丸の内ホテルに中野を訪ねたが、未だ来てゐないので色々比律賓〔談〕をかわして西澤帰り去り、出社。正午、中野出社につき西澤の連盟入りの事打合す。

今日、台湾行の旅費精算残十四円受取る。妻に百円を与ふ。倶楽部午餐。

午後四時半帰宅。

六月二十五日（金）　曇

午前十時出社。西澤来訪。

正午西澤同伴、中野有礼訪問。

西澤は調査研究連盟に年俸一万円にて採用に決定。西澤と午餐を共にして分袂、〔後カ〕午出社。

午後三時帰宅。

六月二十六日（土）　曇

午前九時半出社。

倶楽部午餐。四時帰宅。

六月二十七日（日）　曇

終日在宅。

六月二十八日（月）

午前八時半出社。倶楽部午餐。

今日、中島社長出発渡台。倉石大阪迄同行。

六月二十九日（火）　曇

午前十時出社。

倶楽部午餐。四時帰宅。

六月三十日（水）　晴

午前九時半出社。

日本橋にすしを午餐に食し、早稲田より高田馬場を経て帰宅。

桃子母子、睦子来訪中。

七月一日（木）　曇、小雨

午前在宅。

午後、武校四年父兄会に出席。

［午前九時半出社。正午、日本橋で寿司を食ふ。早稲田迄電車、高田馬場を経て帰宅。］

今日より東京都となる。都長官大達茂雄。

尚、九地方協議会長、知事発令。

関東	東京都長官	大達茂雄
東北	宮城県知事	内田信哉
北海道	北海道長官	坂千秋
北陸	新潟県知事	前田多聞
東海	愛知県知事	吉野信次
近畿	大阪府知事	河原田稼吉
中国	広島県知事	横山助成
四国	愛媛県知事	相川勝六
九州	福岡県知事	吉田茂

四道将軍だ。

七月二日（金）　曇

午前、河原田、横山に祝辞に訪問。河原田の柏木の宅は始めてだ。曽て余が昭和三年の頃、蜀荘山の家を求めんと探した家の傍近だ。横山は不在。十一時出社。

倉石、南澤と午餐を共にす。

夕方、桃子母子、服部夫婦帰り去る。慶子、大井迄送る。服部は今日夕方来訪したのだ。

小宮植木屋来る。

大野武告別式、牛込新小川町の邸へ行く。

七月三日（土）　雨

午前十時出社。倶楽部で午餐。

銀座に出て次郎の為、伊東屋で筆箱、玉屋で磁石を買て帰る。

七月四日（日）　雨

涼しい。梅雨の名残だ。終日在宅。

次郎の勉強を見る。

七月五日（月）　曇

午前十時出社。

午後、神田にて徳富の明治天皇御宇史一〇、日本書紀、精粋明治天皇御製集、昭憲皇太皇御集求め帰宅。

七月六日（火）　曇

午前十時半、倶楽部。

鈴木敬一と会って福井の呉借宅の件、同氏令嬢結婚の件談ず。風見の令息の拒絶にて一応話は□□だ。

三時帰宅。

七月七日（水）　晴

竹村の娘、今朝出発につき、八時東京駅迄見送る。出社。

正午倶楽部、定例午餐会、参謀本部の某中佐欧州戦争の講演有益だった。

三時半帰宅。

七月八日（木）　曇

朝十時出社。

午後一時帰宅。

桃子、昨日から正夫、義夫同伴、暇乞に来て居ったが、今日午後二時帰った。林姉来訪。

七月九日（金）　曇

朝十時出社。

弁護士が来た。清水組との関係が六つヶしくなって来たやうだ。

正午倶楽部。午後二時帰宅。

七月十日（土）　曇

朝十時出社。

十一時、倶楽部。台湾の貝山が東京会館で晩餐の御馳走をすると云ふて来たので、午後五時行って見たが居ないので馬鹿を見た。余は単独丸の内会館で晩餐、帰宅。

倶楽部で岡田に会った。南方から一寸帰ったのだ。岩村君の相手だ。色々南方談を聴く。

七月十一日（日）　晴

朝霧雨だったが後晴れた。山本先生の御逮夜の日だ。七時半江古田の山本邸訪問。尊位を拝す。御家族と同行、下谷慶徳寺にて法事に参列。御家族の他には高橋教授、京都亀谷氏参加。式後、下谷あげ〔揚〕出して御供養になり、音羽護国寺に墓参。茲で分れて東京駅に行く。午後三時、桃子の一行は母堂、俊夫君に送られて呉に出発を見送る。

正夫、義夫がとても可愛い。慶子同伴帰宅。

七月十二日（月）　晴

追々暑くなって来た。恩給を受取って十時出社。省線で川口に会った。

倉石は明日立って突然渡台すとのことだ。

曰く、日曹は陰険だ。陸軍省燃料課の宮里少佐に対して当社を悪しざまに告げ、同少佐は著しく信用を害せり。中野は南化は駄目だ、結局日曹の手によらざれば救済の道なしと云へる由。経理局より反対論も出て、倉石同道にて関係各官同行、急に渡台することとなったのだ。此形勢は余の予め察知せるところなり。一にかかって安平第二工場の成績によることだ。塩素、硫酸の輸送が問題だ。午後二時帰宅。

＊社長は中野と一夕やった由だが、之は却って彼の逆宣伝の材料となって南化の社長は頭をさげて来てゐると宣伝したそをだ。出取締役は倉石に同情してゐると説いた。

七月十三日（火）　晴

午前、倉石と事務打合す。台湾より社長の手紙が来た。返事認めて倉石に託す。要するに第二工場がキーポイントなる事を書く。

倶楽部午餐。

午後三時、倉石が出発を東京駅に見送る。直ぐ帰宅。

七月十四日（水）　晴

午前出社。西澤来訪。調査研究連盟の発令未済の由。丸の内ホテルにて午餐。大東亜戦に比律賓攻略の第一線に立った前後の模様、尚、大東亜戦の計画に参加した話、南方協会事件等、色々面白い話があった。

午後二時半退社、帰宅。

夜、町会の人々来訪して余を第四班の防衛長に就任を勧めて来たが辞した。

睦子、旅行より帰京、来泊。

七月十五日（木）　晴

午前、森岡君を訪問す。

今朝から防空演習で盛に飛行機が飛び、其来襲の時は街上通行者も退避することとなってゐるので通行も中々困難だから帰宅。

後在宅。
次郎は学期試験始まった。

七月十六日（金）　晴
終日在宅。
睦子帰り去る。

七月十七日（土）　晴
朝九時半出社。
正午、三井信託に行って、武子、睦子の定期を出す。尚、貸金庫に倉石、武両氏より返還の保管預書を入れる。之は取締役より監査役に対し商法規定により供託せる株券を先般返却せるに対して、先に余より提供し置きたる預書を株券引換に返還し来れるものなり。

七月十八日（日）　晴
午前在宅。
午後二時より六中父兄会総会。余は父兄会理事及評議員に推薦された。
昨今暑気俄に猛威を加へて来た。

七月十九日（月）　晴
十時出社。西澤来訪。
午後五時より帝国ホテルにて西澤、田中と三人晩餐を共にす。田中は今回仏印に出張だ。西澤の研連入りは一寸頓挫だ。狭間の所で問題らしい。狭間としてありそをな事だ。食後、パーラーで談話。
九時帰宅。

七月二十日（火）
在宅。

七月二十一日（水）
在宅。

七月二十二日（木）
出社。
忠昭成績通知来る。英語全部、化学、国語釈解、不可。全体に成績不良だ。第二学期よりの勉強方法を指示。加納教授に手紙出す。

七月二十三日（金）　晴
九時二十分出社。
十時、森田知事来訪。西元の身上の件も談出る。西元に対しては森田はあまり親しくないやうだ。
自動車に同車、海軍省に行ったが伊藤軍令部次長不在。

三輪七部長も不在。

倶楽部で午餐。午後三時帰宅。

七月二十四日（土）　晴

十時出社。手当を受取る。

午後二時帰宅。

眼底（右）が痛いので坂本眼科医に療治を受く。二円。

七月二十五日（日）　晴

朝、下落合に忠昭の主任、加納先生を訪ふたが、お宅が不明で帰る。

午後、小林海軍大将訪問。同氏先に中央協力会議々長に選任され、活動されたについての御挨拶の為だ。快談数刻、五時辞去、帰宅。
一、東条総理には多少の非難あるも此際之を支持すべきだ。
一、東条には良いスタッフが無い。小林大将は此の地位を利用し、大に東条を助くべきだ。
右、余の意見。
一、台湾の斎藤長官は、一、塩糖問題と、一、南方協会問題は確かに黒星だ。
眼科医、一円。書物売る、五円。

七月二十六日（月）　晴

午前八時から青少年団研究大会に列席。団長訓示、朝比奈副団長の講演、青少年団の法的性格に関する件、朝比奈は線が細い。然し苦心も察する。文部省のやり方は失敗だ。

地方の単位団経営の経験談を聴く。午後二時帰宅。

次郎今夜廠営より帰宅。

七月二十七日（火）　晴

午前十一時、青年会館に行く。地方団状況報告、質問討議、要するに時局下青少年の都市集中盛にして、都市殊に工場地区の青年団指導の困難と本部の強力化の希望だ。尤もだ。寄り合ひ世帯の青少年団本部では何とも致し方なからん。午後東大教授富塚〔清〕氏の講演、科学教育は面白かったが、今頃之に気が付いたのかと云ひ度い。故山本先生は数十年前から提唱されたところだ。午後四時倶楽部に行って新聞を読で、五時半帰宅。

次郎、軽度の中耳炎にて静養。

七月二十八日（水）　驟雨後晴

立田君の一周忌が築地本願寺で挙行さるる。午前十時参列。添田〔壽二〕、潮、牧野、岡田、佐竹、近藤、其他知人多し。

森岡は来なかった。来会者は思の外少なかった。十一時終了。

倶楽部で午餐。

午後銀座二丁目、山崎時計店で森里より依頼の分、画入り双眼鏡を求め、熊本に送らせる。同氏令息、北支第一線より依頼の品だそをだ。三時半帰宅。
次郎夜帰宅。福井喜久雄来泊。
伊太利のムッソリニーは突然引退して、陸海空軍の支配権はエマニエル皇帝の手に遷り、ファシスト党は全然解消した。新伊太利の政権は対英米に対しての戦争方針は不変だ。世界に一大衝動を起した。

七月二十九日（木）　晴
十時出社。西澤来訪。中野の命によって狭間に会ったが、狭間は西澤の履歴を聞て自然科学方面は不適ならずやとの言があったそをだ。余より此旨中野に報告して欲しいとの事であった。
中野不在。西澤と午餐を共にす。

七月三十日（金）
十時出社。西澤出社。総務部長から速達が来て面会した。報酬の点で異議がある模様だそをだ。直接中野に面会するやう云ふて置いた。中野は北海道に旅行、日曜に帰るそをだ。

七月三十一日（土）　晴
休養、終日在宅。
忠昭、葉山より帰宅。暑気まけで弱っている。
次郎、中耳炎軽快。
午後、豊町方面に散歩。
喜久雄夜訪、今夜の列車で広に出張の筈。

八月一日（日）　晴
終日在宅。太閤記読む。
今日は大東亜建設に記念すべき日だ。
一、ビルマ独立式を挙行した。
一、上海の共同租界を完全に南京政府に委譲した。
斯くて着々と進行しつつある
一、朝鮮の徴兵制施行、朝鮮と台湾の海軍特別志願兵制度も今日から実施された。

八月二日（月）
午前出社。南澤と事務打合す。
倉石より来信、安平第二工場成績良好の由だ。陸軍省宮里少佐を訪問した結果、宮里は現地視察の結果、第二工場の成績は認めてゐるが、会社全体に対する心証は悪い模様だ。
倉石の謀略的折衝〔マヽ〕が非常に悪印象を与へてゐるのと、日曹側の悪宣伝言が非常に功果を奏してゐる模様だ。資材の供給も困難の模様だ。

八月三日（火）
午前出社。西澤来訪。中野有礼に会ったら、連盟に採用に決定、決裁が済んだ由、報告して来た。辞令が出たら一報する由申して帰って行った。倶楽部に行って午餐。午後二時帰宅。

八月四日（水）　晴

次郎の成績通知来る。数学一、二類共四点、国語文法五点、注意を要す。平均七点、総人員二百八十九人中百九十八番。あまり好成績でない。

水田主任教授に請書を出す。

八月五日（木）

午前出社。

六中父兄会長二階源市氏から余を父兄会理事及評議員に選任の通知が来た。

八月六日（金）　晴

午前出社。別事なし。

南澤より事務聴取、経理局方面へ訪問の結果、現地視察の結果あまり心証はよくないやうだ。

八月七日（土）　晴

午前、東京駅に行って二等急行券、九日午後九時四十分発車の分を求める。三和で二百円旅費を引出して帰宅。

八月八日（日）　晴

終日在宅。

八月九日（月）　晴

終日在宅。

夜九時四十分の列車に乗込んで京都に向ふ。二等車は割合に楽だった。

八月十日（火）　晴

朝八時、大津で普通列車に乗換へ山科からバスで九時帰宅。

竹村繁〔重カ〕野が来て居った。

終日在宅。

八月十一日（水）　晴

朝、東宇治町役場に山田町長訪問。後、兔道の竹村訪問。

母子在宅、清太郎氏も直ぐ帰宅。

午後火薬製造から重一も帰った。夕食後、宇治町の増井医師、余の二中の同窓を訪問。夜九時帰宅。竹村は醍醐迄送って呉れた。

奥村姉が来て居った。

八月十二日（木）　晴

姉と墓参。余は独りで帰途氏神参拝。醍醐寺境内散策して帰宅。

暑い日だ。終日在宅。

八月十三日（金）　晴、驟雨

今日は淀行。

朝、精二君同伴、淀に行って淀城跡を見物、之は稲葉氏の旧城跡で豊太閤の淀君とは関係が無いやうだ。之は余の知った新事実だ。

浮田家訪問、主人利作翁、七十六才、元気な人だ。

午後、岩清水八幡宮参拝。京都皆山家訪問、驟雨来る。午後八時帰宅。六地蔵からはバス終発が出はらったので徒歩。

八月十四日（土）　曇、大雨

盂蘭盆の日だ。終日在宅。

午後、融雲寺住職が精霊お詣り仏事に来る。

終日家財の整理を為し、離座敷の家具は全部土蔵に収め、何時でも離座敷の取払ひ出〔来〕るやうにした。

之は〔空白〕千円で精二君に譲渡の約が出来てゐるから、之を取払へば本家通風、採光、完全となる。

夕方、大雷雨。爽快だ。

八月十五日（日）　曇

午前在宅。

洛東水利の小西、農事組合長山中来訪。両人共熱心な青年だ。此のやうな人物が将来地方を背負ふやうになるのだろう。

午後、出京、洛東禅林寺に柴田和尚を訪問す。芦屋へ行って不在。

京都駅で急行券を求め、汽車とバスを利用して帰る。

精二君に家屋建築願は建坪を縮少して再出願するやう奨めて、出願手継にて山田久次郎の後援を依頼するやう勧めて置いた。

山田に手紙を出す。

家産経常費、千円受取る。

八月十六日（月）　曇

午前、墓参。精霊送りをなす。

五代当主以後の墓表は明かだが、四代以前のは明瞭でない。内海家も此頃から追々盛になったものと思わる。

左右田爺を訪問す。八十二才になった由だ。

令息実君に家督を譲ったと云ふてゐた。

午後在宅。鳥羽甚事料理屋に妻への土産鱧を注文す。愉快な男だ、快男子だ。気に入ったので越堂の布袋福を贈る。大に喜んで礼に来てバス迄見送って呉れる。

精二君、姉の見送りで山科迄バス、大津で急行に乗換へた。急行九時迄二時間計り時間の余裕があったから大津市内を散歩する。不相変静かな町だ。

八月十七日（火）　晴

朝、小田原辺で目覚めた。下段には海軍造兵大尉の若い士官がゐた。向は其の夫人の若い人だ。若夫婦は横浜で下車した。七時半東京着、八時過帰宅。皆元気だ。

武子は女子出生の由だ。又々女子で失望してゐるだらう。はがきを出す。

終日在宅。

慶子、次郎は日野に買出しに行く。

忠昭は友人松尾の別荘に行って不在、伊豆の伊東だ。大島に行くと云ってゐた。

八月十八日（水）　晴

午前出社。倉石未だ帰京せず。

南澤より事務聴取。

八月十九日（木）　晴

終日在宅、休養。

暑さが身にこたへる。老年の為か。

八月二十日（金）　晴

午前九時出社。

正午帰宅。

キスカ島を撤退を発表した。

七日未、完全に撤退したのだ。予定の行動か。

八月二十一日（土）　曇後晴

武子、女子出産につき祝の為、逗子に行く。廣子も帰宅を希望につき同伴、十時半着。母子大悦なり。

出生児は彰子と命名せる由。

武子頗る元気。睦子十一時来訪。

午後三時辞去。五時帰宅。

八月二十二日（日）　晴

暑い日だ。

終日在宅。

八月二十三日（月）　晴

暑い日だ。東京駅下車と同時に防空訓練。退避の訓練をやらされた。

十時出社。南澤より事務聴取。

整備局よりの命令書を見る。
一、安平及高雄工場の完成期。
一、原料、副原料供給問題。
一、工場完盛〔成〕に至る隘路の問題だ。
午後一時帰宅。

忠昭、今日から一週間成増方面の飛行場造成整地事業に勤労奉仕に行く。

午後三時二十五分、倉石台湾より帰社。

南澤と午餐を共にす。

八月二十四日（火）　晴
暑い日だ。九時出社。

倉石より台湾状況聴取。

安平第二、高雄工場成績良好。

宮里少佐の態度面白からず。丸山中尉が庄山技師に漏せるところ、中島社長をロボットとし、日曹出が専務となり、台湾常駐の常務を置き、倉石を追放の策ある由。

中島は倉石と一蓮托生の決心の由なり。

午後二時帰宅。

国民史大城役求む（二円五十銭）。

現代九月号求む。昭和政記を読む為だ。

倉石より南日本株百株（五十株二枚）書換を受取る。之で余も株主となった。

八月二十五日（水）　晴
午前九時半出社。
倶楽部午餐。
午後三時帰宅。

八月二十六日（木）　晴、驟雨
九時出社。依田珍らしく出社。
倶楽部午餐。
午後三時二十五分、中島社長帰京を出迎ふ。

八月二十七日（金）　曇、驟雨
午前九時出社。社長、倉石、依田等と重役会。台湾状況を社長及倉石より聴取。
一、安平第二工場成績良好。
一、高雄工場電解工場迄運転開始。
一、宮里少佐の態度不都合なり。
正午倶楽部。午後三時出社。

南澤、大澤より資材関係状況聴取。六時帰宅。

八月二十八日（土）　晴
九時過出社。社長、倉石も出社したが別事なし。午後一時帰宅。
夜、服部夫婦来訪。服部は約二週間名古屋愛知重工業に出張（独人より技術の指導を受る由だ）。睦子は其間滞在の予定。

八月二十九日（日）　晴
暑い日だ。終日在宅。次郎の勉強を見る。

八月三十日（月）　晴

九時出社。社長、倉石、依田等と会社資金関係の事務打合せを為す。調査の結果、左の通り強制融資の追加申請を為すこととなり、今日社長、専務は軍当局に右申請書を携て出頭することとなる。

一、建設資金不足	一、二〇〇、〇〇〇
一、運転資金（九ヶ月分）	二、四〇〇、〇〇〇
一、経営雑費（　〃　）	四〇〇、〇〇〇
一、利息（六ヶ月分）	三五〇、〇〇〇
計	四、三五〇、〇〇〇

参考

−	一、建設費未払	三、四〇〇、〇〇〇
	一、旧債	三、二〇〇、〇〇〇
＋	一、不用品売却及注文取消	二、〇〇〇、〇〇〇
	一、融資借入残	二、五五〇、〇〇〇
	一、在金	八五〇、〇〇〇
	差引不足	一、二〇〇、〇〇〇

八月三十一日（火）　晴

九時半出社。

社長不在。倉石より模様を聴取。

大体可なるも大蔵省中々難関なる模様の由。

午後二時帰宅、途に牛込の納戸町の鉄物商にて次郎の物象の作品用蝶つがひを求め帰る。

九月一日（水）　晴

九時半出社。

社長、倉石、南澤と丸の内ホテルにて午餐。依田は陸軍省経理局監査課に田口中尉を訪問。

午後、社長室で打合せを為す。

依田陸軍省より帰社談。

一、技術は可なるも経理事務はなってゐない。何時出す報告も数字に連関なし。信用なし。

一、整備局燃料課が癌だ。

午後三時帰宅。

社長は陸軍に行った。

九月二日（木）　晴

残暑。九時半出社。社長、倉石は活動してゐる。倉石談、

燃料課長は社長との面会を避けてゐる。中々難関だ。社長も最後の肚を決めてゐるやうだ。然し未だ打開の策を運らしてゐる。

倶楽部で午餐。午後三時半帰宅。

忠昭、今日から登校。

九月三日（金）　曇、驟雨

朝来雨。九時半出社。社長、倉石、依田、皆出社。別段の件が無い。社長、倉石は当面の問題打開に活動してゐる。午後一時帰宅。警戒警報解除。

夜、次郎に英語復習せしむ。忠昭発熱。

九月四日（土）　曇後晴

九時半出社。社長、依田と事務打合せ。社長談、

一、燃料課は不相変難関だ。

一、技術は良きも経理は成ってゐない。

一、依田に常務として事務を見て貰いたい。

一、他の会社（日曹等を指す）タイアップする意思なきやと云われ、明瞭に拒絶して置た。

一、倉石に対し悪評ありしも、余は之を信用す、一蓮托生と云って置いた。

後、倉石出社。社長と両人より今回会社の原料石灰採取の為、三十万円を出して会社を造る、余に社長を希望なる。余の返事、

一、余は家庭の事情より台湾に常駐を許るさず。

一、社長として責任を以て仕事を為すには台湾の常駐を要す。故に拒絶す。

一、若し余が台湾に常駐を許るす事情にあらば、寧ろ本社重役として本社に居って事務の統一を計りたく思ふ。

武蔵慎独寮に塚本舎監を訪問。忠昭を自宅通学に決定した旨報告。

帰途、玉蟲〔文一〕教授とバスで会って化学学校の事を談した。

九月五日（日）　晴、驟雨

午前次郎の勉強を見る。

次郎、午後は物象科の課題、観測器を造った。中々うまく出来た。手先の利用〔ママ〕な子だ。

余は午後渋谷、千駄ヶ谷方面をあさって園芸用三本鍬を求め帰った。

九月六日（月）　雨後晴

午前九時半出社。倉石と事務打合せ。

過日社長より依田を常務取締となすと云った事は決定事項で無い。社長自身のみの考だとの事だった。矢張り倉石は常務を置くことは好まぬやうだ。

余は台湾常駐の常務でなければ意味を為さぬと云って置いた。

正午倶楽部。

午後四時出社。倉石同伴、五時初吉田に行って山本健治、中野有礼と四人晩餐を共にす。山本先般台銀理事辞任につき、予て会社に同情せる唯一の理事たりし為、慰労の意味だ。山本も大に悦んでゐた。

九月七日（火）　晴

午前、森岡氏訪問、会社の近況報告。
一、強融四百三十万円申請中の状況。
一、石灰会社設立。余を社長に希望され拒絶の状況。
新宿に廻り、紀〔伊〕國屋で続化学学校を求め帰る。午後在宅。

夜、筒井マツ来訪、宿泊。

九月八日（水）　雨後曇

午前四時より防空演習。慶子、次郎、せつや同伴出席。防空壕、井戸所在を見学。

九時半出社。西澤来訪、同氏先般調査研究連盟に就職につき状況報告なり。
一、技術院は弱体だ。各省より殆んど問題にされず。
一、連盟、其他の技術団体四つあり、之を統合の案あるも問題とならず。
一、中野は比律賓ミンダナオの仕事を目標とし、連盟は踏台とす。西澤も其スタ〔ッ〕フの積りだ。
一、西澤は辞任を申出て中野と議論し、中野の肚を分り、中野より提案して五十万円の予算を出し、通らなければ辞するも可ならんと云ふ事になり、目下編成中だ。
一、中野は頭の中々シャープな人だ。
一、自分の人物も知られた積りだ。
以上。


午後、神田で次郎に雲形定規を求め、午後三時帰宅。

忠昭今日から出席登校。

九月九日（木）　晴

又暑くなった。快晴。九時半出社。倉石、名古屋出張。南澤退社希望、倉石と交渉の一件を話す。依田出社。午後三時、経理局監査課に出頭の予定の由。倶楽部午餐。三時帰宅。


午後発表。

パドリオ伊太利首相は、八日午後七時四十五分、伊太利は圧倒的な敵勢力に対し不均衡なる戦争を継続すること不可能になった為、米英両国と休戦協定を締結、之に調印を了した旨発表した。無条件降伏である。

昭和十二年の日独伊防共協定、同十五年九月の三国条約、同十六年十二月十一日日独伊軍事協定に違反す。

ソ連も休戦協定に同意せり。

九月十日（金）　晴、驟雨

九時半出社。

午後三時半、社長、専務、名古屋より帰社。
一、依田は昨日経理局に行ったが、強制融資の件は未定の由だ。未だ燃料課から廻ってゐない由だ。其状況を社長に報告す。
一、倉石、私かに余に曰ふて云く〔云ふて曰くカ〕、経理局では依田氏は監査役の職務怠慢だ、若し病気にて台湾に勤務不可能ならば退職すべ〔き〕だとの談ありたりと。
一、依田は今日、余（内海）に重役退任の手続を尋ねたり。
一、倉石は困った顔をしてゐた。
＊筒井マツ今夜出発帰西す。

九月十一日（土）　晴
九時過出社。社長、倉石出社。事務打合せ。資材の件だ。
午後、香蘭社で妻依頼の湯呑を求め帰宅。三時だ。
ムッソリニーは伊太利北部でハ〔ファ〕シストの旗上げ政府を宣言した。

九月十二日（日）　曇
朝、荒木義夫君を訪問す。台湾警務局長より福島県知事に転じたが、最近愛知県参事官に転任して赴任せずして辞任、浪人生活をやってゐるのだ。同町内に居住したので行って見た。
午後在宅。むし暑い日だ。
ヒットラー演説があった。

九月十三日（月）　晴
九時半出社。社長欠。

倉石より談があった。日曹株を全部引受けの案あり。

倉石が金策して株価半額で日曹所有株を全部引受け（約百八十万円）、之が持株会社を創設し、現会社幹部及社員にて引受け経営せんとの談あり。此主旨を加藤台拓社長にも話し了解を得たとの事だった。

倉石の独り極めでは困る。又余は斯る計画ならば反対だ。実現のこととならば此機会に断然手を切る積りだ。考究を要する。

九月十四日（火）　曇、驟雨
むし暑い日だ。九時半出社。
午後一時帰宅。
夕方から猛烈な驟雨があった。

九月十五日（水）　曇
むし暑い日だ。十時出勤。

十時半から社長室で重役会。

会社現状の報告並に四百三十四万円強制融資追加申請の報告があった。午後、倶楽部定例講演会、田代海軍中佐の談があったが低声でよく聞へなかった。三時帰宅。

日、独両国より宣言。

伊太利のカイライ〔傀儡〕政権の対英米降伏は日独伊三国同盟に影響なしと、力強い声明を発した。

ムッソリニー援出の状況が追々明瞭となって来た。
＊高雄州知事から高雄工業用水道竣工記念品代三百円を送って来た。

九月十六日（木）　曇

朝九時半出勤。

倶楽部で午餐。

午後五時半から学士会で久し振り丁未会を開いた。浅田（正）、小牧、安藤、黒崎、内海、神戸、余は二盃の麦酒に酔て早く帰った。

目白駅から帰途がきついので人力車に乗った。余も老いたり。

所得税第二期分、七十円の令書が来た。

森田俊介氏令嬢、高千穂丸で遭難の件、通知状が来たので悔状に十円の香奠を添て送った。

九月十七日（金）　曇

九時半出社。

午後一時帰宅。

防空壕の手直しをやった。

精二君より来信、住宅建築十五坪に切り詰めて実行することと為した由だ。山田君に許可事項の後援方を依頼した由だから、余よりも依頼書を出して置いた。

九月十八日（土）　曇

朝九時半出社。倉石は病気で休んだ。

依田と監査役論をやる。午後一時半帰宅。

岩村榮次郎氏死去の通知が来た。軽井沢に宿痾を養て居ったが病勢思わしからず、大森の自宅に療養中急変が来たのだ。痰息になやんでゐた由だ。午後七時、大森の邸に弔問に行く。移霊祭、入棺式の直前であった。神道で扱わる。豊君から病状死因等を聞く。心臓が極度に弱ってゐた由だ。東京瓦斯の社葬で二十一日青山斎場である由。

十時帰宅。

九月十九日（日）　曇

終日在宅。

午後、防空壕手直しをやった。

永田秀次郎氏死亡の報告があった。

九月二十日（月）　曇

天候定まらず。此節は曇天、晴れるかと思ふと驟雨が来る。午前九時出社。

倉石は病欠、疲労の為だ。社長は忙がしげに且憂色を以て陸軍省へ行った。強融進行の状況如何、南澤も心配してゐるが様子不明。社長も漏らさないから強て聞く訳にも行かぬ。

午後一時帰宅。

午後五時から大森岩村家通夜に行く。岩村清一中将、南方戦線から十七日夕帰京、今朝参内、軍状奏上した。来て居ったが鼻が悪く且極度に疲労して寝台にて横臥してゐた。原瓦斯社長に挨拶して、八時辞去。

＊六郎、名古屋出張先から帰京、一泊。

九月二十一日（火）　曇

夜来雨。六郎夫婦、朝葉山に帰り去る。

十時より青山斎場で岩村榮次郎葬儀に参列。伊坂前社長、織田先生にも会った。林兄、福井翁も来会。

平賀義人、五郎、三郎未亡人も来会。

午後一時帰宅。

午後、三井金庫で安田信託証を出し、安田本店に行って次郎に名義書換の手続を為す。

天候不相変定まらない。

九月二十二日（水）　晴

快晴の秋天だ。九時半出社。倉石も出社してゐたが元気が無い。必ずしも疲労の為のみとも云へない。強融問題逓〔停カ〕頓の為か。倶楽部で午餐。

午後二時から青山斎場で故永田秀次郎氏の告別式に参列。知人参会者多し。

青山の通りを徒歩、渋谷から省線で帰宅。

政府は午後九時半、情報局より国内体制強化の大改進案大綱を発表。東条総理の演説があった。

一昨年十二月六日と同時に着手す可き仕事ではなかったのか。緒戦の戦果に心弛みたると、政府当局が徒に国内民心の劇動反感を恐れたる為にあらざりしか。

九月二十三日（木）　晴

九時出社。社長、依田出社。

社長の言「アー、百方ふさがりだ」と。

果して強融の進行面白くない。

正午、神田を経て帰宅。

次郎に植物の本を買てやった。

九月二十四日（金）　晴

午前在宅。

午後二時から青山会館で行なわれた西郷隆盛翁の七十四回忌と、翁に関する講演会があるので行った。南山会主催で案内を受けたからだ。会長池田清、本日の委員長は柳川中将だ。西郷吉之助侯爵も来会した。翁の令孫である。午後七時帰宅。

不在中、平賀義人夫婦来訪。

九月二十五日（土）　曇

午前九時出社。社長出社したが何となく淋しそをだ。倉石、依田欠。

午後、浅草観音様に彼岸詣りをして一時帰宅。

夜、奥村姉来着につき、せつ同伴、東京駅に出迎ふ。七時四十五分着。

今夜、町会の防空演習。

九月二十六日（日）　曇、小雨
午前中在宅。
午後理髪、目白通り散歩。

九月二十七日（月）　雨
午前、三井信託金庫に安田の定期預金通帳（次郎名義の書換へ約九千四百円）及印鑑（余及次郎分）を入れ、九時半出社。社長、依田出社。
倶楽部午餐。午後二時から大森山王の岩村邸に故岩村氏十日祭に参列。五時帰宅。

九月二十八日（火）　晴
快晴。九時半出社。

重役打合会。社長より報告あり。昨日燃料課伊藤中佐、宮里少佐に面会。強融申請書を提出せよとの事であった。宮里が書類をにぎって居った事が分かったが、之で進行する。今日にも倉石、依田に書類を造って燃料課と経理局監査課に行って呉れと大機嫌であった。余は何んだか未だ不安を感じた。明日結果を聞く事とした。

丸ビルで眼鏡の玉を換へ、二時半帰宅。

熱海に転地中の岩村中将に見舞の状を出す。

九月二十九日（水）　小雨
九時半出社。今朝、依田陸軍省行き。社長、倉石と午餐を共にす。
午後、社長室で事務打合会。依田より報告聴取。
一、燃料課では原田中佐が宮里の仕事を手伝ふこととなった。書類は原田に渡した。宮里は面会を避けてゐる。伊藤は好意を以て原田にやらす事となったのだらう。
一、経理局は此旨を報告して来たが、経理局では二百五十万円で良いとの意見だから、運転資金を主張して置いた。
午後、神田を経て帰宅。帰途富山房で近世国民史、神奈川条約、日蘭英露条約求む。
＊新体制の結果、商工省、企画院を廃止して軍需省設置の事となった。

九月三十日（木）　小雨
九時半出社。依田に宮里少佐より電話あり。強融申請書昨日提出の形式、即ち整備局長宛では不足だ、陸軍から大蔵大臣に要求の書類を出せとの事だ。倉石と二人で協議したが、要領を得ない。午後、南澤を燃料課に出して尋ねさせることとした。

正午、神田明治書院で近世日本史、織田、豊臣、彼留理渡世前形勢、渡来形勢、徳川鎖国論の節、及中朝事実を求め帰る。

今日、武子の一隊、逗子より来り賑かとなった。

森岡令息健、今年大学卒業、三菱商事に就職。十月十一日結婚案内が来た。

十月一日（金）　小雨

秋雨蕭々。九時半出社。南澤、今朝燃料課出頭の状況報告を聴取。
一、宮里に面会せり。例によって会社を罵倒し、一千万円にて建設を完了せざるに時々の報告なし。強融の要なし。
一、南澤は漸く宮里を説得して経理局監査課に至り、田口中尉其他と面会せりと。
依田監査と余との協議、
一、社長は楽観せるも楽観出来ず。社長自ら軍方面に頭を下げて運動するの要あり。
一、過日の重役会にても問題となれるが、原田はたとへ助力するも、宮里は主任者として発言権を有せり。社長の楽観説を改むるを要す。
＊午後丸ビル二階小川眼科にて近視及老眼度を計り眼鏡を求む。
香蘭社に至り、森岡の結婚祝品、番茶々碗を求む。

四時半帰宅。

十月二日（土）　雨

午前、森岡家に結婚祝賀に訪問。

主人は奈良に旅行中で、夫人と面会。令息健君の新築の宅を見て帰る。午後在宅。

夜、雨大に降る。

十月三日（日）　曇、小雨

終日在宅。

十月四日（月）　曇

朝九時半出社。

倉石談、経理局にて近く大蔵省より強融の内容説明を求めらる筈につき、何時にても出頭の準備せよとの事につき順調に進行し居れりと楽観せり。

社長帰京出勤。

余は依田と協議して、社長自ら燃料課方面を緩和する要を説くも、社長耳に入らない。四人丸の内ホテルにて午餐。

午後、三井信託に立寄り、帰宅。

認印及鍵のサックを紛失したので不愉快だ。三井信託金庫で改印の手続を聴き、落合郵便局で同様。

帰宅。

福島喜久雄来泊。

十月五日（火）　晴

快晴。九時半出社。

別事なし。午後、豊島区役所で改印手続を聴て、二時帰宅。

夜、辻さんに印鑑証明申請書の連署を頼んだ。

大三輪氏より来信。物外和尚の伝を教へて来た。勤王僧だ。和尚は余の祖父と親交あり。余の家に其書信が伝わってゐる。又玄骨和尚の俗称あり。腕力強大、欅の額面に落款に玄骨の跡あるものが在る。余の祖父が勤王僧と親交のあった事は、祖父の伝を考究するの端緒を得た感があり。祖父を単に放蕩漢とのみ見る可からざる事実を発見し得て愉快だ。

十月六日（水）　曇

逗子の連中、今朝帰り去る。せつや送る。

郵便局に恩給受領用の印鑑改印届を提出。豊島区役所に印鑑届提出。中々手続が面倒だ。九時半出社。

依田と社長は楽観過ると話し会った。倉石は例の如し。

倶楽部定例午餐会、小田島〔祥吉〕大佐の捕虜の状況談あり。面白かった。

一、降伏に関する日本と英米との軍人の考の相違。

一、勤労に従事せる捕虜の執務状況に学ぶべき点多し。

一、大戦の見透しに英米の勝を確信居り、日本の軍は強きも工業力のぜい〔脆〕弱を挙げ居れり。

＊倶楽部で有吉実に会った。

東京に居住せる由。懐しい。

十月七日（木）　曇

九時半出社。秘書久保崎の弟、台湾に於て肺患を病み、高雄医院に入院中の由にて看護の為、十日の富士丸で渡台する由だ。十円見舞金を遣す。婦人で台湾航海はよくよくの事と思ふ。同情に堪へない。

依田は今日経理局に出頭すると云ふてゐた。

午後一時半帰宅。

十月八日（金）　曇

午前五時から防空演習。

九時半出社。社長、倉石は陸軍省に行った。依田談、

一、社長、専務は経理局監査課は絶対会社を支援し居るやうに思って楽観しをるが、之は間違だ。全然公平な立場である。誠意を示すの要がある。曩に陸軍の連中の渡台は会社をつぶす積りであった。経理局は之を援ったのである。

一、昨日社長より依田を常務取締役に就任の交渉があり、承諾したそをだ。

一、社長は燃料課に更に連絡を取るの要あらん。

＊台湾協会に出席、昭和二十年より台湾に徴兵令実施につき祝合会だ。歴代総督、軍司令官も列席、盛会であった。三時半帰宅。

十月九日（土）　曇、雨

八時、豊島区役所に行って印鑑証明書を貰ふ。簡単に下付して呉れて愉快だった。九時出社。社長、倉石と何かごそごそやってゐる。不愉快だ。

依田は此頃余に好意の態度を示して来た。正午退去〔シ〕テ三井信託に印鑑証明を提出。一時半帰宅。

何となく不愉快の日だ。雨盛に降る。

商工大臣に総理兼掌。

逓信に鉄道兼任。

岸〔信介〕は国務相、商工次官。鈴木、逓相、退官。

改組後は、軍需大臣は首相兼任の予定か。

十月十日（日）　雨

終日雨盛に降る。終日在宅。

何となく鬱陶敷不愉快の日だ。

気候追々寒さに向ふ。

皇軍、コロンバンガラ、ベラウベラを転進す。戦果を報導するも敵機十一機撃墜、我方自爆未帰還八機。時局の益々緊迫を思わしむる。

十月十一日（月）　晴

昨日に引換て今日は快晴だ。九時半登社。社長明日出発渡台。倉石も十三日出発。強融未決定。陸軍各課を書類が廻り居る際、両人同時に渡台は面白くないと思ふが、云ふても分らない連中だから云はなかった。

正午倶楽部。午後出社して見たが、別段主要な打合せもなかった。午後五時半大東亜会館に行く。森岡二朗の息健君、若尾鴻太郎の令嬢との結婚披露式だ。久原、鳩山、大麻、松野等来会、豪華版だ。久し振り三橋孝一郎に会った。あまり御馳走はなかった。但、タンシチューは久し振りだ。

午後九時帰宅。

十月十二日（火）　晴

九時半出社。別事なし。

十二時、温古会に出席。水野御大始め来会者六十二名、盛会。

三時帰宅。

十月十三日（水）　晴

九時半出社。

倉石曰く、興銀にて小言を喰った、

一、興銀にて社長両人渡台、清水組の問題片付かず不都合なり。

一、強融に関する調査資料未提出は怠慢ならずや。
丁度其時、燃料課宮里より電話、
一、清水組より起訴すと申出たり。社長、専務出発を延期して
　片付け行けと。

（余曰く、宮里は南化は横着なりとの感常にあり。之が出たるならん。）

弁護士小関を呼致《〔ママ〕》して興銀の裏書にて七十万円即時支払、工場建築の登記を為す。強融と同時に十万円宛毎月支払ふ事を興銀は相手方弁護士と交渉の事打合す。不体裁極りなし。

倉石、午後一時半の列車で出発。

東久邇宮盛厚王殿下と照宮成子内親王殿下と御結婚式を挙行せらる。

十月十四日（木）　晴

九時十五分出社。南澤は小関弁護士同伴、興銀に行った。

依田出社、状況意見交換、
一、此際、社長、専務相携て渡台は軍に対して南化重役が不熱心なり、誠意に欠くるところありとの印象を与へて面白くない。
一、清水組問題は意外に悪影響を生ずるやも知れない。
依田、南澤等と丸の内ホテルで午餐を共にし、状況報告聴取、及意見交換す。七十万円を支払ひ、爾後毎月十万円宛支払て会社経理に支障なきや。

三時帰宅。
＊今日、比律賓共同国独立宣言。
　靖国神社奉祀祭にて市内賑ふ。

十月十五日（金）　晴

九時半出社。別事なし。

十月十六日（土）　晴

岩村榮次郎氏の三十日祭につき、午後一時半から大森岩村邸訪問。織田博士、其他親戚者来会。清一君は上京、海軍病院で診察を受けた由。六時帰宅。

十月十七日（日）　雨

終日在宅。午後五時半から平河町宝亭で岩村家の三十日祭の供養あり、行く。親戚のみにて織田博士、其他多数来会。先生及余、追悼談。八時散会。

宝亭も淋しくなった。往は黄バス、帰路は省線。

十月十八日（月）　晴

九時出社。倉石、台湾安着の報があった。依田来ない。

午後二時帰宅。

十月十九日（火）　晴

朝九時過出社。正午退社。本郷、大学を経て決戦体制下の学生の動向を見、池の傍より上野に出で、二時半帰宅。小野武夫の農村史を求む（三円二十銭）。

依田は台湾行飛行機につき、昨日陸軍省と交渉に行った由。余の分につきては何等連絡のなかった事分明した。

十月二十日（水）　晴

妻、葉山行につき同行を希望につき諾し、九時自動車を雇入れ、慶子も同伴、新橋より省線。逗子に武子、廣子出迎ふ。自動車にて葉山に行く。武子母子来る。

午後五時、葉山を出て八時過帰宅。

十月二十一日（木）　雨後霽

午前在宅。午後出社。

五時半より丁未会。神戸、浅田、日下、小牧、余にて、追々来会者少なくなった。

十月二十二日（金）　晴

九時半出社。依田と二人で尾関弁護士より清水組問題経過を聴取す。
一、七十万円即時払。
一、工場財団に必要なる建物を引渡し、登記に応ず。
一、毎月五万円宛支払ふ。
一、利息日歩一銭六厘にて計算、支払ふ。
右の協定成立せりと。

正午、学士会にて食事。明治書院で国民史、安政条約、開国直後形勢、求む。

妻より電話、少々気分悪しき由につき、せつやに安藤の菜、松茸を持たせやる。

三時帰宅。病気は軽き由なり。

十月二十三日（土）　晴

午前出社。依田は来ない。

午後、多摩墓地に東郷、山本、両元帥の墓所に参拝。東郷寺より府中大国魂神社に参拝。

京王電車にて五時帰宅。秋晴の半日を快適なる郊外散歩をした。

武蔵野の秋景可なり。

次郎、早朝学校より靖国神社参拝。後、葉山に行って五時帰宅。

十月二十四日（日）　曇

鬱陶敷日だ。終日在宅。

次郎は学校兵式訓練査閲の予行演習で代々木に行く。

午後、福井翁来訪。

慶子、葉山より帰宅。

忠昭、今日は学校運動会。明日休暇につき葉山に行く筈。

十月二十五日（月）　雨

又雨だ。朝十時出社。依田と小関弁護士より清水組事件経過聴取。

一、午前、両者の弁護士興銀訪問。

契約書の裏書を希望申出づ。

午後、其結果、興銀は裏書保証を希望せず。工業財団用建物の登記（即ち清水組よりの引渡し）は即時たる要なしと。清水組方の弁護士は興銀の保証裏書なければ契約不可なりと（之は前提条件であった）。小関、依田、南澤等と善後策協議の結果、興銀に小関、南澤訪問。清水組関係は打切るより致方なし（興銀の裏書なければ全額即時支払を希望する故）融資の残額貸出して交渉の為だ。之は不可能ならん。

十月二十六日（火）　晴

九時半出社。依田と共に南澤より昨日興銀に交渉の結果を聴取す。

一、興銀は残額の貸出しを為す可しとの事だ。之は意外であった。

午後、神田三省堂で勝安房第四巻を求め、池袋を経て帰宅。

十月二十七日（水）　晴

九時半出社。

倶楽部午餐。定例午餐会、中村〔良三〕海軍大将の海軍戦略論を講演を聴く。余質問、ソロモン、ニューギニヤ方面の不利の状勢を回復するには航空隊及潜水艦にて敵の輸送船を目標として撃破すべきにあらずや。大将の答要領を得なかった。

議会、軍需会社法通過す。弊社の今後の状勢、油断ならずと依田氏の意見傾聴すべし。社長に注意を与ふ可きなりと意見を交換す。

軍需省、軍需会社法と追々物騒となって来た。

十月二十八日（木）　晴

九時出社。依田来らず。

砂場にて蕎麦皿を食し、富山房にて勝安房第四巻を求め、理髪して帰宅。

十月二十九日（金）　晴

快晴。会社を休み、京王電にて柴崎に至り、徒歩一里、深大寺を散策。郊外の秋色を賞し、調布を経て、午後三時半帰宅。

十月三十日（土）　晴

午前出社。依田は兄君死去の由にて、昨日郷里長野県に帰り去る。南澤大阪出張より未だ帰らず。明治書院で国民史、井伊直弼、及朝幕交渉篇、奥羽戦争、求め帰宅。夏目書房に古書売却、二十二円也。本を売ったり買ったり、之が楽みだ。可憐。

日本と中華民国との基本条約改訂の発表があった。注目す可き点。
一、戦争状態が終了すれば、日本は中華民国より撤兵すべしと。
蒋介石の政権の戦争目的が無くなった。

十月三十一日（日）晴

午前在宅。午後、大森岩村家及豊君宅を訪問す。何れも主家不在。瓦斯使用制限益々厳重となり、昨日超過によりて一部使用を止められたるを以てコーライトを盛に使用するやうになりたるを以て、コーライト又はコークスの供与を依頼せん為であった。

醍から松茸が来たので、せつやに逗子へ持参せしむ。夕方帰宅。妻四日に帰宅の旨申越す。

次郎望遠鏡を求め度し、天文研究用と申出す。元〔先カ〕づ基礎を研究すべし、肉眼にて見ゆる天体星座の運行を研究すべしと申渡す。

十一月一日（月）快晴

朝九時半出社。南澤大阪より帰京。

尾関弁護士を招致して、清水組問題交渉状況聴取す。佐々木弁護士と利息低減案交渉中の由だ。台湾より増田上京、東京支店に転勤の為だ。二十七日、鴨緑丸にて富士、〔空白〕と三艘船団航海中、潜水艦に遭遇。富士は沈没、加茂は破損せるも鴨緑は幸ひ難を免れたりと。状況を聴取。午後二時帰宅。慶子、葉山より帰る。

午時、岩村豊君を訪ふてコークス配給を相談したが、十月一日からは絶対不可能だった。
＊官制改正、今日から軍需省　首相兼任、運輸通信省　八田嘉明、農商省　山崎達之輔が発足した。作戦要求に即応する為だ。

十一月二日（火）晴

九時半出社。正午倶楽部。

午後三時帰宅。

南澤は今日燃料廠に出頭、資材問題陳情の為だ。結果憂へらる。

十一月三日（水）晴

快晴の明治節だ。午前せつ同伴、明治神宮に参拝、御宝物殿を拝観して、十時半帰宅。

次郎は学校の運動会。

午後在宅。

近藤信子来訪。同氏の長男匠、陸軍主計少尉として関東州、金州に於ける師団司令部に勤務中、今回結婚の為帰国。来る二十日過挙式につき、余に参列を案内す。承諾す。新婦は石川県人鈴木某の五女、父は数年前死去。理学博士にて理研に勤務せし石油の権威者なりと云ふ。媒酌人は楠宗道夫婦なりと。

十一月四日（木）　曇

妻、逗子より帰宅につき出迎の為行く。

八時半、省線にて十時半福島に行く。

午後一時十二分発にて、新橋より自動車にて帰宅。武子、種々御馳走をして呉れた。

十一月五日（金）　晴

九時半出社。依田も出社。南澤より燃料廠出頭の状況聴取。状況益々悪化、燃料課よりは南化は建設完成の筈、資材の必要なしとの報告の由なり。以上の通りにて社長の楽観を許るさず。

正午退社。明治書院で安政大獄二冊、日本思想史を求め、帰宅。

本日より大東亜会議開催。

日　東条首相

中華民国　汪精衛（国民政府行政院長）

タイ国　総理大臣代理　ワンワイ・タヤコン

満州国　国務総理大臣　張景恵

フィリッピン　大統領　ホセ・ペ・ラウレル

ビルマ　内閣総理大臣　ウー・バー・モウ

陪席　印度仮政府首班　スパス・チャンドラ・ボース

十一月六日（土）　晴

会社は休んだ。午前在宅。午後、六中父兄会に出席。校長より戦時学〔生カ〕制対策の説明あり。付加して六中より海兵陸士入学成績の佳良の談あり。後、水田教諭より一年E組教室にて懇談、次郎の成績を貰った。平均七点、二級に進んだ。著しき進境を見て愉快だ。

次郎帰宅後、耳が悪しく耳鼻の医に行く。軽度の中耳炎の由。

六日発表。

戦果発表、ブーゲンビル沖航空戦

轟沈大型空母一

撃沈中型空母一　歓声が挙った

大型巡洋艦　二

巡洋艦　二

＊大東亜会議第二日

大東亜共同宣言を決議、右宣言を発表す。

五日発表戦果

一、ブーゲンビル島方面航空部隊

大型輸送船　二

巡洋艦　一

駆逐艦　一

上陸用舟艇　四〇

撃墜　一〇機

巡洋艦　二

大型輸送艦　二

海上部隊

大型巡洋艦　一

大型駆逐艦　二
大型巡洋艦　二
巡洋艦　二
大型巡洋船　二
駆逐船　二
ラバウル方面
二百一機撃墜内
航空部隊ニヨルモノ　一二七
海上部隊ニヨルモノ　五一
地上部隊ニヨルモノ　二三

十一月七日（日）　曇

朝来曇天。午前、せつやを連れて浅草観音様に参詣。地下鉄にて高輪泉岳寺に参拝。赤穂義士の墓参り。品川より省線にて午後一時帰宅。せつや大喜也。

午後在宅。

今日、大東亜結集大会を日比谷に開催、参列。大東亜代表参列盛会なり。

大東亜宣言五大要項
一、共存共栄
一、独立親和
一、文化昂揚
一、経済互恵
一、世界進運貢献

十一月八日（月）　曇

朝五時より隣組防空演習。要領を得ない。九時半出社。依田と尾関より、清水組と交渉の経過聴取。利息一銭六厘と一銭四厘との関係で進捗せず、専務より可然取扱へと回答来り居る。

依田と談ず。之は枝葉の問題だ。軍方面に頗る人気悪し。融資問題の前途憂慮に不堪、或は破壊か。

依田は明日出発、十二日の飛行機にて出発の予定。

倶楽部にて午餐。国民史尊皇攘夷の部二冊、次郎に天門〔文〕の本二冊求めて帰宅。

十一月九日（火）　微雨

午前九時半出社。依田は今日出発渡台の予定だったが、飛行機が十二日から十九日に延びたので出発見合せ。今日は出社せなかった。余は省線にて一時帰宅。
午後在宅。
大戦果が発表された。古賀〔峯一〕長官の初手柄だ。祝賀に堪へない。帝国海軍は真珠湾攻撃以上の戦果だ。
第二ブーゲンビル島沖海戦
撃沈　戦艦　三　巡洋又は駆逐　三
　　　巡洋　二　大型輸送　一
　　　駆逐　三　撃墜　十二以上

輸送　四　尚猛攻中
撃破　戦艦　一　我方損害
　大巡　三（以上）　自爆未帰還　一五

十一月十日（水）晴

姉は睦子出産手伝に、今朝逗子行。

十時出社。依田も出社。
一、南澤支配人より、昨日燃料課出頭状況聴取す。宮里少佐は面会を避て会わずとの事だ。
一、依田十九日出発では決算監査不可能につき、決算書を東京に取寄せる事とし、南澤に打電を命ず。
国民史四冊を求め、午後一時帰宅。

林姉来訪中。

午後作業、前庭敷石の土盛り、防空壕手入れを為す。

次郎、臨時試験成績七十七番で、前学期末の百九十八番から大躍進だ。悦ばし。

十一月十一日（木）晴

九時半出社。依田、南澤等と尾関の報告聴取す。
一、清水組との支払契約案成り、調印せり。
1．百四十万円の内、半額七十万円は即時支払。
2．利息は九月一日起算。一銭五厘。
3．債務半額と強融成立と同時に支払。
4．支払額に対する物件は即時引渡す。
大成功だ。丸の内ホテルにて尾関、南澤と三人会食。庄山技師、燃料会技術打合研究に行く由。依田は軍需省の局長来訪の約あり。

国民史二冊購入。二時帰宅。

夏目書房招致、古本売却三十七円也。

作業をなす。

次郎、中耳炎にて午後休む。氷にて耳をひやす事。
＊大戦果追加発表。
ブーゲンビル沖海戦
撃沈　戦艦　一
撃破　大巡　三
　　巡（駆）一
撃墜　　三
我方
自爆未帰還五機を加ふ。

十一月十二日（金）晴

午前、千駄ヶ谷訪問。同氏の息健君、本月一日奈良連隊に入隊せる由を聞知せしを以て挨拶の為だ。十二月入隊の予定と考へて居ったが違ってゐたのだ。森岡氏の談では、近く戦地に行って隊を編成の上、訓練を受る事となる由だ。森岡夫人及新婦も奈良に行ってゐる。奈良ホテルに宿泊中だが、未だ面会も外出も許るされないそをだ。

午後在宅、作業。

次郎、中耳炎中々癒へざるにつき、今日は学校を休ませ静養させる事とした。医師の指図で氷で局部を冷すこととした。

満月につき夜、目白通り散歩。

今日、忠昭の誕生日、御馳走があった。

十一月十三日（土）　晴

長谷川総督上京の事を新聞で見て、午前出張所に訪問した。種々高雄の発展談、会社の近況等談話を交換した。会社に就ては総督は過日安平、布袋を視察された。技師陣が貧弱な事、倉石専務の気受はあまり好くなかった。鈴木秀夫に会ふ。台湾青少年団副団長として、東亜青少〔年〕団大会に出席の為、上京したのだ。神宮外苑迄同行す。余は外苑の記念絵画館を拝観して帰宅。

午後作業。

夜、福島喜久雄来泊。呉の談は妻の期待した程の事はなかったやうだ。

次郎、手製の望遠鏡で星を見て喜んでゐる。
　＊第三ブーゲンビル沖海戦発表。
　　巡洋艦一　撃沈
　　空母　二　小破
　　巡洋、駆逐等大破炎上
　　我方被害三十機

十一月十四日（日）　晴

終日在宅。穏かな秋日和の日だ。

午前、忠昭を手伝はせて内庭手入れ作業を為す。即ち門内の敷石と地面を平坦ならしむる為、地面に盛土を為すのだ。慶子、せつやも手伝わせて午前中完了す。可なり疲労した。

次郎、追々軽快。

高原に高雄知事の祝辞を出す。
　＊第四ブーゲンビル島沖海戦の発表あり。
　　巡艦二　轟沈
　　駆艦一　撃沈
　　戦艦一　空母一大破
　　我方損害　二機
　　敵方総反抗の意図猛烈、戦争苛烈を極む。

十一月十五日（月）　晴

九時半出社。依田と事務打合す。

別事なし。倶楽部午餐。三橋に会ふ。

余不在中、福井夫人来訪。

十一月十六日（火）　曇、夜微雨

秋雨蕭々の日だ。十時出社。依田不来。神田明治書院で国民史世想〔相〕編、桜田門事件二冊購入。之で三十三冊の国民購入も一段落の積り。一時半帰宅。

午後作業。夜微雨、秋雨蕭々。

十一月十七日（水）　曇

九時半出社。依田と事務打合す。同氏十九日朝七時、羽根田〔ママ〕より出発の予定なり。午後一時半帰宅。作業、前庭土盛り手直し。夕方、鋸を修理屋に持参す。代料一円三十銭の由だ。

六時～八時防空演習に出る。
　＊第五回ブーゲンビル沖海戦果発表。
　　空母三　轟撃沈
　　航母一　大破
　　巡洋四　撃沈
　　我方被害四機

十一月十八日（木）　曇

午前十時出社。依田と共に南澤の報告聴取す。
一、燃料課宮里少佐に面会の結果、同少佐談。
一、社長は頑固、倉石は誠意なし、南化は日曹に経営せしむるを可と信ず。大和田社長も其積りの由。
一、南澤は宮里を説き付けて、燃料廠に資材供給方の交渉を為すこととせりと。
依田との打合せ。社長の認識を改めて、社長が状況判断を誤らざるやう指導する要あり。

社長は燃料課方面と連絡を密にして、最悪の状態、即ち日曹に委譲するやうの事態を生ぜざるやう努力を要す。此進言を為すべし。

午後、桜井兵五郎氏夫人の告別式の為、麻布広尾の桜井邸に、塩澤〔幸一〕海軍大将の死去弔問の為、大崎の塩澤邸訪問。五時半より日比谷公園松本楼に丁未会。神戸、小牧、遠藤、余なり。
　＊戦果発表
　　ブーゲンビル西方海上にて
　　敵輸送船三　撃沈
　　輸送船一、巡洋一、大破、戦四機。
　　我方自爆未帰還十機。

十一月十九日（金）　晴

午前在宅。桜田門事件読む。午後倶楽部。

ニュース映画会、ホーネット航母の最後等、米国側より撮写面白かった。三井金庫から書類を出して豊島税務署に出頭す。昨日付招喚状が来てゐたからだ。次郎名義の家屋売買の件だ。買価一万二千円を答ふ。相続税の申告書を書かされた。税務の小吏との応接は不愉快だ。六時帰宅。

十一月二十日（土）　晴

十時出社。倶楽部午餐。午後三時半より、青山斎場で塩澤海軍大将の海軍葬告別式に参列。五時帰宅。

十一月二十一日（日）　曇

終日在宅。晴。午後、一時間計り下落合方面に散歩した。

十一月二十二日（月）　曇後霽

九時半出社。朝は小雨で寒冷だったが、午後は晴れた。倶楽部午餐。三井金庫に書類を入れる。午後、一番町方面散歩。倶楽部に小憩。五時六分、中島社長の帰京を出迎ふ。社長は台北で依田に会ったそをだ。軍方面の状況を依田より聴いた。依田君は心配して居ったよと丈けで不相変呑気だ。之では話にならぬ。六時半帰宅。午後七時、服部睦子安産、男子出生の電話あり。之で孫六人（男三人、女二人〔三〕）となった。一門繁栄だ。忠昭、文科乙を希望の旨、始めて申出ず。同人の平常につき色々訓戒した。

＊今日、倶楽部書物で予ての疑問を明かにした。伊勢外宮の御祭神は豊受太神、即ちみけつ神、倉稲命、即ち稲荷神社の御祭神の異名と云ふ事が明かとなった。国常立命、御中主命と云ふ事は、度会神道家の疑作と云ふ事が分明となった。

十一月二十三日（火）　晴

好い大祭日だ。午前、下落合の玉蟲教授を訪問、化学の学校の事、忠昭進学の件、化学研究所の事等を話して辞去する。今日は同方面は防空演習であった。午後在宅。慶子は、葉山睦子出産につき訪問。母子共健在の由。福島の廣子を同伴して帰った。次郎は天文で一生懸命だ。夜一時間計りも屋根に出て星を見ているのには驚いた。忠昭は品川車庫に勤労奉仕。

＊米軍ギルバート諸島に上陸のニュースあり。時局は益々重大を思わしめる。

十一月二十四日（水）　曇

薄曇、寒い日だ。九時出社。決算書を調査す。社長は庄山、高桑を招致、安平工場の状況につき打合す。唧筒の腐蝕は硫酸中に硝酸が少し交り居る故との事だった。一同丸の内ホテルで午餐。余は倶楽部で高橋中佐のブーゲンビル沖海戦談を聴く。午後再出社。決算書調査。五時帰宅。
今日、岩村文子、大森静子来訪した由。
岩村中将は海軍病院入院中。鼻の骨が脳にささって大手術をした由だ。

十一月二十五日（木）　晴
九時出社。
倶楽部午餐。麹町番町、校風閣を訪ね、東郷坂から新見附、南町辺散歩。四時帰宅。昭和国民史、華僑、を求め、帰宅。

十一月二十六日（金）　晴
九時半出社。正午、明治書院で国民史五一―六一を求むる積りだったが、皆売切れだ。
神田駅から乗車帰宅。作業。
夜、隣組常会を自宅に開催。
一、二十九日、成増飛行場に勤労作業に隣組より出動の事、女中せつを出す事とす。金を出し合せて雇入人を出すとの説ありしも、反対論にて説破す。
一、杉下氏隣組防火群長辞任につき乙骨氏に依頼の件、余は男子不在勝の隣組は女子の群長の可なるを主唱したが容れられず、乙骨氏に決定。
実際に迂なる方策は日本の欠点だ。

十一月二十七日（土）　晴
近藤匠帰京の報あり。午前八時、東中野住吉町の近藤を訪問。祝辞を述ぶ。近藤は幹候の陸軍主計少尉で、満州、錦州の師団に勤務中、今回鈴木家の令嬢と結婚の為、一ヶ月賜暇して帰京したのだ。色々と談を交ふ。十時半辞去。今日は防空演習にて警戒厳重だ。倶楽部にて午餐。午後三時帰宅。今日は市中も出没の人物僅少なり。明朝八時迄防空演習の筈だ。

十一月二十八日（日）　晴
逗子行、八時省線で行く。福島に立寄り、徒歩で葉山の服部に行く。
丸山氏訪問。六郎と午餐を共にし、逗子の蓼川医院に睦子を見舞ふ。母子共健全、男子は毅（たけし）と命名した由。武子、聡子及赤ん坊、彰子同伴来会、三時辞去。逗子駅迄徒歩帰宅。
次郎が貰った双眼鏡及計算尺を持て帰ってやる。大喜だ。

十一月二十九日（月）　晴
九時半出社。十時より丸の内ホテルで第八期総会。倉石未だ帰京せず。中島社長主裁で開会。余、柳取締役、台拓から代理者が来る。無事終了。定款一部の改正をした。
依田は常務取締役に選任、余監査役再任、南澤を監査役に選任。
午後五時半から築地やまとにて河村台日社長の招宴。小林、森岡、須田、松岡、西村、及余。愉快だった。

正午から台湾協会月例会、田代海中佐の講演、余は敵の輸送船撃沈に重点を置て敵の補給路を断する方策を取ては如何と主張して置た。

十一月三十日（火）　晴
十時出社。社長燃料廠に行って不在。総督府出張に長谷川総督訪問。二日出発、帰台せらるる由だ。

新橋より乗車、帰宅。

午後、森岡夫人来訪。健君は過日出発。北満の部隊に入隊の由。奈良の連隊で出発前、辛うじて面会出来た由だ。

次郎、耳あまり良くならないで今日は膿が少し出たと医師の談なりし由につき、夜進藤医師訪問、尋ねる。心配はないが安静を要すとのことで、次郎に注意した。学校は未だ休む必要は無いとの事だ。
　＊学徒入営で駅頭及市内は賑かだ。

十二月一日（水）　晴
十時出社。中島社長と事務打合。
一、社長談、依田の心配する事情無いではない。故に現状報告書を起案中にて、之を各方面に提出了解を求むる積りだ。
燃料廠方面は自身出願して諒解を得た。資材を呉れる事となった。燃料課方面宮里は悪人でないが、日曹の宣伝を信用し切って居るので始末が悪い。

依田も大分倉石の悪口を云ふてゐるやうだ。自分は倉石の欠点は欠点として、彼は会社の功労者だから働かせる積りだ。

余曰く、曽て社長は倉石とは一蓮托生と云われたが、社長曰く、倉石でどをしてもいけなければ切らねばならぬ。余曰く、依田は社長があまり倉石を庇護すれば逆効果を生ずる虞ありと。

融資の件は銀行局に膠着し居るが、倉石携行の説明資料が来て後、運動を起する他なからん。

午後三時より学士会にて近藤匠君の結婚式に参列。八時帰宅。

境田賢吉も来会した。

十二月二日（木）　晴
午前在宅。
午後、武校父兄会。忠昭の高等科選択は十二月二十日に決定申込の事。
四時帰宅。
今日のこぎりを取って帰る。修繕料一円五十銭。
　＊ギルバート諸島沖第四次海戦の戦果発表あり。十一月十九日より二十九日に至る戦果綜合表
轟撃沈
航母七、巡洋三、駆逐一、未詳一
撃破
航母四、戦艦一、巡洋三、輸送二、飛行機一二五
我方自爆未帰還　二七

同諸島マキンタクワの我守備は、奮闘の結果全滅の模様だ。

無電破壊の為、連絡なし。

十二月三日（金）　晴
九時半出社。
丸の内ホテルに午食。西澤と会ふ。
午後、西荻窪に福田海軍中将訪問。
今回高雄警備府司令長官に任命、祝辞の為だ。帰途、長柄の鍬を買て帰る。
次郎、今日は学校を休ませる。
品川の木村夫人訪問中だった。
老妻今日一寸眩うんをやったそをだ。

十二月四日（土）　晴　寒
天気晴朗なれ共、西風寒し。九時半出社。

社長は総督府出張に行った。

倶楽部午餐。午後、築地海軍病院に岩村を見舞ふ。今朝退院の由につき北沢の自宅を訪問。面会。鼻骨切開手術を受けたる由、大分回復し居るも未だ元気なし。数日の内に熱海に行く由だ。

図太くやる事を勧め置く。

四時半帰宅。

廣子、今日慶子が送って逗子に帰す。

慶子、五時過帰宅。

＊○十二月三日、早朝常徳を完全に占領せり。

十二月五日（日）　晴　暖
快晴、温暖の好休日だ。急に思立って午前十時からせつやを連れて省線で東京駅に行って二重橋で宮城奉拝。市電で乃木神社参拝、乃木邸拝観。更に神宮前より東郷神社参拝。海軍館を参観して原宿駅より省線で帰宅。

午後二時半だ。腹がへった。せつや大喜。

妻、過日来の疲労で昨夜の寒気に当てられ、今日は元気なく、終日横臥。

食堂の置時計修繕に出す。

十二月六日（月）　曇　風冷
寒風冷し。九時半出社。倉石、今日帰京予定。正午後倶楽部。

五時五分〜二十分延着して、倉石無事帰着。直に分れて七時帰宅。

妻、追々回復。

大阪木村兄、本日死去の報あり。品川兄と打合す。品川兄は明早朝出発下阪の予定。予は葬儀に参列の為、当日下阪の予定。

十二月七日（火）　曇、小雨　寒
終日在宅。亡兄の菩提を弔す。
木村小兄、今日出発下阪。

午後、近藤匠新夫婦来訪。

夜、大阪より電報来る。明八日、田辺本町の本宅で亡兄の葬儀執行由、余当日に間に会わぬ。

午後、会社より吉岡書類持参。監査役重任の届出書だ。
＊十二月五日、敵機動部隊マーシャル諸島基地に来襲。同日夕刻マ諸島北東海面に於て右機動部隊を捕捉攻撃し、之に破滅的打撃を与へたり。
戦果
撃沈　　　　　撃破
中型航母一　　大型航母一
大型巡洋一　　巡洋一
カルカッタ協同侵攻
撃破炎　大型輸送船　三
埠頭施設及倉庫
撃破　輸送船　二
撃墜　十二
我方自爆未帰還　一

十二月八日（水）　晴

朝、東京駅に至り、大阪行急行券を求む。

倶楽部にて午食、末次海軍大将の講演を聴き、三時帰宅。

午後十九時三十分急行にて西下。

十二月九日（木）　晴

午前七時、大阪駅着。新大阪ホテルにて朝食。市電及南海電車にて田辺本町木村家に至る。一同骨拾ひに行った後につき、直にバスにて阿部野斎場に至り、遺族と拾骨して木村家に帰る。

午後、和尚参詣。

薫姉と木村小兄は森小路の別宅に至り、六時半帰り来る。千代子夫人及秋田祥同伴せり。尚、秋田利喜、昨日福岡より来り居る。余は七時木村家を辞去。午後十一時半、醍醐の家に帰り一泊。

十二月十日（金）　晴

墓参。土産神及菩提寺内の八幡宮に参拝。午後十九時五十二分京都駅発列車にて東帰。

十二月十一日（土）　晴

快晴なり。大船辺にて夜明く。七時十分東京駅着。八時帰宅。

終日在宅。土産に鶏、魚、及白米を買て帰って家族一同に腹一ぱい食わせ、皆大悦なり。

十二月十二日（日）　晴　寒

終日在宅、休養。昨日昼食に鶏のすき焼、今日昼は鱧の切焼。皆たら腹食った。

十二月十三日（月）　晴　寒

十時出社。社長室で社長、専務、南澤、大澤、日曹製作所技師長等と資材関係交渉。燃料廠金久保中尉立会なり。金久保は同情支援の態度なり。日曹側頗る誠意を欠く。

丸の内ホテルで一同午餐。

午後、倉石専務と事務打合。

交際費二〇〇〇、受取る。

五時帰宅。

夜、次郎の数学を見る。

十二月十四日（火）　晴

十時出社。

正午、三和に至り定期の手続を為し、本郷辺散歩、二時半帰宅。

今日、慶子、せつや映画海軍を見に行く。

木村小兄来訪。大阪談、大兄が林姉より負債二千円の証文は此際林姉焼却了せり。小兄は姉に五〇〇を贈呈せりと。大阪木村の店の品約二千円の見積り也。同業者に売却して非常用及子弟教育費に残す。姉及しげこの収入約百五十円あり。生活費に足ると。

十二月十五日（水）　晴

十時出社。社長出勤。倉石来ない。

横山精一来訪。台湾行飛行機の斡旋方依頼さる。

田中農学博士来訪、今日日本倶楽部で定例講演会に南方農林資源に就ての講演をやる由だ。同行、同氏の講演を聴く。三時帰宅。

林姉来訪中だ。

慶子、一泊がけして逗子行。

＊妻は何を思ったか、家計経済に興味を持ち出し、盛に計画をやってゐる。良い事だ。

十二月十六日（木）　雨　暖

珍らしく雨だ。夜来温気なり。九時半出社。社長は名古屋出張。

倉石と談ず。

一、軍需会社法施行規則が出たが、同法を台湾に施行するには別に法令を要す。大臣と総督との権限関係研究を要す（余の談）。

一、依田は同法実施に関し、台北にて大に社長を戒めた（倉石談）。

一、同法実施すとも、政府は株式会社の株主の権利を全然無視することは不可能ならん。要するに過半数の株を握り居らば強みあり。

一、大和田は会社にては南化乗取り不可能と見て、三井化学を教唆しつつあり。又、今回東洋紡が本社工場視察に行けり。多分宮里の計略ならんか。物騒なり。

一、要するに軍需会社法の発動よりは、有力財閥の本社株過半数の買占が危険なり（以上倉石）。
一、依田も云ふたが、社長は臭素さへ出れば好いと思って居るが、当社経営を大体的に見て常に善処するを要す。貴殿より社長を指導教育の要あり（余）。
一、社長の経歴より見て之は不可能ならん（倉）。
一、倉石は午後、大和田と面会の約ありと云った。
＊三和に行って二千九百円出し、二千円定期預入。九百円妻に渡す。
国民史、会津戦争、明治書院で求む。

本郷で次郎の為、反射望遠鏡求め帰る。

慶子、葉山より帰宅。

次郎、数学百点貰って大得意で帰宅。

忠昭、理科甲類志望に決定申出す。

十二月十七日（金）　晴

富田渓仙、英一蝶の軸を売却することとして、午前上野松坂屋に持て行って数日中回答ある筈。社は休み。倶楽部にて午餐、映画会。

午後二時半帰宅。午前、快晴なりしも午後曇る。今日は比較的暖気なり。

次郎、今日より学校休みて耳の為静養す。

十二月十八日（土）　晴稍曇

午前在宅。

午後、武校に加納教授訪問。忠昭、高等科理科甲類進学の件、挨拶。

玉蟲教授宅に立寄り、同上挨拶。

五時より六中父兄会理事会に出席。

運動場にグライダー練習所設置につ〔い〕て道路付換への為、敷地買収費四千円の件なり。八時帰宅。

本日夕刊にて支那事変功労者叙勲、初の発表あり。余も辱くも勲二等旭日章を給わる。

誠に望外の恩遇にて、感激感謝極りなし。

筒井まつ、本日午後日光及善光寺参拝の途来訪。果、菓類持参。

十二月十九日（日）　晴

午前、千駄ヶ谷訪問。叙勲の挨拶をなす。

午後在宅。夕方、新東医師来訪。次郎の中耳炎頑固にして癒へず。悪性ならざるやの惧あるを以て同氏の師、本郷の田所医師に診察を受けられ度しとて紹介状持参せらる。余等も些か不案〔安〕を感ぜる折柄なるを以て、明日田所医院に行く事とす。かかる折には妻が健康にて次郎の世話出来たらとつくづく感ず。明日は余が次郎を同伴する積り也。

松子、今日は日光に行った。

忠昭、葉山訪問、日帰りの筈。

十二月二十日（月）　曇

新東医師の紹介により次郎同伴、本郷新花町の田所医師訪問。次郎の診療を受く。悪性なり。トリアノンを薬用して定時検温すべし。四、五日の後模様を見たる上、入院手当てを要するやも不知と。新東医師に其旨を報告す。憂に不堪。午後、海軍省訪問。

横山参謀、塚原〔二四三〕航空本部長、三輪潜水艦部長に面会。日比谷公園を経て省線にて帰宅。松子午前出発、善光寺を経て帰り去る。

本日午後三時二十分、大本営発表。

ギルバート諸島タラワ、マキン西島の守備隊全滅の報導なり。司令官柴崎〔恵次〕海軍少将、我方海軍陸戦隊三千名、軍属一千五百名にて米軍五万と奮戦、十一月二十一日敵の進軍と戦ひ、二十五日壮烈なる全滅を遂げたり。

十二月二十一日（火）　晴　暖

朝、鶏をひねる。今夜は鋤焼の御馳走だ。

十時出社。倉石より叙勲の祝辞を受く。

丸善で次郎に航空の本、忠昭に万年筆サックを求む。巣鴨の豊島郵便局で次郎の相続税三百三十円納む。

本屋でヒットラーのマインカンプ完訳二冊（七円六十銭）求む。防空のトビ口求む。

二時帰宅。

十二月二十二日（水）　晴

六時半、氷川神社参拝。

十時出社。社長昨日帰京、出社。

倶楽部定例午餐会。毎日記者森正蔵氏のソロモン方面談、米国の弱味の状況より戦局前途楽観説可なり。

偕行社にて旭二略章を求め、靖国神社参拝。四時帰宅。

忠昭、魚の問題にて葉山行。

武子、桃子、睦子より叙勲の祝辞来り、直に返書認む。
＊戦果発表。
二十一日、我航空部隊はニューブリテン島マーカス沖にて戦輸送船八艘撃沈、巡洋艦三艘、小艇多数撃沈、輸送船二艘大破、我方二回にて自爆未帰還十機。

輸送船は敵兵及軍需品満載、敵補給線に大打撃を与へ、快なり。

十二月二十三日（木）　晴

六時四十分、氷川神社参拝。

本郷を経て、十時出社。社長、倉石、出社。丸善で、忠昭に日本史、英文（三円六十五銭）、次郎に気象の本（一円六十五銭）を求む。倶楽部で午餐。

大村が旭二略章を付けて居った。御礼の記帳に参入の由だったから、総督府出張に行くと旭二勲章が来て居て頂いた。直に帰宅、祖先の霊前に供へ、家族一同に拝観さす。感激極りない。

有難い事だ。長谷川総督に挨拶状の航空便出す。新東医に次郎の症状を尋ねに行く。其結果、明日田所医に次郎再診に行く事とす。夜、隣組常会。防空群長、乙骨夫人に決定。余の持論実行され、愉快だ。
＊戦果発表。
ニューブリテンの第二次戦の戦果増大。

輸送船の撃沈四、或は五艘、変更、実に愉快だ。

十二月二十四日（金）　曇、小雨　暖

午前九時、雨を冒して田所医師に次郎同伴、診察を受く。病状良変せず。入院加療を要し、但余は正月は不在也と。耳の手術の如き田所氏不在にては致方なし。安藤医師及新東氏と相談の結果、午後更に次郎を駿河台の三楽病院に同伴、耳鼻科部長城所氏の診察を受け、明日より入院させる事とす。今日は大分疲労した。
田所医師　診察料　一円
三楽病院　薬料　二円六十銭

十二月二十五日（土）　曇時々晴

六時半、氷川神社参拝。午前中在宅。

午後二時、次郎、入院せしむ。慶子同伴、駿河台三楽病院に行く。次郎は会社の自動車にて来る。四時手続を済す。付添人の雇入予定通り進行し居らず。慶子を残して一旦帰宅。七時半、せつや同伴再び三楽に行き、せつやを付添わしめ、慶子同伴、九時帰宅。

十二月二十六日（日）　晴

快晴。七時起床、氷川神社参拝。帰途、福田中将に航空便出す。叙勲挨拶だ。

何となくあわただしい日だ。朝食からせつや問題で老妻と衝突。いやだいやだ。

安藤医師訪問、城所医に対する謝礼の件相談。安藤医の日当り好き応接室で同氏の長講舌拝聴。午後三時から三楽病院に次郎見舞ふ。異状なし。

六時帰宅。奥村姉、葉山より帰り居る。

夜、野口歳暮の挨拶、来訪。
＊今日、開院式、議会に御幸あり。両院に勅語を賜ふ。

十二月二十七日（月）　晴

朝、氷川神社に参拝して、十時出社。社長、倉石と事務打合せをなす。依田より来信あり。十一時半、宮中に叙勲御礼に参内、帰途、有恒興業に福井老訪問。昨日次郎見舞来訪の返礼及過日叙勲祝辞に対する挨拶だ。帰社。台湾より来着のベーコン及菓子を以て一旦帰宅。後、六中に水田主任教授訪問。次郎入院の報告、及成績を尋ねる。大体中位の成績だ。省線にて六番町恒星社に至り、次郎の為天文学の書物を求め、三楽に行き城所部長に面会。明日次郎の手術を行なふ由を聞く。学校に出す診断書を受け、次郎を見舞ふ。元気だ。

五時半帰宅。今日から次郎付添人来たる。斎藤。
　＊又々、煙草値上げ。今日から朝日七十銭となった。

十二月二十八日　晴　暖

暖いと云っても、今日は霜柱が立った。

六時半、氷川神社に参拝。九時、三楽に行く。次郎頗る元気だ。十時より城所、国手によりて耳の切解〔開〕手術が行なわれた。一時間半を要し、十一時半過に次郎は寝台車で帰って来た。頗る元気だ。痛くなかったと云ふ。慶子を残して午過ぎ一旦帰宅。午後五時、行ってやる。熱も七度五分（午後三時）、七度二分（午後七時）、あまり出ない。痛みも無い。楽に眠ってゐるので、八時四十分病院を出て帰宅。

十二月二十九日（水）　晴

六時半、氷川神社参拝。八時半、三楽に次郎見舞ふ。異状なし。十時、松坂屋（上野）にて軸物売却代金百二十円受領。本郷赤門前の眼鏡屋で次郎希望の天体望遠鏡下見す。六十倍接眼レンズ六枚、直径三十七なり。四十五円、中学生に適当だ。更に巣鴨で同上を下見す。八十倍、百十円だ。

正月用の〆飾り、門松を求め、帰宅。門松を立て、床飾りを為す。


午後五時、次郎見舞ふ。異状なし。

忠昭の成績通知表来る。不相変良好ならず。

十二月三十日（木）　晴

七時、氷川神社参拝。

九時半出社。中島、倉石と事務打合。

倶楽部午餐。神田、池袋を経て帰宅。三時、神棚の清掃。皇太神宮様の大麻奉祀、竈荒神様奉祀。

慶子、五時帰宅。次郎、異状なし。

夜、野口来訪。勲章佩用心得持参し呉る。

十二月三十一日（金）　晴　暖

午前七時起床。忠昭、帰宅す。

八時半、新東医師を訪問、次郎の経過を報告。氷川神社参拝。牛込穴八幡様に参詣。一陽来復の御守拝受、帰宅。

午後、庭園清掃。鏡餅整備。

二時より大鳥神社に除夜参詣。旧守さつを炎上。目白駅より省線、三楽に次郎を見舞ふ。異状なし。

五時半去りて、東京駅荘司にて理髪。七時帰宅。

苛酷凄惨なる大東亜戦酣にして昭和十八年を送り、十九年を迎ふ。国民協力して時局に対処し、困難を克服して、大光明を認めんとす。光り東方より也。

夜、忠昭が旭二勲章の帯紐を付て呉れた。

器用な子だ。

一九四四年

一月一日（土）　雪空　寒冷

午前六時起床。氷川神社参拝。一家雑煮を食す。次郎入院中にて欠員は遺憾だ。九時、旭日を佩用、町会拝賀式に徳川講堂に行く。十時より明治神宮に参拝。後、三楽に次郎を見舞ふ。熱七度前後に下り、頗る元気。餅を食することを慾せり。医師の許可を得て、慶子に持参せしむることとす。慶子、忠昭来る。余は更に二重橋前に至り、宮城奉拝。三時帰宅。不在中、福井老年賀来の由。

一月二日（日）　快晴　寒

午前六時起床。氷川神社及大鳥神社参拝。忠昭は逗子及葉山行。余は九時半より森岡訪問。主人不在、夫人に年賀。大井町福井年賀。更に三鷹に中島社長に年賀。蓋し約ありて訪問。社の経営に付意見交換。社長の基本主旨も明瞭となる。倉石、依田関係も社長の態度明かとなる。八時半帰宅。次郎の経過良好。

＊中島社長と意見交換す。

一、社、安平第二工場を倍拡張す。エチルフルード生産迄行く計画だ。
一、融資の交渉は倉石に委して、十日頃渡台す。
一、依田はあまり神経過敏過る。依田の悲観的観測は当らず。
一、依田と倉石との関係を心配してゐる。
一、社長は腹で仕事をしてゐる積りだ。信頼せよ。
一、君は毎日出勤せずとも、呑気にやって貰いたい。

一月三日（月）　晴

六時半、氷川神社参拝。九時より中野の城所氏訪問。三楽に次郎を見舞ふ。天体望遠鏡を買ふ約を為し、三事を約せしむ。午後一時、城所医師回診。次郎経過よろしき宣言あり。快なり。包帯交換に少しも痛がらず褒めらる。午後二時、小林大将を訪問す、不在。夕方、和田五郎夫婦来訪。忠昭、今日逗子より帰宅。

一月四日（火）　晴

七時二十分起床。八時半より氷川参拝。高田馬場より省線で初出勤。社長、倉石来る。正午、六中に行く。水田先生帰宅後であった。新宿駅で午餐、不味だった。省線で三楽に次郎を見舞ふ。付添婦は休んで帰った由。慶子と善後策を講ず。神祇史講話を求め、二時半帰宅。

久保崎、健康を回恢〔マヽ〕して今日から出勤してゐた。

依田に手紙出す。

一月五日（水）

今日、休養日だ。午前七時、氷川神社参拝。後、終日在宅。読書。二階書斎ラン〔欄〕間の紙を黒紙に貼りかへた。慶子、忠昭、三楽に次郎見舞ふ。元気の由、悦ばし。

天気は稍曇り。夜来北風寒冷。

醍醐より餅来る。小西からか。

夜雪降る。
　＊岩村、精二、西澤、毛呂、中島弘、武子、阿波に年賀状。

一月六日（木）

六時半起床。雪を踏で氷川神社に参拝。十時出社。十一時、靖国神社に参拝。一天快晴。恒星社にて次郎の為、宇宙の旅（二円九十二銭）求め、一時帰宅。忠昭は今朝、加納先生訪問の状況報告す。林姉来訪。余は餅を食って、四時、三楽に次郎見舞ふ。五時半、荒木町小花で社の宴会に出席。九時帰宅。奥村姉三楽行。
　＊内海太郎より餅の小包到来。

一月七日（金）　晴　寒

午前六時半起床。氷川神社参拝。

午前中、不得要領に過す。

次郎付添人斎藤帰らす。病人は奥村伯母の付添を好まざる旨、慶子より電話あり。行きて訓戒す。福井夫人、木村夫人来訪。

忠昭風邪。

午後、下肥汲みをやる。桜、藤花壇に施す。
　＊ニューギニヤ、ソロモン方面、敵軍追々雄勢。危機せまる感あり。

一月八日（土）

朝七時起床。氷川神社参拝。朝食の時、又妻を怒らせた。困ったものだ。十一時半、六中水田訪問。欠勤につき、二階校長に会ふ。あまり感心した男で無い。更に交際を進めて見よう。牛込で銀ケース類売る。三十円。忠昭の机の財源にするつもりだ。三楽に次郎を見る。元気だ。城所医に会ふ。次郎経過頗る良好、来週頃退院可能の由。三時前帰宅。付添婦斎藤、今日帰任。従て奥村伯父〔母カ〕帰宅。
　＊海軍大佐大野善隆氏、台湾の三谷光太郎より砂糖を託された由につき、交渉の結果、明日池上の大野氏訪問の事とす。

一月九日（日）　曇　寒

薄曇、寒い日だ。七時、氷川神社参拝。九時から池上行。途中、麹町通り家具屋で忠昭のテーブル九十円を注文。省線で大森迄バスで池上の大野海軍大佐留守宅訪問。台湾三谷君より託送の砂糖一貫五百目を貰ひ、一時帰宅。午後、目白通り古物商人見を呼で古物売却。二百円。マーヂャン具等、嫌な品皆売た。愉快。

一月十日（月）晴

七時起床。氷川神社参拝。九時半丸ビルにて眼鏡縁を求め、十時出社。倉石出社。中島に会へない。十一時、第一ホテルの健士会理事会出席。二荒、三島、海藤、其他十数氏来会。決算予算を済す。六中に水田を訪ふ。欠勤なり。二時半帰宅。内藤英雄□□〔インク汚れ、よりカ〕不在中に電話ありし由。本日一家平穏。

＊斎藤馨児より返信あり。
　天文学会に望遠鏡の照会を発す。

一月十一日（火）晴

六時半、氷川神社参拝。十時出社。社長、午後一時半にて出発。事務渡台するにつき倉石、南澤と四人、丸の内ホテルに午餐。事務打合せ。一、会社関係監督事務は燃料廠に遷る方針なり。増産（臭素）の諒解を得たり。一、融資運動は倉石之に当る。既に倉石の工作にて委員会調査は、軍にては書面にて経理局より照会の程度として、主として興銀にて調査に当る事となれりと。―果して然るか？一、倉石は不相変会社株占有希望の意見あり（同氏私案）。

午後三時、武校高橋教授の告別式参列。

一月十二日（水）晴

六時半、氷川神社参拝。約により十一時、内藤秀〔英カ〕雄氏日本倶楽部に迎へ、糖業会館に快談す。其説、一、日本の仲介により独ソ和平の運動奏功し、東条は将にソ連に行かんとす。北満の軍は盛に南下、比島に集結しつつあり。一、スマトラより濠州を押突き、米軍の補給源を断つ作戦なり。ラホール、ニューギニヤの米軍は自然につい〔潰〕へんと快報なり。三楽に次郎を訪ふ。経過可。

城所に会ふ。外耳に腫物あり収縮を待つ。手当中なり。

四時帰宅。武子、彰子同伴、日帰りにて来訪。四時半帰り去る。

一月十三日（木）晴

午前七時、氷川神社参拝。今日は稍々暖。

午前中在宅。午後二時より六中に水田先生訪問。次郎勤〔欠カ〕学の件、意見交換す。斎藤某（天文狂）に対しては此機会に交際を断つべしと水田先生の意見なり。同氏を中心に天文バツ〔閥〕を造れり。学校としてあまり賛成せずと。余の意見と一致せり。次郎明日退院許可の旨、慶子報告。

＊台湾、高雄及塩水空襲を受け、死者一名、負傷十五名、盲爆だ。
　会社の工場被害なし。

一月十四日（金）　晴　暖

寒気稍ゆるむ。七時起床。氷川神社参拝。十時出社。倶楽部午餐。明治書院に国民史（三冊）求む。二時より会社の自動車にて三楽に至り、次郎退院を迎ふ。快極りなし。城所医に挨拶す。明日より当分次郎通院なり。次郎約三週間の入院生活なり。母稍不快。夜、安藤医の診察を受く、別段の事なし。

＊大増税案発表。

一月十五日（土）　曇薄晴

六時半起床。氷川神社参拝。次郎帰宅につき賑かになった。天候薄□［インク汚］□曇り。午頃から日差しがあった。□晴となる。午前在宅。家具、納戸整り売却品調べ。午後在宅。人見骨董を呼ぶ。夕方来る。茶釜、蕃刀、其他売却、百九十二円。鎌倉ぬり火鉢一個二十六円求む。夜、家族一同及姉、節やに年玉、次郎退院祝を贈る。

一月十六日（日）　晴　北風　寒

七時半起床。氷川神社参拝。終日在宅。慶子、寒風を冒して銀座に行ったが、机も鏡台も一つも無き由だ。其購入方法には考究を要すべし。

一月十七日（月）　晴

六時半起床。氷川神社参拝。九時半出社。小林宗之助海軍中将来社。久し振りの面会だ。正午、次郎の靴を修理せしめ、明治書院にて国民史八冊求め、二時半帰宅。梅、アヂサイに肥料を施す。品川の兄来訪。大阪木村姉の状況こぼさる。平岡女史来訪。鶏卵を呉れる。夜、妻の言動に対し余は劇怒す。実に不愉快だ。暫く葉山行を勧めた。

一月十八日（火）　晴　寒

六時十五分起床。氷川神社参拝。途上がま口を拾った。九時半出社。倶楽部午餐。午後、明治書院で国民史四冊求む。之で全部揃った。麹町の家具屋に卓子の交渉を為す。全然破談だ。二時帰宅。三時、次郎三楽より帰宅。しるこを食ふ。甘かった。

一月十九日（水）　晴

午前六時起床。氷川神社参拝。六時半、久し振り忠昭、次郎と共に朝食。両人共七時より登校。次郎元気に初登校なり。余は会社休みて在宅。長閑なり。午後散歩。忠昭に電灯スタンド求め与ふ。テーブル不調の償なり。午後五時半より錦水紫明会、盛会なり。片岡の招待、病気回復の祝なり。大阪より自家産野菜持参。頗る御馳走なり。

一月二十日（木）　晴
午前在宅。午後、忠昭の為、雑司ヶ谷の渡辺家具屋に片そで卓子注文す。八十五円（内金二十円を入る）。二月末成工の約なり。長延連肺炎にて病臥を見舞ふ。織田博士訪問、不在。新宿通りを散歩。四時帰宅。
夜七時より寝る。

一月二十一日（金）　晴
大寒だが却って暖かい。昨夜快眠の結果、気分良。六時起床。神参。十時出社。倉石には会へない。十一時、林兼（西太洋水産）に片山氏訪問（中部専務不在）。次郎の為、ビタゾール十瓶（十一円三十銭）特価にて求む。
総督府出張所訪問。田村町を経て帰宅。
倶楽部で新井君の紹介で牛肉特配二百五十匁二十円で求め、家族一同鋤焼満喫。

一月二十二日（土）　曇　寒し
六時半起床。次郎、忠昭と朝食を共にし、七時、氷川社参。朝来曇天、寒し。
十時出社。給仕を林兼に遣しビタゾールを買求む。正午過帰宅。
午後在宅。曇天。雪空なるも雪降らず。夕方小雨あり。連日の旱天に雨を欲す。

一月二十三日（日）　晴　暖
快晴、温暖。七時起床。氷川社参。
午前中在宅。
午後、城所医宅に礼に行く。
慶子、逗子より帰宅。
南澤来訪。林檎と蜜柑を呉れた。

一月二十四日（月）　曇
六時半起床。社参。十時出社。倉石と社務打合せ。一、本省の機構改まり、弊社監督権の重点は燃料廠に遷る筈。一、燃料課長及宮里少佐は転任の筈と。曩の社長談と同様なり。経過を見る。
午後、武校に山川校長訪問。高等科編入生の方針につき森岡君より尋ね合せ依頼の件照会。二時半帰宅。
＊奥村姉、石神井の農家より鎌を買って帰る。

一月二十五日（火）　曇、雨
せつやに東京駅案内の為、八時家を出る。之より先、六時起床。社参。九時半船舶統制会の宮内訪問、慶子鏡台の件相談。物にならず。
出社、手当を受く。倶楽部午餐。銀座散歩。バスにて一時帰宅。
朝来曇天、午後雨となる。甘雨なり。
温度二度なるも、寒冷不愉快の天気なり。

一月二十六日（水）　曇、午後晴

六時起床。社参。朝来曇。在宅。

午刻前より空晴れ来る。現代を求む。昭和政記続稿を読む為だ。

斎藤内閣、国際連盟脱退の項迄来た。

午後、納戸整理。慶子に分配すべき品等整理す。

夜、次郎の忠昭に対する言動頗る不遜なるにつき長幼の序を正す為、大声にて叱折〔斥〕す。

一月二十七日（木）　晴

寝過した。七時起床。朝食後、氷川社参。

其侭、高田馬場より出社。倉石と閑談。

十一時、台湾協会月例会出席。総会だ。平塚氏、副会長就任の挨拶あり。高木〔友枝〕氏の後任だ。木下信の仏印事情講演、有益だった。仏印に対する支那大陸より米空軍の爆撃熾烈は意外だった。銀座日本橋通り散歩、帰宅。人見骨董商と交渉。
＊倉石談。目下議会中にて銀行局の連中も頓と融資問題は手を付けて呉れぬと。さもありなん。然し大体として、果して楽観して可なりや。

一月二十八日（金）　曇後晴

七時起床。朝食後、社参。在宅。午前、人見骨董商来訪。銀細工船、人物、銀花生、其他売却、二百二十円。戦時財政体制を取り愉快。午後、池袋散歩。次郎の靴直しの交渉。厨用刃物を求む。慶子用の積り也。本日は余の退官記念日だ。午前中曇り、十一時頃より晴。

一月二十九日（土）　晴

七時起床。朝食後、社参。十時出社。倶楽部午餐。理髪。早稲田に散歩して三時帰宅。

今朝、古本売却。二十六円五十銭也。

南洋地理大系八冊全部揃、二十二円五十銭にて金井より求む。主人持参す。

一月三十日（日）　曇

七時起床。社参。薄寒い嫌な日だ。朝一寸雪らしきものが降ったが後又曇。

終日在宅。財産目録材料を造る。

夜、福島喜久雄来る。

竹村清太郎、娘良子、息重一、何れも婚約成るの報あり。祝詞を書く。

大阪亡兄の片〔形〕見靴来る。兎毛の変り型だ。

一月三十一日（月）　晴

六時半起床。喜久雄が泊ったので一家揃って朝食。九時から社参。高田馬場から省線で出社。倉石は燃料廠に行って不在。十一時より倶楽部午餐。新井君の紹介で林檎一箱求む。三十七円は高価だが品質は雪の下、良果だ。社の自動車で持帰り、一部は自動車に託して倉石新居祝品に贈る。
＊午後、芝写真館に行って旭二拝受記念に撮影す。

二月一日（火）　晴　風

快晴なれ共、寒風烈し。六時起床。社参。

十時出社。倉石と事務打合す。倉石、昨日燃料廠へ行き、廠長と面会の結果を報告あり。要は製品の生産量の確保にあり。悪宣伝相当盛なる如し。倶楽部にて午餐。森岡氏に会ふ。同氏友人、三菱商事高橋五郎の息康、武校高等科補欠入学の件につき依頼あり。午後、山川校長訪問す。
＊一月三日以来、マーシャル群島に毎日戦機来襲あり。三十日空母を基幹とせる大部隊来襲あり、激戦中なり。

二月二日（水）　晴　寒

快晴だが風が寒い。六時半社参。

九時から森岡訪問。同氏依頼の高橋氏子息武校の件だ。山川、塚本宛紹介状を渡す。十一時倶楽部。午後、陸軍中佐の米国事情講演。三時帰宅。靴磨き、下肥料汲をやる。とても寒い日だ。クラブの食事も一日五匁宛米を持参せよと云ふ事になった。追々切迫だ。

二月三日（木）　曇、雪

六時半起床。曇、薄雪。寒気凛烈。

七時社参。終日在宅。次郎発熱。

感冒ならん。学校及三楽行を休み、横臥。朝、人見来る。火鉢等売却。値の開きあり、中止。午後、花壇に霜覆を為す。夜、次郎発熱九度を超す。

安藤医師来診、注射。

今日は一家平温〔ママ〕。夜、夕食満腹。

二月四日（金）　曇

朝来曇、薄雪、霙。いやな日だ。七時社参。次郎熱尚九度内外あり、安藤医と協議。新藤医の診察を受く。鼓膜充血及みゃく動あり。更に安藤医と協議の上、午後再度、三楽病院に入院せしむ。奥村姉付添なり。次郎も運の悪い奴だ。同情に堪へない。

菜種の花と支那水仙を求め帰る。

二月五日（土）　曇　暖

六時半起床。社参。昨夜来暖気稍々加わる。四度なり。十時半、三楽に行く。次郎、朝検温七度二分也。安心なり。倶楽部午餐。今日より倶楽部食事、毎食米五匁を提供することとなる。日本橋通り散歩、傍卓子十二円、鎌倉大火鉢八十円、丸善にて次郎の書物、スリッパ求む。夕方更に次郎を見舞ふ。検温六度六分、本格なり。

＊マーシャル方面戦況発表。敵一部二月一日、クエゼリン、ルヲットに上陸せり。未だ見星〔ママ〕しき戦果なし。我領土に戦軍進入、記念すべき時也。

二月六日（日）　快晴

温暖。朝一度なるも、午後十度だ。午前在宅。植木屋小宮、一日間来勤。寒肥を入れて呉れる。朝六時半、社参。せつや帰る。午後、日本橋通りに散歩。次郎の靴直し四円五十銭、高価だ。次郎益々順調、明日退院の予定。今日風呂を建てる。

二月七日（月）　晴

六時四十五分起床。寒。九時社参。高田から省線、出社。倉石と事務打合せを為す。十一時半から日本橋木屋漆器店に立寄って、鎌倉火鉢を持て帰る。午後五時、次郎元気で退院、帰宅。愉快だ。せつや帰京後、種々醍醐の状況を妻に報告す。食料不足の事、奥村母子の不評判等。聞くも嫌だ。

＊忠昭、今日から塗料工場に勤労奉仕に行く。

二月八日（火）　晴　寒

六時十五分起床。晴々し共風寒し。

社参。十時から黄バスで内幸町勧業証券会社に行って、古き勧業債券売却、百九十円。更に三和に行って戦時貯蓄債券売却三百六十円。木屋で鎌倉彫火鉢一個求め帰る。過日のと一対だ。快晴だが風が寒い日だ。次郎は念の為、今日も休ませる。

二月九日（水）　晴　寒

快晴。寒気甚し。六時十五分起床。社参。

次郎今日より元気よく登校。喜ばし。

十時出社。古望来訪。セルロイドの会社に入り、平取締役販売部長の由なり。

倶楽部午餐。朝日の細川〔隆元〕氏の定例講演、米国事情なり。

五時より倉石氏新邸に招待、色々御馳走になる。小関弁護士、南澤、余の三人也。

二月十日（木）　晴　暖

六時起床。社参。十時出社。正午過帰宅。午後三時過、人見骨董商来る故、道具類売却、二百四十円也。当初より総計一千〇二円、身心軽快となった気持だ。妻も追々賛成し来る。愉快だ。木村兄より片見〔形〕の靴、百円と云って来た。早速支払ふ積りだ。

二月十一日（金）　晴、寒風

快晴。佳い紀元節だ。但し北風は相当寒い。

六時半起床。社参。忠昭と朝食。忠昭は武蔵の拝賀式に行く。次郎は予後静養の為欠席。余は九時より恒例に依り明治神宮に参詣。国運の隆昌を祈り、二重橋に至り宮城奉拝。実に気持が良い。正午帰宅。赤飯にて家族一同午餐。

午後、椎名町散歩。日本民族論、中朝事実求む。

二月十二日（土）　曇　寒

曇り時々薄日指す。寒気甚し。六時起床。社参。午前在宅。午後御茶水、神田、高田馬場方面散歩。三時帰宅。

忠昭は夜十時から終夜行軍の由だ。

八時頃学校に行ったが、雨が降って来たので十一時半帰宅。友人松尾君を伴ひ帰って一泊せしめた。

二月十三日（日）　曇　暖

曇り時々晴れ。頗る温暖。七時起床。

社参。終日在宅。近藤信子来訪。次男結婚式四月五日挙行につき、参列招待の予報だ。

今日は頗る温暖。楽な長閑な休日だ。

二月十四日（月）　晴　稍暖

七時起床。晴れ。稍々温気が加わる感あり。朝食後、社参。高田馬場より省線にて出社。倶楽部午餐。

午後、平凡社で中朝事実下巻を求め、二時半帰宅。帰途、人見古物商を森岡氏に紹介す。林姉来訪。

二月十五日（火）　曇

曇。冷たい嫌な日だ。六時起床。

社参。十時半から出かけ、倶楽部午餐。食足らず、Ａワンにて更に補充す。一食三円七十五銭。之では経済が持たぬ。午後二時、渋谷赤司邸に赤司君告別式に行く。赤司は台湾の名物男だ。

午後三時帰宅。

夜、風、雪催しだ。

二月十六日（水）　晴　寒

七時起床。社参。高田より省線にて出社。倶楽部午餐。大東亜会館にて補充。本郷を散歩。三時帰宅。平凡な日だ。

本日付増税発表、即日実施。

かなり重税だ。

二月十七日（木）　晴

快晴、寒い。六時半起床。社参。

十時半から出かける。倶楽部午餐。駅で補充。一円。不味だ。

二時帰宅。実に不愉快な日だ。

二月十八日（金）　晴　寒

夜来降雪の兆あり。六時起床。九時より社参。出社。倉石と事務打合せ。

融資問題、遅々として進まず。大蔵省は議会の質問もあり、慎重の態度なる由。又、陸軍は積極的に推進策を取らずと。

倶楽部午餐、及丸ビルで補充。午後四時帰宅。夕方より寒気加わり降雪の兆あり。慶子葉山行。牛肉。
＊次郎数学の主任小平教諭を六中に訪問。次郎に数学の補充教育を依頼す。

二月十九日（土）　晴

昨夜降雪、快晴。七時社参。終日在宅。今回、電力節減五割決定。十八日より実施につき、忠昭、次郎勉強室を二階として一卓に共同電灯を使用せしむ。余の書斎は応接室に移転す。

夕方、慶子帰宅。
＊大本営発表。
　二月十七日、朝来敵は有力なる機動部隊を以てトラック諸島に反覆空襲し来り、帝国陸海軍部隊は之を激撃、激戦中なり。

　戦局は益々苛烈を加へ来る。

二月二十日（日）　晴　暖

七時起床。社参。午前在宅。
午後、次郎同伴、牛込若宮八幡境内、古平教諭宅訪問。次郎の為、数学補充教育を受け、午後五時帰宅。
十九日午後九時三十分、内閣改造。
任大蔵大臣　石渡壮〔荘〕太郎　（前賀屋興宣）
〃農商大臣　内田信也　（前山崎達之輔）
〃運輸通信大臣　五島慶太　（前八田嘉明）
苛烈緊迫化せる戦局の現段階に対応して、諸重要国策の遺憾なき遂行を期する為、内閣一部の改造断行。

二月二十一日（月）　晴

六時起床。社参。十時出社。寒い。
倶楽部午餐。補充食。午後二時帰宅。
参謀総長及軍令部長交迭。
任参謀総長　東条英機
任軍令部長　島〔嶋〕田繁太郎
　首相及海相何れも其侭だ。軍令軍政を各一人にて兼任。
＊トラック戦況発表。
　敵巡洋二、撃沈。

　航母及航型未詳一撃破。飛行機五十四撃墜。我方被害、巡洋二、駆逐三、飛行機一一三。

　真に苛烈なる戦闘だ。之にて敵機動部隊のマーシャルの来襲を却けた。

二月二十二日（火）　晴

六時起床。社参。終日在宅。

午後、岩村海軍中将来訪。予て病気療養中のところ全癒したので挨拶の為来訪だ。然し未だ元気が無い。同情に耐へない。朝、国民登録及人口調査票出す。余自身も未だ国民登録の資格あり。心強し。

戦局は真に国家興亡の岐路に立った。

二月二十三日（水）　晴

六時半起床。九時社参。十時出社。

倉石同伴、正午、台湾協会例会出席。細川朝日記者の米国事情講演聴取。有意なる講演だ。米国の反日意思の強因、戦力の余裕を説て余すなし。午後三時帰宅。
＊昨日、東条総理の閣議発言中、最も我意を得たる点。
　一、一切の毀誉褒貶を超越す。
　一、一切を白紙に帰す。
要するに閣僚を更迭しても属僚が旧体制の官僚的習慣が去らず、産業界に利潤追及の念去らざれば、何等の効果なし。

二月二十四日（木）　雨

夜来雨、暖気加わる。

六時起床。社参。出社。

午後二時半帰宅。

そーや〔宗谷カ〕来訪。

二月二十五日（金）　晴　風

朝七時起床。社参。出社。倶楽部午餐。三井信託金庫に立寄り、午後二時帰宅。胃及腸変調、下痢甚し。夕食廃止、休養。

マーシャルの悲劇の報導あり。音羽〔正彦〕侯は高雄の浪宅に来訪されしことあり、今回の戦死を聞て特にいたまし。

天気晴朗なれ共、風寒し。
＊大マーシャル群島ルッソウクエゼリン守備海陸軍部隊四千五百名軍族〔属カ〕全滅。音羽侯爵海軍大尉も壮烈なる戦死を遂げらる。いたまし。二月六日。

二月二十六日（土）

七時起床。社参。

終日在宅。静養、朝食を廃す。

昼食より平常に復す。午後、芋を食す。

雑誌現代を求む。
＊〔決戦非常措置要綱、宮城内初閣議に於て、総理言明、決定（二月二十五日付）。
□□〔インク汚れ〕校以上非常動員〕
東条首相は二十二日閣議に於て難局打開の重大決意の発言をなし、二十五日決戦非常措置要綱を決定発表す。
一、中等校以上非常動員。1勤労、2校舎利用。
一、女子挺身隊強制。
一、強度に疎開実施。1防空設備、2空襲善後措置、3倶楽部廃止。

一、空地利用、配給改善の簡易生活、配給改善、製造禁止品目。
一、料理店興業物休止。1高級享楽停止、重点輸送強化、海運力刷新、事業停止。
一、地方委譲徹底。
一、信賞必罰。日曜減縮。

二月二十七日（日）晴　暖

朝六時起床。社参。終日在宅。静養。午前、高額所得者組合に加入、勧誘者とて安田生命社員来訪。よく聞けば生保の外交員だ。申込を拒絶す。午後一時より隣組常会を拙宅に開催。別段に要件なし。

妻、空襲用意の整理物に多忙。

次郎、午後小平師に行く。余、英語復習す。

二月二十八日（月）晴

快晴、暖。六時半起床。社参。十時半出社。午後零時半、河村歯科医に行く。

左上の歯ぐきはれたる故、治療の為だ。一本は抜歯の要あらむ。二時半帰宅。二時頃より一天俄に曇り、黄雪みなぎり春蒼の感だ。夕方又晴れ、北風強し。

今日より暖気加わる。
＊大本営発表。
二月二十二日、空母十数、戦艦八隻を基幹とする敵機動部隊はマリヤナ諸島東方に現れ、サイパン、テニアン、グアムに空襲せり。我航空部隊は空母等四隻撃沈。

二月二十九日（火）晴

五時起床。安眠が出来なかった。元〔原〕因不明。

午前在宅。十時半午食。河村歯科医に行く。帰途、矢来、江戸川を散歩。二時帰宅。京都襍記、農民史求む。鋸及出歯を求め帰る。

次郎、今日より包帯除かる。

忠昭、追々行状良好となる。悦ばし。

次郎は未だいたづら我侭が直らぬ。

三月一日（水）晴

六時起床。社参。午前在宅。

会社休。

午後一時、河村歯科医行。二時、倶楽部に行く。大戦果の噂が出たが発表なし。夕方、次郎の不熱心の態度を叱斥す。少々余の態度も乱暴過ぎた。

夜中、斎藤長官より至急官報にて海軍施設協力会台湾支部長（年二万円）に推薦の照会来る。

要するに土木、建築業者を統一して一手に引受ける社団法人だ。考慮の末、一、斯業の経験なき事、一、家庭の事情が許るさざる旨にて断りの返電を発す。

三月二日（木）　晴　風強し

六時起床。社参。会社休。

午前在宅。午後、河村歯科行。

倶楽部に行きて理髪。二時帰宅。

家庭は空襲時の避難品準備に多忙だ。

三月三日（金）　晴

午前五時半起床。社参。

十時から出かけて倶楽部午餐。

午後、河村歯科医に行く。漸く上部門歯の悪歯を抜歯した。後病みなし。

三時帰宅。慶子は品川の木村夫人同伴、東条にて写真を撮った。相携て五時帰宅。

忠昭、明日より学期試験。

三月四日（土）　曇

五時半起床。社参。十時出社。

倉石は信州行にて不在。南澤と事務打合せ。一、融資問題遅々として進まず。一、依田三日帰京の由なるが、軍方面及勧銀に実情の報告をすれば困ったものだ。一、倉石対依田問題。倶楽部午餐。午後、河村歯科医。二時半帰宅。睦子、六郎来泊。

三月五日（日）　雪

夜来雪盛に降る。終日降雪。

午前六時起床。社参。終日在宅。服部も終日在宅なり。服部夫婦は初孫毅を母に見せん為なり。頗る可愛し。六郎と時局談。

対米戦は緊迫状態だ。飛行機製作及の乗員養成に関する政府の計画は後れたり。緒戦の勝と政府のユルフンの為、手配頗る緩慢なりし。十六年十一月六日と同時に発足す可かりしなり。

三月六日（月）　晴

午前七時起床。社参。

約により九時半、河村歯科医に行く。

帰途、新宿より千駄ヶ谷訪問。過日台湾海軍建〔ママ〕設協力会支部長推薦拒絶の件、及会社現状の件、報告。

午後在宅。

森岡談。現政府は些か神経衰弱の感ありと。

三月七日（火）　曇、小雨

午前六時起床。社参。

午前在宅。

午後、河村歯科医に行く。一時半帰宅。

天候悪しく、睦子母子今一泊することとなる。

三月八日（水）　晴

五時半起床。社参。

十時出社。倉石に会はず、倶楽部に行く。非常戦時体制にて倶楽部午食無くなる。午後、下村宏の放送に関する講演。三時帰宅。

睦子母子、今日葉山に帰り去る。慶子送り行く。忠昭学期試験終了。あまり成績良からざる模様。悲歎し居れり。

三月九日（木）　晴

午前五時起床。次郎は昨夜徹夜して試験準備をなし、今日は英語、漢文だ。次郎は五時から六時迄小眠した。六時次郎を起す。社参。午前在宅。午後、武蔵故高橋教授の追悼式に列す。令息海兵教授に面会に行って、帰途一月六日大阪に於て脳溢血で急逝されたのである。故山本校長の信任あつかりし人、余に於て此故に縁故あり。

＊慶子、正午前、葉山より帰る。

三月十日（金）　曇

午前五時半起床。社参。

午前在宅。

午後、河村歯科医。三時帰宅。書斎整頓。忠昭は学校射的会。

次郎今日にて試験終了。

妻と慶子結婚問題、家計問題等にて談ず。妻と余の物の考方全然異る。困ったものだ。

三月十一日（土）　晴後曇

午前五時半起床。社参。

午前在宅。

午後、河村歯科医行。

午後曇り。薄き雪降る。

三月十二日（日）　晴　風

晴なる共、北風凛烈なり。五時半起床。

社参。在宅。午後、江副九郎、岡愛三、相次で来訪。四時より野口大吉死去の悔みに行く。

忠昭、今朝から葉山に行く。

三月十三日（月）　曇

五時起床。社参。九時半から出かける。

三井金庫で財産目録造る。三和にて二〇〇払出す。東京駅八重洲口で京都行急行券求む。旅行制限で中々面倒だ。彼此して出社時間なし。昼飯抜き。

午後一時、河村歯科医。三時帰宅。古本売却、二六円五十銭。

三月十四日（火）　曇

五時半起床。社参。十時出社。倉石と事務打合せる積りなるも、倉石未だ来らず。汽車大垣着時刻を調べて中島に電報す。靖国神社に参拝。新見附にて元田先生進講録、本居宣長集を求め、河村歯科医に行き、黄バスにて帰宅。

明朝出発の準備す。

三月十五日（水）　晴

慶子同伴、予定通り午前九時大阪行急行に乗る。富士は七合目以上雪かかりて見えず。慶子失望せり。午後四時半、大垣着。中島弘父子の出迎を受け、同氏宅迄徒歩で行く。約三キロあり、手荷物持て行くのは閉口だった。中島宅に一泊す。単素なる生活だが清福の模様だ。草餅其他、色々御馳走をして呉れた。

三月十六日（木）　晴

午前八時四十分出発。中島夫人と母堂御くにさんが駅迄送って呉れた。普通列車だ。先行の貨物列車に事故ありて、駅で待たされ閉口した。遅遠〔延カ〕且旅客は殺到、山科駅に下車には頗る困難した。

予定より二時間半程遅れて、四時醍醐の家に着く。

三月十七日（金）　晴

午前墓参。醍醐寺三宝院の殿舎を慶子に見せる。氏神に参拝。早ひるを食って、十一時より宇治に行って平等院見物。

竹村に行く。昨日、重一君結婚式だった由だ。竹村ではかしわのしゅっしゅに餅を入て煮た。御馳走になった。甘かった。四時から黄檗山を見、町役場に山田君を訪問。五時帰宅。

三月十八日（土）　曇、雨

午前九時から慶子同伴、京都の皆山に行く。お光さんは孫の病気で入院不在中だった。慶子は残して、同〔余カ〕は友人小島米吉を訪問。古道具屋を紹介して貰ふ。寺町御池の福田元永堂の番頭新吉さんに紹介さる。

午後四時帰宅。

三月十九日（日）　晴

終日土蔵の整理を為す。常五郎、元三郎を手伝に雇入る。

淀浮田利作氏来訪。

サモアール、生蕃関係物、南洋貝類、ジャワ土人の彫刻等、大東亜建設関係品を母校醍醐国民学校に寄贈す。

三月二十日（月）　曇、雨

慶子出発帰京につき、午前七時墓参。

慶子同伴、山科を経て電車にて京都駅に至り、十時五十分急行にて慶子の出発を送る。三条を経て帰宅。

午後、国民学校長吉川勝三、小西重太郎同伴来訪、児童給食問題を聞て、用具として所蔵品寄贈の決心を為す。

三月二十一日（火）　晴

午前、元次郎を雇入れて給食具寄贈準備をなす。大釜、中釜、大鍋、椀三百数十、櫃大小五、廿〔二重カ〕箱二個、其他だ。何れも旧蔵品だ。

午後一時から京都鹿ヶ谷法然院町小島訪問。夫人の茶の手前等御馳走あり。後藤明も来同、午後七時辞去。六地蔵廻り徒歩で帰宅。

三月二十二日（水）　晴

終日在宅。土蔵整理。

国民学校の吉川校長訪問。給食用具寄贈を申出ず。校長同伴、帰宅、実物を示す。直に寄贈を了す。

奥村姉、昨日東京より帰京の由にて、敏子、及孫二人同伴、来訪。姉及孫二人は一泊。

三月二十三日（木）　曇

終日在宅。

元永堂番頭由水健治来訪。

売却品を調査せしむ。凡てを由水に一任す。

午後、吉川校長、町会連合会長久保某来訪。久保は法学士、石田に居住老人だ。

吉川校長より国民学校に於て児童に講演を依頼さるる。

売却品中、希望により一部を浮田、精二に売却。百円なり。

三月二十四日（金）　晴

午前十時より国民学校にて児童に講演を為す。旭日重光章一個を佩用して出場、主として余の寄贈品を題目に露西亜、台湾、南洋の談をなす。

三月二十五日（土）　曇　北風

北風の寒い日だ。精二君、寅吉、佐溝の案内にて勝口、端山方面の洛東水利の水路予定地、間伐地、及余の所有地の実査を為す。午後は在宅。書面台帳にて右の調査を為す。頗る複雑の関係にあり。

台帳の地番が実地には少分割され居るので調査が中々困難だ。

三時半終了。土蔵整理をなす。

三月二十六日（日）

今日は生母の祥月命日だ。午前墓参。竹林伐採開拓事業地視察。

終日在宅。土倉整理。大体片付た。

夜、小西、山中、内海を召致して間伐問題の経過を聴取。伐採事業は組合に委託することとした。精二君には無理だ。交渉を精二君に依頼。尚、全部伐採の方針を決定。此交渉をも精二君に依頼す。

＊文教局長　森田俊介
台北知事　西村高兄
台中知事　清水七郎

三月二十七日（月）　曇、雨
急行券、切符を買ふ為出京。
二十九日の急行券を求め得た。
午後、土蔵整理。
京都駅は切符買の旅客で殺人的混雑だ。
六地蔵廻りにて午後二時半帰宅。バスにて左右田老夫人に会ふ。
三時、左右田老人来訪。八十四才の由だ。元気な老人だ。

三月二十八日（火）　晴
午前、左右田忠太郎氏訪問。

午後、奥村姉来る。

明日の荷物造りを為す。

夕方、吉川校長来訪。香川県に居った由。蜷川行道の中学時代の弟子だ。一見旧知の如し。山科椥辻吉川泉一の養嗣子だ。夜、藤井榮、藤井元、内海岩、伝助、内海太郎来訪。横穴防空ゴオ敷地の件だ。

三月二十九日（水）　晴
午前十時五十分の急行にて出発。
精二君醤油を以て駅迄見送り呉る。午後九時東京駅着。忠昭、次郎出迎へ呉る。十時帰宅。一家元気。
忠昭、次郎共、夫れぞれ進級。之で安心だ。然しあまり成績は良好で無い。

三月三十日（木）　晴
終日在宅。各方面に礼状出す。

奥村姉は、四月六、七日頃来る予定のところ、妻は之を断り度しと云ふ。困ったことだ。妻及余より姉に其旨手紙を出す。

午後、忠昭葉山に行く。

不相変寒い。時候不順だ。

三月三十一日（金）　晴
六時起床、社参。午前在宅。
午後、河村歯科医に行く。五時帰宅。
武子母子四人来泊。

日ソ外交交渉成立して、日ソ漁業条約改訂の調印を了し、五ヶ年間の協定をなせり。又、北樺太の石油及石炭の利権は全部之をソ連に委譲せり。之は既に実行不可能に陥り居り、政府補助を以て四分の配当をなし居りしものにて、可惜ものにあらず。之によりて日ソ中立条約の内容は実質的強化せり。

〔成績表、省略〕

四月一日（土）　晴
五時半起床。社参。十時半出社。久し振り倉石と事務打合せを為す。会社融資決定の由なり。一安心なり。社長二十日頃帰京。其後、倉石渡台の予定なり。依田は帰京。令息の幼年学校入学にて仙台に旅行の由なり。正午、三和にて睦子の債券売却。倶楽部にて支払ひをなし、三時帰宅。

四月二日（日）　雨

六時起床。終日在宅。長閑な春日だ。武子母子二人滞留。賑かだ。

奥村姉去って後、せつやの口より姉の不誠意の言動が種々と妻に伝わりて妻は俄〔姉カ〕に姉に対して強き反感を托〔抱カ〕くに至り、姉の来宅を拒絶し、事々に妻に対する反感を示すに至る。困ったものだ。

四月三日（月）　晴

午前、岩村清一訪問。同氏は今回、海軍中将の予備役に編入さる。大将海軍大臣を期待して居ったが遺憾だ。福井芳輔君も来会。十一時辞去。

午後、織田先生訪問。余京都旅行中来訪の答礼と佐賀時代揮毫して頂ける書に印を押して頂く為だ。四時帰宅。

喜久雄来訪。

四月四日（火）　晴

六時起床。社参。十時出社。倉石、依田、不在。三菱商事に服部常務を訪問。忠雄の三菱重工業京都工場に就職依頼の件交渉。

一時、河村歯科医に行く。三時、六中に古平教諭訪問。次郎数学指導一応打切りの件交渉。四時帰宅。武子の一隊、今日帰逗。

慶子一泊がけにて送る。

四月五日（水）　晴　風寒

六時起床。社参。十時、荘司にて理髪。

十一時出社。依田より本社工場の状況聴取す。倉石は不在。依田と丸の内ホテルにて午餐。一時、隠田の蓬莱殿に至り、近藤次男坊の結婚式に参列す。幹候の少尉、陸軍整理学校の教官を勤めてゐる。夫人の甥は水木氏陸軍中佐だ。林夫婦、野口大吉等来会。楠夫婦媒酌だ。四時帰宅。

＊慶子、逗子より帰る。睦子方、台湾の御客で困ってゐる由。

四月六日（木）　晴

六時起床。社参。十時出社。

午後一時、河村歯科医に行く。

二時半帰宅。牛込岩戸町にて北畠顕家の二十一社説、蘇峰の我交友録を求む。四円四十銭。

妻は毎日せつやより奥村姉の悪口ざん言を聞て怒りつつあり。困ったものだ。

＊元永堂の由水より来信。七日に道具を取りに来る由。

四月下旬迄に取引を済せるやう依頼。

四月七日（金）雨　暖

六時起床。社参。十時出社。依田と事務打合す。依田談に曰く、整備局燃料課に出頭したるに、宮里は会社の建設事務は命令通り実行出来たるや否やと。蓋し三月末に完成の命令なりし故なり。然し之は無理だ。融資漸く昨今決定せる位なりと云えば、理由と弁解は聞かない、命令は実行されたるや否やとなり、其非常識問題とならず。

銀座にて服部毅の為、五月節句祝鐘鬼〔鐘馗〕の軸求む。八十五円也。

夕方㋡扱荷物着、曲縁膳及正月用椀なり。

四月八日（土）雨

六時起床。社参。興亜航空機材株式会社常務取締役早川退蔵と云ふ人も社参組で知合となる。面白い人だ。終日春雨蕭々。

今日は社は休んで終日在宅。家計調べ及読書。

せつや色々とおしゃべりをして妻を怒らせる事計り云ふには困った事だ。

精二君より来信。要領を得ない。

四月九日（日）雨

春雨蕭々。六時起床。社参。

午前在宅。午後、水田教諭訪問。次郎二学年に進級につき御礼の挨拶なり。夜、人見古物商を呼で器、曲膳、其他売却。百九十五円なり。

四月十日（月）曇　寒

寒いいやな日だ。六時起床。社参。十時出社。倉石、依田と三人、珍らしく社務につきて種々懇談打合す。午後一時、河村歯科医にて義歯の型を取る。三時帰宅。不在中服部より電話、忠雄三菱に就職の件、学校と連絡を取る事、実習の事等だ。

妻食料蒐集の事で悲感してゐる。気の毒だが致し方なし。

四月十一日（火）暖

六時半起床。社参。十時、三菱商事に服部訪問。忠雄就職の件だ。

十一時出社。依田と事務打合す。依田は倉石を誠意無しと云ってゐる。困ったものだ。午後一時、三楽に城所博士を訪問。二時半帰宅。夜、人見来る。丸戸棚、じゅうたん、卓子掛、手風琴、煙草セット。八百円にて売却。愉快だ。

四月十二日（水）晴　暖

今日から春暖相催した。六時半起床。出社。依田と事務打合す。倉石他出。社長、今夜九時二十分着、帰京の御予定。午後一時、河村歯科医。二時半帰宅。歯槽膿漏かなり重き由だ。

台北、谷口巌死亡の電報が来た。

＊吉川勝三、山中友四郎、谷口秀雄、来信。

四月十三日（木）　雨　寒

午前六時起床。社参。慶子同伴、中央市場内に台湾青果会社に川口〔長助〕を訪ねて乾燥バナナを求め、慶子に持帰らしむ。

十一時半出社。依田と事務打合す。

午後二時、社長出社。社長室にて重役会を開く。社長より台湾の状況報告あり。

事業大体順調に進行せり。

六時帰宅。雨降る。

四月十四日（金）　晴　暖

五時半起床。社参。桜花三分通り。

十時出社。事務打合せ。

午後一時、河村歯科。

三時帰宅。勤労。

次郎、八王子に勤労に行く。

四月十五日（土）　晴

五時半起床。社参。十時出社。

午後、河村歯科医に行き、二時半帰宅。

四月十六日（日）　曇

六時起床。社参。午前晴、午後曇。

社長の令息結婚につき祝に行く。午前市内に出て祝品を求む。結局白木屋にて煙草セット三十八円也。

午後、社長自宅訪問。倉石夫婦も来会中。ウイスキーの御馳走になり、茶を貰って帰宅。

四月十七日（月）　晴

五時起床。社参。漸く春らしくなった。

十時出社。別事なし。正午過帰宅。午後、菜園手入れ。

午後七時より六中〔道〕父兄会理事会。阿部〔宗孝〕前校長、三月三十一日満州国師範大学長として死去につき告別式の打合せだ。

四月十八日（火）　晴、夜雨

五時半起床。社参。八時半慶子宛に区役所より速達にて明朝八時出頭を命ぜらる。女子挺〔身〕進隊組織の件だ。家庭の状況上、慶子の入隊は困難につき、区役所に至り其旨申立つ。其意見により安藤医師より老妻の診断書を貰ひ、正午更に区役所に出頭す。主任不在、課長の説明無には腹が立った。河村歯科に行って、三時帰宅。

菜園の築造。夜、辻隣組長訪問。

四月十九日（水）　雨　暖

終日春雨蕭々。六時半起床。午前中在宅。正午より社参。河村歯科に行く。後、日本青年館に朝比奈、及熊谷を訪問。女子挺身隊の件聴取。五時帰宅。睦子、毅同伴来訪、宿泊す。

今日、右上臼歯二本義歯を入る。

四月二十日（木）　晴　暖

六時起床。社参。桜花旭日に映りて美だ。八時半、豊島区役所に至り慶子挺身隊の件、更に追加説明。靴を直す、十円。随分高価だ。市青年団に青木中将訪問、不在。出社。社長と丸の内ホテルに午餐。二時帰宅。忠雄不合格の通知来る。五時より神戸宅にて丁未会。奥さんの手料理にて満腹す。小笠原、遠藤、高木、両浅田、小牧、篠崎、等中々盛会だった。食事の談が盛だ。

四月二十一日（金）　曇　暖

六時起床。社参。十時出社。倶楽部午餐。パンと紅茶のみだ。河村歯科医に行き、牛込南町に野口榮三郎邸に弔問す。同氏次男俊次君、水産講習所出身、海軍予備少尉として駆逐艦勤務中、今年二月帝国南方海面にて敵潜水艦と戦ひ戦死せし旨、海軍省より通知ありし為なり。

睦子、今日殺同伴、帰葉せり。

＊今朝、慶子との問題を動機に今夕パインアップルを食って家族常会を開く。

四月二十二日（土）　晴

長延連死亡の新聞広告を見る。余の先輩にして随分世話になった人だ。昨年十一月末、肺炎をやって其後治癒せなかった。可惜。直に弔問に行く。倶楽部午餐。河村歯科医に行く。会社は休む。

夜とぎの為、七時長邸に行く。昌平館主人、大竹十郎等に会ふ。九時帰宅。

四月二十三日（日）　雨

六時起床。社参。十時より長延連の告別式に行く。森岡、八条〔隆正〕、其他、知人来会。驟雨はい然と来り一天俄に曇る。正午帰宅。

午後在宅。身体何となくけん怠を覚ゆ。

四月二十四日（月）　晴

五時起床。社参。十時半より青山斎場にて乙羽侯の告別式につき、旭二佩用参列。倶楽部午餐。二時出社。中島社長の令息政義大尉と椙取氏令嬢との結婚式あり。五時より披露宴に参列。九時帰宅。忠昭、葉山行。魚菜を貰って十二時帰宅。慶子と忠昭の友人山田氏、慶子の生花師の移転手伝に行く。

四月二十五日（火）　雨

靖国神社祭にて休暇。雨終日在宅。

西澤基一来訪。病気にて療養中なりし由だ。調査研究連盟は解散せる由だ。色々身上談。中野有礼の人物評等あった。

四月二十六日（水）　晴

五時起床。社参。十時出社。倶楽部午餐。午後二時、重役会。会社現況報告。融資決定報告。依田常務手当年七千円に決定。三時半、河村歯科。五時帰宅。由水より来信。古道具売却の清算書及現金送り来る。千九百円と売却手数料控除、千六百四十六円送り来る。大成功だ。

＊赤松小寅、肺炎にて死去の由。此頃はよく人が死ぬ。

四月二十七日（木）　晴

五時半起床。社参。八時半出かけ、中央郵便局より由水に返信。三十円謝礼金書留発送。出社。

来月五日、飛行機取れる見込の由。三和にて由水の為替取り千円。妻定期。倶楽部午餐。河村歯科。

昭和に千二百円預入れ、四時帰宅。

夜、早川退蔵を訪問す。氷川神社参拝組なり。駒場出農学士、木製飛行機材料の社長藤原の子分にて面白き人物なり。

＊昨夜、精二君より又々電報にて忠雄を桂或は太秦工場に希望を申越す。未だ新任採用に関する順序が分っていない。困った事だ。

四月二十八日（金）　雨

夜来春雨蕭々。六時起床。今日は次郎の誕生日だ。朝食に赤飯を炊かした。一同甘く食す。八時半社参。高田馬場から省線、三井信託金庫に寄って、妻の定期証、武子の預品を入れ出社。社の自動車借用、台湾青果で乾燥及生のバナナを求め、省線にて目白に帰る。天長節、次郎誕生、五月節句の祝品の為だ（十七円）。河村歯科に行く。帰途、現代五月号求め得。四時半帰宅。品川の兄来訪中だった。奥村姉より妻に来信。時々醍醐に寄食したき由申越す。困った事だ。

四月二十九日（土）　晴

晴、時々微雨。暖く春らしくなって好い天長節だ。六時起床。社参。九時から河村歯科医に行って、午後一時帰宅。午後在宅。

内海俊輔来訪。

山田氏母子来訪。忠昭の友人の兄弟三人で長兄と末弟と来る。長兄は技術大尉、福井の友人だ。

長閑な一日を過す。奥村姉に手紙。

四月三十日（日）　晴

六時半起床。九時半より社参。高田馬場より省線、市電にて河村歯科医に行き、三時終了。徒歩、靖国神社に参拝。参拝者多し。池袋を経て四時半帰宅。次郎は午前六時、学校から社参後、忠昭、次郎は靴手入に品川に行く。精二より来信。忠雄就職の件だ。服部と電話打合す。

五月一日（月）　晴

午前五時半起床。社参。十時出社。都青少年団長青木少将訪問。慶子挺身隊の件打合す。豊島区は結成済にて慶子問題解消。後を依頼す。倶楽部に午餐。午後、河村歯科医。五時帰宅。

五月二日（火）　晴

午前六時起床。社参。九時半出社。五日の飛行機切符取れた。午後一時、河村歯科。本日にて治療及義歯完了。二百八十円支払ふ。五時半出社。飛行機及列車の件打合せ。泉君大に尽力せり。明日午後八時出発の予定。

五月三日（水）　晴

午前出社。事務打合す。午後八時半の急行にて台湾旅行に出発。目白駅迄忠昭見送り呉る。東京駅に内海俊輔君見送り、煮抜鶏卵五ヶ呉る。同席満州行の旅人二名と分け食し、西下。

五月四日（木）　晴

名古屋辺にて天明。美濃、江州の菜、麦、景佳なり。京都駅にて精二君、弁当、茶を入れ呉る。忠雄君、実習工場の件打合す。糸崎にて呉線に乗換へ午後四時呉着。桃子の出迎を受け、両城町福井邸に入る。山腹の佳き家なり。義夫、正夫、威夫可愛い。夜静夫帰宅。昭南談をなす。

五月五日（金）　晴

午前、呉駅にて列車時間を調査し、明朝八時、八代行の最も便なるを知る。端午節句につき、桃子色々御馳走を造り呉る。午後、桃子、正夫、義夫と後ろの山に登る。後独り市内散歩。夜、静夫帰宅。色々戦地談を為す。

＊古賀連合艦隊司令長官、航空機にて殉職の発表あり。痛惜哀悼の至りなり。

五月六日（土）　晴

桃子、静夫の見送りを受け、午前八時呉駅発、普通列車にて座席は楽なり。博多駅に直行、午後四時着。博多ホテルに宿泊す。夕方、和田利喜を訪問す。夫婦者良き人なり。一族の談出ず。武内哲夫の息二人共福岡高等学校生なる由。又、利喜の息は三高に在学の由だ。

五月七日（日）　晴

終日福岡滞在。午前畑山〔四男美〕市長来訪。午後、大森静子

訪問。帰途、福岡市内散歩。靴修繕に二十円取られたのには驚いた。

博多ホテルに食事。不味、且分量少ない。時局の切迫は至る処にひしひしと押し寄せて来れるを覚ゆ。

五月八日（月）　晴

午前六時二十分、日航営業所に集合、バスにて雁の巣に至り八時出発。台北に直航機だ。新京より来り南方に飛ぶ機だ。快霽の飛行を為し、午後一時前台北着。鉄道ホテルに入る。西元、越智来訪。一別以来の談を為す。なつかし。

五月九日（火）　晴

午前八時半、総督官邸に長谷川大将訪問。通信部に会議中の斎藤長官、森部、須田、其他、総督府に森田文教局長に会ふ。

越智、西元の招待にて西門町の甘い物屋竹の子にて御馳走になる。

今村、高澤来訪。

台拓、台銀訪問。

五月十日（水）　晴

午前、兵器部に兵器部長及児玉中佐訪問。午後、総督府に須田を訪問。台湾に軍需会社法実施せざる理由は矢張り権限争ひの為なる事判明。

北投の畜興倶楽部で高澤、今村から牛肉すき焼の御馳走になる。

五月十一日（木）　晴

午前九時二十分発急行にて南下。別府燃料廠長、三巻等と同車。台中にて山下、バナナを入れ呉る。昼食代用だ。午後四時、高雄着。吾妻旅館に入る。

夜、手貝来訪。一別以来の談盛なり。

五月十二日（金）

早朝、恒例によって高雄神社に参拝せんとしたが、通行禁止だったので知事官邸に高原知事訪問。一別以来の談盛だった。十時出社。社員を集めて一場の挨拶を為す。

加藤技師来訪中、種々談ず。

工場巡視、高雄工場は電解槽増建中で休業だ。五時帰宿。夜、佐溝、山本むめを宿に招致す。粗音を叱斥す。

五月十三日（土）　晴

午前九時、州庁に至りて知事に正式挨拶を為し、土木課長を招致して会社に至る前鎮橋撤去猶予問題を解決して貰ふ。会社は此報に歓声を挙たり。十時出社。午後五時帰宿。夜、斎藤、古瀬より宿にて牛肉のすき焼の御馳走になる。来宿中の鈴木《〔樹〕》〔忠信〕台東庁長も参加して盛会なり。但、牛肉は頗る硬かった。

五月十四日（日）　晴
日曜につき会社は休む。午前十一時前金山本美治宅訪問す。看護兵にて陸軍病院に勤務し、日曜の午後は休暇を貰って帰宅せり。久し振りの対面である。五才と二才の子が出来てゐた。午後三時帰宿。宗藤来訪。
午後七時より御園にて宗藤招待、高原と余と三人晩餐。那須〔重徳〕総務部長の飛込だのは迷惑であった。

五月十五日（月）　晴
台湾鉄工場の泉専務来訪。東工場を案内し呉る〔所〕。同工場の敷地は余の斡旋せるもの、今や完備して造船事業に迄進み、海軍管理工場となり居れり。尚、同社改組問題等談あり。泉は引退、宮田〔義二〕海軍中将社長に来る由だ。
十一時出社。倉石も着任し居る。事務打合せをなす。五時帰宅。夜、葛の家にて知事より招待、食堂連の知合ひのみで盛会だった。

五月十六日（火）　晴
九時半出社。倉石と事務打合せを為す。午後五時帰宅。
六時半より稲福にて手貝、松尾、今井より招待、帰りはトラックだ。
児玉中佐、台北より来り、明日高雄工場視察、高原知事も視察の予定だ。児玉は嘗ての高雄中学配属将校、実に快男子だ。

五月十七日（水）　晴
九時半出社。
午後児玉、高原来社、工場視察。あまり成績良好でない。六時帰宿。
七時から江戸屋で松尾、楠田、安藤より晩餐を受く。

五月十八日（木）　晴
安平監査。午前八時二十分の急行で台南に至り、野路工場長の出迎を受け、専売支局、南塩、州庁訪問。北西〔位佐久〕南塩専務は快男子だ。ホテルにて午餐の饗を受く。午後一時半、安平工場監査、岡田書記肺病病臥を見舞ふ。午後四時急行にて帰高。

五月十九日（金）　晴
昨夜、高雄旧駅にて塩素ボンベー苦力の取扱の手落より破損して瓦斯逃出、陸軍異動〔ママ〕部隊の人馬を損傷せしめたる事件あり。専務に同行、関係方面に挨拶す。正午出社。
午後、決算監査。六時帰宿。

五月二十日（土）　晴
十時出社。会計監査を了す。
六時帰宿。
七時より丸中にて手貝、久永の招宴。石丸、山下益治も来会。

盛会であった。

五月二十一日（日）晴

会報をやるので日曜でも出社。午前十時より午後七時迄やる。八時より久永宅で手料理で馳走になる。手貝も来会。愉快であった。

児玉に依頼して引受て居って呉れた飛行機、当分駄目と吉田から報告があった。

五月二十二日（月）晴

午前十時州庁訪問。食堂に出る。

福田警備府長官、東京より帰庁につき、午後二時半訪問。即座に海軍徴用飛行機の座席を廿七日に取て呉れる。

午後六時半より御園で招待を受く。知事、市長、盛会であった。長官とは東京より赴任の時以来の約であった。

五月二十三日（火）晴

十時出社。倉石と事務打合せ。

五時帰宿。本地氏を訪問。

七時より呉福仁の招宴。

五月二十四日（水）晴

十時出社。事務打合せを為す。余は出発準備の為、明日は来ない。

五時帰宿。

夕方、高雄中学松井校長訪問。

五月二十五日（木）晴

午前、〔台湾〕高雄鉄工場〔所〕に泉専務訪問。

州庁訪問挨拶。日高〔茂〕台湾民報支局長の招宴に午餐会に来る。午後二時半より竹村土木課長の案内にて、小港、鳳山、屏東方面視察。

台湾製糖の宗藤訪問。六時帰宿。

午後十時、高雄駅発にて出発。

手貝、泉同車。

五月二十六日（金）晴

午前七時台北着。

照南閣に高原知事訪問。江藤新竹知事にも会ふ。十時、海軍武官府に菊池〔喜一郎〕大佐訪問。飛行機の打合せを為す。午後総督府訪問。

六時より川端、台湾倶楽部で西元、越智、関口、犬飼、矢野、金丸、石貫、等幹部共にて牛肉のすき焼の御馳走だ。

五月二十七日（土）曇

午前六時、越智の見送りを受け、消防署の自動車で台北飛行場に至り、七時出発。那覇、福岡に立寄り、午後四時羽田空港に着す。殆ど雲上飛行だった。雲上に富士の頭を出すのを見たのは壮観だった。海軍記念日の航空は愉快だ。有楽町日航迄社のバス。慶子、次郎の出迎を受け、六時半帰宅。一家健在だ。

五月二十八日（日）　晴

終日在宅。休養。

五月二十九日（月）　曇

九時出社。十時より丸の内ホテルにて第九回決算総会。中島社長司会、依田、柳、列席。午餐を共にし、午後社長室にて台湾工場状況報告。

日本国民史七四、四一を求め帰宅。

＊福田司令長官、高原知事、礼状。

五月三十日（火）

九時、森岡訪問。台湾談を為す。

三井金庫にて火災保険証券調査。十時半出社。倶楽部午餐。銀座にて現代六月号求む。午後三時帰宅。

＊台湾挨拶、画はがき沢山認む。

五月三十一日（水）　晴

隣組農園行。午前六時半、井口老（七十五才）と同行。高田馬場集会、十七名。

東村山迄電車。開拓女子移民道場にて休憩。九時より町会農場にて勤労。

午後三時出発。五時半帰宅。

往路、高田馬場駅にて武勇伝をなす。我も未だ若し。

六月一日（木）　晴

午前九時、三井信託に立寄り、恩給証書、貯金局預書を入れ、十時出社。南澤より依田常務に対する不平談を聴く。

午後、武蔵高等に西岡訪問。山田陽一氏の原籍調査す。三時帰宅。

夜、珍ら敷来客、松岡来訪。台湾談だ。

六月二日（金）　晴

九時半出社。燃料本廠、田中少佐来訪。社長、依田等と社長室にて会見。愉快な人物だ。本社に好意を示して居るやうだ。要は生産であり、補修資材と原料の問題だとは其通りだ。

倶楽部午餐。午後二時帰宅。

七時から六中父兄会理事会。

正午前、遠藤検事を訪問（山田の身元調査）。

六月三日（土）　晴
珍らしく朝寝だ。七時起床。
十時出社。
倶楽部午餐。三時帰宅。
夕方散歩。古本屋で国民史家康時代求む。之で全部揃った。
今日で台湾方面礼状完成。
忠昭、扁桃腺を病む。
妻、慶子と山田氏を訪問した。
　＊畑俊六大将元帥となる。

六月四日（日）　曇
午前九時半、小林海軍大将訪問。台湾帰来談を為す。総督府と軍司令官との間の面白からざる事、長谷川総督の立場に同情する旨話す。大将は近時の状況につき作戦の一大変革を要す。重点を太平洋に置て印度支那作戦は一時中止の要あり等、随分思い切った御話があった。一時帰宅。午後在宅。庭園の掃除をした。夜来雨降る。

六月五日（月）　曇
午前九時出社。社長、依田共に出社。
別事なし。倶楽部午餐。珍らしく平井宣英と郷里の談をなした。
四時帰宅。
次郎中耳炎慢生〔性〕気味で、今日から岡野医師に行った。慶子同伴。

六月六日（火）　晴、夜雨
五時起床。社参。九時出社。平凡な日だ。
倶楽部午餐。午後三時半帰宅。

六月七日（水）　晴
四時起床。社参。九時出社。
依田君令嬢、小出海軍大尉と婚結〔マヽ〕成り、十時〔日カ〕結婚挙式の由なり。
倶楽部午餐。石渡大蔵大臣の戦時財政講演あり。歳計一億円とは驚いた。
午後、銀座に行って白木屋にて依田令嬢に贈るハンドバック（二十一円）を求め、四時帰宅。
　＊五日夜半六日未明より、反枢軸軍は仏海軍セーム湾方面に敵前上陸、第二戦線を開始した。

六月八日（木）　晴
九時出社。依田に祝品を贈る。社長等と事務打合せを為す。社長は十日朝出発、十二日各務ヶ原より飛行機にて出発、渡台の予定なり。西澤来訪。台湾談をなす。午餐の機を失し、午後一時半帰宅。
夕方、林姉来訪。

六月九日（金）　晴
十時出社。社長室にて事務打合せ。余曰く、社務を改善するには、要するに重役本社に常駐すること。事務重役は常に社員、殊に課長を指揮して事務の整備と進捗を計る事。中野有礼と本社との沿革的関係、倉石との関係だ。社長も趣旨を了す。午餐を丸の内ホテルに共にし別る。

午後、岩村中将を安田保善〔全カ〕社に訪問す。今回入社且帝国繊維の社長となる。保善〔全カ〕社常務理事武井〔大助〕主計中将に紹介さる。又、台湾製鉄社長多田精一に紹介さる。同社は安田系の会社だ。

午後四時帰宅。

六月十日（土）　晴

休養、午前在宅。午後四時から次郎が検〔顕〕微鏡を買ひたいと云ふので、九段下迄同伴したが、百九十円と云ふので、あまり高価だから止めて帰った。

六月十一日（日）　曇

次郎は久し振りの休日にて葉山に行く。

慶子は村山の農場に行く。余、午前在宅。午後六中父兄会評議員会及総会。校長談、一、上級学校入試の方法改正。一、勤労奉仕体制の件。

五時半帰宅。

六月十二日（月）　曇

午前九時半出社。倶楽部午餐。

午後三時、河村歯科、抜歯。

六時より丸の内ホテルに依田氏招宴。

同氏令嬢文子を小出海軍大尉と結婚せしめ、十日に郷里信州にて挙式、披露宴だ。午後九時帰宅。

六月十三日（火）　晴

午前十時、河村歯科。十一時福井翁を会社に訪問。慶子結婚の件につき、小川校長に依頼の件を頼む。帰宅。午後在宅。

夜、睦子母子、慶子同伴来訪。

六月十四日（水）　雨

朝来雨。梅雨蕭々。会社は休み。

午前在宅。

午後二時、玉蟲教授母堂告別式に行く。帰宅後在宅。

大澤より電話。飛行機取れ、十七日出発の由。

六月十五日（木）　晴

九時出社。大澤と事務打合す。十時出発、渡台の途につけり。

依田、南澤休み。

倶楽部午餐。午後二時、出張所に吉開参事訪問。倶楽部にて理髪。

五時、神戸宅にて丁未会。安藤、小牧、浅田、神戸等五人。六時警戒警報あり、緊張す。七時帰宅。

六月十六日（金）　晴

九時出社。南澤と蒸発缶輸送の件打合す。三和支店に行って満期預金、満期の分、四千円引出し、割増付定期預金にする。一万円の当り抽あり。之に当抽せん。三井金庫に三菱定期延き証入る。倶楽部午餐。二時より河村歯科。四時帰宅。大本営発表にて、十五日米軍はマーシャル群島とヤップ、テニヤンを襲撃上陸せんとして激戦中なり。又、十六日二時より北九州を空襲せり。被害軽微、弥々苛烈となって来た。

六月十七日（土）　曇、夜霖雨

九時、河村歯科医。十時出社。南澤と事務打合す。蒸発缶輸送の件なり。山口、神戸出張の由。正午、中央亭（丸の内）台湾協会総会、台湾始政記念日なり。二時、三和呉服橋支店にて割増金（抽選一万円付）定期預金百円券四十枚を受取り、三井金庫に入れ、四時帰宅。

六月十八日（日）

五時社参。終日在宅。作業、十一時福井老来訪。今日、山川黙氏訪問。余の依頼の件、慶子の件、快諾を得たる旨、報告あり。午後二時、内海俊輔父子来訪。協和会の件話あり。山田陽一君の母堂、及弟水城来訪。午後五時、空襲警報解除。九時又々警戒警報発令。

六月十九日（月）　曇、夜半雨

朝来珍らしく腹痛。胆石の気味だ。冷湿布にて平癒す。会社を休み、終日在宅。静養す。午後二時、警戒警報解除。

六月二十日（火）

四時半起床。社参。忠昭勤労奉仕にて今朝出発、埼玉県に行く。十時出社。依田、南澤と事務打合せ。倶楽部午餐。大倉火災にて火災保険証の件問合せ。四時帰宅。大本営発表。マリヤナ方面出現の敵機動部隊は、十五日サイパンに一部上陸。今尚激戦中なるが、一部上陸部隊は橋頭堡を獲得、激戦中なり。我戦果、敵船舶撃沈破三十隻、飛行機撃墜三百以上。尤もサイパン〜東京千二百七十哩にて機動部隊二日航程、ボーイングB29五時間の最近距離だ。戦局は益々苛烈となり、東京空襲も夢でない。戒心を要する。

六月二十一日（水）　曇

四時半起床。社参。九時半出社。依田、南澤と事務打合す。蒸発缶輸送の件だ。要領を得ない。運営会の事務も頗るあいまいだ。倶楽部午餐。定例講話、潜水艦の談だ。午後四時半帰宅。夜、福島喜久雄来る。岩村より電話。

六月二十二日（木）　晴
四時半起床。社参。十時出社。
倶楽部午餐。午後、岩村中将訪問。五時帰宅。

六月二十三日（金）　晴
五時起床。社参。九時半出社。蒸発輸送の件報告なき為、十時半総督府出張所に吉開参事訪問す。此所にも確報なし。倶楽部午餐。午後三時半帰宅。
サイパン西方海面にて我船隊は戦船隊の六艘（航母五、戦艦一）を撃沈。飛行機百を撃墜。我方被害、航母一、飛行機五十と発表あり。

六月二十四日（土）　晴
四時半起床。社参。九時半出社。
神戸、山口より積荷、神戸滞貨、全部積めるらしとの電あり。
倶楽部午餐。
岩村未亡人来訪。

六月二十五日（日）　晴
午前五時起床。社参。
池袋方面散歩。午後在宅。作業。

六月二十六日（月）　晴
午前四時半起床。社参。九時出社。

クラブ午餐。二時帰宅。

中部太平洋方面戦況は益々苛烈重大となった。サイパン島敵上陸軍は既にアスリート飛行場を占領。益々上陸軍を増援中にて、敵有力なる機重部隊はサイパン島周辺に遊弋上陸軍の援護に当って居り、夜間に於ても探照灯の照明及照明弾の使用により、昼夜間断なき艦砲射撃及猛烈なる爆撃の下に戦車を伴ひ、逐次北上、我部は之と激撃。ガラパン町の大部タポーチョ山（四七四米）の線を保持しつつあり。

（下村正助中尉意見―サイパン島は玉砕《ママ》か。悲痛。）
＊北仏戦況シェーブル遂に敵手に落ちた。

六月二十七日（火）　晴
五時起床。九時出社。手当受領。

南澤、山口より神戸滞貨積込協定の件、報告聴取。高原に謝電。吉開参事に電報。謝礼なり。

クラブ。午後一時帰宅。

今回滞貨の件に関与して其種類と分量の多きに驚いた。二百品、五十瓲ある由だ。

六月二十八日（水）　晴
四時半起。九時半出社。クラブ午餐。池袋より帰宅。雑誌現代特に，最も収益（＝収入からコストを差し引いたもの）を挙げていた煙草は，これまでの朝鮮や南支方面への原料葉煙草の出荷のみならず，南方各地にも出荷されたことで生産量・収益共に増大したのである。そして，今後も増収が見込める貴重な商品として少なからぬ期待を寄せられ，南方向けに紙巻煙草の増産が企図された。ただし，これらの商品は，民間人消費を目的とした出荷が全てではなく，相当数が軍隊向けであった可能性がある。

他方，専売収入全体としては，1940年を100とした場合，1944年には273にまで拡大しており，戦時期に縮小乃至転廃業を余儀なくされた民業とは一線を画する，対照的な動きを見せた。

図3は，煙草工場の光景であるが，当時は現場における女子労働力への依存度が高まっており，度量衡等，他の専売品に関しても同様の光景が見られた。戦時における労働力の逼迫と婦女子動員の様子をうかがわせる。内地と同様に，台湾経済もまた婦女子による労働に支えられていたのである。

図3　紙巻煙草の製造

典拠：図1と3は，朝日新聞社編『南方の拠点・台湾』一九四四年、図2のデータは，台湾新報社『台湾年鑑』一九四四年。

コラム　戦時期台湾の専売品

図 1　台湾の専売品

内海が再就職先として選んだ南化は，工業塩生産に伴う副産物（苦汁）を用いることを事業の主目的としていた。それ故，南化は，苦汁の総督府専売局からの供給を前提に操業体制が構築されたのである。周知の通り，台湾における塩は専売品であり，専売局が管轄する物資であったためである。

台湾における専売品は，塩の他に，酒類，酒精，煙草，度量衡，樟脳，阿片，燐寸，麦酒がある。これら専売品は，領台以来，総督府の重要な収入源（総督府財政の約三分の一）であり，戦時期もその重要性は変わらなかった。とりわけ，酒類と煙草の比率が高く，この両者のみで専売収入の大半（約八割）を占めた。

ところで，太平洋戦争勃発後，専売品の売り上げは急増した。就中，酒類及び酒精と煙草のそれは顕著であった。

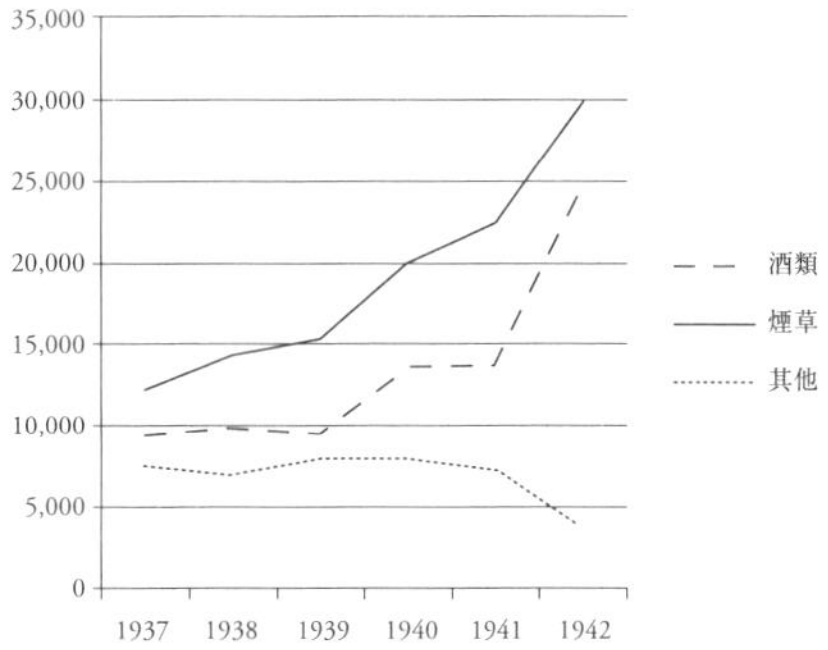

図 2　台湾専売品の収益推移（1937 年～42 年）

を買求め得た。

倉石専務に滞貨の件、航空便出す。

後藤運漕店員田中、大阪より上京、来訪。台中丸は中止。加茂丸に積込の事交渉の由。

六月二十九日（木）　晴
午前四時半起床。社参。
九時出社。南澤、依田と事務打合せ。神戸滞貨、十五日出帆の加茂丸に積込の事に協定成った由だ。クラブ午餐。三時帰宅。
忠昭、勤労奉仕より帰宅。メリケン粉、馬鈴薯の土産あり。

六月三十日（金）　晴
中川〔健蔵〕元台湾総督、脳溢血にて死亡。
午前十一時より青山斎場にて告別式につき参列。会社に出ず。
午後在宅。休養、俄に暑気加わる。

七月一日（土）　晴
五時起床。十時出社。依田来らず。

南澤と事務打合せ。社用雑費支出の事に専務より電報ありし由。

南澤は依田に対する不平を種々述べた。南澤は消極的不平家だ。依田は正直者とも思わるるが、又陰険の点もあるやうに思わる。

クラブ午餐。一時帰宅。防空壕改造。谷田すみ来訪。令息無免許医、台湾にて現地開業希望の件だ。

七月二日（日）

終日在宅。

防空壕改造。

古望仁兵衛来訪。今回粗開〔疎〕の為、大津市外志賀浦に住宅を買収して近く移転の挨拶に来た。

夜、野口君来訪。内閣総務課で大に活動してゐる。中元の挨拶だ。

七月三日（月）　曇
社参。十時出社。クラブ午餐。
午後一時帰宅。
防空壕改造。
警戒警報発令。
＊小笠原、空襲。
船上機七十四機を撃墜す。

七月四日（火）　雨
社参。終日在宅。
サイパン島戦益々苛烈。
＊硫黄島に艦砲射撃に来る。
サイパン―東京三千三百キロ、四時間。
父島―東京一千百キロ。

七月五日（水）雨
十時出社。細雨。依田休。南澤不在。
クラブ午餐。午後一時帰宅。

七月六日（木）晴
朝来腹痛。終日休養。

七月七日（金）晴
支那事変勃発の日だ。元寇の役の後、亀山上皇神宮に祀念し玉ふた日だ。
太平洋戦苛烈、サイパン島の将士将に玉瘁せんとするとき、小笠原列島父島に敵艦砲射撃を為すに至る。
午前五時社参。八時半、明治神宮参拝。後出社。社用雑費二〇〇〇受取る。
十二時半帰宅。
＊衡陽飛行場は既〔に〕占領したが、衡陽城には未だ頑敵が抵抗してゐるので、空陸より攻撃を継続中だ。

七月八日（土）晴
五時社参。九時半出社。二〇〇〇の内、三和に一〇〇〇は抽籤付定期預金、一〇〇〇は普通預金。三井信託金庫の証券及通帳を入る。
山口入営につき、依田、南澤等と丸の内ホテルに壮行午餐。午後一時半、六中に次郎の主任飯塚氏に面会。午後三時半帰宅。

七月九日（日）晴
五時社参。
在宅。終日防空壕工作。疲労した。

七月十日（月）晴
五時社参。額田町蓄光堂に古レコード売る。十一円也。両国の古望訪問。答礼なり。午後在宅。防空壕の工作、土を覆えば完成の域に達した。

七月十一日（火）
四時起床。社参。次郎の勉強御付合だ。
九時半出社。南澤と古望売却希望の電話の件打合す。クラブ午餐。
二時帰宅。

七月十二日（水）晴
四時起床。次郎試験勉強、御付合だ。護国寺墓地に故山本先生の墓参。二周年だ。早いものだ。十時出社。南澤と打合す。古望の電話の件だ。クラブ午餐。定例講演、松永海軍少将の飛行機談だ。
午後三時、故山本先生の未亡人訪問。霊前拝礼。五時帰宅。

七月十三日（木）　晴
五時起床。社参。九時半出社。南澤は昨夜出発、神戸に出張。輸送問題の為だ。倉石に手紙出す。
クラブ午餐。湯島方面散歩。
二時半帰宅。暑い。

七月十四日（金）　晴
四時半起床。社参。新宿を経て丸の内に行く。次郎靴修理、十三円也。高価になったものだ。時間が無いのでクラブに行き、会社に電話す。倉治、大野と話す。午餐。午後二時帰宅。むし暑い日だ。夕方、小雨。直にやむ。

七月十五日（土）
五時起床。社参。十時出社。依田来らず。クラブ午餐。午後、原宿に長邸訪問。故〔人〕の初盆なる故なり。
未亡人と話して、午後二時帰宅。

七月十六日（日）　晴、雨
五時起床。社参。
終日在宅。午後、福井翁より電話あり。慶子縁談の件、山川校長より返事あり。山田未亡人に申出たるところ先談あり、余程進行せる模様なるにつき一応謝絶せる由なり。此旨妻に話す。
暑い日だ。夕方驟雨はい然と来る。

＊中部太平洋戦局益々重大。国家興亡の岐路に立つ。

七月十七日（月）　晴
四時起床。社参。十時出社。南澤支店長より蒸発缶半部、其他一艦舟取の電報あり。クラブ午餐。麻布狸穴の数学の友社に行って、次郎の数学週報注文す。一ヶ年十二円也。通信院は狸穴にあったから、塩原〔時三郎〕総裁訪問。台湾以来だ。五時帰宅。武子、子供三人同伴来訪。暑い日だ。

七月十八日（火）　晴
四時半起床。社参。十時出社。正午丸の内中央亭にて台湾協会例会。
内閣更迭の噂あり。二時半帰宅。
今日はラジオ放送に其談なし。

サイパン島戦況　大本営発表。
サイパン島我部隊は、七月七日早暁より最後の出撃敢行。十六日迄に全員壮烈なる戦死を遂げたり。
在留邦人は終始軍に協力し、将兵と運命を共にせるものと認めらる。
最高指揮官、海軍中将南雲忠一。海軍部隊指揮官、海軍少将辻村武久。陸軍部隊指揮官斎藤義次なり。何れも同島に戦死。
指揮官最後の突撃命令の一句、「余は常に諸士の陣頭に在り」。

七月十九日（水）
四時半起床。九時半出社。依田来らず。南澤燃料廠に出頭す、不在。

七月二十日（木）
五時起床。社参。九時半出社。
クラブ午餐。一時半帰宅。

十八日午前十時閣議を開き、東条内閣総辞職。辞表奉呈す。午後五時、小磯、米内両陸海軍大将御召により参内。大命を拝受すとのラジヲニュースあり。二人の大命拝受は如何なる意味や。後報を待たん。
真に国家興亡の危機に臨んだ感あり。

七月二十一日（金）　晴、驟雨来る
早朝社参。在宅。疎開用荷物造り。
小磯、米内にて組閣。総理は小磯。
米内は副総理格にて国務大臣か、海相か。

七月二十二日（土）　雨、驟雨雷鳴来る
社参。終日在宅。疎開荷物の荷造りに働く。
組閣工作は朝鮮総督府出張の組閣本部にて順調に進みつつある模様だ。

七月二十三日（日）　晴
社参。終日在宅。疎開荷物の箱の荷造りに終日を過す。
二十二日午後二時半、宮中で小磯内閣親任式を執行さる。
陸軍杉山〔元〕、海軍米内両大将を迎へたる外、異色なし。総理は大和を強調す。陸海の摩擦は思の外強かりしものと感ぜしめらる。夜、内海俊輔来訪。
＊国民は挙つて国の為、尽力し度しとの熱意に充ち居る。之を統一指導する政治力を切望す。

七月二十四日（月）　晴
五時半起床。社参。午前在宅。
午後出社。西島少尉来社、明日燃料本廠に花村中佐を訪問の事に打合す。出張所より事務官より電話あり。蒸発缶輸送の件なり。五時半帰宅。
依田は信州行にて不在。南澤より対依田の不平散々聞かされた。

七月二十五日（火）
午前五時社参。九時半より古屋同伴、府中の陸軍省燃料本廠に花村中佐、田中少佐訪問。燃料廠は本社を全面的に支持。中島と倉石に思ふ存分やらせて生産を確保し度いとの事であった。需品課の川久保、富永両少尉に面会、硫酸百五十瓩輸送の言明を聞た。成功だ。四時帰宅。
＊二十一日、敵は大宮島に上陸、二十三日テニヤン島に上陸

した。
又ヤップ島及スマトラの西端サバン島に空襲し来った。両マリヤナ群島に拠地を占め、東西、両洋より攻めて来た。
戦局益々苛烈。

七月二十六日（水）
午前四時半社参。九時半出社。南澤と事務打合せ。クラブ午餐。午後一時半、更に出社。社長に事務報告。五時帰宅。今日、丸楽より荷物を運んで行った。ビール函九個、トランク三個、蒲団二個、柳行李一個、計十五個。

七月二十七日（木）　曇、雨
四時半起床。社参。九時半出社。南澤欠勤。倉石に航空便出す。クラブ午餐。午後、総督府出張所に北原〔三男〕事務官訪問。同氏談、総督府は今回輸送に重点を置き、滞貨（約二千瓲）の解決の為、副見交通総長上京中なり。年来アルミ増産計画の為、一千瓲の塩素を要す。本社の増産を要求する所以なりと。狸穴、青山を散歩して、四時帰宅。

七月二十八日（金）　晴
ピヤノ譲受希望者松本来訪。
四時半起床。社参。十時出社。南澤欠勤。クラブ午餐。午後二時帰宅。

社員久保崎、内山等の応接態度に懸引の加味せらるるあり。不愉快だ。

七月二十九日（土）　雨
五時起床。社参。睡眠不足。不愉快の日だ。休養。

七月三十日（日）　雨
快眠を取って快だ。雨。
午前在宅。納戸の整理をなす。
過日疎開貨物出荷後の整理だ。
午後三時、大森山王に遠藤訪問。今回大阪控訴院検事長に栄転の祝賀の為だ。不在。

七月三十一日（月）　晴
夜来雨。四時起床。社参。九時半出社。大澤台湾より帰社。南澤と三人、丸の内ホテル午餐。台湾の報告聴取。又もや南澤より依田に対する不平談あり。少々ひつこい。古屋応召、之で事務の方は殆んど全滅だ。四時帰宅。天候午少し前より漸く回復。又暑くなった。忠昭埼玉の農家行。

八月一日（火）　晴
天候回復。暑気烈しくなった。午前四時前起床。社参。些か睡眠不足だ。九時半出社。南澤、大澤は燃料廠行不在。十一時クラブ、更にAワンで午餐。やはり腹は満ちない。午後二時帰宅。服部睦子、毅同伴、来訪中。

午後、次郎の英語を文法的に見てやる。

＊戦は既にテニヤン、サイパン島に上陸。猛烈攻防戦が行なわれ、我方漸次戦線を収縮中。両島もやがてサイパンと運命を同じくするか。嗚呼。

八月二日（水）　晴

四時起床。社参。九時半出社。南澤と事務打合す。依田も出社。クラブ午餐。午後、総督府出張所に副見交通総長、北原事務官、大澤海事課属訪問。輸送問題協議。五時帰宅。睦子、夜帰り去る。

地方官大更迭。時局柄問題だと思ふ。

八月三日（木）　晴

四時半起床。社参。終日在宅。忠昭、夕方帰宅。

ピヤノ松本氏の紹介にて宇野操氏に三千円にて売却す。今日、宇野夫人、松本氏同伴来訪。内金一千円受領。

慶子、昨夜睦子を送り、夕方帰宅。

次郎に昆虫図鑑を買与ふ。六円五十銭。

八月四日（金）　晴

五時半起床。昨夜は快眠を取った。九時半出社。総督府物資動員課川口〔理平太〕より電話あり、輸送問題につき台電にて関係各社の打合会に出席。クラブ午餐。

午後一時帰宅。忠昭を手伝わせて庭の樹木を伐採。防空壕補強工事を為す。午後七時、警戒警報出す。

＊敵の機動部隊、父島の東方海面に出現せり。

八月五日（土）　晴

暑い日だ。忠昭は防空勤務で昨夜学校から板橋警察署に行ったが、今朝帰宅。

学校から第一学期成績通知があった。数学、物理、語学、全部不良。困った事だ。

人物として人に敬愛を受る立派な人物になれと諭して置いた。

家庭防空壕工事一段落とする。会社は休む。

＊及川海軍大将、軍令部総長となる。

警戒警報解除（午後三時）。

八月六日（日）　晴

四時起床。社参。小林海軍大将、翼政会総裁となったにつき今朝訪問す。

午後在宅。忠昭、次郎と庭の泉水の水換をやる。

政府は最高戦争指導会議を起し、統帥と国務の緊密化、政戦両略一致の体制を決定。御裁可を経て発表した。井上成美中将、海軍次官となる。
　＊敵艦隊、小笠原列島、父島沖に機動部隊現わる。

八月七日（月）
四時半起床。社参。九時半出社。
依田も来た。南澤と輸送事務に付打合す。クラブ午餐。午後、次郎の為、英文法の書物を求め、三時帰宅。
　＊最高戦争指導会議を構成する者、克く揮然一体となり、戦争指導に関する最高方針の策定及政戦両略の調整に遺憾なきを期し、以て大東亜戦争の完遂に邁進すべしと、御言葉を賜わった。

八月八日（火）　曇
四時半起床。社参。終日在宅。
次郎の英文法の本を読む。
午後八時、宅を出て、十時四十分発、岩国行の普通列車三等にて西下。非常に混み合ったが、兎も角座席を得た。

八月九日（水）　曇、雨
豊橋辺で天明。十一時山科着。車窓から飛下りる。正午帰宅。
午後休養。忠雄、三菱重工場名古屋工場の実習を終へて、今夜帰宅。今回、京都工場へ勤めることとなり、尚明後日から三週間は体錬の為、伏見に行くのだそをだ。精二君は学校と桂工場へ了解を求めに行った。
　＊驟雨来り、快壮なり。
　今年は干天で田植に非常に困難をしたそをだ。
　十八年度小作及貸地料、計三百円収入があった。成功だ。

八月十日（木）　晴
五時起床。墓参。今回は離座敷の六畳に寝る事とした。藤井元を雇入れて東京よりの着荷十五個の整理、簞笥五本、南土蔵へ運搬。神社の掃除。土蔵の所蔵品整査に終日を費す。夜、内海太郎来訪。山材伐採の件、報告聴取す。
夜、空襲警報が出て大騒ぎだ。

八月十一日（金）　晴
早起。菩提寺八幡宮に参拝す。八時半から宅を出て京都に至り、東山禅林寺に柴田隆明師を訪問。
午後、市内に出で理髪。小島弁護士訪問。帰途、京極で表札二枚を求む。余と精二君の分だ。午後五時帰宅。

八月十二日（土）
午前、国民学校に吉川校長訪問。
午後、土蔵所蔵品調査及古文書取調べを為す。古文書は亡父の勤王事績を調べる為だ。

午後、内海俊輔来訪。

八月十三日（日）

早朝、精霊迎への為、墓参。

午前、奥村姉来る。

精二君夫婦は奥村姉の来訪を好まず。姉も不幸な人だが自身にも欠点あり。困ったものだ。一、妻が姉を好まざる理由、一、精二君夫婦に対する姉の態度等につき、姉に注意し置く。

八月十四日（月）

小西重太郎病臥中につき同氏を見舞の為訪問。内海俊輔来訪。谷田スミ来る。同氏令息同伴、別府安部博士訪問せし状況等報告聴取。

古望仁兵衛、中村こま来訪。

八月十五日（火）　晴

早朝、京都に出て、東京行二等急行券及乗車切符求む。暑いので閉口して直ぐ帰宅す。往路、三条古川町で乗換下車の際、三好呉服店に立寄り、妻依頼の糸の件注文す。暑い日だ。帰宅すると筒井マツが来て居った。

八月十六日（水）　晴

早朝、姉同伴、精霊送りに墓参。午前、内海俊輔同伴、友四郎訪問。左右田忠太郎来訪。午前、岩渕薫来訪。

午後七時、中村岩吉に山科駅迄送られ、京都駅に出て二十一時五十四分発急行にて出発。矢張り車内は混み合ってゐた。

八月十七日（木）　晴

午前九時、東京駅着。慶子の出迎を受け帰宅。皆元気。

終日休養。

八月十八日（金）

五時起床。社参。九時半出社。

依田は信州行の由。南澤、大澤も不在。クラブ午餐。午後三時帰宅。

慶子挺身隊組織の為、区役所に出頭。断って来た。

中島社長の書簡落手。不相変楽観主義なり。

八月十九日（土）　晴

午前四時半起床。社参。会社休養。

夜、岩村より帰京の旨、電話あり。

忠昭に訓戒を為す。

八月二十日（日）　晴

午前四時起床。社参。九時より岩村訪問。台湾より帰来談あり。

正午帰宅。午後在宅。岩村より借用の国民史孝明天皇御宇史最終篇読む。
岩村の時局談。今日の大勢を来せるは政府の罪にあらず、国家全体の文化、国民性に原因ありと。同感。

八月二十一日（月）　晴
四時起床。社参。長谷川骨董商招致。八時来る。書画幅八本売却、百円。
九時半出社。南澤、大澤より神戸出張報告聴取。
二十日、敵機八十、北九州、中国西部に来襲。二十三機撃墜。我方被害軽微。クラブ午餐。午後三時帰宅。

八月二十二日（火）　晴
四時半起床。社参。
神田神保町にて次郎の為、英文法の話中等編求む。同、小村壽太郎求む。
出社。南澤欠。クラブ午餐。
二時帰宅。小村伝読む。

八月二十三日（水）　晴、小雨
五時起床。社参。会社休。
午前九時、森岡訪問。同氏今回、翼政会総務就任。時局談を為す。十時半帰宅。古本売却、十五円。
午後作業。青木を抜てつつじを植す。防空壕の敷地より視たるもの也。
慶子、逗子より帰る。

八月二十四日（木）
五時起床。社参。会社休む。
昨廿三日午前十時、地方長官会議に際し一同を宮中に召され列立拝謁仰付けられ御言葉を賜はる。畏き極みである。
御言葉
戦局危急、皇国の興廃繋って今日に在り。汝等地方長官宜しく一層奮激励精衆を率ゐ、官民一体戦力を物心両面に充実し、以て皇運を扶翼すべし。

八月二十五日（金）　微雨
午前四時半起床。社参休。
九時半出社。依田出社。
クラブ午餐。午後四時、南太平洋漁業訪問、鯨肉を貰ひ、次郎のビタゾールを貰って帰る。

八月二十六日（土）　微雨
午前五時起床。社参。
九時半出社。南澤、依田は燃料本部会議に出席、不在。クラブ午餐。
午後出社。南澤と事務打合せ。

今朝、渡台旅費精算二八〇領収。五時帰宅。
＊反枢軸軍は遂に仏都巴里に入った。ペタンは独軍に保護せらる。

八月二十七日（日）　晴

五時半起床。社参。

午前在宅。岩村より借用国民史読む。

岩村が軍務多忙の隙、精読して処々詳語を記入せるは流石に感服した。

午後、雑司ヶ谷方面散歩。

天候漸く定る。

忠昭、防空壕工作略々成る。
＊小林大将は勅撰となり、貴院に席を置く事となった。

八月二十八日（月）　晴

五時起床。九時半出社。久保崎より台湾出張旅費内容説明聴取、了解。

南澤、大澤より事務報告聴取。

クラブ午餐。午後一時半帰宅。林姉来訪。品川、此頃の生活状態話あり。

品川夫人の行動面白からず。白鹿丸船長より、はがきにて本地氏より託送荷物神戸辰馬事務所にありと報あり。明日処理の事。
＊現内閣の政治は頓と面白くない。政務官復活、官庁日曜復活等、やがて国民の反対を受けん。食糧問題の如きもあまり成果を望み得ざらん。

八月二十九日（火）

五時半起床。九時半出社。神戸本地からの託送荷物引受く。当方に輸送方大澤に命じて、後藤回漕店に命ぜしむ。

小林大将、中平専売局長に祝辞。

クラブ午餐。午後二時半帰宅。

次郎、今日より下の三畳に勉強室を移す。

本人の自発的希望なり。夜、睦子、毅同伴来訪。国民史三冊（岩村借）読了。

八月三十日（水）　晴

五時起床。社参。九時半出社。

南澤と事務打合せ。今朝、燃本田中少佐来社。興亜石油と共同にて南澤会見、事務移転の談ありし由。尚、硫酸現地払下は中々容易ならざる模様だ。

クラブ午餐。池袋を経て、二時帰宅。

池袋古本屋にて南方文化の建設へ（幣原坦）求む。新本二円八十銭。台湾行旅費残の内、一〇〇を妻其他へ分配。

八月三十一日（木）　晴

五時起床。社参。九時半出社。南澤は長岡の日曹製作所に出張、不在。大澤と事務打合す。クラブ午餐。午後は次郎の学校鞄を求む可く、神田、新宿辺を探したが、一個も無い。世の中も窮屈になったものだ。新宿の本屋で雑誌現代九月号を求め得たのは、もをけ物だ。二時半帰宅。

九月一日（金）　晴

四時半起床。社参。台湾協会主催、台湾に徴兵令実施の奉謝式を挙行につき、勲二等佩用、八時二重橋前に至り参列。学生多数参加す。台湾協会員の来会者りょうりょう〔寥々〕たり。靖国神社に至り、小林会長の訓示あり。散会。更に明治神宮参拝。内閣、内務、陸海各省に出頭の計画なるも余は失敬した。平塚副会長は、式中に脳貧血にて弱る。クラブ午餐。二時帰宅。武子、廣子同伴来遊。夕方皆帰り去る。

九月二日（土）　晴

午前五時半起床。終日在宅。庭木手入。

九月三日（日）　晴

午前四時半起床。社参。十時、内海俊輔来訪。同氏今回徴庸〔用〕令ありたる由にて、一身上の問題及家族疎開問題等談あり。午後三時辞去。池袋、大塚方面散歩。

九月四日（月）　晴

午前五時半起床。社参。九時半出社。川口長助と打合せ。築地台湾青果に行きて乾燥芭蕉実二貫目求め、午後零時半帰宅。庭木手入。大阪谷田スミより荷物預け断り承知の旨、電信あり。梅干荷着。此旨精二君に通報。忠昭、今夜友人死亡者の通夜に行く。妻、血圧百九十五。

九月五日（火）　晴

武子が御馳走をするとの事だったので、逗子に行く。午前九時十八分、東京駅発。駅には睦子と廣子が迎へに来てゐた。幼者三人を抱えて御馳走の準備も容易でない。赤飯其他のお土産を持て、午後四時半帰宅す。

九月六日（水）　晴

午前五時起床。社参。九時半出社。南澤と事務打合す。南澤曰く、昨日、軍需省兵器総局の神崎なる者より電話にて、日曹に注文中の蒸発缶五十度、四十度二基を日曹に譲渡す可しとの事であった。燃料本部の田中少佐も了解の由であったが、南澤は断然拒絶して置た由。中々問題は面倒である。正午帰宅。防空壕手入れを為す。俊輔来訪。菜園を手伝ひ呉る。

九月七日（木）　雨

珍らしく雨。五時起床。九時半、三井信託金庫を経て三和に立寄り、割増付定期当り百十円受取り、十円は銀行に寄付。出社。南澤と事務打合す。クラブ午餐。午後二時、帝国繊維へ岩村社長訪問。同社顧問に略々承諾の旨申出す。

増田専務、藤本常務に紹介さる。台湾状況につき快談。大塚駅迄送られて帰宅。

九月八日（金）　雨

四時半起床。雨小止み。社参。九時半出社。

途次、三井金庫に立寄り、定期証入るる事。

南澤欠。大澤に荷物取調電出す。社長宛蒸発缶譲渡交渉の件、航空便にて報告。クラブ午餐。一時帰宅。岩村より国民史五八借用、読む。

＊臨時議会開会。総理、陸海相演説何等新味なく、失望せしむ。内閣更迭の意義なし。

九月九日（土）　晴

晴なれ共天気なを稍不明。二百廿日だ。

四時半起床。社参。九時半出社。南澤と事務打合す。昨日、燃本に田中少佐訪問、面会せし由。蒸気缶の件は何方よりも聞き居らざる由につき安心した。クラブ午餐。

午後、更に出社。社長報告航空便。

大澤より返電なし。荷物の件、問題だ。

＊議会、松村〔謙三〕の質問、稍意を得たり。小磯に信念ありや？

九月十日（日）　晴

五時半起床。社参。さわやかな秋日和だ。植木屋が来ないので、植木に手入れをやった。

午後理髪。雑司ヶ谷、池袋迄散歩。

九月十一日（月）　曇

午前五時起床。社参。九時半出社。南澤と事務打合す。

午後、総督府出張に北原事務官訪問す、不在。青山に内海俊輔訪問す、不在。夫人と初対面なり。一寸話して帰宅。

九月十二日（火）　雨

午前五時起床。雨。十時宅を出てクラブに行く。午後二時帰宅。

林姉来訪。

高雄本地よりの砂糖到着、歓声挙る。

九月十三日（水）　晴

五時半起床。社参。昨夜十二時半就寝、睡眠不足。気分悪し。

九時半出社。南澤帰社し居る。神戸、大阪出張の報告聴取。本社より公報あり。役員報酬変更発令あり。余、年額九千五百円。

二割は会社に積立の由なり。クラブ午餐。一時帰宅。

庭園手入れ。

九月十四日（木）　曇
終日曇。四時半起床。社参。

九時半出社。南澤欠。大澤と事務打合す。クラブ午餐。午後一時帰宅。庭園手入れ。植木の手入れ。

慶子、久し振砂糖の饅頭作る。

甘かった。

九月十五日（金）　雨
五時起床。雨につき社参休。九時半出社。直に総督府出張所に北原事務官訪問。海事課出張員、筌口〔文夫〕事務官に紹介さる。大澤を呼で紹介す。
クラブ午餐。午後一時、西太洋漁業に行って鯨肉を貰って帰る。家族大悦なり。

九月十六日（土）　雨
四時半起床。社参。倉石より電話あり。昨夜帰京の由、病後にて両三日休養の由なり。十時出社。南澤と事務打合す。軍需省に神崎を訪問せしところ、兵器総局の化学科の嘱託なる由、正体が分った。日曹の手が廻ってゐる事明瞭となった。クラブ午餐。午後三時帰宅。
疲労を感ずる。終日雨。

九月十七日（日）　晴後雨、夜暴風
五時起床。社参。終日在宅。
身体何となく倦怠を覚ゆ。
＊敵軍はパラヲの一角に上陸作戦を開始せり。
　時局益々苛烈。

九月十八日（月）　晴
昨日に引変え快晴。二百廿日の荒れも之で一洗された。五時半起床。社参。

九時、倉石を訪問。一、臭素生産の為、高雄工場内に海水直接工場増設中なり。一、財政の基礎立たず。一、倉石は辞意を漏せり。

余は健康回復に当分全力を尽すことを勧め置き、東京支店の現状を話し置く。

クラブ午餐。午後二時、築地本願寺にて伯爵松平頼壽告別式に臨む。

三時帰宅。

九月十九日（火）　晴
五時起床。社参。九時半出社。南澤と事務打合す。クラブ午餐。
午後五時、大東亜会館に紫明会に出席。水津、木村、瀧、樋貝、小島其他、出席者三十名。

本日午後一時、警戒警報あり。八丈島方面の敵機来りし由。

午後一時帰宅。

九月二十日（水）　曇

五時半起床。社参。九時半出社。

午前中晴、午後曇。クラブ午餐。

怒江戦線拉孟、騰越両部隊、数十倍の敵と戦ふ。全員壮烈な戦死。嗚呼。

独逸は四境皆敵せまる。然し国民の意気は尚盛也。

＊社長宛手紙出す。
一、蒸発缶日曹に転用反対問題。
一、高雄に尿工場建設反対意見。
一、高雄、安平工場不成績問題。
一、原料復修資材輸送類問題。

九月二十一日（木）

五時起床。社参。九時、森岡訪問。

松岡氏来り居り、快談。森岡と同伴クラブ行、午餐。

午後三時帰宅。

＊人間は希望に沸き立つものであり、消極的な暗い叱咤の言葉に却ってめいりこむ。人心の機微を忘れてはいけない。

九月二十二日（金）　曇

五時半起床。社参。九時半出社。

倉石と事務打合す。午前、台拓に河田新社長訪問、不在。クラブ午餐。午後二時、更に出社。倉石と事務打合す。日曹会浜工場は蒸発缶を要するは事実の由、爆薬製造の命あり。中野有礼も今回船の研究計画中の由、倉石談。

中島社長宛書信の要領を倉石に示す。

＊西太洋漁業で鯨肉を貰って帰る。省線停電。市電にて帰る。困った。

九月二十三日（土）　曇

午前在宅。午後本郷方面散歩。

六時起床。社参。四書、荘子を求む。

敵機動艦隊は呂宋の東部海上に至り、飛行機五百機、更に二百機、今明九時半と午後にマニラを空襲。比律賓に戒厳令を発したり。

九月二十四日（日）　曇

四時半起床。社参。午前在宅。午後市ヶ谷方面散歩。長靴踵皮直す。容易に承諾せず、漸く直す。八十銭也。

三時半帰宅。


比律賓は米国に対して宣戦布告した。

九月二十五日（月）曇
五時半起床。次郎の英語を見る。次郎勉強に出精せず。妻、協力の態度を欠き不愉快なり。九時半出社。依田も出社。
俊輔来訪す。重役手当制度変更、月額七九二、積立一五八、所得税一一八・八〇、手取五一五・二〇なり。クラブ午餐。信託にて妻の白金指輪を出し、売却手続す。銀座鳩居堂にて次郎の墨、余の筆求め、三時帰宅。
　＊慶子、葉山へ行き、晩餐後、鯖、野菜を以て帰宅。

九月二十六日（火）曇、小雨
午前五時起床。社参。今日は会社を休む。午前読書。小雨来る。秋風蕭々だ。午後霽間を見て防空壕の手入れをなす。夜、次郎の勉強を見て、十一時就寝。

九月二十七日（水）曇
五時半起床。九時半出社。倉石、依田と台湾工場の談を聴た。
クラブ午餐。神田、青山散歩。
ネクタイ、墨等求め、帰宅。

九月二十八日（木）晴
五時起床。社参。九時半出社。クラブ午餐。神田散歩。小川町の本屋で国民史元禄時代、随筆翼、次郎の数学の本、求め帰る。

九月二十九日（金）晴
五時起床。社参。会社休。午前在宅。慶子、せつや買出。
午後四時、西太洋漁業に行って鯨肉を貰ひ帰宅。
福井より電話。静夫、今夜着京。
明日夕方来訪の旨、本人より電話也。

九月三十日（土）曇
五時起床。社参。九時半出社。倉石病気の故だらう、近来頓と機嫌悪し。不愉快だ。十一時前クラブに行く、午餐。午後、新宿を経て帰宅。二時半だ。大〔澤〕、依田、南澤休。
テニヤン、宮島玉砕の報あり。近来又々官民の緊張稍ゆるめる感あり。一大痛棒か。
　＊テニヤン、大宮島の守備部隊全滅の報導あり。
　旧知高品〔彪〕陸軍中将、部隊長として玉砕。嗚呼。

十月一日（日）雨
秋雨蕭々。午前在宅。俊輔来訪。
午後、天沼の高品中将邸に弔問に行く。夫人は初対面なるも中将より噂を聞き居られし模様だ。余が高雄時代贈りし酒器を愛用せられし談等出ず。長男陸士優等卒業、既に大尉となり、陸士区隊長の由だ。中将も安心して冥せり。三時帰宅。夜、福井静夫、服部夫婦来訪。賑かだ。

十月二日（月）　曇

服部今朝去る。会社には出ず。

十時、クラブ午餐。午後銀座、池袋を経て、四時帰宅。

夕方、社参。夜晴、明月なり。


静夫、明朝出発、帰呉の予定。電話来る。

十月三日（火）　曇

六時起床。九時過出社。倉石と事務打合す。台湾行の旅費精算、誤算ありし由。百十四円返却は痛い。クラブ午餐。

午後二時帰宅。今日、池袋でやっと現代十月号求め得た。岩渕の昭和政記、今回で終篇だ。頓と筆が延びていない。睦子、今朝去る。

十月四日（水）　雨

五時起床。雨だ。九時半出社。

クラブ午餐。高橋某のソビエットに関する講演あり。四時帰宅。

十月五日（木）　雨

五時起床。微雨を冒して社参。

九時半出社。クラブ午餐。午後、妻の依頼にて三井信託からサンゴ類持て帰る。何となく身体疲労を覚ゆ。

十月六日（金）　雨

五時起床。今日も雨だ。十時出社。

倉石も来る。クラブ午餐。朝日を買ひそこねた。午後三時帰宅。

今日クラブで元治甲子篇再読を了す。宅で勝安房第五篇読了。

夜、次郎の勉強を見てやる。

＊ベリリュー島の我軍は数名づつ進軍隊を造って敵陣に斬入して施設を爆破、人員を殺傷せしめて震駭せしめつつある。敵損害二百超ゆ。

十月七日（土）　雨

朝来風雨甚し。暴風警戒出で、午後より胎風至る。クラブ午餐。

午後、本所の大高洋服店に次郎の制服を取りて帰宅す。省線不通の為、次郎学校より帰宅遅れて午後七時半となり、家族一同心配す。

午後より夜中大暴風雨なり。

＊六日、定例閣議声言。
戦争目的完遂のため支障となるものは機構の上においても人事の上にをいても果敢に隘路を突破して強力に施策を推進して行きたい。

決戦施策を事務当局に徹底実行せしむるの要を説く。

按ずるに東条内閣以来屢々努力して与わざりし〔ママ〕ところなり。之が出来れば大成功だ。小磯独りりきんでもだめだ。

十月八日（日）　晴

漸く大風一過、晴となる。四時半起床。社参。午前中在宅。慶子、次郎は品川の招待にて栗拾ひに行く予定だったが中止（電車不通の為）。

午後、片山三郎君訪問。林兼（西太洋漁業）より鯨分与代金の件依頼の為。四時半帰宅。

十月九日（月）　晴

午前四時半起床。社参。晴。出社。

クラブ午餐。大関善雄死亡通知が来て居ったので、池上の同氏宅に弔問に行く。天晴れ、気持の好い秋日和であった。一家は帰郷中にて不在。

午後二時半帰宅。庭園の手入れをなす。

＊現内閣成立の重点

一、国民の戦意昂揚

一、戦力増強

戦争意識の弛緩を戒む。

今施政二ヶ月半の治績は冷静に顧み、現内閣の施政の緩慢微温を指摘する声繁きもあり。

統制行過を是正、施策の履き違あり。

十月十日（火）

午前四時半起床。社参。会社に出ず。

十一時クラブ。午後四時、品川の木村に行く。武内、今回蒙疆自治政府を退官、帰国上京中につき、秋田一族晩餐会に招待されたのだ。林姉も来会。朔郎、哲夫、由郎、各夫婦、木村兄夫婦、林姉、及余なり。

九時帰宅。

十月十一日（水）　曇

午前六時起床。今朝は図らず朝寝した。十時出社。倉石と事務打合せ。クラブ午餐。午後定例講演、大東亜戦の現状。三時から偕行社へ行って靴墨を求め、一寸出社。午後五時半帰宅。今日、社で配給のゴム長靴二足を配給あり、十一円七〇銭。大澤の世話だ。

＊昨日、那覇に敵機空襲。那覇市街全滅。

十月十二日（木）　曇

午前五時起床。社参。今朝来、腹具合悪し。九時半出社。待本、突然上京。高雄工場の状況聴取。

丸の内中央亭で台湾協会総会出席。長谷川総督、加藤前台拓社長等と会ふ。下村宏の放送の講演あり。

三時帰宅。終日腹具合悪し。

夜早く寝る。

＊敵機午前七時より午後十七時迄台湾空襲。
弥々やって来た。

十月十三日（金）　曇後晴

天候漸く回服の兆あり。午前五時半起床、九時半出社。西澤来訪。

野菜、鶏卵を土産に呉る。クラブ午餐。午後、総督〔府〕出張所に長谷川総督に面会。午後四時帰宅。

台湾に来襲の敵機は千四百、各都市工場の港湾を空襲。被害相当尽大〔ママ〕の見込。高雄の日本アルミ、南日本化学も被害ありたる見込。

東南海上にて敵機動部隊を捕捉。航母一、船型未詳一、撃沈。

航母一、未詳一、撃破。

尚攻戦中なり。

十一日更に敵機来襲。

弥々やって来た。

十月十四日（土）　晴

五時半起床。九時半出社。

クラブ午餐。台湾の情報聴の為、総督府出張所訪問せしも、一昨日以来電報なき由なり。安井〔常義〕所長に会って去る。

帝国繊維に増田専務訪問。台湾空襲の情報交換の為だ。三井信託に妻の白金、ダイヤ売却の状況聴取。理髪。三時帰宅。

十月十五日（日）　晴

六時起床。社参。午前在宅。川口長助来訪。午後、大関訪問。今朝速達便を出し置きしも不在。義直の夫人の姉の家を訪問。近所なり。香奠を託し、義直の夫人に会て帰る。四時なり。

午後二時、大本営戦果発表。

台湾東南海上、敵機動部隊を追撃中にして、今迄の戦果、轟撃沈、航母七、駆逐一。

撃破、航母二、戦艦一、巡洋一、未詳十一。

追々好転し来れり。

十月十六日（月）　晴

五時起床。社参。十一時クラブ。

今日は、会社は社員に慰労休暇を与えた。午後、総督府出張所訪問。台湾被害の情報聴取、未着。長谷川総督は今朝出発、帰任した。午後二時帰宅。武子、睦子、子供連れ来遊す。台湾東南洋上、三時大戦果の発表があった。

＊那覇市全滅。
　十日の敵機来襲五回、無差別空爆により那覇市焼失家屋七八六四、倒壊六四二、死者一四三、負傷一三。同市は余の青年官吏時代、三年有半を生活せるところ。感慨無量なり。

十月十七日（火）　午後雨

四時起床。社参。終日在宅。

午後四時頃から秋雨蕭々。

五時のニュースで戦果発表。

更に東南洋上に敵補充部隊の航母一、巡洋一撃破。比島方面マニラ空襲の敵機動部隊を激撃、撃破沈航母一、撃破航母三、戦艦又は巡洋艦一、撃墜三〇以上。

＊十二、三、四の三日間の綜合戦果。

轟撃沈
航母　一〇
戦艦　二
巡洋艦　三
駆逐艦　一
撃破
航母　三
戦艦　一
巡洋　四
艦種未詳　一一

十月十八日（水）

六時起床。十時出社。倉石曰く、社長より電報あり。高雄工場は二臭化工場の他被害なしと。先づよし。クラブ午餐。帝国繊維に岩村社長訪問。顧問に就任を受諾す（年二千五百円）。総督府方面に折衝の要るとき尽力するなり。山本上京、高原よりの砂糖を受取る。三時帰宅。武子、睦子一隊は今日帰り去る。

十月十九日（木）　雨

秋雨だ。終日在宅。
台湾東南洋上にて中部太平洋艦隊及五十八機動部隊をやっつけたが、マックアーサ戦略にて別働隊は比律賓各地を空襲。比律賓上陸作戦を企画せり。油断が出来ない。

十月二十日（金）　曇

五時半起床。曇。九時半出社。クラブ午餐。二時半、帝織に岩村社長訪問。履歴書提出す。河村歯科に行き、門歯一本抜歯。義歯手当の前提なり。

＊台湾沖航空戦綜合戦果。

轟撃沈、航母十一、戦艦二、巡洋三、巡洋若駆一。撃破、航母八、戦艦二、巡洋四、巡若駆一、巡洋一三、撃墜百十二。
我方未帰還三百十二。
○カーニバル島方面戦果。英航母一、戦艦一、撃沈。
○ニューギニア方面より上陸用輸送戦団を伴って、比島中部レイテ湾に侵入。十八日以後、レイテ湾沿岸に艦載機による爆撃艦砲射撃を実施、レイテ島へ上陸企図せり。威力既に実現せるに非ずや。

十月二十一日（土）　曇

五時半起床。微雨。後曇。九時半出社。クラブ午餐。午後、河村歯科。

二時帰宅。

果然ラジオニュースは敵軍の比律賓レイテ湾より上陸を報導す。

我海空軍は何故撃破に向わざるにや。

或は戦略上、敵を上陸せしめてせん〔殲〕滅する方略か？
＊醍醐から松茸が来た。初物だ。
　明日一部を岩村清一に贈る積りだ。

十月二十二日（日）　晴

六時起床。九時、岩村訪問。

会社の状況につき詳細に談あり。

午後在宅。

十月二十三日（月）　曇

朝来寒い。六時起床。九時半出社。倉石、感冒にて欠。南澤も欠。

クラブ午餐。午後微雨。一時半帰宅。防空壕手入れ。発熱の気味にて夜早く就寝。

十月二十四日（火）　晴

京浜間に防空訓練が実施さる。

朝来、発熱の為、気分悪しく休養。

午後、河村医師に行く。三時半帰宅。

岩村より電話あり。北海道事業他、視察旅行を勧めらる。考慮を約す。夜、大阪の木村薫来訪。

突然、睦子来訪。小田原より蛭を取て持参。

十月二十五日（水）　晴

安藤医師の投薬功を奏して、朝来快気。六時起床。三井信託で妻売却白金ダイヤ代金千八百九十六円受領。

出社。クラブ午餐。午後一時半、河村歯科。五時半帰宅。岩村より交渉の北海道視察は辞した。大阪木村薫、今朝出発。三島の関愛三のところに行くと云って去った。
＊大戦果発表。
　海軍部隊は比律〔賓〕東部海面に弥々出動した。
　戦果
　撃沈　航母4　巡洋2　駆逐1　輸送4以上
　撃破　航母2　戦艦1　巡洋2
　我方被害、巡も駆も破壊

十月二十六日（木）　曇

五時半起床。社参。九時半出社。クラブ午餐。午後一時、河村歯科。義歯準備。

午後三時帰宅。

十月二十七日（金）　雨

朝来雨。社参。九時、総督府出張所に行って台湾の被害状況聴取。御新営の台湾神宮は華中航空の旅客機が拝殿に劇突火災を起し、全部焼したのだ。

クラブ午餐。午後、帝織に岩村社長訪問。理由、斎藤等重役参加、台湾の事等状況聴取。四時より河村歯科、義歯完成。六時帰宅。大戦果発表。

＊綜合戦果発表。
○レイテ湾　撃破艦　一〇八
○フイリツピン沖　撃破艦　二七　撃墜　五〇〇

十月二十八日（土）　晴

五時半起床。社参〔全カ〕。九時半出社。倉石と事務打合す。クラブ午餐。午後、安田保善社訪問。岩村、武村、多田〔精一〕と面会。二時帰宅。

比島沖海戦、レイテ湾の攻撃に不拘米輸送船数十艘尚上陸を続継しつつあり。油断ならず。

忠昭の第二国兵籍届、醍醐に送る。

＊神風特別攻撃隊、敷島隊員、関海軍大尉以下三名の発表。
豊田長官より全軍に布告したのだ。

十月二十九日（日）　晴

五時半起床。熱気未だ去らない。終日在宅。午後、次郎の室の前のひのき（チャボルバ）一本を切りたおした。室の光線採光を良くせる為だ。午後、福井夫人の来訪。近く呉に行く由だ。熱気につき夜早く寝る。

十月三十日（月）　雨

又雨だ。風邪気去らず。熱気分なり。終日在宅。就床摂養する。台湾旅行前だ。身体の警戒を要す。

慶子、夜十時四十分の列車で出発。雨を冒して忠昭に東京駅迄送られて行く。

＊レイテ湾には敵輸送艦五十隻、艦十数隻、遊行し、更に二ヶ師を上陸せしめ、陸上飛行基地を造るに押されつつあり。既に其一部を完成せり。我艦隊は何をして居るか。

十月三十一日（火）　晴

快晴となる。今日も休養のつもりだったが、気分が良くなったので十一時クラブ。

最後の煙草配分、光だった。明日より隣組の配給だ。午後、三井信託で妻依頼のダイヤ入帯止〔留〕を供出。二時半帰宅。休養。

睦子、毅同伴来訪。妻に魚煮を持て来たのだ。御苦労の事だ。

＊台湾沖海戦、比律賓沖海戦、レイテ湾攻撃に戦果を挙げたが、量を頼む敵は続々比島基地の建設を目指して来つつあり。輸送船六百隻を使用しつつありとの報あり。容易の事ではない。敵も全太平洋の兵力を此所に集中しつつある。

之は容易な事でわない。

神風突撃隊の第二、第三と追々出撃の報あり。相当の戦果を収めつつあるが、若い有為の海軍々人が決死でない必死の出撃は悲壮だ。何とかならぬか。

十一月一日（水）　晴

九時出社。倉石休。南澤と事務打合す。倉石は放てき〔擲〕気味に非ずや、社長は高雄臭素工場の成立と共に退身の意あり、如何、倉石は中野と何か第二の画策せるに非ずや、大澤の激怒あり等、談あり。

一時帰宅。睦子帰り去る。突然空襲警報あり。大さわぎだ。睦子、池袋より引き返る。

余は防空壕の完成に努力す。全部水溜りとなり居るにつき、妻は庭園の小壕に単身入り込ましめ、奥庭の壕の手入れす。

五時、警報解除。

十一月二日（木）　晴

感冒熱気去らず。終日在宅。静養。午後、安藤医師に診察を受く。血圧百六十、験〔ママ〕尿は正、健康体だ。熱も無き由。薬を貰って静養。服薬。
＊Ｂ29は数機東京の上空に来たのだ。爆弾を下さず去った。偵察だ。
偵察は空爆の前提だ。油断が出来ない。

十一月三日（金）

四時半起床。五時半より明治神宮参拝。七時帰宅。終日在宅。終日雨だ。

午後、内海俊輔来訪。徴用令の来た事を話し、明晩餐に招待して去る。

レイテ湾方面敵米は基地建造にあせってゐる。五ヶ師を上陸させた。

今朝、慶子醍醐より帰る。帰途は俊輔と同行なりし由。醍醐の餅や栗を土産。

十一月四日（土）　晴後雨

五時起床。社参。九時半出社。倉石と事務打合す。正午帰宅。帝国繊維の小幡より電話あり。会社に出社。書類、旅費受領。増田と事務打合せ。内海俊輔訪問。同氏今回徴用令にて芝浦車輌府中工場に勤務することとなる。夜、同家にて送別晩餐。九時半帰宅。又雨だ。忠昭逗子行。
＊青山古本屋で改造四月号求む。之で昭和政記完備、愉快だ。
夜通し製本（手製）。

十一月五日（日）　曇後晴

五時起床。社参。終日在宅。午前十時半、突然空襲警報のサイレンが鳴る。昨日の雨で又防空壕は水溜りだ。

大さわぎで水を出し、敷板を重ねてやっと準備して妻を入る。

今日は幸ひ慶子も在宅であったので好都合だった。二時解除。三時半忠昭逗子より、四時次郎学校より帰る。

＊七日のルーズベルト選挙迄は防襲さわぎ続かん。今日は東海道から京浜地区、B29の偵察が来た。

十一月六日（月）　快晴

六時起床。気持の良い秋日和だ。九時頃出社する積りで出たが、省線巣鴨の先で又々空襲警報が出たので、引返して終日在宅。防空壕の完成に終日働いた。大分疲労した。京都稲波より虫の良い依頼が来た。

＊比島東方海面で神風攻撃隊、航空部隊、潜水艦等により敵空母四艘撃壊破す。比島呂宋方面に又々艦載機多数来襲。米機動艦隊は未だ弱ってゐない。警戒を要す。

十一月七日（火）　快晴

五時半起床。社参。九時半出社。十日に飛行機が決定した。十時、内務省の竹内〔徳治〕監〔管〕理局長訪問。台湾空襲の状況聴取。クラブ午餐。青山南町数学の友社訪問、次郎の雑誌十四号受領の時、午後一時半空襲警報発令。渋谷駅にて待避、午後三時半帰宅。新宿にて高射砲弾の破片による負傷の現状を見た。帰宅後、次郎に注意を与ふ。防空壕整備す。略々完成す。次郎出校して校庭に高射砲弾の投下の跡を見た由。

十一月八日（水）　曇、雨

六時起床。三井信託金庫に勲章を入れ、十時出社。倉石、南澤と台湾出張の事務打合す。丸の内ホテルで午餐。旅費七五〇及航空券受領。三井銀行に立寄り、一〇〇〇信託預金。二時帰宅。今日、節やより妻に暇を請ふ旨申出たる由。

十一月九日（木）　晴

五時半起床。社参。森岡訪問。同氏は息健君陸軍経理学校在学中の新京に旅行、不在。夫人に会ふ。出社。倉石、南澤と化学統制会の大島中尉と会見。ホテル午餐。本社より被害状況報告書着す。新聞記事のやうな報告書にて用を為さぬ。中野有礼、倉石と面会。午後二時帰宅。夕方、帝織の小幡来訪。

＊妻と余の義姉の不仲は、余のなやみの種だと妻に注意した。妻も稍覚るところあり。

十一月十日（金）　晴

午前四時起床。慶子、忠昭、次郎の見送りを受け、省線にて有楽町日航営業所に至り、社の泉の見送りを受け、羽田迄バス。午前八時出航、福岡雁の巣を経て、沖縄那覇に着す。途中、富士の雄姿見事なり。那覇は雨、一泊。空襲後の那覇市を見る。惨憺たる光景なり。往年在住当時を追懐す。波上宮の傍の沖縄ホテルに泊。電灯点かず、夜は闇黒。

十一月十一日（土）　風雨

風雨強し。無蓋トラックにて飛行場を往復す。低気圧近しとて今日も滞在。

十一月十二日（日）　曇

午前十一時、那覇発。二時半、台北飛行場着。鉄道ホテルに入る。吉田来る。

越智、田中一二を招致。

十一月十三日（月）　晴

午前九時、長谷川総督訪問。斎藤長官、森田文教局長訪問。ホテル午餐。午後二時半、帝織の江渕を招致、打合せをなす。

五時、海軍武官府の菊池〔喜一郎〕大佐訪問。来会中の福田長官に面会。

夜、越智、西元より牛肉すき焼の御馳走になる。越智、生菓子を呉れる。

十一月十四日（火）　晴

午前九時発急行にて南下。江渕〔清満〕重役と同車。午後三時台中着。帝織台湾事業部長山田酉蔵の出迎を受け、同事務所に小憩。山田、江渕同伴、州庁に清水知事訪問。事務所にて鶏のすき焼の晩餐。常盤木館に一泊。

山下益治来訪。

十一月十五日（水）　晴

午前七時台中発。午後四時、高雄着。高橋会計課長等の出迎を受け、直に出社。中島社長と会見。午後四時より会報を開催して東京支店との連絡事項を伝ふ。

六時、吾妻旅館に泊す。松尾宅弔問。

夜、手貝を招致。

十一月十六日（木）　晴

午前、高原知事を訪問。午後出社。高雄製鉄会社視察の後、州庁。

夕方、本地氏を訪問。砂糖の礼を述ぶ。

夜、手貝、久永来訪。手貝はバナナ、久永ビールを呉れる。

十一月十七日（金）　晴

午前九時半出社。

午後一時四十分、列車にて手貝、久永同伴。台南に至り、平山〔益男〕専売支局長訪問。同氏は久永の親友なり。州庁の宮尾知事訪問。台塩に出澤訪問。夜、平山、久永、手貝より晩餐を受く。

十一月十八日（土）　晴

平山同伴、安平工場視察。後、事務監査。

午後、南塩北西専務訪問。

四時半、急行にて帰高。吾妻の室の手当なし、知事官庁に一泊。

十一月十九日（日）　晴

午前九時、佐溝吾妻旅館に来訪。

山本むめは嘉義順昭宅に疎開せし由なり。

出社。四時帰宅。

十一月二十日（月）　晴

午前出社。

午後、築港事務所に図子〔武八〕所長、佐崎〔稔〕技師訪問。高雄ブローム工場通水路の海面浚渫の件依頼。モーターにて岸壁の空襲被害状況視察。

州庁に至り上陸。高雄警備府に福田長官訪問。航空廠に片平〔琢治〕廠長訪問。

夜、知事官邸で鶏のすき焼馳走になる。

十一月二十一日（火）　晴

出社。

午後、屏東に宗藤、覚訪問。

久保田観山亭に弔問。

十一月二十二日（水）　晴

出社。夕方、高木拾郎訪問。砂糖の礼を述ぶ。台湾倉庫の被害の見舞を述ぶ。

十一月二十三日（木）

十七日より出府中の社長を出迎ふ。

出社。

十一月二十四日（金）　雨

午前八時五十分、急行にて出発。

員林にて山田事業部長の出迎を受け、員林、烏日の阿〔亜〕麻工場視察。四時台中着。郡邸に同氏夫人の葬儀に列し、夜富貴亭にて山田の招宴。山下〔若松〕市長、松岡、坂本来会。七面鳥の水だき也。

千代の家一泊。
　＊敵機七〇、帝都来襲。数ヶ所火災。

十一月二十五日（土）　晴

船山の案内にて豊原工場及亜麻工場を視察。同所より列車にて浅野の案内にて嘉義に至り、嘉義工場予定地視察。青柳に一泊。

夜、山本むめ、八重子来訪。

十一月二十六日（日）　晴

午前六時出発。高橋経理課長の出迎を受け、直に出社。

決算監査。

夜、久永宅にて手貝、池田、高橋誠一等招待を受け、七面鳥のすき焼。甘し。
一杯の麦酒に酔ふた。

十一月二十七日（月）　晴
午前十時より第十期決算総会、無事終了。
田村訪問、余の家庭事情を説明す。
＊来襲四〇、損害軽微。

十一月二十八日（火）　晴
出社。
午後、台湾鉄工場〔所〕に宮田社長訪問。
田村保来訪。田辺氏夫妻、同氏息来訪。田村の紹介なり。息海軍技術大尉電気専門呉鎮守府勤務なり。

十一月二十九日（水）　晴
午前、知事訪問。午後、警備府に福田長官訪問。中島社長同伴、
夜水交社にて長官の招宴。参謀長、経理部長等参加。豚肉のすき焼、大に甘し。

十一月三十日（木）
午前出社。
午後、東京に連絡事項。会報。
夜、宮田鉄工場〔所〕社長の招宴。
知事、長官、要塞司令官等参加、盛会。
＊来襲二〇、数ヶ所火災。

十二月一日（金）　晴
午前八時五十分、急行にて出発。
彰化工場視察。台中に至り、工場長会議に列席。
夜、知事の招宴に出る。

十二月二日（土）　晴
午前、山田より事務聴取。
午後、彰化より急行にて江渕同伴、新竹で下車。州庁訪問。海軍燃料廠の藤尾大佐訪問。旧知なり。
湖畔に知事を招待。
塚の屋に一泊。

十二月三日（日）　雨
門田、輪湖、茂松一族来訪。
新竹工場視察。
午後、急行にて桃園に至り、同建築中の同工場視察。台北に至り、鉄道ホテルに一泊。
夜、川堀にて重田の招宴。
＊来襲七〇、数ヶ所火災。

十二月四日（月）　曇

午前、海軍武官府へ菊池武官訪問。六日の飛行機座席を貰ふ。専売局訪問。

午後、機帆船々主代理人衣笠及船長をホテルに招致、状況聴取。三時より菊元にて山田、江渕、重田等と田村組主人を招致。桃園工場建築促進を計る。

十二月五日（火）　曇

午前、武官府に小森武官訪問。

山田を招致、事務打合せ。

午後、総督府訪問。官邸に総督訪問。台拓訪問。

夜、西元、越智来訪。

十二月六日（水）　雨

午前七時、飛行場に至る。天候不良。

出発延期、鉄道ホテルに入る。

田村駒支店長、柴田来訪。

午後、今村、高澤来訪。

夜、北投にて高澤招宴。夜十二時、雨を冒して帰る。十二時也。

江渕来訪。

十二月七日（木）　雨

午前七時、小澤の自動車に同乗、飛行場に至る。今日も延期となる。

江渕来訪。事務打合す。山田は機帆船の件にて、今朝高雄へ急行せる由。柴田来訪、淡水河にて午餐招宴。江渕参加。

十二月八日（金）　晴

午前八時半、台北飛行場出発す。

前回は海軍記念日。今回は大東亜戦争記念日に出発。何たる幸ぞ。

那覇を経て、午後二時半、福岡着、一泊。博多ホテルに泊。小澤同宿。

十二月九日（土）　晴

午前九時半出発。高度四千。

雲海の上を飛ぶ。寒冷なり。空晴る。鹿児島湾の上空を飛ぶ。開門嶽、桜島、手に取る如く、市の上空を飛ぶ。午後一時半、羽田着。帝繊小幡に電話し、有楽町に出迎へしむ。帝繊本社に出社。台湾の報告概略を為す。

四時帰宅。一同無事。

十二月十日（日）　晴

空襲は毎日あり。

夜、俊輔来訪。

午前、森岡訪問。須田来会す。

午後在宅。
六時社参。

十二月十一日（月）　晴

快晴。九時半出社。本社と連絡事項を伝達。倉石専務と事務打合せ。午後零時半、社を出で美土代町の被害地視察。明治書院にて国民史一四を買〔求〕め、午後二時半帰宅。

十二月十二日（火）　晴

晴。午前在宅。
午後、帝織に出社。社長、重役及部、課長会を開きて台湾状況報告。六時帰宅。
夜、敵機焼夷弾を市内に落下。火災を起す。紅煙天をこがし物すごし。

十二月十三日（水）　晴

午前十時出社。大澤と事務打合す。
石英管及アンモニヤボンベーの件なり。
十一時、倉石出社。事務打合す。融資残支出の件なり。会社の鉄甲を借用す。
二時半帰宅。
空襲来。夜又空襲来。頻々たり。
夜八時就寝。

十二月十四日（木）　晴

六時起床。社参。九時半、帝織に出社。重役、部長会議に列席。余は桃園工場建築促進の件、詳報す。午後、岩村と同伴、保全社に武井理事長、銀行に園部頭取訪問す。五時帰宅。

十二月十五日（金）　晴

社参。十時出社。各方面（台湾）に挨拶状出す。加藤恭平台拓社長退引挨拶状に答礼出す。午後二時帰宅。今暁以来、今日は珍らしく空襲なし。

十二月十六日（土）　晴

寒冷なり。六時起床。社参。終日在宅。
慶子は買出しに出る。せつや同伴。甘藷を持帰る。

十二月十七日（日）　曇

寒冷なり。六時起床。社参。午前在宅。午後、大野氏方に吉川海軍少佐の弔問す。同氏は技術少佐にして福島と武子の結婚媒介者なり。夫人は不在。
大野母堂に挨拶して帰る。

十二月十八日（月）　晴

寒冷なり。六時起床。社参。十時出社。
倉石と事務打合す。正午クラブ。久し振りなり。コークスのストーブ赤々として異彩を放つ。一時、警戒報発令。総督府出張所を経て、二時半帰宅。忠昭と防空壕を補修す。今日午後、B29七十機、名古屋地方空襲。被害につき憂慮に不堪。

十二月十九日（火）　晴

両三日来、腰が痛いので社参中止。六時起床。
十時出社。倉石と事務打合す。倉石に託する中島社長宛手紙及渡台の礼状、手貝、久永、越智、西元、今村、高澤宛認む。社で午餐。午後、帝繊に行って、山田、江渕、重田等宛手紙認め、小幡に航空便に託す。四時帰宅。
小林大将国務大臣に就任。藤原軍需相辞任、吉田茂後任。就任式挙行。

十二月二十日（水）　晴

□□〔インク汚れ〕起床。十時出社。倉石専務、明日羽田出発、渡台につき事務打合せを為す。
午後三時帰宅。

十二月二十一日（木）　晴

夜寒気殊に甚し。零下一度。五時起床。
十時、帝繊に出社。重役会に出席。
安田善五郎会長、松岡均平監査役も出席。玉島工場飛行機工場転換問題は面白い。クラブ午餐。午後、三井信託及三和呉服橋支店に立寄り、第二回割増付定期二千円預入。南方資源調査会開会式には失礼して、二時帰宅。

十二月二十二日（金）　晴

六時起床。社参。十時、帝繊に出社。
部長会議に出席。正午は岩村社長より社員に帝国ホテルにて昼餐を饗するに参加。午後、永野大阪支店長及肥後社員より機帆船に機械積出事情を聴取。山田台湾事業部長に航空便出す。三時半帰宅。今日百機、名古屋及一部静岡に来襲。憂慮に不堪。

十二月二十三日（土）　晴

六時起床。次郎と二人で朝食。社参。十時出社。倉石昨日飛行機延期、今朝出発せし由。中島社長夫人来訪。丸の内ホテルに午餐を共にし別る。
倶楽部に立寄り、青山数学の友社を経て帰宅。午後四時半、倉知氏死去。

十二月二十四日（日）　晴

燃料切〔節〕約の為、子供の火を引継いで午前一時から起床。五時に一寸寝て六時起床。社参。休日で在宅。朗かな太陽が指して長閑だ。何所に戦争があるかと云ふやうな日だ。午後、福井母堂、呉帰りで来訪。静子方〔大カ〕男子出生だ。午後、青山南町方面散歩。世界美術一〇号を求め帰る。三円。高価になったものだ。

十二月二十五日（月）　曇

六時起床。社参。うす寒い曇天の嫌な日だ。終日在宅。午後は忠昭と逗子行。武子の尽力で五百匁、余の還暦の祝品として家族一同より呉れた。忠昭は之を取りに行ったのだ。夜帰宅す。余は午後は表の防空壕の手入れを為す。又、家族に余の歳暮として、妻に一〇〇、他に一〇宛。

十二月二十六日（火）　曇

五時起床。社参。昨夜はクリスマスで流石敵襲が来なかった。十時出社。後、総督府出張所訪問。クラブ午餐。宅より電話あり、節子に挺身隊の召集ありし由だ。芝区役所に高田区長訪問、取扱方依頼し、二時半帰宅。早速還暦祝の牛肉をすき焼にて一同満喫す。

夜、服部来泊。

十二月二十七日（水）　晴

六時起床。快晴。社参。六郎等と朝餐。十時半出社。本社よりの報告書閲読。生産成〔績〕甚不良。資金逼迫。困りものだ。正午クラブ午餐。十二時半警報。地下室に待避。七十機挺団来襲。三時帰宅。異状無し。航空機工場の被害心もとなし。

節子挺身隊問題解消。

十二月二十八日（木）　晴

快晴。六時起床。社参。午前在宅。

慶子、節子、買出し行。

午後、御祓の守札を氷川神社に持参。

理髪。四時、警報発令。三編隊来襲。夜、空襲警報発令。

レイテ島戦況面白からざる感あり。

十二月二十九日（金）　晴

六時起床。寒い。痛い程冷い。社参。

九時半出社。南澤と事務打合す。三和より五十万借用に成功した由だ。何時迄遣繰りの財政か、会社の前途不安に堪へない。

クラブ午餐。本村の宅は吉祥寺だから、空襲被害の見舞をやるつもりだったが不在。

二時帰宅。

神棚を掃除す。気持よし。

水上部隊ミンドロ船舶攻撃、四艘撃沈。

十二月三十日（土）　晴

六時起床。昨日庭廻り清掃の塵芥を焼却す。

南日本は、今日は清掃日につき行かず。十時帝繊に出る。賞与名義にて四百円受く。二千五百円の約なりしも、一寸肩すかしの感あり。十一時半、大東亜会館に健士会に出席。二荒、米本、石坂、其他数名、午餐。午後、青山の源青堂で国民史五一〜六

一、十一冊六十五円で求む。之で全部揃った。
三時半帰宅。手製の餅を食った。

昨夜来襲、三回。今日は来襲なし。

十二月三十一日（日）　曇

六時起床。社参。午前在宅。

午後、大鳥神社に大祓の札を持参。

雑司ヶ谷より日本橋散歩。三時半帰宅。

長谷川総督辞任して、軍事参議官となり、軍司令官安藤〔利吉〕大将総督となる。昔の制度に帰った。此時局に之は之で良いと思ふ。


重大なる戦局の内に今年を送る。
一、比律賓戦局は重大だ。彼我補給戦に勝敗は決す。
一、敵の補給を断つ為には、海軍水上部隊、特に駆逐艦の活動を希望す。それが効果的だ。神風攻撃隊や特攻隊は何としてもいたましい。
一、国内体制の強固が最も大切だ。最も注意を要するは富有有識階級の悲観論、インテリ階級、殊に官僚の生半かの悲観論だ。一般民衆は明朗だ。若い青年学徒は明朗且真率だ。
一、小磯内閣は八方美人的で心許ない。去りとて世評にある宇垣内閣も賛成出来ない。

一九四五年

我国
一、我国の政治は今日迄ひたすら抵抗の少い道を辿って来た。強力政治を希望す。戦争政治に一大転換を与へよ。
一、政府と国民を直結する態勢は今日十分で無い。国民全体の魂をゆり動す如き政治指導が欠如してゐる。
決戦を前にして国民の嚮ふべきところは
　国体の護持の信念の徹底
　闘魂の振起
　戦力増強
である。
独逸
ヒットラーは元旦に確信を披瀝した。
危機今や克服さる。全独勝抜かん。

一月一日（月）　晴

昨夜来空襲三回、サイレンに昭和二十年は明けた。六時起床。社参。七時、一家揃って雑煮餅を食ふ。今年は配給減により雑煮餅は今日一回だ。九時半から明治神宮参拝。宮城奉拝。靖国

神社参拝。小林海軍大将訪問。伊勢参宮にて不在。夫人に挨拶す。岩村社長訪問。藤本常務来会中、閑談。午後三時半帰宅。

昨夜九時より今暁四時半にかけて三回に亘る来襲に焼夷弾投下によって若干の火災があった（秋葉原辺）。

南、北九州に来襲。鹿児島は初空襲だ。
＊一、小磯内閣の政治力は微温だ。
一、指導層は必勝の信念を固めろ。
一、国民は戦勝国民たる徳を積み、誇を持て。

一月二日（火）　晴

六時起床。冷い。社参。

終日在宅。元田永孚翁の進講録読む。晴。長閑だが寒い日だ。流石、本年は年賀客一人も無い。忠昭は友人数名と一泊にて埼玉県の農村訪問に行く。次郎は今日より工場に勤労に行く。夜、次郎の態度面白からず叱斥す。余は他に望みなし、忠昭と次郎が立派な日本人となる事のみだ。

昨日より今日（午後九時）迄、珍らしく来襲なし。
＊明朗政治の端的な基本は人事の公明だ。
一、最高戦争指導会議
一、内閣顧問制度刷新
一、綜合計画局
防空生産、勤労体制　独逸に学べ

一月三日（水）　晴

六時起床。社参。十一時、小林海軍大将訪問。眞崎〔勝次〕、池田、両代議士が来て大分待たされた。中食の御馳走になる。甘いパンとウイスキー、近来の甘味だ。松岡一衛、伊藤英三来会。伊藤は久涸〔闊〕だ。浪人中の由、小林さんに依て居れば何んとかなるだらう。四時帰宅。忠昭、埼玉県深谷村の農村訪問から餅の土産を持て帰ってゐた。御馳走になる。

此両三日間来襲がないと思ったら、今夕ラジヲ放送で名古屋、京都、大阪、神戸方面に来襲の由。
＊小林氏は政党総裁たる翼〔賛〕政会総裁と国務大臣との使ひ分けは中々困難なる位置だと談った。
余は今日は左様の時代に非ず、摩擦を推して強力に実行すべしと説た。

一月四日（木）　曇

六時起床。曇天にて日影なく、冷気身にしむ。社参。九時半出社。社員一同より年賀の辞を受く。南澤は郷里帰省にて不参。久保崎出勤。十一時、総督府出張所に行く。

島田〔一郎〕より昨日台湾空襲の情報を聴取す。延五百機、台南嘉義を除き全島を爆撃。電力、異情なし。蘇澳のセメント、虎尾製精工場等被害。二時、駒場の林訪問。林旧臘より肺炎、爾来病臥中につき見舞ふ。八十才の老齢なり。四時帰宅。

睦子母子来遊中なり。

＊一月三日午後二時、三時名古屋、大阪、浜松に九十機編隊にて来襲。
市街地盲爆せり。

十七機撃墜、廿五機の損害を与ふ。

一月五日（金）　晴

五時半起床。社参。睦子母子、九時帰り去る。

十時、森岡訪問、不在。夫人及息健に会ふ。健君、陸軍主計見習士官となり、航空本部勤務中なり。早いものだ。品川の木村訪問。餅の御馳走を強か食った。林兄の病状につき談話交換。

三時半辞去。

大井町福井を訪問。六時帰宅。

昨日の閣議にて小磯総理は重大発言を為した。「レイテの戦局は必ずしも我に利ならず。戦局は比島全面に移行せんとすと」。

知らず政府は如何なる対策を有するか。

四日にも台湾に延四百機来襲せり。
＊妻は台湾田村保君に田辺君と慶子の縁談進行依頼状を出せり。

一月六日（土）　晴

六時起床。社参。終日在宅。

午後三時半、手貝登志夫来訪、比律賓軍属として活躍中なりしが今回帰朝せし也。比律賓事情を聴取す。政治上も中々難関なり。

昨年十月廿日、レイテ島に上陸、十二月五日ミンドロ上陸し来たって以来、約二ヶ月比島戦局は弥々決戦期に突入し来った。

五日夕、敵機動部隊を伴ふ輸送戦団〔船カ〕は呂宋島西岸リンガエン西方海面に出現せり。
＊為政者と国民との結びつきの強固。
強力政治の具現。

国民運動の一元化。

小磯の言（四日閣議）、戦局の様相は極めて深刻であり、レイテの戦況必ずしも可ならず。比島全域の決戦に移行した。

英機動部隊の制式空母三〜四を以て、四日スマトラに来襲し来たった。

決戦施策の急速なる断行を要す。

一月七日（日）　晴

六時半起床。〇・三度、寒冷だ。社参。

午前在宅。午後、代田の福島喜三次氏邸訪問。夫人及令息両人に面会。主人は大楠にて不在。

高田賢治郎邸訪問、当直にて不在。夫人に会って、四時半帰宅。

俊輔来訪中。芝浦電気工場の内情等談あり。軍需工場の現状も困ったものだ。
＊国民徳義の昂揚。
強靭なる決戦体制。

特攻隊―前古未曽有の悲壮なる戦術。
翼政の発言権の増大と翼壮の骨抜き。

一月八日（月）　晴

六時起床。社参。十時半総督府出張所に至り、長谷川前総督に挨拶す。今日、庁員に告別式の日であった。成田〔一郎〕新長官も竹内管理局長と共に来会中で挨拶した。倶楽部午餐。午後三時半帰宅。

昨日は珍しく来襲が無かった。名古屋、静岡方面に来たそをだ。比島戦局は敵リンガエンに艦砲射撃を連続、上陸企図を示してゐる。
＊徳富蘇峰の関西遊記を読で新発見をした。京都室町二条下る秋吉豊次氏の先、秋吉雲桂国手は有栖川宮侍医法眼秋吉雲桂と称して、山陽、小竹、大塩、其他名流と親交ありとの事であったが、余の叔母ちか（とう）は京都の医、秋吉家に嫁し、主人の死去に会って帰家したと伝えられてゐるが、此秋吉家の事と思わる。再調する積りだ。家に有栖川宮様の御親筆の短冊がある。此縁故からと思わる。

一月九日（火）　曇後晴

六時起床。曇、寒気稍寛。社参。慶子誕生日にて赤飯（強飯）。出社の途、電車停電にて遅れ、田端、動坂辺散歩。会社に行かず。クラブ午餐。朝日新聞を見て真に飛行機不足の為、比律賓作戦困難の状を知る。二時、池袋より帰宅途中警報、編隊来襲。天晴れ敵機よく見ゆ。防空壕手入れ。

敵編隊は東京に二十機、名古屋、其の他、東海、関西方面に四十機、主として工場を覗って来襲。

一月十日（水）　晴

六時起床。一同朝食。後社参。

十時出社。別事なし。クラブ午餐。日本学（中山某著）読む。面白い。神保町、池袋を経て四時半帰宅。次郎の数学（三年のもの）及蘇峰関西遊記（旧書）を求む。

敵米軍は遂に九日九時四十分頃、呂宋島レ〔リ〕ンガエン湾サンファビアン及リンガエン付近の二ヶ所より上陸せり。第一団船隊百艘、第二百五十、第三百五十、計四百隻だ。

九日、又もや延四百五十機で台湾空襲。
＊午前四時半、来襲ありしも知らなかった。
慶子、一泊にて逗子に行く。武子より誕生祝の御馳走になる為だ。葉山で一泊の筈。

午後八時半、一機来襲。

一月十一日（木）　曇　夕方より雪、薄雪

寒気甚し。零時及二時半来襲あり。六時起床。社参。十時半総督府出張所訪問。三日及九日台湾来襲の情報聴取す。鉄道及東部の被害多し。輸送船七艘沈没は大被害だ。社関係被害なし。

クラブ午餐。午後出社。社長、専務宛航空便出す。四時帰宅。

曇り空、雪模様。寒気甚し。

小磯は四日、初閣議で強力政治の具現と行政運営決戦化断行の決意を披瀝したが、現内閣の従来の施策に見られた低調緩慢の弊は完全に払拭されてゐない。
＊ゲベールス《〔ゲッベルス〕》宣伝相曰く、独逸は前線に恥ぢざる銃後を持ち、銃後に恥ぢざる前線を持す。独逸は全国一致、旺盛なる戦意に満つ。
故国に訴ふ、前線基地可動全機は体当り攻撃。

戦争進展の速度は生産力の歩みを越へて、グングン先に進んで行く。

一月十二日（金）晴

雪の朝で稍温い。昨夜九時一回、今暁一時、三時来襲。七時起床。社参。終日在宅。蘆花の竹崎順子を読む。長閑な日だ。

レイテ湾上陸米軍二個師、戦車軍一ヶ師、我軍迎撃敢闘中だ。

十一日午前、Ｂ29廿内外、昭南に来襲。

同日Ｂ29十五ペナンに来襲。

十二日サイゴンを中心とする仏印交跡、支那地区に艦載機群を以て来襲（敵機動部隊来る）。ルソン作戦の強力遂行を以て南方資源地帯と本土工業地帯との連絡遮断を図り、更に太平洋廻廊実現を期せんとしつつあり。

ビルマ方面も米支両軍より来攻盛なり。
＊強力政治とは戦争と政治との間隙を埋めることだ。
爆撃下不撓の生産徹底す。工場の疎開指導、独乙軍需工場の要求するものは利潤や駆引や政治の表裏に通ずる社長でなくて、ひたすら技術と能率を追求してやまぬ驀進的指導者なのである。

一月十三日（土）晴

次郎、今日より寒稽古で五時起床につき起きて見たが早過るので又寝る。

過して七時起床。十時帝織に出社。岩村は熱海行。重役連皆不在。

大阪の永野支店長に祐徳丸関係報告の返事書く。南日本に出社。

クラブ午餐。午後三時帰宅。
＊此両三日間、東京には来襲が無いが、関西、及名古屋方面には来襲。相次ぐ敵は主として航空工業地帯と神経戦だ。

一月十四日（日）晴

六時起床。社参。午前中在宅。

午後、長谷川海軍大将訪問。前台湾総督たる同氏に挨拶の為だ。

何時会っても気持の好い人だ。帝国海軍は今何をしてゐるかと皆いぶかってゐますよと云ったら、淋しい顔をされて皆いたんでゐるのでねと云われた。令息は仏印柴ゴンに居らるる由、婿さんの野間口少佐に紹介された。福島の同期生で、最近独乙から帰られた。運の良い人だ。吉川大佐と同時だったのだ。三隻で出て二隻はやられたのだ。二時辞去。高田馬場で下車。穴八幡に参詣。一陽来復のお守を頂いて帰った。

＊次郎、感冒にて欠席。

台湾中南部に今日陸上機四十機来襲の報導が午後七時入った。

一月十五日（月）　晴後曇

七時起床。朝食後、社参。十時出社。陸燃牧少尉（主計）来訪、応接。クラブ午餐。日本学読む。午後四時帰宅。

呂宋方面戦況、昨日来報導明瞭ならず。必ずしも可ならずと想像され、憂慮に不堪。

昨日、名古屋方面四十機来襲。伊勢外宮に投弾、斎館御被害の由、畏れ多き極みなり。

今日、台湾に艦載機延二百機来襲の発表あり。飛行場、交通施設及市街地被害あり。

一月十六日（火）　晴

午前六時起床。社参。十時一機来襲。

目白通りにて腕時計ガラス入れ。十一時、総督府出張所訪問。根井帰還、人事課長秘書官として復帰上京中に会ふ。十五日、台湾来襲の状況聴取、市街爆撃死傷者あり。クラブ午餐。零時半出社。南澤と事務打合す。昨秋の被害保険金引当に台銀より四〇万円借入の件なり。経理局より貸付承認に難色あり。支店長尽力中なり。

昨日来訪の陸燃牧少尉も此件なり。二時半、帝繊訪問。会議なる為、直に去って三時半帰宅。衣類保護の土穴を掘る。次郎、今日も感冒静養の為休。

一月十七日（水）　晴

六時起床。社参。次郎、今日より出校。忠昭は猶風邪の為欠。十時出社、南澤と事務打合す。四十万円借入の件なを未決なり。クラブ午餐。午後一時、帝繊出社。部長会議、事務細則の議定なり。午後五時帰宅。室町辺の焼夷弾火災の大穴跡を見て驚いた。秋葉原辺も相当被害大だ。

今日の報導、比島方面のものなし。

戦局面白からざるか。ビルマ方面の戦局報導あり。前に既に大分退却してゐた事を知った。

＊十七日、B29八十機台湾新竹州下に来襲、投爆した。海軍燃料部及藤尾大佐、心許なし。

一月十八日（木）　晴

寒い。六時起床。社参。隣組の辻壮一氏、母堂富江氏死去。七十八才。隣組を代表して弔問す。正午、丸〔の〕内中央亭に台湾協会出席。長谷川前総督及斎藤前長官を招待歓迎会、及小林会長の国務相就任の祝賀なり。二時半帰宅。防空荷物用穴を堀る。

比島方面のニュースなし。形勢面白からざるか。

＊第三空母艦隊十余隻比島孤立化に狂奔、太平洋機動部隊の主力を提げて、一、大陸及南方方面よりの補給線及本土と南方資源地との交通路遮断を計る。

一月十九日（金）　晴

七時起床。次郎は休日につき御付合ひ、七時起床。社参休。十時出社。別事なし。クラブ午餐。

警戒警報出る。一機偵察なり。中部地区に編隊来。三井信託によりて武子の定期券出し、三時半帰宅。平凡の日なり。

奥村姉より来信、病気にて身体追々不自由となる、藤本夫婦態度悪し、醍醐に行きたしとの希望申来る。困った事だ。

現在の状況それは不可能の旨返事出すつもりだ。

一月二十日（土）　晴

六時起床。社参。早川に会った。

会社休む。十一時半、品川兄来訪。

林兄の噂等出ず。後に妻の話によれば、木村は今度国防色の外套を造るそをだ。少なくとも五、六百円以上ならん。又リスの毛皮の外套を造るそをだ。千円とは驚いた。余は零時半、辻母堂富江氏の告別式に列す。安藤博士と同行なり。後、雑司ヶ谷に散歩。

指物屋の老爺に三角棚改造を督促。郵便局で奥村姉に書留出す。

二時帰宅。洗面場の洗し水の修理す。今日は寒気稍ゆるむ。

＊昨日午後一時半、八十機編隊、阪神地区に来襲、被害あり。別に一機宛、京都、土佐に爆弾投下。

一月二十一日（日）　曇

稍暖いが曇天は嫌だ。五時四十分起床。社参。午前中在宅。奥村姉より妻宛端書来る。胃癌の由。妻より見舞金二、三十円送らせる事とした。姉は若い時より、否幼児にして生母に置去りにされてより一生苦労に過した人だ。同情に堪へない。

午後散歩。早川退三〔蔵カ〕訪問。旅行中にて不在。牛込より新宿を経て、関東バスにて椎名町を経て帰宅。

何となくゆううつな嫌な日だ。

呂宋方面戦況は盛に切り込みをやって敵陣をおびやかしてゐる。

B29は此頃は盛に関西に来る。

一月二十二日（月）　晴

六時半起床。社参。寒冷甚し。

九時半出社、南澤と事務打合す。

台銀より四〇万借金の件は、陸燃のみの証明にて台銀は貸出すと云ったそをだ。

クラブ午餐。日本学を読む。牛込で靴クリームを買って、飯田橋より省線にて帰宅、四時。

昨日より議会再会〔ママ〕、総理の演説、議員の質問逼力なし。翼政会解散、同志の政党樹立問題進む。

レイテ島に関する報導なし。玉砕か。

途上、台湾製塩の本間に会ふ。安平工場問題を云ふ。本間は頓と事情通ぜず。

一月二十三日（火）　晴

六時起床。社参。福島少佐、昨夜来泊。故吉川春夫大佐の合同葬参列慰霊の為、来京したのだ。吉川大佐は喜久雄、武子結婚の媒介者だ。独逸より帰朝の途、印度洋にて戦死す。独乙潜水艦に便乗の帰途だ。可惜。今朝十時半より牛込新小川町大野邸にて大佐、吉川大佐の告別式挙行につき参列す。クラブ午餐。日本学読了。麻栽培講義及気象の智識求む〔ママ〕。五時帰宅。大阪藤本敏子より、姉病気重しとの電報来る。

＊議会の論議頗る低調だ。

航空機増産の隘路。資材か、労力か、技術か、生産機構か、生産首脳の決戦意識の低調か、生産を企画し監督し指導する者の適任性の欠如か。「アルベキ」可能を現実に在らしむることこそ政治の力であり、要路の責任ではないか。強力政治とは決戦施策の現実隘路を確実に把握し、何等の躊躇なく之を打破して必勝一路邁進する政治である。

一月二十四日（水）　曇

六時半起床。社参。九時半出社。社長専務に手紙出す。藤本敏子に電報及手紙出す。姉病気尋合せの件なり。クラブ午餐。久し振り定例講演、報導部陸軍少尉福田氏の戦況に就てなり。外務省役人より応召せる人にて軍人的ならざる講演なり。曰く、独逸のソ連と宣戦せるは国策の誤算なり。ソ連の強き所以を説く。比島は敵米に占領さるるを覚悟すべし。然し終局に就て悲観す可からず。明朗敢闘の精神にて行く可しとなり。二時終了、六中に立寄り、次郎の勤労の報酬二十一円内貯蓄二円を引て十九円持帰る。

一月二十五日（木）　晴

七時半起床。十時半出社。クラブ午餐。午後、市ヶ谷方面散歩。変革期日本の政治経済、新アジアの雄相を求む。三円四十銭。

午後三時帰宅。

平凡の日だ。

廿五日、予算総会、小磯首相答弁。

比島戦域は現段階を基調として吾々は太平洋戦争の攻勢前進に邁進し得る緒口になるであらうと確信してゐる。若夫れ不幸にして勝を制することが出来ないといふことになったならば、戦局を推進して行く所の事態は逐次困難な情勢に推移するであらう。
○翼壮本部長は橋欣〔橋本欣五郎〕は遂に退陣に決した。

＊パレンバンに廿四日、艦載百廿機来襲。七十八機以上を撃墜。
ビルマのラムレ島に上陸。

十二月廿一日、我軍アキャブ撤退に乗じ南部ビルマ奪回を企画し、英印洋艦隊活発の動きをなす。

北ビ怒江方面、マンダレー方面の活動も活発となる。

比島サンハビヤン方面は阻止し居るも、リンガエン方面は攻勢活発にして既に後続部隊の輸送船団はビサヤ方面よりカリガラ海峡を通過、続々北上す。

一月二十六日（金）　晴

六時半起床。社参。十時半、帝織に出社。社長、増田等不在。藤本に会ふ。大阪永野来社中につき、神戸滞貨の打合す。クラブ午餐。午後二時帰宅。

日本堂に腕時計を修理に出す。

丸善にて日本工芸美術史二、一〇。

ダグバン、リンガエン方面より南下の敵は廿日、タルラックダバスの線に達し、一部隊はタルラックの□□□〔インク汚〕カパス及ラバス南方十キロのサンタモニカ付近□□〔インク汚〕。

小磯首相、廿六日貴院本会議にて曰く、天佑を信ずる者は天譴を恐れる。我々は真に天譴に直面してゐる。現実を返〔反〕省して厳粛に真摯なる信念に立還らねばならん。

社会の指導者層にゐる者をして大衆に対し率先垂範、一挙手一投足の微においても人をして感憤興起、純忠の道に就かしむるやう、奮起精励せしむることが必要である。
＊昭和二十年度予算
臨時軍事費追加　八五〇億円
予算総額　一〇一八億円
公債総額　四六〇億

一月二十七日（土）　晴

六時起床。社参。正午クラブ。午後一時、警戒警報発令。二時、青山斎場に柳川中将告別式に参列。帰途、青山通りにて空襲警報。代々木駅まで徒歩。午後四時帰宅。今日は敵機七十機五編隊にて来襲。市内各所に爆弾投下。夜、南澤支店長より電話あり。会社のビルに爆弾焼夷弾落下。事務室全部焼失す。

今日は工場方面には被害なく、市内の火災各所にありし模様。

被害相当あらん。現代日本絵画史論読む。

夜、敵機二機来襲。

一月二十八日（日）　晴

七時半起床。九時、丸の内ホテルに南澤等社員と会し、昨夜被災の状況聴取す。三方木造家屋は焼夷弾の為火災、西方の道路清水組ビルとの間、宝橋ビルに接して爆弾落下、大穴を明く〔ママ〕。ビルの火災は五階共各階に亘り内部は全部焼失。ビルの屋上に上るに焼夷弾を受たる形蹟なし。恐らく三周の木造家屋火災の熱火の窓より入りたるものならん。窓硝子は爆弾の為、全部破壊せり。

社員、南澤、大澤は市内に出張不在。男子社員は屋上にて形勢観望、女子社員は地下室に退避中にして一名も死傷者なかりしは不幸中の幸なるも、什器、書類全部焼失は困った事だ。午後一時帰宅。

南澤と善後策打合す。
一、日曜なる為、陸軍、銀行等関係方面の当直に電話報告。
一、本社に報告。
一、仮事務所。
一、書類再製の件（コッピーは本社にあり。再製困難ならざらん）。

一月二十九日（月）　晴

六時起床。社参。次郎の起床をそく、且工場に勤労出席を嫌がる風あり。母又之を同情する態度あり、叱斥す。省線運転正確ならず遅延。九時四十分出社。南澤銀行を廻り、十一時出社、打合せをなす。南澤、大澤、午後陸燃行、余は丸の内ホテル午餐。中野有礼に被害報告の後、鯨肉を取り、午後一時半帰宅。

比島南下の敵はクラックヒールドの近く、マドラカッタに侵入せり。

ビルマ方面の敵は漸次マンダレーに接近す。

昨日来襲七十機編隊の敵機二十二機撃墜。我方自爆未帰還十三機。昨夜及今暁又々少数機来襲。

一月三十日（火）　晴

六時半起床。九時半、南澤と落合せ、味の素ビル七階の貸室を見る。会議〔室〕を当社と日本硬化金属精錬、日本澱粉の三社に貸すと云ふのだ。借用を依頼。クラブ午餐。廿七日空襲盲爆の全貌が追々分る。有楽町駅死者二百二十五名、京橋区第一相互前、銀座服部ビル横、劇場横町山水楼（之は海軍倶楽部となり居り、士官数名死亡）、日比谷交差点付近等なり。廿八日朝の来襲には本郷区の日本医科大学殺〔焼カ〕失の由。三時、台湾青果よりバナナを買て帰り、夜家族常会。

一月三十一日（水）　晴

五時半起床。社参。次郎と朝食を共にす。九時半出社。南澤と事務打合す。南澤は陸軍省監査課に報告に出頭。余は興亜石油に訪問。机、卓子類借用の件申出す。了解を得たり。クラブ午餐。定例講演会、新聞毎日記者の戦局を覗みての題なり。

比島方面戦の大悲観論なり。午後二時半帰宅。

大阪藤本敏子より来信。奥村姉の病状を報告し来る。中風の由なり。老衰に加わるなり。当分行かざる事とす。
＊台湾田村より来信。
　慶子の件なり。返信。

東部、中部、西部、東北部、北部、東海の六軍管区を設けて、本土防備の基礎を立てた。各管区に自給自戦体制の整備に乗出したことは、帝国の徹底的持久戦決意を表明したるものにて本土死守の決意に通ずる。
○政治組織問題
一、翼政と共に翼賛翼壮を解散すべきや。
二、新政党は単一なりや、複数なりや。
小磯の答弁に未だ曖昧なる点あり。

新政党は広く国民各階層の分野に跨る全国的組織を以て溌剌たる分子が欣然参加し得るものなるを要す。

旧政治勢力の党派的争に耽り、利欲と野心を追及し、寄合世帯にて徒に大臣病領袖的野心をもつボスの跳梁、金権に汚染された既成政党を排撃するを要す。

二月一日(木)　曇

稍温い。六時起床。社参。

九時四十分出社。南澤と事務打合せ。本社専務に災害報告出す。

南澤は待罪書発送す。

クラブ午餐。午後、帝繊に岩村社長訪問。南日本災害に鑑み、帝繊の火災予防設備の件申言す。渋江監査役に会ふ。

社長の言によれば帝繊の事務は相当ルーズのやうだ。三時半帰宅。

台湾事業部長、及旧友泉平兵衛より来信。

夜、俊輔君来訪。

二月二日(金)　雪

夜来雪ひひ《（霏々）》として降る。稍暖。七時起床。九時四十分出社。泉は令息を立命館大学入学の件につき、中川幹太に依頼の件申越により、東亜海運本社に中川を訪問す。同氏は副社長として上海常駐となり不在。クラブ午餐。午後二時半帰宅。

リンガエン湾方面、我敵果綜合人員殺傷一万一千二百。米軍は一部を以てマニラに約七〇キロのサンフェルナンドに進入した。又、クラーク地区と呼応して一月三十日、スピック湾付近に上陸せり。即スピック湾のグランデ島に上陸せり。

二月三日(土)　晴

午前七時起床。昨夜夜更しをして、思わず寝過した。十時出社、別事なし。午後一時半帰宅。夕方より北風寒し。

精二君より妻宛来信。奥村姉、昨年十一月、十二月に各一回二泊にて来訪せり。正月は来らず。顔はれて病気の模様なりしだ。四、五日前、敏子来訪。姉は山寺には行けないが（脚悪しく）、京都なら来られると云ひし由にて、醍醐に来る事を拒絶の手紙を出したりとの事につき、余より今日速達にて姉を醍醐にやる事は不可能なる旨申遣す。
＊敵軍は一月卅一日、マニラ湾南方のナスグブに上陸した。
　呂宋島敵軍は十箇師となった。

　マニラに於ける日本人は壮年者を以て防衛隊を編成し、女子も挺身軍務に服するものあり。

曰く、敵はマニラで戦争を終らしめると見せかけるであらう。然し、我はマニラより戦争が〔ママ〕始めるのであると意気け〔軒昂〕んこうなり。頼もし。之で日本人だ。

二月四日（日）　晴

六時二十分起床。次郎を起し朝食を共にして、後社参。終日在宅。夕方、妻と忠昭との葛藤あり。一、忠昭の母の命令を気持よく奉じない。二、忠昭は次郎に温情なきのみならず苛酷に当る。母は泣き怒りをなせり。余、双方の談を聴取して忠昭を謝罪せしむ。忠昭は学校の成績思わしからざる為、兎角ゆううつなり。此点同情に堪へず。初年級に於て勉強不足努力足らざりし為、今に於て如何ともすべからず。然し時世は変った。国家としても重大時期だ。願わくば人に敬愛され頼もしき人となれ、学課は第二段なりとさとす。

＊精二君より来信。谷田すみ来訪、奥村姉を醍醐に託し度申出し由、断り呉れとの事につき、尤もなりとて谷田と精二に手紙出す。

二月五日（月）　晴

五時四十分起床。寒い。近来最も寒い日だらう。社参。手足の先が痛い。

九時四十分出社。南澤と事務打合す。

三和は百万貸金をしめるそをだ。比島の状勢を見れば三和としては寧ろ当然か。

南澤、大澤同伴、臭〔味カ〕の素の貸事務室に行く。頓と社員は活動してゐない。机椅子の配列を命じ、余、興亜石油に行って更に応接卓子の借用を申込む。クラブ午餐。午後、本郷根津辺を散歩。

三時帰宅。慶子、夕方逗子より帰る。

＊昨日、敵機百機関西に来襲。八十五機編隊にて神戸市を空襲。市街及港湾施設を爆撃。一千戸火災の由、他の一隊は名古屋、松坂、泉和田を冒す。

敵戦車十数輌より成る先鋒部隊は、三日夜マニラ北郊外に到達した。他方、去る三十日スピツ湾付近に約二ヶ師を上陸せしめ、更に卅一日ナスグフ付近に約一ヶ師を上陸せしめ南下部隊と策応し、マニラ包囲の態勢を執りつつあった敵は、三日に至りタガイタイ（マニラ南方約五十五キロ）に一ヶ連隊の落下傘部隊を降下せしめた。

二月六日（火）　晴

六時起床。社参。終日在宅。慶子は節やを同伴、買出しに行く。午後、椎名町に行って園芸講義、新体制（室伏、及報知新聞の分）求む。終日読書に過す。皇国日本大道読了。

午後五時の報導で米軍の戦車部隊の一部はマニラに攻った、又、空挺隊の一隊はマニラ市の郊外に着陸したとある。山下将軍は何をしてゐるか、如何なる戦略を以てゐるか。

二月七日（水）　晴後曇

稍暖気となった。六時起床。

社参。八時半警報があったが敵機一機だった。帝都に入らず。

大阪敏子より奥村姉死去すと電報が来た。葬儀弔問には時局下に鑑み行かない事とした。精二君に代理を依頼することとして、藤本、精二君と両方に電報及手紙を出す。終日在宅。午後より空曇り嫌な日だ。奥村姉も不幸な人であった。夕方、仏壇に灯明を上げ、飯を供へ、家族一同で慰霊を弔し冥福を祈った。

＊米軍は遂にマニラ市に入って我軍と劇烈なる市街戦を交へてゐるの報導であった。

二月八日（木）　曇

昨夜降雪積ること五寸、空は曇ってゐるが暖だ。姉の忌中の為、社参を遠慮す。十時半より出かけてクラブ午餐。之は家庭食料に余裕を与へる為だ。うすきかゆでは皆が気の毒だ。午後二時半帰宅。平凡な日だ。谷田すみ、精二君に姉の事につき通信文を出す。

二月九日（金）　晴

稍暖だ。午前五時五十分起床。社参。次郎、妻、慶子と朝食。九時四十分出社。南澤は休。大澤と事務打合す。台湾より全然便なし。大澤より陸燃にては、今後陸燃にて弊社の事業監督は困難となる可きを以て、之を台湾軍に委託に移すやうになるやも知れぬと。現下の形勢に見て或は実現せんやも知れず。クラブ午餐。午後、青山を散歩、帰宅の積りなりしが警戒警報出で直に帰宅。三時解除。

庄山、十三日渡台の飛行機を貰ふにつき、田村に託送手紙を出す事とす。

二月十日（土）　晴

六時起床。社参。今日は野口榮三郎次男俊次君、海軍中尉として戦死せし告別式だ。出かけやうとすると、午前九時警戒警報で待期〔機〕したが、敵機二機偵察で洋上に去ったので、十一時から告別式に参列。

午後一時帰宅。林姉来訪中だ。同氏も林兄の病気看護で気の毒だ。三時又もや警戒警報、九十機編隊来襲せり。帝都に入らず、関東北部に相当被害を与へて去った。

多分太田の中島飛行機工場は被害でないかと思ふ。

二月十一日（日）　晴

六時起床。家族一同と食事を共にす。

慶子、忠昭は神奈川県下平塚在のあやの宅に行く。余は七時より社参。

高田馬場より省線、明治神宮参拝。

宮城奉拝。更に靖国神社参拝。

午前十時帰宅。終日在宅。

忠昭達、午後六時、諸を土産に帰宅す。

昨日来襲の九十機に対し、十六機撃墜の報導あり。太田の中島工場相当被害あるやうなり。

内閣一部改造、児玉文相、相川厚相となり、廣瀬は国務相で書記官長兼任、今日親任式。

二月十二日（月）　晴

六時起床。社参。九時半出社。

庄山技師を招致して事務打合す。同氏十九日飛行便にて渡台する為なり。クラブ午餐。午後野口榮訪問、不在。神楽坂にて農学提要、日本史を求め、二時半帰宅。珍ら敷武子が彰子同伴来遊、日帰りして去る。
　＊内閣の政治方式
　最高政治指導会議、
　地方行政協議会長の権限強化と陸海連繋密接、
　　地域的生産増強、
　防衛体制確立、
綜合計画局の質的強化、
決戦施策の方向は一月十二日閣議決定。
軍需増産、防空、食糧自給、勤労体制強化、所在物資の戦力化。
議会の要望
一、企業体制の公的性格の明確化、
一、勤労体制の軍隊組織、
一、軍需品、特に航空機の集中増産。

二月十三日（火）　曇

暖だ。六時半起床。終日在宅。

午後、古本を売却した。九円。

三時半、社参。

不得要領の不愉快な日だ。

妻は慶子縁談に関する田村宛手紙取りかへしを希望する。

夕方、服部六郎、太田出張の帰途来訪。夜十時帰り去る。

非常時局に直面して、恐れず疑はず奉公の誠を致すは実に日本国民の真の姿であり、同時に全国民をして各々其処を得せしめ、其全精神を傾け、其全能率を発揮して国事に尽さしむるは政府の責任である。
　＊企業体制刷新
　一、敏速且機動的
一、軍需生産行政の一元化
一、軍官民を通して最高統率者の捨利没我の精神、挺身実践の気魂

二月十四日（水）　曇

六時起床。社参。九時四十分出社。

倉石より来信あり。久し振り本社との通信ありたるなり。南澤

と倉石と漸く空襲被害の電話連絡通ぜり。

田村宛の私信は妻の希望により取戻す。野口を興亜石油に訪問、面接す。クラブ午餐。午後三時帰宅。理髪。今日会社より姉の香儀ありたり。
＊今日始めて全戸疎開、京都の郷里に移住の事、妻に相談す。
近、遠因
一、空襲に対し病妻を避難の為。
一、台湾関係と連絡不可能となり、会社の行務執行不能。
一、精二君、万一の場合、郷里家屋管理困難。

二月十五日（木）　曇
五時四十分起床。十時半出社。
倉石宛書信認む。庄山渡台に託する積りなり。クラブ午餐。午後一時半帰宅。警報発令、編隊及一、二機にて来る。編隊は浜松、名古屋、山田に投弾。三時半解除。
慶子逗子に行く。

二月十六日（金）　晴
六時起床。社参。七時警報発令。今日始めて艦載機の来襲だ。午後四時過迄波状来襲だ。終日防空壕に入ったり出たり落付かぬ一日を過した。七時の報導に依れば敵機動部隊は東、南海面に遊行中で、少なくとも航母十隻以上の由だ。来襲機の十機、北は福島県から南静岡県に至る。主として飛行場、交通機関を襲撃、損害も相当あったらう。低空で機銃掃射もやったやうだ。又、硫黄島に艦砲射撃をやってゐる。或は上陸か。
物情騒然の内に一日を過す。
＊慶子、逗子に行ってゐるが、今日は武子と平塚に行く予定だった。不安だ。
川崎、横浜行の列車は交通中止。

二月十七日（土）　晴
六時起床。社参。七時半頃空警発令。又々艦載機波状来襲。午後三時頃迄、度々来襲。夜九時前、又々空警発令。

慶子、夕方逗子より帰宅。一安心なり。

醍醐へ疎開問題話し、具体的に家族の問題となる。

高田芝区長より電話あり。

二月十八日（日）　晴
六時起床。社参。午前在宅。

今日は敵機来襲なし。長閑な日だ。午後、品川木村訪問。

弥々醍醐に疎開問題具体化して来たので、目白の邸宅の買入を交渉の為だ。木村は既に大山及洗足に候補の家ある由につき問題にならず。四時帰宅。

次郎、六時半帰宅。遅帰につき心配をさせた為、大喝をくらわす。

今日は品川から帰宅後、妻と疎開につき談ず。

二月十九日（月）　晴

六時半起床。十時、帝繊に出社。岩村社長と事務打合す。クラブ午餐。午後一時、芝区役所に高田区長訪問。疎開の事を尋ぬ。都及政府では奨励してゐるが別段の便宜供与はないやうだ。日通に安座上君訪問、不在。二時出社。社長より来信あり。空襲警報出ず。九十機編隊B29来襲。三時半解除。六時帰宅。藤本敏子より来信。奥村姉は五日午後十二時前死亡の事、十一日山寺の奥村家で葬儀執行の事、自分は醍醐で病床に就き死ぬ事、及生前余に会ひ度がってゐた事を通知して来た。尚、精二君は十一日の葬儀に参列して呉れた由。

　＊米軍海兵隊硫黄島へ上陸開始。

二月二十日（火）　晴

六時起床。社参。家族一同を集めて疎開決定の方針を話す。一、人員輸送。一、家財輸〔送〕。一、家宅処置。一、家宅処置問題の為、荒木君訪問。十時、日通の安座上重役訪問。同社目白営業所長宛紹介状を貰ふ。之は容易ならぬ問題のやうだ。一寸決心がにぶった。妻と相談したが、妻は万難を排しても疎開を希望するやうだ。十時半出社。支店長と小関弁護士等と要談、午餐を共にす。三時帰宅。午前七時半警報が出たが直ぐ解除。

二月二十一日（水）　晴

六時半起床。八時、松岡一衛訪問。家屋の件、相談したが物にならなかった。日通目白営業所長訪問。引越貨物の件、相談す。之は頗る円滑に行きそをだ。帝繊顧問として大阪支店に転勤の形式を取ったのが都合よかった。クラブ午餐。家から電話で帰宅。中学旧友泉平兵衛が来て居った。四時半、岩村を帝繊に訪問。六時帰宅。精二、すみより来信。奥村姉の件なり。

二月二十二日（木）　雪

夜来積雪。終日降雪盛なり。六時起床。社参。荒木君訪問、家屋売却の件相談す。精二君に全戸疎開帰国の計画を通告す。高田君に家屋売却依頼の為、図面を書て送る。終日在宅。書幅書物の荷造り及売却品の選別を為す。家族は家具類の荷造りに多忙なり。斯る際には妻は頗る元気にて健康者はだしの働をなす。終日降雪。北風寒し。一度警報が出たが直ぐやんだ。

　＊比島方面戦況、マニラへ反攻盛なり。
　　硫黄島の上陸軍との交戦壮烈をきわむ。

二月二十三日（金）　晴

六時半起床。一昨夜の降雪で積雪尺余。近来の積雪だ。終日在宅。家財取纏めに過す。

午後、睦子来。

二月二十四日（土）　晴

六時半起床。十時、帝織に出社。大阪支店に転勤の辞令を貰ふ。社長及増田と事務打合す。十一時出社。南澤、大澤と事務打合せ。余の疎開の件、宣告す。帝職の肥後来訪。午餐を共にす。日通に安座上を訪問。西太洋にて鯨肉を貰ひ、帰途につく。日通目白営業所長訪問。荷物の件打合す。三時帰宅。午後四日〔時〕春永堂来る。書画及所〔処〕分品の家具売却千三百五十円。

夜、服部六郎来泊。

二月二十五日（日）　雪

六時起床。曇天。午前より又雪だ。

終日在宅。引越荷物の準備に暮す。植木屋の老爺を雇入れて手伝わせた。正午前より警報発令。機動部隊の飛行機とB29が雪の帝都の空を幾編も飛び交ひて屢々来襲。高射砲の響いんいんと響きて壮烈。午後三時半頃迄続いた。雪は霏々と降ってゐる。今日で大体荷物の目途がついた。妻が燃料のコーライト、炭、練炭を沢山貯蔵しているのには驚いた。

二月二十六日（月）　晴

雪の翌日で快晴だ。運漕屋が来る日だったから終日在宅したが、来なかった。日通に電話したら、明日午後か明後日午前に来る由だ。千春堂に電話して明日午前に来る事を約した。睦子午前に帰り、節子を送らせる。昨夜積雪三尺。近来の大雪。併も二、二六の記念日だ。

昨日の敵機来襲は機動部隊より延六百、B29百三十機、関東及帝都に侵入せり。畏し〔闕〕　大宮御所門側及宮内省主馬寮にも盲弾。

二月二十七日（火）　晴

六時起床。終日在宅。疎開荷物の製造に従事す。大失敗をやった。二階より炬燵机を下ろす際、階より落下、左無名指と小指を打撲して脱臼骨折負傷。吉田接骨医の治療を受く。

千春堂を招で第二回払下道具を交渉。七百五十円也。午後、通運の発送係主任向後氏来訪。荷物の下見をさせる。

武子、彰子同伴来泊。

廿五日の敵機来襲の被害は神田、浅草、赤坂方面に非常に大にして一百戸、御徒歩町方面一面焼野原となる。

二月二十八日（水）　晴

六時半起床。八時、荒木君訪問。

家屋処分の件交渉す。同氏は茨木県方面に旅行中、昨夜帰宅せし由だ。吉田接骨にて治療。武蔵の塚本氏訪問、不在。相原氏に会て忠昭入寮の件依頼す。一時帰宅。伊藤英三来訪。

千春堂道具類取りに来る。第三回払下、八十円。

通運の紹介にて山崎運送店来る。大体の見積をさせる。千五百円也。

武子、四時帰り去る。

三月一日（木）　晴

六時半起床。十時出社。味の素ビル八階を支店事務所に借入の件につき先方と協議決定。クラブ午餐。

午後、六中に次郎疎開による転校の件、問合せに行く。校長不在につき明日来訪の事とす。三時帰宅。

林姉、近藤信子、内海俊輔来訪。辻隣組長訪問。疎開の挨拶をなす。

今日は災日だ。三井信託の鍵と実印を入れたガマ口を途中ですられた。

実印は恩給、定期預金、其他に使用してゐるので色々面倒な手続を要す。閉口だ。

三月二日（金）　みぞれ

朝来曇天、みぞれ降り嫌な日だ。

八時より三井信託に行って貸金庫鍵紛失の手続をする。六中に行って校長に面会。次郎転校の件を相談す。一旦帰宅。林姉、木村兄来訪。午後、豊島区役所に行って改印届及疎開転出申告の手続をする。

今日は済まぬ、明日も又行かねばならぬ。

夜、喜久雄より電話。乗車券の事だ。兎も角一度来訪しろと申渡す。

三月三日（土）　快晴

暖い春日和だ。午前、荒木君家を見に来る。午後、豊島区役所に行って疎開証明を受く。形式上京都市ではいけないとの事で、宇治郡東宇治町兎道竹村清太郎方とした。六中に行って次郎の桃中転校願書を提出する。四時帰宅。

三月四日（日）　雪

六時半起床。又雪だ。七時からB29百五拾機編隊来襲。

午前十時迄に波状に来襲、空爆相当被害ある模様。巣鴨方面黒煙高く挙る。十一時より世田谷の福島、笹塚の小寺邸を訪問して三井金庫鍵の保証印を貰った。飛だ面倒をかけた。

三時半帰宅。老妻の輸送計画を変更し、七日、妻、慶子、次郎、せつや出発。余と忠昭は残留、貨物其他の準備完了のことに決定した。
　＊小寺新一君の経験談に依るも、ヅボンの尻のポケットは最も盗難の危険ある由だ。戒む可き事だ。

三月五日（月）　曇

今日は疎開の第一問題としてゐる乗車券買だ。昨夜来三回の敵機来襲で殆んど寝ない。三時半起床。朝食。慶子同伴、山手線始発四時二十一分で東京駅に行き、丸ビル東亜交通社前で行列。九時売始め。二等二枚、三等二枚を買得。出社。

明晩妻輸送に自動車を交渉したが山本病欠。帝繊に藤本を訪て帝繊の自動車を頼み快諾。二時帰宅。辻君来訪。堀内氏の家買入れ拒絶し来る。

夜、福島喜久雄来泊。

三月六日（火）　曇

午前、荒木君訪。家屋の件、従来通り進行され度しと申出す。

森岡君訪問、京都移転を報告。十一時帰宅。

今夜妻の出発準備に多忙なり。午後五時半、帝繊の自動車迎へに来る。妻、慶子、次郎、せつやを乗せ、余も東京駅迄見送る。忠昭は留守番なり。列車は午後十時発大阪行なるも、八時にホームに入れ帰宅。今夜から忠昭と二人だ。十一時半、敵機来襲し、伊豆半島静岡地区を活やくす。妻の行程憂慮なり。

三月七日（水）　曇

六時半起床。火を造る。中々大仕事だ。七時、忠昭と冷飯で食事を済す。九時、山崎運送店主来り、貨物の荷造りを始む。忠昭は出校。午後一時帰宅。食事を共にす。冷飯を沢山造りあり、当分冷飯だ。軍陣的生活だ。三時古本屋成山堂に交渉、明日午前来る事となる。

精二、睦子より来信。

午後四時頃、妻より安着の電報来り、一安心なり。一仕事は済んだ。

三月八日（木）　晴　暖

久し振り快晴。早朝から屑物の始末を為す。運送屋二人来り、梱包を為す。安藤先生疎開取扱の聴合せに来訪。警戒警報出たが直ぐ敵機退去。午後、古本屋成山堂来り、書斎の本棚整理、百五十円也。屑屋に鉄屑、雑誌等売却、六円也。四時、区役所に行って印鑑証明を貰ふ。不在中、向後発送主任来訪せし由。貨物の進行状況を見に来たのだ。

九日中発送して呉れる由だ。

三月九日（金）　晴　暖

六時起床。八時半荒木君訪問。家屋の件交渉す。同君の弟に買入れる由、一万五千円との事。此交渉は一寸余も欠〔失カ〕敗した。然し致方なし。山崎運送屋来り、盛に梱包す。明日は発送出来る予定だ。十一時、三井信託に行って白金売却、二百五十五円受取り、貸金庫を開きて全部取出す。

一時帰宅。在宅。

午前零時過よりB29百五十機来襲、都上を乱舞、盛に焼夷弾を投下。火災は烈風により実に被害大なり。全市焼土化を思わしむ。早く妻を疎開させてよかったと思ふ。

三月十日（土）　晴　寒風

午前六時起床。山崎運送屋来り荷造りを急ぐ。午後、馬車屋来り積出す。多忙なり。

内海俊輔来る。夕方、大体荷物積出を了す。向後氏来る。

荒木来訪、家屋一万五千円、電話付と申込あり。断る。藤田氏希望より、夜同氏訪問。明日家を見に来る事を約す。今夜辻氏方にて余の送別会の計画なりしも乙骨氏令息入院の病院、昨夜来襲して焼失につき会は中止。後、乙骨は安全に退避せる事判明す。

野谷病院焼失。九段坂病院に収容の由なり。

三月十一日（日）　晴　風寒し

六時起床。屋内の大掃除をなす。

午後警報あり。敵機来らず。

三時半頃、忠昭大井町に行く。

之からは独居だ。午前中馬車輓来り、引越荷物全部積出を了す。忠昭荷物送りのリヤーカー来り、荷物出す。四時、藤田氏兄弟来訪、家屋を見る。

夜、乙骨、及辻氏訪問。辻氏には忠昭の食料移動申告の件相談なり。

向後氏来訪。明日貨車に積込の予定の由。

三月十二日（月）　晴

快晴。終日在宅。不得要領日だ。朝、辻氏来訪。隣組に寄贈すべき薪材等を提示す。

本日にて糧道将に絶えんとす。

朝辻氏より、夕井口氏より寄贈あり大に助かる。尚、配給の大豆来る。大量なり。之で数日は大丈夫だ。忠昭来る。其半分を大井に持帰らしむ。御飯むしで煮て忠昭と食ふ。美味だ。

山崎運送屋、及び千春堂（風呂桶取りに）来る筈、何れも来らず。

夜、林より姉夫婦京都疎開申越す。

＊十二日零時半より三時二十分迄Ｂ29百三十機、名古屋に来襲。市街を盲爆せり。

熱田神宮に火災を生ず。

三月十三日（火）　曇

六時半起床。今日は薄日だが無風だから塵の類を全部焼却した。井口より朝食を呉れたが、朝食は昨日の辻氏より寄贈で済ませて昼食に宛てた。指の傷化膿、小松病院に行く。

山崎運送屋は来り、日通の貨物受取証持参。千四百円を支払ふ。及忠昭の荷物大井に送り、三十円を払ふ。

貨車は今日積込む筈だったが、空襲の為熱田不通、貨車の配給変動の由だ。

藤田より家屋の返事来らず。
夜、井口氏より招待を受け夕食。
妻より来信。

三月十四日（水）曇

六時半起床。藤田氏来訪。家屋買入拒絶し来る。六中に校長訪問、不在。次郎転学の件だ。三井信託に至り、白金売却代金三十九円受取る。日曹ビル呉服橋辺の被害状況を見る。中央郵便局にて妻宛速達出す。クラブにて久し振り午餐。会員の気象何となく焦燥感あり。更に六中に行く。校長不在。日通営業所に立寄り、帰宅。忠昭来り居る。福井氏も疎開の決心をしたそをだ。忠昭は山本君に寄食することとし依頼に行く。

＊夜、井口氏来訪。家屋買入拒絶し来る。

十三日二十三時二十分より三時間Ｂ29九十機大阪地区に来襲。雲上より盲爆。

尼崎、布施両市にも投弾。

速達（米の通帳の件）

電報（米の通帳の件）

三月十五日（木）曇

六時半起床。八時、荒木君訪問。家屋買入の談、復活を申込む。大阪の弟に電報を出すとの事だ。山本夫人訪問。忠昭を預る事を依頼す。快諾を得、小松医院で手の治療の後、六中に至り校長訪問。次郎転学の事談ず。夫れならば六中校長より桃中校長宛転校証明書を出すとの事だ。前回相談の時、之を云ふて呉れれば何の事はなかったのだ。実に不親切不誠意の男だ。一旦帰宅。忠昭来る。転校の件につき電報を打つ。三時半、六中にて転校証明書を貰ふ。事務員金子親切だ。直ぐ速達で発送す。四時帰宅。

＊今日は諸事が稍順調に進んだ。

速達（次郎入学の件）

電報（同上）

三月十六日（金）晴

六時半起床。九時、小松病院にて治療。目白駅から省線に乗ったが罹災者の乗客でとても混雑だ。㋡に安座上君を訪たが不在。クラブ午餐。丸の内ホテルに行く。支店長、大澤等居ったが頓と仕事が手に付てゐない。本社よりも通信要領を得ざる模様だ。乗車券は当分罹災者の特別優先だ。各駅罹災者の群で大混雑だ。

＊夜、辻氏宅で常会。罹災者の夜具、食器の寄贈の件だ。余は敷団、毛布、食器を申込んだ。老妻に叱らるるかも知れぬ。

速達（米通帳の件）

電報（同上）

三月十七日（土）　曇

六時半起床。辻氏に罹災者に寄贈の蒲団、食器を運ぶ。妻に速達を出す。通帳異動申告の件だ。愛国婦人会貯金引出す。四十八円あった。通運に向後氏訪問す。貨車の配給が未だ無い由、督促す。忠昭の荷物引取の人夫を依頼す。先日のリヤカーを心配し呉る。

大井町の福井邸訪問、此旨報告。クラブ午餐。日通安座上訪問。山科営業所長に紹介状貰ふ。三和、三井信託に住所変更及改印届出す。四時帰宅。小松病院山本直亮宅訪問。

＊硫黄島陥落玉砕

米の配給、油、其他配給来る。大騒だ。

妻より返電来。

米の通帳、今日送った由。

速達（米、異動申告の件及通帳）

三月十八日（日）　晴

七時起床。辻、井口、両夫人来り、食料米の処置を為す。忠昭に四升五合分ける。

荒木君訪問。午後来訪を約す。午後荒木来訪、家屋は買ふ、但し留守番に妹夫婦を勧誘中にて妹夫婦来らざるときは東亜研究所の者を探す積りなり、暫く待て呉れ、余には登記手続を研究して呉れとの事だ。

忠昭より電話にてリヤカー来らずとの事につき目白営業所に行く。向後氏より引越貨物今日積込済、百三十三個との報告あり。一事業を完成した。

忠昭は今日山本氏に移ったとて夜来る。

リヤカーの点は岩崎に依頼し置く。

＊十三日出、妻より辻さん宛手紙、辻さん持参。米の通帳を紛失したらしい。

然し、十七日付、余宛の電報にて今日送るとあり、発見したものと思わる。

十七日二時半より二時間敵機B29六十機、神戸に来襲。市街地に焼夷弾の無差別爆撃を為せり。

三月十九日（月）　晴　暖

六時起床。火を造る。炭も漸く欠乏して来た。午前九時頃から板橋登記所の宮内代書人に行って登記準備行為を尋ねる。一、印鑑証明、一、次郎の戸籍抄本、一、家屋台帳謄本を要す由なり。直に豊島区役所に来て手続を進めたが、家屋の権利書と税務署及区役所の台帳と相違あり。九合七勺の建物脱落しあるを発見。

更に板橋に相談に行き、登記所で謄本を受く。明日手続をする積り。空腹で帰宅。忠昭来り居る。明日逗子に遣す筈。

夜、藤田氏来訪。又家を譲り受度しと申出ず。荒木返事を待てと云ひ置く。

＊山田久次郎（引越荷物）。

妻へ返事。

三月二十日（火）　晴　暖

俄に暖くなった。六時起床。忠昭来る。米、豆を持たせ逗子にやる。日通にて引越貨物の受取証受く。十八日発送済なり。リヤーカー督促す。豊島区役所の代書人に家屋台帳訂正願を依頼。小松病院。

帰宅。米の通帳、妻より辻さん宛来りし由。異動申告の手続を為す。中々厄介だ。漸く完成す。隣組より借用米を返還す。辻、井口一升宛、乙骨三合、斎田一合。妻より電報、次郎の転校証明は着たが疎開証明なし。二年修了の証なしと。再交渉を要す。国債貯蓄返還を受く。

＊十九日二時より三時に亘り、Ｂ29百数十機名古屋に来り、主として焼夷弾により市街を盲爆す。

我航空部隊、十八日朝来九州南東海面に出現せる機動部隊を捕捉攻撃中にして戦果空母等六艦を屠る。

三月二十一日（水）　晴　暖

東京の天地は暫く静穏だ。警報は出るが敵機は来ない。関西地方を荒してゐる。

六時起床。火を造る。六中に二階校長を訪問、次郎転学の件打合す。疎開転校の公文は三月五日付六中より京都府宛発送済、二年修了の証明は二十六日頃出す由。豊島区役所代書人に家屋台帳訂正や請書造らせる。

荒木訪問。家屋を弥々買ふ事に決定の由。

忠昭、逗子より帰り居る。忠昭荷物は大井より到着し居る。一安心だ。姉に相談の上、廣子同伴、醍醐行に決定。今日再度逗子行をなす。

明日乗車券購入の由だ。四時、六中に木村先生訪問。夜、福井訪問。気焔を挙げ十時帰宅。

＊京都宛電報は停止だ。忠昭に手紙を託す。

安井昨日来訪。国債貯金五百円返納し来る。

三月二十二日（木）　曇　暖

六時起床。今日は逗子行だ。朝来炭の配給あり。辻氏に委譲す。辻氏より隣組にて食事の世話を断らる。元より承知だ。小松病院に治療。正午逗子着。忠昭の一行は明晩出発に決定、睦子来る。ふかしパンの御馳走は甘い。一泊。猿股と靴とを武子に貰って仕変へ気持よし。

福島も醍醐に疎開の気運となる。

夜風強し。

三月二十三日（金）　晴

七時起床。服部来訪。靴を呉れた。

駅に行って乗車券買ひ、武子の為チッキの受付時間を調査す。睦子赤飯を持参す。廣子の餞別だ。

之とふかしパンに早ひるを食し、十一時の電車で帰京。豊島区役所で家屋台帳訂正事務交渉。直に完了。税務署に行く。二十六日朝訂正出来る事を約す。塩の配給を受け、三時半帰宅。目白黄バス通り建物強制疎開、五日間に実行で大騒ぎだ。夜、荒木来訪。色々打合せを為す。食過で夜苦んだ。松魚節三本配給あり。最後の恩恵か？

＊大本営発表　三、廿三、十六

三月十八日より廿二日に亘り、九州南東海面に出現の敵機動部隊に対し、我航空部隊戦果。

撃沈

正規空母　五

戦艦　二

巡洋艦　三

船種未詳　一

撃墜　一八〇

我方未帰還　一五〇

三月二十四日（土）　晴、夜雨　暖

七時起床。今日は終日在宅、休養。

次郎戸籍抄本の到着を待ったが未だ至らず。庭廻りの掃除を為す。

席を表の応接室に遷す。明るし。暖気につき火を造らず。

今日始めて夕食に飯を炊く。好く出来た。斎田氏に防空桶を供与す。井口氏より沢庵を貰ふ。

辻氏、野菜天波羅〔ママ〕を呉れる。

電話は全然通ぜぬやうになった。被害思ふ可し。夜雨、春雨だ。

午後、警戒警報が出たが敵機来らず。平穏だ。

三月二十五日（日）　晴　北風寒

七時起床。快晴だが北風が冷い。春雨とは云ひ難い。終日在宅。

次郎戸籍抄本の到着を持った。午後、乙骨夫人が持て来て呉れた。独り生活は之が困る。一寸の暇に配達夫が来たものと思わる。併し之でホットした。午後、荒木の妹婿赤谷氏来訪。家を見に来たのだ。荒木君の令息の案内だ。本日右手の傷癒ゆ。左手の指も追々よくなる。小松病院に行き、薬を貰ふ。

久し振り左手を洗ひ、髯を削る。

昨夜、名古屋に空襲の由。

＊慶子の手紙に、引越荷物は山科駅に到着の旨、通知があった。

三月二十六日（月）　晴

五時起床。社参。飯を炊く。

六時朝食。山本さんより忠昭の靴を持て帰る。九時、税務署に至り家屋台帳謄本を貰ふ。十一時、味の素の社に行く。誰も居ない。丸の内ホテル、社長室に行く。同様だ。池田の電話で全部倉石専務宅に行ってゐる事判明す。同宅は強制疎開の由だ。一旦帰宅。昼食。四時、六中に木村先生訪問。次郎の修了証明書及成績表貰ふ。荒木訪問。明後二十八日登記同行を約す。又た飯を炊く。実に甘く出来た。

＊大本営発表　20、3、27、16.5
敵の機動部隊は南西諸島近海に現出し、三月二十三日以来主として沖縄本島に対し砲爆撃を実施中にして、二十五日一部の兵力は慶良間列島に上陸せり。
我航空部隊は之に対し果敢なる攻撃を続行中にして、戦果現在迄確認せるもの
艦船轟沈　大型　五
撃破大破　大型　五
飛行機　　四十四
同撃破　　約百十

三月二十七日（火）　晴　暖

五時起床。社参。九時森岡訪問。

暇乞の積りだ。牛込平騎町倉石邸訪問、夫人及倉石の兄に会ふ。荷物の一部は信州倉石邸に送る由。

倉石、月末に帰京の予定の由だ。

伊藤経理より月給受取る。山本、三原と三十日チッキの荷物取扱を依頼す。山本の自動車で南町払方町方面罹害地跡視察、築地の台湾青果に行く。全く罹害にて焼失しあり。クラブに支払、総督府出張所訪問。怠業気分だ。青山の俊輔訪問。家族を長州に帰す由。四時帰宅。

三月二十八日（水）　晴　暖

春らしくなって来たが、街頭は家財を積だ車が右往左往織りが如く、省線には大包を背負た人が乗り込んで皆不安の相貌を露呈してゐる。九時から荒木君と板橋登記所に至り、家屋売買の契約及登記を完了す。一万五千円に売却を了す。表面は一万円登記、価格一万二千円也。三和に行ったが閉さ〔鎖〕時間になってゐた。帝織に岩村社長訪問、増田、藤本も居った。台湾の台中及豊原工場の被害大だ。五時帰宅。飯を炊て食ふ。実に甘い。今日で残務略々完了。忠昭の問題が残る。

＊B29百五十機、三月二十七日十時頃より約二時間に亘り、マリヤナ基地より九州北部に来襲。
被害戦果調査中。

東京の天地は十数日来静かだ。

三月二十九日（木）　晴　暖

四時起床。六時前家を出て東京駅、丸ビル東亜交通社の前に行列に入って乗車券を求めんとしたが、十時半に至り売切れだ。丸の内ホテルにて伊藤、南澤と会ひ、事務打合す。三和にて一万五千円を京都支社振替の為替券を造らす。品川の兄訪問す。同家も建物疎開で大騒だ。指づめ〔差詰〕西多摩に行

くそをだ。工場もやめる由。材料入手が出来なくなったからだ。

丸ビル西太洋に行く。

鯨肉は明日になった。五時帰宅。

台湾田村夫人より妻宛航空便。

妻宛速達出す。

三月三十日（金）　晴　暖

六時半起床。社参。森岡訪問、不在だったが京都知事宛紹介状を貰って一旦帰宅。昼食。午後、丸ビルに行って鯨肉を貰ひ、逗子の福島に行く。廣子安着の電報が来て居った。詳報は来ない。忠昭の消足〔息〕も未だ不明だが、京都も疎開で大混乱の由で乗車券が買えないのでないかと思わる。風邪気味だ。一泊。

三月三十一日（土）　晴　暖

俄に暖くなった。五時起床。田越川辺、養神亭、海岸方面散歩。妻対手紙書く。当方の詳報だ。睦子来る。午後三時出でて東京駅下車。

忠昭宛電報。現住地に簡閲点呼参会手続を為す為、至急帰京せよと打電す。之を理由に乗車券を買わせる積りだ。一旦帰宅。異状なし。

乙骨氏方に妻より電報、速達来り居る。山本邸訪問。米の一部返却を受く。武子方より持参のホヲレン草を贈る。夫人は山田夫人との行きさつを話さる。


二月下旬より余は一家疎開実行に暮す。一、妻の醍醐行長途旅行完全に成功。二、引越荷物の輸送完全に成功。三、家屋売却は電話付一万五千円にて価格の点稍失敗したが、今日の場合致し方なし。以上三重大事項全部完了。余は余の帰郷のみが残った。何時でも出発し得る体制にあるが、忠昭停級と云ふ突発問題が起ったので、忠昭の帰京を待て善後処置をとらねばならぬ。従て余の残留期間も延期した。

四月一日（日）　晴

七時起床。社参。忠昭へ電報を打つ。京都に電報を受付けるやうになった。荒木訪問、同氏疎開荷物送りのトラック来り居る。区役所にて忠昭の現住地簡閲点呼参会届用紙を貰ふ。小石川郵便局にて武子より小包不着の件問合す。水道橋より小岩に省線にて江東の被害状況視察。二時帰宅。四時赤谷来訪、打合す。夜、辻氏にて風呂を貰ふ。
＊今朝は呑気にやって居ったが、余が郵便局に行ってゐた頃、高田馬場近傍に七個の爆弾が落ち相当被害があった。一機だが油断はならない。

四月二日（月）　晴　暖

午前零時半より敵機大空襲あり。六十機帝都の空、日光の中に乱舞し、照明弾を発す。久し振り高射砲の轟いんいんたり。六時起床。社参。妻へ速達出す。忠昭より明朝帰京の電あり。一ヶ月にて武子より小包着。忠昭の帰京期明かとなったので、目白駅に行って乗車券購入、チッキ手続をやって見たが容易の事でない。一旦帰宅。睦子来り居らず。赤谷来訪、交渉あり。釜、炬燵、ガス竈を五十円にて売却。入金。帝織に行って乗車券の為、軍務乗車証明を貰ひ、五時半帰宅すれば、忠昭早や着し居る。列車変更早発逗子に寄って来た由。忠昭一泊。

四月三日（火）　晴　暖

六時起床。社参。飯を炊く。忠昭と朝食を共にす。将来の事を色々話し合ひ、忠昭心境明朗となる。塚本教授に依頼し、致誠寮に入る事を依頼することに決心す。昼食を共にし、余は武蔵に塚本氏訪問。慎独寮入寮日なり。今日は入学式の日なりし由、塚本氏に親しく面談、心好く入寮を承認さる。其の完成迄山本君宅に寄宿の事を了解を得、之れで万事解決。夜、忠昭同伴、山本氏訪問。同夫人に其旨話し心良く了解を得。忠昭一泊。

＊大本営発表。二〇、四、一、五。

三月卅一日朝、其一部を以て神山島並に前島に本四月一日朝来其主力を以て本島南部地区に上陸を開始せり。

南部地区湊川方面即島尻郡は余の旧任地である。

四月四日（水）　雨　寒

雨となる。春雨か。然し稍冷気を覚ゆ。午前一時頃から敵機編隊にて屢々来襲。近くに爆弾投下あり、相当騒がしかった。五時半起床。炊飯。六時、忠昭と食事を共にし、忠昭は今日より登校、愉快に登校したのは心嬉しかった。余は七時、目白駅でチッキの順番取りに行く。八時帰宅。妻より電報にて次郎入校の通知あり。十一時、忠昭帰宅。主任は加納教授だ。都合よし。午後三時、加納私宅訪問、不在。忠昭は五時山本に帰った。辻の次男重文、武校入学につき十円包み祝とす。荒木君一家、今日出発。

＊赤谷一家、昨夜より入り来る。夫婦に小供三人、即娘二人、息子一人。他に長男は出征中の由。皆好人物だ。

次郎転校許可で又一問題解決した。

四月五日（木）　曇　寒

五時起床。朝食。社参。引続き目白駅に行ってチッキ申告の順番を取ったが、どを考へても乗車券と連絡がうまく行かないやうだ。八時之を終ったが直に東京駅に行って東亜交通社で京都迄の乗車券を買ふ。六日十九時の指定券も添えてあったから、断然チッキは犠牲とすることとした。一旦帰宅、昼食。忠昭来る。午後、三和で睦子の定期書換へを為し、社に立寄り。阿部軍曹来訪。陸燃の主計だ。社務につき同氏と折衝。五時帰宅。

我家として此家に泊するは終りだ。

忠昭来り、夕食を食って十時帰り去る。
＊四日早朝の空襲の被害は相当重大であったやうだ。
房総半島方面より来た編隊は関東西部、太田、熊谷方面を相模湾より来り、敵は川崎、横浜方面を襲ひ、尚市内でも淀橋、柏木方面に相当被害を与へた。省線電車は殆んど故障、又東海道線も不通だ。中央線も不通だ。

今夜は赤谷一家と閑談。皆良い人達だ。

四月六日（金）曇　寒

五時起床。社参。弥々今夜出発に決したので、蒲団及食器は赤谷氏に預け、出発の荷物の仕度を為し、辻、井口等より借用の釜、鍋其他を返却し、庭のいちごを抜き荷物に入るる等に午前を過し、午後挨拶廻り。忠昭来る。西澤支店長来訪。陸燃阿部軍曹と折衝の件引継だ。三時半、赤谷夫人に挨拶を為、東京駅に至る。社の事務員久保崎、内山、池田も送り呉る。

十九時十分、列車に乗る。存外ゆっくりしてゐる。然し寒い。

四月七日（土）曇　寒

米原辺で夜明けたが寒い。比良には残雪が付し、雪は白し。比良山一角、春風尚江州に至らずだ。

六時五十分、大津駅着、下車。駅前の派出所より松本警務課長に電話して自動車を借る。心よく出して呉れ、八時半易々と帰宅す。

引越荷物は未だ片付き居らず、手の着けやうもない。今日は休養だ。妻元気、慶子よく働き居る。次郎、早速桃中生として勤労に出働、廣子頗る音なしい。
＊七日午後九時半、親任式
総理兼外務　鈴木貫太郎
内務　安部〔倍〕源基
大蔵　廣瀬豊作
陸軍　阿南惟幾
海軍　米内光政
司法　松阪廣政
文部　太田耕造
厚生　岡田忠彦
軍需、運通　豊田貞次郎
国務　左近司政三
国務、情報　下村宏
国務　桜井兵五郎
官長〔内閣書記〕　迫水久常
法制〔局長官〕、綜合　村瀬直養

四月八日（日）雨　寒

郷里始めての一夜を安眠した。五時起床。社参。

家内の取片付を始む。午前、隣組町会長、派出所巡査、国民学校に挨拶に行く。

藤井榮次郎死亡につき、精二君と午前十一時会葬に列す。全く一村民となった。花曇り春雨蕭々の日だ。午後、取片付けに従事し、書斎及座敷の整理。一段落が付いた。

昨日は百四十機、帝都に百五十機、名古屋地区に来襲。醍醐の空も敵機軍通過す。

＊［五日夜小磯内閣辞職、鈴木貫太郎海軍大将大命を拝受す。組閣成立せるも、未だ情報に接せず。］
硫黄島の陸上機とB29連合、帝都、中京へ二百七十機来襲。硫黄島よりP51卅機来襲。

四月九日（月）　雨　稍寒

左手第四指の傷癒へたれ共、はれ居るに付、伏見病院にて診療を受く。此侭打捨て置くより他なしとの事だ。兎道竹村及東宇治町長山田氏を訪問。

今回疎開につき色々世話になりたるにつき挨拶をなし、五時帰宅す。

六地蔵停留場往復及宇治より兎道迄徒歩等、今日はかなり運動をやった。終日春雨蕭々だ。

廣子、今日慶子に連れられて醍醐国民学校の入学式に行った。

四月十日（火）　雨

今日も雨だ。気うつして何事をやる気にもならない。午前国公大工を連れて来る。妻の希望を話して見積らせる。午後は北土蔵の整理を為し、大体片付く。

四月十一日（水）　晴

朝は曇って居ったが十時頃から漸く晴模様となる。不相変春寒だ。八時頃から岩吉来て呉れる。米倉及土蔵の整理を為して、疎開依託荷物の取入れ準備為し、又大整理掃除を為す。数十年の不整理に骨の折れる事著し。夕方一応片付く。大工来りて模様変への仕事にかかる。妻の考案頗る可なり。善六の未亡人来り、草餅持参。珍らしく甘し。

夜、隣組常会に出席。

四月十二日（木）　晴　暖

漸く暖く天候回復した。五時半起床。八幡宮に参拝。俊輔宅訪問。朝食後、岩吉来る。倉庫の取片付けより開始を指図す。

大工来る。午前中、郵便局に恩給取扱聞合す。平井（隣家）、北村、吉村訪問。

伊藤鳥羽甚に立寄る。妻に鰻土産。

午後、廣子同伴、醍醐寺境内の桜満開を見る。庄右衛門、井上医師、岡十村融雲寺訪問。二時より岩吉を指図して取片付け大体終了。夜、佐溝、藤井元来る。藤井は節の暇取りなり。快諾す。

四月十三日(金)　晴　暖

五時半起床。八時から佐溝の案内で菩薩寺山の洛東用水の水路工事と南部実行組合の勤労作用に出発。スコップ、鶴はしにて労働す。気持が良い。正午帰宅。午後、恩給受信地変更書出す。家内取片付け作業をなす。かなり疲労した。次郎は遠足行軍。醍醐国民学校長訪問。幸ひ前校長吉川氏来訪中、新校長浦田氏と会談。浦田校長は余の小学校同窓生の甥なり。

四月十四日(土)　晴

五時起床。午前九時半、坂本氏応召入営の為壮行。同氏宅前に集合、相場川迄見送る。佐溝の案内にて石田、久保氏訪問す。久保氏は醍醐町内会連合会長也。京大出身法学士、素俸〔封〕家也。佐溝と洛東用水工事問題に就き談話あり。警察官行動問題等出る。正午帰宅。

家内のごみ掃除焼却す。裏の掃除を為す。左右田氏挨拶の為訪問。安田親治来訪。

四月十五日(日)　晴　暖

六時起床。九時、小西訪問、不在。午後を約す。安田訪問、不在。同上。一言寺に岡田戒玉を訪問。京都行にて不在。明日を約す。十時帰宅。神棚を掃除す。数十年の塵甚し。焼却に決す。午後、小西、安田を訪問。五時帰宅。稲荷社を掃除す。御札類を焼却す。本日午後二時頃より醍醐山林出火。五時頃、一応鎮火せり。午後十時より町会員の一人として警戒に出動。一時半帰宅。

＊十三日二十三時より十四日にかけて、帝都来襲百四十機は宮城、明治神宮を冒し奉り恐懼に耐へない。四谷、豊島、板橋、王子、四区を盲爆し被害甚大である。

四月十六日(月)　晴　暖

六時起床。稲荷社を清掃の続きとして守札類を焼棄す。八時半、岡田戒玉氏を一言寺に訪問、閑談す。同氏は真言宗連合宗務庁に勤務し、明朝上京の筈だ。神棚を更に整理す。

午後は庭園の清掃、家内整理事務も追々完了し来った。

明日、精二君に永楽の飯茶椀〔ママ〕十客、浮田氏に渓仙の台湾風景の茶掛軸を土産として贈った。

四月十七日(火)　晴

六時起床。庭園清掃。

午後三時より長尾天満宮にて今回入営兵壮行会に出席。

後、小西、山中来訪。洛東用水の水路開さく工事にて醍醐に駐屯中の［衣糧廠の内堀］軍隊が助力する事となりたる由にて、近く農業会の幹部会を開く由。好都合だ。

＊十五日二十二時半より二時間半に亘り、B29二百機京都来

襲。蒲田、品川、大森各署管内に相当被害あり。

十六日正午、京都府下に投弾（三菱重工業桂工場）

四月十八日（水）晴　暖

五時半起床。

精二君と小作人招待の件打合せ。

結局、小作者及旧出入者併せて二十三人招待の事に決定。早速おたづにより通告せしむ。家内取片付け。

午後、山科署情報係長公平直来訪。三時より小西に鉢を返却。

随心院門跡玉島実雅訪問。

往年の七日会同人なり。大阪の自坊は罹害にて焼失せし由。

夜、岩渕、内海保、岩渕良来る。皆小作料の件なり。
＊罹害者の為、畏くも御内〔帑カ〕金一千万円を下賜さる。

四月十九日（木）雨

午前六時起床。七時半よりバスにて六地蔵より伏見区役所に至り、原籍復帰届書類を受け、四条より烏丸の三和銀行に至り、一万五千円の振替為替券にて預金。皆山訪問。午後、府庁に新井〔居〕〔善太郎〕知事、内政部長、警察部長、耕地課長訪問。雨盛なり。三条大橋より京津電車にて山科に至り、山科警察警察署長訪問。バスにて六時帰宅。

夜、内海竹、岩渕、藤原、辻本来訪。

竹は構に甘藷栽培の件、其他皆小作料の件なり。今朝バスに乗場して田中半次郎に遭遇〔せ〕り。近く帰郷の由也。

四月二十日（金）晴　稍寒

五時半、飯田、山田両名入営壮行。

家内整理。三宝院に管長訪問、不在。午後一時より洛東用水役員会に出席。軍より内堀主計中尉来りて、用水と軍疎開軍需品の防火につき談あり。用水工事の完成促進を要求あり。実行委員を設置の事に決定。

七時より小作人及出入者二十三名を宅に召集して顔つなぎを為す。十一時半解散。之にて余も内海家主人としての基礎工作成る。

四月二十一日（土）晴　稍寒

六時起床。常五郎を招で庭園栟〔塀カ〕の修理の計画を命ず。家内整理。

十一時墓参。

午後一時、国園善次の入営壮行の祝賀に行く。同人母手伝の件交渉。

二時半より塵芥の焼却及菜園の基礎事業に着手。先づ南天を抜採す。林姉来訪。

小西来訪。洛東水利実行委員の件なり。

夜、岡田巡査、内海警防団長来訪。洛東水利につき小西、山中、内海太郎不正事件の談ありとの事話あり。兎も角事業完成に努力を力説す。

四月二十二日（日）晴　暖

午前七時起床。農事、庭園の一部掃除。十時、林修三の荷物三十ヶ到着。

修三来訪。修三は奈良の久米寺の一部を借りて一応居住のことに決定の由なり。午後休養。安田親治来訪。慶子、廣子、宇治行、竹村及山田訪問なり。武子より来信。十三日の空襲にて目白町の一角の〔をカ〕残し、椎名町焼失。深井、安藤等罹災の由。忠昭来逗談による。赤谷より来信。同様の報にて余の託せる蒲団類引取方交渉し来る。
＊安部〔倍〕内相は地方官数十名の大更迭をやった。実に馬鹿な事をやったものだ。此緊迫せる時局に何たる事をやるぞ。鈴木内閣の運命をトするに足る遺憾な事だ。

四月二十三日（月）晴　暖

五時起床。農業、下駄箱整理。常五郎来りて庭園の塀の修理をなす。

十時、団藤次の壮行。藤吉の次男、今回徴兵にて暁部隊に入営なり。

合〔相〕場川迄見送りの為同行、伏見に至り、桃中に報国隊学徒通年動員出動式挙行につき、主任四方教諭に面会す。良い人だ。午後二時帰宅。三時より役場に至り、原籍復帰届提出。

洛東水利の特別委員会に顧問として出席。

夜、竹さん、常五郎来る。精二君立会ひ、小作料納入の用件だ。
＊次郎、報国隊出動。
工場
不二工業株式会社、相楽郡上狛町、電話、山城木津局三九、一四二。旋盤、ホール盤仕上。通勤、午前八時～五時半。
休日、四大節、第一、第三土曜日。報償金、五十円。

四月二十四日（火）晴

五時半起床。門前清掃、防火桶用水入換。農業、南天跡地開墾。

午後、土蔵の瀬戸物類物整理、常五郎の塀修理、風呂桶修理完成す。古反古類整理焼却。

夜、清水清太郎、小作問題にて来る。

午後、左右田実来訪。東京巣鴨在住中、十三日の空襲にて罹災、身を以て父君の下に来りしなり。

四月二十五日（水）晴　暖

五時起床。農業。十時より仏壇整理清掃。午後二時より農事。

トマトの敷地作成、及三度豆、土用インゲンの播種。

次郎、今日より下狛の不二工業に学徒動員として出動。

四月二十六日（木）晴

五時起床。農事、トマトの地を作る。十時、庄右衛門氏訪問。

トマトの苗を貰ひに行く。未だ持ち帰り居らざる也。左右田実訪問。神戸行にて不在。

午後、三度豆の地を造り、播種。

二階座敷の清掃。

夜、隣組常会に出席。

農事活動疲労の為か眠くてたまらない。

大阪財務局越山修三来訪。林修三の荷物の件だが、要領を得ない。修三住居、吹田に変更の由だ。

四月二十七日（金）　晴、雨後晴
五時起床。数日来の活動、農業に稍疲労を覚へた。六時より農事、南天跡地の開墾。十時より二階座敷の障子洗及清掃。

午後、雨来る。好雨だ。林姉及皆山光子来訪。

夕方、二階座敷清掃一応成る。

荒木君より来信。火保権委譲の件だ。

伏見税務署員河野道典、オート三輪車で修三の荷物取りに来る。

蒲団包四個、食卓を渡す。

京都自動車運送組合事業受付番号二九三。

四月二十八日（土）　晴
五時起床。畑地耕す。

九時半、山中友訪問。太郎と両人の案内にて南部組合受持部分の洛東用水路視察、引継き太郎の案内にて日野迄全線視察。日野澤井辰巳、中野、森田訪問。

午後一時帰宅。平賀義人、皆山光子来遊中なり。

今日は次郎誕生日にて草餅を造る。

四月二十九日（日）　晴
五時起床。農事。
九時、天長節拝賀式にて醍醐国民学校に行く。
午後、農事、堆肥の製造にかかる。
四時より日野の山口氏訪問、農事実行組合員なり。洛東用水の件だ。
午前田中半次郎、午後奥村敏子来訪。

四月三十日（月）　晴
五時起床。農事。
午前、古望仁兵衛来訪。
午後三時より農事。

五月一日（火）　小雨
午前五時起床。農事。

九時より庄右衛門氏と同行、伏見桃山の種苗商相良に至り、胡瓜、なす、かぼちゃ、トマトの苗を求め帰る。

午後は此植付をなす。

夜、小西君を訪問。洛東用水の件だ。

岩吉来る。小作米の件だ。

五月二日（水）　小雨

六時起床。雨につき午前中休養。午後、農事。かぼちゃ植付を為す。栗、桐等を伐採、雑草を払ひ耕地を作る。庄右衛門氏に苗箱を返却す。夜、西田氏の観音講に列席。御えい歌を歌ふ。

ムッソリニーは伊瑞国境にて死刑に処せらる。以下十七名なり。一世の英傑の最後不憫。夕方放送にてヒットラー一線にて戦死の報あり。世局蓋し緊迫を思わしむ。

五月三日（木）　曇

五時起床。農事。南瓜植付地の雑草取り。八時より洛東用水路工事に実行組合の勤労作業に出動。午後、大津行の支度せしもバス不来にて中止。南瓜畑の手入れ。北村母堂来訪。北村家の由緒につき話あり。

ヒットラーは薨去との報導あり。戦死なりや不明。独逸総統後任、並に独軍最高司令官は独海軍総司令官デーニッツ〔・カール〕元帥と決定した。

五月四日（金）　晴

六時起床。農事。草焼き、雑草取り。八時より京都行。左右田氏次男と同行。六地蔵迄徒歩、京阪電にて四条、市役所に市長訪問、不在。奥野技師と面会、洛東用水路工事と農事開発営団関係を聴取。京津電で大津滋賀県庁へ稲田知事訪問、不在。松本警務課長訪問。更に帝織大津工場視察、栗木工場長に面接。追分より徒歩帰宅。バス不通の為だ。かなり疲労した。
＊不在中、修三友人吉木〔本カ〕氏の父来訪。吉木〔本カ〕、林両家の荷物を仕分けして帰った由。

五月五日（土）　曇、小雨

疲労を覚へたので終日休養の積りだが、相当に仕事がある。四時三十分起床。国公よりかぼちゃ、胡瓜の苗を貰って次郎を手伝わせて植付く。土蔵の蒲団類の調査を為す。

空襲警報が出たが、大した事はない。

夜、萬ちゃん来訪。

庄右衛門君、柴崎氏同伴来訪。柴崎氏は横浜の人、醍醐に移住。松橋に住んで百姓となったのだ。

五月六日（日）　晴

五時起床。草取りに終日を過す。団清吉の後家不都合の件あり。圃場にて叱斥す。陳謝し来た。

午後四時、修三と吉本〔眞二〕の荷物又々三十個到着。

勇さんと木樵を雇入れて始末した。厄介な話だ。

五月七日（月）　晴

五時起床。圃場の草取りに終日を過す。大分進捗した。

六時半より精二君の案内で藪を視察に行った。

十時頃より非常に疲労を覚へたが、空腹の為なる事明かだ。十一時昼食。

午後も雑草取りに終始した。国やん、トマトの苗を持参したので植付く。

夜、宅で隣組常会。

新田の陸軍横穴工事に勤労出役の件だ。
＊藤井元を招致。
　団藤吉後家の件、調査を命ず。

五月八日（火）　曇　驟雨

五時起床。灰製造にかかる。

堆肥の積かへをなす。

午前中、水肥の熟肥製造、設施《〔ママ〕》を為す。便所の大掃除を為。気持よくなった。竹村清太郎、辰巳の高橋来訪（松タケ山の件）。

午後、中庭の樹木伐採、整理。栗、かぼちゃの苗を勇さんから貰って植付の準備の為だ。

五月九日（水）　曇　寒

五時起床。農事。里芋の種の植付を為す。午後、土蔵より本箱を二階に運ぶ。雑草苅り大体完了。次郎に唐がらしの苗を植付させる。妻は小豆の種子まき。

修三荷物の件にて来訪。吉本より妻預りの百円を吉本に返却を託す。二十円チップ取換の分受取る。

＊デーニッツ独逸総統は七日独軍の全面的降伏を発表。
　五月七日午前二時四十一分、北仏ランス市の学校内にて独逸参謀総長グスタフ《〔アルフレートカ〕》、ヨードル上級大将、連合軍総司令部英側参謀長ヘルデ《〔ベデル〕》スミス、赤軍代表ススルパーロフ将軍、仏軍代表フランシス《〔フランソア〕》セウェーズの間に独軍の無条件降伏を調印された。調印後、独軍代表はアイゼンハウワーと会見、「独に課せられたる降伏条件は極めて苛酷なことを承知してゐるが、又独之を履行する用意があるか」と極めて厳粛に問ひ質し、独代表は受諾の旨を答へた。かくて欧州戦争は五年八ヶ月六日の後、独軍の全面的降伏をもって遂に終りを告げた。

五月十日（木）　晴　寒

五時起床。農事。雑草取り本日にて完了す。

午後、常五郎の案内にて山林視察す。炭焼材料調査の為だ。

会社東京支店より通信。二十八日台湾本社にて総会開催の件だ。

欠席の通知と委任状を速達にて支店に発送す。

毎日の労働作業に身体疲労、筋肉の節々がいたい。

五月十一日（金）　曇後雨

五時起床。農事。甘藷の地を造る。

朝食後は二階の書斎の整理。

敵機Ｂ29数十上空に来り、空襲警報出で空中戦あり。戦果又此地方に投弾なし。呑気也。

午後、雑草取りの仕上げ及甘藷地の造成なり。胡瓜、トマト、茄子類の苗木の植栽に生水肥を用ひたるは失敗だったやうだ。葉が追々黄色になる。後鑑となす可し。

今日、洋灯を出して見た。数十年昔の照明に還る。
＊南澤より来信。
社長、専務帰京の見込なし。台湾の惨状思ふ可し。

五月十二日（土）　曇
五時起床。農事。甘藷の地を開墾す。岩吉来る。中庭の木材取片付け、雨樋の掃除等をさせる。林姉来訪。午後、甘藷地開墾、唐茄子植栽。夕方、小西、西川、奥野来訪。

洛東用水路の件なり。余は此現状にては植付期迄に完成六つヶ敷、具体的に進捗の立案を督励す。

夜、庄右衛門氏訪問。令息三重高農二年生の青年に会ふ。良い子だ。

昨日来襲の敵機は、九州、四国、中国、阪神地方にて、西宮、芦屋に投弾。

五月十三日（日）　晴
五時起床。桃子の蒲団を土蔵に運ぶ。
農事。灰造り。かぼちゃ植付。
漬物小屋整理。小西、洛東水路問題の報告に来訪。営団督励の件を注意す。
甘藷地こしらへ。
午後、廣子同伴、柴橋訪問。松橋の別荘風の邸宅なり。三時帰宅。
服部六郎来訪中なり。醍醐寺に案内す。七時帰り去る。
夜、庄右衛門君、田中長次郎同伴来訪。田中は農事の熱心家、篤農なり。
＊国民義勇隊の真使命。
国政の基本は国体を明かにし、名分を正し、以て戦争を完遂するにあり。

戦闘隊員に転移する以前の通常時にをける国民義勇隊の任務は、隊員をしてそれぞれ其職任を完成せしむることに重点がある（職域奉公）。

五月十四日（月）　曇
六時起床。昨夜、夜更かしをした為、思はず寝過した。農事。草を焼きて灰造り。警報空襲出で、数十機の編隊、屢々通過す。十時解除。善六方三男の応召壮行に行く。
田中長三郎訪問して、甘藷の苗床を見、同人を同伴し帰りて余の菜園の指導を受く。苗の植付は生肥料を基肥に施したるは全く失敗だった事判明。其改良の指導を受け、午後は之が手直しをやる。
夜、小西訪問。洛東用水の件、進行経過を聴取す。

＊忠昭より妻宛速達。赤谷に売却の蒲団の件だ。かかる俗事に忠昭を煩すは矢張り時節だ。
余よりも返信を出す。福井芳輔、見舞状出す。

五月十五日（火）　雨

五時起床。草焼きを為す。トマトの手入れ中、雨来り休む。

午後三時よりトマト、茄子の苗手入れ完了。殆んど終日休養。

疲労休まった。

夜、鳥羽甚の老爺突然来訪。

左右田に牛肉を以て行って田中半等と一升酒を呑んだ帰りだぞをだ。老妻も出て閑談をなす。

昨日、一昨日、六百機、九百機と九州、中国、名古屋に来襲。

殆んど終日波状来襲。戦局は益々苛烈となって来た。
＊沖縄の戦局は首里、那覇の線で敢闘中。

五月十六日（水）　晴

四時半起床。灰造り。曇、小雨。

後晴れ午後快晴。甘藷地作。

第二区完成。吉本の父、荷物の梱包改めの為来訪。午前実行組合西部組長石村来訪。大構の畑地を甘藷作地として組合に貸付希望の件なり。承諾す。山田萬吉との行きさつあり。夜、精二君を招致、此旨を伝ふ。
＊彼我の戦力差懸絶。沖縄の地上戦重大化す。

五月十七日（木）　晴

四時半起床。農事。甘藷地上の段の開墾に着手。存外地質良し。

進捗す。午後休養。又、四時より甘藷地開く。灰箱を外部に出し、蓄蔵に着手す。かぼちゃ更に六本苗植栽。

午前六時、萬ちゃんと大構甘藷地の件話す。同地は萬ちゃんの小作請地なる事を聞く。初耳なり。精二君にただしたる後、萬ちゃんと石村訪問、昨日の約を解消す。

大工今日にて一段落となる。
＊敵軍、那覇市に進入す。

五月十八日（金）　晴

五時起床。甘藷地造成開墾、灰製造。午後、大工仕事の跡片付け、物置の整理を為す。

夜、小西訪問。今日彦根の営団事務所に行きし由にて、内海太郎、板倉同伴の由。既に帰宅し居り、状況聴取す。助成金受取用務の為なる由なり。メリケン粉の分与を交渉す。無し。マッチを貰ひ帰る。
＊敵軍、首里市の郊外に入る。
六月十日を期し、翼賛会、翼壮解散し、翼壮は全部国民義勇軍に入る。

マリヤナ基地の敵機にB29四百機を出動し得る状況となれる由。

五月十九日（土）　小雨

四時半起床。農事。甘藷地作成。

庭園の萩垣の腐朽せるを取り除き、焼却して製灰の材料となす。

小雨来り休養。午後三時より甘藷地作成。

朝、田中長次郎訪問。同氏を同伴して甘藷地の適否を尋ね、柿、梅樹の下を避く事とす。

武子より来信。二十日荷物を出し、六月上旬疎開して移転し来る事を申越す。福島母堂と同居につき妻に今更難色あり。

夜、萬ちゃん来訪。

＊ヒットラー最後の言に曰く、余の命に従ふ者は余一人也と。其言や悲痛也。西郷南洲翁の城山の最後と対比して我国民性の強味をつくづくと感ぜしめらる。

五月二十日（日）　曇

四時半起床。農事。甘藷地造成。

灰製造の始末。十一時、内海寅吉三男、上等応召の壮行。帰途林長次郎方に立寄る。

午後休養。堆肥製造工作。

安田親治来訪。

電灯会社より工夫、増灯の下調査に来る。

＊運輸省と通〔逓〕信院に分ち、小日山直登を運輸大臣、通〔逓〕信院総裁に塩原時三郎任命、福田高雄警備庁長官は支那方面艦隊司令長官に任命さる。

五月二十一日（月）　雨

四時半起床。農事。

甘藷地こしらへ。

夜半の件にて庄右衛門氏訪問す、不在。下村武夫訪問。同氏は伏見稲荷社の神職につき神棚清掃せし事を話す。大賛成なりき。

稲荷神社の御祭神は宇賀御玉、即ち伊勢外宮の御祭神、御けつ〔饌津〕姫と同祭神なり。

＊閑院宮殿下五月廿日午前四時十分、御年八十一才にて薨去あらせらる。

五月二十二日（火）　雨

終日微雨。梅雨時の如し。

四時半起床。雨中に農事。

晴耕雨耕だ。甘藷地こしらへ、客土運搬の特殊の工夫をなす。

竹レール、竹列車なり。

午後、浴室傍の竹塀を取り去る。

福井静夫、高山に転任の事決定につき、家の見付かる迄家族を預る事となる。福島一隊五名、福井一隊四名、都合十三名となる。盛なり。

夜、庄右衛門氏来訪。米の件なり。

＊廿二日公布、戦時教育令、御制定。増産防衛へ学徒改革。学徒隊を編成、青少年団解散。

五月二十三日（水）　曇後晴
四時半起床。農事、甘藷地こしらへ。休養。午後、南瓜の手入れ、施肥、甘藷地こしらへ。

庄右衛門氏来る。

夜、山中、森下来訪（米の件）。

午後四時頃より、漸く天候回復、晴となる。
　＊塩原通〔逓〕信院総裁の恩給支給局変更の件、督促依頼状。

五月二十四日（木）　晴
四時半起床。柿木の下清掃整理。草取り。
午後、北土蔵の唐戸〔櫃カ〕内の書類整理。南瓜の手入れ。施肥。
夜、精二君招致。国へ貸付の畑を返納方通告を依頼す。
之は福島に貸す為なり。
　＊三国の戦争様式
　独　科学的計画性
　ソ　正攻、戦術爆撃
　米　欧州文化の破壊

五月二十五日（金）　晴
天候漸く回復、暖気となる。

四時半起床。表掃除、防空桶水換へ。

農事草苅り。九時より伏見行、安田訪問、自転車購入依頼す。

不可能なり。石鹸十個貰ふ。三和銀行京都支店にて、妻定期の取立、及余の手当送金受領依頼。大津にて滋賀県庁に稲田知事訪問。福島、福井来着の際の自動車依頼、快諾を得。六時帰宅。

農事。蔬菜の施肥。

朝、山中友来訪。米五升、炭俵一持参。米は一升一円也。
　＊Ｂ29帝都を焼爆。
　五月廿四日一時三十分より約二時間半に亘り、南方基地よりＢ29二百五機来襲。主として帝都に侵入、焼夷弾による無差別爆撃を行ひたり。

五月二十六日（土）　晴
四時十分起床。灰造り。防空壕辺の草苅り。
午後四時より甘藷地造成。
夜、岩吉を招致して、正月用餅作の件相談す。
午後、お松来る。夕方帰り去る。
昨年預かれるソヲメン代二十円を実行不能の由にて返金せり。
南澤、帝織、森田、等より来信。

五月二十七日（日）　晴
四時十分起床。農事。南瓜一部植換へ。甘藷地造成。中庭の掃除。午後、庭木一部伐採。茄子畑手入れ。施肥。甘藷畑造成。

忠雄に入営令状到達。三十一日出発の由。夜、挨拶に来る。

夜、団宅当番、隣組常会。

慶子、廣子同伴、伏見より兎道行。収穫なし。

Ｂ29二百五十機、廿五日、南方基地より帝都市街地に対し、焼夷弾による無差別爆撃。

宮城内表御殿其他並に大宮御所炎上せり。恐懼に堪へず。首相曰く、勝つことこそ一億の御詫び。

五月二十八日（月）　晴

四時十五分起床。甘藷地造り。

午後、施肥、トマト、胡瓜なり。

夜、小西訪問。十一時半帰宅。

忠昭八日市の飛行連隊に入隊の令状来る。夜、精二君、忠雄来訪。

五月二十九日（火）　晴

五時起床。農事。甘藷地造り。電灯屋、配電見積りに来る。

二階二、離座敷二、本家一、都合五ヶ、二百五十円の予算なり。

午後灰造り。甘藷地造り。

午後、宮崎精三来訪。

夜、精二君来訪。明日、忠雄君の送別宴招待なり。

五月三十日（水）　晴

四時半起床。農事。甘藷地造り。灰製造。淀浮田利作翁来訪。

忠雄君壮行宴の為なり。正午より精二君宅にて開宴。北村町会長。奥田隣組長、浮田、余、宮崎、中村、稲波なり。一盃の酒に陶然たり。四時迄休養。四時より施肥。甘藷地。桐材始末。
　＊昨日、Ｂ29五百機外、船載機百機、計六百、帝都来襲。

五月三十一日（木）　晴

四時起床。四時半、忠雄君の入営出発につき、出発壮行式に参列。親戚総代として挨拶を述べ、相場川迄見送る。帰途、常五郎、萬ちゃんの案内にて構内の田畑視察。朝後、農事。胡瓜の手を造る。甘藷畑地こしらへ。

疲労の為、九時半就寝。

六月一日（金）　晴

四時十分起床。胡瓜の手造り。

七時より氏神様にて国民義勇隊結成式挙行、顧問として参列。

帰途、久保中隊長、実は醍醐連合町会長来訪。

大空襲軍通過警報出る。

大阪市内外の大空襲なり。午後、一天為に暗し。被害想像さる。

谷田すみ来訪。鯛土産持参。老妻を悦ばす。午後、山及藪にて胡瓜、トマトの手用の竹木伐採。胡瓜の手を完成す。

慶子、呉行乗車券、山田久次郎の世話で本日入手。
　＊食糧並に液燃の増産の緊急性にかんがみ、農業令を統合、中央農業〔会〕と全国農業経済会を合併して、戦時農業団を組織し、千石興太郎総裁となる。

六月二日（土）　雨

午前五時起床。雨だ。休養。

雨の相間にトマト、胡瓜の手を造る。慶子呉行に午後二時出発す。

夕方、田中長三郎訪問。甘藷植付の相談をなす。

精二君を招致、国藤に小作の構内の土地返却命令の相談す。

＊Ｂ29は四百機、昨一日近畿地方に来襲、大阪市西北部、及一隊は尼崎市を空襲。相当の被害あり。

六月三日（日）　晴

［五時起床］農事。トマトの手を造る。七時より洛東用水路工事。町会隣組員として勤労作業に出動。菩提寺山の水路なり。午餐に帰宅。午後四時迄作業。四時半帰宅。甘藷植付地の仕上げを為す。

午前四時、忠昭突然帰宅。

簡閲点呼の現住参加令状を伏見区兵事係に連絡の件なり。因は豊島区役所空襲焼失、書類も焼失の為なり。及本年海軍予備学生志願の為、戸籍証明書の下付を受る為なり。忠昭久し振り帰宅。賑かに団欒なり。

忠昭の談に、目白の旧宅及隣組の各戸、二十七日の空襲にて全部焼失の由なり。感慨無量なり。

六月四日（月）　晴

五時起床。農事。甘藷植付地の仕上げ。朝食後、田中長三郎訪問。同氏を同伴帰宅。甘藷植付の方法を指導を受く。同氏は甘藷苗持参し模範を示し呉る。トマト、胡瓜の手入れ方も指導を受く。

午後は胡瓜、トマト手入れ。夕方より甘藷植付七十本。

忠昭の為、鶏を買ひ晩餐の馳走となす。

六月五日（火）　晴

四時半起床。農事。甘藷苗植付、残部を完了。五時半より福井一族出迎の為、徒歩にて山科駅に至り、京津電にて大津に行く。山科椥辻辺にて空襲警報出ず。大津の稲田知事官舎訪問、其好意により自動車にて大津駅に至りしも、神戸地方空襲の為、八時二十九分着の筈の列車不着。時刻不定の為、県庁に至り知事及三宅秘書課長に万事を依頼し、京津阪電にて三時帰宅。四時、福井一族来着。住吉、芦屋辺にて空襲に遭遇せし由。無事到着して安心せり。

妹尾光太郎死去の報あり、夜弔問す。

六月六日（水）　晴

五時起床。農事。甘藷地の仕上げ。

田中より苗百本を求む。十時より福井一族を案内、醍醐寺三宝院を拝観。午後三時、静夫少佐出発。忠昭を送り行く。桃子と正夫、義夫、威夫は当分滞在。

午後四時より灰造り。及甘藷植付地の仕上げ。茄子園を手入れ。施肥。里芋畑の手入れ。

夕方、林幾太郎の死去電報来る。行年八十才なり。
＊五日はB29三百五十機にて神戸、芦屋に来襲す。南山城にてB29を撃墜、木津川畔に航骸をさらす。次郎実物を見て帰る。談はずむ。

六月七日（木）　雨

夜来風、朝来雨。八時よりバス及京阪電利用、林弔問の為、出京。精二、内海伍一、平井と同車、京都御幸町の石井浩次訪問。林の宅、下鴨膳部町の所在を尋ね行く。税務署の役人数名来り居れり。林は昨日正午前、眠るが如く死せり。篤く弔問。二時辞去。市電京阪電車を利用。四時帰宅。今日も大編隊にて大阪に来襲。

空襲警報出ず。大阪の来襲にて雨中一天闇し。四時半より農事。甘藷植付を了す。

六月八日（金）　曇　晴

午前五時起床。甘藷植付準備。八時、田中長次郎訪問。甘藷苗三百本注文。庄右衛門氏来訪中にて洛東用水の談あり。帰途太郎はんに今夜同問題にて小西、山中の来訪を求む。午後、林長次郎訪問。

桃子の荷物を京都駅迄引取りに行く事を依頼す。忠昭、午後三時出発帰京。午後、甘藷苗四十五本植付を了す。

夜、小西、山中、太郎来訪。洛東用水工事に国民義勇軍の出動案を提出。明朝久保隊イ〔大尉カ〕訪問を約す。

六月九日（土）　晴

四時起床。甘藷植付地準備。

七時、小西、山中、田中（小栗栖）、太郎来訪、同伴、久保氏訪問。十二時空襲警報あり。一時一同出京、市役所に奥野技師訪問、不在。明日か明後日、醍醐に来訪の連絡を取り、五時帰宅。六地蔵よりバス中にて妹尾の令息に会ふ。同氏は父を失ひ東京の妹尾邸は家財共に来襲にて焼失の由聞く。同情に不堪。

夜、精二君より家計簿、小作調書、通帳を受取る。

六月十日（日）　晴

午前四時半起床。農事。

甘藷植付。午後、安田訪問。

電話の件なり。四時、福井少佐来る。東京福井家は安泰なる由。一安心なり。

六月十一日（月）　雨

午前四時起床。農事。甘藷植付。八時、福井少佐帰り去る。舞鶴を経て新任地富山に行くなり。午後二時より、京都行。皆山の養嗣子四郎応召につき、送別宴なり。上等兵にて舞鶴要塞に入隊なり。午後七時辞去。

十時帰宅。

六月十二日（火）雨
午前四時半起床。甘藷植付。

午後、久保訪問。洛東用水の件なり。国民義勇軍にて出動の件、拒絶の意向なり。

六地蔵よりバスにて山科駅に出で、京都柊屋に岩村社長訪問、一泊す。余は死〔尸〕位素餐の感ある為、顧問を辞せんとす。岩村の奨めにて継続の事とす。

夜、渋江監査役来り、同宿。

六月十三日（水）雨後曇
六時起床。岩村社長、渋江監査役と同伴、大阪工場に行く筈なりしも、余は軍公務証明なき為、乗車券不売につき分れて帰宅。正午なり。

午後、甘藷植付を大体完了す。

昨日来の雨にて成績良巧〔ママ〕。

六時より隣組常会。酒飯出す。洛東用水の件にて太田をやつ付ける。

九時より小西訪問。洛東用水の件なり。

六月十四日（木）晴
午前四時起床。農事。甘藷植付成績巡視、大体成功す。南瓜の雑草取り。六時、小西来訪。洛東用水路問題につき田中長三郎訪問。山中激励の件なり。小西同伴、南小栗栖、石田歴訪、米四俵供出の件なり。十一時帰宅。小西、廣瀬農会技術員同伴来訪。午後、久保氏来訪。
午後、林艶子来訪。殖田俊吉夫人及家族罹災焼死の件を聞く。同情に不堪。四時より藷苗残部八本植付。之にて四百八十本植付を完了。胡瓜の虫取、トマト手をなす。

六月十五日（金）雨、曇
午前四時半起床。農事。貯水池、梅雨により増水の為、水はけの溝を造る。南瓜畑の雑草苅り。空襲警報出ず。
十一時より京都行。三和銀行京都支店にて妻の定期証書換を受領。社の俸給の受取方を相談。普通預金千円を領収。小島の事務所、篠原市長等訪問。午後五時過帰宅。
今日、電灯屋来り、二階２、離座敷２、厨１を付けて呉れる。

六月十六日（土）晴
四時起床。農事。南瓜雑草取り。
六時半、福島一隊来着。
九時半、隣組久保田兵長外五名応召入隊を送る。
午後一時、山中来訪。林木売却の件なり。農事雑草取り。六時、安田博士を訪問。

六月十七日（日）　晴

五時起床。農事。南瓜雑草取り。南化技稲田、三宅に書面を書く。恩給需給局変更指定ありたる由、森川より聞く。一安心なり。

午後、南瓜雑草取り。麦苅り。

竹村来訪。

刀根子冥日につき小麦饅頭を造る。

沖縄戦線、糸満、具志頭へ集結。愈々最後だ。往年島尻郡長として往来の地、感慨無量だ。

六月十八日（月）　晴

四時半起床。農事。麦苅。

南瓜雑草苅完了。

午後四時、随心院玉島行跡の招待により訪問。晩餐の馳走となる。七時帰宅。

今日、福島の荷物到着。

電灯増設工事追加の為来る。支払総計四百円、ランプ五個六十円は高価に驚いた。

米軍沖縄に於ける航空基地一応完了。今後、空襲来襲益々苛烈を予想さる。

六月十九日（火）　晴

午前四時半起床。

南瓜畑雑草取り。梅雨につき増水の準備として排水路を造る。

松っちゃん訪問。甘藷苗更に二百本を申込む。躊躇の色あり。

六月二十日（水）　晴

四時半起床。農事。南瓜雑草取り。甘藷地造り。

午後三時、中山再次郎氏来訪。甘藷地造り。

雑草苅取り。南瓜畑移配出来る。

桃子、大腸カタルにて弱る。

大豆のいり豆を食し過たる故ならん。

六月二十一日（木）　晴

四時起床。農事。甘藷不成績の苗十本を植換す。成功するや否や。甘藷地造り。麦地跡なり。蛇一疋スコップに当りて死す。可憐なり。

藤本敏子来訪。富谷見舞旁々亡姉回向の為、金百円也遺す（南日本の香奠なり）。

六月二十二日（金）　晴

零時、空襲警報に起こさる。

京都南部に侵入せりと報じ緊張す。編隊は西部日本に荒れ廻る。

四時起床。農事。大豆地及甘藷地造成。南瓜の雑草取り。

甘藷第一回植栽の一部イ縮して生気なし。十数本を新成地に移植す。果して成功するや否や。其後の分、頗る成績可良なるに比して水分の不足なりし原因なりと思わる。

六月二十三日（土）　曇後雨

朝来曇。四時十五分起床。農事。甘藷地造り。今日にて大体完了。午前、松っちゃんを訪問。甘藷苗二〇〇本配与の件、更に協議す。大体承諾を得たり。松っちゃんは中々六つヶ敷男だ。午前、竹村来訪。午後玉島実雅、安田親治、相次で来訪。安田は桃子診察の為なり。桃子、大腸カタル頗る良好の経過なり。憲兵上等兵来訪。米倉庫に陸軍偕行社の将校軍装を疎開格納したき申出あり。実地を見せ協議の上、在来の預り品を整理し、四坪（平坪）を貸す事に決定す。

六月二十四日（日）　雨

四時半起床。農事。大豆、ごま地造り。休養。午後、安田博士同伴、玉島行跡訪問。四時帰宅。農事。ごま地造り。好雨なり。家計、土地経理状況調査。

六月二十五日（月）　晴

四時起床。朝来曇りたれ共、午後に至り晴天となる。午前農事。甘藷畑の雑草取り。武子、甘藷苗二百本買求め来りしを以て、余の造成せる甘藷地に植栽せしむ。林姉来訪。皆山なか来訪。何れも疎開荷物の件なり。沖縄も遂に玉砕の模様だ。本土来襲益々頻繁となり、中小都市の爆撃、劇烈とならん。

六月二十六日（火）　晴

四時起床。農事。甘藷地造成。二百五十機来襲。投爆の響盛なり。午後、麦を抜て胡瓜苅付の地を造る。福島母子活動す。

＊B29本格爆弾攻撃開始。
近畿、東海、同時来襲。三百五十機。
京都市上京にも爆弾投下す。

六月二十七日（水）　曇

五時起床。甘藷地造成。八時より庭園、椿、山茶花の毛蟲取り。数百匹を殺す。午後、甘藷地造り。皆山なか、疎開荷物持参。武子、安田博士の紹介にて伏見歯科医行き。安田より疎開の薬品預かりの交渉あり。

夜、精二君より家計の経理調査を聴取す。

＊沖縄の戦局は牛島部隊の最後的総攻撃により重大段階に入り、刀折れ弾丸尽き、事態は極めて困難なる段階に到達せり。

六月廿六日付内閣告諭を発す。

死生数ならず身を君国に栄光護らん。

六月二十八日（木）　晴

昨夜は何故か眠れなかった。

四時十五分起床。甘藷地造成。松っちゃん方より甘藷苗二〇〇本持参。

午後五時、夕食後、武子の加勢にて植付く。六十五本植付て了す。

追々暑気加わる。

南日本より六月分手当小切手来る。

六月二十九日（金）　小雨

四時十五分起床。農事地整地。植栽八十本。雨の来る待ちて残部植栽の予定なり。

便所徹底的汲取。

六月三十日（土）　朝小雨、後曇

昨夜は何故か眠れなかった。午前四時半起床。昨夜来雨止まず。休養。八時雨止む。京都行バスの都合で山科経由、三和銀行京都支店に手当の手形依託及払出し預金。東福寺の中山前二中校長訪問。先日の答礼なり。京都師管区司令部に同伴、濱本司令官訪問。

六地蔵を経て、五時帰宅。甘藷苗植付を了す。

下肥汲取り、大事業だ。何れ〔以下空白〕。

夜、福井少佐来泊。竹村来訪。

七月一日（日）　雨

四時十五分起床。

農事、甘藷新植分に灰を与ふ。バラ三本移植。内海増さんの告別式に行く。

安田親治、北村民江さんの夫、川上市松氏（中国経済文化会常任理事）罹災して北松氏宅に避難せられて夫婦にて挨拶に来訪。

七月二日（月）　雨又晴

五時起床。農事、バラ植栽地の美化、道路荒造り。

庄右衛門君訪問。小豆種を貰ふ。

午後、桐枝伐採、大豆地造りの準備なり。

夜、経理調査。

発信　南日本、林修三（速達）、並山賢道、福本幸雄

七月三日（火）　晴
四時半起床、零時空襲警報あり。防空当番につき起き出で隣組に警告す。為に睡眠不足。午前農事、ゴマ地の残部及道付け。朝食後休養。午後、大豆地造りを始む。

藤井元より大豆種四合貰ふ。

忠昭、徴兵調書役場に提出に行く。籔にて鶏小屋用竹四本伐採し帰る。

夜、田中長三郎に甘藷苗代一本十銭、六百八十本、六十八円支払ふ。

七月四日（水）　晴
五時起床。農事、大豆植付地造成。
夜、小西及西川訪問、大豆各種約五合貰ふ。
隣組常会、隣組横穴防空壕の件なり。
十一時福井少佐来泊。
石黒農商相は主要食料七月より一割減の宣言をせり。之は当然分って居った事だ。

七月五日（木）　晴
四時半起床。農事、大豆地造成。昨夜各種の大豆種、小西、西川より入手（即、白豆、青豆、黒豆、ウズラ等）、大に意気込みて植付地を造る。本年は農事作業遅し。未だ苗代の植付½の由なり。

福井少佐終日休養。

一言寺行を勧む。義夫同伴、行った。

夜、中山再次郎翁来訪。

水を飲で帰り去った。

七月六日（金）　驟雨あり
四時半起床。農事、大豆地造成、午後驟雨あり。
午後は昨日丹羽大工終業につき跡始末清掃及雑具小屋の整理をなす。ベンチ二脚を農園に出す。内海農園の体裁追々整備す。
福井少佐、今朝八時帰り去る。

七月七日（土）　曇
三時半起床、読書。四時半より農事、大豆地造成一区画完成。

武子、大豆播種。

午後、道路造り兼大豆地造成。武子の甘藷不成功につき、夜、田中訪問。補植用苗五十本買求む。要するに水不足の為だ、注意を要す。

松つやんは苗代植付用の水稲苗不足にて、ヤケクソの体、笑止だ。本年は各家共水稲苗不足なり。要するに選種の用意足らざる為か。

七月八日（日）　晴
四時半起床。農事、大豆地造成、梅の木下に移る。

午後、武子に助成、甘藷苗五十本補植。失敗の原因は全く灌漑不足の為なる事明瞭だ。

日曜にて精二君在宅につき家計経理の件尋ねたるも、不明の点多し。再調。

七月九日（月）　晴

四時半起床、冷気だ。農事、大豆地造成、篠竹伐採、甘藷補植地の覆を為す。

夜、林藤太郎来訪。陸軍技術軍曹として動員召集の為挨拶だ。四十五才、敦賀部隊に応召、鍛工専門だ。

七月十日（火）　晴

三時起床、家計調査。四時半より農事、大豆地造成。

午後五時迄休養。忠昭、海軍予備学生志願に年齢不足の為、不採用につき悲観し居る旨手紙あり。激励の返事出す。

午前十一時、林藤太郎壮行に訪問す。

七月十一日（水）　雨

朝来曇微雨、夜来本降り。

農園の為佳なり。三時起床、家計調査。四時半より活動、大豆地、桜樹地域に造成、材木置場整理、小豆地の為なり。午後、ゴマに水肥、大豆地、桜樹地域完成。隣家平林君農園に来談、時局政界を談る。

巴〔旦〕だん杏を呉れる。美味なり。

妻と福島母堂に葛藤の端あり、可憂。

七月十二日（木）　雨

朝来雨。好雨だ。終日農園に出でず、家計調査及休養。

七月十三日（金）　晴

快晴、暑気加わる。農事、甘藷園の雑草取り。雨後にて地やわらかく好都合なり。

武子、桃子、伏見行。余は午前山中訪問。同氏の案内にて日野の柴置場を見る。途上にて融雲寺住職に会ひ一喝を食わす。巻〔薪〕と燃料の柴を山中君の住居にて購入、自家に運搬の為だ。

彰子胃腸をいため、白飯の粥食用として非常米を警察に相談す。

岡田巡査の斡旋にて三升出来る事となる。

夜、安田ドクトル来訪。

七月十四日（土）　曇、微雨

三時起床、家計調査。精二君の調書ズサンにして正確なる土地台帳を造るに骨が折れる。四時半より活動。農事、桃子の為甘諸地を造る。石積をこわす。

午後は武子、慶子の勤労にて完成す。午後南瓜の一部、薪材積の裏に大豆地造成に着手す。

夜、森新にて観音講に出席。

七月十五日（日）　曇
三時起床、疎開記を書く。五時より農事、大豆地造成。十時、林藤太郎応召出発の歓送。

岡田巡査に会って彰子応急米の事協議。経済警察主任官来醍ありし為連絡を得、武子午後山科に行く事とす。

庄右衛門君に警防団の米支出の件断る。之は事実上無理だ。

午後、大豆地造成。偕行社常務主事倉庫借入の件にて来訪。

融雲寺住職挨拶の為来訪。

七月十六日（月）　曇
五時起床、休養。午後荒地の雑草苅り大体完了す。其際眼鏡を落して発見し得ず困った。度の合はない代用品にて兎も角済せる。夜来雨。
次郎を助手として米倉庫に武子用荷物及荷造材料を整理す。

七月十七日（火）　雨
五時起床。

計画により六時より次郎同伴、日野迄柴取りに行く。西田のリヤーカーを借用して行く。九束積み帰る。

雨来り閉口。九時帰宅、此一回にて中止。午後荷造用材料の釘抜き、野具室整理、米倉庫の疎開預り品及玄関側押入整理す。

偕行社に将校用軍装品疎開の為貸付の準備なり。

七月十八日（水）　晴
四時半起床。農園一段落が付いたので今日は休養せんと思ったが、急に思い立って日赤に歯科の治療に行く事とした。之は武子が通ってゐるので同行の積り。八時家を出たがバス故障の為徒歩、時刻遅れて予診のみだった。又思い立って禅林寺の柴田和尚訪問。帰りも些かの事で京阪に乗れず、市電で伏見迄、桃山を経て徒歩で帰宅。非常に疲労した。

七月十九日（木）　晴、夕方より雨
五時起床、休養。
中野に、柴を日野より引取の依頼に行く。常五郎より交渉あり。牛車にて行って呉れる事となる。好都合だ。
夕方牛車にて残部の柴全部を運び込む。都合七十束だ。

七月二十日（金）　雨
五時起床、雨。

柴積の後片付けをなす。

午後肥料汲みを為す。急に十三人家族となりし為、下肥のたまる事盛だ。之が汲取り閉口だ。

辰巳の村井某来訪、吉本に頼まれて車力に奈良県に荷物輸送を約せし由。下見に来りしなり。相場〔ママ〕藤棚の茶屋主人が本人だ。

実行さるれば大にさっぱりする。幸都合だ。

夜、隣組常会。

七月二十一日（土）　雨

五時起床。雨盛だ。

雨中、中庭の取片付けを為す。後休養。家計調査。

小作台帳略々完成。

福島母堂、急に佐賀に行くと云ひ出す。合住居は兎角六つヶ敷いものだ。武子から相談あり、本人が気まかせにするが可なりと答へ置く。妻は躊躇の色ありしが、此際他人の思惑等はあまり考慮せざるが可なりと申置く。林姉より来信（妻宛）、近藤信子も焼出されたそーだ。

七月二十二日（日）　曇

五時起床。午前大津行。

稲田知事及び三宅秘書課長訪問。トマト、胡瓜、茄子等を贈る。先般来世話になりたる礼だ。知事は草津に出張不在、正午帰宅。

微雨来る。

午後雨。

七月二十三日（月）　雨

雨、終日雨。休養。

雨盛んだ。

午後漸く雨止む。

木引〔挽カ〕来り下駄材を造る。

柴積換へ。

七月二十四日（火）　晴

［三時半起床。雨漸く晴る。午後柴積換へ、木挽き来りて桐材を下駄材に造り呉る。］
三時半起床。防空壕傍近雑草取り。
敵機二千、大小及艦載機、編隊にて西日本各地を冒す。軍事施設、交通機関、軍需工場、及政略爆撃なり。宇治町に投弾、身近にせまる感あり。
冷気農事に影響あらん。

七月二十五日（水）　晴

［終日戦機来襲頻繁なり。南山城方面被害ある模様だ。四時半起床。農事も一段落だ。共同防空壕近傍の整理、雑草取り。］
四時半起床、終日殆んど休養。
月来の疲労出でし為か或は睡眠不足の為か、頻りに眠りを催し、殆んど読書不可能。又農事の好み起らず、終日不得要領に過す。
夜精二君より家計の説明を求む。

七月二十六日（木）　晴

昨夜は蚤に攻められて睡眠不足。

余としては珍しき事だ。四時起床。午前伏見行、区役所にて上端山山林の境界図面を見る為だが、重要書類は疎開せし由にて閲覧不可能なり。安田医院に立寄り十一時半帰宅。馬鈴薯の午餐をしたたか喰った。終日満腹。午後甘藷つる返し、胡瓜、茄子、水肥施肥。

夜田中長三郎を訪問。甘藷苗百本分支払八円也。精二君より家計説明。藤井元の分訂正あり。

七月二十七日（金）晴

四時起床。昨夜は蚤の襲撃をまぬがれ安眠した。終日休養。

福島母堂、農事手伝ひは結構だがあまり乱暴に甘藷のつる返しをやって呉れたには驚いた。

午後中村岩吉、松茸山の件にて来訪。

珍客森岡夫人来訪。千駄ヶ谷もついに罹災。奈良の郷里に疎開の由。殖田俊吉、吉田茂等反戦言論にて囚監の噂を聞く。

七月二十八日（土）晴

三時半起床、早朝より空襲警報出たので構内の畑見分は中止。

終日休養。森岡夫人午前帰り去る。

午前、籔に行って竹を伐り帰る。此の為か肩痛み、終日休養。

夜、小西重太郎訪問、トマトを貰ひ帰り、洛東問題も予算関係にて府市営団の間に問題ある模様だ。
＊米英支三国にて対日共同宣言を発す。無条件講伏〔ママ〕の程度の申入れ無礼極まれり。元より問題にならぬ。米英撃滅あるのみだ。

七月二十九日（日）晴

四時半起床。精二君同伴、中村岩吉に案内させて構内の畑視察、耕作者の略図を作る。

午前、土蔵の土扉の閉さ〔鎖〕準備を為す。

十一時半より淀行。浮田利作氏を訪問、六時帰宅。


英保守党大敗、チャーチル辞職。

英国総選挙に於て労働党三百一対保守党一八一にて保守党大敗。英政権は労働党に移りチャーチル辞職。労働党首領クレメントアトリは廿六日後継内閣の組織に着手せり。
＊廿七日早朝トルーマン、チャーチル、蒋介石より米英蒋三国共同宣言をなせり。内容無条件降伏同然なり。武装解除、軍需産業全廃、皇土の割譲。
廿五日ポツダムより三連名にて日本に課すべき最後条件を放送せり。

七月三十日（月）晴

四時半起床、朝来終日敵機来襲。警報に次ぐ警報にて暮す。敵の謀略的空襲、益々苛烈ならんとす。

土蔵の整理に暮す。

夕方大渓来訪、軍人会寄付の件なり。庄右衛門君訪問、右の件打合す。久保君の行動にならふ事とす。

軍人会の練習用銃購入の為の寄付申込なり。二十挺千円の由、二百円の申込を勧誘さる。

七月三十一日（火）　晴

五時起床。午前読書。甘藷栽培増収の工夫と実験を読む。少し読書すると眠りを催すは疲労の為か、神経衰弱か或は年齢か。

午後胡瓜、トマトの手を造る。

昨日千数機B29外艦載機等各地に来襲。潮岬と浜松を艦砲射撃をなせり。


帰郷後早や約四ヶ月を過した。中途から福島、福井両家族が来住したので生活は賑やかではあるが、実に騒々しい。殊に六人の子供と同居は実にうるさい。孫は可愛いものとは聞て居ったが寧ろうるさいものだ。十三人の大家族の食糧確保には妻も日夜苦心惨憺だ。余は農事の強勉〔ママ〕して来たが甘藷耕作は頗る不成績で蔓葉のみ生ひ茂り藷の実乗りは非常に悪いと思われ困った。洛東用水は一気に完成せしめんと努力したが、中々進捗しない。自然の大車のローラーは中々独りの力では動かない。余自身も官吏の前歴と大津屋の旦那の家格を全然忘れて地方人に同化する積りで始めたが、之又中々同化しない。

自然に郷里の人の間に解け込んで醍醐の人となるには、未だまだ努力と云ふよりは時日の経過を経なければならぬ。

八月一日（水）　晴

四時半起床、次郎に手伝わせて武子の荷物の一部を武子の希望にて取出したが、次郎に工場管理事物の取扱方の心得を教育をしながらやったが、次郎の態度悪いので押打して訓戒した。八時バスで、慶子同伴、伏見辻眼科に余の眼鏡の度計りと慶子の診察に行く。慶子は血〔結〕膜炎だ。京都三和支店に重役手当為替の件にて行く。暗□□十八円にて求む。眼鏡屋に眼鏡注文。

午後一時半帰宅。午後二階物置整理。夜精二君を訪問、来る十日に亡父二十七回忌なるも、時局に省み法事は中止、禅林寺和尚の参詣にて家族のみにて施行の事、出入者、町内には電車券、親戚には茶にて済す事に打合す。

八月二日（木）　晴

昨夜敵機通過、警報連発と蚊蚤の来襲に安眠を妨害さる。三時半起床、常五郎に亡父法事迄に庭園掃除依頼す。融雲寺訪問。禅林和尚の会向を交渉す。

土蔵整理。竹村繁野、重一嫁同伴来遊。偕行社より荷物を米倉庫にトラック二台にて持込む。甘藷の根に灰を施す。蔓の徒長防止なり。

八月三日（金）　晴

四時起床。

午前、休養及土蔵整理。

午後、甘藷発育不全の部分及胡瓜、茄子に施肥。

八月四日（土）　晴

暑気漸く加わる。四時半起床。

午前、土蔵の所蔵品若干を持出し妻子に示す。磁器漆器等高級品なり。亡父二十七回忌の通知を親戚に書く。

午後、吉本の荷物をトラックにて引取りに来り、引渡す。其旨修三に通知す。南日本に重役手当の領収証送る。

北村町会長及中野寅吉の息応召、森新の息戦死。
＊今日は近来珍らしく敵機来襲なし。

八月五日（日）　晴

四時半起床。甘藷武子植付の分生育不可能と思わるる。三畝を開きて大根を播種する事とし開墾を始む。

吉本荷物引取りのトラックのゴミを大掃除す。

八時中野寅、北村素一入隊の壮行挨拶、中野は十一日午後一時出発、北村は八日の予定なり。

夜、大渓、軍人会寄付の件にて岩渕同伴来訪。庄右衛門君と打合せ通り、先づ久保氏に相談すべき旨答ふ。

八月六日（月）　晴

暑気益々加わる。四時半起床。大根地の開畝。八時バスにて京都行、三和にて千円引出す。府庁の山根耕地課長訪問、洛東用水の督励的監督に一度実地視察を依頼す。知事訪問、不在。市役所の奥野訪問、不在。

帰途、石田、久保訪問。三時半バスにて帰宅。

夕方、岡田巡査訪問。武子応急米の件なり。奥村組長訪問。

観音講の件なり。
＊独乙敗戦講伏後の状況、特派員の帰来談を読で、戦争には敗けられない、降伏は絶対に出来ない事を痛切に感じた。

八月七日（火）　晴

午前五時起床。

常五郎、庭園掃除の為来る。亡父年忌の為なり。農事、大根畑一畝完成。

夜、宅にて隣組常会。

防空壕横穴式建造命令の件だ。

八月八日（水）　晴

午前中、亡父年忌執行準備して仏壇大掃除、整備を為す。

午後一時、北村正治の息素一入営、壮行式に参列。

六時、森上等水兵英霊帰宅出迎及会向。町内隣組員として委員、受付係をやる。太田老人と同役なり。

夜、観音講。
＊六日、広島の空襲に始めて熱線による焼夷弾投下。垂直爆風圧が強烈、酸素燃による熱力一瞬間非常に強烈に

て露出部は大火焼を来す。

横穴防空壕絶対必要なり。

八月九日（木）晴

午前四時半起床。農事、茄子及新植胡瓜地に水肥、溝造成、施肥。

午後、亡父命日の逮夜にて永観堂管長柴田隆明、融雲寺住職参向、家族のみで法事執行。精二君、中村小満、稲波芳江、古望仁兵衛来会。

夜、出入者及町内者来会。観音講。

八月十日（金）晴

今日は亡父の命日だ。午前四時半起床。農事、トマト新植畑の水肥、溝造り、トマト新植及胡瓜新植地に水肥。八時より家族孫同伴亡父の墓参。

岡田醍醐寺執事長来訪、閑院宮殿下追悼会執行の為案内なり。

十一時三宝院に出頭、旧臣として式に参列。

午後四時国民学校に軍人会の招待にて寄付者柴橋、久保、内海三氏と参会。カシワのシュッシュにて晩餐。

夕方、小驟雨あり、稍雨模様なり。

八月十一日（土）晴

五時起床、十一時里芋に水肥。

九時、石村及中野息入営壮行。

午後、家事記録認む。

午後四時、柴橋訪問、滋賀銀行山科支店長伊藤、建築家〔空白〕、画家十川素山、楽焼家島、彫刻家〔空白〕翁来会中にて、談はずむ。

九時帰宅。

友田静子死亡の通知来る。

七月十三日死亡の趣なり。

＊ソ連、帝国に対して八日深更宣戦を布告す。
一　七月廿六日三国の対日要求即武装兵力の無条件降〔伏〕を日本は拒否せり。
一　対日戦争時期の短縮、全面的和平を速かに来す為、ソ連は連合国、即米英蒋の宣言に参加せり。
八月九日零時よりソ連軍は東西満州国境の越境攻撃開始、航空部隊は北鮮、北満に分散来襲せり。

八月十二日（日）晴

暑気益々加わる。四時半起床。胡瓜、茄子、諸不作の為に水肥施す。

八時より京都行。靴二足修理、次郎の靴なり。代六十五円、可驚。

眼鏡出来受取る。五十二円、之又高価なり。永観堂に禅林寺管長柴田大和尚訪問。来向の礼なり。うどんの御馳走たら腹食って五時帰宅。

軍隊より不在中宿営の為交渉に来りし由。二階全部貸与の決心なり。

軍人会寄付金二百円也、大渓に渡す。

八月十三日（月）晴

五時起床、良く眠った。

吉本眞二、荷物預けの礼に来訪。

お盆につき御迎への墓参単身で行く。昨年お盆墓参に同行の奥村姉既に今年は故人となる。其当時の本人の希望により写真を墓地に持参して清光院の墓石に入る。西田の三弟硫黄島戦死の公報ありし由につき香奠を送る。里芋の施水肥。午後二階の整理、書斎の一部、応接室の一部、離座敷の二階に移転を独りで実行す。第四十三部隊臼井大尉――隊附大尉臼井嘉博――来訪。

結局十数名来泊、二階を提供の事に決定す。大尉曰く、部隊長は民屋に宿営を許るさず、寺院に宿営の計画を進めしも、結局十数名余地なし、御依頼すとの事につき快諾す。当方条件、

一、電話の件

一、便所の件

一、二階の荷物整理及掃除の件

大尉快諾す。

八月十四日（火）晴

お盆につき休養、五時起床、施肥。臼井大尉来り、部隊長の命により民家宿営は中止、来泊を完全に断り来る。午前及午後の午睡をむさぼる。

午後四時、融雲寺三輪和尚回向に来る。

八月十五日（水）晴

五時起床、施肥。朝食後南土蔵の整理、午後五時、内海太郎来訪。

夜、内海新造小麦持参。八時、森新の二七日法要。六時精霊送り。次郎同伴墓参。

今日正午重大声明があった。

帝国は四ヶ国の宣言（七月廿七日の米英蒋の対日宣言にソ連参加）を受諾せり。簡単に云へば無条件降伏だ。

畏くも勅語を玉わる。国民をして之以上塗端〔炭〕の苦を受けしむるに忍びずとをせらる。聖慮畏しと雖も側近の重臣は何をして居ったのか、広島の元子〔ママ〕爆弾とソ連の宣戦に腰を抜かして此御聖断を仰ぎ奉ったのか、一億国民は敢闘精神に燃へ最後の一人迄戦ふ決意を固めて居るに反して重臣、閣侶〔僚〕は何を血迷ったのか。無条件降伏の結果殷鑑遠からず、独逸、伊太利の例を見るべし。ポツッダムの三国宣言に、曰く軍隊の武装解除、曰く軍事工業の廃止と。三千年の我神国の歴史を如何せん。聖明ををい奉った重臣閣僚の罪、万死に当る。

八月十六日（木）　晴

五時起床、施肥。午後、次郎を助手に大根地造り、肥料汲取り。内閣総辞職、東久邇宮殿下に大命降下の報あり。鈴木内閣は事件の始末を為す。責任を回避せるは不都合なり。始末を為して後自決を為して罪を陛下と全国民に謝す可きものなり。

本日の新聞にて前後の事情稍明かとなる。六日の広島の原子爆弾と九日のソ連宣戦により、内閣は九日より中立国スイス、スエデンを通じて交渉を開始、十四日御聖断を仰げるものの如し。国体に関しては宣言には「日本国民の自由に表明せる意思に従ひ平和的傾向を有し且責任ある政府が樹立せらるるに於ては云々」とあるは国体の変革、天皇の主権に何等触れ居らず。之が一大問題であると思ふ。

八月十七日（金）　晴

五時半起床。胡瓜土寄せ。

茄子施肥。

午後、胡瓜土寄せ。

夜、西田の次弟、硫黄島玉砕英霊の追悼法会、観音講。

八月十八日（土）

十七日東久邇内閣成立。親任式。

総理、陸、稔彦王

外務、大東亜　重光葵

内務　山崎巌

大蔵　津島壽一

海軍　米内光政

司法　岩田宙造

厚生　松村謙三

農商　千石興太郎

軍需　中島知久平

運輸　小日山直登

国務　近衛文麿

国務、官長、情報　緒方竹虎

法制、綜合計画　村瀬〔直養〕

文部　前田多聞

八月十九日（日）

本日よりマニラに於て停戦会議。

安田来訪、軍部方面に相当不穏の空気ある噂あり。

安田と議論。

安田は和平論なり。

余は最後迄戦ふ可しとの説で大に論戦す。

八月二十日（月）　晴

朝、安田訪問。貫名菘翁の軸二本表装を依頼。同上一枚を同氏に贈呈。

首相宮殿下、廿日午後七時放送。

稔彦は輔弼の責任者として具体的方策を有す。
＊灯火管制解除。

八月二十一日（火）　晴

夜、西川、小西訪問。

西川より茄子、瓜、トマト、小西より麦二升貰ふ。

八月二十二日（水）　晴、小雨

稍雨模様。岩村社長より台湾関係事務打合の為上京すべしと電あり。東海道線沼津以東は乗車券不売の放送あり。山科駅に至り駅長に質問す。其通りなり。京都、六地蔵経由帰宅五時。

夜、森新の観音講。戦病死息の三七日なり。
＊連合軍第一次進駐東京周辺へ、廿六日厚木飛行場、廿八日艦隊相模湾、一部幹部隊東京湾へ。
千葉、伊豆間の皇軍撤収。

進駐軍との折衝は凡て行政官庁による。

市民の生活確保に絶対の責任を持つ。

八月二十三日（木）　曇、小雨

五時起床、施肥。堆肥場整理、塵芥捨場を廃止、堆肥場に移す。

灰製造。

天候雨を催す。一雨を欲す。

偕行社よりトラックにて荷物を取りに来る。曽根主幹も同行来訪、冬服地を謝礼に呉れる。

帝織岩村社長に、入京解除乗車券入手次第上京す可き返電を打った。夕方、小西訪問。馬鈴薯四貫目貰ふ。

山田萬吉に小麦代十円、地主に対する諸施の感謝として五十円を与ふ。
＊国民義勇隊解散。
三殿　特派
南方へ春仁王
支那へ朝香宮
満州へ竹田宮
原子爆弾の威力

八月二十四日（金）　曇、小雨

四時半起床。曇天。施肥。

町会の命により防空砂取除け、爆風防止のガラス紙張り取除けを為す。序に表軒下に積上げの柴を内に入れ、表白清掃、精二君家具の整理を為し、石臼を発見す。

忠雄除隊帰還（昨夜）。

九月一日臨時議会召集。開期二日間、勅令出ず。

卅一日東京湾内の米戦艦にて休戦条約に調印の事に決す。

八月二十五日（土）　曇、小雨

四時半起床。

夜、静夫来訪一泊。富山より舞鶴に転任の途次なり。小豆と砂糖の土産は結構だ。早速ゆで小豆を造って一同で食ふ。

八月二十六日（日）　曇、雨

五時起床。

静夫、十時のバスにて出発、舞鶴に行く。

午後土蔵整理略々完成。

夜内海太郎来訪、洛東用水の予算と工程等説明聴取。南部に予算外三万五千円の予算外工事あり。地元代表者の責任にて借用遂行済の問題あり。問題だ。

＊偕行社より預り品最後の分受取りに来る。

八月二十七日（月）　曇、小雨

五時起床。

八時、バスにて東宇治町役場に山田町長訪問。聞知せるニュース。

○京都篠原市長に対し無産党議員より辞職勧告せり。

台湾総督府最後の爆撃にて部局長会議場の爆発、［局長］勅任級八名死傷者を出す。総務長官負傷、殖産局長戦死の由。

十一時帰宅。

午後農事。馬鈴薯植付。

＊大根、芋の植付地作成。

夜、内海新造来訪、麦を持て来る。

藤井節が米一升持参。

八月二十八日（火）　晴

五時起床。新植地たがやす。

八時のバスにて山科経由大津の帝織工場に栗木工場長訪問。東京行乗車券購入方を依頼。県庁に稲田知事訪問。午後三時帰宅。

栗木より乗車券不可能の旨電話来る。

小雨あり。

連合軍の先遣部隊今日厚木飛行場に上陸す。

八月二十九日（水）　晴

昨日栗木より電話にて、乗車券購入不可能の返事があったので大阪に行く事とした。八時のバス、京阪電車で大阪に行く。空襲後の大阪は始めてだ。惨害想像通りだ。

帝織大阪支店に永野支店長訪問、乗車券購入の証明証を貰ひ、支店の近状聴取。十一時帰宅。

福島中佐来訪中。

八月三十日（木）　晴、驟雨あり

八時のバスにて福島と同行、京都行き。乗車券は福島の手で入手出来た。

安田銀行及三和銀行にて金を受取る。下鴨の林を訪問。午後四時帰宅、夕方より夜雨。

八月三十一日（金）　微雨

午前五時起床。大根地造り。

福島出発。

今夜出発につき隣組長、西田訪問、森新に香奠を送る。

午後六時のバスにて出発、山科を経て京都駅午後八時十三分出発。非常なる混雑なり。

復員兵大勢にて、二等室の洗面室にて過す。

廿八日午後四時、首相宮殿下、内閣記者団と御会見。

敗戦の反省。
一、ソ連の参戦と原子爆弾の出現
一、あまり多くの規則法律の濫発、国情に適せざる統制法により国民は手も足も出なかった。
一、政府、官吏、軍人が知らず識らず敗戦の方に導いた。
一、国民道義の低下、軍官は半ば公然と、また民は秘かに闇をしてゐた。

九月一日（土）　曇

午前八時、東京着。南日本支店訪問。南澤信州行にて不在、池田一人留守なり。

帝繊に岩村社長訪問。台湾事業の将来の処置につき協議あり。余は亜麻は台湾の立地条件不適を理由に放棄を立言す。社長も大体同意見なり。余の台湾行、及総督府方面の方針及其意向聴取並に朝鮮方面も同様を希望され諾す。

午後三時、葉山服部訪問、一泊。

忠昭も来訪し居る。

九月二日（日）　晴

忠昭と同行、東京に出ず。余は福井訪問。福井老一人在宅。三時、目白の辻君を訪問。

余の旧宅及近辺の焦土と化せるを見る。旧邸に立ち感慨無量なり。辻夫婦の余に対する態度の冷淡なるには不愉なり。

六時、葉山に帰り一泊。

今日は東京湾ミヅリー号にて降伏調印式挙行。

感慨無量なり。
＊午前九時米艦ミヅーリ号に於て降伏文書調印式挙行す。
天皇及日本国政府の国家統治の権限は本降伏条項を実施する為適当と認むる措置を執る連合国最高司令官の制限の下に置かるるものとす。

九月三日（月）　晴

出京、幸町の総督府出張所に行ったが、其辺全部焦土化せるに驚く。内務省で尋ねると四階に居るとの事にて、戸を開けば森田局長が居った。君生きて居ったかと云ふ次第。森田は葬儀委員として上京しましたとの事だ。所長も居って談話交換。内務省管理局長の紹介にて朝鮮総督府北村所長訪問。同君の好意にて帝織社長、希望条項を総督府に托し七時葉山に帰り一泊。

九月四日（火） 晴

出京、帝大図書館四階の総督府出張所に島田秘書主任、安井所長と面会、倶楽部午餐。

九月五日（水） 晴

出京、内務省の台湾出張所に森田訪問。塩見にも会ふ事が出来た。両氏と帝織事業につき意見交換。余の渡台の時期で無いやうだ。目白に辻氏訪問。帝織訪問。

岩村邸に一泊。時局談に夜を更かす。岩村君は令息と自炊生活だ。

九月六日（木） 晴

岩村と同車、保全〔善カ〕社に行く。武井理事長に会ふ。辞去して青山南町の内海俊輔宅を訪ふ。一面焦土化して居った。日本倶楽部中食。目白の辻氏訪問。

四丁目会事務所訪問、安井に会ふ。新橋食堂に夕食。大井町福井邸訪問、一泊す。

九月七日（金） 晴

白米飯の馳走になり、八時半、福井を辞し、東京駅丸ビルに西太平訪問。鯨の脂肉を貰ひ、片山氏に面会。新橋の外食堂、帝織に岩村社長訪問、事務打ち合わせ。南日本訪問。南澤不在。

午後五時、帰葉。忠昭及福島、余の不在中来りし由。福島は就職運動の便宜上浅川から近々葉山に来る由。忠昭は明日来る筈。

今後の学校の方針を相談する積りだ。

九月八日（土） 晴

出京、南日本を訪ふたが、南澤は又々信州行で不在。帝織に岩村社長訪問、離京の挨拶を為し、台湾青果に川口君を訪問、森田が急に帰台する話を聞た。飛行艇を総督府で三万円でチャーターするのだそをだ。

森田も言を曖昧にして余に話さなかったのは不都合と思ふ。

午後七時帰葉、忠昭が来て居った。会へてよかった。

九月九日（日） 晴

終日休養、忠昭には武蔵卒業に余力を傾注して側目をふらぬぬ〔ママ〕事、致誠寮で辛棒する事を納得させた。服部も之を力説して呉れた。

午後四時から急に思付いて大楠村の福島喜三次君を訪問、時局談や喜久雄の将来等談じて七時帰宅。

皆と色々話して十二時就寝。

九月十日（月）　微雨後晴

午前四時起床。一同朝食を共にし、服部は逗子駅迄見送り呉れる。忠昭とは大船駅で分れ西行列車に乗る。六時十二分だ。案外閑散で楽々腰掛けられた。沿道空襲被害状況を見ながら午後七時京都着。浜松、豊橋の被害は実に惨たんだ。奈良線で木幡駅着。徒歩で九時帰宅。

皆健在だ。

九月十一日（火）　曇

六時起床。

防空壕辺の井戸辺の清掃、甘藷の辺の整理。つるを切る。

九月十二日（水）　曇

五時起床。

栗の下草整理す。栗の実漸く熟せんとし、又柿は子供達嗜食の時期となる。

夜、奥田の観音講出席。

東条大将自殺を企て不完、米軍に同伴さる。

ラジオにて戦争責任者を発表す。邦人は大体に当時の閣僚及捕虜監督関係者なり。

九月十三日（木）　夕方雨

六時起床。内海保太郎を訪問、庭園手入を依頼す。

葱地造り、午後栗の下草整理。灰造り。

南大将及び夫人立派に自殺す。

九月十四日（金）　午後雨

五時起床。午前ホヲレン草地造り。午後、栗樹下の雑草整理、雨来る。

午後、福井少佐来り。夕方呉に向て出発。

夜、小西訪問、不在。

九月十五日（土）　晴

漸く天候回復。六時起床。

栗の下草整理、柿実採取。

東条の自殺未遂を始め、小泉元厚相自殺、橋田元文相服毒自殺。島〔嶋〕田海相、岩村〔通世〕法相、井野農相、鈴木無任所相、村田省蔵等追々戦争責任者発表さる。

九月十六日（日）　晴後曇

五時起床。福島、福井両家族は全部宇治行。三時にバスで帰る。

皆山光来訪。

午前安田訪問、大六（大工）来会。

午後次郎を手伝わせて牛蒡地造り。防空壕を利用す。

岸商工、本間雅晴、戦争責任者として出頭を命ぜらる。
＊マックアーサー連合国の新聞に声明、曰く、降伏条件の実施に寛大政策は取らぬ、今日迄は軍事的考慮。

九月十七日（月）　暴風雨の兆あり、時々小雨

午前五時起床。牛蒡地造成。

福井少佐、福島中佐、相次で来訪、大賑かなり。

夜、大田氏宅にて常会。

米兵進駐に就ての注意。

西田、森の英霊公葬十九日挙行の用務打合せ。

国民貯蓄の件—国債—は廃止。


午前に書斎の大掃除を為す。気持ちよし。

福島、運輸省に就職の可能あり。

九月十八日（火）　晴

五時起床。

農事、退避壕改造、牛蒡地造り。

午後五時より森金三郎英霊告別式の帳場を引受け、同家に行く。

仏事午後十一時迄なり。


昨日今日颱風至るも大なる被害なし。

失地回復若くは復讐を目指して国家再建を目標とするならば、それは正しくナチスのあとを追ふ危険を冒すものである。

忍耐強くて勤勉でなければならない。

独逸人の性格はいつの間にか頑固一点張りで融通のきかないがさがさした性格に変ってゐた。

守山義雄述、ヒットラー来り、ヒットラー去る。

九月十九日（水）　晴

英霊十五柱の合同葬挙行。午前九時半、西田英霊の告別式。十一時より森金三郎の同上。

余は森家の帳場を勤む、太郎助手。午後一時半より醍醐寺にて合同葬につき、葬列につく。

式後、醍醐校にて休憩。市長代理及署長と閑談。四時帰宅。

農事、退避壕改造。

九月二十日（木）　晴

五時起床。

牛蒡地造り及退避壕破壊作業。

保さん庭園樹木手入れに来て呉れる。さっぱりした。
＊他人の気持を微塵も尊敬せず、我利々々一本で猪のごとく突進してくるのが独逸人の平均性格であった。全独逸の市民生活はをとなしくしてゐたのでは生きて行かれないとい

ふはげしい生存競争の禍〔ママ〕中に巻き込んだのである。之は独逸にとって大きな不幸であった。独逸人には故郷はあったが国家は無かったのである。云ひ換れば国家観念でなくして独逸は思想的に見て緑の木はない。茫漠たる沙漠に熱血の涙をポトポトをとして祖国再建を絶叫しつつ猛然起ち上ったのがいわゆるヒットラーのナチ運動であった。

然しナチスが忘れたことが一つあった。それは一旦毒素に冒された独逸人の性格が其侭放任されてゐたことである。美しい品性、高い教養、円満な性格はナチスにとって戦時不用品であった。

国家が発展する為、最も根本となる立派な国民道徳、立派な国民性格といふものを造り上ることを忘れて、大砲と戦車を造ることに全力を傾倒してゐたのである。例えば小学校の教育を見よ。修身も宗教の時間と云ふものが抹殺されてゐる。遠慮なく云えば尊敬される人間を造るよりも恐れられる人間を造ると云ふのであつた。

九月二十一日（金）　曇、朝雨明く
五時起床。農事、茄子、胡瓜、里薯の土寄せ、施肥。
堆肥場整理。
保さん、庭園樹木手入れに来る。
丹羽大工に便所修理をさせる。
林姉来訪。

九月二十二日（土）　雨
秋雨至る。終日雨。六時起床。
腹をこわし朝食欠く。十時中村岩吉妻の告別式に行く。
午後土蔵整理。東京より予て輸送し置きたる荷物を解く。
＊戦争の責任果して如何。
日本は連合国に対して軍国主義の絶滅と政治の民主主義化を誓約した。爾来一ヶ月日本は果して如何なる政治上の転換を遂げたか。

一体日本の政治的転換は連合国に対する誓約の手前必要とされるのか、それとも日本自身の為、其新発足、其再建のため必要とされるのか。答は簡単明瞭である。それは日本自体の要求だと。

外国輿論に左顧右眄し、連合軍司令部の鼻息を窺ふ前に自らを恃んで大胆真剣懸命に転換へ第一歩を踏み切るべきでないか。

九月二十三日（日）　晴
五時起床。
土蔵整理。東京より前に送し置きたる荷物の荷解き。
＊首相宮決意発表、官界を抜本的刷新。

九月二十四日（月）　晴
八時のバスにて京都行。三和京都支店にて手当取り、午後十二時半のバスにて帰宅。

豆の地造り。
＊米政府は廿一日、降伏後の日本に関する全般的政策を発表。

九月二十五日（火）　晴

五時起床。終日農事、大福豆の地造り、三畝造る。妻の要求なり。

米軍の京都進駐。
＊総司令部経済方策指令。
　不足物資を公正配給。

　最高度生産助成。

九月二十六日（水）　曇

四時半起床。朝晴、午後曇り。

農事、雑草取り。

中野寅吉来訪、山中友四郎農事実行組合長辞任につき余就任の件、昨夜銓衡委員にて決定来訪を申出ず。西田来訪。

山中友四郎及小西重太郎訪問、此件につき事情聴取す。

午後七時、田中長三郎、辻、北川来訪、岡田巡査も来訪。同上の件申出ず。余は組合員が余の性格を研究して出直せと申渡す。
＊金融取引に関し、連合国取締命令を発す。
　新聞の自由を確言。

九月二十七日（木）　雨

五時起床。曇天。池畔の雑草取り。八時半、岡田巡査訪問。実行組合長辞任の経緯聴取、山中友四郎訪問、同上。之にて要領を得た。松ちゃんの甘藷苗事件、助成金分配問題、余の組長には松ちゃんでは不適任の件。小西訪問、同上。之には要領を得なかったが、彼此れの意見を綜合して、余は副長に平尾を就任の条約〔件カ〕で受諾する事に腹をきめた。三時半より桑樹の始末。雨降りの雨くずれ、夜に継続す。
＊マ司令官命令
　軍需品残りを民救済、転用命令を出す。

九月二十八日（金）　曇後晴

五時起床。農事、池畔雑草取り完成、堆肥場辺に馬鈴〔薯〕地造成に着手す。

石、小石多く中々困難だ。

九月二十九日（土）　快晴

妻、俄の思付にて快晴に乗じ、衛生掃除を実行す。中村岩、内海勇、内海保、辻井（富田常の娘婿）、藤井駒、おたづ、手伝ふ。

大体を了す。

余、馬鈴薯地造り予備。

筒井まつ来訪、一泊。

夜、安田、平井、精二来訪。地主の保有米取得の運動の件なり。

九月三十日（日）　晴

五時半起床。農事、馬鈴薯植付、午後も同上。

藤本敏子来訪。

夜、内海太郎来訪。南部農事実行組合、及村内一般事情聴取、平尾を副組長候補に物色の件、意見一致す。

南澤より来信、倉石専務十一月上旬帰京、十月末総会開催の件、報告し来る。

十月一日（月）　晴

五時起床。朝、中野寅訪問。
実行組合長其後の経過聴取、余を相談役に推薦の由也。忠昭より速達にて理科乙に転科、大学農芸科学に進学の希望申越し賛成す。［午後五時、小西、西川、廣瀬、田中長来訪、余を農事実行組合連合会相談役に推薦を依頼し来る。快諾す。醍醐の農業発展策を一席講話す。］
夜、西田宅晩餐会招待を受く。北村、精二、太郎、勇さん。余は盛に気焔を挙ぐ。

十月二日（火）　曇

五時起床。物置小屋整理。

午後五時、小西、西川、廣瀬、田中長来訪、余の南部実行組合長推薦を取下げ、同連合会相談役に推薦の申込あり、快諾す。

余より醍醐の農事改良意見の長講席を為す。
一、灌漑、蔬菜奨励、肥料（堆肥）、農事技術の習得。

十月三日（水）　雨

五時起床。防空壕破壊作業。庄右衛門氏来訪、シヤシ菜を呉れる。北村正治来訪、実行組合長問題を談ず。松っちゃんの組長、西田復〔副〕組長の不適任問題及籔開墾の件なり。雨降り来る。福井静夫来る、明日東上の途次なり。

厚生省の罹災者収容家屋建築の方面に就職の途ある由。造船界多忙の際之は又変な方面に就職口が出来たものだ。
　＊午後西田来訪、農実副組長諾否の相談なり。

十月四日（木）　雨

終日雨。朝、静夫出発上京。

九時半、内海太郎来訪。籔開墾契約書（中部町内会書類）、北村町会長より借覧の分持参、閑談。西田氏が実行組合副組長の件、其他地方事情談話。

午後、土蔵整理。武子、桃子用品を出してやる。

刀剣武器所持無の証印三軒分捺印の事。

十月五日（金）　雨

終日雨、静養。

台湾文官礼装用剣及蕃刀を隣組長に提出す。

籔開墾契約書写を造り、本書を内海太郎に返却す。

南日本南澤宛に返書及社長、専務宛の信書同封を速達にて送る。余は本期にて監査役満期となるにつき再選せざるやう依頼す。台湾に渡航不可能なる故なり。

＊連合軍司令官より政治警察廃止に関する覚書接受。政治、宗教、民権の自由を目的とす。内務大臣、各警察部長免職、政治犯人の釈放、警察規則廃止を要求す。

十月六日（土）　晴

五時起床。池の水はんらんして畑地及堆肥所に溢水す。俄に水路を造りて之を流下せしむ。

農事、防空壕を畑地に改造。

新造、駆虫剤ヒサン《〔砒酸〕》石灰を持参。大根にかけて呉れる。

マ総軍司令官よりの覚書に

天皇陛〔下〕、皇室制度に対する自由な討議に対する制限令の撤廃を要求する事項あり。弥々鋒ぼう《〔鋩〕》を露して来た。

＊五日、東久邇宮内閣総辞職。

本日幣原喜重郎に大命降下す。

十月七日（日）　雨

防空壕改造、灰造り、堆肥場手入れ。

雨来る。午後三時半、安田訪問。

夜、北村正治来訪、精二君招致。

籔開拓及小作人代表選定任命の件打命ず。明日実行の事。

＊米国政府は日本の国教として神道を廃棄せしめることに決定した旨公式に発表した。

国務省極東部長ジョンカータービンセント氏、六日公表。

日本人はもし彼等が欲するならば天皇制度を維持することが出来る。乍然それは根本的に修正せれ《〔マヽ〕》ねばならないであらう。

マックアーサ元帥はいかなる役人でも免官出来る点を強調した。

皇室制度の改正は日本人が進んで排除を欲するのでないならば大幅に修正されねばならない。

またアメリカは日本経済に対する大規模な同族コンチエルンたる三井、三菱、住友、安田らの支配権を挫くつもりだ。

日本国民は神道主義を支持することを要求されることなく、学校に於て神道が説かれることもなくならう。日本政府は神道の施設に対する経済的其他の援助をやめることを要求されよう。

連合国委員会通告

侵略戦を煽動し、かつこれを遂行したと云ふ立場から告発されるものは一九三一年の満州事変当時にまで遡り、当時実権を握ってゐた政府の高官も含まれることにならう。

天皇も戦争犯罪人に該当することとなるかも知れず。少くとも関係各国中一政府は天皇の告発を要求してゐる。

午後西田、勇造、太郎来訪、西大路籔開墾打合す。大体余の案通り決定。

十月八日（月）　雨

終日休養。静夫東京より来る。

朝、勇造を招致、小作出入人代表の人選と今晩招致を命ず。代表者、中野寅、中村岩、山田萬。

幣原内閣組閣工作は着々進みつつあり、吉田外相、次田国務相（書記官長）が組閣参謀で今日大体の組織を終ったが、之に対する無産党水谷長三郎の批判に曰く、幣原内閣の如きマックアーサーの方のみを向き日本民衆に背を向けた内閣に吾々は何等の期待を持たない。

十月九日（火）　雨

終日休養。静夫朝舞鶴に行く。

九日、幣原内閣親任式。

総理　幣原喜重郎　　運輸　田中武雄
外務　吉田茂　　国務相　松本烝治
内務　堀切善次郎　　官長　次田〔大三郎〕
大蔵　渋澤敬三　　法制　楢橋渡
陸軍　下村定　　情報　河相達夫
海軍　米内光政
司法　岩田宙造
文部　前田多聞
厚生　芦田均
農林　松村謙三
商工　小笠原三九郎

十月十日（水）　雨

終日休養。

＊連合軍司令部より発せる必需品輸入に関する指令

輸入許可条件

一、絶対必要最少限

二、国民の最低生活維持の為、輸入を必要とする理由の立証

三、予め決済手段を報告すること ―― 輸入資金としてクレジット設定を目論む安易な意見は不可能。

駆引中希望的意見を盛込んだ情弊を打破。

輸入引当物の国内用途振向けは不可能なり。従て国内の民需品供給は依然困難なり。

生産配給にわたる経済計画的運営の強化

国民勤労を生かす労働政策の確立

十月十一日（木）　雨

雨又曇、終日休養。

十月十二日（金）　晴

滋賀県庁に稲田知事、三宅秘書課長訪問。十五日福井一族出発につき自動車借用を申出で、快諾。

浜大津より京津電車乗込みて米兵の為三台待す。嗚呼敗戦国民よ!!　京都経由、四時過帰宅。

夜、岡トク転貸畑作者数名連袂来訪、精二立会、一喝を喰わす。

無産党水谷の演説中々良い。

十月十三日（土）　快晴

六時起床。田中実組長訪問。吐霧器借用を申込む（萬ちゃんより借る）。石灰を貰ふ。午前、防空壕改造。午後、防虫剤施用、硫安施用。四時より精二、西田、太郎同伴、西大路の籔を実査す。


憲法改正、陛下の御退位すら問題となって来た。

福井荷物造り完了。

鳩山〔一郎〕の演説なってゐない。
＊戦争日本を支へた四つの柱（ニューヨークタイムス）
一、天照大神より下されたる神勅皇位
一、サムライ的封建精神の軍隊
一、少数の財閥
一、辛苦欠乏に耐ゆる敢闘精神を以つ農民出身兵士

十月十四日（日）

午前、防空壕改造。福井俊夫来着。午後、一同俊夫君によって撮影。午後作業は野菜の施肥なり。
＊十一日、マ元帥より幣原首相に対する要望五大改革事項
一、日本婦人に選挙権賦与
一、労働組合結成の奨励
一、学校の自由主義的な教育へ解放
一、秘密訊問及其濫用によって国民を不断の恐怖に導く制度の廃止
一、日本の経済組織の民主主義化
NBC放送会社特派員カスリ、ジャンセン氏、近衛公会見談の一節。公曰く、陛下は御退位の問題に就き重大な関心を払ってをられる。

十月十五日（月）　晴

午前九時、滋賀県庁差廻しの自動車にて福井静夫の一族京都駅乗車、帰京の途次につく。

小坊共が居なくなったので俄に淋しくなった。

夜、西田来訪。籔の立竹伐採売却の件交渉あり。精二君同席、一反歩五百円との申込なり。考究調査する事に返事す。

忠昭、睦子、毅同伴来り、又賑かになった。

十月十六日（火）　晴

午前八時、精二君同伴、岩吉同伴、構口二十番地の岡トク貸付地の調査す。一応全部回収の上、岡、岩吉、桶屋（辻川）に一部貸付け、約$2/3$は自作に決定す。

石田村久保を訪問、自家製炭法を聴取。

午後、炭焼調査。

夜、山中友四郎訪問。簡易炭焼法聴取、山中國廣君の宅に窯ある由。生木二十貫にて四貫俵が出来る由なり。

十月十七日（水）　晴

午前、作業、大福豆作り、地造り。

午後、炭焼の材料調査す。忠昭、次郎に炭焼の穴を造らす。予て庄右衛門氏より炭焼人を紹介し呉るる約あり、待って居ったが頓と音沙汰なく、昨日訪問して尋ねて見たが、既に炭焼人は福井県の郷里に帰り去って十二月でなければ来ない事判明、庄右衛門の不誠意にフンガイしたが致方なし。対策考究の為、自家製炭を研究中なり。

＊十六日、マ元帥は全世界に放送した。曰く、

　日本の軍事的威力及国際関係ある凡てが禁止されたのである。之を以て日本はもはや大少を問はず世界的国家として数へられなくなった。

十月十八日（木）　微雨

朝来曇後雨。作業、炭焼用材として桑樹を伐る。雨来る。

午後、珍客内海俊輔来訪。

同人青山宅の罹災、高麗村疎開の近情等を聴取す。夜、西田来訪、籔伐採の竹材売買の件なり。精二君を招致して交渉。庄右衛門来訪、炭焼の件なり。十二月頃炭焼人来村の節紹介を依頼。玉葱苗の件依頼す。精二君、岩吉、おトク、辻川（桶屋）を同伴来訪、構口二十番地の畑貸付の件申渡す。辻川より桶屋と醍醐農家の関係の事情を聴取す。

十月十九日（金）　微雨

朝、西田を招致。精二君立会ひ、西大路籔立竹を五千円にて売［却］約。相手は京都府竹林統制組合東山配給所代行西田喜一郎なり。又西大路二三の宅地を西田喜一郎に売約す。坪当り二十円なり。両約にて手付二千円を領収す。内海俊介〔輔カ〕を訪問、昼食の馳走になり午後二時半帰宅。下肥汲取、炭材造りをなす。

夜、常五郎招致。炭材切出しを命じ、山中友四郎、同國廣を訪問。一俵ガマの使用を依頼す。

十月二十日（土）　曇

伏見区役所に至り、西大路二三番地の畑を宅地に地目変換申請の事務聴合せ。同上にて税務署にても聞合せの上京都府にて農地管理令により許可を要する旨説明され府庁に出頭、農政課に

出頭す。序に山根耕地課長、岡本技師とも面会、洛東用水の件をも聞合す。午後四時発帰宅。
六地蔵より徒歩なり。
夜、内海俊輔来訪、同伴にて小西重太郎を訪問す。
今〔日〕三和にて定期書換へ及会社手当五〇〇引出す。妻渡し。

十月二十一日（日）　微雨
京都市農会主催醍醐畜牛品評会の招待を受け、九時より行く。松橋にて挙行。府、市当局より来り、盛会なり。牛肉、松茸、豆腐、葱のすき焼の御馳走をたら腹食った。午後四時帰宅。夜、安田を訪問す。貫名菘翁の軸出来につき、同氏の斡旋を謝する為なり。

十月二十二日（月）　雨
朝、西田訪問、西大路の土地地目変換申請の件打合す。内海太郎、小西来訪、洛東用水工事推進の件打合す。午後藷掘り。余は椿、ツツヂ、霧島を庭園に移植して農園の整理美化、畑地拡張工事に着〔手〕す。

十月二十三日（火）　微雨
朝、西田来訪、地目変換申請書案打合せ、略々完成す。内海太郎、営団の板倉同伴来訪、洛東用水工事の件、色々談合す。要するに営団の無責任の旨を追及、早く市当局と協議完遂を督励す。中西をも招致して談合、午後二時半去る。作業、池畔の整理、牡丹、シャクヤクの移植をなす。
夜、福島喜久雄来る。今回加藤製作所に就職決定の由、農業用トラクター製造に主任技師として就職する由。

十月二十四日（水）　晴
午前池畔の畑造成を完成す。今日は故叔母（忠三郎の妻すゑ）の十七回忌にて精二君方法事執行。午前十一時参会、住職参詣、中村、稲波、古望も来る。
夜同上にて町内の観音講に参会。

十月二十五日（木）　晴
午前五時起床。午前簡易炭焼作業をなす。不成功。
藤本慶治夫婦、荷物を取りに来る。今回京都に住居を定めし由なり。故奥村姉より預り荷物も引取りも希望せるも、山寺の奥村と連名にて引取りを希望し、引き渡さず、その旨を了して去れり。
福島喜久雄は母堂同伴、今日出発。佐賀県の郷里に行く。
夕方防空壕改造、土工。夜、精二君訪問、構口の岡トクより返還地の始末を督励す。

十月二十六日（金）　曇
農事、防空壕辺土地改造。森口捨次郎来訪。

夜、西田訪問。西大路畑売却地、地目変換の件なり。

連合軍司令官指令
日本の外交関係を廃止。
中立国に対する外交関係の文書及設備を連合〔軍〕国に引渡しを命じ、日本は全然外交関係が無くなった。

十月二十七日（土）　晴

午前、西大路畑地目変換に関する書類作成。山中友来訪。國廣方の炭焼ガマに材木積込の申出あり。同行見学。午後農事、防空壕周辺の整理開墾、菜園の施肥。
夜、安田来訪。同氏の斡旋にて出来の菘翁軸物を展観す。

十月二十八日（日）　晴

朝、山中國廣宅の炭焼ガマ火入れにつき作業を見習ふ。九時より精二君、岩吉同伴、構口の畑を辻川、岩吉、おトクに貸付地境界決定す。松茸山にて家族全部行く。余及妻は留守なり。余は炭焼の状況視察の為度々國廣宅に往復す。午前十一時安田訪問、小西訪問、不在、烟草を貰って帰る。太郎宅にて岡本技師に会ふ。五時より農事、菜畑造り、堆肥場積かへ。

＊地方長官大更迭、二十七日付発令
　京都府知事　木村惇
三好〔重夫〕前知事は内閣副書記官長となった。

十月二十九日（月）　晴

終日在宅。午前簡易製炭、今日は成功しそをだ。防空壕改造工事。
快晴につき家族一同野外農場にて午餐を取る。
郵便貯金より二冊より計三千九百円（千九百円及二千円）引出す。
午後栗林台にソラ豆地造成、豆蒔。
堆肥積換、堆肥場調〔理〕。
夜西田来訪、山本米吉に土地売却の件なり。

十月三十日（火）　晴

朝、西田に会って農地買入許可申請書に捺印せしめ携行、京都府庁に出頭、農政課属山本清一と折衝、書類を提出す。三哲の瀧井農産会社にてホヲレン草等の種を求め、市電にて中書島より京阪宇治線にて莵道竹村訪問。重一及吉野に会う。清太郎氏と閑談、午後五時半帰宅。服部六郎来り居る。今回、山名、堀両氏と共同にて厚木にて農業に従事する由。忠昭、今朝西田のトラックに便乗、西江州北小松に小松農場訪問、雛鶏六羽求め帰る。

十月三十一日（水）　晴

六郎は今朝垂水の叔母の宅に行く。農事、エンドウ豆地を造る。
甘藷蔓をうめ込み根肥となす。
山中氏方にて製造し置たる炭及余の簡易製炭を取出す。

山中の分、歩止り頗る悪し。余の分却て歩止り可なり。

夜、西田宅にて町会長を招待披露宴あり、余も招待を受く。

十一月一日（木）　晴

六時起床、氏神例祭につき七時半参拝。

西田来訪、対談中、府庁山本清一来訪、西大路の土地調査に来る。西田と共に案内、西田方にて午餐、庄右衛門氏の故長男の友人なる由につき庄右衛門君をも招待。

午後、倉庫整理、野菜に施肥。

夜、服部六郎、垂水より来り来泊す。同氏の開墾事業計画につき更に詳細聴取せしが、収支につきて確〔各カ〕具体的の計画は立ち居らず、頗る漠然たるものだが他に問ふべき方途なき由につき、今後出来る丈け計画を立つべき事を注意を与ふ。

十一月二日（金）　晴

午前、椀〔豌〕豆地造り及ホヲレン草地造り、堆肥場の整理。

夜、岩吉を招致。構口直営畑の肥料の件打ち合す。

八時より西田方の観音講に出る。

今朝、服部六郎出発す。家族は五日乗車券入手次第出発させることとす。

十一月三日（土）　晴　快晴

早起、明治天皇の御影を奉掲、御皇徳を仰ぐ。農事、豌豆地造り。

内海太郎来訪、地主保有米運動の件なり。左右田翁来訪、皆山三郎右衛門の婿養子四郎来訪（疎開にて預りの荷物受取の為なり）。

山本府属来訪、西大路畑売買許可書持参し呉る。西田招致。

精二息忠雄、肺炎にて重体なり。夜、安田を訪問して手当方につき聴取。精二家内に注意を与ふ。

＊マ司令官指令の十五財閥の資産凍結令出ず。

今期予算関係は如何なるか、研究を要す。

十一月四日（日）　晴

午前、豌豆地造り。午後同上完成。保さんよりみぶ菜を貰ひ、里芋を採取して其跡及付近にみぶ菜地造成。忠昭をして助けしめ完成。

喜久雄、午後四時到着す。

佐賀にて疲労及風邪の為臥て居りし由、尚頗る疲労につき両三日休養の予定。

十一月五日（月）　晴

昨日は少々労働が過ぎたる故、今日は休養。午後に地目変換の税務署提出書類を造る。午後、蔬菜地の整地、施肥、物干場の整理、理髪。

十一月六日（火）　晴

八時のバスにて伏見行、電灯会社に電気コンロの件聞合す。税務署及区役所にて地目変換書類の提出をなす。上端山の山林図面区役所にて調査せしも不明。京都皆山訪問。

午後一時三和支店にて手当引出し。

関預金主任に四大財閥の資金凍結につき信託預金関係を質問す。不安なし。午後三時半のバスにて帰宅。夕立降る。時雨だ。

夜、下村武夫君方弔問す。気管支炎にて死去せし、本日葬儀だった。中村久吉来訪、鍛冶屋開業だ。

＊睦子、忠昭、午前三時半出発、山科駅五時半の列車にて帰り去る。

十一月七日（水）　晴

午前大豆苅取、西田来訪。

防空壕辺に麦地を造る。

午後中村久吉開業祝に訪問、十円祝を贈る。

三時半より稲地造成。

夜、小西重太郎訪問。南部実行組合の田中組長と西田副組長関係問題につき意見を交換す。

十一月八日（木）　晴

午前麦地造り。午後二時、西田伍一の英霊硫黄島にて玉砕帰還につき相場川迄出迎へ。夜九法事観音講。

十一月九日（金）　晴

八時、西田の弟の葬儀、軍人墓地に埋葬につき参列す。隣組一同参列。

農事、麦地造り。

夜、西田来訪。竹林採伐〔マヽ〕代金五千円（手付を含む）、西大路二十三宅地売却代金三千四百五拾円を持参、領収す。八時より森［家］伍一の百十日観音講に出る。

十一月十日（土）　晴

午前六時半から農事、麦地造り、稍進捗す。西田訪問、領収証書換へを出す（宅地売却三千四百八十円の件）なり。麦地造りに終始す。喜久雄又々熱を出す。へんと〔扁桃腺〕をせんの由、心配なし。忠雄は肺炎の結果中耳炎及ろく〔肋〕膜（乾性）併発の由、安田博士来訪談なり。

十一月十一日（日）　晴、驟雨あり

朝より麦地造り、九時西田来訪。手付領収証書を返還〔せ〕り。昨日、本領収証を渡せる故なり。小麦種一升を譲受く。終日小麦地造り、栗林台の分大体完成す。夜、慶子をして新造に交渉せしめ、明朝来りて小麦蒔の指導せしむる事とせり。

十一月十二日（月）　晴

朝六時より栗林台の小麦地造り一ウネ。之にて栗林台の小麦地全部完了。八時内海新造小麦種持参、同人の指導にて小麦蒔き、午前中に栗林台の種蒔完了。

午後、桜台の小麦地造りに着手、一ウネ造る。

十一月十三日（火）　晴

終日桜台の麦地造成、五ウネ完了。大分疲労した。

十一月十四日（水）　微雨

朝来微雨。雨を冒して麦地造り。午前一ウネ、及び桜台の既成麦地五ウネに小麦種蒔き、午後一ウネを造成す。

微雨稍霽る。ラッキャウ地を桃花谷の一角に造成、少しづつ移植。

看耕台下の逍遥道一部造成。

夜保太郎来訪、植木入手の手間賃一日十三円の割、四人半五人と計算、六十五円を支払ふ。

玉露一袋呉れる。

十一月十五日（木）　微雨

雨を冒して麦地桜台造成、雨の為半ばにて中止。畝間にある桐根二本を掘出し始末す。

朝、山中國廣炭焼の礼。田中長三郎に玉葱苗の供与を交渉に訪問、之は物にならず。

十一月十六日（金）　曇時々晴

七時起床。農事、麦地桜台に二条造成、三条に播種。

武子、慶子、京都に行、四時帰宅。

夕方西田来訪。牛買に津山方面に行く由。夜西田訪問。西川、川戸、田中長、竹市、村井来会中なり。

十一月十七日（土）　曇

七時起床。終日小麦地造成。

四畝完成。あと二日間位で全部完成の見込。

夜岩吉来訪、構口の畑すき込に着手の由、明朝見に行く事とす。

服部より来信、厚木の開墾地にて活動中、既に一反四畝完成の由。麦を蒔いた由だ。

十一月十八日（日）　曇時々晴

朝七時、岩吉宅に至り同人の案内にて構口の畑整地状況視察、
明日よりチク〔逐〕次麦蒔開始の事とす。
西田より裸麦種五升譲り受く。構口畑の蒔付用なり。
終日宅裏の畑の小麦地造成及蒔付に従事。略々完成。
喜久雄病気全快、今日京都に行って急行券を求め帰る。
明日出発の由なり。

十一月十九日（月）　晴

珍らしく快晴だ。喜久雄、午前八時にバスにて出発。予は岩吉

宅に至り構口の圃場に召致して麦蒔を開始す。岩吉の指導により蒔始めを為し、一旦帰宅。宅の畝場の小麦蒔地造成に終日を費し、全部完成、小麦蒔も完成す。
夜、隣組常会。慶子を出す。

十一月二十日（火）　晴
午前八時より終日構口畑作業。午前裸麦種蒔き。
午後施肥、一畝を完了。
隣区藤井、下村皆夫れぞれ出動中なり。
夜、田中長（松っちゃん）来訪。
農会談、川戸と廣瀬両技師の不仲、生鮮食料品(公)撤廃につき廣瀬の行動、組合員橋本の甘藷不供出の談あり。

十一月二十一日（水）　曇後雨
午前中、構口麦畑諸播種地に施肥、初めてコエタボ〔肥担桶〕を搔いで見た。工合の悪いものだ。然し其の為思の外進捗して十時に完了したので、正午前未整地の整地を為す。微雨来り、午後は更に強くなって来たので、午後は在宅休養。
西田喜、牛購入旅行より帰宅、挨拶に来訪。
妻は大豆収穫の始末今夜完了、約一斗を得た。

十一月二十二日（木）　晴
午前、山科に行って滋賀銀行山科支店で竹代五千円の小切手を換金して午前十一時帰宅。
午後構口の麦地及び麦蒔第三畝完成。夕陽実に美し。ミレーの夕の祈りを思わす。
夜、西田来訪。岡山県津山牛買付の報告なり。

十一月二十三日（金）　晴　暖
朝、構口麦地第四畝の界を切り、第四列の開コン〔墾〕にかかる。午後、第三畝に施肥。樋屋辻川に肥料桶修理せしむ。正午、畑山甚太郎、常五郎を同伴にて来訪。
夜、安田ドクトル来訪。

十一月二十四日（土）　晴
午前、構口麦地耕成、第四畝$\frac{1}{2}$を完了。午後、同上に蒔付けを為す。
夜、製炭者谷口、庄右衛門君の紹介にて来訪。種々の話を聴取。明日実地視察に案内を約す。養老院の竈を借りて二百円十六俵にて、三俵は借賃として手取十三俵の由。
谷口は福井県の専業者製炭夫を同行来るなり。

十一月二十五日（日）　朝微雨後曇
朝、製炭者谷口伊左衛門来訪、常五郎の案内にて丸山のクヌギ林実地視察の結果、谷口に現地にて炭竈を築かしむる事を約す。二十俵竈にて八百円で請負わしむ。

午前農事、構口農地施肥。

引続き午後三時迄麦地耕成。

次郎応援に来り、帰宅休養。今日は大活動なり。

辻川に構口畑の実測を依頼す。
＊マ司令官より食糧、塩、棉花、石油の輸入許可。
　見返り輸出品石炭、木材、産蚕卵紙を輸出の許可あり。

十一月二十六日（月）　曇

午前、構口畑に裸麦播種作業、全部完了。午後、同上に施肥。三時終了。後休養。

今日、西田氏より小麦五升持参、食料用なり。
＊マ元帥より軍人恩給停止令出す。
　全面的に日本財政を制限令出す。

十一月二十七日（火）　雨

終日休養。午前、西田を訪問す。庄右衛門来訪中なり。後、西田来訪。要件は被服廠疎開品を地元に払下を希望す、府庁に運動の件なり。本日夕方、西田氏、山本に会って瀬踏みを為す。其の模様にて余に府庁出頭を希望せり。

三時半雨止む。柿樹下の蕗地造成の為、破瓦の推積を取除け作業。
　＊臨時議会開院式挙行せらる。

十一月二十八日（水）　曇時々晴

午前、玉葱地造成。

午後、野菜施肥、蕗地造成、牛蒡地除草。

夜、西田宅にて岡山県下の牛買連足洗会に列席。

久し振り鶏肉すき焼。牛蒡飯満喫。来会者、川戸技師、田中（連合会長）、西川、西田、岩田、細川、幡山、林なり。

十一月二十九日（木）　晴

朝八時、構口畑の成績見分に行く。岩吉訪問同行、既に一部発芽せり。樋屋に立寄り九時帰宅。玉葱地造成に着手したが、思付いて馬鈴薯を掘る。十数個を得た。期節遅しで成績不良だ。

其跡を耕して小麦地造成。石壢〔礫カ〕多く労作なり。

正午過、西田宅に山本来訪の由にて訪問す。午後小麦地を追加工作。五時完了。

夜、常五郎招致。薪材切り出しを命ず。
＊議会、幣原首相の施政演説に失望した。

十一月三十日（金）　曇後雨

午前農事、薤地造成、玉葱地造成。勇造及び國正より玉葱苗譲受の約なる。十二月上旬は苗植付の適期だ。

萬吉より水菜の苗七十六本貰受け、小麦地の中間に植付く。小雨来る。午後休養。中村岩吉来り、籔の周木払下を申出ず。大体承諾、見積を命ず。山中友四郎訪問、炭一俵借受く。炭材にて返却の約をなす。夜、小西訪問。小西は供出米調査委員となれり。

＊陸軍海軍両省は本日にて廃止せらる。

第一及第二復員省を置て裏始末をなす事となった。

十二月一日（土）　晴時々曇

午前、玉葱地造成。一部葱植付（団より苗貰受）。午後葱地及ホヲレン草地造成。

午前、岩吉来訪、西大路籔の境界木払下の件。夜同上問題にて精二君と打合す。

構口年貢、辻川（六十坪、一斗五升、中村及団六升）、但中村は余の直営地の管理費として無償の年貢の約を為す。

十二月二日（日）　晴後曇

朝は快晴だったが、後に曇天となった。京都特有の天候だ。温度も大分寒くなった。朝霜が白い。然し小麦の芽は追々と出て来て愉快だ。先月蒔た牛蒡の芽が追々来〔出カ〕て来るのは愉快だ。午前中玉葱地造成。昼前お倡さんから芋二本貰って食ふ。美味だった。

午後、西大路の籔伐採情況視察、帰途、安田ドクトル訪問。三時から玉葱地造成。夜、岩吉来訪、精二君招致協議す。岩公の案、籔の木、六七百束の見込、七十束を提供する案だ。精二君へ研究を命ず。

十二月三日（月）　晴

朝は寒い。手足が痛いやうだ。

農事、玉葱地造成。午後書物注文の振替を出す。南澤に株主名簿提出の新聞公告を送って内務省管理局に聞合せを命じ、尚余の監査役身分解消せるや否や、重役手当の件等照会す。三時より農事、玉葱一部の植付を始む。

今日は余の誕生日につき鶏一羽を購入（代百五十円の由）、家族一同鋤焼して食ふ。岩吉、甘藷五貫持参、一貫二十五円の由。

十二月四日（火）　曇後雨

昨夜々更しをしたので今朝は七時半起床。九時半から玉葱植付を始む。武子手伝って呉れ、昨日来二畝三百二十本植付を了す。全部団の苗なり。

山科署情報係倉田彌三郎来訪、対選挙談なり。

午後玉葱植付を始む。西田来訪、橋本甘藷事件顛末の報告聴取。農地営団の板倉及土地改良課長柳原廉松来訪。内地県庁に於ての旧知なり。小西招致。

＊洛東問題を議す。夜其宿所にて同行者、京大教授大月氏等と共に晩餐を共にす。

夕方、筒井松、友人同伴来訪。

十二月五日（水）　晴

終日玉葱植栽。本日完了。約九百三十本を植栽す。

十二月六日（木）　晴　暖

午前農事、玉葱の根の保温施設。午後、武子の手伝にて同上完成及同植栽地共を拡張工事着手。

西田来訪、橋本甘藷の件なり。八日に西大路籔開墾の地鎮祭。

十二日頃出発、牛買ひに行く由報告あり。

筒井マツの一行、午前八時のバスにて帰り去る。

十二月七日（金）　曇

暖なり。七時起床。午前十時より農事、玉葱植付保温施設の手直し及植付地拡張、耕地造成。

永観堂柴田和尚来訪。

法事の為に昨日来りし由。圃場にて挨拶して帰り去る。

午後同上完成。約八十本増植。

夜、内海太郎来訪、明日開墾地地鎮祭及洛東用水の件なり。

十二月八日（土）　曇小雨

暖だ。五時半起床。議会ニュース放送も頓と活気が無い。

午前構口麦蒔付の成績を視察に行く。順調だ。岩吉来る。施肥用下肥の供給を交渉を命ず。久吉方に立寄り帰宅、西田を訪問す。今日の開墾地鎮祭の件だ。北川来訪中にて約す。新米穀の供出始る。

橋本甘藷の件も片付いたやうだ。

午後二時より籔開墾地地鎮祭後、余の宅にて大塚神官、西田、太郎等と直会あり。白飯満喫。

今日竹さん甘藷入手。貫二十五円四貫。

十二月九日（日）　晴時々曇

午前農事、玉葱地に通ずる農道及歩道の改良、柿樹下の蕗地造成工作に着手及製炭材造成業。

安田ドクトル来訪。菘翁の軸二本（夏及冬）表装出来、持参し呉る。代各二十円宛。喜久雄の友人（山下氏）来訪、豚肉持参。

午後、蕗地造成、略々完了。

十二月十日（月）　曇、小雨

朝八時のバスにて京都伏見行。

京都三和にて手当五〇〇受取り。

市役所に篠原市長訪問。小西重太郎を紹介、面会の都合打合す。

伏見税務署及区役所地理課訪問、地目変換の件尋す。十二月下旬の見込なり。

四時帰宅。夕方、精二君来訪、同氏の頑固には閉口だ。夜、小西訪問。十二日市長訪問の事打合す。西田訪問、地目変換の件話す。

今回、靴修理二〇円。大部下がった。

十二月十一日（火）　晴

午前、簡易製炭開始及らっきゃう植付。

午後らっきゃう植付完了、蕗地造成完了。寒くなった。

九日マ元帥は日本政府へ覚書を伝達、農地制度改革問題を指示す。日本農民に解放。

UP通信社長ベーリー氏曰く、マックアーサー元帥は余に「日本の罪過処罰は未だ始まったばかりであり、長く且峻厳に行われるであらう」と。日本人に将来何が待ってゐるかを示唆した最初のものであらう。

十二月十二日（水）　曇

小西同伴、京都行。午前九時のバスにて山科駅経由京都市役所に至り、約により市長訪問。小西重太郎を紹介して面談。有本〔健三郎〕助役を訪問、洛東用水問題本年中に解決を約す。耕地課に奥野技師及森農林課長訪問。午後永観堂に柴田師を訪問。

午後七時半帰宅。

忠昭休暇にて東京より帰り居る。

十二月十三日（木）　曇時々晴

寒い朝だ。炭焼及いちぢく移植地造成に着手。

午後、小麦に施肥及麦踏み、小麦地全部発芽せり。

夜えびす屋にて隣組常会出席。炭焼の谷口は醍醐寺境内の被服廠疎開衣料貯蔵品を窃盗に来り、たい〔逮〕縛されし由の談あり。

十二月十四日（金）　曇時々晴

朝、山中友廣（マヽ）訪問、炭焼の件依頼。庄右衛門訪問、谷口逮縛の件を聞く。人違の由だ。

常五郎訪問、國廣方に炭竹材の薪積込を依頼す。

桐木畑の開墾、炭焼き、蕗新植。

夜、勇さん、岩吉来訪。

十二月十五日（土）　曇

午前作業。炭焼、次郎の掘った小竈にてやる。漸次優良品が出るやうになった。

午後、川戸技師訪問。農業要員の証明を貰う。地主保有米の件方針を聞く。地主、小作½宛の由。

桐の木の根の掘取り。蕗畑に新植及不ダン草地を造る。

夜、山中訪問。柴及薪の供給を依頼。本年度地主保有米の件を聞く。南部組合は供出の余裕三十石を出して地主に供給の由だ。

安田訪問。

十二月十六日（日）　晴

稲波武雄の次男、実、死去。今日午前十時～十一時告別式との通知があり、精二君同道、伏見墨染の同家に弔問す。実は金沢高工卒業、二十六歳の元気な青年であったが、十一日夕、同家より約半丁の所にて暴漢二名の為頚部を刺されて入院、治療の甲斐なく十四日死去の由だ。暴漢は進駐軍と云ったが不明だ。

午後三時帰宅、畑山音次郎の母の納骨式につき籔音宅に行く。五時帰宅。

十二月十七日（月）　小雨

朝、大谷君訪問。地主保有米の件問合す。一反歩生産戸均一石七斗、供出一石一斗を（三百石）一石二斗として約十五石をまし之を地主に分つ計画の由なり。

伏見の森歯科医に行き、義歯の修理と虫歯の治療を受け、十二時半の電車にて帰宅。雨又降り来る。三時雨止む。一ジク（イチジク）地及蕗新植。

マッカーサ命令

神道を国家より分離

近衛公十六日未明自殺

十二月十八日（火）　曇

小雪降、寒風激甚。十時より伏見森歯科医の治療を受け税務署を訪問す。地目変更完了の由。区役所を経て京都三和に行く。台湾株式報告の件断らる。四条の証券屋にて国債等三百四十円に売却。錦市場にて荒巻鮭一尾購入（二百二十円）。四時帰宅。妻及家族大喜なり。夜西田宅にて橋本の甘藷供出問題の寄り合ひに列席。川戸技師、北川、中野、大谷来会。

十二月十九日（水）　曇

寒い日だ。終日在宅。午前八時中野寅吉訪問、橋本の甘藷問題の経緯を聴取。炭焼。十一時小西来訪。農会につきての談話あり。小西は今日京都行、市区域一千町歩開墾委員として中野を訪問の由。得意なり。

午後一ジク地造成。

十二月二十日（木）　晴

稍暖なり。小西、内海太郎来訪、洛東用水を市にて営団は十八万円にて打切り九万円は食糧増産の予算にて執行の事に進みつつある報告あり。太郎にて営団の気兼ねせず執務す可きを慫慂す。十時より伏見歯科医行。尚、宅地売却の件につき税務署、区役所訪問、三時帰宅。西田より招待を受け行く。岩上経済部長、岡田転任巡査来会。橋本甘藷問題解決の報告あり。橋本を招致す。

十二月二十一日（金）　晴

暖。朝、西田訪問す。昨夜は更に組合幹部及川戸技師集合、橋本問題解決祝をなせる由なり。但田中は来参、西田との間面白からず、困った事だ。地主保有米の件を依頼す。

午前、炭焼及一ジク地造成。

午後同上作業を進行せるも、一ジク地は地盤粘土の堅き層なる事を発見。之を中止して玉葱を植栽す。中村電熱器を持参す。

慶子、忠昭、京都行、夕方帰宅せり。

十二月二十二日（土）　晴後曇

朝来暖、九時バスにて伏見行。

税務署にて土地台帳謄本受領、中谷代書所にて印鑑証明願手続を為す。中谷は笠取村の人、余と同窓の由なり。森歯科医にて治療。午後三時半帰宅。作業、薪造り、野せ〔瀬〕町より野猪肉三百〔匁カ〕目持参。九十円也。

十二月二十三日（日）　晴、曇

夜来雪、暁に止む。稍暖。八時のバスにて伏見行、森歯科医の治療。正午帰宅。午後曇り。

精二、岩吉同伴、西大路籔の側木境界視察。辻井、樋屋父子来る。風呂桶修繕及び丸山下草苅、構口小作料（一斗五升）の件なり。夜岩吉招致。西大路籔側本実物百七十束提出せしめて払下に決定。餅米廿六日に二斗持参の事、地主保有米反当一斗供出の内談。

十二月二十四日（月）　曇

朝、淀浮田氏令孫同伴来訪。正午より伏見行、区役所にて戸籍謄本受領。森歯科医治療。井上代書人に西田に売却の宅地の書類作成を依頼す。西大路の土地は大正六年に登記し、山本與三吉に地上権設定しあることを発見。一難に打つかれり。夜、精二君同伴西田訪問。右の解決を依頼す。森新にて隣組常会。

夜警の件、国債□金振替の件なり。

十二月二十五日（火）　曇り　寒

曇天続き、嫌な気候だ。午前在宅。炭焼、午後一時より伏見行、森歯科治療。午後六地蔵より菊池某と同行。農業技術及経営者、元国民学校教員也。一言寺下の同氏宅に立寄り、四時帰宅。

夜、中野寅吉招致、年貢の一部現米を以てする件交渉受諾せしむ。

十二月二十六日（水）　晴後曇

午前炭焼、午後役場訪問。

印鑑証明の件なり。手続済なり。

農業要員の認可済なり。大谷四郎に会ふ。地主保有米の計画は田中組合長の手にて否決、組合の手にて保有米出ずとの事なり。

農事、玉葱苗にすりぬかを置く。防寒の為なり。

夜、藤井元三郎、内海新造招致。地主保有米、反当一斗を快諾せり。

岩城國四郎、畑年貢納入。

十二月二十七日（木）　雨

午前在宅、炭焼。

山中國廣方に依頼し置きたる炭焼けたし故受取る。今度は成功なり。午後伏見行、森歯科医にて義歯手当完成。支払三百二十円也。午後五時帰宅。夜冬防警戒当番にて、宵には忠昭を代理とし十一時より余出役。徹夜勤務なり。寒し。

十二月二十八日（金）　午前晴、午後曇時々晴

終日在宅、昨夜徹夜。五時帰宅。小眠。八時起床。

午後神棚の清掃。不要神棚の焼却す。

十二月二十九日（土）　曇、風寒し

終日在宅、六時起床。

午前、下水溜の湿地及橋を改良。午後、山田萬吉訪問。年貢物納の件相談。保さん、岩渕、亀、良三、藤三（内寅の代）、藤井榮、藤原等を招致、協議の事の相談謀る。

稲荷社及仏壇の清掃。仏壇の方は次郎やって呉れる。

妻とつまらぬことにて怒号、余の敗戦なり。夜、筒井マツ、岸未亡人、津山より来り、一泊。乾柿、餅、小麦粉等持参。

十二月三十日（日）　晴

朝、西田を訪問す。種麦［（百廿五円、升当二十五円）及升］（升当九十銭）、種小麦（升当五十銭）計五円、食用麦百二十五円（升当二十五円）計百三十円支払ふ。地主保有米の件は稍難問なり。

大谷の人物問題、西田辞表問題あり。午後餅つき。

武子、次郎、忠昭衝突問題あり。夜、餅を満喫す。

マ司令官の指令により修身、歴史、地理の各学科の授業の停止を命じたり。

十二月三十一日（月）　晴

午前、炭焼き作業。

午後、神様、祖先に供せん〔饌〕準備。家内外清掃。

夜、小西より餅到来。

戦利財産税の全貌

一、法人戦時利得税

一、個人財産増加税

昭和十五年一月一日又は十二月一日を基準とし（100％）、昭和廿一年四月一日の財産比較（60％）

一、財産税、免税点二万円、家族一人につき二千円控除、税率（10％）（70％）

敗戦の齎した混乱と無気力、動揺と自失の裡に昭和二十年は暮れた。

回想録

第八章　南日本化学工業株式会社監査役期

悪戦苦闘録

第九章　疎開

一　疎開前期（昭和二十年二月十五日起）

二　疎開記（都落ち）

三　疎開後記（敗戦録）

第八章　南日本化学工業株式会社監査役期（悪戦苦闘録）

昨年（昭和十五年）十一月　第二回定期総会に出席の為、渡台して高雄の本社に行った際にマグネシユーム製造原料たる苦汁の収集設備及之を塩田地方より高雄及安平工場に輸送すべき設備につき、会社の建設計画に著しく齟齬ありとのことを聞知し、余自身も親しく布袋、北門等の塩田地方を視察し、又台湾海峡方面の航海経験者等の意見を聴きて其の事実なるを確かめ、之は困った事だと考え、倉石専務、松尾技師等の調査研究に一任して帰京した。

十二月上旬　種々調査材料を携へて帰京せる倉石専務から、十二月十二日会社で会って「マグネシユ〔ー〕ム工場資金訂正予算書」を貰ったが、会社の建設計画の齟齬は単に塩田施設及苦汁輸送設備に止まらず、各所に計画不充分の為に予算超過を来して予算超過総額六百三十万四千七百二十六円九十八銭となって居って、当初の予定七百五十万の約倍額に及ばんとして居るには一驚を喫した。之を見て直に余の疑問としたところは、

一、斯る予算超過は重役会に於て何等決議せざるところなるが、会社企業とし斯る放漫なることは許さる可きものなりや。

一、会社の企業の目論見よりは建設費に於て約増〔倍カ〕額を費して果して事業経営は成立ち得べきものなりや。

予算超過に至りたる経緯等につきても種々疑問あり、善後策につきても考慮を要するものがあったが、倉石専務は一切を挙て中野社長に報告して其の考究に俟つとの事であったから、余も暫く事の推移を静観することとした。

本年一月九日に日曹会議室で本件に関し始めて重役会を開催し、余も出席した。会する者、中野日曹、加藤台拓、一宮日塩の各社長を始め、倉石、芝、加藤のヲブザーバーとして台拓の越藤理事及余であった。

提出された議案を見ると、予算超過五百十万一千七百六円九十八銭に修正されてあった。之は中野社長の手元で研究の結果であった。然るに中野社長の説明は予算超過の経緯等には触れず、技術上マグネシユーム製造方法の変更に関する説明であり、加藤、一宮両社長も予算超過の理由内容等の追責を避けて、不足資金の調達難、換言すれば台湾銀行にて之以上の融資は困難なるべしとの点を強調したに過ぎ無いので、両者共顧みて他を云ふて謂所〔所謂〕小田原評議に終りそをであったが、最後に加藤氏の提議で極力節約の調査案を倉石、芝、越藤の三氏にて作成することとして散会した。今後は余もオブザーバーとして参加することとした。

余の考へでは、本日の重役会に於ては、一、社長より先づ予算超過の経緯を説明して了解を求め、加藤、一宮両氏よ

り種々質議ありて之を認むるや否やを論議し、二、之を承認したる上にて第三回、第四回の払込を為すべきや、或は借入金によるやを議し、三、若し不承認の場合は如何に処置すべきやを議すべきものなり。台銀よりの融資の可能な〔り〕や否やを論ずるは先きの問題にて、若し台銀より融通を受ると決定すれば総督府を動かして其の後援によりて融通の運動を開始すべきものなりと考えたるが、実業家の行き方は著しく余の所見と異るところあるを知りたり。

予算超過の重なる理由は、安平工場建設費約百五十万円、塩田施設即ち苦汁集収設備及貯蔵設備、苦汁輸送設設〔ママ〕備の百万円が当初計画予算になかりし事、及臭素増産設備に更に約百三十万円を計上せる事、及高雄工場の基礎工事、建築工事費の予想に地盤関係、建築資材関係等予想外の経費を要して約百万円を超過せることが重なる元因にして、斯る放漫にして無軌道的なる企業は驚くの外なき次第であった。

一月十四日　午後三時より台拓支店にて倉石、芝、越藤等と余も参加して、九日重役会の申合せによりて追加予算案の内容を検討することとなったが、其目的は追加予算案を査定して整理節約案を造るにあったに拘わらず、芝氏は追加予算案と云ふも其実三百万円は既に一部は執行済又は発注済なるを聞て、斯くては吾等委員会の問題に非ず、三社長（中野、加藤、一宮三氏）の問題なりとて本題に入るを避けて散会した。越藤は切りに台銀の融資難を力説して居った。

一月十八日　倉石より報告を聴く。一昨十六日三社長会合せしが、一宮、加藤は第三回払込は出来ないと云ったので、中野は如何か自由に遣って呉れと云ったので、両氏は夫れでは困ると云ふ事で分れた由。

日塩、台拓が第三回払込は出来ないと云ったのは寧ろ当然の事だ。一月九日の重役会で無故〔何カ〕此意見が先づ討議されなかったか不審である。企業家の心理は不可解だ。尚両氏の此意見は今後も根底となって居って終始したのだ。蓋し本社創立の際、三社長に今川専売局長も参加して四者調印して覚書を作成して、本社の資本金は千五百万円なるも、建設費は$\frac{1}{2}$払込の七百五十万円とし、将来運転資金等に必要あらば二百五十万円迄の借入金を認めて事業開始すとの確約あり。創立当初より第三回以後の払込は認めない事になって居るのである。思ふに加藤、一宮両氏は中野氏の放漫なる経営的性格に危険を感じて斯る覚書を作成したるものなるべく、其後も屡々半額に減資して金額払込済のものに改組の提案を為せるも此以所にして、今や果然両氏の不幸なる予想は的中したのである。

一月二十日　加藤台拓社長に会見して三社長会見の内容を聴たが、倉石談とは少々違って居って追加予算中の臭素増産計画を中止して、其上全体としての節約予算を造り、大体三百万円に切り詰め、其財源は会社自体の借り入れ金に待つとして、近くアルミニユーム会社の視察団長として渡台する中野社長が自ら台湾工場の実地に就て調査研究して立案するとの話合ひであったとの事であった。

加藤氏も第三回払込を否認して居る事は事実だ。臭素増産計画の問題は追々後の問題となって来るのである。

一月二十五日　会社に出て日曹社長室を訪問すると、中野社長と倉石と劇論中だ。能く聞くと今日更に三社長が台拓で会見したが、左の申合せを為した由。

一、南日本化学創立当初の三社長の申合せを確認する事。
二、七百五十万円を超過したる建設費の細目を造る事。
三、苛性曹達事業は別会社を創立してやる事。
四、臭素はマグネシ〔ユ〕ーム千二百瓲製造の副産物として生生産する限度に止むること。

一、二、は当然の申分である。然し之は一月九日の重役会で当然持出さる可き事項だ。今日に至り漸く抬頭して来たのは笑止の次第である。漫々的と謂ふべきだ。

三、苛性曹達事業の問題は始め当社は中野氏が南日本塩業及台湾製塩の生産工業塩を原料として苛性曹達（電解）製造の目的で創立を企たのが始まりである。然るに創立途上に於て政府の方針によってマグネシユーム製造工場に変更して創立の認可を得、後更に曹達製造をも認可さるるの方〔ママ〕針となったのであるが（此問題は旭電化工業のマグネシーユム工場、曹達工場出願と関連して複雑なる問題であるが、本問題に関係なき為之を省略する）、マグネシユームに対して千五百万円の資本で二分一払込で創立したのだが、曹達をやるとすれば更に三百五十万円を要するので、之に要する資金は千五百万円の内の第三回の払込でやるか、或は増資によるか、総督府の方針がグラグラして居ったのと、台拓、日塩両社は千五百万円の資本を七百五十万円に減資し、曹達に対しては新に増資するか、又は曹達に関しては別会社を起すかとの意見もありて、未だ決定に至らなかったのである。然し曹達をやる事に就ては、八月廿一日の重役会に於て決定して居ったのである。

四、臭素の問題は昨年頃から航空燃料として所謂イソヲクタンの瓦斯リンに必要なる二臭化エチレンの工場を軍の指示によって日曹の二本木工場に於て建設することとなり、其重要なる原料たる臭素を南日本化学より供給を受くることとし、之は中野有礼氏が両社の社長であった為に、軍と約束して他の重役に充分に協議することなしに、ドンドンと中野式に計画を進めたのである。而して右原料たる臭素は当社に於て計画せるマグネシユーム千二百瓲製造の副産物たる臭素のみにては不足なるにつき、臭素の増産計画を立てたのであった。此辺が所謂中野式で、重役間の了解を経ず、資金の手当てにつきては具体的の計画を立てずして事業計画のみを進めた事は事業家として頗る健実性を欠くとの批難を受けても致し方が無いのである。

倉石の論点は、苛性曹達を南日本化学でやる事は既に昨年八月二十一日の重役会で決議し、資金も三百万円と決定して居るので資材の如きも既に発注済のものあり、二月二十日期限の支払手形も六十万円あると云ふ次第だ。重役会の決定を容易に覆さるるやうでは倉石は責任を以て仕事を共にすることを得ない、辞職すると云ふのである。

　倉石の云ひ分は一応尤も〔の〕やうだが、然し苛性曹達をやると云ふ決議は前述の如く重役会で決定して居るが、資金手当ての方針も未だ決定せず総会の決議も経て居ないのに、工場建築資材の注文を発する如きは頗る放漫と云わなければならない。思ふに倉石は今日の三社長の協議にて甚だ困った立場になったので、俗に云ふ尻をまくったのである。

中野社長も持て余して居るので、余は斡旋大につとめ、或は加藤台拓社長に面会し、或は倉石を自宅に訪問する等奔走の結果、倉石は辞意を翻し、明後日更に中野社長は加藤台拓社長と会見することとなった。

一月二十七日　三社長会見の予定だったが、中野君が扁桃腺〔で〕高熱を出して丸ノ内ホテルで臥て居るので中止となり、台拓支店にて加藤、一宮両社長と余及倉石会見。第三回払込を基礎として採算表（原価計算）を作成し、芝氏と協議することに決定し、尚苛性曹達事業は別会社を創立してやるとの加藤氏の強き主張等ありたり。

一月二十八日　午後三時より日曹会議室にて倉石、芝、両氏と余と会見したるが、倉石の作成せる原価計算表等は芝氏は問題とせず。同氏の意見左の如し。

　一、一宮、中野両氏共第三回の払込の意思なしと思ふ。彼等が色々云ふは省みて他を云ふものにして、結論は出資の拒否にあり。

　二、会社を生かす方法としては芝氏の持論たる塩マグ工場と金マグ工場を全然別の営経〔経営カ〕主体に属せしめ、南日本化学は金マグ工場のみを経営し、塩マグ工場は製塩業者、即台湾製塩、大日本塩業、南日本塩業の三社の出資により別会社を設〔立〕して、塩マグを南日本化学に供給するを目的とすべし。斯くして資金問題を解決せんと云ふにあり。原価引渡し価格の如きはスクイヂングスケールの方法を考究して南日本化学の原料難を防止すべきなりとの意見なり。

一月二十九日　倉石と余は台拓支店に加藤社長を訪問、意見を交換す。加藤氏の意見は緩和し来りて、一千万円迄は払込止むを得ざる可しとの事なり。

一月三十日　大日本塩業本社に一宮社長、芝専務を訪問、意見を交換す。芝氏は前説を主張し、一宮氏は採算の見込立たば第三回払込及曹達事業の出資を賛成なりと明言せり。芝氏の主張と相違あるは奇異の感ありたるも、兎も角倉石の手元にて採算を再検討して原価計算表を作成することとなれり。

此頃に至りて会社は七百五十万円の資金は既に全部消費し尽し、

差迫りたる手形の支払に八万円の不足を生ずるに至れり。思ふにマグネシユーム関係の建設費に於て予算超過せるのみならず、別途に予算なくして発注せる苛性曹達工場建築資材の一部も追々納入さるるに至り、資金の不足を来せるは当然のことなり。

一月三十一日　加藤台拓社長出発帰台の途につかるるにつき、今後の方針につき更に打合せの為、電話にて同氏の意見を聴く。

要領

一、日曹、日塩両社にて採算を研究して払込を同意せしむるやう尽力されたし。台拓としては、若し日塩が払込に同意すれば、払込に異議なし。但し、台拓は化学工業には全然経験なき故に、事業経験の内容につきては、日曹と日塩に於て全責任をとられたし。

一、中野社長アルミニユーム視察団長として渡台に決せる由につき、其機会に高雄工場建築予算を社長自ら検討して極力節約の査定をされたし。

一、自分は相談役の立場にあるを以て台拓重役連よりは南化の問題に深入りすることを阻止的の勧告を受け居るも、台湾産業上の重大問題なるにつき問題解決に極力努力すべし。

と頗る力強き意見であったから、為念倉石に此旨電話して倉石としても加藤氏出発前に加藤氏に面会し置くやう注意したが、倉石も今朝加藤氏を訪問して親しく意見を聴たとの事であった。予定通り加藤台拓社〔長〕は一月三十一日出発帰台、中野日曹社長は二月四日出発渡台の途に就た。主役三名の内二名が不在となったので、問題解決運動に一頓挫を来した。然し中野日曹社長に就ては、日曹の大改組問題が追々と急迫し来って其地位も頗〔マヽ〕く動揺するに至った。其後其問題は益々具体化して、中旬に至って日曹総会に於て中野有礼氏は社長辞任。引続いて小竹副社長、重田常務、其他中野系重役は総退却。辰澤、竹中両取締役が常務として日曹の事務を取ることとなり、次で大和田悌二氏日曹社長に、其後出、中野義雄両氏が取締役に就任、日曹幹部大改組で中野放漫政策の跡始末として、興銀より八千万円の強制融資を受けて整理政策の一路に邁進することとなった。之やがて南日本化学の問題に就ても大変化を来すこととなるのである。

二月上旬の状勢では、加藤台拓社長は意見が稍々変りて会社を生かす為には資金融通の道さへ付かば、第三回払込も止むを得ざるとの考へ〔を〕抱くに至ったやうにも観察さるるに至った。然し一宮社長の表面上の意見は兎も角、内心は第三回払込拒否意見は動かすべからざるものがあったやうだ。然し自分一人の意見で会社を倒す責任を採ることを回避する為に、払込後の採算調査に言を借りて只管問題遷延策を取ったやうだ。之が為には中野日曹社長の台湾旅行は、彼の為頗る都合の好い口実となった。加藤氏の本心も何れにあるか、或は払込の拒否の意見を日塩に推し付けて居ったのかも知れない。余及倉石は彼等の本心を察知し得ず、否或程度迄察知すれども何とかして会社を生かせ度いとの考あり、且倉石としてはマグネ工場に対して既に予算以上の発注を為し、苛性曹達に対しては予算なきに不拘百万円以上の発注を為せる責任上、何とか積極的に解決の必要に迫られ居り、余も其の事情を察知せる為、極力倉石を援助して問題の好転に尽力する積りだった。

二月十三日　中野社長、台湾旅行より帰京せるにつき丸ノ内ホテルにて会見。余は中野に対し明日貴殿が一宮と会ふ前に芝を会ふを可とす。

一、一宮は採算の見透し付けば第三回払込に応ずべきも、採算の具体的内容につき芝専務と相談して呉れと云ひ、

二、倉石専務は同問題につき芝氏と再三会合せるも、芝氏は深く内容に立入るを避ける模様なり。思ふに芝氏は責任を分担することを好まざるものなりと思考さる。

三、故に中野社長親しく芝氏と懇談して問題を即決の要あるべし。

と注意せるに、中野は其旨を了して直に余の面前にて芝氏と電話にて打合せ、本日会見を約束したり。

此の中野氏のキビキビしたる態度は実に愉快だった。人言を容れる雅量と即決の態度は交合って見て愉快だ。

二月十四日　今日、中野社長は一宮日塩社長と会ふ約束だったが、中耳炎にて病臥せるにつき（帰京途中航海中より発病なりし由）中止せるにつき、午後三時、余、倉石と両人にて日塩本社、芝専務を訪問す。芝氏曰く、

一、倉石より送付せる南化の採算書を見たるが、金マグ工場につきては採算上不安なし。

一、併し金融につきては、台銀が中野に対し極力警戒し居れり。三社に対し払込金の融通は困難ならん。

二月十五日　日塩本社に一宮社長訪問す。倉石同伴。一宮社長曰く、

一、芝君より採算調書に付ての意見も聴取せり。然し大体論にて詳細なる数字的計算書を見ざる上は賛否を決し難し、と。思ふに一宮社長は第三回払込拒否の意見は言外に明瞭なり。採算云々はカムフラージ〔ユ〕に過ぎず。斯る上は森岡氏を通じて斎藤長官より日塩を説得して貰らうより他の手なからん。兎も角倉石の手元にて急いで採算調書を作成することとす。芝氏は満州旅行に出発せるにつき、右調書は同氏の出張先に送りて同氏の意見を徴する旨、一宮社長言明せり。

二月十九日　採算調書が出来たので、倉石、遠藤技師同伴、日塩本社に一宮社長訪問、交付した。

中野社長台湾より帰京後は同氏の意見変りて輸送関係等を考慮して、高雄は金属マグネシユーム工場に止めて、塩化マグネシ〔ユ〕ーム工場は既設の安平工場の他に原料苦汁の産地たる布袋に塩マグ工場を建設することとし、布袋工場は日塩或は南塩に経営せしむるも可なる旨、一宮、芝両氏に通せる模様だ。然るに既に日曹社長の地位を失ひたる中野氏の意見には殆んど権威のなくなりつつあった事は、灯台本暗《〔ママ〕》し、中野、倉石、余の

如きは却って深く認識して居なかった事は今から考へれば笑止の次第だ。自ら省みて苦笑に堪へない。
尚、前記の調書は先づ日塩の千葉嘱託と遠藤技師とで研究することとした。
二月二十七日　一宮日塩社長から倉石に電話があって、芝氏三月四日に満州旅行から帰京につき何事も其上との事だった。
二月二十八日　余は台湾台拓加藤社長に其後の状況を報告して上京を促すの航空便を出した。其要領は、会社を生かす為には三社の意見の合致を図り、三社共同にて台銀より資金の融通を得る必要あらん。現在の状況にては容易に三社の意見の一致点に到達は困難にして、之か為には斎藤長官の裁定に俟つの要あるべく、然るに長官は三月中旬離京の予定につき、一日も早く台拓社長に上京して他の二社をリードして意見を纏めるべく努力され度しとの意味だった。然るに台拓社長よりは、急には上京困難なる旨の返電が来た。
三月三日　斎藤総務長官を総督府出張所に余単独にて訪問、会社の問題に付て意見を交換した。長官の説左の如し。
一、台銀は極度に警戒し居りて、融資は非常に困難ならん。
二、創立の際、三社代表者連署にて台銀に一札を入れあり。今に至って会社の放漫なる経営に就ては、三代表にて台銀に謝する要あらん。
と云ふにあった。一、は当然だ。二に就ては余は初耳なるが、或は多少長官の聞き違ひもあるのでないかと感じた。聞訊しもしなかった。
三月七日　芝日塩専務は予定通り四日に帰京したので、中野社長から会見を申込んで居るが、言を左右に托して会見を承諾しないそをだ。中野が日曹社長辞任以来、信望地に落ちて日塩では中野を相手にして居ないのでないかと思ふ。兎も角問題の解決は益々困難となって来たので、今日更に台湾に居る加藤台拓社長に余の単独名義で航空便を出して更に至急上京を促した。
三月十一日　余は中野社長の信望地に落ち、其地位の没落も近きにあるを感得したので、倉石に専務独自の意見として会社将来方針につき肚を極めて経営方針案を立て置く要あり。即ち金属マグネのみやるか、塩化マグネもやるか、苛性曹達もやるか、臭素問題は如何解決するの案を練て置く要ある事を忠告した。然し倉石の耳には充分入らなかったやうだ。長官は来る十七、八日頃出発帰台の途につかるるにつき、夫れ迄に一度中野、一宮を長官の許に招致して警告を発して貰ふが可なりとも忠告した。後段の事項は倉石より長官に交渉したが、十二日に大和田日曹社長に会ふ約あり、其後にして貰いたいとの事であった。
問題は到底、余と倉石との力にては解決困難だ。総督府の権力により斎藤長官の尽力斡旋に待つより他なし、と感ずるに至った。然るに長官は本問題に対する熱意が薄いやう感じた。長官の性格的から来るものか、或は問題の研究が不足の為か。
三月十三日　昨日倉石は大和田日曹社長より招致され面談した

る由なるが、大和田社長及日曹新幹部の意向、大体、
一、日曹は大株主の立場である。当面の責任者たる中野南日本化学の社長は何をして居るか。
二、日曹は小会社の社長たる中野有礼を南日本より退社せしむる希望の模様にて、後藤邦彦取締役より倉石より中野に引退の勧告を要求された由。
果然、大和田日曹社長が本問題に入って来ると同時に、中野有礼氏の引退問題が具体化して来た。本問題の解決は益々紛糾し来った。

三月十四日　今日具体的に大和田日曹社長から倉石に対して中野に引退の勧告辞表領取を命じた。同時に台湾製塩の社長をも引退することとなり、恰も会社問題にて上京中の台湾製塩の出澤常務、平田取締役が同様の事を命ぜられ、即日中野は辞表を出した。新興コンチエルン、日曹財閥の頭目も散々だ、放漫経営の罪と云はば云へ同情に堪へない。

三月十五日　倉石同伴、斎藤長官に面会、中野社長引退したので長官より両社長招致警告の計画は不可能となり、問題は又新たになった。

三月十七日　昨日、加藤台拓社長より航空便が来た。同氏の意見では、総督府、台銀、三社長の円卓会議で問題の解決を計るより他なき旨であった。然し中野社長の引退によって問題は又新になったのだ。尚加藤氏の解決私案の写しも添えてあったから、倉石に参考の為に示した。倉石はあまり熱意を以て読まなかった。午後日曹社長室で大和田社長以下新幹部と余及倉石会見。結局倉石の手元にて会社建築予算超過に至りし具体的理由及其内容、将来要する金額につき具体的記述書を作成提示することとなった。

斎藤長官は今夜出発、帰台の途に就た。問題の解決は益々困難となって来た。

三月二十二日　余は単独で台銀の水津頭取を訪問してさぐりを入れて見た。同氏の意見、日曹の社長が中野氏では融資は問題とならない。中野社長引退の今日に至りては総督府の尻押し如何で考慮の余地あらん。

午後倉石同伴、日塩芝氏に会見す。芝氏曰く、採算は心配なし。一宮が採算を問題にするは払込を拒否する口実に過ぎずと。

芝氏の言、余の想像と一致す。此辺で運動方法を変へる要ありと思ふが、もを晩い。問題は日曹新幹部の手に遷ったのだ。

日曹新幹部の意向は勿論未だ分からないが、積極的方針を必ずしも期待し得ない。又日塩社長の意向は前述の通りとすれば、東京方面に於ては積極的に問題を展開する事は全く望み薄となったので、此機会に是非加藤台拓社長の上京を促して一役買って貰ふ必要を痛感した。切角水津台銀頭取の意向も探りを入れて融資の可能性も有望のやうに感ぜらるるのに、株主たる三社長自体が消極的であることは如何にも遺憾である。斎藤長官も既に帰台せる今日に於ては

加藤氏に総督府と打合せの上、上京して活躍して貰ふより他に手は無くなったのである。其所で加藤氏宛に更に一書を送った。

三月十八日　加藤台拓社長に航空便を出した。便宜上全文を書いて見よう。

拝啓　三月十三日付航空便確に拝受致候。然処其後形勢一変致し、十四日付中野社長は「日曹新幹部の勧告に依り南日本の社長を辞表を」周囲の状勢止むを得ず辞表を呈出致候。同氏の為誠に同情に堪えず候得共、致方無之候。同氏としては此際寧ろ一応潔く退身して事業に生命を残し、将来の再挙を企図するが賢明の策かとも被考候。

会社に於ては目下倉石専務より当社創立以来の経過並に工場建設事業の内容に就き日曹新幹部に説明中に有之、小生も時々参加致居候が、新幹部も従来当社の放漫なる経営方法に一驚を喫し居る模様に候。従て新幹部よりは倉石専務に対し、予算超過に至りたる理由及其額、尚将来要すべき金額につき具体的の調書の提出を要され、目下倉石専務の手元にて作成中に候。新幹部としては是等の書類を詳細検討したる上ならでは将来に対する意見方針も立たざる事と存候。

斎藤長官は昨夜出発、帰台の途に就かれ候が、何れ帰台後、直に大兄とも御協議有之事と存候が、御参考迄小生の現在に於ける愚見申上候。

根本方針として、

一、当社設立の性格上、社長は日曹社長が引受る事。

二、事業を積極的に進める為、将来の融資は引続き台銀に依頼する事。

三、塩化マグネシユーム工場は原料確保の必要上、当初計画通り南日本化学に経営する事。然し布袋に工場を建設するとして御高説通り他社にやらしむるとしても、資本系統を同じくする会社に経営せしむること。

四、苛性曹達は従来の行き懸りもあり、必ず実行すること。

右四ヶ条は必ず確保致度と存候。

以上の運動を起す為には斎藤長官既に御離京後の今日、小生等の微力にては不充分に、大兄の至急御上京を期待致候。

余の意見では大和田日曹社長に南化の社長を引受けしめて、日曹が肚を極めて他の二社長に呼びかけて三社意見を合致して総督府を動かし、総督府の後援で台銀より融資を受けしめて第三回の払込を為さしめ、場合によりては苛性曹達工場建設の資金も融通せしめて会社を生かそうと考へた。之には加藤氏を中心人物として働かしめる必要を感じたのだ。先づ日曹新幹部に会社の内容を理解せしむること、大和田を南化の社長に引出ことが急務である。

四月四日　午後二時半から日曹社長室で倉石専務提出書類を基として対策論議があった。竹中常務は、金マグ千二百瓲は企業単位として少量にして採算の問題とならずと会社否認論を述ぶ。日曹整理の立前から、又企業としても竹中の説も一応尤もなりしも、企業単位論を今頃に至って持出すは変だとて之に反対し、三社協議合一に進むるの要を力説した。
四月五日　大和田と電話応答。大和田曰く、一、日曹社長を自分が引受けるか否かは別問題として、つなぎは必ず付る。二、斎藤長官より日曹社長就任の慫慂の手紙が来た。三、日塩一宮社長の心底を探る為、辰澤常務に会見せしむる事とした。
四月八日〔七〕　辰澤常務に会って一宮日塩社長と会見の結果を聞た。
一、日塩には資金の余裕なし、第三回の払込は困難である。
二、南日本を日塩で引受て呉れと云ったが駄目だ。
同日午後大和田社長に会って意向を探ったが、台拓で南日本を引受て呉れぬか等云った。

之に因って日曹新幹部の意向が略々分明となった。日曹としては第三回払込の資金融通の見込なく、又事業経営に就ても前途の目途が付かないので、之を台拓或は日塩に押し付けやうとの考へを起したのだ。之は到底問題とならない。元来当社は中野有礼が主唱者で、他の二社は御付き合ひに出資し、経営凡てを中野に委して居ったのだ。経営困難だと云って他の二社に推し付けても二社が何れも引受る筈がない。大和田は日曹を背景として功罪共に中野の仕事を引受くる責任があるのだ。大和田程の人物が夫れが分からぬ筈が無い。其所に日曹重役陣の寄り合ひ世帯の苦るしみがあるのだ。更に加藤台拓社長に手紙を出した。

四月七日〔八〕　加藤台拓社長に航空便を出した。内容大体左の如くである。

日曹幹部の要求により「建設予算超過説明書　付意見書」を提出し、其後両三回日曹幹部と小生及倉石専務と協議致候が、未だ纏りたる結論に達せず候。右会合に於て日曹幹部の一部に、一、事業経営自体に対する反対、一、資金調達の困難、即ち台銀よりの融資困難の予想等より、今後日曹にて南日本経営を担当して行く事に対し消極論も有之候間、小生としては、一に対しては台湾総督府は日曹の化学工業経営上の経験と技術を信用して本事業を許可し、資材配給等に付特別の支援を与へ来りたるものに付、今更事業経営自体に対し日曹側より消極論の出るは不審なり。尤も建設予算超過の為、収支採算に検討を要すとならば御尤もの議論なり。現に日塩の一宮社長の如きも此点に疑問を抱かれ居る次第なり。然るに同じ日塩の専務（技術出身）の芝氏は当社調製の原価計算調書を検討して、南日本のマグネ経営に不安なしと論断し、若し資金調達上自分の証言が必要とあらば台銀でも何処でも説明せんと明言し居るを以て、余も安心し居れり。二、に対しては余も過日水津頭取に面会の上意見を交換せるが、露骨に申せば中野氏が日曹社長である間は台銀より融資の絶対困難なるも、日曹の組織も革新され、且三社の意見一致して総督府を介して交渉あらば考慮の余地あるやに察せらる。要するに絶望に非ず。日曹の肚を極めて台拓、日塩に交渉し、三社の意見を纏めて総督府を経て台銀に当るが急務なり。
大和田氏自身は南日本の社長を引受くる意向の模様に有之、且前述の消極論も重役一部の意向にして、大和田氏は南日本創立の特別事情に鑑み、且日曹の二本木工場にて陸軍より航空燃料二臭化エチレンを引受け居り、之が原料たる臭素の生産の首要〔ママ〕工場たる南日本を簡単に取扱ふを得ざる事情もあり。（臭素問題は複雑且デリケートにして小生も充分了得し難き点もあり、書面にては申上兼候）積極的に進み度き意向のやう感ぜられ候。
大体以上の如くにして未だ何等纏りたる程度に問題は進展し居らず。小生も種々斡旋尽力致し居れ共微力、効果無之、申訳無之候。此際是非大兄の御尽力にて三社意見の統合と問題の進展を計り度し。御上京を期待致候。

問題は日曹幹部の手に遷った感あるので、暫く其の為すところを見るより致し方が無い。徐ろに事の推移を見、加藤台拓社長の上京を待った。

四月十五日　台拓副社長久宗氏及日塩一宮氏を訪問して探りを入れたが、両氏と大和田日曹社長と会見せる由にて、
一、日曹社長は責任を以て善後処置を付る由。
二、会社当事者より提出せる材料を基として、中野（義雄君、以下同上）、出、両重役の手元にて研究して立案する筈。
三、苛性曹達問題は暫く預りとす。
四、日塩は第三回払込の意思なし。

加藤台拓社長上京期接近せるを以て、夫れ迄に一応の案を立てる積りらし、日曹が少々動いて来たが、主体となって問題解決の衝に当る意気込みはないやうだ。又日塩の第三回払込の意思なき事が具体的に明瞭となった。之は始めから分った事に紆余曲折を経たのである。馬鹿馬鹿しくもある。

四月二十一日　丸ノ内会館で出、中野、倉石、芝、松尾、遠藤両技師会合、余も参加して善後策立案の協議をした。中野氏の発案にて安平工場のみを動かし、之を原料として高雄金マグ工場六百瓩に限り動かす縮少計画案を立ることとなった。

此案は素人の余が考えても採算上問題とならぬやう考へらるるも、一応皆のやる事だから余は見て居る事とした。要するにフレッシュマネーは日曹も日塩も出ぬ事を基礎にした究余〔ママ〕の案のやうだ。之は勿論物にならぬと予想された。

四月二十四日　加藤台拓社長上京につき会見す。斎藤長官と打合せの上、上京せり。大和田に南化の社長を引受けさせる積りだ。何事も其上との事だった。余は大に意を強くし、尚参考迄に日塩一宮、芝氏両氏の意見は全然違ひ居り扱ひに困る。之を考慮の上折衝さるるの要ありと注意して置た。加藤氏は今日水津台銀頭取と会ふ筈だ。

四月二十八日　倉石同伴、正式に加藤台拓社長と会見した。同氏の説左の通り。台湾方面の状勢を明かにすることを得た。
一、長官は理解し同情あるも、専売、財務の意見は必ずしも然

らず。専売局は直接自局に関係ある台湾製塩の問題に専心して、此際南日本化学の問題を介入せしむることは台塩問題解決に混乱を来すことを惧れて之の問題に触るることを力めて避け居れり。財務局長は近来府内に強化し来り勢力あるを以て、長官賛成するとも財務局長を賛成せしむることは相当困難を伴ふことを覚悟せざるべからず。
一、台銀は水津頭取、和田副頭取は相当に同情あるも、理事連中は悉く硬化居り始末悪し。長官より御話しあるも相当困難ならん。

蓋し皆事実の真相ならん。余は森岡氏を訪問して此の状況を相談したが同氏も首肯して居った。

加藤氏は三十日に日曹大和田社長と会見することとなって居る。
五月一日に丸ノ内ホテルで会社前期の決算重役会開催。加藤、一宮、芝氏等も参会したが、三日に日曹重役と加藤、一宮、芝氏等会見、余及倉石を交へず懇談する由、会社組織、経営主体を議するものと思わる。

日曹は経営主体を台拓か日塩に押し付けたき希望あるも之は無理だ。加藤は長官の意を受けて上京し居りて、大和田を社長たらしめて会社経営を日曹にて責任を取らしめやうと云ふのだ、之は当然の正論だ。只此会見に余及倉石を避けたるは何が故か、又何人の希望にて然かせるは不明だ、不審だ。

五月四日　加藤台拓社長を品川邸に訪問、倉石も来会、昨日会見の結果を聴く。曰く、大和田に南化社長を引受けしむるやう極力主張し、略々好調に進みたるに、芝氏が突然、南化は採算取れず、事業中止より他なしと述たるより問題は根本より崩れ、其侭散会せりと。

好調に進みたりとは加藤氏の眩覚であったろう。芝氏が突然採算取れずと発言したのは何が故か。尤もマグネ六百噸の積案ならば採算取れないのは当然で、之は中野氏の妙案の積りだが、余〔ママ〕は採算は問題にならぬ事は始めから分って居った。一応決論に達する道程として研究して見るも止むを得ないと思って居ったのだ。

余は倉石に注意して高雄工場のマグネ計画を根本的に立直し、フレッシュマネーは全然出ないことを基礎として計画を立るやう技師連に命ずることを進言して置いた。
五月五日　丸ノ内ホテルに松尾、手柴、遠藤、三技師を召集して倉石及余より、技師は企業者の頭を以て工場建設案を研究してマグネ工場を更に資金を要せずして完成する案を立つべしと命じた。

然し之は現在の技師では無理である事が後に分かった。尚、副産物としては技師間には派閥があり、松尾閥と遠藤とは極端に仲の悪い事、及公平に云って遠藤は頗る計画に杜撰無責任なるところあるを知って、之は困った事だと思った。之は後に日曹二本木工場長木村氏に尋ねて見たが大体同様の意見だったので、余はマグネ工場を技術的に頗る不安の感を抱くに至り、之は再考を要する問題だと考へられた。即ち余の考へが変って来た。又、松尾、手柴から高雄工場機構改正につき希望意見も出た。之も考究を要する問題だ。

五月十日　倉石同伴、日塩に芝氏を訪問した。日塩には出資の意思なきことを確めた。他に収穫はなかった。

五月十二日　丸ノ内ホテルに中野、出、芝、倉石、余及松尾、手柴、遠藤、越藤、参集して芝の提議にて苛性を中止、金マグ六百瓲案を中心にフレッシュマネーを成る可く少なく支出して事業を始める事にて立案することに話合って分れた。

　此案は採算上出来ない事は前述の如く明瞭だ。余は倉石に注意して六百瓲案と事業全部中止案の利害を研究することを進言して置た。

五月十三日　新しき形勢が展開して来た。それは臭素生産問題である。陸軍は会社の事業の停頓に痺を切らして日曹重役に対して督励を加えて来たので、日曹重役は大に驚き、今日倉石は航空本部に出頭した。倉石は停頓の理由としては株主たる三社が出資を拒むので、否むを得ず進行出来ない状況を回答した。陸軍は強制融資に尽力すべし、又資材は否むを得ざるときは軍需資材を供給すべしと督励した由だ。

余は台拓の加藤社長を訪問して、日曹幹部が肚を極めて他の三社と交渉して進行を計るより他なからんと述べ、加藤氏も同意見につき極力其向きに尽力せしむることとした。

　然し之は結局駄目な事が後に分かった。

五月十四日　技師連中にて苛性曹達中止、金マグ六百瓲案が出来た。之を出、中野氏に提示して中野は芝、越藤と協議することとなった。

　其結果に就ては全然期待が持てない。

五月十七日　日曹重役会議に余、倉石も参加したが、日曹は臭素問題に没頭して他の事は耳に入らない。然し大和田日曹社長の肚が瞭らかとなった。之は元より分かって居った事だが、明瞭に今日表明した。左の如し。

一、大和田は日曹社長となる意思なし。たとへ台銀より融資の見込み立つも社長になる意思なし。其理由は自身東京にあって台湾の事業を管理するの自信なし。台湾に在る人に托したし。技術其他につきてはいくらでも日曹より供給すべし。

一、南化問題の善後策につきては、日曹（中野）、台拓（越藤）、日塩（芝）の三氏によりて立案せしめて、之につきて三社長にて協議して決定する合議制にて当分は行く積りなり。

之では中野前社長に詰腹を切らせたる意味なしと思わる。

五月二十一日　丸ノ内ホテルにて重役会開催。大和田、加藤、一宮、出、中野、芝、倉石、余出席。午前十時から午後四時に至る長会議だった。臭素生産督励問題より問題は一変転展開して臭素生産、苛性曹達生産、金マグ中止と大変化を来したのだ。

会議の要領、

一、陸軍の尽力にて臭素及苛性曹達の為、強制融資を受けて事業を進行するにつきて事業経営の責任主体を要す。大和田氏が社長就任すべしと余及加藤氏より主張せしも成立せず。

一、臭素の原料苦汁の生産量につき、芝氏の反対説出で議論中絶となった。

一、中野有礼、重田両取締役の後任は、出、中野両氏就任の事に決定。

臭素、苛性曹達の問題は、中野、松尾技師の手にて検討することとなり、余及倉石は即夜出発、第三回の決算総会の為、渡台の旅に立った。

今日の会議中、余は「南化につき各種のデマが耳に入る、極端なるは何だかスキャンダルがあるやうな噂さえ聞く。此機会に諸君に於て斯る疑問あらば質問されて倉石に弁明の機会を与へ、綺麗サッパリしたる気持にて会社の更生に協力されたしと発言したが、別段の質問もなく陰鬱の気分がみなぎった。又、一宮、芝氏の発言にて何か日塩独自の事業として塩化マグネ、臭素等の事業を起すやうな計画あるやうな印象を与へた。又、倉石談によるも、芝氏は陸軍省東京監督班に出頭して、日塩にて二千瓲の臭素を申出たりとの噂もあり、何等か日塩にて陰謀を企て居るに非ずやとの印象を与へた。

余等の台湾出張の間に強制融資案が成立して、之を決定の為重役会が待ていた。

六月六日　日曹社長室に於て重役会開催。大和田日曹社長、加藤台拓（越藤《ママ》同理事帯同）、一宮日塩社長、芝、中野、出、倉石及出席、左の決議を為した。

一、資本金千五百万円を全額払込の七百五十万円に減資のこと。

一、事業遂行の為に政府より強制融資を受くること。

一、事業は金マグ工場は一時中止して技術上の研究を日曹工場に於て研究して待期の姿勢を取り、差詰め軍の要求する臭素工場、及之に塩素を供給する為に苛性曹達工場をやること。

一、融資は三案あり。一、百万円の融資を受け臭素のみやること。一、四百五十万円の融資を受け、臭素及苛性曹達業をやること。一、八百万円の融資を受け、既設の安平工場及塩田施設をも融資の内に包含せしむること。

一、右三案の何れによるか、軍当局との折衝は事務当局に一任すること。

之で大方針は決定したのだ。百八十度の転回とは云わぬが、少く共九十度位の転回はやったのだ。一旦政府の融資と云ふ事になれば、三社長共何等の異議なく可決したのは財界人心理を解し得て妙だ。然し余は此第三案、即ち既設設備を融資の目的物として之によって得る二百六十万円を以て更に減資を為して五百万円の会社にせようと云ふ中野氏の提案に対しては、余は之はあまりに強制融資に便乗し過る案にして面白からず。公益優先の理論より見れば不都合極まる案である。如何に財界人が虫の良き私益優先意見を以て居るかと云ふ事を表明して面白からずとて、余は断然反対意見を表明した。加藤、一宮両氏の如きも中野案に必ずしも反対でなかった事は、余の意外とするところであった。中野氏は結局極り悪るそをにしていたが、決論〔ママ〕は極るところに極った。加藤台拓氏は大成功だと云って欣々として台湾に帰って行った。単純な男である。余には未だ割り切れぬ感が残った。

之からは倉石専務の独特段上〔ママ〕である。独り盛に陸軍航空本部、陸軍省方面に活躍を始めた。日曹社長始め幹部は、此問題の解決を挙て倉石専務に任せ切りであった。無責任と云ふか、利巧と云ふか、余の如き正直者には解釈が出来ない。

会社の既設設備中で金マグ中止の為に不用となった機械類の内、将来作業を為す際に必要なる主要品を残して、他は発注品の解約、売却可能品の売却によって約三百六十万円を得るとの調査になって居るが、動員法による資材配給を受けたる品を簡単に転売し得るや否や之は大問題だ。

今一つの問題は、強制融資によって事業を遂行するとして、台湾総督府との関係は如何にするか。

之等の問題について打合せて置く必要を感じたから、

六月二十八日　総督府の出張所に余単独で須田企画部長を訪問して意見を交換した。

一、に就ては難問題なるにつき、企画院と連絡を取ってマグネは当分生産余剰につき事業遂行を一時中止せしむるやう企画院より申出でしめるやうに工作を為さんとの事であったから、之は企画部の高等政策に一任した。

二、に就ては強制融資は申請と云ふ形式ではなくして、動員法による銀行等に資金融通令と云ふ勅令によって政府が必要と認めた時に銀行（興銀及朝鮮殖産銀行）に対して融資を命令することになって居って、台銀は其受命銀行で無いのだから会社が陸軍省の必要によって融資命令を受るについては別段申請書を提出する次第でも無いのだから、総督府とは一寸関係が無いのだ。如何するか考究を願って置いた。尤も総〔督〕府として融資の必要を感じて大蔵大臣に交渉の手もあるが、其所迄は総督府も踏み込むまいとの見込であった。

七月に入って融資に関する調書が出来上って、結局八百四十万円の強資を受くることとなり。

七月二日　重役会を日曹社長室に開催。大和田、中野、出、一宮、芝、越藤（加藤台拓社長帰台不在につき代理）、倉石及余出席、八百四十万円を強制融資に仰ぐ案を可決した。席上で中野取締役から同氏独自の計算により右融資を受け得れば約三百六十一万円の余裕を生ずるが、之は減資と云ふ訳には行くまい、台銀に預金するより他なからん等との談もあった。何だか取らぬ狸の皮算〔用〕のやうな感がして苦笑を禁じ得なかった。

倉石専務は此調書を携へて陸軍に出頭し、先づ航空本部、それから陸軍省と殆んど毎日折衝を続けて寧日が無かった。同氏の努力奮闘振りには賞賛すべきものがある。然るに茲に又一問題が起った。陸軍省から総督府出張所の斎藤事務官宛に電話を以て、台湾総督府は南日本に資金の援助を為す意思なきやとの紹介〔照会カ〕があったとの事だ。之は一応は思掛けなき話であるが、能く考へて見れば陸軍としては強制融資の方針でわあるが、元来台湾総督府が非常なる援助支援をなして設立せる会社なれば、総督が援助するや否やは一応確める必要を認めたのだ。之は大蔵省と折衝の上にも必要なのだらう、俗に云ふ総督府は一体何をして居るのだと云ふ意味であった。元より斎藤事務官一個人の意見として陸軍に回答し得る問題ではないので、電報及航空便で数回往照をやったやうだ。斎藤事務官は実に頭脳の良い、又人物も中々出来た、若いに似合ぬ感心な男であった。総督府に対して中々要領を得た報告と伺を出して居る。其要領、総督府として会社を支援する方法としては、

一、台銀に交渉して資金の貸出しをやらしめるか、

二、台銀に同様の命令をするか、

三、動員法によって強制融資命令を大蔵省に交渉するか、

其三方法を何れかを取らざれば総督府は面目丸つぶれである。軍の発動により強制融資となれば恐らく総督府は発言権なくなるべし、との事であった。然るに総督府としては会社の内容が不明であるから陸軍には何とも回答出来兼る、会社の責任者を渡台せしめられ度いとの事であった。余は倉石と相談して余より斎藤長官に当地の状況を報告して陸軍宛に至急回答して貰いたいとの航空便を出し、倉石専務からは石井殖産局長宛に詳細な書信を出した。結局、総督府からは、一、会社の願意不明、一、陸軍は御急ぎならば御自由にやって貰いたい、一、陸軍は何故公文にて照会せぬか、との事を斎藤に云って来たので、斎藤は其侭之を陸軍省に移し、陸軍は然らば陸軍独自の必要より強制融資の手続を進む可きにつき不悪との通報を総督府に出して進行することとなった。

思ふに総督府の云ふ会社の願意不明と云ふのも変な話だが、元来会社には願意が無いのだ。之が為に余等は今年一月以来苦んだのだ。七百五十万円で建設出来る約束が三百五十万円の予算超過を来して居るのだから、之を遂行する為には第三回、第四回の払込を要するのだが、台拓も日塩も払込の意思が無いのだ。日曹も中野から大和田に代ってからは、之又払込の意思が無いのだ。

種々の紆余曲折を経たが、結局は払込の意思が無いのだから総督府に願出る問題が無いのだ。払込に決定し、三社長袖を連ねて総督府及台銀へ払込資金融通を依頼すると云ふのが段取だが、其意思が無いのだから総督府も援けやうが無いのだ。尤も長官の許に三社代表者を招喚して、一体何を愚図愚図して居るのだと云って善後策を命ずる手も無いではない。余は之を長官に進言したが、長官は採用しなかった。総督府として夫れ迄踏み込む要を認めなかったのだらう。行き詰って居るところへ陸軍は臭素の需要急なる為、強制融資を申込んで来たので三社は渡りに船と之に取り付いた次第だから、総督〔府〕としては援助に出る幕が無かった次第だ。然し陸軍に対しては、何とかもっと甘い

回答の方法がなかったものかと思ふ。

三社が払込の意思が無かったのも、三社としては一応理窟〔マヽ〕があるので、創立の際覚書を造って建設予算は七百五十万円で完成すると云ふ約束で日曹が経営に当ったのだから、之以上は払込は約束が違ふと云ふ肚があるのだ。それも三社三様で、日塩は終始絶対に此の肚であり、台拓は加藤君の性格上或時は絶対不払込の意見となり、或時は何とかせなければならぬと云ふ考となり、常に考へが動いて居ったやうだ。日曹は前述たように社長大和田の時代になってからは新幹部は矢張り不払込の意見で固まって居った。中野に詰腹を切らせた以上は功罪共に中野の仕事を引継ぐべきだと云ふ余の主張は、新幹部には一顧の価値もなかった。要するに三社共に払込の意思が無いのだから、総督府に対して資金調達に就て願出る順序にならなかったのだ。総督府も幹部が変って見れば熱意が無い、又属僚には属僚の意見もあって、長官との連絡が充分でなく、寧ろ属僚政治の結果、上述のやうな回答となったのだ。陸軍も遂々シビレを切らして最後的の通知を出して融資事務を進行することとなったのだ。

七月二十九日　加藤台拓社長上京につき倉石同伴訪問して融資問題進行状況を報告し、且総督府との関係に就ても意見を交換したが、之は又思い掛けない話であった。加藤君の意見で大和田日曹社長から長官宛に挨拶状が来ないのは不都合だ、詳細なる報告的の挨拶状を出すべきだ、長官と大和田は懇意の間柄だか、長官から大和田に南日本の社長になれと勧告した関係もあり、当然否必然大和田から挨拶が来る筈だと長官は待て居るとの事だった。余等の考へでは大和田は兎も角、加藤氏は会社の顧問であり、南日本には社長も欠員の今日、台湾では加藤氏から総督長官と緊密なる連絡を取て居って呉れたものと考へて居ったのだが、加藤君は其辺の事はあまりやって居って呉れなかったやうだ。之は実に意外とするところだが、十人十様物の考へ方は色々あるものだと思った。要するに南日本は今や誰からも嫌われ者となって、倉石一人孤城残塁を守って居るやうな感がして同情に耐えない。

八月九日　此所に又一問題が起った。前に日曹の井上技師が台湾の工場の調査に行ったが、帰京して報告によると強制融資に関する調書の内容の金額と本社の経理状況を調べた数字と数十万円の相違があるとの事だった。余も立会って倉石との間に種々意見を交換したる後、結局松尾技師等の作成した調書と時期も角度も違ふので数字も相違した〔の〕だ。其相違の点は東京には材料が無いから倉石専務から台湾本社の経理、会計両課長と松尾工場長連名宛で詳細調査の上報告せしむることとした。

此点は余の常に遺憾とするところであって、会社で造る調査が何時造っても数字が動いて居る。之は重役連中に非常に不安な感を与えるやうだ。余も曽て注意を与えて置いたのだが、事務的の方面が何となく正確でない。其原因は本社の組織に欠点があって、本社の経理課と工場の方との連絡が充分で無いことが重大な欠点となって居る。専務も此点の関心が足りないやうに考へらるるので注意を与へて置いたのだが、未だ実績が挙らないので此のやうな批評を受けても致し方がない。誠に遺憾なことだ。

八月十三日　加藤台拓社長も上京したので日曹本社で重役会を開いた。之は加藤氏が大和田日曹社長と面会した時に、前回重役会の際に決議した減資は興銀方面の談では困難だとの事であったので、之を主題として論究する為だった。

一、中野重役の報告によれば、高雄本社及工場を調査の結果、六月三十日現在にて、

1	未払金（発注済）	三百九十万円
2	支払手形	三十四万円
3	未払金（小口払）	五万四千円
4	日曹より借入	二十九万円
	合計	四百六十万円

更に苛性曹達工業建設分として発注金額二百六十万円あり。前回重役会にて報告せる売却可能金額二百六十万円を控除するも、新規持出金五百万円となりて減資即行困難なることを述た。

此中野の説明には少々変なところもある。苛性工業の実行は当然融資資金より支払ふのだから問題とはならない。只債務が四百六十万円と云ふことは予て会社で造った調書と喰ひ違ひがある。金マグ工場完成の為には三百五十万円の資金を要すると云ふ事で、本年一月以来押して来たのだ。重役会でも之で説明して来たのだ。三百五十万円で完成すべきものが未払金四百六十万円とは少々変だ。尤も苛性曹達建設費に約六十万円を金マグ建設費から立換へて仮払で整理して居るから、之を苛性の方に振り変えるとしても尚四百万円の債務が残って、三百五十万円とは五十万円の差がある。況んや四百万円では未だ完成に至らないのだから、此辺に少々変なところがある。然し他の重役連中は此等の点に気が付かなかった。呑気な連中である。

一、強制融資を受けて新規事業に着手する前提として、過去の当社経理状況を明確ならしむると共に、既存財産と新規融資による財産とを区別を明確ならしむる趣旨の下に再調査を為すこと、其方法は高雄本社の責任者に帳簿一切を持参せしむること。之は当然だ。

一、加藤、一宮より本社創立の性格より説て、七百五十万円、即ち ½ 以上の払込の意思なき事を確認せられたきこと。及、二、強制融資を受くる際の之に対する担保は既存財産に及ばざることを其筋に極力主張され度き希望あり。之をも凡て重役会として認めた。

今日の重役会で余の感じたことが三ある。一は、加藤、一宮両氏共に、南日本を全然別物と考へて、南日本の為に将来自社の負担の更に来ることを極力防止したいと云ふ希望で固まって居ることだ。云わば中野前社長の失態の負担を

強制融資によって国に押し付けて行かうと云ふ、頗る私益優先の考へが強く支配していることだ。二は、倉石専務が事務的に数字の取扱ひが頗る放漫であって、他の重役よりの質問に対して明快に得心の行くやうに答弁せざる為に、何んだか頗る曖昧なる感を与へて頗る不利を招くことである。三は、中野前社長が日曹の二臭化エチレンの工場と関連して南日本の臭素生産を企て、之を以て陸軍と緊密なる連絡を取て置た事は曳て今回の強制融資問題となって会社経営上百八十度の転回はしたが、兎も角株主を救い得る目途の付たことだ。

今日の重役会の副産物として、重役連が会社の経営引ては倉石専務に対して不信の態度ありとて倉石専務を怒らせたことである。然し之は倉石にも前述の弱点がある。将来強制融資を受るやうになれば、此点は余程注意せねばならぬと思ふ。

強制融資の方の事務は其後順調に進行したと見えて、陸軍航空本部から呼出しがあった。

九月五日　航空本部から会社を代表して倉石専務と一宮取締役会長に出頭せよとのことであったが、交渉の結果、一宮は自分は会社については責任者の地位に居らないから出頭しないと云ふのだ。変な話だが致し方がないから倉石は常勤重役として余に同行して呉れと云ふから、余はオブザーバーの立場として同行することになった。午後三時、航空本部に出頭して谷口大佐、栗林少佐等立会の上、総務部長秋山中将から申渡しがあった。

其要領は、

一、陸軍より別に命令する時期に、命令する量の臭素を生産すること。

一、会社の株式の異動は当分行なわざること。

一、重役の数は最少限度に止むること。其人選は航空本部と協議すること。

一、社長と常任監査役は軍より推薦すること。

一、技術者の重役を置くこと。

等であった。此申渡しに対して、日曹、日塩、台拓の三社長に請書を出せとの事であった。直に帰社して緊急重役会を開いた。大和田、出、一宮、倉石及余出席、倉石より右申渡書を示して報告したが、一宮の［希望により］発言したが、各条項は諒承したが強制融資を受けて事業を開始したる上にて更に資金の不足を生ずる場合あるも払込は出来ざる旨を付帯事項として添付して貰いたいとの事であった。希望の趣旨はよく分るが、之を軍に対して申出ることは理論上頗る変だと思って注意を与へたが、大和田や出も何も云わぬので、兎も角之を添付することとなった。加藤氏は軽井沢に転地中であったので、明日倉石が軽井沢迄行って説明をして捺印を貰ふこととなって散会した。

高雄から招致した経理、会計両課長一行の経理帳簿の整理が出来上ったので、報告旁々、

九月十一日　午後五時から丸ノ内ホテルで重役会を開いた。中

野、一宮、加藤、倉石及余、出席。管〔菅〕野、高橋、両課長も説明の為列席した。倉石より強制融資進行状況を報告して会社経理の状況を報告した。強制融資を受くるについては従来の経理状況を明瞭にして置いて新資金との関係を明確に区別せん為だ。其要領は現在会社の債務は五百十三万八千五百六十二円七十一銭あるが、苛性曹達事業の為に立換へ（仮払形式）や、苛性曹達工場建設費に振替ふるのを加えて三百五十五万一千三百七十九円七十六銭あるから、之を差引て百五十八万七千百八十二円九十五銭の債務が残るが、之はマグネシユーム工場中止による売却品及注文取消しより決済するか、一時実行予算より立替へ置くか如何するかとの問題があった。尚加藤氏の質問で本社費等は如何したかとの質問があり、例によって倉石専務より明快〔マヽ〕が答弁が無かったのは遺憾として、管〔菅〕野、高橋が付て居りながら此両者も迂路々々して結局満足な説明が出来なかったのは、最も遺憾とするところだった。余が帰社後研究したところによると、右の数字は工場建設費に関するのみであって、本社費等の事務費は全然含まれて居ないこと、右調査は中野重役の要求による帳簿形式によって造ったのだとの事が分った。何故に重役会の席上で、其旨及事務費の総額を述べなかったかと甚だ遺憾に思った。

九月十三日　強制融資の書類は大蔵省に廻付されたそをだ。融資命令の発令も近いことだろう。

強制融資に伴ひ航空本部長より南日本化学株式会社及同社大株主への要望（案）

一、経営は臭素の生産を核心として運営し、別に命令せらるる時期迄に命令せらるる数量の臭素を確実に生産し得る如くなすこと。

一、国防目的に即応し、「一貫せる方針」に基き、而も円滑敏速に社業を運営処理するために、

1　株主の異動につきては事前に航空本部の諒解を得ざる限り実施せざること。

2　役員の数は可及的少数に止むるものとし、之が人選に関しては当分の間、航空本部の諒解の下に行ふこと。

3　生産技術向上の為、技術者重役の選任を考慮すること。但、之が人選については航空本部に協議するものとす。

4　社長及常任監査役一名は陸軍航空本部より推薦すべきにつき之に同意すること。

5　会社の経営につきては航空本部の指導監督に服すること。

昭和十六年九月〔空白〕日

右要望は之を諒承す。

確実に之を履行し違背せざることを誓約す。

南日本化学株式会社取締役会長

大日本塩業株式会社取締役社長

一宮銀生

日本曹達株式会社取締役社長
　大和田悌二
台湾拓殖株式会社社長
　加藤恭平

第二部長より伝達す

航空本部
総務部長　庶務課長　第一課長　第三課長
第二部長　第八課長　第七課長
第三部長　第九課長
陸軍省
整備局長　工政課長　監査課長
経理局長　戦備課長　燃料課長

八月十三日　重役会

中野取締役より強制融資関係の其後の経過報告をなし、更に最近本社より高雄に社員を派遣し、其調査を遂たる結論を左の如く報告あり。即ち昭和十六年六月三十日現在にて、

1	未払金（発注済）	三九五二、六三九、三三五
2	支払手形	三四〇、八五八、三八
3	未済金（小口払残）	五四、四七七、七八
4	日曹借入金	二九〇、〇〇〇、〇〇
	合計	四六三七、九七五、五一

となり、更に苛性曹達工業建設分としての発注金額弐百六十七万一千二百八十四円五十二銭あり。前回の重役会にて報告せる売却可能金額二百六十一万七千円を控除するも、新規持出金約五百万円となること明となりたる結果、減資即行困難となりたる事を報告し、

協議の結果、

一、当社経理調の件

新に強制融資を受けて新規事業に着手する前提として過去の当社経理状況を明確ならしむると共に、既存財産と新規融資に依る財産との区別を明確ならしむる趣旨のもとに再調査をなすこと、其方法は高雄本社の当路責任者を帳簿一切を持参上京せしむることとす。

二、強制融資と減資に就て

当社は昭和十四年八月二十二日の覚書により資本金は一千五百万円とするも、金七百五十万円を以て事業完成の申合せなるが故に、原則として現在の払込金以上の払込を徴収すべからざるものなる所以を、加藤、一宮両氏より種々説明あり。創立当時の覚書交換の精神を一同諒承し、然らば速に減資の手続を進行するべき筈なれども、会社現在の経理状態及強制融資に対する軍部、興銀等の思惑を考慮し、先づ以て強制融資を受けて、然る後に減資の方法を考究することとす。

更に加藤氏と倉石専務との間に左の如き質問応答あり。

加藤「減資が先決にて融資の如きは其後の判断としたき意嚮なるが、強制融資を受くるにつき減資は絶対に不可な

りと軍部は申さるるや。」

倉石「減資は絶対に不可なりとは言はざるも、成る可くそのやうなことにせる方が良かろう。又強制融資を受ければ会社の事業計画、会社の運営組織、方法及会社の経理に就ては軍が強力なる発言をなし、厳重なる監督を為すべき旨の話はありたり。」

一同、右の事情を了承。

三、強制融資に対する担保権が会社の既存財産に及ばざることを前提とする希望申出ありたるところ、倉石専務の陸軍との交渉に依れば、陸軍は既存財産に担保権設定の必要はなかるべしとの意見ありたる趣に付、是非とも右様陸軍の意嚮を関係方面をして承諾せしむる様努力すること。

尚、減資の際には債権者の同意を要し、強制融資後ならでは右承認を得ることは至難との見込に一致したる結果、此上は此侭融資を受けて其後に於て減資方一層の努力をなすこととし、強制融資速進〔ママ〕につき事務当局の努力を望み、将来経営陣の強化刷新につき意見の一致を見、午後四時三十分散会す。

強制融資が略々決定したので、陸軍航空本部の要望によって会社組織を改めて社長及常任監査役を航空本部より推薦する人物に頂き全体改組を為すこととなり、倉石専務は主として航空本部と折衝を重ねた。然るに茲に奇怪なる風評が倉石専務の耳に入って来た。遇々倉石が感冒に罹って数日間欠勤して発熱と戦ひながら臥床してゐる間に、日曹の中野、出、両重役が盛に航空本部に出入して日曹を主体とする南化の新組織案の成立を策動してゐると云ふ風説である。尤も日曹自体としても、八千万円の強制融資を受けてゐるのだから、之に関して航空本部に出入することは不思議はないが、南化に対する強制融資に関する限りは、日曹側は従来倉石に一任して全然之を顧みなかったのであるが、弥々之が成立して会社の新幹部組織案を作成するに当りて、俄に日曹側が策動するとはあまり虫の好い考である。殊に今に至って倉石を放逐して日曹陣営を以て之を固めんとするは、全く不徳義極まった行動と云わなければならぬ。之を聞いた倉石は猛然として立上って航空本部に出頭して伺を立てたが、航空本部当局は倉石を絶対信用するを以て、倉石が専務として新社長を補けて最も仕事の為し易きやうな陣容の案を作成すべしとのことであった。倉石は其命に依って、

社長　軍の推薦する人
専務　倉石
取締役　武鶴次郎（日曹）
〃　日下（台拓）
〃　柳悦耳（日塩）
監査役　内海（総督府）
〃　（軍の推薦する人）

の案を立てて航空本部の承認を得た。倉石は先づ台拓の加藤社長の諒解を得る為に、当時軽井沢に避暑中の加藤社長を訪問し

て其了解を得た。日曹及日塩は頗る不服であったが、既に航空本部の命令によって倉石の作成せる案が決定せる以上、致し方がない。一応現在の重役全部辞表を提出することなり、之は直に実行された。

因みに軍の要望では別に技術重役を置くこととなって居って航空本部では中野有礼氏を予定してゐたが、倉石としては前社長を取締役に迎へることは都合の悪い事情もあり、航空本部も其事情を諒とせられて中野氏は技術顧問として採用することとなった。然るに茲に一問題が起ったのは、中野顧問は其手足として庄山、高桑の両技術者の採用を要求し、倉石も之を承諾したが、此両技師は日曹技師であったが、中野有礼が社長辞任の際に其留任運動を執拗にやって、遂に日曹の社規をみだす者として日曹から退社を命ぜられたものである。斯る関係にある人物を、直に日曹の子会社たる南化に採用されては困ると云ふ反対問題であった。此日曹の意見も一応は尤もであったから、会社は此両人を嘱託として採用することとした。然し日曹としては仮令嘱託としても此両人を南化に採用することは、日曹に対する面当ての如く感じて非常に不快を感じたやうだ。然し之は決して面当てではない。中野有礼氏が南化の臭素事業を指導するについては是非其手足となって働く者を要するのであって、云はば此両人は中野顧問のプライベート使用人のやうな形であって会社の他の仕事には全然関係せず、中野顧問の立案に成る臭素製造工場の設計のみに働いてゐた。又中野有礼氏自身も此仕事以外会社の事業には全然関係しなかった。

扨、会社の新組織案も成立したので、十月下旬に余と倉石は第四回の決算総会の為渡台した。之より先中野有礼氏も渡台して実地を視察したる結果、安平に新に海水を直接原料とする臭素工場の建設の案を建て、余等と行違ひに帰京した。其結果、約六十万円の予算を以て安平に第二臭素工場を建設することとなった。尚余等が今回渡台して種々調査研究の結果、七股、烏樹林等の臭素工場の建設は徒に経費を要するのみで生産量は僅少なるを以て之を中止して、布袋、北門の工場に全力を尽すこととし、北門工場の起工式に列席して相携て十一月末日帰京した。尚各所の工場建設予算は、曩に東京に於て一応槇田技師の手にて作成せるも、本社に於ては別に松尾工場長、手柴技師等の手にて全然別様の予算案が作成されありて、両者の間に連絡の頗る阻隔ありしを感じたが、之は倉石専務の命によって両者にて更に要求に応ずる予算を作成することとなった。

尚、余等高雄滞在中に、大和田日曹社長は台湾総督府の経済審議会の委員として招聘を受け、台湾に於ける関係会社の視察旁々、中野（義夫）常務を同伴渡台して高雄の本社工場にも視察に来たが、其時の状況によって日曹側、殊に中野常務は南日本化学の新幹部組織に関して倉石専務に対し著しく反感を抱ける事が分った。尚此頃、一宮日塩〔社〕長も南塩の問題にて渡台中であって、加藤台拓、一宮日塩、大和田日曹三社長は南日本新幹部組織問題に就て台湾に於て協議を為した模様だ。

十二月十八日　午前九時二十分から陸軍省砿政課長と三社長、倉石専務と会見、融資問題、南化組織問題も弥々大詰に来たやうだ。其情況につき今日午前十時半、会社で倉石専務より聴取した。

鉱政課長より、軍はブローム生産の急務を説明して倉石専務を信用して倉石ならば必ず成功し得ると信ずるを以て、其の重役陣も倉石に一任せるなり。株主諸君も釈然とされたり。

一宮日塩社長より、倉石にては充分の信用置き難し。

課長曰く、当方は充分信用し居れり。

加藤曰く、台湾に於て三社長会合して四ヶ条の件を打合せり、曰く、一、固有財産は担保より抜かれたし、二、償還資金として払込金を当てらるるは困る。三、中野氏が会社組織に参加せるは株主に於て不安を感ず。四、新重役陣には株主会社より一名宛、各社より推薦せる人物を採用されたし。尤も台拓は余の希望容れられて日下君を採用されたるを以て異議なし。

課長曰く、一、三は変更不可能、二は軍に於て興銀と交渉すべし、四は倉石を信用して任〔人カ〕事を任せる以上、倉石に人選を一任せる次第にて、軍に於て既に決定せる故、変更不可能なり。

大和田曰く、倉石は日曹を代表せるものと考へ居れり。

課長曰く、大和田氏の希望意見あり、重役陣に台湾製塩の出澤を追加したしとの意見あり、倉石も賛成せるを以て之を入れたし。

一宮より、柳を取締役に入るる事は困る。

加藤曰く、柳を取締役に入れ置く事は連絡上都合好からん。入れ置ては如何。

以上にて問題は解決せり。

倉石は此問題の為、午後航空本部訪問の筈。

要は、一、融資を早く進めて仕事を進める事。一、大和田は釈然たるやうなれ共、中野義雄を諒解せしむる要あり。大和田、中野、倉石の会見を早く実行して南化と日曹との連絡を円満且緊密を企図する要あらん（余の意見）。

融通〔ママ〕条件

一、融資の方法　証書貸付
　但し、手形の併用を妨げず。
二、融資の金額　壱千万円
　但し、工事進捗の程度に従ひ貸出を為し、昭和十七年四月末迄に貸出を了する予定とす。
三、融資期限　融資契約締結の日より五ヶ年
　但、元金内入又は期限前弁済を為すことを得るものとす。
四、融資の利率　年五分
五、担保　工場財団（債務者が現在所有し、又は将来取得することあるべき一切の土地、建物、機械、器具其他の設備を含む）第一□□〔順位カ〕
六、資金の使途　設備金及運転資金

七、償還資源　利益金、株式払込金及資産処分代金

付帯条件

一、今後の資金調達に付ては必ず本行の承認を経らるべきこと。

一、今後の決算に付ては予め本行の承認を求めらるること。

以上

顧れば十ヶ月間、悪戦苦闘の結果、陸軍の強制融資によって南日本化学は更生の第一歩を踏み出す事となったが、会社が建設途上に於て難局に遭遇した元因及悪戦苦闘の間に於ける人心の動きを記述して後の参考としたい。

抑も本社は前社長中野有礼氏が其生命たる曹達事業に関連して、台湾に着目せる事が端緒である。昭和十年頃、日本曹達の木村技師を台湾に派遣して曹達事業及其基礎原料たる工業塩の製造、即ち塩田の築造事業につきて調査せしめたる結果、其有望なることに着目して台湾製塩株式会社を買収すると共に、台湾総督府に進言して台南高雄方面に工業用製塩の為、大々的に塩田の築造を進言した。此中野氏の先見の明は大に敬服するに足るのであって、総督府も中央政府の近海塩増産計画に策応して台湾に於て工業塩四十五万瓲増産の計画を立て、南日本塩業株式会社を創立せしむるに至った。而て中野氏は塩業方面は素人であるから、南日本塩業は大日本塩業株式会社を主体として創立して、其の経営は日塩系によって之を為さしめ、之と姉妹会社として南日本化学工業株式会社を創立せしめて日曹系を主体として其経営に当らしめ、台湾産の工業塩を原料として曹達を主体とする化学工業を起すこととなった。而て台湾拓殖株式会社は此両社に参加することとなったのである。台湾産業の工業化政策と、中央近海塩増産計画と、中野氏の化学工業企画性が結昌〔晶〕して、茲に南日本化学が成立したのである。然るに昭和十三年創立途上に於て二つの問題が起った。其一は事変によって外国塩の輸入難に因って曹達工業は原料不足の為に生産制限の機運を来し、従て新に曹達工業を起す事は抑制さるるに至り、南日本化学は創業困難となり、遂に其目的を変更して塩田苦汁を原料とするマグネシユーム製造の目的に転向するの止むなきに至った。塩田苦汁を原料とするマグネシユーム製造は、既に日本曹達の岩瀬工場で始めて居ったが、未だ試験時代であって成功については充分確信が無いに拘わらず、中野氏が之に乗出した大胆さには驚くべきものがあると共に、世間は存外甘いものだとの感がする。其二は旭電化工業が満州のマグネサイトを原料とするマグネシユーム製造工場を高雄に建設する計画を建て、陸軍をバックとし、台湾電力の後援の下に総督府に運動を起した。然るに旭電化の製造方法では塩素を必要とするので、此塩素を得る為に曹達工業を兼営したいと云ふところに問題があった。南日本に於ては台湾工業塩は日曹系の会社にのみ売渡すと云ふ方針になって居るので、旭電化に曹達工業を許して工業塩を払下ることは此方針に反する。若し塩素が必要なれば南日本化学より供給せしむる等種々紆余曲節の経緯があって、遂に南

日本に対しても曹達兼営を許可し、旭電化に対してもマグネ製造に必要なる限度に曹達工業の兼営を許るすとの事でけりが付て、昭和十四年十月に両社の創立の許可が下った。而して南日本は資本一千五百万円、二分の一の払込で建設事業を完成する流動資本等に必要あらば二百五十万円迄は借入金によるとの三社長の申合せによって出発した（但し、これはマグネシユーム丈けの事で曹達事業に就ては資金問題は未だ決定して無かった）。茲に禍根があったのである。当時中野氏は張り切って事業拡張に次ぐ拡張と云ふ時代であったから、三社長の申合せ等は問題としないで、高雄工場建設の計画は予算等は問題としないで直接部下の技師に命じて無軌道的の大規模の計画を建てしめ、マグネ一千二百瓲計画に対して諸設備は二千四百瓲の計画を立てドンドン進行したのである。倉石専務の之を知た時は既に晩い、倉石も之を引ずられたのだ。予算超過、金の足りなくなるのは当然だ。加之曹達事業も重役会に於て遂行の決議をやったが、資金に就て何等方針も決定して無い間にドンドン計画を進め資金難に辷〔之繞〕をかけることとなった。

更に悪条件があった。元来マグネの原料たる苦汁は従来排〔廃〕液として捨てて居った無価値同様のものだから、廃物利用位の考へで計画されたが、広大なる面積の塩田より之を収集して一定の場所に輸送することに非常なる手数と経費を要することが計画の内に閑却されてゐた。殊に塩田地より高雄及安平の工場地に輸送すべき方法についていては、調査研究が頗る杜撰であった事は、後に本事業の進行に一大障害となった。

工場建設について当初の計画に全然無かった安平工場の建設が中途で目論まれたが、之に要する予算等に就ては僅に建設費総額七百五十万円を八百六十万円に変更して、重役会の決議を経たのみであったことは頗る杜撰と云はなければならぬ。

工場建設についての地盤の調査や雨量、排水等に関する調査も頗る不備であった。

以上の理由にて予算超過を来し、一月以来の大問題を起したが、結局中野有礼氏が捨石を打て置た臭素の製造事業が物を云ふて航空本部の要求によって一千万円の強制融資を受け、会社は更生することとなった。会社にとっては航空本部様々だ。

是非一日も早く受命量の臭素を生産して国防国家建設に寄与し、併せて航空本部の御厚意に酬いなければならぬ。倉石専務も随分苦労したが、仕事は未だ未だ之からだ。

第九章　疎　開

一　**疎開前記**（昭和二十年二月十五日起）

十五日

一、敵米軍の目標

一、本土と南方資源地帯を結ぶ海上交通路妨害

二、B29による飛行機工場の爆撃

三、前線に於ける航空消耗戦
別に支那制覇の橋頭堡を大陸に設置
戦略の方向
ルソン北端アッパリ、台湾、支那、沖縄、小笠原
大量生産の可能なるB24、B25、B38使用企図の為、小笠原に基地を求めんとす。本土―小笠原一〇〇〇キロ
〇敵の次期作戦の基地は本土である。

一、ヤルタ会談の結果
形式は三国の平等成功なるも、実質はソ連の勝利
独　情報部長シュミッド博士、二月十三日表明
クリミヤ会談の公報は独逸国民戦意昂揚の絶好の賜物である。公報は独逸に対する憎悪と破壊意欲に満ちてをり、正に憎悪の憲章なり。又公表内容に就て見るに明にソ連の勝利である。
中立国側
全体的に米の譲歩的傾向は太平洋問題と睨み合せての含みを持つ。
連合国会議の開催期日に於て、日ソ中立条約に関連ある四月廿五日に選び、場所を太平洋岸のサンフランシスコに選び、重慶政権を招請国たらしめたること。

十六日
午前七時より午後四時半迄敵機波状来襲。
今日始めて艦載機の来襲にして、敵機動部隊は航母少なくとも十数隻を伴ふ。三十数隻の機動部隊は我東南海上に来りて、約千機を以て朝来波状的に来襲し、北は福島県より静岡県に至る太平洋岸各地を来襲、主として我航空基地を襲撃し、其他鉄道港湾等の交通機関をも撃破せんとし、時々機銃掃射をも加へたり。
又同時に硫黄島には右機動部隊にて艦砲射撃を為し、我軍と交戦中なり。敵は硫黄島に上陸を企図せるものの如し。
愈々戦況は劇烈となって来た。敵機動部隊は尚東南洋上にあり。警戒を要す。

十七日
午前七時より又々艦上機波状来襲、午後三時頃迄続く。
昨日来の戦果発表、敵機撃墜百四十七、撃破五十機以上、我方自爆未帰還七十、硫黄島来襲の敵船隊と尚交戦中にして撃破戦艦一、駆逐艦二、艦種不詳三、輸送船撃破三。

二十〔マヽ〕日
十九日、B29百機本土空襲、東京方面に九十機来襲、我方撃墜廿一機、撃破三十機に及ぶ。
硫黄島に来襲米軍は遂に十九日午前八時上陸を開始し、我方と激戦中にして上陸軍約一万、戦車百。我方戦果一千を殺し、戦車三十輌を撃破せるも、我軍は輸送船を続々送りつつあり。警戒を要す。

対日処分案
一月中旬、米国のホットスプリングスに開催せる太平洋問題調

査会会議の現れた対日戦後処理案
一、日本領土抹殺案
日本本土の分割、日本の全面的占領
日清戦争前の、つまり徳川時代のやうな原始小国に叩き落す。
一、経済機能粉砕案
日本人は文明人として取扱はるるの資格無し、戦後日本の海運は原則として禁止すべし。

戦争の為膨張せる産業は之を縮少して、連合国の共同管理に移す。
一、日本国体変革案
内政の破壊
一、海空軍の全面的武装解除、並に民間航空の廃止
一、秘密結社の全面的廃止
一、万世一系国体を変革せしめ、戦争責任者を処罰す
十六、十七両日に亘る艦載機来襲に対する我総合戦果、三百十四機をほふった。
比律賓戦線では我主力マニラ東から戦〔敵カ〕主力の側背に出撃す。

二　疎開記（都落ち）

昨年の暮からマリヤナ基地よりする敵機の東京来襲は日を追て頻繁となり、一月廿七日の大編隊来襲で遂に京橋区宝町の会社の東京支店事務所も焼夷弾の為に全焼した。然し目白方面は比較的安全地帯と思われたので〔闕〕大君の辺にこそ死なめと決意堅く、疎開のこと等は夢にも考へなかったが、二月に入って来襲は益々苛烈となり、且台湾本社との連絡も殆んど絶へて仕事が出来なくなり、戦場は比律賓から硫黄島に移って来たので、若し硫黄島が敵手に落ちれば帝都はサイパン基地のB29のみで無く、敵機の行動圏は頗る縮少さるるので、日夜敵機の来襲に見舞はるる事となり、病妻を擁しての東京住居は大に考慮を要するの形勢となって来たので、*二月十四日妻に全戸疎開、京都の郷里の旧宅に移住の案を提出した。妻は直に之に賛意を表した。移住の理由、
一、病妻を擁して空襲下の東京住居は適当ならず。
一、精二君、近来健康兎角よろしかざる由に付、奥村姉の二月五日死亡に省みて、万一精二君死去或は、重病等の時には郷里の家産の管理を托す可き人なし。
一、台湾と内地との通信及交通頗る困難となり、余の如きも台湾行は殆んど否、絶対に渡台不可能の状況となれるを以て、南日本化学の重役として職責を果すこと困難となり、自然職務も自然解消となること。
右は別段秩序を立てて熟慮した結果で無く、全く偶然の発意であったが、然し平素考へて居った事が突然不図も発意されたのであった。

幸ひ妻も大賛成であったから、直に具体的実行計画に着手したが、弥々実行となると色々困難且面倒な仕事がある。

一、病妻を東京より京都迄輸送する事
二、家財の処分及輸送問題
三、忠昭及次郎の処置
四、目白住宅の処置
五、会社職務関係

二月十六日

始めて艦載機の来襲あり、来襲機千機、波状来襲だ。終日防空壕に入ったり出たり落付かぬ一日を過して、弥々疎開の決意を固めた。

疎開に付ては政府は大に奨励してゐるから、市及区役所でどんな便宜を与へて呉れるか先づ根本計画を立てる為、之を知って置く必要が有るが、単に豊島区役所の窓口では親切な要領を得た説明も聞けまいと思ったので、芝区長高田賢治郎を煩す事とし、打合せの上、十九日区役所に高田君を訪問して聴取したが、要するに別段取立てて便宜の供与等は無い事が分かった。家財の輸送に付ては荷造り用材料に相当闇の行はれてゐること、日通社の係りの者に尽力させれば相当便宜がある事等、内々教へて呉れたので、幸ひ日本通運（以下㋡と略称す）の安座上眞理事が懇意の間柄であるから先づ同君と相談することとして、**二十日に同社に安座上君を訪問して相談したが、容易ならぬ面倒のやうだ。疎開よりは転勤の形式を取る事が家財輸送上便宜なる事、荷造り及貨車借入等は目白営業所長及目白駅長と交渉すること、辞を低くして依頼すること等の注意を受け、同社目白営業所長宛の紹介状を貰った。人員輸送に付ての乗車券購入上便宜供与問題は安座上君では物にならなかった。

二月十八日

家の処分問題も中々面倒だ。先づ品川の兄貴に買わせる積りで今日訪問して見ると、「買ふどころか兄貴の方も疎開で西多摩の方に百姓家の物置を借りて、之に手入れをして移転するのだ」渋谷の大山と洗足とに候補の家があって交渉中との事であったから、軽く挨拶して引下がった。

二月廿日

二十日に松岡一衛を訪ねて買入方を交渉したが之も物にならなかった。最後に荒木義夫に当って見た。之は有望だ。荒木は東亜研究所の理事長だが、近年台湾から帰ったので、家も借家で電話も無いから電話付の余の家、殊に子供八人の大家族に取って間数の多い余の家は大なるアットラクシヨンだと思って、荒木を訪問して凡てを打開けて相談した。荒木も大に同情して呉れて、荒木自身の宅は近々福島県の方に疎開する計画を進めてゐるが、家は都合で買ってもいい、又自分が買わなければ東亜研究所の寮として買はせてもいい、何とか処分をしてやるから先づ家財輸送の方を進めよと云って呉れたので、先づ家の処分問題は何とか解決が付きそうだから、今度は家財の処分と輸送

＊二月十四日と頭注あり
＊＊二月二十日と頭注あり

問題に着手する事とした。そこで二十日の朝家族を集めて家財の処分に就ては思い切って処置をする。即ち必要で無いと思わるる物は思い切って買〔売〕却するから、皆夫れぞれあまり物惜みせず売却に賛成すること。妻が常に似合わず之に賛成したのは進行上好都合であった。安座上君の意見によっても、思い切って荷物を減んぜなければ輸送は困難だ。先づ百個内外にせなければならんと云ふ事であったから、家族には能くよく之を呑み込ませて賛成をさせた。

二月廿一日

妻は慶子を手伝わせて荷物の整理に着手し、余は其荷造りと売却家具類の選別及取纏めに着手した。荷造りは余一人では手にをへぬので植木屋の爺を手伝に雇入れたが、此頃の降雪と毎日の空襲であまりはかどらなかった。

二十一日の夜から廿二日は終日降雪、廿五日も又々終日降雪で三尺余に及び、家屋も庭も菜園も白一色となり、又敵機の来襲は頻繁の度を加へ、毎日空襲警報が出る、殊に廿五日にはB29百数十、艦載機六百が雪の帝都の空を乱舞し、遂に畏し宮城内の一部や赤坂御所にも盲弾を下した。本郷、赤坂、浅草方面は大被害だ。我家の疎開も一日の躊躇を許るさない。

輸送問題は幸ひ廿一日に㋡目白営業所長を訪問して交渉の結果、帝繊顧問として大阪支店に転勤の形式ならば車扱ひ（貨車一車借切り）が容易に出来る事が判明し、安座上君の紹介が思の外功を奏して、駅との交渉も所長の尽力で凡て引受て呉れて好都合だ。只荷造りの件は㋡に全然荷造用の資材が無いから、信用すべき運送屋を紹介して呉れるから直接交渉せよとの事で、尚相当の闇値は覚悟せよとの事だったから、此事も承知の上で万事を依頼して置たが、廿七日に㋡発送係主任向後氏が来て呉れて荷物の下見をして呉れた結果、大体百三十個位は積込める事、十五噸貨車も交渉済の事が分かったので家財輸送の件は万事OKだ。二十八日に㋡の紹介で山崎運送店が来たので、交渉の結果、千五百円で荷造り運送凡てを引受けて呉れた。貨車の運賃は百三十円だから、随分闇だと思ふが時節柄止むを得まい。山崎は実直な男のやうであった。

二月廿四日

処分家財の問題に就ては、目白通りの古物商は人見を始め皆店を閉めてゐる。多分徴用か転廃業であらう。不図新聞広告で赤坂見附の千春堂と云ふ書画屋を見て電話で招致すると快活な男で、二枚折の金屏風の方は見当が付かぬと断ったが、家財道具骨董類は凡て頂戴すると云ふので試みに値ぶみさせて見ると相当なものであったから、全部を千三百五十円で売却した。タンス四本、洋服タンス一本、朱檀書棚、同上卓子、有田焼大火鉢を始め、相当の量であったが、千三百円は相当の値であると思って先づ此問題も解決した。千春堂は其後、第二回に二月二十七日七百五十円、第三回に二十八日に八十円、総計二千百八十円売却して、大体今回の移転費用を之で支弁し得た。殊に第三回には風呂桶、冷蔵庫等始末に困る物迄処分出来て幸であった。之で家財処分問題も解決した。

乗車券の購入、次郎の転校其他につきて矢張り疎開手続きを為し、疎開証明を貰って置いた方が都合が良いから、区役所に疎開転出申告を為したが、*疎開先が京都市でわいけないと云ふ事であったから、形式上兎道の竹村清太郎方を疎開先に変更して申請して疎開証明を貰った。係りの事務員は頗る親切に扱って呉れて気持が良かった。二月の下旬から三月上旬にかけて寒気は未だ去らない。雪、ミゾレ、曇天の日が多く、加之敵機の来襲は益々猛烈になるので外出の活動には非常に不便を感ずるのみならず、室内で荷物や何やの働きにも非常に不便で困った。其内に硫黄島も遂々皇軍勇士玉砕したので敵機来襲は益々頻繁大仕掛となり、若し交通機関の破壊を視って東海道線をやられれば病妻の京都行は絶対不可能となるから至急に出発することとして、余は残務処理、主として家屋の処分問題の為に、又忠昭は武蔵に残る為に他の四人、即ち妻、慶子、次郎、セツヤは乗車券の入手次第出発することとした。乗車券はあれこれ他人に頼むよりは交通社に直接交渉することとし、**三月五日、慶子を同伴山手線始発四時二十分に乗って東京駅に行き、丸ビルの東亜交通社前に行列して九時発売開始迄待ったが、其甲斐あり疎開証明が大に物を云ひて六日午後十時東京駅発大阪行の急行に二等二枚、三等二枚を購入することが出来た。之で難問題の一も易々と解決した。余は其足で帝織に行ったが、岩村社長は不在だったから藤本常務に頼んで、明日目白宅から東京駅迄社の自動車を借る事の承諾を得た。今時ハイヤー等は中々手に入らないから之も誠に好都合だ。扨京都駅から醍醐迄の交通関係も頭痛の種であったが、偶然二十八日に伊藤英三が来訪したので其事を話したら、同君が滋賀県警察部長であった関係から同君から県庁の杉本警務課長に手紙を出して貰って、大津駅から醍醐の宅迄県庁の自動車を出して貰ふこととなった。之も誠に好都合だ。

三月六日

午後五時半に帝織の自動車が迎へに来て、妻の一行は弥々目白の宅を跡に出発した。忠昭は独り留守番、余は東京駅迄見送ったが、駅の助役に交渉してもホームに入場を許可しないので、仕方がないから八時半改札開始と同時に妻をホームに送って余は帰宅した。

今夜敵機の大編隊は十一時半に伊豆半島静岡地区に侵入したので忠昭と共に心配したが、七日四時頃に妻より安着の電報が来たので安心した。之で今回疎開の四大仕事の第一なる妻の輸送が完了したから大安心をした。［又第二の大仕事なる家財の輸送問題も順調に進捗して、三月七日から山崎運送店が来て梱包を始めた。］

次郎は京都桃中に転校、忠昭は武蔵に残る方針を採ったが、忠

*三月三日と頭注あり
**三月五日と頭注あり

昭の宿所に就ては妻に於て考慮の結果、忠昭の希望をも参酌して大井町の福井氏に寄食させることとなし、福井氏の快諾を得たので、三月十一日から忠昭は福井家に移った。其荷物即ち卓子、椅子、書物及蒲団類は今日㋡のリヤカーで大井町に送った。其運賃は三十円で高価のやうに思ったが後に考へれば決して高くない、寧ろ安価なやうだ。然るに約一週間程して福井氏より大井町は危険区域だから自宅も疎開の方針を取ることとした、従て忠昭君も別の宿所を考究され度しと云って来た。忠昭も週日の経験で福井家もあまり住心持の好い家で無い事が分かったので、足元の明るい内に今の内に他に移ることとし、目白町の山本直亮氏の邸に寄食させて貰ふこととし、交渉の結果快諾を得た。山本氏老夫婦は信州とかに疎開して、目白の邸には忠昭の友人同級生の山本直〔空白〕君と未亡人たる母堂とが二人で広い邸宅に住んでをられたので、却て忠昭が来れば賑かになると云って悦んで歓迎して呉れた。

三月十八日

忠昭はそれで十八日に山本邸に移った。八畳の離座敷を貸して呉れた。好都合である。尤も武蔵の致誠寮が完成して入寮を許さるる迄と云ふ約束である。茲に最も困った問題は、忠昭の荷物を大井町から目白に引取る為の輸送問題である。当時帝都は殆んど毎日毎夜空襲に次ぐに空襲で難を避たる為、市民の引越し或は家財輸送の為トラック、馬車、リヤーカー等凡そ車と云ふ車は之に利用されて、家財道具類を山と積んだ車が市の街路を右往左往して全く物状〔情〕騒然たるものがあり、リヤーカー等は到底簡単に雇入るる事困難の状態であった。福井氏に相談して見たが物にならない。致し方が無いから今一度㋡の向後氏に依頼して㋡の配達人夫のリヤカーを行って貰ふ事とした。無理の注文であったが承諾して呉れて、二十一日に漸く目白の山本邸に運び込む事が出来て、此難問も解決した。其後四月三日、余は親しく武蔵の塚本教授を訪問して忠昭の致誠寮入舎を依頼し、其承認を得て寮の修繕の完成、開寮次第入寮を許さるる事となり、此問題も解決した。

三月十八日

家財の引越の件は七日から山崎運送店が来て梱包荷造りに着手し、十日に全部完了、十日と十一日と両度に馬車屋が来て目白駅に運んだ。総計百三十三個になった。向後氏が来訪して十二日に貨車に積込む予定と云って居ったが、十二日にB29百三十が名古屋に来襲盲爆、恐れ多くも熱田神宮でも火災を生じた次第で、熱田駅の鉄道線路故障の為延期となり、漸く十八日に荷物積込済と向後氏より報告あり。幸ひ其後頗る順調に運行して、二十一日に山科駅に安着したが、駅と宅の距離の関係から㋡で宅扱い出来ないとの事で、山崎の支払は千四百円に減額し、宅ではお向ひの西田氏の尽力で馬車一台で運んで貰って其運賃百五十円を支払った由だ。之で引越荷物の件も万事完了した。

三月二日

次郎の転校は、疎開によるものは簡単に許可さるるものと聞て居ったから、兎も角本人は母と共に出発させることとして、京都では精二君に桃山中学の方と交渉を依頼し置き、今日始めて六中に行って校長に面会して其手続を聴た上、三日に桃山中学に転校の願書を提出した。之は六中から東京都長官を経て京都府知事に送付し、桃中に送達さるるものの由だ。然るに其後妻よりの来信で、精二君が桃中に行ったが頓と要領を得ないので疎開先の東宇治町長山田久次郎氏を煩したが、之も要領を得ないとの事で、更に六中の校長を訪問して六中校長が桃中校長宛の転校証明書を貰って之を送るやら、二十八日に主任教師木村氏を訪問して修了証明書、成績表を貰ふやら、紆余曲折の後、桃中第三学年に入学を許可された。之で忠昭、次郎の学校関係問題も解決した。残るは家屋処分問題だ。

三月廿八日

家屋処分問題は始め荒木君に依頼し、其後交渉に紆余曲折があったが、結局荒木君の弟で大阪の実業界に活躍せる荒木三郎君が買って呉れる事となり、電話付で一万五千円で売買契約を済ませ、今日荒木君と同道板橋の登記所に行って移転登記を済ませ、一万五千円を受取った。荒木君は福島県の地方に疎開するので宅は荒木君の妹婿赤谷氏一家が住む事となり、四月四日に引越して来た。主人赤谷氏は京大出身法学士で医療品統制会の主事。夫婦、子供三人、皆善良な人物だ。赤谷家を隣組に紹介して、之で家屋問題も解決した。

三月十二日

妻の一行出発、余は残務整理の為、数日間残りて出発する予定で、余、忠昭の為約二日分の飯を炊き、若干の米、味噌、醤油等を残して行ったが、残務整理と云っても家屋の処分は簡単に片付かず、忠昭の宿所問題や次郎の転校手続も中々簡単に済まないので、余の滞在も延々となり、糧食問題に一時は困った。始め数日間は隣組、殊に辻、井口両家より親切に食事を運んで呉れたが、余の滞在日数の目途が付かないので隣組も困ったやうだ。十二日に大豆が比較的大量配給があったので、之なら豆のみを食っても大丈夫だと力強くなった。試みに辻氏より拝借の御飯蒸しで煮て食って見ると、頗るやわらかで甘かった。忠昭も大に喜んで食ったので、其半量を大井町の福井家へ持たせて帰した。忠昭が父は米が無くなったから豆で食料をつなぐと云ったら、福井老がそれにはとてもそんな事は出来ないと云ったそうだ。福井老の云ひそうなことだ。尤も自分でも忠昭は宿所に行くし、自分独りならば昼はクラブか丸ノ内ホテルで軽く抜き夕食は親戚を喰ひ廻る等と呑気に考へて居ったが、弥々飯が食へないとなると心細いものだ。然るに誤りの功名と云ふか、妻が急遽出発した為に食料の異動申告を失念して通帳も京都に持て行った為に、妻の居なくなった後にも隣組の食料配給は其侭継続されて、前述の余と忠昭の二人に対して六人分の配給がどしどしと来る。前述の大豆の大量に続いて炭が来る、魚が来る、野菜が来る、遂に十七日には六人分に対する主食の米が十五日分として約二斗の米が配給された。今度は又多量過て始末に困る程であったが、忠昭には四升五合を今度の宿所山本邸に持参せしめ、福井さんにも一週間分として一升五合を持たせてやり、之迄飯の贈与を受けた辻、井口、乙骨、斎田の各家に夫れぞれ米で量をはかって返納した。辻君からは今後は隣組では食事の世話を断って来たから、それは勿論の事である。折角の好意であるから御馳走になって居ったが、元より自炊の計画であったのだ〔と云ひ〕敗け惜しみを云って辻氏より一升炊の釜を借用して炊て見たが実に美味く炊けた。自分で炊た飯を釜からついで食ふのは実に美味なものだ。それに米の分量は前述の如く六人十五日分で豊富にあるから、当分は思ふ存分米飯を大量に喰ふ事が出来た。忠昭も之を知って屡々食ひに来て、二人で盛に米飯と煮豆を食った。醤油、漬物の類は時々隣組の辻、井口、両家に無心を乞ふた。其代り炭、野菜、魚等の配給物は適宜隣組に譲って義理を済ませた。

三月十日

十日には隣組で余の為に送別晩餐会をやって呉れる由で招待を受け、辻組長の宅で準備をやって居って呉れたが、今朝零時にB29百五十機帝都に来襲、焼夷弾による盲爆で折柄の烈風に大火災を起し、全市焼土化を思わしめる程であったが、折柄牛込払方町の野谷病院に入院中乙骨氏の長男（盲腸炎）が同病院の罹災焼失と共に行衛〔方〕不明との事が今日午後に判ったので、乙骨氏夫婦は大心配で捜索中の為、送別会は御流れとなった。尤も乙骨令息は九段の九段病院に救済収容されて居ることが分って、一安心した。

三月十二日

夜駒場の林から電話で急に林夫婦が京都に疎開する事になったが、疎開荷物輸送の関係で京都の郡部にし度いからと相談して来たので、余と同様、菟道村の竹村清太郎氏方とすることとして、其旨竹村氏に頼んでやることとした。林夫婦の疎開移動はあまり突然であり、病体の林兄の汽車旅行は余の妻以上にあやぶまれたが、無理にも実行することにした由で修三か私が負ってでも行きますと云ったから、余程の決心と思わるる。疎開先は浩次の宅だ。

三月廿九日

余の東京の残務も追々と片付って〔ママ〕出発の期日もせまったので、品川の木村を訪問したが住宅は建築疎開で取払わるる事となるので、指づめ〔差詰〕西多摩郡平井村の民家の離座敷を借りて引越す由で荷物造りに大騒であった。又、工場は深川木場の罹災によって材料が入手難となり仕事にならぬので、工場を売却して仕事はやめる、自分は合板造船の会社に入る事になるだらうとの事であった。

三月廿一日

夜、大井町の福井家を訪問した。忠昭が宿所の問題で色々厄介をかけた事であり、且余の離京期も追々近づくので暇乞の挨拶の積りもあった。福井氏も疎開を希望して居るが、疎開先の適当な所が無いこと、家財の運送が困難となり、其処置に困る等の理由で兎つをいつ〔とつおいつ〕思案中である。余の決断的処置実行に大に感服して居ったが、余には祖先伝来の住宅と帰農してもよい田畑を郷里に有して居ることが強味である。之は祖先の恩恵であって別段感服するに値しない。然し思い切って東京を去って郷里に疎開移転するには、先づ東京と思い切って諸縁を切断するのだから、之には容易にふん切りの付かぬものだ。此点は妻出発後、状勢の刻々悪化するに従ってよくぞ思い切って決心をしたものだと云ふ感がする。

三月廿一日

逗子の福島は予てから家族を京都の余の宅に預けたいとの希望を持て居ったが追々と其の積りになり、即ち福島は此頃では海軍監督官として中島飛行機工場に詰め切りであるから、家族は京都の余の宅に預けて後顧の患なく専心職務に尽瘁したいと希望であるから、本人の其のやうな希望なら心好く家族を預かる。之も国の為と思ったからだ。それに就て長女廣子は本年から学齢だから先づ先に預かって貰って醍醐の国民学校へ入学させたいとの事で、始めは余が帰国の節同伴する計画であったが、今のところ余の出発の期日も決定せず、学年開始もせまるので、忠昭が学年末休暇を幸ひ同伴して行くこととなった。二十二日、余も逗子に行って一泊、忠昭は廣子を同伴して廿三日夜行列車で出発した。二十三日は逗子では赤飯を炊くやら、睦子がふかしパンを持参するやら、余も約一ヶ月振りで湯に入るやら、よごれ物のパンツ、靴下を着換へてサッパリするやら気持が良かった。然し世の中は益々騒然となって来る。帝都の空襲は益々強度となり、一寸小止みの時には名古屋、大阪方面の空襲があり、又九州東南海上に敵機動部隊が出現して我航空部隊の迎撃戦果が上るやら、敵の本土上陸の状勢も近付て来たやうだ。

三月廿六日

会社関係に就ては南日本化学の方は台湾との通信連絡は殆んど絶へて、在台の中島社長、倉石専務と通信連絡の方途なく、且東京支店の書類は一月廿七日の空襲で全部焼失し、仕事にならないから余の在京して毎日出勤するは凡そ無意味であるから、京都へ疎開移転は仕事に何等差つかへが無いので、二月廿日に南澤支店長に其旨を通告して京都在住後は東京支店と常に連絡を依頼して置いた。其後も時々味の素ビルの八階の事務所に顔を出して置たが、社員も全く怠業気分だ。三月廿六日は弥々余の離京期も折〔切〕迫したので出社すると、社員が支店長始め誰一人居ない。之は驚いた怠業振りだ。呆然としてゐると池田から電話がかかって支店長は信州に旅行中、社員は全部牛込の倉石専務の宅に行ってゐるとの事だった。

三月廿七日

牛込の倉石宅は今回急に強制疎開で取払わるる事となり、家財の移転の荷造りに大騒動をやってゐるので社員は手伝の為行ってゐる事が判明したので、二十七日に倉石邸を訪問す。夫人は一応隠田の辺に小家屋を借り家財は信州と烏山へかに分送する由だ。倉石は月末に一度帰京の報あった由だが、其実現は困難と思わる。
丁度手伝に来て居った社用自動車で南町払方町方面を廻って罹災の跡を視察したが、不思議に南町一番地の旧宅木造西洋館の家は罹害を免れてゐた。次で築地市場内の台湾青果に川口を訪問したが、之も罹災して事務所の建物は跡方も無かった。次で総督府東京出張所を訪問したが、責任者は欠勤で全部怠業気分だ。之では困ると思った。戦状は益々我に不利だ。敵の機動部隊は南西諸島方面に現れ、二十三日以来主として沖縄本島に対し艦砲射撃を実施し、一部の兵力は二十五日慶良間列島に上陸した。やがて沖縄本島も主戦場となるだらう。台湾との連絡は遂に阻〔ママ〕絶するに至らん。

三月廿八日
春暖催して来たが、街頭は家財を積だ車が右往左往織るが如く、省線電車には大包を背負った罹災者らしき人が乗込んで、乗客が皆不安の相貌を示してゐる。江戸城最後の日を思わしむるものがあった。午前は荒木と板橋登記所に行って、家屋の売買登記を了し一万五千円を受取り、午後帝織訪問、岩村社長、増田、藤本、両常務に会って退京の挨拶を為した。帝織の台中及豊原工場共に大被害を受た由だ。人員に被害のなきは幸だ。今日で残務も略々完了した。忠昭の帰京を待て離京する事とした。

三月廿九日
丸の内ホテルの社長室で南澤支店長及伊藤会計主任と会って連絡事務の打合せをなした。

三月卅日
千駄ヶ谷に森岡を訪問、午後は逗子の福島を訪問して一泊する。廣子は安着の電報が来てゐた。忠昭は直ぐ帰京の予定だったが、京都も疎開で大騒の由だから乗車券が買へないのでないかと思ふ。

四月一日
七時に定例の社参、即ち下落谷の氷川神社に参列〔拝カ〕し、帰途落合長崎郵便局から忠昭宛に電報を打ったが、空襲警報が出た。後に聞けば高田馬場近傍に七発の爆弾を墜、相当の被害があった由だ。弥々危険が身辺にせまって来た感がする。午後は江東方面の被害状況を視察せんと思って、お茶水駅から小岩駅迄往復して見たが、沿道全く焦土と化して実に惨憺たるものだ。

四月二日
午前零時半から又々大空襲があり、六十機帝都の空月光の下に乱舞し、盛に照明弾を発射し我方高射砲の轟々として物騒かった。最早や残務も全部処理済となったが、乗車券の購入は中々困難だので、今日帝織に行って軍公務出張の証明書を貰った。午後五時に忠昭は帰宅し居った。頗る明朗の気分で居るやうだから安心した。之で思い残す事なく出発出来る。四日には京都の宅から次郎も桃中に入学許可が出た電報が来た。
三日には武蔵に塚本教授を訪問して依頼した結果、忠昭の致誠寮入寮の承認を得た。万事好々的だ。四日から忠昭は明朗な気持で登校を始めた。之で残務全部終了した。

四月五日
丸ビルの東亜交通社に行ったが、軍公務出張証明書の御蔭で乗車券は簡単に手に入った。目白の宅に泊するのも今夜が終後〔ママ〕だ。忠昭も宿所山本邸から来たので、自炊飯を二人で食った。美味かった。

四月六日
五時起床、最後の社参を為し、蒲団及食器類は赤谷君に預け、辻、井口等より借用の食器類は返却、午後は隣組に挨拶に廻った。南澤支店長が餞別の挨拶に来て呉た。久保崎、内山、池田の三女事務員が見送の為来て呉た。忠昭と之等の連中に送られて午後三時半、目白の宅を出て東京駅に行った。ホームには見送り人を入れぬので、改札所で分れてホームに入った。十九時十分発下り列車に乗込んで、弥々東京と永久の分れを為し西下した。

四月七日
米原辺で夜明けたが寒い。比良山には残雪が白い。雪白比良山一角、春風猶僅至江州だ。午前六時五十分大津駅着、杉本警務課長の好意で県庁の自動車を借用して八時半、一千年の伝統を有する郷里醍醐の宅に着した。余も之で弥々大津屋の主人となったのだ。妻始め家族は皆健在だ。

二〇、一一、二一　　終

三　疎開後記（敗戦録）

四月七日
小磯内閣は総辞職、大命海軍大将鈴木貫太郎に降下、今日午後九時半親任式を挙行された。之は後々思い合わすれば終戦の準備行為であったが、余は迂闊にも之を覚る事が出来なかった。此国家の難局に処するに、八十何歳の鈴木を起用さるるに就ては、余としては不審に堪へなかった。

五月七日
独逸は全面的降伏。五月七日午前二時四十一分、北仏ランス市の学校内にて、独逸軍参謀総長と英ソ仏三国軍代表者との間に無条件降伏の調印を了した。ヒットラーはベルヒ〔テ〕スガーデンの官邸にて、余の命に従ふ者は今や余独りなりの言を残して戦死した。

硫黄島陥り、マリヤナ基地の整備は益々完成し、沖縄本島又敵の手に落ち、敵の機動部隊は我本土周辺の海上に出没し、帝都及其衛星都市、静岡、浜松、名古屋、大阪及其辺周都市、岡山、広島、高松、長崎等全国各地都市にＢ29と艦爆連合の大編隊が殆んど毎日来襲し、静寂なりし醍醐の空も紀伊半島に上陸して滋賀県、名古屋等の方面に往復する敵機の大編隊が屢々通過し、一度は艦載機の低空機銃掃射をなすに至った。全国的に空襲は大都市より漸次小都市に及んだ。

五月廿七日
東京では殆んど全市焦土化を思わしむるものがあるが、宮城の正殿も焼失し、明治神宮も焼失したのは恐畏に堪へない事である。廿七日は八王子、板橋、豊島の各区大空襲で遂に目白町の余の旧宅も焼失し、四丁目会第十隣組は全滅の報が齎らされた。親戚駒場の林、中野の近藤宅も罹災した。品川の木村、大井町の福井が免れて居るのは、土地柄不思議と思わるる程だ。北沢の岩村は焼夷弾を受けたが消し止めた由だ。余の一家はよくぞ思い切って疎開帰京したものだとの感を一入深くした。林も曩に万難を排して京都に疎開し、其後修三が大阪財務局に転任して京都に居住したので、益々好都合のやうであった。然し林老は修三の宅に遷ると直ぐ病死した。之も疎開風景の一だ。順〔馴〕染の浅い京都であり、且切迫せる時局柄葬儀用の資材の物資も全く不自由極まり、簡素極まる葬儀を済ませたのは気の毒であった。

親戚の罹災者は此外に大阪の谷田スミ、岡山の筒井マツ及大阪居住の藤本敏子で、何れも家財全部焼失す。

六月五日

福井少佐は富山に転任して家族を当分預かって貰いたいとの事で、本日一家を挙て来着。しかも途中神戸、住吉の辺で空襲に会って午後四時漸く辿り着いた。桃子、正夫、義夫、威夫の四名を預ることとなった。

六月十六日

預て計画通り福島の一族が来着した。武子、母堂小春、廣子、聡子、彰子の五名で福島、福井両家で九名、余の家族四名に加へて十三人の大家庭となり大賑かだ。

七月廿五日

ポツダムより米英支三国連名にて日本宛に共同宣言を発す。武装解除、軍需産業全廃、皇土の割譲、無条件降伏を強ゆるものにして無礼極まれり。

国民は益々結束を固くし、一億総決起、敵の本土上陸に備へた。

八月六日

広島市に来襲の敵機は始めて厚〔原〕子爆弾を投下す。熱線による焼夷弾にして、垂直爆風圧を強烈酸素燃焼による熱が一瞬間非常に猛烈にして、露出部は大火傷を負ふ。死傷者多く、被害実に甚大なり。後にて知るところによれば広島全市殆んど全滅だ。後に長崎市にも同様原子爆弾を投じた。

八月八日

深更ソ連は帝国に対し宣戦を布告した。

九日零時よりソ連軍は東西満州国境に越境攻撃を開始し、航空部隊は北鮮、北満に分散来襲せり。

八月十五日

正午ラジヲによって重大声明を発せり。畏くも詔勅が発せられた。帝国は四ヶ国の宣言を受諾の回答を発した。畏くも〔闕〕陛下は広島の原子爆弾投下とソ連の参戦によりて戦局の将来を慮られ〔闕〕陛下の御思召によりて此決定を為されたのである。右四ヶ国宣言（後にソ連参加して四ヶ国となる）には、我国体の変革の意味は無きものと了解して受諾の回答を発せられたのである。

六日の原子爆弾と九日のソ連の参戦によって政府は九日より中立国スイス、スエデンを通じて交渉を開始、十四日御聖断を仰いだものの如し。果然、鈴木首相は終戦の役割を負って立ったのであった。

万事休す。

承詔必謹より他ない。余は此陛下の御思召に添ひ奉るが臣下の途なりとの決心を為す迄に多くの時日を要した。

鈴木内閣は直に総辞職、大命は東久邇宮殿下に下り、東久邇宮内閣が成立した。終戦降伏に対しては軍部に動揺の噂もあったが、御聖旨を奉戴して平穏に武装解除の線に添って進行した。

終戦、講和、降伏は全く余の考へとは変った線を取った。余は食糧問題より之に関する米国一流の宣伝により、国民の間に内部崩壊するを恐れた。第一回世界大戦に於ける独逸と相似たる形式を取るを恐れたが、意外にも政府より腰を折った、唖然たり!!

結局敗戦だ。敗戦の元因は国民道義心の廃頽が凡ての本だ。軍閥に対する批難も強いが軍閥丈けでない、政治家も悪かった、官僚も悪かった、教育者も力が弱かった、財閥も悪かった、然し国民は決して被害者ではない。道義心の廃頽した国民全体は慥に敗戦の大責任を負ふべきものである。

今日の事凡て考ふるに忍びざるものあり、云ふに忍びざるものあり。余は世縁と断絶して一老農夫として土に親しむあるのみだ。

執務資料

一　秘　斎藤総理大臣／永井拓務大臣／中川台湾総督に対する建議　台湾重要問題に就て（資料番号V–6）
二　秘　台湾重要問題ニ関スル建議ニ対スル意見（資料番号V–7）
三　新竹州管内蕃地図　縮尺十万分之一（資料番号V–15）
四　台湾の石油事業、特に新竹州下の状況に就て（資料番号V–8）
五　高雄州管内図　縮尺三十万分の一（資料番号V–38）
六　高雄州治概況書（資料番号V–17）
七　秘　人物篇　事務監査報告書第一篇（資料番号V–19）
八　秘　参照公文写（資料番号V–26）
九　調書〔戯獅甲元海軍用地、州買収地、海軍ト交換取得、埋立ヲ要スル所〕（資料番号V–27）
一〇　秘　高雄工業地帯建設顛末（資料番号V–29）
一一　南支南洋調査要綱（資料番号V–31）
一二　秘　当社工場敷地並ニ用水ニ関スル件〔下書き〕（資料番号V–47）
一三　日本アルミニウム株式会社概要　献上ノ件（資料番号V–48）
一四　日本アルミニウム株式会社沿革（資料番号V–49）
一五　日本アルミニウム株式会社概要〔草稿〕（資料番号V–51）
一六　日本アルミニウム株式会社概要（資料番号V–52）
一七　覚書草案（当社案）〔複写〕（資料番号V–55）
一八　南日本化学工業株式会社社則（資料番号V–56）
一九　建設予算超過説明書付意見書（資料番号V–60）

※「資料番号」は、いずれも「内海忠司関係文書目録」（『内海忠司日記　1928–1939』に収録）に準拠している。
なお、資料中の図表は一部省略した。了とせられたい。

一　「秘　斎藤総理大臣／永井拓務大臣／中川台湾総督に対する建議　台湾重要問題に就て」

（一九三二年一〇月、資料番号Ｖ–６）

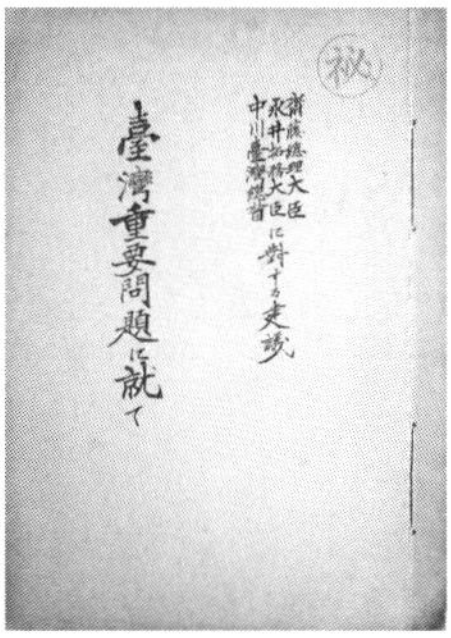

〔表紙〕

㊙

斎藤総理大臣
永井拓務大臣　に対する建議
中川台湾総督

台湾重要問題に就て

〔本文〕

はしがき

台湾五百万近キ島民ノ政治上経済上ニ於ケル現状ハ正ニ困憊疲弊ノ極ニ達シ、台湾統治ノ全般ニ亘リ緊急ナル改革ヲ為スニアラサレハ之ヲ匡救スヘキ途ナシ。然ルニ政府当局ハ常ニ台湾問題ヲ等閑ニ付シ之カ対策ヲ怠タルハ甚タ遺憾ニ堪エサルナリ。島民有志ハ之ヲ憂ヒ相計リテ茲ニ斎藤首相、永井拓相並ニ中川台湾総督ニ対シ夫々建議書ヲ提出シテ台湾統治ノ積弊、島民生活ノ窮迫並之カ匡救ノ方策ヲ開陳シ、以テ庶政全般ノ改革断行ヲ促シタリ。然レトモ其ノ改革断行ヲ実現スルニハ亦中央識者ノ同情声援ニ俟タサルヘカラス。是レ右建議書ヲ上梓シタル所以ナリ。

目次

建議書

閣下此度大命ヲ奉シテ挙国一致ノ内閣ヲ組織セラル時、正ニ内憂外患相重ネ国家興廃ノ岐ルル重大ナル秋閣下ノ出盧ヲ得タルハ邦家ノ為遥カニ満腔ノ祝意ヲ表スル者ナリ。私等[闕]閣下ノ必スヤ平素蘊蓄セラレタル経綸ヲ傾ケ以テ時代ノ積弊ヲ匡救シ並セテ国運伸展ノ百年ノ大計ヲ立テ国家ヲ泰山ノ安キニ致サルルヲ確信シテ疑ハサル者ナリ。

此時ニ際リ私等台湾統治ノ全般ニ亘リ其ノ緊急ナル改革ヲ要スルモノニ就キ敢ヘテ鄙見ヲ開陳シ以テ閣下ノ一大英断ヲ請ハントス。閣下ノ明敏果断ナル固ヨリ私等ノ進言ヲ俟タスシテ克ク我等島民ノ要求ヲ如実ニ満足セシメ得ヘケン。然モ茲ニ我等カ要求ノ大要ヲ開陳スルモ強チ之ヲ蛇足ト同視スヘカラサルモノナリト信ス。

顧ルニ我台湾ノ帝国ニ隷属シテ以来茲ニ業経ニ三十有七星霜ヲ閲シ諸般ノ施設漸ク整ヒ物質的進歩亦観ルヘキ者多々有リト雖モ之ニ精神的発達伴ハサレハ台湾ノ文明ハ砂上ニ築キ上ケラレタル楼閣ト何等択フ所無シ。切実ニ忌憚ナク申セハ内地延長ノ美名ニ隠レ陰ニ陽ニ四百余万ノ島民ヲ犠牲ニシ以テ二十余万ノ少数内地人ノ謂レ無キ優越感ト支配慾ヲ満足セシムル在来ノ統治政策ハ明カニ膨湃タル世界ノ思潮ニ逆行シ徒ラニ我島民ノ生活ヲ脅威スルモノニシテ、又実ニ明治大帝ノ聖旨ニ背キ憲法政治ノ精神ニ反スルモノナリ。今ヤ島民ノ疲弊困憊正ニ其ノ極ニ達シ事漸ク重大化セントス。惟フニ台湾統治ノ要諦ハ内台人ノ差別ヲ去リ以テ最大多数ノ最大幸福ヲ企図スルニ在リト信ス。我等ノ以テ[闕]閣下ノ英断ヲ請ハントスル所亦実ニ此ニ存ス。閣下直接殖民地統治ノ衝ニ当ラルルヤ久シ令名既ニ世界ニ普ク行キ亘ル。鄙見以テ今後ノ台湾統治ニ資スル所アラハ幸何ヲカ焉ニ加ヘン。

一、言論集会出版ノ自由ヲ与フルコト

立憲政治ハ民意ヲ尊重セサルヘカラス、民意ハ之ヲ人民自身ニ聴クニ如ク者無シ。而モ人民ノ意見ヲ人民ニ聴クハ一ニ言論集会出版ノ自由ヲ確保スルニ在リト信ス。故ニ立憲国家ハ此等ヲハ人民ノ重要ナル自由権ト定メ帝国憲法亦同シク之ヲ保障ス。然ルニ何故カ均シク[闕]陛下ノ赤子ニシテ同一ナル帝国憲法ノ治下ニ在ル我等四百余万同胞ニハ斯ル憲法上ノ恵沢ニ浴スル無シ。言論集会出版ノ自由剥奪セラレテ偽造ノ民意天下ニ横溢シ結社亦常ニ干渉圧迫セラルルニ、而モ当局ハ島民ニ其ノ自由アリト為シ意思ノ暢達ニ遺憾ナキヲ装ヒ以テ世ハ大平ナリト虚伝セラル。偶々講演集会アラハ十中八九ハ無謀ナル中止解散検束等ニ逢ヒ出版物ハ則チ乱暴ナル剪除没収ヲ受ケ其ノ目的ノ貫徹ヲ妨ケラル。其干渉圧迫ノ非道ナル蓋シ名状スヘカラサル痛恨事タラスンハアラサルナリ。立憲政治ノ言論集会出版ノ自由ヲ認ムルハ当然ノ帰結ニシテ、所詮社会連帯ノ理法ニ立脚シ社会改革ニ就キ共同連帯ニテ其ノ責任ヲ負担セシムルニ外ナラサルナリ。然ルニ我台湾ニハ斯ル自由ナシ。

我等四百余万ノ大衆ハ果シテ永遠ニ斯ル虐待ニ甘ンシ其ノ苦境ニ処スルニ忍ヒ得ヘケンヤ。古人言アリ、天下ノ事其ノ憂フヘ

キ者甚タ衆シ而モ当世ノ患言フコト能ハサルヨリ大ナルハ莫シト。均シク〔闕〕陛下ノ赤子ナレハ均シク同一憲法ノ保護ヲ受クヘキ者ナリ。故ニ言論集会出版ノ自由ハ須ク我等ニ之ヲ与ヘ如上ノ干渉圧迫ハ之ヲ根絶シ、殊ニ台湾新聞紙令ノ如キ現在ノ許可主義ヲ内地同様届出主義ニ改正シ以テ憲法ニ依リ保障セラレタル我等ノ自由権ヲ名実共ニ速カニ賦与セラレンコトヲ要望シテ已マサルナリ。

二、警察行政ヲ改善スルコト

台湾ノ現状ハ一言以テ之ヲ蔽ヘハ警察暴政ノ天下ナリ。警察ハ行政司法方面ハ勿論甚シキハ産業民事ノ全般ニ亘リテ其ノ勢威ヲ逞ウシ陰ニ陽ニ干渉圧迫ヲ是レ事トナス状態ナリ。或ハ職権ヲ濫用シ拷問非刑ヲ擅ニ行ヒテ無辜ノ民ヲ罪ニ陥レ或ハ保甲ノ悪制ヲ盾ニ振翳シ苛斂誅求至ラサル無ク民衆生活ノ安定ヲ脅ス等ノ具体的事例ハ枚挙スルニ遑アラサルナリ。其ノ甚シキハ一会社一私人ノ為ニ憲法ニ於テ保障セラレタル我等カ所有権ヲ干犯シ或ハ民法上ノ法律関係ニ容喙シテ偏頗ナル行動ヲ敢ヘテシ政治ノ暗黒ヲ醸シ尽シテ余ス所無シ。殊ニ此ノ数年来ノ大不況ノ時機ニ当リ人民ノ生活カ破綻ニ瀕シ正ニ之カ一大救済ヲ要スル秋ナルニモ拘ラス、警察官吏派出所ノ美観ヲ競ハンカ為ニ課税以上ノ権力ヲ以テ無理ニ其ノ建築費ヲ募リ之ニ応シ得サル良民ニ拘留脅迫暴行ヲ加ヘ寄付ヲ強要シタル具体的事実多々有ルノミナラス、満足ニ使ヒ得ル建物ヲ取毀シ人民ノ膏血ヲ以テ楼閣ヲ築キタル実証亦少カラス。惟フニ政治ハ人民ニ信無クンハ立タス。然ルニ殆ント台湾統治ノ全般ヲ支配スル台湾ノ警察ハ台湾ノ天地ヲ暗黒化シ人民ノ脳裏ニ恐怖ノ念ヲ植付ケ、怨嗟ノ声都鄙ニ充チ満チタリ。故ニ警察行政ヲ根本的ニ改革スヘキモノナリト信ス。

而シテ台湾ノ警察行政ヲ改善セントセハ先ツ警官タラントスル者ノ品格ノ向上ヲ図ルト共ニ、特ニ平時ヨリ警察ノ官権濫用ヲ公正綿密ニ監視懲戒スルノ機関ヲ設置セサルヘカラサルモノナリト確信ス。

又保甲制度ノ如キ悪制並ヒニ匪徒刑罰令ノ如キ悪法ハ即時之ヲ廃棄スヘキモノナリ。此等ノ制度ハ未開化ノ人類ニ対スルコソ其ノ必要アレ今日ノ台湾ニ於テ仍ホ其ノ存続ヲ維持セントスルハ我等同胞ヲ奴視シ之ニ一種ノ言フヘカラサル恥辱ヲ加フルモノナリト謂ハサルヘカラサレハナリ。

殊ニ行政上ニ於テ不当又ハ不法ノ処分ヲ受クルモ我等島民ニハ之ヲ訴フルニ由ナシ。故ニ須ク即時台湾ニ行政裁判所ヲ設置シ之カ救済ノ途ヲ設ケラレンコトヲ要望シテ已マサルナリ。

三、司法制度ヲ改革スルコト

警察行政ト共ニ改革スルヲ要スルモノハ司法制度其一ナリ。台湾ノ司法制度ハ二院三審制ニシテ而モ行政官ノ統制即チ牽制ノ下ニ置カルル状態ナリ。行政官ノ統制ノ下ニ置カルレハ行政官ノ都合必要ニ迫ラレ其ノ裁判ヲ左右サルヘキ場合アル事ハ言フモ更ナリ。過去ニ於テ行政官ノ牽制ヲ斥クヲ得スシテ裁判ノ公正ヲ失セル事案台湾ニ其実例乏シカラス。公正タルヘキ者公正タリ得スンハ徒ラニ法ニ対スル人民ノ疑惑ヲ招来シ終ニ司法権ノ威信ヲ失墜スルニ至ルニ止マラス、尚且其ノ運用ノ円滑ヲ妨ケラルル無キヲ誰カ保証スルヲ得ンヤ。故ニ立憲国家ハ夙ニ三権分立ノ精神ニ基キ司法権ノ独立ヲ図リ以テ裁判ノ公正ヲ保障セリ。而シテ台湾ニ於ケル二院三審ノ制度ハ勢ヒ司法官ノ各審兼務ヲ招来スヘク、兼務ノ結果ハ終ニ義理人情ニ駆ラレテ法ノ解釈適用ノ正鵠ヲ期スル事難カラン。

故ニ司法制度ニ就イテハ須ク現制度ヲ改革シ司法官ノ地位ハ行政官ノ干渉ヲ受クヘキ因縁ヲ断絶セシメテ司法省直属トナシ、而シテ台湾法院条例ヲ廃止シ裁判所構成法ヲ実施シ依テ三院三審制ニ改正シ、台湾ニ大審院ノ支部ヲ置キ以テ法ノ解釈適用ヲ統一セシメ島民ノ生命財産自由等ノ保障ヲ完全セシムルハ台湾統治上ノ急務中ノ急務ナリト確信ス。

四、公共組合ノ自治化ヲ計ルコト

公共組合トハ公法ニ準拠シ一定ノ構成員ヲ以テ組織セラルル法人ニシテ其目的トスル所ハ公共事務ノ自治的処理ヲナスニ在リ。然ルニ台湾ニ於ケル公共組合ノ組織ヲ見ルニ一トシ〔テ〕官設官営ニ終始セサルモノナク組合員ハ負担コソスレ組合経営ニ関シ何等ノ発言権ナク動モスレハ其ノ実際上ノ権益ヲ無視サレ剥奪サルル結果ニ陥リタル事例少カラス、又然ラサル場合ニ於テモ其ノ権益ノ保障極メテ薄弱ナルコトハ何人モ否ム能ハサル事実ナリ。斯ノ如キハ実ニ公共組合ノ精神目的ニ悖ル者ニシテ速カニ是レカ改革ヲナスヘキモノナリト信ス。

台湾農会改革要項

（一）現行台湾農会規則及ヒ台湾農会規則施行規則ヲ廃止シ、更メテ法律ヲ以テ時勢ニ適合セル農会法ヲ制定スヘキコト

（二）現在台湾農会ノ組織系統タル単級制ヲハ二級制ニ改正シ市街庄農会ヲ以テ単位トシ、ソノ上ニ州、庁連合農会ヲ設立シ州、庁連合農会ハ其ノ所属ノ市街庄農会ヲ以テ組織スヘキコト

（三）農会ノ総会ハ市街庄農会ニアリテハソノ会員若クハ代議員ヲ、州、庁連合農会ニアリテハ其ノ所属市街庄農会ヨリ選出セラレタル議員及ヒ特別ナル学識経験ヲ有スル特別議員ヲ以テ組織スヘキコト

（四）農会ノ役員ハ市街庄農会ニアリテハ会員中ヨリ、州、庁連合農会ニアリテハ議員ヨリ総会之ヲ選挙スヘキコト

（五）総会ヲ議決機関タラシメ農会ノ収支予算経費ノ分賦収入方法、事業報告及収支決算会則ノ変更及ヒ農会ノ資産ニ変化ヲ与フヘキモノ等ハ一切其所属農会ノ総会ノ議決ヲ経ヘキコト

（六）従来農会ノ経営シ来レル肥料共同購買並ニ農業倉庫ハ、農会ノ性質上並ヒニ其レヲ利用スル農民ノ便宜上ソノ経

営ヲハ産業組合ニ移管セシムヘキコト

台湾水利組合改革要項

(一) 現行台湾水利組合令及台湾水利組合令施行規則ヲ廃止シ、更メテ時勢ニ適合セル台湾水利組合法ヲ制定スヘキコト

(二) 組合ノ議員ハ凡テ組合員中ヨリ組合員之ヲ互選スヘキコト

(三) 組合ノ役員ハスヘテ組合総会ニ於テ組合員中ヨリ組合員之ヲ互選スヘキコト

(四) 組合総会ヲ議決機関タラシメ組合ノ収支予算、組合費ノ分賦収入方法、事業報告及収支決算、規約ノ変更及ヒ組合ノ資産ニ変化ヲ与フヘキモノ等ハ一切総会ノ議決ヲ経ヘキコト

(五) 水利組合ノ区域ニシテ同一市街庄ノ区域内ニアルモノハ之ヲ解体シテ其ノ事務ヲ当該市街庄ニ移管セシメ、以テ制度ノ簡明ト負担ノ軽減ヲ図ルヘキコト

台湾青果同業組合改革要項

台湾青果同業組合ノ準拠法タル重要物産同業組合法ハ、同業者タル組合員カ協同一致シテ営業上ノ弊害ヲ矯正シ、以テ其利益ヲ増進スルヲ目的トスル者ナリ。内地ニ於ケル同業組合ハ同法ノ精神ヲ体シ、組合トシテハ概シテ営利ニ類スル積極的事業ヲ避ケ、主トシテ生産品ノ検査改良包装ノ統一及ヒ組合員間ニ於ケル紛議ノ調停等ノ如キ消極的事業ヲノミ営ム状態ナリ。然ルニ現在台湾ニ於ケル青果同業組合ハ販売ノ斡旋ヲ始メ容器ノ供給ヨリ輸送事業ニ至ルマテ是カ経営ヲ為シ来レリ。斯クノ如キハ単ニ同業組合ノ精神ニ反スルノミナラス又決シテ其機能ヲ充分ニ果シ得ルモノニアラサルナリ。故ニ須ク産業組合法ニ準拠シ生産者ヲ以テ組織スヘキ青果信用販売購買利用組合ヲ設立シ、以テ前記青果同業組合ノ経営ニ係ル前記三種ノ業務並ヒニ青果会社ノ委託販売業務ヲ経営セシムルハ勿論、更ニ進ンテ組合員ニ必要ナル資金ヲ供給セシメ、青果同業組合ヲシテ同業組合タル本然ノ面目ニ帰ラシムヘキモノナリ。

台湾産業組合改革要項

台湾ノ産業組合ハ近来目醒マシキ発達ヲナシ到ル処ニ其ノ存立ヲ見サルナキ状態ナリ。而シテ其ノ業務ハ信用販売購買利用ノ各部門ヲ網羅シ台湾ノ産業経済ト直接間接密接ナル関係ヲ有スルモノナレハ、其ノ経営ノ如何ニ依リ台湾ノ産業経済ニ重大ナル影響ヲ与フヘキハ必然ノ帰結ナリ。

元来産業組合ハ互助機関ナレハ其ノ経営ヲ如何ニスヘキヤハ密接ナル利害関係ヲ有スル関係組合員ノ意志ニ委スヘキモノニシテ、又事実上関係組合員ノミ能ク之ヲ知悉スル者ナリ。故ニ産業組合ノ経営ハ全テ組合員ノ自由ナル判断ニ放任スヘキモノニシテ、此レニ対スル監督官庁ノ取ルヘキ態度ハ只此レカ保護指導ノ衝ニ当リ、而シテ其ノ必要ナル事業ニ就テハ進ンテ之ヲ奨励後援スルニ止ムヘキモノナリト信ス。

然ルニ台湾ニ於ケル監督官庁ノ産業組合ニ対スル常ニ監督ノ域ヲ越ヱテ直接間接之ニ干渉制肘ヲ加ヘ、其ノ経営ノ全般ニ対シ

テハ今尚ホ其ノ認可権ヲ掌握シ、甚シキハ一使用人ノ任免昇給ノ如キモ全テ其ノ容喙ヲ受クヘキモノナリ。コハ動モスレハ情弊〔二〕陥リ易ク延イテハ産業組合ノ自由発達ヲ妨クルコト往々ニシテ其ノ事例ニ乏シカラス。故ニ産業組合ノ経営ニ関シテハ須ク現在ノ認可主義ヲ棄テ全テ届出主義ヲ取ルヘキコトニ改正セサルヘカラス。

五、農村救済

台湾ノ農業ニ従事スル者ハ台湾総人口ノ六割ヲ占ム故ニ農村問題ハ台湾ニ於ケル最モ重要ナル問題ナリ。而モ未タ農業地ノ域ヲ脱セサル台湾ニ於テハ農村ノ景気如何ニ依リ直チニ其死活ヲ決スル状態ナリ。年来ノ不景気ハ台湾ノ農民ヲ借金奴隷化シ、殊ニ平素確実ナル副業殆ント之レ無クソノ唯一ノ副業タル製帽事業モ業界ノ不振ヒ〔ママ〕伴ヒ殆ント生活ノ補助トナラス、今ヤ困憊疲弊既ニ其ノ極ニ達セリ。故ニ須ク即時農村ノ負担軽減ヲ図リ農村ノ経済ヲ圧迫スル者ハ全テ之ヲ排除シ、農村ノ確実ナル収益ノ源トナリ得ル副業ハ進ンテコレヲ調査補助奨励セラレンコトヲ要望ス。

要項

（一）官有地、官租地ノ土地政策ハ耕作者ヲ中心ト為スヘシ

台湾ニ於ケル官有地、官租地等ニ関スル在来ノ政策ハ全テ島民殊ニ農民ヲ度外視シ、政商、退官者等ノ保護ニ偏頗セル事実歴然タリ。政商、退官者等ニシテ事実ニ於テ其ノ土地ヲ開拓耕作スル意志アラハ今更何ヲカ言ハン、彼等ハ結局権利金ヲ搾取スル一種ノ搾取機関ニ過キサルハ言ヲ俟タサルナリ。内地ニ於テハ開墾助成、農村救済等ニ上下一心努力セラルルニ独リ台湾ニ於テノミ斯ル政策ヲ持続スルハ実ニ心外ノ至ナリ。故ニ官有地ハ須ク耕作者ニ之ヲ払下ケ、官租地、学租田其他之ニ類スル者ハ全テ之ヲ農民ニ直接貸下ケラレンコトヲ要望スル者ナリ

（二）島内製糖会社ノ原料採収区域制度ヲ撤廃スヘシ

台湾ノ糖業ハ既ニ保護必要ノ域ヲ脱シテ世界ノ業界一方ノ雄トナレリ。然ルニ当局ハ未タ糖業偏重ノ政策ヲ捨テス尚ホ至レリ尽セリノ保護奨励ヲ与ヘテ遺憾ナシ。就中原料採収区域制度ノ如キヲソノ最トナス。斯ル制度アルカ故ニ営利会社タル砂糖会社ハ自己ノ利益ノ為ニハ凡有我侭ヲ擅ニセリ。会社ト農民トハ取引ノ対手方ナルニ其ノ取引ノ目的物タル原料ノ買収価格ハ農民ノ要求ヲ斥ケ会社自ラ之ヲ定メ、而シテ同一ノ甘蔗ナルニ田地ト畑地トノ生産原料ノ間ニ著シキ価格ノ懸隔ヲ勝手ニ設ケテ畑地ノ原料ヲ弥カ上ニ虐待シ、殊ニ最近ニ至リ従来会社ノ負担シ来レル採収費ヲ農民ニ之ヲ転嫁シ、甚シキハ歩留ヲヨクスル為メナリト未タ豊富ナル糖分ヲ有スル蔗茎ノ頭部ト上部トヲ切リ捨テ切リ方悪シケレハ勝手ニ等差ヲ付ケテ斤量乃至ハ価格ヲ差引キ、更ニ原料ノ秤量ニ至リテハ農民ノ要求アルニモ拘ラス決シテ其ノ立合ヲ許容ス

ルコト無シ。斯ノ如クシテ農民ハ完全ニ砂糖会社ノ農奴ト化シタリ。惟フニ会社ノ敢テ斯ル横暴ヲナスハ一ニ区域制度アルニ因ルナリ。故ニ斯ル悪制ハ須ク速カニ廃止スヘキモノナリト信ス

（三）台湾青果株式会社ヲ即時解散スヘシ

抑台湾青果株式会社ノ設立サレタル目的ハ（一）産地福利ノ増進、（二）販路ノ拡張、（三）生産ノ奨励並ヒニ改良ニ在リ。然ルニ事実ハ会社其ノモノハ購買者タル荷受組合乃至ハ仲買人ノ会社ト化シ彼等ハ今ヤ完全ニ芭蕉実ノ価格決定権ヲ握リ生産者ヲ其ノ利益ノ奴隷タラシメタリ。従ツテ其ノ結果トシテ農民ヨリノ買入価格ハ常ニ其ノ運搬賃以下ニ在リテ福利ノ増進ハ思ヒ寄ラス、販路亦会社ノ事実上ノ経営者タル荷受組合乃至ハ仲買人ニ妨ケラレテ拡張スルコト能ハス羊頭ヲ掛ケテ狗肉ヲサヘ売ラサル実情ナリ。故ニ斯ル会社ハ須ク即時之ヲ解散シ其ノ業務ヲハ吾人ノ前項ニ於テ建議セル青果信用販売購買利用組合ニ併合セシムヘキモノナリ。彼ノ有名ナル「カリフオルニヤ」果物生産者組合ノ如キ正ニコノ一好適例ナリト信ス

（四）嘉南大圳、桃園大圳其他公共組合ノ借入金ノ利子ヲ軽減スヘシ

此等ノ借入金利息ハ結局農民ニ転嫁サルルモノナリ。従ツテ斯ル不況時ニ当リ政府自ラカ其利益ヲ全廃スルカ将又ソノ歩合ヲ軽減スヘキモノナリ

（五）産業組合的農業倉庫ヲ奨励助長スヘシ

農村疲弊ノ極ニ達セル今日農民ハ其生産セル米ヲハ即時換金スルカ当然ナリ。而シテコレラト直接取引ノ衝ニ当ル籾摺業者ニ於テモ資本貧弱ナレハ亦換金ヲ急クモノナリ。従ツテ高ク売リ得ル時ニ売レスシテソノ安キ時ニノミ売ル結果トナリ、台湾最大宗ノ農産物トシテ直接間接台湾ノ経済界ニ影響スル所多キモノナルカ故ニコレカ救済ヲ図ラサルヘカラス。

而シテコレヲ救済スルニハ産業組合的農業倉庫ノ設立ヲ図ルコトヲ以テ第一ナリトナス。若シ夫レ農業倉庫ヲシテ更ニ乾燥貯蔵ノ設備ヲ兼備セシメンカ直接間接台湾米ノ品質ト声価ヲ向上セシムルコト必定ナリト信ス。更ニ農倉ヲシテ寄託米ニ対シ証券ヲ発行セシメ且ツ台湾銀行ヲシテ該証券ヲ倉庫証券ト同視セシメ、其レニ対シ特ニ安価ナル利子ヲ以テ金融セシメンカ農民ノ売急キヲ防止シ引イテ米価調節ノ効果ヲ招来シ得ルハ言ヲ俟タサルナリ。

此ノ農倉ノ建設タル元ヨリ巨額ノ固定資金ヲ要スルモノナレハコレニ対シ或一定ノ程度ノ補助金ヲ与ヘ更ニ或程度ノ資金ヲ低利ニテ融通シ、以テソノ発達ヲ奨励助長スヘキモノナリ

（六）資金ノ農村還元ヲ図ルヘシ

現下農村ノ遊金ハ産業組合ノ手ニヨリ殆ント都市ノ銀行ニ集中サレ大部分都市ニテ利用サルル結果農村ノ金融カ益々梗塞ヲ来タシツツアル状態ナリ。斯ルカ如キハ益々農村ノ不景気ヲ深刻化セシムルモノニシテ実ニ憂慮スヘキ状態ナリ。故ニ須ク農村ノ資金ヲハ農村ニ還元スル方策ヲ講セサルヘカラス。更ニ或程度ノ資金ヲ低利ニテ之ニ供給シ以テ借金奴隷化セル農民ノ旧債借換ニ供セラルルヲ得ハ台湾ノ農村ヲ破綻ヨリ救フヲ得ルナン

（七）土地整理組合ヲ即時廃止シ組合費ノ徴収ヲ除去スヘシ
土地整理組合設立ノ由来ハ台湾改隷匆々土地制度未タ整ヘスコレカ調査確立ヲ必要トシタルニアリ。然ルニ今ヤ既ニ土地制度確立シコレ以上之ヲ存置セシムル必要ナシ。故ニ該組合ヲハ即時廃止シ、従テ組合費ノ徴収ヲモ即時廃止スヘキモノナリ

（八）畜牛保健組合、農業組合、興農倡和会（或ハ業佃協調会）ヲ廃止シ市街庄農会ニ併合セシムヘシ
畜牛保健ハ当然農会事業ノ一部ヲ構成スヘキモノナリ。現在ノ如キ単級制ノ農会ニ有リテハ農民ト直接ナル関係取リ難ク不得已形式上各市街庄ニ農業組合ヲ設ケテ其ノ補助機関トナシタリ。従ツテ前述セル如ク市街庄ヲ農会ノ単位トセハ最早斯ル機関ヲ存置セシムル必要ナシ。又農業ニ関スル紛議ノ仲裁ハ農会ノ一権能トシテ認メラレタル以上、業佃協調ヲ以テ目的トセル興農倡和会並ヒニ業佃協調会等ハ当然廃止シテ農会ニ併合セシムヘキナリ

（九）大甲帽ノ販路拡張ヲ図ルヘシ
大甲帽ハ台湾輸出物ノ大宗ニシテ年輸出金額壱千万円ヲ算シ国際貸借上国家経済ニ寄与セル所頗ル多シ。而シテ全島二ヶ所ノ検査所ト数名ノ検査員ヲ以テ年ニ拾参万円ノ検査料ヲ徴収シツツアル状態ナリ。今ヤ業界大不況時ニ当リ当局ハ須クソノ検査料ノ一部ヲ割キコノ台湾特産物ノ販路ノ拡張ニ充ツヘキモノナリト信ス。而モ大甲帽ハ未タ特別品トシテ取扱ハレ其ノ輸送ニ特ニ高価ナル運賃ヲ支払ハレツツアルハ心外ニ堪エス。故ニ斯ル特産品ハ須ク他ノ特産物ト同様ニ安キ運賃率ヲ適用シ、以テソノ発達ヲ期スヘキモノナリ

（十）鉄道運賃ヲ引下クヘシ
交通ハ経済生活ト密接ナル関係ヲ有スルハ最早喋々スルヲ要セサル問題ナリ
然ルニ台湾ノ鉄道運賃ハ日本広シト雖モソノ高率ナル点ニ於テ之ニ比スヘキモノナシ。故ニ即時コレヲ引下クヘキモノナリト信ス

（十一）叺製造事業ヲ奨励スヘシ
台湾ノ農村ハ副業少ク農閑期ニ於テハ何等為スヘキ所無ク徒ラニ貴重ナル時間ヲ無駄ニ過シツツアルハ誠ニ農村経済上重大ナル損失ナリ。従ツテ現時ニ於ケルカ如キ疲弊セル農村ヲ救済センニハ副業ヲ奨励スル事亦重要ナリ

ト信ス。就中農村ノ廃物タル稲藁ヲ利用シ叺ノ製造ヲ奨励スルコトモ其ノ一策ナリ

抑従来台湾移出米ノ包装ニ用ユル麻袋ハ輸入品若クハソノ原料ヲ外国ニ仰キ年ニ此ニ支出スル金額実ニ二百万円ヲ算セリ。対外収支ノ如何ハ国家経済ニ重大ナル影響ヲ与フルモノニシテ殊ニ現下ノ如キ財政ノ窮迫セル時ニ当リ深ク考慮スヘキ一ノ問題ナリト信ス。而モ叺包装ハ米ノ変質ヲ防キ内地ノ需要者ノ要望ニ副ヒ其取引値段ニ影響ヲ与フルモノニシテ、之等ヲ加算スル時ハ台湾ノ農村ニ帰スヘキ利益ハ実ニ年三百万円以上ヲ算スルナリ。斯ノ如ク台湾農村救済上、対外収支関係上、台湾米声価向上上ノ三点ヨリ須ク台湾ニ叺製造事業ヲ奨励スヘキモノナリ。而シテコレヲ奨励スルニハ機械ヲ貸下ケ或ハ其ノ購入ニ一定ノ補助金ヲ与ヘ、更ニ其製品検査ノ便ヲ図ル方法ヲ講セサルヘカラサルモノナリト信ス

六、行政整理ヲ断行スルコト

経済不況ノ今日ニ於テ国ヲ挙ケテ無駄排除ニ狂奔シツツアルニ総督府ノ予算ハ依然年々莫大ナル人件費ヲ計上シ少シモ事務ノ簡捷化ヲ図ラサルハ実ニ不合理ナリ。故ニ宜シク時勢ノ要求ニ従ヒ行政整理ヲ断行シ以テ民間ニ其ノ範ヲ示スヘキモノナリト信ス。

（一）国家現在ノ非常時ニ当リ国民ノ全部カ緊張セル時、官吏独リ六月一日ヨリ九月三十日マテ半日勤務スルカ如キハ国家ニ忠実ニ奉公スル所以ニアラス。其ノ為ニ民間トノ接触交渉ニ機敏ヲ欠クコトトナルカ故ニ、官庁ノ執務ハ須ク民間会社同様ニセラルヘキモノナリ

（二）吏員ノ中老朽無能ナル者乃至ハ冗費ハ当然之ヲ淘汰シ以テ事務ノ簡捷ト冗費ノ節約ヲ図ルヘキモノナリ

（三）現制度ノ中其不用ニシテ当然廃棄スヘキ者郡制ヲ以テ其ノ最トナス。コハ只ニ不用ナルノミナラス其ノ存立有ルニ因リ却テ事務ノ簡捷ヲ妨クルモノナリ。故ニ郡制ハ速カニ廃棄スヘキモノニシテ現存郡警察課ノ如キハ内地様警察署ヲ置ケハ十分ナリト信ス

右ハ現行制度ニ就キ其整理改革ヲ要スヘキ事項中ノ一二ノ例ヲ進言シタルニ過キス。真正有用ナル行政整理ハ台湾総督府官制以下ノ地方制度ヲ地方自治制確立ノ精神ニ副フヘキ様改革セサルヘカラス。

七、即時地方自治制ヲ確立スルコト

国家ノ成員ハ国家機関ノ運用ニ必要ナル一切ノ経費ノ負担ト其他ノ義務ヲ有シ同時ニ国家公共ノ事柄ニ対シ当然参与ノ権利ヲ有スルモノナリ。コハ実ニ近代国家成立ノ本然ノ帰結ニシテ又実ニ立憲政治ノ根本精神ナリ。然ルニ我四百余万ノ台湾民衆ハ殖民地台湾ニ於テ国家ノ成員トシテ既ニ其レニ必要ナル一切ノ経費並ヒニ其他ノ義務ヲ負担セシメラルルニモ拘ラス、自己ノ

生活ニ密接ナル関係ヲ有スル公共ノ事柄並ヒニ自己ノ休戚ニ重大ナル影響ヲ与フル経費ノ使用ニ対シ全然発言権ヲ有セサルハ実ニ不合理モ甚シ。大正九年十月一日ヨリ州市街庄制施行セラレシモソノ協議会タルモノ単ナル諮問機関ニスキス議員又尽ク官吏ト官選ナリ。義務ノミヲ負担セシメラレテ而モ国家成員トシテ当然享クヘキ権利ヲ享クルヲ得サル我四百余万ノ同胞ヲシテ帝国ノ統治ヲ信頼セシムル所以ニアラサルナリ。

而モ台湾ノ初等教育ノ就学率ハ男子ハ既ニ五十パーセントニ近ク、女子ヲ入レテ計算スルモ既ニ三十数パーセントニ達セリ。コレラ地方自治制度ヲ施行シタル当時ノ日本内地乃至ハ未タ不完全ナリトハ言ヘ既ニ地方自治制ヲ施行シタル樺太、朝鮮ノ其レニ劣ルモノト誰カ言ハン。故ニ須ク即時ニ地方自治制ヲ確立シ普通選挙法ニ依リ議員ヲ民選ニシ諮問機関ヲハ議決機関タラシムヘキコトヲ要求スルモノナリ。

八、義務教育ヲ実施スルコト

教育ノ普及ハ国家ノ一大要務ナリ。台湾カ帝国ノ領土ニ属シテヨリ茲ニ三十有七星霜ヲ閲シタルニ教育ノ普及遅々トシテ進マス、而モ其最モ肝要ナル初等教育ノ就学率ノ如キハ未タ三十パーセント台ニ止マリ年々多数ノ学齢児童カ就学ヲ拒マレテ教育ノ機会ヲ失フニ至ルハ実ニ慨歎ニ堪ヱサルナリ。故ニ宜シク台湾ニ義務教育ヲ実施シ以テ台湾民衆ヲ文盲ヨリ救フヘキモノニシテ、而モコハ亦島民ノ年来熱望セル所ナリ。台湾ノ政府ハ財政上ノ理由ニ藉口シ其実施ヲ拒否シ、而シテ他方教育普及ノ程度低キヲ以テ地方自治制ノ実施ヲ始メ台湾人ノ当然受クヘカリシ権利ノ享有ヲ拒絶スルハ実ニ心外ノ至リナリトス。当局ハ義務教育ノ実施ニ伴ヒ年々要スル一千二百万円ノ財源ヲ得ルハ甚タ困難ナリト云々スルモ適宜ニ行政財政ノ整理ヲ断行スレハコレヲ一億二千万円ヲ越ユル総督府予算ヨリ捻出スルハ決シテ難事ニアラサルハ勿論、更ニ教育ノ普及ヨリモ校舎ノ美観ニノミ努力スル現在ノ如キ植民地的教育方針ヲ更ヘ、乃至ハ当然台湾ノ所得ニ帰スヘクシテ而モ未タ中央政府ニ貢キツツアル砂糖消費税ヲ台湾ニ還元セシムレハ財源云々ハ之ヲ問題トナスニ足ラサルハ明カナリ。

九、共学制度ヲ徹底セシムルコト

現在ノ台湾共学制度ハ有名無実ニシテ事実上我島民ニ何等裨益スル所ナシ。初等教育ニテ内地人ト共学シ得ル者ハ制限ニ制限ヲ加ヘラレタル僅カ許リノ児童タルニスキス。試ミニ統計ヲ挙クレハ、大正十四年小学校入学者数四二二一名中本島人ノ入学者ハ一〇〇名ニスキス、昭和五年ニ至ルモ入学総数六一七七名ニ対シ本島人児童ハ僅カニ二一五名ニシテ全体ノ三、五パーセントニ過キサルナリ。而シテ我等カ初等教育ヲ拒マレル者年々莫大ナル数ヲ算ヘツツアルニ、内地人子弟ニ対シテハ則チ数名ニテモ彼等カ為ニ如何ナル山間僻地ナリト雖モ学校ヲ立テ教育ノ機会ヲ与ヘツツアル状態ナリ。若シ夫レ中等教育ニ至リテハ我等台湾人ノ入学歩合ハ寧ロ減少シツツアル状態ナリ。試ミニ統計ヲ与〔挙カ〕クレハ、中学校ニ於テハ大正十四年ノ本島人入学者数ハ四一〇名ニシテ昭和五年ニハ漸ク四四六名ヲ算スルニ内地人ハ則チ四九七名ヨリ八三一名ニ激増シ、高等女学校ニ於テハ同期間内ニ本島人ハ三七二名ヨリ三七七名ニ増加セシニ対シ内地人ハ九三二名ヨリ一一一〇名ニ激増シ、商業学校ニアリテハ前者ハ七四名ヨリ七五名ニ増加セシニ対シ後者ハ則チ一一五名ヨリ一六九名ニ激増シ、其間学校増設セラレタルモ結果ハ我等ニ何等ノ恵沢ヲ与ヘサルヤ明瞭ナリ。故ニ宜シク現状ヲ洞察セラレ以テ共学制度ノ根本的改革ヲナスヘキモノナリト確信ス。

公学校ト小学校トノ教育程度ニハ根本的ノ差違アルハ明ラカナル事実ナリ。故ニ中等教育ニシテ入学試験ヲ要セントセハ須ク小公学校ノ程度ヲ同等ニスヘキモノニシテ、モシ此ヲ為シ能ハサレハ入学試験ハ須ク公学校ノ教程ニ準セシメ以テ教育ノ機会均等ヲ図ルカ正当ナリト確信スル者ナリ。義務教育ヲ実施シ併セテ教育ノ機会均等ヲ図ランカ台湾文化ノ向上ハ期シテ待ツヘキナリ。

要スルニ台湾教育機関ノ中、中等教育以上ノ学校ノ収容方針ハ内地人ヲ本位ニ台湾人ヲ制限的ニ収容シ、高等学校、高等商業学校、高等農林学校、高等工業学校、医学専門学校及ヒ台北帝国大学等ノ教育機関存スルモ、此等専門学校以上ノ教育ノ恵沢ニ浴スル者ハ内地人ノ子弟カ殆ント全部ヲ占メ台湾人ハ極メテ少数ニシテ、之ヲ人口ノ割合ニ比較スレハ島民ノ教育上ニ与ヘラルル不幸実ニ多大ナルヲ知ルニ余リアルナリ。

昭和七年十月三十日

右　署名者

内閣総理大臣　斎藤実殿

林献堂　楊肇嘉　林階堂　林柏壽　羅萬俥
林垂拱　洪元煌　葉清耀　黄朝清　張聘三
陳　炘　郭東周　林呈禄　呉三連　黄　周
呂霊石　黄登洲　林仏樹　蔡式穀　頼天生
周定山　張頼玉廉　林幼春　温成龍　韓石泉
鄭松筠　欧清石　高再得　沈　榮　張慶章
蔡培火　呉肇欽　黄鴻源　呉東漢　呉岳林
洪　右　李瑞雲　劉　棟　李朝宗　李瑞文
李明家　楊金虎　李金鐘　劉明電　劉清風
郭　発　王受禄　呉　微　洪朝東　林　野
李春盛　林澄坡　劉子祥　李延旭　何景寮
張秋淋　黄　棟　黄清波　張深鑐　陳新彬
陳朔方　張叔荷　陳　玉　蔡先於　彭華英
林子玉　張煥珪　林其賢　白福順　頼　慶
劉青雲　徐先燡　陳金能　黄佳禾　王清佐
呉沛霖　李良弼　王元圭　蘇惟梁　王添灯
曽金泉　李乞食　周渓泉　呉萬成　黄呈聰
謝廉清　林福桂　陳逢源　廖徳聰　楊景山

許乃昌　林文樹　王甘棠　楊基先　杜茂堅
張耀堂　林根生　楊天賦　林阿華　黄再添
葉榮鐘　洪錦水　李君曜　王　墨　張驫生
張景源　廖行生

二「秘　台湾重要問題ニ関スル建議ニ対スル意見」（一九三二年十一月、資料番号 V-7）

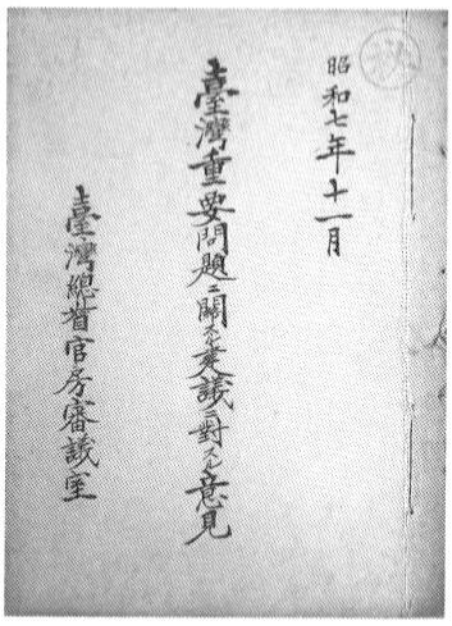

〔表紙〕

㊙昭和七年十一月

台湾重要問題ニ関スル建議ニ対スル意見

台湾総督官房審議室

〔本文〕

はしがき

林献堂、楊肇嘉外約二百名（主トシテ台湾自治連盟会員ナリ）ハ最近内閣総理大臣、拓務大臣及台湾総督宛台湾統治改善ニ関シ建議書ヲ提出シ同時ニ建議書ト同様ノ印刷物ヲ中央当路並ニ島内ニ頒布セルガ、其ノ所論ハ彼等平素ノ主張タル自治促進ニ資センガ為ニ或ハ故ニ本島民度低キ等ノ実情ニ眼ヲ塞ギ、或ハ民族的反感ニ基ク虚構ノ宣伝ヲ敢テセルモノカ、然ラズンバ現ニ総督府又ハ地方庁ニ於テ鋭意研究中ニ属スル事項ヲ聞知シテ之ヲ恰モ自己ノ創見ナルカノ如ク主張セルモノニシテ一顧ノ価値ナキモノトス。然レドモ此ノ間ノ消息ニ関シ充分ノ理解ナキ人士ハ動モスレバ単ニ理論的ニ本建議書ノ趣旨ニ賛スルコトナキヲ保セザルヲ以テ之ガ内容トスル事項ニ就テ或ハ事実ヲ明ニシ、或ハ其ノ誤レル所以ヲ簡明スルコトハ必ズシモ徒爾ニ非ザルヘシ。

之レ本意見書ヲ作成スル所以ナリ。

目次

一、言論集会出版ノ自由ヲ与フルコトニ就テ

本島ハ帝国ヲ構成スル領土ノ一部ニシテ等シク立憲治下ニ在ルモノナルヲ以テ憲法ニ依リ保障サレタル臣民ノ権利ハ法治主義ノ原則ニ則リ十分ニ尊重サルル所ナリ。而シテ言論、集会、出版等ハ所謂民意ヲ暢達セシムル上ニ於テ重要ナル意義ヲ有スルモノナルヲ以テ力メテ之ヲ重視シツツアリ。然リト雖之等ノ事項ニシテ社会公共ノ安寧秩序ヲ害スト認メラルル場合ニハ警察

命令ヲ以テ之ヲ強制制限シ得ルコトハ憲法第九条ノ規定スル所ニシテ、敢テ立憲主義ニ反スルモノニ非ズ。殊ニ本島ニ於テハ未ダ政治的訓練ノ不徹底ト民族的意識ニ依リ言論、集会、出版等ノ手段ニ藉リテ社会ノ秩序ヲ紊ルト認メラルルコト多キハ到底内地ノ比ニ非ズ。従テ已ムヲ得ズ警察権ノ発動ニ依リ之ヲ取締ルノ必要ヲ生ジ結果ヨリ見テ干渉圧迫ヲ加フルモノト誤解サルルコトナシトセザルモ、之レ其ノ実情ニ基ク已ムヲ得ザル所ニシテ敢テ自由権ノ保障ヲ侵シ不当ニ人民ヲ虐待スルモノニ非ザルナリ。就中新聞紙ノ発行ニ至リテハ其ノ民族性文化ノ程度等ニ鑑ミ取締上ノ必要ニヨリ許可制度ヲ採レルモノニシテ、若シ自由発行ヲ認メンカ其ノ結果トシテ徒ラニ奇矯過激ノ文ヲ弄シテ一般ニ教養ノ程度低キ島民ノ民族的反感ヲ激成悪化セシムルモノ横行スルニ至ルベク其ノ害悪量ルベカラザルモノアルベシ。

惟フニ本文ニ所謂本島民ハ憲法ノ恵沢ニ浴セズトシ、或ハ四百万大衆ノ虐待云々ト云フガ如キハ観察全ク事実ト異リ徒ラニ誇大ノ形容ヲ用ヒタル不穏ナル言辞ニシテ、例ヘバ「講演集会ノ十中八九ハ無謀ナル中止解散検束ニ遇フ」ト云フハ明ラカニ誇張ノ言ト云ハザルヲ得ズ。唯本島ニ於ケル講演集会等ニ於テハ無分別ナル意見ヲ開陳シ奇矯ノ言ヲ弄スルコト多キヲ以テ中止解散ヲ命ゼラルルモノ内地ニ比シ多キコトハ事実ナルモ、之レ取締上已ムヲ得ザル所トス。然レドモ本島ニ於ケル文化向上シ自治的責任観念養成サルルニ従ヒ論者ノ云フカ如キ要望ハ漸次実現サレツツアルモノニシテ自由権ノ保障ニ於テ欠クル所ナキモノト信ス。

二、警察行政ヲ改善スルコトニ就テ

一、本島ニ於ケル警察ハ常ニ社会公共ノ治安ヲ維持シ民衆生活ノ安定ヲ図ルベク努力シ適正公平ナル職務ノ執行ニ当リツツアリ。然レドモ本島ニ於テハ民度低ク文化未ダ普及セザルニ因リ強制力ニ依ルニ非ズンバ警察取締ノ完璧ヲ期シ得ラレザルノ実情ニ在ルモノニシテ、論者ハ警察ガ干渉、圧迫、職権濫用、拷問ヲナシ或ハ特ニ一会社一私人ノ為ニ一般民衆ノ所有権ヲ干犯シ或ハ民法上ノ法律関係ニ容喙スル等ノ事実アリト主張スルモ、右ハ概ネ虚構ノ事実ナルカ或ハ本島ニ於ケル警察取締上強制力ノ特ニ必要ナル所以ヲ理解セザルニ出デタルモノト思料セラル。

二、警察官吏派出所建築物ノ寄付ヲ受納シタルハ事実ナルモ右ハ派出所ニシテ建設以来十数年以上ヲ経過シ加フルニ本島特殊ノ蟻害、風水害等ニ依リ腐朽使用ニ堪ヘザル程度ニ達シタルモノニ対シ地方民ニ於テ見ルニ忍ビズ自発的ニ寄付ヲ募リ建築ヲ為セルモノニシテ、之等ノ例ハ内地ニ於テモ少カラザル所ナリトス。其ノ建築タルヤ必要ノ程度ヲ超エザル様最少限度ニ止メ、地方民負担ノ軽減ニ就テハ深甚ノ考慮ヲ払ヒツツアリ。

然レドモ之等派出所中ニ於テハ保甲事務所保甲会議場等ニ

利用シ地方民ノ利便ヲ図ルコトヲモ目的トセルモノアル点、及耐久力アル為ニ却テ経済的ナル点等ヲ考慮シ幾分近代的構造ニヨル恒久的建物トセルモノニシテ、之ヲ以テ徒ラニ美観ヲ競ヒ云々ト批難スルハ当ラズ。而シテ之ガ建築ノ為寄付募集ヲナスニ当リテハ地方長官ノ許可ヲ得シメ、地方長官ニ於テハ地方経済ノ実状ヲ考慮シタル上之ヲ許可シ、許可ノ状況ハ其ノ都度之ヲ総督ニ報告セシメ充分ニ監督ヲ為シツツアルモノナリ。

三、警察官ノ素質向上、品格ノ陶冶ニ就テハ常ニ深甚ノ考慮ヲ払ヒツツアル所ニシテ近年其ノ素質ハ著シク良好トナリ、昭和六年度末ニ於テハ全島七千余ノ警察官中大学教育ヲ受ケタルモノ三十三名、中等程度以上ノ教育ヲ受ケタルモノ千三百八十七名、其ノ他ハ小、公学校卒業者ニシテ、巡査トナルモノニ対シテハ総督府練習所ニ於テ約四ヶ月半巡査トシテノ教養ヲ施シ、又警部警部補トナルニハ現在巡査中ノ成績優秀ナルモノヲ選抜シテ一ヶ年間警察幹部トシテノ教養ヲ施シタル後任命シ、更ニ現職巡査ニ対シテハ毎朝一時間各種ノ教養、執務上ノ注意訓授等ヲ為シ円満ナル人格ノ陶冶ト周密ナル知識ノ涵養ニ勉メ以テ時勢ノ要求ニ適応セシメツツアリ。又職務執行ニ当リテハ警視、警部、警部補、巡査部長、巡査等各階級ニ従ヒ上級者ハ下級者ヲ指導監督シテ非違、非行ヲ戒メ、一旦規律違反アル場合ハ懲戒規程ニ依ル懲戒委員会ニ於テ審査ノ上厳重ナル戒飭ヲ加ヘ常ニ警察紀綱ノ振作ニ務メツツアリ。之ガ為特ニ監視懲戒スルノ機関ヲ設置スルノ要ヲ認メザルナリ。

四、保甲制度

保甲制度ハ領台直後旧慣ヲ参酌シ地方ノ安寧ヲ保持スル為設ケラレタル本島人ノ隣保団体ニシテ現在其ノ事務ハ広ク各般ノ行政ニ亘ル、而シテ最近民度向上シ島民漸ク自覚シ来レルガ如シト雖未ダ自治責任ノ観念薄弱ニシテ悖徳行為ニ対スル社会的制裁殆ドナク、外ハ一葦《(衣)》帯水ヲ隔テテ対岸支那ニ臨ミ内ハ言語風俗ヲ異ニスル数種ノ種族ヲ抱擁シ過渡期ノ煽動的思想浸染スルコト多ク、且ツ未ダ尚暴行、賭博、阿片吸飲等ノ悪習去ラザル者多キ実状ニ鑑ミルトキハ警察機関ノ充実ハ本制度ノ存在ニ依リ始テ完キヲ得ルモノタルコトヲ知リ得ベク絶対ニ之ヲ廃止スベキモノニ非ザルナリ。又市街庄ノ補助機関タル点ヨリ見ルモ未ダ青年団、在郷軍人等奉仕的ニ公共事務ヲ補助スルモノナキ本島ニ於テハ本制度ノ存置ハ尚大ニ必要ナリト謂フベシ。論者或ハ本制度ハ内台人差別待遇ニシテ本島人ヲ奴視スルモノナリト言フモ、内地人ハ兵役義務ニ服シ且ツ都市移民村其ノ他ニ義勇消防ヲ組織セル等ノ事情ヲ考慮セバ両者ノ義務負担ニ何等ノ不権衡ナシ。要スルニ本制度ハ歴史的慣行ト民族性トニ応ジ実施サレシモノニシテ爾来克ク其ノ機能ヲ発揮シ不良ノ徘徊、潜匿ヲ防止シ本島ノ治安維持、産業興隆ヲ促進シタル効少カラザルモノニシテ最下級行政補助機関トシテ益々其ノ機能ヲ伸張セシムベキモノト信ズ。然レドモ同条例施行後既ニ三十有余年ヲ経過シ時勢ニ適応セザル規定ヲ生ジ来レルヲ以テ之ヲ改正シテ連座罰ノ条項ヲ廃止シ其ノ義務的事務ノ範囲ヲ明確ニシ、以テ保甲制度ニ対スル世ノ疑惑ト非難ヲ一掃シ延テ保甲更新ノ機運ヲ醸成シ自治観念ノ進展ヲ期スベク目下考慮中ニ属ス。

五、匪徒刑罰令

本令ハ明治三十一年制定セラレシ律令ニシテ目的ノ如何ヲ問ハズ苟モ暴行脅迫ノ手段ヲ以テ其ノ目的ヲ達スル為多衆結合スルヲ匪徒ノ罪トナシ普通犯罪ノ例ニ依ラズ厳罰ニ処スルモノナリ。然レドモ本令ハ大正四年タバニー事件ヲ最後トシ爾来其ノ適用ヲ見ズ、且ツ其ノ後暴力行為等処罰ニ関スル法律及治安維持法等ノ制定ニ依リ其ノ実用ヲ失ヘルガ如キモ、本島ニ於ケル住民ハ未ダ其ノ民度低ク付和雷同性ニ富ミ何等ノ理由ナク民族的ニ騒擾ヲ起ス危険大ナルヲ以テ本令ノ廃止ハ時期尚早ナリト認ム。

六、行政裁判所

行政裁判所ノ設置ニ関シテハ主義トシテハ素ヨリ異論ナキモ訴願法施行後既ニ八年ヲ経過セルニ拘ラズ「本制度ハ」未ダ十分ニ利用セラレズ訴願件数一年平均尚十件ニ満タザル現状ニ在ルヲ以テ国家財政難ノ今日特ニ多額ノ経費ヲ支出シテ之ガ設置ヲ為スノ要ナク、且ツ内地ニ於テモ行政裁判制度自体ノ改正ニ関シ目下審議中ナルヲ以テ之ガ改正実現ノ後ニ於テ徐ニ考慮スルモ遅カラザルベシト思料セラル。

三、司法制度ヲ改革スルコトニ就テ

台湾総督府法院条例ニハ台湾総督府法院ハ総督ニ直属シ云々ト規定シアルヲ以テ法院ハ恰モ行政官ノ指揮ノ下ニ裁判スルモノノ如ク思料スルモノナキニ非ザルモソハ甚シキ謬見ニシテ、「総督ニ直属シ」トハ法院ガ其ノ行政事務ニ就テ総督ノ指揮監督ヲ受クルノ謂ニシテ民事刑事ノ裁判ニ関シテノ謂ニ非ズ。此ノ意味ニ於テハ内地ニ於ケル大審院以下ノ裁判所ト司法大臣トノ監督関係ニ毫モ変ルコトナシ。故ニ司法権ノ独立ニ就キ内台間ニ何等ノ逕庭アルコトナク、民事刑事ノ裁判ハ均シク憲法ニ基キ行政権ノ容喙ヲ許サザルモノトス。而シテ其ノ具体的論難ノ一タル二院三審制ニ就テ稽フルニ右ハ固ヨリ完璧ナル組織ニハ非ズ理想トシテハ一日モ早ク高等法院及覆審法院ノ分離ヲ為スベキモノト思料スルモ之カ為ニハ相当多額ノ経費ヲ要シ国家財政難ノ今日容易ニ其ノ実現ヲ期シ得サル所ナリ。且ツ各審兼務ト雖具体的事件ニ就キ同一人ガ覆審部及上告部ノ両者ヲ兼務スルコトハ実際上絶対ニ無ク、又之ガ為ニ裁判ノ公正ヲ害スルガ如キコトナキヲ以テ、暫ク二院三審制ヲ採ルハ畢竟已ムヲ得ザル所ナリ。次ニ論者ハ司法制度ノ根本的改革案トシテ内台司法機関ノ統一ヲ提唱セルモ本問題ハ従来屢々議会其ノ他ニ於テ論議サレタルモノニシテ、統一スベシトノ所論ヲ為ス理由ハ法院ガ総督ニ直属スル結果動モスレバ行政官ノ牽引ヲ受ケ司法権ノ独立ヲ全ウシ得ズト云フニアルガ如キモ、此ノ前提ノ誤謬ナルコトハ前述セシコトニヨリテ明カナリ。而シテ司法権ノ統一ハ又一面ニ於テ検察機関ノ統一ヲ意味スルガ、検察機関ハ司法警察機関ト密接ナル関係ヲ有シ且ツ本島ノ特殊事情ニ就キ充分ナル知識経験ヲ有スル者ニ非ザレバ到底其ノ職務ヲ遂行シ得ズ。而シテ検察機関ノ敏活ナル活動ハ円滑ナル統治遂行上極メテ重要ナル案件ナリトス。検察機関ガ身分上総督ニ隷属スル為行政官ノ牽制ヲ受クルコトハ従来其ノ例ナク、且ツ検察官ノ身分保障ニ関シテ別途立案進行中ナルヲ以テ之ニ依リテ充分其ノ憂ヲ除キ得ベシ。最後ニ論者ノ所謂「行政官ノ牽制ヲ斥クルヲ得ズシテ裁判ノ公正ヲ失セル事案台湾ニ其ノ実例乏シカラズ」トノ所論ニ至リテハ全ク解スルニ苦シム所ニシテ、斯ノ如キ所論ハ要スルニ前途ノ台湾総督府法院条例ヲ曲解シタル結果ニ外ナラザルモノト思料ス。又実際上裁判ノ公正ガ苟モ行政官ノ牽制ニ依リ失ハレタル実例ノ如キハ絶対ニ存スルコトナシ。

四、公共組合ノ自治化ヲ計ルコトニ就テ

公共組合ノ目的ガ公共事務ノ自治的処理ニ在ルコト勿論ナリト雖之ガ運用ハ社会公共ニ及ボス影響甚大ナルモノアルヲ以テ、未ダ自治的訓練完カラザル本島ニ於テハ之ニ関シ官庁ニ於テ必要ナル指導監督ヲ行フコトヲ要ス。従ツテ其ノ反面ニ於テ組合ノ組織、組合員ノ権能等ニ付幾分内地ト趣ヲ異ニスルモノアリト雖右ハ本島特殊事情ニ依ルモノニシテ、之ヲ以テ公共組合ノ精神目的ニ悖ルモノト云フコトヲ得ズ。

台湾農会改革要項ニ就テ

（二）ハ本島現行農会制度即チ州庁農会ノ単級制ナルヲ州庁農会及市街庄農会ノ二級制ニ改正ヲ要求スルモノナルガ、今日市街庄農会ノ如キ区域ノ小ナル農会ヲ設立スルハ徒ラニ貧弱ナル財政ノ下ニ充分ナル活動ヲナシ能ハザル多数団体ヲ増加スルノ結果ヲ招来スルノ虞アリ。即チ本島農村ニ於テハ其ノ根本的施政ニシテ将来ニ俟タザル可カラザルモノ甚ダ多キヲ以テ之ガ施設経営ノ為ニハ多額ノ経費ヲ要ス、而モ大ナル活動力アル農事奨励団体ノ存在ヲ必要トスル関係上弱小農事奨励団体ヲ要セズ。従テ其ノ増設分立ハ徒ラニ団体ノ活動資金ヲ分散スルノミニシテ有効適切ノ策ニ非ズ。況ヤ内地府県ニ於テハ已ニ市町村農会ガ活動力ナキニ至リ之ガ解散ヲ呼〔ママ〕バレンコトアルニ於テヲヤ。此ノ事実ニ鑑ミレバ本島農会制度ヲ改メテ二級制度ト為スベシトノ論ハ之ヲ採ルベカラサルモノナルコトヲ知ルニ足ル。

（三）乃至（五）ハ農会ノ総会ハ会員ヨリ選出セラレタル者ヲ以テ組織シ役員ハ総会ニ於テ選挙シ又総会ヲ決議機関タラシムベシトノ要求ナルガ、右ハ何レモ現在採用セル所ナリ。

（六）ハ現ニ農会ガ経営シツツアル肥料共同購買事業及農業倉庫事業ヲ産業組合ヲシテ行ハシムベシトノ要求ナルガ、抑々農会ノ肥料共同購買事業ハ明治四十二年未ダ本島ニ産業組合ノ設立ナカリシトキ農会カ其ノ会員ノ為本事業ヲ開始シタルニ起源ス。然ルニ其ノ後産業組合ノ普及スルニ伴ヒ産業組合中ニ同事業ヲ行フモノ生ジタルモ資金関係上及農民ノ多クガ組合ニ加入シ居ラザル関係上其ノ発達充分ナラザルニ、農会経営ノ同事業ハ農会自体ガ銀行ヨリノ信用厚ク無担保ニテ多額ノ肥料購入資金ノ融通ヲ受ケ得ルノミナラズ州下全農民ノ所要肥料ヲ一括シテ大量ニ取引スル関係上甚ダ割安ニ肥料ヲ配給シ得ルガ為頗ル順調ナル発達ヲ遂ゲ今日トナレルモノナリ。故ニ官庁トシテハ産業組合ノ肥料共同購買事業ヲ阻止セントスルカ如キ意嚮ヲ有セザルハ勿論ナルモ、現在本事業ヲ行フニ足ルベキ有力ナル組合ノ出現セザル限リ農会ノ本事業ヲ強テ廃止セシムルノ要ヲ認メズ。

次ニ農業倉庫事業ニ就テハ「五、農村救済（五）産業組合的農業倉庫ヲ奨励助長スベシ」ノ項ニ譲ル。

台湾水利組合改革要項ニ就テ

（一）現行規定ハ大正十一年内地、朝鮮ニ於ケル制度ヲ参酌シ更ニ台湾ノ実情ニ即シテ制定セラレタルモノナルガ、本制度ノ改善ニ関シテハ時勢ノ趨向ニ順応シテ猶一段地方ノ自治的発展ト産業ノ振興トニ寄与スル為常ニ調査研究ヲ怠ラザル所ニシテ、現今ノ実情ニ照ストキハ未ダ改正ノ時期ニ達セザルモノト認ム。

（二）水利組合ハ自治団体ナル以上其ノ事務ハ原則トシテ組合員ヲシテ自ラ之ヲ処理セシメ又ハ之ニ参与セシムベキモノトス。然レドモ之ヲ参与セシムベキ程度ハ専ラ其ノ時ノ具体的事情ニ依リ異ナルベキモノニシテ、本島水利組合ノ現状トシテハ尚相当組合事務ニ干渉スルニ非ザレハ其ノ完全ナル発達ヲ望ムコト能ハザルモノトス。蓋シ一般組合員ハ文化ノ程度猶低ク自治的訓練未ダ十分ナラズ、之ヲ最近ノ例ニ徴スルモ公共埤圳規則ニ依リ決議権ヲ有スル嘉南大圳組合会議員ノ選挙投票者ハ有権者ノ約一割ニシテ更ニ自書セル者ハ其ノ二割四分ニ過ギザル状態ナリ。加之組合員ノ多クハ事理ヲ弁ゼズ容易ニ付和雷同スルノ傾向アリ、一部ノ意見ニ依テ左右セラルル事多シ。故ニ（イ）評議員ノ選任ニ就テハ組合員ノ互選ヲ原則トスルモ必要ト認ムル場合ニ於テハ互選ニ依ル評議員ノ定数ノ二分ノ一以内ヲ官吏、吏員又ハ組合員中ヨリ選任シ得ルコトトシ、又（ロ）組合ノ役員ハ之ヲ官選シ或ハ組合総会ヲ諮問機関タラシムルガ如キモ目下ノ状態ニ於テハ已ムヲ得ザル所ナリトス。

（三）水利組合ノ事務ハ一般市街庄ノ事務トハ大ニ其ノ趣ヲ異ニシ水源ノ系統、分水ノ問題等自然的条件ニ依リ支配セラルルコト多ク、又其ノ負担関係ニ於テモ特殊ニ考慮スルコトヲ要ス。故ニ仮令水利組合ノ区域ト市街庄ノ区域トガ合致スル場合ニ在リテモ之ヲ解体シテ其ノ事務ヲ市街庄ノ事務トスルコトハ単ニ不適当ナルノミナラズ、又之ヲ移管スルコトニ依リ何等制度ノ簡明ト負担ノ軽減トヲ図リ得ルモノニ非ズ。

台湾青果同業組合改革要項ニ就テ

同業組合ノ目的ハ営業上ノ弊害ヲ矯正シ其ノ利益ヲ増進スルニ在リ。故ニ組合ノ事業ヲ区別スレバ弊害矯正ト産業助長トニ分ツコトヲ得ヘシ。検査ノ施行、取引上ノ取締等ハ弊害矯正事業ニシテ職工徒弟ノ保護奨励、視察員ノ派遣、試験場、模範工場、伝習所又ハ講習会ノ開設等ハ産業助長事業タリ。而シテ産業ノ改良発達ヲ助長スル諸施設ハ之ヲ積極的事業ト称スベク、世上往々同業組合ノ本旨ヲ専ラ消極的弊害矯正ニノミ在ルガ如ク論スル者アルモ、同業組合法ハ単ニ営利事業ヲ為スコトヲ得ズト規定スルノミニシテ其ノ経営事業ニ関シテハ何等言及スル所ナシ。従テ組合ハ其ノ設置ノ目的ニ応ジ進ンデ各種適切ナル事業ヲモ行ヒ其ノ目的ノ貫徹ニ務ムベキモノニシテ、現在本島ノ青果同業組合ニ於ケル事業ハ何レモ法ノ禁止セル営利事業ニ非ズ。之ヲ内地ニ於クル青果物ニ関スル同業組合ノ事業ニ就テ見ルニ何レモ大同小異ニシテ生産、容器検査、荷造、販路拡張、博覧会、共進会、品評会等ニ関スル事項ヲ其ノ主タルモノト為スモ必ズシモ一律ニ然ルニ非ズ。例ヘバ静岡県榛原郡柑橘同業組合ガ病害虫駆除、薬品ノ共同購入ノ斡旋ヲ為シ、伊予果物同業組合ガ販売ノ斡旋ヲ為シツツアルガ如キ販売又ハ購買ノ斡旋事業ヲ為シツツアリ。

又論者ハ右諸事業ノ経営ハ同業組合ノ機能ヲ十分ニ果シ得ルモノニ非ズト言フモ事実ハ之ト正反対ニシテ遺憾ナク機能ヲ発揮シツツアリ。現ニ内地ニ於テハ各種果物ノ価格著シク低落シ生産費ヲスラ割ラントスル不況時ニ際シテ独リ本島芭蕉実ノミガ相当ノ価格ヲ維持シ支障ナク取引ノ行ハレツツアルハ、一ニ青果同業組合ノ実施シツツアル諸事業ノ賜ニシテ組合ノ機能ヲ充分ニ果シツツアル一証左ナリト謂フベシ。

又或ハ産業組合法ニ準拠シ生産者ヲ以テ組織スル青果信用販売購買利用組合ヲ設立シ以テ現在青果同業組合ノ経営ニ係ル販売ノ斡旋、容器ノ供給及輸送ノ三業務並ニ台湾青果株式会社ノ委託販売業務ヲ経営セシムルハ勿論、進ンデ組合員ノ必要資金ヲ供給セシムベシト為スモ、之レ亦実情ヲ顧ミザルノ論ナリ。論者ハ青果信用販売購買利用組合ヲ設立スベシト云フモ台中、台南、高雄ノ三州ニ亘リ三万余人ノ芭蕉生産者ヲ擁スル斯界ニ於テ果シテ如何ナル単位ノ産業組合ヲ設立セントスルモノナリヤ、又仮ニ最モ理想ニ近キ組合ノ設立ヲ見タリトスルモ同業組合ニ比シ性質上著シク統制力ニ乏シキ産業組合ニ於テハ能ク前記ノ諸事業ヲ経営スルコトヲ得ザルベシ。即チ販売ノ斡旋ト云フモ実ハ共同出荷ノ謂ニシテ共同出荷ハ実務上検査ト密接不離ノ関係ニ在リ、各其ノ主体ヲ異ニスルトキハ却テ費用ト時間ヲ空費スルノミナラズ数量計算ノ過不足ニ関シ問題ヲ生シ紛争絶エザルベシ。其ノ他各種ノ事業ニ就テモ産業組合ニ於テ之ヲ取扱フトキハ徒ラニ経費ノ増加ト不統一トヲ招クニ至ルベシ。

要之現在ノ制度ハ本産業ノ沿革、生産消費ノ状況、民度、経済関係等ヲ考慮シタルモノニシテ、青果信用販売購買利用組合ノ設立ノ如キハ徒ラニ屋上屋ヲ架スルノ観アルノミナラズ延テハ斯業ノ健全ナル発展ヲ阻害スルニ至ルベシ。

台湾産業組合改革要項ニ就テ

産業組合ニ対シ各種ノ認可権ヲ保留スルコトハ内地ニ於テモ夙ニ認ムル所ニシテ、内地ニ比シ台湾ガ特ニ認可ヲ要スル事項ト為シタルハ理事及幹事ノ選任及辞任並ニ組合員ノ出資三十口ヲ越ユル場合ノミナリトス。之レ本島ニ於テハ組合ノ趣旨ヲ没却シ役員ノ争奪、一部組合員ノ利益壟断、不正事件ノ頻発等遺憾ノ点少カラザルニ基クモノナリ。例ヘバ産業組合ノ意志決定機関ナル総会ニ於ケル理事機関選挙ノ状況ヲ観ルニ組合員ノ大半ハ被選挙人ノ氏名スラ自ラ記載シ得ズ組合書記ヲシテ代書セシメツツアル状況ニ在リ。之等ノ実情ニ鑑ミルトキハ本島ノ産業組合規則ハ進歩的ニ過ギテ民度ニ適合セザルモノト云フベク、之等認可制ノ撤廃スベカラザルハ勿論寧ロ進ンデ朝鮮金融組合令ニ於ケルガ如ク理事機関ヲ官選シ又ハ総会ニ代ルベキ総代会ノ制度ヲ設クベキモノト思料セラル。又論者ハ官庁ガ監督ノ範囲ヲ越エテ不必要ナル干渉掣肘ヲ加フルモノナリト云フモ、之レ所謂組合幹部ガ自己ノ地位ヲ利用シ会計経理ヲ紊リ不正行為ヲ為シ、或ハ濫リニ不適任ナル親類縁者ヲ使用人ト為ス等ノ情実ヲ擅ニスルコトアルガ為已ムヲ得ズ之ガ弊ヲ矯ムルノ要アルモノニシテ監督権ノ範囲ヲ逸脱セルモノニ非ズ。

五、農村救済ニ就テ

農村問題ハ本島ニ於テ最モ重要ナル意義ヲ有スルコト勿論ナルヲ以テ農村救済ニ関シテモ常ニ調査研究ヲ為シ適当ナル施設ヲ怠ラザル所ナリ。

（一）官有地、官租地、学租田等ノ土地政策ヲ耕作者中心ト為コトニ就テ

土地問題ハ産業政策上及社会政策上ヨリ観テ極メテ重要ナル問題ニシテ土地処分ノ適否如何ニ就テハ慎重考究ヲ要スベキモノ多シト雖、其ノ主眼トスル所ハ産業ノ開発ト島民生活ノ向上ニ資スルトニ在リ。依テ本府ニ於テハ従来農耕適地ハ相当ノ（自作可能ノ面積ヲ標準トシ）面積ヲ限リテ自カラ経営スル者ニ適当ノ価格ヲ以テ払下又ハ貸下ヲナシ土地投機者流或ハ政商等ノ活動ヲ排除スルト共ニ成ルベク中小農ヲ保護スルノ方針ニ依リ来リタルモノニシテ、殊ニ昭和五年八月土地処分方針ニ関スル内規ヲ制定シテ以来土地兼併ヲ防ギ専ラ自作農創設ノ方針ニ依リ処分セリ。尚退官者ニ対スル払下ハ本島殖民政策上ノ特別ノ考慮ニ出デタルモノニシ〔テ〕農民ノ利益ヲ度外視シタルモノニ非ス。

（二）製糖場原料採取区域制度撤廃ニ就テ

本島糖業ハ本島ノ経済的、財政的、社会的各方面ト最モ密接重大ナル関係ニ在ルノミナラズ国民ノ生活必需品タル砂糖ヲ生産シテ我ガ国総消費量ノ九割余ヲ供給スル国家的重要産業ナリ。最近其ノ進歩発達著シキモノアリト雖他ノ糖業国ニ比シテ猶大ナル遜色アリ、関税保護ニ依

リ漸ク事業ヲ維持シツツアル現状ナルヲ以テ未ダ保護助長ヲ要セザルノ域ニ達セルモノト云フベカラス。故ニ現ニ台湾総督府ノ収入トスベキモノニシテ一般歳入トセラレ居ル台湾ニ於テ消費スル砂糖ノ内地ニ於ケル課税額一ヶ年平均三十五万円ヲ速カニ本島ニ移管シ以テ之ガ保護助長ヲ為スヲ要スルモノト信ズ。

而シテ原料採取区域制度ハ本島糖業政策ノ根本ヲ為ス極メテ重要ナル制度ニシテ本島糖業ノ堅実ナル発展ヲ期スル上ニ於テ亦極メテ剴切ナル施設タリ。蓋シ本制度直接ノ趣旨トスル所ハ原料ノ供給ト取引ヲ妥当円満ナラシムルコト、即チ蔗農ニ対シテハ甘蔗ノ区域外搬出ヲ制限スルト同時ニ製糖業者ニ対シテハ之ガ取引ノ義務ヲ負ハシメ以テ其ノ相互間ニ於ケル原料争奪、蔗価撹乱等経営上無謀ノ競争ヲ矯正防遏シ斯業ノ円満ナル発達ヲ期スルニ在リ。而モ一面本制度ノ効果トシテ一般地方ノ開発農村経済ノ振興文化ノ向上等ニ貢献セル所決シテ鮮少ナラザルモノアリ、即チ製糖業者ノ側ヨリ観レバ区域内ニ於ケル原料ノ採取ニ就テハ他ノ侵入ヲ排除シ得ルノ利益ノ保障セラルルガ為原料ノ蒐集上同業者間無謀ノ競争ヲ避ケ生産費ノ低減ヲ図リ得ルト共ニ、他方其ノ所要原料ハ全部之ヲ区域内ニ需メザルベカラザルノ制限アルヲ以テ自己区域ノ利用上ニ万全ヲ期スルコトトナリ、之ガ為巨費ヲ投ジテ区域内ノ土地改良ニ努メ蔗苗ヲ改善シ蔗農ヲ指導啓発シテ耕作法ノ改良ヲ行ヒ耕作資金ヲ前貸シ蔗作奨励補助ヲ為ス等総ユル手段ヲ尽シテ蔗作ノ奨励ニ当ルト共ニ僻陬ノ地ニモ鉄道ノ敷設道路ノ開鑿等交通運輸施設ノ完備ヲ計リツツアリ。之レ全ク区域制度ノ賜ナリト謂ハザルベカラズ。又之ヲ農民ノ側ヨリ見ルモ本制度ハ区域内農民ニ対シ何等甘蔗ノ作付ヲ強制スルモノニ非ズ農民ハ其ノ自由意思ニ基キ耕作シ而モ耕作シタル甘蔗ハ相当代償ヲ以テ区域所属ノ製糖場ニ引取ラルルノ保障ヲ得ルモノニシテ、農民トシテハ却テ本制度存スルガ為ニ安ンジテ甘蔗ノ耕作ニ従事シ得ルモノナリ。加之米、甘藷等有利ナル甘蔗対抗作物ヲ有スルガ為、製糖業者ハ糖価ガ如何ニ下落シタルトキト雖此等対抗作物ノ収益以上ノ価値ヲ以テ之ヲ引取ラザルベカラザルノ事情ニアリ、若シ糖価ノ下落ヲ理由トシ又ハ会社経営上ヨリ不当ノ廉価ニテ甘蔗ノ引取ヲ為シタリトセンカ農民ハ次期ノ甘蔗耕作ヲ為サザルニ至ルベシ。

以上ノ如ク採取区域制度ハ本島糖業政策上最モ重要ナル制度ナルノミナラズ農村振興其ノ他ニ大ナル影響ヲ及ボスモノナルヲ以テ、現在ノ実情ニ於テハ之ガ撤廃ハ到底容認スルヲ得ズ。

最近各製糖業者ニ於テ糖分豊富ナル優良甘蔗ノ獲得策トシテ、或ハ刈取甘蔗ノ調製程度ニ、或ハ甘蔗ノ品種ニ、或ハ甘蔗ノ成熟濃度ニ応ジ甘蔗ノ買収価格ニ差等ヲ設ケ極力之ガ徹底ヲ期スルニ至リタルモ、之レ糖業ノ経済的経営上当然ノコトニシテ何等責ムベキモノニ非ズ。更ニ本島糖業ハ上述ノ如ク幾多有力ナル対抗作物ヲ有スル関係上甘蔗ノ買収価格ハ対抗作物ノ経済関係ニ支配セラルルコト鮮少ナラザルガ故ニ、地方ニ依リ又ハ田畑耕作ノ如何ニ依リテ差等ヲ生スルハ之レ已ムヲ得ザル次第ナリ。又甘蔗採取費ニ就テハ従来蔗作奨励方策トシテ全部製糖業者ニ於テ負担シ来レルモ、一般経済関係、甘蔗耕作事情等ニ支配セラレ奨励方策ニ変更ヲ来シ最近甘蔗運搬費ノ極少部分ヲ農民ニ負担セシムルノ傾向ニ在リト雖コハ甘蔗買収価格ノ決定方法ヲ変更セルニ過ギズ。

次ニ甘蔗ノ秤量ニ就テハ各製糖業者トシテハ極力之ガ立合ヲ希望シ、工場ヨリ遠距離ニアル耕作人ニ対シテハ蔗農民ニ便乗車ヲ提供シ鉄道ヲ利用セシメ食量〔ママ〕ノ無償給与ヲ為ス等有ユル便宜ヲ与ヘ往々ニシテ生ズル農民ノ疑惑ノ一掃ニ努メツツアル状態ニシテ、農民ノ要求アルニ拘ラズ之ヲ拒否スト云フガ如キハ虚構モ甚シト謂ハザルベカラス。

（三）台湾青果株式会社ノ即時解散ニ就テ

従来芭蕉実取引ハ産地仲買人ト内地指定問屋トノ個人取引ニシテ、内地問屋ハ袖手売買ノ方法ニ依リ価格ノ公表ヲ為サズ又仕切金支払ノ延滞、回収不能等産地出荷主ノ蒙ル損失甚大ナルモノアリシヲ以テ、之カ取引ノ改善ヲ図ランガ為大正十三年十二月本府及農商務省斡旋ノ下ニ内台当業者ヲ株主トシ資本金百五十万円（四分ノ一払込）ヲ以テ台湾青果株式会社ノ設立ヲ見ルニ至リ、従来ノ袖手取引ヲ排シテ糶市ヲ開始シ価格ノ公表ト現金取引ヲ実行シテ取引上ニ一大改善ヲ為シタリ。大正十五年各青果同業組合ガ其ノ組織ヲ変更シテ生産者ノミノ組合トナリ組合員ノ生産スル芭蕉実ハ総テ組合ノ共同出荷ニ依ラシムルニ至リ内台間ノ取引ガ稍単純化シタルヲ以テ世人往々青果会社ノ無用論、解散論ヲ叫ブ者アルモ、現ニ青果会社ハ各荷受組合所在地ニ事務所ヲ設ケ糶ノ公正ト取引ノ円滑トヲ期シツツアルノミナラズ同業組合ノ能ク企テ及バサル市場調査、販路拡張等ニ努メ又産地ト需用地間ノ欠グ〔ママ〕ベカラザル連絡協調ニ当リツツアリ。故ニ会社ハ必要且重要ナル取引機関ニシテ即時解散スルガ如キハ妥当ナラズ。

建議書ニ挙ゲタル青果会社ト荷受組合トノ関係其ノ他ノ事項ハ総テ曲解ニシテ事実、内台間ノ取引ハ円満ニ行ハレツツアリ。不況深刻ノ現下ニ於テ芭蕉実ガ他ノ果物ニ比シ相当ノ価格ヲ維持シツツアルハ之ヲ証スルニ足ルベシ。

（四）嘉南大圳、桃園大圳及其ノ他公共組合ノ借入金ノ利子軽減ニ就テ

嘉南大圳及桃園大圳等ノ公共組合ハ元来自ラ之ガ建設ニ

要スル経費ヲ負担シ其ノ事業ヲ遂行スベキモノナルガ、其ノ資力薄弱ナルヲ以テ之ガ建設ニ当リテハ多額ノ補助金ヲ下付スルノ外、国庫金ヲ貸付ケ低利資金ヲ融通スル等政府ハ種々ノ便宜ヲ与ヘ来レリ。然レドモ猶現在ノ如キ不況時ニ於テハ組合員ノ負担相当重キコトヲ認メ、政府ハ高利債借替其ノ他之カ軽減方法ニ付指導方特ニ考慮シツツアリ。殊ニ桃園大圳ニ就テハ昨年来圳路ノ補修工事ヲ多額ノ経費ヲ支出シテ政府自ラ行ヒ以テ組合員ノ負担ノ軽減ヲ図リツツアリ。

（五）産業組合的農業倉庫奨励助長ニ就テ

農業倉庫業法ハ農業倉庫ノ経営主体ヲ産業組合、農会、農業ノ発達ヲ目的トスル公益法人並ニ市町村及之ニ準ズベキモノニ限定セリ。而シテ内地ニ於ケル農業倉庫総数二千八百九十四ノ中二千八百十二ハ産業組合ノ経営ニ係リ、農会ノ経営スルモノ五十七、公益法人ノ経営スルモノ十六、町村ノ経営スルモノ九ヲ示セリ。然ルニ本島ニ於テ主トシテ農会ガ農業倉庫ヲ経営シ来レル所以ノモノハ本島ノ農業倉庫ガ内地ノ夫レノ如ク単ニ農産物ノ保管、金融ヲ計ルニ止マラズシテ乾燥調製機ヲ設備シタル大規模ノモノ多ク、其ノ設備費及経営費ニ多額ノ資金ヲ要シ貧弱ナル産業組合ニ於テハ経営困難ナリシ為自然基礎鞏固ナル農会ニ於テ之ヲ経営スルニ至レルモノトス。然レドモ農業倉庫ノ性質上信用アリ実力アル産業組合ニシテ経営者ニ其ノ人ヲ得ンカ産業組合ニ於テ農倉ヲ経営スルハ寧ロ妥当ノコトニシテ、現ニ総督府ハ本島ニ於ケル大規模ノ農業倉庫中産業組合ノ経営ニ係ルモノ一ヶ所ニ対シテモ農会経営ノモノ九ヶ所同様補助金ヲ下付シテ之ガ事業ヲ助成シツツアリ。故ニ農倉ノ経営ハ農会トスベキヤ産業組合トスベキヤノ理論上ノ問題ニ非ズシテ要ハ之ガ経営ニ任ズルニ足ルベキ産業組合アリヤ否ヤノ問題ニ帰ス。近時産業組合ニ於テ小規模ノ農業倉庫ヲ経営セントスルモノヲ見ルニ至レルモ督府財政ノ都合上未ダ補助金ヲ交付シテ奨励スルノ運ニ至ラザルハ遺憾ナリ。尚農業倉庫ガ証券ヲ発行スルコトハ内地同様既ニ行ヒツツアル所ナリ。

（六）資金ノ農村還元ニ就テ

昭和七年六月末現在本島産業組合ノ銀行預金総額ハ一、六〇〇万円ニ達セルニ対シ銀行ヨリノ借入総額ハ七〇〇万円ニ過ギザルモ、之レ主トシテ組合員ノ貯金増加ニ比シ資金ノ需用之ニ伴ハザル結果組合トシテハ遊資ノ一時的利用方法トシテ銀行預金ヲ選ビタルモノニシテ、組合員ノ資金ニ対スル需用増加セハ当然ニ組合員ニ融通セラルベキモノナリ。

又農村ニ対スル低利資金ノ融通ニ関シテハ当府ニ於テモ常ニ意ヲ用ヒツツアル所ニシテ、預金部低利資金ノ如キモ殆ド其ノ大部分ハ農村ニ融通セラレツツアリ。即チ昭和六年度低利資金一〇〇万円ノ中九八万円ハ産業組合事業資金及水利組合事業資金トシテ融通セラレ、更ニ本年九月融通決定ヲ受ケタル農村及中小商工業関係元利支払資金四〇万円モ目下割当考究中ナルモ主トシテ農村ニ融通セラルル予定ナリ。

（七）土地整理組合ノ即時廃止ニ就テ

土地整理組合ハ明治四十三年民政長官通達土地整理組合規程ニ準拠シテ澎湖庁ヲ除ク各地方庁下ヲ以テ組合区域トシ、区域内ニ於ケル国有地以外ノ土地所有者、質権者及地上権者ヲ以テ組合員トスル任意組合ヲ組織シ、州知事又ハ庁長ヲ組合長ニ充テ各街庄、区長ヲ委員長トシ一大字又ハ大字毎ニ土地整理委員一名ヲ置キ、委員ハ各其ノ担当区域内ニ於ケル土地ノ分割、合併、地目ノ変換、権利ノ移転等土地ノ異動ノ有無ニ注意シ異動アルトキハ組合員ニ代リテ異動地ニ関スル申請書、願届書類等ヲ調製シ之ヲ委員長ニ送付シ以テ地籍ノ正確ヲ期シ、組合員ヲシテ地租ニ関スル法令違反等ノ事実ヲ防止スルト共ニ土地ノ検査測量ニ際シテ之ガ案内或ハ利害関係人ノ召喚等土地整理ニ当リツツアリ。

論者ハ本組合ヲ即時解散シテ組合費ノ徴収ヲ廃止スベシト主張スルモ組合費ノ如キハ一般ニハ地租額ノ百分ノ三・六、台南州下ニ在リテハ田、畑、養魚池一筆ニ付金五銭宛ヲ徴収スルニ過ギズ。然ルニ今俄ニ之ヲ解散シテ義務者ヲシテ自ラ土地ノ異動ニ関スル申告或ハ願届出等ヲ為サシムルコトトセンカ折角完備セル地籍制度ハ民度未ダ低ク遵法精神猶普及セザル今日ニ於テハ之ガ為ニ混乱ヲ来シ、義務者ニ至リテハ多クハ自ラ書類ヲ作成スルヲ得ザル為相当ノ代書料ヲ支払ヒテ代書人ニ依頼セザルヲ得ザルコトトナリ却テ経費負担ノ増加ヲ来スニ過ギザルベキヲ以テ、現在ノ事情ノ下ニ在リテハ未ダ本組合ヲ廃止スル域ニ達セルモノト謂フヲ得ザルベシ。

（八）畜牛保健組合、農業組合、興農倡和会（或ハ業佃協調会）ヲ廃止シ市街庄農会ニ併合スルコトニ就テ

畜牛保健組合、農業組合、興農倡和会（或ハ業佃協調会）ヲ廃止シ市街庄農会ニ併合セシムベシトノ要求ハ「四、中　台湾農会改革要項」ノ項ニ於テ述ベタルガ如ク本島ニ於テハ市街庄農会設立ノ必要ヲ認メザルヲ以テ右ハ容認シ難キモノナリ。

殊ニ興農倡和会（或ハ業佃協調会）ノ如キハ本島小作問題ニ対スル一対策トシテ全島ニ其ノ設置ヲ奨励シタルモノニシテ目下頗ル良好ナル成績ヲ挙ゲツツアリ。本問題ノ重要性ヨリ見ルモ現在幾多ノ農事改良施設ヲ行ヒツツアル農会ヲシテ直接本事業ヲ行ハシムルハ徒ラニ農会事業ヲシテ多岐ニ亘ラシメ好結果ヲ得ル所以ニ非ズト認ム。内地ニ於テハ大正十一年四月農会法ヲ改正シ同法第三条ニ農会事業トシテ「農業ニ関スル紛議ノ調停又ハ仲裁」

ナル一項ヲ加ヘタルガ右ハ現在空文ニ終リ事実農会ハ小作争議ノ解決ニ活動セズシテ他ノ機関ニ於テ取扱ハレツツアル実情ニ観ルモ、一般農事奨励上ノ施設ニ比シ困難ナル本事業ノ如キハ特殊ノ団体ヲシテ之ニ当ラシムルノ要アルヲ知ルベシ。

尚畜牛保健組合ハ大正十二年台湾畜牛保健組合規則（大正元年十二月律令第三号）廃止ト共ニ農会ニ併合セラレタルモノニシテ現存セズ。

（九）大甲帽ノ販路拡張ニ就テ

大甲帽ハ本島特有ノ重要輸移出品ナルヲ以テ海外ニ於ケル声価ヲ保持スルノ必要上輸移出検査ヲ施行シツツアルガ、其ノ検査手数料ハ帽子一箇ニ付僅々一銭ニシテ之ヲ昭和五年度ニ於ケル大甲帽一箇当平均価格六十銭ニ対比スレバ一、七％ニ過ギズシテ斯業ニ及ボス影響極メテ僅少ナルヲ以テ之ヲ廃止又ハ軽減スルノ必要ヲ認メザルノミナラズ、従来当府ニ於テハ機会アル毎ニ内外各種博覧会、共進会、品評会等ニ出品シ宣伝ニ努メツツアリテ所謂僅少ナル検査料ノ一部ヲ割キテ販路拡張ニ当ルガ如キハ問題タラズ。尚其ノ運賃ニ関シテハ次項ニ於テ述ブベシ。

（十）鉄道運賃ノ引下ニ就テ

凡ソ公共運輸機関タル鉄道ノ運賃ハナルベク之ヲ低廉ニシ以テ一般利用者ノ負担ヲ軽減スルハ社会政策乃至産業政策上重要ナル事ニ属ス。本島ニ於テモ素ヨリ此ノ点ニ鑑ミ事情ノ許ス限リ之ガ引下ニ意ヲ用ヒツツアリト雖、本島ノ如ク鉄道網未ダ充分ノ発達ヲ遂ゲズ運輸施設ノ完成セザル間ハ線路ノ建設改良及機関車、客貨車ノ増備等ニ巨額ノ資金ヲ要スル一方一般経済界ノ不況ニ因リ減収難ニ喘ギツツアル折柄、国家財政ヲ顧慮スルコトナク収支ヲ度外視シタル運賃ノ引下ヲ行フコトハ殆ド不可能ナル所ナリ。然レドモ当局ニ於テハ事務ノ簡捷、冗費ノ節約等ニ依リ減収難ニ処スルト共ニ進ンデ運賃ノ低廉ヲ謀ル様鋭意努力中ナリ。

（十一）叺製造事業ノ奨励ニ就テ

本島ニ於ケル移出米ノ包装ニ就テハ島米ノ需用地タル内地ヨリノ要望ト一面本島農家ノ副業奨励ニ資スル為、大正十五年六月台湾米穀検査規則改正ニ際シ従来ノ麻袋ノ外叺ノ使用ヲモ認メタリ。然ルニ叺ノ包装ハ麻袋包装ニ比シ包装費高キト叺包装ニ不慣ナルトニ依リテ之ガ使用遅々トシテ普及セザルハ甚ダ遺憾ノ次第ナルモ、近時為替相場ノ関係上麻袋ノ価格騰貴シ叺トノ値開漸ク多カラントスルニ至リ叺ヲ使用セントスル向増加ノ傾向ニ在リ。依テ目下各州ニ於テハ叺製作講習会、叺包装練習会等ヲ開設シテ之ガ製造ヲ奨励助長スルト同時ニ其ノ使用ノ普及ヲ図リツツアリ。

六、行政整理ヲ断行スルコトニ就テ

（一）官庁執務時間ノ改正

官庁ノ執務時間ハ其ノ気候風土ノ関係ヲ考慮シ其ノ土地ニ応ジテ最モ能率ヲ増進シ得ル様定メラルベキモノニシテ必ズシモ執務時間ノ延長ノミガ能率増進ノ所以ニ非ズ。本島夏期ニ於ケル半日勤務ノ如キモ此ノ趣旨ニ依ルモノナルガ、民間トノ折衝繁キ地方庁ニ於テハ必ズシモ執務時間ニ拘泥セズシテ執務シツツアリ。

（二）老朽無能者及冗員ノ淘汰

老朽無能ノ職員ヲ淘汰シ冗員ヲ整理スルノ要アルハ言ヲ俟タズ。前者ニ就テハ之ニ依リ新進ノ適材ヲ適所ニ挙用シ事務ノ刷新、能率ノ増進ヲ図ルベク常ニ意ヲ用ヒツツアリ。又後者ニ就テハ昭和六年度ニ於テ相当整理シタルモ政府ノ方針ニ従ヒ猶調査シ整理スベキモノハ之ガ実現ヲ期スベシ。

（三）官庁ノ整理

時運ニ伴ヒ各行政組織ノ合理化ヲ行ヒ以テ事務ノ刷新、能率ノ増進ヲ図ルト共ニ民衆ノ蒙ムル不利不便ヲ除去スベキコト亦必要ナリトス。依テ之ニ関シテモ常ニ調査スル所アリ、政府ノ方針ニ従ヒ之ヲ実施スベシ。然レ共郡役所廃止ニ就テハ下級地方団体タル街庄ガ未ダ自治的訓練完カラズ其ノ制度亦充実セザルヲ以テ之ニ対シ充分ナル指導監督ヲ行ヒ以テ健全ナル発達ヲ図ルベキ現状ニ在リテ、之ガ為ニハ地方長官トノ中間機関タル郡役所ノ活動ニ俟ツコト最モ大ナルヲ以テ郡役所ノ廃止ハ其ノ時期ニ非ズ。

七、即時地方自治制ヲ確立スルコトニ就テ

国家地方団体ノ成員ガ国務、地方自治体ニ必要ナル一切ノ経費ヲ負担シ其ノ他ノ義務ヲ有スルハ国家ノ存立発展上絶対的必要事項ニ属シ国民トシテ当然ノ事タリ。然レドモ国家ガ国民ヲシテ公務ニ参与セシムルヤ否ヤ及其ノ参与セシムル程度ハ文化ノ程度民情並ニ地方的特殊事情等ヲ参酌シ最モ該国家社会ノ存続進展ニ適当ト認ムル所ニ随ヒ決定スベキモノナレバ、国民ハ其ノ義務ニ随伴シテ必然的ニ公務参与ノ権利ヲ有スルモノニ非ザルナリ。

本島ニ於テハ大正九年地方制度ヲ改正シ自治制ヲ布クト共ニ州市街庄ニ協議会ヲ設ケ協議会員ヲ学識名望アル者ヨリ官選シ諮問機関ト為シタルハ本島社会情勢ニ稽ヘ最モ適当ト認メタルニ依ルモノニシテ、単ニ国費、地方費負担ノ結果ニ依ルニ非ズ。本制度改革ハ果シテ本島島情ニ適当シ其ノ運用宜シキヲ得タル結果公民的訓練ノ助長ニ資セルガ、殊ニ協議会ハ諮問機関ナルモ之ガ運用ニ関シテハヨク民意ヲ尊重シ其ノ性能ハ事実上議決機関ト殆ド相違ナキ実績ヲ挙ゲ、又多数民衆ハ其ノ負担スル経費及義務並ニ自己ノ生活ニ密接ナル関係ヲ有スル公共ノ事柄ニ就テハ協議会員ヲ通シテ事実上発言権ヲ有スルモノトス。

本島人学齢児童ノ就学歩合ハ大正九年二七・二二%ニシテ昭和六年三四・一七%ナレバ其ノ向上ハ是ヲ認ムベキモ、内地、樺太等ノ地方制度施行当時ニ比シテ優レリト言フベカラズ。即チ内地ノ市制及町村制ハ明治二十二年ヨリ施行セラレ同年ノ就学歩合ハ四二%ト推定セラレ居リ、又樺太ハ昭和四年ヨリ町村ニ議決機関ヲ設ケタルガ其ノ年ノ就学歩合ハ九九・八六%ナリ。朝鮮人ノ学齢児童ノ就学歩合ハ統計ニ求メ得ザリシガ若シ本島人ノ就学歩合ガ之ニ優レリトスルモ之ノミニ拠リテ地方制度ヲ云為スルハ甚シキ謬見タルヲ免レザルベシ。

本島ノ現状ハ大正九年制度改正当時ニ比シテ文化ノ発達民度ノ向上、公民的訓練ノ進歩ハ固ヨリ相当見ルベキモノアルヲ以テ、本府ハ既ニ昭和二年度以来属四名ヲ臨時増員シテ地方制度改正ノ調査ヲ著々進行セシメツツアリ。然リト雖此処ニ地方制度ヲ改正スルニ当リテハ本島人ノ文化、産業経済ノ情勢、内台人ノ融和状態等、留意ヲ要スベキモノ少カラズ。

一、二ノ例ヲ示セハ制度トシテハ本島ニ於テハ最モ進ミタル公共埤圳規則ニ基ク嘉南大圳組合会議員ノ選挙ニ於テハ投票者ガ其ノ有権者ノ僅々一割ニ過ギズ、而モ自ラ投票場ニ到リ自書セル者ハ投票者中ノ二割四分ニ足ラザルガ如キ、或ハ街庄長等ノ中ニハ動モスレバ一族ノ利害ニ関シテ其ノ地位ヲ利用スルノ傾向ヲ見受ケラルルガ如キ猶遺憾ノ点少ナカラザルガ故ニ、一部論者ノ主張スル普通選挙制実施ノ如キハ到底今日本島ニ望ムベカラザルモノト認ム。故ニ本府ハ文化ノ程度自治能力等ヲ慎重ニ考慮シテ飽クマデ実情ニ即シテ更ニ自治行政ノ発達ヲ期スベク不断ノ努力ヲ払ヒツツアリ。

八、義務教育ヲ実施スルコトニ就テ

本島ニ於テハ改隷当初ヨリ早クモ教育ノ方針ヲ定メテ学制ヲ布キ本島人子弟ノ教養ニ当リシカ、当初ハ本島人ノ向学心乏シク教師ハ朝夕児童ノ家庭ヲ訪問シテ就学ヲ勧説シ辛ジテ授業ヲ為シタル状況ナリキ。其ノ後年ト共ニ向学心ハ漸次抬頭シ就学希望者モ亦増加シ来リ、当局ノ鋭意ナセル就学ノ勧誘ト相俟チテ現在漸ク三四%ノ就学率ニ到達スルニ至レリ。殊ニ都会地ニ於テ最近数年来就学希望者遽ニ増加シ為ニ経費設備等ノ関係ニ依リ已ムヲ得ズ其ノ一部ガ入学シ得ザルノ事実ナシトセザルモ、鋭意学級数ノ増加設備ノ拡張ヲ図リテ之ガ希望ヲ容ルル様努力シツツアリ。然レドモ一般農村ニ於テハ学校職員ハ授業ノ傍未ダニ保護者ヲ歴訪シテ児童ノ出席ヲ督励シ、特ニ新学年開始ニ当リテハ警察官吏又ハ街庄当局ト協力シテ或ハ学齢児童ノ家庭ヲ訪ネテ入学ヲ勧誘シ或ハ父兄ヲ集メテ子弟教養ノ必要ナル所以ヲ説カザルベカラザルガ如キ実情ニ在ルノ際、前述一部都会地ノ情勢ノミニ基キテ今直チニ義務教育ヲ施行センカ地方農村父兄ノ多クハ個人経済上ノ立場ヨリ子弟ノ就学ヲ好マズ為ニ入学後幾何モナク長期欠席若クハ退学スル者等多数ヲ生ジ却テ教育ノ本義ヲ没却スルニ至ルベシ。サレバ之等ノ実情ニ鑑ミ昼間学校ニ於テ教育ヲ受クルコト困難ナル事情ニ在ル児童ノ為ニ夜間ヲ利用シテ比較的短日月ノ間ニ於テ国語ノ習熟ヲ中心トシ生活ニ必須ナル知識技能ヲ授ケ以テ教育ノ普及ヲ図ル為ニ全島ニ一八五ヶ所ノ国語講習所ヲ設置シ一〇、八二〇名ノ子弟ヲ収容シテ之ヲ教養シツツアルガ、之現在ノ実情ニ即セル施設ニシテ一面義務教育ニ代フルモノト云フベシ。論者ハ如上ノ実情ヲ理解セズ義務教育実施ニ要スル年々ノ費用ノ如キハ行政財政ノ整理ヲ断行シ或ハ教育ノ普及ヨリモ校舎ノ美観ヲ主トスル植民地教育ノ方針ヲ改メ乃至ハ年々中央政府ニ貢ギツツアル砂糖消費税ヲ本島ニ還元スル等ニ依リテ捻出スルコト容易ナルベシト主張スルモ、行政財政ノ整理ノ如キハ当府ニ於テモ常ニ政府ノ方針ニ従ヒ適宜実行シツツアル所ニシテ、又小公学校校舎ノ建築ニ就テハ気候風土ノ関係上之ガ耐久力ノ点ヨリ見ルモ相当堅牢ナル建築トスルガ寧ロ経済的ナル事情アリ、更ニ砂糖消費税ノ当府還元論ニ関シテ考フルニ消費税ノ本質ニ鑑ミ本島ニ於テ消費セラルル砂糖ノ消費税ハ総テ台湾総督府ノ収入トスベキコトハ勿論ニシテ之等ノ収入ヲ一般歳入ヨリ台湾歳入ニ移シ以テ諸般ノ施設ヲ完備スベキハ勿論ナルモ、其ノ税額ハ年々三十五万円乃至四十万円ニ過ギズ。若シ夫レ内地ニ於テ消費スル砂糖ノ消費税ヲ本島ノ収入トスベシトノ論ニ至リテハ消費税ノ本質スラモ理解セザル論ト云フノ外ナシ。

要スルニ本島ノ教育ハ現状ニ即セル制度ノ下ニ入学希望者ノ収容ニ関シ万全ヲ期スルト共ニ多数ノ不就学児童ニ対シテハ国語講習所ノ増設ヲ図リ入所ヲ奨励シテ教養ニ努メツツアルモノニシテ、将来民度ノ向上ニ伴ヒ一般ニ就学希望者ノ増加ヲ来シ就学率相当ノ程度ニ到達シ一般ノ情勢亦義務教育実施ヲ妥当ナリト認メラルル場合ニ於テハ勿論之ヲ実施スルノ方針ノ下ニ各般ノ事情ニ関シ調査研究ヲ重ネツツアルモノナリ。

九、共学制度ヲ徹底セシムルコトニ就テ

大正十一年台湾教育令発布セラレ原則的ニハ共学ノ方針ヲ採用スルニ至レリト雖、初等普通教育ニ於テハ就学児童ノ実情ニ即シテ教育的効果ヲ確実ナラシメンガ為、特ニ国語常用者ヲ小学校ニ収容シ国語ヲ常用セザル者ヲ公学校ニ収容シテ教育スルコトトセリ。

抑々国語ヲ常用セザル児童ヲ国語ヲ常用スル児童ト共ニ小学校ニ収容スルコトハ該児童ノ習学上心身ニ過重ノ負担ヲ課シ延テハ其ノ発育ヲ阻害スルノ結果ヲ来シ、又国語ヲ常用スル児童ニ対シテハ学習上甚シク其ノ進歩ヲ阻害スル等共ニ充分ナル教育上ノ効果ヲ挙ゲ得サルニ至ルベシ。従テ現在ノ如ク小学校公学校ヲ設ケ国語常用者ト否トニ分チテ教養スルハ此等ノ特殊事情ニ即セシムル所以ナリ。

然レドモ内地人本島人ノ児童ニシテ初等教育修了ニ至ル迄ニ両者略同等ノ教養程度ニ到達セシムルハ更ニ上級学校ニ進マシムル機会ヲ与フル為ニモ必要ナルヲ以テ此ノ方針ノ下ニ努力シツツアリ。即チ本島人児童ニシテ国語ヲ常用スル者ハ之ヲ小学校ニ収容シ、其ノ数モ年ト共ニ増加シツツアリ、又国語ヲ常用セザル本島人児童ノ学習ニ就テハ特ニ国語教授ノ時間ヲ増加シテ国語力ノ充実ヲ図ルト共ニ公学校用教科書ヲ編纂シテ学年ノ進行ニ従ヒ漸次小学校ノ教科書ニ接近セシムル等、其ノ教養上少カラザル努力ヲ払ヒツツアリ。尤モ将来本島人家庭教育ノ徹底ニ伴ヒ其ノ家庭ニ於テ国語ヲ常用スルニ至ラバ内地人、本島人児童ヲ同一学校ニ収容シ得ベク、其ノ時期ノ速ニ到来センコトハ切ニ望ム所ナリ。

次ニ中等以上ノ学校教育ニ於ケル本島人学生、生徒ノ総数ヲ見ルニ年々増加ノ傾向ニ在リト雖内地人学生、生徒ノ増加ノ割合著シキニ比シ其ノ増加率比較的少ナキハ畢竟家庭教育及国語力不十分ノ結果ニ起因スルモノナリ。遇々内地人、本島人学生、生徒ノ入学率ヲ比較シテ直ニ中等以上ノ学校入学許可ニ公正ヲ欠クモノアルガ如ク臆断スルハ誤解モ甚ダシト謂フベシ。例ヘバ各中等学校ノ入学試験問題作成ニ当リテハ小公学校共通ノ教材ニ準拠シ成ルベク受験者ノ実力ヲ発揮セシメ得ル問題ヲ選択スル等特ニ公正ヲ期シ居レルモノニシテ、内地人、本島人ノ入学者数ガ年度ニ依リ多少ノ相異アルハ全ク受験者ノ質ノ相異ニ起因スルモノナリ。現在共学ノ状況ヲ見ルニ本島人学生、生徒ニシテ内地人学生、生徒ニ伍シテ優秀ナル成績ヲ示ス者モ亦少カラズ、故ニ本島人家庭ニ於ケル教育一段ト進歩シ国語力充実シテ之等ノ子女ガ中等学校其ノ他ノ学校ニ入学ヲ志スニ至ラハ何レノ方面ヨリ見ルモ内地人学生、生徒ト伍シテ何等遜色ナキニ至ルベシ。

三　「新竹州管内蕃地図　縮尺十万分之一」（資料番号 V–15）

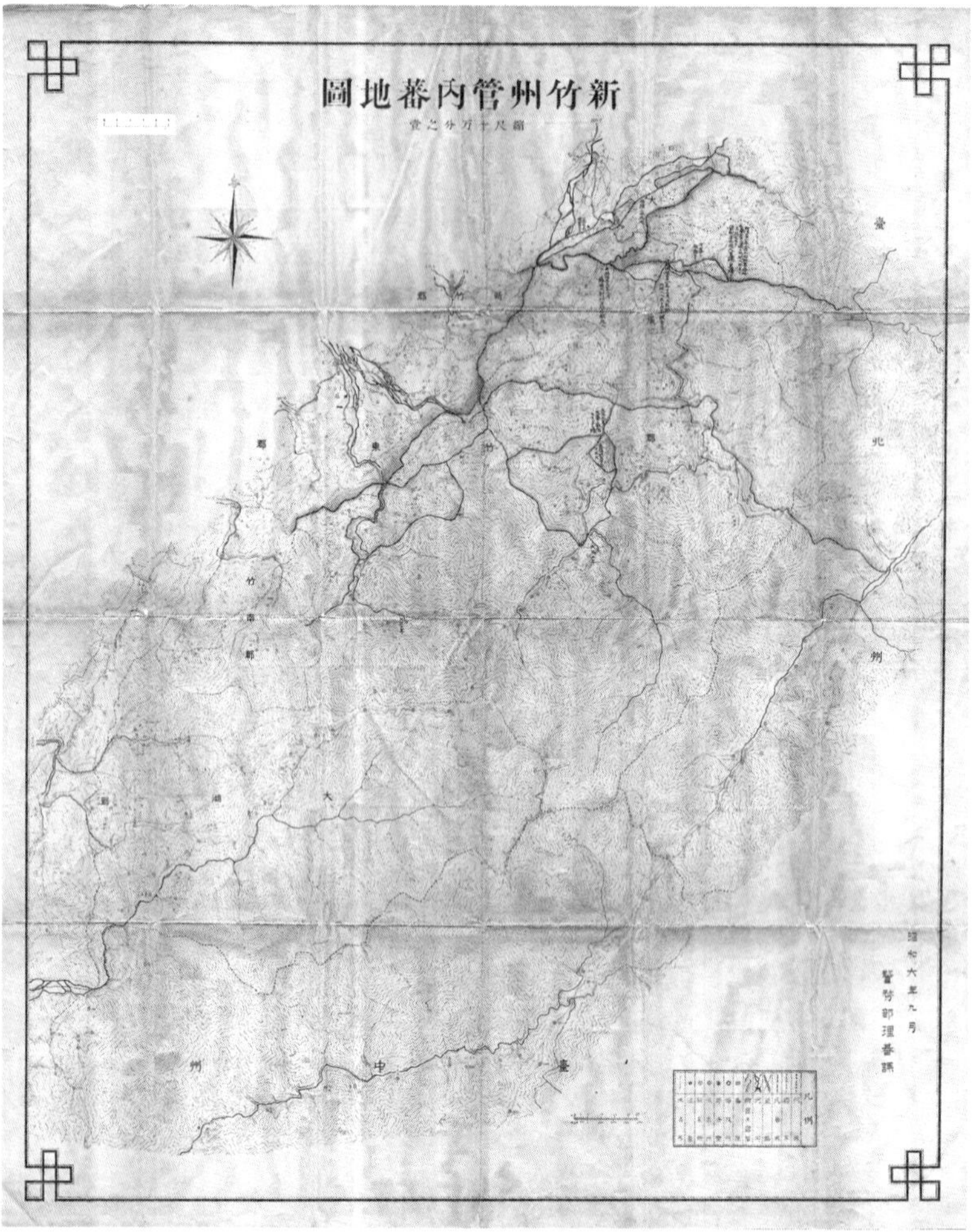

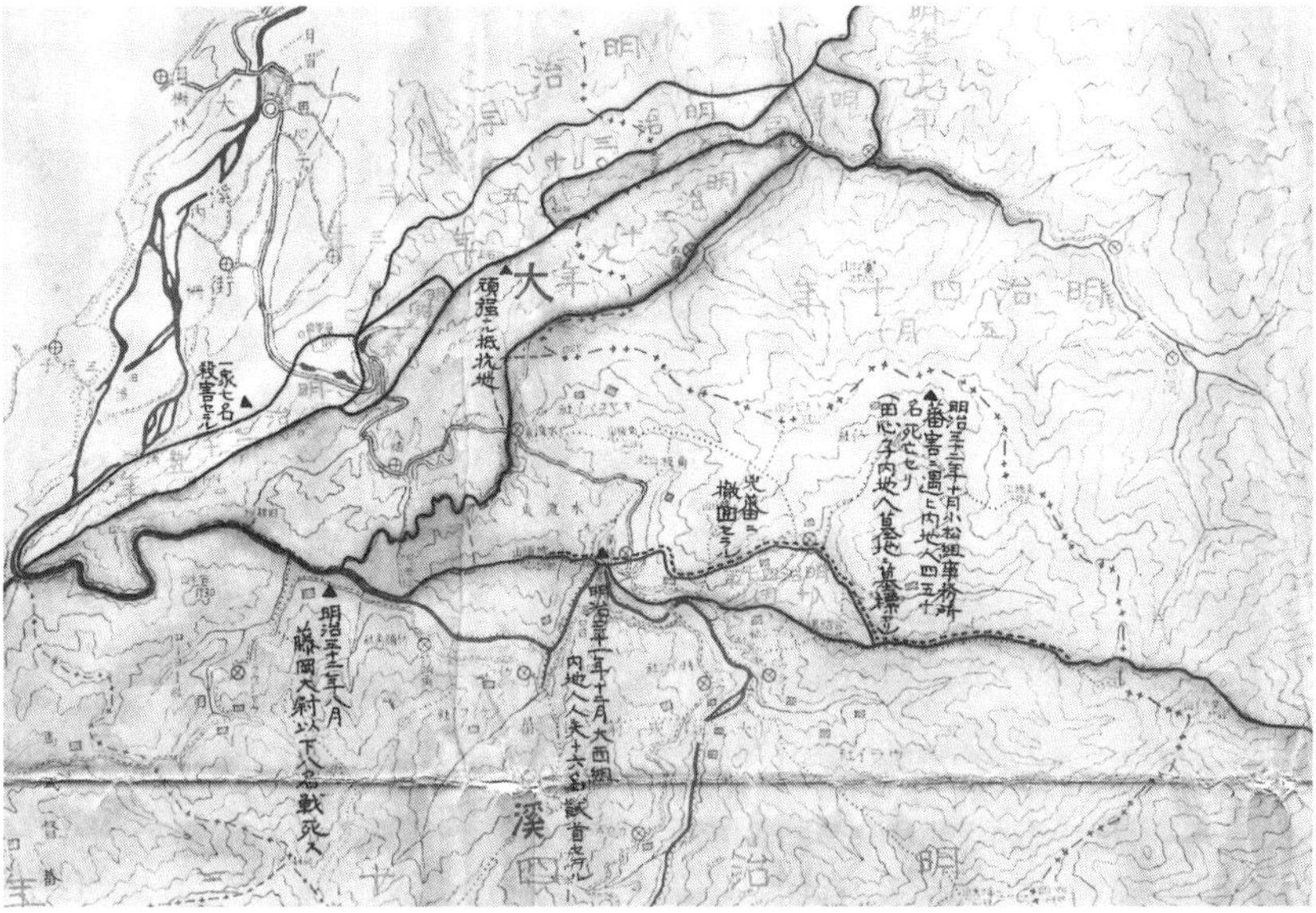

資料三の右上部を拡大したもの。
内海による書き込みが付されている。

四「台湾の石油事業、特に新竹州下の状況に就て」（一九三四年五月、資料番号 V-8）

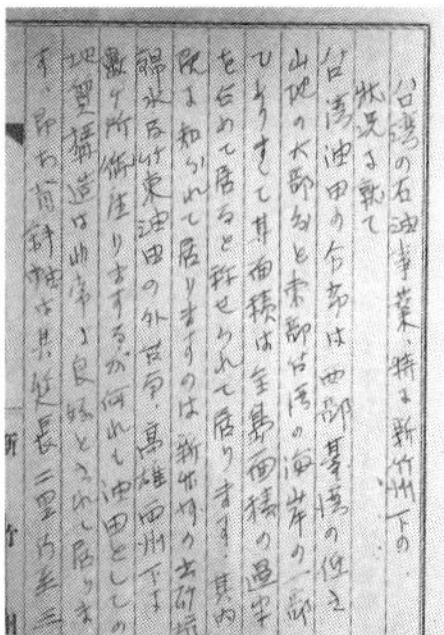

台湾の石油事業、特ニ新竹州下の
状況ニ就て
台湾油田の分布は西部台湾の低き
山地の大部分と東部台湾の海岸の一部
でありまして其面積は全島面積の過半
を含めて居ると称せられて居ります。其内
既に知られて居りますのは新竹州の出礦坑
錦水及竹東油田の外台南、高雄両州下に
数ヶ所御座りまするが何れも油田としての
地質構造は非常ニ良好とされて居りま
す。即ち背斜軸は其延長二里乃至三

台湾の石油事業、特に新竹州下の状況に就て

台湾油田の分布は西部台湾の低き山地の大部分と東部台湾の海岸の一部でありまして其面積は全島面積の過半を含めて居ると称せられて居ります。其内既に知られて居りますのは新竹州の出礦坑錦水及竹東油田の外、台南、高雄両州下に数ヶ所御座りまするが、何れも油田としての地質構造は非常に良好とされて居ります。即ち背斜軸は其延長二里乃至三里に亘［りまして就］るもの少くなく、就中出礦坑油田の背斜軸の如きは七里にも達して居りまして［台湾に］内地油石《ママ》に比して遥に広大なるのみならず、石油の表面徴候たる天然瓦斯が油田地帯到るところに自然噴出して其噴出量も相当多いので御座ります。現在台湾に於ける石油鉱区の許可を受けましたものが四十八鉱区面積三千五百方里に及んで居りまするが現在採油を致して居りますのは前に申上げました新竹州下［苗栗］の出礦坑及［苗栗］錦水の

二ヶ所で御座りまするから之等に付き概略申上ます。出礦坑は鉄道沿線苗栗駅の南東約十三粁の後竜渓と申します河の左岸に御座りまして日本石油株式会社に於て経営を致して居ります。台湾総督府に於きましても従来継続的に助成致して参つたので御座りまするが大正十四年より昭和二年の間に続々と有望なる井を掘り当てまして其内第四十号井と申しまする井の如きは日産額二千石に達しまして台湾としては空前の成績と称せられたので御座りまするが、昭和五、六年の頃に至りまして会社は全力を次に申します錦水に傾注いたしました結果、此の方の経営は消極的になりまして、現在日産原油七十二石を出して居りまするが、会社に於きましては将来更に本油田事業を拡張致す計画を有して居る様に聞て居ります。茲で産出致しまする原油は其品質内地産の物と異りまして揮発油及固形パラフインの含有量〔ママ〕が多いので御座りまして、ジャバ、ボルネオ産の物と似て居りるので御座ります。之を鉄管によりまして苗栗の工場に送りまして精製致しまして揮発油、灯油、重油、及パラフインを製造致して居ります。

次は錦水油田に就き申上ます。本油田は苗栗駅の北東十二粁の地に御座りまして大正二年から試掘を始めましたので御座ります。矢張り日本石油株式会社に於て経営致して居りますが、台湾総督府に於きましても当初より有望と認めまして補助奨励を致して参つたので御座ります。然るに此鉱区に於きましては地下約五百米突乃至千四百米突の間に数層の瓦斯層が御座りまして、右油井を掘鑿致して参りまする際に時々猛烈なる天然瓦斯が噴出致しまして最も盛な時には一昼夜三億立方呎にも及びまして一時は経営上非常に困難を致したので御座りまするが、其後追々経験を積みまして此天然瓦斯の取扱に練れますると共に此瓦斯を燃料として使用致し、又此瓦斯中より揮発油を抽出致す事を知りましてガスリンプラント〔ガソリンプラントカ〕と〔を〕設けまして現今は此瓦斯より日産約百四十石の揮発油を採取致して居りますのみならず更に之をカーボンプラントに導きまして此瓦斯を不完全燃焼を致しましてよりて生じたる煤烟を掻き集めましてカーボンブラックを採取致しますが、之は自動車のタイヤ其他護謨製品に混入致しまするど強力と耐久力を増しますし其他印刷用インキ塗料等用途が頗る多いのであります。従来日本は米国より毎年百万円も輸〔入〕致して居りましたので御座りますが現在錦水に於きまして日産一万三千封度を産しまして此輸入を防圧〔遏〕するに至つたので御座ります。尚此天然瓦斯を化学的処理を致しまして飛行機の燃料に必要なる「ベンゾール」等有用なる液体を造ることを考究致して居りまするが、実験室に於きましては漸く成功致しましたので御座りまするが未だ工業〔用〕的に製造致す域に達して居りませぬ。将来此の研究には極力努めなければ無らないと存じます。

錦水油田に於きましては普通油田の定則に依りまして瓦斯層の下部には必ず石油層の在る事を信じまして、会社に於きましては今回新に深度三千呎の井を掘鑿すべく準備中と聞て居ります。

新竹州下に於きましては此他最近に於きまして台湾鉱業株式会社が州下竹東郡に於きまして約五百万坪の鉱区の許可を得まして本年一月より試堀〔掘カ〕を開始致しましたし、又海軍省に於かれましては本年度に入りまして［竹東郡］州下竹東郡寶山に試堀〔掘カ〕を始めらるる事となりまして着々準備を進めて居［らるゝ］ります。昨年海軍省に於て着手されました高雄州下甲仙油田と共に何れも非常に有望なる油田と聞て居ります。台湾に於ける斯業が将来益々有望に発展を至しまして国家の軍需工業に多大の功献〔ママ〕を致さん事を希望致して居ります次第で御座いまして、台湾総督府に於きましても本年度より補助金を増額致しまして極力斯業の発展を助成致す事になつて居ります。此上を以てご報告を終ります。

五　「高雄州管内図　縮尺三十万分之一」（資料番号 V–38）

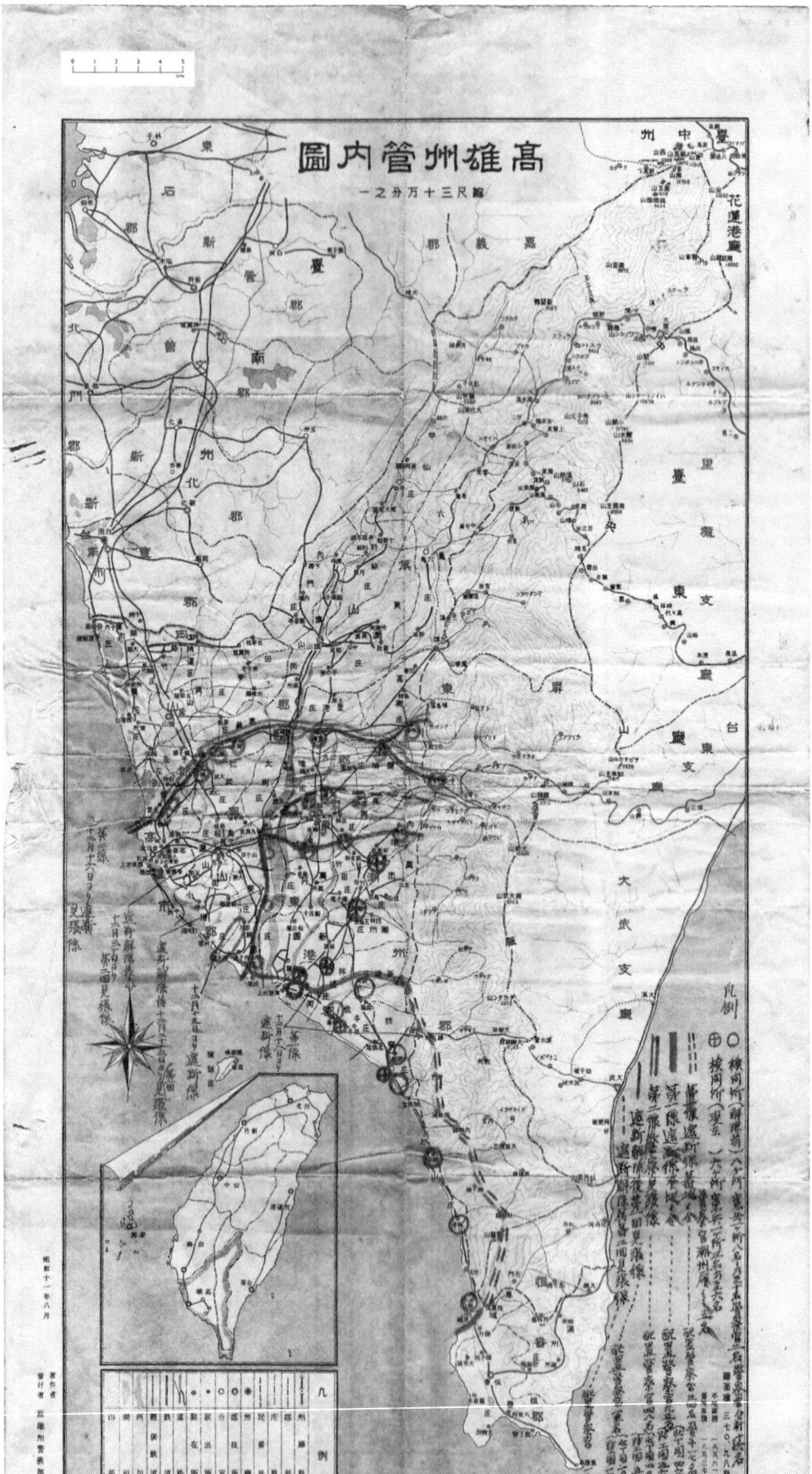

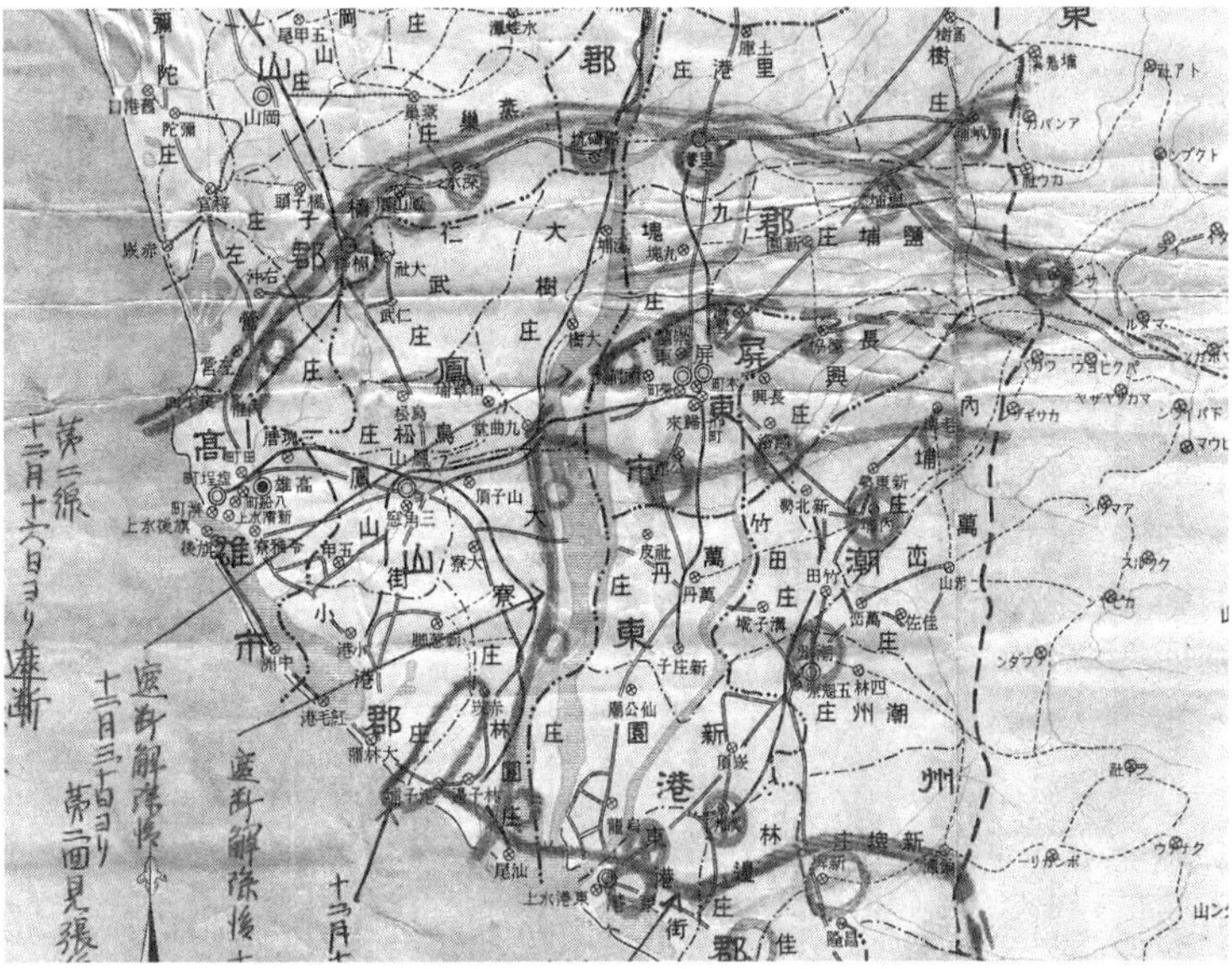

資料五の中央を拡大したもの。
警察による検問の配備状況が記されている。

六　「高雄州治概況書」（資料番号 V−17）

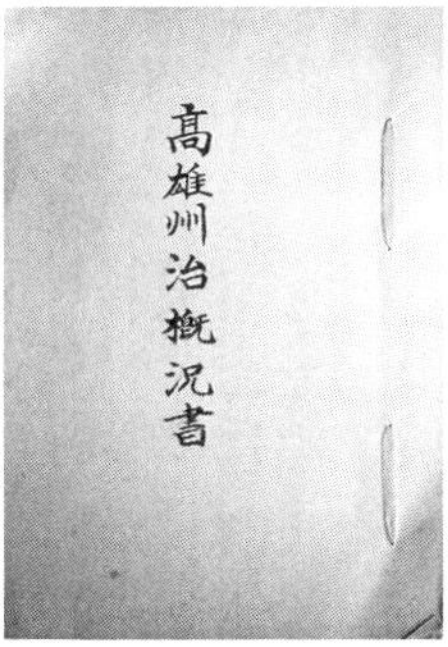

〔表紙〕
高雄州治概況書

〔本文〕

高雄州治概況書

高雄州ハ台湾ノ最南端ニ位シ其ノ面積五千七百二十二方粁弱ニシテ普通行政区域二千八百六十二方粁余、特別行政区域タル蕃地二千八百五十九方粁余ナリ。

本州ハ明治二十八年改隷当初台南県ニ属シ後鳳山県ニ包含セラレ再ビ台南県ニ帰属セラルル等幾多ノ変遷ヲ経、大正九年ノ地方制度改正ニ際シ阿緱庁ノ大部分ト台南庁ノ一部及澎湖庁ノ全部ヲ合シテ新ニ当州ヲ設置シ、更ニ大正十五年ノ地方官官制ノ改正ニ依リ澎湖島ハ当州ノ管轄ヨリ分離シ現在ニ及ベリ。

其ノ行政区画ハ高雄、屏東両市及岡山、鳳山、旗山、屏東、潮州、東港、恒春ノ七郡ニ分チ、郡ハ更ニ五街三十八庄及街庄ヲ置カザル蕃地ヲ分轄ス。

住民ハ内地人、本島人、朝鮮人、高砂族、外国人トシ、内地人ハ総人口ノ五％三ニシテ本島人ハ其ノ八九％七ヲ占ム、尚外国人ノ大部分ハ支那人ナリ。

本年九月末住民ノ戸口次ノ如シ。

内地人	一二、九三九戸	四三、三四三人
本島人	一二四、二七五戸	七三〇、七六七人
朝鮮人	七〇戸	三五二人
高砂族	六、〇二九戸	三二、六六三人
外国人	一、九四六戸	六、七七九人
計	一四五、二五九戸	八一三、九〇四人

一般民情ハ現在概ネ静穏、今次事変ノ勃発ニ当リテモ何等動揺ノ兆ナク却ツテ皇国精神ヲ昂揚シ克ク官庁ノ政治ニ信頼シ安ジテ其ノ業ニ精励シツツアリ。

本島ノ特殊性ト時局ノ重要性ニ鑑ミ神社ヲ中心トシテ皇国精神ノ振作更張ヲ図ルベク、既設ノ高雄、阿緱両県社ノ外岡山、鳳山、旗山、里港、潮州、東港、佳冬ニ夫々神社ヲ建立シ又神宮大麻ノ全戸奉斎ヲ期シ以テ敬神尊皇ノ信念確立ニ努メツツアリ。

州庁所在地タル高雄市ハ大正十三年十二月市制施行セラレ現在人口十万七千九百余人ヲ算シ、本島南部ニ於ケル交通、経済ノ中枢タル地位ヲ占メ最近著シキ市勢ノ躍進ヲ見ツツアリ。

屏東市ハ昭和八年十二月市制ヲ施行セラレ現在人口五万九百余人ヲ算シ、第三飛行団司令部、航空支廠、高射砲第八連隊、陸軍病院等ヲ設置サルルニ及ビ急激ナル発展ヲ為セリ。

州下ニ於ケル在郷軍人会ハ連合分会一、分会十一ヨリ成リ、其ノ系統ハ概ネ行政区画ニ依リ各都市ニ分会ヲ州庁ニ連合分会ヲ置ク。在郷軍人現在数ハ四千百五十四名ニシテ、其ノ生業関係ハ多種多様ニ亘リ従ツテ生活状態モ亦一様ナラザルモ官公吏ヲ首位トシ商業従事者、工業従事者之ニ亜ギ独立的事業ヲ経営スル者ハ僅少ニシテ多クハ雇傭関係ノ地位ニ在リ。一般ニ健康ニシテ思想穏健〔闕〕御勅諭ノ趣旨ヲ奉体シテ克ク其ノ業務ニ精励シテ在郷軍人ノ本分ヲ尽スニ遺憾ナキヲ期シツツアリ。

国民防衛ニ就テハ防空法ニ依リ指定セラレタル市街庄ニ設置シタル防衛団九団団員七千四百余名、其ノ他ノ街庄ニ設置シタルモノ三十六団団員〔五〕九千四百余名、州下重要ナル官公衙工場会社等ニ設置シタル特種防衛団二十六団団員二千六百余名アリ。昭和十二年八月十四日防衛下命セラルルヤ台湾国民防衛規程年度計画ニ依リ州下全般ニ亘リ夫々部署ニ就キ殊ニ防空監視ノ如キハ昼夜ノ別ナク緊張シテ勤務シ而モ長期ニ堪ヘ得ル態勢ニ在リタルモ、同年十一月防空法施行セラルルニ及ビ更ニ積極的ニ防衛上ノ設備資材ノ急速ナル整備ニ努メ国土防衛殊ニ高雄要地ノ防衛上遺憾ナキヲ期シ軍ノ防衛ニ即応シ実施中ナリ。

州下ニ於ケル初等教育ハ小学校二十校、児童数六千余名ニシテ就学歩合九八％六三、市街庄立公学校九十八校、児童数六万七千五百余名ニシテ就学歩合四四％一三ナリ。然レドモ本島人ノ民度並ニ向学心ノ向上ニ伴ヒ漸次入学率増加ノ趨勢ニアリ。尚高砂族ヲ教育スル公学校四、教育所四十七アリ。

高等普通教育機関トシテハ中学校二、女学校二アリ、教養上内台人共学ナレドモ両者ノ間極メテ円満ニシテ教育上何等ノ支障ヲ見ズ。

高雄中学校ハ大正十一年創立生徒数九百二十余名、屏東中学校ハ本年四月創立生徒数百余名、高雄高等女学校ハ大正十三年創立生徒数四百四十余名、屏東高等女学校ハ昭和七年創立生徒数四百余名ナリ。

実業教育ニ就テハ農業学校一、商業学校一、実業補習学校十一アリ。

屏東農業学校ハ昭和三年ノ創立ニシテ農業、畜産ノ二科ヲ置キ生徒数四百三十余名、高雄商業学校ハ昭和十二年ノ創立ニシテ生徒数百九十余名ナリ。

社会教育ニ就テハ〔闕〕今上陛下御大礼ノ記念トシテ建設シタル高雄州青年会館ヲ中心機関ト為シ、鋭意青年団ノ指導、社会教育ノ振興ニ努メツツアリ。

男子青年団百一団、団員三万三千二百余名、女子青年団九十七団、団員七千四百余名ニシテ、綱領ヲ定メ使命ノ達成ニ努メツツアリ。

高雄市及屏東市ニ青年訓練所アリ、生徒数三百十名ヲ算ス。

少年団ハ大日本少年団連盟ニ加入シタルモノ六十九団、団員約二千二百名ニシテ何レモ健実ナル発達ヲ為シツツアリ。

国語普及ハ本島統治上ノ重要事項ナルヲ以テ、国語講習所五百八十箇所ノ外、簡易国語講習所七十箇所及全村学校千六百二十二箇所ヲ設置シ、極力之ガ普及奨励ニ努メツツアリ。

本島民ノ皇民化ニ就テハ部落ヲ単位トシ精神指導ト経済指導ヲ総合シ之ガ改善徹底ヲ期スルノ要アルヲ認メ、純農村ニアリテハ農事実行組合、其ノ他ニハ部落或ハ区振興会ヲ組織シ地方ノ教化、産業ノ改良、交通ノ整備、衛生ノ普及等ニ努メツツアリ、現在農事実行組合五百七十五、振興会八十八ヲ算ス。

社会事業ニ於テハ高雄、屏東両市及五街二十五庄ニ方面委員制度ヲ実施シ其ノ成績良好ナリ。

救護事業ハ州市街庄ニ於テ実施スルノ外、高雄慈恵院、屏東救護院其ノ他ノ私設団体ニ於テ之ヲ行フ。

医療保護事業ハ高雄慈恵院、仏教慈愛院、愛国婦人会高雄州支部・日本赤十字社高雄州部共同経営ニ係ル実費診療所アリ、又経済保護施設トシテハ職業紹介所、公共住宅、公設質舗等アリ。

尚以上ノ外孤児院、公設産婆、釈放者保護会、農繁期託児所等アリテ漸次良好ナル成績ヲ挙ゲツツアリ。

当州ハ地勢並ニ気候等ヨリ見テ産業上ノ天恵豊ナリ。即チ陸ニハ耕地面積十三万三千余甲ノ広漠タル沃野ヲ包容シ農作物成育ノ要件タル熱ト光ニ恵マレ作物良ク繁茂シ、又海ニハ南支那海一帯ヨリ遠クスルー、セレベス海方面ニ至ル限リ無キ好漁場ヲ控ヘ本邦漁業南進ノ拠点トシテ亦極メテ重要ナル地位ニアリ。

而シテ州下ノ産業ハ逐年躍進的発達ヲ為シツツアリ。

昭和十二年中ニ於ケル産業総生産額ハ一億六千三百九十四万六

千七百九十三円ニシテ、其ノ概要次ノ如シ。

農産	五六、一七六、三三〇円
米	二八、一七〇、六六四円
甘蔗	一三、二五二、二九八円
甘藷	四、〇三〇、六五一円
芭蕉	三、七一九、五一七円
鳳梨	八五〇、四四二円
其ノ他	六、一五二、七五八円
工産	八三、五二一、六五一円
砂糖	三二、五三四、七二八円
調合肥料	四、一二四、一八九円
アルミニウム	三、九五八、四一二円
セメント	三、二六四、二三一円
酒精	三、〇五六、一四七円
鳳梨缶詰	二、五八二、〇八六円
其ノ他	三四、〇〇一、八五八円
畜産	一五、二六四、九三三円
水産	六、七九五、九七九円
林産	二、一八七、九〇〇円
合計	一六三、九四六、七九三円

当州ノ産業経済並ニ国防上ノ特殊地位ニ鑑ミ産業ノ指導精神確立ノ緊要ナルヲ認メ、昭和十一年高雄州産業調査会ヲ開催シ州下産業ノ各般ニ亘リ調査研究ヲ為サシメタルニ、慎重審議ノ結果農業、工業、商業貿易、水産、林業、畜産ノ六部ニ分ツテ有益ナル資料ヲ得タルヲ以テ昭和十二年度ヨリ之ヲ実行ニ移シ皇紀二千六百年ヲ目標トシ州下産業ノ各般ニ渉リ画期的増産ヲ期シツツアリ。

而シテ州下ノ農業ニ就テハ国策ニ順応シ従来ノ重要農作物ノ生産機構ヲ整備スルト共ニ、蓖麻、黄麻、棉等有望ナル新興作物ヲ合理的ニ組入レタル輪間作栽培様式ノ普及徹底ヲ図リ以テ州下従来ノ農業様式ニ一大革新ヲ加ヘントシツツアリ。

当州下ニ於ケル総督府ノ計画ニ依ル内地人農業移民ハ昭和十年度ヨリ七箇年間ニ戸数七百二十三戸、人口三千五百人ヲ収容スル計画ナリ。昭和十年度、同十一年度ニ於テ屏東郡下下淡水渓浮覆地ニ鹿児島、佐賀、熊本、香川外十九県下ヨリ百九十戸ヲ移住セシメ、煙草耕作ヲ主トスル農業経営ニ従事セシメツツアリ。何レモ勤勉其ノ業ニ服シ隣保相扶ケ目的ノ遂行ニ努力シツツアリ。

高雄港ハ基隆港ト共ニ本島ノ二大貿易港タルノミナラズ帝国南進ノ拠点トシテ近時益々其ノ重要性ヲ認メラル。明治四十一年築港ニ着手爾来継続費三千余万円ヲ以テ泊地ノ拡張、施設ノ増設等ヲ為シタルモ港勢ノ進展ニ副フコト能ハザルヲ以テ、更ニ昭和十二年度ヨリ六箇年継続事業トシ工事費予算七百七十万円ヲ以テ第二次拡張工事実施中ナリ。現在港内ニ碇泊シ得ベキ船舶数ハ一万噸級以下二十六隻ニシテ命令定期航路十二線ニ達ス。

昭和十二年中ノ貿易概況次ノ如シ。

輸出	五、七一四、一九二円
移出	二三八、四六九、七六九円
計	二四四、一八三、九六一円
輸入	二二、六七二、七九九円
移入	八四、〇三六、五七七円
計	一〇六、七〇九、三七六円
合計	三五〇、八九三、三三七円

高雄港臨港地域一帯ハ将来工業地域トシテ発展セシメ帝国南方経営ノ大方針ニ順応スベキ計画ノ下ニ高雄湾内ニ約百五十万坪ノ重工業地帯ノ建設ヲ企画シ、水面ノ埋立、隣接地域ノ買収及運河ノ開鑿等着々之ガ工作ニ努メツツアリテ既ニ工場敷地トシテ売却シタル土地約四十一万坪ニ及ブ。日本アルミニウム株式会社ノ経営ニ係ルアルミニウム工場ハ昭和十一年ノ建築ニ係リ、原料ボーキサイトヲ蘭領印度ビンタン島ヨリ取入レ極メテ優良ナル製品ヲ出シツツアリ。其ノ他日本鉱業株式会社外七会社ニ於テモ目下夫々工場建設準備中ニアリテ、此ノ臨港工業地域一帯ニ亘リ工場ノ建設ヲ見ルコトモ遠カラザルベシ。

此ノ趨勢ニ鑑ミ高雄州商工奨励館ノ組織内容ヲ充実シ新ニ企画部ヲ設ケ其ノ他工業試験室、産業図書館及工業徒弟養成所ヲ設置スルト共ニ、一面国策ニ順応シ高雄商工専修学校ニ工科ヲ新設スル等重工業地帯設置ニ対応シ大ニ工業ノ発展振興ニ寄与セントスルノ外、更ニ之ガ万全ヲ期ス為商工業ニ関スル各種ノ調査ヲ実施シ或ハ当業者ヲ南支南洋ニ派遣シ高雄州商工業ノ振興発達ニ関シ詳細ナル調査研究ヲ為サシメ以テ其ノ促進ニ貢献セントス。

州下ノ交通機関ハ鉄道ニ於テ官設鉄道縦貫線及潮州線ノ外、製糖会社経営ノ私設鉄道四線アリ。尚私設軌道四線アリ。

道路ハ台南州界二層行渓橋ヨリ高雄市ヲ経テ屏東市ニ至ル縦貫道路六十二粁及州指定道路三十七線四百三十二粁、市街庄重要道路一千三百六十八粁アリ。縦貫道路中ノ下淡水渓橋ハ国費二百二十万円ノ巨費ヲ投ジ昭和十三年度中完成ノ予定ヲ以テ目下工事施行中ナリ。州ニ於テハ昭和五年度ヨリ十箇年計画ニテ指定道路八路線、延長二百四十七粁余ニ対シ工費百五十七万七千余円ヲ以テ道路ノ改修並ニ橋梁架設ヲ為スノ外、工費五十七万二千余円ヲ以テ恒春郡四重渓ヨリ台東ニ通ズル路線並ニ旗山ヨリ台南市ニ通ズル路線ヲ開鑿中ニシテ何レモ昭和十三年度完成ノ予定ナリ。各郡ニ於テハ道路協会ヲ創設シ地方産業道路ノ改修開鑿、路面舗装、橋梁ノ架設、並木造成等積極的施設ヲ為スノ外、道路愛護思想ノ普及徹底ニ努メ以テ州下交通網ノ整備ヲ期シツツアリ。

衛生状態ハ逐年向上ノ趨勢ニアリト雖モ地方僻陬部落ニ於テハ医療機関ノ分布遍カラズ且衛生思想今尚低級ニシテマラリア病其ノ他伝染病ハ未ダニ其ノ跡ヲ絶ツニ至ラズ。地方病トシテハマラリア、トラホーム、アメーバ赤痢、寄生虫病等ニシテ、当局ニ於テハ斯病ノ予防及治療ヲ実施シ一面上水下水ノ改善、汚物掃除ノ励行、不良部落ノ改善等ニ力ヲ注ギ且衛生ニ関スル展覧会、活動写真、講話等ヲ為シ一般衛生状態ノ改善ニ対シ最善ノ努力ヲ払ヒ来リシガ、マラリア其ノ他地方病ノ徹底的予防撲滅ヲ期スル為ニハ更ニ地方民ノ自覚ニ依ル自治的活動ヲ促ス要アルヲ認メ、今年度ニ於テ各地ニ衛生組合ヲ設置セシメ州市街庄ノ行フ事業ト相俟ッテ之ガ徹底ヲ期シツツアリ。

州下ニ居住スル高砂族ハパイワン、ブヌン、ツオウノ三種族ニシテ、蕃地ニ居住ノ者三万二千余人、蕃社数百十三、概ネ山地ニ集団居住シ良ク官命ニ服シ農耕ニ従事ス。而シテ理蕃機関トシテハ各所ニ警察官吏駐在所ヲ設ケ警備ニ当ルト共ニ、教育、教化、授産及衛生施設等ニ力ヲ効シ専ラ撫育ノ方針ニ拠リ益々〔闕〕皇化ニ浴セシメンコトヲ期シツツアリ。

之ヲ要スルニ州治ニ関スル諸般ノ施設ハ漸次発展充実ノ域ニ嚮ヒツツアルモ尚将来ニ於テ施設改善ヲ要スル事項少カラズ、今後官民和衷協力以テ州治ノ実績ヲ挙ゲンコトヲ期ス。

七　「秘　人物篇　事務監査報告書第一篇」（資料番号Ⅴ-19）

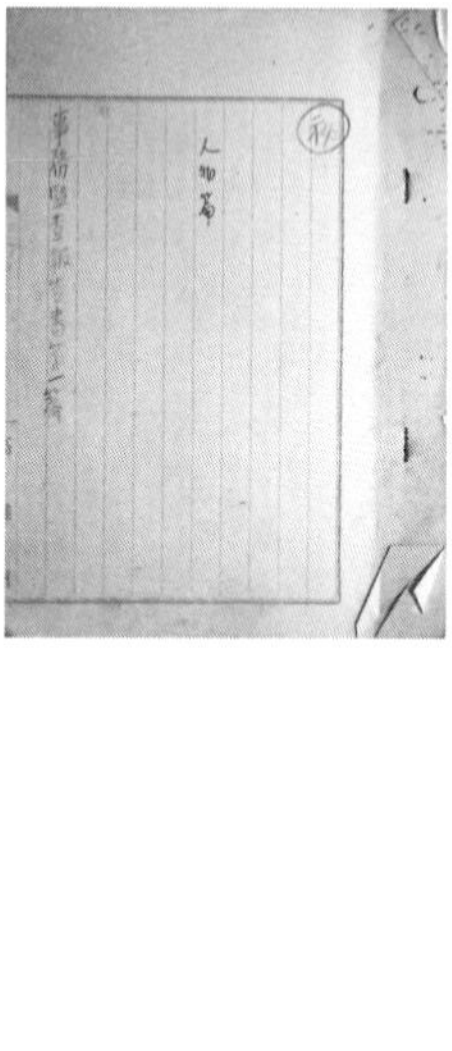

※本資料のなかで、侮蔑的表現など不穏当な箇所は人名を伏せたり、伏せ字にした。

㊙

人物篇

事務監査報告書第一篇

一、高雄市尹　宗藤大陸

博識強記。定見ヲ持チ自己ノ信ズル所ニ対シテハ或ル場合ニハ偏見タル場合アルモ而モ勇敢ニ頑張ル所アリ。又稍人ヲ食ッタヤウナ態度アリ、コノ点誤解ヲ招ク傾向アリ。郡守級ノ群ヲ抜イテ市尹タルニハ相当努力ヲナシタルモノト思ハル。併シ乍ラ、南進国策ノ根点タルコトニ対シイササカ、疑問ヲ持チ「高雄港ガ工業化ノ上ヨリ見テ原料、動力、運賃及労力等条件悪ルク今後ノ発展ハケダシ問題ナリ、高雄モ督府ヲ持ツテクルト言フ如キハイササカ独善的ナリト考ヘラル。」又「高雄都市計画モ国家百年ノ計ヲ樹立スルハ誠ニ結構ナルモ、目前ノ国民生活ノ不利不便ヲ無視スルコトハ考ヘ物デアル。遊郭ノ如キモ余リ遠隔ノ地ニモッテ行クコトハ甚ダ困ル」又「時局ニ対スル指導原理ノ確立ヲ必要トス。即チ長期聖戦ト言ヒ或ハ皇軍将士ト同ジ気持チデヤレト言フコトヲシキリニ言ッテキルガドウモ時局ニ関スル指導原理ノ発表ノ出来ナイ点ガアルタメ、国民ハ疲労シ切ッテキル、役人ニアルマシキ行ヲスル者ガ出テ来ルコトハ矢張リ疲労カラデアルト考ヘル。役人ダケニハ時局ニ関スル考ヘヲ知ラシメヨ」「役人ノ考ヘ方ハノ〔ママ〕問題トシテグレシヤムノ〔方策〕法則ハ人間ニモ適用出来ル。正シイ人ガアッテモ勇気ヲ出サヌ、正義ヲ重ンスル人モ悪人ヲ排撃スル勇気ナシ」等相当意見ヲ持テリ。勿論コノ内ニハ上述ノ如ク偏見ト見ルベキモノアルモ中ニハ考慮ヲ要スル事項モアリ。〔将来〕高雄市ガ帝国南進ノ拠点トシテ発展スルガタメニハ普通ノ都市行政ヲナスノミニテハ不充分ニテ国及州ト密接ナル連絡ヲトリ大局ニ目ヲ注ガザル可ラズ、此ノ点ニ立チテ見ルナラバ躍進高雄市尹トシテハ今一層努力ヲ要スルモノト考ヘラル。ナホ欠点トシテハ口ガ少シ軽シトイフコトナリ。屏東市尹トシテ頗ル好評ナリシホドニハ高雄市尹トシテハ好評ナリト言フヲ得ズ。

二、屏東市尹　高木秀雄

事務ニハ極メテ熱心ニシテ真面目ナル地方理事官ナリ。只、宗藤市尹ノ場合ニ簡単ニ且ツ適当ニ扱ッテ居ッタ助役（本島人）ヲ高木市尹ハ非常ニ持チ扱ヒ兼ネ居ル点、宗藤前市尹ニ比シ人物ノキ真面目サヲ知ルコトヲ得ルナリ。即チ其ノ陳ブル所、悉ク学校関係或ハ〔市〕其ノ他ノ事務的問題ノ範囲ヲ出デズ、軍隊関係ハ円満ニ行キ居ルモ津下水利組合長或ハ矢野郡守等トノ折合必スシモ円満トハイヒ得ズ、阿久沢商工会議所会頭辞任〔後〕迄ハ「万事市政ニ関シテハ控ヘ目ナリシモ今後ハ強ク出ルツモリナリ」ト宣言シ居タルモ余リ強ク出デ居ル模様ナシ〔一方、製糖会社ノ重役ハ勿論シカラサルモノ〕然モ民間ノ有力者ガ殆ンド製糖会社ノ呼吸ノカカッタモノデアルタメ、〔市尹ノ威〕製糖会社〔ノ勢力〕ガ陰〔隠カ〕然タル勢力ヲ占メ、高木市尹ハ軍隊、製糖会社ニ対シ然ラサル希望ハ持チ乍ラモ幾分ヒキヅラレテ居ルノデハナイカト考ヘラル。剰ヘ国防婦人会及愛国婦人会ノ問題等ノタメ頗ル苦労ヲシテ居リ、オマケニ助役ガ本島人〔タル〕ナルタメ益々幽ウツ〔憂鬱カ〕トナリ一時目ニ見エテ意気消チ〔沈〕ンシタル所アリタルモ、最近上述ノ宣言ノ結果ナルカ稍元気ヲトリナホシタル感アリ。

三、岡山郡守　五野静輝

両課長ガ他郡ニ比シ優秀ナルヲ以テ〔ニシテ〕五野郡守ハ仕事ヲスルノニ非常ニ楽ナ立場ニアリ、一定ノ方針ヲ樹立シ着々実行シツツアリ。而モ庶務警察ヲ適当ニ連絡分業ヲナサシムル所［政治］事務的才幹ヲ認メ得ルモノナリ。海軍航空隊ニ対シテハ頗ル円満ナリ。岡山駅ノ改築、岡山街ノ都市計画、阿候〔公カ〕店渓ノ改修等時局ソノモノガ亦郡守ヲシテ仕事ヲナスベキ地位ヲオカレタル感アリ。唯甚ダシク積極的ト言フヲ得ズ。

四、旗山郡守

仕事ニハ熱心ナリ。又改善意見モ相当モチ、山地開発ヲ強張〔ママ〕スル所感心スベキ点アリ。併シ乍ラ自己ノ意見ヲ固執シ官僚的臭気ヲ多分ニ持テリ。一例ヲアグレバ輪間作指導団ニツキテハ［此］現在ノ制度ガ学理的ニシテ共同耕作ニ適セヌタメ人民ガノッテ来ズ、故ニ篤農家ニ委托経営ヲヤラセントスル意向ヲ持テリ。州ノ方針ニ反スルヤウナ事柄デアリテモ自己ノ意見ヲ固執スル点、又自己ノ意見ニヨリテ州是ニ沿ハサル如キ事項ヲ実行スル点、可成リ頑迷ト思ハルル所アリ。又六亀ノ小学校長ガ寄宿舎ノ改築ヲ懇願シタルニ対シ教育課長ヨリナルベク希望ニ沿フ旨答ヘタルニ対シ「郡守トシテハ一切改築ヲヤラセナイコトニシテヰルノニ州カラ直接［ソンナコレト反スルコトヲ］ソンナコトヲ言ハレルコトハ郡守ノ顔ヲツブスコトニナルノデ困ル」ト、教育課長ニ喰ッテカカルトイフ仕末〔始カ〕ナリ。州勧業課長ノ曰ハク「スコシ、ヒステリー」ダト、評シ得タル所アリ。

五、屏東郡守　矢野榮治

純粋ナル事務的郡守。十年大過ナシニ行ク底〔ママ〕ノ郡守ナリ。殆ンド毎日出張スルトイフ非難アリ。移民村ノ問題ニ関シテハ専売局トノ間ニ面白カラサル感情アリ、専売局側ノ言ヒ分ニヨレバ矢野郡守ハ煙草耕作ニ［ノ事］大ナル認識モナイ癖ニ専売局員ヲ叱リ飛バ［ス等実］シタリ陰険極マルト言ヘリ。高木屏東亦、矢野君ハ堂々ト話ヲスレバヨイコトヲ陰デコソ〳〵話ヲシ、自分ニ対シテ言フコトト［然］裏面ノ工作或ハ自分以外ノ人ニ言ッテヰルコトガ違フ、実ニ陰険ダト言ヘリ。此ノ点州各課ノ意見ニツキテモ同様ナル所アリ。仕事ソノモノモ大ナル改善意見ナク、殆ンド事務的ニソノ日ソノ日ノ事務ニ追ハレテユクノミ。

六、恒春郡守　水崎格

ワズカ一人ノ庄長ヲ扱ヒ兼ネタル所ヲ見レバ政治的手腕ナシト言フベシ。［酒ハ相当好キナ方□ナリ。又サル］又郡守ノ行為ニ関シ種々嫌ナル風評立チタルハ、酒ヲ相当好ムタメニモヨルナランガ、アナガチ庄長関係［ノミ］ノ結果庄長派タルヨウトウキノ中傷ノミニヨルモノトモ思レバ人徳ナキ結果ナリト思ハル。「アンナノガ郡守ニナッタノカ」トイフ評ガ任官当時［アッタノニ］アリタルモ郡守トシテハ相当努力シ居ル跡ハ見受ケラル。元主計中尉迄行キタル者ニシテ風彩〔采カ〕ハ上ラサルモ、ソノヤリタル仕事ノ内容及将来ノ計画意見等ニツキテハ見ルベキモノアリ。

只人ニ対スル好キ嫌ヒノ念アルガ如シ。

七、東港郡守　滝田重男

部下統率ノ能力ニ［乏］於テ欠グル所アリ。庶務課長以下数人ノ部下ヲ極力嫌ヒ転勤セシムルコトヲ希望シ居ルモ郡守ノ希望スル如キ優秀ナル人物ハソウザラニ居ルモノニアラズ、タトヘ相当欠点ガアッテモコレヲ統率［制シテ］指導シテユカサル可ラサルニ極力コレヲ排除セントシ、コレガ部下ニモ伝ハリ部下又郡守ヲ信頼セズ従テ［事］郡守ノ威令行ハレサルニ至ル。又相当感激性ニ富ミ、或ル時涙スルコトスラアリ。而モ［庄］郡内街庄長及学校長或ハ又街庄駐在ノ指導員ノ人物ニ付テハ余リコレヲ識ラズ、行政全般ニワタリテモ大ナル手腕アリトハ認メ難キ感アリ。

八、潮州郡守　佐藤正二

特進郡守ノ敢テヨクスル「旅費カセギ」ヲ自ラ敢テスル所ニ同郡守ノ人格アリ。セオリストデアル程ニハ実行之ニ伴ハズ。法学士タル資格者ナルモ、南洋ノ某会社ニ働キタル経験等アリテ、世故ニハ長ケタリト雖モ鳳山郡守ニ見ル如キ資格者トシテ初メテ地方理事官ニ出テタル如キ純真サヲ欠グ。此ノ点単ナル特進郡守ヨリ却テヤリ悪キ［コ］トコロアリ、例之、新埤橋の寄付金ヲ義渡会ニ於テ負担スルトイフ問題ノ如キセオリーノミハ屢々長々トヤルモ十二年度ニ於テ解決スベキコトヲ未ダニ解決セズ、祭祀公業ノ負担金（国防義会ニ対スルモノ）ノ如キモ未ダニ納付セズ。州庁各課ノ評［審］判頗ル悪シ。人徳ナキニヨル所ナルベシ。然レドモ寺廟整理ノ如キ、或ハ馬事普及ノ如キ絶大ナル熱ト力トヲ以テ計画ヲ実行シ、［殆］寺廟整理ノ如キ殆ンド完結ヲ見、馬事普及会ノ如キハ他郡ニ率先シテ伝習所ヲ建設シタル如キ行政的手腕相当ナルモノナリ。

鳳山郡守　平柳誠

年少気鋭ナル郡守ナリ。馬事伝習所ニ忽チ完成シタル如キ、青年団（公学校卒業者ノミナラズ全青年）［ヲ完成］ノ拡充強化ヲ完成シタル如キ又農事実行組合ト保甲ト区トヲ渾然タル一体トシテ相互ニ連絡セシメ相互ニ援助セシメ各々其ノ目的ヲ達セシメント［スル所］シ努力スル所、又国語講習ノ簡易化ヲハカリ一新会ヲ一甲ヲ単位トシテ作リ庭先ニ於テモ国語ノ講習ヲ受ケシムル、即チコレニヨリテ国語ヲ習フノニ簡単ナル点及老人デモ余リ外ニ出テ恥ズカシキ思ヲサセズニスムトイフ如キ所ヲ考ヘコレヲ全村学校トシテ発達セシメントスル計画ヲ樹立シタル如キ、其ノ行政ノ上溌溂タル独創性ヲ見受クルモノニシテ審議室ノセオリーヲ実地ニアップライスル所ノ手腕、誠ニ見ルベキモノアリ優秀ナル行政官ナリ。シカレドモ自由主義的イデオロギーノ相当強キ浸蝕ヲウケ居ル［関係］傾［キモアルガ］向アリ、ドグマ的ナ所モアリ。コレヲ善導スルニ於テハ将来有望ナル青年官吏タリ。鳳山事件ノ如キモ単ニ前々任郡守田中賢一［君］

ノ時〔ニ其ノ〕代頃ヨリ其ノ端ヲ発シタルモノノ如ク、現郡守トシテハムシロ〔ソノ〔シ〕跡仕末ヲスル程度ニ止メントス〕従来ノ情弊ヲ郭清セムトスル態度ヲ以テ臨ミイササカモ仮借スル所ナク厳格ニ処断シ居リ、明朗（鳳山郡ヲ）化スルコトモ長キヲ要セサルモノト思ハル。

高雄市助役　水溜

未ダ未知数ナルモ大ナル積極性ヲ希ミ得サルガ如シ。

庶務課長〔郡〕群

一、高雄市庶務課長　今井佐一郎　年功〔アリ〕、熟錬〔練〕、〔シタル〕市ノ庶務課長トシテハ適任ナルモ積極性モナク計画モナク活気ナシ。

二、屏東市庶務課長　××××

元巡査出身。頭ハヨク仕事ハ相当出来ル方ナリ。然レドモ各課長トノ折合融和性ニ乏シク仕事一本デユク男。〔郡〕旗山郡庶務課街庄係タリシトキ、トバクノ嫌疑ニテ〔ヤメ〕止メタルタメ割合ニ年齢ハ〔高シ〕古シ。私経済的ニモ吝ナリ。元旗山郡守タリシ池田斌ノ曰ハク「彼ハ恩知ラズノ冷血漢ナリ」ト。

三、鳳山郡庶務課長　仁平貞六

クリスチヤンナリ。品行上ハ問題ナキモ従来園芸ニテ終始シ来リタル関係上、行政全般ニ対スル法制的、一般的ヨビ智識ナシ。従テ部下ノモノハ頼リナシト思ヒ、郡守モ亦庶務課長ノ判カアツテモ安心シテ判ヲツキ得サルウラミアリ。〔故〕只コノ点ハ郡守ガ法制ニ通ジ行政法ノ講義ヲナシ居ルヲ以テ、〔ツトメテ〕コレヲキカシムベクススメ居ル有様ナリ。

四、岡山郡　中澤佳郎

実行力ニ富ミ、視学出ト思ハレヌホド優秀ナリ。州下庶務課長トシテ随一ナリ。

五、屏東郡　尾方勘内

庶務課長トシテハ新シイタメ未ダ仕事ニ慣レサル所アリ。〔シカシ〕人物真面目ニシテ相当研究シテ居リ、余リマトマラサルモ兎ニ角定見ハモテリ。余リ鋭敏ニシテキレル方ニハアラズ、ドチラカト言ヘバ鈍重ノ方ナラン。

六、旗山郡　天野雅楽之助

視学出ノ庶務課長トシテ岡山郡ノ中澤ト比較スレバ〔ムシロ問題ナク〕非常ニ落ツ。スロモーションナリ。既ニ一年ニナルヲ以テ計画モ樹ツベキニ、未ダソコマデ行カズ。コレハ校長ニ帰ルヲ可トス。

七、東港郡　石崎潤身

老練ナル所アルノミニシテ積極性ナシ。只高雄市ノ今井ニ比較スレバ少シ若〔々シキ〕キ感アル程度ナリ。郡守ニ報告スベキコトヲセズシテ独断ニセルコト相当アリトシテ郡守ハ転勤ヲ主張シ居ルモコレハ大シタル問題ニニ〔ママ〕アラ〔ズ〕ザルモ、タトヘバ日向ノ事件ノ如キモ早ク郡守迄申出デタランニハ

〔大〕再度ノ事件タラサルヘシト思ハルル点アリ。〔只郡守カ〕
八、恒春郡　高橋甲吉
動作スロウ。頭ハ機敏ナラズ、人物ハ真面目ナリ、特ニ文章ト文字ハ特《〔得カ〕》意トスル所ナルモ研究心ハ充分ナラズ、部下ノ統御モ充分ト言フコトヲ得ズ遠慮勝ナル所アリ。元服部旗山郡守ノ推薦シキリナルモノアリシモ推薦ニ値セズ。此ノ程度ノ人物ハ幾ラニテモアリ。
九、潮州郡　古屋照邦
従来会計事務、秘書事務ニ経験アルノミ。オマケニ事務的才幹ナク、大ザッパニシテ殆ンドメクラバン。スベテノ行政事務ニ何ラ定見ナク又努力セントスル意思モナシ。庶務課長ニナッタノハスコシ荷ガ重スギタ感アリ。
結論　庶務課長群ハマコトニアハレナルモノニシテ中澤、石崎、尾方位ノモノ。天野ハ校長ヘ、古屋ハヤメルカ、或ハ係主任位ニ、高橋モ亦係主任ノモノ〔ナ〕ニ変更スルヲ可トス。

視学群

一、潮州郡　天道環　温厚ニシテ大体ニ於テ視学トシテ適任。頭脳明セキナルモ文字下手ナリ。
二、恒春郡　津下正義　仕事ハ相当熱心ニヤルモ稍陰険ナル所アリ。表裏アルガ如ク、而モ少シ叱レバフクレル傾向アリ。
三、鳳山郡　渡辺澤之助　手腕家ノタイプナルモ間違ヲオコシ易シ。酒デ乱レルコトナキモ、ブレーキヲカケナケレバ奔放ナルモノアリ。独創性積極性アリ、人格的ニモヨシ、硬、軟両派ニ対シ中傭《〔庸カ〕》的ナリ。徳望アリ、将来性アル人物。人心ノ収ラン術モ心得居リ。庶務課長ノ適任ナリ。
四、岡山郡　山崎武治　仕事ハ出来ル方ナリ。校長間ノ評番《〔判カ〕》ワルシ、人事ヲ入レカエ過ギル傾向アリ。
五、高雄市　藤本堅
堅イ男。人物ガ良ク熱心ナルモ大高雄市ノ教育課長トシテ奏任待遇ノ校長ヲリード〔スル〕シテユクニハ遜色アリ。併シ乍ラ現在制度ノ下ニ於テハコレ以上ノ校長ヲ期待出来ヌト市尹ハ嘆ジ居レリ。少シ真面目スギル嫌アリ。
六、屏東市　中薗昌一
実直ナル視学トイフ一語ニツク。
七、東港郡　中里晴喜
相当シッカリシテ居リ定見アルガ如シ。オチツキアリ。郡守トシテハ学事関係者ヨリ欠点アルモノヲ出シタルニヨリ転勤ヲ希望ス。
八、旗山郡　尾山之雄
相当働キアリ、将来有望ナル人物ナリ。
九、屏東郡　村田末人
初メテ視学トシテ登場シタルモノ。若々シキ感ジアリ。人間ガ真面目ニシテ馬力ヲカケツツアルモ鈍重トイフ感アリ。

結論　視学群ハ大体ニ於テ優秀ナルモ就中鳳山郡ノ渡辺澤之助ハ特別ニ優秀ナリ。庶務課長トシテ進出セシムヲ可トスルモ本人ハ望マサルガ如シ。

農務主任群

一、高雄市　［久田］細井田伴太郎　真面目、可モナク不可モナシ。

二、屏東市　松尾喜作　来任シタノミ。未知数。

三、岡山郡　山下一士　部下ノ統制モトリ真面目ナリ。

四、鳳山郡　久田延義　公私ノ別ヲハッキリスルモノ酒ヲ呑ムモ乱レズ。無愛想ナリ。併シ乍ラ仕事ハ頗ル優秀ナリ。推賞出来ル人物ナリ。郡ニハオシキ人物ナリ。

五、旗山郡　八級　富田義治　シッカリシタル所アリ。

六、東港郡　野田祐一　郡守ハ農務ノ経験ナク農務主任トシテ値打ナシト言ヒ居ルモ相当仕事ハ出来ル如シ。

七、屏東郡　五五円　富ヶ原精二　農務主任トシテ理想的人物ナリ。タダ身体弱シ。

八、潮州郡　七〇円　熊手米蔵　元気アリ仕事モワカッテ居リ人物モ真面目ナリ。

九、恒春郡　月六〇円　××××　仕事ハ熱心ニシテ一生懸命ヤルモ稍軽薄ナル所アリ。頭中以上。人物ハ普通ナリ。［屏東芸］恋愛（花柳界）関係ニテ煩悶中ナリ。

商工主任群

一、岡山郡　佐々木良之介　八級　専問〔門カ〕学校出ナルモ未ダ管内ノ状況ニ通ゼズ。人物ハ真面目ナルモ少シオトナシ過ギル嫌アリ。

二、潮州郡　川崎尚雄　六級　仕事ニ精通。人物真面目ニシテ温厚ナリ。庶務課長トシテ適任。

三、屏東郡　出征中

四、屏東市　内田豊實　書記三級下俸　余リ能率上ラズ。人間ハ真面目ナル方ナリ。

五、高雄市　小寺彦次　若クシテ覇気アリ。正直ニシテ熱心ナリ。優秀ナル職員ト言フベシ。

六、鳳山郡　大塚弘　仕事ヲナサズ。朝オソク午後ハヤシ。サボリヤ。郡守ニ対シ二時ニ退庁ヲ迫レルコトアリ。

七、恒春郡　糸満盛男　余リノビモセズ単ニ真面目ナルノミナリ。

八、旗山郡　神保孝蔵　六級　高商出。頭脳余リ致〔緻〕密ナル方ニハアラサルモ相当手腕アルヲ認ム。旗山郡ニ六年。家村勧業課長ニキラワレタルタメト称セラル。庶務課長トシテハ適任ナラム。

九、東港郡　兼ム　×××　七二円　技手　何ヲ命シテモ殆ンド仕事ヲセズ。××××。身体ガ弱シ。（神経痛）

商工主任群ハ川崎尚雄及神保考〔孝〕蔵ハ庶務課長ノ候補、大塚ハ辞職セシムベシ。

街庄主任群

一、岡山郡　岡崎亀鶴　九級　仕事優秀。学歴ナキモ運動家ナリ。病気中。

二、旗山郡　村瀬泰［造］三　七〇円　相当研究心アルモ人格上表裏アリ。松尾前高雄市尹ヨリキラワル。

三、恒春郡　天野與作　十一級　未成品。表裏アルガ如シ。若キ割ニ研究心ガ足ラズ頭モ大シテヨクナシ。命ゼラレタコトハヤルガ若イタメ街庄長ニオシガキカズ。

四、鳳山郡　鶴丸資忠　月六〇　府地方課雇ヨリ。覇気ナシ。ハキハキセズ。学暦〔歴カ〕ナシ。普文。老成ノ感アリ。私行上間違ナシ。文書向ナリ。

五、潮州郡　高橋繁　五二円　人物真面目。事務ニ精通。

六、屏東郡　根石健二　七級　勉強スル割ニ能率上ラズ要領ワルキ男ナリ。又同僚トノ折合悪ルシ。

七、東港郡　前川時一　六〇円　相当優秀。仲々シッカリシテヲル（私大出）。

要之ニ街庄主任ニハ殆ンド優秀ナルモノナシ。

庶務主任［郡］群

一、恒春郡　大沼衛　五十二円　郡デハ優秀。頭モヨシ。庶務ノ複雑ナル業務［ヲ］モ手ギワヨクサバク。人物モ真面目ナリ。

二、東港郡　橋本次男　五六円　前々年度兵事事務監査ノ結果ヤメロト言ワレタニ対シ州ノ兵事ガ悪イノデハ無イカト言ッテ之ニ応ゼス。高商出ナルモズボラニシテ兵事主任トシテハ不適任ナリ［ト言フナリト郡守ハ言ヘリ］。

三、潮州郡　平田為良　七二円　高等小学出、普通試験合格。人物トシテハ上等ニシテ、郡トシテハ最モ優秀ナルモノニシテ事務的才幹ハ万点ナリ。

四、屏東郡　中野正行　五二円　直情径行間違ナシ。多少軽率ノ所アリ。

六、旗山郡　八文字勉　元高雄団野球選手ナリ。現地的ニハ良好ナルモ内部的事務ハ余リ香ハシカラズ、目サキハキクモ割合ニ雑パクニ出来テヰル人物ナリ。郡守ノ趣旨ヲ徹底セシムルヤウナ立案ガ出来ヌ。

七、岡山郡　斎藤守信　六二円　東京工科学校。巡査上リ。落チツイタ人間ナリ。

八、鳳山郡　杉本次雄　拓大出。仕事モ熱心。積極的独創性アリ、相当ノビルモノト思ハル。人間ニ角アリ、短気ナル所アリ。

庶務課長群ニ於テモ大人物ヲ見出シ得ズ。ワズカニ潮州郡ノ平田ヲ見出スノミ。コレモ事務的練達トイフノミナリ。

文書主任群

一、岡山郡　高木四十雄　五七円　高商出ニシテ優秀ナル人物。故、森属ト同期ナリ。昇給ヲ早メ庶務課長タラシメ、又州属トシテモハズカシカラズ。

二、屏東郡　坂田喜雄　四三円　真面目ナル青年ナリ。

三、恒春郡　庶務課長

四、潮州郡　福永悟　五八　人間ハ真面目ナルモ覇気ナシ。能率ガ少シ上リカネル方ナリ。高等小学出ニシテ余リ本官ニナルマデ勢力ヲ使ヒスギタルタメナラン。

五、東港郡　田淵實　四七　最モ優秀ナリ。年齢ワズカニ三一才ナリ。兵事主任トシテモ適任ナラン。

六、旗山郡　ナシ

七、鳳山郡　早川源一郎　文書受付トシテ適任ト言フノミニシテ手腕家ナラズ。

特ニ優秀ナル人物ナク、ワズカニ高木（岡山）属アルノミ。

財務主任群

一、岡山郡　永森義興（七級）　巡査、警務局雇ヨリ任官シタルモノ平凡。

二、鳳山郡　書記　国頭正茂　可モナク不可モナシ。

三、屏東市［高雄市］　若林常一　六級（会計課長）　会計課長トシテハ堅イカラツトマルモ庶務課長ハツトマラヌ。

四、高雄市　石井定三　六級　会計課長　小心ヨクヨク、金ノ番人トシテ信頼シ得ルトイフノミ。

五、旗山郡　大塚正雄　十一級　堅実ニシテ将来有望ナリ。

六、屏東郡　高橋英一　九級　間違ナキ人物ナルモ能率上ラズ。

七、［関野良］潮州郡　関野長八　六級　人間確実、事務ニモ精通シ責任ヲモツテヤル。農事試験場ニ居タ経験アリ。

八、東港郡　黄金燧　六級　国語学校出。中々シツカリシテキル安心［シテマカセラル］出来ル人物ナリ。高級ニシテ（本島人トシテハ）金持ナリ。

九、恒春郡　眞下彌平　六級　向上モナク発展モナク意地モナシ、気ノ長キ人物ナリ。金ノ番人トシテハ適任ナリ。或ル人ノ評シテ曰ハク「彼ハ東門ヲ出ルカ（栄転ヲ意味ス）或ハ北門ヲ出ルカ（墓地ヲ意味ス）デアラウ」ト。

結論

堅実ナルモ能率上ラサル人物ヲ揃エタノガ財務ナリ。潮州ノ関野ノミ、稍見ルベキモノアリ。

畜産主任群

一、岡山郡　坂梨隆清　農会　四級　老功〔ママ〕。他トノ権衡上州技手ニ直スコトヲ郡守ヨリ要求アリ。

二、潮州郡　今給黎数夫　六五円　人物トシテ非常ニ優秀ナリ。人間モ真スグ真面目ニシテ仕事ニモ精通シ居ルモノナリ。

三、恒春郡　小倉俊男（四三）　人物ヒキシマリ仕事ハキハキセリ。事務的才能アリ。
四、屏東郡　中村與　五級　最モ優秀ナル人物ナリ。
五、旗山郡　森昌彦　一円　技手　着実ナリ。
六、屏東市　中武正利　一円　技手　優秀ナリ。
七、高雄市　前田寿礼　州技手　平凡。
八、鳳山郡　友則正之　可モナシ不可モナシ。
九、東港郡　陳水生　一円技手　大シタモノナラズ。

結論

畜産主任群ニ多士斉〔済〕々タルモノアリ。

兵事主任群

一、高雄市　加納武清　四級　事務ニ頗ル熱心ナリ。石貫属ニ劣ラス活動家ナリ。小心ヨクヨクタル外欠点ナシ。
二、屏東市　安里積定　五〇円　人間ハ真面目ナルモ能率ハ上ル方デナシ。
三、岡山郡　東三蔵　六七円　兵事ニハ通ジ居ルモ職員トノ折合ワルク、調整ナク時ニハ暴力ニ及ブコトスラアリテ部下ヲイヂメル傾向アリ。

兵事課長ハ高雄市ノ加納優秀ナルノミナリ。

街庄長

一、岡山街長　楊縛　五一才　序〔如カ〕才ナク頭脳良ク鋭敏ナリ（医専卒）。懐柔策及物ノヒントヲツカムコトガウマシ。常ニ金儲策ヲ講ズ〔例之〕。然モ自分ノ弟ヲ中心トシテコレヲ策シ援助シ秘密ヲサグラントスル傾向アリ。秘密保持ガ出来ズ感情家ニシテ神経質ナリ。政治的手腕ハアルモ事務的才幹ナシ。
二、路竹庄長　斎藤善次郎　六三才　法院雇、支庁勤務等ヲ振出シ。庄民ヲ圧〔服〕伏スル力アリ。廟整理ノ如キモ一人デヤッテノケタリ。スベテノ庄政ヲ先頭ニ立ッテヤルノデ人民ガコレニツイテクルヤウニ〔ナッ〕ナレリ。
三、鳳山街長　袋井吉之輔　四六才　特別優秀ニシテ酒ヲ呑ムモ乱レズ、スベテノ仕事ニツキ意見ヲ持チ郡ノ方ニ対シテモ責任上、向ツテ来ルノハ袋井ノミナリ。
四、鳥松庄　平間重兵衛　五九才　大人トイフ感アリ。仕事ノ事務的能率ハ上ラサルモ、年配ト言ヒ、経暦〔歴カ〕トイヒ相当圧ヘガキクモノナリ。一方大寮庄長赤嶺直ハ偏狭ナ所アリテ唯我独尊的ナル所アリ。新興製糖トノ間面白カラサルヲ以テ平間ヲ大寮庄長ニ据ウルヲ可トス。
五、旗山街　呉見草　四五　着実ニシテ自ラ皇民化ノ範タラムコトヲツトメツツアルモ人ガヨスギルタメ貫禄ガ足ラズ。
六、長興庄　邱潤寛　三十一才　本島人庄長トシテ出色ナルモ、若キタメ尚反対派ヲ圧伏スル能ハザル点アリ。
七、高樹庄　西村勘二　五一　覇気アリ計画積極的ナリ。助役モ堅実ナリ。

八、里港庄　立野圓治　五一　助役ハ頗ル優秀ナルモ庄長ハ煙草ノ売捌人ニシテ名誉庄長ナルヲ以テ余リ仕事ノ内容ヲ知ラズ積極性ナシ、ドウシテモ移民村ヲ含ミタル当庄ノ庄長ハ優秀ナル内地人ノ専任庄長ヲ置ヲ必要ヲ痛感ス。

九、東港街　蔡朝取　四九　消極的人物。何事ヲヤレト言ツテモヤラヌ。躍進的東港街長トシテ不適。東港街第一ノ資産家(三十万円)ナルモ公債ヲ買ハズ。引込思案ノ人物ナリ。

一〇、萬丹庄　生田目與七　頗ル優秀。如何ナル仕事ヲ命シテモ積極的デヨリ以上ニヤル。

一一、佳冬庄　×××　軍事功労者タルコト及府評タルコト等ヲ鼻ニカケ郡守以下郡職員ハ鼻デアシラウガ如キ態度。郡ヨリ街庄長会議ヲヤルカラト言フノデ召集シテモ別ノ用事ニカコツケテ之ニ応ゼザルコトスラアリ。潮州郡守ニ言ハシムレバ彼ハ義渡会其ノ他ノ祭祀公業ニ於テ私腹ヲ肥ヤシテ居ルト。彼ハ［殆ンド］庄長トシテ殆ンド自分ノ息ノカカツタモノバカリヲ以テカタメ、助役モ自分ノ親戚ヲ以テ之ニ充テントシテ州ヨリ保留［シ］セラレタリ。又道路協会ニモ佳冬庄ダケ除外シタルガ如キ形トナツテ居リ郡ト庄トノ連絡ハトレズ。最近ノ機会ニ於テ庄長［之］ヲ辞セシムル［ヲ］必要アリ、然ラサレバ佳冬庄ノ庄政ハ州ノ方針ト合致セサル［コトヲ庄長ニ］ニ至ルベシ。

一二、［許順］　潮州街　川野観太平　消極的人物ナリ。

一三、萬巒山〔庄〕　朝倉良妥　稍功ヲ急グタメ部民カラ稍モスレバ悪感ヲ持タレル。庄長トシテ手ツナヲヒキ占〔締カ〕メル必要アリ。

一四、内埔庄　河津利生　名庄長、此ニ配スルニ州下ノ助役トシテ頗ル定見アリ。積極的ナル優秀ナルモノニシテ、コノコンビニヨリ内埔庄ノ治績大ニ上ルモノト思ハル。

一五、車城庄　許順吉　教員上リナルモ相当ノ手腕アリ。只年若キタメ反対派ニ稍抑ヘラルルキライアリ。

一六、満州庄　余雲祥　本島人庄長トシテ実行力ニ富ム点ニ於テハ優秀ナルモノナリ。

結論　以上ニ掲ゲタルモノガ大体コンマ以上ノ街庄長ニシテ他ハ殆ンド問題ニナラズ。然レドモ人的資源ニ乏シキ現在ニ於テ止ムヲ得ズト思料セラルルモ高雄州下ノ街庄長ハ従来給料低キコトモ又人材ヲ得サル一因ト考ヘラル。ヨロシク人材ヲ得ンガタメニハ俸給其ノ他ノ待遇ヲヨクセサル可ラズ。

学校長

一、高雄市

（一）商工専修学校長　折井清登　適任ニシテ熱心ナリ。従来「行」ノ学問ヲナシ、試験ヲ全廃シ居タルモ工業補習学校ニツキテハサウモ行カズ時局ニ適応シタル教育方針ヲ考慮中ナリ。

（二）淑徳女学校長　勝谷實行　識見モアリ女子教育ニ方針

ヲ立テテヤッテ居ルモノナリ。

（三）湊小学校長　野中松平　小学校長トシテハ優良ナルモノナリ。

（四）堀江小学校長　橘川松太郎　校長トシテハ良好ナルモ父兄ニ上手ヲシスギル。職員ノ統制ガウマクユカヌ様子ナリ。

（五）大和小学校長　田村保　少年団トシテ一生懸命ナリ。校長トシテ荒ケズリナル。相当有力ナル意見アリ。

（六）平和公学校長　赤星勝次郎　優良ナルモ覇気ナシ。

（七）青葉公学校長　野田春吉　可モナシ不可モナシ。

（八）旭公学校長　山崎敏三　優良。

（九）東園公学校長　木本喜三郎　寸時変ッタ男。時局社会教育ノ方ニ骨ヲ折リ最モ元気アル校長ナリ。定見ヲ持テリ。非常ニ適切ナル改善意見ヲ持テリ。

二、屏東市

（一）屏東小学校兼実践商業学校長　下平加賀雄　非常ニ態度ガハッキリシテ居リ、頗ル熱心ニシテ明朗ナリ。

（二）屏東公学校長　小山慧　独身ノ変リモノナリ。

（三）大宮公学校長　筒井格孝　頗ル才物ナリ。

（四）竹園公学校長　外間政善　外見着実ナルモパットセズ。

（五）海豊公学校長　山口遣之助　優秀。

（六）公館公学校長　岡田達夫　優秀。

三、鳳山郡

（一）林園農業専習〔修〕学校長　友松三一　四六　古ダヌキトイフ感アリ。仕事モ熱心デアリ仕事ヲ考ヘ出ス。庄長ガ抑エキレヌ。年ノ割ニ覇気アリ。

（二）鳳山公学校長　白潟保　四六　年配ノ割ニ考ヘ方ガ新シク仕事ニ覇気アリ。

（三）大東公学校長　篠原達亮　未来アルモノ。初メテノ校長ナリ。

（四）小港公学校長　永田文郎　音楽ガ好キ。情操教育ニ熱心。田舎ノ純朴ナル校長ムキ。

（五）紅毛港公学校長　小川武敏　優秀ナリ仕事モ熱心ナリ。定見殊ニ南方発展策ニツイテハ特別ノ意見ヲ持チ全生活ヲ南方発展ニ捧ゲントスル思想ヲ吹キ込ベシトスル論ヲ持テリ。

（六）大寮公学校長　佐々木克己　優秀ナリ。三元考ノ一ナルモ非常ニ元気アリ。青年団ニ猛訓練ヲヤルノデ却テウラマル。校内ノ統制モトレテキル。

（七）大樹公学校長　平岡農　三五才　校長中ノピカ一、其ノ意見ハ堂々タルモノアリ。勉強家ニシテ頗ル優秀ナリ。田舎ニ置クノハオシキ方ナリ。

四、岡山郡

（一）岡山農業国民学校長　河野道彦　五〇　精神家、努力家、同時ニ蓄財家。

（二）岡山尋常高等小学校長　大田大芽　余リ論旨徹底セズ。モ少シ細カイ所ニ気ヲ配ルベキナリ。部下ニ遠慮シ過ギル傾向アリ。

（三）楠〔梓カ〕仔小学校長　森田良明　四五　地方デハ評番〔判カ〕ヨクナシ。少シコセコセシテ〔街〕父兄トノ折衝ガ面白クナシ。真面目ナリ。

（四）仕隆公学校長　山田親法　心臓モ強ク人間モヨシ。勉強家ナリ。

（五）頂茄萣公学校長　山本三郎　若ク遣リ手ナリ。海洋少年団及国語教育ニ熱心ナリ。庄トノ連絡ハ余リヨクナシ。

（六）梓官公学校長　烏丸為清　四六　覇気アリ。部下ノ使ヒ方ガウマク政治家的ノ所アリ。実業教育ニ於テハ功労者ナリ。

（七）〔蚵子寮〕〔官〕左営公学校長　〔大村朝保〕横山農夫志　政治的手腕アリ積極的活動家ナリ。

五、屏東郡

（一）屏東農業国民学校長　杉山喜三九　真面目。大シタ能率上ラズ。計画的ナラズ大シタ定見モナシ。（四九才）

（二）常盤尋常高等小学校長　川崎義雄　五〇　五給俸　頗ル優秀ナリ。尋常小学校ダケシカ資格ハナキモ堂々タルモノナリ。色々ノ点デ積極的定見ヲ持チ人物申シ分ナシ。

（三）千歳尋常高等小学校長　井村長雄　一生懸命ニヤッテハ居ルガ特別ノ学校トイフ自覚ナシ。

（四）長興公学校長　橋本謙吉　四二　四級　校長トシテハ優秀ニシテ頗ル熱心ナリ。多少ノ計画アリモ外部トノ折合ハ余リ香ハシカラズ。

（五）番子寮公学校〔長〕　三四　瀬尾重武　三四　六級　頗ル熱心。学校社会教育共ニ頗ル真面目ナリ。

（六）麟洛公学校長　小川一　策アルモ学校教育ハ頗ル熱心。優秀。

六、東港郡

（一）東港実業国民学校　草野門蔵　四八　奏七、一一　水産専問〔門〕ノ補習学校ノ復活ヲ絶叫スル所頗ル熱心ニシテ定見ヲ持テリ。其ノ意見傾聴ニ値ス。太ッ腹ニシテ部下信頼モヨク地方民ノ信頼モアリ。酒ハ呑ムモ他人ニ迷惑ヲカクルコトナシ。

（二）萬丹農業専修学校長　石塚龍雄　四四　奏任七、一一　大ナル変化ナク平凡ナル校長ナリ。只カサリ気ナク思ツタコトハドンドン言フ方ナルヲ以テ誤解ヲ召〔招カ〕クコトアリ。庄長ノ言フコトニ賛成セズ。

（三）佳冬農業専修学校長　八重野正夫　佳冬庄ニアル公学校ノ校長ハ二人共庄長ト折合ワルク、八重野校長ハ却テ庄長ヲ利用ス。庄長モ政治的考慮ノ上カラ八重野校長ヲ利用セントシ両者ノ関係ヨシ。相当年配ニシテ部下統制モヨシ。

（四）新園公学校長　則松信人　三四　六級　若手ナルニ相当豊富ナル意見ヲ持テリ。実行力ニ富ミ学校モ大ニ改善セラレタリ。

（五）烏龍公学校長　濱田動夫　四五　四級　目立ッテ優秀ナリ。精神的ニシテ真面目ナリ。熱ヲ持テリ。

（六）琉球公学校長　平加長治　四九　六級　ヨク物事ヲ考ヘ学校モ大ニ改善セラレタリ。

七、恒春郡

（一）恒春尋常高等小学校長　増原武夫　四二　四級　真面目ナル純教育者ナルモ少シ人物ガヨスギル傾向アリ。

（二）恒春第一公学校長　松尾兵佐　余リ人物ナラス、長イトイフノミ。視学ノ指導ニ対シ表面ヨリ反抗シ居レリ。

（三）恒春第二公学校長　大久保壽雄　三三　七〇円　前校長ガ酒呑ミデ何ラノ意見ナク仕事モセヌ男ニシテ之ハ岡山郡ニ左遷セラレ、ソノ後ヲウケ大ニ改善ノ見ル所アリ。一生懸命ニ大改革ヲセントスルト意気ヲ示シツツアリ。

（四）満州公学校長　武久七之助　三三　六級　非常ニ研究心強クキカン気ノ男ナリ。将来相当ノビル所アルベシ。

八、潮州郡

（一）皇国農民学校長　松崎仁三郎　五二　奏任九級　多少神ガカリトイフ感ハアルモ、精神教育ヲ主トシ人物タンレンヲ主トス。

（二）萬巒公学校長　［五八　五級］中野義一　三八　五級　迫力アリ特ニ時局教育ニ熱心ナリ。

（三）佳佐公学校長　福山忠義　四七　五級　優秀ニシテ向フ意気アラシ。

（四）五溝水公学校長　堤松市　三七　六級　優良。

（五）内埔公学校長　渡辺猛郎　四六　三級　郡下隋〔随カ〕一最優秀ナリ。

（六）新埤公学校長　北條一角　三九　七〇　非常ニ悪キ酒ヘキアリ、兵隊トケンカヲシタ事スラアリ。然レドモ現在殆ンドノマズ、現在ニ於テハ優秀ナル人物ナリ。

（七）水底寮公学校長　後藤三千人　三六　六級　優良。

（八）内獅頭公学校長　與儀喜康　三六　五八　大体ニ於テ優良。

九、旗山郡

（一）旗山実践農民学校長　土肥淑人　四四　奏十　適任。真面目ニ大ニヤツテヰル。大ナル意見ナシ。

（二）旗山尋常高等小学校長　×××××　三五　六級　大体優秀ナリ。少シ温良過ギル傾向アリ。×××××××××××××××××児童ガダラシナイト言ツテヰル位。此ハドウシテモ転［校セ］勤セ〔シ〕メザル可ラズ。

（三）六亀尋常小学校長　村谷荒亮　三五　七三円　優良ナ

リ。

（四）旗山第一公学校長　松友増美　四六　三級　覇気ナキモ大体ニ於テ良好ナリ。

（五）美濃公学校長　樋口太助　四九　四級（奏待）　優秀ナリ。

（六）吉洋公学校長　宮野定雄　三七　六級　少シ偏見ナル所アルモ相当良キ意見ヲ持チ覇気アリ。

（七）龍肚公学校長　内匠三平　三四　六級　若キモ相当深刻ナル意見ヲ持ツテ居リ、真面目ナル若キ教員ナリ。

（八）溝坪公学校長　柯求　三八　六　本島人唯一ノ［公］校長ナルモ非常ニ働キアリテ社会教育ニ持ッテ来イノ人物ナリ。当時開催シタル座談会ニモ他ヲ圧シ有力ナル意見ヲ持テリ。

未成品群（優秀ナルモノ）

一、旗山郡　森林主事　織田里之
　　社会教育　田代藤三郎
　　街庄補助　松井周義（任官希望）
　　農務補助　和崎恒一（同）
　　〃　長岡清明
　　〃　海江田信行

二、屏東市　庶務課庶務係　大定嘉市　元台北州属
　　土木水道課庶務係　森行榮　優秀。商業出（早ク任官セシメサレバ外ニトラレルオソレアリ）
　　同　土木係　荒屋洋平　〃　中学出
　　同　水道係　原賀修三（岡山公共田地ヨリ。頭良シ。台北一中出）
　　会計課調度係　植田武雄　奈良農学校

他ハ市郡ヨリ希望ナシ。

八　「秘　参照公文写」（資料番号 V–26）

〔表紙〕

㊙

参照公文写

〔本文〕

高雄海軍飛行場ニ付海軍省トノ内協議事項

一、新飛行場（い）ハ海面ヨリ以奥延長千米突ヲ要スルニ付他ノ部分（ろ）ニ於テ之ニ相当スル面積ヲ減少スルモ差支ナシ

二、（い）ニ於テ買収ヲ要スル土地ノ箇所ニ付テハ買収ヲ避クル為、多少不整形トシ又ハ海岸ニ向テ延長スルモ差支ナシ

三、水路（は）ハ変更計画ノ通リ差支ナシ

四、背後地（に）ニ付テハ将来建築物ヲ設ケサル様適当ナル措置ヲ講スルニ於テハ買収セサルモ差支ナシ

五、現海軍用地（ほ）ニ現飛行場ニ相当スル仮飛行場ヲ設ケ飛行シ得ル程度ニ整理セハ土地交換前現飛行場ヲ会社ニ使用セシムルモ差支ナシ

六、現海軍用地内海面ニ通路ヲ有スル適当ノ地点ニ将来重油タンク及製油工場建設予定地トシテ約弐万五千坪ノ土地ヲ留保スルコト

七、掘鑿海面（へ）ノ深度参米突ヲ四米突ニ変更スルニヨリ工事費拾余万円ノ増加ヲ要ス。之カ財源ノ捻出ニ付テハ総督府関係方面ニ於テ相当考慮スヘキモ海軍側ニ於テモ経費ヲ減シ得ル様代案ニ付相当研究スルコト　以上

覚書

高雄州知事内海忠司ヲ甲トシ日本アルミニウム株式会社長井坂孝ヲ乙トシテ甲ヨリ乙ニ無償使用ヲ許可シタル会社工場敷地及其ノ付属地ニ関シ左ノ事項ヲ協定ス

記

一、将来甲ヨリ乙ニ有価譲渡スヘキ土地ハ昭和拾壱年参月弐拾四日付指令高地第壱台四弐号ヲ以テ甲ヨリ乙ニ貸下許可セル別紙添付図面ノ土地面積七八、二七二坪七〇七トス。但シ譲渡ニ伴フ分割測量ノ結果面積ニ異動ヲ生シタル場合ハ新ニ土地台帳ニ登録セラルベキ面積トス。甲ヨリ乙ニ有価譲渡スヘキ時期ハ昭和拾弐年参月以降本土地カ国庫ヨリ州ニ所有権移転シタル後トス

一、譲渡価格ハ毎坪金六円ヲ基本トシ之ニ使用許可ヲ受ケタル日ヨリ所有権移転登記終了ノ日ニ至ル迄ノ日数ニ対シ毎壱坪ニ付壱箇年金参拾銭ノ割合ヲ以テ計算シタル金額ヲ加算シタルモノトス

一、前項ノ地代金ハ所有権移転登記ト同時ニ甲ニ支払フモノトス

右締結ノ証トシテ本書弐通ヲ作製シ双方署名捺印ノ上各壱通ヲ保有スルモノトス

昭和十一年四月三十日

高雄州知事　内海忠司

日本アルミニウム株式会社長　井坂孝

右代理人
日本アルミニウム株式会社高雄工場建設事務所副長　坂井新三郎

軍機二機密第二〇八号
昭和十二年三月三十日

海軍省軍務局長

台北在勤海軍武官殿

高雄飛行場移転ニ関スル件照会

高雄市発展ノ趨勢ニ鑑ミ現計画中ノ同地海軍飛行場ヲ地方当局ガ他ニ移転ヲ要望シツツアルニ対シ調査研究ノ結果左記条件ニ依リ移転スル場合ハ海軍トシテ差支ナキ内意ニ候条可然御取計相成度

記

一、移転先（付図第一参照）
陸上飛行場　岡山西方地区
水上飛行場　東港南方地区

二、所要設備
（一）陸上飛行場関係設備
（イ）付図第二ニ示ス飛行場又建物敷地ノ造成
（ロ）飛行場岡山間及飛行場高雄間（策源地経由）自動車道路ノ造成
（ハ）飛行場ニ至ル水道（一日給水量約三五〇噸）ノ敷設
（ニ）策源地完成迄ハ高雄港内ニ飛行場付属ノ雑船（二〇〇噸雑船一隻一〇噸内外雑船約四隻）ヲ繋船シ得ル岸壁及之ニ接シ舟艇員詰所等ヲ建設スベキ約二〇〇坪ノ土地ヲ海軍ニ提供スルコト
（二）水上飛行場関係設備
（イ）付図第三ニ示ス離着水場舟艇水路及建物敷地ノ造成

（ロ）飛行場高雄市間自動車道路ノ造成
（ハ）飛行場ニ対スル給水設備（一日給水量二五〇噸）ノ敷設
三、工事及工費ノ負担
前項ノ設備ニ対スル工事及工費ハ地方当局ノ負担トシ之ガ代償トシテ高雄市付近ノ海軍用地ト交換ス。但シ右工費ノ内約五〇〇、〇〇〇円ハ海軍ヨリ支出スルモノトシ前項設備ノ内之ニ相当スル工事ヲ別ニ海軍ヨリ地方当局ニ委託スルモノトス
四、所要完成期
（一）、陸上飛行場関係設備
（イ）飛行場
付図記載ノ通。但シ付図ニ完成期ヲ記載セサル区域ハ昭和十四年四月末
（ロ）建物敷地、水道及飛行場岡山間道路
昭和十二年七月末
（ハ）飛行場高雄市間（策源地経由）自動車道路。追テ定ム
（二）水上飛行場関係設備
（イ）建物敷地間付属道路及給水設備
昭和十三年八月末
（ロ）右以外ノ設備
昭和十五年一月末
（別図参葉添）

通牒先
佐世保鎮守府参謀長
馬公要港部参謀長
鳳山海軍無線電信所長

契約書
一、高雄州東港公共用地施設工事
右工事ヲ施行スルニ付高雄州ヲ甲トシ請負人港湾工業株式会社ヲ乙トシ締結スル契約条項左ノ如シ
第一条　乙ハ別紙仕様書及図面ニ基キ本契約ノ定ムル所ニ依リ昭和十二年十月一日ヨリ本工事ニ着手シ昭和十五年一月三十一日限リ完全ニ竣功スヘシ
第二条　請負金額ハ金参百万九千六百五拾円也トス
第三条　乙ハ契約締結後一月以内ニ請負金内訳書ヲ甲ニ差出スヘシ
第四条　甲ハ其ノ所有ニ属スル電気ポンプ浚渫船南進号（改造完了後）及雄飛号ノ二隻ヲ現在備付ケアル付属具及予備品ト共ニ本工事用トシテ乙ニ無償貸与スルモノトシ可及的速ニ工事場所タル東港街南屏所在養魚池内ニ於テ乙ニ引渡スモノトス。但シ右廻航ニ要スル費用ハ乙ノ負担トス
甲ニ於テ必要ト認メタル場合ハ前項ニ定ムルモノノ外必要ナル工事用器具機械ヲ前項ニ準シ無償貸与スルコトアルヘシ
第五条　乙ハ前条貸与物件ヲ借用中自然摩耗ニ因リ負傷又ハ滅

失シタルモノヲ除キ引渡ヲ受ケタル時ト同一状態タルコトヲ標準トシ工事竣功後高雄港内甲ノ指定場所ニ於テ返却スヘシ
第六条　乙ハ工事用電力（三、〇〇〇キロワット、交流三相、六〇サイクル、三、〇〇〇ボルト、昼夜間供給）ヲ工事現場電気ポンプ浚渫船備付計量器ニ依リ従量一キロワット時ニ付金壱銭五厘也ノ割合ヲ以テ直接台湾電力株式会社ニ支払フヘシ
第七条　浚渫埋立及土砂放捨ニ関シ外海ニ於ケル漁業権又ハ之ニ類スル他ノ権利ハ工事着手前甲ニ於テ之ヲ解決スルモノトス
第八条　土砂放捨ノ為養魚池ヨリ海岸マデノ間ノ土地ニ乙カ送泥管ヲ敷設スルモ土地所有者又ハ権利者等ニ於テ異議ヲ申立ツルコト無キ様甲ニ於テ解決シ置クモノトス。但シ道路ヲ横断スル箇所ハ交通ニ支障ヲ及ホササル様乙ニ於テ施設スヘシ
第九条　乙ハ主任監督官ノ指揮ニ依リ設計仕様書及図面ノ通工事ヲ施行シ其ノ材料ハ総テ主任監督官ノ検査ヲ経テ使用スヘシ。但シ検査ノ際不合格ノモノアルトキハ甲ニ於テ何回テモ期日ヲ指定シ交換ノ命スルコトヲ得
第十条　乙ハ常ニ現場ニ在リテ其ノ業務ヲ担当スヘシ。若事故アルトキハ代理人ヲ定メ主任監督官ノ承認ヲ受クヘシ
第十一条　現場ニ使役スル職工人夫ニシテ主任監督官ニ於テ不都合ト認メタルモノハ其ノ使役ヲ禁止スルコトヲ得
第十二条　設計仕様書及図面ニ就キ疑義アルトキハ甲ノ解釈スル所ニ依ル

第十三条　工事ノ些細ナル部分ニシテ技術上ノ常識ニ照シ必要ト認ムルモノハ設計仕様書及図面ニ明記ナキモノト雖モ乙ハ請負工事ノ範囲内トシテ施行スヘシ
第十四条　甲ニ於テ完全ナル竣工ト認メ領収証ヲ交付シタルトキヲ以テ其ノ工事ノ授受ヲ了シタルモノトス
第十五条　前条ノ授受ヲ了シタル後甲ハ乙カ正当ノ手続ニ依リ請求ヲ為シタルトキ請負金額ヲ乙ニ支払フヘシ。但シ乙ノ請求ニ依リ左ノ年度区分ノ範囲内ニ於テ工事ノ出来形ニ応シ甲ノ見積価格ノ十分ノ九迄ヲ毎月一回限リ支払フヘシ

昭和十二年度	金七拾弐万四千六百五拾円也
昭和十三年度	金壱百拾七万円也
昭和十四年度	金壱百拾壱万五千円也
計	金参百万九千六百五拾円也

前項但書ノ場合ニ於テ工事ノ授受ヲ了スル迄危険ハ乙ノ負担トス
第十六条　乙ハ第一条ノ期間内ニ於テ完全ニ竣功セサルトキ過怠金トシテ延滞日数壱日毎ニ部分受渡済ノ工事代金ヲ控除シタル金額ノ千分ノ壱ニ相当スル金額ヲ甲ニ支払フヘシ。但シ乙ヨリ其ノ延期ヲ出願シ甲ニ於テ正当ノ理由アリト認メ許可シタルトキハ此ノ限ニ在ラス
第十七条　甲ノ都合ニヨリ参拾日以内ニ於テ工事ノ中止ヲ命スルコトヲ得
第十八条　甲ハ左ノ場合ニ於テハ本契約ヲ解除スルコトヲ得

一、甲ニ於テ工事ノ竣功見込ナシト認メタルトキ
一、甲ニ於テ竣功前ニ工事ノ瑕疵ヲ認メ期日ヲ指定シ之カ修補ヲ命スルモ乙其ノ命ニ従ハサルトキ

第十九条　前条又ハ乙カ契約ノ不履行ニヨリ契約ヲ解除シタルトキハ違約金トシテ請負金額百分ノ十ニ相当スル金額ヲ乙ヨリ甲ニ支払フヘシ。但シ第一条ノ期限経過後本条ニ該当スルトキハ期限ノ翌日ヨリ解約ノ前日迄ニ対スル第十六条ノ過怠金ヲ併セテ支払フヘシ

第二十条　第十八条ニヨリ本契約ヲ解除シタル場合ニ工事ノ既済部分ニ対シテハ甲ノ相当ト認ムル金額ヲ交付シ之ヲ引渡サシムルコトアルヘシ。但シ乙ニ於テ前条ノ違約金ヲ納付セサルトキハ甲ノ支払金ヨリ相殺スルコトヲ得

第二十一条　甲ハ必要ト認ムルトキハ本契約ノ一部ヲ変更スルコトヲ得

前項ノ場合ニ於テ請負金額ニ異動ヲ生スルトキハ甲ハ乙ヨリ差出シタル金額内訳書ノ単価ヲ標準トシテ算定スヘシ

第二十二条　乙ハ第十七条第二十一条ノ場合ニ於テハ甲ニ対シ損害ヲ要求スルコトヲ得ス

第二十三条　民法第六百三十四条ニ依ツテ乙ノ負担スヘキ賠償ノ額ハ甲ノ定ムル所ニヨル

第二十四条　本契約ニ就キ疑義アルトキハ甲ノ解釈スル所ニ依ル

右契約締結ノ証トシテ双方署名捺印ノ上各一通ヲ領収シ置クモノトス

昭和拾弐年八月六日

契約担当者

高雄州知事　内海忠司

原籍　東京市麹町区丸ノ内一丁目六番地壱

住所

港湾工業株式会社

専務取締役　関毅

右代理人

取締役支配人　加藤米蔵

昭和十二年四月十六日

台北在勤海軍武官

高雄州知事殿

高雄海軍飛行場移転ニ関スル海軍ノ要望事項

一、移転先（付図第一第三参照）

陸上飛行場　岡山西方地区

水上飛行場　東港南方地区

二、所要設備

（一）陸上飛行場関係設備

（イ）付図第二ニ示ス飛行場又建物敷地ノ造成

（ロ）飛行場岡山間及飛行場高雄間（策源地経由）自動車道

路ノ造成
（註）飛行場高雄間（策源地経由）自動車道路ハ取敢ス岡山経由縦貫道路ヲ利用スルコトトシ将来両者間（策源地経由）最短自動車路ヲ造成セラレ度
（ハ）飛行場ニ至ル水道（一日給水量約三五〇噸）ノ敷設
（ニ）策源地完成迄高雄港内ニ飛行場付属ノ雑船（二〇〇噸雑船一隻、一〇噸内外雑船約四隻）ヲ繋船シ得ル岸壁及之ニ接シ舟艇員詰所等ヲ建設スベキ約二〇〇坪ノ土地ヲ海軍ニ提供スルコト
（二）水上飛行場関係設備
（イ）付図第三ニ示ス離着水場舟艇水路及建物敷地造成
（註）舟艇水路ノ位置ハ現地ノ状況ニ応シ若干変移スルモ差支ナシ。但シ建物敷地ニ可及的近キ場所ヲ希望ス
（ロ）飛行場高雄市間自動車道路ノ造成
（註）取敢ス現在工事中ノ屏東南方道路ヲ利用スルコトトシ将来ナルヘク早キ時期ニ東港高雄間最短道路ノ造成ヲ考慮セラレ度
（ハ）飛行場ニ対スル給水設備（一日給水量約二五〇噸）ノ敷設
三、工事及工費ノ負担
前項ノ設備ニ対スル工事及工費ハ地方当局ノ負担トシ之カ代償トシテ高雄市付近ノ海軍用地ト交換ス
但シ右工費ノ内約五〇〇、〇〇〇円ハ海軍ヨリ支出スルモノトシ、前項設備ノ内之ニ相当スル工事ヲ別ニ海軍ヨリ地方当局ニ委託スルモノトス
四、所要完成期
（一）、陸上飛行場関係設備
（イ）飛行場
付図記載ノ通。但シ付図ニ完成期ヲ記載セサル区域ハ昭和十四年四月末
（註）飛行場内舗装ハ初期ニ全部ノ完成ヲ希望セルモ已ムヲ得サレバ夫々完成区域内ノモノヲ其ノ期間ニテ完成スルモ差支ナシ
（ロ）建物敷地及飛行場岡山間道路
昭和十二年八月末
（ハ）水道
昭和十二年十二月末
但シ建築工事ニ必要ナル給水施設ハ昭和十二年八月末
（ニ）飛行場高雄市間（策源地経由）自動車道路
最短道路ノ完成期ハ将来海軍ノ要望ニ依ラレ度
（二）水上飛行場関係設備
（イ）建物敷地、同付属道路及給水設備
昭和十三年八月末
（ロ）右以外ノ設備
昭和十五年一月末
（備考）

将来海軍ニテ両飛行場ヘ鉄道ノ引込線敷設ヲ要望スル場合
ハ考慮セラレタシ

（終）

昭和十二年十一月二十五日

高雄州知事　内海忠司

海軍大臣殿（海軍武官経由）

高地親第一八〇号

高雄海軍飛行場移転ニ関スル件

輓近南進国策ノ進展ニ伴ヒ其ノ根拠地点タルベキ高雄港将来ノ発展ヲ稽ヘ臨港地帯ノ利用計画ヲ按スル秋本州ニ於テ現ニ企画シツツアル重工業地帯ハ規模狭小ニ過キ少クトモ戯獅甲ヨリ草衙ニ亘ル地帯ハ之ヲ重工業地帯トシテ予定セサルヘカラサル所ナルノミナラス、現海軍飛行場用地トシテ造成中ノ草衙トハ極メテ近接シ軍事上ヨリ見ルモ相互ニ不利不便不尠、寧ロ此ノ際海軍飛行場用地ハ更ニ之ヲ適当ノ箇所ニ移転シ跡地ハ現公共用地ト合一シ臨港地域一帯ニ重工業地帯ヲ造成スル方彼此適策ト被認ニ依リ、左記条件ニテ飛行場移転方御承認仰度関係書類添付右稟申ス

記

一、移転先
（イ）陸上飛行場　高雄州岡山郡彌陀庄
同　岡山街
面積約九〇〇、〇〇〇坪（別紙図面第一、第二参照）
（ロ）水上飛行場　高雄州東港郡東港街
同　林辺庄
面積約一、五九〇、〇〇〇坪（別紙図面第三参照）

二、所要設備
（一）、陸上飛行場関係
（イ）付図第二ニ示ス位置ニ別紙陸上飛行場施設工事設計概要書ニ依ル飛行場又建物敷地ノ造成
（ロ）飛行場岡山間自動車道路ノ造成（付図第一参照）
（ハ）飛行場ニ対スル水道ノ敷設（岡山水道拡張ニ依リ一日給水量約三五〇噸ノ敷設ヲナス）
（ニ）飛行場高雄間（策源地経由）自動車道路ノ造成
（ホ）飛行場岡山間鉄道引込線ノ布設（付図第五参照）
（二）水上飛行場関係
（イ）付図第三ニ示ス位置ニ別紙水上飛行場施設工事設計概要書ニ依ル離着水場、舟艇水路及建物敷地ノ造成
但シ舟艇水路ハ魚船ノ出入ヲ認メラレ度
（ロ）飛行場ニ対スル水道ノ敷設（一日給水量約二五〇噸）
（ハ）飛行場大潭新間鉄道引込線ノ布設（付図第六参照。但シ海軍ノ希望アラバ其ノ位置ヲ変更ス）

三、前項設備ノ完成期
（一）陸上飛行場関係設備

（イ）建物敷地Ｄ区整地工（約七九、〇〇〇坪）
昭和十二年九月末
（ロ）飛行場ノ造成
付図第二記載ノ如ク
（１）Ａ区約二二一、〇〇〇坪　昭和十三年三月末
（２）Ｂ区約一四七、〇〇〇坪　昭和十三年六月末
（３）Ｃ区約四五七、〇〇〇坪　昭和十四年四月末
（ハ）飛行場岡山間道路
昭和十三年三月末
但シ庁舎建築期間中ハ既設道路ヲ利用スルモノトス
（ニ）水道
昭和十三年三月末
（ホ）飛行場高雄間（策源地経由）自動車道路
追テ定ム
（ヘ）鉄道引込線
昭和十三年九月末ノ見込ナルモ本工事ハ交通局ニ工事ヲ委託スル関係上目下ノ処確定シ難シ
（二）水上飛行場関係設備
（イ）建物敷地同付属道路及水道
昭和十三年八月末
（ロ）鉄道引込線
昭和十四年三月末ノ見込ナルモ本工事ハ交通局ニ工事ヲ委託スル関係上目下ノ処確定シ難シ
（ハ）右以外ノ設備
昭和十五年一月末
四、移転施設付帯事項
（イ）雑船繋留岸壁並舟艇員詰所敷地
高雄港内ニ飛行場付属ノ雑船（二〇〇噸雑船一隻一〇噸内外雑船約四隻）ヲ繋船シ得ル岸壁及之ニ接シ舟艇員詰所ヲ建設スヘキ約二〇〇坪ノ土地ヲ付図第七号ノ通リ選定シ策源地完成迄之ニ充当ス
（ロ）東港高雄市間最短距離自動車道路ノ造成
将来考慮ス
五、工事及工費ノ負担
用地買収及前記設備ニ対スル工事並ニ費用ハ海軍ニ於テ高雄州ニ委託セル五十万円ノ工事ヲ除キ残額ヲ高雄州ニ於テ負担ス
六、海軍ト高雄州トノ相互土地交換整理
前記土地及工事ノ代償トシテ高雄市付近所在ノ海軍用地約六四〇、二五八坪（付図第四参照）ヲ左ニ依リ交換スルコト
（イ）方法　相互交換手続ノ方法ニ依ルコト
（ロ）相互ノ土地別紙調書及図面ノ通（付図第一第三第四参照）
（ハ）交換ノ時期　追テ協議スルコト
〔「別紙添付図面」は、全て略。「調書」は、次項（九）に掲載〕。

九 「調書〔戯獅甲元海軍用地、州買収地、海軍ト交換取得、埋立ヲ要スル所〕」（資料番号 V-27）

調書

種別	面積（坪）	売払地 会社名	売払地 坪数（坪）	売払地 金額（円）	残面積（坪）	摘要
戯獅甲元海軍用地	三五七、八六〇 〇〇	日本鉱業株式会社	六八、八七〇 〇〇	六六一、九六八 三三	一〇五、六四七 九三	内処分シ得ル土地二五、二一〇坪 内道路、運河、線路八〇、四三七坪九三
		台湾肥料株式会社	二一、一一四 八二	二一一、一四八 二三		
		台湾電力株式会社	三四、五五二 二五	三四五、五二二 五〇		
		日本アルミニウム株式会社	九〇、九九六 〇〇	六二一、四四六 六二		
		日本石油株式会社	一九、四四九 〇〇	一六五、三一八 一三		
		前川道平	一七、二三〇 〇〇	一七二、三〇五 〇〇		
計	三五七、八六〇 〇〇		二五二、二一二 〇七	二、一七七、七〇八 八一	一〇五、六四七 九三	
州買収地	二九四、三二五 〇〇	日本石油株式会社	一九、四五三 〇〇	一六五、三五〇 五四	一九五、〇六二 〇〇	内処分シ得ル土地一七一、六四九坪 内道路、運河、線路二三、四一三坪
		日本アルミニウム株式会社	一九、七五〇 〇〇	一六七、八七六 八五		
		日本鉱業株式会社	六〇、〇六〇 〇〇	五一二、一一五 六五		
計	二九四、三二五 〇〇		九九、二六三 〇〇	八四五、三四三 〇四	一九五、〇六二 〇〇	
海軍ト交換取得地	四九六、二一四 〇〇	—	—	—	四九六、二一四 〇〇	
計						
埋立ヲ要スル所 B区	五一、四八七 〇〇	—	—	—	五一、四八七 〇〇	
同 C区	一〇五、四〇六 〇〇	—	—	—	一〇五、四〇六 〇〇	
同 F区	三六、九二五 〇〇	—	—	—	三六、九二五 〇〇	
同 G区	四〇、〇八一 〇〇	—	—	—	四〇、〇八一 〇〇	
同 I区	一〇〇、〇〇〇 〇〇	—	—	—	一〇〇、〇〇〇 〇〇	
計	三三三、八九九 〇〇				三三三、八九九 〇〇	
合計	一、四八二、二九八 〇〇				一、一三〇、八二二 九三	

十　「秘　高雄工業地帯建設顛末」（一九三九年四月一日、資料番号V–29）

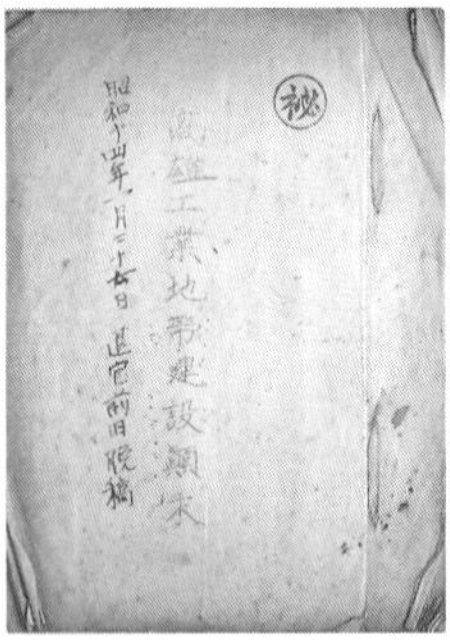

〔表紙〕
（秘）
高雄工業地帯建設顛末
昭和十四年一月二十七日　退官前日脱稿

〔本文〕
高雄工業地帯建設顛末

高雄市戯獅甲ニ於テ高雄湾ニ臨ミ約二十八万坪ノ海軍用地アリ、其ノ内西寄リノ一部約六万坪ハ之ヲ埋立テ整地ヲ為シテ海軍〔仮〕飛行場ニ当テ他ハ大部分低湿地又ハ魚場ナリシガ、昭和九年台湾電力株式会社ニ於テ日月潭水力電気工事竣功スルヤ之ガ電力十万キロノ消化ニツキ苦心シタル結果偶々蘭領印度リオ群島ビンタン島ニ於テボーキサイド鉱ヲ発見シ之ガ東洋一手販売権ヲ古川鉱業ニ於テ獲得シ三井三菱両社ヲ主力トスル日本アルミニウム株式会社ヲ創立シボーキサイドヲ原料トスルアルミニウム製造工場ヲ建設ノ企テアルヲ探知シ、台電ニ於テ斡旋ノ結果右工場ヲ高雄ニ設置シ電力ハ之ヲ台電ヨリ供給スル方針ノモトニ之ガ誘致ニ努メ敷地トシテ右海軍用地ノ〔仮〕飛行場六万坪ニ着目シ種々奔走ノ結果遂ニ総督府、海軍省、高雄州ノ三者ノ間ニ協定〔ナ〕成リテ、海軍用地二十八万坪全部ヲ海軍省ヨリ高雄州ニ譲渡シ代償トシテ高雄州ニ於テ高雄湾内草衙ニ於テ三十三万五千坪ノ埋立地（以下草衙埋立地ト称ス）ノ造成ト之ニ沿ヒテ水上滑走路ノ浚渫ヲ為シ之ヲ海軍ニ提供スル〔ノ交渉ヲ進メ〕コトトナリ昭和九年十月三十一日付海軍大臣ノ承認ヲ得タリ。此ノ協定ヲ成立スル為ニハ時ノ総督府内務局長小濱浄鑛、台北在勤海軍武官井上保雄大佐ノ尽力ニ俟ツトコロ大ナルモノアリタリ。該協定ニ依リテ海軍省ト高雄州ノ間ノ土地交換ハ昭和十二年三月末草衙埋立工事ノ完成ト同時ニ為サルベキモ日本アルミノ工場建設ハ急ヲ要スベキヲ以テ、先ヅ海軍用地ノ東〔北〕寄リニ八万坪ノ埋立整地ヲ為シ〔代用〕仮飛行場ヲ造成シ之ガ完成ト同時ニ既設〔仮〕飛行場ハ便宜上日本アルミ工場敷地トシテ使用セシムルモ差支ナキ旨ノ条件ヲ付シアリタリ。其ノ他海軍側ヨリハ二十八万坪ノ内海軍ノ指定スル場所ニ二万五千坪ヲ重油タンク及製油工場用敷地トシテ保留シ置クコト之ニ近接シテ艦船ヲ〔定〕繋留シ得ベキ岸壁ヲ造成提供スル事等ノ条件ヲ付シアリタリ（海軍トノ覚書参照）。

高雄州ニ於テハ此ノ方針ニ基キ草衙ノ公用水面埋立ノ許可ヲ申

請スルト共ニ直ニ工費見積予算ヲ編成シテ、昭和九年十二月州協議会ニ於テ右事業費総額八十万円ヲ昭和九、十、十一年継続事業トシテ継続費及ビ昭和［十二］九年度予算ヲ提案決議ヲ了シ直ニ実施ニ着手セリ。而シテ施［行］工方法トシテハ総督府ノ了解ヲ得テ山下築港所長、日岡技師、木原技師、佐崎技手等ヲ高雄州嘱託ニ任ジ凡テノ工事ヲ之ニ実施セシムルコトトセリ。即チ実質的ニハ築港ノ直営工事ノ如キ形態ヲトリタリ。

以上ノ如ク敷地問題モ解決セルヲ以テ台湾電力ノ画策功ヲ奏シ日本アルミニウム株式会社ハ昭和十年六月二十一日創立サレ、高雄ニ工場ヲ設置スルコトニ決定シ三菱商事ノ高雄支店内ニ仮事務所ヲ設ケ準備ニ着手シタリ。

昭和十年九月知事西澤義徴退官シ後任内海忠司就任ス。内海知事就任ト同時ニ逢着セルハ浚渫用サンドポンプ船ノ新造問題ナリ。海軍トノ契約ニヨリ先ツ第一着歩トシテ現海軍用地東北寄リニ八万坪ノ代用飛行場ノ埋立ニ着手セルモ今日迄ノ業績ヨリ推スニ築港所属ノ浚渫船朝汐号一台ノ能力ヲ以テシテハ到底全工事ヲ期限内ニ完成スルコト不可能ナルコト明瞭トナリタルヲ以テ州費ヲ以テ強力ナル浚渫船一台ヲ建造シタシトノ要求ナリ。内海知事ハ之ニ由テ工事全体ノ見積設計ニ付著シク粗漏杜撰ナルヲ感ジタリト雖モ、兎ニ角九月十八日知事官邸ニ廣谷内務部長、伊藤地方課長、山下築港所長、納冨土木課長等関係者ヲ招致シテ協議ノ結果金十六万円ヲ以テ右浚渫船ヲ建造スルコトニ決定シ直ニ設計及請負契約等凡テヲ山下築港所長ニ命ジタリ。

海軍省トノ土地交換問題ハ大綱ヲ決定セルニ過ギスシテ細目ニ於テ未決定ノモノ多ク、日本アルミニ対シテハ将来右海軍用地ガ州有地ニ帰シタル際現［仮］飛行場六万坪ヲ坪当リ金六円也ノ単価ニテ払下グルト言フ事以外ハ何等事務的ニ決定セルモノナク、会社ヨリハ右六万坪ノ他ニ職工宿舎用地トシテ二万坪ノ払下希望申出アリ之等ヲ払下グルトスルモ何レモ未ダ海軍用地即チ海軍所管ノ国有地ナルヲ以テ如何ナル形式ヲ以テ会社ト契約ヲナスベキヤ、当分貸付クルトスルモ如何ナル形式ヲ以テ契約ヲ為スヤ、右地域ハ都市計画ニ於テ道路予定線ヲ定メアルモ之ヲ如何ニ変更スベキヤ、海軍ヨリ要求セル二万五千坪ノ保留地ハ何レノ地点ニ之ヲ決定サルルヤ等其ノ他未解決ノ問題山積シアリタルモ、知事ハ屢々出府シテ内務局及日本アルミ吉田専務取締役等ト折衝ヲ重ネ逐次之等ノ問題ヲ解決シ、昭和十年九月三十日［代用］仮飛行場工事竣功セルヲ以テ予定ノ敷地六万坪及職工宿舎用敷地二万坪ヲ日本アルミニ貸付契約ヲ締結シ日本アルミハ漸ク昭和十年十月十二日ヨリ工場建設ニ着手スルニ至レリ（州ト日本アルミトノ契約書参照）。

昭和十一年一月海軍軍令部課長澤田海軍大佐、海軍航空本部草鹿海軍大佐等ノ一行数名来高シテ海軍用地及草衙埋立地ヲ実地視察シ州庁側ト数回ノ打合セヲ為シタルガ、草衙埋立地ニ海軍ニ於テ航空隊ヲ設置スルニ於テハ戯獅甲工場地帯ハ距離ノ関係上建築物ニ種々ノ制限ヲ受クルコト明トナリタルヲ以テ、ナルベク之ヲ緩和センガ為ニ草衙埋立地ノ位置ヲ当初ノ予定地ヨリ約四百米東方ニ変更シテ草衙埋立地ノ西端ヨリ戯獅甲用地ノ東端迄ノ距離一千米ヲ隔ツル如クナサンコトヲ海軍側ニ要望シタルニ海軍側ニ於テ略之ヲ諒トセラレタリ（之ハ後ニ海軍省ヨリ正式ニ図面ヲ添エテ当方ノ希望ヲ容レ位置変更ノ通知アリタリ）。然レ共之ヲ以テシテモ尚戯獅甲方面ニ工場簇立シ煙突林立スルコトハ草衙ニ建設サルベキ海軍航空隊ニ尠カラザル［不利不便ヲ与フル］障礙トナルコトヲ考慮セザルベカラザル［状態ニ置カレタリ］ヲ覚ルニ至レリ。尚草衙埋立工事ハ果シテ協定通リ昭和十二年三月末迄ニ完成シ得ベキヤニ付工事進捗ノ現状ヲ視察シタル海軍側ニ於テ疑念ヲ抱キ其ノ点ニツキ質問アリ、山下築港所長、日岡技師ノ答弁何レモ明瞭ヲ欠ク如クナリシモ目下新造中ノ浚渫船ノ活動ニ唯一ノ望ヲカケ居リタリ。昭和十一年七月ニ至リ海軍側ニ於テハ草衙ニ海軍航空隊建設ノ具体的計画着々トシテ進捗シ昭和十二年度ニ於テ之ヲ実施サルルノ状勢ニ立至リタル模様ニシテ、台北駐在海軍武官酒井海軍大佐ヨリ同方面ニ通ズル道路ノ開設及水道送水管ノ準備等ヲ州市ニ要望シ来リ、又一面州埋立工事中ノ敷地ニ接シテ其ノ北方ニ約二十三万坪ノ耕地約七万坪ノ魚場ノ買収方ヲ委託シ来ル等益々計画ノ具体化サルルヲ知ルニ至リシヲ以テ、知事ハ草衙埋立工事ノ竣功期限ノ確守ニツキ忽諸ニ付スベカラサルヲ感ジ関係者ヲ集メテ凝議ノ結果タトヘ浚渫船ノ新造成ルモ到底約束通リノ期限［ニテハ］内ニ竣工ハ困難ナル事明瞭トナリタルヲ以テ、内海知事ハ出府ノ上内務局長、地方課長及酒井海軍武官等ト打合セノ上自ラ海軍省ニ出頭シテ協議ヲ為スコトヲ決意シ、遂ニ昭和十一年七月七日山下築港所長、伊藤地方課長、納冨土木課長等ヲ同伴ダグラスニテ上京ノ途ニツケリ。

海軍省ニ於テ井上海軍大佐（当時軍令部南洋班長）ノ紹介ニ依リ軍令部澤田海軍大佐、航空本部草鹿海軍大佐、鳥越海軍中佐、其ノ他関係者ト数回ニ亘リ協議ノ上、海軍側ニ於テモ当方ノ事情ヲ諒トシ草衙埋立地ヲA、B、Cニ区分シテ、昭和十二年三月末迄ニA区ヲ、同六月末迄ニB区、十四年三月末迄ニC区ノ埋立ヲ完了シ、其ノ後ニ於テ買収セル地域D、E区ヲ順次海軍ノ委託ヲ受ケテ州ニ於テ埋立ツルノ約束ヲ為シ、昭和十一年七月十四日付覚書ヲ交換シ上京ノ目的ヲ達成シテ帰庁セリ。

州ニ於テハ海軍側ノ理解アル態度ニ感激シテ只管新造浚渫船ノ竣工ヲ急クト共ニ予テ海軍ヨリ買収方ノ依頼ヲ受ケタルD、E、H区ノ買収事務ニ着手シ、尚此ノ機会ニ戯獅甲ニ於テ海軍用地ニ接スル民有地約三十万坪ヲ州ニ於テ買収シテ此ノ一帯ヲ整形ナル工業地区トナシ之ニ運河ヲ縦横ニ開鑿シテ接岸線（ウオターフロント）ノ延長ヲ計リ工場誘致ニ便スルコトヲ計画セリ。而シテ土地買収財源トシテハ州下ニ点在セル州有地ヲ売却シテ約百八十万円ヲ得ルコトトシ予算ヲ編成シテ臨時州協議会ノ決議ヲ経、昭和十一年八月何レモ其ノ事務ヲ完了シ此ノ一帯六十万坪ヲ第一期計画ノ工業地帯ト称セリ。

然ルニ茲ニ困難ナル問題ニ逢着セルハ十月ニ至リ一千馬力ノ強力ナル新造浚渫船（南進号）竣工セルヲ以テ之ヲ草衙ニ廻航シ

テ運転ヲ開始シタルニ機械装置ノ各部ニ故障頻出シテ修繕及修正ニ努力セルモ容易ニ予期ノ作業成績ヲ挙クルニ至ラズ、結局全体ノ設計ニ於テ大ナル誤リアルコトヲ発見シ大改造ヲ為スニアラサレバ全能力ヲ発揮シ得サル結論ニ達シ、斯クテハ海軍ニ対スル約ヲ果シテA、B区ヲ期限内ニ埋立工事成功ノ見込立タサルニ至レリ。茲ニ於テ更ニ一台ノ浚渫船ヲ新造セントシタルモ建造ニ期日ヲ要シテ間ニ合ハサルヲ以テ、中古船アラバ購入スルノ計ヲ為スト共ニ一面現在築港ニテ使用シ居ル浚渫船宜蘭号ヲ一時借入レ之ヲ草衙ニ廻航シテ出来得ル丈工事ヲ進ムルコトトセリ。然ルニ宜蘭号ハ構造及機構ノ関係ヨリ殆ト功果ヲ挙クルヲ得サル結果ヲ来セリ。中古船ヲ購入ノ件ハ幸ヒ大阪桜川造船場ヨリ一台ノ申込アリ之ニ対シテ接衝ヲ開始スルコトトセリ。如斯シテ一面ニ草衙埋立工事ノ進捗ニ努力スルト共ニ一面ニ内海知事ハ文山カラ海軍航空隊ノ位置ノ変更［ヲ］ヲ海軍側ニ交渉スルコトヲ考慮スルニ至レリ。即チ前ニ述ヘタル如ク戯獅甲ノ工場地帯ハ草衙ニ建設サルヘキ海軍航空隊ト距離余リニ接近シ居リテ事実上相互ニ制限ヲ受ケ非常ニ窮屈ナルノミナラズ現在ノ草衙埋立地ニ海軍航空隊ヲ建設セラレテハ其レヨリ奥地ノ約三百万坪ノ高雄湾ノ水面ハ商業港又ハ工業港トシテ全然利用不可能ニ陥ルヘキヲ以テ、海軍ニ交渉シテ航空隊ノ予定地ヲ高雄湾ノ最奥地即チ台湾製糖株式会社ノ後壁林工場ノ近辺ニ変更スルカ或ハ東港郡東港ノ広大ナル漁場ヲ利用シ其ノ近辺ニ遷スカ等各種ノ案ヲ考慮シ、自ラ各地ヲ踏査シテ腹案ヲ練リツツアリタリ。時恰モ昭和十一年十二月小林総督初度巡視トシテ高雄ニ来ラレシ際口頭ニテ此ノ意見ヲ提出セシトコロ小林総督モ壽山ヨリ高雄湾付近ノ地形ヲ俯瞰シテ此ノ説ニ大体賛意ヲ表セラレタルヲ以テ之ニ力ヲ得、即夜総督ヲ宿泊所タル壽山館ニ日岡技師同伴訪問シ地図ヲ広ケテ具体的ニ意見ヲ陳述セリ。斯クシテ知事ノ腹案モ略々成リタルヲ以テ台湾製糖平山専務ヲ招致シテ後壁林製糖工場移転ニ要スル見積リ経費ヲ提出セシメ、之ニ沿岸ノ土地買収費海面埋立及浚渫費整地費排水工事費等ヲ見積リテ約五百万円ヲ要スルコト明トナリタルヲ以テ、之ヲ携ヘテ昭和十二年一月上旬森岡総務長官帰台ノ機会ニ出府シ内務局長、総務長官、総督ニ対シテ右海軍航空隊予定位置変更案及之ガ実施ニ要スル経費五百万円ハ高雄州予算ヲ以テシテハ負担過重ナルヲ以テ国費ニ於テ相当ノ補助ヲ受ケン事ヲ陳情セリ。山縣内務局長及西村内務局地方課長ヨリ絶対ノ賛成ト支持ヲ受ケタルモ森岡長官ノ上京ノ期日切迫セルヲ以テ遂ニ最後的ノ決定ヲ見ルニ至ラズ万事ヲ山縣内務局長ニ依頼シテ一応後図ヲ策シテ帰高シ、更ニ移転案ノ詳細ナル工事見積リ及財政計画ノ調査立案ニ努力スルト共ニ一面右移転案ノ不成功ノ場合即チ現在ノ案通リ進行スル場合ニハ海軍ニ対シ約束通リ草衙ノ埋立ヲ期限内ニ竣工スルコト益々困難ナルコト明トナリタルヲ以テ予テ計画セル通リ浚渫船中古品ヲ大阪桜川造船所ヨリ購入スル事ニ決意シ、実物ノ検査及購入交渉ノ為一月中旬山下築港所長及木原築港技師ヲ大阪ニ出張セシメタリ。其ノ結果十八万円ヲ以テ之ガ購入ノ契約ヲ為シ大阪ニ於テ修繕ヲ加ヘタル上海上ヲ曳航シテ五月高雄港ニ廻航シ来レリ。之ヲ雄飛号ト命名セリ。山縣内務局長ハ航空隊予定地移転案ニ非常ナル賛成意見ヲ有シ此ノ案ヲ支持セン為一月中旬自ラ高雄ニ出張シテ親シク実地ヲ視察シ知事ト意見ヲ交換シ帰任ノ上局長ノ意見ヲ小林総督ニ報告シ、総督ハ交通局ニ命ジテ州ノ案ヲ基礎トシテ海軍飛行場予定地変更ノ案ヲ二、三種類ニ亘ツテ立案セシムルト共ニ一面小林総督ヨリ海軍省首脳部ニ宛テ私信ヲ以テ海軍飛行場位置変更案ヲ慫慂セラレタリ。尤モ後ニ小林総督ヨリ親シク承ルトコロニ依レバ総督ハ海軍航空隊ノ位置ハ高雄港内ヨリハ寧ロ今回海軍ニ於テ決定セル根拠地ノ予定地即岡山郡左営庄ニ近キ方面ヲ可トスルノ意見ナリシ如シ。思フニ総督ハ将来高雄湾内ノ商業港及工業港トシテノ発展ヲ考慮サレ且海軍側トシテモ根拠地ヲ岡山郡下ニ建設スルニ於テハ航空隊モ之ニ接近シタル個所ニ建設スルコトヲ以テ便ナリトシ一挙両得ノ策ヲ考慮サレタルモノト思考サル。其ノ結果三月中旬ニ海軍省軍務局第二課長西尾海軍大佐、軍令部高橋海軍中佐、航空本部加藤海軍中佐、建築局甚目技師、久保田技師等数名ノ関係官渡台サレ、台北在勤海軍武官緒方海軍大佐、高雄海軍通信隊司令柴田海軍中佐、馬公要港部参謀荒木海軍中佐等参加、高原内務部長、鈴樹地方課長、徳重属等案内ノ下ニ岡山郡下ヲ跋渉シテA、B、Cノ三候補地ヲ選定シ州庁ニ於テ此ノ三案ニツキ比較考究ノ結果、一応〔陸〕陸上航空隊ノ敷地ハB案即チ岡山郡彌陀庄ニ、水上航空隊ハ高橋中佐等実地視察ノ上東港郡東港街ニ隣接セル魚場ヲ浚渫シテ之ニ建設スルヲ可トストノ成案ヲ得テ、内海知事ハ海軍関係者ト同伴出府シ総督官邸ニ於テ三月十九日、二十日ノ二日間ニ亘リテ小林総督臨席ノ下ニ田端長官代理、山縣内務局長、泊交通局総長、松本道路港湾課長、江藤財務局長代理、内海高雄州知事、其ノ他関係諸官ト海軍関係者ト協議ヲ重ネタルガ、此ノ両ヶ所ニ飛行場ノ建設敷地ヲ造成スル為ニハ土地買収費、工事費其ノ他諸雑費、水道新設、道路工事費等ニ約八百万円ヲ要スベキヲ以テ高雄州ノ財政ヲ以テシテハ負担ニ堪ヘズ、然レ共一面高雄湾ヨリ海軍施設ヲ他ニ移シテ高雄湾ヲ商業貿易港トシテ又工業港トシテ全面的ニ利用シ得ル事ハ単ニ高雄州ノミノ発展ノ為ト云フ小問題ニ非ス台湾産業ノ工業化ノ為ニ又台湾ヲ根拠トシテ南支南洋ニ対スル産業経済的発展ノ為ニ最モ有利ナル事業ニシテ換言スレバ国ノ事業トシテ考慮スベキ事業ナリトノ理由ヨリ只管国費ノ補助ヲ歎願セル結果、山縣内務局長等ノ非常ナル支援ノ下ニ一、陸上飛行場敷地ハ海軍側希望通リ岡山郡彌陀庄地内ニ約九十万坪ノ土地ノ買収及整地、滑走路、排水工事ヲ約定ノ期限迄ニ完成シテ引渡ス事、及水上飛行場ニ就テハ東港ノ魚場ヲ買収シテ約百六十万坪ノ水上滑走路ヲ浚渫シ之ニ沿ヘル庁舎敷地埋立工事ヲ完成シテ海軍ニ交付スル事、二、之ニ要スル経費約八百万円ニ対シ海軍ハ五十万円ヲ支出シ州負担七百五十万円ニ対シテ国庫ヨリ相当ノ補助ヲ与フル事ヲ考慮スルコトニ決定シ、海軍側関係者ハ満足シテ帰京セリ。此ノ協議ニ基キ三月三十日付海軍省軍務局長ヨリ台北在勤海軍武官ヲ経テ海軍飛行場移転ニツキ海軍トシテノ要望条件ノ照会ヲ知事宛送付シ来レリ（右照会公文書参照）。

内務局トシテハ仮令総督ノ下ニ於テ決定セラレタリトスルモ総務長官及財務局長等議会ノ為上京不在中ニ決定セルモノナルニツキ総務長官及財務局長ノ諒解ヲ得ルノ要アリ、即チ円滑ニ此ノ事務ヲ遂行スルニツキ山縣内務局長ハ容易ナラザル苦心ヲセラレタルモノノ如シ。従テ内務局トシテハ上京中ノ長官ニ至急ニ要領ヲ報告ヲ為サンガ為之ガ資料ヲ要スルコトトナリ之ガ作製方ヲ州ニ命セラレ、州トシテモ重大事業ナルヲ以テ工事費ノ見積リ土地買収費其ノ他之ニ要スル諸経費ノ見積リ、国庫補助ヲ受クルモノトシテ如何ナル形式ニテ幾何ノ補助ヲ受クベキヤ等ノ立案ニ内務部長、地方課長其ノ他関係者ハ昼夜兼行立案ヲ為シ高原内務部長携行出府ノ上内務局ト打合セタルガ、内務局地方課ニ於テモ局長ノ命ノ下ニ殆ンド内務局自体ノ仕事ノ如キ意気組ミヲ以テ州ノ原案ヲ検討シテ漸ク一応ノ成案ヲ得テ恰モ上京スベキ山本審議事務官ニ托シテ森岡総務長官及財務局長ノ諒解ヲ得ルコトトセリ。四月中旬森岡長官ノ帰台セラルルヤ内海知事ハ直ニ出府シテ山縣内務局長ト共ニ長官ニ面会シテ事業ノ内容及国庫補助ノ件ヲ説明及歎願シタルニ、長官モ之ヲ諒解サルルト共ニ国庫補助ノ形式トシテハ知事ヨリ提出セル三種ノ案ヲ検討ノ上州ニ於テ事業費トシテ借入ルベキ州債ノ償還ニ対シ利子ヲ金額補助ヲ受クル案ニ一応決定シテ財務局長ノ帰庁ヲ待ツテ更ニ具体的ノ協議ヲ為スコト、シテ知事ハ一応帰任シ利子全額国庫補助案ヲ基本トシテ事業計画及州財政計画ヲ再検討シテ具体案ヲ作成シ、四月下旬財務局長ノ帰任ヲ待テ知事ハ更ニ出府シテ種々折衝ノ結果四月二十六日総務長官々邸ニ於テ長官、内務、財務両局長、内海知事、西村地方課長等集合協議ノ上長官ヨリ国庫ヨリ利子全額補助スベキ旨明言サレ知事ハ茲ニ高雄百年ノ長計成レリトシテ欣喜雀躍シテ即夜帰任ノ途ニツケリ。知事帰任ノ即日関係者ヲ集メテ実行案ヲ練リ直ニ岡山及東港ニ於ケル敷地買収ニ着手スルト共ニ利子国庫補助案ヲ基礎トシ特別会計公共用地施設費予算及継続費年期支払方法等議案ノ作成ニ着手シ、五月二十五日臨時州会ヲ召集シテ昭和十二年度ヨリ昭和十六年度ニ至ル六ヶ年間ノ継続事業費金八百八十四万円及昭和十二年度歳入歳出予算四百三十六万一千三百八十七円ノ決議ヲ了シタリ（高雄州公共用地施設費国庫補助要求書及第二回臨時州会決議参照）。

斯クシテ本財政計画ニヨリテ本年度事業資金トシテ三百七十七万円ノ州債ヲ募集スルノ要アリ、直ニ高原内務部長ヲ出府セシメ内務、財務両局長ノ援助ヲ得テ台湾銀行ニ交渉ヲ開始シ幾多ノ紆余曲[節]折ヲ経タル後七月二日台湾銀行引受ケ三百五十五万円利子四分五厘昭和十六年迄据置キ二十ヶ年間償還ニテ州債発行ノ相談成立セリ。茲ニ於テ曩ニ岡山東港ノ敷地買収承諾ノ調印ヲ了シタル者ニ対シテ直ニ土地移転登記ヲ為スト共ニ土地買収代金ノ支払ヲ開始シタリ。

工事ニ就テハ岡山方面ノ工事ハ之ヲ一、飛行場整地排水溝及滑走路路盤工事、二、庁舎敷地整地工事、三、工事材料用採石及運搬事業、四、滑走路簡易舗装工事ノ四種ニ分チテ指名請負ニ付シタルガ、一ハ太田組、二ハ高雄海野組、三ハ今道組、四ハ日本鋪道会社ニ落札シ夫レ夫レ請負契約ヲ締結セリ。本工事施行ニ付最モ苦痛ヲ感シタルハ当初ヨリ事業ニ関係シ最モ精通セル土木課長納富〔ママ〕耕介ガ肺炎ヲ病ヒ健康ヲ害シタル為突如退官ヲ申出デタルコトニシテ、島内ニ適当ノ後任者ナク遂ニ内務省土木局長ニ参照シテ大阪府土木技師竹村俊一ヲ採用セリ。

東港ノ水上飛行場浚渫及庁舎敷地埋立工事ニ付テハ従来ノ経験ニ鑑ミ請負ニ付スルコトトシ、斯業ニツキ多年ノ経験ヲ有シ最モ信用アリ殊ニ屢々海軍ノ仕事ヲ請負タル経歴ヲ有スル港湾工業株式会社ニ随意契約ヲ為ス方針ノ下ニ同社ヨリ加藤取締役浜浦技師ヲ招致シテ折衝ノ結果予定価格ノ三百九万円ヲ以テ同社ト請負契約ヲ締結シ、尚別ニ予テ建造後設計ノ錯誤ヨリ充分ノ能率ヲ挙ゲ得ザリシ浚渫船南進号ノ改造ヲ七万円ヲ以テ同社ト請負契約ヲ締結シ同社ハ州有ノ南進、雄飛ノ二艘ノ外更ニ一艘ノ強力ナル浚渫船ヲ建造シテ此ノ三艘ヲ以テ浚渫事業ニ従事スルコトトナレリ（港湾工業トノ請負契約書参照）。国庫補助ニツキテハ既ニ方針トシテハ決定サレタリト雖モ之ヲ総督府予算ニ計上ヲ得ルニハ更ニ財務当局ト具体的ニ協議ノ要アルモ、時恰モ支那事変勃発シ八月ニ入リテ事態ハ益々悪化シ全島ニ防空ヲ令セラルル等地方長官ハ寸時モ任地ヲ離ルルヲ許サザル状況ナリシヲ以テ高原内務部長ヲ出府セシメ内務局西村地方課長応援ノ下ニ専ラ中島主計課長ト折衝シテ幾度カ財政計画案ヲ検討ノ結果、十月十三日ニ至リ利子国庫補助案ヲ放棄シテ昭和十三、十四、十五ノ三ヶ年間ニ毎年百万円宛計三百万円ノ事業費補助ノ案〔ヲ〕ニ変更シ長官、局長ノ承認ヲ得テ之ヲ決定サレタル旨高原内務部長ヨリ報告ニ接ス。思フニ此ノ方法ハ総督府トシテモ便宜ナル案ノミナラズ州トシテモ有利ナル案ニシテ知事モ大ニ賛意ヲ表シタリ。

高原内務部長ハ引続キ台北ニ滞在シテ旧海軍用地ノ処分認可問題ノ解決ニ当リタリ。蓋シ始メ海軍トノ協定ハ戯獅甲ニ於ケル二十八万坪ノ海軍用地ハ草衙ノ埋立工事完成後ニ於テ交換スベキ約ナリシモ、草衙ノ埋立工事未完成ノ侭飛行場敷地移転ノ協定成立シタルト、国有財産法ノ昭和十二年四月一日ヨリ台湾ニ施行セラルルヲ以テ、該法施行前即チ昭和十一年度中ニ保管転換ノ手続ヲ為スコトニ総督府ト海軍省ノ間ニ協議成立シテ昭和十二年三月末ニ戯獅甲ノ海軍用地ハ総督府ノ所管ニ還サレタリ。而シテ更ニ之ヲ既定方針ニ依リ総督府ヨリ高雄州ニ同年十月二十三日付ヲ以テ無償譲与ヲ受ケタリ。蓋シ海軍省所管国有地ト高雄州埋立地ヲ交換スルニ斯ル迂遠且煩鎮〔瑣カ〕ナル手続ヲ取ルハ頗ル不審トスルトコロナルモ台湾ニ於テハ未ダ公有水面埋立法ヲ施行サレ居ラザルヲ以テ草衙ノ埋立地ハ州費ヲ以テ州事業トシテ之ヲ実施セルニ不拘直ニ州有財産トナラズシテ国有財産トナルモノナリ。故ニ総督府ハ将来草衙埋立地ヲ州ニ於テ工事完成ノ上海軍省所管ニ遷ス条件ノ下ニ戯獅甲海軍用地ヲ総督府所管ニ管理換ヘヲ為シ更ニ公用財産トシテ高雄州ニ無償譲与ヲ為セリ。然ルニ茲ニ一ツノ困難ナル問題ニ逢着セリ、夫ハ官有地ヲ公共団体ニ無償譲与ヲ為シ得ルハ国有財産法ニ依レバ公共団体ニ於テ公共ノ用ニ供スル場合ニ限ルモノニシテ州ニ於テ之ヲ収益財産トシテ工場用地トシテ民間ニ払下グルコトハ法ノ許サザルトコロニシテ直ニ会計検査院ノ指摘スルトコロナルベシ、去リトテ之ニ州ニ於テ処分ナシ得ザルニ於テハ財政計画上ノ財源ヲ得ザルノミナラズ既ニ貸付ノ形式ヲ以テ工場ヲ建設セル日本アルミノ如キハ如何ニ処理スベキヤ高原内務部長ハ財務及内務当局ト種々折衝ノ結果漸ク条件付ニテ処分ノ認可ヲ得テ十月二十四日帰庁セリ。即チ右土地ハ処分ノ認可ヲ得タルモ総務長官上京後一応会計検査官ニ懇談シテ其ノ諒解ヲ得タル後ニ之ガ売却ヲ実行スベシトノ事ナリ。斯クテ長官ノ交渉ノ結果ヲ一日千秋ノ思ヲ以テ期待セシニ幸ヒ十二月十四日ニ至リ内務局長ヨリ元海軍用地処分承認ノ旨長官ヨリ電報アリタル旨通知アリテ漸ク安堵ノ胸ヲ擦デ下シ直ニ第一期工業地帯ノ払下ゲニ着手シ日本アルミヲ始メ払下ゲ申込ノ各社ニ順次ニ払下契約ヲ締結セリ。即チ日本鉱業ニ十二万九千坪、台湾肥料ニ二万一千坪、日本アルミニ十一万一千坪、台湾電力ニ三万四千坪、前川鉱業ニ一万七千坪、日本石油ニ三万九千坪、台湾鉄工所ニ二万五千坪、台湾国産自動車ニ三万坪〔ママ〕、塩野義商店ニ六千坪等暫ラクノ間ニ殆ンド大部分ノ土地ノ買却ヲ完了シ、従テ之ガ売却代金ヲ以テ十三年度ノ工事費ヲ支弁シ得テ十三年度ニ予定セシ州債二百五万円ヲ発行スルノ要ナキニ至リタルハ州財政上非常ナル好都合ナリシノミナラズ、恰モ支那事変ニ際会シテ巨額ノ州債募集ノ如キハ資金統制等ノ事情ニ鑑ミテ殆ンド不可能ナリシ事ニ思ヲ致セバ真ニ天〔運〕佑ト云ハザルベカラズ。州ニ於テ如斯工場地帯ヲ計画セルハ可成低廉ナル地代ヲ以テ敷地ヲ提供シテ工場ヲ誘致セントスルニアルヲ以テ、払下契約ニハ三ヶ年間ニ工場ヲ建設セザルトキハ原価ヲ以テ州ニ於テ買戻スコトアルベキ旨及五ヶ年間ハ他ハ転売ヲ許サザル旨ノ条件ヲ付シテ思惑買ヲ防止スルコトトセリ。

岡山ニ於ケル飛行場工事ハ庁舎敷地及飛行場整地工事ハ順調ニ進捗シタルモ小崗山ニ於ケル採石及飛行場迄ノ運搬事業ハ輸送機関即チ州ニ於テ三井物産ヨリ購入セル五台ノデイゼル機関車ノ故障頻出及浅野物産ヨリ購入セル九台ノクラッシャーノ作業能率ノ低劣等ノ理由ヨリ容易ニ工事進捗セズ非常ナル困難ニ遭遇セルモ凡ユル手段ヲ講ジテ此ノ困難ヲ突破シ、海軍トノ契約期限ヲ一ヶ年短縮シ昭和十三年三月末迄ニ大部分ノ工事ヲ竣工シテ四月一日ニ高雄海軍航空隊ハ開隊式ヲ挙ゲ今次事変ノ作戦基地トシテ活用セラルルニ至リシハ実ニ愉快極マルコトニシテ一昨年来ノ苦心モ之ニヨリテ酬ヒラレタルノ感アリ。

東港水上飛行場浚渫工事ニ就テハ高雄ヨリ浚渫船ヲ東港ニ廻航シ自ラ水路ヲ掘鑿シテ海面ヨリ魚場内ニ進入スルニハ容易ナラザル危険ト困難ヲ伴ヒシモ幸ニ之ニ成功シテ今ヤ三隻ノ浚渫船

ハ順調ニ運転シテ最大能率ヲ発揮シツツアリ。海軍トノ約束期限タル昭和十五年一月末迄ニハ完成ノ見込ナリ。

高雄海軍飛行場移転ニ関スル海軍省トノ正式交渉ニ就テハ昭和十二年三月三十日付海軍省軍務局長ヨリ及同四月十六日付台北在勤海軍武官ヨリ知事宛高雄海軍飛行場移転ニ関スル海軍ノ要望事項トシテ照会アリ（公文書参照）。其ノ後数次ノ交渉ヲ経タル後昭和十二年十一月二十五日付知事ヨリ海軍大臣宛ニ高雄海軍飛行場移転ニ関スル件トシテ岡山及東港ニ於ケル施設ニツキ海軍ノ要望ヲ殆ンド容レタル条件ヲ以テ稟申書（公文〔書〕参照）ヲ提出シタルニ、昭和十三年三月十一日付ヲ以テ海軍次官ヨリ知事宛ニ之ヲ承認シタル旨通牒アリタリ。

右ニ基キテ草衙海軍用地ト岡山及東港ノ飛行場敷地トノ交換ノ事務的処理ニ着手シタルガ草衙埋立地ハ昭和十一年三月末総督府ニ於テ海軍省ト協議ノ上相互諒解ノ下ニ戯獅甲海軍用地ト相互管理換ヘヲ為シタルモノニシテ、A区ハ既ニ埋立工事ヲ完了シ居リタルヲ以テ海軍用地トナリ居リタルモ、B、C区ハ埋立ニ未着手ノ地ニシテ総督府ニ於テ追テ埋立竣工ノ上海軍ニ引渡ス可キ条件ノ下ニ管理換ヲ了シ居リタルモノニシテ、之等埋立未着手ノ土地ニ対シテハ如何ニ処理スベキヤ等種々複雑且面倒ナル問題アリタルモ、昭和十三年三月鈴樹地方課長ハ倉内内務局地理課長ト同行上京シテ海軍省ト折衝ノ結果海軍省ハB、C区ノ埋立受理ノ権利ヲ放棄シA区ト海軍省ニ於テ買収セルH区及D、E区ト州ニ於テ買収セル岡山及東港用地ト交換スルコトニ協議決定シ、昭和十三年三月十七日付知事ヨリ海軍大臣宛ニ国有財産交換願ヲ提出シ同三月三十一日付ヲ以テ海軍大臣ヨリ知事宛海軍用地ト高雄州所有地ト交換ニ関スル件承認ノ通牒ニ接シ、茲ニ始メテ草衙埋立地十八万坪ハ完全ニ高雄州ノ所有ニ帰シタリ。尚此ノ機会ニ於テ戯獅甲元海軍用地ニ於テ海軍ヨリ保留セラレタル製油等ノ用地二万五千坪ノ保留ヲ解除セラレ州ニ於テ処分ノ自由ヲ得ルニ至レリ。尚岡山飛行場ニ施設セル整地工其ノ他各種工事ハ別途寄付ノ形式ニ依ルコトトシ昭和十三年十月三日付ヲ以テ海軍大臣ヨリ寄付受納ノ通報ニ接シタリ。

昭和十五及十六年度ニ於テ事業計画ニヨリB区五万四千四百五十坪、C区十万五千四百六坪、D、E区七万四千六百六十五坪、F、G区七万六千九百九十五坪、計三十一万一千五百十六坪ノ埋立工事ニ着手シ、其ノ完了後H区二十三万五千三百三十四坪、A区十七万八千四百七十五坪ヲ加ヘ七十二万五千三百二十五坪ヲ以テ戯獅甲方面ノ第一期計画ニ対シ第一期計画トシテ重工業地帯ヲ造成シ工業ヲ誘致シ工業台湾ノ国策ニ貢献セントス。其ノ後昭和十四年一月ニ至リ浅野造船製鋼株式会社社長浅野良三氏ヨリ高雄ニ於テ電気炉ヲ主トスル製鋼所ヲ建設セントシテ第二期工業地帯即チ草衙埋立既成地十八万坪ノ払下ヲ申込来リ、旭電化工業株式会社々長藤堂良譲氏ヨリマグネサイトヲ原料トスルマグネシユーム工場ヲ高雄ニ於テ建設セントシテ第一期工業地帯ノ〔一角〕残地十二万坪ノブロック中六万坪ヲ要望シ来リ、日本曹達株式会社中野有禮氏ヨリ台湾産ノ工業塩ヲ原料トシテ曹達工業ヲ起スベク南日本化学工業株式会社創立シ第一期又ハ第二期工業地帯ニ於テ差詰メ〔六〕十万坪ノ払下ヲ要望シ来レルヲ以テ、之等各社ニ対シテ最モ適当ニ敷地ノ分配ヲ為スベク考究中ナリ。而シテ高雄工業地帯ニ対シテ斯ノ如ク工場敷地ノ要望殺到シ来レルヲ以テ前述ノ第二期工業地帯ノ建設ノミニテハ不足ヲ感ズルニ至リタルヲ以テ、昭和十四年一月内海知事ハ二回ニ亘リ出府ノ上草衙ニ於テＨ区ニ隣接セル土地ノ買収及高雄工業港工事ノ進捗ヲ打合セタリ。

惟フニ高雄工業地帯建設事業ハ昭和九年日本アルミニユーム株式会社ノアルミニユーム工場誘致ニ端ヲ発シテ幾多ノ紆余曲〔節〕折ヲ経テ今日ノ大ヲ為スニ至リタルモノニシテ、其ノ間ニ海軍飛行場移転等ノ大問題アリタルモ幸ヒニ海軍当局ノ頗ル理解アル態度ニヨリテ円滑ニ解決シ得、財政上ヨリ見ルトキハ事業費一千万円ニ上リ高雄州財政ヨリ見テカナリ大事業ナルモ総督府財務当局ノ同情ト支援及時代ノ勢ニヨリテ工場敷地ノ売却思ノ外迅速ニ進捗シテ州費予算収支ノ均衡頗ル好成績ヲ挙ゲタル等ニヨリテ財政ヨリ見テ今ヤ絶対ニ安全ノ域ニ達スルヲ得、海軍省トノ間ノ土地ノ交換及州ニ於テ収得シタル工場敷地払下ニ関シテ法規上各種ノ難問題ニ逢着シタルモ内務当局ノ非常ナル尽力ニヨリテ此ノ難関ヲ突破シ州ノ為最モ有利ニ解決ヲ見、各般ノ工事施行ニツキテハ竣工期限ヲ確守スベク容易ナラザル困難ト若干ノ失費ヲ齎セルコトアリシモ本事業ニ大ナル失態ヲ来ス事ナク本事業全体トシテ頗ル順調ニ進行シツツアルハ喜ブベキ事ナリ。之ニ就テハ小林総督、森岡長官ノ指導後援ハ申ス迄モナキトコロナルガ山縣内務局長ガ特ニ本事業ニ対シ理解ヲ有シ総督府内務部ニアリテ政治的ニモ事務的ニモ非常ナル活躍ヲ為シ高雄州知事ヲ支援セラレ又州庁関係当事者ガヨク知事ノ方針ニ従ヒテ献身的努力シタルコトガ本事業ノ成功ニ重大ナル原因ヲ為スモノナルコトヲ銘記セザルベカラズ。（昭和十四年一月二十八日内海知事）

十一　「南支南洋調査要綱」（資料番号Ⅴ-31）

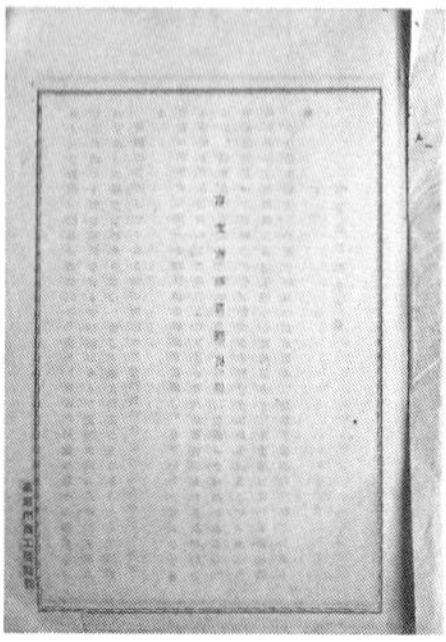

〔表紙〕

南支南洋調査要綱

〔本文〕

一、序

先に広東陥ち、今又海南島の攻略成る。複雑な国際的関係下にある南支那は由来南洋と密接不可分の関係にあり、南支那に於ける新事態の現出は延いて南洋の情勢に重大なる変化を招来せんとしつつある。広東、海南島の攻略は帝国の自衛権の発動に他ならないのであるが、右の如き意味に於いてこれによつて齎らされた南方に於ける新事態は帝国の対南方発展への画期的な転換を意味し、約束づけてゐるのである。

帝国の遂行しつつある興亜大業の真意義は亜細亜諸民族の欧米の搾取下からの解放に外ならない。而して南方諸国はその悉くが欧米列強の植民地若くは半植民地たるの境涯にある。支那大陸に新事態を確立せしめた帝国に課せられた次の使命は、南方諸民族の斯かる境涯からの解放でなければならぬ。而して今回の海南島占拠は斯かる使命達成のため具体的な対南方政策の樹立、その積極的な具体化を目捷の問題たらしめたのである。

斯かる事態に直面して南支南洋の突き進んだ積極的な調査研究が必然的に要請される。処でこの調査研究のテーマと方向とは帝国自体の内的要求と南方に於ける現実の動きとの両者から規制せられ、与へられる。何が真にそして如何なる方向からの調査研究を必要とする問題であるかは、斯かる立場に立つことによつてのみよく捉へられ得る。而して台湾、就中その南端の要港高雄は斯かる立場をとりうるための最もよき地理的社会的環境にあるのではないかと考へる。又右の如き調査研究は現地の生々しき資料の上に築かれることを要求する。この資料の蒐集といふことに於ても対南方関係航路の基地高雄は最も恵まれたる条件にあると言へる。斯様なわけで対南方への前進基地高雄は、同時に又南方調査の基地でもなければならないであらう。

高雄州商工奨励館は夙に南方への経済的発展及び政治経済事情の調査に意を注ぎ来つたが、昨年高雄商工会議所設立せらるるや、これと合同して年額約十万円の予算を以て、帝国南方発展の一翼たらんとその合同調査部を拡張し鋭意南方問題の調査活動を進めてきた。だが右に述べた如き新事態の現出は最早我々に在来の如き規模での調査活動に止ることを許さざるに至つた。茲に於て我々は新たなるプランに基き調査部を一段と拡充し以て報国の一端を担はんと企画してゐるのである。而して近く調査を開始せんとする南方問題のうち主要なるものを挙ぐれば次の如くである。

一、海南島に関する調査

台湾就中高雄に於ける海南島の調査には次の如き有利な点が挙げられる。第一、海南島と台湾とはその自然的並びに人文的諸条件を多分に等しくするために、台湾に関する知識は海南島の調査にとつて有益な予備知識たるの意味をもつといふこと。それのみでなく更に第二に、海南島の開発が東亜ブロックの一環として行はれる限り、これの経済開発は台湾産業との調整の上に行はれねばならない。斯様な意味で台湾経済に関する知識は海南島経済開発のための調査にとつて欠くべからざる前提条件をなすといふこと。第三、在来の海南島に関する調査は全般的に言つて尠からず不充分であり、不正確たるを免れなかつた。認識は常に新たなる実地調査によつて改められねばならないが、この新なる調査を行ひ、資料を蒐集するといふことにおいて高雄は地理的、交通的条件から恵まれたる地位にあるといふこと。

右の如き有利な諸点に恵まれて我々は海南島を次の如き要目に依つて調査せんとする。

一、海南島の全般的資源
一、海南島の農業機構
一、海南島の社会制度
一、其他

一、南支南洋の市場及び航路の調査

高雄からする南支南洋への仲継貿易にはその発展を可能ならしむべき次の諸点があげられる。（イ）高雄港の自然的、地理的優位、（ロ）高雄は現在移出超過港であり、内地から貨物積取に廻航される船舶は、その船腹を満すべくかなりな日数と手数とを費して内地の地方的な諸港をも巡り来るにも拘らず、平均して三、四割の空船腹にあるといふ状態であり、従つてこれを利用することによつて、仲継貿易品の移入は低廉な運賃を享受し得ること。（ハ）南洋方面沿岸航路は外国船の独占する処であり、これの運賃は日本船に比し著しく高い。従つて高雄を基点とする小型船舶による南洋航路の開拓は（ロ）の条件と相俟つて、シンガポール香港等で仲継されるものに比し遥かに低廉な運賃を享受し得ること。（ニ）台湾は今工業化の気運旺盛であり、高雄はその主導者的地位に立つて平面積百八十万坪の大重工業地帯の建設に着手、既に大部分の基礎工事を完了、先年来生産活動を開始せる日本アルミニウム株式会社工場を始めとし、近日中に続々諸大工場の設立をみんとしてゐる。さてこの高雄重工業地帯以下新興台湾の工業はその原料基礎を南方に求めるもの多く、その結果高雄から南洋へ原料積取のために廻航される船舶の空腹を利用して、高雄から商品を搬出することが当然要求されてくるといふこと。以上の如き諸条件の具体的な調査の中心的な項目として南支南洋の詳細な市場調査及び航路の調査を行はんとする。

一、南洋華僑商工業者の個別的調査 ―― 華僑商工名録の作製

南洋への経済的進出のみでなく、南洋華僑の出身地、南支那の経営といふことに連関して華僑の問題は最近重要な関心の対象となりつつある。処で在来の我国に於ける華僑の研究は発生史的なものが多く、現在的及び未来的な問題解決への指針たるに欠くる処が少くなかつた。そこで我々は現在の南洋華僑に関する生きた調査の一つとして、先づ商工業に従事する華僑につき個々的に彼等の閲歴、資産関係、信用状態、商品配給系統等を可及的詳細に調査し、併せて彼等の組織する経済団体についても個々的に調査せんとする。而してその結果を業態的、地域的に分類して南洋華僑商工名録を作製する。

台湾に於て右の如き華僑の調査を行ふには次の如き有利な点がある。即ち、台湾在住の五百万本島人と南洋華僑とはその殆んど凡てが福建（主として漳州、泉州）広東省（主として潮州）出身者にしてその郷土を同じくし、言語、風俗を等しくするといふことである。南洋華僑の取扱ふ商品中日本商品は重要な地位をもつのであつて、このために彼等は彼等と言語を同じくすると同時に日本語を識り日本文を解する店員を要求してゐることは疑のない処である。台湾に於て教育された本島人は華僑のかかる要求を充分に充しうるわけであり、これを店員として迎へ入れることは華僑のひそかに歓迎する処でなければならぬ。かくして華僑の内部に入り込んだ本島人の動員といふことによつて華僑の内的事情の調査は容易に可能になるやうに思ふ。高雄州商工奨励館は十四年度からの新規事業として「貿易実務員養成所」なるものを開設した。これは定員五十名、修業年限一ヶ年であり、主として本島人子弟を入学せしめて対南方貿易に必要な知識を与ふるを目的とする。在来我が国にある南方進出者のための講習所が有名無実の如き状態にあるとき、本養成所の開設のもつ意義は多大であらうと思ふ。処で我々は右華僑の調査に本養成所出身者を動員せんと企ててゐる。

フイリッピン独立の経済的基礎の研究

今後の日本の政策が経済的及政治的南進に在る限り、当然フイリッピンをも亦経済的及政治的に問題としなければならない。しかも現下のフイリッピンに於ける最大の問題は主観的にも客観的にもフイリッピン独立問題たることは明らかであるから、本問題に対しては充分の注意を払はなければならない。而も独立問題たるやその発生の動機はフイリッピンの砂糖及ココ椰子の対米輸出を阻害せんとする合衆国側の意図に在ると伝へられて居り、従つて今後の発展は此の経済問題を如何に両国当事者が処理せんとするやにかかつてゐるかの如くである。而も当事者一同の処置たるや、現実の事態を充分に考察してなさるべきことは勿論であつて、此の意味に於て、斯かる経済問題に吾人

の注意を向け、調査研究を行ふならば、独立問題の政治的発展の動向を見定めて大過無きを期し得るであらう。

かかる調査研究のための個々のテーマは次の如くである。

イ、合衆国市場を失つた際の糖業及ココ椰子業の対策

ロ、合衆国砂糖市場及ココ椰子市場を失つた際の比島貿易尻調整策

ハ、以上イロの対策としての比島工業化の意義及役割

一、仏領印度支那の資源の文献的研究

南進政策が今後如何に発展し行くべきやは、複雑なる国際政治の諸要因の交錯によつて規定される部分が少なくないとしても、吾人が南洋の資源についての正確なる調査報告を入手し、それに基いて南進政策の対象を明確に定め置くべきことも亦肝要である。

仏領印度支那の地下資源特に無煙炭の如きはフランスの侵略の一要因をなしたと言はれる程であり、鉄の如きも相当多量に埋蔵されつつあるものの如く伝へられて居り、その他の鉱物も相当の埋蔵量を有し、現に錫の如きは相当の産出を見せてゐる。石炭の如きは例へば一九三五年にその無煙炭総生産量の五〇、四%を輸出し、これを日本側より見れば、昭和十二年の石炭輸入総価額の約二二%が仏領印度支那仕出であるといふが如き密接なる関係を有し、鉄の如きも亦日本への輸出を目的とする会社も見られるが如き状態であり、長期建設下の日本としては仏領印度支那の地下資源には充分の注意を払つて然るべきであらう。

今や海南島の攻略成り、仏領印度支那はフランス当局の極度の注視の下に立ち、当地方の警備は今日以後益々厳重となることは必至の勢にして、地下資源の実地調査に至つては頗る困難となるは疑無き処である。しかも日本にとつて当地方の資源調査の必要は上述せる処によつても明かなる如く、今後益々増大すべきものである。しかも斯かる必要の前に拱手傍観せざらんとする限り、採るべき手段は文献による調査以外にはない。

フランス当局が今日迄なし来つた調査報告は相当の分量に上り、或ひは当地方各所の文庫及至図書館に所蔵せられ、或ひは刊行されてその一部は又我国へも輸入され来つた。かかるものを入手して研究することによつても亦、相当の成果を収め得べきことは言ふまでもない。即ち、仏領印度支那の資源の文献的研究の必要を言ふ所以である。

一、シヤムに於ける華僑の調査及農村経済調査

シヤムに於ける二つの重大なる問題は、華僑の問題と農業問題であつて、而も両者は関連する部分少しとしない。

イ、華僑問題

シヤムの人種的構成に於て在留華僑が著大なる比重を占め、（純華僑のみにて最少限の見積りで百万、混血者を合算すれば約二五〇万）シヤム国経済を壟断しつつあることは周知の事実

である。

　華僑は商業に於ては国内配給組織を独占し、当国唯一の産業とも言ふべき米作農業に対しては、或は籾仲買人及精米業者として、或ひは高利貸主として著々侵蝕を行ひつつある。

　斯かる華僑の実勢力を測定して置き、その活動についての分析を為し置くことは、苟くもシャムに日本の勢力を扶植せんとする以上必須のことであり而も支那事変下に於ける華僑対策が叫ばれつつある折柄、全世界華僑の三〇%余、南洋在留華僑の四〇%余の高率を示しつつある在暹華僑の研究は特に緊急を要する問題である。

　ロ、農業問題

　シャムは今尚農業国であつて、その海外へ輸出する物資の大半は農産物特に米穀であり、工業の産物で国民及び国内産業の需要に応ずべき物資は大半海外より輸入に俟ちつつある。

　斯かる事実を充分に考慮しつつ今後の対暹経済問題の調査がなさるべき事は論を俟たない所であり、そのためには充分な農業調査のなさるべきことが第一の急務である。しかも前述せる如く、シャム農業に於ける華僑の勢力亦大なる時には、華僑対策の樹立も亦農村経済機構の調査研究によつて裏付けらるべきは言ふ迄もない。

　既にシャムの米人による農村の実地踏査の結果として二冊の浩瀚なる調査書が出版されてゐる。

Carle C. Zimmerman, Siam, Rural Economic Survey 1930–31　及び

James M, Andrews, Siam, 2nd. Rural Economic Survey 1934–1935

然し乍らその調査方法の杜撰なることは夙に識者の認めつつある所であつて、これを換言すればシャム農村についての調査は未だなされてゐないと言つてもいい。現に親日的空気が漲りつつある時に、幸にシャム政府の援助を得て、徹底的なる第三次農村経済調査を実施することが出来たならば、啻に華僑の対策確立に資するのみならず、対暹経済関係調整の根本方策樹立に多大の寄与をなすであらうことは疑ふべくもない。

一、英領北ボルネオに於ける日本人米作移民の基礎調査

　南洋諸国は今や日本南進の声に脅え、日本人入るべからずの制札を立てつつある中に独り英領北ボルネオのみは日本人移民を歓迎しつつある。当国に於ては、労働力不足その他の原因により国内の食糧需要に対する米国の供給が充分でなく、そのために米作移民の入国を勧奨しつつある。然し乍ら米作移民の実現を規定すべき諸条件を綿密に調査し、米作を目的とする日本人の移住の効果を充分に考察し置くことは、此の際必要欠くべからざることであつて、漫然と移民を奨励するが如きことは断じて避くべきである。しかもその調査たるや現地に於ける専門家の調査を以て第一義とすべきことは諸般の事情に鑑みるも明らかであらう。

　台湾は熱帯米作の豊富なる多年の経験を有し、調査、指導に当るべき技術者も耕作に従事すべき農民も亦容易に見出し得る

状態に在る。此等の人々を動員して米作移民計画の樹立と実行とに当らしめることは最も当を得たる策ではないかと考ふる次第である。

一、水産漁場の調査

南支那海及び南洋一体は極めて豊富な水産資源をもつ。現在本邦漁船の南洋漁業の基地は高雄と南洋庁パラオであつて、高雄には日本水産株式会社、株式会社林兼商店の如き有力な水産業者が南洋漁業を統轄すべき営業所を置いてゐる。高雄の州市亦水産業の振興、調査に懸命の努力を払ひつつあり、我々は斯かる状況に鑑み、之等業者及び公的機関のもつ技術、経験等を援用することによつて南方漁場の詳細な調査を行はんとする。

一二　「秘　当社工場敷地並ニ用水ニ関スル件（下書き）」（一九三五年二月二〇日、資料番号 V-47）

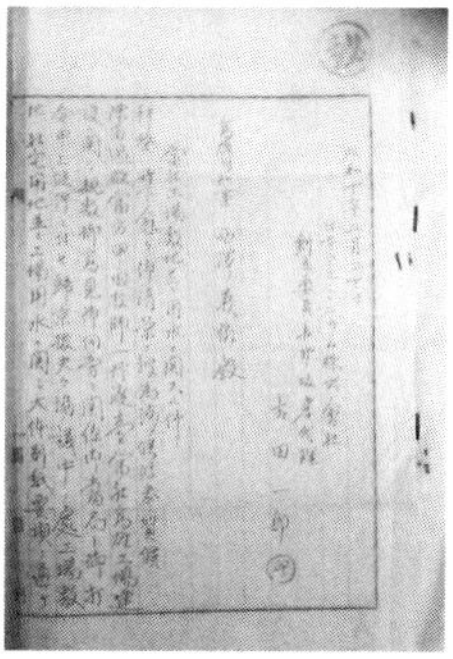

〔罫外〕㊙

昭和十年二月二十日

日本アルミニウム株式会社

創立委員長伊坂孝代理

吉田一郎　㊞

高雄州知事西澤義徴殿

当社工場敷地並ニ用水ニ関スル件

拝啓　時下愈々御清栄ニ被為渉候段奉賀候。陳者過般当方甲田技師一行渡台、当社高雄工場建設ニ関シ親敷御高見御伺傍々関係御当局ト御打合申上候件ニ付キ帰京後夫々協議中ノ処工場敷地、社宅用地並ニ工場用水ニ関シ大体別紙要領ノ通リ方針決定仕候ニ付御含置被下度、右ノ内用地関係ニ就キテハ別紙詳記ノ通リ差引七万五千坪ヲ直時譲受クル外更将来ノ予備トシテ約壱万五千坪ヲ御保留願ヒ、万一後日他ヨリ希望アリタル場合若クハ貴方ニ於テ他ノ目的ニ流用ノ御計画等アル場合ニハ当方ニ優先的ニ御相談御願致度希望ニ有之候、尚別紙A（一）項ノ追加分約六千坪並ニA（三）項ノ約四千坪ニ対スル譲受条件ニ就キテハ何レ貴地ニテ御協議申上度所存ニ付予メ御考究置願度候。社宅用地約弐万壱千坪及同別口四千坪埋立工事ハ別紙記載ノ通リ至急施行ヲ必要ト可致ニ付費用其他ノ条件予メ御取調置被下候ハバ幸甚ノ至リニ奉存候。又用水関係ニ就テハ別紙御参照ノ上充分当方ノ希望達シ得ラルル様特別ノ御配慮賜リ度御願申上候。

右御依頼迄如斯御座候。　敬具

（A）用地関係

工場予定地内ヲ通過スル幹線道路敷地及臨港鉄道線路敷地約一〇、〇〇〇坪ガ将来州用地トシテ必要ノ場合当方ハ左記ノ如キ希望ヲ有ス

一、工場予定地約六〇、〇〇〇坪ニ其隣接地一五、〇〇〇坪ヲ付ケテ頂ク事ニナリ居ルモ一五、〇〇〇坪ニテハ社宅用地トシテハ左記略図ノ通リ稍々手狭ニ付先般大体御了解ヲ得置キタル通リ更ニ六、〇〇〇坪ヲ追加シテ計二一、〇〇〇坪ヲ譲リ受ケタシ

二、上記（三角地形）ニ隣接スル地面約一五、〇〇〇坪ハ将来ノ社宅拡張用地トシテ保留セラレタシ

三、此ノ外〔苓〕雅寮地内ニ於ケル築港用地約四、〇〇〇坪モ社宅用地トシテ譲受ケ度キニ付築港当局ヘ予メ内交渉セラレタシ

四、以上ヲ差引スレバ結局約七五、〇〇〇坪ヲ譲受ケ更ニ将来ニ対シ一五、〇〇〇坪ノ留保ヲ願フコトトナル

（B）用水関係

一、工場用水ハ先般説明ノ通リ差当リ一昼夜二、四〇〇〇bmノ計画ナルヲ以テ之ヲ標準トシテ水道設計ヲ進メラレ度シ

二、工場用水ハ大部分掘抜井戸ニテ間ニ合セル方針トナスヘシ

三、市営給水完成スル迄ハ所要飲料水ハ是非工場予定地ヲ通過セル8鉄管ヨリ分水ヲ希望スルヲ以テ旗後ニ対シ補給ノ為メ港口付近ヲ通過スル鉄管ノ布設ヲ至急着手サレンコトヲ望ム。尚本工事ハ是非共本年十月末迄ニ完成サレンコトヲ希望ス

四、工場予定地付近ノ井水ノ水質調査ハ見合セ度シ。蓋之レ迄ノ調査ニヨレバ到底飲料水トシテハ見込ミナキガ如キヲ以テ也。従ッテ社宅ノ建設ハ本年十月末旗後方面補給水工事ノ完成迄延期スル計画ニ変更セリ

（C）社宅用地ノ埋立

一、工場予定地隣接ノ社宅用地二一、〇〇〇坪ノ埋立工事ハ代用飛行場ノ埋立ニ引続キテ施行方築港ニ依頼シ度シ

二、築港用地約四、〇〇〇坪ニハ埋立未成ノ部分アレバ至急完

成シテ頂キ度シ。尚此ノ築港用地ノ土地図ヲ頂キ度シ。其ノ図面ニハ現在ノ状況ト将来ノ市区計画ノ関係ヲ記入サレンコトヲ望ム

一三　「日本アルミニウム株式会社概要　献上ノ件」（一九三九年一月、資料番号 V-48）

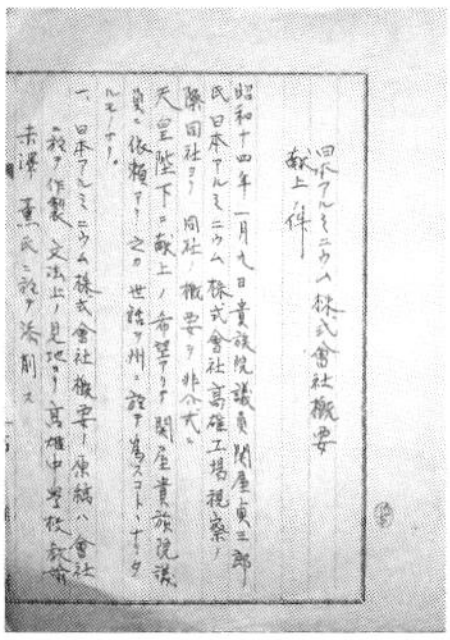

日本アルミニウム株式会社概要

献上ノ件

昭和十四年一月九日貴族院議員関屋貞三郎氏日本アルミニウム株式会社高雄工場視察ノ際、同社ヨリ同社ノ概要ヲ非公式ニ
天皇陛下ニ献上ノ希望アリテ関屋貴族院議員ニ依頼アリ之カ世話ヲ州ニ於テ為スコトトナリタルモノナリ。

一、日本アルミニウム株式会社概要ノ原稿ハ会社ニ於テ作製文法上ノ見地ヨリ高雄中学校教諭赤澤薫氏ニ於テ添削ス

二、献上ノ分ハ墨書トシ内務部土木課黒葛原吉治氏ノ手ニ依リ浄書ス

右ヲ鳥ノ子製封筒ニ納メ羽二重ノ袱紗ニ包ミ之ヲ桐ノ筥ニ納メ消毒ノ上消毒綿ニテ包ミ更ニ桧ノ箱ニ納ム

三、右ノ外関屋氏ノ分及宮内省ノ分トシテ消毒シタル控二通ヲ

作製（添付ノ州控ト同様）〔シ消毒ノ上共ニ送付〕セリ

四、概要書ト共ニ献上スルアルミ標本（一瓩）ハ消毒ノ上羽二重ノ袱紗ニ包ミ桧ノ箱ニ納ム

五、一月十四日完成シタルヲ以テ台北鉄道ホテル在泊中ノ関屋貴族院議員宛川人雇持参ス

〔補足〕

・罫紙の右下に認印「山本」あり。

一四　「日本アルミニウム株式会社沿革」（資料番号V−49）

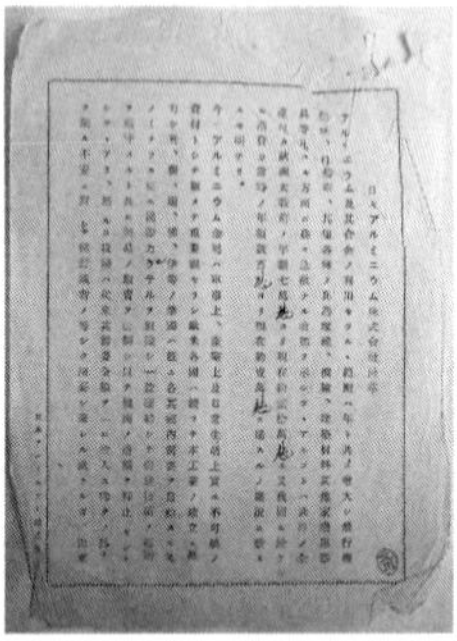

日本アルミニウム株式会社沿革

アルミニウム及其合金ノ利用セラルル範囲ハ年ト共ニ増大シ飛行機艦船、自動車、其他各種ノ兵器電線、機械、建築材料其他家庭用器具等凡ユル方面ニ益々急激ナル増加ヲ示シツツアルコトハ世界ノ全産額カ欧洲大戦前ノ年額七万瓲ヨリ現在約弐拾万瓲ニ又我国ニ於ケル消費カ当時ノ年額数百瓲ヨリ現在約壱万瓲ニ達スルノ盛況ニ徴スルモ明ナリ。

今ヤアルミニウム金属ハ軍事上、産業上及日常生活上実ニ不可欠ノ資材トシテ極メテ重要視セラレ欧米各国ハ競ツテ本工業ノ確立ニ努力シ英、独、瑞、仏、伊等ノ諸国ハ既ニ各其国内需要ヲ自給スル〔ノ〕ノミナラス更ニ国際カルテルヲ組織シ一致団結シテ製造技術ノ秘密ヲ厳守スルト共ニ製品ノ販売ヲ統制シ以テ他国ノ追随ヲ抑止セントシツツアリ。然ルニ我国ハ従来其需要全額ヲ一ニ輸入ニ仰クノ外ナク斯ル不安ニ対シテ朝野識者ノ

等シク深憂シ来レル処ナルガ、由来我国ニ於テ永ク本工業ノ成立ヲ見ル能ハサリシ所以ノモノハ本邦及其勢力範圍内ニ原鉱トシテ優良ナルボーキサイトノ存在セサルコト及本工業カ極メテ優良ナル原鉱ヲ以テスルモ尚且製造技術上幾多ノ難点アリ、殊ニ近年欧米各国カ技術ノ国外漏洩ヲ封鎖スルニ及ヒテ一層其度ヲ加重セルニアリ。

最近我国ニ於ケルアルミニウム［ノ］工業ノ樹立ニ対スル要望ハ緊迫セル内外ノ情勢ニ刺戟セラレテ益々其重要性ヲ加フルニ至リ、茲ニ恵マレサル天然条件ノ障碍ヲ克服シテ能ク其目的ヲ達成セントスル企画相次テ興リ、例ヘバ満洲及朝鮮産粘土又ハ明礬石ヲ原料トシ欧米通有ノ湿式法ニ代フルニ我国独自ノ方法ヲ以テ本工業ノ確立ニ邁進セントスルカ如キ斯業新興ノ機運漸ク嘱目スルモノアルニ至レリ。吾人モ亦之ニ向ツテ多年研究ヲ怠ラス実験室内ニ於テハ相当成績ヲ収メ得タリ。只本方法ハ末〔未カ〕タ曾テ欧米諸国ニ於テハ工業的ニ完成セラルルニ至ラス、従テ之カ経済的工業化ハ他日必ス完成セラル可シトハ信ス［雖］レトモ幾多ノ難関ヲ予想セラルルトコロナリ。

然ルニ我国焦眉ノ対策ハ先ツ一日モ速ニ我アルミニウム工業ヲ欧米諸国ト同一ノ基準ニ進展セシムルコトヲ以テ目標トナスニアリ、而シテ之ヲ最モ安全且迅速ニ実現シ得ヘキ唯一ノ方法ハ欧米ニ於テ既ニ完成シ保証セラレタル製造技術ヲ採用シ之ヲ我ニ移植スルニアリ。如斯ハ固ヨリ当然ノ着眼ニシテ従来屢々各方面ニ於テ企図セラレタルニ不拘然カモ末〔未カ〕ダ成功シ得サリシ所以ノモノハ、欧米ノ標準技術ヲ採用スルニ当リ其絶対要件トスルボーキサイトハ我国情ニ於テ之ヲ確実ニ亦経済的ニ獲得スルコト殆ト絶望視セラレ技術其モノノ輸入ニ就テモ亦種々ノ困難ヲ随伴セシカ為ナリ。

〔補足〕

・枠の右隅に認印「北川」あり。

一、原鉱

吾人ハ夙ニ此等ノ難関ヲ打開シ我国アルミニウム工業ノ確立ヲ期ス可ク先ツ其ノ原料タル「ボーキサイト」(Bauxite) ヲ多年探索ノ結果終ニ新嘉坡地先六十余浬ノ地点ナル蘭領東印度「リオ」(Riouw) 群島中ビンタン (Bintan) 島ニ殆ント無尽蔵ノ鉱量ノ所在ヲ確ムル事ヲ得タリ。該鉱石ハ和蘭ノ半官半民ノ会社ニテ蘭領印度ニ錫鉱業ヲ営ミ居ル世界有数ノ大会社ビリトン会社ノ傍系ナル (Nederlandsch Indische Bauxiet〔Bauxite〕 Exploitatie Maatschappij) 略シテ Nibem「ニベム」社ノ所有ニテ、曩ニ該鉱石ノ東洋（香港、支那、満州、サイベリア、日本ヲ含ム）ニ於ケル一年販売契約ヲ我国ノ海外起業組合ト古河電気工業会社トノ共同事業タル日本アルミニウムシンジケート（日本アルミニウム株式会社ノ前身、自昭和二年至昭和九年）ニ於テ獲得致シ居ルニ付当社ハ同「シンジケート」ヨリ此ノ権利ヲ継承シ昭和九年十月手続ヲ完了セリ。

「ボーキサイト」ノ性質ハ仏国産標準品ト比シ遜色無ク其標

準品位ハアルミナ Al_2O_3 五三％以上、シリカ SiO_2 二・五％以下、酸化鉄 Fe_2O_3 一三・五％以下、TiO_2 一・二％以下ニシテ此品位ノモノノ引渡シヲ保証セリ。

従テ之ニヨリアルミニウムノ製造ヲ得ル事ハ欧米ニ於ケルアルミニウム製造ト同一条件ニシテ此点全ク新規ノ方法ニ依ルニ比シ著シク確実性ヲ有スルモノナリ。

本鉱石ノ運搬ニ関シテハ彼此問題起リシモ交渉ノ結果終ニ日蘭船半々積取ノ事ニテ段落ヲトゲリ。

一、電力

アルミニウム製造ニ最モ必要ナルモノノ一ハ電力ニテ壱屯ノアルミニウムヲ製造スル為ニ約三万kwの電力ヲ要シ、従ツテ安価ニシテ且確実豊富ナル電力ヲ得ル事ハ本工業成否ノ分岐点ナリ。幸ヒ当社ハ台湾電力株式会社ト二十五年ノ長期ニ亘リ極メテ安価ニテ供給ヲ受クルノ契約ヲ締結シ之ニ依リ予想以上ノ利益ヲ得タル上ハ之ヲ台電ニ分配シ之又相互倚存ノ実ヲ挙クル事トセリ。

一、技術

アルミニウム製造ハ世界ノ秘密工業トシテ現在ノ製造会社ハ固ク門戸ヲ閉シテ他ノ視察ヲ許サザル為理論上ハ公知サレ居ル技術ナルモ実際的経験ハ外間ノ窺知シ難キ処ナリ。

従来此種工業ニ於テハ新企業者ハ自己ノ経験ニヨリ愈々予定ノ標準品ヲ製作スル迄ニハ相当多大ノ損失即チ試験費ヲ支払フヲ常トスルモ、当社ハ其覆轍ヲ踏マザル為欧州ニ於ケル斯業ニ練達セル技術者ヨリ技術ノ供与ヲ受クベク外務省及、三井、三菱ノ力ヲ藉リ、設計、技倆、人物共ニ好適ナリト認メ Dr. E. Straube（ストラウベ博士）ナル独逸人技師ヲ招聘スル事トシ本年一月技術供与ニ関スル契約ヲ締結セリ。

其他電解ニ必要ナル電極、及クライオライト（氷晶石）等モ夫レ夫レ好都合ノ条件ニテ万事解決セリ。

一、敷地

敷地ハ台湾電力ヨリ供電ヲ受ケル関係上自然台湾内ニ求ム可キ事トナリ昨年来二、三其予定地ヲ選定シ土地買収ノ交渉ヲ致セシ処、幸ヒ台湾総督府ノ好意的援助ト台湾電力ノ斡旋ノ下ニ極メテ便利ナル地点ヲ高雄ニ約七万五千坪ヲ買収シ得ル予約成立セリ。

以上ノ如ク諸般ニ亘ル準備全ク成リ事業操業ノ成算ヲ得タルヲ以テ縁故募集ニ依リ株式引受ヲ終リ、各位ノ賛同ノ下ニ昭和拾年六月弐拾壱日東京工業倶楽部ニテ無事創立総会ヲ終了シ現在着々建設工事着手中ニテ、明年秋迄ニハ遅クモ工場完成ノ運ニ至ラシムベク努力致シ居レリ。

尚当社発起人並ニ賛成人氏名、左ノ如シ。

発起人及引受株数（壱千株各通）イロハ順

伊藤次郎左衛門　井坂孝
原邦造　各務鎌吉
川西清兵衛　門野重九郎

中川末吉　中村房次郎
野村徳七　牧田環
松本健次郎　松木幹一郎
後宮信太郎　阿部房次郎
寒川恒貞　三谷一二
四条隆英　平生釟三郎

賛成人氏名

三井鉱山株式会社殿　松永安左衛門殿
三菱鉱業株式会社殿　青木鎌太郎殿
古河電気工業株式会社殿　男爵　郷誠之助殿
住友合資会社殿　村田省蔵殿
合名会社安田保善社殿　根津嘉一郎殿
合名会社大倉組殿　川崎八右衛門殿
台湾電力株式会社殿　浅野総一郎殿
塚本合名会社殿　橋本圭三郎殿
服部玄三殿　望月軍四郎殿
藤原銀次郎殿
大橋新太郎殿
小林一三殿

日本アルミニウム株式会社
取締役社長　井坂孝

専務取締役　吉田一郎
取締役　原邦造
同　各務鎌吉
同　顔國年
同　中川末吉
同　牧田環
同　松木幹一郎
同　寒川恒貞
同　三谷一二
監査役　中村房次郎
同　後宮信太郎
本店支配人　福原要蔵
高雄工場建設事務所長　甲田裕
同　副長（技術）　安生浩二
同　同（庶務）　坂井新三郎

一五「日本アルミニウム株式会社概要〔草稿〕」

(一九三九年一月、資料番号Ⅴ-51)

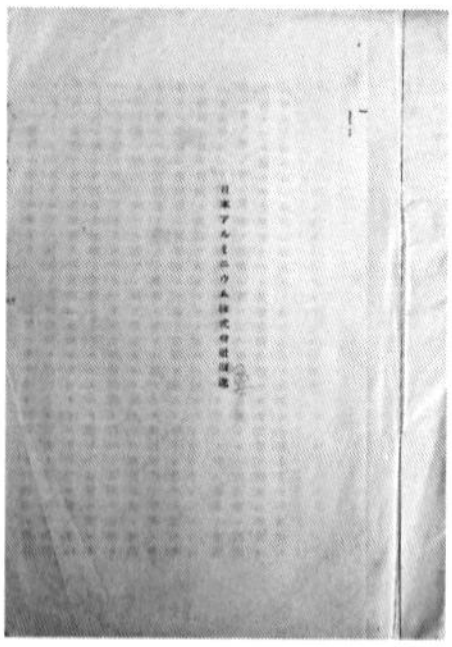

〔表紙〕
日本アルミニウム株式会社概〔況〕要

〔本文〕

日本アルミニウム株式会社概要

「アルミニウム」金属ハ軍事上、産業上及ビ日常ノ生活上、実ニ不可欠ノ資材ニシテ極メテ重要視セラレ、欧米各国共競ツテ本工業ノ確立ニ努力シ英・米・独・伊・瑞等ノ各国ハ其ノ国内需要ヲ自給スルハ勿論、更ニ国際「カルテル」ヲ組織シ一致団結製造技術ノ秘密ヲ守ルト共ニ、製品ノ販売ヲ統制シ以テ他国ノ追随ヲ抑止セントシツツアリ。

然ルニ我ガ国ハ従来其ノ需要額ノ殆〔ン〕ド全部ヲ輸入ニ〔仰グ〕俟ツノ外ナク、斯ル不安ニ対シテ朝野識者ノ〔等〕斉シク憂慮シ来レル処ニシテ、我ガ国内外ノ情勢ニ鑑ミ、本工業ノ確立ニ対スル要望ノ益々緊迫セルヲ見ル。蓋シ我ガ国焦眉ノ対策ハ、一日モ早ク我ガ「アルミニウム」工業ヲ欧米諸国ト同一ノ基準ニ進展セシメ、更ニ進ンデ海外〔ニ〕ヘ輸出ノ気運〔ニ邁進〕ヲ醸成セシムルニ在リ。如斯ハ固ヨリ当然ノ着眼ニシテ、従来屡々各方面ニ企図セラレタルニ不拘然モ未ダ成功ヲ見ザリシ所以ノモノハ、欧米ノ標準技術ヲ採用スルニ当リ、其ノ絶対要件トスル原料「ボーキサイト」ハ、我ガ国情ニ於テ之ヲ確実ニ又経済的ニ獲得スル事殆〔ン〕ド絶望視セラレ、製造技術ニ於テモ種々ノ困難ヲ伴ヒシニ〔在リ〕由ル。

吾ガ社夙ニ本工業ノ確立ヲ期セル事多年、一方斯業ノ経済的工業化ニ就テ研究ヲ怠ラズ、遂ニ本工業ノ三大要素タル原鉱、技術及ビ電力ニ対シ、何レモ満足ナル解決ニ到達スルコトヲ得タリ。即チ原鉱「ボーキサイト」ハ「シンガポール」ニ程近キ「ビンタン」島(蘭領)ニ於テ、品質極メテ優良ニシテ鉱量モ亦豊富ナル鉱床ノ存在ヲ探知シ、実地踏査ト試験ノ結果「アルミニウム」原料トシテ最モ適当ナルモノナルコトヲ確メ、是レガ採掘権者タル和蘭「ニベム」会社ト特約ヲ締結セリ。如斯原鉱ヲ国外ノ供給ニ俟ツコトノ可否ニ就テハ慎重考慮ヲ加ヘタルモ、当時「ボーキサイト」ハ断ジテ我ガ国内ニ存在セザルコト、又契約相手国ガ我ガ国工業ノ競争者タラザル和蘭ナルコト、及ビ我ガ国製鉄業ガ其ノ原料ノ大半ヲ略右ト同一地帯ヨリ〔ノ〕供給〔ニ〕ヲ仰ギツツアル事実等ニ観レバ、此ノ点何等不安ナシト認ムルモノナリ。

製造技術ニ就テハ、所謂国産技術ヲ以テ成功スル事難カラズト雖モ、刻下同工業ノ重要性ニ鑑ミ、一日モ速カニ之ガ樹立ヲ［計］図ラントセバ海外ニ於ケル規準的方法ヲ採用シ、且［ツ］其ノ設計及ビ初期運用ニ際シテハ十分熟達セル優秀外国技術者ヲ招聘シ、其ノ貴重ナル学識ト経験トヲ吸収スルノ得策ナルヲ認メ、夫々関係者ト約定ヲ結ビ万遺漏ナキヲ期セリ。

更ニ本企業ノ要点ハ電力ニ在リテ、本工業ノ成功ハ安価ナル電力ヲ豊富ニ使用シ得ルノ点ニアリ。当社ハ幸ニシテ台湾ニ於ケル豊富ナル電力ヲ比較的低廉ナル価格ヲ以テ供給ヲ受クルノ互恵的条件ノ下ニ、台湾電力ト契約ヲ締結シ是レ亦適切ナル解決ヲ見タリ。

茲ニ於テ吾ガ社ハ、本工業成立ノ三大要素タル原鉱「ボーキサイト」、技術及ビ電力ニ対シ何レモ満足ナル解決ニ到達シタルヲ以テ、昭和十年六月二十一日会社ヲ創立、鋭意高雄工場建設ニ努力シ遂ニ昭和十二年五月建設ヲ完了スルニ到レリ。

然レドモ「アルミニウム」ノ需要ハ特ニ軍事・工業用ニ於テ急増ノ一途ヲ辿リ、高級品ノ増産ハ目下ノ急務トナレルヲ以テ引続キ拡張ニ邁進、着々其ノ成果ヲ上ゲツツアリ。

「アルミニウム」製造法

（一）「アルミナ」製造法

現今［ノ］世界ノ殆［ン］ド全部ガ採用シツツアル「バイヤー」法ニ依ル。即チ原鉱「ボーキサイト」ヲ焙焼粉砕シタル後、「オートクレーブ」中ニテ苛性曹達ノ溶液ヲ以テ処理シ、「アルミナ」分ヲ溶解セシメ、「アルミン」酸曹達トシテ抽出シ、之ガ不純物タル酸化鉄・硅酸等ヲ不溶解残渣トシテ「シックナー」ヲ通ジテ除去ス。此ノ場合「フイルター」ヲ使用スルヲ普通トスレドモ、「シックナー」ヲ使用スルハ本工場ノ特徴トスル処ナリ。該「アルミナ」溶液ヲ稀釈攪拌シテ「アルミナ」ヲ沈澱セシメ、之ヲ濾過煆焼シテ無水「アルミナ」ヲ得。

（二）電解作業

電極ハ普通ニ行ハルル焼成多極式ニ依ラズ、原料「コークス」ニ「ピッチ」及「タール」ヲ混捏シテ所謂「ペースト」ヲ作リ、之ヲ陽極ニ送リテ炉熱ト電熱トニ依リ自己焼成セシメ、而モ連続的ニ使用セラルル所謂「ゼーダーベルグ」式陽極ヲ採用シ、電解炉内ニ於テ溶融氷晶石ニ溶解セシメタル「アルミナ」ヲ電解還元シ金属「アルミニウム」ヲ得。

日月潭ヨリ受電セル三三、〇〇〇「ボルト」交流電気ハ、水銀整流器ヲ以テ直流ニ変流シ電解炉ニ使用シ居レルガ、該水銀整流器ハ最モ進歩セル機械ニシテ、前記「ゼーダーベルグ」式電解炉並ニ「アルミナ」工場「シックナー」法ト共ニ本工場ノ三大特徴トスル処ナリ。

「アルミニウム」ノ用途

我ガ国ニ於ケル「アルミニウム」ノ生産量ハ、昭和十一年度ニ於テ五、六千瓲ト称セラレ、同年外国ヨリノ輸入ハ約壱万壱千瓲ニ達セリ。十二年度ニ於テハ壱万瓲ノ生産ニ対シ需要ハ弐万弐千瓲ニ昇リ、今後ハ益々増加ノ一途ヲ辿ル可シ。

翻ツテ我ガ国ニ於ケル「アルミニウム」ノ用途別ヲ見ルニ、昭和十一年度ニ於テ全需要ノ大部分即チ六〇%ハ台所用具ニ使用セラレ、僅〔カ〕ニ航空機製造用トシテ二五%諸工業ニ九%電線ニ五%箔用其他ニ一%ガ消費セラルルニ過ギザル状態ニアリ。

然ルニ外国ニ於テハ、〔例〕譬ヘバ独逸ニ例ヲ見ルニ、工業用材料ニ六七%ヲ需要セラルルニ反シ家庭用雑具ニハ僅〔カ〕ニ二三%ト云フ、全ク我ガ国トハ逆ノ需要状態ニアリ。

然ルニ最近我ガ国ニ於テモ国産品ノ進出ト共ニ工業用需要ノ激増ヲ見ルニ至リ、就中純度九九・五%以上ノ高級品ハ軍需・電線・箔・化学用等絶対必要品トシテ、特ニ需要ノ増加甚〔敷ヲ〕ダシカルベク予想セラル。

依ツテ吾ガ社ハ鋭意此種高級品ノ増産ニ邁進、以テコノ緊迫セル情勢ニ副ハンコトヲ期シツツアリ。

〔別紙図「アルミニウム工程表」略〕

一六　「日本アルミニウム株式会社概要」（一九三九年一月、資料番号V–52）

〔表紙〕

㊢

日本アルミニウム株式会社概要

〔本文〕

「アルミニウム」金属ハ軍事上、産業上及ビ日常ノ生活上実ニ不可欠ノ資材ニシテ極メテ重要視セラレ欧米各国共競ツテ本工業ノ確立ニ努力シ英、米、独、伊、瑞等ノ各国ハ其ノ国内需要ヲ自給スルハ勿論更ニ国際「カルテル」ヲ組織シ一致団結製造技術ノ秘密ヲ守ルト共ニ製品ノ販売ヲ統制シ以テ他国ノ追随ヲ抑止セントシツツアリ。然ルニ我国ハ従来其ノ需要額ノ殆ンド全部ヲ輸入ニ仰グノ外ナク斯ル不安ニ対シテ朝野識者ノ等シク憂慮シ来レル処ニシテ我国内外ノ情勢ニ鑑ミ本工業ノ確立ニ対スル要望ノ益々緊迫セルヲ見ル。蓋シ我国焦眉ノ対策ハ一日モ早ク我「アルミニウム」工業ヲ欧米諸国ト同一ノ基準ニ進展セシメ更ニ進ンデ海外ニ輸出ノ気運ニ邁進セシムルニ在リ。如斯ハ固ヨリ当然ノ着眼ニシテ従来屢々各方面ニ企図セラレタルニ不拘然モ未ダ成功ヲ見ザリシ所以ノモノハ欧米ノ標準技術ヲ採用スルニ当リ其ノ絶対要件トスル原料「ボーキサイト」ハ我国情ニ於テ之レヲ確実ニ又経済的ニ獲得スル事殆ンド絶望視セラレ製造技術ニ於テモ種々ノ困難ヲ伴ヒシニ在リ。

吾社夙ニ本工業ノ確立ヲ期セル事多年一方斯業ノ経済的工業化ニ就テ研究ヲ怠ラズ遂ニ本工業ノ三大要素タル原鉱、技術及電力ニ対シ何レモ満足ナル解決ニ到達スルコトヲ得タリ。即チ原鉱「ボーキサイト」ハ「シンガポール」ニ程近キ「ビンタン」島（蘭領）ニ於テ品質極メテ優良ニシテ鉱量モ亦豊富ナル鉱床ノ存在ヲ探知シ実地踏査ト試験ノ結果「アルミニウム」原料トシテ最モ適当ナルモノナルコトヲ確メ是レガ所有者ト特約ヲ締結シ東洋ニ於ケル同鉱石ノ一手販売権ヲモ獲得シ原料ノ供給ニ就テハ何等不安ナシ。

製造技術ニ就テハ所謂国産技術ヲ以テ成功スル事難カラズト雖モ刻下同工業ノ重要性ニ鑑ミ一日モ速カニ之レガ樹立ヲ計ラントセバ海外ニ於ケル規準的方式ヲ採用シ、且ツ其ノ設計及ビ初期運用ニ際シテハ十分熟達セル優秀外国技術者ヲ招聘シ其ノ貴重ナル学識ト経験ヲ吸収スルノ得策ナルヲ認メ高雄工場建設工事着手ト共ニ独逸及諾威人技師前後十三名ヲ雇傭セルガ、工事完了操業開始後順次帰国セシメ目下引続キ雇傭中ノ外人技師僅カニ二名ニ過ギズ。

更ニ本企業ノ要点ハ電力ニ在リ、本工業ノ成功ハ安価ナル電力ヲ豊富ニ使用シ得ルノ点ニアリ。当社ハ幸ニシテ台湾ニ於ケル豊富ナル電力ヲ比較的低廉ナル価格ヲ以テ供給ヲ受クルノ互恵的条件ノ下ニ台湾電力ト契約ヲ締結シ是亦適切ナル解決ヲ見タリ。

「アルミニウム」製造法

（一）「アルミナ」製造法

現今ノ世界ノ殆ンド全部ガ採用シツツアル「バイヤー」法ニ依ル。即チ原鉱「ボーキサイト」ヲ焙焼粉砕シタル後「オートクレーヴ」中ニテ苛性曹達ノ溶液ヲ以テ処理シ「アルミナ」分ヲ溶解セシメ「アルミン」酸曹達トシテ抽出シ之レガ不純物タル酸化鉄、硅酸等ヲ不溶解残渣トシテ「シックナー」ヲ通ジテ除去ス。此場合「フイルター」ヲ使用スルヲ普通トスレドモ「シックナー」ヲ使用スルハ本工場ノ特徴トスル処ナリ、該「アルミナ」溶液ヲ稀釈撹拌シテ「アルミナ」ヲ沈澱セシメ之レヲ濾過煆焼シテ無水「アルミナ」ヲ得。

（二）電解作業

電極ハ普通ニ行ハルル焼成多極式ニ依ラズ、原料「コークス」ニ「ピッチ」及「タール」ヲ混捏シテ所謂「ペースト」ヲ作リ之レヲ陽極ニ送リテ炉熱ト電熱トニ依リ自己焼成セシメ而モ連続的ニ使用セラルル所謂「ゼーダーベルグ」式陽極ヲ採用シ電解炉内ニ於テ溶融氷晶石ニ溶解セシメタル「アルミナ」ヲ電解還元シ金属「アルミニウム」ヲ得。

日月潭ヨリ受電セル三三、〇〇〇「ボルト」交流電気ヲ水銀整流器ヲ以テ直流ニ変流シ電解炉ニ使用シ居レルガ該水銀整流器ハ最モ進歩セル機械ニシテ前記「ゼーダーベルグ」式電解炉並ニ「アルミナ」工場「シックナー」法ト共ニ本工場ノ三大特徴トスル処ナリ。

「アルミニウム」ノ用途

我国ニ於ケル「アルミニウム」ノ生産量ハ昭和十一年度ニ於テ五、六千瓩ト称セラレ、同年外国ヨリノ輸入ハ約壱万壱千瓩ニ達シ依然トシテ外国輸入品依存ノ境域ヲ脱セザルハ遺憾ナルモ恐ラク此処数年ヲ出デズシテ自給自足ノ状態ニ達シ得ルモノト信ズ。

而シテ我国全需要ノ大部分即チ六〇%ハ台所用具ニ使用セラレ僅カニ航空機製造用トシテ二五%、諸工業ニ九%、電線ニ五%、箔用其他ニ一%ガ消費セラルルニ過ギザル状態ニアリ。

然ルニ外国ニ於テハ例ヘバ独逸ノ例ヲ見ルニ工業用材料ニ六七%ヲ需要セラルルニ反シ家庭用雑具ニハ僅カニ二三%ト云フ全ク我国トハ逆ノ需要状態ニアリ、然シナガラ我国ニ於テモ国産品ノ進出ト共ニ工業用需要ノ激増ヲ見ル事モ遠カラズト思惟セラル。

日本アルミニウム株式会社

本社所在地　東京市麹町区丸ノ内一丁目六番地
工場所在地　高雄市戯獅甲四三〇番ノ二
設立年月日　昭和十年六月二十一日
資本金　壱千万円也　四分ノ三払込済
七月一日ヲ以テ全額払込予定

重役氏名

取締役社長	井坂孝	
専務取締役	吉田一郎	
取締役	原邦造	
同	各務鎌吉	
同	中川末吉	
同	松木幹一郎	
同	牧田環	
同	寒川恒貞	
同	三谷一二	
監査役	中村房次郎	
同	後宮信太郎	
同	安達房治郎	
支配人	福原要蔵	
工場長	甲田裕	

高雄工場勤務職員及工員数

社員　一一〇名　{内地人　一〇八名 / 本島人　二名}
工員　四九二名　{内地人　三九〇名 / 本島人　一〇二名}
現在貯蔵ボーキサイト数量　約二二、五〇〇瓲
電力年使用量　二七、〇〇〇kw
消費ボーキサイト年額　二四、〇〇〇瓲
アルミナ生産年額　一二、〇〇〇瓲
アルミニウム生産年額　六、〇〇〇瓲

以上

正門

工場全景

水銀整流器

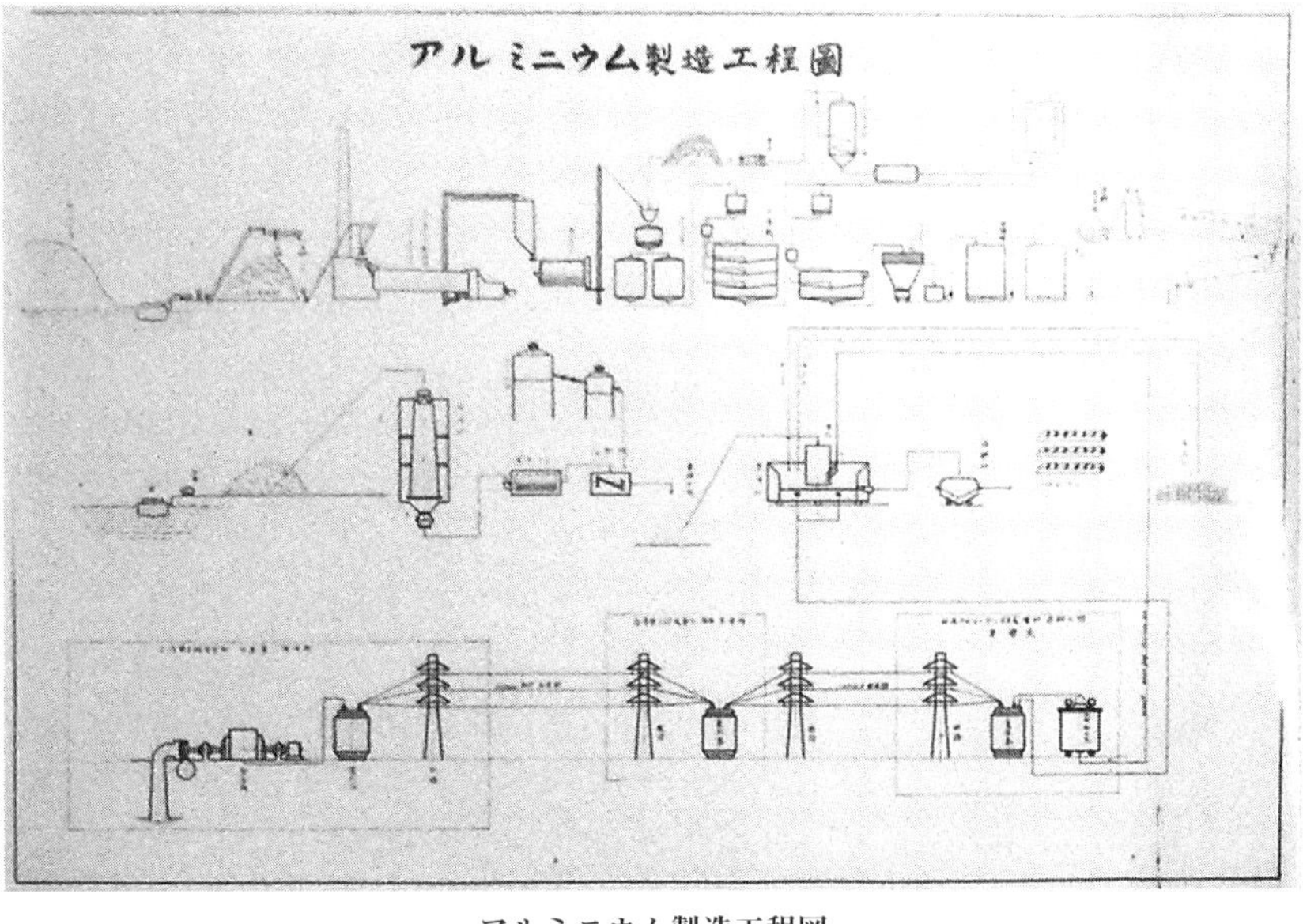

アルミニウム製造工程図

アルミニウム製造工程表

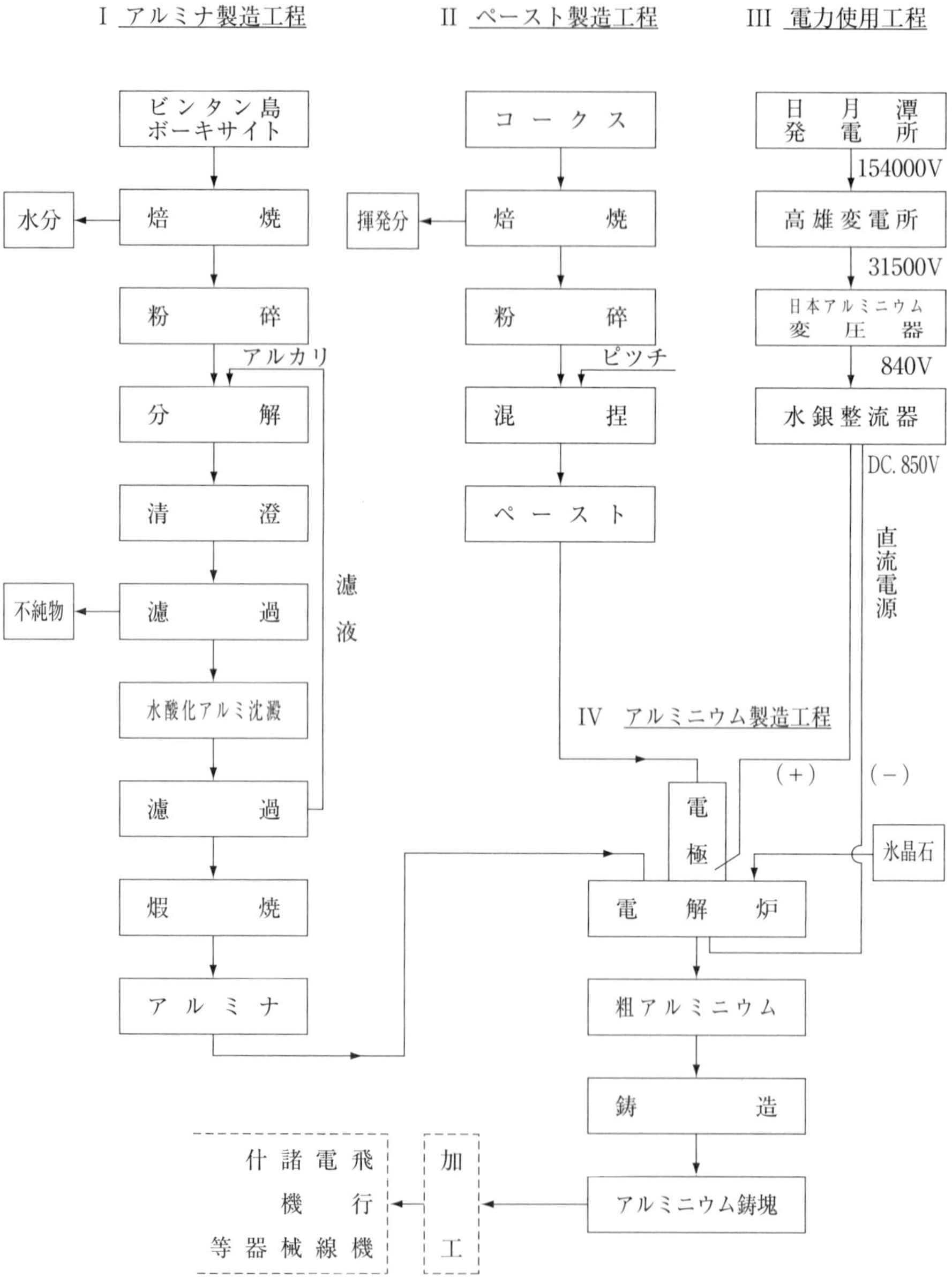

I　アルミナ製造工程
II　ペースト製造工程
III　電力使用工程
ビンタン島ボーキサイト
焙　焼
水分
粉　砕
アルカリ
分　解
清　澄
濾　過
不純物
濾液
水酸化アルミ沈澱
濾　過
煆　焼
アルミナ
コークス
焙　焼
揮発分
粉　砕
ピッチ
混　捏
ペースト
日月潭発電所
154000V
高雄変電所
31500V
日本アルミニウム変圧器
840V
水銀整流器
DC. 850V
直流電源
IV　アルミニウム製造工程
(+)
(−)
電極
氷晶石
電解炉
粗アルミニウム
鋳　造
アルミニウム鋳塊
加工
飛行機
電線
諸機械
什器等

アルミニウム製造工程表

一七　「覚書草案（当社案）〔複写〕」（一九三五年、資料番号 V–55）

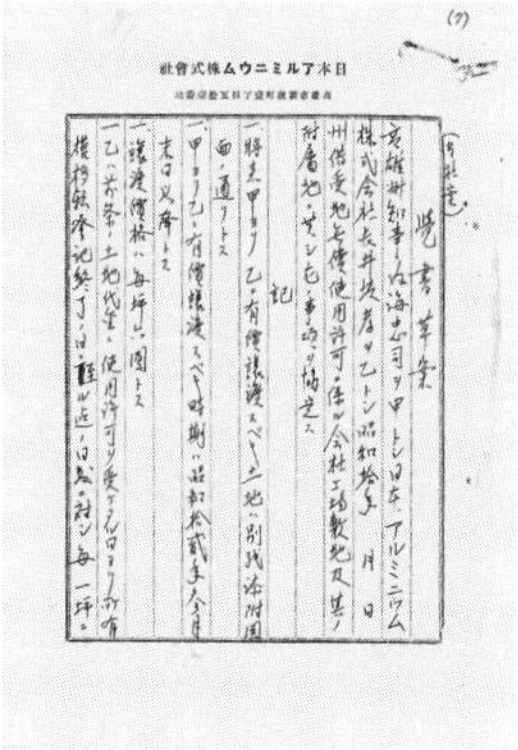

（当社案）

覚書草案

高雄州知事内海忠司ヲ甲トシ日本アルミニウム株式会社長井坂孝ヲ乙トシ昭和拾年　月　日州借受地無償使用許可ニ係ル会社工場敷地及其ノ付属地ニ関シ左ノ事項ヲ協定ス

記

一、将来甲ヨリ乙ニ有価譲渡スベキ土地ハ別紙添付図面ノ通リトス

一、甲ヨリ乙ニ有価譲渡スベキ時期ハ昭和拾弐年参月末日以降トス

一、譲渡価格ハ毎坪六円トス

一、乙ハ前条ノ土地代金ニ使用許可ヲ受ケタル日ヨリ所有権移転登記終了ノ日ニ至ル迄ノ日数ニ対シ毎一坪ニ付一ヶ年金参拾銭ノ割合ヲ以テ計算シタル金額ヲ加算シ甲ニ支払フモノトス

一、乙ガ現ニ使用中ノ土地ノ埋立ヲ必要トスル場合ハ工事ヲ甲ニ委託シ毎平面坪平均金八拾銭ノ割合ニテ費用ヲ甲ニ支払フモノトス

前項ノ場合甲ハ右地域内ニ介在スル公用道路、鉄道敷等ノ埋立ヲ同時ニナシ之ガ費用ハ乙ノ負担トス

右締結ノ証トシテ本書弐通ヲ作製シ双方署名捺印ノ上各壱通ヲ保有スルモノトス

昭和　年　月　日

高雄州知事　内海忠司

日本アルミニウム
株式会社長　井坂孝

高雄工場敷地面積

坪

海軍用地	飛	六一、三五三、五〇	計	九五、〇二五、三〇
	用	三三、六七一、八〇		
(A)道路	飛	二、六三一、一二九	計	八、七九五、四六三
	用	六、一六四、三三四		
(B)鉄道	飛	一、一一四、九二〇	計	二、五一四、四三八

用　一、三九九、五一八

（C）海岸道路　二、八七五、四四二　計　二、八七五、四四二

（A）（B）（C）合計　坪　一四、一八五、三四三

差引残　八〇、八三九、九五七

（G）一、八八三、六二八　（O）六八三、六二二

計　二、五六七、二五〇

残　七八、二七二、七〇七

〔「別紙添付図面」は欠〕

一八　「南日本化学工業株式会社社則」（一九三九年一〇月、資料番号 V–56）

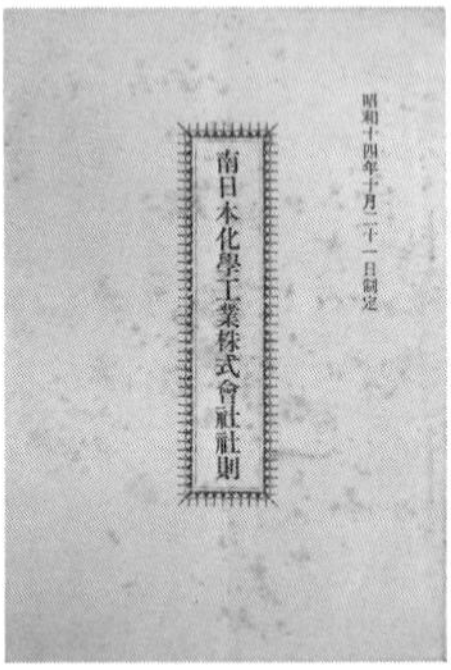

〔表紙〕

昭和十四年十月二十一日制定

南日本化学工業株式会社社則

〔本文〕

南日本化学工業株式会社社則

第一編　処務規定

第一章　総則

第一条　社長ハ会社ヲ代表シ社務ヲ総轄ス

第二条　専務取締役ハ社長ヲ補佐シテ社務ヲ処理シ社長事故アルトキハ専務取締役之ヲ代理ス

第三条　事務ノ都合ニ依リ職員ノ取ル可キ事務ヲ取締役ニ委嘱スルコトアル可シ

第四条　監査役ハ社務ヲ監査ス

監査役ハ其ノ互選ヲ以テ常任監査役壱名ヲ選任スルコトヲ得

第五条　本会社ノ事務ハ当該課ニ於テ稟議ニ付シ専務取締役ヲ経テ社長之ヲ決裁スルモノトス、但シ専務取締役カ社長ヨリ委任ヲ受ケタル事務ニ付テハ其ノ限度内ニ於テ之ヲ決裁スルコトヲ得

第六条　本会社重要ノ事務ハ取締役会ニ付シ之ヲ決定ス

第七条　取締役会ニ付ス可キ事項左ノ如シ

一、株主総会ノ招集ニ関スル事
二、資本ノ増減、会社ノ合併、解散等ニ関スル事
三、株金ノ払込、多額ノ借入金、社債募集若クハ償還ニ関スル事
四、事業ノ著シキ拡張又ハ縮少ニ関スル事
五、重要ナル訴訟ニ関スル事
六、相談役、顧問ノ嘱託ニ関スル事
七、役員ノ海外出張ニ関スル事
八、役員ノ報酬、交際費賞与金ノ分配率ヲ定ムル事
九、重要ナル規則類ノ制定改廃ニ関スル事
十、前記各号ノ外社長ニ於テ重要ト認メタル事項

第八条　前条各号中緊急処理ヲ要スル場合ニ限リ社長ハ専務取締役ト合議ノ上直チニ執行シ事後ニ於テ取締役会ノ承諾ヲ求ムルコトヲ得

第二章　職制

第九条　職員ハ上長ノ指揮ニ遵ヒ精励シ各自其ノ責ニ任ス

第十条　本会社ノ職員ハ社員雇員及傭員ニ分チ其ノ名称ヲ左ノ如ク定ム

社員
　理事
　参事　　技師
　参事補　技師補
　書記　　技手
　書記補　技手補
雇員
　書記試補　技手試補
　事務員　　工手
　守衛　　　職長
傭員
　職工
　小使
　自動車運転手
　給仕

第十一条　新ニ採用シタル職員ハ事務又ハ技術見習ノ為六ヶ月間ノ見習期間ヲ置ク
前項ノ場合見習期間ノ待遇ハ其都度之ヲ定ム

第十二条　職工ニ関スル規程ハ別ニ之ヲ定ム

第十三条　職員ハ別ニ定ムル処ノ規定ニ依リ詮衡ノ上採用ス

第三章　事務分掌

- 社長――専務
  - 秘書課　秘書係
  - 総務課　庶務係／株式係／労務係
  - 会計課　会計係／社債係
  - 経理課　経理係／倉庫係
  - 営業課　購買係／販売係
  - 調査課　企画係／資材係
  - 研究室
  - 高雄工場　技術第一課／技術第二課／技術第三課
  - 安平工場

第十四条　本会社ノ事務ヲ本社、支社、出張所、工場ニ分チ之ヲ処理セシム

第十五条　本社ニ秘書、総務、会計、経理、営業、調査ノ六課並ニ研究室ヲ置キ各課ノ下ニ左ノ係ヲ置ク

秘書課　秘書係
総務課　庶務係、株式係、労務係
会計課　会計係、社債係
経理課　経理係、倉庫係
営業課　購買係、販売係
調査課　企画係、資材係

第十六条　本社各課ニ課長ヲ置キ専務取締役ノ監督ノ下ニ本会社全般ノ事務ヲ分掌セシメ各係ニ主任ヲ置ク

第十七条　本社各課並ニ研究室ノ分掌事項左ノ如シ

一、秘書課

（1）秘書係

一、役員往復文書並ニ諸用向ニ関スル事
二、職員人事ニ関スル事
三、身元保証ニ関スル事
四、諸給与ニ関スル事
五、各種印章ノ保管ニ関スル事

二、総務課

（1）庶務係

一、株主総会ニ関スル事
二、取締役会ニ関スル事
三、特許実用新案及登録商標ニ関スル事
四、登記訴訟ニ関スル事
五、文書ノ発送及接受ニ関スル事

六、社内ノ規律、衛生ニ関スル事
七、寄付金ニ関スル事
八、火災保険ニ関スル事
九、以上各号ノ外各課各係ニ属セザル一切ノ事
（2）株式係
十、株式ニ関スル事
十一、株主名簿及株券台帳ノ保管ニ関スル事
（3）労務係
十二、職工ノ募集ニ関スル事
十三、職工ノ教育、養成及成績ノ調査ニ関スル事
十四、職工ノ保健、衛生及扶助ニ関スル事
十五、職工ノ雇入及解傭ニ関シ工場ノ監督ニ関スル事
三、会計課
（1）会計係
一、金銭出納、手形及証券ニ関スル事
二、取引銀行ニ関スル事
三、代金請求取立ニ関スル事
（2）社債係
四、借入金及社債ニ関スル事
四、経理課
（1）経理係
一、予算決算ニ関スル事
二、原価計算ニ関スル事
三、諸勘定整理ニ関スル事
四、財産管理ニ関スル事
（2）倉庫係
五、機械器具、材料品及需要品ノ受入、保管発送ニ関スル件
六、製品ノ受入、保管、発送ニ関スル件
五、営業課
（1）購買係
一、土地、機械、器具、材料品及需要品ノ購入ニ関スル事
二、建設物ノ請負ニ関スル事
三、不用品売却ニ関スル事
四、市況調査ニ関スル事
（2）販売係
五、販売取引ニ関スル一切ノ事
六、販売広告ニ関スル事
七、販売事務ノ改善並ニ新規販売ノ計画ニ関スル事
八、販売ニ関シ同業者ト交渉及販売統制ニ関スル事
九、商品ニ対スル保険ニ関スル件
十、市況調査ニ関スル事
六、調査課
（1）企画係

一、新規事業ノ企画ニ関スル事
二、一般経済事情ノ調査ニ関スル事
（2）資材係
三、資材ニ関スル一切ノ事
七、研究室
一、一般技術ノ研究ニ関スル事
二、企業計画ノ技術的研究並ニ設計ニ関スル事
第十八条　高雄工場ニ技術第一課、技術第二課、技術第三課ヲ置ク。其ノ分掌左ノ如シ
一、技術第一課
一、担当工場ノ技術ニ関スル一切ノ事
二、担当工場ノ職工ノ雇入及解傭ニ関スル事
三、担当工場ノ職工ノ監督ニ関スル事
二、技術第二課
一、担当工場ノ技術ニ関スル一切ノ事
二、担当工場ノ職工ノ雇入及解傭ニ関スル事
三、担当工場ノ職工ノ監督ニ関スル事
三、技術第三課
一、電気技術ニ関スル一切ノ事
二、営繕技術ニ関スル一切ノ事
第十九条　高雄工場ノ事務ハ本社所属員之ヲ掌ル
第二十条　安平工場ニ長ヲ置キ専務取締役監督ノ下ニ工場ニ於ケル全般ノ業務ヲ掌理セシム

第四章　服務規程
第二十一条　職員ハ本会社ノ規程及上長ノ命令ヲ遵守シ誠実ヲ以テ会社利益ノ増進ニ努力ス可シ
第二十二条　職員ハ礼儀ヲ重ンシ品行ヲ慎ミ忠実勤勉ヲ旨トシ公私トモ会社ノ体面ヲ汚ス如キ挙動アル可カラス
第二十三条　職員ハ会社業務ニ関スル一切ノ事項ヲ他ニ漏洩ス可カラス
第二十四条　職員ハ上長ノ許可ナクシテ勤務時間中擅ニ職務ヲ離レ又ハ勤務地ヲ離ルルコトヲ得ス。但シ勤務地ニ居住スルコト能ハサル事情アルトキハ予メ上長ノ許可ヲ受ク可シ
第二十五条　職員ハ社長ノ許可ナクシテ本会社外ノ業務ニ従事スルコトヲ得ス
第二十六条　職員ハ上長ノ許可ナクシテ何等ノ名義ヲ問ハス他ノ贈遺又ハ饗応ヲ受クルコトヲ得ス
第二十七条　職員ニシテ病気其他ノ事由ニ依リ遅刻、早退若クハ欠勤セントスルトキハ予メ届出ツベシ
病気欠勤七日以上ニ亘ルトキハ医師ノ診断書ヲ差出ス可シ
遅刻、早退ハ二回ヲ以テ欠勤一日ト看做ス

第五章　勤務時間休日及忌引規程
第二十八条　職員ノ勤務時間ハ左ノ通リトス、但シ事務繁劇ノ

場合ハ時間外ト雖モ勤務ス可シ

午前九時始業

午後五時終業

工場ノ勤務時間ハ別ニ之ヲ定ム

第二十九条　職員ノ休日ヲ左ノ通リトス

本社、支社、出張所

祝祭日、日曜日、一月一日ヨリ三日マテ

工場ノ休日ハ別ニ之ヲ定ム。業務上必要アルトキハ休日ト雖モ出勤ヲ命スルコトアル可シ

第三十条　職員ハ一ヶ年ヲ通シ業務ニ差支ナキ限リ予メ所属長ノ承認ヲ受ケ社員及雇員ニ在リテハ十日以内傭員ニ在リテハ五日以内ノ休暇ヲ為スコトヲ得

前項ノ規程ハ新ニ入社シタル者ニハ次ノ半期ヨリ之ヲ適用ス

第三十一条　前項ノ休暇ハ之ヲ病気又ハ事故欠勤日数ト振替フルコトヲ得

第三十二条　職員ハ左ノ忌引ヲ為スモノトス

祖父母　五日

伯叔父母　三日

父母若クハ妻　八日

子　五日

兄弟姉妹　三日

前項ノ場合内地帰還ヲ要スル者ニハ右忌引日数ノ外一週間ヲ限リ追加許容スルコトアル可シ

第三十三条　前条ノ場合ト雖モ事務ノ都合ニ依リ短縮シ除服出勤ヲ命スルコトアル可シ

第六章　休職及退職規程

第三十四条　職員ニシテ左ノ各号ノ一ニ該当スルモノハ休職若クハ退職ヲ命シ休職中ハ在職年限ニ加算ス

一、疾病其他ノ事故ニ依リ長期間勤務ニ就クコト能ハサルトキ

二、予定勤務期間ノ終了シタルトキ

三、業務繰合上ノ必要生シタルトキ

四、本人又ハ家族ノ浪費ノタメ生活安定ノ見込ナキトキ

五、重大ナル過失又ハ同僚間ノ不和ニヨリ在職ニ適セサルトキ

六、素行不良若クハ甚シキ反則又ハ職務ニ不誠実ナル行為アリタルトキ

第三十五条　休職ハ休職ヲ命セラレタル日ヨリ起算シテ満一ヶ年ヲ以テ満期トス

第三十六条　休職ヲ命セラレタル者ハ休職期間満了ト同時ニ職員ノ資格ヲ失フモノトス。但シ本人ノ願意ニ依リ直ニ退職ノ取扱ヲ為スコトアル可シ

休職期間中ト雖モ必要ニ応シ復職ヲ命スルコトア

ル可シ

第三十七条　休職者ニシテ社長ノ許可ヲ経スシテ本会社外ニ就職シタルトキハ其当月ヨリ休職給ノ支給ヲ停止シ直チニ退職者ト看做ス

第三十八条　入営又ハ応召ニ依リ軍務ニ服シタル者ハ服役中休職ヲ命シ其ノ任務満了ノトキハ直ニ復職セシム

第三十九条　自己ノ都合ニ依リ退職セントスル者ハ其ノ理由ヲ具シテ願出テ社長ノ許可ヲ受ク可シ

第七章　身元保証規程

第四十条　職員ハ在職中身元保証人ト連署シタル所定ノ誓約書ヲ差出スモノトシ保証人ハ本会社ニ於テ適当ト認メタル者ニ限ル

第四十一条　社員及雇員ハ在職中、毎半期賞与金ノ若干ヲ身元保証金トシテ積立ツルコトヲ要ス。其金額ハ会社ノ指定スル所ニ拠ル

第四十二条　積立金ノ預ケ入レヲ為シタルトキハ通帳ヲ交付シ相当ノ利子ヲ付スルモノトス

第四十三条　社員及雇員在職中死亡シ其相続人又ハ遺族カ積立金ノ返還ヲ請求スル場合ハ相当ノ証明ヲ要ス

第八章　賞罰規程

第四十四条　左ノ各号ノ一ニ該当スル者ハ特ニ賞与金品又ハ賞状ヲ交付シテ之ヲ表彰ス

一、精勤ニシテ他ノ模範タル可キ者

二、業務上又ハ研究上特別ノ功労アリタル者

三、非常事変ニ際シ抜群ノ尽力ヲ為シタル者

第四十五条　左ノ各号ノ一ニ該当スル者ハ懲戒処分ニ処ス

一、背任ノ行為アリタル者

二、会社ノ機密ニ属スルコトヲ他ニ漏洩シタル者

三、会社ノ体面ヲ汚損スル行為アリタル者

四、職務上過怠ニ因リ会社ニ損害ヲ蒙ラシメタル者

五、怠業シ又ハ人ヲ教唆扇動シテ怠業セシメ若クハ罷工ヲ企テ又ハ之ヲ為シタル者

六、規則、令達又ハ上長ノ命ニ違背シ越権ノ行為アリタル者

七、他ノ誘惑ヲ受ケ本会社ノ都合ヲ顧ミス退職ヲ申出テタル者

八、其他業務上不都合ノ行為アリタル者

第四十六条　懲戒ハ譴責、罰俸、解職ノ三種トス

第四十七条　社員及雇員過誤、怠慢又ハ不法ニ依リ会社ニ対シ損害ヲ蒙ラシメタルトキハ情状ニ依リ其ノ全部又ハ一部ヲ弁償セシム可シ

損害弁償ニハ積立金ノ元利ヲ以テ之ニ充テ尚ホ不足ヲ生シタルトキハ本人及保証人連帯シテ之ヲ弁

償ス可シ

第四十八条　社員及雇員懲戒処分ニ依リ解職トナリタル場合ハ身元保証金ヲ返還セサルコトアル可シ

第九章　出張規程

第四十九条　職員カ社用ノ為日帰リニテ出張スル場合ニハ出張先及用件ヲ具申シ上長ノ承認ヲ受クルコトヲ要ス帰社シタルトキハ直チニ書面又ハ口頭ヲ以テ復命ス可シ

第五十条　職員カ社用ノ為メ出張ヲ必要トスル場合ニハ出発ト帰社ノ日ヲ予定シ出張先及用件ヲ具申シ上長ノ承認ヲ受クルコトヲ要ス

第五十一条　出張中用件ノ都合ニテ予定ヲ変更スル必要アルトキハ其都度上長ノ承認ヲ受クルコトヲ要ス

第五十二条　出張中ハ日々報告ヲ為シ帰社シタルトキハ直ニ書面ヲ以テ復命ス可シ

第二編　給与規定〔ママ〕

第一章　俸給

第五十三条　社員ノ俸給ハ年俸又ハ月俸ト定メ毎月二十五日ニ支給ス。当日休日ニ当ルトキハ繰上ケ前日ニ支給ス

新任、増給又ハ減給ノ場合ハ総テ辞令ノ当日ヨリ日割ヲ以テ計算シ退職者又ハ死亡者ニ対シテハ其ノ月分ノ俸給全額ヲ支給ス

第五十四条　雇員及傭員ノ俸給ハ月俸又ハ日給ト定メ日給ハ毎月二十五日ニ前月二十一日ヨリ当月二十日マテノ分ヲ支給ス。当日休日ニ当ルトキハ繰上ケ前日ニ支給ス

所定ノ休日、休暇及特ニ与ヘラレタル休日ハ勤務日数ニ算入ス。但シ欠勤シタル日ノ間ニ介在スル休日ハ此ノ限ニ在ラス

第五十五条　毎年春秋各一回嘱託医ヲシテ現職々員ノ定期健康診断ヲ行ハシム

尚伝染病流行ノ節若クハ個人ノ健康不充分ナリト認メタルトキハ随時健康診断ヲ行ハシムルコトアルヘシ

第五十六条　業務上ノ原因ニ依リ疾病傷痍ニ罹リタルトキハ会社ノ費用ヲ以テ療養ヲ施スヘシ

前項ノ場合ニ於テ其療養中俸給ノ全額ヲ支給ス。但シ自己ノ重大ナル過失ニ因ル場合ハ此ノ限ニ非ラズ

第五十七条　前条医療ノ方法ハ受療者ノ任意トス

但シ会社ハ嘱託医ヲシテ其方法ノ適否ヲ審査セシメ必要ノ限度ニ於テ医療費ヲ給与スルコトアルヘシ

シ

第五十八条　前条ノ医療終了後左ノ各号ニ該当スルトキハ左ノ区分ニ拠ル扶養料ヲ支給ス

一、終身自由ヲ弁スルコト能ハサルモノ
　俸給五ヶ年分以上十ヶ年分以内

二、終身労務ニ服スルコト能ハサルモノ
　俸給三ヶ年分以上五ヶ年分以内

三、従来ノ業務ニ服スルコト能ハサルモノ又ハ健康旧ニ復スルコト能ハサルモノ
　俸給二ヶ年分以上三ヶ年分以内

四、身体ヲ傷害シ旧〔復カ〕ニ服スルコト能ハサルモ引続キ従来ノ業務ニ服シ得ルモノ
　俸給半ヶ年分以上二ヶ年分以内

第五十九条　業務上ノ原因ニヨリ死亡シタルモノハ其遺族ニ俸給三ヶ年分以上五ヶ年分以内ノ扶養料ヲ支給ス

第六十条　左記各号ノ事由ニ依リ引続キ欠勤六十日以上ニ及フトキハ以後俸給ノ三分ノ二ヲ支給シ更ニ六十日以上ニ及フトキハ以後俸給ノ二分ノ一ヲ支給ス

一、疾病傷痍ニ罹リ其療養中

二、産前、産後ノ療養中

第六十一条　私事ノ故障ニ依リ一ヶ月通算十五日以上欠勤シタル者ノ俸給ハ出勤日数日割額ヲ支給ス

第六十二条　台湾ニ在勤スル者ニハ技手試補以上在勤手当トシテ俸給ノ五割ヲ支給ス
欠勤ノ場合ニ於ケル在勤手当ノ支給ニ関シテハ第六十条ノ規定ヲ準用ス

第六十三条　在勤手当ハ任地到着ノ日ヨリ之ヲ支給シ転勤ヲ命セラレタル場合ニ於テハ任地出発ノ日ノ翌日ヨリ之ヲ支給セス。但シ休職退職又ハ死亡ノトキハ当月分全額ヲ支給ス

第六十四条　台湾ニ在勤スル者ニハ会社ノ都合ニ依リ社宅ヲ貸与スルコトアルヘシ

第六十五条　会社ノ都合ニヨリ社宅ヲ貸与スルコト能ハサルトキハ左ノ区分ニヨリテ社宅料ヲ給与スヘシ

理事、参事、技師	月額	四十五円
参事補、技師補	〃	四十円
書記、技手	〃	三十円
書記補、技手補	〃	二十円
雇員	〃	十五円
傭員	〃	十円

第六十六条　休職者ニハ其辞令ヲ受ケタル翌月ヨリ俸給ノ三分ノ一ヲ支給ス

第六十七条　第三十八条ニ依リ休職トナリタル者ニ関シテハ別ニ之ヲ定ム

第二章　旅費規程

第六十八条　社用ノ為メ出張スルトキハ別表ニ依リ旅費ヲ支給ス。但シ旅行ハ順路ニ依ルモノトス
宿泊ヲ要スルトキハ第一号表ニ拠リ即日帰社ノトキハ第二号表ニ拠ル

第六十九条　汽車旅行ニシテ必要ナル場合ニハ急行料金ヲ支給ス。但シ寝台料金ハ之ヲ支給セス
飛行機ニ乗用スル場合ニハ其料金ヲ支給ス。但シ職員カ飛行機ニ乗用スル場合ニハ上長ノ承認ヲ受クルコトヲ要ス

第七十条　汽車賃、汽船賃、飛行機賃、艀賃、車馬賃、人夫賃等ハ何レモ実費ヲ支給ス
宿泊料ハ宿泊数ニ応シ日当ハ日数ニ応シ之ヲ支給シ船舶旅行ニハ宿泊料ヲ支給セス

第七十一条　左記地方ヘ出張スルトキノ日当、宿泊料ハ其都度之ヲ定ム
樺太、朝鮮、満洲、支那其他外国

第七十二条　旅行中交際費又ハ贈答ヲ要スル場合ハ予メ上長ノ承認ヲ受ク可シ

第七十三条　旅行中病気其ノ他ノ事由ニ依リ滞在ヲ要スル場合ハ十日間ハ普通旅費ヲ支給シ其後ハ事情ヲ調査シテ実費ヲ支給ス

第七十四条　転勤ヲ命セラレタル為メ其ノ居住地ノ変更ヲ必要トスル場合ハ普通旅費及第三号表ニ拠ル赴任手当ヲ支給シ且ツ本人配偶者並ニ其ノ扶養ヲ受クル直系ノ血族ニハ本人相当ノ普通旅費ヲ支給ス。但シ十二歳未満ノ者ニハ其半額ヲ支給シ七歳未満ノ者ニハ之ヲ支給セス
前項ノ場合ニ於テ赴任ノ際家族ヲ同伴セサルトキト雖モ六ヶ月以内ニ家族ヲ引纏メ任地ニ転居スル場合ハ受命当時ノ資格ニ於テ本条ヲ適用ス

第七十五条　転勤者及新ニ採用シタル者ノ家具ノ荷造費及運賃ハ実費ヲ支給ス

第七十六条　新ニ採用シタル者ニ対スル赴任旅費ハ普通旅費ヲ支給シ且ツ本人配偶者並ニ其ノ扶養ヲ受クル直系ノ血族ニハ本人相当ノ普通旅費中日当、宿泊料ヲ除キ之ヲ支給ス。但シ十二歳未満ノ者ニハ其半額ヲ支給シ七歳未満ノ者ニハ之ヲ支給セス

第七十七条　社用ノ為メ出張シ同一場所ニ滞在スルコト七日以上ニ亘ルトキハ八日目ヨリ日当、宿泊料ヲ定額ノ三分ノ二ヲ支給ス
但シ台湾島外ニ出張シタルトキハ前項ノ七日ヲ十四日トシ十五日目ヨリ日当、宿泊料ヲ定額ノ三分ノ二ヲ支給ス、又三十日以上滞在スルトキハ三十一日目ヨリ宿泊料ヲ支給シ日当ハ之ヲ支給セス

第七十八条　旅費ハ出発前概算前渡ヲ為スコトヲ得、但シ帰着

後十日以内ニ清算ヲ為ス可シ

第七十九条　傍系会社ノ用務ノ為メ出張シタルトキハ本規程ニ依リ本会社ヨリ旅費ヲ支給シ本会社ハ傍系会社ヘ相当額ヲ請求スルモノトス

第一号表

職名	汽車	汽船	宿泊料	日当
役員	一等	一等	一五円	一〇円
理事、参事、技師	二等	一等	一〇円	八円
参事補、技師補	二等	一等	八円	七円
書記、技手	二等	二等甲	七円	六円
書記補、技手補	内地三等 島内二等	二等乙	六円	五円
雇員	三等	二等乙	五円	四円
傭員	三等	三等	四円	三円

第二号表

職名	汽車	汽船	弁当料　円
役員	一等	一等	三・五〇
理事、参事、技師	二等	二等	三・〇〇
参事補、技師補	二等	二等	二・五〇
書記、技手	二等	二等	二・〇〇
書記補、技手補	内地三等 島内二等	二等	一・五〇
雇員	三等	三等	一・〇〇
傭員	三等	三等	五〇

第三号表

粁程＼身分	理事 参事、技師	参事補 技師補	書記 技手	書記補 技手補	雇員	傭員
二、〇〇〇粁以上	一五〇円	一三〇円	一二〇円	一〇〇円	八〇円	六〇円
一、〇〇〇粁以上	一一〇円	一〇〇円	九〇円	七〇円	六〇円	四〇円
五〇〇粁以上	八〇円	七五円	七〇円	五〇円	四〇円	三〇円
一〇〇粁以上	六〇円	五五円	五〇円	四〇円	三〇円	二〇円

第三章　祭粢料規程

第八十条　職員又ハ其家族死亡シタルトキハ左記祭粢料ヲ支給ス

	社員	雇員及傭員
本人	三十円以上二百円迄	三十円以上五十円迄
父母又ハ配偶者	三十円	二十円
子女又ハ同居ノ祖父母	二十円	十円

前項家族ハ同一戸籍中ニ在ル者ニ限ル

第八十一条　業務上ノ原因ニヨリ死亡シタルトキハ葬祭ヲ行フモノニ俸給二ヶ月分ノ葬祭料ヲ支給ス

第四章　退職手当規程

第八十二条　在職三年以上ニ亘ル者退職シタルトキハ別ニ定ムル所ノ内規ニ依リ退職手当金ヲ支給ス、但シ懲戒処分ニヨリ退職シタル者及会社ノ意ニ反シ退職シタル者ニハ之ヲ支給セス

第五章　在勤手当及職務手当

第八十三条　会社ノ必要ニ依リ僻陬ノ地ニ居住セシムル者ニハ特ニ在勤手当ヲ支給スルコトアル可シ

第八十四条　職務ノ性質又ハ其ノ他ノ事情ニ依リ特ニ職務手当ヲ支給スルコトアル可シ

以上

一九　「建設予算超過説明書付意見書」（一九四一年三月、資料番号 V-60）

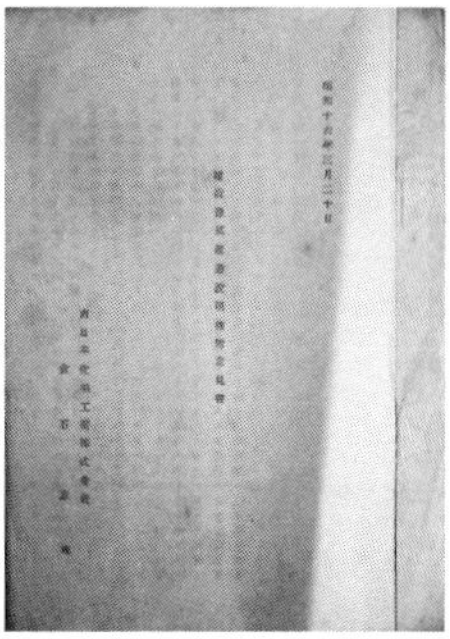

〔表紙〕

昭和十六年三月二十日

建設予算超過説明書付意見書

南日本化学工業株式会社

倉石忠雄

〔本文〕

予算超過説明書

別表ノ如ク当社ノ金属マグネシウム工業ニ対スル最初ノ起業費予算一〇、〇〇〇、〇〇〇円、〇〇ニ対シ実行予算ハ一二、三二一、七四五円、一五トナリマス。

当初ノ起業費予算ニ対シ最初ノ重役会ノ申合ハ第二回払込即チ金七百五拾万円ダケシカ株主トシテハ出資セヌ、アト資金ノ入用アル場合ハ金弐百五拾万円マデ借入金ヲ以テ之ニ充当スルトイフコトデアリマスガ之ニ依ツテ建設ヲ開始シマシタ結果建設ニ対スル直接費ガ金七百五拾万円ノ払込金デ賄ヒキレナクナツタ最大ノ原因ハ

	円
1、塩田苦汁収集設備	七九一、五二二、三〇
2、安平工場建設費	一、一九三、九五五、一二
3、建築費予算超過	一、二二四、六六〇、〇〇
4、日曹苦汁工場（台南）引継代金	二八二、六一四、三二
合計	三、四九二、七五一、七四

以上ノ四点ガ主タルモノデアリマシテ

1、塩田苦汁収集設備ニ就テ

当社ガ金属マグネシウムノ基礎原料タル苦汁ヲ集メル設備ヲ最初ノ目論見書ニ計上シテオカナカツタコトハ杜撰ナル計画デアリマス。

2、安平工場ニ就テ

金属マグネシウム製造ノ原料タル塩化マグネシウム製造ハ最初高雄工場内ニ設備スル予定ニシテコノ能力ハ金属マグネ六〇〇噸ノ原料ヲ製造スル能力ノモノデアリマシタノデ更ニ塩田地タル安平ニ六〇〇噸能力ノ原料工場ヲ建設シタノデアリマス（当社金属マグネ年産一、二〇〇噸）。

又航空本部ヨリ臭素ノ生産ヲ要求セラレタコトモ安平工場ヲ急イダ理由デアリマスガコノ塩化マグネシウム工場ノ建設予算ニ於テ壱百弐拾万円ノ予算超過ヲ見タルハタシカニ

杜撰ナル計画トイハネバナリマセン。

3、建築予算超過ニ就テ

当初建築設計ハ日曹二本木工場及岩瀬工場ノ建築部ニ依頼シ坪当リ、一二〇円程度ノ見積デアリマシタトコロ台湾ハ木材全部ヲ内地ヨリ移入スル関係上坪当リ単価二〇〇円乃至三〇〇円ニ騰貴シタルノミナラズ台湾特有ノ風速ニ堪エルタメ木造ヲ鉄筋ニ変更シタルコト、地盤脆弱ノタメ基礎杭六千本以上モ要シタルコト、地盛工事設計ニ錯誤アリシコト、台湾南部特有ノ雨量ヲ考慮セズシテ排水溝ヲ設計シタルコト等基礎土木工事ニ意外ノ経費ヲ要シタルコト等ノタメデアリマス。

4、日曹台南苦汁工場引継ニ就テ

日曹ガ台湾製塩工場ニ接続シテ臭素、塩化加里、塩化マグネシウム等ノ回収工場ヲ実験的ニ経営シテオツタノデスガ之ガ土台トナツテ当社ノ技術計画ヲ立案シマシタ関係上当社ノ重役会ニ於テ（昭和十五年四月十五日）之ヲ日曹ヨリ引継イダモノデアリマス。

将来ニ対スル建設当事者トシテノ意見

一、金属マグネシウム工業ニ対シ

第一案　第三回払込金（参百七拾五万円）ヲ得テ

高雄工場ノ金属マグネシウム工場ヲ完成シ、同工場内ニ既ニ用意セル塩化マグネシウム製造機械設備（安平工場ヨリヤヤ高能力ノモノニシテ金六九六、八六〇円、七七）ヲ塩田地タル「布袋」ニ移シ安平工場ト同能力ノ工場ヲ建設スルコト

之ニハ別表ニ「運転資金予備金」トシテ計上シアル金百五拾万円ノ中ヨリ約五拾万円ヲ布袋工場建設ニ使用スルコトヲ要ス。

第二案　第三回払込金ヲ得テ

高雄工場ノ金属マグネシウム工場ヲ完成シ同工場内ニ所有スル塩化マグネシウム製造機械設備ノ内金六九六、八六〇円、七七ヲ台湾島内ノ製塩会社（タトヘバ台湾製塩会社）ニ買〔売カ〕却シ布袋工場ヲ経営セシメコノ工場カラ当社高雄工場ニ必要ナル原料塩化マグネ半分ヲ供給セシム、若シコノ布袋工場ヲ製塩会社ニ経営セシムルトセバ別表「運転資金」中ヨリ金五拾万円ノ使用ハ不必要トナル。

〔別表略〕

第三案　第三回払込金ヲ徴収セズ

当社高雄工場内ニ所有スル塩化マグネ製造機械設備（六九六、八六〇円、七七）ヲ製塩会社ニ譲渡シ之ヲ以テ布袋工場ヲ完成セシメ更ニ当社ノ塩田施設（七九一、五二一円、三〇）及安平工場（一、五〇三、五六九円、四四）ヲ譲渡シ此合計代金二、九九一、九五二円、五一ヲ受取リ之ニヨリテ金属マグネシウム工場ヲ完成セシ

ム。

コノ場合ハ別表ニ計上セル運転資金及予備金ハ金五〇〇、〇〇〇円、〇〇ヲ以ツテ足ル。

以上三案ノ内資金関係ノミヨリ考慮スレバ第三案ヲ最モ便利ナリトスルモ日曹二本木工場及陸軍航空本部ヨリ当社ニ期待セラレル臭素関係及利益率ノ多キ苛性曹達工業許可ノ事情（後記）ヨリ考慮スレバ第三案ハ全然臭素製造ハ不可能ニシテ又商工省、企画院ガ苛性曹達工業ヲ許可シタル理由ニ添ハナクナルノデ当事者トシテハ事情ノ許スカギリ第一案ヲ採用シ、原料ノ廉価ナル供給ヲ計ルト同時ニ日曹二本木工場及陸軍トノ連繋ヲ密ニシタシト希望スルトコロデアリマス。

已ムヲ得ザル場合デモ既ニ安平工場ハ完成シテ臭素等ノ製造ヲ開始シテオルノデアリマスカラ安平工場ハソノママトシ布袋工場ノミヲ製塩関係者ニ譲ルヲ可ト信ジマス。即チ前記第二案デアリマシテコノ計画ニヨレバ資金ハ第三回払込金ト運転資金百万円トシテ今後ニ要スル資金ハ四百七拾五万円トナリマスガコノ内高雄ノ塩マグ機械ヲ売却シ差引四、一〇七、四五八円、七〇トナリマス。

二、臭素増産ニ就テ

陸軍航空本部ヨリ命令ノアリマシタ臭素増産ニ対シ金弐百万円ノ予算ヲ以テ臭素ノミヲ製造スル案ヲ前社長ノ手元ニ於テ立案セラレマシタガモウ一応現地塩田ニ即シテ技術上ノ再検討ヲ行ハシメ更ニ原価計算ノ再吟味ヲナシタル上航空本部トノ正式納入契約ヲ得ルマデ此ノ計画ハ保留シタイト希望シマス。

三、苛性曹達工業ニ対シ

当社ガ塩田苦汁ヲ化学的処理シ布袋、安平等ニ於テ塩化マグネシウムヲ製造スル工程中食塩ガ約八千噸副生シマス。コノ量ヲ以ツテ苛性曹達工業ヲ許可セラレ、コレニ要スル資材ハ台湾総督府ニ於テ昭和十五年度鋼材五十噸、十六年度ニ於テハ鋼材四百噸配給ノ内諾ヲ与ヘラレ高雄工場ニ於テ既ニ建設ニ着手シ金弐百弐拾余万円ノ資材購入済デアリマス（苛性曹達建設着手ハ昭和十五年八月七日重役会ニ於テ決定）ソシテコノ苛性曹達工業ニ要スル建設資金ハ参百七拾五万円デアリマスガ苛性曹達工業ハ台湾島内ニ於テハ当社ノ独占デアリマシテ曹達、液体塩素、晒粉等ノ需要ハ逐年増加シ、パルプ会社等ヨリ今日既ニ当社ニ対シ供給ノ予約ヲ申込マレテオル次第デアリマシテ利益率モ多ク是非トモ曹達工業ハ一日モ早ク完成サセタシト熱望スル次第デアリマス。

斯クテ結局当社今後ノ所要資金ハ

1、金属マグネシウム関係工場完成ノタメニ直接建設費

第一案ノ場合　金　三、八〇四、三一九円、四七

第二案ノ場合　金　三、一〇七、四五八円、七〇

第三案ノ場合　金　〇円

2、苛性曹達工場完成ノタメニ

3、運転資金及予備金　金三、七五〇、〇〇〇円、〇〇

第一案ノ場合　金一、五〇〇、〇〇〇円、〇〇

第二案ノ場合　金一、〇〇〇、〇〇〇円、〇〇

第三案ノ場合　金五〇〇、〇〇〇円、〇〇

所要資金

総計

第一案ノ場合　金九、〇五四、三一九円、四七

第二案ノ場合　金七、八五七、四五八円、七〇

第三案ノ場合　金四、二五〇、〇〇〇円、〇〇

以上

工場建設費明細

原予算実行予算対照表（差額ノ内予算減少額ハ黒字 予算超過額ハ赤字〔注・ここでは太字〕ヲ以テ示ス）

			土地	建物	機械	諸設備	合計
			円	円	円	円	円
高雄工場	マグネシウム工場	原予算	〇	七三二、〇〇〇、〇〇〇	二、七二四、〇〇〇、〇〇〇	〇	三、四五六、〇〇〇、〇〇〇
		実行予算	〇	八四一、七六八、〇〇四	二、六〇四、四四八、六七〇	〇	三、四四六、二一六、七一〇
		差額	〇	**一〇九、七六八、〇〇四**	一一九、五五一、三三〇	〇	九、七八三、二九〇
	加里工場	原予算	〇	三六、〇〇〇、〇〇〇	一一一、一〇〇、〇〇〇	〇	一四七、一〇〇、〇〇〇
		実行予算	〇	三五、一八〇、三三二	一一一、一〇〇、〇〇〇	〇	一四六、二八〇、三三二
		差額	〇	八一九、六六八	〇	〇	八一九、六六八
	汽缶設備	原予算	〇	一四、八二〇、〇〇〇	三三〇、〇〇〇、〇〇〇	〇	三四四、八二〇、〇〇〇
		実行予算	〇	一三二、一四五、六〇〇	三二二、一五五、〇〇〇	〇	四五四、三〇〇、六〇〇
		差額	〇	**一一七、三二五、六〇〇**	七、八四五、〇〇〇	〇	**一〇九、四八〇、六〇〇**
	変電所設備	原予算	〇	一六、二〇〇、〇〇〇	七〇〇、〇〇〇、〇〇〇	〇	七一六、二〇〇、〇〇〇
		実行予算	〇	一三、二一〇、〇〇二	一、二〇一、四六一、〇二七	〇	一、二一四、六七一、〇二九
		差額	〇	二、九八九、九九八	**五〇一、四六一、〇二七**	〇	**四九八、四七一、〇二九**
	雑設備	原予算	一、〇〇〇、〇〇〇、〇〇〇	五一二、三二〇、〇〇〇	二七四、六〇〇、〇〇〇	八四九、〇〇〇、〇〇〇	二、六三五、九二〇、〇〇〇
		実行予算	九八二、三二二、三三〇	一、一四九、五九二、七七一	二九三、六〇一、四四六	一、一四九、二八二、三三四	三、五七四、七九八、八八一
		差額	一七、六七七、六七〇	**六三七、二七二、七七一**	**一九、〇〇一、四四六**	**三〇〇、二八二、三三四**	**九三八、八七八、八八一**
	小計	原予算	一、〇〇〇、〇〇〇、〇〇〇	一、三一一、三四〇、〇〇〇	四、一三九、七〇〇、〇〇〇	八四九、〇〇〇、〇〇〇	七、三〇〇、〇四〇、〇〇〇
		実行予算	九八二、三二二、三三〇	二、一七一、八九六、六九九	四、五三二、七六六、四四〇	一、一四九、二八二、三三四	八、八三六、二六七、七七三
		差額	一七、六七七、六七〇	**八六〇、五五六、六九九**	**三九三、〇六六、四四〇**	**三〇〇、二八二、三三四**	**一、五三六、二二七、七七三**
安平工場	安平工場	原予算	〇	〇	〇	〇	〇
		実行予算	三四、五〇〇、〇〇〇	三六四、一〇三、三一	五六六、四〇六、八一	二二八、九四五、〇〇〇	一、一九三、九五五、一二
		差額	**三四、五〇〇、〇〇〇**	**三六四、一〇三、三一**	**五六六、四〇六、八一**	**二二八、九四五、〇〇〇**	**一、一九三、九五五、一二**
	日曹苦汁工場引継代金	原予算	〇	〇	〇	〇	〇
		実行予算	〇	〇	〇	二八二、六一四、三二	二八二、六一四、三二
		差額	〇	〇	〇	**二八二、六一四、三二**	**二八二、六一四、三二**

塩田設備

塩田苦汁収集設備	原予算	○	○	○	○	○
	実行予算	○	○	○	七九一、五二二、三○	七九一、五二二、三○
	差額	○	○	○	**七九一、五二二、三○**	**七九一、五二二、三○**
合計	原予算	一、○○○、○○○、○○	一、三一一、三四○、○○	四、一三九、七○○、○○	八四九、○○○、○○	七、三○○、○四○、○○
	実行予算	一、○一六、八二二、三○	一、五三六、○○○、○○	五、○九九、一七三、二一	二、四五二、三六三、九六	一一、一○四、三五九、四七
	差額	**一六、八二二、三○**	**一、二二四、六六○、○○**	**九五九、四七三、二一**	**一、六○三、三六三、九六**	**三、八○四、三一九、四七**
運転資金及予備金	原予算					二、六一一、四六○、○○
	実行予算					一、五○○、○○○、○○
	差額					一、一一二、四六○、○○
起業費総計	原予算					一○、○○○、○○○、○○
	実行予算					一二、三三一、七四五、一五
	差額					**二、三三一、七四五、一五**

備考｛当社ニ於テ布袋工場ヲ建設スル場合ニハ前記高雄工場内「マグネシウム工場」機械設備金二、六○四、四四八円、六七ノ中
六九六、八六○円、七七ヲ布袋ニ移シ、運転資金一、五○○、○○○円、○○中五○○、○○○円、○○ヲ流用スレバ足ル｝

当社所有資金　七、五○○、○○○円、○○（第一回及第二回払込金）

別紙金属マグネシウム工業意見書中
今後ニ要スル資金｛第一案ノ場合　五、三○四、三一九、四七
第二案ノ場合　四、一○七、四五八、七○
第三案ノ場合　五○○、○○○、○○｝円
（但シ金属マグネシウム工業所要資金＝運転資金ヲ含ム）

苛性曹達工業ニ要スル資金　三、七五○、○○○、○○円
（既ニ弐百弐拾万円ノ資材発註〔注〕済ニシテ建設進行中）

全計画完成ノタメ
今後ニ要スル資金｛第一案ノ場合　九、○五四、三一九、四七
第二案ノ場合　七、八五七、四五八、七○
第三案ノ場合　四、二五○、○○○、○○｝円

第Ⅲ部　資料篇

人名索引

凡　例

・第Ⅰ部「研究篇」および第Ⅱ部「翻刻篇」に登場する人物を索引の対象とした。ただし、姓名の特定が困難な人物、および第Ⅰ部に登場する研究者の人名は除外した。
・第Ⅱ部「翻刻篇」の日記・回想録で姓のみが記されている場合でも、肩書きや文脈から姓名の推定が可能な場合には索引の対象として頁数を拾った。
・第Ⅲ部「人物レファレンス」で略歴を記した人物については、人名に＊を付した。
・結婚・養子縁組等により複数の姓・名がある場合には（　）内に記した。
・台湾・朝鮮・中国人名は日本語音読みで配列した。

〈あ〉

〈い〉

〈う〉

〈ち〉

〈つ〉

〈て〉

〈と〉

〈な〉

〈に〉

〈ぬ〉

〈ね〉

〈の〉

〈は〉

〈ひ〉

〈ふ〉

〈へ〉

〈ほ〉

〈ま〉

〈み〉

〈ら〉

〈り〉

〈ろ〉

〈わ〉

人物レファレンス

凡　例

第Ⅱ部「内海日記」に登場する人名のうち、姓名と経歴の特定できる人物について略歴を記した。ただし、『内海忠司日記 1928–1939』の人物レファレンスに登場する人名、本の著者名・書名や史蹟類の名称の一部として登場する人名、新聞紙上の記事にのみ登場する人名は除外した。また、「内海回想録」にのみ登場する人名も除外した。

略歴の記載にあたっては、以下のような原則に従った。

・生没年について、不詳の場合は「*」とした。生没年ともに不詳の場合には項目自体を記さなかった。

・出身地について、日本人については、原則的に道府県名を用いて記した。台湾人については、行政区画の名称が時代によって大きく異なるために、「新竹出身」「台南出身」というように、1920 年以降の地方制度における市・街・庄の名前を標準として記した。

・学歴は原則的に最終学歴のみを記したが、内海と同じ京都府立第二中学校、第三高等学校を卒業している場合など学歴を二重に記したものもある。また、帝国大学については「帝大」という略称を用い、卒業学部名について法科大学の場合は「法科」、法学部の場合は「法学部」というように記した。陸軍士官学校は「陸士」、陸軍大学校は「陸大」、海軍兵学校は「海兵」、海軍大学校は「海大」という略称を用いて、卒業年のあとに「期」を記した。

・文官高等試験は「高文」、文官普通試験は「普文」と略し、合格年を記した。高文行政科は単に「高文」と記し、外交科の場合は「高文外交科」、司法科の場合は「高文司法科」と記した。

・職歴について、内海日記に登場する時期の職名と、その前職、後職を中心として記した。台湾総督府はすべて「総督府」と略記する一方、朝鮮総督府については略記しないこととした。

・官僚が官を辞すことについて、「依願免本官」という形式をとっていることを確認できる場合にはそのように記し、それ以外の場合は「退官」と記した。

・総督府評議会員および州協議会員に関して（　）内に任期を記すように努めたが、それ以外の協議会員・議員については原則として初任年のみを記した。

・同年のできごとについては・（ナカグロ）でつないだ。官名（雇、属、技手、技師等）と職名（内務部勧業課長、殖産局勤務等）を分けて記した場合には両者を / （スラッシュ）でつないだ。

・略歴の作成にあたって、『台湾総督府及所属官署職員録』各年版、『台湾官民職員録』各年版、「台湾総督府公文類纂」、『台湾総督府府報』（1942 年 4 月 1 日以降は『台湾総督府官報』）のほか、主として以下のような文献を参考にした。

原幹州編『台湾自治制度改正十周年記念人物史』（勤労と富源社、1931 年）、勝田一編『帝国大学出身名鑑』（校友調査会、1932 年）、林進発『台湾官紳年鑑　第四版』（1934 年）、台湾新民報社編『台湾人士鑑』（1937 年）、学士会『会員氏名録　昭和十三年用』（1937 年）、人事興信所『人事興信録　第十二版』（1939 年）、興南新聞社編『台湾人士鑑』（1943 年）、戦前期官僚制研究会編 / 秦郁彦著『戦前期日本官僚制の制度・組織・人事』（東京大学出版会、1981 年）、秦郁彦編『日本陸海軍総合事典』（東京大学出版会、1981 年）、岡本真希子『植民地官僚の政治史』（三元社、2008 年）、太平洋戦争研究会編著『日本海軍将官総覧』（PHP 研究所、2010 年）、太平洋戦争研究会編著『日本陸軍将官総覧』（PHP 研究所、2010 年）

〈あ〉

●相原良一
1912年–1999年、宮城県出身、37年東京帝大大学院修了・武蔵高等学校講師、41年同教授

●赤池濃
1879年–1945年、長野県出身、1902年東京帝大卒・高文合格、32年静岡県知事、33年朝鮮総督府内務局長、警務局長、35年拓務局長官、37–45年貴族院議員

●秋山徳三郎
1891年–1968年、東京帝大工科卒、38年航空本部第二部長、42年築城本部長、41年陸軍中将

●浅田正一
1885年–＊、1911年東京帝大法科卒、高文合格、逓信省入、兼台湾総督府交通局参事、36年簡易保険局理事、退官後日本船灯社長、三高丁未会

●朝比奈策太郎
1891年–＊、静岡県出身、1916年広島高等師範学校卒、高文合格、文部省社会局青年教育課長、文書課長、1938年日独交驩青少年団長、40年教学局企画部長、41年退官・大日本青少年団副団長

●味園武通
1904年–＊、鹿児島県出身、23年渡台、35年高雄で材木商として独立

●安住義一
佐賀県出身、1911年海兵卒（39期）、総督府秘書官（海軍少尉）等を経て、37年沖島艦長（大佐）

●安達謙蔵
1864年–1948年、熊本県出身、熊本済々黌卒、1902–14・17–42年衆議院議員（熊本県）、25年逓信相（加藤・第1次若槻内閣）、29年内相（浜口・第2次若槻内閣）

●安倍源基
1894年–1989年、山口県出身、東京帝大卒、内務省系官僚、内相（鈴木内閣）

●阿部宗孝
1874年–1944年、山口県出身、22年東京府立第六中校長、府立高校校長、満州国師道大学学長

●新居善太郎
1896–1984年、栃木県出身、1921年東京帝大法学部卒、内務事務官、44年京都府知事

●有本健三郎
1888年–＊、和歌山県出身、京都市財務部長、水道局長を経て、1942年同助役

●安藤利吉
1884年–1946年、宮城県出身、1904年陸士卒（16期）、14年陸大卒（26期）、南支那方面軍司令官、44年第10方面軍司令官、陸軍大将、台湾総督（44–46年）を兼任

〈い〉

●飯田祥二郎
1888年–1980年、山口県出身、1908年陸士卒（20期）、15年陸大卒（27期）、41年第25軍、42年第15軍司令官、陸軍中将

●池田清
1885年–1966年、鹿児島県出身、東京帝大卒、内務省系官僚、1937年大阪府知事、39年警視総監、海軍司政長官海南島特務部総監、南山会会長

●石川欣一
1895年–1959年、東京府出身、プリンストン大卒、大阪毎日新聞社学芸部長

●石川昌次
1878年–1970年、東京府出身、1897年高等工業卒、1904年渡台・新興製糖会社技師長、斗六製糖会社取締役、台東製糖会社社長。戦後は糖業協会顧問

●石黒忠悳
1845年–1941年、福島県出身、医師、軍人、石黒忠篤の父

●石渡荘太郎
1891年–1950年、東京府出身、1915年東京帝大法科卒・高文合格、大蔵事務官、39年・44–45年蔵相（平沼、東条・小磯内閣）

●出弟二郎
1889年–＊、東京府出身、東邦電力、内閣調査局、臨時調査会専門委員等を経て、1940年日本発送電株式会社企画部長、台湾製塩株式会社取締役、41年九州曹達株式会社・早良鉱業株式会社各社長、日本曹達株式会社常務

●伊藤金次郎
1892年-＊、京都府出身、1918年東京日日新聞社入社、毎日新聞社から台湾新報副社長兼主筆

●井上三郎
1887年-1959年、山口県出身、1916年陸大卒（28期）、少将、34年予備役、侯爵、貴族院議員

●井上忠之助
1890年-＊、山形県出身、東京帝大卒、山下汽船、台湾運輸株式会社監査

●井上雅二
1876年-1947年、兵庫県出身、海兵、早稲田専門学校卒、1924年海外興行社長、南洋協会理事、相談役、38年日蘭協会副会長、45年鈴木内閣顧問

●今井佐一郎
1887年-＊、熊本県出身、鹿本中学卒、1913年台中医院勤務、34年高雄市庶務課長、38年高雄商業倉庫組合専務理事、39年高雄市会議員

●今村均
1886年-1968年、宮城県出身、1907年陸士卒（19期）、15年陸大卒（27期）、42年第8方面軍司令官、陸軍中将、43年大将

●岩田此一
1887年-＊、岐阜県出身、1924年渡台、総督府地方警視、28年台北北警察署長、34年退官、35年台湾茶商公会理事、台北市会議員

●岩村通世
1883年-1965年、東京府出身、1910年東京帝大法科卒、検事正、検事総長、司法大臣（第3次近衛・東条内閣）

〈う〉

●上村幹男
1892年-1946年、山口県出身、1912年陸士卒（24期）、21年陸大卒（33期）、38年少将、40年台湾軍参謀長、41年中将、俘虜情報局長官、45年第4軍司令官、46年ハバロフスクで自死

●筌口文夫
1926年総督府台北高等商業学校卒、総督府雇、42年総督府交通局副参事、基隆海事出張所

●歌田千勝
1894年-＊、山梨県出身、高文合格、1920年東京帝大法学部卒、32年石川県警察部長、39年内閣紀元二千六百年祝典事務局長、41年保険院総務局長

●宇野圓空
1885年-1949年、京都府出身、1910年東京帝大文科卒、同大文学部教授、同大東洋文化研究所長、宗教民族学

〈え〉

●江渕清満
1885年-＊、北海道出身、立教中学卒、帝国製麻会計課長、台湾製麻取締

●遠藤常壽
1886年-＊、滋賀県出身、三高卒、1911年東京帝大法科卒、大審院検事、41年東京控訴院検事、42年大審院検事、44年大阪控訴院検事長

〈お〉

●王克敏
1873年-1945年、中華民国臨時政府初代行政委員長

●王昭徳
1899年-＊、台中出身、1916年神戸渡航、25年徳明商店設立、34年新竹州帽子株式会社設立（常務取締役）、同年徳豊商会・徳明農場設立、30年神戸帽子協会常任幹事、34年神戸台湾帽子連盟会委員長

●大麻唯男
1889年-1957年、熊本県出身、東京帝大卒、衆議院議員（民政党）、国務大臣（東条内閣）

●大串孫作
1892年-＊、佐賀県出身、佐賀県立中学校卒、14年総督府巡査、40年高雄州警務部高雄署長、42年台中州警察部経済警察課長

●大島浩
1886年-1975年、岐阜県出身、1917年陸大卒（29期）、34年ドイツ大使館附武官、38年ドイツ大使、予備役中将

●大田周夫
1904年-＊、広島県出身、1928年東京帝大卒・高文合格、29年総督府属、32年台南

法学部卒・高文合格、39年大分県知事、41年文部省社会教育局長

●河野恒吉

1874年-1954年、山口県出身、1894年陸士卒（5期）、陸大卒（16期）、1921年少将・予備

●古賀峯一

1885年-1944年、佐賀県出身、1906年海兵卒（34期）、17年海大卒（甲種15期）、42年大将、42年横須賀鎮守府司令長官、43年連合艦隊司令長官、44年行方不明

●小金義照

1898年-＊、神奈川県出身、1922年東京帝大法学部卒、37年商工省鉱山局長、39年同鉄鋼局長

●越藤恒吉

1890年-＊、石川県出身、1916年東京帝大法科卒、台湾銀行入行、31年同整理部長、40年台湾拓殖株式会社常務理事、兼東京支店長

●越山均之助

1886年-＊、京都府出身、三高卒（三高丁未会）、1911年東京帝大法科卒、朝鮮銀行大津支店長等を経て三重鉄道社長

●小竹茂

1882年-1942年、愛媛県出身、1907年日大法科卒、日本銀行員を経て日本興業銀行理事、東京商工会議所議員

●小寺新一

1883年-＊、東京府出身、1906年東京帝大法科卒・三井物産入社、21年三井物産台南支店長、31年三井物産台北支店長、台湾倉庫会社取締役、大日本セルロイド専務取締役

●伍堂卓雄

1877年-1956年、石川県出身、1911年東京帝大工科卒、26年海軍造兵中将、29年満鉄理事、37年商工大臣兼鉄道大臣（林内閣）、退官後貴族院議員、38年日本商工会議所・東京商工会議所会頭、39年商工大臣兼農林大臣（阿部内閣）、42年日本能率協会会長、43年商工組合中央会会頭

●小林一三

1873年-＊、山梨県出身、1892年慶應義塾卒、1935年東京電灯・東京証券社長、40年商工省（第2次近衛内閣）

●小日山直登

1886年-1949年、福島県出身、1912年東京帝大卒・高文合格・満鉄入社、37年昭和製鋼所社長、43年満鉄総裁、45年運輸相（鈴木貫太郎・東久邇内閣）

●小牧茂彦

1884年-＊、東京府出身、1907年三高卒、11年東京帝大法科卒・高文合格、27年営林局事務官

〈さ〉

●西郷吉之助

1878年-1946年、西郷従道の次男、西郷隆盛の甥、1899年陸士卒（11期）、大佐、貴族院議員、西郷家を継ぎ侯爵

●斎藤義次

1890年-1944年、東京府出身、1924年陸士24期、24年陸大36期、1939年少将・関東軍補充馬廠長、41年軍馬補充部本部長、42年中将、44年第43師団長・戦死

●左右田実

1895年-＊、醍醐出身、東京高等師範学校教諭

●酒井茂吉

1890年-1980年、愛知県出身、1910年海兵卒（38期）、33年大佐、34年艦本造船造兵監督官、37年呉鎮台附、39年少将・台北在勤武官、40年台北監理長、41年予備役

●酒井忠正

1893年-1971年、京都帝大卒、貴族院議員、帝国農会会長、39年農相（阿部内閣）、44年貴族院副議長

●坂田國助

1893年-＊、和歌山県出身、山口高商を経て1919年香港クインズカレッジ卒、20年総督府財務局金融課調査嘱託、21年台北高商助教授、29年同教授、34年高雄税関調査課長、40年高雄商工奨励館長

●桜井兵五郎

1880年-＊、石川県出身、1911年早大政治経済科卒、15年衆議院議員（石川県）、31年商工参与官、34年拓務政務次官、42年ビルマ軍政顧問、45年国務省（鈴木貫太郎内閣）

●佐竹三吾
1880年−＊、大阪府出身、1905年東京帝大法科卒・高文合格、12年鉄道院参事、鉄道政務次官等を経て大阪鉄道社長、大鉄百貨店社長

〈し〉

●塩見俊二
1907年−1980年、高知県出身、1930年東京帝大法学部卒・高文合格、31年総督府属・財務局税務課勤務、35年総督府税務官、40年財務局金融課長、42年兼第三艦隊司令部附、43年財務局主計課長

●重光葵
1887年−1957年、大分県出身、1911年東京帝大法科卒・外務省入省、33年外務事務次官、43年外相（東条・小磯内閣）、45年外相（東久邇宮内閣）

●幣原喜重郎
1872年−1951年、大阪府出身、1895年帝大法科卒、96年高文外交科合格、1920年男爵、24年外相（第1・第2次加藤高明・第1次若槻・浜口・第2次若槻内閣）、40年貴族院議員、45年首相

●柴崎恵次
1884年−1943年、兵庫県出身、1915年海兵43期、43年呉防戦司令官・少将・第三特別根拠地隊司令官・戦死

●嶋田繁太郎
1883年−1976年、東京府出身、1904年海兵32期、13年海大13期、1940年大将、41年海相、44年海相兼軍令部総長、45年予備役

●島田俊雄
1887年−1949年、島根県出身、1900年東京帝大法科卒、03年東京市教育課長、12年衆議院議員（−14年、28−45年）、政友会幹事長、31年法制局長官、36年農林相（広田内閣）、40年農林相（米内内閣）、44年農商相（小磯内閣）

●下村壽一
1884年−1965年、京都府出身、1910年東京帝大法科卒・高文合格、28年文部省宗教局長、29年文部省社会教育局長、32年文部省宗教局長、34年文部省普通学務局長、35年東京女子高等師範学校長、45年女子学習院長

●勝田主計
1869年−1948年、愛媛県出身、1895年帝大法科卒、96年高文合格、1914年貴族院議員（−46年）、24年蔵相（清浦内閣）、28年文相（田中内閣）

●白根竹介
1883年−1957年、山口県出身、1908年東京帝大法科卒、31年兵庫県知事、35年依願本免官・内閣書記官長、36年貴族院議員（−47年）

〈す〉

●末次信正
1880年−1944年、山口県出身、1899年海兵27期、1907年海大7期、1934年大将、37年内務大臣、東亜建設国民連盟会長、大政翼賛会中央協力会議議長等を経て、44年内閣顧問

●杉山元
1880年−1945年、福岡県出身、1900年陸士卒（12期）、10年陸大卒（22期）、36年大将、37年陸相（林銑十郎内閣・第1次近衛内閣）、38年北支那方面軍司令官、40年参謀総長、43年元帥、44年教育総監・陸相（小磯内閣）、45年自決

●杉山平助
1895年−1946年、大阪府出身、慶大中退

●鈴木大拙
1870年−1966年、石川県出身、1895年帝大文科専科修了、1909年学習院講師、21年大谷大学教授・東方仏教協会創立

●鈴木孝雄
1869年−1974年、千葉県出身、91年陸士2期、1927年大将、28年軍事参議官、33年予備、38年靖国神社宮司、42年兼大日本青少年団長

●鈴木貞一
1888年−1989年、千葉県出身、1910年陸士卒（22期）、17年陸大卒（29期）、37年少将、38年興亜院政務部長、40年中将・兼興亜院総務長官心得、41年国務大臣・企画院総裁（第2次近衛・第3次近衛・東条内閣）・予備役、43年貴族院議員（−45年）

●砂田重政
1884年−＊、愛媛県出身、1904年東京法学院大学卒、司法官、弁護士を経て、19年

衆議院議員、42年陸軍省嘱託、南方総軍軍政顧問、大政翼賛会総務

〈せ〉

●千石興太郎

1874年−1950年、東京府出身、1895年札幌農学校卒、農商務省官僚等を経て1937年全国米穀販売購買組合連合会会長、38年貴族院議員（−46年）、39年農業協同組合会頭、45年戦時農業団総裁・農商相（東久邇宮内閣）

〈そ〉

●添田壽一

1864年−1929年、福岡県出身、1884年東京大学法学部卒、98年大蔵次官、99年台湾銀行頭取（−1901年）、1902年日本興業銀行総裁、15年鉄道院総裁、25年台湾銀行監査役（−29年）、25年貴族院議員（−29年）

●園部潜

1882年−＊、三重県出身、1904年東京高商卒・日本銀行入行、21年日本銀行退社・安田銀行入行、23年安田保善社調査部長・安田保善社理財部長（−28年）、26年安田銀行常務取締役

〈た〉

●高木健吉

1886年−＊、東京府出身、1911年東京帝大法科卒・三菱合資会社入社、36年三菱銀行常務取締役

●高木武雄

1892年−1944年、福島県出身、1911年海兵39期、23年海大23期、41年第五戦隊司令官、42年中将・馬公警備府司令長官、43年高雄警備府司令長官・第六艦隊司令長官、44年戦死・大将

●高田賢治郎

1898年−＊、京都府出身、1921年東京帝大法科卒、22年高文合格、福岡県商工課長、熊本県学部部長等を歴任して、35年東京市監査局都市計画課長、39年東京市厚生局保護課長

●高橋伊望

1888年−1947年、福島県出身、1908年海兵卒（36期）、19年海大卒（17期）、35年少将・軍令部第2部長、37年連合艦隊参謀長・第1艦隊参謀長、39年中将・馬公要塞司令官、41年軍令部出仕・第3艦隊長官、44年予備役

●高橋五郎

1889年−＊、静岡県出身、1914年東京高等商業学校卒・三菱合資会社入社、37年三菱商事株式会社ニューヨーク支店長

●武井大助

1887年−1972年、茨城県出身、1909年東京高商卒、37年主計中将、38年経理局長、44年予備役・海軍省事務嘱託

●竹内可吉

1889年−1948年、鹿児島県出身、三高を経て1915年東京帝大法科卒、16年高文合格、39年物価局次長、40年企画院総裁・貴族院議員（−46年）、44年軍需次官

●竹内徳治

1899年−＊、静岡県出身、1923年東京帝大法学部卒、大蔵事務官主計局勤務・対満事務局事務官等を歴任して42年内務省管理局長

●武智勝

1894年−＊、武智直道の長男、東京府出身、1918年東京帝大法科卒・台湾製糖株式会社入社、39年同取締役、42年同社長

●多田精一

1899年−＊、兵庫県出身、1923年東京帝大経済学部卒・安田銀行入社、同京都支店長等を経て43年高雄製鉄株式会社を創立し専務に就任

●立田清辰

1890年−1942年、岐阜県出身、1916年東京帝大法科卒、35年宮城県総務部長、36年鳥取県知事、41年退官、住宅営団東京支所長

●建川美次

1880年−1945年、新潟県出身、1901年陸士卒（13期）、09年陸大卒（21期）、32年中将・国際連盟陸軍代表、35年第4師団長、36年予備役、40年特命全権大使・ソヴィエト連邦駐剳

●田中重之

1898年−＊、埼玉県出身、1922年東京帝大法学部卒・高文合格、37年警保局警務課長、37年文部省社会局長、41年石川県知事、44年長崎県知事

●田中武雄
1891年–1966年、三重県出身、1912年普文合格・明治大学法科卒、15年高文合格、長野県警視・京畿道警察部長等を経て36年朝鮮総督府警務局長、38年中華民国振民会監察部次長、39年拓務次官、42年朝鮮総督府政務総監、44年内閣書記官長

●田辺治通
1878年–1950年、山梨県出身、1905年東京帝大法科卒、33年満州国参議、39年内閣書記官長、39年逓信相（平沼内閣）、40年貴族院議員（–46年）、41年内相（第3次近衛内閣）

●谷口元治郎
東京都出身、1904年陸士16期、15年陸大27期、37年中将・留守第8師団司令部附、1938年第108師団長、39年留守第8師団司令部附、40年予備、45年召集・長崎要塞司令官・独立混成第122旅団長

●田畑啓義
1886年–1968年、群馬県出身、1907年海兵卒（35期）、20年海大卒（18期）、34年少将・佐世保鎮台参謀長、35年砲術校長、37年予備役

●俵孫一
1869年–1944年、島根県出身、1895年帝大法科卒・高文合格、1907年韓国政府学部次官、10年朝鮮総督府土地調査局総裁、15年北海道庁長官、23年拓殖事務局長、24年依願免本官・衆議院議員（–42年）・鉄道政務次官、25年内務政務次官、29年商工相（濱口内閣）

〈つ〉

●塚原二四三
1887年–1966年、山梨県出身、1908年海兵36期、18年海大18期、1939年中将、41年第11航空艦隊司令長官、42年航空本部長、44年横須賀鎮守府司令長官、45年大将・予備

●塚本赳夫
1897年–1977年、福岡県出身、1922年東京帝大農科卒、31年薬学博士、39年台北帝大医学部附属病院薬局長兼台北帝大教授

●辻守昌
1894年–＊、山梨県出身、1921年九州帝大医学部卒、27年渡台、28年台中市で開業、32年台中市協議会員、35年台中市会議員

●辻村武久
1893年–1944年、静岡県出身、1914年海兵42期、1941年少将、42年横須賀海軍工廠造兵部長、43年第5特別根拠地隊司令官、44年第5根拠地隊司令官・第2海上護衛隊司令官・戦死・中将

●鶴友彦
1898年–＊、東京府出身、1922年高文合格、23年東京帝大法学部卒・渡台・殖産局農務課勤務、33年台中州内務部長、37年台南州内務部長、40年澎湖庁長、41年退官・台湾茶輸出統制株式会社取締役社長、43年海軍司政長官

〈て〉

●出澤鬼久太
1888年–＊、長野県出身、1911年東洋協会専門学校卒、12年総督府専売局書記、29年専売局副参事、同台南支局長・台中支局長を歴任して37年退官・台湾製塩株式会社専務取締役、南日本化学工業株式会社取締役を兼任

●寺内壽一
1879年–1946年、山口県出身、1899年陸士11期、1909年陸大21期、32年第4師団長、34年台湾軍司令官、35年大将、36年陸相、37年北支那方面軍司令官、41年南方軍総司令官、43年元帥

●寺本熊市
1889年–1945年、和歌山県出身、1910年陸士卒（22期）、21年陸大卒（33期）、37年少将・浜松陸軍飛行学校幹事、38年航空兵団参謀長、40年中将・第2飛行集団長、42年第2飛行師団長、43年第1航空軍司令官、45年自決

●照宮成子
1925年–61年、裕仁および良子の長女、1943年女子学習院中等科卒

〈と〉

●土居明夫
高知県出身、1917年陸士29期、27年陸大39期、38年ソ連大使館附武官、40年参謀本部ロシア課長兼大本営ロシア課長・参謀本部作戦課長、41年第3軍参謀副長・少将、45年中将

●土井直治
1894年–1963年、兵庫県出身、海兵43期、1938年大佐・佐世保海兵団副長、41年廈門方面特別根拠地隊副長兼参謀、42年第15警司令、44年少将

●東郷茂徳
1882年–1950年、鹿児島県出身、1908年東京帝大法科卒、12年高文外交科合格、38年ソヴィエト連邦駐剳、40年外相兼拓相（東条内閣）、42年貴族院議員（–46年）、45年外相兼大東亜相（鈴木内閣）

●東条英機
1884年–1948年、岩手県出身、1905年陸士17期、15年陸大27期、1938年陸軍次官、40年陸相兼対満事務局総裁、41年大将・首相兼陸相兼内相、44年予備・総辞職、48年刑死

●遠山安己
熊本県出身、1923年海兵卒（51期）、35年海大卒（35期）、第2水雷戦隊参謀、中佐

●徳川義親
1886年–1976年、東京府出身、1908年侯爵、11年東京帝大文科卒、侯爵、11年貴族院議員（–27年）、31年貴族院議員（–46年）、42年軍政顧問としてシンガポール赴任

●富塚清
1893年–1988年、千葉県出身、1917年東京帝大工科卒、32年東京帝大教授・工学博士、機械工学者

〈な〉

●永井瓢斎
1881年–1945年、島根県出身、三高卒、東京帝大卒、1913年大阪朝日新聞社入社。俳人、画家

●中島藤太郎
1891年–1975年、岡山県出身、1912年陸士卒（24期）、39年少将、40年陸軍航空技術研究所第4部長兼第5部長、42年中将・第4陸軍航空技術研究所長・南日本化学社長、43年予備役

●中野正剛
1886年–1943年、福岡県出身、1909年早大卒、新聞記者を経て20年衆議院議員、36年東方会を結成

●長嶺公固
1900年–1945年、長崎県出身、機関29期、41年機関大佐、42年技術院参技官、43年第5艦隊機関長、45年戦死・少将

●中村止
1892年–1972年、熊本県出身、1913年海軍機関学校卒（22期）、40年少将・佐世保海軍工廠航空機部長、41年航空技術廠飛行機部長、42年航空本部第二部長、45年予備役

●中村良三
1878年–1945年、青森県出身、1899年海兵卒（27期）、1910年海大卒（8期）、34年大将・軍事参議官・艦政本部長、36年予備役、40年内閣参議

●中村廉次
1882年–＊、富山県出身、1910年東京帝大卒、北海道庁技師等を経て、港湾工業株式会社専務、東京湾埋立・函館船渠各株式会社取締

●南雲忠一
1887年–1944年、山形県出身、1908年海兵卒（36期）、20年海大卒（18期）、39年中将、43年第1艦隊司令長官兼第14航空艦隊司令長官、44年中部太平洋方面艦隊司令長官・戦死・大将

●那須重徳
1901年–＊、長野県出身、1927年東京帝大法学部卒、28年高文合格、31年台北州内務部教育課長、32年台南州新化郡守、35年北斗郡守、37年台東庁台東郡守、39年台東庁庶務課長、40年台南市長、42年米穀局米穀課長、高雄州総務部長、45年台東庁長

●奈良武次
1868年–1962年、栃木県出身、1899年陸大卒（13期）、1920年東宮武官長、22年侍従武官長兼東宮武官長、24年陸軍大将、33年男爵、37年–46年枢密顧問官、38年軍人援護会会長、39年退役

●成田一郎
1894年–＊、宮城県出身、1920年京都帝大法科卒、高文合格、42年兵庫県知事、45年総督府総務長官兼文教局長

〈ぬ〉

●沼田多稼蔵

1892年–1961年、広島県出身、1919年陸大卒（31期）、41年陸軍中将・第3軍参謀長、42年第12師団長、43年第2方面軍参謀長、44年南方軍総参謀長

〈の〉

●野口榮三郎

1885年–1968年、高知県出身、三高、1911年京都帝大法科卒、33年東洋商工株式会社設立（34年東洋商工石油株式会社、41年興亜石油株式会社に改称）、同社代表

〈は〉

●橋田邦彦

1882年–1945年、鳥取県出身、1908年東京帝大医科卒、22年東京帝大教授、40年文部大臣（第2次近衛・第3次近衛・東条内閣）、41年兼大日本青少年団長

●橋爪清人

1899年–＊、東京府出身、1924年東京帝大法学部卒、福岡県特高課長等を経て、36年総督府事務官、警務局警保課長、41年新潟県学務部長

●橋本欣五郎

1890年–1957年、岡山県出身、1920年陸大卒（32期）、34年陸軍大佐、36年予備役、大日本青年党結成、統領、40年大政翼賛会常任総務、大日本赤誠会結成、会長、42年衆議院議員、44年大日本翼賛壮年団副団長、中央本部長

●長谷川如是閑

1875年–1969年、東京府出身、1898年東京法学院卒、1908年大阪朝日新聞社入社

●服部正之

1878年–1962年、熊本県出身、1900年主計官練習所、25年海軍主計少将、27年予備役

●濱地文平

1893年–1986年、三重県出身、三重県師範学校卒、訓導、県議等を経て、衆議院議員（政友会）

●濱本喜三郎

1885年–1956年、京都府出身、1917年陸大卒（29期）、38年陸軍中将、第3独立守備隊司令官、第104師団長、40年北部軍司令官、42年予備役、45年京都師管区司令官。鳥羽会

●原敢二郎

1880年–1948年、岩手県出身、1909年海軍大学校卒（9期）、28年海軍中将、鎮海要港部司令官、軍令部出仕などを経て、31年予備役

●原道太

佐賀出身、1900年海兵卒（28期）、大佐、大日本東京海洋少年団長

〈ひ〉

●東久邇宮盛厚

1917年–69年、皇族、東久邇宮稔彦・聰子の第一子、1941年陸軍大尉、43年陸軍少佐、44年陸大卒（58期）、第36軍情報参謀、45年予備役

●久永均介

1893年–＊、下関商業学校卒、高雄市会議員、高雄商工会議所議員

●平沼騏一郎

1867年–1952年、岡山県出身、1888年東京帝大法科卒、検事総長、大審院長を経て、1923年司法大臣（第2次山本内閣）、貴族院議員、枢密顧問官、36年枢密院議長、39年首相、40年国務大臣（第1・第2次近衛内閣）、極東国際軍事裁判で終身禁固刑

●廣瀬武夫

1868年–1904年、大分県出身、1889年海軍兵学校卒（15期）、ロシア駐在武官等を経て、1900年海軍少佐、04年日露戦争で戦死、海軍中佐

●廣瀬久忠

1889年–1974年、山梨県出身、帝大法科卒、内務省入省、東京市助役、社会局長官、内務次官、対満事務局参与等を経て、1939年厚生大臣（平沼内閣）、40年内閣法制局長官、貴族院議員、44年厚生大臣（小磯内閣）、45年国務大臣兼内閣書記官長

〈ふ〉

●深井鑑一郎

1865年–1943年、埼玉県（岩槻藩）出身、1898年東京府城北中学校、1900年東京府立第四中学校）校長（–38年）、40年富士見高等女学校校長、41年城北中学校創立・

初代理事長・学校長

●福田関次郎

1882年–＊、山口県出身、関西法律学校卒、1932年衆議院議員（民政党）、京都1区、製薬業

●藤山愛一郎

1897年–1985年、東京府出身、藤山雷太の長子、1918年慶應義塾中退、34年大日本製糖社長を父・雷太より継承、日東化学工業社長、日本商工会議所会頭、台湾協会副会長、海軍省嘱託などを歴任

●藤吉直四郎

1895年–1966年、福岡県出身、1916年海兵卒（44期）、33年中佐、34年大村航空隊副長・連合艦隊司令部附・第2航空戦隊参謀、35年館山航空隊副長、36年第11海軍航空隊副長・館山航空隊副長

〈ほ〉

●細川隆元

1900年–94年、熊本県出身、23年東京帝大法学部卒、東京朝日新聞社記者、36年政治部長、40年ニューヨーク支局長、44年編集局長

●本間雅晴

1887年–1946年、新潟県出身、1908年陸士卒（19期）、15年陸大卒（27期）、歩兵第32旅団長、参謀本部第二部長を経て、38年中将、第27師団長、40年台湾軍司令官、41年第14軍司令官、42年予備役、46年マニラ軍事裁判にて刑死

〈ま〉

●前田多門

1884年–1962年、大阪府出身、1909年東京帝大法科卒、内務省入省、20年東京市助役、28年東京朝日新聞社論説委員、39年ニューヨーク日本文化会館館長、41年エリス島に抑留、42年交換船で帰国、43年新潟県知事、45年貴族院議員、文部大臣（東久邇・幣原内閣）

●眞崎勝次

1884年–1966年、佐賀県出身、1906年海軍兵学校卒（34期）、33年海軍少将、横須賀人事部長、横須賀警備戦隊司令官、大湊要港部司令官を経て、36年予備役、42衆議院議員、陸軍大将眞崎甚三郎の弟

●増田次郎

1868年–1951年、静岡県出身、農業、独学で普文合格、内務省入省、後藤新平総督府民政局長官の秘書、満鉄総裁、鉄道院総裁の秘書官、1915年衆議院議員（立憲同志会）、28年大同電力社長、39年日本発送電株式会社初代総裁

●松浦鎮次郎

1872年–1945年、愛媛県出身、1898年東京帝大法科卒・高文合格・内務省入省、文部省に移り、文部次官等を経て、27年依願退職・京城帝大総長、九州帝大総長、枢密顧問官等を経て、40年文部大臣（米内内閣）

●松岡均平

1876年–＊、徳島県出身、1900年東京帝大法科卒・同大准教授、10年教授、37年三菱顧問、帝国繊維株式会社監査役、日本学術振興会理事、貴族院議員

●松阪廣政

1884年–1960年、京都府出身、京都二中、東京神田中学校、一高を経て、1910年東京帝大法科卒、12年検事、41年検事総長、44年司法大臣（小磯・鈴木内閣）

●松平頼壽

1874年–1944年、香川県出身、東京専門学校卒、1908年貴族院議員、33年副議長、37年議長

●松波仁一郎

1868年–1945年、大阪府出身、1893年東京帝大法科卒、海大教官を経て、99年ロンドン万国海法会議副議長、1900年東京帝大教授・パリ万国海法会議副議長、27年帝国学士院会員

●松村謙三

1883年–1971年、富山県出身、1906年早大卒、28年衆議院議員（立憲民政党）、のちに翼賛政治会政調会長

●丸山政男

1889年–1957年、長野県出身、1911年陸士卒（23期）、19年陸大卒（31期）、近衛歩兵第4連隊長等を経て、38年少将、歩兵第6旅団長、近衛師団司令部附、第3独立守備隊長等を経て、41年中将、第2師団長、参謀本部附、44年予備役

〈み〉

●三島通陽

1897年–1965年、東京府出身、学習院高等科中退、1922年少年団日本連盟副理事長、29年貴族院議員、子爵

●溝口直三郎

1895年–＊、大分県出身、中津中学卒、1918年総督府専売局塩脳課生産係を経て、40年専売局副参事、台南支局長、43年台中支局長

●三谷彌三郎

1889年–＊、香川県出身、1917年東京帝大法科卒、浅野セメント入社、庶務部長を経て、台湾セメント株式会社専務、42年高雄商工会議所会頭

●三橋孝一郎

1895年–＊、千葉県出身、1918年東京帝大法科卒・高文合格、29年朝鮮総督府警務局警務課長（–31年）、内務省警保局高等課長等を経て、36年朝鮮総督府警務局長、42年海軍司政官、南西方面民政府総監

●宮崎重敏

1879年–1945年、高知県出身、1918年海兵卒（46期）、横須賀鎮守府参謀等を経て、35年中佐、大村海軍航空隊副長等を経て、39年馬公要港部附（39年11月–40年11月）、39年大佐、東港海軍航空隊司令、佐世保海軍航空隊司令、横浜海軍航空隊司令を経て、42年少将、45年戦死

●宮田義一

1889年–1960年、東京府出身、1919年海軍大学校卒（19期）、第3根拠地隊司令官等を経て、39年海軍中将、軍令部出仕、40年予備役、41年充員召集、43年充員召集解除

●宮本守雄

1941年大日本少年団連盟指導部長。編著書に、宮本守雄著／青少年鍛錬指導本部編『ドイツ青少年運動』（朝日新聞社、1938年）、『勝利への道―ドイツ青少年教育の実際』（朝日新聞社、1941年）等。

●三好重夫

1898年–1982年、1924年高文合格、25年東京帝大法学部卒・内務省入省、地方局財政課長、福井県知事、岐阜県知事、内閣情報局次長等を経て、45年京都府知事・内閣副書記官長

●三輪幸助

1895年–＊、東京府出身、1920年高文合格、21年東京帝大法学部卒・総督府属、22年台中州内務部勧業課長、27年台北州内務部教育課長、28年台中州新高郡守、29年台中州警務部地方課長、30年台中州警務部長、霧社地方捜索隊長、31年中央研究所庶務課長、32年税関事務官、33年専売局参事兼煙草課長、36年専売局酒課長・台北州内務部長、専売局参事庶務課長、交通局逓信部長、39年総督府専売局長、41年台北州知事を歴任し、42年退官、台湾産業組合連合会副会長

〈む〉

●村瀬直養

1890年–1968年、栃木県出身、東京帝大卒、農商務省入省、特許局長官、商工次官等を経て、1940年法制局長官（第2・第3次近衛内閣）、45年法制局長官（鈴木・東久邇内閣）、貴族院議員

●村田省蔵

1878年–1957年、東京府出身、1900年東京商業学校卒・大阪商船入社、34年副社長、39年貴族院議員、40年逓信大臣兼鉄道大臣（第2・第3次近衛内閣）、42年第14軍最高顧問、43年初代駐フィリピン特命全権大使

●室伏高信

1892年–1970年、神奈川県出身、明治大学法科中退、『二六新報』、『時事新報』、『朝日新聞』の政治部記者、『改造』特派員、1934年–43年『日本評論』主筆

〈も〉

●本橋兵太郎

1887年–＊、千葉県出身、1914年東京帝大法科卒、台湾銀行入行、秘書課長を経て、同行理事

●森恪

1882年–1932年、大阪府出身、東京商工中学校卒、三井物産入社、上海支店勤務、天津支店長を経て、1920年衆議院議員（神奈川、政友会）、27年外務政務次官（田中内閣）、29年政友会幹事長、31年内閣書記官長（犬養内閣）

●森正蔵
1900年−1953年、1926年毎日新聞入社、ハルピン、奉天、モスクワ特派員等、45年『旋風二十年』刊行

●森友一
1893年−1959年、石川県出身、1914年海兵卒（42期）、32年中佐・水雷校教官等を歴任し、34年佐世保鎮守府附・第5水雷戦隊参謀、35年第1掃海隊司令、36年第28駆逐隊司令、37年大佐・第9駆逐隊司令等を経て、42年少将、45年呉練習戦隊司令官・横須賀鎮守府附・予備役

●森下薫
1896年−1978年、奈良県出身、1921年東京帝大理学部卒、中研衛生部技師、農商務省水産講習所嘱託を経て、23年総督府中央研究院技師、32年警務局衛生課技師、34年警務局理蕃課兼務、39年台北帝大医学部教授、寄生虫学者

●森部隆
1894年−＊、福岡県出身、1920年東京帝大法学部卒、東洋拓殖入社後、地方事務官、39年島根県知事を経て、40年拓務省拓務局長、拓務省拓南局長を経て、42年総督府総務局長、43年初代鉱工局長

●森本義一
1887年−1944年、京都府出身、京都二中卒、1916年陸大卒（27期）、東京文理科大配属将校、東京帝大配属将校等を経て、36年少将・歩兵第4旅団長、37年留守第4師団司令部附を経て、39年予備役、41年福岡連隊区司令官、42年第14軍司令部附（陸軍司政長官）、44年戦死

●守山義雄
1910年−1964年、大阪府出身、大阪外国語学校卒、大阪朝日新聞社入社、1939年ベルリン特派員

〈や〉

●安井常義
1937年総督府財務局属、39年屏東市助役、41年総督府事務官・企画部物資課兼殖産局商工課等を経て、書記官・東京出張所長

●安田善五郎
1886年−＊、東京府出身、福島県安積中学卒、安田保善社理事、安田貯蓄銀行頭取、安田信託社長、帝国繊維株式会社取締役会長

●柳悦耳
1879年−＊、1905年東京帝大法科卒、台湾銀行秘書課長を経て、大日本塩業株式会社取締役、南日本化学工業株式会社監査役

●矢野英雄
1894年−1944年、香川県出身、1926年海大卒（26期）、長門艦長等を経て、42年海軍少将、軍令部第三部長、大本営海軍報道部部長、中部太平洋方面艦隊参謀長、第14航空艦隊参謀長、44年戦死

●矢野征記
1924年東京帝大卒、25年高文合格・外務省入省、満州国外交部政務司長、香港領事、大東亜参事官等を歴任

●山川健次郎
1854年−1931年、福島県（会津藩）出身、1875年イェール大学卒（官費留学生）、1901年東京帝大総長、04年貴族院議員（−13年）、07年私立明治専門学校総裁、11年九州帝大総長、13年東京帝大総長（−20年）、男爵、14年京都帝大総長兼任（−15年）、武蔵高等学校校長等を歴任

●山川黙
1942年武蔵高等学校校長心得、山川健次郎の養子

●山崎巌
1894年−1968年、福岡県出身、1918年東京帝大卒・内務省入省、厚生省社会局長、静岡県知事、内務省土木局長、警保局長等を経て、40年警視総監、41年内務次官（東条内閣）、海軍省嘱託

●山下若松
1902年−＊、岡山県出身、1912年関西大学退学、大阪税務監督局属等を経て、16年台北庁財務課税務吏、20年総督官房文書課属、総督官房秘書課、34年基隆市助役を経て、文山郡守、苗栗郡守、新豊郡守、屏東市長、台中市長を歴任

●山下奉文
1885年−1946年、高知県出身、1916年陸大卒（28期）、37年中将、北支那方面軍参謀長、関東防衛軍司令官、第25軍司令官、第1方面軍司令官等を経て、43年大将、44年第14方面軍司令官、45年マニラ軍事裁判で死刑判決、46年刑死

●山田酉蔵
1891年－＊、北海道製麻、帝国製麻株式会社を経て、1943年帝国繊維株式会社台湾事業部長

●山本弘毅
1887年－1943年、和歌山県出身、1919年海大卒（19期）、艦政本部第二部長等を経て、40年海軍中将、軍令部出仕、馬公要港部司令官（41年2月－11月）、馬公警備府司令官（41年11月－42年11月）、軍令部出仕、43年予備役

●山本熊一
1889年－1963年、山口県出身、東亜同文書院卒、1940年東亜局長、41年兼アメリカ局長、42年外務次官・大東亜次官、44年タイ大使を歴任

〈よ〉

●横田道三
1912年－＊、広島県出身、1928年東京帝大経済学部卒、商業学校教諭を経て、30年総督府財務局勤務・高文合格、31年台北州知事官房税務課勤務、35年嘉義税務出張所長、後に専売局塩脳課長

〈ら〉

●楽満金次
1903年－＊、佐賀県出身、1926年高文合格、27年東京帝大卒、27年交通局書記、鉄道部工務課、29年内務局地方課、30年新豊郡守、32年新営郡守、34年台北市助役、36年新竹州警務部長、台南州警務部長、専売局総務課長

〈り〉

●梁鴻志
1882年－1946年、福建省出身、1908年京師大学堂卒、40年汪兆銘政権である南京国民政府の監察院院長兼中央政治委員会委員、44年立法院長、45年逮捕、46年銃殺刑

〈わ〉

●若尾鴻太郎
1896年－＊、東京府出身、慶應大学予科、東京商業銀行頭取、立正興業・三ツ引商事各社長等を経て、山市商事・山市物産各株式会社社長

●和知鷹二
1893年－1978年、広島県出身、1914年陸士卒（26期）、22年陸大卒（34期）、38年台湾軍司令部附、参謀本部附等を経て、40年少将、参謀本部附、台湾軍参謀長、兼台湾軍研究部長、42年第14軍参謀長等を経て、43年中将、44年南方軍総参謀副長、中国憲兵隊司令官等を歴任

あとがき

二〇〇六年に京都の内海家を訪問し、ダンボール箱に詰められていた「内海忠司関係文書」を紐解いてから、八年近くが経とうとしている。前著に引き続き、日本・台湾の各地において数多くの方々からサポートを得、ようやく本書の刊行にたどりついた。ここでは、とくに四名のお名前を記して謝意を表したい。

長沢一恵さん（近畿大学・非常勤）に第Ⅱ部の一部の翻刻および校正を、山田伸一さん（北海道開拓記念館）に第Ⅱ部の一部の校正を、それぞれ担っていただいた。お二人のご助力により貴重な資料の共有化が進むことに、心から感謝申しあげる。ただし、誤謬や誤記を含めて本書の内容に関わる責任はすべて編者たちにある。

京都大学学術出版会の鈴木哲也さんと渕上皓一朗さんは、本書をまとめあげるためにご助言・ご助力を惜しまれなかった。本づくりに対するお二人の姿勢から得る刺激は大きく、尊敬と感謝の念は尽きない。

本書の刊行作業のさなか、前著が社団法人日本グラフィックサービス工業会の作品展で印刷時報株式会社社賞を受賞したとの知らせを受け取った。「内海忠司関係文書」の魅力を視覚的にも最大限に活かした書籍へと造りあげてくださった出版会の鈴木さん、および、編集・装幀・印刷・製本に関わる方々のご尽力の賜である。記して謝意を表すとともに、厳しい出版事情のなか、このような分厚い書籍の刊行を続けて引き受けてくださったことに改めて感謝申しあげたい。

二〇一三年一二月

近藤正己
北村嘉恵

（付記）本書の刊行にあたっては科学研究費補助金（研究成果公開促進費、二〇一三年度）の交付を受けた。

写真出典一覧

〔凡例〕口絵および第II部に使用した写真について、その出典を配列順に掲載した。

口絵1　内海忠司関係文書「V．執務資料類」「VI．新聞切抜帖」
口絵2　内海家所蔵（「内海忠司関係文書」以外）
口絵3　内海忠司関係文書「I．日記」
口絵4　「内海写真帖10」（内海忠司関係文書「VII．写真帖」）
口絵5　「内海写真帖11」（内海忠司関係文書「VII．写真帖」）
口絵6,7,8　羅成純撮影（2013年10月、台湾台南市）
日記（323ページ）　Taiwan: A Unique Colonial Record, edited compiled and designed by Hideo Naito, Kokusai Nippon Kyokai, 1931

コラム一覧

（付記）第II部の写真の選択とキャプション執筆は、近藤が担当した。コラムの執筆は、1と3を河原林、2を湊が担当した。

編著者紹介（＊は編者）

近藤正己（こんどう　まさみ）＊

筑波大学大学院博士課程歴史・人類学研究科単位取得退学
文学博士（筑波大学）
近畿大学文芸学部教授
『総力戦と台湾―日本植民地崩壊の研究』（刀水書房、1996 年）
『内海忠司日記 1928–1939―帝国日本の官僚と植民地台湾』（北村嘉恵・駒込武と共編、京都大学学術出版会、2012 年）

北村嘉恵（きたむら　かえ）＊

京都大学大学院教育学研究科博士課程退学
博士（教育学）（北海道大学）
北海道大学大学院教育学研究院准教授
『日本植民地下の台湾先住民教育史』（北海道大学出版会、2008 年）
『内海忠司日記 1928–1939―帝国日本の官僚と植民地台湾』（近藤正己・駒込武と共編、京都大学学術出版会、2012 年）

河原林直人（かわらばやし　なおと）

大阪市立大学大学院経済学研究科後期博士課程修了
博士（経済学）（大阪市立大学）
名古屋学院大学経済学部准教授
『近代アジアと台湾―台湾茶業の歴史的展開』（世界思想社、2003 年）
「植民地官僚の台湾振興構想―臨時台湾経済審議会から見た認識と現実」（松田利彦・やまだあつし編『日本の朝鮮・台湾支配と植民地官僚』思文閣出版、2009 年）

湊　照宏（みなと　てるひろ）

東京大学経済学研究科博士課程単位取得満期退学
博士（経済学）（東京大学）
大阪産業大学経済学部准教授
『近代台湾の電力産業―植民地工業化と資本市場』（御茶の水書房、2011 年）
「台湾セメント産業における寡占体制の形成」（佐藤幸人編『台湾の企業と産業』アジア経済研究所、2008 年）

内海忠司日記 1940-1945 ── 総力戦体制下の台湾と植民地官僚

平成26（2014）年2月28日　初版第一刷発行

編　者　近藤正己
　　　　北村嘉恵
発行人　檜山爲次郎

発行所　京都大学学術出版会
京都市左京区吉田近衛町69番地
京都大学吉田南構内（〒606-8315）
電　話（075）761-6182
FAX（075）761-6190
URL http://www.kyoto-up.or.jp
振　替　01000-8-64677

ISBN 978-4-87698-384-1
Printed in Japan

印刷・製本　㈱クイックス
装幀　谷なつ子
定価はカバーに表示してあります